민법강의

조 성 민

도서출판 동방문화사

머리말

"임하선어 불여결망 (臨河羨魚 不如結網)"이라는 말이 있다. 물가에 가서 물고기를 잡았으면 하고 부러워하는 것이, 집에 돌아와 그물을 만드는 것만 같지 못하다는 말이다. 누구나 현재보다 더 나은 미래를 원한다면 미래에 대한 계획을 수립해야 한다. 명확한 목표가 있는 사람은 험난한 길에서도 앞으로 나가고, 아무런 목표가 없는 사람은 순탄한 길에서도 앞으로 나가지 못하므로, 우리는 목표를 달성할 수 있다는 믿음을 가져야 한다. 믿음은 의지를 불러일으키고, 의지는 노력을 불러일으키고, 노력은 기적을 불러일으키기 때문이다.

민법은 조문수가 가장 많아 분량이 방대할 뿐만 아니라 내용이 복잡하여 단기간에 습득을 하기에는 어려운 과목이다. 본서는 민법을 처음 접하는 분에게는 어렵지 않은 입문서로서 안내역할을 하고, 이미 민법공부를 한 분에게는 최종정리용으로 활용할 수 있도록 다음과 같이 구성하였다.

첫째, 2013년 7월 1일부터 시행된 개정민법의 내용을 반영하였다.

개정민법은 총칙분야에서 성년연령을 19세로 내렸고, 기존의 무능력자제도를 제한능력자제도로 대체하여 피성년후견인·피한정후견인·피특정후견인 등으로 개정되었다. 이에 따라 용어의 통일성을 기하기 위해 의사표시와 대리, 채권각론에서는 조합과 감독자의 책임, 친족편은 입양·파양·후견인 등과 관련하여 대폭 개정되었다. 개정된 내용을 설명을 하면서 개정조문임을 밝혔다.

둘째, 민법내용을 알기 쉽도록 정리하였다.

이를 위해 관련부분에 쟁점이 되는 사례를 제시하고, 기본법리와 판례를 접목하여 어렵지 않게 사례해결에 이르도록 하였다. 이는 객관식과 논술형 그리고 사례문제 등을 쉽게 풀 수 있는 토대의 장을 통하여 실무능력을 배양하고자 함이다.

셋째, 기존의 민법교재에 비해 비교할 수 없을 정도로 원고분량을 대폭 줄였다.

이를 위해 학설의 소개와 판례의 입장을 군더더기 없이 핵심만 서술하였다. 이는 짧은 시간에 독자여러분의 민법의 실력을 일정한 수준에 도달할 수 있도록 함이다.

넷째, 개정민법의 내용을 부록에 담아 신구조문의 대조를 통하여, 민법공부에 효율성을 높이고자 하였다.

이 책이 독자여러분의 민법공부에 내비게이션의 역할을 하기를 바라는 마음이 간절하다.

이번에 신민법강의를 출간하는데 많은 분들의 성원과 도움을 받았다. 호원대학교 김성필교수, 한양사이버대학교 양재모교수, 대전대학교 박진근교수, 충북대학교 김판기교수, 공주대학교 김지석교수, 자동차보험전문가 박영민박사, 고양지원 김경수판사, 공군본부 전익수 검찰부장, 배현모변호사 등 여러분에게 감사드린다. 아울러 좋은 법서를 만들기 전력투구 하시는 동방문화사의 조형근사장님께 사의를 표한다.

2013년 9월
한양대학교 법학전문대학원 연구실에서
조　성　민

내 일 (來日)

꿈을 향해 목표를 세워
나에 대한 믿음을 갖고
존귀함을 아는 데에서
바로 설 수 있다는 것을
너를 통해 알게 되었다

나를 도울 수 있는 사람은
바로 내 의지란 것을 인식하며
"나는 할 수 있다"를
마음속으로 외치며
너를 갈망한다.
(2013년 새해아침)

강태성, 물권법, 대명출판사, 2004
고상룡, 민법총칙, 법문사, 2004
곽윤직, 민법총칙, 박영사, 2009
김기수, 민법학연습, 박영사, 1994
김대정, 채권총론, 피데스, 2006
김상용, 물권법, 화산미디어, 2009
김용한, 친족상복법, 박영사, 2004
김주수 · 김상용, 친족 · 상속법, 법문사, 2006
김준호, 민법총칙, 법문사, 2007
김학동 외, 로스쿨 채권총론, 박영사, 2012
김형배, 채권각론(계약법), 박영사, 2001
남윤봉, 민법개론, 시대고시기획, 2013
명순구, 민법총칙, 법문사, 2005
박동섭, 친족상속법, 박영사, 2006
배경숙 · 최금숙, 친족상속법강의, 제일법규, 2006
백태승, 민법총칙, 법문사, 2008
소성규, 채권총론, 법률시대, 2003
송덕수, 신민법강의, 박영사, 2010
양창수 · 김재형, 민법 I 계약법, 박영사, 2010
윤철홍, 채권총론, 법원사, 2006
오시영, 친족상속법, 학현사, 2006
이상태, 물권법, 법원사, 2011
이영준, 물권법, 박영사, 2009
이은영, 리갈 마인드 물권법, 박영사, 2013
정기웅, 채권총론, 법원사, 2000
지원림, 민법강의, 홍문사, 2005
홍성재, 물권법, 대영문화사, 2006

차 례

contents

contents

contents

제 1 편

민법총칙

제1장 서 론

제1절 민법의 의의

I. 실질적 의의의 민법

1. 민법은 사법관계를 규율하는 법규법이다

우리들의 일상생활은 크게 선거권의 행사나 세금의 납부와 같은 국민으로서의 생활관계와 토지의 매매나 고용관계와 같은 단순한 사회의 일원으로서의 생활관계로 나누어진다. 전자는 우리들과 국가와의 관계이고 이것을 공법관계라고 한다. 후자는 사인(私人)간의 관계이고 이것을 사법관계(私法關係)라고 한다.

민법은 이 중 사법관계를 규율하는 법규범이다. 사법은 자유·평등을 지도이념으로 한다. 민법은 사법의 근본법 내지 기본법이다.

2. 민법은 재산관계와 가족관계를 규율하는 법규범이다

민법에서 정하는 사법관계는 재산관계와 가족관계로 나뉜다. 그 중 매매·임대차·고용·교통사고의 손해배상 등 우리들의 생활 중에서 일상 발생하는 생활관계는 거의 재산관계이다. 그리나 친자관계·부부관계·유산의 상속관계도 우리들의 생활에 있어서 대단히 중요하며, 이러한 가족관계에 관해서도 민법이 규정하고 있다.

재산관계를 규율하는 법을 재산법이라 하고, 가족관계를 규율하는 법을 가족법이라 한다. 그러므로 민법은 재산법과 가족법으로 구성된다.

3. 민법의 대상은 법률관계이다

민법은 우리들의 재산과 가족의 생활관계를 정하고 있어도, 이러한 관계의 모든 것이 민법의 규율을 받는 것은 아니다. 그 중에는 연애나 교제·친구관계·사제관계와 같이, 도덕이나 관습·종교 등의 규범에 의해 규율되고 민법의 규율을 받지 않는 것도 있다.

예컨대 친구와 만나기로 한 약속을 어겨도 일반적으로는 그 친구로부터 손해배상을 청구당하지 않는다. 또 연애를 하다 상대방을 바꾸어도 일반적으로는 상대방으로부터 위자료를 청구당하지 않는다. 그것은 이들의 관계가 법률의 지배를 받지 않고 도덕이나 윤리만의 지배를 받는 관계이기 때문이다. 그리고 이러한 관계를 단순한 사실관계라고 말한다.

민법은 甲의 운전부주의로 乙이 교통사고를 당한 경우에 손해배상을 청구하는 등의 법률관계를 규율한다.

4. 민법이 규율하는 것은 재산관계나 가족관계의 일반의 것이다

민법이 우리들의 사생활 중의 재산관계와 가족관계를 규율하여도, 그러한 관계에는 민법 이외에 주택임대차보호법이나 근로기준법의 규율을 받는 것도 있고, 또 재산의 거래관계에 대하여는 민법 이외에 상법의 규율을 받는 것도 있다. 이 경우 민법과 다른 법률은 일반법과 특별법의 관계에 있게 된다. 따라서 민법은 일반사법(一般私法)이다.

민법은 사생활 중의 일반의 관계를 규율하는 것이고, 상법이나 노동법은 사생활 중의 특수한 관계에 관해 민법을 변경·수정하는 형식으로 규율한다. 따라서 사생활 중의 관계에 관해 적용법규를 고려하는 경우에는 먼저 상법이나 노동법과 같이 민법을 변경하고 수정하는 법률인 특별법이 있는가 없는가를 검토하여야 한다. 만약 특별법이 있다면 우선 이러한 법률을 적용한 후, 그러한 규정이 없는 부분에 대하여 비로소 민법을 적용하게 된다.

Ⅱ. 형식적 의의의 민법

1958년에 제정되어 1960년 1월 1일부터 시행되고 있는 현행 민법전(법률 제471호)을 특히 형식적 의의의 민법이라고 한다. 형식적 의의의 민법은 실질적 의의의 민법(일반사법)을 많이 담고 있으나 그 전부를 포함하고 있지는 않으며, 나아가 공법적 내용에 속하는 것(예 : 법인의 기관에 대한 벌칙규정인 제97조)도 있다.

▣ 민법전은 다음과 같이 구성되어 있다.

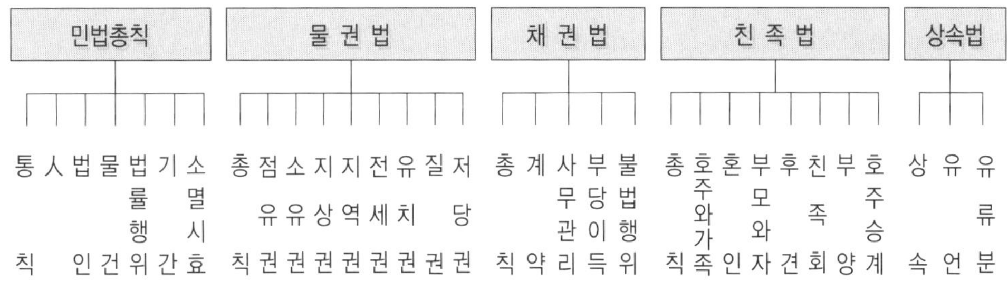

제2절 민법의 법원(法源)

사례

甲이 乙에게 丙을 폭행하라고 청탁하며 그 대가로 500만원을 건넸으나, 乙이 이를 이행하지 않았다. 의 채무불이행을 이유로 甲은 500만원을 반환받을 수 있는가?

Ⅰ. 총 설

1. 법원의 의의

법원(法源)이라는 용어는 법의 형성원인이 무엇인가? 재판의 기준이 되는 법이 무엇인가? 하는 등의 여러 가지 뜻으로 쓰이나, 여기에서 민법의 법원이란 민법의 존재형식을 말한다. 즉 민사분쟁이 생겼을 경우에 그것을 해결하기 위한 실질적 의의의 민법이 어떤 형식으로 존재하고, 그러한 민법의 범위는 어디까지 인가에 관한 것이다.

당사자 간에 분쟁이 발생하면(Fact) 이를 해결할 민법의 내용을 찾아내어(Rule) 문제를 해결한다(Decision). 즉 F × R = D이다. 민법의 법원을 공부하는 목적은 이중에서 룰(Rule)을 찾아내고 이를 해석하여 분쟁을 해결하기 위한 것이다.

2. 민법 제1조의 의의

민법 제1조는「민사에 관하여 법률에 규정이 없으면 관습법에 의하고, 관습법이 없으면 조리에 의한다」고 규정하고 있다. 이 규정은 (ⅰ) 민사관계의 법원이 법률 · 관습법 · 조리라는 것과, (ⅱ) 관습법은 법률이 없을 때에만 보충적으로 적용되고, 조리는 관습법도 없을 때만 최후적으로 적용된다는 것을 의미한다. 요컨대 제1조는 민법의 법원으로 인정되는 범위와 그들 간의 적용순위를 규정하는 것이다.

Ⅱ. 법 률

1. 민법전

민법전은 민법의 법원 가운데서 가장 중요한 것으로서, 1958년 2월 22일에 공포되어 1960년 1월 1일부터 시행되고 있는 현행 민법, 즉 형식적 의의의 민법을 말한다. 민법전은 제1편 총칙 · 제2편 물권 · 제3편 채권 · 제4편 친족 · 제5편 상속으로 구성되어 있다. 민법은 일상생활 전반을 규율하므로, 조문수가 가장 많은 법률이다(1조-1118조).

2. 민법전 이외의 법률

① 민사특별법 중 중요한 것을 보면 다음과 같다.

ⓐ 민법총칙과 관련하여「부재선고 등에 관한 특별조치법」「공익법인의 설립 · 운영에 관한 법률」 등이 있다.

ⓑ 물권법과 관련하여「집합건물의 소유 및 관리에 관한 법률(집합건물법)」「입목에 관한 법률(입목법)」「가등기담보 등에 관한 법률(가등기담보법)」「부동산실권리자 명의등기에 관한 법률(부동산실명법)」등이 있다.

ⓒ 채권법과 관련하여「주택임대차보호법」「신원보증법」「자동차손해배상보장법」「약관규제법」등이 있다.

② 민법의 실체규정을 구체화하기 위해 그 절차를 규정한 민법부속법률로는 「부동산등기법」 「유실물법」 「가족관계등록법」 「공탁법」 「가사소송법」 등이 있다.

3. 명령 · 규칙 · 자치법규

법률 이외에도 대통령령과 같은 행정명령(예 : 민법 제312조의2 단서의 시행에 관한 규정), 대법원규칙(예 : 부동산등기법시행규칙), 지방자치단체의 조례(예 : 민사에 관한 지방자치단체의 조례와 규칙) 등 민법사항을 포함하는 것이 있다.

4. 조　　약

헌법에 의하여 제정 · 공포된 조약과 일반적으로 승인된 국제법규는 국내법과 같은 효력을 가진다(헌법 6조 1항). 따라서 민사에 관한 조약은 민법의 법원이 된다.

대한민국과 중화인민공화국 간의 민사 및 상사사법공조조약(2005.4.27, 조약 제1729호), 민사 또는 상사의 재판상 및 재판 외 문서의 해외송달에 관한 협약(2000.8.1, 조약 제1528호), 대한민국과 호주 간의 민사사법공조조약(2000.1.16, 조약 제1504호), 국게사법재판소규정(1991.9.13, 조약 제1006호) 등이 그 예이다.

5. 헌법재판소결정

헌법재판소결정은 법률과 동일한 효력을 가지고, 법원 · 기타 국가기관과 지방자치단체를 기속하므로, 결정내용이 민사에 관한 것이면 민법의 법원이 된다. 동성동본금혼규정(809조 1항)에 대한 헌법불합치결정(헌재 1997.7.16, 95헌가6) 등이 그 예이다.

[민법 제809조 1항의 위헌여부]

민법 제809조 1항의 동성동본금혼제도는 수백년간 이어져 내려온 우리민족의 혼인풍속일 뿐만 아니라 윤리규범으로 터 잡게 되었다. 혼인제도는 입법부인 국회가 우리민족의 전통 · 관습 · 윤리의식 등 여러 가지 사정을 고려하여 입법정책적으로 결정하여야 할 입법재량사항이다. 따라서 비록 위 조항에 위헌성(인간으로서의 존엄과 기치 및 행복추구권, 개인의 존엄과 양성의 평등 등) 이 있다고 하여도 헌법재판소가 곧바로 위헌결정을 할 것은 아니다. 오히려 입법형성권을 가지고 있는 국회가 우리민족의 혼인풍속 · 윤리의식 · 친족관념 및 그 변화여부 · 동성동본금혼제도가 과연 사회적 타당성이나 합리성을 완전히 상실하였는지 여부 · 그 제도의 개선방법 그리고 동성동분금혼제도를 폐지함에 있어 현행 근친혼금지규정이나 혼인무효 및 취소에 관한 규정을 새로 정비할 필요는 없는지 등을 충분히 고려하여 새로이 혼인제도를 결정할 수 있도록 헌법불합치 결정을 하여야 한다(헌재 1997.7.16, 95헌가6).

[헌법재판소 법률해석의 효력]

합헌적 법률해석을 포함하는 법령의 해석 · 적용 권한은 대법원을 최고법원으로 하는 법원에 전속한다. 따라서 헌법재판소가 법률의 위헌여부를 판단하기 위하여 불가피하게 법원의 최종적인 법률해석에 앞서 법령을 해석하거나 그 적용범위를 판단하더라도 헌법재판소의 법률해석에 대법원이나 각급 법원이 구속되는 것은 아니다(대판 2008.10.23, 2006다6627).

Ⅲ. 관 습 법

1. 의 의

관습법이란 사회에서 반복적으로 행하여지는 관행이 사회 일반인의 법적 확신을 얻어 법규범으로 승인된 것을 말한다(법적 확신설). 사실인 관습이란 사회의 관행에 의하여 발생한 사회생활 규범 중에서 사회의 법적 확신이나 인식에 의하여 법적 규범으로써 승인된 정도에 이르지 않은 것을 말한다.

관습법은 법이므로 법원이 직권으로 그 존재여부를 조사하여야 하나, 사실인 관습은 당사자가 이를 주장 · 입증하여야 한다.

[관습법과 사실인 관습의 차이]

관습법은 바로 법원으로서 법령과 같은 효력을 갖는 관습으로서 법령에 저촉되지 않는 한 법칙으로서의 효력이 있는 것이다. 이에 반하여 사실인 관습은 법령으로서의 효력이 없는 단순한 관행으로서 법률행위 당사자의 의사를 보충함에 그치는 것이다(대판 1983.6.14, 80다3231).

2. 요 건

관습법으로 인정받기 위해서는 (ⅰ) 오랜 기간에 걸쳐 반복된 관행 또는 관례가 존재할 것, (ⅱ) 그러한 관행 또는 관례가 일반인의 법적 확신을 얻어야 한다(법적 확신설 - 다수설). 관습이 언제 관습법으로 되었는가에 대해서는 법원의 판결에 의해 확인되어야 한다. 다만 법원의 확인은 관습법 성립 이후이므로, 관습법은 관습이 법적 확신을 취득한 때 소급하여 성립한다.

3. 효 력

관습법은 민법 제1조의 규정상 법률에 규정이 없는 사항에 한해 보충적으로 적용되는 것이므로, 법률의 규정과 다른 내용의 관습법은 성립할 수 없다고 보는 것이 다수의 견해이다(보충적 효력설). 판례는 성문법(가정의례준칙 13조의 규정)과 배치되는 관습법의 효력을 인정하는 것은 관습법의 제정법에 대한 열후적 · 보충적 성격에 비추어 민법 제1조의 취지에 어긋나는 것이라고 하여(대판 1983.6.14, 80다3231), 보충적 효력설을 취한다. 이에 대하여 관습법이 성문법과 대등한 효력를 가진다는 견해(대등적 효력설)와 성문법을 변경하는 효력을 가진다는 견해(변경적 효력설)도 있다.

다수설인 보충적 효력설이 민법 제1조를 합리적으로 해석하는 견해이다.

[관습법의 효력]

관습법이란 사회의 거듭된 관행으로 생성한 사회생활규범이 사회의 법적 확신과 인식에 의하여 법적 규범으로 승인·강행되기에 이른 것을 말한다. 그러한 관습법은 법원(法源)으로서 법령에 저촉하지 아니 하는 한 법칙으로서의 효력이 있다. 또 사회의 거듭된 관행으로 생성한 어떤 사회생활규범이 법적 규범으로 승인되기에 이르렀다고 하기 위하여는 헌법을 최상위 규범으로 하는 전체 법질서에 반하지 아니하는 것으로서 정당성과 합리성이 있다고 인정될 수 있는 것이어야 한다.

그렇지 아니한 사회생활규범은 비록 그것이 사회의 거듭된 관행으로 생성된 것이라고 할지라도 이를 법적 규범으로 삼아 관습법으로서의 효력을 인정할 수 없다(대판 2005.7.21, 2002다13850).

4. 관습법으로 인정되는 것

(1) 명인방법

수목의 집단이나 미분리(未分離)의 과실을 토지와 독립하여 공시하고 할 때, 그 방법으로 명인방법(明認方法)이 인정된다. 명인방법이란 외부에서 명확히 인식할 수 있는 공시방법을 말한다.

임야에 <입산금지 소유자 甲>과 같은 팻말을 세워두거나(대판 1967.12.18, 66다2282·2283), 나무에 성명을 기재한 목찰(木札)을 부착하는 방법(대판 1976.4.27, 76다72)이 그 예이다.

(2) 관습법상의 법정지상권

토지와 건물이 동일한 소유자에게 속하였다가 매매 기타의 원인으로 양자의 소유자가 다르게 된 때에는 그 건물을 철거하기로 하는 등의 합의가 있었다는 등의 특별한 사정이 없는 한, 건물소유자는 토지소유자에 대하여 그 건물을 위한 관습법상의 법정지상권을 취득한다.

이 경우에 건물을 철거하기로 하는 합의가 있었다는 등의 특별한 사정의 존재에 관한 입증책임은 그러한 사정의 존재를 주장하는 쪽에 있다(대판 1988.9.27, 87다카279).

(3) 분묘기지권

타인의 토지에 분묘를 설치한 자는 일정한 경우에 그 분묘기지에 대하여 지상권에 유사한 분묘기지권을 취득한다. 즉 타인의 토지에 소유자의 승낙 없이 분묘를 설치하고 20년간 평온·공연하게 그 분묘의 기지를 점유하면 지상권에 유사한 관습상의 물권인 분묘기지권을 취득한다(대판 1973.2.26, 72다2454).

이러한 분묘기지권은 봉분 등 외부에서 분묘의 존재를 인식할 수 있는 형태를 갖추고 있는 경우에 한하여 인정되고, 평장되어 있거나 암장되어 있어 객관적으로 인식할 수 있는 외형을 갖추고 있지 아니한 경우에는 인정되지 않는다. 이러한 특성상 분묘기지권은 등기 없이 취득한다(대판 1996.6.14, 96다4036).

(4) 양도담보

민법이 규정하고 있지 않은 비전형담보(非典型擔保)로서 담보의 목적으로 권리이전의 형태를 취하는 것이다. 甲이 금전소비대차에 의하여 乙로부터 5천만원을 빌리면서 그 담보로 시가 8천만원 상당의 甲소유 토지를 乙 앞으로 소유권이전등기를 해 주는 방법이다. 이 경우 甲은 변제기에 5천만원을 변제하고 토지를 다시 찾아오게 된다.

(5) 사실혼

사실상 혼인생활을 하고 있으나 혼인신고가 없기 때문에 법률상 혼인으로 인정되지 않는 부부관계이지만 일정한 법적 보호를 받는다. 甲남과 乙녀가 사실혼관계를 유지하는 동안에 甲이 丙녀와 정교관계를 맺은 경우, 丙은 乙에 대해 불법행위책임을 지게 되어 乙은 법적 보호를 받는다(대판 1965.5.31, 65다14). 그러나 법률상 혼인을 전제로 한 부분에는 보호를 받지 못하는데, 甲이 사망한 경우에 乙은 상속인이 될 수 없다.

Ⅳ. 조 리

조리(條理)란 사물의 도리 또는 사물의 본질적 법칙을 말한다. 조리를 경험칙 · 사회통념 · 법의 일반원칙 · 정의 · 이성 등으로 표현하기도 한다. 민법 제1조는 조리가 법원으로 인정하고 있는가에 관해 학설은 대립한다. 다수설과 판례는 "상무이사를 선인함에 있어 그 보수금액에 관하여 회사의 정관규정이나 주주총회의 결의가 없고, 상관습이나 민법의 규정 또는 민사관습도 없는 경우에 조리에 의하여 상당한 액을 지급하기로 한 것이라고 할 수 있다"(대판 1965.8.31, 65다1156)고 하여, 조리의 법원성(法源性)을 인정한다(적극설).

한편 소수설은 조리를 재판의 준칙으로 인정하는 것은 성문법 아래서 법의 흠결이 불가피한데다가 법관은 재판을 거부할 수 없다는 사실에 기인할 뿐이라 하여, 조리의 법원성을 부정한다(소극설). 조리는 재판의 기준이 되고 법해석의 기준이 되며 또한 법률행위해석의 기준이 되므로, 조리의 법원성을 인정하는 적극설이 타당하다고 본다.

[조리의 법원성]

섭외사건에 대한 준거법으로서 법원(法源)에 관한 민사상의 대원칙에 따라 외국법률 · 외국관습법 및 조리의 순으로 법원이 된다(대판 2006.6.9, 98다35037).

[종중의 구성과 조리]

종중이란 공동선조의 분묘수호와 제사 및 종원 상호간의 친목도모 등을 목적으로 하여 구성되는 자연발생적인 종족집단이므로, 종중구성원의 자격을 성년 남자만으로 제한하는 종래의 관습법은 이제 더 이상 법적 효력을 가질 수 없게 되었다. 그러므로 종중의 이러한 목적과 본질에 비추어 볼 때 공동선조의 성과 본을 같이 하는 후손은 성별의 구별 없이 성년이 되면, 당연히 그 구성원이 된다고 보는 것이 조리에 합당하다(대판 2008.10.23, 2006다66272).

Ⅴ. 판 례

민법 제1조에는 명시되어 있지 않지만, 판례가 민법의 법원(法源)에 해당하는지가 문제된다. 영미법계에서는 선례구속상의 원칙(doctrine of stare decisis)이 적용되어 판례의 법원성이 인정되나, 대륙법계애서는 그 법원성이 인정되지 않는다.

우리 학설 중에도 판례의 독자적 법원성을 인정하자는 주장이 있으나, 상급법원의 판단은 당해사건에 한하여 하급심을 기속하는데 지나지 않고(법원조직법 8조), 판례가 존중되는 것은 판례의 일관성과 법적 안정성을 유지하기 위한 목적이므로, 판례의 독자적 법원성을 인정할 수 없을 것이다.

그러나 대법원판례 위반을 상고심 속행사유로 하고 있고, 대법원이 종전과 다른 판결을 할 때에는 전원합의체에 부의해야 하므로(법원조직법 7조)사실상의 구속력을 갖는다.

사례해결

甲이 乙에게 폭행의 대가로 500만원을 건넸는데, 乙이 약속을 지키지 않아 다툼이 생긴 것이다(Fact). 이에 관해 불법의 원인으로 인하여 재산을 급여한 때에는 그 이익의 반환을 청구하지 못한다는 불법원인급여에 관한 민법 제746조가 적용된다(Rule). 그러므로 甲은 乙에게 청부폭행의 대가로 건넨 500만원의 반환을 청구할 수 없다(Decision).

제3절 민법의 기본원리

Ⅰ. 근대민법의 기본원리

1. 기본이념

중세봉건제도하에서는 사농공상(士農工商) 등의 계급적인 차별이 있어서 이들 사이에 지배·복종의 관계가 형성되어 인간 사이에 자유와 평등이 존재하지 않았다. 또 자기의 소유물에 대해서도 자유롭게 사용하거나 처분할 수도 없었다.

그런데 자유와 평등을 제창한 프랑스혁명이 일어나 개인의 인격존엄이 확립된 이후에는 법률분야에서도 이러한 원칙이 기본으로 되기에 이르렀다. 그것은 개인의 이상적·자주적 또는 자유스런 활동이야말로 사회번영의 기초라는 자유주의 내지 개인주의의 기본이념에 기초한 것이므로 오히려 개인 간의 지배·복종관계는 절대적으로 인정되지 않으며, 법은 개인활동의 최소한도를 규정하는 것에 지나지 않게 되었다. 여기서 근대민법은 다음의 3대 원칙을 근간으로 삼았다.

2. 소유권절대의 원칙

소유권절대의 원칙이란 개인의 생활의근간이 되는 그 소유재산에 대하여 완전하고도 배타적인 지배를 인정하는 원칙이며, 다른 사인(私人)은 물론 국가도 어떤 명목으로든지 간섭하거나 제한을 가할 수 없다는 것이다. 재화에 대해 개인의 절대적인 지배가 승인되지 않으면 개인은 안심하고 재화를 취득할 수 없고, 사회의 번영과 발전을 기할 수 없기 때문이다.

3. 계약자유의 원칙

인간의 자유의사를 전제로 각 개인의 법률관계를 그의 자유로운 의사에 의해 형성할 수 있다는 원칙을 법률행위자유의 원칙이라고 한다. 법률행위자유의 원칙은 특히 계약에서 중요성을 가지므로 계약자유의 원칙이라고도 한다.

계약자유의 원칙에 따라 계약당사자에게는 다음과 같은 자유선택의 가능성이 부여된다. (ⅰ) 어떠한 계약을 체결할 것인가 또는 하지 않을 것인가(계약체결의 자유), (ⅱ) 누구와 계약을 체결할 것인가(상대방선택의 자유), (ⅲ) 어떤 내용의 계약을 체결할 것인가(내용결정의 자유), 어떤 방식에 의하여 계약을 체결할 것인가(방식의 자유) 등이다.

법률행위자유의 원칙에는 사단설립의 자유 · 유언의 자유가 포함된다.

4. 과실책임주의의 원칙

각 개인은 고의(故意) 또는 과실(過失)에 의한 행위에 대해서만 책임을 지고, 타인의 행위에 대하여는 책임을 지지 않는다는 원칙을 과실책임주의의 원칙 또는 자기책임의 원칙이라고 한다. 민법 제750조는 불법행위에 대하여, 민법 제390조는 채무불이행에 대하여 이러한 취지를 규정하고 있다. 과실책임의 원칙은 개인의 자유로운 활동을 간접적으로 보장하여 줌으로써 자유경쟁을 촉진시킨다.

Ⅱ. 3대원칙의 수정

1. 수정의 필요성

근대민법의 기본원리는 각각 인간이 평등한 능력을 가지는 것을 전제로 하여 인간은 평등한 인간 간에 자유롭게 경쟁시키는 것이 사회의 발전향상에 기여하는 것이라는 사고를 배경으로 하고 있다. 그러나 사회의 진전과 더불어 경제적 강약의 정도에 의해 사인 간의 실질적인 불평등이 생겨나 자유로운 경쟁을 할 수 없는 상태가 발생함에 따라 다음과 같이 수정을 받게 되었다.

2. 소유권절대의 원칙의 수정

소유권절대의 원칙은 자유주의를 기조로 하는 자본주의에 조응(照應)하는 것이지만, 독점단계에서는 많은 폐해가 나타났다. 즉 소유권의 절대성은 자본의 독점화·집중화를 초래하여 빈부의 격차를 초래하였고, 소음·오수(汚水)·매연 등 공해현상을 발생시켜 사회복지에 저해가 되었다. 따라서 이 원칙에 대한 반성이 일어나게 되었다.

우리 헌법 제23조는 사유재산권을 보장하되 공공복리에 적합하게 행사할 의무를 부과하고 있다. 이러한 헌법의 취지에 따라 민법 제211조는「소유자는 법률의 범위 내에서 그 소유권을 사용·수익·처분할 수 있다」고 규정하고 있다. 민법의 상린관계규정(216-244조)도 이에 해당하며, 이외에 각종의 특별법(주택임대차보호법 등)에 의하여도 소유권은 제한을 받는다.

3. 계약자유의 원칙의 수정

자본주의의 발전과 더불어 자본의 축적을 둘러싸고 전개되는 자유경쟁은 자본집중화의 현상을 초래하고, 대기업이 경제사회에서 독점적 지위를 점하게 되었다. 그 결과 경제적 약자인 소비자 대중은 대등한 지위에서 계약을 체결할 수 없게 되고, 계약자유는 계약의 부자유로 전화(轉化)되어 계약자유의 원칙은 자기모순에 빠지게 되었다.

그러므로 국가는 경제적 약자를 보호하고 각 개인에게 실질적 평등을 보장하기 위해 계약내용에 간섭하고 계약의 자유를 제한하게 되었다. 따라서 계약자유의 원칙이 무제한 인정되는 것이 아니라, 때로는 계약체결이 강제되기도 하고 계약내용이 변경되거나 그 효력이 부인되기도 한다. 주택임대차보호법·약관규제법·부동산실명법 등이 그 예이다.

4. 과실책임주의의 원칙의 수정

과실책임주의는 경제적 활동, 특히 기업의 경제활동을 촉진하고 사회발전에 기여하였다. 그러나 주본주의의 발전과 더불어 기업이나 교통의 놀랄만한 발달은 고의·과실이 없어도 개인의 주의능력을 초월하여 타인에게 손해를 끼치는 경우가 많게 되었다.

예컨대 공장에서 배출하는 매연이 인근주민들의 건강을 해친다든가, 제약회사에서 배출하는 폐수가 하류에 있는 농작물에 손해를 끼치는 경우이다. 이러한 경우에 대기업이 커다란 이익을 추구함에도 불구하고, 손해발생에 대해 고의·과실이 없어 어떠한 손해배상책임을부담하지 않는다면 사회적으로 대단히 불공평하다.

그러므로 손해의 원인을 제공한 자는 손해발생이 고의·과실에 의한 것인가를 문제삼지 않고, 그 손해를 배상해야 한다는 이론이 출현하게 되었다. 이것을 무과실책임주의라고 한다. 금전채무불이행에 대한 채무자의 책임(397조), 공작물소유자의 책임(758조) 등에서 이러한 취지를 엿볼 수 있다.

제4절 민법의 효력이 미치는 범위

Ⅰ. 때에 관한 효력의 범위

근대 자본주의사회에서의 경제활동은 개개시민의 자유의사에 기해 행해지는 것을 원칙으로 한다. 그때 각 시민은 자기행위에 기해 법적 책임이 발생하지 않도록 주의를 기울여 행동한다. 이러한 의미에서 나중에 제정된 법률의 효력을 과거에 소급시키지 않는다. 이를 법률불소급의 원칙이라고 한다.

법률은 공포일로부터 기산하여 만 20일을 경과하면 효력을 발생하는 것이 원칙이지만, 각 법률에서 시행기일을 정하고 있는 때는 거기에 따른다. 예컨대 민법부칙(2011.3.7) 제1조는 「이 법은 2013년 7월 1일부터 시행한다」고 규정하고 있다.

2. 사람과 장소에 관한 효력의 범위

민법은 국민주권의 효과로서 모든 대한민국 국민에게 적용된다. 우리국민이 대한민국에 있는지 외국에 있는지를 불문한다. 이것을 속인주의라고 한다. 민법은 원칙적으로 인종·신앙·성별·계급·직업 등에 의해 그 적용이 제한되지 않는다.

민법은 영토주권의 효과로서 대한민국의 전 영토에 적용된다. 대한민국의 영토 내에 있는 한국인은 물론 외국인에게도 적용되는 것이 원칙이다. 이것을 속지주의라고 한다. 대한민국은 다른 많은 국가와 마찬가지로 속인주의와 속지주의를 채용하고 있으므로, 같은 형태의 주의를 취하고 있는 국가의 민법과 한국민법 사이에 충돌이 생긴다. 예컨대 우리국민이 외국에서 사법적인 행위를 할 경우에 우리민법을 적용할 것인가, 외국민법을 적용할 것인가가 문제된다. 또한 외국인이 우리나라에서 행한 법률관계도 마찬가지의 문제가 발생한다.

그러므로 국제사법 제3조 이하에서 어느 법률을 적용할 것인가에 대한 원칙을 정하고 있다. 이러한 섭외민사사건의 영역을 강학상 국제사법이라고 한다.

[외국 카지노에서의 도박죄의 위법성]

형법 제3조는 "본법은 대한민국 영역 외에서 죄를 범한 내국인에게 적용한다"고 하여 형법의 적용범위에 관한 속인주의를 규정하고 있다. 또한 국가정책적 견지에서 도박죄의 보호법익보다 좀 더 높은 국가이익을 위하여, 예외적으로 내국인의 출입을 허용하는 폐광지역개발지원에 관한 특별법 등에 따라 카지노에 출입하는 것은 법령에 의한 행위로 위법성이 조각된다고 할 것이다. 그러나 도박죄를 처벌하지 않는 외국 카지노에서의 도박이라는 사정만으로 그 위법성이 조각된다고 볼 수 없다(대판 2004.4.28, 2002도2518).

제5절 민법의 해석

Ⅰ. 민법해석의 의의

민법규정은 상품교환에서 등가성(等價性)의 원칙을 반영하여 당사자 간에 실질적인 공평·평등이 실현되도록 하는 구조와 내용을 가지고 있다. 그러나 실제 사건에 민법을 적용하는 경우에 그 의미내용을 확정하는 작업을 하지 않으면 안 된다. 이것을 민법의 해석이라고 한다.

민법규정의 예를 들면 다음과 같다. 「甲과 乙간에 乙소유의 목조건물과 그 부지를 구입하는 계약을 체결하고 대금을 지불했지만, 목조건물의 일부가 썩은 것으로 판명되었다.」

이러한 사실을 전제로 甲·乙간의 법률관계를 검토하여 일정한 결론을 도출하기 위해서는 민법 제580조 1항 본문의 「매매의 목적물에 하자가 있는 때에는 제575조 1항(매매의 목적물이 지상권·지역권·전세권·질권 또는 유치권의 목적이 된 경우에 매수인이 이를 알지 못하는 때에는 이로 인하여 계약의 목적을 달성할 수 없는 경우에 한하여 매수인은 계약을 해제할 수 있다. 기타의 경우에는 손해배상을 청구할 수 있다)의 규정을 준용한다」는 의미내용을 명확하게 하여야 한다.

그러므로 하자(瑕疵)라는 것이 무엇인가라는 의미를 명백하게 하지 않으면 목조건물의 일부가 썩은 결함이 하자에 해당하는지의 여부를 판단할 수 없다. 甲이 乙에 대하여 위 매매계약을 해제하고 손해배상을 청구하는 것이 가능한지 여부에 대해서는 이러한 여러 가지 점에 대한 해석이 전제되어야 한다.

Ⅱ. 민법의 해석방법

1. 문리를 준시하는 해석(형식적 이유)

(1) 문리해석

문리해석(文理解釋)은 조문을 구성하고 있는 문자의 보통의 의미에 따라 조문의 의미를 이해하는 방법이다. 단어의 통상의 의미와 복수단어의 구성을 문법에 따라 상식적으로 판단하여 그 문장의 의미를 명확하게 하는 것이다. 문리해석이 조문해석의 기본이다. 조문이 일정한 언어로 되어 있는 이상, 언어의 통상적 해석에 의하는 것은 당연하다.

(2) 논리해석

민법전은 1개의 체계에 따라 구성되어 있고, 개개조문은 각각의 편·장·절 등의 가운데 위치되어 있다. 따라서 개개의 조문은 법전의 체계에 모순되지 않도록 해석되어야 한다. 이것을 논리해석(論理解釋)이라고 한다.

2. 취지를 중시하는 해석(입법취지)

(1) 입법자 의사해석

입법자 의사해석이란 그 법규의 입법자의 의사에 따라 법규의 의미·내용을 명확하게 하는 해석이다. 입법자가 어떠한 목적·의도(입법취지)를 가지고 그 법규를 제정했는가에 중점을 둔다. 법규가 어떤 의조를 실현하기 위해 제정된 이상, 그 의도에 따라 해석하는 것이 필요하다. 민법해석학에 있어서 입법취지의 탐구가 중시되는 것은 이 때문이다.

(2) 목적론적 해석

목적론적 해석은 그 법규의 목적을 탐구하고 그 목적에 적합한 해석을 하는 것이다. 이것은 입법자 의사해석을 전제로 한다. 그러나 입법당시의 입법자의 의사에 구속되지 않고, 만약 현재의 상황에서 입법자가 입법을 했더라면 어떤 입법을 했을 것인가를 추측하여 그 조문을 해석하는 방법이다.

3. 결과의 타당성을 중시하는 해석

(1) 결과적 해석

법규의 문리나 목적에 구애받지 않고 어떻게 해석을 하는 것이 구체적으로 타당한 결과가 도출되는가를 판단하여, 타당한 결과를 도출하는 해석방법을 결과적 해석이라 한다. 결과적 타당성이라 해도 어떠한 해석이 결과적으로 타당한가에 대하여는 특히 독자의 가치관에 따라 견해가 다를 수가 있다.

(2) 이익형량론

이익형량론이란 법해석을 실질적인 이익형량(이익의 비교)에 따라 하는 해석방법이다. 해석상의 문제에 관해 대립하는 제이익을 분석하고 그것을 비교고량(比較考量)하여 상식적 가치판단으로서 그 이익 중 어느 것을 어느 정도 보호할 것인가를 판단하고, 각 경우(유형)에 중요한 우선적 가치를 실현하는 해석방법이다.

법규(조문)를 일면적으로 적용하는 것이 아니라, 경우를 유형화하여 그 유형에 따라 가장 타당한 결론을 도출하는 것이다. 경우의 유형화·귀납적 논리의 중시가 이익형량론의 특징이다.

Ⅲ. 해석의 기법

1. 서 설

상기한 해석방법은 실질적 판단의 문제인데 대해서, 해석의 기법은 법해석의 기술적인 문제를 다루는 것이다. 예를 들어 설명하면 다음과 같다.

어느 교량에 <차마(車馬) 통행금지>라는 팻말이 있는 경우, 「이 교량으로 차 또는 말이 통행할 수 없다」라는 규범이 존재한다. 그러나 이 규범이 구체적으로 어떤 것인가에 관해서는 여러 가지 해석론상의 대립이 생길 여지가 있다. 이러한 예에서 몇 가지의 해석기법(解釋技法)을 볼 수 있다.

2. 확장해석과 축소해석

(1) 확장해석

확장해석이란 어느 사실에 대해 규정되어 있는 경우에 그 개념을 넓게 해석하는 방법이다. 상기 예에서 '소'의 통행에 대해서도 '말'의 개념을 확장하여 통행을 금지하는 해석이다.

민법 제98조는 「본법에서 물건이라 함은 유체물 및 전기 기타 관리할 수 있는 자연력을 말한다」고 규정하고 있다. 또 민법은 일물일권주의(一物一權主義)를 채용하고 있으므로 집합물을 1개의 물건으로서 1개의 권리의 대상으로 할 수 있는가라는 것이 문제된다.

예컨대 어느 회사창고의 모든 상품을 일괄하여 양도담보에 제공할 수 있는가. 본래는 창고 내의 개개상품에 대해 그 수만큼의 양도담보가 성립된 것으로 법률구성을 해야 하지만, 거래사회의 요청은 그것으로는 만족하지 않고 복수의 동산을 1개의 물건(집합물)으로써 파악한다. 이것을 승인하는 해석이 물건의 개념을 확장하는 해석이다.

(2) 축소해석

축소해석은 어느 사항에 대해 규정되어 있는 경우에 그 개념을 축소하는 해석이다. 상기 예에서 '리어카'의 통행에 대해서는 여기서의 '차'의 개념을 축소하여 리어카는 통행할 수 있다는 해석이다.

민법 제100조에서는 배우자에게 상속권을 인정한다. 여기서 사실혼관계에 있는 배우자에게도 상속권이 인정되느냐의 문제가 있으나, 법률혼관계에 있는 배우자에게만 상속권이 인정된다. 이와 같이 배우자라도 상속권에 있어서 사실혼배우자는 제외되는 경우가 축소해석의 예이다.

3. 반대해석 · 유추해석 · 물론해석 · 보정해석

(1) 반대해석

반대해석은 어느 사실(A)에 대해서만 규정되어 있는 경우에 그것과 다른 사실(B)에 대하여는 반대의 결론을 인정하는 해석이다. 상기 예에서 '당나귀'의 통행에 대해서는 규정되어 있지 않으므로, 당나귀는 통행할 수 있다고 해석하는 방법이다.

민법 제750조에서 「고의 또는 과실로 인한 위법행위로 타인에게 손해를 가한 자는 그 손해를 배상할 책임이 있다」라는 법명제가 규정되어 있다. 이 규정에서 고의 또는 과실이 없는 한, 타인의 권리를 침해했어도 손해를 배상하지 않는다는 면제를 도출하는 해석방법이 반대해석이다.

(2) 유추해석

유추해석은 어느 사실(A)에 대해서만 규정되어 있는 경우에도 그것과 다른 사실(B)에 대해서도 같은 결과를 인정하는 해석이다. 상기 예에서 '소'는 '말'과 다르지만, 소에 대해서도 이 규범을 유추적용 하여 통행할 수 없다고 해석하는 방법이다.

민법 제751조에서 불법행위에 관하여 정신적 손해를 배상할 책임이 있음을 규정하고 있지만, 채무불이행에 있어서는 정신적 손해에 관하여 아무런 규정을 두고 있지 않다. 이 점에 관하여 양자 사이에 차이를 두어야 할 이유가 없으므로, 채무불이행에 있어서도 불법행위에 관한 정신적 손해배상을 유추적용 하는 경우가 이에 해당한다.

유추해석은 확장해석 · 반대해석과 구별하여야 한다. 확장해석은 법조문의 문자 자체가 가지는 뜻보다 확장하여 해석하는 것을 말하지만, 유추해석과는 달리 어디까지나 당해사항을 규정한 법규를 해석하는 것이다. 반대해석도 법조문의 문자적 표현과 반대되는 해석이므로, 그 법조문을 근거로 해석하는 것인데 대하여, 유추해석은 문제되는 사항에 관하여 법규가 존재하지 않을 때 다른 법규를 적용하는 것이다.

(3) 물론해석

물론해석은 법규에서 일정한 사항을 규정하고 있을 때, 그 성질로 보아 일정한 사항도 당연히 그에 해당한다고 보는 해석방법이다. 상기 예에서 '말'이 통행할 수 없으므로, '코끼리'도 당연히 통행할 수 없다고 해석하는 경우이다.

민법 제396조의 과실상계에 과실보다 중한 귀책사유인 고의도 당연히 이에 포함되는 것으로 해석하는 경우도 물론해석이다.

(4) 보정해석

보정해석은 법규의 문구가 틀렸거나 부정확한 경우 이를 고쳐서 해석하는 것을 말한다. 예컨대 민법 제7조에서는 미성년자가 법률행위를 하기 전에는 법정대리인은 동의를 취소할 수 있다고 규정하고 있는데, 여기서 '취소'를 '철회'로 고쳐 해석하는 것이다.

4. 결 어

이러한 해석의 기법 중 어느 것이 사용되는가는 그 자체로 결정되는 것이 아니고, 전술한 해석방법의 여하에 의한다. 예컨대 입법취지를 살펴보면 (ⅰ) 교량이 자동차나 말의 중량에 견디기 어려운 것, (ⅱ) 타인의 통행에 불편을 주는 것(보행자전용 교량이라는 취지), (ⅲ) 자동차는 배기가스, '말'은 방뇨를 하는 것, (ⅳ) 자동차의 경적 · 엔진소리나 말울음 소리 등 소음을 내는 것 등 여러 가지의 목적이 고려되어 취지(목적)를 중시하는 해석을 채택하면 그것이 어느 것인가에 따라 결론은 달라질 것이다.

상기 (ⅰ)의 중량제한의 취지였던 경우 입법 당시의 교량이 목저였지만, 현재는 석조 또는 철교로 바뀌어 '말'이나 통상의 자동차는 중량에 문제가 없게 된 경우 어떻게 해석할 것인가가 특히 문제된다.

Ⅳ. 민법해석의 사명

민법의 적용은 모든 사람에 대해, 모든 동종의 사례에 대해 공평하게 하여야 한다(민법해석의 법적 안정성). 또한 구체적 사례에 관해 타당한 결론을 도출하여야 한다(민법해석의 구체적 타당성).

일반적으로 문리해석·논리해석·반대해석은 법적 안정성의 확보에 적합하고, 목적론적 해석과 유추해석은 구체적 타당성의 확보에 적합하다. 전자를 중시하면 타당한 결론을 도출할 수 없고, 후자를 중시하면 민법의 해석을 주관적인 이익형량에 치우치게 될 것이다. 민법해석학을 공부하는데 있어서는 이 점에 관한 균형감각을 기르는 노력을 기울여야 할 것이다.

제6절 사법상의 권리와 그 행사

Ⅰ. 권리의 본질

1. 권리의 개념

권리는 법률관계의 중신개념이며, 그 본질이 무엇인가에 대하여 법철학의 영역에서도 논의가 되어 왔을 정도로 근본적인 문제이다.

이에 관해서는 (ⅰ) 법에 의하여 주어진 의사의 힘 또는 의사의 지배를 권리라고 하는 의사설(Savigny, Windsheid), (ⅱ) 권리를 법에 의하여 보호되는 이익이라고 하는 이익설(Jhering), (ⅲ) 자기의 일정한 이익을 주장할 수 있는 법률상의 힘을 권리라고 설명하는 권리법력설(Enneccerus) 등의 견해들이 주장되고 있다. 이 중 오늘 날 지배적인 견해는 권리법력설이다. 따라서 권리란 「일정한 사회생활의 이익을 향수하기 위하여 법이 인정하는 힘」이라고 정의할 수 있다. 이러한 권리는 최종적으로 국가에 의하여 그 실현이 보장된다.

甲이 전원주택을 짓기 위하여 乙소유의 토지를 매수한 경우를 생각해 보자. 매수인 甲이 매도인 乙에 대하여 위 토지의 인도를 청구할 수 있는 경우에 甲의 권리는 위 토지를 인도받아 그 위에 건물을 짓는 등의 용도로 토지를 이용할 수 있다는 이익을 그 내용으로 하고 있으며, 그 이익을 얻기 위하여 甲은 乙에 대하여 그 인도를 청구할 수 있는 힘을 갖추게 된다. 그런데 만일 甲의 이러한 청구가 있음에도 불구하고 乙이 그 의무를 이행하지 않는다면 甲은 최종적으로 국가(법원)의 힘에 의하여 토지이용이라는 자신의 이익의 실현을 꾀할 수 있게 된다.

2. 구별개념

(1) 권 한

권한이란 타인을 위하여 그 자에 대하여 일정한 법률효과를 발생케 하는 행위를 할 수 있는 자격을 말한다. 대리인의 대리권 · 법인의 이사의 대표권이 그 예이다.

(2) 권 능

권능이란 권리의 내용을 이루는 각개의 법률상의 힘을 말한다. 소유권은 사용권 · 수익권 · 처분권 등의 권능으로 이루어진다.

(3) 권 원

권원이란 법률상 · 사실상의 행위를 정당화하는 근거(원인)를 말한다. 예컨대 타인의 물건을 점유할 수 있는 권원에는 임차권 · 질권 · 유치권 등이 있다.

Ⅱ. 권리의 종류

1. 내용에 의한 분류

(1) 재산권

재화 · 용역으로부터 나오는 사회생활상의 이익을 내용으로 하는 권리이다(물권 · 준물권 · 무체재산권 · 채권 등).

(2) 인격권

권리의 주체와 분리할 수 없는 인격적 이익의 향수를 내용으로 하는 권리이다(생명권 · 신체권 · 자유권 · 명예권 · 정조권 · 성명권 등).

(3) 가족원

일정한 가족상의 신분 또는 상속인의 지위로부터 발생하는 권리이다(친족권 · 상속권).

(4) 사원권

단체의 구성원이라는 지위에 기하여 단체에 대하여 가지는 권리이다(자익권 · 공익권). 자익권은 단체로부터 구성원의 이익의 향수를 내용으로 하는 권리(법인의 시설이용권 · 이익배당금청구권 등)이며, 공익권은 구성원이 단체의 관리 · 운영에 참여할 수 있는 권리(의결권 · 업무집행권 등)이다.

2. 작용에 희한 분류

(1) 지배권

타인의 행위를 개재시키지 않고서 일정한 객체데 대하여 직접 지배력을 발휘할 수 있는 권리이다(물권 · 무제재산권 · 인격권 · 친권 등).

(2) 청구권

특정인이 다른 특정인에 대하여 일정한 행위, 즉 작위(作爲) 또는 부작위(不作爲)를 요구하는 권리이다(채권). 청구권은 물권·채권·친족상속권 등과 같이 모든 권리에서 발생한다. 즉 청구권은 물권·채권 등의 권리의 내용이나 효력이다.

(3) 형성권

권리자의 일방적인 의사표시에 의하여 법률관계의 발생·변경·소멸을 일어나게 하는 권리이다(취소권·해제권 등). 예를 들어 미성년자 甲이 乙과의 계약을 취소하고자 하는 경우에 취소의 의사표시만 하면 그것으로 계약은 취소된다.

(4) 항변권

청구권의 행사에 대하여 그 작용을 저지할 수 있는 효력을 가지는 권리이다. 항변권은 청구권의 행사를 일시적으로 저지할 수 있는 연기적 항변권(예 : 동시이행의 항변권)과 영구히 저지할 수 있는 영구적 항변권(예 : 상속에 있어서 한정승인)이 있다.

3. 기타의 분류

(1) 일신전속권 · 비전속권

권리와 주체간의 결합정도에 따른 구별로 일신전속권은 권리의 성질상 타인에게 귀속할 수 없는 권리이고(가족권·인격권), 비전속권은 양도성과 상속성이 있는 권리이다(재산권).

(2) 절대권 · 상대권

의무자의 범위기준에 따른 구별로 절대권은 모든 일반인을 의무자로 하여 모든 사람에게 주장할 수 있는 권리이며 대세권(對世權)이라고도 한다. 물권·무체재산권·친권·인격권 등 지배권이 이에 속한다. 상대권은 특정인을 의무자로 하여 그 자에 대하여만 주장할 수 있는 권리이며 대인권(對人權)이라고도 한다. 채권이 이에 속한다.

(3) 주된 권리 · 종된 권리

다른 권리에 대하여 종속관계에 서는 권리를 종된 권리라고 한다. 즉 종된 권리는 주된 권리의 존재를 전제로 하여 발생한다. 예컨대 저당권은 그 피담보채권의 종된 권리이며, 이자채권은 원본채권의 종된 권리이다.

(4) 기성의 권리 · 기대권

기성의 권리는 권리의 성립요건이 모두 실현되어서 성립한 권리를 말한다. 이에 대해 기대권은 권리발생요건 중의 일부분만이 발생하고 있을 뿐이어서 남은 요건이 성취되면 장차 권리를 취득할 수 있다는 현재의 기대상태에 대하여 법이 보호 해주는 권리이다. 조건부권리·기한부권리·장속개시 전의 추정상속인의 지위 등이 그 예이다.

Ⅲ. 권리의 행사와 그 한계

1. 권리의 행사

권리의 행사란 권리의 내용을 구체적으로 실현하는 것을 말한다. 권리의 행사방법은 권리의 내용에 따라 달라진다. 예컨대 소유권은 지배권의 일종이므로 목적물을 직접 사용·수익·처분함으로써 행사되고, 청구권은 상대방에 대하여 일정한 행위를 요구함으로써 행사된다. 또한 취소권과 같은 형성권의 행사는 권리자가 일방적 의사표시를 함으로써, 항변권의 행사는 이행청구를 거절함으로써 이루어진다.

2. 권이행사의 한계

(1) 민법 제2조

근대민법의 기본원칙에 따라 권리의 행사는 권리자에게 자유로이 맡겨져 있었다. "자기의 권리를 행사하는 자는 누구에게도 불법을 행하는 것이 아니다"라는 법언은 이러한 사상을 잘 나타낸다. 그런데 이러한 근대적 사상은 권리개념의 확대와 사회의 발전과 더불어 수정이 필요하게 되었다. 권리상호 간의 충돌이나 사회구성원 전체의 이익과의 고려 등이 문제 되었고, 이를 위하여 권리행사에 일정한 제한이 필요하다는 논의가 전개된 것이다. 우리민법 제2조는 바로 이에 관한 것이다.

민법 제2조는 1항에서 「권리의 행사와 의무의 이행은 신의에 좇아 성실히 하여야 한다」는 신의성실의 원칙을 규정하고, 제2항에서 「권리는 남용하지 못한다」는 권리남용의 금지를 권리행사의 한계로서 규정하고 있다.

(2) 신의성실의 원칙

사례

甲은 그 소유의 토지를 A건설회사에 매도하기로 하는 매매계약을 체결하였다. 그런데 甲은 계약금만 지급받은 상태에서 A회사가 그 토지 위에 건물을 신축하도록 사용승낙을 한 다음 그 등기까지 넘겨주었다. 이에 따라 A회사가 그 지상에 150세대가 입주할 수 있는 건물을 완공하여 乙 등에게 분양하였다.

그 후 갑은 A회사의 잔대금 미지급을 이유로 위 토지매매계약을 적법하게 해제하고 소유권등기를 회복하지 않은 채, 乙 등을 상대로 소유권에 기하여 위 건물의 철거 및 대지의 인도를 구하는 소를 제기하였다. 甲의 주장은 정당한가?

1) 의 의

사회공동생활의 일원으로서 서로 상대방의 신뢰를 헛되이 하지 않도록 성의 있게 행동하여야 한다는 원칙을 신의성실의 원칙 또는 신의칙이라고 한다. 경매목적이 된 부동산의 소유자가 배당기일에 자신의 배당금을 이의 없이 수령하고 경락인에게 부동산을 임으로 명도해 준 후, 경매절차가 무효라고 주장하는 것은 신의성실의 원칙에 어긋난다(대판 1993.12.24, 93다42603).

신의칙은 민법 전체 나아가 법 일반에 적용되는 원칙이지만, 특히 채권법에 있어서 가장 중요한 역할을 한다.

[신의성실의 원칙의 의미]

신의성실의 원칙은 법률관계의 당사자가 상대방의 이익을 배려하여 형평에 어긋나거나, 신뢰를 저버리는 내용 또는 방법으로 권리를 행사하거나 의무를 이행하여서는 아니 된다는 추상적 규범이다. 선의성실의 원칙에 위배된다는 이유로 그 권리의 행사를 부정하기 위해서는 상대방에게 신뢰를 공여하였다거나, 객관적으로 보아 상대방이 신의를 가짐이 정당한 상태에 있어야 한다. 따라서 이러한 상대방의 신의에 반하여 권리를 행사하는 것이 정의관념에 비추어 용인될 수 없는 정도의 상태에 이르러야 할 것이다(대판 2003.4.22, 2003다2390 · 2406).

2) 적 용

권리의 행사가 신의칙에 반할 때에는 권리남용이 되어 권리행사 본래의 효과를 거둘 수 없게 된다. 의무의 이행이 신의칙에 반할 때에는 의무이행으로 인정되지 않는 결과 채무불이행이 된다. 따라서 신의칙이 독자적으로 문제되는 것은 법규나 계약내용의 해석기준으로서 그 흠결을 보충하거나, 법규의 해석 · 적용을 구체적인 사례에서 적용하는 경우이다.

신의성실의 원칙에 반한 것은 강행규정에 위배되는 것으로서 당사자의 주장이 없더라도 법원이 직권으로 판단할 수 있다(대판 1998.8.21, 97다37821).

[보증인의 구상금청구와 신의칙의 제한요건]

보증인이 채권자에 대하여 보증채무를 부담하지 아니함을 주장할 수 있었는데도 그 주장을 하지 아니한 채 보증채무의 전부를 이행하였다면, 그 주장을 할 수 있는 범위 내에서는 신의칙상 그 보증채무의 이행으로 인한 구상금 채권에 대한 연대보증인 들에게도 그 구상금을 청구할 수 없다(대판 2006.3.10, 2002다1321).

3) 파생원칙

신의성실의 원칙은 여러 가지 다른 모습으로 적용될 수 있는데, 이것이 신의칙으로부터 파생되는 원칙이다.

(a) 사정변경의 원칙

법률행위 성립 시에 기초가 된 사정이 그 후 예견할 수 없었던 원인으로 크게 변경되어 계약내용을 강제하는 것이 신의칙상 가혹한 경우에 계약의 변경 내지 해제를 인정하는 원칙이다. 우리민법에는 이 원칙에 기한 규정이 산재하고 있으나(286조의 지료증감청구권 · 312조의 2의 전세금증감청구권 · 627조의 임차물멸실로 인한 감액청구 또는 해지권 등), 이 원칙을 직접 규정하는 일반규정은 없다.

판례는 다음과 같은 요건을 갖춘 경우에는 사정변경의 원칙을 인정한다. 즉 계약성립 당시의 사정이 변경되었음을 이유로 계약의 이행을 거부할 수 있으려면, (ⅰ) 사정의 변경이 당사자가 예견하지 못하거나 예견할 수 없는 것이어야 하며, (ⅱ) 그 사정변경이 당사자의 귀책사유에 의한 것이 아니어야 하며, (iii) 그 사정변경의 결과 당사자에게 계약내용대로 이행을 강요하는 것이 신의칙상 현저하게 부당하다고 인정되는 경우라야 한다(대판 1976.4.2, 75다2973).

사정변경을 인정한 사례

임대차계약에 있어서 차임불증액의 특약이 있더라도 그 약정 후 그 특약을 그대로 유지시키는 것이 신의칙에 반한다고 인정될 정도의 사정변경이 있다고 보여지는 경우에는 형평의 원칙상 임대인에게 차임증액청구를 인정하여야 한다(대판 1996.11.12, 96다34061).

사정변경을 부정한 사례

지방자치단체로부터 매수한 토지가 공공용지에 편입되어 매수인이 의도한 음식점 등의 건축이 불가능하게 되었더라도 이는 매매계약을 해제할만한 사정변경에 해당하지 않고, 매수인이 의도한 주관적인 매수목적을 달성할 수 없게 되어 손해를 입었다 하더라도 매매계약을 그대로 유지하는 것이 신의칙에 반한다고 볼 수 없다(대판 2007.3.29, 2004다31302).

(b) 실효의 원칙

실효(失效)의 원칙은 권리자가 장기간 권리를 행사하지 않아 상대방이 이제는 권리를 행사하지 않을 것으로 믿을 만한 정당한 사유가 있게 된 경우, 새삼스럽게 그 권리를 행사하는 것은 신의칙에 반하여 허용되지 않는다는 원칙이다.

임대인 甲이 임차인 乙에게 월 50만원의 임대료를 요구했으나 乙은 45만원씩만 지급하였다. 甲은 45만원씩 2년을 받은 후 120만원(5만원 × 24개월)의 차임을 청구한 경우, 甲의 차임청구는 신의칙에 반하여 허용되지 않는 경우가 그 예가 된다.

판례는 실효의 원칙을 인정한다. 즉 일반적으로 권리의 행사는 신의에 좇아 성실히 하여야 하고 권리는 남용하지 못하는 것이므로, 해제권을 갖는 자가 상당한 기간이 경과하도록 이를 행사하지 아니하여 상대방으로서도 이제는 그 권리가 행사되지 아니할 것이라고 신뢰할 만한 정당한 사유를 갖기에 이르러, 그 후 새삼스럽게 이를 행사하는 것이 법질서 전체를 지배하는 신의성실원칙에 위반하는 것으로 인정되는 결과가 될 때에는 이른바 실효의 원칙에 따라 그 해제권의 행사가 허용되지 않는다고 한다(대판 2005.10.28, 2005다45827).

[실효의 원칙의 적용요건]

권리자가 장기간에 걸쳐 그 권리를 행사하지 아니하여 새삼스럽게 그 권리를 행사하지 않는 것이 신의칙의 원칙에 위반되어 허용되지 아니한다고 하려면, 의무자인 상대방이 더 이상 권리자가 그 권리를 행사하지 아니할 것으로 믿을만한 정당한 사유가 있어야 한다(대판 2002.1.8, 2001다60019).

[인지청구권과 실효의 원칙의 적용여부]

인지청구권은 본인의 일신전속적인 신분관계상의 권리로서 포기할 수 없으며 포기하였더라도 그 효력이 발생하지 않는다. 따라서 인지청구권 행사에는 실효의 법리가 적용되지 않는다(대판 2001.11.27, 2001므1353).

(c) 금반언의 원칙

자신의 선행행위(先行行爲)와 모순되는 행위는 신의칙상 허용되지 않는다는 원칙이다. 예컨대 변제약속 당시에는 원고가 적법한 양수인이 아니었음을 들어 위 채무승인의 효력을 부인하면서 소멸시효의 항변을 하는 것은 신의성실 또는 금반언(禁反言)의 원칙상 허용될 수 없다(대판 1966.4.26, 95다49417). 또한 타인의 대리인이라 칭하고 금전소비대차계약을 체결하고 동시에 스스로 보증계약을 체결한 자가 무권대리를 이유로 주채무가 성립하지 않아 보증채무도 발생하지 않는다고 주장하는 것은 허용되지 않는다.

다만 강행법규위반을 알면서 스스로 그러한 행위를 한 당사자가 후에 그 행위가 강행법규위반으로 무효라고 주장하는 것이 신의칙에 반하는가가 문제된다. 판례는 신의칙에 반하여 무효라고 주장할 수 없다면, 금지하려 했던 것이 실현되는 결과가 되므로 이러한 경우에는 금반언원칙을 부인한다. 따라서 강행법규인 국토관리법을 위반한 토지거래에 있어서 위반한 자가 스스로 무효임을 주장하는 것은 신의칙에 반하지 않는다(대판 1993.12.24, 93다44319).

[퇴직금수령과 금반언의 원칙]

근로자 甲 자신이 아닌 그의 형 乙에 의하여 사직원이 작성·제출되었음을 이유로 의원면직의 무효확인을 구하는 사안에서, 乙이 사직원을 제출하게 된 경우 및 甲이 아무런 이의 없이 퇴직금을 수령한 점 등 제반사정에 비추어 볼 때, 의원면직일로부터 5년이 경과한 후에 위와 같은 소를 제기하는 것은 신의칙 내지 금반언의 원칙에 반하는 것으로서 부적법하다(대판 2005.10.28, 2005다45827).

[선행행위에 반한 강행법규위반 주장여부]

강행법규에 위반하여 무효인 수익보장약정이 위탁회사가 먼저 제의하여 체결된 것이라고 하더라도, 이러한 경우에 강행법규를 위반한 자가 스스로 그 약정의 무효를 주장함이 신의칙에 위반되는 권리의 행사라는 이유로 배척한다면, 이는 오히려 강행법규에 의하여 배제하려는 결과를 실현시키는 셈이 되어 입법취지를 완전히 몰각하는 것이 된다. 그러므로 달리 특별한 사정이 없는 한 위와 같은 주장이 신의성실의 원칙에 반한다고 할 수 없다(대판 1999.3.23, 99다4405).

사례해결

사례에서 甲은 소유권에 기한 물권적 청구권의 행사로서 건물철거 및 대지인도를 구하고 있다. 그런데 甲은 A회사와의 토지매매계약을 적법하게 해제하였으나 아직 소유권등기를 회복하지 않고 있다. 그러므로 본 설문은 계약해제의 효과와 관련하여 민법 제213조·제214조 소정의 물권적 청구권을 행사함에 어떤 영향을 미치는지 여부와 건물철거 및 대지인도를 구하는 甲의 주장 자체는 정당함을 전제로 하여, 甲의주장이 신의성실의 원칙에 반하는지 여부가 문제될 수 있다.

사례에서 甲이 乙 등에 대해 소유권에 기한 물권적 청구권을 행사하는 것은 일응 정당하다고 할 것이다. 그러나 甲은 위 토지에 대하여 A회사로 하여금 건물을 신축하는 데 사용하도록 승낙하였고 이를 신뢰하여 A회사가 그 지상에 건물을 신축하였다, 그러므로 甲이 乙 등에 대하여 건물철거 및 대지인도를 구하는 것은 신의칙에 반하는 권리행사로써 적용될 수 없다고 할 것이다. 따라서 甲의 주장은 허용되지 않는다.

(2) 권리남용금지의 원칙

사례

X토지는 도로로 사용되어 오다가 소유자의 세금체납으로 공매하게 되었으나 이 토지는 도로 이외의 용도로 사용하기엔 어려움이 있어, X토지의 공매가액이 상당히 저액임에도 불구하고 매수를 원하는 사람이 나타나지 않았다. 그러던 중 이러한 사정을 모두 알고 있는 甲이 감정시가보다 더 싸게 X토지를 매수하였다. 그 후 甲은 이 도로를 이용하는 인근 토지소유자인 乙을 상대로 통행금지와 부당이득금청구 및 매수청구 등의 소송을 제기하였으나, 주위토지통행권이 인정되어 통행금지청구구분은 패소되었다.

이에 甲은 다시 X토지를 침범함 乙소유 건축물의 철거와 그 부분토지의 인도를 구하는 소를 제기하였다. 그런데 X토지의 면적이 100평임에 비하여 철거를 구하는 건축물의 침범부분은 4평에 불과하였다. 이 때 甲의 청구는 정당한가?

1) 의 의

권리의 남용이란 외형상으로는 권리의 행사인 것 같이 보이나, 실질적으로는 권리의 사회성·공공성에 반하여 정당한 권리의 행사로 시인되지 못하는 권리행사를 말한다. 권리남용금지의 원칙이란 「권리는 남용하지 못한다」(2조 2항)는 민법 전체에 통하는 기본원리를 말한다.

2) 요 건

판례는 권리행사가 권리남용에 해당하기 위해서는 주관적으로 그 권리행사의 목적이 오직 상대방에게 고통을 주고 손해를 입히려는 데 있을 뿐 행사하는 사람에게 아무런 이익이 없는 경우이어야 하고, 객관적으로 그 권리행사가 사회질서에 위반된다고 볼 수 있어야 한다. 이와 같은 경우에 해당하지 않는 한 비록 그 권리행사에 의하여 권리행사자가 얻는 이익보다 상대방이 잃을 손해가 현저히 크다 하여도 그러한 사정만으로는 이를 권리남용이라 할 수 없다고 한다(대판1998.6.26, 97다42823).

학설은 주관적 요건은 필요로 하지 않는다는 입장이다(통설). 판례도 타인을 해할 목적은 객관적 사정에 의해 추인할 수 있다고 하여 주관적 요건을 완화하고 있다.

임대인이 차임지급을 지체하고 있는 임차인에 대해 최고하고 계약을 해지한 경우, 임대인 토지 위에 임차인 소유의 고층건물이 서 있다는 이유만으로 권리남용이 되는 것은 아니다(대판 1962.4.18, 4294민상981). 다만 이러한 주관적 요건은 권리자의 정당한 이익을 결여한 권리행사로 보여지는 객관적인 사정에 의하여 추인할 수 있다(대판 1998.6.26, 97다42823).

약 90만평에 이르는 농지에 농업용수를 공급하는 수로(水路)가 오래 전부터 설치되어 있는 토지를 매수한 甲이 자신의 소유권행사로써 그 수로를 폐쇄하는 경우, 새로운 수로개발을 위해 막대한 시간과 비용이 들고, 반면 甲에게 큰 이익이 없다면 그 수로폐쇄는 권리남요에 해당하여 이를 행사할 수 없다(대판 1991.10.25, 91다27273).

3) 효 과

권리남용이 허용되지 않는다는 것은 권리행사의 효과가 생기지 않는다는 것을 의미하며, 구체적으로 그 효과는 다음과 같다.

① 소유권의 권능의 하나인 물권적 청구권의 행사가 남용에 해당하는 경우에는 타인의 형식적 침해행위를 배척하는 효력이 발생하지 않는다. 따라서 10층 아파트건물 중 5평에 대하여 소유권에 기한 철거 및 인도를 청구하는 행위는 권리남용에 해당한다.

② 형식적으로는 권리행사라도 타인의 이익을 위법하게 침해하면 효과가 발생하지 않을 뿐만 아니라 손해배상책임을 부담하게 되는 경우도 있다.

③ 권리남용의 경우에 권리 자체의 박탈이 법정되어 있는 경우도 있다(924조 · 925조).

권리남용을 인정한 사례

- 한국전력공사가 정당한 권원에 의하여 토지를 수용하고 그 지상에 변전소를 건설하였으나 손실보상금을 공탁함에 있어서 착오로 부적법한 공탁이 되어 수용재결이 실효됨으로써 토지에 대한 점유권원이 상실된 경우, 변전소가 철거되면 6만여 가구에 대하여 전력공급이 불가능하므로 변전소의 철거와 토지의 인도를 환수하는 것은 권리남용에 해당한다(대판 1999.9.7, 99다27613).
- 확정판결의 내용이 실체적 권리관계에 배치되는 경우 그 판결에 의하여 집행할 수 있는 것으로 확정된 권리의 성질과 그 내용, 판결의 성립경위 및 판결 성립 후 집행에 이르기까지의 사정, 그 집행이 당사자에게 미치는 영향 등 제반사정을 종합하여 볼 때, 그 확정판결에 기한 집행이 현저하게 부당하고 상대방을 하여금 그 집행을 수인하도록 하는 것이 정의에 반함이 명백하여 사회생활상 용인할 수 없다고 인정되는 경우에는 그 집행은 권리남용으로서 허용되지 않는다(대판 2001.11.13, 99다32899).

권리남용을 부정한 사례

- 담보목적물의 가액평가에 이의가 있는 담보권자로서 정리담보권확정의 소를 제기하지 않았거나 제기하였다가 취하한 경우, 위 담보권자에 대하여 정리계획인가결정으로 소멸한 담보권의 목적물반환을 청구하는 것이 신의성실에 반하거나 권리를 남용한 것이라고 볼 수 없다(대판 2005.7.28, 2005다17518).
- 상속채무를 부담하게 될 상속인의 행위가 단순히 피상속인에 대한 사망신고 및 상속부동산에 대한 상속등기를 게을리 함으로써 채권자로 하여금 사망한 피상속인을 피신청인으로 하여 상속부동산에 대하여 당연무효의 가압류를 하도록 방치하고 그 가압류에 대하여 이의를 제기하거나 피상속인의 사망사실을 채권자에게 알리지 않은 정도에 그치고, 그와 달리 채권자의 권리행사를 저지 · 방해할만한 행위에 나아간 바 없다면 위와 같은 소극적인 행위만을 문제 삼아 상속인의 소멸시효완성 주장이 신의성실의 원칙에 반하여 권리남용으로써 허용될 수 없다고 볼 것은 아니다(대판 2006.8.24, 2004다26287 · 26294).

사례해결

X토지의 소유자인 甲은 자신의 토지의 일부가 乙에 의해 침해되었으므로 X토지의 소유권침해에 대하여 물권적 청구권, 즉 방해배제청구권을 행사할 수 있다. 그러나 X토지면적 가운데 극히 일부분이 침해되어 甲이 계속하여 철거를 요구하는 것이 권리남용에 해당하는지가 문제된다.

甲은 X토지가 도로 이외의 용도로 사용하기에는 어려움이 있다는 것을 알고 있으면서도, 乙을 상대로 통행금지와 부당이득반환청구 및 매수청구 등의 소송을 제기하여 패소하였다. 그리고 소송을 통하여 이루려는 목적 및 침해된 부분의 면적이 4평으로 특히 작은 부분이라는 것을 고려할 때, 甲이 소유권에 기하여 침해된 건축물의 철거와 그 부분토지의 인도를 구하는 것은 권리남용에 해당한다. 따라서 甲의 주장은 배척되어야 한다. 그러나 이와는 별개로 甲은 불법행위에 기한 손해배상 또는 부당이득반환을 청구할 수 있다.

Ⅳ. 사권의 실현

사권(私權)을 실현하기 위해 타인의 협력을 필요로 하는 경우, 그 타인이 협력하지 않을 때는 법률이 정한 절차에 따라 법원에 협력을 구해야 한다. 자력으로 권리내용을 실현하는 자력구제(自力救濟)는 원칙적으로 허용되지 않는다(명문규정은 없다).

그러므로 금전채권을 가지는 자가 채무자의 재산을 강제로 빼앗는 것 또는 자기 토지 위에 무단으로 타인이 건물을 건축한 경우에 그 건물을 파괴하는 것 등은 허용되지 않는다. 법치국가에서는 최종적인 권리실현은 재판을 통해 이루어져야 하기 때문이다.

그러나 긴급한 사정이 있어서 후에 국가(법원)의 보호를 받는 것이 불가능하거나 또는 대단히 곤란할 경우에는 예외적으로 자력구제를 허용한다. 민법은 점유침탈의 경우에 점유자에게 자력구제를 허용하고 있다(209조). 즉 甲의 카메라를 乙이 빼앗아 달아나는 경우에 甲은 현장에서 乙을 추적하여 카메라를 탈환할 수 있다.

점유침탈 이외에도 정당한 자력구제행위를 초법규적 위법성 조각사유로 보아 일반적으로 자력구제를 이정하는 것이 타당할 것이다. 다만 자력구제행위는 청구권보전을 위한 상당한 이유가 있어야 하고, 그 수단도 선량한 풍속 기타 사회질서에 위반되어서는 안 될 것이다.

제7절 민법총칙의 내용

Ⅰ. 민법총칙의 구성

민법 제1편 총칙(1조~184조)은 모두(冒頭)에 통칙으로 법원(1조)과 신의칙 및 권리남용금지(2조)에 관한 조항이 있다. 이어서 자연인·법인·기간·소멸시효의 7장으로 구성되어 있다.

권리를 중심으로 권리의 주체(누가 권리를 가지는가)로서의 자연인과 법인의 장(章), 권리의 객체(무엇에 대해 권리가 성립하는가)로서의 물건의 장, 권리변동의 원인(무엇을 원인으로 권리의 발생·변경·소멸이 생기는가)으로서의 법률행위·소멸시효의 장, 시효와 관련하여 시간의 흐름의 계산방법에 관한 기간의 장을 소멸시효 전에 규정하고 있다.

Ⅱ. 민법총칙의 통칙성

총칙이란 전체의 통칙, 즉 전체에 공통되는 사항을 정한 것을 말한다. 민법은 독일민법에 따라 판덱텐식 편성이라는 번전편찬방식을 채용하여 공동으로 문제되는 사항은 총칙이라는 형태로 가능한 한 처음에 규정하고, 나중에 공통되지 않은 사항에 관한 각론을 규정하였다.

총칙편은 법전형식에서 보면 민법전체의 통칙성을 정한 것이 된다. 즉 재산법(물권편·채권편)과 가족법(친족편·상속편)의 통칙이라는 형식이 된다. 그러나 총칙편은 재산법의 통칙에 불과하고, 가족법에는 원칙적으로 적용되지 않는다. 재산법과 가족법은 원리를 달리하고 총칙의 규정을 적용하면 부당한 결과를 초래하는 것이 많기 때문이다.

총칙편 가운데 신의칙·권리남용금지·주소·부재와 실종·물건·기간 등에 관한 규정은 민법전체에 적용되는 통칙적 성격을 가지고 있다. 그러나 법률행위·대리·소멸시효 등 총칙편의 대부분은 재산법에 대해서만 총칙적 규정으로서의 실질을 가지며, 가족법에 대한 총칙으로서의 성격은 희박하다.

제2장 권리의 주체

제1절 총 설

Ⅰ. 인격의 의의

인격(人格)이란 권리 · 의무의 귀속주체가 될 수 있는 법적 지위로서 법인격이라고도 한다. 권리 · 의무의 귀속지점이 될 수 있는 능력이라는 관점에서 표현하는 경우에는 권리능력이라고 한다. 즉 권리능력은 권리의 주체가 될 수 있는 자격 내지 지위를 말한다.

노예제사회에서의 노예는 인격을 인정받지 못했으므로, 법적으로는 권리의 주체가 아니고 우마(牛馬)와 마찬가지로 권리(소유권)의 객체였다. 봉건사회에서는 영주의 전제적 권리하에 사회체제가 구성되었으므로 농노와 같이 권리능력을 제한받는 경우도 있고, 가제도(家制度)에 의하여 가족이 권리능력을 제한받는 경우도 있었다.

근대시민혁명을 거쳐 봉건적 제구속에서 벗어나 자유 · 평등을 이념으로 한 시민사회가 탄생하기에 이르러 비로소 모든 자연인에게 권리능력이 인정되었다(권리능력평등의 원칙). 헌법 제11조 1항에 의거하여 민법 제3조는 권리능력평등의 원칙을 규정하고 있다. 이 권리능력에 관한 규정은 강행규정이므로, 개인의 의사로써 그 적용을 배제하는 것은 허용되지 않는다.

근대사회와 같이 모든 인간의 권리능력을 가지는 것이 상식이 되어 있는 경우에는 일상생활에서 특히 인격이 의식되는 것은 아니다. 그러나 개인 이외의 단체가 권리 · 의무를 취득하는 경우에는 그 단체가 권리능력을 가지는가의 여부가 결정적으로 중요한 요소가 된다. 근대자본주의 경제가 발전하면서 단체(사단 · 재단)는 개인이 할 수 없는 집단적 · 영속적 사업을 담당하는 등 중요한 작용을 해 오고 있다. 그 필연적 결과로서 법인이라는 특수한 인격개념을 구성하여 권리주체로서 인정받게 되었다.

Ⅱ. 민법상 권리의 주체

민법상의 법률관계는 권리 · 의무의 관계로써 구성된다. 이 민법상의 법률관계의 중심이 되는 권리 · 의무의 주체는 자연인과 법인이다. 민법은 자연인에 관해서는 제3조 내지 제30조에서 능력 · 주소 · 부재와 실종에 관하여 규정하고, 법인에 관해서는 제31조 내지 제97조에서 총칙 · 설립 · 기관 · 해산 · 벌칙 등에 관하여 규정한다.

제2절 자연인

제1관 권리능력

Ⅰ. 권리능력의 시기

1. 출 생

(1) 출생의 시점

「사람은 생존한 동안 권리와 의무의 주체가 된다」(3조). 즉 자연인은 모두 출생에 의해 평등하게 권리능력을 취득한다.

출생의 개념(시점)에 대하여는 법률상 아무런 규정이 없다. 출산과정의 어느 시점을 잡아 출생으로 보는가에 관하여는 (ⅰ) 진통설, (ⅱ) 일부노출설(모체로부터 태아의 일부가 노출된 때), (ⅲ) 전부노출설(태아가 완전하게 모체로부터 분리된 때), (ⅳ) 독립호흡설(독립하여 호흡을 시작한 때) 등이 대립된다.

통설은 전부노출성이다(형법에서의 통설은 진통설이다 - 대판 1982.10.12, 81도2621). 전부노출설에서도 출생하였다고 하기 위하여는 태아가 모체에서 전부노출 된 후 극히 짧은 시간이라도 살아 있어야 한다.

이러한 출생시기의 문제는 연령 · 성년이 되는 시기(4조) · 출생신고기간의 시기(가족관계등록법 44조) 등의 결정에 중요하며, 특히 상속인과 상속분을 결정하는 데에 있어서 매우 중요하다.

예컨대 甲이 사망하고 유족으로 甲의 母인 丁, 甲의 처인 乙, 태아인 丙이 있는 경우에 丙이 출생(전부노출)했으나 독립적으로 호흡을 하지 못하고 사망하였다면, 독립호흡설에 의하면 丙이 모체로부터 전부노출 되었으나 독립호흡을 하지 못하고 사망하였기 때문에 처음부터 사산한 경우와 마찬가지로 취급된다. 따라서 丙은 甲을 상속하지 못하고 乙과 丁이 공동상속인 된다.

그러나 전부노출설에 의하면 丙이 전부노출 된 시점에서 잠시나마 살아있었기 때문에 권리능력을 취득하므로, 乙과 丙이 甲을 공동상속하게 된다. 그런데 丙은 출생 직후 사망하였으므로 丙의 직계존속인 乙이 丙을 상속하게 된다. 결국 乙이 甲을 단독상속하게 된다(일부노출설이나 진통설을 취하는 경우에도 乙이 甲을 단독상속하게 된다).

[분만 중인 태아의 업무상 과실치사죄]

사람의 생명과 신체의 안전을 보호법익으로 하고 있는 형법상의 해석으로 사람의 시기(始期)는 규칙적인 진통을 수반하는 분만이 개시된 때(소위 진통설 또는 분만개시설)라고 봄이 상당하다. 이는 형법 제251조(영아살해)에서 분만 중의 태아도 살인죄의 객체가 된다고 규정하고 있는 점을 미루어 보아도 그 근거를 찾을 수 있는 바이다. 따라서 조산원이 분만 중인 태아를 질식사에 이르게 한 경우에는 업무상 과실치사죄가 성립한다(대판 1982.6.10, 81도2621).

(2) 출생의 증면

자(子)가 출생하면 생후 1월 이내에 출생신고를 해야 한다(가족관계등록법 44조). 그러나 이것은 절차상의 문제이고 권리능력의 취득이라는 실체관계가 이에 의해 좌우되는 것은 아니다. 가족관계법의 기재는 일은 추정이 생기므로 출생에 대한 유력한 증명자료가 되지만 절대적인 것은 아니다.

따라서 의사·조산원 등의 증명에 의해 이를 번복시킬 수 있다(대판 1968.4.30, 67다499). 또 가족관계등록부에 기재되지 않은 채 성장하여도 그 사람은 출생시부터 당연히 권리능력을 가진다. 출생신고는 행정적 편의를 기하기 위한 보고적 신고이다(혼인신고와 다르다).

2. 태아의 권리능력

사례

(1) 임산부 X(태아를 甲이라 한다)는 독감에 걸려 자신이 평소 다니던 A병원을 찾았다. 그런데 A병원의 의사인 乙은 X의 임신사실을 알았음에도 불구하고 고단위 항생제가 포함된 감기약을 처방해 주었다. 그 결과 甲은 기형아로 출산되었다. 이때 甲은 乙에 대하여 어떠한 권리를 가지는가? 만일 甲이 기형인 상태로 사산(死産)되었다면 어떻게 되는가?

(2) 위 (1)과는 별도로 X의 친구인 독신녀 丙은 자기가 암에 걸려 살날이 얼마 남지 않았다는 사실을 알고, 자기가 살고 있는 집을 태아인 甲에게 유증한 후 甲이 출생하기 전에 사망하였다. 丙의 유족으로는 홀어머니 丁이 있을 뿐이다. 이때 甲에 관한 법률관계는 어떠한가? 만일 丙이 자기가 사망하면 효력을 발생하는 것으로 하여 자기가 살고 있는 집을 甲에게 증여하겠다고 하여 X가 甲을 대리하여 丙과 증여계약을 체결했는데, 甲이 출생한 후 丙이 사망하고 현재 이 집에 丁이 살고 있다면 어떻게 되는가?

(1) 태아보호의 필요성과 입법주의

1) 태아보호의 필요성

태아란 임신 후 출생까지의 모체 내의 생명체를 말하며, 출생하기 전의 태아는 권리능력을 갖지 못한다(3조 참조). 그러나 이러한 원칙을 획일적으로 적용하면 父가 사망한지 몇 시간 후에 출생한 자는 상속권이 없는 것으로 되어 태아에게 불이익하거나 공평에 반하는 경우가 생길 수 있다. 따라서 태아에게도 일정한 경우에 권리능력을 인정함으로써 그의 이익을 보호할 필요가 있다.

2) 입법주의

태아를 보호하기 위한 입법주의에는 일반적 보호주의와 개별적 보호주의가 있다. 일반적 보호주의는 태아의 이익이 문제되는 모든 법률관계에서 태아가 출생한 것으로 보는 주의이다(로마법·스위스민법). 일반적 보호주의는 태아의 이익을 널리 보호하는 장점이 있으나, 구체적인 경우에 과연 어느 정도까지 출생한 것으로 볼 것인가가 불명하다. 개별적 보호주의는 특히 중요하다고 생각되어 개별적으로 열거한 법률관계에 한해서만 태아가 출생한 것으로 보는 것이다(독일민법·프랑스민법).

우리민법은 개별주의를 취하고 있다. 개별주의는 적용범위가 명확하다는 장점이 있으나, 권리보호가 넓지 못하여 태아보호에 미흡하다는 단점이 있다. 이러한 단점을 보완하기 위하여 민법상의 보호규정을 원칙적 규정으로 보고, 다른 경우에도 유추적용할 것을 주장하는 견해도 있다.

(2) 민법상의 태아의 권리능력

우리민법은 개별적 보호주의를 취하여, 다음과 같은 일정한 경우에만 태아를 이미 출생한 것으로 보아 그 권리능력을 예외적으로 인정한다.

1) 불법행위로 인한 손해배상청구권

태아는 불법행위로 인한 손해배상청구권에 관하여는 이미 출생한 것으로 본다(762조). 예컨대 태아의 父의 생명침해에 대하여 태아 자신이 위자료를 청구하는 경우(752조)와 모체에 잘못된 약물투여가 태아의 기형의 원인이 된 경우와 같이, 태아 자신이 입은 불법행위에 대하여 손해배상을 청구하는 경우(750조) 등이다.

2) 상 속

민법은 재산상속(1000조 3항) · 대습상속(1001조) · 유류분(1112조)에 대하여 각각 태아가 이미 출생한 것으로 본다.

대습상속(代襲相續)은 상속인이 될 직계비속 · 형제자매가 상속개시 시에 사망하거나 결격된 경우에 그 직계비속 및 배우자가 그 자에 갈음하여 상속하는 것이다. 부 · 장남 · 장손이 있는 가정에 장남이 부친보다 먼저 사망하였고, 그 후에 父가 사망한 경우에 장손이 장남의 법정상속분을 대신 상속받는 것이 대습상속의 예이다.

유류분(遺留分)은 법정상속인에게 유보되는 상속재산의 일정비율이다. 직계비속 · 배우자는 법정상속분의 1/2이고, 직계존속 · 형제자매는 법정상속분의 1/3이다(1112조).

3) 유 증

유증은 유언으로 재산을 타인에게 무상으로 급여하는 단독행위이다. 유증에 관하여 태아는 이미 출생한 것으로 보므로, 유언자의 사망 시에 태아였던 자에 대한 유증은 유효하다(1064조).

4) 사인증여

사인증여(死因贈與) 관해서도 태아의 권리능력이 의제되는지 문제된다. 왜냐하면 유증은 단독행위임에 반하여, 사인증여는 계약이기 때문이다.

태아의 법적 지위에 관해 다수설인 해제조건설에 의하면 사인증여에 유증에 관한 규정을 준용하는 것을 근거로 하여(562조), 사인증여에 대해서도 태아의 권리능력을 인정한다. 이에 반해 정지조건설을 취하는 소수설과 판례에 의하면 태아에 대하여 법정대리인제도를 인정하지 않으므로 사인증여에 있어서 태아의 권리능력을 인정하지 아니한다(대판 1982.2.9, 81다543).

5) 인 지

인지(認知)란 혼인 외의 子에 대해 생부 또는 생모가 자기의 子로 승인하는 단독행위를 말한다. 父는 포태 중에 있는 子에 대하여도 인지할 수 있고(858조) 子는 父를 상대로 하여 인지청구의 소를 제기할 수 있지만, 태아는 인지청구권이 없다(863조 참조). 이에 대해 태아의 권리능력을 인정하는 민법규정을 유추적용 하여 태아의 인지청구권을 인정하자는 견해도 있으나, 이를 부정하는 것이 타당하다고 본다. 따라서 태아의 성장에 필요한 비용을 父에게 청구할 수 없다.

[인지소송에서 친자관계의 증명방법]

친자관계를 증명하는 방법 중 혈액형검사나 유전자검사 등 과학적 증명방법의 사실이 모두 진실임이 증명되고 그 추론의 방법이 과학적으로 정당하여 오류의 가능성이 전무하거나 무시할 정도로 극소한 것으로 인정되는 경우라면, 이러한 증명방법이 가장 유력한 간접증명의 방법이 된다(대판 2002.6.14, 2001므1537).

(3) 태아의 법적 지위

민법은 예외적으로 「…이미 출생한 것으로 본다」고 규정하고 있는데(762조 · 1000조 3항 등), 그 구체적 의미가 무엇인가에 관해 학설의 대립이 있다.

1) 학 설

① 해제조건설

이 설은 문제된 법률관계에 있어서 태아는 태아인 동안에도 당연히 권리능력을 가지고 이에 따라 법정대리인도 있을 수 있지만, 사산(死産)인 경우에는 소급하여 권리능력을 잃는다고 보는 견해이다. 즉 태아는 사산을 해제조건으로 권리를 취득한다고 보는 것이며 다수설이다.

이 설에 의하면 문제가 발생된 사안에 대하여 태아는 권리능력을 가지므로 법정대리인(母)을 통하여 태아를 두텁게 보호하게 되나, 태아가 사산된 경우에 태아의 상대방이나 제3자가 손해를 입을 우려가 있다는 비판이 있다.

② 정지조건설

이 설은 태아로 있는 동안에는 권리능력을 취득하지 못하고 살아서 출생한 때에 그 권리능력 취득의 효과가 문제의 시점(불법행위시 또는 상속개시시)으로 소급한다고 보는 견해이다. 즉 태아는 출생을 정지조건으로 권리능력을 취득한다고 보는 견해이다.

판례에 의하면 특정한 권리에 있어서 태아가 이미 태어난 것으로 본다는 것은 설사 태아가 권리능력을 취득한다 하더라도 현행법상 이를 대행할 기관이 없어 태아로 있는 동안은 권리능력을 취득할 수 없으므로, 살아서 출생한 때에 문제된 사건의 시기까지 소급하여 그 때에 태아가 출생한 것과 같이 법률상 보아준다고 해석하는 것이 상당하다고 하여(대판

1976.9.14, 76다1365), 정지조건설을 취한다.

태아도 손해배상청구권에 관하여는 이미 출생한 것으로 보므로, 父가 교통사고로 상해를 입을 당시 태아가 출생하지 아니하였다 하더라도 그 뒤에 출생한 이상 父의 부상으로 인하여 입게 될 정신적 고통에 대한 위자료를 청구할 수 있다(대판 1993.4.27, 93다4663).

21세기를 맞이하여 의술의 눈부신 발달로 태아의 사산율이 지극히 낮은 현실에 비추어 볼 때, 태아보호와 법률관계를 안정적으로 처리한다는 면에서 해제조건설이 타당하다고 본다.

2) 양설의 구체적 차이점

甲이 X토지를 남겨 놓고 2013년 5월 1일에 사망하였다. 유족으로 처(乙)와 子인 태아(丙) 그리고 모친(丁)이 있는 경우에 해제조건설과 정지조건설의 차이점은 다음과 같다.

해제조건설에 의하면 2013년 5월 1일에 乙과 丙이 X토지를 공동상속 한다. 그런데 2013년 8월 1일에 丙 이 사산되었다면 5월 1일에 소급하여 丁이 상속회복을 하게 되어 결과적으로 乙과 丁이 공동상속 한다.

정지조건설에 의하면 2013년 5월 1일에 乙과 丁이 X토지를 공동상속 한다. 그 후 2013년 8월 1일에 丙이 살아서 출생한 경우에는 5월 1일에 소급하여 丙이 丁의 상속분에 대해 반환청구를 하게 되어, 최종적으로 乙과 丙이 공동상속 한다.

사례해결

태아 甲이 사산된 경우에는 해제조건설이나 정지조건설 어느 학설을 취하든 권리능력이 없다. 따라서 불법행위로 인한 손해배상청구권이나 유증 또는 사인증여를 받은 경우에 있어 소유권이전등기청구권을 행사할 수 없다.

설문 (1) 의 경우 甲이 살아서 출생한 경우에는 정지조건설에 의하면 태아가 출생한 때 비로소 乙에 대한 손해배상청구권이 발생하는 바, 이는 위법한 가해행위 시점인 고단위 항생제가 포함된 감기약을 처방하여 주었을 때에 발생하게 된다. 이때 손해배상청구권은 甲의 부모가 법정대리인으로서 그 권리를 대리하여 행사한다. 반면 해제조건설에 의하면 태아인 동안에도 甲은 乙에게 손해배상청구권을 행사할 수 있으며, 甲의 부모가 법정대리인으로서 태아의 권리를 대리하여 행사한다.

설문 (2)에서 유증의 경우에도 동일한 문제가 발생한다. 정지조건설에 의하면 태아가 출생한 때 비로소 丁에 대한 소유권이전등기청구권이 丙의 사망시에 소급하여 발생하며, 甲의 부모가 법정대리인으로서 그 권리르 대리하여 행사한다. 반변 해제조건설에 의하면 태아인 동안에도 丙의 사망에 의하여 甲은 丁에 대한 소유권이전등기청구권을 취득하며, 甲의 부모가 법정대리인이 되어 甲을 대리하여 행사한다.

사인증여의 경우에는 해제조건설에 의하면 태아 甲의 권리능력이 인정되지만, 정지조건설을 취하는 판례는 권리능력을 인정하지 않는다. 판례에 따르면 甲은 丁에 대하여 소유권이전등기청구권을 가질 수 없다.

Ⅱ. 권리능력의 종기

자연인의권리능력은 사망에 의해 종료된다. 사망이란 인간의 생명체의 절대적인 소멸을 의미하며, 권리능력의 종료원인은 사망뿐이다.

1. 사망의 시점

출생시점의 확정은 의학상의 견해와 반드시 일치하지 않지만, 사망의 시점은 본질적으로 의학상의 견해에 좌우된다고 생각해도 좋다.

사망의 시점에 관해서는 심장의 기능이 회복불가능 한 상태로 정지된 때(심장사설), 뇌파가 정지된 때(뇌사설) 등으로 견해가 나뉘지만, 심장사설이 통설이다. 뇌사설은 심장사설보다 사망의 시점을 빨리 잡음으로써 장기이식의 가능성을 부여한다. 뇌사란 교통사고 등의 외상으로 뇌의 기능이 모두 손상되고 스스로 호흡이 불가능하여 어떤 치료에도 2주 내에 사망하는 상태를 말한다.

장기 등의 기증에 관한 사항과 사람의 장기 등을 다른 사람의 장기 등의 기능회복을 위하여 적출 및 이식하는 데 필요한 사항을 규정하기 위하여 「장기 등 이식에 관한 법률」이 2000년 2월 9일부터 시행되었다.

의사 A가 뇌사상태에 있는 B의 심장을 적출하여 심장병으로 고생하고 있는 C에게 이식하여 C가 건강을 회복하였다. 이 경우에 심장사설에 의하면 A는 살인죄가 성립할 수 있으나, 뇌사설에 의하면 살인죄가 성립하지 않는다.

2. 사망의 증명

(1) 원칙

사망신고는 동거하는 친족 등 일정한 자가 사망의 사실을 안 날로부터 1월 이내에 진단서 또는 검안서를 첨부하여야 한다(가족관계등록법 44조 1항). 부득이한 사정으로 인하여 진단서나 검안서를 얻을 수 없는 때에는 사망의 사실을 증명할만한 서면으로써 이에 갈음할 수 있다. 이 경우에는 신고서에 그 진단서 또는 검안서를 얻지 못한 사유를 기재하여야 한다(가족관계등록법 84조 3항).

의사의 사망진단이나 시체검안에 의한 증명도 절대적으로 정확한 것은 아니고, 다소의 추정이 가능하므로 위의 사실을 뒤집을 만한 증명이 있으면 그 일시가 사망시로 된다.

(2) 입증곤란을 구제하기 위한 제도

사망의 유무 및 시기에 대한 증명 내지 확정이 극히 곤란한 경우에 대비하는 제도로서 실종선고 · 인정사망 · 동시사망의 추정 제도가 있다.

Ⅲ. 외국인의 권리능력

1. 외국인의 의의

외국인이란 한국국적을 가지지 않는 자연인으로서 외국국적을 가진 자와 무국적자를 말한다.

2. 원 칙

외국인도 내국인과 같이 평등하게 권리능력을 가지는 것을 원칙으로 한다(헌법 6조 2항).

3. 예 외

외국인의 권리능력은 예외적으로 법률 또는 조약에 기해 제한할 수가 있다. 헌법 제6조 2항이「외국인의 지위는 국제법과 조약이 정하는 바에 의하여 보장된다」고 한 것도 이러한 취지로 이해된다. 예외를 두는 것은 국가정책상 또는 상호주의의 원칙상 어쩔 수 없는 것이고, 이것이 내외국인 평등의 원칙을 부정하는 것은 아니라고 해석된다.

(1) 권리능력이 부정되는 경우

한국선박과 항공기의 소유권, 도선사 · 변리사가 되는 것은 외국인에게 인정되지 않는다.

(2) 상호주의에 의하여 권리능력이 제한되는 경우

상호주의란 본국법이 대한민국의 국민에게 인정하는 것과 동일한 정도로 그 권리를 인정하는 것을 말한다. 토지에 대한 권리, 국가배상청구권, 변호사가 될 수 있는 자격, 국내에 주소 · 영업소 없는 특허권 · 의장권 · 상표권 · 실용신안권 · 영업권 등은 상호주의에 의해 제한을 받는다.

(3) 권리능력이 제한 또는 부정되었으나 현재에는 인정되는 것

광업권 · 조광권 · 공증인이 되는 권리 등이 이에 해당한다.

제2관 의사능력과 행위능력

Ⅰ. 총 설

1. 의사능력

(1) 의 의

모든 사람이 태어나서 권리능력을 가진다 하여도, 개인이 구체적으로 권리를 취득하고 의무를 부담하는 것은 그 자의 의사활동에 기한 행위에 의하여야 한다(사적자치의 원칙).

법이 어느 자의 의사활동에 일정한 법률효과를 부여하기 위해서는 그 자가 일정한 정도 이상의 정신적 판단능력을 가지고 있지 않으면 안 된다. 즉 자신의 행위가 어떠한 효과를 가져 오는지를 판단할 수 있는 능력을 갖추어야 할 것이며, 이러한 정신능력을 의사능력이라고 한다. 의사능력의 유무는 구체적인 법률행위와 관련하여 개별적으로 판단하여야 한다(대판 2002.10.11, 2001다10113).

(2) 의사능력 없는 자의 법률행위의 효력

의사능력 없는 자, 예컨대 유아나 정신병자의 법률행위의 효과는 어떠한가에 관하여 법률에 규정이 없다. 그러나 사적자치가 당사자의 의사에 대해 법적 효과를 부여하고 승인되는 것이므로, 의사능력이 없는 자의 행위에는 아무런 법적 효과도 인정되지 않는다. 즉 의사무능력자의 행위는 무효가 된다.

그러므로 7세인 어린아이가 망부(亡父)로부터 상속받은 골동품을 엿장수에게 판 경우, 7세인 아이는 골동품의 가치를 판단할 능력이 없으므로 무효인 법률행위가 된다.

[의사능력의 의미와 판단방법]

의사능력이란 자신의 행위의 의미나 결과를 정상적인 인식력과 예기력을 바탕으로 합리적으로 판단할 수 있는 정신적 능력 내지는 지능을 말한다. 따라서 의사능력의 유무는 구체적인 법률행위와 관련하여 개별적으로 판단되어야 한다.

특히 어떤 법률행위가 그 일상적인 의미만을 이해하여서는 알기 어려운 특별한 법률적인 의미나 효과가 부여되어 있는 경우, 의사증력이 인정되기 위하여는 그 행위의 일상적인 의미뿐만 아니라 법률적인 의미나 효과에 대하여도 이해할 수 있을 것을 요한다(대판 2009.1.15, 2008다58367).

2. 행위능력

의사능력이 없는 자가 한 행위에 법률적 효력을 부여하지 않는다는 것은 의사무능력자를 보호하는 것이 된다. 그러나 그 자가 어느 행위를 한 시점에서 의사무능력 상태였음을 증명하는 것은 실제로는 곤란하다. 또 그 자가 의사능력을 가지고 있는 경우에도 복잡한 거래행위를 하기에는 반드시 충분한 정신적 능력을 가지고 있다고 말할 수 없는 경우도 있다. 예컨대 어린이가 과자를 사는 데는 충분한 의사능력을 가지고 있어도, 부동산매매 기타 경제활동을 하는 데에 필요한 정신적 능력을 가지고 있는 것은 아니다.

기존의 행위무능력자제도(2013년 7월 1일 이전)는 '무능력자'라는 용어의 부적절함은 물론이고 미성년자 · 금치산자 · 한정치산자로 구분하여 이들을 보호한다는 명목 하에 일률적으로 이들의 법률행위능력을 제한하였다.

이러한 제도는 이들의 보호보다는 오히려 법률행위를 규제하는 쪽으로 작용하여 현실에서는 유명무실한 제도로 전락하다는 비판이 제기되어 왔다. 또한 기존 민법상의 금치산 · 한정치산 제도의 활용이 극히 미비한 문제점 외에도 거래안전을 위하여 가족관계등록부상 무능력자임을 기재하는 방법으로 공시를 함으로써, 가족관계증명서를 발급받을 때마다 가족구성원의 행위무능력 사실이 드러나는 단점이 있었다. 따라서 기존의 무능력자 제도는 거의 활용되지 않고 획일적 · 경직적인 제도의 성격으로 인하여 치매노인 · 심신장애자 등 판단능력이 감퇴한 자들에 대한 보호기능을 제대로 수행하지 못한다는 비판이 꾸준히 제기되어 왔다.

그러므로 민법은 이러한 제도를 보완하기 위하여 행위무능력자 제도를 행위제한능력자 제도로 대체하였다. 즉 2013년 7월 1일부터 시행된 개정민법은 성년연령을 19세로 인하하였고, 기존의 금치산 · 한정치산 제도를 현재 정신적 제약이 있는 사람은 물론 미래에 정신적 능력이 약해질 상황에 대비하여 후견제도를 이용하려는 사람이 재산행위 뿐만 아니라 치료 · 요양 등 복리에 관한 폭넓은 도움을 받을 수 있는 성년후견제로 확대 · 개편되었다(피성년후견인 · 피한정후견인 · 피특정후견인).

Ⅱ. 미성년자

1. 성년기

(1) 성 년

민 19세로 성년이 되며(개정민법 4조), 성년에 달하지 않는 자를 미성년자라고 한다. 민법개정 전의 성년기는 만20세였으나, 성년연령 인하가 세계적인 추세(독일과 프랑스 18세)이고 청소년 조숙현상의 민법상 반영이 필요하다는 이유에서 19세로 인하하였다.

연령은 출생일로부터 기산하여 역(曆)에 따라 계산한다. 기간의 기산점에 관한 민법 제157조의 규정은 초일불산입(初日不算入)을 원칙으로 하지만, 연령계산은 예외로 한다(158조). 1991년 9월 1일 생은 2010년 9월 1일에 만 19세가 된다.

(2) 혼인에 의한 성년의제

만 18세가 된 사람은 혼일할 수가 있고(807조), 미성년자가 혼인을 한 때에는 성년자로 본다(826조의2). 이는 혼인생활의 독립성을 존중하고 외부로부터 간섭을 받는 것을 방지하며, 혼인 후에도 친권에 복종하게 되면 복잡한 법률관계가 생길 우려가 크므로 이를 회피하기 위한 이유 등에 의한 것이다.

혼인에 의한 성년의제는 통설에 따르면 법률혼에 한하고, 사실혼에는 적용되지 않는다. 문제가 되는 것은 성년의제를 받은 자가 아직 미성년인 동안에 혼인의 취소나 이혼 등으로 혼인이 해소된 경우에 다시 미성년자가 되느냐이다. 이에 관해 거래안전 · 자녀의 친권문제 등을 고려하여 성년의제의 효과가 소멸하지 않는다고 보는 것이 통설의 입장이다. 그러나 혼인무효의 경우에는 성년의제의 효과가 소멸된다.

성년의제는 사법상의 효과에만 인정되므로, 선거법 · 청소년보호법 등 공법에는 적용이 없다.

2. 미성년자의 행위능력

(1) 원 칙

미성년자가 법률행위를 하기 위해서는 법정대리인의 동의를 얻어야 한다(5조 1항 본문). 동의 없이 미성년자가 단독으로 한 법률행위는 취소할 수 있으며(5조 2항), 그 취소는 미성년자 본인이나 법정대리인이 할 수 있다(140조).

18세인 甲이 유흥비를 마련하기 위해 부모의 동의 없이 그 소유임야를 乙에게 팔기로 매매계약을 체결한 경우, 미성년인 상태에서도 甲은 단독으로 또는 甲의 법정대리인인 부모가 위 매매계약을 취소할 수 있다.

법정대리인의 동의가 있었다는 입증책임은 그 법률행위의 유효를 주장하는 상대방에게 있다(대판 1970.2.24, 69다1568).

(2) 예 외

미성년자가 다음과 같은 행위를 하는 경우에는 법정대리인의 동의 없이 단독으로 유효한 법률행위를 할 수 있다. 다만 이 경우 의사능력을 가지고 있어야 한다.

1) 처분이 허락된 재산행위

법정대리인이 일정한 사용목적을 정해 그 범위에서 처분할 것을 허락한 재산에 대해서는 미성년자가 단독으로 그 목적범위 내에서 그것을 처분할 수 있다(6조). 여기서 '범위'란 재산의 범위를 의미하므로 비록 법정대리인이 사용목적(등록금 · 하숙비 등)을 정하여 일정범위의 재산을 준 경우에도, 거래의 안전을 고려하여 그 목적과는 상관없이 임의로 처분할 수 있다는 것이 통설이다.

그러므로 미성년자 乙의 부친 甲이 아들 乙에게 집을 얻는데 사용하라고 2,000만원을 주었는데, 乙이 집을 얻지 않고 丙으로부터 자동차를 산 경우에도 甲은 乙 · 丙의 매매행위를 취소할 수 없다.

법정대리인이 목적을 정하지 않고 처분할 것을 허락한 재산에 대해서도 미성년자는 이것을 자유롭게 처분할 수 있다. 예컨대 용돈으로 준 금전 등이 이에 해당한다.

[묵시적 사용허락]

만18세가 넘은 미성년자가 월 소득 범위 내에서 신용구매계약을 체결한 경우, 스스로 얻고 있던 소득에 대하여는 법정대리인의 묵시적 처분허락이 있었다고 보아 이 계약은 허락을 얻은 처분행위에 해당한다(대판 2007.11.16, 2005다71659 · 71666).

2) 단순히 권리만을 얻거나 의무만을 면하는 행위

단순히 권리만을 얻거나 의무만을 면하는 행위는 미성년자에게 불이익이 되지 않는 것이 명백하기 때문에 미성년자가 단독으로 할 수 있다(민법 5조 1항 단서). 예컨대 부담이 없는 증여를 받는 것, 채무면제를 받는 계약을 체결하는 것 등이다.

그러나 부담부 증여를 받는 행위, 경제적으로 유리한 매매 등 이익을 얻을 뿐만 아니라 의무를 부담하는 행위는 단독으로 하지 못한다. 또한 의무와 권리가 모두 상실되는 상속의 포기도 단독으로 하지 못한다.

3) 허락받은 특정한 영업에 관한 행위

미성년자가 법정대리인으로부터 허락을 얻은 특정한 영업에 관하여는 성년자와 동일한 행위능력을 가진다(8조 1항).

① 영업이란 영리를 목적으로 하는 독립된 계속적 사업을 말하며, 특정한 영업이란 영업의 종류가 특정되어 있는 것을 말한다. 그러므로 종속적 근로는 이에 해당하지 않는다.

② 영업에 관한 행위란 그 영업을 하는 데 필요하다고 생각되는 일체의 행위이다. 미성년자가 영업을 하는 데 필요한 자금결제 · 직원고용 등에 있어 법정대리인의 동의 없이 단독으로 할 수 있다.

③ 성년자와 동일한 능력을 가진다는 것은 법정대리인의 동의를 필요로 하지 않을 뿐만 아니라, 법정대리인의 대리권도 그 범위에서 소멸하는 것을 의미한다.

④ 영업허락에 요구되는 형식은 없다. 허락된 것이 공시되지 않아도 좋고, 미성년자가 영업을 계속하고 있는 것을 묵인하면 묵시의 동의라고 생각해도 좋다. 다만 허락받은 영업이 상업인 경우에는 등기를 하여야 한다(상법 6조).

법정대리인은 영업의 허락을 취소 또는 제한할 수 있다. 미성년자 갑의 父인 乙은 甲의 의류점영업을 허락한 후에도 甲의 의류판매영업을 금지시키거나, 100만원 이상의 고가의 류판매는 乙의 동의를 얻은 후에 하도록 하는 제한을 가할 수 있다. 그러나 이러한 제한은 선의의 제3자에게 대항하지 못한다(8조 2항).

여기서 말하는 허락의 취소란 장래에 향해 효력을 상실한다는 것을 의미한다(엄격한 의미에서 철회). 따라서 위의 예에서 乙이 의류점영업을 취소한 경우에도 甲이 의류영업에 관하여 이미 의류구입의 매매행위를 한 때에는 그 매매행우는 유효하다.

4) 혼인을 한 미성년자의 행위

혼인에 의한 성년의제(820조의2)에 의하여 혼인을 한 미성년자는 성년자와 마찬가지로 행위능력을 취득한다. 다만 혼인에 의한 성년의제는 민법의 영역에서만 적용되고 그 밖의 영역, 예컨대 공직자의 선거 등에서는 적용되지 않는다.

5) 유언행위

민법 제5조는 유언에 관하여 적용되지 않으므로(1062조), 만17세에 달한 미성년자는 단독으로 유효한 유언을 할 수 있다(1061조 참조).

6) 대리행위

대리인은 행위능력자임을 요하지 않으므로(117조), 미성년자도 대리인으로서 유효하게 대리행위를 할 수 있다.

7) 근로계약과 임금청구

친권자 또는 후견인은 미성년자의 근로계약을 대리할 수 없다(근로기준법 67조 1항). 따라서 미성년자가 근로계약을 직접 체결하는 경우에 법정대리인의 동의 없이 단독으로 할 수 있는가, 동의를 얻어야 하는가가 문제된다. 학설은 미성년자가 근로계약을 체결할 때, 법정대리인이 동의하여야 한다는 견해와 동의 없이 미성년자가 단독으로 계약을 체결할 수 있다는 견해로 나뉘어져 있다. 근로기준법 제67조 1항이 법정대리인의 동의까지 배제하는 취지는 아닐 것이므로, 전설이 타당하다고 본다.

한편 미성년자는 독자적으로 임금을 청구할 수 있다(근로기준법 68조). 법정대리인은 미성년자의 임금청구를 대리하지 못하며, 미성년자는 임금청구소송에 있어서 소송능력을 가진다.

8) 무한책임사원의 자격에서 한 행위

미성년자가 법정대리인의 허락을 얻어 회사의 무한책임사원이 된 때에는 그 사원자격으로 인한 행위에는 능력자로 본다(상법 7조).

3. 법정대리인

(1) 법정대리인이 되는 자

미성년자의 법정대리인은 제1차적으로 친권자이다. 부모가 혼인 중인 때에는 공동으로 친권을 행사하고(부모공동친권주의), 부모의 일방이 친권을 행사할 수 없는 때에는 다른 일방이 이를 행사한다(909조). 부모의 의견이 일치하지 않을 때에는 당사자의 청구에 의하여 가정법원이 정한다.

친권자가 없거나 친권자가 법률행위의 대리권 및 재산관리권을 행사할 수 없는 경우에는 후견인이 제2차적으로 법정대리인이 된다(개정민법 928조). 후견인은 친권을 행사하는 부모가 유언으로 지정할 수 있고(지정후견인 : 931조), 이 지정이 없는 경우에는 미성년자의 직계혈족·3촌 이내의 방계혈족의 순위로 된다(법정후견인 : 932조). 법정후견인이 될 자가 없으면 친족 기타 이해관계인의 청구에 의하여 가정법원이 선임한다(936조).

법률행위를 대리함에 있어서 친권자는 자기재산에 관한 행위와 동일한 주의로써 하여야 하고(922조), 후견인은 수임인과 같이 선량한 관리자의 주의로써 하여야 한다(956조·681조).

(2) 법정대리인의 권한

1) 동의권

법정대리인은 미성년자의 재산행위에 동의하는 것에 의해 미성년자의 행위능력을 보충한다. 동의는 통상적으로 미성년자에게 하지만 거래상대방에게 해도 좋다. 법정대리인의 동의권은 다음과 같은 경우에 제한된다.

① 부모가 공동으로 친권을 행사하는 경우에는 동의는 공동으로 하여야 하고, 일방만이 친권을 행사하는 경우에는 그 자만이 동의를 하면 된다. 공동친권의 경우에는 일방이 동의를 하지 않으면 동의의 효력은 발생하지 않는다(909조).는 것이 원칙이나, 부모 일방이 공동명의로 동의를 한 경우 상대방이 악의가 아닌 한 유효하다(920조의2).

② 친권자가 그 子인 미성년자와의 사이에 이해상반 되는 행위를 함에는 법원에 그 子의 특별대리인의 선임을 청구하여야 한다(921조). 甲이 사망하고 유족으로 처 乙과 미성년의 子인 丙이 각각 상속을 받았는데, 乙이 은행에서 돈을 빌리면서 丙을 대리하여 자신의 채무에 대해 丙이 보증인이 되게 하거나 丙의 상속재산에 물상보증인으로서 저당권을 설정하는 등의 행위를 할 수 없다. 이러한 행위를 하려면 법원으로부터 丙의 특별대리인이 선임된 후 그 특별대리인과 보증계약을 체결하여야 한다.

③ 후견인이 미성년자의 일정한 행위(영업·보증·소송·借財 등)에 동의를 하기 위해서는 후견감독인의 동의를 얻어야 한다(개정민법 950조).

④ 법정대리인은 미성년자가 동의 없이 한 법률행위를 추인할 수 있다(143조 1항). 추인이란 사후동의로써 미성년자가 법정대리인의 동의 없이 한 법률행위를 법정대리인이 확정적으로 유효하게 할 수 있는 권리를 말한다.

2) 대리권

법정대리인은 미성년자의 재산행위에 대하여 미성년자를 대리할 권한을 갖는다(916조·949조). 의사능력이 없는 미성년자에 대하여는 그 대리인으로서 미성년자의 재산을 관리하고, 의사능력이 있는 미성년자에 대하여는 대리인으로서 행위하는 방법과 미성년자의 행위에 동의하는 방법이 모두 가능하다.

후견인의 대리권은 동의권이 후견감독인의 동의를 받아야 하는 같은 제한이 있다(개정민법 950조). 동의를 해 준 뒤 그 행위를 대리하는 것도 가능하다. 단 혼인에 의한 성년의제(826조의2)의 경우 및 영업을 허락한 경우(8조)에는 동의권이 소멸한 범위 내에서 대리권도 소멸한다.

3) 취소권

법정대리인은 미성년자가 아직 법률행위를 하기 전에는 일반적인 동의를 취소(철회)할 수 있고(7조), 특정한 영업의 허락을 취소 또는 제한할 수 있으나 이로써 선의의 제3자에게 대항할 수 없다(8조 2항).

Ⅲ. 피성년후견인

1. 의 의

피성년후견인은 질병·장애·노령·그 밖의 사유로 인한 정신적 제약으로 사무를 처리할 능력이 계속적으로 결여된 사람으로서 가정법원에 의해 성년후견개시의 심판을 받은 자를 말한다(개정민법 제9조). 민법개정 전의 금치산자에 대비되는 제도이다.

2. 심판요건

(1) 실질적 요건

1) 정신적 제약상태에 있을 것

2) 사무처리능력이 지속적으로 결여될 것

(2) 형식적 요건

1) 일정한 자의 청구가 있을 것

청구권자는 본인·배우자·4촌 이내의 친족·미성년후견인·미성년후견감독인·한정후견인·한정후견감독인·특정후견인·특정후견감독인·한정후견감독인·검사·지방자치단체의 장이다(개정민법 9조 1항).

2) 본인의 의사를 고려할 것

가정법원은 성년후견개시의 심판을 할 때 본인의 의사를 고려하여야 한다(개정민법 9조 2항).

3. 행위능력

(1) 원 칙

피성년후견인의 법률행위는 취소할 수 있다(개정민법 10조 1항). 그러므로 피성년후견인은 단독으로 유효한 법률행위를 할 수 없다.

(2) 예외

가정법원에 의해 취소할 수 없는 피성년후견인의 법률행위의 범위를 정한 경우에는 취소할 수 없다(개정민법 10조 2항). 그러나 상기의 범위는 일정한 자, 즉 (본인 · 배우자 · 4촌 이내의 친족 · 성년후견인 · 성년후견감독인 · 검사 · 지방자치단체의 장)의 청구에 의해 취소할 수 없는 법률행위의 범위를 변경할 수 있다(개정민법 10조 3항).

민법 제10조 1항에 의해 피성년후견인의 법률행위는 취소할 수 있으나, 일상생활에 필요하고 그 대가가 과도하지 아니한 법률행위(일용품구입 등)는 성년후견인이 취소할 수 없다 (개정민법 10조 4항).

4. 성년후견인

(1) 선 임

가정법원의 성년후견개시심판이 있는 경우에는 그 심판을 받은 사람의 성년후견인을 두어야 한다(개정민법 929조). 성년후견인은 2인 이상일 수도 있고, 법인도 성년후견인이 될 수 있다(개정민법 930조 2항 · 3항). 성년후견인은 가정법원이 직권으로 선임한다(개정민법 936조 1항).

(2) 임 무

성년후견인은 피후견인의 법정대리인이 된다(개정민법 938조 1항). 가정법원은 법정대리권의 범위나 성년후견인의 신상에 관하여 결정할 수 있는 권한의 범위를 정할 수 있다(개정민법 938조 2항 · 3항).

후견인은 선임된 후 지체 없이 피후견인의 재산을 조사하여 2개월 내에 그 목록을 작성하여야 한다. 다만 정당한 사유가 있는 경우에는 법원의 허가를 받아 그 기간을 연장할 수 있다(개정민법 941조 1항).

(3) 성년후견종료

성년후견의 개시원인이 소멸된 경우에는 일정한 자(본인 · 배우자 · 4촌 이내의 친족 · 성년후견인 · 성년후견감독인 · 검사 · 지방자치단체의 장)의 청구로 가정법원의 심판을 통해 종료된다(개정민법 11조).

Ⅳ. 피한정후견인

1. 의 의

피한정후견인은 질병 · 장애 · 노령 · 그 밖의 사유로 인한 정신적 제약으로 사무를 처리할 능력이 부족한 사람으로서 가정법원에서 한정후견개시의 심판을 받은 자를 말한다(개정민법 12조 1항).

2. 심판요건

(1) 실질적 요건

1) 사무를 처리할 능력이 부족할 것

2) 경증의 정신적 제약을 개시요건으로 함

(2) 형식적 요건

1) 일정한 자의 청구가 있을 것

청구권자는 본인 · 배우자 · 4촌 이내의 친족 · 미성년후견인 · 미성년후견감독인 · 성년후견인 · 성년후견감독인 · 특정후견인 · 특정후견감독인 · 검사 · 지방자치단체의 장 등이다(개정민법 12조 1항).

2) 본인의 의사를 고려할 것

한정후견개시를 심판할 때 가정법원은 본인의 의사를 고려하여야 한다(개정민법 12조 2항).

3. 행위능력

(1) 원 칙

피한정후견인은 단독으로 유효한 법률행위를 할 수 없다. 즉 한정후견인의 동의를 받아야 한다(개정민법 13조 1항). 그러므로 피한정후견인이 한정후견인의 동의 없이 한 법률행위는 취소할 수 있다(개정민법 13조 4항 본문).

(2) 예 외

1) 동의를 받아야 할 행위의 범위에 속하지 아니한 행위(개정민법 13조 1항).

2) 일용품의 구입 등 일상생활에 필요하고 대가가 과도하지 아니한 법률행위(개정민법 13조 4항 단서).

4. 한정후견인

(1) 선 임

1) 가정법원의 한정후견개시의 심판이 있는 경우에는 그 심판을 받은 사람의 한정후견인을 두어야 한다(개정민법 959조의2).

2) 한정후견인은 가정법원이 직권으로 선임한다(개정민법 959조의3).

3) 한정후견인의 수와 자격 · 선임방법 · 자격 · 사임 및 변경 등은 성년후견인의 규정을 준용한다(개정민법 959조의3, 2항).

(2) 임 무

1) 한정후견인은 법정대리인으로서 대리권을 가진다(개정민법 959조의4).

2) 한정후견인은 피한정후견인이 동의 없이 행한 행위를 취소할 수 있다(개정민법 13조 4항).

3) 한정후견인은 피한정후견인의 재산관리와 신상보호에 관한 사무처리를 한다. 이때에도 한정후견인은 피성년후견인의 복리와 의사를 존중하여야 한다.

(3) 한정후견종료

한정후견개시의 원인이 소멸된 경우에는 일정한 자의 청구에 의해 가정법원의 심판을 통해 종료된다(개정민법 14조). 청구권자는 본인 · 배우자 · 4촌 이내의 친족 · 한정후견인 · 한정후견감독인 · 검사 · 지방자치단체의 장 등이다.

Ⅴ. 피특정후견인

1. 의 의

피특정후견인은 질병 · 장애 · 노령 · 그 밖의 사유로 인한 정신적 제약으로 일시적 후원 또는 특정한 사무에 관한 후원이 필요한 사람으로서 가정법원에 의해 특정후견의 심판을 받은 자를 말한다(개정민법 14조의2, 1항).

2. 심판요건

(1) 실질적 요건

정신적 제약으로 일시적 또는 특정한 사무에 관한 후원이 필요한 사람일 것

(2) 형식적 요건

일정한 자의 청구가 있을 것

청구권자는 본인 · 배우자 · 4촌 이내의 친족 · 미성년후견인 · 미성년후견감독인 · 검 사 · 지방자치단체의 장 등이다(민법 14조의2, 1항).

3. 행위능력

피특정후견인의 행위능력은 아무런 제한이 없다. 특정후견은 피특정후견인에 대한 후원을 위해 인정되는 제도이기 때문이다. 특정후견은 본인의 의사에 반하여 할 수는 없다(개정민법 14조의 2, 2항). 가정법원은 특정후견의 기간 또는 사무의 범위를 정하여야 한다(개정민법 14조의 2, 3항).

Ⅵ. 제한능력자의 상대방의 보호

1. 상대방보호의 필요성

제한능력자의 행위는 취소할 수 있지만 제한능력자 측에서 이를 방치하는 한 그 행위는 유효하다. 따라서 제한능력자와 거래한 상대방은 제한능력자 측의 의사에 따라 행위의 효과가 좌우된다는 불안정한 상태에 놓이게 된다. 이러한 상태를 장기간 방치하면 상대방에게 불이익을 줄 뿐만 아니라 거래일반의 안정도 해친다.

한편 민법은 취소할 수 있는 행위의 상대방의 불안정한 지위를 해소하는 제도로 취소권의 단기소멸시효제도 · 법정추인제도 등을 두고 있다. 즉 취소권은 추인할 수 있는 날로부터 3년 내에, 법률행위를 한 날로부터 10년 내에 행사하지 않으면 취소할 수 없고(146조), 일정한 법정사유가 있을 때에는 추인한 것으로 간주하여 취소할 수 있는 행위를 유효하게 하는 제도(145조)를 두고 있다.

그러나 이러한 제도에서도 상대방의 불안정한 상태는 오래 지속될 가능성이 있다. 또한 제한능력자의 상대방은 사기 · 강박에 의한 취소행위의 상대방인 사기자자나 강박자에 비해 특히 보호할 필요가 있다. 민법은 제한능력자의 상대방을 보호하기 위해 최고권 · 철회권과 거절권 · 속임수에 의한 취소권의 배제 등 보호제도를 두고 있다.

2. 최고권

(1) 의 의

제한능력자의 상대방이 가지는 최고권은 취소할 수 있는 행위를 취소할 것인가의 확답을 촉구하고, 이에 대해 제한능력자 측이 확답을 하지 않는 경우에 법률의 규정에 의하여 취소 또는 추인의 효과를 발생시키는 권리이다.

(2) 요 건

① 취소할 수 있는 행위를 특정하여 이것을 추인할 것인가의 여부를 촉구할 것
② 1개월 이상의 유예기간을 줄 것
③ 촉구의 상대방은 촉구를 수령할 능력이 있어야 한다.

(3) 촉구의 상대방 및 효과

1) 제한능력자가 능력자로 된 경우

본인에게 촉구를 하여 지정기간 내에 본인이 확답을 발하지 아니하면 추인한 것으로 본다(개정민법 15조 1항). 후에 추인의 의사가 없었다는 것을 증명하여도 추인의 효과가 번복되지 않는다.

18세 10개월의 미성년자인 甲이 자동차를 구입하기로 하는 매매계약을 체결한 후 자동차대금을 지급하지 않고 있는 동안에 성년자가 된 경우, 자동차판매회사는 甲에게 1개월

이상의 기간을 주어 자동차매매계약을 취소할 것인지를 촉구하고, 그 기간 내에 甲이 아무런 응답을 하지 않은 때에는 자동차매매계약은 확정적으로 유효하게 되어 甲은 자동차매매대금을 지급할 채무를 부담하게 된다.

2) 제한능력상태가 계속 중인 경우

법정대리인에게 촉구를 하여 법정대리인이 지정기간 내에 확답을 발하지 아니한 경우 추인한 것으로 본다(개정민법 15조 2항). 법정대리인이 동의 또는 대리하는데 특별한 절차를 요하는 행위(후견감독인의 동의를 요하는 경우 등)에 관하여는 그 기간 내에 그 절차를 밟은 확답을 발하지 아니하면 취소한 것으로 본다(개정민법 15조 3항).

미성년자 甲은 평소 알고 지내던 乙이 丙 은행에서 융자를 받을 당시 후견인인 丁의 동의 없이 乙의 보증인이 된 경우에 이러한 보증은 취소할 수 있는 행위가 된다. 이때 丙 은행이 1개월 이상의 기간을 정하여 丁에게 추인여부를 촉구한 경우, 丁이 아무런 응답을 하지 않으면 위 보증계약은 취소한 것이 된다. 왜냐하면 후견인이 피후견인의 금전을 빌리는 행위에 동의를 하기 위해서는 후견감독인의 동의라는 특별한 절차를 거쳐야 하기 때문이다(개정민법 950조 1항 1호).

3. 철회권과 거절권

(1) 기 능

상대방의 철회권과 거절권은 제한능력자의 상대방 자신이 제한능력자와 한 법률행위의 효력을 부인하여 법률적 구속에서 벗어나는 제도이다.

(2) 계약의 철회권

제한능력자와 체결한 계약은 제한능력자 측의 추인이 있기 전에는 상대방이 그 의사표시를 철회할 수 있다(개정민법 16조 1항 본문). 그러나 상대방이 계약당시에 제한능력자임을 알았을 경우에는 철회권이 인정되지 않는다(개정민법 16조 1항 단서). 철회의 의사표시는 법정대리인뿐만 아니라 제한능력자에 대하여도 할 수 있다(개정민법 16조 3항).

상대방이 계약을 철회화면 계약은 처음부터 없었던 것으로 되며, 제한능력자 측에서 이후 추인할 수 없다. 이때 제한능력자의 반환범위는 현존이익이다(개정민법 141조 단서).

(3) 단독행위의 거절권

상대방 있는 단독행위(채무면제 등) 의 경우에 제한능력자 측의 추인이 있기 전에 상대방은 이를 거절하여 무효로 할 수 있다(개정민법 16조 2항). 거절의 의사표시는 법정대리인뿐만 아니라 제한능력자에게도 할 수 있다(개정민법 16조 3항).

철회권과는 달리 의사표시의 수령당시에 제한능력자임을 알고 있는 경우에도 상대방은 거절권을 행사할 수 있다(통설). 단독행위는 제한능력자의 일방적인 의사표시만 있고, 상대방은 그 의사표시를 수령하는데 지나지 않기 때문이다.

4. 속임수에 의한 취소권의 배제

설문

미성년자인 甲은 지나친 스마트폰 사용으로 100만원의 요금이 나오자 이를 내기 위해 그의 아버지 소유의 200만원 상당의 카메라를 들고 나가서 중고카메라상인 乙에게 팔려고 하였다. 이때 乙은 "당신은 미성년자가 아닙니까?"라고 묻자, "아닙니다"라고 대답하였다. 이에 乙은 甲의 말을 믿고 그 카메라를 150만원에 매수하였다.

甲은 카메라 매매대금 중 100만원은 스마트폰요금을 내고 30만원은 유흥비로 사용하여 현재 20만원을 가지고 있다. 이 경우 甲측에서는 매매계약을 취소하고 乙에 대하여 카메라의 반환을 청구할 수 있는가?

(1) 의 의

제한능력자가 속임수로써 자기를 능력자로 믿게 하거나 또는 미성년자나 피한정후견인이 속임수로써 법정대리인의 동의가 있는 것으로 믿게 한 경우에는 제한능력자의 취소권은 배제된다. 이러한 경우에는 제한능력자에게 취소권을 인정하여 보호할 필요가 없기 때문에, 상대방이 기대한 행위를 확정적으로 유효하게 함으로써 상대방의 보호를 도모하고 있다.

(2) 요 건

1) 속임수가 능력에 관하여 사용되었을 것

제한능력자가 속임수로써 능력자로 믿게 하였거나(개정민법 17조 1항), 법정대리인의 동의가 있는 것으로 믿게 하였어야 한다(개정민법 17조 2항).

2) 속임수를 사용하였을 것

속임수란 상대방을 제한능력자의 능력에 관해 착오에 빠뜨리기 위해 기망수단을 쓴 것을 말한다. 속임수 유무의 판단기준에 관하여 견해의 대립이 있다.

판례와 소수설은 「속임수라 함은 호적등본을 위조하여 「상대방에게 제시 또는 타인으로 하여금 자기가 능력자라는 것을 위증케 하는 것과 같이 제한능력자가 상대방으로 하여금 능력자임을 믿게 하기 위하여 적극적으로 기망수단을 사용한 것을 말하고, 단순히 자기를 능력자라고 칭한 것만으로는 속임수를 쓴 것이라고 볼 수 없다」(대판 1971.12.14, 71다2045)고 하여 적극성을 요하고 있다(적극설).

이에 대해 다수설은 제한능력자제도는 거래안전보다 본인의 재산적 이익을 지나치게 보호한다는 점을 지적하고, 그러한 폐해를 완화하고 제한능력자제도와 거래안전의 조화를 꾀하기 위해 적극성을 요하지 않는다고 한다. 그러므로 적극적으로 부정한 기망수단을 쓰는 경우는 물론이고, 침묵 등 부작위를 포함하는 통상의 기망수단으로 오신을 유발케 하는 것도 속임수에 해당한다고 한다(소극설).

적극설은 제한능력자 본인의 보호에 치중한 견해이고, 소극설은 상대방의 보호와 거래안전을 더 중시하는 견해라 할 수 있는데, 이러한 경우에는 제한능력자보다 상대방을 보호해야 하므로 후설이 타당하다 할 것이다. 속임수에 대한 입증책임은 제한능력자의 상대방에게 있다.

3) 속임수에 의해 상대방이 오신하였을 것

능력자로 믿게 하기 위해 속임수를 사용하였고, 그 결과로 상대방이 행위능력을 오신하여 법률행위를 하였어야 한다. 이것이 없으면 취소권은 배제되지 않는다. 취소권의 배제는 속임수를 사용한 데 대한 제재뿐만 아니라 상대방보호의 필요성에도 그 근거가 있기 때문이다.

(3) 효 과

속임수를 사용한 경우에 제한능력자 측에서는 그 행위를 취소할 수 없다. 예컨대 미성년자가 속임수로써 상대방으로 하여금 성년자로 믿게 하고 행한 의사표시는 이를 취소할 수 없다(대판 1971.6.22, 71다940).

제한능력자의 속임수가 불법행위가 되는 경우에는 제한능력자에게 불법행위책임을 물을 수 있다(통설). 이 경우에는 제한능력자의 취소권이 배제될 뿐 아니라 불법행위에 대하여도 책임을 지게 된다.

설문의 해결

제한능력자가 행한 법률행위는 원칙적으로 취소가 가능하다. 다만 미성년자가 속임수를 쓴 경우에는 그 취소권이 배제된다. 설문에서 미성년자 甲이 '미성년자라는 물음에 아니라고 한 것이 속임수에 해당하는지'를 따져보고 甲·乙간의 법률관계를 살펴야 한다.

적극적인 기망수단을 요한다는 판례에 따르면, 甲의 행위는 속임수에 해당하지 않기 때문에, 甲과 그의 법정대리인은 甲의행위를 취소할 수 있다. 그리고 이 경우에 甲은 乙에게 이익이 현존하는 한도에서 반환하면 족하다. 즉 스마트폰요금을 변제한 100만원과 소비하고 남은 20만원, 합계 120만원을 반환하고 카메라를 찾아올 수 있다.

그러나 속임수는 소극적인 기망수단으로 족하다는 다수설의 견해에 의하면, 甲의 행위는 속임수에 해당하여 甲과 그의 법정대리인은 甲의 매매행위를 취소할 수 없다.

민법개정 전의 무능력자제도인 한정치산자와 금치산자 제도는 다음과 같다 (2013. 6. 30까지 시행됨)

♣ 한정치산자

1. 의 의

한정치산자는 심신이 박약하거나 자기나 가족의 생활을 궁박하게 할 염려가 있는 재산의 낭비자로서 법원에 의해 한정치산선고를 받은 자이다(개정 전 9조).

2. 한정치산의 선고

(1) 요 건

1) 실질적 요건

① 심신박약의 상태에 있을 것

심신박약이란 의사능력은 가지고 있으나 정신적 능력이 박약하여 利害의 판단능력을 缺한 상태를 말한다. 심신박약과 심신상실은 정도의 차이이므로 법원은 신청인의 주장에 구속되지 않고 한정치산선고를 할 것인가 금치산선고를 할 것인가를 자유롭게 판단할 수 있다. 즉 한정치산선고의 청구가 있더라도 금치산선고를 할 수 있고, 금치산선고를 청구하더라도 한정치산선고를 할 수 있다(통설).

② 낭비자일 것

낭비자란 전후를 살피지 않고 재산을 낭비하는 성벽이 있는 자를 말한다. 낭비의 정도는 본인의 지위 · 재산 · 가정의 상황 등 모든 사정을 고려하여 결정해야 한다. 낭비의 목적은 불문하므로 자선 · 교육 · 종교 목적으로 소비하는 것도 이에 해당한다.

이와 같이 낭비자인 것을 이유로 한정치산을 선고하는 제도를 둔 취지는 낭비자 본인의 재산을 보호한다는 점에 있지만, 낭비자의 가족보호라는 취지도 포함되어 있다.

③ 미성년자에 대한 한정치산선고의 여부

미성년자에게 한정치산선고를 할 수 있는가의 여부에 관해, 성년을 앞둔 미성년자에게 한정치산의 원인이 있는 경우에는 미리 한정치산선고를 받게 함으로써 보호상의 공백을 메울 수 있으므로 인정하자는 견해(긍정설)와 미성년자의 능력과 한정치산자의 능력에는 차이가 없고 동일하기 때문에 인정할 실익이 없다는 견해(부정설)가 대립한다. 미성년자를 두텁게 보호하기 위해 다수설인 긍정설이 타당하다고 본다.

2) 형식적 요건

일정한 자의 청구가 있어야 한다. 청구권자는 본인 · 배우자 · 4촌 이내의 친족 · 후견인 또는 검사이다(9조). 미성년자의 후견인이 한정치산선고의 청구권자가 될 수 있는가에 관해서 전술한 바와 같이 미성년자에 대한 한정치산선고를 인정하는 것이 타당하다고 보여 지므로, 미성년자의 후견인도 민법 제9조의 후견인에 해당한다고 본다(다수설).

(2) 절 차

실질적 요건과 형식적 요건을 구비한 경우에 가정법원은 가사소송법과 가사소송규칙에 의하여 한정치산을 반드시 선고하여야 한다.

(3) 취 소

한정치산의 원인이 소멸한 때에는 본인 · 배우자 · 4촌 이내의 친족 · 후견인 또는 검사의 청구에 의하여 그 선고를 취소하여야 한다(개정 전 11조). 한정치산선고 취소의 효력은 소급하지 않고 장래에 향하여 효력이 있다. 단 한정치산선고 불복의 즉시항고에 의하여 취소된 경우에는 소급하여 무효가 된다.

3. 한정치산자의 행위능력

미성년자의 행위능력과 동일하다. 그러므로 미성년자의 능력에 관한 원칙과 예외, 법정대리인의 동의와 취소 또는 제한에 관한 규정은 한정치산자에게도 그대로 준용된다(개정 전 10조).

다만 근로계약의 체결과 임금청구에 관한 근로기준법 제67조와 제68조의 규정이 한정치산자에게도 유추적용 되는가에 관해서 유추적용부정설과 유추적용긍정설이 있으나, 한정치산자를 보호하기 위해서 긍정하여야 할 것이다.

한정치산자는 가족법상의 법률행위(약혼 · 혼인 · 협의이혼 · 입양 · 파양)에서 완전한 능력을 갖는다(통설).

4. 법정대리인

한정치산자의 법정대리인은 후견인이다(개정 전 929조). 한정치산선고가 있는 경우에 누가 후견인이 될 것인지는 개정 전 민법 제933조 이하에서 정하고 있다. 법정대리인의 권한은 미성년자의 법정대리인과 동일한 권한을 가지며, 미성년자의 법정대리인에 관한 규정이 준용된다(949조등).

♣ 금치산자

1. 의 의

금치산자는 심신상실의 상태에 있는 자로서 법원에 의해 금치산선고를 받은 자이다(개정 전 12조). 금치산자는 그 정신적 능력이 정상인보다 열위에 있기 때문에 법원에 의해 재산을 처분하는 것을 금지받은 자, 즉 그 자를 보호하기 위하여 재산을 자유로 관리 · 처분하는 것을 금지받은 자를 말한다.

2. 금치산의 선고

(1) 요 건

① 심신상실의 상태에 있을 것

심신상실의 상태란 자기의 행위의 결과를 식별할 수 있는 정신적 능력이 없는 상태를 말한다. 그러나 始終 심신상실의 상태에 있을 것을 요하는 것은 아니다. 심신상실인가의 여부는 제도의 취지에 따라 가정법원이 독자적으로 판정한다.

② 일정한 자의 청구가 있을 것

청구권자가 되는 자는 본인 · 배우자 · 4촌 이내의 친족 · 후견인 또는 검사이다. 본인이 단독으로 금치산선고의 청구를 할 수 있는 것은 의사능력을 회복하고 있는 경우에 한한다.

(2) 절 차

실질적 요건과 형식적 절차가 구비되면 그 재산적 보호 · 요양 · 간호의 필요성이 있으므로, 가정법원은 반드시 금치산선고를 하여야 한다.

3. 금치산선고의 효과

(1) 금치산자의 행위능력

금치산자의 법률행위는 본인이나 후견인이 언제나 취소할 수 있다(개정 전 13조). 금치산자가 후견인의 동의를 얻지 않고 한 행위는 물론, 후견인의 동의를 얻어 한 행위도 취소할 수 있다. 금치산자는 심신상실의 상태에 있는 자이므로 사전에 후견인이 동의를 하여도 정상적으로 행동하는 것은 기대할 수 없기 때문이다.

본인의 보호측면에서 금치산자의 법률행위는 절대적으로 인정하지 않는다는 취지이고, 단독으로 행한 법률행위는 모두 취소의 대상이 된다. 이 의미에서 금치산자의 후견인은 금치산자의 재산행위에 대하여 동의권을 가지지 않는다고 말할 수 있다. 다만 금치산자의 행위도 후견인이 사후에 추인하면 취소할 수 없게 된다(143조).

금치산자의 후견인은 재산법상의 행위에 대해서는 동의권이 없으나, 가족법상의 행위에 대해서는 일정한 경우에 동의권을 갖는다(약혼 · 혼인 · 인지 · 입양 등).

(2) 후견인

1) 후견인이 되는 자

법정후견인이 있는 경우는 당연히 그 자가 후견인이 되고, 법정후견인이 없는 경우는 금치산선고와 동시에 가정법원에 의해 선임된다(936조).

2) 후견인의 권한

후견인은 금치산자의 요양 · 감호에 일상의 주의를 해태하지 아니하여야 하는 동시에(947조 1항) 그 재산에 관해 배타적 관리권을 가진다(949조 1항). 따라서 후견인은 금치산자를 대리하여 재산상의 행위를 할 수 있지만, 금치산자 본인의 행위를 목적으로 하는 채무를 부담할 경우에는 본인의 동의를 얻어야 한다(949조 2항). 또한 미성년자의 후견인과 동일한 제한이 있다.

제3관 주 소

Ⅰ. 의 의

법률관계에서 특정한 장소가 중요한 의미를 갖는 경우가 많다. 특히 주소를 기준으로 하여 법률관계가 처리되는 경우가 적지 않으므로, 민법은 주소와 거소에 관한 일반적 규정을 두고 있다.

주소란 사람의 생활관계의 중심지이며 생활의 근거되는 곳이다. 주소는 민법상 장소와 관련된 人의 법률관계를 규율하는 기준이 된다. 그 기준에 관하여 입법주의가 나뉜다.

Ⅱ. 입법주의

1. 실질주의와 형식주의

실질주의란 주소를 생활의 실질적 관계에 의하여 결정하는 입법주의를 말한다. 민법은 「생활의 근거되는 곳을 주소로 한다」(18조 1항)고 규정하고 있다. 생활의 근거되는 곳이란 人의 생활관계의 중심인 장소, 즉 사람이 그 가족과 거주하고 재산 및 정신적 이익의 중심이 되는 장소를 말한다(대판 1990.8.14, 89누8064 참조). 따라서 민법은 실질주의를 채용하고 있는 것이다.

이에 대해 현실의 생활과는 관계없이 등록기준(호적법폐지 전의 본적)이나 주민등록에 나타난 장소 등의 형식적 표준에 의하여 획일적으로 주소를 정하는 입법을 형식주의라고 한다.

2. 객관주의와 주관주의

실질주의에 의하여 주소를 결정한다면 어떤 장소를 주소로 삼은 사실(정주의 사실)만으로 족한가, 아니면 정주(定住)의 사실 이외에 그 장소를 주소로 삼고자 하는 의사(정주의사)도 필요한가의 여부가 문제된다. 이에 대해서는 정주의 사실만으로 족하다는 객관주의와 정주의 의사도 필요하다는 주관주의가 있다.

정주의 의사가 항상 존재하는 것은 아니고 외부에서 인식할 수 없는 경우도 많기 때문에, 이것을 요건으로 할 때는 제3자에게 불측의 손해를 줄 경우가 많다. 우리민법에는 주관주의를 취한다고 해석할 만한 문언이 없을 뿐만 아니라 제한능력자를 위한 법정주소에 관한 규정이 없으므로 통설은 객관주의를 취한다. 주관주의를 취하는 국가는 독일 · 프랑스 · 스위스 등이다.

3. 단일주의와 복수주의

주소가 복수로 존재할 수 있는가에 대하여는 1개에 한한다는 단일주의와 복수로 존재할 수 있다는 복수주의가 있다. 민법은 「주소는 동시에 두 곳 이상 있을 수 있다」(18조 2항)고 하여 복수주의를 취하고 있다.

그러므로 채권자는 자기의 주소를 채무자에게 여러 개 알려줄 수 있으며, 이 경우 채무자는 다른 약정이 없으면 그 중 하나의 주소에 변제제공을 하는 것만으로도 충분하다. 반면 주민등록법에서는 단일주의를 취하여 개인별로 하나의 주민등록지만 갖도록 한다.

Ⅲ. 주소와 등록기준지 · 주민등록지

등록기준지는 호적법이 폐지되고 가족관계법이 개정됨에 따라(2009.1.1), 종래의 본적지를 의미하는 것으로서 출생에 의해 등록된 장소를 말한다(가족관계등록법 10조).

주민등록지는 30일 이상 거주할 목적으로 특정한 장소에 거주지를 갖는 자가 주민등록법에 의하여 등록한 장소를 말한다(주민등록법 6조). 주민등록지는 공법상의 개념으로 공법관계에서 주민등록지가 주소지가 되나, 민법에서는 주민등록지가 주소를 결정하는 중요한 자료일 뿐이며 반증이 없는 한 주소로 추정된다.

Ⅵ. 주소의 법률상의 효과

1. 사법관계

① 부재 및 실종의 표준(22조 · 27조)

② 법인사무소의 소재지(36조)

③ 변제의 장소(467조)

④ 상속개시지(998조)

⑤ 어음행위의 장소(어음법 2조 3항 · 수표법 8조 등)

⑥ 재판관할의 표준(민사소송법 2조)

⑦ 국제사법상 준거법의 표준(국제사법 2조 2항 등)

2. 공법관계

① 선거권의 표준

② 과세의 표준

③ 귀화 및 국적회복의 조건(국적법 5조 등)

Ⅴ. 거 소

1. 의 의

거소(居所)란 사람이 계속적으로 거주하지만 생활의 본거라고 할 정도로 밀접한 관계를 가지지 않는 장소를 말한다. 주관주의에 의하면 주소와 거소는 정주의사인가 일시적 거주의사인가에 따라 구별된다.

2. 효 과

(1) 주소를 알 수 없는 경우

주소를 알 수 없으면 거소를 주소로 본다(20조). 한국인인가 외국인가를 불문한다. 이것은 외국에 주소가 있어 한국에 주소를 가지지 않는 경우에 한국에 있는 거소를 주소로 보고, 여기에 죽소의 법률효과를 인정하는 것이다. 한국에 사업목적으로 잠시 체재하는 외국인의 경우에 한국에 주소가 없으면 그가 묵는 호텔을 주소로 간주하여 민사적 법률문제가 전개될 수 있다.

다만 섭외적 법률관계에 관해 국재사법이 주소지법에 의할 것을 정하고 있는 경우(국제사법 14조 등)에는 그에 의한다.

[주소와 거소의 판단]

주소는 생활의 근거가 되는 곳으로 국내에서 생계를 같이하는 가족 및 국내에 소재하는 자산의 유무 등 생활관계의 객관적 사실에 따라 판정할 것이다. 거소는 주소지 이외의 장소에 상당기간에 걸쳐 거주하여도 주소와 같이 밀접한 일반적 생활관계가 발생하지 아니하는 장소라고 새길 것이다(대판 1984.3.27, 83누548).

Ⅵ. 가주소

1. 의 의

당사자는 어느 거래에 관해 일정한 장소를 선정하여 가주소로 할 수 있다. 당사자의 주소가 떨어져 있는 경우, 불편이 생기기 때문에 당사자의 의사에 기해 가주소를 선정할 수 있다. 예컨대 부산에 사는 사람이 서울사람과 매매계약을 체결할 때, 매매목적물을 수령하는 장소로 서울의 친척집을 주소로서 알려준 경우이다.

이러한 가주소의 선정은 공서양속에 반하지 않는 한 원칙적으로 당사자 간의 계약에 의해 자유롭게 정할 수 있다. 즉 가주소는 거래의 편의상 정해지는 것이고 주소와 같이 정주의사실을 요하지 않는다.

2. 효 과

어느 행위에 있어서 가주소를 정한 때에는 그 행위에 관하여는 이를 주소로 본다(21조). 다만 부재나 실종의 표준은 되지 않는다(22조 · 27조). 가주소가 당해 거래관계에 대해주소를 배척하는가 아니면 양자가 병존하는가는 선정행위의 해석에 의한다. 그러나 당사자의 의사가 불명확한 경우에는 가주소를 정한 취지에서 가주소가 주소를 배척한다고 해석된다.

제4관 부 재 자

Ⅰ. 부재자와 실종자

주소 또는 거소를 떠나 쉽게 돌아올 가망이 없는 자를 부재자(不在者)라고 한다. 이 자에게 남은 재산이 있는 경우에는 본인뿐만 아니라 남아 있는 배우자나 상속인을 위해서도 잔류재산을 정리할 필요가 있다. 부재자는 성질상 자연인에 속한다.

민법은 제3절「부재와 실종」에 관련규정을 두고 있다. 먼저 부재상태를 2기로 나누어, 제1기에서는 본인이 살아 있는 것으로 추측하여 잔류재산을 관리하고 살아서 돌아올 것에 중점을 둔다. 제2기에서는 부재자를 사망한 것으로 보아 법률관계를 확정시킨다. 제1기에 있는 자를 부재라라고 하고, 제2기의 자는 실종자로 실종선고로 인하여 사망한 것으로 간주된다.

따라서 생사불명자도 실존선고 전에는 부재자로 다루어진다. 부재자제도는 부재자의 재산관리를 위한 것이므로, 부재자에게 친권자·후견인 등 재산관리 권한이 있는 자가 있는 경우에는 특별한 조치가 필요 없다.

[부재자의 의의]

부재자는 종래의 주소 또는 거소를 떠난 자이나 부존재자가 아니므로, 대리행위에 의하여 권리의무를 취득 또는 상실할 수 있다(대판 1971.10.22, 71다1636).

Ⅱ. 부재자의 재산관리

1. 부재자가 재산관리인은 두지 않은 경우

(1) 관리인의 선임

법원은 이해관계인 또는 검사의 청구에 의하여 부재자의 재산관리에 관해 필요한 처분을 명하여야 한다(22조 1항). 이관관계인은 부재자의 배우자·상속인·채권자·보증인 등이다. 친구·사실혼배우자·이웃 등은 이해관계인에 해당하지 않는다. 이에 필요한 처분으로서는 재산관리인의 선임이 주된 것이다(선임관재인).

[이북에 잔류한 자로서 제적될 자]

부재선고 등에 관한 특별조치법의 규정에 의한 부재자가 아니고 이북에 잔류한 자로서 제적될 대상자에 해당한다 할지라도, 이 사실만으로 그 자를 부재자로 한 본건 재산관리인 선임을 당연 무효라고 할 수 없다(대판 1971.10.22, 71다1636).

(2) 재산관리인의 지위

1) 대외적 관계

일종의 법정대리인이다. 재산관리인은 부재자의 의사와는 관계없이 가정법원에 의하여 선임·개인되는 대리인이기 때문이다. 법원은 언제라도 그 선임한 관리인을 개임할 수 있고, 관리인은 언제라도 사임할 수 있다.

2) 대내적 관계

재산관리인은 법정대리인이지만 위임의 규정이 준용되므로(통설), 선량한 관리자의 주의로 직무를 처리하여야 하며(681조), 부재자가 사망한 경우에도 일정기간까지는 그 직무를 수행하여야 한다(691조). 또한 관리할 재산목록의 작성(24조 1항), 가정법원에서 명하는 처분의 수행(24조 2항), 담보제공(26조 1항) 등의 의무가 있다.

3) 재산관리인의 권한

재산관리인은 부재자의 재산에 관하여 관리행위를 자유롭게 할 수 있다. 다만 처분행위 등 관리행위 이상의 행위를 하는 경우에는 가정법원의 허가가 필요하다(25조 전단) 허가 없는 처분행위는 무효이다.

법원이 선임한 부재자재산관리인의 관리행위는 부재자를 위하여 그 재산을 보존·이용·개량하는데 그치고, 법원의 허가를 얻어 처분하는 경우도 이는 부재자를 위한 범위에 한정된다(대판 1977.11.8, 77다1159). 부재자 甲의 재산관리인이 법원으로부터 매각처분허가를 받은 후, 甲과 아무런 관계도 없는 乙을 채무자·丙 은행을 근저당권자·甲을 근저당권설정자로 하여 근저당권을 설정하여 준 경우, 비록 재산관리인이 법원으로부터 처분허가를 받았을지라도 부재자 甲을 위한 것이 아닌 위 행위는 무효가 된다(대판 1976.12.21, 75다551).

[초과행위의 추인여부]

부재자의 재산관리인에 의한 부재자소유 부동산매각행위의 추인행위가 법원의 허가를 얻기 전이어서 권한 없이 행하여진 것이라고 하더라도, 법원의 재산관리인의 초과행위결정의 효력은 그 허가받은 재산에 대한 장래의 처분행위뿐만 아니라 기왕의 처분행위를 추인하는 행위로도 할 수 있는 것이다.

그러므로 그 후 법원의 허가를 얻어 소유권이전등기절차를 경료케 한 행위에 의하여 종전에 권한 없이 한 처분행위를 추인한 것이라 할 것이다(대판 1982.12.14, 80다1872·1873).

[선임결정 취소 전 행위의 효력]

부재자 재산관리인으로서 권한초과행위 허가를 받고 그 선임결정이 취소되기 전에 위 권한에 의하여 이루어진 행위는 부재자에 대한 실종선고기간이 만료된 뒤에 이루어졌다고 하더라도 유효하다(대판 1981.7.28, 80다2668).

4) 재산관리인의 보수

재산관리인은 부수청구권을 갖는다(26조 2항). 그리고 재산관리를 위하여 지출한 필요비와 그 이자 및 과실 없이 받은 손해배상을 청구할 수 있다(24조 4항·688조).

5) 관리의 종료

다음과 같은 경우에 관리가 종료한다. 즉 (ⅰ) 부재자가 그 후에 재산관리인을 둔 경우(22조 2항), (ⅱ) 본인 스스로 재산관리를 할 수 있게 된 경우, (ⅲ) 본인의 사망이 분명하게 되거나 실종성고가 있는 경우에 가정법원은 본인 또는 이해관계인의 청구에 의하여 이미 명한 처분을 취소해야 한다. 이 경우에 취소는 소급효가 없으므로, 취소 전의 재산관리인이 행한 행위에는 영향이 없다.

[부재자 사망과 재산관리인의 권한]

부재자재산관리인 선임결정이 있었던 이상 부재자가 사망한 것이 사실이라 하더라도 그 결정이 취소되지 않는 한, 관리인의 권한이 당연히 소멸되는 것은 아니다(대판 1967.2.21, 66다2352).

2. 부재자가 재산관리인을 둔 경우

(1) 원 칙

부재자가 둔 재산관리인은 부재자의 임의대리인이므로 그 권한의 범위는 양자 간의 계약에 의해 정한다(위임관재인). 그 권한이정해지지 않은 경우에는 민법 제118조가 적용되어 보존행위 · 이용행위 · 개량행위만을 할 수 있다. 보수의 유무도 계약에 의해 정해진다.

[위임관재인의 권한]

부재자로부터 재산처분권까지 위임받은 재산관리인은 그 재산을 처분함에 있어 법원의 허가를 요하지 않는다(대판 1973.7.24, 72다2136).

(2) 예 외

1) 본인의 부재중에 재산관리인의 권한이 소멸된 때

이 경우는 본인이 둔 재산관리인의 사망 또는 관리기간 만료 등에 의해 권한이 소멸한 경우를 말한다. 이는 재산관리인을 처음부터 두지 않았던 경우와 마찬가지로 되기 때문에, 가정법원은 이해관계인 또는 검사의 청구에 의해 부재자의 재산관리인의 선임 및 필요한 처분을 명할 수 있다(22조 1항 후단 참조).

2) 부재자의 생사가 분명하지 않게 된 때

부재자 본인이 재산관리인을 둔 채로 생사가 불명하게 되고, 본인이 재산관리인에 대해 지휘감독을 할 수 없게 되면 재산관리인의 권한이 불충분하게 되고 관리가 소홀하게 된다. 이 경우 가정법원은 이해관계인 또는 검사의 청구에 의해 관리인을 개임할 수 있다(23조). 또 종래의 관리인을 개임하지 않고 유임시키면서 감독만 할 수도 있다.

제5관 실종선고

Ⅰ. 의 의

실종선고(失踪宣告)는 부재자의 생사불명의 상태가 장기간 계속된 경우에 법정상속인에게 상속을 시키고 잔존배우자의 재혼을 가능케 하는 등, 그 주소를 중심으로 한 법률관계를 확정시키기 위해 부재자를 사망한 것으로 보는 제도이다.

Ⅱ. 요 건

1. 실질적 요건

(1) 부재자의 생사가 불분명할 것

부재자의 생존의 증명도, 사망의 증명도 없어야 한다. 생사불명상태는 선고청구권자와 가정법원에 불분명하면 족하다.

(2) 생사불명상태가 일정기간 계속될 것

1) 보통실종

보통실종의 기간은 5년이다(27조 1항). 실종기간의 기산점은 부재자로부터 최후 소식이 있었던 때이다.

2) 특별실종

특별히 사망의 추정이 강하게 된 다음과 같은 경우는 특별실종으로서 그 실종기간은 1년이다. 전지에 임한 자(전쟁실종)·침몰한 선박 중에 있던 자(선박실종), 추락한 항공기 중에 있던 자(항공기실종)·기타 사망의 원인이 될 위난을 당한 자(위난실종) 등이 있다. 그 기간의 기산점은 각각 전쟁이 끝난 후·선박이 침몰한 후·항고기가 추락한 후·위난이 종료한 후이다(27조 2항).

[사망의 원인이 될 위난]

민법 제27조의 문언이나 규정의 체계 및 취지 등에 비추어, 제2항에서 정하는 "사망의 원인이 될 위난"이라고 함은 화재·홍수·지진·화산폭발 등과 같이 일반적·객관적으로 사람의 생명에 명백한 위험을 야기하여 사망의 결과를 발생시킬 가능성이 현저히 높은 외부적 사태 또는 상황을 가리킨다(대판 2011.1.31, 2010스165).

2. 형식적 요건

(1) 이해관계인의 청구가 있을 것

이해관계인이란 실종선고에 의해 직접적으로 권리를 얻어나 또는 의무를 면하게 되는 재산상 · 신분상 이해관계를 갖는 자를 말한다. 예컨대 배우자 · 법정상속인 · 재산관리인 · 보험수익자 · 수유자(受遺者) · 친권자 · 후견인 등이다.

판례에 의하면 이해관계인이라 함은 부재자의 법률상 사망으로 인하여 신분상 또는 경제상의 권리를 취득하거나 의무를 면하게 되는 사람만을 뜻한다(대판 1992.4.14, 92스4 · 5). 따라서 1순위의 상속인이 있는 경우 후순위의 상속인은 이에 포함되지 않는다(대판 1986.10.10, 86스20).

(2) 공시최고를 할 것

가정법원은 6월 이상의 기간을 정해 공시최고를 하여야 한다. 이는 부재자 및 부재자를 알고 있는 자에 대하여 신고를 촉구하는 것이고, 선고가 없는 경우에 비로소 가정법원이 실종선고를 할 수 있다(가사소송규칙 53조).

[사망기재 된 자의 실종선고 여부]

호적부의 기재사항은 이를 번복할만한 명백한 반증이 없는 한 진실에 부합하는 것으로 추정되고, 특히 호적부의 사망기재는 쉽게 번복해서는 안 된다. 그러므로 호적상 이미 사망한 것으로 기재되어 있는 자는 그 호적상 사망기재의 추정력을 뒤집을 수 있는 자료가 없는 한, 그 생사가 불분명한 자라고 볼 수 없어 실종선고를 할 수 없다(대판 1997.11.27, 97스다).

Ⅲ. 효 과

1. 효과의 범위

실종선고의 효력은 이해관계인은 물론 모든 자와의 관계에서 절대적이다. 그러나 이것은 실종자의 권리를 박탈하는 제조는 아니므로, 실종자가 다른 장소에 생존하고 있는 경우에 거기까지는 선고의 효력이 미치지 않고 그 장소에서의 법률관계는 유효하게 성립한다.

그러므로 서울에 주소를 둔 甲이 실종선고를 받았으나 부산에서 乙과 자동차매매계약을 체결했다면 그 계약은 유효하다. 또 선고 후에 살아서 돌아온 경우, 그 후의 법률관계도 선고의 취소가 없으면 유효하게 성립한다. 결국 실종선고의 효과는 종래의 주소를 중심으로 하는 것이다.

2. 사망으로 보는 시기

실종선고를 받은 자를 사망으로 보는 시기는 실종기간이 만료한 때이다(28조). 예컨대 2006년 8월 31일에 최후의 소식이 있었던 甲이 그 후에 생사불명인 상태가 되고 현재까지 그 상태가 지속되고 있는 경우, 갑의 처인 乙에 의해 2012년 3월 15일에 실종선고가 청구되고 가정법원이 2012년 11월 20일에 실종선고를 했다면 실종기간이 만료된 다음 날인 2011년 9월 1일부터 사망한 것으로 보게 된다.

민법 제28조는 「실종선고를 받은 자는 민법 제27조 1항 소정의 생사불명기간이 만료된 때에 사망한 것으로 본다」고 규정하고 있으므로, 실종선고가 취소되지 않는 한 반증을 들어 실종선고의 효력을 다툴 수는 없다(대판 1995.2.17, 94다52751).

[실종선고와 부재자재산관리인의 지위]

부재자의 재산관리인에 의하여 소송절차가 진행되던 중 부재자 본인에 대한 실종선고가 확정되면 그 재산관리인으로서의 지위는 종료된다. 따라서 상속인 등에 의한 적법한 소송수계가 있을 때까지는 소송절차가 중단된다(대판 1987.3.24, 85다카1151).

[사망간주 시점이 소급하는 경우 확정판결의 효력]

실종선고의 효력이 발생하기 전에는 실종기간이 만료된 실종자라 하여도 소송상 당사자능력을 상실하는 것은 아니다. 따라서 실종선고 확정 전에는 실종기간이 만료된 실종자를 상대로 하여 제기된 소도 적법하고, 실종자를 당사자로 하여 선고된 판결도 유효하다.

이처럼 판결이 유효하게 확정되어 기판력이 발생한 경우, 그 판결이 해제조건부로 선고되었다는 등의 특별한 사정이 없는 한 그 효력이 유지되어 당사자로서는 그 판결이 재심이나 추완항소 등에 의하여 취소되지 않는 한, 그 기판력에 반하는 주장을 할 수 없는 것이 원칙이다.

그러므로 실종자를 당사자로 한 판결이 확정된 후실종선고가 확정되어 그 사망간주의 시점이 소 제기 전으로 소급하는 경우에도 위 판결자체가 소급하여 당사자능력이 없는 사망한 사람을 상대로 한 판결로써 무효가 된다고는 볼 수 없다(대판 1992.7.14, 92다2455).

3. 생존추정

실종선고를 받은 자라 할지라도 그 선고에 의하여 사망으로 보게 되는 시기까지는 생존한 것으로 추정된다(통설). 위의 사례에서 甲은 실종기간이 만료된 2011년 8월 31일까지는 생존한 것으로 추정된다.

Ⅳ. 실종선고의 취소

사례

甲은 어로작업 중 풍랑으로 실종되어 그의 처 乙의 청구로 실종선고를 받았다. 乙은 甲의 X토지를 상속받아 이를 丙에게 매도하고 이전등기를 완료했다. 그 후 乙은 丁과 재혼하여 살고 있는데, 甲이 구사일생으로 살아 돌아와 위 실종선고가 취소된 경우의 법률관계는 어떠한가?

1. 의 의

실종선고의 취소란 실종선고의 원인과 다른 사실이 증명된 경우에 일정한 자의 청구에 의하여 사망으로 보게 된 효과를 번복하는 것을 말한다.

2. 요 건

(1) 실질적 요건

다음 중 어느 하나의 사실이 증명되어야 한다.

1) 실종자가 생존하고 있는 사실

생존의 증명은 확실하게 본인의 음성이나 서신이 있는 경우 등이다.

2) 실종기간이 만료된 때와 다른 시기에 사망한 사실

실종선고에 의해 사망으로 보는 시기의 전 또는 후에 사망한 것의 증명이 있으면 되고, 사실상의 사망시기의 증명을 요하지 않는다고 해석된다. 이 경우 신고 전의 상태로 일단 회복되고, 재청구에 의해 실종선고를 하게 된다.

3) 실종기간의 기산점 이후의 어떤 시점에 생존하고 있었던 사실

실종선고의전제가 된 실종기간의 기산점보다 후의 어느 시점에 생존하고 있는 것의 증명이 있지만, 그 시점 이후에 생사의 확증이 없는 경우이다.

(2) 형식적 요건

본인·이해관계인 또는 검사의 청구가 있을 것을 요한다.

이해관계인은 배우자·상속인·친권자·보험금을 지급한 생명보험회사·실종선고를 받은 자가 생존한 사이에 권리를 가지는 채권자·후견인이었던 자 등이다.

3. 취소의 효과

(1) 원 칙

실종선고의 취소가 있으면 실종선고로 생긴 법률관계는 소급하여 무효가 된다.

① 실종자가 생존하고 있는 사실의 증명이 있는 경우에는 실종선고가 처음부터 없었던 것이 되므로, 배우자와의 혼인은 계속한 것이 되고 상속은 개시되지 않았던 것이 된다. 또 사망을 원인으로 한 권리·의무의 발생이나 소멸은 없었던 것이 된다. 따라서 생명보험수익자나 사인수유자(死因受遺者) 등은 그 이익을 보험회사나 실종선고가 취소된 생존자에게 반환하여야 한다.

② 실종기간이 만료된 대와 다른 시기에 사망한 사실의 증명이 있는 경우에는 가족관계의 부활은 없다. 또한 재산관계도 본인에게 환원되는 것은 아니다. 다만 사망시기가 달라짐으로써 상속인이 될 자가 바뀌게 되고, 재산의 귀속관계가 정정된다.

③ 실종기간이 기산점 이후의 어떤 시점에 생존하고 있었던 사실의 증명이 있는 경우에는 일단 실종선고 이전의 상태로 회복되나 이해관계인은 새로운 실종선고를 청구할 수 있다.

[실종선고 취소사유만으로 선고효력의 번복여부]

실종선고로 인하여 실종기간 만료시를 기준으로 하여 상속이 개시된 이상 설사 이후 실종선고가 취소되어야 할 사유가 생겼다고 하더라도 실제로 실종선고가 취소되지 아니하는 한, 임의로 실종기간이 만료하여 사망한 때로 간주되는 시점과는 달리 사망시점을 정하여 이미 개시된 상속을 부정하고 이와 다른 상속관계를 인정할 수 없다(대판 1994.9.27, 94다21542).

(2) 예 외

이상의 원칙을 관철하면 실종선고의 이해관계인에게 예측하지 못한 손해를 줄 수도 있다. 그러므로 민법은 소급의 원칙에 대해 예외를 인정한다.

1) 실종선고 후 위소 전에 선의로 한 행위

실종선고가 취소되어도 그 취소 전에 「선의로 한 행위」의 효력에는 영향을 미치니 않는다(29조 1항 단서). 여기서 선의란 실종자의 생존 또는 이시사망(異時死亡)을 그 행위 시에 모르는 것을 말한다. 그런데 민법 제29조 1항 단서가 적용되기 위해서 행위당사자 모두가 선의이어야 하는가, 또 선의로 한 행위에 가족행위도 포함되는지가 문제된다.

(a) 재산행위

단독행위에 있어서는 단독행위자만이 선의이면 상대방이 악의이더라도 그 행위는 유효하다고 본다(다수설). 이에 대해 소수설은 그 행위는 유효하지만, 상대방이 악의인 때는 악의의 수익자로서 책임이 있다고 본다. 선의로 한 단독행위가 유효인 이상 부당이득을 인정할 수 없으므로 다수설이 타당하다고 본다.

계약에 있어서는 다음과 같이 견해가 대립한다.

① 쌍방선의설은 행위의 양당사자가 모두 선의인 경우에만 유효하다고 해석한다. 따라서 양당사자가 선의이면 그 후의 전득자(轉得者)는 악의라도 보호되며, 반대로 양당사자가 악의 또는 일방당사자가 악의이면 그 후의 전득자가 선의라도 보호되지 않는다고 본다. 이 견해가 다수설과 판례의 입장이다.

이 견해에 의하면 실종선고를 받은 甲의 유일한 상속인인 乙이 선의의 丙에게 상속부동산을 매도하고 소유권이전등기를 한 경우에 甲에 대한 실종선고가 취소되더라도 丙은 그 부동산소유권을 유지할 수 있으나, 乙 · 丙 중 1인이라도 악의라면 그 부동산은 甲에게 반환되어야 한다.

② 일방선의설은 일방 당사자만이 선의이고 타방 당사자가 악의이더라도 법률행위는 유효하다고 본다. 즉 재산행위에 관여한 모든 당사자에 대하여 일률적으로 효력을 정할 필요가 없으며 선의자에 대하여는 유효로, 악의자에 대하여는 무효로 하여 각 당사자에 따라 개별적 · 상대적으로 그 효력을 정하는 것이 타당하다고 한다.

이 견해에 의하면 乙이 악의이고 丙이 선의라면 丙은 부동산소유권을 유효하게 취득한다. 丙으로부터 부동산소유권을 취득한 丁이 악의라면 권리를 취득하지 못한다.

③ 전득자선의설은 전득자가 선의라면 민법 제29조 1항 단서에 의한 보호를 받는다는

견해이다. 따라서 전득자로부터 양수한 자는 악의이더라도 권리를 취득한다.

상기 예에서 乙이 악의이고 丙이 선의라면 丙이 부동산소유권을 유효하게 취득한다. 그리고 丙이 선의이고 丁이 악의이더라도 권리를 취득한다. 이 점이 일방선의설과 다른 점이다.

(b) 가족행위

가족행위로서는 실종선고 후 취소 전에 한 잔존배우자의 재혼의 법률관계가 문제된다.

통설은 가족행위에도 민법 제29조 1항 단서의 적용을 인정하므로, 후혼(後婚)의 당사자 쌍방이 선의이면 전혼(前婚)은부활하지 않는다. 그러나 일방 또는 쌍방이 악의이면 전혼이 부활하고 후혼은 중혼이 되어 전혼에는 이혼원인이 생기고(840조 1호), 후혼은 취소할 수 있게 도니다(810조 · 816조).

이데 대해 민법 제29조 1항 단서는 재신행위에만 적용되므로 실종선고의 취소로 후혼은 선의 · 악의를 불문하고 중혼이 되지만, 어느 혼인을 유지할 것인가는 당사자의 협의에 의하거나 가사소송에 의한다는 견해도 있다(소수설).

2) 직접취득자의 반환의무의 범위

실종선고를 직접원인으로 하여 재산을 취득한 자, 예컨대 상속인 · 유증을 받은 자 · 생명보험수익자 등은 그가 선의인 경우에는 그 받은 이익이 현존하는 한도에서 반환할 의무를 지고, 그가 악의인 경우에는 그 받은 이익에 이자를 붙여서 반환하고 그 밖에 손해가 있으면 그 손해도 배상하여야 한다(29조 2항).

甲에 대한 실종선고로 인하여 상속인 乙이 보험회사 丙으로부터 5천만원의 보험금을 받아 이 중 1천만원을 유흥비로 사용한 경우, 乙이 선의라면 유흥비로 지출한 1천만원을 제외하고 4천만원을 반환하여야 한다. 만약 乙이 악의라면 5천만원에 이자 및 그 손해를 배상하여야 한다.

사례해결

(1) 실종선고가 취소된 경우의 재산행위를 다수설과 판례의 입장인 쌍방선의설에 의하면 다음과 같다.

① 乙 · 丙 이 모두 선의이면 丙이 X토지의 소유권을 취득한다. 乙은 X의 매매대금 중 현존이익을 甲에게 반환하면 된다.

② 乙이 악의이고 丙이 선의이면 甲은 乙에게 이득상환을 청구하거나, 丙에게 X토지의 반환을 청구할 수 있다. 이때 丙이 X의 소유권을 상실하면 乙은 丙에게 담보책임을 진다(570조).

③ 乙이 선의이고 丙이 악의이면 丙이 X토지의 소유권을 취득하지 못한다. 이 경우 乙의 甲에 대한 반환 책임의 범위는 현존이익이다.

(2) 가족행위를 통설의 입장에서 살펴보면 다음과 같다.

乙 · 丁이 모두 선의이면 甲과 乙의 전혼은 부활하지 않는다. 乙 · 丁이 모두 악의이거나 어느 일방이 악의이면 甲 · 乙간의 전혼이 부활하고, 乙 · 丁의 후혼은 중혼이 된다. 그러므로 전혼에는 이혼원인 생이고, 후혼은 취소할 수 있다.

제6관 동시사망의 추정

사례

거부인 甲이 그의 외동딸 乙과 해외여행중 비행기가 추락하여 사망했다. 유족으로 갑의 사위 丙과 동생 丁이 있는 경우에 甲의 유산은 누가 상속하는가?

Ⅰ. 의 의

동시사망의 추정이란 2인 이상이 동일한 위난으로 사망하여 어느 쪽이 먼저 사망하였는지 알 수 없는 경우에 동시에 사망한 것으로 추정하는 제도를 말한다.(30조).

예컨대 모와 처 그리고 아들이 있는 甲이 사고로 아들과 함께 사망한 경우에 아들이 甲보다 먼저 사망했다면 갑의 유산은 처와 모가 상속한다(1000조 1항 2호 + 1003조 1항). 그러나 아들이 甲보다 나중에 사망했다면 먼저 처와 아들이 상속하고(1000조 1항 1호 + 1003조 1항), 후에 아들의 상속분은 처가 모로서 상속하여(1000조 1항 2호) 결과적으로 처가 단독상속 하는 셈이 된다.

이러한 경우에 사망의 선후의 증명은 지극히 곤란하므로, 甲의 유산을 먼저 점유한 쪽이 승소하게 되는 불합리한 결과를 낳게 된다. 이러한 불합리한 결과를 배척하는데 동시사망 추정(同時死亡推定)의 의의가 있는 것이다.

[추정의 의미]

민법 제30조의 추정은 법률상 추정으로서 이를 번복하기 위하여는 동일한 위남으로 사망하였다는 전제사실에 대하여 법원의 확신을 흔들리게 하는 반증을 제출하거나 또는 각자 다른 시각에 사망하였다는 점에 대하여 법원에 확신을 줄 수 있는 본증을 제출하여야 한다. 이 경우 사망의 전후에 의하여 관계인들의 법적 지위에 중대한 영향을 미치는 점을 감안할 때, 충분하고도 명백한 입증이 없는 한 추정은 깨어지지 아니한다(대판 1998.8.21, 98다8984).

Ⅱ. 동시사망의 추정을 받는 범위

1. 동일한 위난의 경우

동시사망의 추정을 받는 것은 동일한 위난으로 수인이 사망하였으나 그 사망의 선후가 명백하지 않은 경우이다. 예컨대 수인이 타고 있던 배가 침몰하여 모두 사망한 경우에 그들은 동사에 사망한 것으로 추정된다.

2. 상이한 위난의 경우

수인이 상이한 위난으로 사망한 경우까지 본 규정(30조)을 유추적용 할 수 있는가가 문제된다. 예컨대 甲이 바다낚시를 갔다가 사망하고 그 아들 乙이 등산을 갔다가 사망했는데, 어느 쪽이 먼저 사망했는지가 분명하지 않은 경우 등에도 동시사망이 추정되는가 하는 것이다.

동시사망의 추정을 '동일한 위난'에 한정하지 않는 외국의 입법례(독일실종법 · 스위스민법 · 일본민법)와 같이 이러한 경우에도 동시사망으로 추정하는 것이 타당할 것이다(통설).

Ⅲ. 효 과

1. 반증에 의한 번복 가능

동시사망의 추정은 반증을 들어 번복할 수 있다. 반증은 일방이 타방보다 나중에 사망한 것을 증명하면 족하고, 반드시 사망시기를 증명할 필요는 없다. 다만 명확한 반증일 것을 요한다고 해석된다. 증명책임은 동시사망이 아니라는 것을 주장하는 자가 부담한다.

부자지간인 甲과 乙이 바다낚시를 갔다고 동시에 사망했는데, 나중에 아들인 乙의 주머니에서 "아버지 저를 두고 먼저 하늘나라로 가시면 어떻게 합니까?"라는 메모가 발견되었다면, 부친인 甲이 아들인 乙 보타 먼저 사망했다는 명확한 반증이 될 것이다.

그러므로 동시사망의 추정에 의해 상속이 되었지만 사망의 선후가 명백하게 된 반증이 있는 경우에는 상속회복청구가 인정되어, 보험금이나 손해배상 등이 지급되었다면 부당이득으로써 처리된다.

2. 유증 및 대습상속의 인정여부

유언자와 수유자(受遺者)가 동시에 사망한 경우에는 유증의 효력이 생기지 않는다. 유증의 효력이 생기기 위해서는 수유자가 유언자의 사망 후에도 생존하고 있지 않으면 안 되기 때문이다(1089조 1항).

동시사망자 상호간에는 상속이 개시되지 않는다. 그러나 이러한 경우에도 대습상속은 인정되어(1001조) 갑의 아들에게 子(즉 甲의 손자)가 있을 때는 그 子가 아들을 대습하여 甲을 상속할 수 있다고 보아야 할 것이다.

판례에 의하면 민법 제1001조의 "상속인이 될 직계비속이 상속개시 전에 사망한 경우에는 상속인이 될 직계비속이 상속개시 시와 동시에 사망하는 것으로 추정되는 경우도 포함하는 것으로 해석함이 타당하다(대판 2001.3.9, 99다13157)고 하여, 동시사망의 경우에도 대습상속을 인정한다.

사례해결

① 甲이 乙보다 먼저 사망한 경우 甲의 유산은 직계비속인 乙이 상속하고, 乙이 상속받은 재산은 배우자인 丙(甲의 사위) 상속을 받는다(본위상속).
② 乙이 甲보다 먼저 사망한 경우에 배우자 상호간에는 대습상속이 인정되므로(1003조 2항), 乙이 상속받을 甲의 유산을 丙이 乙 대신에 상속을 받는다(대습상속).
③ 甲과 乙이 동시에 사망한 경우에 비행기가 추락했으므로 甲과 乙은 동시에 사망한 것으로 추정된다(30조). 이 경우에 甲의 유산을 누가 상속받는가에 관해 사위인 丙이 상속을 받는다는 견해와 동생인 丁이 상속을 받는다는 견해가 대립된다. 대법원은 이 중 전자의 견해를 취한다. 이에 의하면 동시사망의 경우에도 대습상속이 인정되어 丙이 상속을 받는다(대습상속).

제3절 법 인

제1관 법인의 의의와 본질

Ⅰ. 법인의 의의

법인(法人)이란 자연인 이외의 자로서 권리·의무의 주체가 되는 자를 말한다. 민법상으로 사람의 결합체인 사단법인(社團法人)과 일정한 목적에 바쳐진 재산의 결합체인 재단법인(財團法人)이 인정되고 있다.

사단법인은 복수의 사람의 집단이지만, 내부적으로는 구성원의 의사를 통일하는 조직을 가지고 단체의 독자재산을 보유하고, 외부적으로는 대표를 통하여 활동한다. 재단법인은 일정한 목적을 정해 바쳐진 재산에 관해 그것을 운용하기 위한 규정이 만들어지고, 실제로 그 재산을 운용하는 사람이 있게 된다. 이러한 사단·재단은 독립된 존재로서 권리·의무의 귀속주체가 된다.

개개인의 활동으로는 달성할 수 없는 목적을 달성하기 위해서는 조합계약(703조 이하)에 의한 방법도 있다. 그러나 조합계약에 의한 경우에는 공동으로 사업을 행하는 자들 전원이 당사자가 된다. 이에 대하여 법인에 의한 경우에는 그 사업에 관하여 개개인은 당사자가 되지 못하고 법인이 당사자가 되며, 사업에 관한한 구성원과 법인과는 구별된다.

권리주체 = 자연인 + 법인 (법인 = 권리주체 - 자연인)

법인은 자연인 이외의 권리주체가 되는 자임

Ⅱ. 법인제도의 필요성

1. 법률관계의 간편한 처리

복수의 개개인이 공동목적을 가지고 거래를 하고자 하는 경우에 법인제도가 없다면 개개인 전원이 행위를 하고, 거래상대방도 개개인 전원에 대해 행위를 하지 않으면 안 된다.

또한 그러한 개개인의 개인재산이 모두 거래의 책임재산으로 된다.

그러나 법인제도를 인정함으로써 단체 등의 일을 처리하기 위한 각종의 업무를 법인의 이름으로 하면 법률관계의처리가 간편해지며, 법인은 그 구성원 개인의 재산과는 별도로 법인명의의 재산을 가지므로 거래의 책임재산과 개인재산과의 분리가 가능하게 된다. 또한 법인은 자연이 할 수 없는 대량적·영속적 사업의 계속적 거래를 가능케 한다.

2. 사적 자치의 실현

사적 자치의 원칙은 단체설립의 자유를 포함하는 개념이다. 개인은 법인을 설립함으로써 자기의 사적 자치를 효율적으로 실현할 수 있으며, 법인제도의 인정은 이러한 사적 자치의 실현을 제도적으로 뒷받침하는 것이 된다.

Ⅲ. 법인의 본질

자연인 이외의 존재가 법인격을 부여받는 근거가 무엇인가의 문제가 법인의 본질론이다. 이 문제는 19세기부터 학자들의 논의의대상이 되었고, 역사적으로 국가의 법원에 대한 정책과 얽혀서 그러한 변천과정에서 여러 가지 학설이 나타났다. 학설에 따라 법인의 권리능력·불법행위능력 등에 차이가 난다.

1. 법인의제설

권리는 의사의 지배이므로 의사가 없는 법인에 대하여는 권리·의무의 주체가 될 수 있는 지위가 인정될 수 없고, 다만 법인이 원리능력을 갖는 것은 법률이 업인을 자연인에 의제한 때문이라는 학설이다. Savigny를 대표자로 한다.

2. 법인부인설

이 설은 법인의 시체적 존재를 인정할 필요가 없고, 법인은 권리·의무의 귀속점으로서만 인정되는 관념상의 존재에 불과하며, 배후에 실질적인 주체가 존재한다고 한다. 그 실질적인 주체는 일정한 목적에 바쳐진 무주(無主)의 재산이라고 하는 설(목적재산설 : Brinz), 혈실로 이익을 받고 있는 수익자라고 하는 설(수익자주체설 : Jhering), 법인의 재산관리자라고 하는 설(관리자주체설 : Hoelder) 등이 있다.

3. 법인실재설

법인은 자연인과 동일하게 법인격체라고 하는 설이다. 일반적으로 다음과 같이 분류된다. 단체는 결합된 전체 중에 내재하는 통합체로서 자기 고유의 의사와 행위를 가지는 조직체이고, 이러한 사회적 실체에 법인격이 부여된 것이 법인이라는 설(유기체설 : Gierke),

법인은 법인격이 부여된 것에 적합한 조직체로서 실재하는 것이라는 설(조직체설 : Saleilles · Michoud), 법인은 독자적으로 사회적 작용을 하고 권리능력을 가지는데 적합한 사회적 가치를 가지는 실체라고 하는 설(사회가치설 : 우리나라의 다수설) 등이다.

Ⅳ. 법인의 종류

1. 공법인과 사법인

(1) 의 의

공법인(公法人)은 공법에 준거하여 성립한 법인이다. 즉 공법인은 사적자치의 원칙이 적용되지 않는 법인으로서 국가에 의해 설립되고, 법인의 조직 등이 법률로 정해지며, 기관 및 구성원에 대하여 국가가 참가하고 해산의 자유가 제한된다.

사법인(私法人)은 사법에 준거하여 성립한 법인이며, 사적자치의 원칙이 적용된다. 양자의 성격을 모두 갖는 중간적 법인으로는 한국은행 등이 있다.

(2) 구별의 실익

① 공법인에 대한 쟁송은 행정소송, 사법인에 대항 쟁송은 민사소송에 의한다.

② 공법인은 국가배상법상의 배상책임을 지고, 사법인은 민법상의 불법행위책임을 진다.

③ 문서위조에 관하여 공법인의 경우에는 공문서위조죄, 사법인의 경우에는 사문서위조죄가 성립한다.

2. 영리법인과 비영리법인

영리를 목적으로 하는 사단법인이 영리법인이며, 상법상의 회사(상법 169조)가 전형적인 예이다. 교통 · 통신 · 출판 등 공공사업을 목적으로 하더라도 사원의 이익을 목적으로 하는 법인은 영리법인이다. 영리법인은 언제나 사단법인이다.

비영리법인은 종교 · 학술 · 자선 · 기예 · 사교 · 기타 영리 아닌 사업을 목적으로 하는 사단법인 또는 재단법인을 말한다(32조).

3. 사단법인과 재단법인

사단법인은 일정한 목적을 위하여 결합한 사람들의 단체로서 법인격을 부여 받은 것을 말한다. 사단법인은 사원을 요소로 하며, 사원총회에 의하여 그 의사를 자주적으로 결정한다. 조합은 사람의 결합체란 점에서 사단법인과 유사하나 구성원의 개성이 강하고 단체의 행동은 구성원 전원이 하며, 구성원간의 재산관계는 합유이고(704조) 부채는 조합이 아닌 조합원 개인이 책임진다는 점에서 다르다.

재단법인은 일정한 목적에 바쳐진 재산에 법인격이 부여된 것을 말한다. 재단법인은 재산의 존재를 요소로 하며, 법인설립자에 의하여 활동하며 사원의 이익을 목적으로 할 수 없으므로 언제나 비영리법인이다.

4. 내국법인과 외국법인

내외법인의 구별기준에 대하여는 민법에 규정이 없지만, 학설은 대체로 한국법에 준거하여 설립된 법인을 내국법인으로, 외국법에 준거하여 설립된 법인을 외국법인이라고 한다(설립준거법설).

V. 법인격부인의 법리

1. 의 의

법인격부인(法人格否認)의 법리란 법인격이 부당한 목적을 위해 은폐되어 남용된 때에 법인격을 부인하여, 그 배후에서 실체를 이루는 주체에 책임을 추급하고자 하는 법리를 말한다. 이 법리는 명문규정이 없으므로 권리남용금지(2조 2항)나 정의 · 공평 등을 근거로 판례 · 학설로써 인정되고 있다.

2. 구체적 사례

(1) 법인격남용의 경우

법률상 의무나 계약상 의무를 회피하기 위해 또는 채권자를 해하기 위해 법인형식을 이용하는 경우이다. 이에 관한 예로써 임차물의 명도를 청구 받은 회사가 임대인의 이행청구를 저지할 목적으로 새로운 회사를 설립한 사안에서 이 법리가 적용되었다.

(2) 법인격형해화의 경우

법인격이 형해화(形骸化) 되어 법인형식의 이용자의 법인이 실체적 · 경제적으로 동일인으로 보여 지는 경우이다. 법인격형해란 회사 등 법인이 실질적으로는 출자의 개인기업에 불과한 경우를 의미한다. 이의 예로써 주식회사의 실질이 개인기업으로 인정되는 경우에 이 법리를 적용하고, 이 회사와 거래한 상대방은 회사명의로 된 거래에 관해서도 이것을 배후에 있는 실체인 개인의 행위라고 인정하고 그 책임을 물을 수 있다.

3. 효 과

법인격부인의 법리가 적용되는 경우에는 법인으로서의 존재 자체에는 영향이 없으나, 당해 사안에 관한 법률관계에 한하여 법인격을 부정한다. 그러므로 법인의 거래상대방은 법인의 배후에 있는 개인에 대하여 책임을 물을 수 있다.

[법인격을 부인한 경우]

선박회사인 갑·을·병이 외형상 별개의 회사로 되어 있지만, 甲 회사 및 乙회사는 선박의 실제상 소유자인 丙회사가 자신에 소속된 국가와는 별도의 국가에 해운기업상의 편의를 위하여 형식적으로 설립한 회사들로서 그 명의로 선박의 적(籍)을 두고 있다(이른바 便宜置籍).

그러나 실제로는 사무실과 경영진 등이 동일하다면 이러한 지위에 있는 甲회사가 법률의적용을 회피하기 위하여 丙회사가 甲회사와는 별개의 법인격을 가지는 회사라는 주장을 내세우는 것은 신의성실의 원칙에 위반하거나 법인격을 남용하는 것으로 허용될 수 없다(대판 1988.11.22, 87다카1671).

제2관 법인의 설립

Ⅰ. 법인설립의 일반

1. 법인법정주의

사람들이 단체를 만드는 것은 본래 헌법상의 결사의 자유나 사적자치에 속하는 것이라 할 수 있지만, 개인주의와 자유주의를 신봉했던 근대초기에는 단체설립의 자유를 인정하지 않았다. 이에 따라 법인을 설립하기 위해서는 민법 기타의 법률에 의하지 않으면 안 된다. 이를 법인법정주의(法人法定主義)라 한다.

우리민법도 자유설립주의가 아닌 법인법정주의를 취하고 있다(31조). 법인의 자유로운 설립을 인정하면 법인이 난립하고 채권자의 압류나 과세를 면하기 위해 법인제도가 남용될 염려가 있기 때문이다.

2. 법인설립에 관한 입법주의

(1) 자유설립주의

법인의 설립에 어떠한 형식적 요건을 두지 않고 임의로 법인을 설립하도록 하는 주의이다. 우리민법은 자유설립주의를 명문으로 배제하고 있다(31조).

(2) 준치주의

법인설립에 관한 요건을 미리 정해놓고 그 요건을 구비하면 당연히 설립하는 것으로 보는 주의이다. 민사회사(39조)·상사회사(상법 172조)·노동조합(노동조합 및 노동관계조정법 6조) 등이 그 예이다.

(3) 특허주의

법인설립을 위해 특별법의 제정을 요하는 주의이다. 한국은행·한국마사회 등이 이에 해당한다.

(4) 강제주의

단체가 국가사회 일반의 이해에 중대한 관계가 있는 경우에 국가가 법인의 설립 또는 법인의 가입을 강제하는 주의이다. 약사회 · 의사회 · 변리사회 등이 잇다.

(5) 인가주의

법률이 정한 요건을 구비하고 인가를 신청하면 주무관청이 반드시 법인인가를 하도록 하는 주의이다. 농업협동조합 · 법무법인 등이 이에 해당한다.

(6) 허가주의

법인설립의 허가를 법정의 요건으로 하고, 그 허가를 주무관청의 자유재량에 맡기는 주의이다. 민법의 비영리법인은 이 주의를 취한다. 법인격의 취득을 주무관청의 자유재량에 맡기는 점에서 특권적이다. 이러한 허가주의는 법인설립을 제한하는 논리로 결사의 자유를 부당하게 제한하고 있다는 비판을 듣고 있다.

Ⅱ. 비영리사단법인의 설립

민법은 종교 · 학술 · 자선 · 기예 · 사교 · 기타 영리 아닌 사업을 목적으로 하는 사단은 주무관청의 가를 얻어 이를 법인으로 할 수 있다고 규정한다(32조). 이 규정에서 비영리사단법인을 설립하는 요건은 다음과 같다.

1. 영리를 목적으로 하지 않을 것

종교 · 학술 · 자선 · 기예 · 사교 · 기타 영리 아닌 사업을 목적으로 하여야 한다. 목적달성을 위하여 부수적으로 영리행위를 하는 것은 허용된다. 그러나 이러한 수익은 그 목적달성을 위해서만 사용하여야 하고, 수익을 사원에게 분배하는 것은 허용되지 않는다. 영리 아니 사업이면 되고 반드시 공익을 목적으로 할 필요는 없다.

[건설공제조합의 비영리성 부인]

건설공제조합이 특별법에 의하여 설립된 법인이기는 하지만, 민법 제32조의 규정에 의한 비영리법인과 유사한 설립목적을 가진 법인이라 볼 수 없다(대판 1983.12.13, 80누496).

2. 정관을 작성할 것(설립행위)

(1) 정관의 기재사항

사단은 사람의 집단이므로 적어도 2인 이상의 자가 설립행위를 하여야 한다. 사단법인을 설립하려면 그 설립행위로써 법인의 근본규칙인 정관을 작성하여야 한다.

정관의 기재사항은 다음과 같다(40조).

① 목 적

비영리의 목적이어야 한다.

② 명 칭

명칭에 관해 특별한 제한은 없다. 그러나 회사는 반드시 그 종류에 따른 명칭을 사용해야 한다(상법 19조).

③ 사무소의 소재지

소재지를 기재한다. 사무소가 수개 있을 때는 모두 기재한다.

④ 자산에 관한 규정

자산의 구성 · 운용방법 · 회비 등에 관한 사항이다.

⑤ 이사의 임명에 관한 규정

임면의 방법을 정할 수 있다. 이사는 총회의 결의에 의하지 않아도 좋고, 회원 외의 자를 임명해도 좋다.

⑥ 사원자격의 득실에 관한 규정

임사 · 퇴사 · 제명 등에 관한 규정이다.

⑦ 존립시기나 해산사유를 정한 때에는 그 시기 또는 사유 등을 기재하여야 한다.

위의 사항들은 불가결한 기재사항이고(필요적 기재사항), 그 하나라도 빠지면 정관은 무효이다. 상기 사항 이외에 관해서도 정관에서 사단의 근본원칙으로 정해도 좋다(임의적 기재사항). 예컨대 총회소집절차 · 감사를 두는 것 등이다. 임의적 기재사항이라도 기재된 이상은 필요적 기재사항과 같은 효력을 가진다.

[사단법인의 동일성 판단기준]

사원자격의 득실변경에 관한 사항은 정관의 기재사항이므로, 어느 사단법인과 다른 사단법인이 동일한 것인지 여부는 그 구성원인 사원이 동일한지 여부에 따라 결정됨이 원칙이다. 다만 사원자격의 득실변경에 관한 정관의 기재사항이 적법한 절차를 거쳐서 변경된 경우에는 구성원이 다르더라도 그 변경전후의 사단법인은 동일성을 유지하면서 존속하는 것이다(대판 2008.9.25, 2006다37021).

(2) 정관의 변경

사단법인의 정관은 총사원 3분의 2 이상의 동의가 있는 때에 한하여 이를 변경할 수 있다. 그러나 정관에 다른 규정이 있는 때에는 그 규정에 의한다(42조 1항). 정관의 변경은 주무관청의 허가를 얻지 아니하면 그 효력이 없다(42조 2항).

[정관변경의 요건]

특정교단에 가입한 지교회가 교단이 정한 헌법을 지교회 자신의 자치규범으로 받아들인 경우에는 소속교단에서의 탈퇴 내지 교단의 변경은 사단법인 정관변경에 준하여 의결권을 가진 교인 2/3 이상의 찬성에 의한 결의를 필요로 한다(대판 2006.4.20, 2004다37775 전원합의체).

(3) 설립행위의 성질

사단의 설립행위는 설립자 전원이 협력하여 법인을 성립시킨다는 공동의 목적을 위하여 행해지며, 또 설립자가 단독으로 행위를 하는 것은 아니고 설립자 전원이 합동하여 행위를 한다. 이것을 합동행위라고 부르고, 쌍무계약체결의 당사자와 같이 서로 대립하는 이익의 상태에 있는 경우와 다르다. 그러나 사단의 설립행위를 특수한 계약이라고 설명하는 소수설도 있다.

결국 설립자 중의 1인이 제한행위능력자인 경우에 합동행위설에 의하면 설립행위에 영향을 미치지 않지만, 특수계약설에 의하면 계약의 일방당사자의 법률행위에 하자가 있는 것이 되어 설립행위 자체가 무효나 취소가 될 수 있게 된다. 따라서 합동행위설이 타당하다고 본다. 정관 자체는 계약이 아니라 자치법규이기 때문이다.

[정관의 법적 성질]

사단법인의 정관은 이를 작성한 사람뿐만 아니라 그 후에 가입한 사원이나 사단법인의 기관 등도 구속하는 점에 비추어 보면, 그 법적 성질은 계약이 아니라 자치법규이다(대판 2000.11.14, 99다12437).

3. 주무관청의 허가를 얻을 것

작성된 정관에 의해 주무관청의 허가를 얻어야 한다. 주무관청은 법인의 목적인 사업을 관할하는 중앙관청이다. 목적인 사업이 수개의 관청의 관할에 해당할 때에는 수개 관청의 허가를 필요로 한다(다수설). 허가는 주무관청의 자유재량행위이므로 거절되어도 행정소송으로 다툴 수 없다(대판 1979.12.26, 79누298).

[주무관청의 설립허가 여부]

비영리법인의 설립허가에 관한 구체적인 기준이 정하여져 있지 아니하므로, 비영리법인의 설립허가를 할 것인지 여부는 주무관청의 정책적 판단에 따른 재량에 맡겨져 있다(대판 1996.9.10, 95누18437).

4. 설림등기를 할 것

법인은 그 주된 사무소의소재지에서 등기함으로써 성립한다(33조). 설림등기는 법인격을 취득하기 위한 성립요건이다.

Ⅲ. 비영리재단법인의 설립

사례

甲은 2013.2.1 그 소유 X토지를 재단법인 A의 설립을 위하여 출연하였고, 그 후 A재단법인은 2013.5.1 설립허가를 얻어 2013.6.1 설립등기를 마쳤으나 위토지에 대한 소유권이전등기는 하지 않은 상태였다. 이에 甲은 위 토지를 乙에게 매도하고 乙은 2013.7.1에 소유권이전등기를 경료하였다. 이때 X토지를 둘러싼 甲과 A·乙간의 법률관계는 어떠한가?

1. 영리를 목적으로 하지 않을 것

종교·학술·자선·기예·사교·기타 영리 아닌 사업을 목적으로 하여야 한다(32조).

2. 설립행위를 할 것

설립자가 일정한 재산을 출연하고 법인의 근본규칙인 정관을 작성하여야 한다(43조).

(1) 재산의 출연

1) 출연행위

설립자는 일정한 재산을 출연하여야 하며, 재산의 종류가 무엇인가는 상관없다. 재산의 출연행위(出捐行爲)는 무상이므로 증여나 유증과 유사하다고 볼 수 있다. 따라서 민법은 생전처분으로 재단법인을 설립하는 때에는 증여에 관한 규정을 준용하고, 유언으로 재단법인을 설립하는 때에는 유증에 관한 규정을 준용하도록 하고 있다(47조).

[신탁적 출연행위의 효력]

재단법인 설립을 위한 재산의 기증에 있어 재산기증자가 소유명의만을 재단법인에 귀속시키고 소유권을 기증자에게 유보하는 따위의 부관을 붙여서 한 기증은 재단법인설립의 취지에 어긋날 뿐 아니라, 이와 같은 신탁계약이 당연히 설립된 재단법인에 그 효력이 미치지 않는다(대판 1971.8.31, 71다1176).

2) 출연재산의 귀속시기

생전처분으로 재단법인을 설립하는 때에는 출연재산은 법인이 성립한 때로부터 법인의 재산이 되고(48조 1항), 유언으로 재단법인을 설립하는 때에는 출연재산은 유언의 효력이 발생한 때로부터 법인에 귀속한 것으로 본다(48조 2항). 즉 유언에 의한 경우는 상속인에게 귀속하였다가 재단에 귀속하는 것이 아니라 사망과 동시에 법인에 귀속된다.

그런데 법률행위에 의하여 물권변동의 효과가 발생하려면 일정한 공시방법(부동산의 경우에는 등기 : 186조, 동산의 경우에는 인도 : 188조)이 필요하다. 여기서 출연재산이 물권인 경우에 민법 제187조와 제48조에 따라 법인성립시 또는 유언의 효력발생시에 법인에게 귀속하는지, 아니면 민법 제186조나 제188조에 따라 공시방법을 갖추었을 때 귀속하는지가 문제된다.

(a) 학 설

다수설은 민법 제48조를 재단법인의 재산적 기초를 충실히 하기 위한 특별규정으로 보아, 민법 제186조·제188조에서 규정하고 있는 등기나 인도 없이도, 법인의 성립 또는 설립자의 사망시에 재단법인에게 출연재산이 귀속한다고 한다. 민법 제48조는 등기를 요하지 않는 부동산물권변동에 관한 민법 제187조의 "기타의 법률의 규정"으로 보아서, 재단법인 앞으로의 공시가 없어도 민법 제48조에서 정한 시기에 출연재산이 법인에 귀속한다는 입장이다.

이에 대해 소수설은 민법 제48조에서 정하는 시기에 법인에게 출연재산의 이전청구권이 생길 뿐이고, 그것이 현실로 재단법인에 이전되는 것은 그 공시를 한 때라고 한다. 즉 재단법인 설립행위로 인한 물권의 이전은 법률행위에 의한 물권변동이므로, 민법 제186조에 따라서 등기를 하여야만 출연재산이 재단법인에 귀속한다고 한다.

(b) 판 례

판례는 출연재산의 귀속시기를 나누어 판단하고 있다. 즉 출연재산과 법인 사이에는 등기 없이도 민법 제187조에 의해 민법 제48조에서 정한 때에 출연재산이 법인에 귀속되지만, 법인이 그것을 가지고 제3자에게 대항하기 위해서는 민법 제186조에 따른 등기를 필요로 한다고 한다(대판 1979.12.11, 78다481·482 전원합의체).

[유언에 의한 재단법인의 설립]

유언으로 재단법인을 설립하는 경우에도 제3자에 대한 관계에서는 출연재산이 부동산인 경우는 그 법인에의 귀속에는 법인의 설립 외에 등기를 필요로 하는 것이다. 그러므로 재단법인이 그와 같은 등기를 마치지 아니하였다면 유언자의 한 사람으로부터 부동산의 지분을 취득하여 이전등기를 마친 선의의 제3자에게 대항할 수 없다(대판 1993.9.14, 93다8054).

(2) 정관의 작성

설립자는 일정한 사항을 기재한 정관을 작성하여야 한다. 정관의 기재사항은 사단법인과 마찬가지로 필요적·임의적 기재사항이 있으나, 「사원자격의 득실에 관한 규정」과 「존립시기」나 「해산사유」는 필요적 기재사항이 아니다(43조).

필요적 기재사항을 모두 기재하지 않은 정관은 무효임이 원칙이나, 설립자가 목적과 자산만을 정하고 명칭·사무소 소재지 또는 이사임면의 방법을 정하지 않고서 사망한 경우에는 그 보충을 허용하고 있다(44조). 즉 목적과 자산은 보충하지 못하며, 이러한 보충은 검사나 이해관계인의 청구로 법원이 결정한다.

3. 주무관청의 허가를 얻을 것

재단법인의 설립으로서 주무관청의허가는 비영리사단법인의 경우와 같다(32조).

[기본재산 처분의 효력]

재단법인의 기본재산의 처분은 정관변경을 요하는 것이므로, 주무관청의 허가가 없으면 그 처분행위는 물권계약으로서 무효일 뿐 아니라 채권계약으로서도 무효이다(대판 1974.6.11, 73다1975).

4. 설립등기를 할 것

비영리사단법인의 설립등기절차와 같다(33조).

[위임범위를 벗어난 재단법인의 설립]

공익사업을 목적으로 하는 재단법인을 설립하기위하여 소유임야를 출연하고 제3자 등과 합의하여 정관을 작성하고 주무관청의 인가를 받아 법인을 설립하였다면, 위 제3자가 설립자의 위임을 받아 설립업무를 수행하는 과정에서 설립목적의 범위를 넓히고 또 임원구성을 함부로 하는 등 배임적인 행위를 하였다 하더라도 이미 재산의 출연과 정당한 절차를 밟아 설립되어 활동 중인 재단법인의 설립행위 자체를 무효로 할 사유가 될 수는 없다(대판 1993.4.13, 91다29064).

사례해결

사례는 X토지의 소유권이 재단법인이 성립된 때로부터 법인에게 귀속된다는 민법 제48조의 규정에 따라 A재단법인에 귀속되는지, 아니면 물권변동에 관하여 등기를 요하는 민법 제186조의 규정에 따라 乙에게 귀속되는지가 문제된다.

① 설립등기시에 출연재산이 재단에 귀속한다는 견해(다수설)에 의하면 2013.6.1에 A재단에 귀속하므로, A는 乙에게 소유권에 기한 X토지의 반환청구권을 행사할 수 있다.

② A재단명의로 등기한 때 출연부동산이 재단에 귀속한다는 견해(소수설)에 의하면 2013.7.1에 X토지의 소유권이 乙 에게 최종적으로 귀속된다.

③ 절충설(판례)에 의하면 A와 乙 사이에는 2013.7.1에 乙이 소유권을 취득한다.

제3관 법인의 능력

Ⅰ. 서 설

법인도 자연인과 같이 권리의 주체이므로 권리능력 · 행위능력 · 불법행위능력을 갖지만 그 내용이 같지는 않다. 따라서 법인이 활동을 하는 경우에 법인은 어떠한 범위에서 권리 · 의무의 귀속주체가 될 수 있고(권리능력), 어떠한 범위에서 거래의 주체로서 행위를 할 수 있는가(행위능력), 또 법인의 활동과 관련하여 생긴 손해를 어떠한 범위에서 법인이 부담하는가(불법행위능력) 등이 문제된다.

Ⅱ. 권리능력

1. 범 위

법인의 권리능력은 법률의 규정과 정관으로 정한 목적의 범위 내에서 인정된다(34조). 그러므로 자연인에 비해 제한이 있다.

[법인의 목적범위]

법인의 권리능력은 법인의 설립근거가 된 법률과 정관상의 목적에 의하여 제한된다. 그 목적범위 내의 행위라 함은 법률이나 정관에 명시된 목적 자체에 국한되는 것이 나니라, 그 목적을 수행하는데 있어 직접·간접으로 필요한 행위는 모두 포함된다(대판 1999.10.8, 98다2488).

2. 제 한

(1) 성질에 의한 제한

자연인의 생명·정신·性·연령·친족관계와 같이 자연적인 성질을 전제로 하는 권리를 법인은 향유할 수가 없다. 예컨대 정신적 고통에 대한 손해배상인 위자료청구권과 같은 권리를 법인은 가질 수가 없다.

그러나 성명권이나 명예권 등의 인격권은 법인도 향유할 수 있다. 따라서 인격권침해에 대한 위자료청구는 인정된다. 또 상속권은 상속법의 규정상 인정되지 않지만(1000조 이하), 유증은 법인도 받을 수 있으므로(1078조) 포괄유증을 받는 것에 의해 상속과 동일한 효과를 받을 수 있다.

[법인의 명예가 훼손된 경우의 손해배상청구권]

민법 제764조에서 말하는 명예라 함은 사람의 품성·덕행·명예·신용 등 세상으로부터 받는 객관적인 평가를 말한다. 법인의 경우에는 그 사회적 명예·신용을 가리키는 것으로, 명예를 훼손한다는 것은 그 사회적 평가를 침해하는 것이다. 법인의 명예가 훼손된 경우에 그 법인은 상대방에 대하여 불법행위로 인한 손해배상과 함께 명예회복에 적당한 처분을 청구할 수 있다(대판 1997.10.24, 96다17851).

(2) 법률에 의한 제한

민법 제34조는 법인에 대하여 「법률의 규정에 좇아 정관으로 정한 목적의 범위 내에서 권리와 의무의 주체가 된다」고 규정하고 있다. 법인격은 법에 의해 부여되는 것이므로, 법인의 권리·의무를 법률에 의해 제한할 수가 있다.

현행법에서 일반적으로 법인의 권리능력을 제한하는 법률은 없다. 개별적으로 제한하는 것으로 (ⅰ) 청산법인의 권리능력은 청산의 목적범위 내에 한정된다는 민법 제81조 및 상법 제245조(회사의 경우), (ⅱ) 회사는 다른 회사의 무한책임사원이 되지 못한다는 상법 제173조 등이 있다.

(3) 목적에 의한 제한

민법은 법인에 대하여 정관으로 정한 목적의 범위 내에서 권리능력을 인정한다(34조). 이것은 19세기 중엽 이탈리아의 판례에 의해 성립한 권한초월(ultra vires)의 이론을 승계한 것이다. 이 이론은 회사의 능력은 정관에서 정한 목적에 의해 제한되어 목적 외의 행위는 무효라는 것이다.

목적의 범위는 정관에 목적으로 기재된 범위에 한정되는 것은 아니고, 그 목적을 달성하기에 상당하다고 인정되는 범위라고 해석하는 것이 통설이다. 판례도 법인의 권리능력은 법인의 설립근거가 된 법률과 정관상의 목적에 의하여 제한되나, 그 목적범위 내의 행위라 함은 법률이나 정관에 명시된 목적자체에 국한되는 것이 아니라 그 목적을 수행하는데 있어 직접 · 간접으로 필요한 행위를 모두 포함한다고 한다(대판 1991.11.22, 91다8821). 목적수행에 필요한지 여부는 대표이사의 의사와 관계없이 행위의 객관적 성질에 의하여 정해진다(대판 1988.1.19, 86다카1384).

따라서 건설공제조합 출장소장이 비조합원의 차금행위(借金行爲)에 대해 한 보증행위는 목적범위를 벗어나지만(대판 1972.7.11, 72다801), 학교운영을 목적으로 한 재단법인이 교육목적달서에 수반하는 채무에 대해 학교건물을 대물변제로 제공하는 행위는 목적범위 내로 본다(대판 1957.11.28, 4290민상613).

[배서행위의 범위]

단기금융업을 영위하는 회사로서 회사의 목적인 어음의 발행 · 할인 · 매매 · 인수 · 보증 · 어음매매의 중개를 함에 있어서 어음의 배서는 행위의 객관적 성질상 위 목적수행에 직접, 간접으로 필요한 행위라고 보아야 할 것이다(대판 1987.9.8, 86다카1349).

Ⅲ. 행위능력

1. 법인의 행위

법인은 자연인과 달리 현실적으로 행위를 할 수 없으므로, 과연 법인의 행위라는 것이 있는지가 문제된다.

법인의제설은 법인의 행위라는 것은 존재하지 않고, 법인은 대리인의 행위에 의해 권리 · 의무를 취득한다고 한다. 이에 대해 법인실재설은 법인도 그 고유의 의사로 행위를 하는 것이므로 법인의 행위가 존재하고, 기관이 행한 행위가 바로 법인의 행위라고 한다.

2. 법인의 행위능력의 범위

(1) 권리능력의 범위와 동일

법인의 행위능력은 법인본질론의 학설에 따라 다르나, 민법은 법인의 대표에 대하여는 대리에 관한 규정을 준용한다고 규정하므로(50조 2항), 실제상의 차이는 없다. 법인의 행위능력의 범위는 법인의 권리능력의 범위와 동일하다. 법인의 행위는 대표기관(이사 · 임시이사 · 특별대리인 · 청산인)을 통해서 한다.

(2) 대표기관의 행위

1) 대리규정의 준용

현실적으로 행위를 하는 대표기관이다. 누가 대표기관인가는 법인의 내부조직을 정한 규정에 의해 정해지지만, 비영리법인에서는 이사가 대표기관이다(청산법인의 경우는 청산인). 대표기관이 행위를 하고 그 행위의 효과는 법인에 귀속되므로, 법인과 그 대표기관의 관계는 본인과 대리인과의 관계와 유사하다. 그러므로 대표기관이 법률행위를 하는 형식 · 요건에 관하여는 대리에 관한 규정을 준용한다(59조 2항).

따라서 대표기관은 「법인을 위한 것임을 표시」하고 행위를 하여야 한다(현명주의 : 114조 · 115조 참조). 그리고 법인의 선의 · 악의가 문제되는 경우에는 민법 제116조를 유추하여, 기관이 선의인가 악의인가에 의해 결정한다.

2) 대표기관의 행위가 법인의 행위가 되는 행위

대표기관의 행위가 있어도 법인의 목적범위 외이면 법인의 행위로서는 인정되지 않는다. 그러나 목적의 범위를 엄격하게 해석하여 대표되는 범위를 좁히면 법인과 거래한 상대방에게 손해를 입히게 된다. 판례는 그 범위를 정관에 정해진 목적에 한하지 않고, 목적인 사업을 수행하기에 필요한 사업도 넓게 포함한다고 해석한다(대판 1988.1.19, 86다카1384).

3) 대표기관의 권한초월행위와 권한남용행위

(a) 대표기관의 권한초월행위

법인의 대표기관이 법률행위를 할 때에는 법인을 위한 것임을 표시해야 한다. 그러나 어느 행위에 대하여는 이사가 단독으로 할 수 없는 내부적 제한이 있음에도 불구하고, 그 행위를 단독으로 하는 경우도 있을 수 있다. 이것은 대표기관이 권한을 초월한 경우의 문제이다.

대표기관의 행위가 법인의 목적범위 내일지라도 법인의 내부적 제한을 초월한 경우에는 정상적인 법인의 행위라고 말할 수 없지만, 민법 제60조에 의하여 제3자는 보호된다.

(b) 대표기관의 권한남용

이것은 이사가 자기 또는 제3자의 이익을 위해 대표기관으로서의 행위를 한 것이다. 이러한 이사의 행위는 법인과의 관계에서는 권한남용이 될 것이다. 권한남용행위도 외형상 법인의 행위능력 범위에 속하고, 또 이사의 권한에 속하는 것이므로 원칙적으로 법인의 행위가 된다. 그런데 거래상대방이 이사의 권한남용 사실을 알고 있는 경우에도 법인이 그 행위에 대해 책임을 지도록 하는 것은 가혹하므로, 이러한 경우를 어떻게 해결할지가 문제된다.

예컨대 장학사업을 목적으로 하는 A재단법인의 이사 甲이 실제로는 자신의 주택구입을 목적으로 乙로부터 차금할 때, 乙이 그 사실을 아는 경우에 재단법인이 그 책임을 질 것인가의 문제이다.

① 학 설

다수설은 상대방이 이사의 권한남용 사실을 알았거나 알 수 있었을 경우에는 민법 제107조 1항 단서를 유추적용 하여 그 행위의 효력을 부정한다(107조 1항 단서 유추적용설). 이에 대해 이사의 권한남용 사실을 상대방이 안 경우에는 상대방이 그에 따른 권리를 행사하는 것이 신의칙 내지 권리남용에 해당하여 허용할 수 없다는 견해(신의칙설), 그리고 대표권한의 남용의 경우에 처음부터 대표권 자체를 부정한 다음, 상대방이 대표권이 있는 것으로 믿음에 정당한 사유가 있는 경우에는 민법 제126조 의하여 해결하여야 한다는 견해(표현대리설)도 있다. 乙이 악의인 경우에는 어느 견해에 따르든 乙이 A에게 책임을 물을 수 없다.

② 판 례

판례 중에는 이사의 권한남용 사실을 상대방이 알았을 경우에 법인에게 그 효과를 묻는 것은 신의칙에 위배되어 허용되지 않는다는 것도 있으나, 민법 제107조 1항 단서를 유추적용 하여 문제를 해결하는 것이 보통이다.

주식회사의 대표이사가 그 대표권의 범위 내에서 한 행위는 설사 대표이사가 회사의 영리목적과 관계없이 자기 또는 제3자의 이익을 도모할 목적으로 그 권한을 남용한 것이라 할지라도 일단 회사의 행위로서 유효하다. 다만 그 행위의 상대방이 대표이사의 진의를 알았거나 알 수 있었을 때에는 회사에 대하여 무효가 된다고 한다(대판 1997.8.29, 97다18059).

Ⅳ. 불법행위능력

사례

A재단법인의 대표이사 甲은 재단을 확장시킨다는 명목으로 乙은행으로부터 1억원을 차용하였으나, 사실은 甲 자신의 토지를 구입하는 용도로 사용하였다. 乙은 A에게 1억원을 변제하라고 하였지만 A는 이를 거절하였다. 이 경우에 乙이 A재단법인에 대하여 어떠한 책임을 물을 수 있는가?

1. 불법행위능력의 유무

법인은 이사 기타 대표자가 그 직무에 관하여 타인에게 가한 손해를 배상할 책임이 있다(35조 1항 전단). 여기에서 법인은 불법행위능력이 있는가가 문제된다. 법인은 불법행위를하는 것을 목적으로 하지 않으므로, 법인이 불법행위의 주체가 될 수 있는가에 관하여 학설이 나뉜다.

법인의제설에 의하면 법인 자체의 행위능력은 없고, 또한 불법행위능력도 없다고 본다.

따라서 민법 제35조 1항은 법정책적인 특별규정이라고 본다.

법인실재설에 의하면 법인은 기관의 행위를 통하여 사회에서 행위의 존재가 인정되므로, 기관의 행위로 타인에게 불법으로 손해를 끼칠 수 있고 그러한 경우에는 법인은 불법행위책임을 부담해야 하는 것으로서 민법 35조 1항은 당연한 규정이라고 한다.

[이사 기타 대표자의 개념]

민법 제35조 1항의 '이사 기타 대표자'는 법인의 대표기관을 의미한다. 따라서 대표권이 없는 이사는 법인의 기관이기는 하지만 대표기관은 아니기 때문에, 그들의 행위로 인하여 법인의 불법행위가 성립하지 않는다(대판 2005.12.23, 2003다30159).

2. 불법행위의 요건

(1) 대표기관의 행위일 것

대표기관으로는 이사·임시이사·특별대리인·청산인 등이 있다. 이사로부터 일정한 대리권을 부여받은 지배인(상법 11조)이나 특정한 행위에 대하여 대리하는 임의대리인(62조)은 대표기관이 아니다. 이러한 자의 행위에 대하여는 법인은 민법 제35조의 책임을 부담하는 것이 아니라, 민법 제756조에 의한 사용자책임을 부담한다(통설).

[노동조합의 불법행위]

노동쟁의조정법 8조에 의하여 민사상 배상책임이 면제되는 손해는 정당한 쟁의행위로 인한 손해에 국한된다. 따라서 노종조합의 간부들이 불법쟁의행위를 기획·지시·지도하는 등으로 인한 행위는 조합의 집행기관으로서의 행위라 할 것이다. 이러한 경우 민법 제35조 1항의 유추적용에 의하여 노동조합은 그 불법쟁의행위로 인하여 사용자가 입은 손해를 배상할 책임이 있다(대판 1994.3.25, 93다32828).

(2) 대표기관이 직무에 관하여 타인에게 손해를 가했을 것

직무행위는 행위의 외형상 직무수행행위라고 볼 수 있는 행위 및 직무행위와 사회관념상 관련성이 있는 행위(외형이론)를 말한다(통설·판례)

그러므로 행위의 외형상 법인의 대표자의 직무수행이라고 인정할 수 있는 것이라면, 설사 그것이 대표자 개인의 사리를 도모하기 위한 것이었거나 혹은 법령에 위배된 것이었다 하더라도 직무행위에 해당한다(대판 1969.8.26, 68다2320).

다만 거래행위가 법인을 위한 것이 아니고 개인 또는 제3자를 위한 것임을 상대방이 알았거나 중대한 과실로 알지 못한 경우에는 직무관련성이 부인되어야 할 것이다(대판 2004.3.26, 2003다34045).

[중대한 과실의 의미]

법인 대표자의 행위가 직무에 관한 행위에 해당하지 아니함을 피해자 자신이 알았거나 또는 중대한 과실로 인하여 알지 못한 경우에는 법인에게 손해배상책임을 물을 수 없다고 할 것이다. 여기서 중대한 과실이라 함은 거래의 상대방이 조금만 주의를 기울였더라면 대표자의 행위가 그 직무권한 내에서 적법하게 행하여진 것이 아니라는 사정을 알 수 있었음에도 만연히 이를 직무권한 내의 행위라고 믿음으로써 일반인에게 요구되는 주의의무에 현저히 위반하는 것으로 거의 고의에 가까운 정도의 주의를 결여한 것이다. 이는 공평의 관점에서 상대방을 구태여 보호할 필요가 없다고 봄이 상당하다고 인정되는 상태를 말한다(대판 2004.3.26, 2003다34045).

(3) 불법행위의 일반적 요건을 갖출 것

민법 제35조는 일반의 불법행위에 관한 규정이므로 제750조의 요건을 충족하여야 한다.

① 대표기관의 고의 또는 과실이 있을 것
② 가해행위가 위법할 것
③ 피해자가 피해를 입었을 것
④ 대표기관이 책임능력이 있을 것
⑤ 가해와 손해 사이에 인과관계가 있을 것

[종중의 불법행위책임]

종중의 대표자가 종중소유의 부동산을 개인소유라 하여 매도하고 계약금과 중도금을 지급받은 후 잔대금지급 이전에 매수인이 종중소유임을 알고 항의하자, 종중의 결의가 없는데도 종중대표자로서 그 이전을 약속하고 종중총회결의서 등을 위조하여 등기이전을 해주고 잔금을 받았다. 그 후 종중이 소송으로 부동산을 되찾아간 경우, 종중은 불법행위책임으로써 매수인이 지급한 잔대금 상당액을 배상할 의무가 있다(대판 1994.4.12, 92다49300).

3. 효 과

(1) 법인의 채방책임

불법행위의 요건이 갖추어지면 법인은 피해자에게 그 손해를 배상하여야 한다(35조 1항 전단).

(2) 기관 개인의 책임

1) 법인의 불법행위가 성립하는 경우

기관 개인은 법인과 경합하여 파해자에게 배상책임을 지며(35조 1항 후단), 그 성질은 부진정연대채무이다. 법인이 피해자에게 배상을 하면 법인은 기관 개인에 대하여 구상권을 행사할 수 있다(65조 참조).

2) 법인의 불법행위가 성립하지 않는 경우

기관 개인만이 불법행위책임을 진다(750조). 피해자를 보호하기 위하여 그 사항의 의결에 찬성한 사원과 이사, 그리고 그것을 집행한 이사 기타 대표기관은 언제나 연대하여 배상책임을 진다(35조 2항).

[노동조합간부의 불법행위책임]

노동조합 간부들이 불법쟁의행위를 기획 · 지시 · 지도하는 등으로 주도한 경우에 이와 같은 간부들의 행위는 조합의 집행기관으로서의 행위라 할 것이므로, 이러한 경우 민법 제35조 1항의 유추적용에 의하여 노동조합은 그 불법쟁의행위로 인하여 사용자가 입은 손해를 배상할 책임이 있다.

한편 조합간부들의 행위는 일면에 있어서는 노동조합단체로서의 행위라고 할 수 있는 외에 개인의 행위라는 측면도 아울러 지니고 있다. 또한 일반적으로 쟁의행위가 개개 근로자의 노무정지를 조직하고 집단화하여 이루어지는 집단적 투쟁행위라는 그 본질적 특징을 고려해 볼 때, 노동조합의 책임 외에 불법쟁의행위를 기획 · 지시 · 지도하는 등으로 주도한 조합의 간부들 개인에 대하여도 책임을 지우는 것이 상당하다(대판 1994.3.25, 93다32828 · 32835).

사례해결

사례의 경우에 乙이 甲의 의도를 알았거나 알 수 있었다면 A에 대한 효력이 부인된다. 즉 A재단법인은 甲의 불법행위에 대한 책임을 지지 않는다. 그러나 사례에서 만약 乙이 甲의 의도를 몰랐다면 甲 행위의 직무관련성 여부에 따라 A의 책임이 결정된다.

甲의 행위가 직무행위에 해당한다면 乙은 A재단법인에 대하여 불법행위로 인한 손해배상을 청구할 수 있다. 또한 甲개인에 대해서도 손해배상책임을 물을 수 있다. 이때 A와 甲의 손해배상책임은 부진정연대채무로 본다. A재단에게 불법행위가 인정됨으로써 乙에게 손해를 배상한 경우에 A는 기관의 선량한 관리자의 주의의무위반을 이유로 甲에게구상권을 행사할 수 있다. 그러나 만약 A의 불법행위가 인정되지 않는다면 甲에게만 손해배상책임의 문제가 발생한다.

제4관 법인의 기관

Ⅰ. 서 설

법인은 권리 · 의무의 주체이고 재산거래의 주체로서 활동을 한다. 그러나 법인 자체는 자연인과 같이 정신이나 육체를 가지지 않으므로, 생각을 한다든가 교섭을 하는 것은 불가능하다.

그러므로 법인을 대신하여 법인을 위하여 행위를 할 자가 필요하게 된다. 이러한 자들이 법인의 기관으로서 법인의 업무 및 관리를 행하게 된다. 법인의 기관에는 이사 · 감사가 있고, 사단법인에는 사원총회가 있다.

Ⅱ. 이 사

1. 의 의

이사는 대외적으로 법인을 대표하고, 대내적으로 법인의 업무를 집행하는 상설 필수기관이다. 이사가 법인을 위하여 하는 행위는 법인 자체의 행위가 되므로, 대리인이 행위를 하고 그 행위의 효과가 본인에게 귀속되는 대리와는 다르다.

이사의 수에는 제한이 없으므로(57조 · 58조) 정관에서 임으로 정할 수 있다. 이사는 자연인만이 될 수 있으며, 자격상실 내지 자격정지의 형을 받은 자는 이사가 될 수 없다(형법 43조).

[자격흠결 이사의 지위]

정관에 이사가 갖추어야 할 자격을 규정하고 있을 뿐 그 자격이 흠결된 경우의 효과 내지 취급에 관하여 아무런 규정도 두고 있지 않다면, 이사회의 적법한 결의를 거쳐 선임된 이사가 정관에서 정한 자격을 흠결한 것으로 사후에 밝혀진다고 하더라도 이를 이유로 그 이사를 해임함은 별론으로 하고, 그런 사정만으로는 그 이사선임결의가 무효로 되거나 이미 선임된 이사가 그 지위를 당연히 상실하게 되는 것이라고 할 수 없다(대판 2007.12.28, 2007다3150).

(2) 사임 · 퇴임

정관에 의할 것이나 규정이 없으면 위임의 규정이 적용된다(127조 · 689조). 이사가 임기만료 또는 사임으로 물러난 후에도 후임자가 정해질 때까지는 계속하여 종전의 임무를 수행할 의무와 권한이 있다(대판 1982.3.9, 81다614)

재단법인 이사의 사임행위는 상대방 있는 단독행위라 할 것이어서 그 의사표시가 상대방에게 도달함과 동시에 그 효력이 발생하고, 그 의사표시가 발생한 후에는 마음대로 이를 철회할 수 없음이 원칙이다(대판 2006.6.15, 2004다10901)..

[사임의 의사표시의 철회 가부]

정관에서 이사의 사임절차나 의사표시의 특별규정을 둔 경우에는 이사의 사임의 의사표시가 법인의 대표자에게 도달하였더라도 정관에 따라 사임의 효력이 발생하기 전에는 그 의사표시를 자유롭게 철회할 수 있다(대판 2008.9.25, 2007다17109).

3. 직무권한

이사의 직무권한은 「대외적인 법인대표권」과 「대내적인 업무집행권」 두 가지이다. 이사는 선량한 관리자의 주의로 그 직무를 수행하여야 하며(61조), 이사가 그 임무를 해태한 때에는 법인에 대하여 연대하여 손해배상책임을 진다(65조).

(1) 대외적 권한(법인의 대표권)

1) 법인의 대표

이사는 법인을 대표한다(59조). 즉 이사는 단독으로 법인의 사무집행을 위하여 필요한 사항에 관하여 재판상 또는 재판외의 행위를 할 권한을 모두 갖는다(대판 1958.6.26, 4290민상659). 대표의 방식에는 대리에 관한 규정이 준용된다(59조 2항).

그러므로 이사가 법인을 대표함에는 대리와 마찬가지로 법인을 위한 것임을 표시하여야 한다(현명주의). 이사의 대표권은 법인의 모든 사무에 미치지만(포괄적 대표권), 정관에 규정한 취지에 위반할 수 없고 사단법인의 경우에는 총회의 결의에 따라야 한다(58조 1항 단서).

2) 대표권의 제한

(a) 정관에 의한 제한

이사의 대표권 자체를 박탈한다는 제한은 허용되지 않는다. 대표권 제한은 정관에 기재하지 않으면 그 효력이 없고(41조), 이를 등기하지 않으면 제3자에게 대항할 수 없다(60조). 이때 제3자의 범위를 둘러싸고 견해가 나뉜다.

(i) 다수설은 악의의 제3자를 보호할 이유가 없으므로, 이사의 대표권 제한은 등기되어 있지 않더라도 악의의 제3자에게 대항할 수 있다고 한다. (ii) 소수설과 판례(대판 1992.2.14, 91다24564)는 등기되어 있지 않는 한, 악의의 제3자에게도 대항할 수 없다고 한다.

악의의 제3자는 보호할 필요가 없으므로 다수설이 타당하다고 본다.

(b) 이익상반에 의한 제한

법인과 이사 간에 매매계약을 체결하는 등 법인과 이사의 이익이 상반하는 사항에 관하여는 이사는 대표권이 없다(64조 전단). 이러한 경우에는 법인과 이익이 상반하지 않는 이사가 법인을 대표한다. 다른 이사가 없는 경우에는 이해관계인이나 검사의 청구에 의해 법원이 선임한 특별대리인이 법인을 대표한다(64조 후단).

(c) 복임권에 의한 제한

이사는 원칙적으로 자신의 대표권을 행사하여야 한다. 다만 정과 또는 사원총회의 결의로 금지하지 않은 사항에 한하여 타인으로 하여금 특정한 행위를 대리하게 할 수 있다(62조). 이사에 의하여 선임된 대리인은 법인의기관이 아니지만, 법인의 대리인으로서 대리행위를 한다. 이사는 이러한 대리인의 선임·감독에 관하여 책임을 진다(121조 1항).

(d) 사원총회의 결의에 의한 제한

사단법인의 경우에는 사원총회의 결의를 통해 이사의 대표권을 제한할 수 있다(59조 1항 단서). 그런데 사원총회의 결의에 의한 이사의 대표권 제한은 등기하지 않는 한 총회의 결의에 위반하여도 이사의 행위는 유효하다.

(e) 직무대행자권한의 제한

민법 제52조의2의 직무대행자는 가처분명령에 다른 정함이 있는 경우 외에는 법인의 통상사무에 속하지 아니한 행위를 하지 못한다. 다만 법원의 허가를 얻은 경우에는 그러하지 아니하다(60조의2 2항). 직무대행자가 민법 제60조의2 제1항의 규정에 위반한 행위를 한 경우에도 법인은 선의의 제3자에 대하여 책임을 진다(60조의2 2항).

[이사직무대행자의 직무범위]

가처분결정에 의하여 선임된 학교법인 이사직무대행자가 그 가처분의 본안소송인 이사회결의 무효확인의 제1심 판결에 대하여 항소권을 포기하는 행위는 학교법인의 통상업무애 속하지 않는다고 보아야 한다. 그러므로 그 가처분결정에 다른 정함이 있거나 관할법원의 허가를 얻지 아니하고서는 이를 할 수 없다(대판 2006.1.26, 2003다3625).

(2) 대내적 권한(업무집행권)

이사는 정관의 규정 및 총회의 결의에 따라 모든 내부적 사무를 집행할 권한이 있으며(58조 1항), 이사가 수인인 경우에는 그 과반수로써 결정한다(58조 2항). 이사가 집행할 주요사무로는 다음의 것들이 있다.

1) 청산이 되는 것

법인이 해산한 경우에는 이사가 청산인이 된다. 다만 파산한 경우나 정관 또는 총회에서 타인을 청산인으로 선임한 때는 그렇지 않다(62조).

2) 파산신청

법인이 채무를 완제(完濟)하지 못하게 된 때에는 이사는 지체 없이 파산신청을 하여야 한다(79조).

3) 등 기

이사는 각종의 법인등기를 하여야 한다. 법인등기에는 설립등기 · 분사무소설치등기 · 사무소이전등기 · 변경등기 · 해산등기 등이 있다.

4) 총회의사록작성

이사는 총회의사록을 작성하여야 한다. 이 의사록에는 의사의경과 · 요령 및 결과를 기재하고 의장 및 출석한 이사가 기명날인하여야 한다. 또 이사는 의사록을 주된 사무소에 비치하여야 한다(76조).

[의사록에 의한 증면]

법인의 총회 또는 이사회 등의 의사에는 의사록을 작성하여야 하고, 의사록에는 의사의 경과 · 요령 및 결과 등을 기재하여야 한다. 이와 같은 의사의 경과 · 요령 및 결과 등은 의사록을 작성하지 못하였다든가 또는 이를 분실하였다는 등의 특단의 사정이 없는 한 이 의사록에 의하여서만 증명된다(대판 1985.5.15, 83다카1565).

5) 사원명부작성

사단법인의 이사는 사원명부를 비치하고 사원의 변경이 있는 때에는 이를 기재하여야 한다(55조 2항).

6) 총회의 소집

사단법인의 이사는 적어도 매년 1회 이상 통상총회를 소집하여야 한다(69조). 필요하다고 인정할 때는 언제라도 임시총회를 소집할 수 있고(70조 1항), 사원의 청구가 있을 때는 임시총회를 소집하여야 한다(70조 2항).

7) 재산목록작성

이사는 법인이 성립한 때 및 매년 3월 내에 재산목록을 작성하여 사무소에 비치하여야 한다. 사업연도를 정한 법인은 성립한 때 및 그 연도 말에 재산목록을 작성하여야 한다(55조 1항).

[舊이사의 무효확인의 소의 이익]

임기만료 되거나 사임한 구이사가 후임이사가 선임될 때까지 종전의 직무를 수행할 수 있는 경우에는 舊이사는 그 직무수행의 일환으로 다른 이사를 해임하거나 후임이사를 선임한 이사회결의의 하자를 주장하여 그 무효확인을 구할 법률상 이익이 있다(대판 2005.3.25, 2004다65336).

4. 임시이사

이사가 없거나 결원이 있는 경우에 이로 인하여 손해가 생길 염려가 있는 대에는 법원은 이해관계인이나 검사의 청구에 의하여 임시이사를 선임하여야 한다(63조). 이사의 결원이 있는 경우란 정관소정의 이사의 정원수에 부족이 있는 경우를 말한다(대판 1975.3.31, 74다562). 임시이사는 이사가 임명될 때까지 이사와 동일한 권한을 갖는 일시적인 법인의 기관이다.

[임시이사의 선임신청]

민법 제63조의 임시이사 선임신청을 할 수 있는 이해관계인이라는 것은 임시이사가 선임되는 것에 관하여 법률상의 이해관계가 있는 자, 즉 사건본인 법인의 다른 이사·사원·채권자 등을 포함한다 할 것이므로 사건본인 법인의 정당한 최후의 이사였다가 퇴임한 자이거나 이 사건 신청당시 사건본인 법인의 등기부상의 이사로서 사건본인 법인의 업무처리를 담당해 온 자 등은 위 법조의 이해관계인이라 할 것이다(대결 1976.12.10, 76마394).

[임시이사의 직무권한]

구 사립학교법(2005.12.29 법률 제7802호로 개정되기 전의 법)상의 절차에 따라 선임된 학교법인의 임시이사는 민법상의 임시이사와는 달리 일반적인 학교법인의 운영에 관한 행위에 한하여 정식이사와 동일한 권한을 가지는 것으로 해석해야 하므로, 정식이사를 선임할 권한은 없다(대판 2007.5.17, 2006다19054).

5. 특별대리인

법인의 이사의 이익이 상반되는 사항에 대하여 이해관계인 또는 검사의 청구로 법원이 선임하는 임시적 기관이다(64조).

Ⅲ. 감 사

1. 감사의 임면

감사는 법인의 재산 및 업무집행의 상태를 감독하는 기관이다. 법인은 정관 또는 총회의 결의로 감사를 둘 수 있으므로(66조) 임의기관이다. 감사의 선임·해임 및 퇴임은 이사의 경우와 같다. 감사는 대표기관이 아니므로 감사의 성명·주소는 필요적 기재사항이 아니며 등기사항도 아니다.

2. 직무권한

① 법인의 재산상황의 감사

② 이사의 업무집행상황의 감사

③ 총회 · 주무관청에의 보고

재산의 상황 또는 업무의 부정 · 불비한 것이 있음을 발견한 때에는 이를 총회 또는 주무관청에 보고할 수 있다.

④ 총회의 소집

상기 ③의 보고를 하기 위하여 필요한 때는 총회를 소집할 수 있다.

Ⅳ. 사원총회

1. 의 의

사원총회는 사단법인의 모든 사원으로 구성되는 필수적인 최고의사결정기관이다. 그러므로 정관의 규정에 의해서도 이를 폐지할 수 없다. 재단법인에는 사원이 없으므로 총회가 없다. 재단법인은 정관에서 최고의사가 정해진다.

2. 소 집

(1) 소집권자

1) 통상총회

이사는 매년 1회 이상 통상총회를 소집하여야 한다(69조). 시기에 대하여는 정관 도는 총회의 결의로 정해져 있지 않으면 이사가 임의로 결정할 수 있다.

[회합일이 약정된 경우 소집통지 없는 의결의 효력]

문중원이 매년 1회의 일정한 일시에 일정한 장소에서 정기적으로 회합하여 문중일을 처리키로 미리 약정이 되어 있는 경우에는 따로 소집통지나 의결사항을 통지하지 않더라도 그 회의의결을 무효라 할 수 없다(대판 1970.2.24, 69다1774).

2) 임시총회

① 이사는 필요하다고 인정할 때에는 언제라도 임시총회를 소집할 수 있다(70조 1항). 필요하다고 인정할 때란 법인의 이익을 위하여 필요한 경우를 말한다.

② 감사는 법인의 재산상황이나 이사의 업무집행상황을 감독한 결과를 보고하기 위해 필요한 때는 총회를 소집할 수 있다(67조 4호).

③ 총사원의 5분의 1 이상으로부터 회의의 목적사항을 제시하여 청구한 때에는 이사는 임시총회를 소집하여야 한다. 이 정수는 정관으로 증감할 수 없다(70조 2항). 그러나 사원의 소집권을 완전히 박탈할 수는 없다. 이를 소수사원권이라 한다. 소수사원의 총회소집의

청구가 있은 후 2주일 내에 이사가 총회소집절차를 밟지 않은 때에는 청구한 사원은 법원의 허가를 얻어 스스로 총회를 소집할 수 있다(70조 3항).

(2) 소집절차

총회의 소집은 1주일 전에 그 회의 목적사항을 기재한 통지를 발하고 기타 정관에 정한 방법에 의하여야 한다(71조). 민법 제71조의 규정은 의사통지의 「도달주의에 대한 예외」이다. 즉 10월 10일에 총회가 열리면 기간의 초일은 산입 하지 않으므로, 10월 9일부터j 기산하여 1주일이 되는 10월 3일 전에 발송되어야 한다.

판례는 종중회의의 개최통지는 반드시 직접적으로 서면으로 하는 통지에 의하여만 할 필요는 없고, 구두 또는 전화로 하여도 되고 세대주를 통하여서도 무방하다(대판 1978.12.13, 78다1836)고 하여, 반드시 서면통지를 하여야 할 것은 아니라 할 것이다.

[총회소집의 철회여부 및 방식]

법인이나 법인 아닌 사단의 총회에 있어서 소집된 총회가 개최되기 전에 그 총회의 소집이 필요하거나 가능하였던 기초사정에 변경이 생겼을 경우, 특별한 사정이 없는 한 그 소집권자는 소집된 총회의 개최를 연기하거나 소집을 철회·취소할 수 있다.

법인이나 법인 아닌 사단의 총회에 있어서 총회의 소집권자가 총회의 소집을 철회·취소하는 경우에는 반드시 총회의 소집과 동일한 방식으로 그 철회·취소를 총회 구성원들에게 통지하여야 할 필요는 없고, 총회구성원들에게 소집의 철회·취소 결정이 있었음이 알려질 수 있는 적절한 조치가 취하여지는 것으로써 충분히 그 소집 철회·취소의 효력이 발생한다(대판 2007.4.12, 2006다77593).

3. 총회의 권한

사원총회는 정관으로 이사 기타 임원에게 위임한 사항 이외는 사무전부에 대하여 결의권을 가진다(68조). 또 정관의 변경(42조)이나 임의해산(77조 2항)은 총회의 전권사항이며, 정관에 의해서도 이 권한을 박탈할 수는 없다.

총회의 권한으로 문제되는 것은 총회결의로써 사원의 권리를 제한 내지 박탈할 수 있는가 하는 것이다. 사원의 고유권(소수사원권·결의권)은 사원의 동의가 없는 한 박탈할 수 없다고 본다.

[종전총회결의를 인준한 결의의 효력]

당초 재건축조합 총회에서 임원선임결의가 있은 후 다시 개최된 총회에서 위 종전결의를 그대로 인준하는 결의를 한 경우에는 설사 당초의 임원선임결의가 무효라고 할지지라도 새로운 총회결의가 하자로 인하여 부존재 또는 무효임이 인정되거나 그 결의가 취소되는 등의 특별한 사정이 없는 한, 종전총회결의의 무효에 대한 확인을 구하는 것은 과거의 법률관계 내지 권리관계의 확인을 구하는 것에 불과하여 권리보호의 요건을 결여한 것이다(대판 2007.7.30, 2005다45698).

4. 총회의 결의

(1) 총회의 성립

총회가 유효하게 성립하기 위한 정족수에 대하여는 민법에 규정이 없으므로, 2인 이상의 출석으로 성립이 가능하다(다수설).

(2) 결의사항

총회는 정관에 규정이 없는 한 총회소집절차에 의해 통지를 한 사항에 대해서만 결의할 수 있다(72조). 소집통지에 기재하지 않은 사항을 의결한 때에는 그 결의는 무효이다.

(3) 결의권

원칙적으로 각 사원의 결의권은 평등하다(73조 1항). 정관에 다른 규정이 없는 한 사원은 서면이나 대리인으로 결의권을 행사할 수 있다(73조 2항 · 3항). 법인과 특정한 사원과의 관계에 대하여 결의하는 경우에는 그 사원은 결의권이 없다(74조).

[해임결의 요구 없는 결의의 효력]

정관상 요구되는 평의원 재적 3분의 2 이상의 임원 해임결의요구가 없었음에도 이사 및 평의원 연석회의에서 이루어진 해임결의는 무효이다. 또 그 해임결의를 가지고 위 해임결의 요구의 의사가 있었던 것과 같이 간주하거나 또는 요구흠결의 하자가 치유된 것으로 볼 수 없다(대판 1982.3.9, 81다614).

[법인과 이사와의 관계사항 의결]

민법 제74조의 유추해석상 법인의 이사회에서 법인과 어느 이사와의 관계사항을 의결하는 경우에는 그 이사는 의결권이 없다(대판 2009.4.9, 2008다1521).

(4) 결의의 성립

정관에 다른 규정이 없으면 결의에 필요한 정족수는 사원 과반수의 출석과 출석사원의 결의권의 과반수이다(75조 1항). 정관에 다른 규정이 없는 한 정관의 변경은 총사원의 3분의 2(42조 1항), 임의해산은 총사원의 4분의 3 이상의 동의를 요한다(74조).

[관례에 따른 결의의 효력]

종중총회의 참석자가 전체 종원의 과반수에 미치지 못했다 하더라도 그 총회가 종중의 관례에 따라 결의한 것이 분명한 이상 그 총회의 소집결의는 적법하다(대판 1978.7.25, 78다1045).

제5관 법인의 주소와 등기

Ⅰ. 법인의 주소

법인도 자연인과 마찬가지로 사회활동을 하고 있는 것이고, 그 사회활동을 행하는 거점이 되는 것이 법인의 주소이다. 민법은「법인의 주소는 그 주된 사무소의 소재지 있는 것으로 한다」고 규정한다(36조). 주된 사무소란 법인의 중심적 활동을 행하는 장소를 말한다. 정관에 주된 사무소로 기재된 사무소와 사실상의 주된 사무소가 일치하지 않는 경우에는 주된 사무소가 후자로 이전되었다고 본다(통설)

법인의 설립등기는 주사무소의 소재지에서 하여야 하고(49조 1항), 사무소를 이전하면 이를 등기하여야 제3자에게 대항할 수 있다(54조 1항).

Ⅱ. 법인의 등기

1. 법인의 공시

법인은 권리 · 의무의 귀속주체가 되어 거래당사자가 되므로, 법인과 거래를 하고자 하는 제3자는 법인에 대해 알고 있을 필요가 있다. 그러므로 민법은 일정한 사항을 등기부에 공시하여 법인을 외부에 알리도록 하고 있다.

2. 설립등기

법인설립의 허가가 있는 때에는 3주간 내에 주된 사무소 소재지에서 설립등기를 하여야 한다(49조 1항). 3주간의 기간은 주무관청의 허가가 도달한 날로부터 기산한다(53조 · 155조). 설립등기사항은 (ⅰ) 목적, (ⅱ) 명칭, (ⅲ) 사무소, (ⅳ) 설립허가의 연월일, (ⅴ) 존립시기나 해산사유를 정한 대에는 그 방법, (ⅵ) 자산의 총액, (ⅶ) 출자의 방법을 정한 때에는 그 방법, (ⅷ) 이사의 성명 · 주소, (ⅸ) 이사의 대표권을 제한하는 때에는 그 제한 등이다(49조 2항).

법인의 등기 중 설립등기만이 성립요건이고(33조), 기타의 등기는 대항요건이다.

3. 분사무소설치등기

법인이 분사무소를 설치한 때에는 분사무소설치등기를 하여야 한다. 주사무소의 소재지에서는 3주간 내에 분사무소설치등기를 하여야 하고, 그 분사무소의 소재지에서는 그 분사무소를 설치한 것을 등기하여야 한다(50조 1항).

주사무소 또는 분사무소를 관할하는 등기소의 관할구역 내에 분사무소를 설치한 대에는 3주간 내에 분사무소설치등기를 하면 된다(50조 2항). 분사무소설치에 관한 등기 없이는 분사무소의 설치로써 제3자에게 대항하지 못한다(54조 1항).

4. 사무소이전등기

법인이 그 사무소를 이전한 때에는 구소재지에서는 3주간 내에 이전등기를 하고, 신소재지에서는 같은 기간 내에 법인설립등기사항을 등기하여야 한다(54조 1항). 동일한 등기소의 관할구역 내에서 사무소를 이전한 때에는 그 이전한 것을 등기하면 된다(51조 2항).

5. 변경등기

설립등기의 등기사항에 변경이 있는 때에는 3주간 내에 변경등기를 하여야 한다(52조). 이사의 직무집행을 정지하거나 직무대행자를 선임하는 가처분을 하거나 그 가처분을 변경·취소하는 경우에는 주사무소와 분사무소가 있는 곳의 등기소에서 이를 등기하여야 한다(52조의2). 변경등기를 하기 전에는 그 변경사항으로써 제3자에게 대항할 수 없다.

등기할 사항으로 관청의 허가를 요하는 것은 그 허가서가 도착한 날로부터 등기의 기간을 기산한다(53조).

[퇴임으로 인한 변경등기의 기산일]

임기만료나 사망에 의하여 퇴임한 이사가 그 퇴임으로 법률 또는 정관에 정한 최저인원수를 채우지 못하게 되어 후임이사의 취임시까지 이사로서의 권리의무를 유지하게 되는 경우(상법 386조 1항, 389조 3항), 이사의 퇴임등기를 하여야 하는 기간은 퇴임한 이사의 퇴임일로부터 기산하는 것이 아니라 후임이사의 취임일로부터 기산하여야 한다. 따라서 후임이사가 취임하기 전에는 퇴임한 이사의 퇴임등기만을 따로 신청할 수 없다 (대판 2007.6.19, 2007마311).

6. 해산등기

법인이 해산한 경우에 청산인은 파산의 경우를 제외하고 그 취임 후 3주간 내에 해산사유와 연월일·청산인의 성명 및 주소·청산인의 대표권을 제한하는 때에는 그 제한 등을 주사무소와 분사무소의 소재지에서 등기하여야 한다(85조 1항). 청산중에 취임한 청산인은 그 성명 및 주소를 신고하면 된다(86조 2항).

[해산등기의 효력]

민법 제54조 1항,·제85조 1항의 규정에 의하여 법인이 해산한 경우, 청산인은 파산의 경우를 제외하고 해산등기를 하여야한다. 따라서 해산등기를 하기 전에는 제3자에게 해산사실을 대항할 수 없다 (대판 1984.9.25, 84다카493).

7. 청산종결등기

청산이 종결되면 청산인은 3주간 내에 이를 등기하여야 한다(97조).

제6관 법인의 소멸

Ⅰ. 의 의

법인의 소멸이란 법인이 그 권리능력을 상실하는 것을 말한다. 자연인이 사망한 경우에 상속에 의하여 재산관계가 정리되는 것과 같이, 법인의 재산관계를 정리하기 위하여 해산·청산절차가 요구된다.「해산 후 청산절차종결 시까지」법인은 제한된 범위 내에서 권리능력을 가지는데, 이를 청산법인이라고 하며 종전의 법인과 동일성을 갖는다.

Ⅱ. 해 산

1. 해산의 의의

(1) 설립허가의 취소

주무관청에 의해 법인의 설립허가가 취소되는 경우가 있다. 이 경우의 효과는 장래에 향해서만 발생한다. 취소사유는 법인이 목적 이외의 사업을 하는 경우·설립허가 조건에 위반하는 경우·공익을 해하는 행위를 하는 경우 등이다(38조).

[공익을 해하는 행위의 의미]

민법 제38조에서 말하는 비영리법인이 "공익을 해하는 한 때"라 함은 법인의 기관이 공익을 침해하는 행위를 하거나 그 사원총회가 그러한 결의를 한 경우를 의미한다(대판 1982.10.26, 81누363).

(2) 정관에 정한 해산사유의 발생

해산사유는 객관적으로 명확하게 정해져 있을 것이 필요하다.

(3) 존립기간의 만료

(4) 법인의 목적달성 또는 불능

당성불능은 법인의 목적으로 한 사업목적을 달성하는 일이 불가능하게 된 것이다. 불가능인가의 여부는 사회관념에 의한다. 예컨대 특정한 양노원의 노인을 돌보기 위하여 설립된 재단법인은 노인이 모두 사망했다고 하여 목적을 달성했다고 볼 수 없다. 즉 양로원에 오인이 다시 들어오면 설립목적을 유지할 수 있게 된다. 목적달성이 불능한 경우라도 정관을 변경하면 해산할 필요가 없다.

(5) 파 산

채무초과로 법인이 그 채무를 완제할 수 없게 된 경우에 이사는 지체 없이 파산신청을 하여야 한다(79조). 여기서 채무초과는 소극재산이 적극재산을 단순히 초과하는 경우를 의미하고, 자연인의 지급불능을 의미하는 것이 아니다. 파산신청절차는 이사뿐 아니라 채권자도 포함된다(채무자회생파산법 294조).

3. 사단법인 특유의 해산사유

(1) 사원이 없게 된 때

사원이 1명도 없게 된 경우이다(77조 2항). 사단법인의 설립에 있어서 사원이 2인 이상이어야 하나, 이는 사단법인의 성립요건에 불과하고 존속요건은 아니다.

(2) 총회의 결의

총사원의 4분의 3 이상의 동의가 있으면 해산결의를 할 수 있다(78조 본문). 총회의 결의에 의한 해산을 임의해산이라 한다. 다만 조건부·기한부의 해산결의는 제3자를 해할 염려가 있으므로 허용되지 않는다(통설). 이 해산결의를 위한 정수는 정관에 의해 변경할 수 있다(78조 단서). 해산결의를 한 후에도 사원총회의 결의로 이를 철회할 수 있다.

Ⅲ. 청 산

1. 의 의

청산이란 법인의 재산관계를 정리하는 법인소멸 시까지의 절차를 말한다. 파산으로 인하여 해산한 경우에는 「채무자의 회생 및 파산에 관한 법률」이 정하는 절차에 따라서 청산이 이루어지고, 기타의 원인으로 인하여 해산한 경우에는 민법이 규정하는 절차에 따라 청산한다. 청산절차에 관한 규정은 제3자의 이해관계에 중대한 영향을 미치므로 강행규정이다(대판 1992.4.28, 91누9848).

2. 청산법인의 능력

청산법인은 해산한 법인의 채권의 추심이나 채무의 변제 등 거래관계의 결제를 위한 행위를 하고, 이러한 청산의 목적범위 내에서만 권리가 있고 의무를 부담한다(81조). 청산법인의 목적 외의 행위는 무효이다(대판 1980.4.8, 79다2036). 다만 청산의 목적달성을 위한 행위이면 청산의 목적범위 내의 범위를 넓게 해석하여야 한다(통설).

예컨대 청산절차가 진행 중인 의류업체의 청산인 甲이 의류소매상인 乙에게 새로운 디자인의 의류 1,000점을 판매하기로 하는 매매계약은 무효가 된다.. 그러나 새로운 의류가 아닌 기존의 재고의류를 청산비용의 융통을 위해 처분하는 것은 청산목적범위 내의 행위로 유효로 본다.

[적극재산이 잔존하는 경우 법인의 존속]

법인에 대한 파산절차가 잔여재산 없이 종료되었다면 청산종결의 경우와 마찬가지로 그 인격이 소멸한다고 할 것이다. 그러나 아직도 적극재산이 잔존하고 있다면 법인은 그 재산에 관한 청산목적의 범위 내에서는 존속한다(대판 1989.11.24, 89다카2483).

3. 청산법인의 기관

(1) 청산인

1) 청산인의 지위

청산법인에서 일반적 집행기관을 청산인이라고 한다. 청산인은 대외적으로 청산법인을 대표하고 대내적으로 사무를 집행하며, 법인의 이사와 같은 지위를 가지므로 이사에 관한 규정을 준용한다(96조).

2) 청산인의 선임

파산의 경우를 제외하고는 원칙적으로 이사가 청산인이 된다. 그러나 정관 또는 총회의 결의로 달리 정한 바가 있으면 그에 의한다(82조). 그래도 청산인이 없을 경우나 청산인의 결원으로 인하여 손해가 생길 염려가 있는 때에는 법원이 직권 또는 이해관계인이나 검사의 청구에 의하여 청산인을 선임할 수 있다(83조).

3) 청산인의 해임

중요한 사유가 있는 때에는 법원은 직권 또는 이해관계인이나 검사의 청구에 의하여 청산인을 해임할 수 있다(84조). 중요한 사유란 청산인이 법인의 재산을 횡령하거나 채권자 일부의 이익을 꾀하거나 중병으로 직무를 수행할 수 없는 경우 등을 말한다.

[청산인의 대표권 제한여부]

이사 전원의 의결에 의하여 잔여재산을 처분하도록 한 정관규정은 성질상 등기하여야만 제3장에게 대항할 수 있는 청산인의 대표권에 관한 제한이라고 볼 수 없다(대판 1995.2.10, 94다13473).

(2) 감사 · 사원총회

법인의 해산 정의 감사와 사원총회는 그대로 청산법인의 기관으로 존속한다. 청산법인은 해산전의 법인과 동일성이 유지되기 때문이다. 따라서 사원총회는 청산법인의 최고의사결정기관이 되고, 감사는 청산인의 직무를 감독한다.

4. 청산사무

(1) 해산등기와 해산신고

청산인은 파산의 경우를 제외하고는 그 취임 후 3주간 내에 해산사유 및 연월일 · 청산인의 성명 및 주소와 청산인의 대표권을 제한한 때에는 그 제한을 주된 사무소 및 분사무소 소재지에서 등기하여야 한다(85조 1항).

청산인은 상기 사항을 취임 후 3주간 내엑 주무관청에 신고하여야 한다(86조 1항). 청산 중에 취임한 청산인은 그 성명 및 주소를 신고하면 된다.

(2) 현존사무의 종결

해산 전부터 계속 중인 업무를 완결시키는 것이다(87조 1항 1호).

(3) 채권의 추심

청산인은 변제기가 도래한 채권이 있으면 이것을 추심(推尋)해야 한다(87조 1항 2호).

변제기가 도래하지 않아 즉시 추심을 할 수 없는 때에는 환가처분을 한다(민사집행법 241조). 여기서 채권추심이란 채권적 권리를 물적 재산으로 전환시키는 일체의 행위를 말한다.

(4) 채무의 변제

청산인은 채무를 변제하여야 한다(87조 1항 2호). 청산인은 취임한 날로부터 2월 내에 3회 이상의 공고를 하고, 채권자에 대하여 2월 이상의 일정한 기간 내에 그 채권을 신고할 것을 최고하여야 한다(88조 1항). 이 공고에는 채권자가 그 기간 내에 신고하지 아니하면 청산으로부터 제외될 것을 표시하여야 한다(88조 2항).

청산인은 자기가 알고 있는 채권자에 대하여는 각각 그 채권신고를 최고하여야 한다(89조). 청산인이 알고 있는 채권자는 채무자인 법인해산결의 이전에 손해배상청구소송을 제기한 자 등이다(대판 1964.6.16, 64다5)

(5) 잔여재산의 인도

청산이 종료하고 잔여재산이 있는 경우에 청산인은 그 잔여재산을 귀속자에게 인도하여야 한다(87조 1항 3호). 잔여재산의 귀속순서는 다음과 같다.

(ⅰ) 해산한 법인의 재산은 정관으로 지정한 자에게 귀속시키거나(80조 1항). (ⅱ) 일정한 절차(주무관청의 허가·사원총회의 결의)에 의하여 법인의 목적과 유사한 목적을 위하여 처분하거나(80조 2항), (ⅲ) 국고에 귀속된다(80조 3항).

정관에 의한 지정은 직접적인 지정뿐 아니라, 사원총회나 이사회의 결의에 따라 정하도록 하는 간접적 지정도 허용된다(대판 1995.2.10, 94다13473).

[청산절차에 반한 잔여재산 처분행위]

민법상의 청산절차에 관한 규정은 모두 제3자의 이해관계에 중대한 영향을 미치기 때문에 이른바 강행규정이라고 해석된다. 그러므로 이에 반하는 잔여재산의 처분행위는 특단의 사정이 없는 한 무효라고 보아야 한다(대판 1995.2.10, 94다13473).

(6) 파산신청

청산중 법인의 재산이 그 채무를 완제하기에 부족한 것이 분명하게 된 때에는 청산인은 지체 없이 파산선고를 신청하고 이를 공고하여야 한다(93조 1항). 청산인이 파산선고의 청구를 해태하면 과태료에 처해진다(97조 6호). 청산인은 파산관재인에게 그 사무를 인계함으로써 그 임무가 종료한다(93조 2항).

(7) 청산종결의 등기와 신고

청산이 종결한 때에는 청산인은 3주간 내에 이를 등기하고 주무관청에 신고하여야 한다(94조). 청산동결등기가 종료한 때에도 창산사무가 종결되었다고 할 수 없는 경우에는 청산법인으로서 당사자능력이 있다(대판 1977.4.22, 97다3408).

[법인의 권리능력 소멸시기]

회사가 부채과다로 사실상 파산지경에 있어 업무도 수행하지 아니하고 대표이사나 그 외의 이사가 없는 상태에 있다고 해도, 적법한 해임절차를 거쳐 청산을 종결하기까지는 법인의 권리능력이 소멸한 것으로 볼 수 없다(대판 1985.6.25, 84다카1954).

제7관 법인의 감독

Ⅰ. 의 의

비영리법인은 영리법인과는 달리 그 성립에서 소멸에 이르기까지 국가의 감독을 받는다. 다만 감독의 대상이 사무인지 해산·청산인지에 따라 감독의 주체가 다르다.

Ⅱ. 사무의 감독

법인의 사무는 주무관청이 검사·감독한다. 법인의 사무는 법인의 목적에 따라 다르기 때문에 주무관청이 감독하는 것이 적당하다. 검사·감독의 결과 법인이 목적 이외의 사업을 하거나 설립허가의 조건에 위반하거나 기타 공익을 해하는 행위를 한 사실이 있으면 주무관청이 그 허가를 취소할 수 있다(38조). 또한 감사는 재산상황 또는 업무집행에 관하여 부정이 있음을 발견한 때에 이를 주무관청에 보고할 의무를 진다(67조 3호).

이외에도 주무관청은 비영리법인에 대한 강한 규제권한을 가지고 있다. 즉 (ⅰ) 비영리법인을 설립하려면 반드시 주무관청의 허가를 받아야 하고(32조), (ⅱ) 정관을 변경하려면 주무관청의허가를 받아야 하며(42조 2항·45조 3항·46조), (ⅲ) 법인을 해산할 때 청산인은 주무관청에 해산신고·청산인취임신고·청산종결신고를 하여야 한다(86조·94조). (ⅳ) 잔여재산의 귀속을 정함에 있어 주무관청의 허가를 얻어야 한다(80조 2항).

[재단법인 정관변경허가의 법적 성질]

민법 제45조와 제46조에서 말하는 재단법인의 정관변경 '허가'는 법률상의 표현이 허가로 되어 있기는 하나, 그 성질에 있어 법률행위의 효력을 보충해 주는 것이지 일반적 금지를 해제하는 것은 아니므로, 그 법적 성격은 인가라고 보아야 한다(대판 1996.5.16, 95누4810 전원합의체).

Ⅲ. 해산과 청산의 감독

법인의 해산 및 청산은 법원이 검사·감독한다(95조). 법인의 해산·청산은 재산의 정리에 관한 것으로서 법인과 거래한 제3자 등의 이해에 관련되므로 법인이이를 감독하는 것이 적당하다. 법원의 감독원은 필요한 검사, 청산인의 선임·해인 등이다(83조·84조·95조).

Ⅳ. 벌 칙

민법은 일정한 경우에 법인의 이사·감사 또는 청산인에게 과태료를 부과하는 벌칙규정을 두고 있다(97조). 과태료가 부과되는 경우는) i) 법인에 관한 등기를 해태한 때, ii) 재산목록 또는 사원명부의 작성·비치에 관한 의무(55조)를 해태한 때, (iii) 주무관청 또는 법원의 검사·감독을 방해한 때, (iv) 주무관청 또는 총회에 대하여 사실 아닌 신고를 하거나 사실을 은폐한 때, (v) 총회의사록 작성의무(76조)를 위반하거나 또는 청산인이 채권신고기간 내에 변제를 한 때(90조 참조), (vi) 파산선고의 신청(79조·93조)을 해태한 때, (vii) 청산인이 채권신고의 공고(88조)나 파산선고신청의 공고(93조 1항)를 해태하거나 부정공고를 한 때이다.

제8관 권리능력 없는 단체

Ⅰ. 의 의

권리능력 없는 단체란 사단 또는 재단으로서의 실체를 가지면서도 법인격을 취득하지 못한 것을 말한다. 민법이 법인의 설립에 관하여 허가주의를 취하고 있으므로, 그러한 허가를 얻지 못하고 있는 동안은 법인으로서의 실체를 가지고 있더라도 권리능력 없는 단체로서 존재할 수 있을 뿐이다.

법인설립이 강제되지 않는 경우에는 주무관청의 여러 가지 법적 규제를 받지 않기 위하여, 단체 스스로가 권리능력 없는 단체로 남아 있을 수도 있다. 그리고 아직 설립등기를 마치지 못한 이른바 설립중의 법인도 권리능력 없는 단체로 보아야 한다(통설). 이러한 권리능력 없는 단체는 민법상 법인에 관한 규정이 유추적용 되는 것으로 해석된다. 총유규정 이외에는 이들을 직접 규율할 규정이 없기 때문이다.

Ⅱ. 권리능력 없는 사단

사례

甲을 비롯한 20여명은 변호사시험 준비를 위한 사단법인(A법인이라 함)을 설립하기 위하여, 甲을 대표로 하고 임원을 선출하는 등 조직을 갖추고 정관까지 작성하였다. 그러나 아직 주무관청의 허가를 얻지 않고 있는 상태에서 B로부터 매수한 부동산을 등기하려고 할 경우 어떻게 하여야 하는가?

한편 대표자인 甲명의로 부동산을 등기하였으나 甲은 자기가 대표라는 것을 이용하여 자기의 별장을 구입하기 위하여 대표자로서 이 부동산을 제3자인 乙에게 매도하고 이전등기를 하였다. 이때 A와 乙 사이의 법률관계는 어떠한가?

1. 요 건

(1) 대내적 요건

권리능력이 없는 사단이라고 하기 위해서는 일반적으로 다음과 같은 특징을 가지는 단체일 것을 요한다. 이러한 요건은 최소한 사단으로서의 실체를 갖출 것을 요구한다(대판 1992.7.10, 92다2431).

① 일체성
단체의 구성원의 수가 많고 각 구성원의 개성이 중요성을 가지지 않을 것

② 장기존속성
단체가 장기간 존속할 것이 예정되어 있을 것

③ 가입 · 탈퇴의 자유
단체구성원의 가입 · 탈퇴가 비교적 자유롭게 인정될 것

④ 조직성
단체의업무집행자가 총회에서 선출되는 등 일정한 조직을 갖출 것

(2) 대외적 요건

권리능력 없는 사단이라고 하기 위해서는 대외적 거래관계에서 단체 자체가 전면에 나서 거래주체로서 인정되는 것이 필요하다.

2. 외부관계

권리능력 없는 사단이 외부관계를 다루는 문제의 중심은 실제 권리능력 없는 사단에 어느 정도의 권리주체성을 인정할 것인가 하는 것이다.

(1) 외부관계 일반

권리능력 없는 사단의 권리능력 및 행위능력, 대표기관의 권한과 대표의 형식, 대표기관의 불법행위로 인한 사단의 배상책임(불법행위능력) 등에 관해서는 사단법인의 규정이 유추적용 되는 것으로 해석된다.

(2) 당사자능력

권리능력 없는 사단도 그 대표자가 정해져 있으면 민사소송법상의 당사자능력을 가진다(민사소송법 52조). 따라서 제3자는 권리능력 없는 사단에 대한 채무명의로 사단재산에 대하여 강제집행을 할 수 있다.

(3) 재산의 귀속

1) 총 유

법인 아닌 사단의 사원이 집합체로서 물건을 소유할 때에는 총유로 한다(275조 1항). 소유권 이외의 재산권은 사원의 준총유가 된다(276조). 따라서 권리능력 없는 사단의 재산은 각 구성원의 재산과는 별개 독립한 것이 되며, 구성원 개인의 채권자는 사단의 재산에 집행할 수 없고, 사단의 채권자는 각 구성원의 재산에 집행할 수 없다.

2) 재산귀속의 공시방법

권리능력 없는 사단이 부동산을 취득하거나 처분하는 경우에 그 부동산의 등기에 관하여는 그 사단을 등기권리자 또는 등기의무자로 하고, 이러한 등기는 그 사단의 명의로 그 대표자 또는 관리인이 이를 신청한다(부동산등기법 30조). 따라서 권리능력 없는 사단도 직접 사단의 명의로 등기할 수 있다.

[교회분열시 재산귀속]

사단법인에 있어서 구성원의 탈퇴나 해산은 인정하지만, 사단법인의구성원들이 2개의 법인으로 나뉘어 각각 독립한 법인으로 존속하면서 종전 사단법인에게 귀속되었던 재산을 소유하는 방식의 사단법인의 분열은 인정하지 아니한다. 그 법리는 법인 아닌 사단에 대하여도 동일하게 적용된다.

그러므로 일부 교인들이 교회를 탈퇴하여 그 교회교인으로서의 지위를 상실하게 되면 탈퇴가 개별적인 것이든 집단적인 것이든 이와 더불어 종전교회의 총유재산의 관리처분에관한 의결에 참가할 수 있는 지위나 그 재산에 대한 사용·수익권을 상실하고, 종전교회는 잔존교인들을 구성원으로 하여 실체의 동일성을 유지하면서 존속한다. 따라서 종전교회의 재산은 그 교회에 소속된 잔존교인들의 총유로 귀속된다(대판 2006.4.20, 2004다37775 전원합의체).

3. 내부관계

권리능력 없는 사단의 내부관계는 그 단체의 내부규칙에 의한다. 그러나 내부규칙이 없는 사항에 대하여는 비영리사단법인의 규정을 유추적용 할 수 있다(동설: 대판 1967.7.4, 67다549).

[비법인사단에 대한 법인규정의 유추적용]

비법인사단인 교회의 교인이 존재하지 않게 된 경우, 그 교회는 해산하여 청산절차에 들어가서 청산의 목적범위 내에서 권리·의무의주체가 된다. 이 경우 해산당시 그 비법인사단의 총회에서 향후 업무를 수행할 자를 선정하였다면 민법 제82조 1항을 유추하여 그 선임된 자가 청산인으로서 청산중의 비법인사단을 대표하여 청산업무를 수행하게 된다(대판 2003.11.14, 2001다32687).

4. 권리능력 없는 사단의 예

판례에 의하여 권리능력 없는 사단으로 인정된 것으로는 (ⅰ) 공동선조의 후손 중 성년자를 종원으로 하여 구성되는 종중(대판 2005.7.21, 202다1178 전원합의체), 종래의 판례는 종중의 구성원을 공동선조의 후손 중 성년 이상의 남자로 보았다(대판 1992.3.13, 91다30491), (ⅱ) 기독교의 교도들이 신도의 목적으로 구성한 교회(대판 1993.1.19, 91다1226), (ⅲ) 사찰의 승려 및 신도로서 구성되는 대한불교조계종(대판 1982.2.23, 81누42), (ⅳ) 공동주택입부자가 구성한 아파트입주자 대표회의(대판1991.4.23, 91다4478), (ⅴ) 부락주민을 구성원으로 하는 자연부락(대판 1991.7.26, 90다카25765). 등이 있다.

[종중의 구성원]

공동선조의 후손 중 성년남자만을 종중의 구성원으로 하고, 여성은 종중의 구성원이 될 수 없다는 종래의 관습은 공동선조의 분묘수호와 봉제사 등 종중의 활동에 참여할 기회를 출생에서 비롯되는 성별만에 의하여 원천적으로 박탈하는 것이다. 이는 남녀평등을 실현하는 우리 법질서에 부합하지 아니하여 정당성과 합리성이 있다고 볼 수 없다. 그러므로 종중 구성원의 자격을 성년 남자만으로 제한하는 종래의 관습법은 이에 더 이상 법적 효력을 가질 수 없게 되었다(대판 2005.7.21, 2002나1178 전원합의체).

[아파트 부녀회의 지위]

아파트에 거주하는 부녀를 회원으로 하여 입주자의 복지증진 및 지역사회발전 등을 목적으로 설립된 아파트 부녀회가 회칙과 임원을 두고서 주요업무를 월례회나 임시회를 개최하여 의사를 결정하여 온 경우에 법인 아닌 사단의 실체를 갖추고 있다(대판 2006.12.21, 2006다52723).

[어촌계 구성원의 지위]

비법인사단인 어촌계의 구성원은 총유재산에 대하여 특정된 지분을 가지고 있는 것이 아니라, 사단의 구성원이라는 지위에서 총유재산의 관리 및 처분에 참여하고 있는 것에 불과하므로, 그 신분을 상실하면 총유재산에 대하여 아무런 권리를 주장할 수 없다.

따라서 비록 그가 어촌계의 계원으로 있을 당시 어촌계가 취득한 보상금이라 하더라도 그 분배결의 당시 계원의 신분을 상실하였다면 그 결의의 효력을 다툴 법률상의 이해관계가 없다고 보아야 할 것이다(대판 2000.5.20, 99다71931).

사례해결

설문에서 A법인은 변호사시험 준비를 위한 단체로 설립되고 단체의 명칭과 기관을 구성하였고 정관까지고 작성하였다. 그러나 주무관청의 허가와 설립등기가 결여되었기 때문에 A법인은 권리능력 있는 사단이라고 볼 수 없다.

A가 부동산을 매수하는 경우 A명의로 등기를 할 수 있으며, 분쟁이 발생한 경우에는 A명의로 소송당사자가 될 수고 있다. A와 乙 사이의 법률관계는 다음과 같다.

① 민법 제107조 1한 단서의 유추적용설에 따르면 상대방 乙이 甲의 배임적 의도를 알았거나 알 수 있었던 때에 한하여 A법인은 매매계약의 무효를 주장할 수 있다.
② 신의칙설에 의하면 乙이 甲의배인적 의도를 알았거나 알지 못함에 중대한 과실이 있는 경우에 한하여 A법인과의 매매계약의 무효를 주장할 수 있다.
③ 대표권부인설에 의하면 乙이 甲의 배임적 의도를 알았거나 정당한 이유 없이 알지 못하였다면 A가 매매계약의 무효를 주장할 수 있다.

어느 견해에 의하든 甲에게 민법 제126조의 표현대리는 성립할 여지가 없다.

Ⅲ. 권리능력 없는 재단

1. 의 의

일정한 목적을 위하여 출연한 재산이 관리되는 점에서 재산으로서의 실질을 갖추고 있으면서도 법인격을 취득하지 못한 것이 권리능력 없는 재단이다.

2. 법률관계

권리능력 없는 재단도 소송상의 당사자능력이 있으며(민사소송법 51조), 부동산의 등기능력(부동산등기법 30조)도 인정된다. 그 밖에는 재단법인에 관한 규정 중 법인격을 전제로 하는 것을 제외하고는 이를 유추적용 하여야 하는 것으로 해석된다. 재산의 귀속에 관하여는 권리능력 없는 재단의 단독소유로 본다(이설 없음).

3. 권리능력 없는 재단의 예

판례에 의하여 권리능력 없는 재단으로 인정된 것으로는 어린이 보육을 위하여 원사를 신축하고 관계당국으로부터 개원인가를 받은 후 교육법에 따른 원칙을 제정하여 운영하는 유아원(대판 1968.4.30, 65다1651)과 전통사찰보존법상의 등록사찰(대판 1994.12.13, 93다43545) 등이 이에 해당된다. 이외에 한정승인을 받은 상속재산, 상속인 없는 상속재산, 파산재산 등도 이에 속한다.

[비법인재단으로서의 사찰]

개인이 토지를 매수하여 그 지상에 사찰건물을 건립한 다음 주지를 두고 그곳에서 불교의식을 행하는 경우, 위 사찰의 창건주가 특정종단에 가입하여 그 소속 사찰로 등록하고 사찰의 부지와 건물에 대하여 그 사찰명의로 등기를 마침으로써 사찰재산을 창건주 개인이 아닌 사찰 자체에 귀속시키는 등의 절차를 거쳤다면 이로써 그 사찰은 업인 아닌 재단으로서 독립된 권리주체가 된다(대판 2005.6.24, 2003다54971).

제3장 권리의 객체

제1절 물건의 의의

Ⅰ. 권리의 객체

권리란 일정한 이익을 향수할 수 있는 법률상의 힘이다. 따라서 권리의 실질적인 내용은 이익이다. 이 권리의 내용인 이익은 권리의 종류에 따라 그 모습을 달리 하지만, 그 이익이 성립하기 위해 필요한 대상을 일반적으로 권리의 객체라고 한다.

예컨대 물권에 있어서는 물건, 채권에 있어서는 채무자의 행위(급부), 친족권에 있어서는 친족법상의 지위, 상속권에 있어서는 상속재산, 인격권에 있어서는 권리주체의 생명·신체·자유·명예 등이 각각 권리의 객체가 된다. 이렇게 다양한 권리객체에 대하여 통칙적인 규정을 두는 것은 불가능하므로, 우리민법은 권리의 객체로써 물건에 관해서만 명문규정을 두고 있다.

Ⅱ. 물 건

물건이라 함은 유체물 및 전기 기타 관리할 수 있는 자연력을 말한다(98조).

1. 유체물 또는 관리가능한 자연력

유체물은 고체·액체·기체 등 공간의 일부를 차지하는 형체를 가진 물질을 말하고, 무체물은 형체가 없는 것으로서 전기·열·빛·음향 등이 이에 해당한다. 민법은 유체물을 모두 물건으로 파악하고, 무체물은 관리할 수 있는 자연력만을 물건으로 파악한다.

2. 지배가능성

사인에 의한 배타적 지배가 가능해야 하므로 달이나 별 등은 민법상의 물건에 포함되지 않는다. 또한 공기나 해양 등 누구나 자유롭게 이용할 수 있으나 거래가치가 없는 것은 법률상 물건에 포함되지 않는다. 다만 해면은 특별법에 의해 어업권이나 공유수면매립권 등의 객체가 될 수는 있다. 이러한 지배가능성은 상대적인 개념으로 시대에 따라 달라질 수 있다.

3. 독립성

소유권은 물건을 배타적으로 지배하는 것이므로 객체가 되는 물건의 목립성이 요구된다. 물건의 독립성 여부의 판단은 물리적 형태에 의해서만 결정되는 것이 아니고 거래관념 또는 사회관념에 따라 결정된다.

1개의 물건에는 1개의소유권만 성립한다. 반대로 말하면 1개의 소유권의 객체는 1개의 물건이다. 이처럼 하나의 독립된 물건에 대해 하나의 물권을 인정하는 원칙을 일물일권주의(一物一權主義)라고 한다.

[석불의 독립한 소유권 대상여부]

임야에 있는 자연석을 조각하여 제작한 석불이라도 그 임야의 일부분을 구성하는 것이라고 볼 수 없고, 임야의 독립된 소유권의 대상이 된다(대판 1970.9.22, 70다1494).

4. 비인격성

개인의 존엄을 기본으로 하는 근대민법사상에서 사람 또는 신체의 일부분에 배타적 지배권이 성립하는 것은 인정되지 않으므로, 이는 물건이 아니다. 그러나 신체로부터 분리된 모발 · 혈액 등은 물건이 된다. 인위적인 물건이라도 의수 · 의치 · 심장박동기 등과 같이 신체에 고착되어 있는 한 신체의 일부이다.

시체는 물건이라고 보는 것이 통설이다. 다만 시체의 소유권은 사용 · 수익 · 처분할 수 있는 것이 아니라, 매장 · 제사 등을 내용으로 하는 특수한 소유권이다(통설). 이에 대해 소수설은 시체에 대한 권리는 양도 · 포기할 수 없는 관리법상의 관리권으로 본다. 시체에 대한 권리는 제사를 주재하는 자에게 귀속하는 것으로 해석된다(1008조의3).

제2절 물건의 분류

Ⅰ. 서 설

민법총칙에서는 물건을 부동산과 동산, 주물과 종물, 원물과 과실로 분류하고 있다. 이외에도 강학상으로는 (ⅰ) 단일물 · 합성물 · 집합물, (ⅱ) 소비물 · 비소비물, (ⅲ) 가분물 · 불가분물, (ⅳ) 특정물 · 불특정물, (ⅴ) 대체물 · 부대체물, (ⅵ) 융통물 · 불융통물 등으로 분류한다.

Ⅱ. 민법상 물건의 분류

1. 부동산과 동산

(1) 부동산

토지 및 그 집합물을 부동산이라고 한다(99조 1항). 독일 · 프랑스 · 스위스 · 영미 등 대부분의 서양법제는 「지상물은 토지에 따른다」(superficies solo cedit)라는 원칙에 입각하여 토지만을 부동산으로 취급한다. 그러나 우리민법은 토지뿐만 아니라 토지의 정착물도 독립한 부동산으로 다룬다.

1) 토 지

토지란 인위적으로 구분된 일정한 범위의 지면(一筆)과 정단한 이익이 있는 범위 내에서 그 지면의 상하를 포함한다(212조 참조). 따라서 지중의 암석이나 토지·지하수 등은 토지의 구성부분이고 독립된 부동산은 아니다. 지하수 중 온천수도 판례는 온천권을 인정하지 않고 토지의 구성부분으로 본다(대판 1970.5.20, 69다1239).

지하에 매장되어 있는 미채굴의 광물에는 토지소유권이 미치지 않는다. 미채굴의 광물을 국유에 속한 독립된 부동산으로 보는 견해와 채굴취득허가권의 객체로 보는 견해로 나뉜다. 미채굴의 광물은 토지의 구성부분이지만 광업권의 객체가 되고 있으므로(광업법 2조), 후자의 견해가 타당하다.

바다와 토지와의 경계는 만조수위선(滿潮水位線)이다(공유수면관리법 2조).

2) 토지의 정착물

토지의 정착물이란 토지에 고정적으로 부착되어 거래의 성질상 용이하게 이동할 수 없는 물건을 말한다. 토지의 정착물은 토지의 일부로 취급하는 경우와 토지와는 별개로 독립된 부동산으로 취급되는 경우가 있다. 교량·돌담·도로의 포장 등이 전자의 예이고, 건물이 후자의 예이다.

따라서 甲이 주택과 우물이 있는 대지를 乙에게 매도하는 계약을 체결한 경우, 甲은 주택을 팔지 않았다고 주장할 수 있으나 우물을 팔지 않았다고 주장할 수 없다. 왜냐하면 주택은 건물로써 토지와 별개의 부동산이지만, 우물은 토지의 정착물로써 독립성이 없어 대지의 일부에 지나지 않기 때문이다.

(a) 건 물

건물은 토지와 별개 독립한 물건으로 취급되어, 등기부도 토지등기부와는 별개로 건물등기부가 있다(부동산등기법 14조 1항). 건축 중인 건물이 언제부터 독립한 부동산이 되는가? 헐고 있는 건물이 언제부터 부동산이 아닌 것으로 되는가 하는 문제는 모두 사회통념에 따라 결정한다. 판례에 의하면 부동산이기 위해서는 기둥과 지붕 그리고 주벽만이라도 갖추어야 한다고 한다(대판 1977.4.26, 76다1677). 이 문제는 양도·압류 등에 관하여 중대한 의미를 가진다.

1동의 건물의 일부는 독립하여 소유권의 객체가 될 수 있는데, 이를 구분소유권이라고 한다(215조·집합건물법 참조). 1동의 건물의 일부에 대해서 양도 등의 처분을 하기 위해서는 먼저 구분 또는 분필등기를 하여야 한다. 다만 전세권의 경우에는 건물의 일부에도 전세권을 설정할 수 있다.

[건물의 요건]

신축건물이 경락대금 납부 당시 이미 지하 1층부터 지하 3층까지 기둥,·주벽 및 천장 슬라브 공사가 완료된 상태이었을 뿐만 아니라 지하 1층의 일부 점포가 일반에 분양되기까지 하였다면, 비록 토지가 경락될 당시 신축건물의 지상층 부분이 골조공사만 이루어진 채로 벽이나 지붕 등이 설치된 바가 없다하더라도, 지하층 부분만으로도 수분소유권의 대상이 될 수 있는 구조라는 점에서 신축건물은 경락 당시 미완성 상태이기는 하지만 독립된 건물로서의 요건을 갖추었다(대판 2003.5.30, 2002다21592·21608).

(b) 수 목

수목은 토지의 정착물이며 독립된 부동산이 되지 못하는 것이 원칙이다. 그러나 수목은 토지 위에 자라고 있는 채로 토지와 분리하여 거래할 필요가 적지 않은 바, 다음과 같은 경우에는 예외적으로 수목이 독립된 부동산이 된다.

① 입목법에 의해 등기된 입목

「입목에 관한 법률」에 의해 등기된 수목의 집단(입목)은 독립된 부동산이 되며(동법 3조 1항), 소유권과 저당권의 객체가 된다.

② 명인밥법을 갖춘 입목

등기하지 않은 수목의 집단도 관습법상의 명인방법이라는 공시방법을 갖추면 토지와 분리된 독립부동산이 된다. 이 경우에는 소유권의 객체가 될 수 있을 뿐이다. 명인방법(明認方法)이란 수목의 집단에 대하여 그것이 누구의 소유인가 하는 것을 제3자가 명확하게 인식할 수 있도록 일정한 표지를 하는 것을 말한다.

판례에 의하면 수목에 일정한 표지나 팻말을 세워 외부에 알리는 경우에는 명인방법으로 충분하나, 주민들에게 구두로 소유권을 취득하였다고 알리거나 제3자에게 통지한 경우에는 명인방법으로서 충분하지 못하다고 한다(대판 1976.4.27, 76다72).

명인방법을 인정한 사례

임야지반과 분리하여 입목을 매수하여 그 소유권양도를 받은 사람이 임야의 수개소에 "입산금지 소유자 홍길동"이라는 표기를 써서 붙였다면 입목소유권 취득의 명인방법으로 부족하다고 할 수 없다 (대판 1967.12.18, 66다2282 · 2383).

명인방법을 부정한 사례

토지의 주위에 울타리를 치고 그 안에 수목을 정원수로 심어 온 사실만으로는 명인방법을 갖춘 것으로 볼 수 없다 (대판 1991.4.12, 90다20220).

③ 명인방법을 갖춘 개개의 수목

수목의 집단이 아닌 개개의 소목도 명인방법에 의하여 공시되면 토지와는 독립하여 양도할 수 있다.

(c) 미분리과실

미분리과실(예 : 과수의 열매)은 수목의 일부이지만 명인방법을 갖추면 독립한 물건이다. 다만 이를 동산으로 다루는 것이 타당하다는 견해도 있으나, 미분리과실이 토지에 정착하고 있으므로 부동산으로 다루어야 할 것이다.

(d) 농작물

농작물은 토지의 일부이지만 임차권 등 정당한 권원에 의거하여 타인의 토지에서 경작 · 재배하면 그 농작물은 토지에 부합하지 않고, 토지로부터 독립한 별개의 부동산으로 취급된다(256조 단서).

판례는 아무런 권원 없이 타인의 토지에서 농작물을 경작·재배한 경우에도 명인방법을 갖출 필요 없이 그 농작물의 소유권은 경작자에게 있다고 한다(대판 1978.3.14, 77다2396).

학설은 판례의 태도를 지지하는 불부합설과 경작자에게 소유권이 귀속하지 않는다는 부합설(다수설)로 대립하고 있으나, 부합설이 타당하다 할 것이다.

[수확되지 않은 농작물의 소유권 취득요건]

물권변동에 있어서 형식주의를 채택하고 있는 현행민법 하에서는 소유권을 이전한다는 의사표시 외에 부동산에 있어서는 등기를, 동산에 있어서는 인도를 필요로 함과 마찬가지로 이 사건 쪽파와 같은 수확되지 아니한 농작물에 있어서는 명인방법을 실시함으로써 그 소유권을 취득한다(대판 1996.2.23, 95도2754).

(2) 동 산

1) 동산의 의의

부동산 이외의 물건은 모두 동산이다(99조 2항). 정착물이 아닌 토지에 부착한 물건(공중전화박스·자동판매기 등), 전기 기타 관리할 수 있는 자연력은 동산이다. 선박(20톤 이상)·자동차·항공기·건설기계도 동산이지만, 등기·등록에 의해 그 권리관계를 공시하는 점에서 법률상 부동산과 마찬가지로 다루어진다. 상품권·승차권 등 무기명채권은 동산이 아니다.

2) 금 전

금전은 법적 지불수단으로써 강제통용력을 가지는 특수한 동산이다. 금전은 일정액의 가지를 나타내는 것으로서 개성이 없으므로, 동산에 관한 규정 중 물권적 청구권이나 간접점유 등은 금전에 적용되지 않는다. 금전에 있어서는 점유와 소유가 일치하기 때문이다.

금전을 도난당한 경우에 그 금전 자체의 반환을 청구한다고 볼 것이 아니라, 그 금전 상당액을 부당이득이나 손해배상으로 청구한다고 보아야 한다. 그러나 카메라를 도난당한 경우에는 카메라의 반환을 청구할 수 있다.

(3) 부동산과 동산을 구별하는 이유

① 권리의 공시방법이 부동산은 등기이고(186조), 동산은 인도이다(188조 1항).

② 동산은 선의취득이 인정되지만(249조), 부동산은 인정되지 않는다.

③ 동산에는 무주물선점이 인정되지만(252조 1항), 무주의 부동산은 국유가 된다(252조 2항).

④ 부합의 요건·효과가 다르다(256조·257조).

⑤ 용익물권(지상권·지역권·전세권)을 설정할 수 있는 것은 부동산뿐이고(279조·291조·303조 참조), 저당권이 설정될 수 있는 것도 원칙적으로 부동산이다(356조 참조).

⑥ 강제집행의 절차와 방법이 다르다(민사집행법 74조 이하·188조 이하).

⑦ 취득시효의 요건에서 부동산은 20년(등기부취득시효의 경우 10년), 동산은 10년(선의무·과실이면 5년)이다.

⑧ 부동산의 환매기간은 최장 5년이지만, 동산은 3년이다(591조).

2. 주물과 종물

(1) 주물 · 종물의 의의

일물일권주의에 의해 1개의 물건 위에는 1개의 물권 밖에 성립하지 않는다. 그러나 물건의구성부분이 개성을 상실하지 않고 결합하여 단일한 형체를 이루고 있는 합성물(건물등)은 전체로서 1개의 물건으로 취급된다. 주물·종물이 되는 물건은 합성물 정도의 일체성이 없지만 기능이나 물적 근접상태 등에서 사회정책적으로 일체라고 보여 지는 물건이고, 특별한 사정이 없는 한 거래상 일체로서 취급된다. 이것이 민법 제100조의 취지이다.

주물은 다른 물건을 보조적으로 이용함이 없이 독립적으로 경제적 가치를 가지는 물건을 말한다. 종물은 소유자가 그 물건(주물)의 상용(常用)에 이바지하기 위하여 자기의 물건을 다른 물건에 부속시킨 부속물을 말한다(100조 1항). 예컨대 시계와 시계줄, 배와 노, 주유소와 주유기 등은 주물과 종물의 관계에 있다.

(2) 종물의 요건

1) 주물로부터 독립한 물건일 것

종물이 주물의 구성부분이어서는 안 된다. 따라서 책상서랍·정화조정(대판1993.12.10, 93다42399) 등은 종물이 될 없다. 종물은 동산·부동산을 불문한다. 예컨대 주택에 딸린 창고는 주택(주물)데 대한 종물이다.

2) 주물의 상용에 이바지 할 것

주물의 상용에 이바지 한다는 것은 사회관념상 계속하여 주물의 경제적 효용을 돕는 것을 말한다. 상용에 이바지 한다는 소유자의 의사는 문제되지 않는다. 따라서 일시적 용도의 물건은 종물이 아니다.

종물은 주물의 상용에 이바지 하는 관계에 있어야 하고, 주물의 상용에 이바지 한다함은 주물 그 자체의 경제적 효용을 다하게 하는 것을 말한다. 따라서 주물의 소유자나 이용자의 상용에 공여되고 있더라도 주물 그 자체의 효용과 직접 관계가 없는 물건은 종물이 아니다(대판 1997.10.10, 97다3750).

예를 들어 호텔객실에 있는 에어컨이나 컴퓨터 등은 호텔의 소유자나 객실이용자의 상용에 공여되고 있기는 하지만, 호텔이라는 주물 그 자체의 효용을 위한 것이 아니기 때문에 종물이 아니다. 횟집의 수족관(대판1993.2.12, 92도3234)·주유소의 주유기(대판 1995.6.29, 94다6345) 등은 종물이다.

3) 주물에 부속시킬 것

주물과 종물은 장소에 있어서 밀접한 관계를 지녀야 한다. 즉 종물이 성립하기 위해서는 특정의 주물에 기속된다고 인정될 만한 장소적 관계에 있어야 함을 요한다(대판 1956.5.24, 4288민상526).

그러나 주물로부터 종물이 일시적으로 분리되었다고 하여 종물성을 상실하는 것은 아니다. 예를 들어 배를 사용하지 않는 동안 노를 배에서 분리하여 창고에 두었다고 하여 노가 종물성을 상실하는 것은 아니다.

4) 주물과 종물이 동일소유자에게 속할 것

주물과 종물이 동일 소유자에게 속할 것을 요구하는 것은 종물은 주물과 법률적 운명을 같이 하므로, 타인의 권리를 침해하는 일이 없도록 하기 위해서이다. 그러나 제3자의 권리를 해하지 않는 범위 내에서 다른 소유자에게 속하는 물건도 종물이 될 수 있다(통설). 예컨대 주물소유자가 종물소유자로의 승낙을 얻어 부속시킨 경우이다(시계줄을 시계에 부속시키는 경우).

(3) 종물의 효과

2개 물건 간에 주물과 종물의 관계가 있을 때의 효과는「종물은 주물의 처분에 따른다」(100조 2항), 즉 종물은 주물과 법률적 운명을 같이 한다는 원칙이다. 따라서 주물이 임대된 경우에는 종물도 임대되고, 주물이 매각되면 종물도 매각되는 것이라고 해석된다. 주물위에 저당권이 설정된 경우에 그 저당권의 효력은 저당권설정 당시의 종물은 물론 후의 종물에도 미친다(358조).

그러므로 주택에 저당권이 설정되면 주택에 따린 창고에도 저당권의 효력이 미친다. 민법 제100조 2항은 강행규정이 아니므로, 당사자가 종물만을 처분대상으로 하는 것도 가능하다.

(4) 종물이론의 유추적용

주물·종물이론은 독립된 유체물간의 이론이지만 주된 권리와 종된 권리와의 관계, 예컨대 건물소유권과 대지이용권과의 관계나 원본채권과 이자채권과의 관계에도 유추적용 된다. 따라서 원본채권이 양도되면 이자채권도 양도되고, 건물이 양도되면 그 건물을 위한 대치의 임차권도 양도된다.

[저당권의 효력이 지상권에도 미치는지 여부]

민법 제358조 본문은 「저당권의 효력은 저당부동산에 부합한 물건과 종물에 미친다」고 규정하고 있는 바, 이 규정은 저당부동산의 종된 권리에도 유추적용 되어 건물에 대한 저당권의 효력은 그 건물의 소유를 목적으로 하는 지상권에도 미친다(대판 1992.7.14, 92다527).

3. 원물과 과실

사례

마의태자가 용문사 앞에 무단으로 은행나무를 심었는데, 나무가 잘 자라 은행이 많이 열렸다. 은행의 소유권을 둘러싸고 용문사와 마의태자 사이에 분쟁이 생긴 경우에 그 법률관계는 어떠한가?

(1) 원물 · 과실의 의의

물건으로부터 생기는 경제적 수익을 과실이라 하고, 과실을 생기게 하는 물건을 원물이라 한다. 민법은 과실을 천연과실과 법정과실로 나누어 그 개념과 취득에 관해 규정하고 있다.

(2) 천연과실

1) 의 의

물건의 용법에 의하여 수취하는 산출물은 천연과실이다(101조 1항). 「물건의 용법에 의한다」는 것은 원물의 일반적인 경제적 목적에 따른다는 의미이다. 따라서 과수에 대하여 과실, 돼지에 대하여 종돈(種豚), 젖소에 대하여 우유는 과실이다.

분재의 열매나 승마전용말의 새끼말이 과실인가의 문제가 있다. 분재나 승마전용말의 일반적 경제적 용법은 관상(觀賞)이나 경마 등이어서 이들의 임차권자 등이 그 열매나 새끼말을 수취할 수 없다고 하여야 하나, 과실로 인정하는 것이 일반적이다.

2) 귀 속

천연과실은 그 원물로부터 분리하는 때에 이를 수취할 권리자에게 귀속한다(102조 1항). 천연과실의 귀속에 관하여 연혁적으로 게르만법은 생산주의(씨를 뿌린 자가 거둔다)에 다르고, 로마법은 원물주의(분리부의)에 따른다. 우리민법은 원물주의를 취한다.

甲의 임야에 乙이 무단으로 밤나무를 심었는데, 밤이 열려 천연과실인 밤의 소유권에 관해 분쟁이 생겼다. 부동산의 소유자는 부합한 물건의 소유권을 취득하므로(256조 본문), 甲이 밤나무(원물)의 소유권을 취득한다. 따라서 원물주의를 취하면 밤(과실)의 소유권은 甲에게 귀속한다. 생산주의에 의하면 밤은 밤나무를 심은 乙이 취득하게 된다.

과실의 수취권자는 원물의 소유권자(211조)인 것이 보통이지만, 경우에 따라서는 선의의 점유자(201조) · 지상권자(279조) · 전세권자(303조) · 유치권자(323조) · 질권자(343조) · 저당권자(359조) · 매도인(587조) · 사용차주(609조) · 임차인(618조) · 수증자(1079) 등일 수도 있다.

[양도담보의 효력범위]

양도담보의 목적물로서 원물인 돼지가 출산한 새끼는 천연과실에 해당하고, 그 천연과실의 수취권은 원물인 돼지의 사용수익권을 가지는 양도담보설정자에게 귀속된다. 따라서 특별한 약정이 없는 한 천연과실인 위 새끼돼지에 대하여는 양도담보의 효력이 미치는 것이라고 할 수 없다(대판 1996.9.10, 96다25463).

(3) 법정과실

1) 의 의

물건의 사용대가로 받는 금전 기타의 물건이 법정과실이다(101조 2항). 건물의 사용대가인 차임이나 빌린 돈의 이자 등이 그 예이다.

[국립공원입장료의 과실여부]

국립공원의 입장료는 수익자부담의 원칙에 따라 국립공원에 입장하는 자에게 국립공원의 유지·관리비의 일부를 징수하는 것이다. 이는 공원의 관리와 공원 안에 있는 문화재의 관리·보수를 위한 비용에만 사용하여야 하는 것이므로, 민법상 과실이라고 볼 여지가 없다(대판 2001.6.28, 2000헌바44).

2) 귀 속

법정과실은 수취할 권리의 존속기간 일수의 비율로 취득한다(102조 2항) 따라서 甲에게 임대하고 있는 가옥의 소유권이 그 달의 중순에 A에게서 B에게로 이전됐다면, 그 달의 차임은 A와 B에게 2분의 1씩 귀속한다.

(4) 과실규정의 유추적용

원물 그 자체를 사용하는 이익인 사용이익은 과실은 아니지만, 사용이익의 반환에 관해서 과실에 관한 규정을 유추적용 한다(판례).

[법정과실 규정의 유추적용]

민법 제210조 1항에 의하면 선의의점유자는 점유물의 과실을 취득한다고 규정하고 있는 바, 건물을 사용함으로써 얻는 이득은 그 건물의 과실에 준하는 것이다. 따라서 선의의점유자는 비록 법률상 원인 없이 타인의 건물을 점유·사용하고 이로 말미암아 그에게 손해를 입혔다 하더라도 그 점유·사용으로 인한 이득을 반환할 의무는 없다 (대판 1996.1.26, 95다44290).

사례해결

마의태자가 무단으로 타인의 토지에 은행나무를 심었으므로 토지소유자인 용문사가 토지에 부합한 은행나무의 소유권을 취득한다(256조 본문). 은행나무는 원물이고 은행은 그 나무의 천연과실이다. 그러므로 천연과실의 귀속에 관해 우리민법이 취하는 원물주의에 의해 용문사가 은행의 소유권을 취득한다.

Ⅲ. 강학상 물건의 분류

1. 단일물·합성물·집합물

단일물이란 형체상 단일한 하나의 물건을 말한다. 합성물이란 여러 개의 물건이 각각 개성을 잃지 않고 결합하여 단일한 형체를 이루고 있는 물건을 말한다. 건물·자동차 등이 합성물의 대표적인 예이며, 합성물은 법률상 하나의 물건이다.

집합물은 단순히 다수의 물건이 집합하였으나, 경제적으로 단일한 가치를 가지고 거래상으로도 일체로서 다루어지는 것을 말한다. 어느 양식장 내의 뱀장어 전부나 도서관에 있는 장서 전부, 공장의 시설 일체가 그 예이다. 집합물은 특별법에 의한 공시방법이 인정되는 경우에 한하여 법률상 하나의 물건으로서 다루어지는 것이 원칙이다.

[양도담보권의 효력범위]

돈사에서 대량으로 사육되고는 돼지를 양도담보계약의 목적물로 삼은 이른바 '유동집합물에 대한 양도담보계약'이 체결된 경우에 양도담보권의 효력은 항상 현재의 집합물 위에 미치므로, 양도담보설정자로부터 위 목적물을 양수한 자가 이를 선의취득하지 못했다면 위 양도담보권의 부담을 그대로 인수한다(대판 2004.11.12, 2004다22858).

2. 소비물 · 비소비물

물건의 성질상 1회 사용하면 다시 동일 용도에 사용할 수 없는 것이 소비물이고(술 · 곡물 등), 다시 사용할 수 있는 것이 비소비물이다(건물 · 책 등). 소비물은 소비대차의 객체가 되고(598조 이하), 비소비물은 사용대차나 임대차의 객체가 된다(609조 이하 · 618조 이하).

3. 가분물 · 불가분물

물건의 성질 또는 가격을 현저하게 손상시키지 않고 분할할 수 있는 것이 가분물이고(금전 · 곡물 등), 그렇지 못한 것이 불가분물이다(가축 · 건물 등). 이러한 구별의 실익은 공유물의 분할(269조), 다수당사자의 채권관계(408조 이하)에서 나타난다.

4. 특정물 · 불특정물

구체적인 거래에 있어서 당사자가 다른 물건으로 바꾸지 못하게 한 물건이 특정물이고(A건물 · B자동차 등), 다른 물건으로 바꿀 수 있게 한 물건이 불특정물(사과 1t상자 · 맥주 1박스 등)이다. 대체물과 부대체물의 구별이 객관적인 것임에 반하여, 특정물과 불특정물의 구별은 당사자의 의사에 의한 주관적인 것이다.

따라서 금전과 같은 대체물도 일정한 표시를 하여 특정물로 거래할 수 있다. 이 구별의 실익은 채권의 목적물의 보관의무(374조), 변제의 장소(467조), 매도인의 하자담보책임(580조 · 581조) 등에서 나타난다.

5. 대체물 · 부대체물

일반거래상 개성이 중시되지 않고 동종(同種) · 동질(同質) · 동량(同量)의 물건으로 바꾸어도 당사자에게 영향을 주지 않는 물건이 대체물이고(소주 · 볼펜 등), 그러한 대체성이 없는 물건이 부대체물(골동품 · 그림)이다. 이 구별의 실익은 소비대차(598조 이하), 소비임치(702조 이하) 등에서 나타난다.

6. 융통물 · 불융통물

사법상 거래의 객체가 될 수 있는 물건이 융통물이고, 그렇지 못한 물건이 불융통물이다. 불융통물에는 국가 · 공공단체의 소유에 속하며 국가나 공공단체에 의하여 공적 목적에 사용되는 공용물(관공서 건물 · 국공립학교의 건물 등), 공중의 일반적 사용에 제공되는 공공용물(도로 · 하천 · 공원 등), 법령의 규정에 의하여 거래가 금지되는 금제물(아편 · 음란문서 등)이 있다.

제4장 권리의 변동

제1절 총 설

Ⅰ. 권리변동의 의의

사람의 사회생활 가운데에서 법률의 규율을 받는 것이 법률관계이다. 사람의 사회생활은 끊임없이 변화하는 것으로, 새로운 관계가 생겨나기도 하고 기존의 관계가 바뀌거나 없어지기도 한다. 이처럼 법률관계는 구체적인 사안에 따라 여러 가지로 정해질 것이나, 그 내용은 사람들 사이의 권리·의무의 관계로서 나타나는 것이 보통이다.

따라서 법률관계가 이루어지는 모습은 권리중심으로 보면, 그것은 권리의 발생·변경·소멸, 즉 권리변동의 모습으로 나타난다. 「甲이 X주택을 구입하고(권리발생), 그 X주택을 乙에게 세를 놓았다가(권리변동), X주택을 丙에게 팔았다(권리소멸)」고 한 것이 권리변동의 예이다.

권리가 변동한다는 것은 일정한 원인에 기하여 일정한 결과가 생기는 것을 말한다. 이러한 권리변동의 원인이 되는 것을 법률요건(예: 매매)이라 하며, 그 결과가 되는 것을 법률효과(소유권취득)라고 한다.

Ⅱ. 권리변동의 모습

권리의 변동은 권리의 발생·변경·소멸의 모습으로 나타난다.

1. 권리의 발생

권리가 어떤 자에 대하여 발생한다는 것은 그 자가 권리를 취득한다는 의미이고, 권리의 취득은 원시취득과 승계취득으로 나누어진다.

(1) 원시취득

타인의 권리에 기초함이 없이 전에 없던 권리가 새로 발생하는 것이다. 선점(252조)·습득(253조)·시효취득(245조 이하)·건물의 신축 등이 이에 속한다.

(2) 승계취득

타인이 가지고 있는 기존의 권리를 취득함으로써 취득자에게 권리가 발생하는 것이다. 승계취득은 다시 이전적 승계와 설정적 승계, 특정승계와 포괄승계로 나누어진다.

1) 이전적 승계와 설정적 승계

이전적 승계는 타인의 기존의 권리가 그 동일성을 유지하면서 신권리자에게 이전되는 것으로서, 매매 · 상속에 의한 권리취득이 그 예이다. 반면 설정적 승계는 타인이 그대로 그 권리를 보유하면서 신권리자는 그보다 제약된 새로운 권리를 취득하는 것을 말한다. 예컨대 타인의 소유물에 전세권이나 저당권을 설정하는 경우이다.

2) 특정승계와 포괄승계

특정승계는 개개의 취득원인에 의하여 개개의 권리를 취득하는 것이며, 매매의 경우가 그 예이다. 반면 포괄승계는 하나의 취득원인에 의하여 다수의 권리를 일괄해서 취득하는 것으로서, 상속이나 회사의 합병 등에 의한 취득이 그것이다.

2. 권리의 변경

권리의 변경은 권리가 그의 동일성을 유지하면서, 그 주체 · 내용 · 작용에 변경이 생기는 것이다. 권리의 주체의 변경은 권리의 승계에 해당하며, 내용의 변경은 예컨대 소유권의 객체에 제한물권이 설정되거나(수량적 변경) 물건의 인도를 목적으로 하는 채권이 손해배상채권으로 변하는 경우(성질적 변경)이다. 또 작용의 변경은 2순위저당권이 1순위저당권으로 되는 것처럼 저당권의 순위가 변경하는 경우가 그 예이다.

3. 권리의 소멸

권리가 어떤 자에 대하여 소멸한다는 것은 그 자가 권리를 상실한다는 것이다. 권리의 상실에는 목적물이 멸실되는 것과 같이 권리가 절대적으로 소멸되는 경우가 있고(절대적 소멸), 권리의 이전적 승계와 같이 권리가 구권리자(舊權利者)로부터 이탈하여 상대적으로 소멸하는 경우가 있다(상대적 소멸).

Ⅲ. 권리변동의 원인

1. 법률요건

권리변동이라는 법률효과(예: 소유권취득)가 발생하려면 그러한 결과를 가져오게 하는 일정한 원인(예: 매매)이 있어야 한다. 그러한 원인으로는 우선 권리의 변동을 의욕한 당사자의 의사를 들 수 있는데, 그러한 의사대로 법률효과를 발생시키는 것이 사적자치의 전형적인 모습이다. 또한 당사자의 의사와는 상관 없이 법률의 규정에 의해서도 권리변동이 일어날 수 있는데, 불법행위규정에 의하여 손해배상청구권이 발생하는 경우가 그 예이다.

이처럼 법률효과를 발생케 하는 사실을 총괄해서 법률요건이라고 한다. 따라서 민법상 권리변동을 가져오는 원인, 즉 법률요건에는 법률행위와 법률의 규정 두 가지가 있다. 민법총칙편에서는 '법률행위'와 법률의 규정 중에서는 '소멸시효'만을 규율하고 있다.

2. 법률사실

법률효과를 발생시키는 원인으로서 필요충분한 사실의 총체가 법률요건이며, 법률요건을 구성하는 개개의 사실을 법률사실이라 한다. 예컨대 유언은 유언자의 의사표시만으로 그 법률효과가 생기므로 그 의사표시가 법률사실이 되는 것이다.

한편 매매라는 계약이 성립하여 매도인의 권리이전의무와 매수인의 대금지급의무와 같은 법률효과(568조 참조)가 생기려면 청약과 승낙이라는 두 개의 의사표시가 합치해야 하므로, 매매라는 법률요건은 청약이라는 법률사실과 승낙이라는 법률사실로 구성되는 것이다. 따라서 법률요건은 하나의 사실로 성립되는 수도 있고 여러 개의 사실의 복합으로 구성되는 수도 있다.

제2절 법률행위

제1관 서 설

제1항 법률행위의 의의와 요건

Ⅰ. 법률행위와 의사표시

1. 법률행위의 의의

사법관계는 사적자치의 원칙이 지배하므로 권리의 변동을 의욕한 당사자의 의사대로 법률효과가 발생하는 것이 일반적이다. 이처럼 민법상 권리변동을 가져오는 원인 중 당사자의 의사를 기초로 하는 법률요건을 법률행위라고 한다. 즉 법률행위는 일정한 법률효과의 발생을 목적으로 하는 한 개 또는 수 개의 의사표시를 요소로 하는 법률요건이라고 정의할 수 있다. 甲이 乙에게 토지를 매도하면 乙은 토지의 소유권을 취득한다. 이 경우에 소유권취득을 법률효과라고 하고, 그 원인인 매매가 법률요건이다.

그런데 거래계에서 실존하는 것은 매매 · 채권양도 · 혼인 · 유언 등 개개의 행위 형태이며, 법률행위라는 이름으로 거래가 이루어지지는 않는다. 법률행위라는 개념은 이러한 개개의 행위형태를 그 공통된 요소인 의사표시를 중심으로 통일적으로 설명하고자 하는 법제도로서 19세기의 독일법학이 만들어 낸 것이다.

2. 법률행위와 의사표시와의 관계

법률행위는 의사표시를 불가결의 요소로 한다. 따라서 의사표시에 흠이 있어 이를 무효로 하거나 취소하게 되었다면 법률행위도 당연히 무효가 되는 결과에 이른다. 그러나 의사표시가 곧 법률행위인 것은 아니다.

예컨대 매매계약을 체결하기 위한 매도인의 청약은 의사표시이지만 이것만으로 매매의 법률효과가 발생하지는 않으며, 매수인의 승낙과 합치하여야만 법률행위가 완성되는 것이다. 하지만 법률행위라고 하기 위해서는 하나 이상의 의사표시가 반드시 있어야만 하므로 의사표시 없는 법률행위는 있을 수 없는 것이다.

3. 준법률행위

준법률행위란 일정한 법적 효과가 발생하지만 법률행위와 같이 의사표시를 요소로 하지 않는 행위를 말한다. 의사의 통지와 관념의 통지가 있다.

(1) 의사의 통지

표의자의 의사를 전달한 것이지만 표의자의 의사대로 법률효과가 발생되는 것이 아니고, 단순히 법이 부여한 법적 효과를 생기게 하는 것에 불과한 것을 말한다. 추인할 것인가의 최고(15조), 시효중단을 위한 최고(168조), 해제를 전제로 한 최고(544조) 등이 이에 해당한다.

(2) 관념의 통지

일정한 사실의 통지로 법이 이 통지에 일정한 법률효과를 발생시키는 것을 말한다. 사원총회의 통지(71조), 대리권수여의 통지(125조), 채권양도의 통지 · 승낙(450조) 등이 이에 해당한다.

Ⅱ. 법률행위의 성립요건과 효력요건

1. 성립요건

법률행위가 법률행위로서 가치를 지니기 위한 최소한의 외형적 요소를 법률행위의 성립요건이라 한다.

(1) 일반성립요건

법률행위가 성립하려면 당사자 · 목적 · 의사표시의 세 가지의 요건을 갖추어 야 한다. 이 요건은 모든 법률행위의 성립에 요구되는 것으로 일반성립요건이라 한다.

(2) 특별성립요건

일반적 요건 이외에 특별한 법률행위에 특유한 요건(일정한 방식이나 일정한 행위)을 요구하는 경우가 있다. 이를 특별성립요건이라 한다. 법인의 성립을 위한 설립등기(33조) · 혼인에 있어서의 신고(812조) 등은 일정한 방식을 요구하는 예이고, 현상광고 · 계약금계약은 현실적인 급부행위가 있어야 한다.

2. 효력요건

성립요건을 갖춘 법률행위가 그 내용대로의 효력을 발생하기 위하여 필요한 요건이 효력요건이다.

(1) 일반효력요건

이 유효요건도 앞의 세 가지 일반적 성립요건에 대응하며, 일반적 효력요건은 다음과 같다.

① 당사자는 능력자이어야 한다. 따라서 권리능력·행위능력·의사능력이 존재해야 한다.

② 목적은 (i) 확정성, (ii) 실현가능성, (iii) 적법성, (iv) 사회적 타당성이 있어야 한다. 이에 관한 내용은 후술한다.

③ 의사표시에 관하여는 의사와 표시가 일치하여야 하고, 의사표시에 하자가 없어야 한다.

(2) 특별효력요건

개개의 법률행위에 특유한 효력요건으로서, 예컨대 대리행위에 있어서 대리권의 존재, 조건부·기한부 법률행위에 있어서 조건의 성취·기한의 도래, 유언에서 유언자의 사망 등이다.

Ⅲ. 법률행위의 목적에 관한 일반적 유효요건

1. 목적의 확정

법률행위의 목적은 당사자가 달성하고자 한 효과이다. 따라서 목적의 확정이란 당사자가 가지고 있는 표시행위의 내용을 명백하게 하는 것이다. 이는 법률행위해석의 문제와 관련된다. 목적의 확정은 다음의 기준에 따른다.

① 당사자가 표시한 목적 자체를 따른다.

② 확정되지 않은 부분에 대하여는 거래사회의 관습을 따른다(106조). 당사자가 관습에 따른다는 의사를 표시할 필요는 없다. 이 경우의 관습은 강행법규에 반하는 것이어서는 안 된다.

③ 의사표시의 내용이 부족한 때는 임의법규에 의해 보충하고, 단순히 불명료한 경우에는 임의법규에 따라 명백하게 한다(105조).

예컨대 종류채권의 경우에 목적물의 품질이 정해져 있지 않으면 중등품으로 이행하여야 하며(375조 1항), 채무의 이행장소를 정하지 않은 경우에는 채권자의 주소에서 이행해야 하는 지참채무인 것이 원칙이다(467조 2항).

④ 이상의 기준에 따라서 목적을 확정할 수 없는 때는 신의칙이나 조리에 따라 확정할 수 있다.

[사후확정의 가능성]

특별한 사정이 없는 한 부실기업인수를 위한 주식매매계약의 체결시 '주식 및 경영권양도가계약서'와 '주식매매계약서'에 인수회사의 대표이사가 각 서명날인 한 행위는 주식매수의 의사표시(청약)이고, 부실기업의 대표이사가 이들에 각 서명날인 한 행위는 주식매도의 의사표시(승낙)로서 두 개의 의사표시가 합치됨으로써 그 주식매매계약은 성립한다.

이 경우 매매목적물과 대금은 반드시 그 계약체결 당시에 구체적으로 확정하여야 하는 것은 아니고, 이를 사후에라도 구체적으로 확정할 수 있는 방법과 기준이 정해져 있으면 족하다(대판 1996.4.26, 94다34432).

2. 목적의 가능

법률행위의 목적은 실현가능성이 있어야 한다. 실현불가능한 내용을 가지는 법률행위는 무효이다.

(1) 불능의 판단기준

불능인가 가능인가의 판단은 사회통념에 따라 결정된다.

(2) 원시적 불능과 후발적 불능

불능인가 가능인가의 기준시점은 법률행위시이다. 「법률행위시에 불능」인 것을 원시적 불능이라고 하고, 「법률행위성립 후 그 이행 전에 불능」인 것을 후발적 불능이라고 한다. 건물의 매매계약을 체결하기 전에 이미 그 건물이 멸실한 경우가 원시적 불능에 해당하고, 계약체결 후 이행일 이전에 건물이 멸실한 경우가 후발적 불능에 해당한다.

원시적 불능의 경우 그 법률행위는 무효이다. 다만 불능인 것에 과실이 있는 당사자는 선의 · 무과실인 상대방에 대하여 계약체결상의 과실책임을 부담하여 신뢰이익을 배상할 의무가 있다(535조).

후발적 불능의 경우에 법률행위는 유효하게 성립하고, 불능에 관하여 채무자에게 귀책사유가 있으면 채무불이행의 책임을 진다(390조). 그 결과 손해배상(393조) 및 계약해제(546조)가 문제된다. 채무자에게 귀책사유가 없는 경우에는 위험부담의 문제로서 처리된다(537조).

3. 목적의 적법

강행규정에 위반한 법률행위는 무효이다.

(1) 강행규정과 임의규정

민법상「선량한 풍속 기타 사회질서에 관한 규정」을 강행규정이라 하고, 그렇지 않은 규정을 임의규정이라 한다. 즉 강행규정은 당사자의 의사로 그 적용을 배제할 수 없는 것이고, 임의규정은 당사자의 의사로 그 적용을 배제할 수 있는 규정이다. 따라서 강행규정에 반하는 법률행위는 무효이다.

강행규정은 법률행위의 당사자 쌍방에 적용되는 것이 일반적이다. 그런데 경우에 따라서는 법률행위의 일방 당사자에게 불리한 경우에만 이를 무효로 하는 법규가 있는데, 이를 편면적 강행규정이라 한다(289조 · 652조, · 주택임대차보호법 10조).

(2) 강행규정에 있어서 효력규정과 단속규정

강행규정에는 효력규정과 단속규정이 있다. 효력규정은 이 규정에 위반하는 행위의 사법상의 효과가 부정되는 것이고, 단속규정은 이에 위반하여도 벌칙의 적용이 있을 뿐이고 행위 자체의 사법상의 효과에는 영향이 없는 것을 말한다. 단속규정의 예로 무허가음식점의 음식 판매행위 · 무허가숙박업행위 · 검사에 불합격한 농산물판매행위 등이 있다.

상호신용금고가 채무부담행위를 하는 경우에는 총사원의 3분의 2 이상의 동의 또는 이사회의 결의를 거쳐야 하는데(상호신용금고법 17조), A상호신용금고의 대표이사 甲이 위 동의 또는 결의를 거치지 않고 乙의 채무를 보증하기 위해 어음에 배서를 한 행위는 상호신용금고법의 효력에 위반하여 무효가 된다(대판 1985.11.26, 85다카122). 또 부동산중개업법상 부동산중개 수수료약정 중 소정의 한도액을 초과하는 부분은 무효이다(대판 2007.12.20, 2005다32159).

[강행규정의 위반의 효력]

- 수입금지 선박을 매수하고서도 통모하여 이를 기간용선한 것처럼 가장하여 국내에 반입한 경우, 그 선박매매계약은 대외무역법 위반으로 당연무효이다(대판 1994.12.13, 94다31617).
- 의료인이나 의료법인 등이 아닌 자가 병원에 대해 자본 등을 투자하여 공동으로 병원을 운영하기로 하는 계약은 무효이다(대판 2003.4.22, 2003다2390 · 2406).

반면 매매당사자들이 유치원부지에 대하여 유치원을 다른 곳으로 이전하거나 폐원함으로써 토지상에 유치원이 존재하지 아니할 것을 조건으로 매매계약을 체결한 경우, 그 유치원의 이전이나 폐원이 불가능하지 않다면 사립학교법(28조 2항, 동법시행령 12조 1항)의 규정들에 불구하고 그 매매계약은 유효하다(대판 2007.9.7, 2005다50690).

(3) 탈법행위

강행규정 위반의 모습은 그 규정 자체를 정면으로 위반하는 경우가 보통이다. 그런데 강행규정의 조문에 직접 정면으로는 위반하지 않는 형식을 갖추었으나, 실질적으로는 그 법규가 금지하고 있는 내용을 실현하는 행위를 탈법행위라고 한다.

공무원의 연금을 받는 권리는 법률상 금융기관 이외에는 담보로 제공하는 것이 금지되어 있다(공무원연금법 32조). 이 규정을 직접 위반하는 것을 피하기 위하여 채권자에게 연금증서를 교부하면서 연금추심의 대리권을 주고, 이를 채권의 변제에 충당하기로 약정한다면 그것은 결국 담보로 제공되는 것과 같은 결과가 되는 것이다. 이와 같은 탈법행위는 법률이 인정하지 않는 결과의 발생을 목적으로 하기 때문에 무효이다.

[국유재산취득과 탈법행위]

구 국유재산법 제7조는 동 법 제1조의 입법취지에 따라 국유재산 처분사무의 공정성을 도모하기 위하여 국유재산에 관한 사무에 종사하는 직원이 타인의 명의로 국유재산을 취득하는 행위는 강행법규인 동법 규정들의 적용을 잠탈하기 위한 탈법행위로서 무효이다. 나아가 그 무효를 원칙적으로 누구에 대하여서나 주장할 수 있으므로, 그 규정들에 위반하여 취득한 국유재산을 제3자가 전득하는 행위 또한 당연 무효이다(대판 1997.6.27, 97다9529).

4. 목적의 사회적 타당성

사례

50세의 나이로 본처와 딸만 넷을 두고 아들을 낳아 줄 처녀를 찾고 있던 甲이 20세의 乙을 소개받았다. 乙이 甲에게 아들을 낳아주면 30평짜리 아파트 한 채와 1억원을 지급하기로 甲과 乙이 약정하고 동거하였다. 乙은 동거를 시작하면서 甲에게 5천만원을 받았고, 나머지 5천만원과 아파트는 아들을 낳아주면 그때 지급받기로 하였다.

그 후 乙은 甲의 아들 丙을 낳았고, 丙을 본처가 낳은 아들로 호적에 기재되었다. 그런데 乙이 아파트와 5천만원의 지급을 요구하여도 甲은 더 이상 지급할 생각을 않고 있다. 甲과 乙의 법률관계는 어떻게 되는가?

(1) 민법 제103조의 의의

민법 제103조는「선량한 풍속 기타 사회질서에 위반한 사항을 내용으로 하는 법률행위는 무효로 한다」고 규정한다. 따라서 법률행위의 내용을 직접적으로 규제할 강행법규가 없더라도 그 내용이 사회질서에 위반하는 경우에는 민법 제103조에 의해 무효가 된다.

'선량한 풍속'이란 모든 국민에게 지킬 것이 요구되는 최소한도의 도덕률을 말하고,'사회질서'란 국가·사회의 공공적 질서 내지 일반적 이익을 말한다.

[반사회질서의 법률행위의 의미]

법률행위의 목적인 권리의무의 내용이 선량한 풍속 기타 사회질서에 위반되는 경우뿐만 아니라, 그 내용 자체는 반사회적인 것이 아니라 하여도 법적으로 이를 강제하거나 법률행위에 사회질서의 근간에 반하는 조건 또는 금전적인 대개가 결부됨으로써 그 법률행위가 반사회질서의 성질을 띠게 되는 경우 및 표시되거나 상대방에게 알려진 법률해위의 동기가 반사회질서의 경우를 포함한다(대판 2009.9.10, 2009다37251).

[강제집행면탈을 위한 근저당권설정]

강제집행을 면할 목적으로 부동산에 허위의 근저당권설정등기를 경료하는 행위는 민법 제103조의 선량한 풍속 기타 사회질서에 위반한 사항을 내용으로 하는 법률행위로 볼 수 없다(대판 2004.5.28, 2003다70041).

(2) 사회적 타당성이 결여된 유형

1) 정의관념에 반하는 행위

범죄 기타의 부정행위를 권하거나 또는 이에 가담하는 계약은 무효이다. 그러므로 밀수입의 자금으로 사용하기 위한 대차 또는 그를 목적으로 한 출자는 공서양속에 위반한 사항을 목적으로 한 법률행위로서 무효이다(대판 1973.5.22, 72다2249).

이중매매에 관하여 판례는 이중매매라는 것만으로는 채권이 배타성이 없으므로 정의에 반한다고 보기 어려우나, 제2매수인이 매도인의 배임행위에 적극 가담하여 이루어진 이중매매는 반사회적 법률행위로서 무효라고 한다(대판 1994.3.11, 93다55289).

[제2매수인과 체결한 매매계약의 효력]

부동산의 제2매수인이 매도인의 배임행위에 적극 가담하여 그 매매계약이 반사회적 법률행위에 해당하는 경우에는 매매계약은 절대적으로 무효다. 따라서 제2매수인으로부터 다시 취득한 제3자는 설사 제2매수인이 당해 부동산의 소유권을 유효하게 취득한 것으로 믿었다고 하더라도 매매계약이 유효하다고 주장할 수 없다(대판 2008.3.27, 2007다82875).

2) 인륜에 반하는 행위

일부일처제(一夫一妻制)나 친자간의 윤리, 성도덕질서에 위반하는 것을 목적으로 하는 법률행위는 무효이다. 예컨대 법률상 처가 있는 남자가 다른 여자와 혼인식을 거행하고 장래 혼인신고하기로 하여 혼인예약을 맺는다는 것은 일부일처제도에 비추어 공서양속에 위반되는 무효의 계약이다(대판 1955.10.13, 4288민상245). 또 자녀가 부모에 대하여 불법행위에 의한 손해배상을 청구하는 행위는 무효이다(대결 1977.6.7, 76므34).

그러나 종래의 부첩관계를 청산하고 그 사이에 출생한 자녀의 부양료를 지급할 것을 내용으로 하는 계약은 부첩관계를 유지하기 위한 부양료 지급을 내용으로 한 것이 아니므로, 공서양속에 위반되는 무효의 계약이라 할 수 없다(대판 1980.6.24, 80다458).

3) 개인의 자유를 매우 심하게 제한하는 행위

평생 혼인을 하지 않는다는 계약은 무효이다. 또한 어떠한 일이 있어도 이혼하지 아니하겠다는 각서를 써 주었다 하더라도 그와 같은 의사표시는 신분행위의 의사결정을 구속하는 것으로서 공서양속에 위배하여 무효이다(대판 1969.8.19, 69므18). 그러나 귀국 후 일정한 기간 근무하지 않으면 해외파견소요경비를 배상한다는 사규나 약정은 근로계약 기간이 아니라 경비반환채무의 면제기간을 정한 것이므로 공서양속에 반하지 않는다(대판 1982.6.22, 80다카90).

4) 생존의 기초가 되는 재산의 처분행위

자기가 취득할 모든 재산을 양도한다는 계약은 생존을 불가능하게 하는 것으로서 무효이다. 또한 사찰의 존립과 존재의의를 상실케 하는 증여행위는 공서양속에 위반되는 무효의 행위다(대판 1970.3.31, 69다2293). 다만 학교법인의 학원운영권양도계약은 허용된다(대판 1979.8.14, 79다1058).

5) 지나치게 사행적인 행위

도박자금을 대부하는 행위 또는 도박으로 인한 채무의 변제방법으로서 토지를 양도하는 계약은 무효이다(대판 1966.2.22, 65다2567). 다만 법률이 특수한 입장에서 이를 허용하는 복권(복권 및 복권기금법 23조)·마권(한국마사회법 6조)과 같은 경우에는 유효이다.

[도박채무 변제를 위한 부동산처분의 효력]

도박채무를 변제하기 위하여 채무자로부터 부동산처분을 위임받은 채권자가 그 부동산을 매도한 경우에 도박채무의 변제약정이 무효라 하더라도, 부동산처분에 관한 대리권을 도박채권자에게 수여한 부분까지 무효라고는 볼 수 없다. 그러므로 위와 같은 사정을 알지 못하는 거래상대방이 도박채무자로부터 처분권한을 수여받은 대리인인 도박채권자를 통하여 위 부동산을 매수한 행위는 유효하다(대판 1995.7.14, 94다40147).

[다수의 보험계약을 통한 부정취득]

보험계약자가 다수의 보험계약을 통하여 보험금을 부정취득 할 목적으로 보험계약을 체결한 경우, 이러한 목적으로 체결된 보험계약에 의하여 보험금을 지급하게 하는 것은 보험계약을 악용하여 부정한 이득을 얻고자 하는 사행심을 조장함으로써 사회적 상당성을 일탈하게 된다. 또한 합리적인 위험의 분산이라는 보험제도의 목적을 해치고 위험발생의 우발성을 파괴하며 다수의 선량한 보험가입자들의 희생을 초래하여 보험제도의 근간을 해치게 된다. 이와 같은 보험계약은 민법 제103조 소정의 선량한 풍속 기타 사회질서에 반하여 무효이다(대판 2005.7.28, 2005다23858).

6) 불공정한 법률행위

(a) 민법 제103조와 제104조의 관계

민법은 「반사회질서의 법률행위」와 「불공정한 법률행위」를 각각 제103조와 제104조에서 규정하고 있어 양자의 관계가 문제된다. 통설과 판례는 민법 제104조는 제103조와 독립된 것이 아니고 반사회질서의 법률행위의 하나의 예시에 지나지 않는다고 본다.

따라서 불공정한 법률행위에 대해서는 우선 민법 제104조가 적용되겠지만, 그 요건에 해당하지 않는다고 하더라도 그것이 반사회질서에 해당하는 경우에는 민법 제103조에 의해 무효로 될 수 있다.

(b) 불공정한 법률행위의 요건

① 객관적 요건

급부와 반대급부 사이에 현저한 불균형이 있어야 한다. 따라서 유상행위에 한하여 인정되며 당사자 일방이 상대방에게 일방적 급부를 하는 법률행위에는 해당이 없다(대판 1993.3.23, 92다52238).

현저한 불균형의 예로 들 수 있는 것은 대물변제의 목적물인 부동산의 가격이 채권액의 3 내지 4배가 되는 대물변제계약(대판 1962.2.8, 4294민상773), 인체사고로 인한 손해배상금으로 사고 후 1주일밖에 되지 않은 때에 그 받을 수 있는 금액의 8분의 1도 안 되는 금액을 합의금으로 정하여 민·형사상 더 이상 문제 삼지 않기로 하는 내용의 합의를 한 경우(대판 1979.4.10, 78다2457) 등 이다. 급부의 현저한 불균형을 판단하는 시점은 법률행위시를 기준으로 하여야 할 것이다(대판 1984.4.10, 81다239).

[증여계약의 불공정한 법률행위성 여부]

민법 제104조가 규정하는 현저히 공정을 잃은 법률행위라 함은 자기의 급부에 비하여 현저하게 균형을 잃은 반대급부를 하게 하여 부당한 재산적 이익을 얻는 행위를 의미하는 것이다. 그러므로 증여계약과 같이 아무런 대가관계 없이 당사자 일방이 상대방에게 일방적인 급부를 하는 법률행위는 그 공정성 여부를 논의할 수 있는 성질의 법률행위가 아니다(대판 2000.2.11, 99다56833).

② 주관적 요건

상대방의 궁박이나 경솔 또는 무경험에 편승하거나 이를 이용할 것이 요구된다. 그러나 피해자가 궁박 · 경솔 또는 무경험의 상태에 있었다고 하더라도 그 상대방에게 이를 이용하려는 의사, 즉 폭리행위의 악의가 없었다면 불공정법률행위는 성립하지 않는다(대판 2002.9.4, 2000다54406 · 54413).

궁박이란 벗어날 길이 없는 어려운 상태를 말한다. 궁박이 있었느냐의 여부는 당사자의 신분과 재산상태 및 당사자가 처한 상황의 절박의 정도 등 제반사항을 고려하여 종합적으로 판단하여야 한다(대판 1981.2.8, 80다2683). 契와 관련된 고소에 따라 삼청교육대에 갈지도 모른다는 급박한 정신적 압박을 받고 있었다면 이는 궁박에 해당한다(대판 1992.4.14, 91다23660).

경솔이란 의사를 결정할 때에 그 행위의 결과나 장래에 관하여 보통인이 가지는 고려를 하지 않는 경우를 말한다. 원고소속 공무원들이 재산가격조서를 작성할 때에 원고산하 사유재산심의회의 결의에 의하여 사정확정된 본건 토지의 평당단가 금 2,100원으로 기재하여야 할 것을 그 10배인 21,000원으로 오기 한 것은 경솔로 인한 것이다(대판 1977.5.10, 76다2953).

무경험이란 일반적인 생활경험이 불충분한 것을 말한다. 무학문맹의 67세의 노파가 다른 생활대책도 강구함이 없이 유일한 생활근거인 가옥을 매도한 계약은 시기와 매매계약 사이에 현저한 차이가 있다면 무경험이 인정된다(대판 1979.4.10, 79다275).

이러한 궁박 · 경솔 · 무경험은 모두 갖추어야 하는 것이 아니고, 이 중에 어느 하나만 해당하면 되는 것이다. 궁박 · 경솔 · 무경험 등의 입증책임은 이러한 사정이 있음을 이유로 법률행위의 무효를 주장하는 자에게 있다(대판 1970.11.24, 70다2065).

[불법구금과 급박한 곤궁상태]

일반인이 수사기관에서 법관의 영장에 의하지 않고 30시간 이상 불법구금된 상태에서 구속을 면하고자 하는 상황에 처해 있었다면, 특별한 사정이 없는 한 정신적 또는 심리적 원인에 기인한 급박한 곤궁의 상태에 있었다고 봄이 상당하다. 또한 금 5억 1천 4백만원에 경락받은 토지지분을 편취한 데에 따른 손해배상으로 그 지분을 반환 하는 외에 금 2억 4천만원이라는 거액을 추가로 지급하기로 한 것은 불법행위로 인하여 상대방이 입게 된 정신적 고통 등의 손해를 감안하더라도 지나치게 과도한 것이라고 보지 않을 수 없다. 따라서 특별한 사정이 없는 한 급부와 반대급부 사이에 현저한 불균형이 있다고 보아야 한다(대판 1996.6.14, 94다46374).

일반인이 수사기관에서 법관의 영장에 의하지 않고 30시간 이상 불법구금된 상태에서 구속을 면하고자 하는 상황에 처해 있었다면, 특별한 사정이 없는 한 정신적 또는 심리적 원인에 기인한 급박한 곤궁의 상태에 있었다고 봄이 상당하다. 또한 금 5억 1천 4백만원에 경락받은 토지지분을 편취한 데에 따른 손해배상으로 그 지분을 반환 하는 외에 금 2억 4천만원이라는 거액을 추가로 지급하기로 한 것은 불법행위로 인하여 상대방이 입게 된 정신적 고통 등의 손해를 감안하더라도 지나치게 과도한 것이라고 보지 않을 수 없다. 따라서 특별한 사정이 없는 한 급부와 반대급부 사이에 현저한 불균형이 있다고 보아야 한다(대판 1996.6.14, 94다46374).

(c) 효과

불공정한 법률행위는 무효이다(104조). 법률행위에 기한 채무는 소멸하므로 아직 이행하지 않은 채무는 이행할 필요가 없고, 이미 이행한 채무는 부당이득반환을 청구할 수 있다.

(3) 동기의 불법

법률행위 자체는 사회질서에 위배되지 않으나, 당사자가 그 의사표시를 하게 된 동기에 반사회성이 있는 경우를 동기의 불법이라 한다. 예컨대 甲이 도박을 하다가 도박자금을 모두 잃어 乙로부터 도박자금을 빌린 경우 甲과 乙은 금전소비대차계약을 체결한 것이지만 그 동기가 도박을 위한 것이다. 문제는 이 경우에 법률행위 자체의 효력이 어떻게 되는가 하는 점이다.

이 경우에 견해의 대립이 있다. 다수설에 의하면 甲이 乙에게 도박자금이라는 것을 표시하고 빌렸다면 그 계약은 무효이고, 소수설에 의하면 甲이 비록 도박자금이라는 것을 표시하지 않았다 하더라도 甲이 돈을 빌려 도박하려고 한다는 사실을 乙이 이미 알고 있었거나 충분히 알 수 있었던 경우에는 무효이다. 판례는 불법동기가 상대방에게 표시되거나 알려진 경우에 무효로 본다(대판 1994.3.11, 93다40522).

동기의 표시유무를 불문하고 민법 제103조는 반사회적 행위의 저지를 목적으로 하므로, 불법시도를 실현하기 위한 행위는 당연히 공서양속에 반한다고 볼 수 있다. 다만 불법동기를 모르는 경우에는 상대방의 이익을 보호할 필요가 있으므로, 법률행위의 효력에 영향을 미치지 않는다고 보아야 할 것이다.

[도박채권자와의 매매계약의 효력]

도박채무의 변제를 위하여 채무자로부터 부동산의 처분을 위임받은 채권자가 그 부동산을 제3자에게 매도한 경우, 도박채무 부담행위 및 그 변제약정이 민법 제103조의 선량한 풍속 기타 사회질서에 위반되어 무효라 하더라도, 그 무효는 변제약정의 이행행위에 해당하는 위 부동산을 제3자에게 처분한 대금으로 도박채무의 변제에 충당한 부분에 한정된다. 또한 위 변제약정의 이행행위에 직접 해당하지 아니하는 부동산 처분에 관한 대리권을 도박채권자에게 수여한 행위부분까지 무효라고 볼 수는 없다.

그러므로 위와 같은 사정을 알지 못하는 거래상대방인 제3자가 도박채무자부터 그 대리인인 도박채권자를 통하여 위 부동산을 매수한 행위까지 무효가 된다고 할 수 없다(대판 1995.7.14, 94다40147).

(4) 반사회질서 법률행위의 효과

사회질서에 위반하는 행위는 무효이다(103조). 따라서 법률행위에 의하여 발생시키려고 했던 법률효과의 발생은 부정된다.

1) 이행 전

법률행위가 사회질서에 위반되어 무효인 경우, 아직 그 이행이 안 된 상태에서는 그 이행을 할 필요가 없고, 또 상대방도 그 이행을 청구할 수 없다(103조). 甲이 乙에게 도박에 패하여 100만원의 도박채무가 있는 경우, 甲은 乙에게 변제하지 않아도 된다.

2) 이행 후

반사회질서 법률행위에 기해 이미 이행이 된 경우에는 무효의 일반원칙에 따라 그 반환을 청구할 수 있을 것 같이 보인다. 민법 제746조는 「불법의 원인으로 인하여 재산을 급여하거나 노무를 제공한 때에는 그 이익의 반환을 청구하지 못한다. 그러나 불법원인이 수익자에 게만 있는 때에는 그러하지 아니하다」고 규정하여, 이른바 불법원인급여에 있어서는 반환청구를 금지하고 있다. 따라서 이미 이행된 것은 수익자에게 확정적으로 귀속된다. 다만 민법 제103조에 위반한다고 하여 모두 불법원인급여가 되는 것도 아니다.

甲이 밀수자금으로 1천만원이 필요하다고 하여 乙이 이를 대여한 경우 그 금전의 소유권은 甲에게 귀속된다(746조 본문). 다만 수익자에게만 불법원인이 있는 경우에 피해자는 이행한 것의 반환을 청구할 수 있다(746조 단서).

[임의로 지급한 무효이자에 대한 반환청구 여부]

선량한 풍속 기타 사회질서에 위반하여 무효인 부분의 이자약정을 원인으로 차주가 대주에게 임의로 이자를 지급하는 것은 통상 불법의 원인으로 인한 재산급여라고 볼 수 있을 것이다. 그러나 불법원인급여에 있어서도 그 불법원인이 수익자에게만 있는 경우이거나 수익자의 불법성이 급여자의 그것보다 현저히 커서 급여자의 반환청구를 허용하지 않는 것이 오히려 공평과 신의칙에 반하게 되는 경우에는 급여자의 반환청구가 허용되어야 할 것이다.

그러므로 대주가 사회통념상 허용되는 한도를 초과하는 이율의 이자를 약정하여 지급받는 것은 그의 우월한 지위를 이용하여 부당한 이득을 얻고 차주에게는 과도한 반대급부 또는 기타의 부당한 부담을 지우는 것으로서 그 불법의 원인이 수익자인 대주에게만 있거나 또는 적어도 대주의 불법성이 차주의 불법성에 비하여 현저히 크다고 할 것이어서 차주는 그 이자의 반환을 청구할 수 있다(대판 2007.2.15, 2004다50426 전원합의체).

사례해결

사례는 소위 씨받이 계약의 효력에 관한 문제이다. 사례에서 甲과 乙 사이의 아들을 낳아준다고 하는 약정에는 당사자 · 목적 · 의사표시가 존재하여 일응 계약은 성립한다. 그러나 이는 민법 제103조의 선량한 풍속 기타 사회질서에 반하는 행위로서 계약의 유효요건인 사회적 타당성을 결하여 무효이다.

따라서 甲과 乙 사이의 계약에 따른 법률효과는 발생하지 아니하며, 乙은 甲에게 아파트와 5천만원의 지급을 청구할 수 있는 권리가 없다. 또한 甲과 乙 사이의 계약이 무효로 되어 부당이득에 의한 원상회복 관계가 생긴다고 할지라도, 甲의 乙에 대한 5천만원의 지급은 불법원인급여에 해당하여 甲은 乙에 대하여 그 이익의 반환을 청구할 수 없다.

제2항 법률행위의 종류

법률행위는 그 모습에 따라 다음과 같이 구분된다.

Ⅰ. 단독행위 · 계약 · 합동행위

의사표시의 수 및 방향에 따른 구분이다.

1. 단독행위

단독행위는 1개의 의사표시만으로 성립하는 법률행위이다. 상대방 있는 단독행위로는 동의 · 취소 · 추인 · 채무의 면제 · 해제 등이 있고, 상대방 없는 단독행위로는 재단법인의 설립행위 · 유언 등이 있다. 상대방 없는 단독행위는 성립과 동시에 효력이 발생한다.

2. 계약

계약은 2인 이상의 당사자의 서로 대립하는 의사표시가 합치하여 성립하는 법률행위를 말한다. 매매 · 임대차 등이 그 예이다. 계약은 사법상의 모든 영역에 존재하고 소유권이전계약과 같은 물권계약이나 혼인과 같은 가족법상의 계약도 있지만, 중요한 것은 채권계약으로 민법은 계약에 관한 총칙을 채권편에 규정하고 있다.

3. 합동행위

사단법인의 설립행위와 같이 2인 이상의 당사자가 동일한 목적을 향한 수개의 의사표시가 합치하여 성립하는 법률행위이다. 합동행위도 의사의 합치에 의하여 성립하는 것이나, 그 의사가 서로 대립하는 것이 아니라 공동목적을 위한 같은 방향의 것이라는 점에서 계약과는 구별된다.

Ⅱ. 출연행위 · 비출연행위

1. 출연행위

자신의 재산의 감소로 타인의 재산을 증가시키는 효과를 발생케 하는 행위를 출연행위라 한다. 출연행위 중에서 매매 · 임대차 등과 같이 대가가 있는 것을 '유상행위'라고 하고, 증여나 사용대차 등과 같이 대가가 없는 것을 '무상행위'라고 한다. 유상계약에 대하여는 매매의 규정이 준용된다(567조).

또 출연행위에는 원인이 되는 법률관계가 있는데, 이것을 출연원인이라고 한다. 이 출연원인이 무효가 되는 경우에 법률행위도 무효가 되는 것을 '유인행위'라고 하고, 원인이 무효이어도 법률행위는 유효인 것을 '무인행위'라고 한다. 거래안전을 위해 어음행위는 무인행위로 본다(대판 1997.7.25, 96다52649).

甲이 乙에게 컴퓨터를 100만원에 구입하고 매매대금을 지급하기 위해 어음을 발행하여 교부하였다. 乙이 배서에 의해 丙에게 어음을 양도했지만, 甲에게 컴퓨터를 인도하지 않았다. 이 경우에 어음행위는 무인행위이므로 원인행위인 매매계약과는 무관하게 丙은 甲에게 100만원의 지급을 청구할 수 있다. 이때 甲은 丙에게 항변할 수 없다.

2. 비출연행위

타인재산의 증가 없이 행위자의 재산만이 감소하거나 직접 재산의 증감을 초래하지 않는 법률행위를 비출연행위라고 한다. 소유권포기 등이 그 예이다.

Ⅲ. 생전행위 · 사후행위

행위자의 생존중에 효과가 발생하는 법률행위를 '생전행위'라고 하고, 행위자의 사망에 의해 효과가 발생하는 법률행위를 '사후행위'라고 한다. 생전행위가 일반적이고, 사후행위로는 사인증여(562조) · 유언(1060조) 등이 있다.

Ⅳ. 채권행위 · 물권행위 · 준물권행위

채권관계를 발생시키는 법률행위를 '채권행위'라고 하고, 물권의 변동을 직접 생기게 하는 법률행위를 '물권행위'라고 한다. 그리고 물권 이외의 권리의 종국적인 변동을 생기게 하는 행위를 '준물권행위'라 하며, 채권양도(449조) · 채무면제(506조) · 무체재산권의 양도 등이 이에 해당한다. 준물권행위는 물권 이외의 권리를 목적으로 하나, 후에 이행이라는 문제를 남기지 않는다는 점에서 물권행위와 유사하다.

Ⅴ. 요식행위 · 불요식행위

'요식행위'는 서면 기타 일정한 방식을 필요로 하는 법률행위를 말하고, 어떠한 방식도 요구되지 않는 법률행위를 '불요식행위'라고 한다. 요식행위는 그 행위를 함에 있어 일정한 방식을 따라야 하므로 법률행위자유의 원칙의 예외가 된다. 법인의 정관작성 · 유언 · 혼인 · 어음행위 등이 요식행위이다.

요식행위의 취지는 법률행위의 존재를 객관적으로 분명하게 할 필요가 있거나 거래의 안전을 확보할 필요가 있다는 것 등이다. 요식행위는 방식을 갖추지 않으면 법률행위 자체가 성립하지 않는다.

Ⅵ. 독립행위 · 보조행위

직접적으로 실질적인 권리관계의 변동을 일어나게 하는 법률행위를 '독립행위'라 하고, 단순히 다른 법률행위의 효과를 형식적으로 보충하거나 확정하는 목적을 가진 법률행위를 '보조행위'라고 한다(동의 · 추인 · 대리권수여 등).

Ⅶ. 주된 행위 · 종된 행위

어떤 법률행위가 유효하게 성립하기 위하여 다른 법률행위의 존재를 필요로 하는 경우에 이 행위를 '종된 행위'라 하고, 그 전제가 되는 행위를 '주된 행위'라 한다.

예컨대 채권행위를 전제로 하여 담보계약이 체결된 경우에 채권행위는 주된 행위이고 담보계약은 종된 행위이다. 종된 행위는 주된 행위와 그 법률적 운명을 같이 하는 것이 보통이다.

제2관 의사표시

제1항 의사표시의 의의

Ⅰ. 의사표시의 구성요소

의사표시는 법률효과의 발생을 바라는 의사의 표시로 법률행위의 불가결의 요소가 되는 법률사실이다. 법률행위의 요소인 의사표시를 행위자의 구체적인 심리과정에 따라 분석하면 다음과 같다.

甲이 전원에 주택을 지으려고 생각하고(동기), 자금을 마련하기 위해 그의 토지를 매도하려는 의사(효과의사)를 결정한 후, 이 토지를 팔기 위해 부동산 중개사무소에 알리려는 의사(표시의사)로서 효과의사를 발표하였다(표시행위).

이러한 형성과정 중에서 동기를 제외한 나머지 부분이 의사표시의 구성요소가 된다. 동기는 의사결정의 원인이 되는 심리과정에 불과하고, 의사표시의 구성요소가 되는 것은 아니다. 따라서 동기는 원칙적으로 법률상 어떠한 의미를 가지지 않지만, 그것이 표시되었거나 상대방이 알았거나 알 수 있었던 경우에는 법률행위의 효력에 영향을 미친다(동기의 착오).

표시의사가 의사표시의 구성요소가 되느냐에 관해 통설은 거래안전보호를 이유로 의사표시의 요소로 보지 않는다. 예컨대 甲이 빈 택시가 지나가고 있는 차도에서 길 건너편에 있는 친구를 부르기 위해서 손짓을 한 경우, 택시를 타겠다는 의사표시가 성립하는가의 문제가 있다. 이 경우에 표시의사를 의사표시의 요소로 보는 견해에 의하면 甲의 의사표시는 성립하지 않는다. 그러나 표시의사를 의사표시의 구성요소로 보지 않는 통설에 의하면 甲의 의사표시는 성립한다. 다만 착오로 인한 의사표시로 취소의 대상이 된다고 본다.

Ⅱ. 의사주의와 표시주의

의사표시를 함에 있어서는 의사와 표시가 일치하지 않는 경우가 생길 수 있다. 이러한 경우에 의사와 표시 중 어느 쪽에 중점을 두고 그 의사표시를 파악 할 것인가는 표의자의 이익은 물론 표시의 상대방 및 나아가 일정한 경우에는 제3자의 이익과도 관련성을 가지므로 중요한 문제이다. 여기서 표의자의 내심의 의사에 중점을 두는 입장을 '의사주의'라고 하고, 표시행위에 중점을 두는 입장을 '표시주의'라고 한다.

우리 민법은 표시주의를 원칙으로 하는 절충주의를 취하고 있다. 다만 당사자의 진정한 의사가 절대적으로 존중되어야 하는 가족법상의 법률행위에 있어서는 의사주의에 의하는 것이 원칙이다.

Ⅲ. 의사표시에 관한 민법의 규정

당사자의 진정한 의사에 따라 정확한 표시가 이루어진 경우에는 그에 따라 일정한 효과를 인정하면 될 것이므로 별 문제가 없다. 문제는 의사와 표시가 일치하지 않는 경우와 표의자의 의사형성에 흠이 있는 경우이다.

민법은 전자에 대하여 진의 아닌 의사표시(107조)·통정한 허위의 의사표시(108조)·착오로 인한 의사표시(109조), 후자에 대하여 사기 또는 강박에 의한 의사표시(110조)를 규정한다. 또한 상대방 있는 의사표시에 있어 그 효력발생시기·수령능력·공시송달에 관한 규정을 두고 있다(111조~113조).

제2항 의사와 표시의 불일치

Ⅰ. 진의 아닌 의사표시

1. 의 의

진의 아닌 의사표시는 표시행위가 표의자의 진의와 다른 의미로 이해되는 것을 알면서 하는 의사표시이다. 이를 심리유보(心裡留保)라고도 한다. 진의란 특정한 내용의 의사표시를 하고자 하는 표의자의 생각을 말하는 것이지, 표의자가 마음속에 진정으로 바라는 것을 뜻하는 것은 아니다(대판 1993.7.16, 92다41528).

예컨대 甲이 乙의 환심을 사기 위해 금시계를 증여할 의사가 없음에도 불구하고 「금시계를 사주겠다」라고 하는 경우이다.

2. 요 건

(1) 의사표시가 있을 것

표시행위가 객관적으로 의사표시로서 가치있는 행위이어야 한다. 따라서 사교적인 농담이나 배우가 무대에서 하는 대사와 같이 의사표시로서 취급할 수 없는 것은 심리유보가 되지 않는다.

(2) 표시와 진의가 불일치할 것

표시에서 추단되는 의사(표시상의 효과의사)와 진의(내심적 효과의사)가 일치하지 않는 경우이어야 한다. 즉 단순히 표의자의 주관에 의해 양자가 일치하지 않는 것이 아니라, 객관적으로 표시행위가 의미하는 것(표시상의 효과의사)이 표의자의 주관적인 진의(내심적 효과의사)와 일치하지 않는 경우가 아니면 안된다.

[강박에 의한 증여와 내심의 효과의사]

비진의 의사표시에 있어서의 진의란 특정한 내용의 의사표시를 하고자 하는 표의자의 생각을 말하는 것이지 표의자가 진정으로 마음속에서 바라는 사항을 뜻하는 것은 아니다. 그러므로 비록 재산을 강제로 뺏긴다는 것이 표의자의 본심으로 잠재되어 있었다 하여도 표의자가 강박에 의하여서나마 증여를 하기로 하고 그에 따른 증여의 의사표시를 한 이상, 증여의 내심의 효과의사가 결여된 것이라고 할 수는 없다(대판 1993.7.16, 92다41528 · 41535).

(3) 표의자가 표시와 진의의 불일치를 알고 있을 것

이 점에서 비진의표시는 허위표시와 같고 착오와는 다르다.

(4) 의사표시를 하게 된 동기나 연유는 불문한다.

표의자가 상대방을 속이려고 하였거나, 중병환자를 안심시키려고 한 경우에도 비진의표시가 성립한다.

3. 효 과

(1) 원 칙

심리유보는 그 의사표시의 효과에 영향을 미치지 않는다(107조 1항 본문). 표의자가 내심의 유보를 원용하는 것은 신의에 반하고, 상대방에게 불측의 손해를 주기 때문에 표시된 대로 효력이 생기게 한 것이다. 심리유보에 의해 의사표시를 한 자는 내심의 효과와 다른 표시를 의식적으로 하였으므로 거기에서 생긴 결과에 대해서는 책임을 져야 하기 때문이다.

위 사례에서 甲이 금시계를 사줄 생각도 없이 乙에게 금시계를 사주겠다고 말한 경우, 甲은 乙에게 금시계를 사주어야 할 채무를 부담하게 된다. 따라서 乙은 甲에게 금시계를 사줄 것을 청구할 수 있다.

(2) 예 외

① 상대방이 표의자의 진의 아님을 알았거나 알 수 있었을 때에는 그 의사표시는 무효가 된다(107조 1항 단서). 위 사례에서 乙은 甲이 실제로 금시계를 사줄 의향이 없음을 알

고 있었다면, 乙은 甲에게 금시계를 사달라고 청구할 수 없고 甲도 채무를 부담하지 않는다. 이 경우에는 상대방에게 불측의 손해를 줄 염려가 없기 때문이다.

진의 아닌 의사표시가 대리인에 의하여 이루어지고 그 대리인의 진의가 본인의 이익이나 의사에 반하여 자기 또는 제3자의 이익을 배임적인 것임을 그 상대방이 알았거나 알 수 있었을 경우에도 민법 제107조 1항 단서의 유추해석상 그 대리인의 행위에 대하여 본인은 아무런 책임을 지지 않는다고 보아야 한다(대판 1999.1.15, 98다39602).

[비진의의사표시로서 무효인 경우]

甲이 乙회사의 경영방침에 따라 사직원을 제출하고 乙이 퇴직수리를 하였다가 즉시 재입사하는 형식을 취함으로써 甲이 근로관계의 단절 없이 계속근무 했다면, 甲의 사직원제출은 비진의표시에 해당하고 乙도 진의 아님을 알고 있었다고 볼 것이므로, 甲의 퇴직의 효과는 생기지 않는다(대판 1988.5.10, 87다카2578).

② 심리유보가 예외로서 무효가 된 경우에 그 무효로써 선의의 제3자에게 대항하지 못한다(107조 2항). 甲이 사실은 줄 생각도 없이 乙에게 노트북컴퓨터를 주었는데, 乙도 그것이 甲이 증여의 의사가 없었다는 것을 알고 있었다. 이러한 사실을 모르는 丙이 乙로부터 그것을 30만원에 매수한 경우에 乙과 丙 사이의 매매계약은 유효하므로 丙은 노트북컴퓨터의 소유권을 취득한다. 상대방의 악의 및 과실의 입증책임은 무효를 주장하는 표의자가 진다.

4. 적용범위

(1) 상대방 없는 단독행위

민법 제107조가 적용되는 것은 상대방 있는 의사표시에 한하지 않으며, 상대방 없는 의사표시에도 적용된다. 즉 認知와 같은 단독행위, 회사의 설립행위인 정관작성과 같은 합동행위에도 적용된다. 다만 상대방 없는 단독행위의 경우에는 민법 제107조 1항 단서 및 2항은 적용될 여지가 없다(다수설).

(2) 가족행위

혼인·입양과 같이 당사자의 진의를 절대적으로 필요로 하는 가족행위에는 적용되지 않는다.

(3) 어음행위·주식인수청약행위

엄격한 요식행위는 비진의표시라도 언제나 유효하다.

(4) 공법행위

공법상의 의사표시나 소송상의 의사표시에는 표시주의가 적용되므로 민법 제107조는 여기에 적용되지 않는다. 예컨대 공무원의 사직원(대판 1992.8.14, 92누909)·재판상의 진술(대판 1992.5.26, 91누45578) 등에는 적용되지 않는다.

[공무원의 의원면직과 민법 제107조의 준용여부]

공무원이 사직의 의사표시를 하여 의원면직된 경우에 그 사직의 의사표시는 그 법률관계의 특수성에 비추어 외부적 객관적으로 표시된 바를 존중하여야 할 것이므로, 비록 사직원제출자의 내심의 의사가 사직할 뜻이 아니었다고 하더라도 진의 아닌 의사표시에 관한 민법 제107조는 그 성질상 공법행위에는 준용되지 않는다. 그러므로 그 의사는 표시된 대로 효력을 발생한다(대판 1997.12.12, 97누13962).

Ⅱ. 허위표시

1. 의 의

허위표시란 상대방과 통정하여 진의가 아닌 것을 알면서 한 의사표시를 말하며, 통정허위표시라고도 한다. 예컨대 채무자가 채권자로부터 압류를 면하기 위해 매매의 의사 없이 매매를 가장하여 자기소유 물건의 명의를 이전하는 경우이다. 이 경우에는 형법상 강제집행면탈죄(형법 327조)가 성립할 수 있다.

[강제집행면탈죄의 성립요건]

형법 제327조의 강제집행면탈죄는 채무자가 현실적으로 민사집행법에 의한 강제집행 또는 가압류·가처분의 집행을 받을 우려가 있는 객관적인 상태, 즉 적어도 채권자가 민사소송을 제기하거나 가압류·가처분의 기세를 보이고 있는 상태에서 채무자가 강제집행을 면탈할 목적으로 재산을 은닉·손괴·허위양도하거나 허위의 채무를 부담하여 채권자를 해할 위험이 있는 경우에 성립한다(대판 1998.9.8, 98도1949).

2. 요 건

(1) 의사표시가 존재할 것

유효한 의사표시가 존재하는 것과 같은 외관이 있어야 한다. 사회통념상 의사표시가 있는 것으로 인정될 수 있으면 된다.

(2) 표시와 진의가 불일치할 것

표시에서 추단되는 의사(표시상의 효과의사)와 진의(내심적 효과의사)가 일치하지 않아야 한다. 다만 의사표시의 법률적 효과와 이에 의해 달성하고자 하는 경제적 목적이 모순이어도 허위표시는 아니다.

예컨대 양도담보는 허위표시가 아니다. 왜냐하면 양도담보는 채권담보라는 경제적 목적을 소유권양도라는 법률적 수단으로 달성하고자 하는 것이고, 소유권양도라는 의사표시는 진의를 수반하기 때문이다.

[강제집행을 피하기 위한 어음발행]

어음행위에 민법 제108조가 적용됨을 전제로, 실제로 어음상의 권리를 취득하게 할 의사는 없이 단지 채권자들에 의한 채권의 추심이나 강제집행을 피하기 위한 약속어음 발행행위가 통정허위표시로써 무효이다(대판2005.4.15, 2004다70024).

(3) 표의자가 불일치를 알고 있을 것

이 점에서 비진의표시와 공통점이 있고 착오와 다르다.

(4) 상대방과 통정할 것

통정의 존재를 인정하기 위해서는 표의자가 진의 아닌 표시를 하는 것을 상대방이 알고 있는 것만으로는 부족하며, 그에 관하여 상대방과의 사이에 의사의 합치가 있어야 한다. 따라서 상대방 없는 행위에는 허위표시가 성립하지 않는다는 것이 다수설이다.

[채권변제목적을 위한 주택임대차계약의 효력]

임대차는 임차인으로 하여금 목적물을 사용·수익하게 하는 것이 계약의 기본내용이므로, 채권자가 주택임대차보호법상의 대항력을 취득하는 방법으로 기존채권을 우선변제 받을 목적으로 주택임대차계약의 형식을 빌려 기존채권을 임대차보증금으로 하기로 하였다.
또한 주택의 인도와 주민등록을 마침으로써 주택임대차로서의 대항력을 취득한 것처럼 외관을 만들었을 뿐 실제 주택을 주거용으로 사용·수익할 목적을 갖지 아니한 계약은 주택임대차계약으로서는 통정허위표시에 해당되어 무효라고 할 것이므로, 이에 주택임대차보호법이 정하고 있는 대항력을 부여할 수는 없다(대판 2002.3.12, 2000다24184·24191).

3. 효 과

(1) 당사자간의 효과

당사자는 법률효과의 발생을 원하지 않으므로 당사자간에는 무효이다(108조 1항). 허위표시가 불법원인급여는 아니므로 물건의 반환청구는 가능하다.

[형식상의 주채무자를 내세운 대출]

동일인에 대한 대출에 한도를 제한한 법령이나 금융기관 내부규정의 적용을 회피하기 위하여 실질적인 주채무자가 실제 대출받고자 하는 채무액에 대하여 제3자를 형식상의 주채무자로 내세우고, 금융기관도 이를 양해하여 제3자에 대하여는 채무자로서의 책임을 지우지 않을 의도 하에 제3자 명의로 대출관계서류를 작성 받은 경우, 제3자 명의로 되어있는 대출약정은 그 금융기관의 양해 하에 그에 따른 채무부담의 의사 없이 형식적으로 이루어진 것에 불과하여 통정허위표시에 해당하는 무효의 법률행위이다(대판 2001.5.29, 2001다11765).

(2) 제3자에 대한 효과

허위표시의 무효는 선의의 제3자에게 대항하지 못한다(108조 2항). 제3자란 허위표시의 당사자 및 포괄승계인 이외의 자로서 허위표시에 의하여 형성된 외형상의 법률관계를 토대로 새로운 이해관계를 갖게 된 자를 의미한다(대판 1996.4.26, 94다12074). 가장매매에 기한 대금채권의 양수인 · 가장매매의 양수인으로부터 그 목적부동산을 다시 매수한 자는 제3자에 해당하나, 가장매매에 기한 손해배상채권의 양수인은 제3자에 해당되지 아니한다.

선의란 의사표시가 허위표시임을 제3자가 알지 못하는 것이다. 대리인이 있는 경우에 제3자의 선의 여부는 대리인을 기준으로 판단한다(116조 1항). 선의의 제3자로부터 권리를 전득한 자는 전득시에 악의일지라도 그 권리를 유효하게 취득한다.

허위표시가 채무자의 책임재산을 감소시켜 채권자취소권의 요건이 갖추어진 경우에는 취소권을 행사할 수 있다(대판 1998.2.27, 97다50985).

[제3자의 악의의 입증책임]

가장매매에 의한 매수인으로부터 부동산의 권리를 취득한 제3자는 특별한 사정이 없는 한 선의로 추정할 것이므로, 허위표시를 한 부동산의 양도인이 제3자에 대하여 자신의 소유권을 주장하려면 자신이 제3자의 악의를 입증해야 한다(대판 2006.3.10, 2002다1321).

4. 허위표시의 철회

허위표시를 철회하는 것은 가능하고 필요하지만, 허위표시의 외형을 믿은 제3자를 보호해야 한다. 그러므로 허위표시의 철회로서 제3자에게 대항하기 위해서는 당사자간에 철회하는 것만으로는 부족하고 외형 자체를 제거하는 것이 필요하다(통설).

예컨대 甲이 강제집행을 면할 목적으로 乙과 통모하고 X가옥의 소유권을 乙명의로 이전한 경우, 甲은 乙에게 소유권이전의 의사표시를 철회할 수 있으나 제3자에게 대항하기 위해서는 乙명의의 소유권등기를 말소하여야 한다.

5. 적용범위

(1) 재산법적 행위

상대방이 있으면 계약에 한하지 않고 단독행위에도 적용된다. 채무면제 · 계약해제 등은 단독행위이지만, 상대방이 있으므로 민법 제108조가 적용된다. 그러나 본조의 성질상 상대방 없는 행위에는 적용되지 않는다.

(2) 가족법상의 행위

입양 · 혼인과 같이 본인의 진의가 절대적으로 존중되는 가족법상의 행위는 가장행위가 행해져도 성질상 당연히 무효가 되고, 민법 제108조에 의해 비로소 무효가 되는 것이 아니다. 따라서 선의의 제3자가 나타나도 민법 제108조 2항의 적용여지는 없고, 모든 관계에서 무효가 된다고 해석된다.

(3) 공법행위

경매 등의 공법행위에는 적용되지 아니한다.

6. 허위표시와 은닉행위

허위표시에 의하여 이루어진 법률행위를 가장행위라고 하고, 가장행위 속에 숨겨진 행위를 은닉행위라 한다. 증여를 숨기기 위해 하는 매매는 가장행위로서 무효이나, 은닉행위인 증여는 당사자간에 진정한 의사가 있으므로 유효하다.

[은닉행위의 효력]

매도인이 경영하던 기업이 부도가 나서 그가 주식을 매도할 경우 매매대금이 모두 채권자은행에 귀속될 상황에 처하자 이러한 사정을 잘 아는 매수인이 매매계약서상의 매매대금은 형식상 8,000원으로 하고 나머지 실질적인 매매대금은 매도인의 처와 상의하여 그에게 적절히 지급하겠다고 하여 매도인이 주식매매계약을 체결하였다.

이 경우 매매계약상의 대금 8,000원이 적극적 은닉행위를 수반하는 허위표시라 하더라도 실지 지급하여야 할 매매대금의 약정이 있는 이상 위 매매대금에 관한 외형행위가 아닌 내면적 은닉행위, 즉 실지매매대금에 의한 위 매매계약은 유효하다(대판 1993.8.27, 93 다12930).

Ⅲ. 착 오

사례

甲은 乙에게 乙소유의 X토지 부근에 머지않아 쓰레기매립장이 건립될 예정이어서 토지가격이 하락할 것이라고 거짓말을 하여, 乙로부터 시세보다 훨씬 싼값에 X토지를 매수하고, 소유권이전 등기를 경료하였다.

그 후 甲은 이러한 사정에 관하여 선의·무과실인 丙에게 위 토지를 전매하였다. 아직 등기가 甲명의로 되어 있는 경우에 乙은 丙에 대하여 X토지의 소유권을 주장할 수 있는가?

1. 의 의

착오란 표시된 내용과 내심의 의사의 불일치를 표의자 자신이 알지 못하는 것을 말한다.

2. 착오의 모습

(1) 표시상의 착오

표시행위 자체에 관해 착오가 생긴 경우이고, 오기 · 오담 등이 그 전형이다. 10,000원이라고 적어야 할 것을 100,000원이라고 적은 경우이다.

(2) 내용상의 착오

표시행위의 의의에 관한 착오를 말한다. 달러와 파운드의 가치가 같다고 오해하고 100

달러라고 적어야 할 것을 100파운드라고 적은 경우와 같이 표시행위에 착오가 있는 경우이다. 사실상의 표시행위에 대하여는 바르게 인식했지만, 그 내용적 의의에 관하여 오해가 있다는 점에서 표시상의 착오와 다르다.

[착오에 의한 취소요건]

착오를 이유로 의사표시를 취소하는 자는 법률행위의 내용에 착오가 있었다는 사실과 함께 그 착오가 의사표시에 결정적인 영향을 미쳤다는 점, 즉 만약 그 착오가 없었더라면 의사표시를 하지 않았을 것이라는 점을 증명하여야 한다(대판 2008.1.17, 2007다74188).

(3) 동기의 착오

의사결정 전의 심리적 과정인 동기에 착오가 생긴 경우이다. 甲이 철도가 부설되어 지가가 상승할 것으로 오신하고 乙소유의 토지를 시가보다 비싸게 사는 경우를 말한다(수지타산의 착오: 대판 1982.4.22, 81나741).

계약의 양당사자 모두가 동일한 원인에 의하여 동기의 착오에 빠진 경우도 민법 제109조가 그대로 적용되는지에 관하여 문제가 있다. 예컨대 甲이 공장을 짓기 위해 X토지가 그린벨트로 묶여있지 않다면 X토지를 매수하겠다며 乙에게 청약을 하였고, 乙은 관계공무원에게 문의하여 토지가 그린벨트지역이 아니라는 답을 듣고 甲과 X토지에 대한 매매계약을 체결하였다. 그런데 사실은 이 토지가 그린벨트의 지역인 경우 甲과 乙은 쌍방의 동기착오가 있다고 볼 수 있다.

이에 관해 민법 제109조는 법률행위의 당사자 일방이 착오에 빠진 경우의 규정으로 쌍방이 착오에 빠진 경우를 규율하는 것이 아니어서 제109조를 적용 할 수 없다는 견해와 제109조를 적용해야 한다는 견해로 대립된다.

판례는 쌍방의 착오에 기한 매매계약에 대하여 그것이 중요부분에 대한 착오인가 여부만을 검토하여야 한다고 하여 제109조가 적용되어야 한다고 한다. 즉 양도소득세 부과액에 대하여 쌍방이 착오를 일으킨 경우 취소를 인정한다.

따라서 쌍방의 동기착오를 일방의 동기착오와 다르게 파악할 이유가 없다고 본다. 상기 예의 경우에 판례와 같이 甲은 취소의 나머지 요건, 즉 착오가 중요부분에 기한 것이어야 하고 착오자에게 중대한 과실이 없었다는 요건을 충족하면 계약을 취소할 수 있다고 본다.

[쌍방의 동기착오]

매도인의 대리인이 매도인이 납부하여야 할 양도소득세 등의 세액이 매수인이 부담하기로 한 금액뿐이므로 매도인의 부담은 없을 것이라는 착오를 일으키지 않았더라면 매수인과 매매계약을 체결하지 않았거나 아니면 적어도 동일한 내용으로 계약을 체결하지는 않았을 것임이 명백하고, 나아가 매도인이 그와 같이 착오를 일으키게 된 계기를 제공한 원인이 매수인측에 있을 뿐만 아니라 매수인도 매도인이 납부 하여야 할 세액에 관하여 매도인과 동일한 착오에 빠져 있었다면, 매도인의 위와 같은 착오는 매매계약의 내용의 중요부분에 관한 것에 해당한다(대판 1994.6.10. 93다 24810).

3. 착오를 이유로 한 취소의 요건

민법 제109조 1항은 「의사표시는 법률행위의 내용이 중요부분에 착오가 있는 때에는 취소할 수 있다. 그러나 그 착오가 표의자의 중대한 과실로 인한 때에는 취소하지 못한다」고 규정하고 있다.

이 규정에 의하여 착오를 이유로 한 취소가 인정되려면 (i) 법률행위의 내용에 착오가 있어야 하고, (ii) 그 착오가 법률행위의 내용 중에서도 중요부분에 관한 것이어야 하며, (iii) 표의자에게 중대한 과실이 없어야 한다.

(1) 법률행위의 내용의 착오

1) 착오의 범위

민법상의 착오는 법률행위의 내용의 착오에 한정된다. 법률행위의 내용의 착오는 법률행위의 구성요소인 의사표시의 착오라고 할 수 있다. 따라서 효과의사의 착오와 표시행위의 착오로 크게 나누어 볼 수 있다. 위에서 살펴본 착오의 모습 중 표시상의 착오와 내용상의 착오가 이에 해당하는 것이다.

2) 동기의 착오

동기의 착오도 민법 제109조가 규정하는 착오에 해당하여 그 의사표시를 취소할 수 있는가. 이에 관하여 학설은 동기가 표시되어 법률행위의 내용이 된 경우에만 착오를 이유로 취소할 수 있다고 보는 견해(다수설)와 표시 여부에 관계없이 중요부분에 관한 착오이면 취소할 수 있다고 하는 견해로 나누어진다.

한편 판례는 당사자 사이에 그 동기를 계약의 내용으로 삼은 때에 한하여 착오를 이유로 취소할 수 있다고 하여(대판 1999.4.23, 98다45546), 다수설과 같은 입장을 취하고 있다. 다만 상대방이 의사표시의 동기를 제공하였고 이에 따라 의사표시를 하게 된 경우에는 착오를 이유로 취소할 수 있다고 한다. 판례에 의하면 귀속재산이 아닌데도 공무원이 귀속재산이라고 하여 토지소유자가 토지를 국가에 증여한 경우나(대판 1978.7.11, 78다719), 매매대상에 포함되었다는 공무원의 말을 믿고 매매계약을 체결한 경우에 그 증여나 매매계약의 취소를 인정하였다.

[동기에 관하여 매도인의 말을 믿은 경우]

건물에 대한 매매계약 체결 직후 건물이 건축선을 침범하여 건축된 사실을 알았으나 매도인이 법률전문가의 자문에 의하면 준공검사가 난 건물이므로, 행정소송을 통해 구청장의 철거지시를 취소할 수 있다고 하여 매수인이 그 말을 믿고 매매계약을 해제하지 않고 대금을 지급하였다.

이때 매수인이 건물이 철거되지 않으리라고 믿은 것은 매매계약과 관련하여 동기의 착오라고 할 것이지만, 매수인과 매도인 사이에 매매계약의 내용으로 표시되었다고 볼 것이다. 나아가 매수인뿐만 아니라 일반인이라면 누구라도 건물 중 건축선을 침범한 부분이 철거되는 것을 알았더라면 그 대지 및 건물을 매수하지 아니 하였으리라는 사정이 엿보이므로, 그 내용의 중요부분에 착오가 있는 데에 해당한다(대판 1997.9.30, 97다26210).

(2) 법률행위내용의 중요부분의 착오

착오가 법률행위내용의 중요부분에 관한 것일 때에 한하여 취소할 수 있다. 중요부분이라고 하기 위해서는 착오의 주관적·객관적 현저성이 있어야 한다(대판 1999.4.23, 98다45546). 즉 착오가 없었더라면 표의자가 그러한 의사표시를 하지 않았으리라고 인정되는 것이어야 하고(주관적 현저성), 일반인도 그러한 의사표시를 하지 않을 것이라고 인정되어야 한다(객관적 현저성).

중요부분의 착오의 예로서 매매계약에서 그 목적토지의 현황·경계에 관하여 착오가 있는 경우(대판 1968.3.26, 67다2160), 매수인이 경작가능한 농지로 알고 매수했는데 대부분이 하천부지인 경우(대판 1974.4.23, 74다54), 귀속재산이 아닌 토지를 귀속재산인 줄 알고 국가에 증여한 경우(대판 1978.7.11, 78다719) 등을 들 수 있다.

[중요부분의 판단기준]

착오가 법률행위 내용의 중요부분에 있다고 하기 위하여는 표의자에 의하여 추구된 목적을 고려하여 합리적으로 판단하여 볼 때 표시와 의사의 불일치가 객관적으로 현저하여야 하고, 만일 그 착오로 인하여 표의자가 경제적인 불이익을 입은 것이 아니라면 이를 법률행위내용의 중요부분의 착오라고 할 수 없다(대판 2006.12.7, 2006다41457).

[보증인의 착오가 중요부분의 착오인지 여부]

주채무자의 차용금반환채무를 보증할 의사로 공정증서에 연대보증인으로 서명·날인하였으나 그 공정증서가 주채무자의 기존의 구상금채무 등에 관한 준소비대차계약의 공정증서이었던 경우, 소비대차계약과 준소비대차계약의 법률효과는 동일하므로 공정증서가 연대보증인의 의사와 다른 법률효과를 발생시키는 내용의 서면이라고 할 수 없다.

이는 표시와 의사의 불일치가 객관적으로 현저한 경우에 해당하지 않을 뿐만 아니라, 연대보증인은 주채무자가 채권자에게 부담하는 차용금반환채무를 연대보증할 의사가 있었던 이상 착오로 인하여 경제적인 불이익을 입었거나 장차 불이익을 당할 염려도 없다. 그러므로 이와 같은 착오는 연대보증계약의 중요부분의 착오가 아니다(대판 2006.12.7, 2006다41457).

(3) 표의자의 무중과실(無重過失)

착오가 법률행위내용의 중요부분에 관한 것이라 하여도 표의자에게 중대한 과실이 있으면 취소하지 못한다. '중대한 과실'이란 표의자의 직업·행위의 종류·행위의 목적 등에 비추어 보통 기울여야 할 주의를 현저하게 결여한 것을 말한다(대판 1998.2.10, 97다44737; 대판 2000.5.12, 2000다12259).

甲이 공장을 설립할 목적으로 乙의 토지를 매수하였으나 공장건축이 불가능 한 경우 甲은 매수 전에 이 토지상에 공장의 건축 여부를 관할관청에 알아보아야 할 주의의무가 있고 또 알아보았더라면 공장의 건축이 불가능함을 쉽게 알 수 있었다면 중대한 과실이 인정된다(대판 1993.6.29, 92다38881).

다만 상대방이 표의자의 착오를 알면서 이를 이용한 경우에는 표의자에게 중대한 과실이 있다고 하더라도 표의자는 그 의사표시를 취소할 수 있다. 표의자의 착오를 이용한 상대방이 중과실을 원용하여 표의자의 취소권을 배제하는 것은 신의칙에 반하기 때문이다. 중과실의 입증책임은 표의자의 상대방에게 있다.

4. 착오로 인한 의사표시의 효과

(1) 취소권의 발생

착오로 인한 의사표시는 표의자가 취소할 수 있다. 그 의사표시는 표의자가 취소하기까지는 여전히 유효한 것이나, 취소하면 처음부터 무효가 된다(141조).

[취소권의 발생요건]

착오를 이유로 의사표시를 취소한 자는 법률행위의 내용에 착오가 있었다는 사실과 만약 그 착오가 없었더라면 의사표시를 하지 않았을 것이라는 점을 증명하여야 한다(대판 2008.1.17, 2007다74188).

(2) 착오에 의한 취소와 제3자

착오에 의한 의사의 취소는 선의의 제3자에게 대항하지 못한다(109조 2항). 선의란 표의자의 의사표시가 착오에 의한 것임을 모른다는 의미이다. 또 제3자는 그러한 의사표시에 의하여 형성된 법률관계에 기초하여 새로운 이해관계를 가지게 된 자를 말한다.

착오를 이유로 법률행위를 취소한 경우에 취소의 상대방은 법률행위가 유효함을 믿었음으로 인하여 손해를 입을 수 있다. 그러나 현행 규정의 해석과 판례에 의하면 이러한 손해에 대한 배상을 청구할 수 없게 되어 상대방의 신뢰보호가 소홀하게 된다.

[매매계약의 해제와 착오에 의한 취소]

매도인이 매수인의 중도금 지급채무불이행을 이유로 매매계약을 적법하게 해제한 후라도 매수인으로서는 상대방이 한 계약해제의 효과로서 발생하는 손해배상책임을 지거나 매매계약에 따른 계약금의 반환을 받을 수 없는 불이익을 면하기 위하여 착오를 이유로 한 취소권을 행사하여 매매계약 전체를 무효로 돌리게 할 수 있다(대판 1996.12.6, 95다24982 · 24999).

5. 적용범위

(1) 재산법상의 행위

행위의 외형을 신뢰하여서 행하여지는 정형적인 거래행위나 일반사회에 영향이 많은 단체적 행위에 있어서는, 거래의 안전이 특히 강하게 요구되기 때문에 착오를 이유로 하는 취소가 제한된다. 상법이 착오를 이유로 하여 주식의 인수를 취소할 수 없도록 규정한 것이 그 예이다(상법 320조).

(2) 가족법상의 행위

가족법상의 행위에 있어서는 당사자의 의사가 절대적 의의를 가지므로 당사자의 의사가 존중되어야 한다. 따라서 민법 제109조는 적용이 없다고 해석하여야 한다. 특히 착오에 의한 혼인행위와 입양행위가 무효임은 명문으로 규정되어 있다(815조 · 883조).

(3) 공법상 행위 · 소송행위

공법상 행위나 소송행위에는 적용이 없다.

(4) 화해계약

화해의 목적인 분쟁에 착오가 있더라도 취소할 수 없다. 다만 화해 당사자의 자격 또는 화해의 목적인 분쟁 이외의 사항에 착오가 있는 경우에는 취소할 수 있다(733조).

[화해와 착오]

환자가 의료과실로 사망한 것으로 전제하고 의사가 유족들에게 손해배상금을 지급하기로 하는 합의가 이루어졌으나 그 사인이 진료와는 관련이 없는 것으로 판명되었다면, 위 합의는 그 목적이 아닌 망인의 사인에 관한 착오로 이루어진 화해이므로 착오를 이유로 취소할 수 있다(대판 1991.1.25, 90다12526).

6. 민법의 다른 제도와의 관계

(1) 사기와의 관계

사기에 의한 의사표시도 착오의 경우와 같이 취소할 수 있다(110조 1항). 그런데 사기에 의한 의사표시는 표의자가 타인의 기망행위로 인해 착오에 빠진 상태에서 한 의사표시인 것이므로, 표의자는 착오를 원인으로 취소할 수도 있고 사기를 이유로 취소할 수도 있다. 다만 이 경우의 착오는 동기의 착오에 해당하는 경우가 많을 것이다.

[사기와 착오에 의한 의사표시의 구별]

사기에 의한 의사표시란 타인의 기망행위로 말미암아 착오에 빠지게 된 결과 어떠한 의사표시를 하게 되는 경우이므로 거기에는 의사와 표시의 불일치가 있을 수 없고, 단지 의사의 형성과정, 즉 의사표시의 동기에 착오가 있는 것에 불과하다. 이 점에서 고유한 의미의 착오에 의한 의사표시와 구분되는데, 신원보증서류에 서명날인 한다는 착각에 빠진 상태로 연대보증의 서면에 서명날인 한 경우, 결국 위와 같은 행위는 강학상 기명날인의 착오(또는 서명의 착오), 즉 어떤 사람이 자신의 의사와 다른 법률효과를 발생시키는 내용의 서면에, 그것을 읽지 않거나 올바르게 이해하지 못한 채 기명날인하는 이른바 표시상의 착오에 해당한다.

그러므로 비록 위와 같은 착오가 제3자의 기망행위에 의하여 일어난 것이라 하더라도 그에 관하여는 사기에 의한 의사표시에 관한 법리, 특히 상대방이 그러한 제3자의 기망행위 사실을 알았거나 알 수 있었을 경우가 아닌 한, 표의자가 취소권을 행사할 수 없다는 민법 제110조 제2항의 규정을 적용할 것이 아니라 착오에 의한 의사표시에 관한 법리만을 적용하여 취소권 행사의 가부를 가려야 한다(대판 2005.5.27, 2004다43824).

(2) 매도인의 담보책임과의 관계

매매의 목적물에 하자가 있는 것이 중요부분의 착오가 되는 경우에도, 착오와 매도인의 담보책임(580조)이 경합할 수 있는 여지가 있다. 통설은 매도인의 담보책임이 성립하는 범위에서 착오에 관한 민법 제109조는 적용되지 않는 것으로 해석한다.

사례해결

乙이 丙에 대하여 X토지의 소유권을 주장하기 위해서 乙은 甲과의 매매계약 및 그에 기한 甲명의의 등기의 효력을 부인하여야 가능하다. 甲명의의 효력을 부인하기 위해서는 甲이 乙소유의 토지를 싼 값에 매수하기 위하여 乙을 기망한 것으로 보아, 乙이 매매계약을 취소하거나 乙이 착오로 인해 매매계약을 취소할 수 있어야 한다. 매매계약이 사기 또는 착오에 의해 취소되는 것을 전제로 무권리자 甲으로부터 위 토지를 매수한 丙과의 관계를 살펴보아야 한다.

사례의 경우 乙이 甲에게 속아 토지를 매도하였기 때문에 乙은 甲에 대하여 사기를 이유로 매매계약을 취소할 수 있다. 따라서 甲 · 乙 사이의 법률관계는 소급하여 무효로 된다. 또한 乙은 甲에게 속아 착오를 일으켰다고 볼 수 있다. 특히 乙은 쓰레기매립장이 들어설 것이라고 믿고 그렇게 되면 토지의 가격이 하락될 것이라고 생각함으로써 그 동기가 묵시적으로 표시되었다고 볼 수 있다. 따라서 동기가 표시되어 법률행위 내용으로 되었다고 볼 수 있는바, 乙은 자신의 의사표시를 취소할 수 있다.

乙이 사기나 착오에 의하여 의사표시를 취소하는 경우 선의의 제3자를 보호하는 문제가 발생하는 바, 설문에서 丙이 선의의 제3자로 보호받을 수 있는가 하는 문제가 있다. 丙은 토지에 대한 등기를 경료 하지 않아 소유자가 아니며, 단지 재산권이전청구권을 가질 뿐이기 때문에 제3자에 포함되는지가 문제된다. 제3자는 취소된 법률행위에 대한 이해관계가 물권 또는 이에 준하는 정도에 이른 자, 즉 처분행위의 상대방을 의미한다고 보아야 하기 때문에 丙은 제3자가 될 수 없다.

제3항 하자 있는 의사표시

Ⅰ. 사기에 의한 의사표시

1. 의 의

사기란 기망행위에 의해 타인을 착오에 빠뜨려 의사표시를 하게 하는 행위이다. 사기에 의한 의사표시의 경우에는 표시상의 효과의사에 대응하는 내심의 의사는 존재하지만,그 의사의 형성과정에 하자가 있는 경우이다.

[사기에 의한 의사표시]

상품의 선전·광고에 있어 다소의 과장이나 허위가 수반되는 것은 그것이 일반 상거래의 관행과 신의칙에 비추어 시인될 수 있는 한 기망성이 결여된다. 그러나 거래에 있어서 중요한 사항에 관하여 구체적 사실을 신의성실의 의무에 비추어 비난받을 정도의 방법으로 허위로 고지한 경우에는 기망행위에 해당한다(대판 2009.4.23, 2009다1313).

2. 요 건

(1) 사기자의 고의

타인을 기망하여 착오에 빠뜨리려는 고의와 이 착오에 의해 의사표시를 시키고자 하는 고의 의 2단계의 고의가 있을 것을 요한다. 제1단계의 고의가 있어도 제2단계의 고의가 없으면 사기가 되지 않는다.

예컨대 甲이 乙을 기망하기 위해 X토지가 개발예정지로 되어 있다는 허위 내용의 서류를 작성하였으나 乙에게 보여주지 않고 있는 동안에 우연히 乙이 허위 서류를 보고 甲에게 X토지의 매수의사표시를 하여 매매계약이 성립한 경우, 甲에게는 제2단계의 고의가 없으므로 사기에 의한 의사표시가 성립하지 않는다.

(2) 위법한 기망행위

기망행위란 진실이 아닌 사실을 진실로서 표시하는 행위로서, 적극적으로 허위사실을 진술하는 것과 소극적으로 진실한 사실을 은폐하는 것을 포함한다. 침묵이 기망행위가 되기 위해서는 신의칙 및 거래관념에 비추어 어떤 사항을 고지할 법률상의 의무가 존재하여야 한다. 가옥이 반복하여 침수되는 것, 무허가건물이라는 것을 침묵하는 것(대판 1971.5.24, 70다2878), 피용자에게 손해배상책임이 발생한 사실을 숨기고 신원보증계약의 기간을 갱신하는 계약을 체결하는 것(대판 1967.12.5, 67다1875)도 사기가 된다.

그러나 모든 기망행위가 민법 제110조의 사기가 되는 것은 아니고, 사회의 거래관념에 비추어 위법하게 되는 정도의 것임을 요한다(대판 1993.8.13, 92다 52665). 예컨대 기망의 정도가 경미한 경우(식당주인이 요리의 맛이 좋다고 하는 것)나 당해 의사표시가 된 사회적 환경이 특수한 경우(물건을 구입하는 경우에 노점상과 백화점은 위법성의 정도가 다름)에는 위법성을 띠지 않는다.

[주의의무와 착오]

당사자 일방이 알고 있는 정보를 상대방에게 사실대로 고지하여야 할 신의칙상의 주의의무가 인정된다고 볼 만한 특별한 사정이 없는 한, 어느 일방이 교환목적물의 시가나 그 가액결정의 기초가 되는 사항에 관하여 상대방에게 설명 내지 고지를 할 주의의무를 부담한다고 할 수 없다. 또한 일방 당사자가 자기가 소유하는 목적물의 시가를 묵비하여 상대방에게 고지하지 아니하거나 혹은 허위로 시가보다 높은 가액을 시가라고 고지하였다 하더라도 이는 상대방의 의사결정에 불법적인 간섭을 한 것 이라고 볼 수 없다(대판 2002.9.4, 2000다54406 · 54413).

(3) 착오에 빠질 것

기망행위의 결과로서 표의자가 착오에 빠질 것을 요한다. 이미 착오에 빠져 있으나 기망행위에 의해 특히 착오의 정도가 높게 되는 경우도 여기에 포함된다.

(4) 착오에 의해 의사표시를 할 것

착오와 의사표시 간에 인과관계가 있어야 한다. 착오가 있더라도 그와 상관없이 의사표시를 했을 때에는 사기에 의한 취소는 인정되지 않는다. 그리고 이 인과관계는 표의자에 관해 구체적으로 존재하면 족하고, 통상인을 기준으로 판단할 필요는 없다.

3. 효 과

(1) 취소권의 발생

사기에 의한 의사표시는 취소할 수 있다(110조 1항). 취소권은 추인할 수 있는 날로부터 3년 내에 또는 법률행위를 한 날로부터 10년 내에 행사하여야 한다(146조). 의사표시가 취소될 때까지는 유효하고, 취소되면 처음부터 무효인 것으로 본다(141조).

(2) 제3자의 사기

상대방 있는 의사표시에 관하여 제3자가 사기를 한 경우에는 상대방이 그 사실을 알았거나 알 수 있었을 경우에 한하여 그 의사표시를 취소할 수 있다(110조 2항).

丙이 甲으로부터 돈을 빌리기 위해 乙에게 보증을 서 주도록 하면서, 다른 연대채무자가 있다고 乙을 기망하여 甲·乙간에 보증계약이 체결되었다. 이 때 乙이 이 보증계약을 丙의 사기를 이유로 취소할 수 있는가 하는 문제가 생긴다. 이 경우에 丙은 甲·乙간의 보증계약의 제3자이고, 丙이 乙을 기망한 사실을 甲이 알았거나 알 수 있었을 경우에 한하여 乙이 보증계약을 취소할 수 있다. 즉 사기에 의한 의사표시의 상대방인 甲이 선의·무과실인 경우에는 乙의 취소권이 제한되어 甲이 보호된다.

[알았거나 알 수 있었는지 여부]

토지소유자가 매도인으로서 매매계약체결에 참여하였고 소개인인 소외인이 매수인(표의자)에게 개발제한구역이 당장 해제되며 주유소허가도 쉽게 난다고 할 때에 토지매도인(상대방)은 소외인(제3자)의 기망사실을 알았거나 알 수 있었다고 인정하는 것이 경험법칙에 합치된다(대판 1990.2.27, 89다카240881).

(3) 사기에 의한 취소와 제3자

취소의 효과는 소급하지만, 그 취소는 선의의 제3자에게 대항할 수 없다(110조 3항). 제3자란 당사자·포괄승계인 이외의 자로서 사기에 의해 생긴 법률관계에 기해 새로운 이해관계를 취득한 자를 말한다.

예컨대 乙이 甲을 속여 그로부터 건물을 매수한 후 그 사실을 모르는 丙에게 건물을 다시 매도하였다고 하자. 이 경우에 甲이 사기를 이유로 甲·乙간 매매계약을 취소하여도 선의인 丙이 이미 그 건물을 취득하였으므로 甲은 丙으로부터 건물을 반환받을 수 없다. 그 결과 甲은 乙로부터 금전에 의한 배상만을 받을 수 있을 뿐이다.

[제3자의 범위]

의사표시의 상대방이 아닌 자로서 기망행위를 하였으나 민법 제110조 2항에서 정한 제3자에 해당되지 아니한다고 볼 수 있는 자란 그 의사표시에 관한 상대방의 대리인 등 상대방과 동일시할 수 있는 자만을 의미하고, 단순히 상대방의 피용자이거나 상대방이 사용자책임을 져야 할 관계에 있는 피용자에 지나지 않는 자는 상대방과 동일시할 수는 없어 이 규정에서 말하는 제3자에 해당한다(대판 1998.1.23, 96다41496).

4. 적용범위

(1) 재산법상의 행위

재산법상의 행위에 있어서도 주식의 인수(상법 320조)나 어음행위 등과 같이 외형을 신뢰하여 신속·대량적으로 이루어지는 것에 대하여는 착오와 마찬가지의 문제가 생긴다고 본다.

(2) 친족법상의 행위

친족법상의 행위에 대하여는 특별규정(816조·823조·884조)이 있으므로 민법 제110조는 적용되지 않는다.

Ⅱ. 강박에 의한 의사표시

사례

甲이 비오는 날 음주운전으로 A를 부상시키고 뺑소니를 했는데, 이를 목격한 乙이 다음 날 甲을 찾아가서 토지를 주지 않으면 경찰에 고발하겠다고 하여 甲이 공포심을 일으켜 소유권을 乙에게 이전하였다. 乙은 이를 丙에게 매도하고 이전등기를 완료한 경우에 그 법률관계는 어떠한가?

1. 의의

강박에 의한 의사표시란 타인이 위법한 해악을 고지한 경우에 표의자가 공포심을 일으켜, 해악에서 벗어나기 위해서 한 의사표시를 말한다.

2. 강박의 요건

(1) 강박자의 고의

상대방에게 공포심을 일으키려는 고의와, 그 공포심에 기하여 의사표시를 하게 하려는 고의 가 있어야 한다(2단계의 고의).

(2) 위법한 강박행위

강박이란 해악을 고지하여 상대방에게 공포심을 일으키는 행위로서, 그 행위의 종류나 방법에는 제한이 없다. 그러나 표의자가 공포심을 일으켰더라도 그것이 정당한 권리의 행사나 사회통념상 허용되는 정도의 행위라면 위법한 강박행위라고는 할 수 없다. 그런데 정당한 권리행사라도 목적이 위법하거나 수단이 부당하면 위법하다고 보게 되는 경우도 있다. 일반적으로는 목적과 수단을 상관적으로 고찰하여 행위 전체로서의 위법성의 유무를 판단해야 할 것 이다.

부정행위에 대한 고소·고발은 그것이 부정한 이익을 목적으로 하는 것이 아닌 때에는 정당한 권리행사가 되어 위법하다고 할 수 없으나, 부정한 이익의 취득을 목적으로 하는 경우에는 위법한 강박행위가 되는 경우가 있고 목적이 정당하다 하더라도 행위나 수단 등이 부당한 때에는 위법성이 있는 경우가 있을 수 있다(대판 1992.12.24, 92다25120).

[강박에 의한 법적 책임 없는 대출금채무]

甲이 자신이 최대주주이던 A금융회사로 하여금 실질상 자신 소유인 B회사에 부실대출을 하도록 개입하였다고 판단한 A금융회사의 새로운 경영진이 甲에게 위 대출금채무를 연대보증하지 않으면 甲소유의 C회사에 대한 어음대출금을 회수하여 부도를 내겠다고 위협하여 甲이 법적 책임 없는 위 대출금채무를 연대보증한 경우, 강박에 의한 의사표시에 해당하지 않는다(대판 2003.3.23, 99다64049).

(3) 공포심을 일으킬 것

강박에 의해 공포심이 생겨야 한다. 이미 생긴 공포심이 강하게 된 경우라도 좋다.

(4) 공포심에 의해 의사표시를 할 것

강박이 성립하려면 강박자에 의한 강박행위가 있는 외에, 표의자가 강박행위에 의해 의사표시를 하는 것이 필요하다. 즉 강박행위와 표의자의 의사표시 간에 인과관계가 있어야 한다. 피의자진술조서의 진술은 강박에 의한 것이라도 의사표시가 아니므로 취소 할 수 없다(대판 1973.3.13, 72다963).

3. 강박의 효과

(1) 취소권의 발생

강박에 의한 의사표시는 취소할 수 있다(110조 1항). 취소하기까지는 유효하고 취소되면 처음부터 무효가 되는 것(141조)은 사기의 경우와 같다. 제3자가 강박을 한 경우에도 사기의 경우와 같다(110조 2항).

예컨대 甲이 제3자 丙의 협박으로 甲소유의 골동품을 乙에게 증여하는 계약을 甲·乙간에 체결하였다면 증여계약의 상대방 乙이 제3자 丙의 협박사실을 알았거나 알 수 있었을 경우에 한하여 甲은 증여계약을 취소할 수 있다. 강박에 의한 의사표시의 취소는 선의의 제3자에게는 대항할 수 없다(110조 3항).

(2) 절대적 강박의 무효

강박에 의해 의사결정의 자유를 완전히 박탈된 상태하에서 의사표시를 한 경우에는 의사표시 자체가 성립하지 않으므로 무효가 된다. 즉 강박의 정도가 단순한 불법적 해악의 고지로 상대방으로 하여금 공포를 느끼도록 하는 정도가 아니고, 의사표시자로 하여금 의사결정을 스스로 할 수 있는 여지를 완전히 박탈한 상태에서 의사표시가 이루어져 단지 법률행위의 외형만이 만들어진 것에 불과한 경우에는 무효이다(대판 1998.2.27, 97다38152; 대판 2003.5.13, 2002다73708·73715). 甲이 총을 겨눈 상태에서 乙이 계약의 승낙을 한 경우가 그 예이다.

[설문의 해결]

乙의 강박행위로 인해 甲이 토지의 소유권을 이전했으므로, 甲은 乙을 상대로 말소등기를 청구하고 토지를 도로 찾아올 수 있다(제110조 1항). 이 경우에 丙이 악의라면 甲은 丙으로부터 토지를 반환받을 수 있으나, 丙이 선의라면 丙은 유효하게 토지소유권을 취득한다(110조 3항).

제4항 의사표시의 효력발생

Ⅰ. 의사표시의 효력발생시기

① 「상대방이 있는 의사표시」는 (ⅰ) 표백(편지작성), (ii) 발신(우체통에 넣음), (iii) 도달(배달), (iv) 了知(편지를 읽음)라는 4단계로 성립하는 하나의 과정이다. 그런데 4단 계 중 어느 단계에서 의사표시로서 효력이 발생하는지가 문제되고, 이를 결정하기 위해서는 표의자와 수령자 쌍방의 이익을 배려하여야 한다. 민법은 원칙적으로 도달주의를 취하고(개정민법 111조 1항), 예외적으로 발신주의를 취한다.

② 「상대방이 없는 의사표시」에 관하여는 일반적인 규정은 없지만, 다른 효력발생요건을 구비하면 효력이 발생한다고 해석된다. 즉 상대방 없는 의사표시에 관하여는 성립(표시행위가 완료된 때)과 동시에 효력이 발생하나, 특별규정이 있는 경우에는 그에 따른다(48조 1항 · 1073조).

1. 원칙: 도달주의

(1) 도달주의의 적용요건

1) 상대방에게 도달할 것

도달이란 의사표시가 상대방의 지배권 내에 들어가는 것, 즉 거래관념상 상대방이 표시를 요지할 수 있는 상태에 있는 것을 의미한다. 따라서 상대방이 표시를 현실적으로 수령하였다거나 그 표시의 내용을 알았을 것까지는 필요로 하지 않는다(대판 1997.11.25, 97다31281). 그러므로 편지가 상대방의 우편함에 투입되면 상대방의 부재로 요지(了知)가 지체되어도 도달된 것으로 본다.

민법은 격지자간의 의사표시에 대하여 도달주의를 채택하고 있지만 대화자간의 의사표시에 대하여는 규정을 두고 있지 않다. 그러나 대화자간에도 도달주의에 의한다(통설).

[등기취급 우편물의 도달]

우편법 등 관계규정의 취지에 비추어 볼 때 우편물이 등기취급의 방법으로 발송된 경우, 반송되는 특별한 사정이 없는 한 그 무렵 수취인에게 배달되었다고 보아야 한다(대판 1992.3.27, 91누3819).

[도달추정의 번복]

수취인이나 그 가족이 주민등록지에 실제로 거주하고 있지 아니하면서 전입신고만을 해둔 경우에는 그 사실만으로 주민등록지 거주자에게 송달수령의 권한을 위임하였다고 보기는 어렵다. 또한 수취인이 주민등록지에 실제로 거주하지 아니하는 경우에도 우편물이 수취인에게 도달하였다고 추정할 수는 없다. 따라서 이러한 경우에는 우편물의 도달사실을 주장하는 자가 입증하여야 한다(대판 1988.2.13, 97누8977).

2) 상대방이 수령능력이 있을 것

의사표시가 도달한 때에 효력이 생기는 것은 도달에 의해 상대방이 그 내용을 了知할 수 있기 때문이다. 따라서 상대방은 그 내용을 요지할 수 있는 능력이 있어야 한다. 이 수령능력은 타인의 의사표시의 내용을 이해할 수 있는 능력이므로, 스스로 적극적으로 의사표시를 할 능력인 행위능력에 비해 낮은 능력이어도 좋다.

(2) 도달주의의 효과

1) 의사표시의 불착 · 연착

상대방이 있는 의사표시는 그 통지가 상대방에게 도달한 때에 그 효력이 생긴다(개정민법 111조 1항). 그러므로 의사표시의 불착(不着) 또는 연착(延着)은 표의자의 불이익으로 돌아간다.

2) 의사표시의 철회

발신 후 도착 전에는 표의자는 언제든지 의사표시를 철회할 수 있다. 이 철회의 의사표시는 늦어도 먼저 행한 의사표시와 동시에 도달해야 한다.

[대표이사의 사임의사 철회여부]

법인의 대표이사가 사임하는 경우에는 그 사임의 의사표시가 대표이사의 사임으로 그 권한을 대행하게 될 자에게 도달한 때에 사임의 효력이 발생하고, 그 효력을 발생한 후에는 마음대로 이를 철회할 수 없다.

그러나 사임서 제출당시 그 권한 대행자에게 사표의 처리를 일임한 경우에는 권한 대행자의 수리행위가 있어야 사임의 효력이 발생하고, 그 이전에 사임의사를 철회할 수 있다(대판 2007.5.10, 2007다7256).

3) 발신 후의 사정변경

의사표시자가 그 통지를 발송한 후 사망하거나 제한능력자가 되어도 의사표시의 효력에 영향을 미치지 아니한다(개정민법 111조 2항). 따라서 甲이 乙에 대하여 계약해제의 의사표시를 기재한 서면을 발송한 후에 사망하였는데, 사망 후에 그 서면이 乙에게 배달된 경우에도 해제의 의사표시는 효력을 발생한다.

4) 전자적 의사표시

전자거래기본법상 수신자가 전자문서를 수신할 컴퓨터 등을 지정한 경우에는 지정한 컴퓨터 등에 입력된 때 전자문서가 수신된 것으로 보며, 수신자가 지정하지 않은 경우에는 수신자가 관리하는 컴퓨터 등에 전자문서가 수신된 것으로 본다(동법 6조).

이러한 전자기본법상의 규정은 민법의 원칙이 적용되어 요지가능성이 있는 상태가 되어야 도달한 것으로 보아야 한다. 이메일(e-mail)의 경우에도 그 진입으로는 부족하며 요지상태가 되어야 도달한 것으로 인정된다고 보아야 할 것이다.

2. 예외: 발신주의

발신주의를 취하는 경우에는 제한능력자의 상대방의 최고권(15조)·무권대리인의 상대방의 최고권(131조)·사원총회소집의 통지(71조)·격지자간의 계약성립시기(531조)·채권자의 채무인수에 대한 승낙의 회답(455조)·기타 당사자의 특약이 있는 경우 등이다.

Ⅱ. 의사표시의 수령능력

1. 의의

의사표시의 효력발생을 위하여 수령자에게 요지할 만한 능력이 요구된다. 의사표시의 수령능력이란 타인의 의사표시의 내용을 이해할 수 있는 능력을 말한다.

2. 수령제한능력자

수령능력은 이론적으로 타인의 의사표시의 내용을 이해할 수 있는 능력이므로 스스로 의사를 결정하여 법률행위를 하는 행위능력보다 정도가 낮아도 좋다고 할 것이다. 그러나 민법은 제한능력자를 수령제한능력자로 하고 있다(개정민법 112조).

3. 제한능력자에 대한 의사표시의 효력

① 표의자는 의사표시가 도달된 것, 즉 효력이 발생한 것을 주장하지 못한다(개정민법 112조 본문). 그러나 수령무능력자가 도달을 주장하는 것은 무방하다.

② 상대방이 제한능력자이더라도 그 상대방의 법정대리인이 의사표시가 도달한 사실을 안 후에는 표의자도 그 의사표시로써 대항할 수 있다(개정민법 112조 단서). 그러므로 제한능력자인 甲이 X부동산 매매계약의 승낙의 의사표시를 乙로부터 받은 경우, 乙은 甲에게 매매계약의 성립을 주장할 수 없으나 甲의 법정대리인인 丙이 위 도달사실을 안 후에는 이를 주장할 수 있다.

③ 미성년자가 예외적으로 행위능력이 인정되는 경우에는 수령능력도 있다. 혼인을 한 미성년자 甲은 성년의제에 의하여 수령능력에 있어서도 완전한 수령능력자로 보게 되는 것이 그 예이다.

Ⅲ. 의사표시의 공시송달

1. 의 의

도달주의에 의하면 상대방이 누구인가 또는 상대방의 소재가 어디인가를 알지 못하는 경우에 상대방 있는 의사표시의 효력을 발생시킬 수가 없게 된다. 그러므로 민법은 표의자가 과실 없이 상대방 또는 그의 소재를 알지 못하는 경우에 공시송달에 의해 의사표시를 할 수 있도록 하였다(113조).

2. 공시송달의 방법 및 효력발생시기

의사표시의 공시송달은 민사소송법의 규정에 의하여 그 방법 및 효과가 정해진다. 즉 공시에 의한 의사표시는 관보나 법원 게시장에 게시하고(민사소송법 195조), 최초의 공시송달은 게시한 날로부터 2주일을 경과하면 효력이 발생한다. 동일 당사자에 대한 이후의 공시송달은 게시익일부터 효력이 발생한다(동법 196조).

제3관 대 리

제1항 대리의 의의와 본질

Ⅰ. 대리의 개념

1. 대리의 의의

대리란 타인의 행위에 의하여 본인이 직접 그 법률효과를 받게 되는 제도를 말하다. 즉 甲이 건물을 丙으로부터 구입하면서, 자기 대신 乙로 하여금 丙과 계약을 체결하도록 하는 경우에 매매계약 체결행위는 乙·丙간에 행해지지만, 계약의 효과로서 甲 자신이 대금지급 의무와 건물의 소유권을 취득하는 관계이다.

본래 법률행위의 효과는 그 의사표시를 한 당사자에게 생기는 것이 원칙이지만, 대리에서는 표의자와 법률효과의 귀속자가 다른 점에 특색이 있다.

[대리인에 의한 계약당사자의 확정]

> 일방 당사자가 대리인을 통하여 계약을 체결하는 경우에 계약의 상대방이 대리인을 통하여 법인과의 사이에 계약을 체결하려는 의사가 일치하였다면 대리인의 대리권 존부문제와는 무관하게 상대방과 본인이 그 계약의 당사자이다(대판 2003.12.12, 2003다44059).

2. 대리제도의 기능

(1) 사적자치의 확장

자본주의의 발전은 사적자치 범위의 확장, 즉 사회적 활동범위의 확장을 요청한다. 대리제도의 활용에 의해 자신의 법률관계를 타인에게 처리하게 하는 것이 가능하므로, 개인이 동시에 복수의 기업을 경영하는 등 폭넓게 사회적·경제적 활동을 할 수 있다.

(2) 사적자치의 보충

법률행위에 일정한 법률효과가 생기는 것은 그것이 표의자의 의사에 기한 것이기 때문이지만, 이러한 의사능력이 없거나 불충분한 자가 있다. 그러므로 대리제도의 활용에 의해 사적자치의 보충, 즉 사회적 활동의 보충을 할 필요가 있다.

미성년자와 같이 완전한 법률행위를 할 수 없는 자도 물건의 매입 등 법률행위의 주체가 될 필요성이 있는데, 이러한 자에게 권리의 주체로서의 효과를 취득시키기 위해서는 능력자인 법정대리인에 의한 대리의 방법이 필요하다.

3. 대리와 구별되는 제도

(1) 사자

사자(使者)는 본인이 결정한 의사를 상대방에게 표시하여 의사표시를 완성시키는 자(표시기관)와 완성한 의사표시를 전달하는 자(전달기관)의 두 종류가 있다. 전자가 후자보다 대리에 유사하다고 말할 수 있다.

표시기관인 사자와 대리의 구별기준에 대해서는 효과의사를 누가 했느냐에 따라 결정하는 내부관계설(통설·판례)과 대리인으로 표시하면 대리인, 사자로 표시하면 사자가 된다는 외부관계설이 대립한다. 예컨대 X부동산을 1억원에 매각하려는 甲의 부탁으로 乙이 대서하여 丙에게 청약한 경우가 전자의 예이고, 甲의 부탁으로 甲이 작성한 매매계약을 해제하겠다는 문서를 乙이 丙에게 전달하는 경우가 후자의 예가 된다.

대리에서의 의사표시는 대리인 자신의 의사표시인데 대하여(대리인행위설), 사자의 경우에는 사자의 의사표시는 존재하지 않고 본인의 의사표시를 전달하는데 불과하다. 따라서 대리행위에 있어서는 본인의 능력의 유무는 문제되지 않지만, 사자에 있어서는 본인의 능력이 당연히 필요하다.

(2) 대표

법인의 기관은 법인을 대표한다. 법인의 기관의 행위에 의하여 법인이 직접 권리·의무를 갖는다는 점에서 대표와 대리는 비슷하다.

그러나 대리와 대표는 다음과 같은 차이가 있다. 대리는 대리인의 행위에 의해 본인이 권리·의무를 취득하는데 대해, 대표는 대표기관의 행위 그 자체가 법인의 행위로 된다. 그리고 대리의 경우에는 대리인의 불법행위에 의한 배상책임이 본인에게 귀속하지 않으나,

법인에게서는 대표기관의 불법행위에 대해 법인이 배상책임을 부담한다. 또 대리인은 본인과는 독립한 대리자인데 반해서 법인의 대표기관은 법인의 내부구성에 속한다.

(3) 간접대리

행위자가 자기이름으로 그러나 배후에 타인을 위하여 한다는 약정이 존재하는 경우를 말한다. 법률행위의 효과는 일단 간접대리인에게 속하되, 후에 간접 대리인이 취득한 권리를 내부적으로 그 타인에게 이전한다. 위탁매매업(상법 101조)이 그 예이다.

이에 대해 본래의 대리는 대리인이 본인의 이름으로 의사표시를 하고, 또 그 법률효과도 본인이 직접 받는다는 점에서 구별된다.

(4) 간접점유

타인이 물건을 사실상 점유하고 그 효과인 점유권을 본인이 가지게 되는 경우에 본인의 점유를 간접점유라고 한다(194조). 대리와 유사하지만, 간접점유는 의사표시가 아니라는 점에서 대리와는 다르다.

(5) 제3자를 위한 계약

제3자를 위한 계약이란 계약으로 인해 발생하는 권리만을 계약당사자 외의 제3자에게 귀속시키는 것을 내용으로 하는 계약을 말한다(539조). 대리의 경우에는 본인이 그 법률효과를 받는 사람이지만 제3자를 위한 계약에서 제3자는 법률효과의 수익자에 불과하다.

(6) 이행보조자와 피용자

채무불이행에 있어서 이행보조자의 고의·과실은 채무자의 고의·과실로 보며(391조), 피용자의 불법행위에 대하여 사용자는 사용자책임을 진다(756조). 이 행보조자의 고의·과실과 사용자책임은 모두 위법행위에 대하여 인정되는 것으로 법률행위에 인정되는 대리와 구별된다.

대리인이 동시에 이행보조자인 때에는 본인에게 대리에 의한 책임과 이행보조자책임이 모두 인정된다. 그러나 대리인이 동시에 피용자인 때에는 대리인에 의한 불법행위에는 대리가 인정되지 않으므로 사용자책임만이 인정된다.

Ⅱ. 대리의 법률적 성질

1. 대리의 본질

사적자치의 원칙상 법률행위의 효과는 법률행위를 행한 자만을 구속한다. 그러나 대리제도가 허용된다는 것은 법률행위를 한 자와 그 효과를 받는 자가 분리된다는 예외적인 법현상을 가져온다. 이러한 법현상이 이론적으로 허용되는가, 만일에 허용된다면 그 이론적 근거는 무엇인지가 문제된다. 이것이 대리의 본질론이다.

대리의 본질에 관한 논의는 독일보통법에서 크게 다루어졌으며, 다음 세 가지 견해로 요약해 볼 수 있다. (i) 본인과 상대방을 본래의 행위당사자로 보고, 대리인은 본인의 기관에 지나지 않는다고 하는 본인행위설, (ii) 현실의 행위자인 대리인을 행위당사자로 보나, 그 행위의 효과는 법률규정에 의하여 본인에게 귀속하는 것이라는 대리인행위설, (iii) 법률행위를 하는데 있어서의 본인과 대리인의 공동행위로부터 법률효과가 생긴다고 하는 공동행위설이 그것이다.

민법 제116조 1항은 대리행위의 하자의 유무는 이를 대리인을 표준으로 하여서 결정한다고 규정하고 있으므로, 대리인행위설을 그 바탕으로 하고 있다(통설).

2. 대리가 인정되는 범위

(1) 법률행위

대리는 원칙적으로 법률행위에 대해서만 인정된다. 그러나 법률행위라도 그 성질이 일신전속적인 행위에는 대리가 허용되지 않는다. 혼인 · 인지 · 유언과 같은 가족법상의 행위가 대표적인 예이다. 이러한 행위를 대리에 친하지 않은 행위라고 한다.

(2) 법률행위 이외의 행위

법률행위 이외의 행위, 즉 준법률행위 · 사실행위 · 불법행위에는 대리가 허용되지 않는다. 다만 준법률행위 중에서도 의사표시와 대단히 유사한 성질을 가지는 관념의 통지(채권양도통지 등)나 의사의 통지에 대해서는 대리가 허용된다(통설 · 판례).

[채권양도통지의 대리인정 여부]

민법 제450조에 의한 채권양도통지는 양도인이 직접 하지 아니하고 대리인으로 하여금 하게 하여도 무방하고, 채권의 양수인도 양도인으로부터 권한을 위임받아 대리인으로서 채권양도통지를 할 수 있다 (대판 2004.2.13, 2004다43490).

Ⅲ. 대리의 종류

1. 단독대리 · 공동대리

대리인이 복수인 경우에 대리권을 공동으로 행사할 것을 요하는가에 의한 구별이다. 수인의 대리인이 공동해서만 본인을 대리할 수 있는 경우가 공동대리이다.

2. 임의대리와 법정대리

대리권이 본인의 의뢰로 발생하는지 여부에 따른 구별이다.

임의대리는 대리권이 본인의 의사에 기해 발생하는 경우이고, 법정대리는 본인의 의사와는 관계없이 법률의 규정에 의해 일정한 자에게 대리권이 주어지는 경우이다. 제한능력자에 대한 친권자 · 후견인이 법정대리의 대표적인 예이다. 임의대리와 법정대리의 구별의 실익은 대리인의 복임권(120조 · 121조)과 대리권의 소멸(128조) · 표현대리(表見代理)에 관한 규정(125조)의 적용 여부에서 나타난다.

3. 유권대리 · 무권대리

대리인이 대리권을 가지고 있는가의 여부에 의한 구별이다.

유권대리는 대리인이 정당한 대리권을 가지고 있는 경우이고, 무권대리는 정당한 대리권을 가지고 있지 못한 경우이다. 양자의 구별의 실익은 본인에게의 효과귀속의 유무와 요건(114조 · 130조)에서 나타난다.

무권대리는 협의의 무권대리와 표현대리로 나뉜다. 협의의 무권대리는 대리인이 정당한 대리권을 가지지 못한 경우로서, 표현대리가 되지 않는 경우이다(130조~136조). 표현대리는 대리인이 정당한 대리권을 가지지 못한 경우이지만 상대방을 보호하기 위해 대리행위로 보는 경우이다(125조 · 126조 · 129조).

4. 능동대리 · 수동대리

대리인이 의사표시를 하는가 또는 의사표시를 받는가에 의한 구별이다.

능동대리는 대리인이 상대방에게 적극적으로 의사표시를 하는 경우의 대리를 말하고(114조 1항), 수동대리는 소극적으로 대리인이 상대방으로부터 의사표시를 수령하는 경우의 대리를 말한다(114조 2항).

민법은 원칙적으로 능동대리를 기준으로 한다. 따라서 능동대리권이 있으면 특별한 사정이 없는 한 수동대리권도 갖는다고 볼 수 있다(통설). 따라서 부동산매매체결에 관하여 대리권을 수여 받은 대리인은 중도금이나 잔금을 수령할 권한도 있다(대판 1994.2.8, 93다39379).

능동대리와 수동대리의 구별의 실익은 무권대리(136조), 현명주의(顯名主義)의 요건(114조 · 115조) 등에서 나타난다.

Ⅳ. 대리의 삼면관계

대리관계는 본인과 대리인, 대리인과 상대방, 상대방과 본인과의 3면관계로 되어 있다. 즉 대리인에게 정당한 대리권이 있다는 관계(대리권), 대리인이 본인을 위하여 상대방과 대리행위를 한다는 관계(대리행위), 그리고 그 결과 본인과 상대방 사이에 일정한 법률효과가 생긴다는 관계(대리효과)이다. 이러한 대리의 3면관계가 대리관계를 파악하는데 가장 기본이 된다.

제2항 대리권

Ⅰ. 의 의

대리인의 행위가 본인에게 효과를 발생하기 위해서는 대리인에게 대리권이 있을 것을 요한다. 대리권은 권리가 아니고 지위 내지 자격이다. 즉 대리권은 대리인이 의사표시를 하거나 받는 것에 의해 그 효과를 직접 본인에게 귀속시킬 수 있는 법률상의 자격을 말한다. 乙이 甲을 대리할 수 있다는 것을 乙이 甲에 대해 대리권을 갖는다고 한다.

Ⅱ. 대리권의 발생원인

1. 법정대리권의 발생원인

법정대리권은 본인의 의사와는 관계없이 직접 법률의 규정에 의해 발생하는데, 그 유형으로는 다음과 같은 세 가지가 있다.

(1) 법원의 선임에 의한 발생

법원이 결정·선임한 자가 법정대리인이 되는 경우는 이러한 결정·선임이 대리권의 발생원인이다. 부재자의 재산관리인(22조·23조)·상속재산관리인(1023조 등)·유언집행자(1096조)가 그 예이다.

(2) 지정행위에 의한 발생

본인 이외의 사인(私人)이 지정한 자가 법정대리인이 되는 경우는 이 지정이 대리권의 발생원인이다. 지정후견인(931조)·지정유언집행자(1093조 등)가 그 예이다.

(3) 법률의 규정에 의한 발생

본인에 대해 일정한 신분상의 지위를 가지는 자가 당연히 대리인이 되는 경우는 그 근거 규정이 대리권의 발생원인이다. 친권자(909조 등)·법정후견인(932조 등) 등이 그 예이다.

2. 임의대리권의 발생원인

(1) 수권행위

임의대리권은 대리권을 수여하는 본인의 행위에 의하여 발생한다. 이러한 본인의 행위를 수권행위(授權行爲)라고 한다. 甲이 乙에게 甲의 사무를 처리해줄 것을 부탁하는 위임계약을 체결하였다. 그 후 며칠이 지나 甲이 乙에게 부동산을 팔아 달라는 대리권을 乙에게 수여하였다. 이 경우에 위임계약을 체결한 행위를 기초적 내부관계라고 하고, 대리권을 수여한 행위를 수권행위라고 한다.

수권행위를 본인과 대리인 사이의 기초적 내부관계의 체결과 개념상 별도로 인정할 것인지가 문제된다. 이에 대하여 대리권은 위임 기타의 내부적 계약관계에 의하여 직접 발생하므로, 내부관계를 설정하는 계약과는 별개 독자의 수권행위라는 개념을 인정할 필요가 없다는 견해가 있다.

그러나 민법 제128조 전단은 「법률행위에 의하여 수여된 대리권은 그 원인된 법률관계에 의하여 소멸한다」고 하며, 후단은 「법률관계의 종료 전에 본인 이 수권행위를 철회한 경우에도 같다」고 규정하여, 수권행위 개념을 인정하고 수권행위에 의한 법률관계와 기초적 법률관계를 개념상 독립된 것으로 파악하고 있다.

따라서 수권행위의 개념을 부정할 수 없으며, 수권행위는 본인과 대리인과의 내부관계를 발생케 하는 그 자체는 아니며, 그것과 독립하여 대리권의 발생을 목적으로 하는 별개의 법률행위이다(통설).

(2) 수권행위의 성질

1) 수권행위의 법적 성질

수권행위의 개념을 인정하는 경우에 그 법적 성질을 어떻게 볼 것인가에 관하여 견해의 대립이 있다. 수권행위를 본인과 대리인 간의 일종의 무명계약이라고 보는 소수설도 있으나, 다수설은 수권행위를 상대방의 수령을 요하는 단독행위로 본다.

수권행위는 대리인에게 자격 내지 지위를 부여할 뿐 어떤 권리를 취득시키거나 의무를 부담시키는 것이 아니므로 대리인의 승낙을 요건으로 할 이유가 없다. 또한 대리에 있어서 제3자인 상대방과의 관계가 본인과 대리인 간의 내부적 사정에 의하여 영향을 받는 일은 되도록 피하는 것이 거래안전의 보호에 유익하므로 수권행위를 단독행위로 보는 것이 타당하다고 본다.

우리민법이 수권행위에 관하여는 대리권의 「付與(120조)」·「授與」(128조)라고 표현하고 있는 점, 그리고 민법 제117조가 대리인의 행위능력을 요구하지 않는 점 등은 단독행위설을 뒷받침하는 것으로 볼 수 있다.

2) 수권행위의 독자성·무인성

수권행위가 본인과 대리인 간의 내부적 기초법률관계를 발생케 하는 행위와 관념적으로 구별되는 것임은 앞서 살펴본 바와 같다. 판례는 수권행위의 독자성을 긍정한다. 그러나 수권행위의 독자성이 인정된다는 것이 곧 수권행위가 항상 기초적 계약관계와 별개로 행해진다는 것을 의미하는 것은 아니다.

수권행위의 독자성이 인정된다고 할 때, 문제가 되는 것은 수권행위가 내부적 기초계약과의 관계에서 유인행위인가 무인행위인가 하는 점이다. 즉 위임·고용·도급·조합 등 기초적 계약관계가 무효이거나 취소·해제 등의 사유로 실효된 경우에 수권행위도 그 영향을 받아 효력을 상실하는가 하는 문제이다. 이에 관하여 학설은 (i) 내부적 기초계약이 실효되면 수권행위도 효력을 상실하게 된다는 유인설과, (ii) 기초계약이 실효되더라고 수행행위는 유효하다는 무인설로 나누어진다.

甲과 乙이 甲의 부동산에 관한 사무를 처리하는 위임계약을 체결하고, 그 후 甲이 乙에게 부동산을 팔아달라는 대리권을 수여한 사례에서 乙이 제한능력자여서 甲이 위임계약을 취소하였다. 유인설에 의하면 甲·乙 사이의 기초적 내부관계인 위임계약이 취소되었기 때문에 이에 따라 수권행위도 그 효력을 상실한다. 무인설에 의하면 기초적 내부관계와 수권행위는 서로 영향을 받지 않기 때문에 위임계약이 취소되더라도 수권행위는 유효하다.

수권행위의 독자성을 인정하고 그 법적 성질을 단독행위로 보는 한, 수권행위의 무인성을 인정하지 않을 수 없다. 수권행위를 내부적 기초계약과 별개의 단독행위로 보는 실질적 이유가 바로 수권행위의 失效를 최소화하여 거래의 안전을 도모하고자 하는 것이므로, 수권행위의 효력을 기초적 계약의 효력에 의존하는 것은 이러한 취지에 명백히 반하는 것이기 때문이다. 즉 본인과 대리인 간의 내부적 기초계약에 하자가 있는 경우에 그 내부적 법률관계를 소급적으로 해소시키는 것은 당연하나, 하자 없는 대리권에 기하여 적법하게 성립한 본인과 상대방 간의 법률관계마저 해소시킬 이유는 없는 것이다.

그러나 이러한 학설의 대립은 실제에 있어서 큰 차이가 없다고 할 수 있다. 수권행위가 내부적 기초계약과 합체되어 행하여지고, 거기에 본인 측의 무능력이나 의사의 하자의 유무 등 무효·취소의 사유가 있는 때에는 양설(兩說) 간에 실질적인 차이는 없게 되는데, 수권행위와 내부적 기초계약은 합체되어 행하여지는 경우가 많기 때문이다.

[수권행위의 독자성 인정여부]

소송위임장은 소송대리인의 권한을 증명하는 서면인데, 수권행위인 소송위임은 소송대리권의 발생이라는 소송법상의 효과를 목적으로 하는 단독행위이다. 따라서 그 기초관계인 의뢰인과 변호인 사이의 사법상의 위임계약과는 성격을 달리하는 것이고, 의뢰인과 변호인 사이의 권리의무는 수권행위가 아닌 위임계약에 의하여 발생한다(대판 1997.12.12, 95다20775).

(3) 수권행위의 방식과 철회

민법은 수권행위에 방식을 요하지 않으므로 명시적·묵시적 방법으로 가능하다. 본인은 원인된 법률관계가 종료하기 전에도 언제든지 수권행위를 철회할 수 있다.

Ⅲ. 대리권의 범위와 그 제한

1. 대리권의 범위

(1) 법정대리권의 범위

법정대리권의 범위는 법률의 규정에 의하여 정해진다. (ⅰ) 친권자 또는 후견인은 제한능력자의 일반재산에 관한 법률행위에 대하여 대리할 권한을 가진다. (ii) 유언집행자는 유증의 목적인 재산의 관리 기타 유언의 집행에 필요한 행위를 할 권한을 가진다. (iii) 부재자의 재산관리인 및 상속재산관리인은 법원의 특별한 수권이 없으면 보통의 관리행위, 즉 보존·이용·개량행위를 할 권한을 가진다.

(2) 임의대리권의 범위

1) 수권행위의 해석

임의대리권의 범위는 수권행위에 의해 명시되어 있을 때는 문제가 없으나, 그 범위가 명백하지 않은 경우에는 수권행위의 해석에 의해 정해진다. 수권행위의 해석은 법률행위의 일반원칙에 따른다. 수권행위의 해석은 위임장의 문언, 수권의 목적, 대리인의 지위, 대리되는 사항의 성질 등이 고려되어야 한다. 문제가 되는 것은 일정한 사항의 수권이 다른 사항에도 미치는가 하는 것이다. 이는 의사해석의 문제로서 처리할 수 있을 것이다.

부동산의 소유자로부터 토지매각을 위임받은 대리인은 중도금이나 잔금을 수령할 권한도 가진다고 보아야 한다(대판 1992.4.14, 91다43107). 그러나 대여금의 영수권한만을 위임받은 대리인이 그 대여금 채무의 일부를 면제하기 위하여는 본인의 특별수권이 필요하다(대판 1981.6.23, 80다3221). 매니저는 공연장확보, 공연비용, 출연료결정 또는 연주일정 등의 확정을 대리할 수 있을 뿐 공연계약에 관하여 대리권이 없다(대판 1993.5.14, 93다4618).

[임의대리권에 수령권이 포함되는지 여부]

임의대리에 있어서 대리권의 범위는 수권행위에 의하여 정하여지는 것이므로 어느 행위가 대리권의 범위 내의 행위인지의 여부는 개별적인 수권행위의 내용이나 그 해석에 의하여 판단할 것이다. 그러나 일반적으로 말하면 수권행위의 통상의 내용으로서의 임의대리권은 그 권한에 부수하여 필요한 한도에서 상대방의 의사표시를 수령하는 이른바 수령대리권을 포함하는 것으로 보아야 한다(대판 1994.2.8, 93다39379).

[담보제공행위의 대리권 포함 여부]

예금계약의 체결을 위임받은 자가 가지는 대리권에 당연히 그 예금을 담보로 대출을 받거나 이를 처분할 수 있는 대리권이 포함되어 있지 않다(대판 2002.6.14, 2000다 38992).

2) 범위가 명백하지 않은 경우

대리권이 있기는 하지만 수권행위의 해석을 통해서도 그 범위를 명백히 할 수 없는 경우에는 대리인은 보존행위, 대리의 목적인 물건이나 권리의 성질을 변하지 아니하는 범위에서 그 이용 또는 개량하는 행위에 한하여 대리권을 가진다(118조).

① 보존행위는 재산의 현상을 유지하는 행위, 즉 가옥의 수선 · 소멸시효의 중단 · 기한이 도래한 채무의 변제 등을 의미한다.

② 이용행위는 수익을 올리는 행위, 즉 가옥을 임대하거나 금전을 예금하는 행위 등을 의미한다.

③ 개량행위는 사용가치 또는 교환가치를 증가하는 행위, 즉 가옥에 새로운 시설을 하거나 무이자소비대차를 이자부소비대차로 변경하는 행위 등을 의미한다.

이러한 행위는 권한을 정하지 않은 대리인에게 부여된 당연한 권한으로, 이 행위의 결과가 간혹 본인에게 불이익이 되어도 대리권의 범위에 속하는 것임은 변함이 없다.

[매수대리권의 범위]

대리권은 원인된 법률관계의 종료에 의하여 소멸하는 것이므로 특별한 사정이 없는 한, 매수명의자를 대리하여 매매계약을 체결하였다하여 곧바로 대리인이 매수인을 대리하여 매매계약의 해제 등 일체의 처분권과 상대방의 의사를 수령할 권한까지 가지고 있다고 볼 수 없다(대판 1997.3.25, 96다5127).

2. 대리권의 제한

(1) 자기계약 · 쌍방대리

1) 의 의

자기계약(自己契約)이란 甲의 대리인 乙이 甲의 대리인으로서 자기자신과 계약을 체결하는 것을 말한다. 쌍방대리(雙方代理)는 乙이 甲·丙 쌍방의 대리인으로서 甲·丙간의 계약을 체결하는 것을 말한다. 자기계약을 허용하면 대리인이 자기에게 유리한 의사결정을 하여 본인의 이익을 해칠 염려가 있고, 또 쌍방대리를 허용하면 대리인의 공정성을 기대하기 어려우므로 민법은 이를 금지한다(124조 본문).

부동산입찰절차에서 동일물건에 대하여 이해관계가 다른 2인 이상의 대리인이 된 경우에는 쌍방대리가 되어 그 대리인이 한 입찰은 무효이다(대판 2004.2.13, 2003마44). 법정대리에도 친권자와 친권에 복종하는 子 사이 또는 친권에 복종하는 수인의 子 사이에 이해상반행위를 금지하는 동지(同旨)의 규정이 있다(921조).

[이해상반행위의 판단]

법정대리인 친권자가 부동산을 매수하여 이를 증여하는 행위는 미성년인 子에게 이익만을 주는 행위이므로, 친권자와 子 사이에 이해상반행위에 속하지 않고 또 자기계약이지만 유효하다(대판 1981.10.13, 81다649).

2) 금지의 예외

이를 금지하는 취지는 본인을 보호하기 위한 것이므로, 본인의 이익을 해할 염려가 없는 경우에는 자기계약 또는 쌍방대리가 허용된다.

(a) 본인의 위임이 있는 경우

본인이 미리 자기계약·쌍방대리를 위임한 경우에는 그 대리는 유효하다.

(b) 본인의 허락이 있는 경우

본인이 자기계약 또는 쌍방대리를 대리권의 수여로 허락한 경우에는 그 대리행위는 유효하다(124조 본문). 예컨대 사채알선업자는 채권자를 대할 때는 채무자의 대리인이고 채무자를 대할 때는 채권자의 대리인으로서 역할을 하게 되어, 사채알선업자에 대한 채무변제는 채권자의 대리인에 대한 변제로서 유효하다(대판 1979.10.30, 79다425).

본인의 허락은 묵시적으로도 가능하다. 또한 변호사가 쌍방의 소송대리를 한 경우에 당사자가 이의를 제기하지 않으면 소송행위는 쌍방대리 행위로서 유효하다(대판 1995.7.28, 94다44903).

(c) 채무의 이행

기한이 도래한 채무의 변제·등기의 이전 등 채무의 이행으로 새로운 이해관계가 생기지 아니하는 경우에는 자기계약·쌍방대리가 허용된다(124조 단서). 그러나 채무이행 중에서도 대물변제나 기한미도래의 채무변제 등은 허용되지 않는다.

3) 금지위반의 효력

자기계약·쌍방대리가 된 경우에 즉시 무효가 되는 것이 아니고 무권대리가 된다. 이는 자기계약·쌍방대리가 본인에게 불이익이 되지 않는 경우를 고려하여 본인의 추인에 의해 유효하게 되는 길을 열어놓은 것이다.

[이해관계가 다른 2인 이상의 대리권]

민법 제124조는 "대리인은 본인의 허락이 없으면 본인을 위하여 자기와 법률행위를 하거나 동일한 법률행위에 관하여 당사자 쌍방을 대리하지 못한다"고 규정하고 있다. 그러므로 부동산 입찰절차에서 동일물건에 관하여 이해관계가 다른 2인 이상의 대리인이 된 경우에는 그 대리인이 한 입찰은 무효이다(대판 2004.2.13, 2003마44).

(2) 공동대리

1) 의 의

대리인이 수인일 때는 각자대리의 원칙이 적용된다. 즉 공동대리가 아니고 각자가 본인을 대리한다(119조 본문). 그러나 법률 또는 수권행위에 다른 정함이 있는 경우에는 공동대리인은 공동해서만 본인을 대리한다(119조 단서). 따라서 대리인이 수인이라는 것만으로는 공동대리가 아니다.

공동대리는 대리인의 전횡을 허용하지 않고 경솔한 대리권행사를 방지할 목적으로 이용되지만, 대리인 전원의 의사일치가 없는 한 대리행위는 허용되지 않는다는 의미에서 대리권에 관한 제한이라고 볼 수 있다. 친권자인 부모의 법정대리가 공동대리의 대표적인 예이다(909조 1항).

2) 효 력

공동대리의 경우에 의사만 공동이면 족한가(다수설), 표시행위도 공동으로 해야 하는가의 대립이 있다.

공동대리인 중 1인의 대리인이 단독으로 행한 대리행위의 효력은 권한을 넘은 표현대리(126조)의 문제가 된다. 다만 수동대리에 관하여는 공동대리의 경우에도 1인이 대리하여 단독으로 수령할 권한이 있다고 해석된다(통설). 이에 대해 수동대리의 경우에도 능동대리와 마찬가지로 공동으로만 가능하다는 소수설이 있다.

Ⅳ. 대리권의 소멸

1. 대리권의 소멸원인

대리권의 소멸원인에는 법정대리와 임의대리에 공통한 소멸원인과 각각에 특유한 소멸원인이 있다. 법정대리에 특유한 소멸원인은 개개의 경우에 법률에 규정되어 있다(23조·924조·925조·927조·개정민법 939조·개정민법 940조·1105조 등).

2. 공통소멸원인

(1) 본인의 사망

본인의 사망은 대리권의 소멸원인이다(개정민법127조 1호). 따라서 본인의 대리인은 본인의 사망으로 인하여 그대로 상속인의 대리인이 되지 않는다. 그러나 상행위의 위임에 의한 대리권(임의대리권)은 본인이 사망한 경우에도 소멸하지 않는다(상법 50조). 또한 소송대리 및 기초적 관계가 존속하는 경우(691조)와 대리권이 소멸하지 않는다는 특약이 있는 경우에는 대리권은 소멸하지 않는다.

(2) 대리인의 사망

대리인의 사망으로 대리권은 소멸한다(개정민법 127조 2호). 대리인이 사망한 경우에는 대리인의 개성이 중시되어, 본인과의 사이에 신임관계를 필요로 하는 대리인자격을 그 상속인에게 인정하는 것은 부적당하기 때문이다.

(3) 대리인의 성년후견의 개시 또는 파산

대리인이 된 후에 성년후견의 개시 또는 파산자가 된 경우에는 대리인의 재산관리능력에 대한 신뢰가 상실되었다고 보여 지므로 대리권의 소멸원인이 된다(개정민법 127조 2호). 그러나 본인이 처음 대리권을 수여하는 경우에는 대리인으로서 피성년후견인을 선임해도 좋다(117조 참조). 또한 파산자는 자기의 재산관리권 및 처분권을 가지지 않지만, 행위무능력자는 아니므로 대리인이 될 수 있다.

대리권의 소멸원인에 관한 민법 제127조는 임의규정이므로, 대리권이 이 원인에 의해 소멸하지 않는다는 합의는 유효하다.

3. 임의대리에 특유한 소멸원인

(1) 원인된 법률관계의 종료

임의대리권은 그 대리권수여의 원인이 된 법률관계의 종료에 의하여 소멸한다(128조 전단). 회사의 영업업무를 담당하던 사원이 퇴사한 경우에 그 사원의 영업업무에 대한 대리권은 소멸한다.

(2) 수권행위의 철회

대리권의 원인이 된 법률관계의 종료 전에 본인이 수권행위를 철회한 경우에도 임의대리권은 소멸한다(128조 후단).

제3항 대리행위

Ⅰ. 서 설

대리에서 법률행위를 하는 자는 본인이 아니고 대리인이며 본인에게는 다만 그 법적 효과가 발생할 뿐이다. 따라서 대리인과 상대방 사이에는 다음과 문제가 발생한다. 즉 (i) 대리인이 법률행위를 할 때 그 효과가 본인에게 발생한다는 것을 표시하여야 하는가(현명주의), (ii) 대리인의 의사표시에 하자가 있을 경우에는 대리인과 본인 가운데 누구를 기준으로 할 것인가(대리행위의 하자), (iii) 대리인은 행위능력이 없어도 대리행위를 할 수 있는가(대리인의 행위능력) 등이 문제된다.

Ⅱ. 대리의사의 표시

사례

甲으로부터 부동산의 매각에 관한 대리권을 수여받은 乙이 매각대금을 자신이 빌린 돈을 갚기 위해서 이용할 의도로 丙에게 당해 부동산을 매각하고 수령한 매각대금을 착복한 경우에 甲 · 丙간의 법률관계는 어떠한가?

1. 현명주의

(1) 의 의

대리인이 대리행위를 하는 경우에는 본인에게 그 행위의 효과를 귀속시키려는 의사를 상대방에게 표시하는 것이 필요하다. 민법은 이것을 「본인을 위한 것임을 표시」하여야 한다고 규정하는데(114조 1항), 이것을 현명주의라고 한다. 현명주의란 대리인이 대리행위를 함에 있어서 본인의 이름(名)을 나타내어(顯) 상대방에게 본인을 표시하는 행위를 말한다.

乙이 甲을 대리하여 丙과 계약을 체결하는 경우에 「나는 甲의 대리인 乙입니다…」라고 말하든가, 「甲 대리인 乙」이라고 기재한 서면을 제시하는 것이 요구된다. 다만 상행위에 있어서는 현명주의를 요구하지 않는다(상법 48조).

수동대리에 있어서는 상대방 쪽에서 본인을 위한 것임을 표시하여야 한다(114조 2항). 이 경우에는 대리인이 현명(顯名)하여 수령한다는 것이 불가능하기 때문이다.

(2) 현명의 방법

본인을 위한 것이라는 의사, 즉 대리의사의 현명방법은 「甲의 대리인 乙」이라고 하는 것이 보통이나, 반드시 그러한 형식을 갖추어야 하는 것은 아니다. 본인의 이름이 명시되지 않더라도 주위의 사정으로부터 본인이 누구인지를 알 수 있으면 된다(대판 1982.5.25, 81다1349).

그러므로 상점·식당 등 영업소에서 직원이나 종업원이 의사표시를 하거나 받는 행위는 특별한 사정이 없는 한 모두 영업주의 이름으로 행하여진 것으로 본다. 또 대리인이 자기의 이름을 표시하지 않고서 본인의 이름만을 적고 대리행위를 한 경우라도, 대리의사가 있는 것으로 인정되는 한 유효한 대리행위로 인정된다.

[조합대리의 현명방법]

조합대리에서는 본인에 해당하는 모든 조합원을 위한 것임을 표시하여야 하나, 반드시 조합원 전원의 성명을 제시할 필요는 없고 상대방이 알 수 있을 정도로 조합을 표시하는 것으로 충분하다(대판 2009.1.9, 2008다79340).

2. 현명하지 않은 행위

① 대리인이 현명하지 않은 때의 행위의 효력은 행위자, 즉 대리인 자신을 위한 것으로 본다(115조 본문). 그러므로 대리인과 상대방과 사이에 권리·의무가 발생한다. 이 때 대리인은 그의 진의가 자신을 위한 것이 아니고 본인을 위한 대리행위였음을 이유로 착오를 주장할 수 없다. 이 규정은 상대방의 이익을 보호하기 위한 것이기 때문이다. 그 결과 본인 자신도 상대방에게 직접 자기에게 권리가 귀속하는 것이라고 주장할 수 없다.

② 현명하지 않은 행위라도 상대방이 대리인으로 한 것임을 알았거나 알 수 있었을 때에는 그 의사표시는 대리행위로서 효력을 발생한다(115조 단서).

[채권양도 통지의 대리]

채권양도 통지서에 양수받은 채권이 특정되어 있고 채권양도양수계약서가 첨부되어 있으면 채무자는 양도인이 채권양도를 통지하는데 있어서 양수인이 대리인의 지위에 있음을 알 수 있는 경우에 해당되므로 민법 제115조 단서가 적용된다(대판 2004.2.13, 2003다43490).

③ 민법 제115조는 수동대리에는 적용되지 않는다.

[대리인이 본인의 이름으로 한 의사표시의 효력]

甲이 부동산을 농업협동조합중앙회에 담보로 제공함에 있어 동업자인 乙에게 그에 관한 대리권을 주었다면 乙이 동 중앙회와의 사이에 그 부동산에 관하여 근저당권설정계약을 체결함에 있어 그 피담보채무를 동업관계의 채무로 특정하지 아니하고, 또 대리관계를 표시함이 없이 마치 자신이 甲 본인인 양 행세하였다 하더라도 위 근저당권설정계약은 대리인인 위 乙이 그의 권한범위 안에서 한 것인 이상 그 효력은 본인인 甲에게 미친다(대판 1987.6.23, 86다카1411).

사례해결

사례는 대리인이 대리행위를 함에 있어 본인을 위해 대리행위를 하지 않고 자기 자신을 위하여 행위를 한 경우에 남용된 대리권의 효과를 본인에게 귀속시킬 것인가 하는 문제이다.

대리권남용의 경우에 그 효과가 본인에게 귀속하는가와 관련하여 판례는 민법 제107조 1항 단서를 유추적용 하여 상대방이 대리인의 배임적 의사를 알았거나 알 수 있었을 때에 한해서 무효가 된다고 한다.

따라서 상대방 丙이 대리인 乙의 행위가 배임적 의사에 의해서 행해진 것이라는 점을 알았거나 알 수 있었을 때에 한하여만 甲과의 계약이 무효가 되는 것이고, 이외에는 대리인 乙의 행위는 당연히 甲에게 귀속하게 된다. 사례의 경우 丙이 乙의 배임행위를 몰랐으므로 乙의 대리권남용의 효과는 甲에게 귀속한다.

Ⅲ. 대리행위의 하자

사례

甲은 자기 소유의 X토지를 매도하면서 乙에게 매매에 관한 대리권을 수여하였다. 이때 (1) 매수인 丙이 대리인 乙을 기망하여 매매계약을 체결한 경우, (2) 대리인 乙이 매수인 丙을 기망하여 매매계약을 체결한 경우 각각에 대하여 甲·丙간의 취소권의 유무에 대하여 논하라.

1. 원 칙

의사표시의 효력이 의사의 흠결·사기·강박 또는 어느 사정을 알았거나 과실로 알지 못한 것으로 인하여 영향을 받을 경우에, 그 사실의 유무는 대리인을 표준하여 결정한다(116조 1항). 따라서 대리인의 행위에 대하여 본인은 아무런 책임을 지지 않는다고 보아야 한다.

이 경우에 상대방이 대리인의 표시의사가 진의 아님을 알았거나 알 수 있었는가의 여부는 표의자인 대리인과 상대방 사이에 있었던 의사표시 형성과정과 그 내용 및 그로 인하여 나타나는 효과 등을 객관적인 사정에 따라 합리적으로 판단하여야 한다(대판 1999.1.15, 98다39602). 이는 대리에 있어서 의사표시는 대리인 자신에 의해 이루어진 것이므로(대리인행위설) 당연한 것이다.

그러나 대리행위의 하자에서 생기는 취소권이나 무효의 주장은 본인에게 귀속된다. 甲의 대리인 乙이 丙과 부동산을 매매하는 경우, 丙이 乙을 기망하였다면 사기를 이유로 매매계약을 취소할 수 있는 취소권은 甲만이 행사할 수 있다. 다만 이 취소권의 행사에 대해 甲이 다시 乙에게 대리권을 수여하여 乙이 대리행사 하는 것은 가능하다.

[대리인의 배임행위 가담에 의한 반사회성 여부]

대리인이 본인을 대리하여 매매계약을 체결함에 있어서 매매대상 토지에 대한 사정을 잘 알고 그 배임행위에 가담했다면 대리행위의 하자유무는 대리인을 표준으로 판단하여야 한다.

따라서 설사 본인이 미리 그러한 사정을 몰랐거나 반사회성을 야기한 것이 아니라고 할지라도, 그로 인하여 매매계약이 가지는 사회질서에 반한다는 장애사유가 부정되는 것은 아니다(대판 1998.2.27, 97다45532).

2. 예 외

다음과 같은 경우에는 본인을 표준으로 하여 대리행위의 하자 유무를 정한다. 특정한 법률행위를 위임한 경우에 대리인이 본인의 지시에 좇아 그 행위를 한 때에는 본인은 자기가 안 사정 또는 과실로 인하여 알지 못한 사정에 관하여 대리인의 不知를 주장하지 못한다(116조 2항).

甲의 대리인 乙이 甲의 지시에 의하여 丙으로부터 丙소유 건물을 매수한 경우에 甲이 그 건물에 하자가 있음을 알고 있었다면 설령 乙이 그 하자를 알지 못한 경우라도 甲은 丙에게 하자담보책임을 물을 수 없다.

사례해결

사례는 민법 제116조 대리행위의 하자와 관련하여 상대방 丙이 대리인 乙을 기망한 경우와 대리인 乙이 상대방 丙을 기망한 경우에 본인 甲과 상대방 丙이 각각 그 법률행위를 취소할 수 있는지 여부가 문제된다.

첫 번째 사례의 경우에는 대리인이 기망을 당한 경우로 민법 제116조에 의해 본인은 대리인 의 행위를 취소할 수 있는 것이 원칙이다.

두 번째 사례의 경우에는 대리인이 상대방을 기망한 경우로 민법 제116조가 적용되는 것이 아니라, 사기·강박에 관한 민법 제110조가 적용되어 상대방 丙은 본인이 한 법률행위를 사기를 이유로 취소할 수 있을 것이다. 그러나 본인 甲은 취소할 수 없다.

Ⅳ. 대리인의 능력

1. 대리인의 행위능력과 의사능력

(1) 민법 제117조의 취지

대리인은 행위능력자임을 요하지 않는다(117조). 그러므로 대리인이 행위제한능력자이어도 제한능력을 이유로 그 법률행위를 취소할 수 없다. 민법 제116조가 법률행위의 효력요건을 대리인을 기준하여 판단하는 취지를 규정한 데 대해, 민법 제117조는 행위능력에 관해서는 대리인을 기준으로 하지 않는 것을 분명히 하고 있다.

이는 법률행위의 효과는 대리인 자신에게 귀속하는 것이 아니므로 대리인을 보호할 필요성이 없고, 또 본인이 특정인의 재능을 신뢰하여 대리권을 수여하면 대리인이 행위제한능력자라도 본인을 보호할 필요가 없기 때문이다. 다만 대리인에게 의사능력이 없는 경우에는 법률행위 그 자체가 무효이므로 의사능력의 유무에 관하여는 대리인을 기준으로 판단하여야 한다.

(2) 법정대리에의 적용 여부

민법 제117조의 이론은 임의대리에 관하여 전면적으로 타당하지만, 법정대리에도 적용할 수 있는가가 문제된다. 법정대리의 경우는 본인의 의사로 특정인에게 대리권을 수여하는 것이 아니므로 법정대리인이 제한능력자인 경우는 본인 보호에 미흡할 수가 있다. 그러므로 민법은 제한능력자가 법정대리인이 되는 것을 금지하는 규정을 두고 있다(개정민법

937조 2호 · 964조).

법정대리에 있어서 민법 제117조의 적용 여부에 관해 금지규정이 없는 경우에는 제한능력자도 법정대리인이 될 수 있다는 견해(소수설)와, 법정대리제도의 존재이유에 비추어 법정대리인은 능력자이어야 한다는 견해(다수설)로 나누어져 있다. 제한능력자보호를 위한 법정대리제도의 취지를 감안하면 후설이 타당하다고 본다.

2. 제한능력자인 대리인과 본인과의 관계

민법 제117조는 대리인이 제한능력자라는 것을 이유로 그의 대리행위를 취소하지 못한다는 것뿐이며, 제한능력자인 대리인과 본인 사이의 내부적인 관계에는 아무런 영향이 없다. 따라서 대리인은 본인과의 내부적인 법률관계(위임계약 등)를 취소할 수 있다. 이 때 대리권도 소급하여 무권대리(無權代理)로 되는지가 문제된다.

이에 관하여 유인설과 무인설의 견해의 대립이 있지만, 유인설의 경우에도 거래의 안전상 이미 행해진 대리행위에는 영향을 주지 않는 것으로 해석하기 때문에 양설은 결과에 있어서 차이가 없다.

제4항 대리의 효과

Ⅰ. 대리행위의 법률효과의 귀속

대리인이 본인을 대리하여 상대방과 한 법률행위의 효과는 직접 본인에게 귀속한다(114조). 법률행위로부터 생긴 효과라면 의사표시의 중심적 효과(매매에서 대금채권 · 물건의 인도채권 등)뿐만이 아니고, 의사표시제도의 목적을 완전하게 달성시키기 위해 법률이 인정한 비법률행위적 효과(취소권 등)도 본인에게 생긴다.

대리인이 대리행위를 행하면서 상대방에게 불법행위를 했어도 불법행위는 법률행위가 아니므로 그 효과가 본인에게 생기지 않는 것은 당연하다. 따라서 본인이 상대방에 대해 계약상의 책임을 부담하지 않는다. 다만 대리인을 사용하는 자로서 사용자책임(756조)을 부담할 수 있다.

Ⅱ. 본인의 능력

대리행위의 법률효과가 본인에게 귀속되므로 본인은 권리능력을 가지고 있어야 한다. 그러나 본인 스스로 의사표시를 하는 것이 아니므로 의사능력 및 행위능력을 가져야 하는 것은 아니다. 또 태아인 동안에는 한정적인 권리능력을 인정하는 입장(해제조건설)에서는 대리인의 존재를 긍정하지만, 권리능력을 인정하지 않는 입장(정지조건설)에서는 대리인을 인정하지 않는다.

제5항 복대리

Ⅰ. 의 의

복대리(複代理)는 대리인이 자신의 이름으로 선임한 자가 직접 본인을 대리하여 법률행위를 하는 경우를 말한다. 甲이 乙에게 토지를 팔아달라는 대리권을 수여하였는데, 乙이 생각하기에 토지를 매각하는 것은 丙이 더 적합할 것 같아서 乙이 자신의 이름으로 丙을 선임하여 丙으로 하여금 甲을 위하여 대리행위를 하는 것이다.

① 복대리인은 직접 본인을 대리하는 자이고(123조 1항), 대리인의 대리인이 아니다.

② 복대리인은 대리인이 자기 명의로 선임한 자이다. 따라서 대리인의 복대리인 선임행위는 대리행위가 아니라 대리인의 독자적 행위이다. 복대리인은 대리인이 선임한 자이므로 대리인의 지휘·감독을 받으며, 복대리인의 범위는 대리인의 대리권의 범위에 한정된다. 따라서 대리인은 복대리인에게 대리권의 범위를 넘는 복대리권을 수여할 수 없다.

③ 복대리인을 선임한 후에도 선임행위를 한 대리인(원대리인)은 종래와 같이 대리권을 가진다. 따라서 복대리인을 선임 한 후에는 각자 단독대리권을 가지는 복수의 대리인이 존재하게 된다. 그 대리권의 범위는 원대리인과 복대리인에 관하여 동일하다.

Ⅱ. 복대리인의 선임

1. 복임권의 의의

대리인이 복대리인을 선임할 수 있는 권리 내지 자격을 복임권이라 한다. 복임권의 유무는 임의대리인과 법정대리인이 다르다. 복임권이 없는 자가 복대리인을 선임하고 그 복대리인이 본인의 대리인으로서 제3자와 거래행위를 한 경우에는, 복대리인은 대리인의 자격이 없으므로 그 행위는 무권대리행위가 된다.

2. 임의대리인의 복임권

(1) 원 칙

임의대리인은 복임권이 없는 것이 원칙이다(120조). 임의대리인은 본인의 신임을 받아 그 지위에 있는 자이고, 또 언제든지 사임할 수 있기 때문이다.

(2) 예 외

「본인의 승낙이 있거나」, 「부득이한 사유가 있는 때」에는 예외로서 복임권이 인정된다(120조). 대리의 목적인 법률행위의 성질상 대리인 자신에 의한 처리가 필요하지 않은 경우에는 본인이 복대리금지의 의사를 명시하지 아니하는 한, 복대리인의 선임에 관하여 묵시적인 승낙이 있는 것으로 보는 것이 타당하다(대판 1996.1.26, 94다30690). 복대리인 선임 후 추인도 허용된다.

「부득이한 사유」란 대리인 자신이 대리행위를 할 수 없는 경우라든가, 본인의 소재불명으로 본인의 허락을 얻을 수 없거나, 사임할 수 없는 사정이 있는 경우를 말한다. 이상과 같은 사유가 없음에도 불구하고 선임된 복대리인에 의한 대리행위는 무권대리행위가 된다.

이 복임권과 관련하여 복대리인이 본인에게 불이익한 대리행위를 한 경우에 대리인이 어떠한 책임을 부담하는가가 문제된다. 이 경우 대리인은 복대리인의 선임 및 감독에 관해 본인에게 책임을 부담한다(121조 1항). 즉 대리인이 부적당한 자를 복대리인으로 선임하였거나 복대리인의 행동의 감독을 해태하여 본인에게 손해를 끼쳤다면 본인이 입은 손해를 배상해야 한다.

본인 甲소유의 시가 5천만원의 토지를 복대리인 丙의 부주의로 상대방에게 4천만원에 매각하였다면 대리인 乙은 일정한 조건하에서 본인 甲에게 1천만원의 손해를 배상해야 한다. 다만 대리인 乙이 본인 甲의 지명에 따라 복대리인 丙을 선임한 경우에는 그 대리인의 책임은 경감되고, 본인 甲이 지명한 자가 「부적임 또는 불성실함을 알고 본인에게 대한 통지나 그 해임을 해태한 경우」 에만 책임을 진다(121조 2항).

[수권행위에 복임권 포함 여부]

甲이 채권자를 특정하지 아니한 채 부동산을 담보로 제공하여 금원을 차용해 줄 것을 乙에게 위임하였고, 乙은 이를 다시 丙에게 위임하였으며 丙은 丁에게 위 부동산을 담보로 제공하고 금원을 차용하여 乙에게 교부하였다면, 乙에게 위 사무를 위임한 甲의 의사에는 복대리인 선임에 관한 승낙이 포함되어 있다(대판 1993.8.27, 93다21256).

[명시적 승낙을 요하는 경우]

아파트 분양업무는 성질상 분양위임을 받은 수임인의 능력에 따라 그 분양사업의 성공여부가 결정되는 사무로서, 본인의 명시적 승낙 없이는 복대리인의 선임이 허용되지 아니하는 경우이다(대판 1999.9.3, 97다56099).

[복임권의 묵시적 승낙]

법률행위의 성질상 대리인 자신에 의한 처리가 필요하지 않은 경우, 본인이 복대리금지의사를 명시하지 아니하는 한 복대리인의 선임에 관하여 묵시적 승낙이 있는 것으로 본다(대판 1996.1.26, 94다30690).

3. 법정대리인의 복임권

법정대리인은 언제든지 복임권이 있다(122조 본문). 일반적으로 법정대리인의 권한은 광범위하고 그 사임도 용이하지 않을 뿐 아니라 본인에게 승낙의 능력이 없는 것이 많기 때문이다. 또 법정대리인은 원래 본인의 신임을 얻어 대리인이 된 자도 아니기 때문이다.

법정대리인은 복대리인의 선임으로 인한 모든 책임을 진다. 즉 법정대리인은 복대리인의 행위에 대하여 무과실책임을 진다. 다만 법정대리인이 부득이한 사유로 복대리인을 선임한 경우에는 그 책임이 경감되어 임의대리인의 책임과 동일하게 된다(122조 단서).

Ⅲ. 복대리인의 지위

1. 대리인과의 관계

복대리인은 대리인의 감독을 받는다. 복대리인의 대리권은 대리인의 대리권에 기한 것이므로 대리인의 대리권보다 더 넓을 수는 없다. 또 대리인의 대리권이 소멸하면 복대리인의 대리권도 소멸한다.

2. 상대방과의 관계

복대리인은 본인의 대리인이므로 본인의 명의로 대리행위를 하고, 그 법률효과도 직접 본인·상대방 사이에서 발생한다.

3. 본인과의 관계

복대리인은 대리인에 의해 선임된 자이므로 복대리인과 본인 사이에는 아무런 내부관계가 생길 수 없다. 즉 대리인이 본인에 대해 대리인임과 동시에 수임자의 관계에 있어도 복대리인과 본인 사이에는 같은 관계가 생길 이유가 없다. 그러나 본인은 복대리인의 대리행위에 의해 대리인의 대리행위에 의한 것과 같은 利害를 받으므로, 복대리인에 대해서도 대리인에 대한 것과 같은 내부 관계를 성립시키는 것이 본인뿐만 아니라 복대리인에게도 편리하다.

그러므로 민법은 복대리인은 본인이나 제3자에 대하여 대리인과 동일한 권리·의무가 있다고 규정한다(123조 2항). 이는 민법 제123조 2항에 의하여 본인과 대리인 사이의 내부적 법률관계가 본인과 복대리인 간의 내부적·기초적 법률관계로 의제됨을 의미한다(통설). 따라서 복대리인은 본인에 대하여 선관주의의무(681조)·수령한 목적물의 인도의무(684조)·비용상환청구권(688조) 등을 갖는다.

Ⅳ. 복대리권의 소멸

1. 대리권소멸의 일반사유에 의한 소멸원인

① 본인의 사망.
② 복대리인의 사망·성년후견의 개시·파산.

2. 복대리의 특유한 소멸원인

① 대리인과 복대리인 간의 수권계약의 소멸.
② 대리인이 본인에 대하여 가지는 대리권 소멸.

제6항 무권대리

Ⅰ. 서 설

무권대리라 함은 대리권을 가지지 않는 자가 대리인으로서 행위를 한 경우의 대리를 말한다. 무권대리인의 행위에 의해서는 본인에게 어떠한 법률효과도 귀속하지 않는 것은 당연하다. 그러므로 무권대리행위의 경우에 상대방은 무권대리인에게 불법행위상의 손해배상책임을 물을 수밖에 없다.

그러나 대리권이 있는지 여부나 그 범위가 어디까지인가는 본인·대리인 사이의 내부관계이므로 상대방이 그것을 정확하게 아는 것은 곤란하다. 따라서 종종 대리권이 없는 경우에 이것을 단순히 '불법행위상의 문제'로 취급하는 것은 상대방의 지위를 위태롭게 하고 거 래 안전을 해치게 된다.

그러므로 민법은 무권대리를 크게 두 가지로 나누어 (ⅰ) 무권대리인과 본인 사이에 긴밀한 관계가 있는 경우에는 정당한 대리인의 행위와 거의 비슷한 효과를 발생시키고, (ii) 무권대리인과 본인 사이에 긴밀한 관계가 없는 경우에는 무권대리인에게 책임을 부과시킴으로써 무권대리인과 본인의 관계에 상응한 대리제도의 신용을 유지하고 거래안전을 꾀하고 있다. 전자를 표현대리(表見代理)라고 하고, 후자를 협의의 무권대리라고 한다.

Ⅱ. 표현대리(表見代理)

1. 의 의

(1) 제3자의 의의

표현대리란 겉으로(表) 나타나기(見)에는 대리권이 존재하는 것처럼 보이는 것을 말한다. 표현대리는 무권대리의 일종이지만, 무권대리인과 본인 사이에 특수한 관계가 있는 경우에 무권대리인을 진정한 대리인이라고 신뢰하고 거래한 상대방을 보호하고 거래안전을 도모하기 위해 유권대리인 것과 같이 본인에게 법률효과를 귀속시키는 제도이다.

표현대리의 보호를 받는 자는 법문상 '제 3자'로 되어 있다. 이것은 대리관계에 있어서 제 3자, 즉 본인과 대리인 이외의 자라고 해석된다(통설·판례). 상대방의 이익을 보호한다는 것은 본인의 이익이 희생되는 것을 의미한다.

따라서 표현대리의 중심문제는 본인의 이익과 상대방의 이익의 조화를 이루는데 있다. 표현대리가 성립하기 위해서는 한편으로는 상대방의 이익을 보호할 만한 사정이 있고, 다른 한편으로는 본인에게 그 이익을 희생시킬 수밖에 없는 사정이 존재해야 한다. 민법은 세 종류의 표현대리를 규정하여 (125조·126 조·129조) 거래보호와 본인의 이익과의 조화를 꾀하고 있다.

(2) 제도의 근거

표현대리제도는 금반언법리의 하나의 적용으로서 표시에 의한 금반언이다. 즉 丙이 乙의 표시를 신뢰하여 甲의 법적 지위를 변경한 경우(계약을 체결한 경우 등)에는 乙은 나중에 자기의 표시가 진실에 반하는 것을 이유로 그것을 번복하는 것을 허용하지 않는다는 법리에 토대를 둔 제도이다.

[표현대리의 근거]

표현대리의 법리는 거래안전을 위하여 어떤 외관적 사실을 야기한데 원인을 준 자는 그 외관적 사실을 믿음에 정당한 사유가 있다고 인정되는 자에 대하여는 책임이 있다는 일반적인 권리외관이론에 그 기초를 두고 있는 것이다(대판 1998.5.29, 97 다55317).

2. 대리권수여의 표시에 의한 표현대리

사례

甲은 乙로부터 5천만원을 차용하려고 하는데, 적당한 담보가 없었다. 그래서 甲은 친구인 丙에게 3천만원을 乙로부터 차용하려고 한다고 말하고, 丙소유의 부동산에 저당권을 설정해 줄 것을 부탁하여 승낙을 얻었다. 이에 丙으로부터 등기권리증·백지위임장·인감도장을 교부받은 甲은 위임장에 "甲의 乙에 대한 5천만원의 채무를 담보하기 위하여 저당권을 설정하는 건"이라고 기입하고, 그 위임장을 乙에게 제시하여 그 부동산에 저당권을 설정하였다. 이 때 甲 ·乙·丙 사이의 법률관계는 어떠한가?

(1) 의 의

본인이 제3자에 대하여 타인에게 대리권을 수여했음을 표시한 경우에는, 본인이 실제로는 대리권을 수여하지 않았어도 그 표시를 받은 제3자는 대리권의 수여가 있는 것으로 오신하여 그 타인과 행위를 하는 수가 있다. 이러한 경우에는 실제로는 대리권이 수여되지 않았으므로 무권대리가 된다.

그러나 본인의 수권의 의사표시를 신뢰한 제3자를 보호하기 위해 민법 제125조에서 이를 표현대리로 규정하고 있다. 甲이 乙에게 위임장을 교부했고 乙이 甲의 위임장을 지참하여 丙이 乙을 甲의 대리인이라고 생각하고 매매계약을 체결하였으나, 사실은 아직 乙에게 대리권을 수여하지 않은 경우가 민법 제125조의 표현대리에 해당한다.

[명의대여의 효과]

타인에 대하여 어느 사업에 관하여 자기 사업을 자기 이름으로 대행할 것을 허용한 사람은 그 사업에 관하여 자기가 책임을 부담할 지위에 있음을 표시한 것이고, 그 사업을 대행한 사람 또는 그 피용자가 그 사업에 관하여서 한 법률행위에 대하여 제3자에게 책임이 있다(대판 1964.4.7, 63다638).

(2) 요 건

1) 대리권수여의 의사표시를 했을 것

본인이 제3자에 대하여 어느 자에게 대리권을 수여했음을 표시하였어야 한다. 대리권수여의 표시는 대리권수여가 있었다는 관념의 통지이다(통설). 의사표시가 실제로는 없지만 이 표시의 존재가 표현대리의 성립요건이 되고 의사표시와 동일한 효력이 인정되므로 행위능력 및 의사표시에 관한 규정이 유추적용 된다. 예컨대 무능력자가 법정대리인의 동의 없이 수권표시를 한 경우에 이것을 취소할 수 있다. 명의대여의 허락이나 묵인은 대리권수여의 의사표시에 해당한다.

[대리권수여의 표시에 의한 표현대리의 성립요건]

민법 제125조가 규정하는 대리권수여의 표시에 의한 표현대리는 본인과 대리행위를 한 자 사이의 기본적인 법률관계의 성질이나 그 효력의 유무와는 관계가 없이, 어떤 자가 본인을 대리하여 제3자와 법률행위를 함에 있어 본인이 그 자에게 대리권을 수여했다는 표시를 제 3자에게 한 경우에 성립하는 것이다.

이 때 서류를 교부하는 방법으로 민법 제125조 소정의 대리권수여의 표시가 있었다고 하기 위하여는 본인을 대리한다고 하는 자가 제출하거나 소지하고 있는 서류의 내용과 그러한 서류가 작성되어 교부된 경위나 형태 및 대리행위라고 주장하는 행위의 종류와 성질 등을 종합하여 판단하여야 한다(대판 2001.8.21, 2001다31364).

2) 표시방법에는 제한이 없다

표시방법은 서면에 의하든 구두에 의하든 어느 경우라도 좋다. 즉 본인에 의한 대리권수여의 표시는 반드시 대리권 또는 대리인이라는 말을 사용하여야 하는 것이 아니라, 사회통념상 대리권을 추단할 수 있는 직함이나 명칭 등의 사용을 승낙 또는 묵인한 경우에도 대리권수여의 표시가 있는 것으로 볼 수 있다.

乙이 丙과 호텔 등의 시설우대회원 모집계약을 체결하면서 권한 없이 甲의 판매점 · 총대리점 · 연락사무소 등의 명칭을 사용하여 회원모집 안내를 하거나 입회계약을 체결하는 것을 甲이 묵인한 경우 등이다(대판 1998.6.12, 97다53762). 또 표시의 상대방은 특정인에 대한 것이든 불특정인에 대한 것이든 상관이 없다. 이 수권은 표현대리인이 대리행위를 하기 전에는 철회를 하여 효과의 발생을 저지할 수 있다.

3) 표현대리인이 표시된 대리권의 범위내의 행위를 할 것

이 범위를 초월한 때는 민법 제126조가 적용된다.

4) 상대방이 선의 · 무과실일 것

이 요건은 법문상 명백하지 않지만 표현대리제도에 비추어 보면 당연히 요구되는 것이다. 입증책임은 상대방이 지는 것이 아니라, 표시한 본인이 대리행위의 상대방의 악의 또는 과실을 입증하여야 한다.

5) 민법 제125조의 적용은 임의대리에 한한다

본조는 본인이 제3자에 대하여 타인에게 대리권을 수여했음을 표시한 경우를 규정하는 것이므로 임의대리에만 적용된다(통설· 판례). 법정대리인은 본인이 선임하는 것이 아니므로 본인이 어느 자에게 법정대리권을 수여했음을 통지하는 것은 법적 의미를 갖지 않기 때문이다. 따라서 가족관계등록부상으로만 친권자로 되어 있는 것을 믿고 거래한 때에는 상대방은 보호받지 못한다(대판 1955.5.12, 4287민상208). 또한 공법행위에도 적용되지 않는다.

(3) 효과

① 본인이 무권대리행위에 대하여 책임을 진다(125조 본문). 책임을 진다는 것은 유효한 대리권이 있는 것과 마찬가지로 권리 · 의무의 일체가 본인에게 귀속하는 것을 의미한다.

② 위와 같이 해석하여도 무권대리인이라는 사실은 변함이 없으므로 상대방은 표현대리로서의 효과와 무권대리로서의 효과를 선택적으로 주장할 수 있다. 그러나 표현대리임이 재판상 인정되면 상대방은 대리인에게 무권대리의 효과를 주장할 수 없다.

③ 본인이 효과의 귀속을 원하면 표현대리의 요건을 충족하고 있는 경우에도 무권대리행위를 추인하여 상대방의 취소권을 소멸시킬 수 있다(130조 · 131조). 그러나 본인이 표현대리를 주장할 수는 없다.

④ 표현대리는 상대방을 보호하기 위한 제도이므로 무권대리인 자신이 표현대리임을 주장하여 자신의 책임을 본인에게 돌리는 것이 허용되지 않는다.

⑤ 제3자가 대리권 없음을 알았거나 알 수 있었을 때에는 본인이 책임을 지지 않는다(125조 단서).

[보증계약체결 단념 후 주채무자가 대리한 경우]

甲이 주채무액을 알지 못한 상태에서 주채무자의 부탁으로 채권자와 보증계약 체결 여부를 교섭하는 과정에서 채권자에게 보증의사를 표시한 후 주채무가 거액인 사실을 알고서 보증계약 체결을 단념하였다. 그러나 甲의 도장과 보증용 과세증명서를 소지 하게 된 주채무자가 임의로 甲을 대위하여 채권자와 사이에 보증계약을 체결한 경우, 甲이 채권자에 대하여 주채무자에게 보증계약체결의 대리권을 수여하는 표시를 한 것이라 단정할 수 없다. 그리고 대리권수여의 표시를 한 것으로 본다 하더라도 채권자에게는 주채무자의 대리권 없음을 알지 못한 데 과실이 있다(대판 2000.5.30, 2000다2566).

사례해결

사례는 乙과 丙 사이에 甲의 채무를 담보하기 위한 저당권설정계약이 성립하는가를 검토하여야 한다. 甲의 채무에 대한 저당권설정계약의 성립과 관련하여 ① 민법 제126조에 의한 표현대리의 성부, ② 민법 제125조에 의한 표현대리의 성부가 문제된다.

丙은 사기를 이유로 甲과 丙의 수권행위를 취소할 수 있다. 그러나 사기에 의한 취소는 선의의 제3자에게 대항할 수 없다. 그러므로 상대방 乙이 선의인 때에는 乙 · 丙간의 저당권설정계약은 유효로 되고, 또한 乙이 선의인 때에는 대개 민법 제126조의 요건을 충족하는 경우도 많아서 취소는 아무런 효과가 없다고 해석된다.

대리인의 성명 · 대리권의 범위를 기재하지 않고 백지로 두는 백지위임장을 교부한 때에는 피교부자를 표시기관인 사자로서 대리권수여의 표시를 한 경우에 해당하여 민법 제125조의 표현대리가 성립한다고 본다. 사자인 경우에도 표현대리의 법리를 적용할 수 있다는 것이 판례의 태도이다(대판 1962.2.8, 4294민상192). 따라서 표현대리가 성립하는 경우에 丙은 甲의 5천만원의 채무에 대하여 물상보증인의 지위에 놓이게 된다.

3. 권한을 넘은 표현대리

사례

甲과 乙은 부부관계이다. 甲은 지방근무지에 유숙하고 있던 관계로 甲소유의 주택에 관한 문서 등은 처인 乙에게 맡겨 두었다. 그런데 처 乙은 丙과 더불어 계를 하다가 부채를 지게 되자 丙에게 부탁하여 위 문서를 이용하여 돈을 차용하여 주기를 부탁하였다.

丙은 평소 乙이 甲의 위 문서를 가지고 다니는 것을 확인하고 丁에게 저당권을 설정하고 그 로부터 돈을 빌려주었다. 丁은 위의 문서가 부부지간인 乙의 수중에서 나온 것임을 확인, 안심하고 그 부동산에 저당권을 취득하였다.

그 후 乙이 채무를 변제하지 못하자 丁은 저당권을 실행하여 자신이 그 주택을 경락받았다. 후에 이러한 사실을 안 甲은 자신에게는 책임이 없다고 주장하며 자신의 주택을 돌려줄 것을 丁에게 요구하였다. 甲의 요구는 정당한가?

(1) 의 의

대리인이 부여된 대리권의 범위를 초월하여 대리행위를 한 경우에 성립하는 표현대리이다(126조). 甲이 X가옥에 대한 저당권설정의 대리권을 乙에게 수여 했는데 乙이 X가옥을 매도한 경우가 그 예이다.

(2) 요 건

1) 기본대리권의 존재

일정한 대리권(기본대리권)을 가진 자가 권한을 넘어서 행한 대리행위이어야 한다. 그러므로 대리권이 전혀 없는 자의 행위에 관하여 제3자가 대리권이 있다고 믿는데 정당한 이유가 있어도 민법 제126조는 적용되지 않는다. 기본대리권의 종류에는 제한이 없으므로 법정대리권이나 등기신청 같은 공법상의 대리권도 해당된다(대판 1978.3.28, 78다282).

따라서 甲이 乙에게 단순히 대지를 평당 얼마에 팔아달라고 매매의 중개를 부탁한 사실만으로는 기본대리권을 수여한 취지라고 볼 수 없다(대판 1978.10.10, 78다75). 단순히 인장을 사실상 보관하는 경우에는 대리권이 없다고 보며(대판 1968.11.5, 68다150), 특정한 거래행위에 관련한 인장의 교부(대판 1964.7.21, 64다794)에는 대리권을 인정한다.

[총회결의 없는 교회재산 처분행위]

비법인 사단인 교회대표자는 총유물인 교회재산의 처분에 관하여 교인총회의 결의를 거치지 아니하고는 이를 대표하여 행할 권한이 없다. 그리고 교회의 대표자가 권한 없이 행한 교회재산의 처분행위에 대하여는 민법 제126조의 표현대리에 관한 규정이 준용되지 아니한다(대판 2009.2.12, 2006다23312).

2) 권한을 넘은 대리행위일 것

권한을 넘는다는 것은 진실로 존재하는 대리권의 범위를 넘는 모든 경우를 말한다. 대리행위이어야 하므로 표현대리인과 상대방 사이에 대리행위가 없는 때에는 민법 제126조의 적용은 제외된다. 여기서 표현대리행위는 기본대리권과 같은 종류의 것이어야 하는가가 문제되나, 표현대리와 기본대리권이 동종 내지는 유사한 것임을 요하지 않는다. 따라서 전혀 별개의 행위를 한 경우에도 민법 제126조의 표현대리는 성립한다(통설 · 판례).

판례에 의하면 기본대리권이 등기신청행위라 할지라도 표현대리인이 그 권한을 초월하여 대물변제를 한 경우에는 표현대리의 법리가 적용된다고 한다(대판 1978.3.28, 78다282 · 283).

3) 상대방의 오신에 정당한 이유가 있을 것

정당한 이유가 있다고 하기 위해서는 상대방이 완전 유효한 대리권의 부존재에 관해 선의이고, 또 과실이 없어야 한다. 대리인이 본인의 인감도장이나 권리증을 가지고 있는 경우에는 일반적으로 정당한 사유가 있다고 생각되지만, 본인과 대리인 사이에 부부와 같이 특수한 관계가 있는 경우에는 그것만으로 대리권의 존재를 추정하는 것은 아니다.

정당한 이유의 存否는 자칭 대리인의 대리행위가 행하여질 때에 존재하는 제반사정(諸般事情)을 객관적으로 관찰하여 판단하여야 하고, 당해 법률행위가 이루어지고 난 훨씬 뒤의 사정을 고려하여 그 존부를 결정해야 하는 것은 아니다(대판 1987.7.7, 86다카2475).

정당한 이유의 입증책임에 관하여 표현대리의 다른 규정 (125조 · 129조)과 차이를 두어야 할 이유가 없으므로 본인이 부담해야 한다는 견해(다수설)와 상대방이 부담해야 한다는 견해로 나뉘어져 있다. 판례는 선의 · 무과실의 입증책임을 상대방이 진다고 한다(대판 1968.6.18, 68다694). 정당한 이유의 유무를 판정할 시기는 대리행위를 하는 때를 기준으로 하여야 한다.

4) 적용범위

민법 제126조는 임의대리와 법정대리에 모두 적용된다(통설 · 판례). 따라서 법정대리인의 권한이 후견감독인의 동의를 요하는 경우(개정민법 950조)에 법정대리인이 그 동의 없이 대리행위를 한 경우에 본조가 적용될 수 있다는 것이 통설 · 판례(대판 1997.6.27, 97다3828)이다. 그러나 이러한 통설에 대해서 민법 제950조가 死文化된다는 이유로 반대하는 소수설이 있다.

(3) 효과

권한을 넘은 대리행위에 대하여는 본인이 책임을 부담한다. 즉 그 행위의 권리 · 의무가 본인에게 귀속한다.

한편 표현대리가 성립하지 않는 경우에 본인에게 불법행위책임을 물을 수 있는 경우도 있지만(756조의 적용이 있을 때), 그것은 표현대리와는 직접적으로 관계가 없는 문제이다.

[본인인 것처럼 기망하여 대리행위를 한 경우]

민법 제126조의 표현대리는 대리인이 본인을 위한다는 의사를 명시 혹은 묵시적으로 표시하거나 대리의사를 가지고 권한 외의 행위를 하는 경우에 성립하고, 사술을 써서 위와 같은 대리행위의 표시를 하지 아니하고 단지 본인의 성명을 모용하여 자기가 마치 본인인 것처럼 기망하여 본인 명의로 직접 법률행위를 한 경우에는 특별한 사정이 없는 한 제126조의 표현대리는 성립될 수 없다(대판 2002.6.28, 2001다49814).

사례해결

사례에서 甲이 乙에게 자신의 주택에 저당권을 설정하는 것에 관한 대리권을 수여하지는 않 았지만, 甲과 乙은 부부 사이이기 때문에 일상가사에 관하여 서로 대리권을 가지며(827조 1 항), 부부의 일방이 일상가사에 관하여 제3자와 법률행위를 한 때에는 다른 일방은 이로 인한 채무에 대하여 연대책임이 있다(832조). 따라서 乙의 행위가 일상가사의 범위에 속하는지의 여부가 중요한 문제로 작용한다. 만약 일상가사의 범위에 속하지 않을 경우 일상가사대리권을 근거로 민법 제126조의 표현대리를 적용할 수 있는지가 문제된다.

일상가사의 구체적 범위는 그 부부공동체의 생활방식이나 정도, 그 부부의 생활장소인 지역 사회의 일반적인 관습 및 가사처리자의 주관적인 의사 등을 종합적으로 고려하여 객관적으로 판단되어야 한다. 설문에서 乙이 행한 주택의 저당권설정계약은 일상가사의 범위를 넘는 행위로서 일상가사에 해당하지 않게 되고, 이 경우 문제가 되는 것은 일상가사대리권을 근거로 하여 민법 제126조의 표현대리가 적용될 수 있느냐이다.

사례의 경우 甲이 처에게 저당권 설정에 관한 권한을 수여한 사실이 없다고 하더라도 부부사이에는 일상의 가사에 관하여 대리권이 있으므로, 본 사안 부동산에 관한 처의 저당권설정행위는 권한 밖의 법률행위를 한 경우에 해당한다. 甲이 본 주택에 관한 권리문서를 처에게 맡겨두고 다녔으며 저당권자 丁이 그 취득당시에 위 문서가 처의 수중에서 나온 것이라고 믿고 있었다면, 처에게 저당권 설정에 관한 권한이 있다고 믿을 만한 사유가 있는 때에 해당한다고 볼 수 있을 것이다.

丁이 저당권을 실행하여 자신이 경락받은 경우에 丁은 적법하게 소유권을 취득하였다고 본 다. 그러므로 甲은 丁에 대하여 자신이 책임이 없다는 이유로 자신의 주택을 돌려달라고 청구 할 수 없을 것이다.

4. 대리권소멸 후의 표현대리

사례

甲은 우유보급소로부터 매일 우유 1병을 배달받았고, 월말에 영업사원 乙에게 그 대금을 지 급했다. 그런데 어느 날 乙이 찾아와 보급소 사정이 어려우니 다음 달 우유대금까지 미리 줬으면 좋겠다고 하여 아무런 의심 없이 2개월분의 우유값을 주었다.

그런데 며칠 후 다른 영업사원 丙이 나타나 乙은 해고된 지 한 달이 지났고 지난 번에 낸 것은 무효라고 주장한다. 이 경우에 甲은 우유값을 丙에게 다시 지급해야 하는가?

(1) 의 의

대리인이 이전에는 대리권을 가지고 있었으나, 대리행위를 할 당시에는 대리권이 소멸하여 대리권 없이 행위를 한 경우에 성립하는 표현대리이다(129조).

甲이 乙에게 X토지의 매도를 위한 대리권을 수여하였으나, 그 기본계약인 위임계약이 종료하여 대리권이 소멸한 후에 乙이 X토지를 丙에게 매도한 경우이다.

(2) 요 건

1) 대리권이 소멸했을 것

이전에 가지고 있었던 대리권은 포괄적이거나 계속적인 것을 요하지 않으며, 개별적이거나 일시적인 것이어도 관계없다.

대리인이 대리권소멸 후 선임한 복대리인과 상대방 사이의 법률행위에도 민법 제129조의 표현대리가 성립하는지의 여부가 문제된다. 표현대리의 법리는 거래의 안전을 위하여 권리외관이론에 그 기초를 두고 있는 것을 감안할 때, 대리인이 대리권소멸 후 복대리인을 선임하여 그로 하여금 상대방과 사이에 대리행위를 하도록 한 경우에도, 상대방이 대리권소멸 사실을 알지 못하여 복대리인에게 적법한 대리권이 있는 것으로 믿었고 그와 같이 믿은데 과실이 없다면 민법 제129조에 의한 표현대리가 성립할 수 있다(대판 1998.5.29, 97다 55317).

2) 상대방이 대리권소멸에 관해 선의·무과실일 것

선의·무과실이란 대리인이 이전에 대리권을 가지고 있었기 때문에 현재에도 역시 대리권이 존속하고 있다고 믿고 나아가 그렇게 믿은 데에 과실이 없는 경우를 말한다. 제3자의 악의·과실의 입증책임은 본인에게 있다.

[본인이 대리권소멸을 알리지 않은 경우에 상대방의 무과실 여부]

원고 甲이 피고 乙 상호신용금고의 차장으로 있던 소외인 丙의 권유에 따라 피고와 신용부금계약을 맺고 1회 불입금을 불입하자 丙이 위 1회 불입금을 피고금고에 입금하였다.
그 후 丙은 피고금고를 사직하고서도 위 신용부금계약증서를 원고가 丙에게 맡겨 두고 있음을 기화로 그 후에도 7회에 걸쳐 계속 원고로부터 원고의 사무실 등에서 위 불입금을 교부받아 피고금고에 입금하지 않고 이를 횡령하였다. 피고금고로서도 그 사이 원고에 대하여 위 불입금의 지급독촉이나 약관에 따른 부금계약의 해제조치도 없이 그대로 방치해 두었다. 丙이 다른 고객에게 부금가입을 권유하거나 수금을 하기 위하여 자주 자리를 비우는 자였다면 비록 원고가 다른 거래관계로 피고금고 사무실에 자주 드나들었고 그때마다 丙이 그 자리에 없었다 하더라도, 원고로서는 丙이 금고를 사직한 사실을 모르는데 대해 어떤 과실이 있었다고 보기 어렵다(대판 1986.8.19, 86다카5629).

3) 적용범위

민법 제129조는 임의대리와 법정대리에 모두 적용된다. 즉 대리권소멸 후의 표현대리에 관한 민법 제129조는 법정대리인의 대리권소멸에 관하여도 그 적용이 있다(판례).

[민법 제129조의 법정대리 적용여부]

법정대리인이 미성년인 子의 상속재산을 관리하여 오다가 성년이 된 子가 객지에서 학업에 전념하고 있던 관계로 그의 법정대리인이 학비조달 등을 위하여 子의 토지를 매매한 경우에도 민법 제129조가 적용된다(대판 1975.1.28, 74다1199).

(3) 효 과

본인은 대리권의 소멸로써 상대방에게 대항할 수 없다. 즉 유효한 대리권이 있는 것과 마찬가지로 본인이 일체의 권리와 의무를 취득한다.

사례해결

영업사원은 우유배달은 물론 대금을 수금할 수 있는 대리권이 있는 것이 보통이나, 해고된 후에는 수금할 권리도 소멸한다. 그러나 우유보급소로부터 乙이 해고된 사실을 모르는 甲이 대리권이 있다고 믿고 乙에게 우유값을 지불한 경우에 甲은 보호되어야 한다.
따라서 甲은 우유값을 丙에게 다시 지급하지 않아도 된다. 다만 甲이 乙의 해고사실을 부주의로 알지 못한 때에는 우유값을 다시 지급해야 한다.

Ⅲ. 협의의 무권대리

1. 의 의

무권대리 중 표현대리의 경우를 제외한 것이 협의의 무권대리이다. 표현대리의 경우와는 달리 본인과 무권대리인 사이에 긴밀한 관계가 없는 협의의 무권대리의 경우에 무권대리인이 행한 무권대리행위의 효과는 당연하게 본인에게 귀속하는 것이 아니다.

그러나 무권대리행위라도 본인에게 재산적으로 유리 할 수도 있고, 또 유효한 대리행위로서의 효력을 인정하는 것이 상대방의 본래 의도와도 합치하므로 민법은 본인이 원하는 경우에 추인하여 그 효과를 발생 할 수 있도록 하였다(유동적 무효상태).

민법은 협의의 무권대리를 그 대리행위의 유형에 따라 계약의 무권대리와 단독행위의 무권대리로 나누어 규정하고 있다.

[무권대리행위]

피고의 모가 1935.5.2 생인 피고의 법정대리인의 자격으로 피고소유의 본건 토지를 A회사에 매도한 1956.11.9에는 피고가 이미 성년이었으므로, 위 매매계약은 무권대리행위에 불과하고 그 효력이 당연히 피고에게 미친다고 할 수 없다(대판 1984.6.12, 83다카1409).

2. 계약의 무권대리

사례

乙은 자신의 아버지인 甲소유의 토지에 대해 어떤 권한이 없음에도 불구하고 자신이 甲의 대리인이라 칭하고 필요한 서류를 위조하여 위 토지를 丙에게 매도하고 소유권이전등기를 경료해 주었다. 후에 甲이 이 사실을 알고 乙의 행위를 추인한 경우에 丙은 유효하게 소유권을 취득하는가?

(1) 본인과 상대방 사이의 효과

1) 본인에 대한 효과

(a) 본인의 추인권

a) 추인의 법적 성질

본인은 무권대리행위를 추인함으로써 무권대리행위의 효과를 자기에게 귀속시킬 수 있다(130조). 대리권 없는 자에 의한 계약도 본인에게 항상 불이익한 것이 아니므로 본인이 그 법적효과를 의욕하면 그 효과를 인정해도 불합리하지 않을 뿐 아니라, 그렇게 하는 것이 오히려 상대방과 무권대리인의 의사에 합치하고 거래의 원활을 이룰 수 있기 때문이다. 추인은 처음부터 효력이 생기지 않는 법률효과를 자기에게 귀속시키고자 하는 의사표시로서 단독행위이다(대판 1995.11.14, 95다28090). 또한 추인은 사후의 대리권의 수여가 아니며 그 권리의 성질은 형성권이다.

b) 추인권자

본인 및 권한을 가진 자(법정대리인; 대판 1982.12.14, 80다1872 · 1873)이다. 본인이 대리행위 당시에 제한능력자이어도 추인에 의해 그 법률효과는 제한능력자에게 미친다.

[파산한 경우의 추인권자]

신용협동조합의 대출에 관한 대표자의 대표권이 이사회의 결의를 거치도록 제한되는 경우, 그 요건을 갖추지 못한 채 무권대표행위에 의하여 조합원에 대한 대출이 이루어졌다고 하더라도 나중에 그 요건이 갖추어진 뒤 신용협동조합이 대출계약을 추인하면 그 계약은 유효하게 되는 것인데, 신용협동조합이 파산한 경우 파산재단의 존속 · 귀속 · 내용에 관하여 변경을 야기하는 일체의 행위를 할 수 있는 관리 · 처분권은 파산관재인에게 전속한다.

반면 파산한 신용협동조합의 기관은 파산재단의 관리 · 처분권 자체를 상실하게 된다. 위와 같은 무권대표행위의 추인권도 역시 특별한 사정이 없는 한 파산관재인만이 행사할 수 있다고 보아야 한다(대판 2004.1.15, 2003다56625).

c) 추인의 상대방

무권대리행위의 추인은 무권대리인 · 무권대리행위의 직접의 상대방 및 그 무권대리행위로 인한 권리 또는 법률관계의 승계인에 대하여도 할 수 있다. 다만 추인을 무권대리인에게 한 경우에는 이를 이유로 상대방에게 대항 할 수 없다(132조 본문 참조). 그러나 상대방이 그 사실을 안 때에는 대항할 수 있다(132조 단서).

d) 추인의 방법

단독행위이므로 상대방의 동의를 필요로 하지 않는다. 명시적 또는 묵시적 추인도 가능하다(대판 1990.4.27, 89다카2100). 甲(본인)이 乙(무권대리인)이 매도한 부동산을 丙(상대방)에게 인도하고 10여년간 아무런 이의를 제기하지 않았다면, 甲은 무권대리인인 乙의 매매행위를 묵시적으로 추인한 것으로 볼 수 있다(대판 1981.4.14, 81다151). 그러나 취소할 수 있는 행위에 대한 법정추인을 정한 민법 제145조의 규정은 무권대리행위의 추인에는 유추 적용되지 않는다.

[추인의 의사표시를 요하는 경우]

무권대리행위에 대한 추인은 무권대리행위로 인한 효과를 자기에게 귀속시키려는 의사표시이니만큼 무권대리행위에 대한 추인이 있었다고 하려면 그러한 의사가 표시되었다고 볼 만한 사유가 있어야 한다. 무권대리행위가 범죄가 되는 경우에 대하여 그 사실을 알고도 장기간 형사고소를 하지 아니하였다 하더라도 그 사실만으로 묵시적인 추인이 있었다고 할 수는 없다.

따라서 권한 없이 기명날인을 대행하는 방식에 의하여 약속어음을 위조한 경우에 피위조자가 이를 묵시적으로 추인하였다고 인정하려면 추인의 의사가 표시되었다고 볼 만한 사유가 있어야 한다(대판 1982.2.10, 97다31113).

e) 추인의 효력

① 추인의 소급효

본인에 의해 무권대리행위의 추인이 있으면 무권대리행위는 원칙적으로 계약시점에 소급하여 계약내용과 같이 효력이 생긴다(133조 본문). 다만 '다른 의사표시'가 있을 때는 소급효가 생기지 않는다. 즉 소급효가 없는 추인도 가능하다. 다른 의사표시란 본인과 상대방의 계약을 의미한다(통설).

② 제3자의 권리를 해치지 못한다.

무권대리행위를 본인이 추인하면 소급효가 생기지만, 제3자의 권리를 해하지 못한다(133조 단서). 이 규정은 무권대리행위로부터 추인까지의 사이에 제3자가 권리를 취득한 경우에 추인의 소급효에 의해 이 권리의 근거가 번복되는 것을 방지하기 위한 것이다.

민법 제133조 단서의 규정은 무권대리인으로부터 취득한 권리와 본인으로부터 취득한 제3자의 권리가 모두 배타적 권리를 가지는 경우에 한하여 적용된다. 여기서 제3자라 함은 등기부상 권리를 주장할 수 있는 제3자를 지칭한다(대판 1963.4.18, 62다223). 따라서 이 규정이 실제로 기능하는 경우는 적다고 생각된다.

(b) 본인의 추인거절권

무권대리행위는 본인이 추인하지 않는 이상 본인에게는 하등의 효과가 생기지 않으므로 특히 추인을 거절하는 것의 의미는 크지 않다. 그러나 본인이 추인을 거절함으로써 이후 추인할 수가 없게 되고 상대방은 민법 제134조의 철회를 할 필요가 없으므로 법률관계가 확정적으로 무효가 된다는 의미에서 실익이 있다. 추인거절의 상대방 및 효과는 추인의 경우와 같다. 추인의 거절은 의사의 통지이다.

(c) 본인과 무권대리인의 지위가 동일인에게 귀속한 경우

상속 등에 의하여 무권대리인의 지위와 본인의 지위가 동일인에게 귀속한 경우에 추인이 있는 것과 동일한 효과가 생기는가의 여부가 문제된다.

① 무권대리인이 본인을 상속한 경우

무권대리인이 본인을 단독상속하였을 때에는 무권대리행위는 유효하게 된다. 그것은 자신이 한 무권대리행위에 대해서 본인의 자격으로 추인을 거절하는 여지를 인정하는 것은 신의칙에 반하기 때문이다(다수설 · 판례). 무권대리인이 본인을 공동으로 상속하였을 때에는 피상속인이 본인으로서 가지는 추인권과 추인거절권은 상속인 전원에게 승계되므로 전원의 추인이 없으면 무권대리행위는 공동상속인에 대하여 무효이다.

[무권대리행위의 무효주장]

甲이 대리권 없이 乙 소유 부동산을 丙에게 매도하여 소유권이전등기를 마쳤다면, 그 매매계약과 이에 터 잡은 이전등기 역시 무효가 된다. 그런데 甲이 乙로부터 부동산을 상속받아 소유권이전등기 이행의무를 이행하는 것이 가능하게 된 시점에서 자신이 소유자라고 하여, 丙으로부터 전매한 丁에게 원래 자신의 매매행위가 무권대리행위여서 무효였다는 이유로 丁 앞으로 경료 된 소유권이전등기의 말소를 청구하는 것은 금반언의 원칙이나 신의칙에 반하여 허용될 수 없다(대판 1994.9.27, 94다20617).

② 본인이 무권대리인을 상속한 경우

본인인 父가 무권대리인인 子를 상속한 경우에 父는 본인의 자격에서 추인을 거절할 수

있다. 그러나 父는 상속인으로서 무권대리인인 子의 권리와 의무를 승계하기 때문에 거절의 실익은 별로 없다.

③ 무권대리인이 후에 법정대리인이 된 경우

乙이 미성년자인 甲의 후견인이라고 칭하고 甲의 부동산을 丙에게 매각 한 후에, 甲의 후견인이 된 경우에는 乙은 원칙적으로 추인을 거절할 수 없다. 즉 乙이 후견인으로 취임함과 동시에 丙은 유효하게 권리를 취득한다.

[타인의 권리매매와 상속]

채권자가 채무자 소유의 부동산에 대하여 강제경매신청을 하여 자녀들 명의로 이를 경락받았다면 그 소유자는 경락인인 자녀들이라 할 것이므로, 채권자가 그 후 채무자와 사이에 채권액의 일부를 지급받고 자녀들 명의의 소유권이전등기를 말소하여 주기로 합의하였다 하더라도 이는 일종의 타인의 권리의 처분행위에 해당한다. 비록 양자 사이에서 위 합의는 유효하고 채권자는 자녀들로부터 위 부동산을 취득하여 채무자에게 그 소유권이전등기를 마쳐주어야 할 의무를 부담한다.

그러나 자녀들은 원래 부동산의 소유자로서 타인의 권리에 대한 계약을 체결한 채무자에 대하여 그 이행에 관한 아무런 의무가 없고 이행을 거절할 수 있는 자유가 있다. 그러므로 채권자의 사망으로 인하여 자녀들이 상속지분에 따라 채권자의 의무를 상속하게 되었다고 하더라도 그들은 신의칙에 반하는 것으로 인정할 만한 특별한 사정이 없는 한 원칙적으로 위 합의에 따른 의무의 이행을 거절할 수 있다(대판 2001.9.25, 99다19698).

2) 상대방에 대한 효과

(a) 상대방의 최고권

불확정한 상태에 있는 상대방에게 법률관계를 확정시키기 위해 주어진 권리이다(131조 전단). 상대방은 (ⅰ) 상당한 기간을 정해, (ii) 그 기간 내에 무권대리행위를 추인할 것인가의 확답을, (iii) 본인에게 최고할 수 있다. 본인이 그 기간 내에 확답을 하지 않은 때는 추인을 거절한 것으로 본다(131조 후단).

(b) 상대방의 철회권

대리권 없는 자가 한 계약은 본인의 추인이 있을 때까지 상대방은 본인이나 그 대리인에 대하여 이를 철회할 수 있다(134조 본문). 이 철회로써 그 계약은 확정적으로 무효가 된다. 다만 계약 당시에 상대방이 대리권 없음을 안 때에는 철회권이 인정되지 않는다(134조 단서).

(2) 무권대리인과 상대방 사이의 효과

무권대리행위가 본인의 추인을 얻지 못해 그 효력이 생기지 않는 경우에는 대리인을 신뢰하고 계약을 체결한 상대방을 보호하기 위해 무권대리인의 책임을 인정한다(개정민법 135조).

1) 책임의 요건

(a) 대리권을 증명하지 못할 것

행위를 한 자가 대리인으로서 계약을 체결했다는 증명을 상대방에게 하여야 한다. 자칭 대리인측이 대리권을 가지고 있다는 것을 입증해야 하고, 이것이 증명되지 않으면 민법 제

135조 1항의 책임을 면할 수 없다.

(b) 본인의 추인을 얻지 못할 것

(c) 상대방이 대리권 없음을 알았거나 알 수 있었을 때가 아닐 것
상대방의 악의 또는 선의인데 과실이 있었다는 입증책임은 자칭 대리인이 부담한다.

(d) 대리인으로 계약을 한 자가 행위능력이 없는 때가 아닐 것
대리인으로 계약을 한 자가 제한능력자인 경우에는 그 책임을 지지 않는다. 그러나 이 증명책임도 자칭 대리인이 부담한다.

(e) 상대방이 민법 제134조에 의한 철회를 하지 않을 것

2) 책임의 내용

무권대리인은 상대방의 선택에 좇아 계약의 이행 또는 손해배상의 책임을 부담한다(개정민법 135조 1항).

(a) 이행책임

이것은 본인과 상대방 사이에 성립할 예정인 일체의 법률관계가 무권대리인과 상대방 사이에 성립하는 것으로서 취급된다는 의미이다. 이에 의해 무권대리인은 본인과 같은 권리를 취득하고 의무를 부담하게 된다.

(b) 손해배상

이것은 신뢰이익(대리권이 있다고 믿었기 때문에 입은 손해)의 배상이 아니라, 이행이익(유효한 계약의 이행이 있었던 것과 동일한 이익)의 배상을 하는 것이라고 해석된다(통설).

(c) 상대방의 선택

무권대리인의 책임내용은 상대방의 선택에 의하여 확정된다. 이것은 이행책임과 손해배상책임이 일종의 선택채권의 관계에 있다는 것이고, 이에 관하여는 선택채권에 관한 규정이 유추적용 된다(380조～386조).

이 경우에 상대방이 가지는 계약이행 또는 손해배상청구권의 소멸시효는 그 선택권을 행사할 수 있는 때, 즉 대리권의 증명 또는 본인의 추인을 얻지 못한 때로부터 진행한다(대판 1965.8.24, 64다1156).

3) 책임의 배제

상대방이 대리권 없음을 알았거나 알 수 있었을 경우 또는 제한능력자가 무권대리행위를 한 경우에 책임은 배제된다(개정민법 135조 2항)..

4) 민법 제135조의 책임과 불법행위책임과의 관계

대리권을 갖지 않는 자가 대리권이 있다고 칭하고 거래행위를 하여 상대방에게 손해를 입힌 경우에 그 행위는 일반적으로 불법행위에 해당한다. 상대방은 민법 제135조의 책임과 불법행위책임을 선택적으로 주장해야 하는가, 아니면 경합하여 주장할 수 있는가가 문제된다.

민법 제135조는 무권대리행위의 불법행위성을 충분히 인식하여 거기에 대응하기 위한 규정이므로, 일반불법행위법에 대한 특별법의 관계에 있다고 보는 것이 타당하다. 따라서 규정의 범위 내에서 민법 제135조는 일반불법행위 규정의 적용을 배제하는 것이라고 생각된다.

(3) 본인과 무권대리인 사이의 효과

본인이 무권대리행위를 추인하지 않으면 본인에게 그 행위의 효력이 생기지 않으므로, 본인과 무권대리인 사이에는 어떠한 법률관계도 생기지 않는다.

본인이 무권대리행위를 추인하면 무권대리행위는 본인에게 효력이 발생한다. 그런데 협의의 무권대리에 있어서는 본인과 무권대리인 사이에 아무런 내부적 기초관계가 없으므로 일반원칙에 따라 사무관리(734조) · 부당이득(741조) · 불법행위(750조)가 문제 될 수 있다(통설).

[본인이 추인한 무권대리행위의 효력]

증권회사의 고객(본인)이 그 직원의 임의매매를 사후에 추인한 것으로 보게 되면, 그 법률효과는 모두 고객에게 귀속되고 그 임의매매행위(무권대리행위)가 불법행위를 구성하지 않게 되어 임의매매로 인한 손해배상청구도 할 수 없다(대판 2002.10.11, 2000다59217).

사례해결

사례에서 무권대리인 乙이 상대방 丙과 한 매매계약은 그 상태로는 원칙적으로 어떠한 효력 도 발생하지 않는다. 하지만 이것을 본인 甲이 추인한 경우에는 이 추인에 의해 乙 · 丙간의 토지매매계약은 그 계약이 체결된 때부터 유효하게 되고(133조), 유권대리의 경우와 마찬가지로 본인 甲에 대해 효력이 생기게 된다. 따라서 丙은 甲소유의 토지에 대하여 乙과 매매계약을 체결하고 소유권이전등기를 마친 순간부터 유효하게 토지소유권을 취득하게 된다.

3. 단독행위의 무권대리

(1) 상대방 없는 단독행위

상대방 없는 단독행위의 무권대리는 언제나 무효이다. 본인의 추인이 있더라도 유효로 되지 않는다. 또 상대방이 존재하지 않으므로 그 보호도 고려할 여지가 없고 무권대리인에게는 아무런 책임도 생기지 않는다.

(2) 상대방 있는 단독행위

1) 원 칙

민법은 계약의 무권대리와는 달리 단독행위의 무권대리를 원칙적으로 무효로 하고, 일정한 경우에 예외를 인정한다.

2) 예 외

① 능동대리의 경우에는 대리인이 대리권 없이 대리행위를 하는데 상대방이 동의를 하

거나 그 대리권을 다투지 아니한 때에 한하여 계약의 무권대리와 동일한 효과가 발생한다(136조 전단).

② 수동대리의 경우에는 무권대리인의 동의를 얻어 행위를 한 경우에만 계약의 무권대리와 동일한 효과가 발생한다(136조 후단).

제4관 무효와 취소

제1항 무 효

Ⅰ. 무효의 의의

무효란 법률행위가 성립한 때부터 법률상 당연히 효력을 발생하지 않는 것을 말한다. 의사표시가 무효로 되는 경우는 (i) 강행규정에 반하는 행위(105조), (ii) 의사무능력자의 행위, (iii) 허위표시(108조 1항), (ⅳ) 비진의 의사표시의 예외의 경우(107조 1항 단서), (Ⅴ) 불공정한 법률행위(104조), (vi) 반사회질서의 행위(103조) 등이다.

[무효행위와 손해배상]

무효인 법률행위는 그 법률행위가 성립한 당초부터 당연히 효력이 발생하지 않는 것이다. 그러므로 무효인 법률행위에 따른 법률효과를 침해하는 것처럼 보이은 위법행위나 채무불이행이 있다고 하여도 법률효과의 침해에 따른 손해는 없는 것이므로, 그 손해배상을 청구할 수 없다(대판 2003.3.28, 2002다72125).

Ⅱ. 무효의 종류

1. 절대적 무효 · 상대적 무효

절대적 무효는 강행법규에 위반하는 법률행위 · 의사무능력자의 법률행위 등과 같이 법률상 당연하게 아무런 효력도 발생하지 않는 것이다. 이러한 법률행위의 무효는 누구에게 대해서도 주장할 수 있다. 일반적으로 무효란 이러한 절대적 무효를 말한다(예: 반사회질서의 법률행위).

이에 대해 허위표시에 의한 법률행위는 당사자간에는 무효이지만, 거래의 안전을 보호하기 위해 선의의 제3자에 대해서는 이 무효의 주장이 허용되지 않고 유효로 취급된다(108조 2항). 이러한 무효를 상대적 무효라고 한다(예: 허위표시).

2. 당연무효 · 재판상 무효

당연무효는 무효로 하기 위해 어떠한 행위나 절차를 필요로 하지 않는 무효이다. 이에 대해 상법상 회사설립의 무효(상법 184조), 회사합병의 무효(상법 236조)와 같이 소송에 의해서만 인정 되는 것을 재판상 무효라고 한다.

3. 전부무효 · 일부무효

전부무효란 법률행위에 무효원인이 있을 때에 법률행위의 전부가 무효가 되는 것을 말한다. 이와 달리 법률행위의 일부에만 무효원인이 있는 경우에 그 부분만을 무효로 하는 것이 일부무효이다.

일부무효의 경우에 그 부분이 무효로 되는 것은 당연하지만, 특히 그것이 법률행위 전체에 어떠한 영향을 미치는가가 문제된다. 이에 관해 민법 제137조는「법률행위의 일부분이 무효인 때에는 그 전부를 무효로 한다. 그러나 그 무효부분이 없더라도 법률행위를 하였을 것이라고 인정될 때에는 나머지 부분은 무효가 되지 아니한다」고 규정하여, 일부무효는 전부무효임을 원칙으로 한다.

예컨대 중국음식점 주인 甲이 乙로부터 자장면 20그릇을 주문받아 요리하던 중 10그릇을 완성한 때에 정전이 되었으므로 더 이상 요리를 할 수 없게 되어 그 사실을 乙에게 연락한 경우, 원칙적으로 전부가 무효이나 乙이 10그릇이라도 주문하였으리라고 인정되는 때에는 10그릇에 관해서는 유효하다. 다만 명문의 규정이 있는 경우에는 그 규정의 취지에 따른다(385조 · 591조 1항 · 651조 1항).

그러나 현행 민법 제137조의 원칙과 예외는 계약충실의 원칙 및 현실의 적용례에 비추어 반대로 규정되어 있으므로 바로잡을 필요가 있다. 또한 현행 민법 제137조는 원칙적으로 일부무효는 전부무효이므로 나머지 부분이 유효하다는 것을 주장하는 사람이 그 사유를 입증하여야 하는 불합리한 점이 있게 된다.

[일부무효의 취지]

민법 제137조는 임의규정으로서 의사자치의 원칙이 지배하는 영역에서 적용된다고 할 것이므로, 법률행위의 일부가 강행법규인 효력규정에 위반되어 무효가 되는 경우 그 부분의 무효가 나머지 부분의 유효 · 무효에 영향을 미치는가의 여부를 판단함에 있어서는 개별법령이 일부무효의 효력에 관한 규정을 두고 있는 경우에는 그에 따라야 한다.

이러한 규정이 없다면 원칙적으로 민법 제137조가 적용될 것이나 당해 효력규정 및 그 효력규정을 둔 법의 입법취지를 고려하여 볼 때 나머지 부분을 무효로 한다면 당해 효력규정 및 그 법의 취지에 명백히 반하는 결과가 초래되는 경우에는 나머지 부분까지 무효가 된다고 할 수는 없다(대판 2004.6.11, 2003다1601).

4. 확정적 무효 · 유동적 무효

(1) 확정적 무효

법률행위의 무효는 확정적 무효인 것이 원칙이며, 후에 추인을 하더라도 효력이 생기지 않는다(139조).

(2) 유동적 무효

1) 의의

유동적 무효란 법률행위가 일정한 요건을 갖추면 소급적으로 유효화될 수 있지만 그 요건을 갖추지 않는 한 무효인 상태를 말한다. 관청의 허가나 인가 또는 본인의 추인 등이 법률행위를 유효하게 하는 요건으로 규정되어 있을 때 그것이 구비되지 못한 상태에서는 효력을 갖지 못하지만 그것이 구비되면 법률행위시에 소급하여 유효로 확정된다.

2) 인정근거

유동적 무효에 관해 독일민법에서는 행위제한능력자의 행위에 대한 법정대리인의 동의(독일민법 107조)·무권대리인의 대리행위에 대한 본인의 추인(독일민법 177조 이하) 등을 유동적 무효로 분류하고 있다. 우리 민법은 명문으로 규정하고 있지 않으나, 무권대리의 추인에 관한 규정(제130조 이하)을 그 근거로 삼고 있다.

대리권 없는 자가 대리인으로 한 계약은 본인이 이를 추인하기까지는 무효이나 추인하면 소급하여 계약시에 그 효력이 발생하고 추인을 거절하게 되면 본인에게 확정적으로 무효가 되기 때문이다.

3) 법률관계

(a) 허가를 받기 전의 법률관계

① 채권적 효력의 불발생

허가를 받기 전에는 거래계약의 채권적 효력도 전혀 발생하지 않는다 (대판 1991.12.24, 90다12243 전원합의체). 따라서 계약에 따른 이행청구를 할 수 없게 되어 매수인은 소유권이전등기절차의 이행을 청구할 수 없고, 매도인은 매매대금의 지급을 청구할 수 없다. 당사자는 그 불이행을 이유로 계약해제나 손해배상청구를 할 수도 없다.

② 협력의무

규제지역 내의 토지에 대해 거래계약이 체결된 경우에 계약을 체결한 당사자 사이에는 그 계약이 효력 있는 것으로 완성될 수 있도록 서로 협력할 의무를 부담하므로 계약의 쌍방당사자는 공동으로 관할관청의 허가를 신청할 의무가 있고, 이러한 의무에 위배하여 허가신청절차에 협력하지 않는 당사자에 대하여 상대방은 협력의무의 이행을 소송으로써 구할 이익이 있다(대판 1991.12.24, 90다12243 전원합의체). 즉 상대방은 토지거래허가신청절차의 이행을 청구할 수 있고, 그 이행을 하지 않는 경우에는 손해배상청구를 할 수 있다(대판 1995.4.28, 93다26397). 그러나 이때 대금지급의무와 협력의무가 동시이행의 관계에 있는 것은 아니다(대판 1992.9.8, 92다19989; 대판 1996.10.25, 96다23825).

③ 손해배상액의 예정

유동적 무효의 계약을 체결한 당사자는 일방의 허가신청협력의무의 불이행이나 허가신청 전 계약철회의 경우에 손해배상책임을 부담시키는 약정을 유효하게 할 수 있다(대판 1997.2.28, 96다49933).

④ 부당이득청구의 불가능

거래계약이 유동적 무효상태에 있는 한 당사자는 그 계약이 효력 있는 것으로 완성될 수 있도록 서로 협력할 의무가 있으므로 계약금을 교부한 당사자는 미허가를 이유로 계약의 무효를 주장하여 부당이득을 이유로 계약금반환 청구를 할 수 없다(대판 1993.6.22, 91다21435).

(b) 허가를 받은 후의 법률관계

허가를 전제로 한 거래계약은 허가를 받으면 소급하여 유효한 계약이 된다. 따라서 허가 후에는 별도로 거래계약을 체결할 필요가 없다.

① 계약해제와 손해배상

매도인이 그 이행제공을 하면서 대금지급을 최고하고 매수인이 이에 응하지 않은 경우에 비로소 이행지체에 빠지고 매도인은 계약을 해제 할 수 있다(대판 1992.7.28, 91다33612). 이행불능(546조·551조)과 채무불이행(390조)의 경우에는 확정적 유효인 경우와 같다.

② 토지거래허가구역의 지정해제

토지거래계약이 있은 후 토지거래허가구역지정이 해제되면 별도의 허가가 없어도 그 계약은 확정적 유효로 된다(대판 1999.6.17, 98다40459 전원합의체).

③ 거래계약이 확정적으로 무효인 경우

유동적 무효가 확정적 무효로 된 경우 비로소 부당이득으로 계약금 등의 반환을 청구할 수 있다(대판 1997.11.11, 97다36965). 그리고 거래허가신청을 할 수 없게 된 데에 귀책사유가 없는 당사자는 귀책사유가 있는 상대방에게 예정된 손해배상액을 청구할 수 있다(대판 1997.2.28, 96다49933).

[유동적 무효]

국토이용관리법상의 규제구역 내에서의 토지소유권 등 권리를 이전 또는 설정하는 내용의 거래계약은 관할 관청의 허가를 받아야만 그 효력이 발생하고 허가를 받기 전에는 물권적 효력은 물론 채권적 효력도 발생하지 아니하여 무효라고 보아야 할 것이다.

이다만 허가를 받기 전의 거래계약이 처음부터 허가를 배제하거나 잠탈하는 내용의 계약일 경우에는 확정적으로 무효가 되나, 그렇지 않은 경우에는 일단 허가를 받으면 그 계약은 소급하여 유효한 계약이 된다(대판 1991.12.24, 90다12243 전원합의체).

[해약금의 효력]

특별한 사정이 없는 한 국토이용관리법상의 토지거래허가를 받지 않아 유동적 무효상태인 매매계약에 있어서도 당사자 사이의 매매계약은 매도인이 계약금의 배액을 상환하고 계약을 해제함으로써 적법하게 해제된다(대판 1997.6.27, 97다9369).

Ⅲ. 무효행위의 효과

무효는 행위의 당초부터 당연히 확정적으로 법률행위의 효과가 발생하지 않는다. 따라서 무효인 법률행위로부터 생긴 미이행채무는 이행할 의무가 없고, 이미 이행 한 것은 상대방의 부당이득이 되어(741조) 그 반환을 청구할 수 있다.

나아가 인도된 물건이 제3자에 의해 점유되어 있는 경우에도 제3자가 별개의 원인(예컨대, 249조의 선의취득)에 의해 그 소유권을 취득하지 않는 한, 제3자에게도 반환을 청구할 수 있다(절대적 무효인 경우에 한한다). 또 무효인 계약에 의해 양당사자가 서로 이익반환의 무를 부담하는 경우에는 양자의 의무는 동시이행의 관계(536조)에 선다고 해석할 수 있다.

Ⅳ. 무효행위의 전환

1. 의 의

무효행위의 전환이란 어느 법률행위가 무효이고 당사자가 의도한 법률효과가 생기지 않는 경우에도 그 행위가 다른 법률행위로서의 요건을 갖추고, 또 당사자가 그 무효를 알았더라면 다른 법률행위를 하는 것을 의욕하였으리라고 인정될 때에는 다른 법률행위로서의 효력을 인정하는 것을 말한다. 결국 의사표시의 해석을 법의 의제에 의해 행하는 것이다.

무효행위의 전환과 일부무효의 법리는 비슷한 구조를 가지고 있어 전자를 질적 일부무효, 후자를 양적 일부무효라 한다.

2. 요건

① 원래의 법률행위가 무효일 것.

② 다른 법률행위의 요건을 갖추고 있을 것.

③ 당사자의 가정적 전환의사가 있을 것.

당사자가 그 무효를 알았더라면 다른 법률행위를 하는 것을 의욕하였으리라고 인정되어야 한다.

3. 전환의 모습

(1) 불요식행위로의 전환

전환 후의 행위가 불요식행위인 경우에는 전환 전의 행위가 불요식행위이거나 요식행위이거나 상관없이 자유로이 전환이 인정될 수 있다. 지상권설정계약으로서 무효인 것을 임대차계약으로 유효한 것으로 인정하는 것이 그 예이다.

(2) 요식행위로의 전환

① 전환 전의 행위가 불요식행위이고 전환 후의 행위가 요식행위인 경우에는 전환이 인정될 가능성이 거의 없다.

② 전환 전의 행위와 전환 후의 행위가 모두 요식행위인 경우에는 요식행위로 한 입법취지와의 관련에서 전환가능성이 검토되어야 한다. 일정한 형식 자체가 필요한 어음행위와 같은 것으로의 전환은 일반적으로 인정되지 않지만, 당사자의 의사를 정확히 하기 위한 형식을 필요로 하는 행위로의 전환은 가능하다고 해석된다.

민법에서도 이러한 전환을 인정한 규정이 있다. 즉 비밀증서에 의한 유언이 그 방식을 갖추지 못하였으나, 자필증서에 의한 유언의 방식을 갖춘 때에는 후자로서의 효력을 인정한다(1071조). 또 판례는 혼인 외의 子를 혼인중의 子로 출생신고를 한 경우에 그 신고가 친생자 출생신고로는 무효이나 인지신고로서는 유효하다고 하며(대판 1976.10.26, 76다2189), 타인의 子를 자기의 子로서 출생신고를 한 경우에 그 신고가 출생신고로서는 무효이나 입양신고로서는 유효하다고 한다(대판 1991.12.13, 91므153).

[신분행위의 추인]

친생자출생신고 당시 입양의 실질적 요건을 갖추지 못하여 입양신고로서의 효력이 생기지 아니하였더라도 그 후에 입양의 실질적 요건을 갖추게 된 경우에는 무효인 친생자출생신고는 소급적으로 입양신고로서의 효력을 갖게 된다고 할 것이다.

그러나 민법 제139조 본문이 무효인 법률행위를 추인하여도 그 효력이 생기지 않는다고 규정하고 있음에도 불구하고 입양 등의 신분행위에 관하여 이 규정을 적용하지 아니하고 추인에 의하여 소급적 효력을 인정하는 것은 무효인 신분행위 후 그 내용에 맞는 신분관계가 실질적으로 형성되어 쌍방 당사자가 이의 없이 그 신분관계를 계속하여 왔다면, 그 신고가 부적합하다는 이유로 이미 형성되어 있는 신분관계의 효력을 부인하는 것은 당사자의 의사에 반하고 그 이익을 해칠 뿐만 아니라, 그 실질적 신분관계의 본질적 요소를 보호하는 것이 타당하다는 데에 그 근거가 있다.

그러므로 당사자 간에 무효인 신고행위에 상응하는 신분관계가 실질적으로 형성되어 있지 아니한 경우에는 무효인 신분행위에 대한 추인의 의사표시만으로 그 무효행위의 효력을 인정 할 수 없다(대판 2000.6.9, 99므1633 · 1640).

Ⅴ. 무효행위의 추인

사례

(1) 乙은 甲소유의 X토지에 대해 어떤 권한이 없음에도 불구하고 대리인이라 칭하고 필요한 서류를 위조하여 丙에 대한 자기가 차금하기 위한 담보로서 X토지에 저당권을 설정했다. 후일 甲이 乙의 행위를 추인한 경우에 丙의 저당권의 효력은 어떠한가?
(2) B는 A소유의 Y토지에 대해 아무런 권한 없이 필요한 서류를 위조하여 등기명의를 B로 하여 C에 대한 차금의 담보로서 Y토지에 저당권을 설정했다. 후일 A가 B의 행위를 추인한 경우 C의 저당권의 효력은 어떠한가?

1. 내 용

무효행위는 절대적 무효를 원칙으로 하므로 본래 행위 당시부터 모든 사람에게 효력이 없는 것으로 취급하고 있다. 따라서 무효인 법률행위는 추인하여도 그 효력이 생기지 아니한다(139조 본문). 다만 무효인 법률행위라도 당사자가 무효임을 알고 추인한 경우에는 그 시점에서 새로운 법률행위를 한 것으로 본다(139조 단서).

甲이 술에 만취하여 의사능력이 없는 상태에서 乙에게 자기의 자동차를 주겠다고 말한 경우에 이러한 증여행위는 의사능력이 없는 상태의 의사표시로서 무효가 되나, 술에서 깨어난 후 甲이 자동차의 증여를 추인하였다면 그 때 乙에 대한 새로운 증여가 있는 것으로 본다. 무효행위의 추인에는 소급효가 없는 것인데, 당사자간의 법률관계에 한해서는 소급효를 인정할 수 있다(통설 · 판례).

한편 당사자가 무효원인을 알고 추인한 경우에도 객관적인 무효원인이 해소되지 않으면 새로운 법률행위도 역시 무효가 된다. 즉 무효원인이 없어지지 않는 한 그 추인의 여지는 없다.

[양도금지특약에 위반한 채권양도의 승낙]

양도금지의 특약에 위반해서 채권을 양수받은 악의 또는 중과실의 채권양수인에게는 채권이전의 효과가 생기지 아니한다. 그러나 악의 또는 중과실로 채권양수를 받은 후 채무자가 그 양도에 대하여 승낙을 한 때에는 채무자의 사후승낙에 의하여 무효인 채권양도행위가 추인되어 유효하게 된다. 이 경우 다른 약정이 없는 한 소급효가 인정되지 아니하고, 양도의 효과는 승낙시부터 발생한다(대판 2000.4.7, 99다52817).

[반사회질서행위의 추인효력]

도박자금에 제공할 목적으로 금전대차를 한 때에는 그 대차계약은 민법 제103조의 반사회질서의 법률행위여서 무효라 할 것이다. 따라서 당사자가 그 무효임을 알고 추인하여도 새로운 법률행위를 한 효과가 생길 수 없다(대판 1973.5.22, 72다2249).

2. 추인의 인정근거

무권리자의 처분에 대하여 원래의 권리자가 이를 추인하여 그 처분의 효력을 자기에게 미치게 할 수 있는지에 관하여 우리 민법은 독일민법과 달리 아무런 규정이 없다. 다만 학설과 판례가 그 추인을 인정하고 있다. 그러나 법규정이 없는 상황에서 이러한 추인을 인정하는 근거에 대해서는 견해의 대립이 있다.

학설은 이를 (i) 무효행위의 소급적 추인으로 보는 견해, (ii) 무권대리에 준하여 보는 견해, (iii) 민법상의 추인과는 그 성질이 다르고, 다만 사적자치의 원칙상 인정된다는 견해 등이 대립하고 있다.

판례는 종래 이를 무권대리의 추인으로 설명(대판 1981.1.13, 79다2151)하였으나, 최근에는 사적자치의 원칙을 그 근거로 들고 있는 것으로 보인다(대판 2001.11.9, 20이다44291).

3. 추인의 방식

추인은 명시적 혹은 묵시적으로 할 수 있다.

사례해결

사례 (1)은 무권대리행위의 추인의 문제로서 추인권자 및 추인의 상대방이 누구이며 추인의 방법 및 추인의 효력이 문제된다. 설문 (2)는 B가 어떠한 권한을 가지 있지 않음에도 불구하고 A소유의 토지에 대해 서류를 위조하여 그 등기명의를 자기 것으로 한 후 이 토지에 대해 C에게 저당권을 설정한 경우 원래의 권리자인 A가 이를 추인한 경우에 B가 행한 저당권의 효력이 A에게 미칠 수 있는지가 문제된다.

사례 (1)의 경우에 무권대리인 乙이 상대방 丙과 체결한 저당권설정계약은 그 상태로는 어떠한 효력도 발생하지 않지만, 본인 甲이 추인하면 이 추인에 의해 乙·丙간의 저당권설정계약은 그 계약이 체결된 때부터 유효하게 되고 유권대리의 경우와 마찬가지로 본인 甲에게 효력이 생긴다. 따라서 채무자 乙·저당권자 丙·저당권설정자 甲이라는 관계가 성립하고, 丙은 甲소유의 X토지에 대해 乙과 사이에 저당권설정계약을 체결한 때부터 저당권을 가지는 것이 된다.

사례 (2)의 경우에 어떤 권한도 가지지 않는 B의 처분행위를 권리자 A가 추인하면 B의 저당 권설정행위는 B·C간의 저당권설정 계약시부터 유효하게 되고, C는 A소유토지에 저당권을 가진다.

제2항 취 소

Ⅰ. 서 설

1. 취소의 의의

취소는 일단 유효하게 성립한 의사표시에 흠결이 있는 경우에 그 효력을 소급적으로 소멸시키기 위한 특정인의 의사표시이다(개정민법 140조). 이러한 의사표시를 할 수 있는 법적 지위를 취소권이라고 한다. 취소권은 취소권자의 일방적 의사표시에 의하여 행사되므로 형성권의 일종이다.

취소라는 개념은 여러 가지 뜻으로 사용되지만, 여기서 말하는 취소는 의사표시의 취소이고, 구체적으로는 당사자의 제한능력으로 인한 취소(5조·10조·13조), 착오에 의한 취소(109조), 의사표시의 하자에 대한 취소(110조) 등에 한한다.

2. 취소와 구별할 개념

(1) 철 회

철회는 이미 행한 의사표시의 효력이 발생하기 전에 장차 발생하지 않도록 하는 의사표시이며 소급효가 없다. 일단 효력이 발생된 법률행위의 효력을 소급적으로 소멸케 하는 취소와 다르다. 제한능력자 상대방의 철회(16조 1항), 수권행위의 철회(128조 1항), 무권대리 상대방의 철회(134조 1항), 선택채권에서의 철회(382조 2항) 등은 철회에 관한 개별규정이다.

(2) 해제·해지

해제나 해지는 일단 유효하게 성립한 계약의 효력을 약정 또는 법정해제사유에 기하여 소멸케 하는 것으로 법률행위의 효력을 소멸시키는 형성권이고 단독행위인 점에서 취소와 같다.

그러나 해제·해지는 성립에 하자가 있는 계약을 해소하는 것임에 비해, 취소는 성립에 하자가 없는 계약이나 단독행위의 효력을 소멸시키는 것이다. 취소의 효과로는 부당이득반환의무가 생기나 해제의 효과로 원상회복의무가 생긴다.

[일부취소]

채권자와 연대보증인 사이의 연대보증계약이 주채무자의 기망에 의하여 체결되어 적법하게 취소되었으나, 그 보증책임이 금전채무로서 채무의 성격상 가분적이고 연대 보증인에게 보증한도를 일정금액으로 하는 보증의사가 있었으므로, 연대보증인의 연대보증계약의 취소는 그 일정금액을 초과하는 범위 내에서만 효력이 생긴다(대판 2002.9.10, 2002다21509).

Ⅱ. 취소권자

취소권은 취소원인이 있는 의사표시를 한 자를 보호하기 위한 것이다. 그러므로 취소권자는 제한능력자 · 하자 있는 의사표시를 한 자 · 그 대리인 또는 승계인에 한한다(140조).

1. 제한능력자

제한능력자라도 의사능력이 있으면 법정대리인의 동의 없이도 단독으로 취소할 수 있다. 제한능력자가 단독으로 취소해도 완전한 효력이 생기고, 취소할 수 있는 취소가 되는 것이 아니다. 취소의 취소를 인정하지 않는 것은 만약 이것을 인정하면 법률관계가 복잡하게 되고 상대방을 불안정한 지위에 빠뜨릴 수 있기 때문이다.

2. 하자 있는 의사표시를 한 자

사기 또는 강박에 의해 의사표시를 한 자 및 착오로 인해 의사표시를 한 자이다.

3. 대리인

위 1과 2의 임의대리인 및 법정대리인이다. 임의대리인은 본인이 가지는 취소권을 대리행사하는 것이고, 법정대리인은 제한능력자의 능력을 보충하기 위해 고유한 취소권을 가진다고 해석된다.

4. 승계인

위 1 및 2의 승계인이다. 승계인에는 포괄승계인(상속이나 회사합병 등의 경우)과 특정승계인(매매 · 증여 등의 경우)이 포함된다. 그러나 특정승계인의 경우는 민법 제145조 5호의 법정추인에 해당하여 취소권을 행사할 수 없는 경우가 많으므로 취소권을 취득할 수 있는 특정승계인이 있을지는 의문이다. 또 보증인은 주채무자의 승계인은 아니므로 주채무자의 취소권을 행사할 수 없다.

Ⅲ. 취소의 방법

1. 행사방법

취소는 단독행위이므로 원칙적으로 상대방에 대한 의사표시에 의해 행해진다(142조). 이 의사표시는 명시적인가 묵시적인가를 불문한다. 또 전달방식도 문서에 의하든 구두에 의하든 상관없다. 다만 후일에 분쟁을 방지하기 위해서는 내용증명우편을 이용할 수 있을 것이다. 또 취소의 의사표시는 소송이나 기타의 특별한 형식을 필요로 하지 않는다.

그러므로 사기에 의해 이루어진 이전등기의 말소청구, 사기로 인해 입은 손해배상의 청구 등 취소의 효과로서 일정한 청구를 했거나 이행을 거절한 경우에도 취소의 의사표시가 있었다고 해석된다(대판 1993.9.14, 93다13162).

법률행위의 일부에 대한 취소도 인정된다. 즉 하나의 법률행위의 일부분에만 취소사유가 있는 경우에 그 법률행위가 가분적이거나 그 목적물의 일부가 특정될 수 있다면, 그 나머지 부분이라도 이를 유지하려는 당사자의 가정적 의사가 인정되는 경우 그 일부만의 취소도 가능하다(대판 1999.3.26, 98다56607).

2. 취소의 상대방

취소는 취소할 수 있는 상대방이 확정되어 있는 경우에는 그 상대방에 대하여 한다(142조). 상대방이 그 권리를 제3자에게 양도한 경우에도, 취소의 의사표시는 계약시의 상대방에게 하여야 한다. 그 때 제3자에 대하여 취소의 효과를 주장할 수 있다.

따라서 취소의 의사표시의 상대방과 취소의 효과의 상대방은 다를 수 있다- 미성년자 甲이 자신의 노트북컴퓨터를 乙에게 매도하고 그 후 乙이 丙에게 노트북을 전매(轉賣)한 경우, 甲이 자신의 매매계약을 행위제한능력을 이유로 취소하려면 乙을 상대로 매매계약을 취소해야 하고 그 효과를 丙에게 주장할 수 있으므로, 丙에 대하여 노트북 반환청구권을 행사할 수 있다.

취소를 전제로 한 소송상의 이해청구나 이행거절은 취소의 의사표시가 포함된 것으로 본다(대판 1993.9.14, 93다13162).

Ⅳ. 취소의 효과

1. 소급적 무효

법률행위가 취소되면 그 행위는 처음부터 무효인 것으로 본다(141조 본문). 본래의 무효의 효과와 마찬가지로 일단 발생한 효과는 법률행위가 행해진 때에 소급하여 없었던 것으로 된다.

2. 당사자간의 효과

(1) 채무가 이행된 경우

취소할 수 있는 법률행위에 의해 이미 이행된 급부에 관하여는 수령자는 이것을 보유할 법률상의 원인이 없으므로 부당이득의 반환의무를 부담한다(741조).

따라서 선의의 수익자는 그가 받은 이익이 현존하는 한도에서 반환의무를 부담하며, 악의의 수익자는 그가 받은 이익과 이자를 반환하고 손해가 있으면 이를 반환해야 한다(748조). 취소의 결과 양당사자가 서로 반환의무를 부담하는 경우에 양자의 의무는 동시이행의 관계 (536조)에 있다고 해석된다.

(2) 제한능력자에 관한 특칙

제한능력자의 반환의무의 범위에 관하여는 특칙이 있다. 즉 제한능력자는 이익이 현존하는 한도 내에서 상환할 책임이 있다(개정민법 141조 단서). 이것은 취소할 수 있는 법률행위에 의해 사실상 얻은 이익이 그대로 남아 있던가 혹은 다른 형태로 바뀌어 남아 있다면 그것만을 반환하면 족하다는 것이다. 생활비 · 채무의 변제 등으로 사용한 금전은 현존이익이다.

18세인 甲이 부모의 동의 없이 그 소유임야를 乙에게 5천만원에 팔기로 하는 매매계약을 체결하고 계약금으로 5백만원을 수령한 후 이 중 2백만원은 유흥비로 사용하고 3백만원은 채무변제에 사용하여 수중에 한푼도 없는 경우, 甲은 乙에게 채무변제에 사용한 3백만원을 반환하면 된다.

만약 제한능력자가 받은 금전을 모두 낭비해 버린 경우에는 이익은 현존하지 않으므로 반환할 필요가 없다. 이익의 현존 여부 및 범위를 정하는 기준시기는 반환시가 아니라 취소시점이다. 따라서 취소된 시점 이후의 낭비 등은 민법 제141조 단서에 의하여 보호되지 않는다.

제한능력자의 반환의무의 범위는 제한능력자가 악의인 경우에도 현존이익에 한한다. 이 특칙은 제한능력을 이유로 하는 취소의 경우에 한해 적용된다(통설). 그러므로 제한능력자측에서 취소한 경우라도 제한능력 이외의 이유에 의한 경우에는 이 특칙은 적용되지 않는다.

3. 제3자와의 관계

취소의 효과는 원칙적으로 제3자에 대해서도 주장할 수 있다. 다만 착오에 의한 취소와 사기나 강박에 의한 취소는 선의의 제3자에 대해서는 주장할 수가 없다(109조 2항 · 110조 3항).

Ⅴ. 취소할 수 있는 행위의 추인

1. 추인의 의의

취소할 수 있는 법률행위의 추인이란 취소권자가 취소권을 포기하고, 취소할 수 있는 법률행위를 확정적으로 유효하게 하는 의사표시를 말한다. 따라서 추인이 있으면 그 법률행위는 취소할 수 없다.

2. 추인의 요건

(1) 추인권자의 추인이 있을 것

추인권자는 취소권자와 같다(143조). 즉 제한능력자·하자 있는 의사표시를 한 자·그 대리인 또는 승계인이다.

(2) 취소원인이 종료한 후에 추인할 것

추인할 수 있는 시기는 취소의 원인이 종료한 후이어야 한다(개정민법 144조 1항). 즉 미성년자인 경우에는 성년에 달한 후, 피성년후견인의 경우는 그 선고가 취소된 후, 사기의 경우는 사기가 있었다는 사실을 안 후, 강박의 경우는 강박을 면한 후가 아니면 추인할 수 없다. 이 요건을 결한 추인은 효력이 없다. 그런데 법정대리인이 추인을 하는 경우에는 이러한 요건을 필요로 하지 않는다(개정민법 144조 2항).

(3) 취소할 수 있는 법률행위임을 알고 추인할 것

추인권자는 취소할 수 있는 행위임을 인식하고서 추인하여야 한다(통설). 즉 추인은 취소권을 가지는 자가 취소원인이 종료한 후에 취소할 수 있는 행위임을 알고서 추인의 의사표시를 하거나 법정추인사유에 해당하는 행위를 행할 때에만 법률행위의 효력을 유효로 확정시키는 효력이 발생한다(대판 1997.5.30, 97다2986).

Ⅵ. 법정추인

1. 의 의

취소할 수 있는 법률행위에 대해 객관적으로 추인이라고 인정되는 일정한 사실이 있는 경우에는, 취소권자의 추인의사의 여부와 관계없이 법률상 당연히 추인한 것으로 본다(145조). 이것을 법정추인이라고 한다.

2. 법정추인의 요건

(1) 법정추인사유가 존재할 것(145조)

1) 전부 또는 일부의 이행

취소권자가 채무자로서 이행하는 경우와 채권자로서 상대방의 이행을 수령하는 경우를 포함한다(통설 · 판례).

[당좌수표 중 일부지급과 법정추인 여부]

취소권자가 상대방에게 취소할 수 있는 법률행위로부터 생긴 채무의 전부 또는 일부를 이행한 것은 민법 제145조 1호 소정의 법정추인사유에 해당하여 추인의 효력이 발생하고 그 이후에는 취소할 수 없게 된다. 그러나 여기서 말하는 취소할 수 있는 법률행위로부터 생긴 채무란 취소권자가 취소권을 행사한 채무 그 자체를 말하는 것이라고 보아야 한다.

또한 일시에 여러 장의 당좌수표를 발행하는 경우 매수표의 발행행위는 각각 독립된 별개의 법률행위이고 그 수표금 채무도 수표마다 별개의 채무가 되는 것이므로, 취소할 수 있는 법률행위로부터 생긴 채무의 이행을 위하여 발행 · 교부한 당좌수표 중 일부가 거래은행에서 지급되게 하였다고 하여 나머지 당좌수표의 수표금 채무의 일부를 이행한 것이라고 할 수 없다는 이유로, 나머지 당좌수표의 발행행위를 추인하였다거나 법정추인사유에 해당한다고 할 수 없다(대판 1996.2.23, 94다58438).

2) 이행의 청구

취소권자가 이행을 청구하는 경우에 한하고, 상대방이 이행을 청구하는 경우는 포함되지 않는다.

3) 경개(更改)

취소권자가 취소할 수 있는 법률행위에 의해 성립한 채권 또는 채무를 소멸시키고, 대신에 다른 채권 또는 채무를 성립시키는 경개계약(500조 이하)을 체결한 경우이다.

4) 담보의 제공

취소권자가 채무자로서 물적 또는 인적담보를 제공하는 경우뿐만 아니라, 취소권자가 채권자로서 담보의 제공을 받는 경우도 포함한다.

5) 취소할 수 있는 행위로 취득한 권리의 전부나 일부의 양도

이것은 취소권자가 양도한 경우에 한한다. 취소권자의 양도에는 취소할 수 있는 행위로 취득한 권리에 제한적 권리(전세권 · 임차권 등)를 설정하는 것도 포함된다.

6) 강제집행

취소권자가 채권자로서 집행을 한 경우는 물론, 채무자로서 집행을 받는 경우에도 소송상의 이의를 주장하지 않은 것으로 보아 법정추인이 된다(통설).

(2) 취소원인이 종료한 후에 법정추인사유가 발생할 것

제한능력자가 능력자가 된 후에, 하자 있는 의사표시를 한 자가 사기나 강박의 상태를 벗어난 후에 법정추인사유의 각 사실이 발생해야 한다(145조 본문).

(3) 이의를 보류하지 않을 것

법정추인사유에 해당하는 행위를 할 때에 이의를 보류한 경우에는 법정추인의 효과는 발생하지 않는다(145조 단서).

Ⅶ. 취소권의 소멸

취소권은 취소권의 행사 · 취소할 수 있는 법률행위의 추인 · 취소권의 행사기간 경과 등에 의하여 소멸하며, 민법은 특히 취소권의 행사기간을 단기로 정하고 있다.

1. 권리행사의 기간적 제한

취소할 수 있는 법률행위를 미확정인 상태로 장기간 방치하는 것은 상대방이나 제3자의 지위를 불안정하게 한다. 그러므로 민법은 취소권자가 추인할 수 있는 날로부터 3년 또는 법률행위를 한 날로부터 10년 내에 취소권을 행사하지 않으면 취소권은 시효에 의해 소멸한다고 규정하고 있다(146조).

2. 기간의 법적 성질

취소권은 형성권이므로 불행사의 사실상태라든가 중단이 있을 수 없으므로 위의 3년과 10년은 시효기간이 아니고 제척기간이다(통설 · 판례).

[기간의 중단 · 정지의 적용여부]

제척기간에 있어서는 그 성질에 비추어 소멸시효와 같이 기간의 중단이나 정지는 적용되지 않는다(대판 2004.7.22, 2004다2509).

3. 기간의 기산점

3년의 기간의 기산점은 추인을 할 수 있을 때이다. 즉 행위자 본인의 취소권에 대해서는 제한능력자는 능력자로 된 때, 착오 · 사기 · 강박에 의해 의사표시를 한 자는 그 상태를 벗어난 때이다(대판 1998.11.27, 98다7421).

법정대리인의 취소권에 대해서는 제한능력자가 행위를 한 것을 안 때가 기산점이다. 따라서 제한능력자와 법정대리인 사이에는 기산점이 다르게 되지만, 취소할 수 있는 법률행위에 의한 법률관계는 가능한 한 빨리 확정되어야 하므로 법정대리인의 3년의 취소권이 소멸하면 제한능력자 본인의 취소권도 소멸한다고 해석할 것이다. 10년의 기간의 기산점은 취소할 수 있는 법률행위가 행해진 때이다.

취소권의 행사로 발생하는 부당이득반환청구권도 민법 제146조의 기간 내에 행사하여야 한다(통설). 판례는 취소권을 행사한 때부터 따로 진행된다고 본다(대판 1996.9.20, 96다25371).

[강박행위의 종료시점]

합동수사단 수사관의 강박에 의하여 의사표시를 한 자의 강박의 상태가 종료한 시점을 비상계엄 해제시로 볼 것이지 합동수사단에서 석방된 날로 볼 것이 아니다(대판 1992.11.27, 92다8521).

제5관 조건과 기한

제1항 조 건

I. 조건의 의의

조건은 법률행위의 당사자가 그 의사표시에 의해 법률행위의 효력의 발생 또는 소멸을 장래의 불확실한 사실의 성부에 의존하는 법률행위의 부관이다. 법률행위로부터 생기는 효과를 제한하기 위하여 법률행위의 일부로서 부가된 것을「법률행위의 부관」이라 하며, 조건과 기한이 부관에 속한다.

조건은 성부미정(成否未定)의 장래사실에 관한 것이어야 한다. 따라서 서울에 사는 甲과 乙이「어제 부산에 비가 내린 경우에는 甲이 乙에게 10만원을 주기로」하는 것처럼 과거사실은 당사자가 행위시에 알 수 없는 경우에도 객관적으로 기성의 사실이므로 소위 기성조건이고 본래의 조건은 아니다. 조건으로 할 수 있는 사실은 발생 여부가 불확실한 것이어야 한다. 이 점이 발생이 확실한 사실에 관한 기한과의 본질적인 차이이다.

[법률행위의 부관 해석]

법률행위의 부관이 붙은 경우, 부관에 표시된 사실이 발생하지 아니하면 채무를 이행하지 아니하여도 된다고 보아야 하는 때에는 정지조건으로 정한 것으로 보아야 한다. 그리고 표시된 사실이 발생한 대는 무론이고 반대로 발생하지 아니하는 것이 확정된 때에도 그 채무를 이행하여야 한다고 보는 것이 타당한 경우에는 표시된 사실의 발생여부가 확정되는 것을 불확정기한으로 정한 것으로 보아야 한다(대판 2011.4.28, 2010다89036).

[조건의사의 표시]

의사표시의 일반원칙에 따라 조건을 붙이고자 하는 의사, 즉 조건의사와 그 표시가 필요하며 조건의사가 있더라도 그것이 외부에 표시되지 않으면 법률행위의 동기에 불과할 뿐이고 그것만으로는 법률행위의 부관으로서의 조건이 되는 것은 아니다(대판 2003.5.13, 2003다10797).

Ⅱ. 조건의 종류

1. 정지조건 · 해제조건

조건의 성취로 인하여 법률행위의 효력이 발생하는가 또는 소멸하는가에 의한 구별이다. 조건으로 부가된 사실이 성취할 때까지 법률행위 효력의 발생을 정지하는 것이 정지조건이고, 그 사실이 성취함으로써 법률행위의 효력을 소멸시키는 것이 해제조건이다.

「대학에 입학하면 시계를 사주겠다」고 하는 것은 정지조건의 예이고,「낙제하면 장학금 지급을 정지하겠다」고 하는 것은 해제조건의 예이다.

[조건의 불성취]

혼인중 부부의 협의이혼을 전제로 한 재산분할약정을 한 경우, 혼인관계가 존속하거나 재판상 이혼(화해나 조정에 의한 이혼도 포함)이 이루어지면 위 재산분할약정은 조건의 불성취로 효력이 발생하지 않는다(대판 2003.8.19, 2001다14061).

[혼인파탄과 약혼예물의 귀속]

약혼예물은 혼인의 불성립을 해제조건으로 하는 증여와 유사한 성질을 가지므로, 부부관계가 성립하고 그 혼인이 상당기간 지속된 이상 혼인파탄의 원인이 며느리에게 있더라도 약혼예물의 소유권은 며느리에게 있다(대판 1996.5.14, 96다5508).

[건축허가를 조건으로 한 매매계약의 법적 성질]

주택건설을 위한 원·피고간의 토지매매계약에 있어 양자 간의 협상에 의하여 건축허가를 필할 때 매매계약이 성립하고, 건축허가 신청이 불허되었을 때에는 이를 무효로 한다는 약정 아래 이루어진 본건 계약은 해제조건부매매라고 봄이 상당하다(대판 1983.8.23, 83다카552).

2. 수의조건·비수의조건

조건의 성취 여부가 당사자의 일방적 의사에 의존하는 것이 수의조건(隨意條件)이고, 그렇지 않은 것이 비수의조건(非隨意條件)이다.

수의조건은 다시 전적으로 당사자 일방의 의사에만 의존하는 순수수의조건(예: 내 마음이 내키면 선물을 주겠다)과, 당사자 일방의 의사와 함께 일정한 다른 사실상태에 의하여 조건성취가 결정되는 단순수의조건(예: 내가 독일에 여행가면 책을 준다)으로 분류할 수 있다.

비수의조건에는 당사자의 의사와 관계없이 조건의 성부가 결정되는 우성조건(예: 크리스마스에 눈이 내리면)과, 조건의 성부가 당사자 일방의 의사와 함께 제3자에 의하여 결정되는 혼성조건(예: 내가 그녀와 결혼하면)이 있다.

「비가 내리면 우산을 주겠다」고 하는 경우에는 정지조건에 해당하고, 또 비가 내리는 것은 의사와는 관계없는 조건이므로 비수의조건이고, 자연적 사실에만 의존하므로 우성조건이다.

3. 가장조건

형식적으로 조건의 외관을 가졌지만, 실질적으로는 조건으로서의 효력을 인정받지 못하는 것을 가장조건이라 한다. 이에는 다음과 같다.

(1) 법정조건

법률이 법률행위의 효력발생을 위해 명문으로 요구하는 조건이다. 법인설립에 있어서 주무관청의 허가(32조)가 그 대표적인 예이다. 이러한 사실을 조건으로 한 경우에 조건으로서는 법률상 무의미하다.

(2) 불법조건

불법한 내용의 조건, 즉 선량한 풍속 기타 사회질서에 위반하는 조건을 부가 한 경우에는 법률행위 자체가 무효가 된다(151조 1항). 불법조건만 무효인 것이 아니고 법률행위 자체가 무효가 된다. 그러므로 부첩관계의 종료를 해제조건으로 하는 증여계약은 무효이고(대판 1966.6.21, 66다530), 「甲이 살인을 하면 매수하겠다」고 한 경우도 무효이다. 또한 불법행위를 하지 않을 것을 조건으로 한 법률행위도 무효이다. 불법조건이 붙은 법률행위가 이행된 경우에는 불법원인급여(746조)의 문제가 발생한다.

[불법조건이 붙은 법률행위의 효력]

조건부 법률행위에 있어 조건의 내용 자체가 불법적인 것이어서 무효일 경우, 그 조건만을 분리하여 무효로 할 수는 없고 그 법률행위 전부가 무효가 된다(대결 2005.11.8, 2005마541).

(3) 기성조건

법률행위 당시에 이미 객관적으로 확정되어 있는 사실을 조건으로 한 경우를 기성조건(旣成條件)이라 한다. 당사자가 그 사실을 모르고 있어도 조건은 아니다. 조건이 이미 성취하고 있는 경우에 그 조건이 정지조건이면 조건 없는 법률행위로 하고, 해제조건이면 무효이다(151조 2 항).

예컨대 「국가고시에 합격하면 자동차를 사주겠다」고 약속한 경우에 약속 당시 이미 시험에 합격하였다면 조건 없는 법률행위가 된다. 그러나 「국가고시에 합격할 때까지 매월 100만원을 지급하겠다」고 약속한 경우, 약속 당시 이미 시험에 합격하였다면 무효인 법률행위가 된다.

(4) 불능조건

법률행위 당시에 이미 성취할 수 없는 사실을 조건으로 한 경우를 불능조건이라 한다. 불능조건이 해제조건이면 조건 없는 법률행위가 되고, 정지조건이면 그 법률행위는 무효이다 (151조 3항).

「내일 해가 서쪽에서 뜬다면 해약하겠다」고 약속한 경우는 조건 없는 법률행위가 된다. 만약 「내일 해가 서쪽에서 뜨면 매수하겠다」고 약속했다면 무효가 된다.

Ⅲ. 조건을 붙일 수 없는 법률행위

조건부 법률행위는 그 효과의 발생과 소멸이 장래에 대하여 불확정적이므로 법률관계가 확정적이어야 하는 법률행위에는 조건을 붙일 수 없다. 이러한 법률행위를 조건에 친하지 않은 행위라고 한다.

1. 단독행위

(1) 원 칙

단독행위에 조건을 붙이는 것은 상대방의 지위를 불안정하게 할 우려가 있으므로 원칙적으로 허용되지 않는다. 상계에 관하여는 명문의 규정이 있으며(493조 1항), 그 외에 해제(543조) · 환매(590조) · 선택채권의 선택(382조) · 취소 · 추인 등이 이에 속한다.

(2) 예외

상대방의 지위 및 이익을 해하지 않는 다음과 같은 경우에는 예외가 허용된다.

① 상대방의 동의가 있는 경우

② 상대방이 결정할 수 있는 사실을 조건으로 하는 경우
예컨대 「1개월 내에 채무를 이행하지 않으면 해제의 의사표시 없이 계약을 해제한다」는 해제조건부해제의 의사표시는 유효하다.

③ 상대방에게 이익만을 주는 경우
채무의 면제가 그 예이다.

2. 가족행위

혼인 · 입양 · 인지 · 상속의 승인 또는 포기와 같은 가족법상의 행위에는 원칙적으로 조건을 붙일 수 없다. 다만 상대방에게 불이익을 초래하지 않거나 공서양속에 반하지 않는 경우에는 허용된다. 또 유언에는 조건을 붙일 수 있다(1073조 2항).

3. 어음 · 수표행위

효과가 확정적으로 발생될 것이 요구되는 어음 및 수표행위에는 조건을 붙일 수 없다(통설). 다만 어음보증의 경우에는 어음거래의 안정성을 해치지 않으므로 조건을 붙이는 것이 허용된다(대판 1986.3.11, 85다카1600)

Ⅳ. 조건부 법률행위의 효력

1. 조건성취 전의 효력

(1) 조건부 권리

조건부 법률행위의 경우에는 조건성취에 의해 이익을 받을 당사자는 조건의 성부가 미정인 사이에도 이 이익에 대한 기대를 가지고 있다. 이러한 당사자의 법적 지위를 기대권 또는 조건부 권리라고 한다.

(2) 조건부 권리의 침해금지

조건 있는 법률행위의 당사자는 조건의 성부가 미정인 동안에 조건의 성취로 인하여 생

길 상대방의 이익을 해하지 못한다(148조).

① 매도인이 정지조건부 매매계약의 목적물을 고의 또는 과실로 훼손 또는 제3자에게 매각한 경우에는, 매도인은 채무불이행으로서 손해배상책임을 부담한다.

② 조건부 법률행위의 당사자의 지위는 단순히 당사자 간에 있어서뿐만 아니라, 제3자에 의한 침해로부터도 보호된다. 즉 조건부 권리자의 법적 지위를 침해한 경우에는 불법행위가 된다.

(3) 조건부 권리의 처분

조건의 성취가 미정한 권리·의무는 일반규정에 의하여 처분·상속·보존 또는 담보로 할 수 있다(149조). 일반규정에 의한다는 것은 무조건의 권리를 취득하는 방법에 준한다고 하는 의미이다. 처분의 예로서 양도·포기, 보존의 예로서 가등기나 시효중단, 담보의 예로서 조건부 권리를 담보하기 위해 보증인을 세우는 것이다.

2. 조건성취 후의 효력

(1) 조건의 성취와 불성취의 의제

조건의 성취로 인하여 불이익을 받을 당사자가 신의성실에 반하여 조건의 성취를 방해한 때에는 상대방은 그 조건이 성취한 것으로 주장할 수 있다(150조 1항). 이혼녀가 재혼하면 부양료를 청구하지 않기로 화해한 후 재혼을 하지 않으면서도 타인과 동거생활을 하는 경우에 상대방은 재혼한 것으로 주장할 수 있다.

이와 반대로 조건의 성취로 인하여 이익을 받을 당사자가 신의성실에 반하여 조건을 성취시킨 때에는 상대방은 그 조건이 성취하지 아니한 것으로 주장 할 수 있다(150조 2항). 예컨대「시험에 합격하면 카메라를 사주겠다」고 한 경우 컨닝 등 부정한 수단을 사용하여 합격했을 때가 그 예이다.

(2) 조건의 성취와 불성취의 효과

① 정지조건부 법률행위는 조건이 성취되면 그 효력이 발생하고, 불성취로 확정되면 무효가 된다. 이에 대하여 해제조건부 법률행위는 조건이 성취되면 그 효력이 소멸하고, 불성취로 확정되면 유효하게 확정된다.

② 조건성취의 효력은 원칙적으로 소급하지 않는다(147조 1항·2항). 다만 당사자가 소급효에 관해 합의 한 때는 이에 따른다(147조 3항).

③ 조건성취에 관한 입증책임은 조건의 성취로 법률행위의 효력이 확정되었음을 주장하는 자가 부담한다(대판 1984.9.25, 84다카967).

[조건성취에 방해되는 행위]

상대방이 하도급 받은 부분에 대한 공사를 완공하여 준공필증을 제출하는 것을 정지조건으로 하여 공사대금채무를 부담하거나 위 채무를 보증한 사람은 위 조건의 성취로 인하여 불이익을 받을 당사자의 지위에 있다.

그러므로 이들이 위 공사에 필요한 시설을 해주지 않았을 뿐만 아니라 공사장에의 출입을 통제함으로써 위 상대방으로 하여금 나머지 공사를 수행할 수 없게 하였다면, 그것이 고의에 의한 경우만이 아니라 과실에 의한 경우에도 신의성실에 반하여 조건의 성취를 방해한 때에 해당한다고 할 것이다.

따라서 그 상대방은 민법 제150조 1항의 규정에 의하여 위 공사대금채무자 및 보증인에 대하여 그 조건이 성취된 것으로 주장할 수 있다(대판 1998.12.22, 98다42356).

제2항 기 한

Ⅰ. 의 의

기한이란 법률행위의 장래 발생·소멸 또는 채무이행을 장래 도래하는 확실한 사실의 발생에 의존하는 법률행위의 부관이다. 조건은 불확실한 사실에 의존하는데 대하여 기한은 장래 도래하는 것이 확실하다는 점에서 서로 다르다.

Ⅱ. 종 류

1. 시기·종기

시기(始期)란 법률행위의 효력발생 또는 법률행위의 효과로서 생긴 채무이행에 관한 기한을 말한다(152조 1항). 종기(終期)는 법률행위의 효력이 소멸에 관한 기한이다 (152조 2항). 「6월 1일부터 수영장을 개장한다」는 것은 전자의 예이고, 「9월 30일까지 수영장을 개장한다」는 것은 후자의 예이다.

2. 확정기한·불확정기한

도래하는 기한이 확정된 것을 확정기한이라 한다(예: 내년 9월 1일). 도래하는 것은 확실하지만 그 시기가 불확정한 것은 불확정기한이라고 한다(예: 甲이 사망할 때).

[정지조건인지 불확정기한인지를 판단하는 기준]

부관이 붙은 법률행위에 있어서 부관에 표시된 사실이 발생하지 아니하면 채무를 이행하지 아니하여도 된다고 보는 것이 상당한 경우에는 조건으로 보아야 한다. 또한, 표시된 사실이 발생한 때에는 물론이고 반대로 발생하지 아니하는 것이 확정된 때에도 그 채무를 이행하여야 한다고 보는 것이 상당한 경우에는 표시된 사실의 발생 여부가 확정되는 것을 불확정기한으로 정한 것으로 보아야 한다(대판 2003.8.19, 2003다24215).

Ⅲ. 기한을 붙일 수 없는 법률행위

법률행위에 기한을 붙이는 것은 일반적으로 사적자치의 원칙상 유효하지만 법률행위의 성질로 인하여 그것이 허용되지 않는 경우가 있다. 이것을 기한에 친하지 않은 행위라고 한다.

행위의 성질상 그 효과가 즉시 발생하여야 하는 것은 기한에 친하지 않다. 따라서 혼인·입양·인지 등의 가족행위나 소급효를 가지는 취소나 상계의 경우에는(493조 1항) 시기를 붙이지 못한다.

그러나 기한은 반드시 도래하므로 조건과 같이 상대방이 현저히 불안정하게 하는 것은 아니다. 그래서 어음행위에는 조건을 붙이지 못하지만 시기(지급일)를 붙이는 것은 허용된다.

Ⅳ. 기한부 법률행위의 효력

1. 기한도래 전의 효력

기한은 도래하는 것이 확정적이므로 기한의 도래까지 기한부 권리를 보호할 필요가 생긴다. 따라서 민법은 제148조(조건부 권리의 침해금지)와 제149조(조건부 권리의 처분 등)를 기한부 권리에 준용하고 있다(154조).

2. 기한도래의 효력

기한은 그 내용인 사실이 발생한 때에 도래한다. 법률행위의 효력의 발생에 관한 시기가 도래하면 그 효력이 발생하고, 종기가 도래하면 그 효력이 소멸한다(152조). 기한도래의 효과에는 소급효가 없다. 기한의 도래에 의해 채권의 소멸시효가 진행한다(166조 1항 참조).

[기한 없는 법률행위]

임대차계약을 체결함에 있어서 임대기간을"본건 토지를 임차인에게 매도할 때까지"로 정하였다면 별다른 사정이 없는 한 그것은 도래할지의 여부가 불확실한 것이므로 기한을 정한 것이라고 볼 수 없다. 따라서 위 임대차계약은 기한의 약정이 없는 것이라고 해석함이 상당하다(대판 1974.5.14, 73다641).

Ⅴ. 기한의 이익

1. 의 의

기한의 이익이란 기한이 아직 도래하지 않음으로써 당사자가 받는 이익을 말한다. 기한의 이익은 채권자만이 가지는 경우(예: 무상임치), 채무자만이 가지는 경우(예: 무이자 소비대차), 채권자와 채무자 쌍방이 가지는 경우(예: 정기예금)가 있다. 그런데 기한은 채무자의 이익을 위해 정하는 것이 보통이므로 민법은 채무자의 이익을 위한 것으로 추정한다(153조 1항).

2. 기한이익의 포기

기한의 이익을 가지는 자가 그 이익을 포기하는 것은 자유이다. 다만 기한의 이익의 포기 에 의해 제3자의 이익을 해칠 수 없다(153조 2항). 따라서 무이자의 차주는 언제라도 반환할 수 있고, 또 무상임치인은 언제라도 반환을 청구할 수 있다.

3. 기한이익의 상실

채무자가 기한의 이익을 가지는 것은 채권자가 채무자를 신용하여 그 이행을 유예하여 주기 때문이다. 그러므로 채무자가 신용을 상실한 사정이 생긴 경우에도 채권자에게 기한이 도래하기까지 청구를 유예하도록 하는 것은 채권자에게 가혹하다. 여기서 민법은 다음과 같은 사유가 발생한 경우에는 기한의 이익을 상실하는 것으로 하였다(388조).

① 채무자가 담보를 손상, 감소 또는 멸실하게 한 때

② 채무자가 담보제공의 의무를 이행하지 아니한 때

③ 채무자가 파산한 때(채무자회생파산법 425조)

위와 같은 사정으로 채무자가 기한의 이익을 상실한 때는 채권자는 기한의 도래를 주장하여 즉시 이행을 청구할 수 있다.

[기한이익 상실의 특약]

기한이익 상실의 특약은 그 내용에 의하여 일정한 사유가 발생하면 채권자의 청구 등을 요함이 없이 당연히 기한의 이익이 상실되어 이행기가 도래하는 것으로 하는 정지조건부 기한이익 상실의 특약과 일정한 사유가 발생한 후 채권자의 통지나 청구 등 채권자의 의사행위를 기다려 비로소 이행기가 도래하는 것으로 하는 형성권적 기한이익 상실의 특약의 두 가지로 대별할 수 있다.

기한이익 상실의 특약이 위의 양자 중 어느 것에 해당하느냐는 당사자의 의사해석의 문제이다. 일반적으로 기한이익 상실의 특약이 채권자를 위하여 둔 것인 점에 비추어 명백히 정지조건부 기한이익 상실의 특약이라고 볼 만한 특별한 사정이 없는 이상, 형성권적 기한이익 상실의 특약으로 추정하는 것이 타당하다(대판 2002.9.4, 2002다28340).

제3절 기 간

Ⅰ. 서 설

1. 기간의 의의

기간은 일정한 시점에서 어느 시점까지의 계속된 시간을 말한다. 기간은 시간의 연속을 의미하는 점에서 어느 특정한 시점을 의미하는 기일과 다르다.

2. 기간의 성질

법률사실로서의 기간은 사건이다. 기간만이 법률요건이 되는 경우는 없으나 다른 법률사실과 결합하여 법률요건이 되는 경우는 많다. 성년의 도달에 의한 행위능력의 취득(4조), 시효에 의한 권리의 취득과 상실(162조 · 245조 등), 최고기간(개정민법15조 · 131조) 등이 그 예이다.

3. 기간의 적용범위

법령이나 재판상의 처분 또는 법률행위에 기간이 정해져 있으면 그에 따를 것이나, 이를 정하고 있지 않은 경우에는 공 · 사법상의 관계를 불문하고 민법의 규정이 보충적으로 적용된다(155조).

Ⅱ. 기간의 계산방법

기간의 계산방법에는 순간에서 순간까지를 계산하는 방법(자연적 계산방법)과 日을 최소단위로 하여 역(曆)에 따라서 계산하는 방법(력법적 계산방법)이 있다.

1. 자연적 계산방법

시간을 단위로 정한 기간에 관해서는 자연적 계산방법을 택한다. 즉 기간을 시 · 분 · 초로 정한 경우에는 '즉시'를 기산점으로 계산하고, 종료된 시 · 분 · 초에 만료한다(156조). 「오후 2시 30분부터 3시간」이라는 경우에는 오후 2시 30분이 기산점이고, 오후 5시 30분이 만료점이 된다. 이러한 계산방법은 정확하지만 불편하므로 단기간을 계산할 때 사용된다.

2. 역법적 계산방법

(1) 기산점

1) 원 칙

초일을 산입하지 않는다(157조 본문). 이것을 초일불산입의 원칙이라고 한다. 9월 1일에 「오늘부터 1 개월」이라는 경우에는 그 다음 날인 9월 2일부터 기산한다. 24시간을 충족하지 못한 초일을 계산하는 것은 적당하지 않기 때문이다.

[초일불산입원칙의 성질]

민법 제157조는 초일불산입을 원칙으로 정하고 있으나 이는 강행규정이 아니므로 민법 제155조에 의해 법령이나 법률행위 등에 의하여 위 원칙과 달리 정하는 것도 가능하다(대판 2007.8.23, 2008다62924).

2) 예 외

① 기간이 오전 0시부터 시작하는 때에는 초일을 산입한다(157조 단서). 「내일부터 3일간」이라는 경우에는 다음 날 오전 0시부터 기산된다. 따라서 「오늘부터 3일간」이라는 경우나, 「내일부터 3일간」이라는 경우는 결과적으로 같다.

② 연령계산에는 출생일을 산입한다(158조).

(2) 만료점

① 기간의 만료점은 기간의 말일이 종료한 때이다(159조). 기간의 말일은 日을 단위로 기간을 정한 때는 일수를 계산하여 그 최후의 日이다. 3월 2일에 「오늘부터 5일간」이라는 경우에는 3월 3일이 기산점이고 3월 7일이 기간의 말일이 된다. 따라서 기간의 만료점은 3월 7일 24시가 된다.

[정년의 계산]

정년이 53세라 함은 만 53세에 달하는 날을 말하는 것이고, 53세가 만료되는 날을 의미하지 않는다(대판 1973.6.12, 71다2669).

② 기간을 주·월 또는 년으로 정한 때에는 역에 의하여 계산한다(160조 1항).

③ 주·월 또는 년의 처음으로부터 기간을 기산하지 아니하는 때에는 최후의 주·월 또는 년에서 그 기산일에 해당한 날의 전일(前日)로 기간이 만료한다(160조 2항). 9월 10일에 9월 11일부터 2개월이라고 정한 경우에는 기간은 11월 10일에 만료 한다.

주·월 또는 년의 처음부터 기산하는 때에는 그 주, 월 또는 년의 말일의 종료로 기간이 만료한다. 9월 30일에 앞으로 2개월이라고 하면 10월 1일부터 기산하여 11월 30일에 만료한다.

④ 월 또는 년으로 정한 경우에 최후의 월에 해당일이 없는 때에는 그 월의 말일로 기간이 만료한다(160조 3항). 1월 30일에 1월 31일부터 1개월이라고 정한 경우에는 2월 28일이 기간의 末日이 된다.

⑤ 기간의 말일이 토요일 또는 공휴일에 해당하는 때에는 기간은 익일(다음 날)로 만료한다(161조).

[기간의 초일이 공휴일인 때의 기산점]

기간의 초일이 공휴일이라 하더라도 기간은 초일부터 기산한다(대판 1982.2.23, 81누204).

Ⅲ. 기간의 역산방법

이상은 현재부터 장래로 향해 계속한다고 생각되는 시간의 계산법이다. 그런데 시간은 현재부터 과거로 소급하여 계산할 수도 있다. 이 기간의 계산방법에 대하여도 전술한 장래로 향한 경우와 같은 계산방법을 취한다는 것이 통설·판례이다.

사단법인의 총회의 소집은 1주일 전에 통지하여야 한다(71조). 만약 총회를 5월 1일에 개최하는 경우에 4월 30일을 기산일로 하여, 역산하여 4월 24일이 말일이므로 23일 중에는 통지가 되어야 한다.

제4절 소멸시효

제1관 소멸시효 일반론

Ⅰ. 시효제도

1. 시효의 의의

시효란 일정한 사실상태가 일정기간 동안 계속된 경우에 그 사실상태가 진실한 권리관계에 합치하느냐의 여부를 불문하고, 법률상 일정한 효과를 부여하는 제도이다. 시효에는 사실상 권리자인 것과 같은 상태를 일정기간 계속하고 있는 자에게 그 권리를 취득시키는 취득시효와, 권리를 행사하지 않는 상태가 일정기간 계속하고 있는 자의 권리를 소멸시키는 소멸시효가 있다.

현행 민법은 소멸시효만을 총칙편에서 규정하고, 취득시효는 물권편에서 따로 규정하는 체계를 취하고 있다. 이 점은 소멸시효와 취득시효를 모두 총칙편 에서 규정하는 구민법과는 다르고 독일민법의 체계와 같다.

2. 시효제도의 존재이유

(1) 사회질서의 안정

법질서는 일정한 기간 계속된 사실관계를 권리관계로 인정함으로써 사회질서를 안정시키고 제3자의 신뢰를 보호하려고 한다.

(2) 입증곤란의 구제

장기간 계속하여 온 사실관계가 진실한 법률관계에 합치하는가의 여부를 판단하는 경우, 증거로 될 수 있는 자료가 멸실하는 일이 많아서 확실한 증거에 비추어 판단하는 것이 쉽지 않다. 그러므로 장기간 계속되어 온 사실상태에 강한 증거력을 인정하여 입증곤란에 빠진 당사자를 구제할 수 있다.

(3) 권리행사의 태만에 대한 제재

「권리 위에 잠자는 자는 보호를 받지 못한다」는 로마법의 사상에서, 권리를 행사하지 아니하고 방치하는 자는 권리자로서 법이 보호할 가치가 없는 것으로 한다.

부동산에 관하여 인도·등기 등의 어느 한 쪽 만에 대하여서라도 권리를 행사한 자는 전체적으로 보아 권리 위에 잠자는 자라고 할 수 없다. 그러므로 매수인이 목적부동산을 인도받아 계속 점유하는 경우에는 그 소유권이전등기청구권의 소멸시효가 진행하지 않는다.

Ⅱ. 소멸시효의 의의

1. 의 의

소멸시효는 권리를 행사할 수 있음에도 불구하고 일정 기간 계속하여 이를 행사하고 있지 않는 자의 권리를 소멸시키는 제도이다. 소멸시효는 권리소멸의 효과를 부여하는 시효제도이므로, 위에서 설명한 시효제도의 존재이유 중 주로 입증곤란의 구제와 권리행사의 태만에 대한 제재의 측면이 강하다. 시효규정은 공익적 성격을 가지고 있으므로 강행규정이다(대판 1987.6.23, 86다카2107).

2. 제척기간과의 구별

(1) 제척기간의 의의

법률이 규정하는 권리의 존속기간을 제척기간이라 한다. 따라서 그 기간 내에 권리를 행사하지 않으면 그 권리는 당연히 소멸한다. 민법은 제척기간에 관하여 일반규정을 두고 있지는 않으며, 개별적으로 권리의 존속기간을 예정하고 있을 뿐이다. 이에 대한 예로서 상속의 승인과 포기에 관한 기간(1024조 2항)을 들 수 있다.

[채권자취소권의 제척기간]

채권자취소권 행사에서 제척기간의 기산점인 채권자가 '취소원인을 안 날'은 채권자가 채권자취소권의 요건을 안 날, 즉 채무자가 채권자를 해함을 알면서 사해행위를 하였다는 사실을 알게 된 날을 의미한다.

따라서 채무자소유의 부동산 가액이 채권액에 미치지 못하는 것을 이미 파악하고 채무자재산에 대하여 가압류를 하는 과정에서 그 중 일부 부동산에 관하여 제3자 명의의 근저당권설정등기가 마쳐진 사실을 확인하였다면, 채권자는 가압류 무렵에는 채무자가 채권자를 해함을 알면서 사해행위를 한 사실을 알았다고 봄이 상당하다(대판 2012.1.12, 2011다82384).

(2) 소멸시효와 제척기간의 차이

일정한 기간의 경과로 권리가 소멸된다는 점에서 소멸시효와 제척기간은 유사하지만, 다음과 같은 점에서 차이가 있다.

1) 요건상의 차이

소멸시효는 일정한 기간의 경과와 함께 권리의 불행사라는 사실상태의 계속을 요건으로 하므로, 권리를 행사할 수 있는 때를 시효의 기산점으로 한다. 그러나 제척기간은 권리의 발생 및 기간의 경과만을 요건으로 하며, 일반적으로 권리가 발생한 때를 그 기산점으로 한다.

乙이 1990년 7월 1일에 甲소유 부동산을 매수하기로 甲과 예약을 하면서 예약완결권은 1995년 7월 1일부터 乙이 행사하기로 약정한 경우, 예약완결권은 형성권으로서 10년의 제척기간이 적용되고 그 기산점은 권리가 발생한 때이다. 따라서 매매계약 당시인 1990년 7월 2일부터 기산하여 2000년 7월 1일에 종료되는 것이고, 당사자의 약정에 따라 권리를 행사할 수 있는 때부터인 1995년 7월 2일부터 기산하는 것이 아니다. 이 경우 2001년 7월 2일에 매매완결권을 행사하였다면 이는 제척기간 경과 후의 권리행사로서 매매계약은 성립하지 않는다(同旨: 대판 1992.7.28, 91다44766).

2) 중단 · 정지의 적용

소멸시효의 중단·정지는 제척기간에는 그 적용이 없다.

3) 법원의 직권조사 여부

소멸시효의 완성에 의한 권리의 소멸은 당사자가 그 사실을 주장한 때에 비로소 고려되는 것이나, 제척기간에 의한 권리의 소멸은 당사자의 주장과 상관없이 법원이 직권으로 고려하여야 하는 직권조사사항이다.

4) 효과상의 차이

소멸시효는 그 기산일에 소급하여 권리소멸의 효력이 생기지만(167조), 제척기간은 그 기간 이 경과한 때로부터 장래에 향하여 그 권리가 소멸할 뿐이다. 한편 소멸시효의 이익은 포기할 수 있으나(184조 1항) 제척기간에는 이것이 인정되지 않는다.

5) 입증책임

소멸시효의 경우에는 소멸시효의 항변권을 주장하는 자가 소멸시효의 완성을 입증하여야 하나, 제척기간의 경우에는 권리자가 제척기간의 미경과를 입증하여야 한다.

(3) 소멸시효와 제척기간의 구별

일반적으로 조문에 「시효로 인하여」라고 규정되어 있는 것은 소멸시효로 보고, 그렇지 않은 것은 제척기간으로 본다.

[제척기간과 소멸시효의 차이]

제척기간은 권리자로 하여금 당해 권리를 신속하게 행사하도록 함으로써 법률관계를 조속히 확정시키려는데 그 제도의 취지가 있다. 소멸시효는 일정한 기간의 경과와 권리의 불행사라는 사정에 의하여 권리소멸의 효과를 가져오는 것이다. 따라서 제척기간은 그 기간의 경과 자체만으로 곧 권리소멸의 효과를 가져오므로, 그 기산점은 권리가 발생한 때이다(대판 1995,11.10, 94다22682 · 22699).

제2관 소멸시효의 요건

시효로 권리가 소멸하려면 (i) 권리가 소멸시효의 대상이 되는 것이어야 하고, (ii) 권리자가 권리를 행사할 수 있음에도 불구하고 행사하지 않아야 하며, (iii) 그러한 권리불행사가 일정기간 계속되어야 한다.

[소멸시효의 요건]

권리자가 장기간에 걸쳐 그 권리를 행사하지 아니하여 새삼스럽게 그 권리를 행사 하는 것이 신의칙에 위반되어 허용되지 않는다고 하려면, 의무자인 상대방에 더 이상 권리자가 그 권리를 행사하지 않을 것으로 믿을 만한 정당한 사유가 있어야 한다(대판 2002.1.8, 2001다60019).

I. 소멸시효의 대상이 되는 권리일 것

1. 채 권

채권은 소멸시효에 걸리며(162조 1항), 민법은 채권의 종류에 따라 10년 · 3년 · 1년의 소멸시효를 구분한다.

[부동산중개 소개료]

부동산매매중개에 의한 소개료는 위임사무 처리로 인한 약정보수금에 해당하여 10년의 소멸시효가 적용되는 민법상의 일반채권이다(대판 1971.2.23, 70다2981).

2. 소유권 이외의 재산권

(1) 소유권

소유권은 그 본질상 항구성이 있으므로 소멸시효에 걸리지 않는다. 한편 타인이 취득시효로 소유권을 취득함으로써 소유권을 잃는 수는 있지만, 이것은 소멸시효가 적용되어서가 아니라 취득시효의 적용 결과이다.

(2) 그 밖의 재산권

소유권 이외의 재산권은 20년간 행사하지 아니하면 시효로 소멸한다(162조 2항). 지상권 · 지역권 · 전세권 등이 그 예이다. 다만 소멸시효의 대상이 되는가에 대하여 문제가 되는 다음과 같은 권리들이 있다.

1) 채권적 청구권

채권이 소멸시효에 걸리므로 그 채권에 기한 청구권, 즉 채권적 청구권도 소멸시효에 걸린다. 다만 부동산을 매수한 자가 그 목적물을 인도받아 점유하고 있는 경우에 그 매수인의 등기청구권은 다른 채권과는 달리 소멸시효에 걸리지 않는다고 해석하는 것이 판례의 입장이다. 뿐만 아니라 그 부동산 매수인이 이를 타인에게 처분하고 점유를 승계하여 준 경우에도 등기청구권의 소멸시효가 진행하지 않는다고 본다(대판 1999.3.18, 98다32175).

2) 물권적 청구권

물권에 대한 침해가 있을 때에 발생하는 물권적 청구권은 그것이 소유권에 기한 것이면 소멸시효에 걸리지 않으나, 소유권 이외의 물권에 기한 것이면 소멸시효에 걸리는 것으로 해석된다(통설).

甲이 그 소유가옥을 乙에게 전세권을 설정해 주었는데 丙이 그 가옥을 무단으로 점유하고 있는 경우, 甲은 소유권에 기하여 반환청구권을 행사할 수 있고 乙은 전세권에 기한 반환청구권을 행사할 수 있다. 이 경우 甲의 반환청구권은 소멸시효에 걸리지 않는 반면, 乙의 반환청구권은 20년의 소멸시효에 걸린다(162조 2항).

[신탁종료로 인한 말소등기청구권]

명의신탁 종료로 인하여 가지는 신탁등기의 말소등기청구권은 소멸시효의 대상이 되지 않는다(대판 1991.11.26, 91다34887).

3) 형성권

형성권에 있어서는 권리자의 의사표시가 있으면 그것만으로써 법률효과가 생기는 것이므로, 소멸시효의 중단과 같은 문제가 발생할 여지가 없다. 따라서 형성권에 있어 그 존속기간이 정해져 있다면 그것은 소멸시효기간이 아니라 제척기간으로 보아야 한다. 기간이 정해져 있지 않은 형성권은 10년의 제척기간에 걸린다(통설).

[공유물분할청구권]

공유물분할청구권은 공유관계에서 수반되는 형성권이므로, 공유관계가 존속하는 한 그 분할청구권이 독립하여 시효소멸 할 수 없다(대판 1981.3.24, 80다1888 · 1889).

4) 소멸시효에 걸리지 않는 재산권

일정한 사실상태 또는 법률관계에 의존하는 권리는 그 전제되는 사실상태 또는 법률관계와 분리하여 독자적으로 소멸시효가 완성할 수 없다. 점유라는 사실상태에 의존하는 점유권이나, 피담보채권에 부종하는 담보물권, 일정한 법률관계에 수반하는 권리인 상린권, 인격권과 같은 비재산권 등이 그 예이다.

[변제 후 양도담보설정자의 등기청구권]

부동산 양도담보의 피담보채무가 변제된 이후에 양도담보설정자가 행사하는 등기청구권은 그의 실질적 소유권에 기한 물권적 청구권이므로, 별도로 시효소멸 되지 아니한다(대판 1979.2.13, 78다2412).

Ⅱ. 권리의 불행사

1. 소멸시효의 기산점

소멸시효는 권리를 행사할 수 있는 때로부터 진행한다(166조 1항). 권리를 행사할 수 있다는 것은 법률상의 장애가 없는 것이다. 따라서 사실상의 장애나 천재지변은 원칙적으로 시효의 진행을 막지 못한다. 법률상 장애의 전형은 이행기의 미도래나 조건불성취이다. 단순히 동시이행의 항변권이 부착되어 있는데 불과한 경우에는 소멸시효는 진행한다.

원래의 기산일과 당사자가 주장하는 기산일이 다른 경우, 변론주의의 원칙상 법원은 당사자가 주장하는 기산일을 기준으로 소멸시효를 계산하여야 한다(대판 1995.8.25, 94다35886).

[권리를 행사할 수 없는 경우의 의미]

소멸시효는 객관적으로 권리가 발생하여 그 권리를 행사할 수 있는 때로부터 진행하고 그 권리를 행사할 수 없는 동안만은 진행하지 않는다. '권리를 행사할 수 없는' 경우라 함은 그 권리행사에 법률상의 장애사유, 예컨대 기간의 미도래나 조건불성취 등이 있는 경우를 말하는 것이고, 사실상 권리의 존재나 권리행사 가능성을 알지 못하였고 알지 못함에 과실이 없다고 하여도 이러한 사유는 법률상 장애사유에 해당하지 않는다(대판 2005.4.28, 2005다3113).

[보험금액청구권의 소멸시효의 기산점]

보험금액청구권의 소멸시효의 기산점은 특별한 사정이 없는 한 보험사고가 발생한 때라고 할 것이지만, 약관 등에 의하여 보험금액청구권의 행사에 특별한 절차를 요구하는 때에는 그 절차를 마친 때 또는 채권자가 그 책임 있는 사유로 그 절차를 마치지 못한 경우에는 그러한 절차를 마치는데 소요되는 상당한 기간이 경과한 때로부터 진행한다고 보아야 할 것이다.

그러므로 보험금액청구금의 소멸시효기산점을 판단함에 있어서는 그 보험사고가 무엇인지와 보험금액청구권을 행사하는데 특별한 제한이 있는지를 확정하는 것이 중요한 전제가 된다(대판 2006.1.26, 2004다19104).

[대상청구권의 기산점]

대상청구권은 특별한 사정이 없는 한 매매목적물의 수용 또는 국유화로 인하여 매도인의 소유권이전등기의무가 이행불능 되었을 때 매수인이 그 권리를 행사할 수 있다(대판 2002.2.8, 99다23901).

[수개의 불법행위에 대한 기산점]

불법행위에 의한 손해배상청구권의 단기소멸시효의 기산점이 되는 민법 제766조 1항 소정의 '그 손해 및 가해자를 안 날'이라 함은 현실적으로 손해의 발생과 가해자를 알아야 할 뿐만 아니라 그 가해행위가 불법행위로서 이를 이유로 손해배상을 청구할 수 있다는 것을 안 때를 의미한다.

따라서 불법행위가 계속적으로 행하여지는 결과 손해도 역시 계속적으로 발생하는 경우에는 특별한 사정이 없는 한 그 손해는 날마다 새로운 불법행위에 기하여 발생하는 손해로서 민법 제766조 1항을 적용함에 있어서 그 각 손해를 안 때로부터 각별로 소멸시효가 진행된다고 보아야 한다(대판 1999.3.23, 98다30285).

2. 각종 권리의 시효기산점

(1) 기한이 정해져 있는 권리

확정기한이 있는 채권은 기한이 도래한 때부터 시효가 진행하고, 불확정기한이 있는 채권은 객관적으로 기한이 도래한 때부터 시효가 진행한다.

(2) 기한을 정하고 있지 않은 권리

기한을 정하고 있지 않은 권리는 언제든지 청구를 할 수 있다. 따라서 이 경우에는 원칙적으로 그 권리가 성립한 때부터 소멸시효가 진행한다(통설). 즉 보험금청구권은 보험사고가 발생한 때부터 소멸시효가 진행한다(대판 1998.5.12, 97다54222).

(3) 청구 또는 해지통고 후 일정기간이 지난 후에 청구할 수 있는 권리

이러한 채권(603조 2항 · 635조 · 659조 · 660조 등)에 있어서는 그 전제가 되는 청구나 해지통고를 할 수 있는 때로부터 소정의 유예기간이 경과한 시점이 시효의 기산점이다.

(4) 정지조건부권리

조건이 성취한 때부터 시효가 진행된다. 즉 정지조건부권리는 조건이 성취하지 않는 동안에는 권리를 행사할 수 없으므로 소멸시효가 진행되지 않는다(대판 1992.12.22, 92다28822).

(5) 부작위채권

부작위를 목적으로 하는 채권의 소멸시효는 위반행위를 한 때로부터 진행한다(166조 2항). 예컨대 영업비밀의 경우 영업비밀침해가 발생한 날로부터 영업비밀침해금지청구권에 대한 소멸시효가 진행된다.

(6) 할부금채권

각 채권은 그 각각의 채권이 발생한 때로부터 소멸시효가 진행된다(대판 1978.3.28, 77다2463). 할부금채권에 있어서 1회의 불이행이 있는 경우, 잔액 전부에 대하여 당연히 시효진행이 개시되지 않고 채권자가 특히 잔여할부금에 대하여 변제기가 도래한 것으로 보는 약정이나 약관이 있는 경우에는 잔액전부에 관하여 시효가 진행한다(대판 1997.8.29, 97다12990).

(7) 선택채권

선택권을 행사할 수 있을 때가 기산점이 된다(대판 1963.8.22, 63다323).

Ⅲ. 소멸시효기간

1. 채권의 소멸시효기간

(1) 일반채권

일반채권의 소멸시효기간은 10년이다(162조 1항). 다만 상행위로 생긴 채권의 소멸시효기간은 5년이다(상법 64조).

[물상보증인의 구상권 소멸시효]

물상보증은 채무자 아닌 사람이 채무자를 위하여 담보물권을 설정하는 행위이고 채무자를 대신해서 채무를 이행하는 사무의 처리를 위탁받는 것이 아니므로, 물상보증인의 변제 등에 의하여 채무자를 면책시키는 것은 위임사무의 처리가 아니고 법적 의미에서는 의무 없이 채무자를 위하여 사무를 관리한 것에 유사하다.

따라서 물상보증인의 채무자에 대한 구상권은 그들 사이의 물상보증위탁계약의 법적 성질과 관계없이 민법에 의하여 인정된 별개의 독립한 권리이고, 그 소멸시효에 있어서는 민법상 일반채권에 관한 규정이 적용된다(대판 2001.4.24, 2001다6237).

(2) 3년의 단기소멸시효에 걸리는 채권(163조)

① 이자 · 부양료 · 급료 · 사용료 기타 1년 이내의 기간으로 정한 금전 또는 물건의 지급을 목적으로 하는 채권.

1년 이내의 기간으로 정한 금전을 목적으로 하는 채권이란 매월 말일에 지급하여야 하는 월세 또는 이자의 지급의무가 매월분이 하나의 채권으로 다루어지는 경우를 의미한다. 원본채권은 이미 소멸시효가 완성되었는데 그 소멸시효가 완성되기 전에 발생한 체납이자 채권이 있는 경우, 이자채권은 원본채권과 별도로 3년의 단기소멸시효에 걸린다.

[국회의원 보수금의 소멸시효기간]

국회의원이 재직 중 국가로부터 받게 될 세비, 차마비, 체류비, 보수금 등을 의원직을 그만 둔 후에 국고에 대하여 청구하는 법률관계는 국고에 대한 사법상의 금전채권을 청구하는 경우로서 제163조 1호의 급료채권에 해당한다(대판 1966.9.20, 65다9506).

② 의사 · 조산사 · 간호사 및 약사의 치료 · 근로 및 조제에 관한 채권.

의사의 치료에 관한 채권에 있어서는 특약이 없는 한 개개의 진료가 종료될 때마다 각각의 당해 진료에 필요한 비용의 이행기가 도래하여 소멸시효가 진행된다(대판 1998.2.13, 97다47675).

[수개의 치료채권에 대한 기산점]

민법 제163조 2호 소정의 '의사의 치료에 관한 채권'에 있어서는, 특약이 없는 한 그 개개의 진료가 종료될 때마다 각각의 당해 진료에 필요한 비용의 이행기가 도래하여 그에 대한 소멸시효가 진행된다고 해석함이 상당하다. 또한 장기간 입원치료를 받는 경우라 하더라도 다른 특약이 없는 한 입원치료 중에 환자에 대하여 치료비를 청구함에 아무런 장애가 없으므로 퇴원시부터 소멸시효가 진행된다고 볼 수는 없다(대판 2001.11.9, 2001다52568).

③ 도급받은 자, 기사 기타 공사의 설계 또는 감독에 종사하는 자의 공사에 관한 채권.

도급계약 및 위임계약에 의하여 발생한 채권으로 설계 또는 감독에 종사하는 자의 공사에 관한 채권.

[공사채권을 약정채권이라고 주장하는 경우 소멸시효기간]

당사자가 공사에 관한 채권을 약정에 기한 채권이라고 주장한다고 하더라도 그 채권의 성질이 변경되지 아니한 이상 단기소멸시효에 관한 민법 제163조 3호의 적용을 배제할 수는 없다(대판 1994.10.11, 94다17185).

④ 변호사 · 변리사 · 공증인 · 공인회계사 및 법무사에 대한 직무상 보관한 서류의 반환을 청구하는 채권.

변호사 등이 사무처리를 위하여 작성한 서류에 대한 반환청구권이 이에 해당한다. 따라서 의뢰인의 등기필증과 같이 소유권이 의뢰인에게 있는 서류는 포함되지 않는다.

⑤ 변호사 · 변리사 · 공증인 · 공인회계사 및 법무사의 직무에 관한 채권.

위임계약에서 발생하는 보수청구권 및 비용상환청구권이 이에 해당한다.

⑥ 생산자 및 상인이 판매한 생산물 및 상품의 대가.

이에 대한 채권은 상행위로 생긴 것이므로 본래는 상법 제64조에 의하여 5년의 시효에 걸려야 하지만, 민법 제163조에서 3년의 시효를 규정하고 있어서 상법 제64조 단서에 의하여 3년의 시효에 걸리게 된다(대판 1966.6.28, 66다790).

[위탁매매인에 대한 이득상환청구권 등의 소멸시효]

위탁자의 위탁상품공급으로 인한 위탁매매인에 대한 이득상환청구권이나 이행담보책임 이행청구권은 위탁자의 위탁매매인에 대한 상품공급과 서로 대가관계에 있지 아니하여 등가성이 없으므로 민법 제163조 6호 소정의 '상인이 판매한 상품의 대가'에 해당하지 아니하여 3년의 단기소멸시효의 대상이 아니다.

한편 위탁매매는 상법상 전형적 상행위이며 위탁매매인은 당연한 상인이고 위탁자도 통상 상인일 것이므로, 위탁자의 위탁매매인에 대한 매매위탁으로 인한 위의 채권은 다른 특별한 사정이 없는 한 통상 상행위로 인하여 발생한 채권이어서 상법 제64조 소정의 5년의 상사소멸시효의 대상이 된다(대판 1994.10.14, 94다17185).

⑦ 수공업자 및 제조업자의 업무에 관한 채권.

수공업자는 재봉사 · 세탁업자 등과 같이 자기의 일터에서 주문을 받아 타인을 위하여 일하는 자이고, 제조자는 표구사 · 가구제작자 등과 같이 주문을 받아 물건에 가공하여 다른 물건을 제조하는 자이다.

(3) 1년의 단기소멸시효에 걸리는 채권(164조)

① 여관 · 음식점 · 대석(貸席) · 오락장의 숙박료 · 음식료 · 대석료 · 입장료 · 소비물의 대가 및 체당금(남의 할 일을 대신 맡아하고 그 대가로 받는 돈)의 채권.

중국집에서 단체로 자장면을 먹은 식대의 외상대금채권이 이에 해당한다.

② 의복 · 침구 · 장구(葬具) 기타 동산의 사용료의 채권.

신부가 예식장에서 드레스를 빌려 입은 대가인 사용료가 이에 해당한다.

③ 노역인 · 연예인의 임금 및 그에 공급한 물건의 대금채권.

사용자와 종속관계에 있지 않고 주로 육체적 노력을 제공하는 목수 · 정원사 등과 같은 노역인의 임금 및 개그맨 甲이 방송국에 대한 출연료채권은 1년간 행사하지 않으면 소멸시효가 완성한다.

④ 학생 및 수업자의 교육 · 의식 및 유숙(留宿)에 관한 교주(校主) · 塾主(숙주: 교육기관의 주인) · 교사의 채권.

학교 · 학원 및 그 부설 기숙사 등의 수업료 · 기숙사비 채권을 말한다.

(4) 판결 등으로 확정된 채권

소멸시효가 완성되기 전에 소를 제기하면 시효의 진행은 중단되고, 소멸시효는 재판이 확정된 때로부터 새로이 진행된다(168조 · 179조 참조). 그런데 판결에 의하여 확정된 채권은 그 소멸시효를 10년으로 한다(165조 1항).

따라서 채권이 원래 단기소멸시효에 해당하는 것이어도 그에 대한 판결이 확정되면 그 소멸시효는 10년으로 한다. 일단 확정판결에 의하여 권리관계가 확정된 이상, 그 경우에도 단기소멸시효에 걸리는 것으로 한다면 권리의 보존을 위하여 여러 번 중단의 절차를 거쳐야 하는 불편 등을 고려하여 둔 규정이다.

甲이 乙이 경영하는 음식점에서 2011년 4월 1일에 외상으로 음식을 먹은 경우에 乙의 甲에 대한 음식채권은 1년의 단기소멸시효에 걸리나, 만일 乙이 甲에 대해 2013년 3월 30일에 외상대금 지급청구소송을 제기하여 2013년 6월 20일에 승소판결이 확정되었다면, 그 날부터 10년의 소멸시효기간이 적용된다.

한편 파산절차에 의하여 확정된 채권 및 재판상의 화해 · 조정 기타 판결과 동일한 효력이 있는 것에 의하여 확정된 채권도 10년의 시효에 걸린다(165조 2항). 기한부 채권에 있어 기한이 도래하기 전에 확정판결을 받은 경우처럼 판결확정 당시에 아직 변제기가 도래하지 않은 채권에 관하여는 위 규정이 적용 되지 않는다(165조 3항).

[유치권의 소멸시효와 매수인]

유치권이 성립된 부동산의 매수인은 피담보채권의 소멸시효가 완성되면 시효로 인하여 채무가 소멸되는 결과, 직접적인 이익을 받는 자에 해당하므로 소멸시효의 완성을 원용할 수 있는 지위에 있다고 할 것이다. 그러나 매수인은 유치권자에게 채무자의 채무와는 별개의 독립된 채무를 부담하는 것이 아니라, 단지 채무자의 채무를 변제할 책임을 부담하는 것이다.

그러므로 유치권의 피담보채권의 소멸시효기간이 확정판결 등에 의하여 10년으로 연장된 경우, 매수인은 그 채권의 소멸시효기간이 연장된 효과를 부정하고 종전의 단기소멸시효기간을 원용할 수는 없다(대판 2009.9.24, 2009다39530).

[보증채무의 소멸시효기간]

민법 제165조가 판결에 의하여 확정된 채권, 판결과 동일한 효력이 있는 것에 의하여 확정된 채권은 단기의 소멸시효에 해당한 것이라도 그 소멸시효는 10년으로 한다고 규정하는 것은 당해 판결 등의 당사자 사이에 한하여 발생하는 효력에 관한 것이다.

따라서 채권자와 주채무자 사이의 판결 등에 의해 채권이 확정되어 그 소멸시효가 10년으로 되었다 할지라도 위 당사자 이외의 채권자와 연대보증인 사이에 있어서는 위 확정판결 등은 그 시효기간에 대하여는 아무런 영향도 없고 채권자의 연대보증인의 연대보증채권의 소멸시효기간은 여전히 종전의 소멸시효기간에 따른다(대판 1986.11.25, 86다카1569).

2. 기타 재산권의 소멸시효기간

채권 및 소유권 이외의 재산권은 20년의 소멸시효에 걸린다(162조 2항).

제3관 소멸시효의 중단과 정지

Ⅰ. 소멸시효의 중단

1. 의 의

소멸시효의 중단이란 소멸시효가 진행하는 도중에 권리의 불행사라는 소멸시효의 기초가 되는 사실을 깨뜨리는 사정이 발생하는 경우에, 이미 진행한 시효기간의 효력을 상실케 하는 제도이다. 소멸시효는 권리자의 권리불행사라는 사실상태의 지속으로 인하여 인정되는 것이므로 권리자의 권리행사가 있게 되면 더 이상 사실상태를 존중할 이유를 잃게 되기 때문이다.

시효가 중단된 때에는 중단까지의 경과한 시효기간은 이를 산입하지 아니하고 중단 사유가 종료한 때로부터 새로이 진행한다(178조 1항).

2. 소멸시효의 중단사유

민법이 규정하는 중단사유는 (ⅰ) 청구, (ii) 압류 또는 가압류, 가처분, (iii) 승인이다(168조). 이러한 사유가 중단사유로 되는 것은 권리자에 의해 그 권리가 행사되고, 또는 채무자에 의해 그 권리가 승인됨으로써 시효의 기초로서 사실상태의 계속성이 깨지기 때문이다.

(1) 청구(168조 1호)

권리자가 시효의 이익을 받고 있는 자에게 그 권리를 주장하는 것이다.

1) 재판상의 청구

재판상의 청구는 재판상으로 권리의 존재를 주장하는 것이다. 즉 민사소송으로서 「이행의 소」·「확인의 소」·「형성의 소」· 본소 · 반소 · 재심의 소 등을 제기하는 것이다. 형사소송이나 행정소송은 이에 해당하지 않는다. 시효중단의 효력은 소를 제기한 때이다(민사소송법 265조).

재판상의 청구가 있더라도 소가 각하·기각되거나 또는 취하가 있으면 시효는 중단되지 않는다(170조 1항). 그러나 그러한 경우에도 6개월 내에 재판상의 청구·파산절차참가·압류 또는 가압류·가처분을 한 때에는 시효는 최초의 재판상의 청구로 중단된 것으로 본다(170조 2항).

각하는 소송요건의 흠결을 이유로 내리는 원고패소의 판결이고, 기각은 청구가 이유 없는 경우에 내리는 원고패소의 판결이고, 취하는 원고가 심판청구를 철회하는 소송행위이다.

[응소와 소멸시효의 중단]

민법 제168조 1호, 제170조 1항에서 시효중단사유의 하나로 규정하고 있는 재판상의 청구라 함은 통상적으로 권리자가 원고로서 시효를 주장하는 자를 피고로 하여 소송물인 권리를 소의 형식으로 주장하는 경우를 가리킨다.

이와 반대로 시효를 주장하는 자가 원고가 되어 소를 제기한 데 대하여 피고로서 응소하여 그 소송에서 적극적으로 권리를 주장하고 그것이 받아들여진 경우도 마찬가지로 이에 포함되는 것으로 해석함이 타당하다. 또한 응소행위로 인한 시효중단의 효력은 피고가 현실적으로 권리를 행사하여 응소한 때에 발생한다고 보는 것이 상당하다(대판 2005.12.23, 2005다59383·59390).

2) 파산절차참가

파산절차참가는 채무자가 파산한 때 채권자가 파산절차의 배당에 가입하기 위해 채권을 신고하는 것이다(채무자회생파산법 447조). 파산절차참가는 재판상 청구로 간주되어 시효중단의 효력이 있으나, 채권자가 파산절차참가를 취소하거나 그 청구가 각하된 때에는 시효중단의 효력이 없다(동법 제32조).

[파산절차참가와 시효중단의 효력]

채권조사기일에서 파산관재인이 신고채권에 대하여 이의를 제기하거나 채권자가 법정기간 내에 파산채권 확정의 소를 제기하지 아니하여 배당에서 제척되었다고 하더라도, 그것이 민법 제171조 규정에서 말하는 '그 청구가 각하된 때'에 해당한다고 볼 수는 없다. 따라서 파산절차참가로 인한 시효중단의 효력은 파산절차가 종결될 때까지 존속한다(대판 2005.10.28, 2005다28273).

3) 지급명령

금전 기타 대체물이나 유가증권의 일정한 수량의 지급을 목적으로 하는 청구에 대하여, 법원은 채권자의 신청에 의하여 지급명령을 할 수 있다(민사소송법 462조). 이 지급명령 신청서를 관할법원에 제출하였을 때 시효중단의 효력이 생긴다. 지급명령에 대하여 이의신청이 없거나 이의신청을 취하하거나 각하결정이 확정된 때에는 지급명령은 확정판결과 동일한 효력이 있다(민사소송법 474조).

민법 제172조는 채권자가 법정기간 내에 지급명령에 대한 가집행신청을 하지 않으면 시효중단의 효력이 없다고 규정하나, 1990년 민사소송법이 개정되어 지급명령에는 가집행선고를 붙일 수 없게 된 결과 그 의미를 잃게 되었다.

4) 화해를 위한 소환

화해(민사소송법 385조)를 신청하면 시효는 중단된다. 그러나 이 신청을 받은 법원이 화해를 권고하기 위하여 상대방을 소환하였으나 상대방이 출석하지 않거나 또는 출석하더라도 화해가 성립하지 않을 경우에는, 화해신청인이 1개월 이내에 소를 제기하지 않으면 시효중단의 효력이 없다(173조 전단). 소를 제기하면 화해를 신청한 때에 시효중단의 효력이 생긴다.

5) 임의출석

임의출석이란 당사자 쌍방이 임의로 법원에 출석하여 소송에 관한 변론을 함으로써 소를 제기하는 방식을 말한다. 소액사건의 경우 임의출석에 의한 소의 제기가 가능하고(소액사건심판법 5조), 이에 따라서 시효중단의 효력이 생긴다. 임의출석의 경우에 화해가 성립되지 않으면 시효는 중단되지 않고(173조 후단), 1개월 내에 소를 제기함으로써 출석한 시점을 기준으로 시효중단의 효력이 생긴다.

6) 최 고

채권자가 채무자에게 이행청구의 의사를 통지하는 것이 최고이고, 이에 의하여 잠정적인 시효중단의 효력이 생긴다. 즉 최고 후 6개월 이내에 재판상의 청구, 파산절차참가, 화해를 위한 소환, 임의출석, 압류 또는 가압류, 가처분을 하면 시효중단으로서의 효력을 지속할 수 있다(174조).

판례는 최고를 여러 번 거듭하다가 재판상 청구 등을 한 경우에 시효중단의 효력은 항상 최초의 최고시에 발생하는 것이 아니라 재판상 청구를 한 시점을 기준으로 하여 이로부터 소급하여 6월 내에 한 최고시에 발생한다고 한다(대판 1983.7.12, 83다카437).

[압류 및 추심명령 송달의 최고로서의 효력]

최고는 채무자에 대하여 채무이행을 구한다는 채권자의 의사통지이다. 이에는 특별한 형식을 요구하지 않을 뿐 아니라 행위 당시 당사자가 시효중단의 효과를 발생시킨다는 점을 알거나 의욕 하지 않았다 하더라도 권리행사의 주장을 하는 취지임이 명백하다면 최고에 해당한다.

그러므로 채권자 확정판결에 기한 채권의 실현을 위하여 채무자의 제3채무자에 대한 채권에 관하여 압류 및 추심명령을 받아 그 결정이 제3채무자에게 송달되었다면 거기에 소멸시효 중단사유인 최고로서의 효력을 인정하여야 한다(대판 2003.5.13, 2003다16238).

(2) 압류 · 가압류 · 가처분 (168조 2호)

① 압류는 확정판결 기타 집행권원에 기하여 행하는 강제집행이며(민사집행법 24조 · 56조 · 188조), 가압류 · 가처분은 강제집행을 보전하는 수단이다(민사집행법 276조 · 300조). 압류 · 가압류 · 가처분은 가장 강력한 권리의 실행행위라는 의미에서 시효중단사유가 된다.

따라서 이러한 행위가 권리자의 청구에 의하여 또는 법률의 규정에 따르지 아니함으로 인하여 취소된 때에는 시효중단의 효력이 없다(175조).

② 이러한 행위를 시효의 이익을 받을 자에 대하여 하지 않은 때에는 이를 그에게 통지한 후가 아니면 시효중단의 효력이 없다(176조). 즉 채권자가 물상보증인의 저당물을 압류하면 이러한 사실을 채무자에게 통지한 때 시효중단의 효력이 발생한다.

[배당요구의 효력]

집행력 있는 집행권원 정본을 가진 채권자가 다른 채권자에 의해 개시된 경매절차에서 배당요구를 신청하였다면 이는 민법 제168조 2호의 압류에 준하는 것으로 배당요구에 관련된 채권에 관하여 시효중단이 된다(대판 2002.2.25, 2000다25484).

[집행취소와 소멸시효의 중단]

금전채권의 보전을 위하여 채무자의 금전채권에 대하여 가압류가 행해진 경우, 그 후 채권자의 신청에 의하여 그 집행이 취소되었다면 다른 특별한 사정이 없는 한 가압류에 의한 소멸시효의 중단의 효과는 소급적으로 소멸된다.

민법 제175조는 가압류가 '권리자의 청구에 의하여 취소된 때에는' 소멸시효중단의 효력이 없다고 정한다. 가압류 집행 후에 행해진 채권자의 집행취소 또는 집행해제의 신청은 실질적으로 집행신청의 취하에 해당한다. 이는 다른 특별한 사정이 없는 한 가압류 자체의 신청을 취하하는 것과 마찬가지로 그에게 권리행사의 의사가 없음을 객관적으로 표명하는 행위로써 시효중단의 효력이 소멸한다고 봄이 상당하다.

이러한 점은 위와 같은 집행취소의 경우, 그 취소의 효력이 단지 장래에 대하여만 발생된다는 것에 의하여 달라지지 아니한다(대판 2010.10.14, 2010다53273).

(3) 승인(168조 3호)

1) 의의와 법적 성질

승인은 시효이익을 받을 자가 시효에 의해 권리를 상실할 자에게 그 권리의 존재를 알고 있다는 것을 표시하는 것이다. 이에 의해 권리관계의 존재가 명확하게 되고, 권리자도 권리 위에 잠자고 있다고는 할 수 없으므로 시효중단의 효력이 생긴다.

승인은 시효완성 전에만 가능하며, 시효완성 후에는 시효이익의 포기가 문제될 뿐이다. 승인의 법적 성질은 관념의 통지이다.

2) 주 체

승인은 채무자 자신뿐만 아니라 그 대리인에 의해 행해져도 상관 없다. 그러나 시효에 의해 이익을 받을 자가 해야 하므로 보증인이 채무의 승인을 하여도 주채무의 시효중단의 효력은 생기지 않는다. 판례도 회사의 경리과장·총무과장·출장소장은 다른 특별한 사정이 없는 한 회사가 부담하고 있는 채무에 대해 소멸시효의 중단사유가 되는 승인을 할 수 없다고 본다(대판 1965.12.28, 65다2133).

승인은 단순히 권리의 존재를 인식하는 것을 표시하는 행위이고, 시효중단의 효력은 표의자의 효과의사에 기한 것은 아니므로 승인자는 상대방의 권리에 대해 처분능력 또는 권한을 가지고 있을 필요는 없다(177조). 그러나 본조는 처분능력을 요하지 않는다는 것에 불과하므로 관리능력은 요한다는 취지로 해석된다. 따라서 행위무능력자는 단독으로 유효한 승인을 할 수 없다.

3) 상대방

승인은 승인에 의하여 권리를 잃게 될 자 또는 그 대리인에게 하여야 한다(통설: 대판 1993.3.12, 93다18124).

4) 방 법

승인은 재판상 또는 재판외의 어느 방법이라도 다 좋다(대판 1998.11.13, 98다38661). 또 명시적이든 묵시적이든 상관없다. 묵시적 승인의 예로서 증서의 재작성 · 이자의 지급 · 일부변제 · 담보제공 등을 들 수 있다.

(4) 재산명시신청

민사집행법 제61조 소정의 재산명시신청은 다른 강제집행절차에 선행하거나 부수적인 절차가 아니라 그 자체가 독립된 절차이고, 재산명시절차의 개시를 위해서는 다른 강제집행의 신청과 마찬가지로 집행력 있는 정본과 집행개시의 요건을 갖출 것을 필요로 하는 점에 비추어 채권자의 재산명시신청은 압류에 버금가는 강력한 권리실현의 의사표시라고 볼 수 있다.

[채무의 일부변제와 채무승인의 효력]

시효완성 전에 채무의 일부를 변제한 경우에는 그 수액에 관하여 다툼이 없는 한, 채무승인으로서의 효력이 있어 시효중단의 효과가 발생한다(대판 1996.1.23, 95다39854).

[승인의 시기]

소멸시효의 중단사유로서의 승인은 시효이익을 받을 당사자인 채무자가 그 권리의 존재를 인식하고 있다는 뜻을 표시함으로써 성립하는 것이다. 이는 소멸시효의 진행이 개시된 이후에만 가능하고 그 이전에 승인을 하더라도 시효가 중단되지는 않는다고 할 것이다. 또한 현존하지 아니하는 장래의 채권을 미리 승인하는 것은 채무자가 그 권리의 존재를 인식하고서 한 것이라고 볼 수 없어 허용되지 않는다고 할 것이다(대판 2001.11.9, 2001다52568).

3. 시효중단의 효력

(1) 기본적 효력

시효가 중단된 때에는 그 때까지 경과한 시효기간은 이를 산입하지 아니하고, 중단사유가 종료한 때로부터 새로이 진행한다(178조). 새로운 소멸시효의 기산점은 재판상 청구의 경우에는 재판이 확정된 때, 압류 · 가압류 · 가처분의 경우에는 절차가 끝난 때, 채무승인의 경우에는 승인의 의사가 상대방에게 도달한 때이다.

(2) 효력이 미치는 인적 범위

1) 원 칙

시효의 중단은 당사자 및 그 승계인 사이에서만 그 효력이 발생한다(169조).

[당사자 및 승계인의 의미]

당사자라 함은 중단행위에 관하여 당사자를 가리키고 시효의 대상인 권리 또는 청구권의 당사자는 아니다. 승계인이라 함은 '시효중단에 관여한 당사자로부터 중단의 효과를 받는 권리를 승계한 자'를 뜻하고, 포괄승계인은 물론 특별승계인도 이에 포함된다(대판 1997.4.25, 96다46484).

2) 예 외

어느 연대채무자에 대한 이행청구는 다른 연대채무자에게도 효력이 있으며(416조), 주채무자에 대한 시효의 중단은 보증인에게도 미친다(440조).

[압류와 다른 연대채무자에 대한 시효중단 여부]

채권자의 신청에 의한 경매개시결정에 따라 연대채무자 1인의 소유부동산이 압류 된 경우, 이로써 위 채무자에 대한 채권의 소멸시효는 중단되지만, 압류에 의한 시효중단의 효력은 다른 연대채무자에게 미치지 아니한다. 그러므로 경매개시결정에 의한 시효중단의 효력을 다른 연대채무자에 대하여 주장할 수 없다(대판 2001.8.21, 2001다22840).

Ⅱ. 소멸시효의 정지

1. 의 의

시효의 완성이 가까운 시점에서 권리자가 시효를 중단시킬 수가 없거나 대단히 곤란한 사정이 있는 경우에 그 사정이 소멸한 후 일정기간이 경과하는 시점까지 시효의 완성을 연기하는 것을 시효의 정지라고 한다. 시효의 정지는 시효기간이 완성될 무렵에만 문제가 된다.

2. 시효정지의 사유

(1) 제한능력자를 위한 정지

① 소멸시효의 기간만료 전 6월내에 제한능력자에게 법정대리인이 없는 경우에는 그가 능력자가 되거나 법정대리인이 취임한 때부터 6월내에는 시효가 완성 하지 않는다(개정민법 179조). 제한능력자가 권리자인 경우에만 적용되므로 의무자로 시효이익을 받는 경우에는 적용되지 않는다.

② 재산을 관리하는 아버지·어머니 또는 후견인에 대한 제한능력자의 권리는 그가 능력자가 되거나 후임 법정대리인이 취임한 때로부터 6월내에는 소멸시효가 완성하지 아니한다(개정민법 180조 1항).

(2) 혼인관계의 종료에 의한 정지

부부 중 한쪽이 다른 쪽에 대하여 가지는 권리는 혼인관계가 종료된 때로부터 6월내에는 소멸시효가 완성되지 않는다(개정민법 180조 2항). 혼인관계의 종료는 이혼, 혼인의 취소 및 부부 일방의 사망 등에 의하여 발생한다.

(3) 재산상속에 관한 정지

상속재산에 속한 권리나 상속재산에 대한 권리는 상속인의 확정, 관리인의 선임 또는 파산선고가 있는 때로부터 6월내에는 소멸시효가 완성하지 아니한다(181조).

(4) 사변에 의한 정지

천재 기타 사변으로 인하여 소멸시효를 중단할 수 없을 때에는 그 사유가 종료한 때로부터 1월내에는 시효가 완성하지 않는다(182조).

3. 시효정지의 효력

시효의 정지는 단지 일정기간 동안만 시효의 진행을 멈추게 한다. 따라서 정지사유가 발생한 후 일정한 유예기간(6월 또는 1월)이 경과하면 시효는 완성한다. 이 점에서 이미 경과한 기간이 무(無)로 되고 새로이 시효가 진행되는 시효의 중단과 다르다.

제4관 소멸시효의 효력

사례

甲은 자신이 소유하고 있던 오토바이 한 대를 乙에게 50만원에 매도하였는데 아직 그 매매대금은 받지 못하고 있었다. 그런 중 甲이 乙에 대해 가지는 매매대금 채권은 소멸시효가 완성되었다. 그럼에도 불구하고 매수인 乙은 甲에게 매매대금 채무인 50만원을 지불하여 채무를 변제하였다. 그런데 며칠 후 乙은 자신의 변제가 비채변제라고 주장하여 매도인 甲에게 매매대금 50만원의 반환을 청구하였다. 이 경우 乙의 청구는 정당한가?

Ⅰ. 소멸시효완성의 효과

민법은 소멸시효에 관하여 「…소멸시효가 완성한다」고 규정할 뿐이고, 그 완성의 효과가 구체적으로 무엇을 의미하는지에 관하여는 명확히 밝히고 있지 않다. 따라서 소멸시효 완성의 효과에 관하여 학설의 대립이 있으며, 각 학설에 따라 그 효과의 내용이 다소 다르게 설명된다. 다만 실제 학설적용의 결과에 있어 큰 차이가 보이지는 않는다.

1. 학설의 내용

학설은 소멸시효의 완성으로 권리가 당연히 소멸한다는 「절대적 소멸설」(다수설)과 소멸시효의 완성으로 권리가 당연히 소멸하는 것은 아니며, 다만 시효의 이익을 받을 자에게 권리의 소멸을 주장할 권리(원용권)가 생기는 것에 불과하다는 「상대적 소멸설」로 나누어져 있다.

절대적 소멸설은 현행민법이 구민법과 달리 시효원용에 관한 규정을 두고 있지 않은 점과 민법 부칙 제8조 1항이나 민법 제369조, 제766조 1항 등이 「소멸한 것으로 본다」고 표현하고 있는 점을 그 근거로 든다. 반면 상대적 소멸설은 절대적 소멸설에 의하면 시효이익의 포기(184조)를 설명할 수 없다는 점과 당사자가 소멸시효의 이익을 받기를 원하지 않는 경우에도 그 의사를 존중하지 않는 것이 부당하다는 점을 그 근거로 제시한다.

판례는 절대적 소멸설을 취하여 시효의 완성으로 실체법상 채권은 당연히 소멸한다고 한다. 따라서 소멸시효기간 만료에 의한 권리소멸은 당사자의 원용이 없어도 당연히 발생하므로 시효완성 된 채권에 기한 가압류는 법적 근거가 없는 행위로서 구채무자에 대해 불법행위가 된다고 한다(대판 1966.1.31, 65다2445).

2. 학설의 비교

(1) 당사자의 원용

소멸시효완성의 효과는 당사자의 원용이 없어도 법원이 직권으로 고려할 수 있는가. 이에 대해 절대적 소멸설은 당사자의 원용 없이도 시효완성으로 채무는 당연히 소멸하고, 다만 변론주의 원칙에 따라 시효이익을 받을 자가 시효완성의 항변을 하지 않으면 그 의사에 반하여 재판할 수 없을 뿐이라고 한다. 반면 상대적 소멸설은 당사자의 원용이 없는 한 법원이 직권으로 시효를 고려하지 못한다고 한다.

[소멸시효의 대위원용 여부]

채권의 소멸시효가 완성된 경우 이를 원용할 수 있는 자는 시효로 인하여 채무가 소멸되는 것과 직접적인 이익을 받는 자에 한정되고, 그 채무자에 대한 채권자는 자기의 채권을 보전하기 위하여 필요한 한도 내에서 채무자를 대위하여 이를 원용할 수 있을 뿐이므로, 채무자에 대하여 무슨 채권이 있는 것도 아닌 자는 소멸시효 주장을 대위원용할 수 없다(대판 2007.3.30, 2001다47825).

(2) 시효완성 후의 변제

절대적 소멸설에 따르면 채무자가 시효완성의 사실을 알고 변제했다면 비채변제로서 반환을 청구하지 못하고(742조), 또 시효완성의 사실을 모르고 변제한 경우에는 도의관념에 적합한 변제(744조)로서 반환청구를 할 수 없다고 한다.

그러나 상대적 소멸설은 시효이익의 원용이 없는 동안에는 채권은 소멸하지 않는 것이므로, 채무자가 시효완성의 사실을 알았는지의 여부와는 상관 없이 유효한 변제가 된다고 한다.

(3) 시효이익의 포기

시효이익을 받을 자가 그 이익을 포기한 것을 어떻게 설명할 것인가. 절대적 소멸설은 시효이익의 포기를 시효이익을 받지 않겠다는 의사표시로 보고, 그 의사표시의 효과로서 이익이 생기지 않은 것으로 된다고 한다. 상대적 소멸설은 절대적 소멸설을 관철한다면 포기의 대상이 애당초 존재하지 않는다는 난점이 있음을 지적하고, 시효이익의 포기는 원용권의 포기라고 설명한다.

[수개 채권의 시효이익의 포기]

동일 당사자간에 계속적인 거래로 인하여 같은 종류를 목적으로 하는 수개의 채권관계가 성립되어 있는 경우에 채무자가 특정채무를 지정하지 아니하고 그 일부의 변제를 한 때에도 다른 특별한 사정이 없다면 잔존채무에 대하여도 승인을 한 것으로 보아 시효중단이나 포기의 효력을 인정할 수 있다.

그러나 그 채무가 별개로 성립되어 독립성을 갖고 있는 경우에는 일률적으로 그렇게만 해석할 수 없을 것이고, 특히 채무자가 가압류 목적물에 대한 가압류를 해제 받을 목적으로 피보전채권을 변제하는 경우에는 특별한 사정이 없는 한, 피보전채권으로 적시되지 아니한 별개의 채무에 대하여서까지 소멸시효의 이익을 포기한 것이라고 볼 수는 없을 것이다(대판 1993.10.26, 93다14936).

Ⅱ. 소멸시효의 소급효

소멸시효는 그 기산일에 소급하여 효력이 생긴다(167조). 따라서 소멸시효로 채무를 면하게 된 자는 기산일 이후의 이자를 지급할 필요가 없다. 그러나 소멸시효가 완성된 채권이 그 완성 전에 상계할 수 있었던 것인 때에는 소멸시효가 완성한 후라도 이를 상계할 수 있다(495조).

Ⅲ. 소멸시효이익의 포기

1. 시효이익의 포기의 의의

소멸시효이익의 포기란 소멸시효에 의하여 생기는 이익 자체를 포기하는 것을 말한다. 시효이익포기의 성질은 절대적 소멸설에 의하면 시효이익을 받지 않겠다는 의사표시로, 상대적 소멸설에 의하면 원용권의 포기로 설명된다.

2. 시효완성 전의 포기

소멸시효의 이익은 시효기간이 완성하기 전에는 미리 포기하지 못한다(184조 1항). 이것은 시효제도의 공익적 성격상 개인의 의사에 의하여 배제할 수 없다는 점과 채권자가 채무자의 궁박을 이용하여 미리 시효이익을 포기하게 할 염려가 있다는 점을 고려하여 둔 규정이다.

같은 취지에서 소멸시효의 완성을 곤란하게 하는 특약, 즉 소멸시효를 배제 · 연장 · 가중하는 특약은 무효이다. 그러나 반대로 이를 단축 · 경감하는 특약은 유효하다(184조 2 항).

[소멸시효기간을 단축하는 특약의 효력]

채권자가 원리금의 상환기일로부터 3개월 이내에 보증채무의 이행을 청구하지 아니하면 보증채무가 소멸한다는 내용의 특약이 있는 지급보증부 회사채가 발행되었다. 그런데 그 상환기일이 도래하고 나서 보증채무자가 파산하였다면, 채권자는 보증채무에 관하여 파산법원에 채권신고를 하여 파산재단에 참가함으로써 보증채무의 이행을 청구할 수 있다.

그러므로 채권자가 3개월 내에 그러한 채권신고를 하지 않으면 위 특약에 따라 보증채무가 소멸하게 되고, 비록 구 파산법(2005.3.31. 법률 제7428호 채무자 회생 및 파산에 관한 법률 부칙 제 2조로 폐지)이 파산의 특수성을 고려하여 일반채권과 다르게 그 행사방법 및 행사의 상대방 등에 관하여 규정하고 있다고 하더라도 이러한 사정만으로 파산선고에 의하여 위 특약이 배제되거나 실효된다고 할 수 없다(대판 2006.4.28, 2004다70260).

3. 시효완성 후의 포기

민법 제184조 1항의 반대해석상 시효완성 후에는 시효이익을 포기할 수 있다. 시효이익의 포기는 상대방 있는 단독행위이므로 상대방에 의한 의사표시로 하나, 그 방식에는 아무런 제한이 없다. 소멸시효가 완성된 후에 이르러 기한의 유예를 요청하는 것은 시효의 이익을 포기한 취지로 보아야 한다(대판 1965.12.28, 65다2133). 또한 시효이익의 포기는 처분행위이므로 포기자는 처분의 능력과 권한이 있어야 한다.

시효이익의 포기와 같은 상대방 있는 단독행위는 그 의사표시로 인하여 권리에 직접적인 영향을 받는 상대방에게 도달하는 때에 효력이 발생한다. 취득시효완성으로 인한 권리변동의 당사자는 시효취득자의 취득시효완성 당시의 진정한 소유자이고, 실체관계와 부합하지 않는 원인무효인 등기의 등기부상 소유명의자는 권리 변동의 당사자가 될 수 없다.

결국 시효이익의 포기는 달리 특별한 사정이 없는 한 시효취득자가 취득시효완성 당시의 진정한 소유자에 대하여 하여야 그 효력이 발생하고 원인무효인 등기의 등기부상 소유명의자에게 그와 같은 의사를 표시하였더라도 그 효력이 발생 하지 않는다(대판 1994.12.23, 94다40734).

시효이익의 포기가 있으면 처음부터 권리가 소멸되지 않은 것으로 본다.

[시효완성 이익포기의 의사표시를 할 수 있는 자]

시효완성의 이익포기의 의사표시를 할 수 있는 자는 시효완성의 이익을 받을 당사자 또는 대리인에 한정된다고 할 것이고, 그 밖의 제3자가 시효완성의 이익포기의 의사표시를 하였다 하더라도 이는 시효완성의 이익을 받을 자에 대한 관계에서 아무 효력이 없다(대판 1998.2.27, 97다53366).

[일부변제의 시효이익의 포기 여부]

소멸시효 완성 후 채무자가 채무를 일부변제한 때에는 그 액수에 관하여 다툼이 없는 한, 그 채무전체를 묵시적으로 승인한 것으로 보아야 하고, 이 경우 시효완성의 사실을 알고 그 이익을 포기한 것으로 추정된다(대판 2001.6.12, 2001다3580).

4. 시효이익포기의 효과

시효이익의 포기의 효과는 상대적이며, 포기할 수 있는 자가 수인인 경우에 1인이 포기하더라도 다른 자에게 영향을 미치지 아니한다(183조). 그러므로 주채무자가 시효이익을 포기하여도 물상보증인·연대보증인·저당부동산의 제3취득자에게는 포기의 효과가 발생하지 않는다.

예컨대 甲과 乙이 500만원의 소비대차계약을 체결할 때 丙이 연대보증인이 된 경우, 채무의 시효가 완성되어 주채무자 乙이 시효이익을 포기해도 丙의 채무는 소멸한다.

[시효이익을 포기한 경우]

소멸시효가 완성된 채무를 피담보채무로 하는 근저당권이 실행되어 채무자 소유의 부동산이 경락되고 그 대금이 배당되어 채무의 일부변제에 충당될 때까지 채무자가 아무런 이의를 제기하지 아니하였다면, 경매절차의 진행을 채무자가 알지 못하였다는 등 다른 특별한 사정이 없는 한, 채무자는 시효완성의 사실을 알고 그 채무를 묵시적으로 승인하여 시효이익을 포기한 것으로 보아야 한다(대판 2001.6.12, 2001다3580).

Ⅳ. 종속된 권리에 대한 소멸시효의 효과

주된 권리의 소멸시효가 완성된 때에는 종속된 권리에 그 효력이 미친다(183조). 따라서 원본채권이 시효로 소멸하면 그에 대한 이자채권도 시효로 소멸하게 된다. 다만 이 규정은 주된 권리의 소멸시효가 완성되었으나 종된 권리는 아직 완성되지 않은 경우에 그 실익이 있다.

사례해결

사례는 甲과 乙의 매매계약에 있어서 乙이 부담하는 매매대금 채무의 소멸시효가 완성이 된 경우에 소멸시효완성의 법률효과를 어떻게 구성할 것인가 하는 문제이다. 소멸시효완성의 효과에 관한 학설과 판례의 태도에 따라 해결하면 된다. 그리고 乙이 자신이 변제한 50만원을 甲에게 비채변제를 이유로 반환을 청구하는 것이 정당한 것인지를 살펴봐야 한다.

절대적 소멸설에 따르면 乙이 시효완성의 사실을 알고 변제했다면 비채변제(742조)로서 甲에게 50만원의 반환을 청구할 수 없다. 또 乙이 시효완성의 사실을 모르고 변제한 경우에는 도의관념에 적합한 변제(744조)가 되기 때문에 반환청구가 불가하다.

상대적 소멸설에 의하면 시효이익의 원용이 없는 한 채권은 소멸하지 않는 것이므로, 乙이 시효완성의 사실을 알았는지의 여부와는 상관 없이 乙의 변제는 유효하다. 따라서 어느 설에 의하든 乙은 甲에 대하여 50만원의 반환을 청구할 수 없다.

명상의 시간

시간의 절정

바람을 따라가다 보면
시간의 영원함을 알게 된다

천리를 내닫는 그랜드캐니언은
신이 남긴 대자연의 유산

겹겹이 쌓인 세월의 절정 앞에
잠시 심장이 멈춘다

쉬임 없이 흐르는 콜로라도 강에서
작은 가슴 열어 강물에 띄운다

하늘높이 날갯짓 하는 기도 한 자리
화석이 되어 영원으로 흐른다.

「조성민, 시간의 절정(제2시집), 책나라, 2013.2, P25」

제 2 편

물권법

제1장 물권법 총론

제1절 물권제도 일반

제1관 물권의 개념

Ⅰ. 물권의 의의

물권은 특정한 물건을 직접 지배하여 이익을 얻는 배타적 권리이다.

1. 직접 지배성

물권은 물건을 직접 지배하는 권리이다. 직접 지배한다는 것은 물권자의 힘이 타인의 행위에 의존함이 없이 직접 물건 위에 미친다는 것을 의미한다.

2. 배 타 성

물권은 물건을 배타적으로 지배하는 권리이다. 물건을 배타적으로 지배하기 때문에 그 물건으로부터의 이익을 독점적으로 누리고, 누구에게라도 그 지배상태의 존중을 요구할 수 있다. 그 결과 다음과 같은 결론이 도출된다.

① 하나의 물건 위에 같은 내용의 물권이 중복하여 성립할 수 없다(우선적 효력 · 배타성이라는 의미의 일물일권주의).

② 물권자는 물건으로부터의 이익의 향수를 방해하는 자에 대해 그 침해를 배제할 수 있는 힘을 갖는다(물권적 청구권).

③ 물권의 배타성을 실현하기 위해서는 그 물건에 물권을 가지고 있다는 것을 외부에 알려 주어야 한다(공시의 원칙). 그리고 배타성 · 공시의 원칙을 확보하기 위하여 물권의 종류와 내용은 법률의 규정에 의하여 한정된다(물권법정주의).

④ 이러한 직접 · 배타적 지배권을 규정하는 물권법은 강행법규이다.

Ⅱ. 물권과 채권의 구별

사례

갑이 을로부터 X건물을 매입하면서 대금지급과 동시에 소유권이전등기를 완료했다. A는 B소유의 Y토지에 대해 매매계약을 체결하고 등기는 1개월 후에 대금과 상환하여 넘겨받기로 합의했다. 이 경우에 갑이 X건물 위에 가지는 권리와 A의 Y토지에 대해 행사할 수 있는 권리의 차이점은 무엇인가?

물권과 채권은 재산권이라는 점에서 공통되지만 그 권리의 내용 면에서 본질적인 차이가 있다. 즉 물권은 물건을 직접 지배하는 권리인데, 채권은 특정인에게 급부를 청구할 수 있는 권리라는 점이다. 이러한 본질적인 차이를 기초로 다음과 같은 기준으로 양자를 구별해 볼 수 있다.

1. 권리의 객체

물권의 객체는 물건이고(對物權), 채권의 객체는 채무자의 일정한 행위(對人權)이다.

2. 물건에 대한 지배형태

물권은 물건을 직접 지배하나, 채권은 채무자의 행위를 통하여 물건을 간접적으로 지배한다.

3. 배 타 성

물권에는 배타성이 있으나, 채권에는 배타성이 없다. 따라서 같은 내용의 채권이 동시에 둘 이상 병존할 수 있다. 또 병존하는 채권은 모두 평등하며 성립시기의 선후에 의한 우열의 차이가 없다(채권자평등의 원칙).

4. 양 도 성

물권은 그 권리의 성질상 당연히 양도성을 가진다. 채권도 원칙적으로 양도성이 인정되나, 채권의 성질·당사자의 의사표시·법률에 의한 제한이 가능하다.

5. 절 대 권

물권은 물건을 직접 지배하는 권리이므로 모든 자에게 주장할 수 있고, 모든 자로부터 침해를 받을 수 있는 절대권이다. 반면 채권은 원칙적으로 특정의 상대방에 대해서만 주장할 수 있고, 그 상대방으로부터만 침해를 받을 수 있는 상대권이다(채권법에서는 '제3자에 의한 채권침해'의 문제가 논의된다).

사례해결

① 갑의 권리는 물권인 소유권으로서 X건물이 그 객체가 된다. 반면 A의 권리는 채권으로서, A는 1개월 후에 Y토지의 소유권을 취득하는데 필요한 행위를 B에게 청구할 수 있다. 따라서 A의 채권의 객체는 B의 일정한 행위이다.

② 갑은 X를 점유하여 스스로 사용할 수 있다. 또 X를 타인에게 전세권이나 임차권을 설정하고 수익할 수 있다. 반면 A는 Y를 직접 사용·수익할 수는 없고, 단지 B에게 청구함으로써 지배할 수밖에 없다.

③ 갑의 X에 대한 소유권에는 배타성이 있으므로, 어느 누구라도 그 건물에 대해 재차 소유권을 취득할 수 없다. 반면 채권은 동일한 내용의 채권이라도 2개 이상 성립할 수 있기 때문에, B는 타인과 다시 Y를 목적으로 한 매매계약을 체결할 수 있다.

④ 갑은 X의 소유권을 독자적으로 타인에게 양도할 수 있다. A의 채권도 제3자 C에게 양도가 가능하나 그 양도로서 B에게 대항하기 위해서는 양도사실을 A가 B에게 통지하거나, B가 A나 C에게 승낙해야 된다.

⑤ 갑은 X에 대한 소유권을 누구에게나 주장할 수 있다(절대권), 반면 A의 채권은 B에게만 주장할 수 있다.

제2관 물권의 객체

물권은 물건을 직접·배타적으로 지배하는 것을 내용으로 하는 권리이다. 따라서 그 객체는 (i) 직접 지배에 의한 이익의 향수가 가능하고, (ii) 거래안전을 위해 그 존재가 공시에 적합한 것이어야 한다. 그러므로 물권의 객체는 특정되고 독립한 단일물(객체로서의 일물일권주의)일 것이 요청된다.

Ⅰ. 특정의 독립한 물건

1. 특 정 성

특정되어 있는 물건이 아니면 그 위에 물권은 성립되지 않는다. 특정성이 없는 물건을 직접·배타적으로 지배할 수 없기 때문이다.

[특정성의 완화]

일반적으로 일단의 증감 변동하는 동산을 하나의 물건으로 보아 이를 채권담보의 목적으로 삼으려는 이른바 집합물에 대한 양도담보설정계약체결도 가능하다. 이 경우 그 목적 동산이 담보설정자의 다른 물건과 구별될 수 있도록 그 종류·장소 또는 수량지정 등의 방법에 의하여 특정되어 있으면 그 전부를 하나의 재산권으로 보아 이에 유효한 담보권의 설정이 된 것으로 볼 수 있다(대판 1990.12.26, 88다카20224).

2. 독 립 성

물권의 객체는 물건의 일부나 구성부분이 아니고 독립된 물건이어야 한다. 물건의 일부나 구성부분은 직접 지배에 의한 이익이 적고, 공시가 곤란하므로 물권이 성립될 수 없다.

[독립성의 완화]

1필의 토지 일부에 대한 시효취득을 인정하기 위하여는 그 부분이 다른 부분과 구분되어, 시효취득자의 점유에 속한다는 것을 인식하기에 족한 객관적인 징표가 계속하여 존재할 것을 요한다(대판 1997.3.11. 선고 96다37428).

3. 단 일 성

물권의 객체는 물건의 집합이 아니라 1개의 물건이어야 한다. 독립된 가치가 있는 개개 물건의 집합은 배타적 지배가 곤란하고, 공시에 적합하지 않기 때문이다.

그러나 오늘날 경제사회의 발전은 집합물을 단일된 물권의 객체로 요구하고 있고, 그에 대한 법적 보장이 실현되고 있다. 양식장 내 뱀장어에 대한 양도담보의 설정(대판 1990. 12. 26, 86다카20224)이나, 제강회사 내의 원자재에 대한 양도담보의 설정(대판 1988. 10. 25, 85누941) 및 공장저당법상의 공장저당 등이 이러한 예외에 해당한다.

Ⅱ. 일물일권주의

사례

갑은 을에게 자신의 토지를 임대하여 건물을 신축할 수 있도록 하였다. 그 후 을이 건물을 신축하였으나, 그 건물은 갑이 임대한 토지와 을 자신이 소유하는 토지에 걸쳐있게 되었다. 을이 위 건물에 대하여 매수청구권을 행사하는데, 갑은 을 토지 위에 있는 건물 부분에 대해서도 매수를 하여야하는가?

1. 의 의

일물일권주의(一物一權主義)란 하나의 물건에는 원칙상 하나의 물권만이 성립한다는 원칙이다. 단 서로 용인되는 물권의 경우에는 허용된다. 예를 들어 A가 자기가 소유하는 단독주택을 B에게 전세권을 설정하여 주고, 동일한 단독주택을 C에게 전세권을 설정하여 줄 수는 없다. 그러나 A의 소유권과 B의 전세권은 용인될 수 있다.

이외에는 원칙적으로 一物의 一部에 독립한 소유권은 성립하지 않는다. 예컨대 하나의 물건의 일부분을 甲, 다른 부분을 乙의 소유로 할 수 없다. 그리고 복수의 물건이 있으면 복수의 소유권이 성립한다. 즉 책이 5권 있으면 5개의 소유권이 성립하고, 5개의 책 위에 1개의 소유권을 인정할 수 없다.

[일물일권주의의 의미]

일물일권주의(一物一權主義)의 원칙상, 물건의 일부분, 구성부분에는 물권이 성립할 수 없는 것이어서 구분 또는 분할의 절차를 거치지 아니한 채 하나의 부동산 중 일부분만에 관하여 따로 소유권보존등기를 경료하거나, 하나의 부동산에 관하여 경료된 소유권보존등기 중 일부분에 관한 등기만을 따로 말소하는 것은 허용되지 아니한다(대판 2000.10.27, 선고 2000다39582).

2. 인정이유

(1) 거래의 안전보호

물건의 일부나 구성부분에 관하여 물권의 성립을 인정하지 않는다. 이것을 인정하게 되면 물건의 지배관계가 복잡하게 되어 공시의 곤란 내지 혼란을 가져와 일반거래의 안전을 해치기 때문이다.

(2) 공시의 간편화

다수의 물건 위에 1개의 물권이 성립할 수 없다고 하는 것은, 이로 인하여 물권의 대상인 목적물의 특정성 · 독립성를 확보하여 공시에 편리하도록 하기 위한 것이다.

(3) 물권의 배타성

물권은 물건에 대한 배타적 지배권이므로 동일물에 대하여 서로 상용하지 않는 물권을 인정하지 않는다. 이는 물권의 객체의 범위를 객관적으로 확정하지 않으면 그 권리행사로서의 직접 지배의 적법 여부를 결정할 수 없기 때문이다.

3. 내 용

(1) 1개의 물건의 결정기준

독립한 물건, 즉 1개의 물건이냐 아니냐는 일반적으로 사회통념 내지 거래관념에 의하여 결정되며, 물건의 성질에 의하여 정해지는 것은 아니다.

(2) 동 산

동산은 1개씩 물리적으로 분리되어 존재하므로 독립성이 뚜렷하고 그대로 거래의 대상이 되는 것이 일반적이다. 그러므로 물건의 독립성에 관하여 특별히 문제될 것이 없다.

다만 액체는 1개의 용기에 넣어서 1개로 독립·특정된다.

(3) 부 동 산

1) 토 지

토지는 연속하고 있으나 인위적으로 그 지표에 선을 그어서 경계로 삼아 구별하며, 지적공부인 토지대장 또는 임야대장에 등록된다(지적법 2조). 등록된 각 구역은 독립성이 인정되며, 그 개수는 필로써 계산하며 독립된 지번이 부여된다.

그러므로 독립된 지번이 부여된 각 필지가 1개의 토지가 되는 것이다. 1필지를 수 필지로 나누거나 수 필지를 1필지로 합하려면, 분필 또는 합필의 절차를 밟아야 한다(지적법 17조 이하·부동산등기법 93조 이하).

[토석의 독립성 여부]

일반적으로 토석은 토지의 기본적 구성요소로서 토석 그 자체의 굴취, 채취를 목적으로 하는 경우를 제외하고는 토지와 분리하여 별도로 권리 또는 거래의 객체로 되지 못한다(대판 1989. 6. 27, 88다카25861).

2) 건 물

건물은 토지의 정착물 중에서(99조) 가장 중요한 것이며, 우리 법제 하에서는 토지로부터 완전히 독립한 별개의 부동산이다(부동산등기법 14조·15조). 따라서 토지와는 독립한 물권의 객체가 된다. 문제가 되는 것은 건축 중인 건물을 언제부터 독립한 부동산으로 볼 것인지 또 헐고 있는 건물을 언제부터 건물이 아닌 것으로 볼 것인지 등이다. 이는 물리적 구조에 의해서 정해지지 않고 사회통념 내지 거래관념에 의하여 결정된다. 판례는 지붕과 기둥 그리고 주벽이라도 완성되어야 한다고 하고 있다(대판 1977. 4. 26, 76다1677).

건물은 건물등기부상의 1용지를 갖추어 등기되어 있는 것을 1개의 건물로 봄이 보통이다. 따라서 1동의 건물은 1개의 물건으로 보아 1개의 소유권이 성립됨이 원칙이나, 민법은 수인이 1채의 건물을 구분하여 각각 그 일부분을 소유할 수 있는 것으로 하였다(215조·집합건물법). 이것을 '구분소유'라 한다.

등기부상 1동의 건물이라도 그 일부가 독립한 건물로서 구분할 수 있는 한 그 부분에 대한 1개의 소유권을 인정하지만, 벽 · 계단 등 공용부분은 물건 전체로서의 내용이 되므로, 일물일권주의의 취지에 따라서 전원의 공유에 속한다(집합건물법 10조).

[부동산 일부분에 대한 등기여부]

일물일권주의(一物一權主義)의 원칙상 물건의 일부분이나 구성부분에는 물권이 성립할 수 없다. 따라서 구분 또는 분할의 절차를 거치지 아니한 채 하나의 부동산 중 일부분만에 관하여 따로 소유권보존등기를 경료하거나, 하나의 부동산에 관하여 경료된 소유권보존등기 중 일부분에 관한 등기만을 따로 말소하는 것은 허용되지 아니한다(대판 2000.10.27, 2000다39582).

3) 수 목

수목은 토지의 정착물이며 독립하여 물권의 객체로 되지 못하는 것이 원칙이다. 그러나 수목은 토지 위에 자라고 있는 채로 토지와 분리하여 거래할 필요가 적지 않은바, 다음과 같은 경우에는 예외적으로 수목이 독립한 물권의 객체가 된다.

(a) 입목법에 의해 등기된 입목

「입목에 관한 법률」에 의해 입목등록원부에 등기된 수목의 집단(입목)은 독립된 부동산으로서 토지와 독립하여 양도할 수 있으며, 저당권의 객체가 될 수 있다(동법 3조).

(b) 명인방법을 갖춘 입목

등기하지 않은 수목의 집단도 명인방법(明認方法)이라는 공시방법을 갖추면 독립한 부동산으로 거래의 목적이 될 수 있다. 명인방법이란 외부에서 명확히 인식할 수 있는 공시방법을 말한다. 임야에 "입산금지 소유자 홍길동"과 같은 팻말을 세워두거나(대판 1967.12.18, 66다2282 · 2283), 나무에 성명을 기재한 목찰을 부착하는 방법(대판 1967.4.27, 76다72)이 그 예이다.

그러나 명인방법이 공시방법으로는 불완전하기 때문에 명인방법을 갖춘 입목도 소유권의 목적이 될 수 있으나, 저당권의 목적이 될 수는 없다.

(c) 명인방법을 갖춘 개개의 수목

수목의 집단이 아닌 개개의 수목도 명인방법에 의하여 공시하면 토지와는 독립하여 양도할 수 있다.

[명인방법을 인정한 예]

① 임야의 여러 장소에 '입산금지 소유자 ○○○'라는 푯말을 송판에 써서 붙인 경우에 수목의 집단에 대한 소유권취득의 명인방법이 된다(대판 1967.12.18, 66다2382·2383).
인삼을 매매한 경우에 물권변동의 사실을 공시한 푯말을 인삼포를 지나는 자가 볼 수 있는 장소에 설치하여도 명인방법이 된다(대판 1972.2.29, 71다2573).
③ 입목에 새끼줄을 치고 또는 철인으로 0표를 하였고 요소에 소유자를 게시하였다면 입목에 대한 명인방법으로 인정할 수 있다(대판 1976.4.27, 76다72).

[명인방법을 부정한 예]

① 토지의 주위에 울타리를 치고 그 안에 수목을 정원수를 심어 가꾸어 온 사실만으로는 명인방법을 갖추었다고 보기 어렵다(대판 1991.4.12, 90다20220).
② 법원의 검증당시 수령 10년 이상 된 수목을 흰 페인트로 표시하라는 재판장의 명에 다라 측량감정인이 이 사건 포푸라의 표피에 흰 페인트칠을 하고 편의상 그 위에 일련번호를 붙인 경우, 제3자에 대하여 이 사건 포푸라에 관한 소유권이 원고들에게 있음을 공시한 명인방법으로 볼 수 없다(대판 1990.2.13, 89다카23022).

4) 미분리과실

미분리과실(未分離果實)은 수목의 일부에 지나지 않으나 독립해서 거래되어야 할 사회적 필요성이 있고, 또한 공시방법으로서 명인방법을 구비할 수 있으므로 명인방법을 갖춘 때에는 독립한 물건으로서 거래의 목적으로 할 수 있다.

5) 농 작 물

파종 후 수 개월 내에 수확할 수 있는 농작물은 비록 그것이 남의 토지에 위법한 경작·재배에 의한 것이라도 언제나 경작자에게 귀속한다는 것이 판례 및 다수설의 태도이다(이른바 不附合說). 따라서 그 한도 내에서 토지의 정착물 중 농작물만은 그것이 부착하고 있는 토지와는 따로 독립한 물건으로 다루어진다. 이 경우에는 명인방법을 갖출 필요가 없다. 이에 대해 권원 없이 농작물을 파종한 경우에는 파종시 토지에 부합한 것으로 보는 견해도 있다(이른바 附合說).

[농작물의 의미와 소유]

남의 땅에 권한 없이 경작 재배한 농작물의 소유권은 그 경작자에게 있고 길이 4,5 센치미터에 불과한 모자리도 농작물에 해당한다(대판 1969.2.18. 68도906).

4. 일물일권주의의 수정

(1) 수정의 필요성

물건의 일부나 집합물 위에 물권을 인정해야 할 사회적 필요성이 있고, 어느 정도의 공시가 가능하거나 공시와는 관계가 없을 때에는 일물일권주의가 수정된다. 특히 수 개의 물건이 유기적으로 결합하여 전체로서의 종합적인 가치를 발휘하고 있는 물건의 집합에 대해서 일물일권주의를 수정할 필요성이 크다.

(2) 물건의 일부 또는 구성부분에 대한 물권의 성립

1) 토지의 일부

토지의 일부에 대하여도 다른 부분과 구분되어 이를 인식할 수 있는 객관적 징표가 존재하면 취득시효(소유권성립)를 인정한다(대판 1989.4.25, 88다카9494).

2) 용익물권

용익물권은 부동산의 일부 위에 설정할 수 있다(부동산등기법 136조 · 137조 · 139조).

3) 광 물

지중의 토사 · 암석 등은 토지의 구성부분으로서 독립성이 없으나, 지중의 일정한 광물(광업법 3조1 항)은 토지소유권의 객체는 아니며 광업권이라는 독립된 권리의 객체가 된다.

(3) 집합물에 대한 물권의 성립

1) 특별법이 있는 경우

입목법은 수목의 집단을 하나의 부동산으로 보고 그 위에 하나의 소유권 또는 저당권의 성립을 인정한다. 또한 공장저당법 · 광업재단저당법과 같은 특별법은 다수의 기업재산(기업재단)을 1 개의 부동산으로 취급하고, 그 위에 하나의 저당권의 성립을 인정한다.

2) 특별법이 없는 경우

특별법이 없는 경우에도 경제적으로 독립성을 가진 집합물이 1개의 물권의 객체가 될 것인지의 여부이다. 이 경우에도 적당한 공시방법이 일반거래계에 행해지고 있으면 집합물을 1개의 물건으로 보아 1개의 물권의 객체가 될 수 있다고 본다. 예컨대 양어장 내의 뱀장어 전부에 대하여 양도담보권을 설정할 수 있다(대판 1990.12.26, 86다카20224).

사례해결

건물의 소유를 목적으로 한 토지임대차의 기간이 만료한 경우에 건물이 현존하는 때에는 임차인의 갱신청구권과 매수청구권이 인정된다(643조). 다만 일물일권주의상 乙 토지 위에 있는 건물부분에 대해서는 을의 매수청구가 허용되지 않는다.

제3관 물권의 종류

Ⅰ. 물권법정주의

사례

갑은 자기가 소유하는 토지를 을에게 매도하면서, 물권적 청구권은 매도인 갑 자신에게 유보하는 특약을 하였다. 제3자 병이 이 토지를 불법으로 점유하고 있는 경우, 갑은 병을 상대로 소유권에 기한 소유물반환청구를 할 수 있는가?

1. 의 의

물권법정주의(物權法定主義)라 함은 물권의 종류와 내용을 법률로 정하는 것에 한정한다는 원칙을 말한다. 즉 물권의 종류와 내용은 민법 기타 법률이나 관습법으로 정하는 것에 한하며 당사자가 자유로이 창설하지 못한다(185조). 민법에서는 점유권, 소유권, 유치권, 질권, 저당권, 지상권, 지역권, 전세권만이 규정되어 있다.

물권법정주의를 취한 결과 물권법은 임의법인 채권법과는 달리 강행법규성을 가지게 된다. 따라서 물권법에 있어서는 계약자유의 원칙이 제한되며, 또 채권법상 계약의 전형(典型)이 예시적인 데 반해 물권법상 물권의 정형(定型)은 확정적이다.

2. 민법 제185조의 해석

「물권은 법률 또는 관습법에 의하는 외에는 임의로 창설하지 못한다.」

(1) 법률의 의미

민법 제185조에서의 '법률'은 국회에서 제정한 형식적 의미의 법률만을 의미하고, 명령·규칙 등을 포함하지 않는다. 물권은 제3자의 이해관계에 큰 영향을 미치므로 행정기관의 명령 등에 의하여 물권을 창설케 하는 것은 부당하기 때문이다.

(2) 관습법에 의한 물권의 성립

물권법정주의에 관습법에 의한 물권의 창설이 포함됨은 민법 제185조의 규정으로 보아 명백하다. 관습법에 의한 물권의 성립을 인정하는 것은 경제사회의 발전에 따른 새로운 물권에 대한 거래계의 수요에 부응하기 위한 것으로, 정형적인 물권법정주의의 결함을 보충하고 있다고 할 수 있다. 그런데 이러한 관습법에 의한 물권이 성문법상의 물권에 대하여 어떠한 지위에 있는가에 관하여 학설이 대립하고 있다.

1) 보충적 효력설

관습법에 의한 물권은 성문법이 존재하지 않는 경우에 그것을 보충하는 효력만을 갖는다는 견해이다. 이 견해는 민법 기타 법률에 규정되어 있는 물권과 다른 종류·내용의 물권을 관습법에 의하여 창설할 수 없고, 법률에 규정이 없는 종류와 내용의 물권만 관습법에 의하여 성립될 수 있다고 본다.

2) 대등적 효력설

물권의 종류와 내용에 관하여 관습법은 성문법과 대등한 효력을 갖는다는 견해이다. 즉 민법 기타 법률에 규정되어 있는 종류와 내용의 물권이 관습법에 의하여 성립할 수 있을 뿐만 아니라, 법률에 규정되어 있는 종류나 내용의 물권이라도 그것과 다른 물권이 관습법에 의하여 인정된다는 것이다. 이 견해에 의하면 성문법상의 물권과 관습법상의 물권이 병존할 때에는 당사자가 선택할 수 있다.

3) 변경적 효력설

관습법상 물권이 성문법상 물권을 변경할 수 있다는 견해이다. 즉 성문법상 물권과 관습법상 물권이 충돌할 때에는 관습법상 물권이 성문법상 물권의 적용을 배척할 수 있다는 것이다. 이 견해에 의하면 같은 종류의 물권이라도 내용이 다를 때에는 관습법상의 물권의 내용만 인정된다.

(3) 「창설하지 못한다」는 의미

1) 종류강제

이는 법률 또는 관습법이 인정하지 않는 새로운 종류의 물권을 만들지 못한다는 것을 의미한다.

2) 내용강제

법률 또는 관습법에 의해 인정되는 물권이라 하더라도 법률 또는 관습법이 인정하는 것과 다른 내용을 부여하지 못한다는 것을 의미한다.

(4) 물권법정주의 위반의 효과

종류강제에 위반하는 경우에는 법률행위 전체가 무효이고, 내용강제의 경우에는 일부무효가 원칙이다.

[물권법의 강행법규성]

대한예수교장로회의 헌법에는 대한예수교장로회 경북노회 소속의 지교회에 속한 부동산은 노회의 소유로 하고 토지나 가옥에 관하여 분쟁이 생기면 노회가 이를 처단할 권한이 있음을 규정하고 있다. 그러나 물권인 부동산소유권의 귀속 등 국가의 강행법규를 적용하여야 할 법률적 분쟁에 있어서는 이와 저촉되는 교회헌법의 규정이 적용될 여지가 없다(대판 1991. 12. 13, 91다29446).

사례해결

물권법정주의상 물권적 청구권을 갑에게 유보하기로 하는 특약은 무효이다. 물권적 청구권 역시 을에게 귀속하므로, 갑은 병에게 물권적 청구권을 행사할 수 없다. 갑은 더 이상 소유자가 아니기 때문이다.

Ⅱ. 물권의 분류

1. 민법이 인정하는 물권

① 본권과 점유권.

② 소유권과 제한물권

③ 용익물권과 담보물권

④ 부동산물권과 동산물권

3. 관습법상의 물권

① 관습법상의 법정지상권
② 분묘기지권
③ 온천권은 관습법상의 물권에 해당되지 않는다(대판 1998.2.13, 97누15142).
④ 관습법상 사도통행권(私道通行權)은 인정되지 않는다(대판 2002.2.26, 2001다64165).

제4관 물권의 효력

물권은 물건을 직접 지배하는 배타적 권리이므로, 물권의 일반적 효력으로는 우선적 효력과 물권적 청구권이 있다. 그리고 각종 물권의 특유한 효력은 물권법 각론에서 정하고 있다.

Ⅰ. 우선적 효력

1. 의 의

물권의 우선적 효력이라 함은 동일한 물건 위에 수 개의 권리가 존재하는 경우에 그 중의 한 권리가 다른 권리에 우선하여 취급되는 효력을 말한다. 우선적 효력은 물권의 배타성에 기인하여 물권상호간 및 물권과 채권간에 문제가 된다.

2. 물권상호간의 우선적 효력

(1) 원 칙

동일한 물건 위에 성립하는 물권상호간에 있어서는 시간적으로 먼저 성립한 물권이 나중에 성립한 물권에 우선한다. 따라서 동일한 물건 위에 앞의 물권과 성질 · 범위 · 순위가 같은 물권은 동시에 성립하지 못한다. 예컨대 동일물 위에 2개 이상의 소유권은 성립하지 못한다.

(2) 예 외

① 앞의 물권과 종류가 다른 물권은 동일한 물건 위에 동시에 성립할 수 있다. 예컨대 소유권과 전세권, 소유권과 저당권, 지상권과 저당권은 동시에 성립할 수 있다. 또한 저당권은 동일 부동산 위에 복수로 성립할 수 있다. 저당권은 복수로 존재하더라도 같은 내용이 아니라 성립의 순위에 따르기 때문이다. 다만 질권과 저당권은 다른 종류의 물권이지만 목적물이 다르기 때문에 동일물 위에 양자가 성립할 수 없다.

② 배타성이 없는 점유권은 우선적 효력이 없다. 점유권은 '점유'라는 현재의 사실상태에 근거하는 권리이므로, 2개 이상의 점유권의 대립은 생각할 수 없기 때문이다. 그러나 그 당연한 결과로 본권과는 병존적으로 존재할 수 있다.

3. 채권에 우선하는 효력

(1) 원 칙

동일한 물건 위에 채권과 물권이 병존하는 경우에는 그 성립시기와 관계없이 원칙적으로 물권이 채권에 우선한다. 물권은 직접 물건을 지배하는 데 반하여, 채권은 채무자의 행위를 통하여 간접적으로 물건을 지배하기 때문이다. 채권에 대한 물권의 우선적 효력의 실익은 특히 채무자가 파산한 때 또는 강제집행의 경우에 나타난다. 소유자가 가지는 환취권(채무자회생파산법 407조 이하)·담보권자가 가지는 별제권(채무자회생파산법 411조 이하) 등이 그 예이다.

(2) 예 외

① 부동산물권의 변동을 청구하는 채권이 가등기를 갖추면 물권에 우선하는 효력이 인정된다. 다만 가등기 후에 본등기를 갖추어야 한다.

② 부동산임차권을 등기한 경우에는 그 이후에 성립한 물권에 대항할 수 있는 효력이 인정된다(621조).

③ 주택임차권은 등기가 없어도 주택인도와 주민등록을 마친 때에는 그 다음 날부터 물권에 우선하는 효력이 있다(주택임대차보호법 3조).

④ 법률이 특별한 이유에서 물권보다 채권에 특수한 순위를 인정하는 경우가 있다. 예컨대 주택임차인의 보증금 중 일정액의 최우선특권(주택임대차보호법 8조)·임금채권우선특권(근로기준법 37조)·상법상의 각종 우선특권(상법 468조·866조 이하·872조) 등이다.

Ⅱ. 물권적 청구권

1. 서

(1) 의 의

물권적 청구권이란 물권의 내용의 실현이 어떤 사정으로 말미암아 방해당하고 있거나 또는 방해당할 염려가 있는 경우에, 물권자가 방해자에 대하여 그 방해의 제거 또는 예방에 필요한 일정한 행위(작위 또는 부작위)를 청구할 수 있는 권리를 말한다. 이는 물상청구권이라고도 한다.

민법은 점유권과 소유권에 관하여 이에 관한 규정을 두고, 소유권에 관한 물권적 청구권에 관한 규정을 다른 물권에 준용하고 있다.

(2) 근 거

물권적 청구권을 인정하는 것은 물권이 목적물에 대한 직접적인 지배권이기 때문에 물권으로서의 실효성을 주기 위함이다(통설). 물권이 타인에 의하여 방해당하고 있는 경우라도 원칙적으로 자력구제가 허용되지 않으므로, 그 타인에 대하여 방해제거를 하지 못하고 그대로 방치할 수밖에 없다면 물권은 유명무실한 것이 되고 만다. 따라서 물권자가 방해자에 대하여 물권의 내용을 실현하는 데 필요한 권리로서 물권적 청구권이 인정되는 것이다.

2. 종 류

(1) 물건에 대한 침해의 모습에 따른 종류

1) 물권적 반환청구권

물건에 대한 점유가 전부 침해당하고 있는 경우에 물권자가 침해자에게 그 점유의 반환을 청구하여 빼앗긴 점유를 회복하는 것을 내용으로 하는 물권적 청구권이다. 이 때 물건의 반환은 그 점유를 물권자에게 이전함으로써 이루어진다. 물권적 반환청구권은 동산·부동산 어느 것에 대해서도 발생하며, 손해가 발생한 경우 손해배상을 청구할 수 있다.

2) 물권적 방해제거청구권

물권자가 점유침탈 이외의 방법에 의하여 물권이 침해된 경우 그 침해의 제거를 구하는 청구권이다. 예컨대 甲의 토지상에 乙이 건축자재를 무단으로 갖다 놓은 경우 甲이 乙에게 그 방해의 제거를 청구할 수 있는 권리가 이에 속한다. 물권적 방해제거청구권은 주로 부동산에 관하여 발생하며, 손해가 발생한 경우 손해배상청구도 가능하다.

[소유물방해제거청구권]

인격권의 침해에 대하여 사전 예방수단으로서 침해행위의 정지·방지 등의 금지청구권이 인정될 수 있다. 따라서 소유물방해제거청구권은 인격권에도 확대 인정된다(대판 1997.10.24, 96다17851).

3) 물권적 방해예방청구권

물권이 현재 방해당하고 있지 않아도 장차 방해당할 염려가 있는 경우, 물권자가 그러한 방해의 위험을 현재 갖고 있는 자에 대하여 그 방해의 예방을 청구할 수 있는 권리를 말한다. 예로서는 이웃집의 담이 자기 집으로 넘어질 것 같은 경우 붕괴의 예방을 청구할 수 있는 경우를 들 수 있다. 방해의 위험은 부동산에 관하여 생기는 것이 보통이다.

(2) 물권적 청구권의 기초가 되는 물권에 따른 종류

물권적 청구권의 기초가 어떠한 권리냐에 따라 점유권에 기한 물권적 청구권과 소유권에 기한 물권적 청구권으로 나뉜다.

3. 법적 성질

(1) 학 설

물권적 청구권의 법적 성질에 관하여는 (ⅰ) 물권의 효력으로서 생기는 청구권이라는 견해(물권설), (ⅱ) 그 기초인 물권으로부터 독립한 순수한 채권이라는 견해(채권설), (ⅲ) 물권의 효력으로서 발생하는 청구권이지만 채권에 준하는 청구권이라는 견해(절충설) 등이 주장되고 있다.

어느 견해에 의하든지 물권적 청구권의 법률상 취급에 별다른 차이가 있는 것은 아니나,

물권적 청구권이 물권에 근거한 것이면서도 물건을 직접 지배하는 물권과는 다르다는 점에서 절충설(통설)이 타당하다고 본다.

(2) 물권적 청구권의 특성

1) 채권적 청구권에 우선

물권적 청구권은 특정인에 대하여 행위를 청구하는 것을 내용으로 하나, 물권에 근거하는 것이어서 채권적 청구권에 우선한다.

2) 물권에 의존

물권적 청구권은 그 근거가 되는 물권과 법률적 운명을 같이 한다. 즉 물권의 이전·소멸에 따라 물권적 청구권도 이전·소멸한다.

3) 소멸시효에 걸리는지 여부

물권적 청구권이 소멸시효에 걸리는지에 대하여는 학설이 대립된다.

(a) 적 극 설

소유권에 기한 물권적 청구권 및 제한물권에 기한 물권적 청구권 모두 소멸시효에 걸린다는 견해이다. 이 견해는 그 근거로서 물권적 청구권이 민법 제162조 2 항이 규정하는 「채권 및 소유권 이외의 재산권」에 해당한다는 것을 든다.

(b) 소 극 설

물권적 청구권은 독립하여 소멸시효에 걸리지 않는다는 견해로서 다수설의 입장이다. 그 근거로 (i) 소유권에 대한 소멸시효를 인정하지 않음에도 불구하고 소유권으로부터 발생하는 물권적 청구권에 대하여 소멸시효를 인정한다면, 소유권은 있어도 물건의 반환을 청구할 수 없는 경우가 존재하게 되고, (ii) 물권적 청구권은 물권의 원만한 상태와 현재의 상태가 일치하지 않는데서 생기는 것이므로, 이러한 상태가 계속되는 동안에는 끊임없이 물권적 청구권이 발생하므로 소멸시효에 걸릴 여지가 없다는 것 등을 든다.

(c) 절 충 설

소유권에 기한 물권적 청구권은 소멸시효에 걸리지 않으나 제한물권에 기한 물권적 청구권은 소멸시효에 걸린다는 견해이다. 이 견해는 소유권 이외의 재산권은 소멸시효의 대상이 된다는 민법 제162조 2항을 근거로 든다.

(d) 판 례

판례는 이에 관한 구체적인 언급이 없으나 소유권에 기한 물권적 청구권은 소멸시효의 대상이 되지 않는다고 하고 있다(대판 1982.7.27, 80다2968).

4. 비용부담의 문제

사례

태풍으로 갑 소유의 축대가 을의 집 앞마당으로 무너져버렸다. 갑과 을은 서로 무너진 축대의 제거 및 반환을 청구하며 다투기 시작하였다. 이 경우에 갑과 을이 주장할 수 있는 수단은 무엇이며, 비용은 누가 부담하여야 하는가?

(1) 문 제 점

물권적 청구권을 행사했을 경우 누가 그 비용을 부담하는가?

물권적 청구권은 물권의 침해 · 방해배제 · 방해예방을 위하여 인정되는 것이므로 일응 그 침해를 야기한 자가 비용을 부담해야 할 것으로 생각될 수 있지만, 물권적 청구권이 서로 충돌하는 경우에는 문제가 있다. 예컨대 장마로 甲의 담이 乙의 토지 위에 무너진 경우 甲은 乙에게 소유권에 기한 반환청구권을 행사할 수 있고, 乙은 甲에게 소유권에 기한 방해배제청구권을 행사할 수 있다.

이는 결국 물권적 청구권의 내용의 문제, 즉 물권적 청구권이 물권의 보호를 위하여 상대방에게 적극적인 행위를 청구하는 것인가, 아니면 청구자의 행위를 상대방이 인용하는 것인가라는 문제로 귀결된다. 이 문제에 관하여 다음과 같은 학설대립이 있다.

(2) 학 설

1) 행위청구권설

물권적 청구권을 상대방에게 적극적인 행위를 청구할 수 있는 권리, 즉 행위청구권으로 보는 견해이다. 물권적 청구권을 행위청구권으로 보는 경우 그 비용은 상대방이 부담하게 된다. 앞의 사례에서 甲은 乙에 대하여 乙의 비용으로 반환할 것을 청구할 수 있고, 乙은 甲에 대하여 甲의 비용으로 방해를 제거해 달라고 청구할 수 있다.

이 견해에 의하면 물권적 청구권이 충돌하는 경우에 먼저 청구한 자가 상대방에게 비용을 부담시키는 불합리한 결과를 초래하는 단점이 있다. 그리고 불가항력이나 제3자의 행위에 의하여 침해가 발생된 경우 책임 없는 상대방에게 비용을 부담시키는 것은 민법의 과실책임주의에도 반한다. 이 견해가 판례의 입장이다(대판 1990.5.8, 90다684).

2) 소유자책임설

물권적 청구권은 원칙적으로 행위청구권이지만 목적물반환청구권의 경우에는 예외를 인정하자는 견해이다. 즉 목적물반환청구권의 상대방인 현재의 점유자가 자기의 의사에 기하여 점유하고 있는 것이 아닌 경우, 상대방은 소유자가 자신의 비용으로 목적물을 가져가는 것을 인용하여야 하고 그 이외의 경우에는 상대방이 비용을 부담하여야 한다고 본다. 앞의 사례에서 乙이 적극적으로 개입하여 수목을 점유한 것이 아니기 때문에 甲이 비용을 부담하게 된다. 甲이 청구하든 乙이 청구하든 마찬가지이다.

이 견해는 반환청구권과 방해배제청구권을 구별하는 이론적 근거를 제시하지 못한다는 비판을 받고 있다.

3) 인용청구권설

물권적 청구권은 물권침해라는 객관적 상태를 물권자가 스스로 제거하는 것을 상대방에게 인용시키는 권리이므로 비용은 청구권자가 부담한다고 한다. 이 견해는 피고가 되는 자가 비용을 부담하지 않는다는 단점이 있다.

이 견해에 의하면 甲과 乙은 각각 자신의 비용을 들여 상대방에게 물건의 반환 또는 제거를 청구할 수 있다.

4) 불법행위설

비용부담의 문제를 귀책사유의 여부에 따라 판단하자는 견해이다. 방해상태에 상대방의 귀책사유가 존재하는 경우에는 상대방이 그 비용을 부담하고, 상대방에게 귀책사유가 없는 경우(불가항력 또는 제3자의 행위)에는 물권자가 그 비용을 부담하고 상대방은 인용하는 것으로 족하다는 것이다. 앞의 사례와 같이 甲·乙 누구에게도 귀책사유가 없으므로 소유권자인 甲이 비용을 부담한다.

이 견해는 제3자의 행위로 물권의 침해가 발생한 경우에 물권자가 비용을 부담하는 것은 불합리하다는 비판을 받고 있다. 결국 이 견해는 귀책사유가 있는 경우에는 물권적 청구권을 행위청구권으로, 귀책사유가 없는 경우에는 인용청구권으로 보는 것이다.

5) 상린관계설

물권적 청구권은 인용청구권이지만 비용부담의 문제는 불법행위·계약법 기타의 책임원리에 의하여 결정되어야 한다는 견해이다. 당사자 일방에 귀책사유가 있는 경우에는 그 당사자가 비용을 부담하여 물권적 침해상태를 회복시켜야 하고, 양당사자 모두에게 귀책사유가 없는 경우에는 민법상의 상린관계 등에 의하여 공동으로 비용을 부담하여야 한다는 견해이다. 앞의 사례에서와 같이 甲·乙 누구에게도 귀책사유가 없으면 비용은 甲·乙이 공동으로 부담한다.

물권적 청구권은 상대방에게 인용을 청구하는 권리이며 비용부담의 문제는 책임원리에 해당한다. 따라서 일방의 당사자가 책임이 있는 경우에만 그 비용을 부담하여 적극적으로 방해제거의 이행의무가 있고, 양당사자 중 아무도 책임이 없으면 제거행위는 원고가 하고 그 비용부담은 공동으로 하여야 하므로 상린관계설이 타당하다고 본다.

사례해결

① 행위청구권설(판례)에 의하면 갑은 을의 비용으로 무너진 돌의 반환을 청구할 수 있고, 을은 갑의 비용으로 방해를 제거해 달라고 청구할 수 있다.
② 소유자책임설에 의하면 乙이 적극적으로 개입하여 수목을 점유한 것이 아니기 때문에 甲 이 비용을 부담하게 된다. 甲이 청구하든 乙이 청구하든 마찬가지이다.
③ 인용청구권설에 의하면 甲과 乙은 각각 자신의 비용을 들여 상대방에게 물건의 반환 또는 제거를 청구할 수 있다.
④ 불법행위설에 의하면 甲·乙 누구에게도 귀책사유가 없으므로, 소유권자인 甲이 비용을 부담한다.
⑤ 상린관계설에 의하면 甲·乙 누구에게도 귀책사유가 없으므로 비용은 甲·乙이 공동으로 부담한다.

제2절 물 권 변 동

제1관 물권변동 일반

Ⅰ. 물권변동의 의의

물권의 변동이란 물권의 발생 · 변경 · 소멸을 말한다. 민법 제186조의 '물권의 득실변경'은 물권변동을 물권의 주체를 중심으로 하여 표현한 것이다.

1. 물권의 발생

물권의 발생에는 절대적 발생인 원시취득과 상대적 발생인 승계취득이 있다. 전자는 기존의 물권자와 관계없이 원시적으로 물권을 취득하는 경우로서, 예컨대 시효취득 · 무주물선점 · 유실물습득 · 매장물발견 등이 이에 속한다. 후자는 물권이 전물권자로부터 후물권자에게 그대로 이전함으로써 물권을 취득하게 되는 이전적 취득(예: 매매 · 상속 등에 의한 승계)과 기존의 물권에 기초하여 새로운 물권이 설정되는 설정적 취득(예: 지상권 · 저당권의 설정)으로 나누어진다.

2. 물권의 변경

물권 자체의 동일성을 유지하면서 물권의 객체나 내용에 변화가 생기는 것을 말한다. 객체인 물건의 증가나 감소, 저당권에 있어서 피담보채권의 변경 등이 그 예이다.

3. 물권의 소멸

물권의 소멸도 절대적 소멸과 상대적 소멸이 있다. 전자는 목적물의 멸실과 같이 물권 자체가 없어져버리는 것이고, 후자는 물권 자체는 존속하지만 물권이 타인에게 승계됨으로써 종래의 주체가 물권을 잃는 것, 즉 위에서 본 이전적 취득을 말한다.

Ⅱ. 물권변동의 종류

민법은 물권의 대상이 부동산인가 동산인가에 따라 부동산 물권변동과 동산 물권변동으로 나누어 따로 규율하고 있다. 부동산 물권변동에 대해서는 민법 제186조와 제187조에서, 동산 물권변동에 대해서는 민법 제188조 내지 제190조에서 각각 규율하고 있다.

Ⅲ. 물권변동의 원인

물권변동은 물권적 법률효과이므로 그 원인이 되는 일정한 법률요건이 존재하여야 발생한다. 그러한 법률요건은 법률행위와 법률행위 이외의 법률요건으로 나누어진다.

1. 법률행위

물권변동을 직접 목적으로 하는 당사자의 의사표시이다. 당사자의 의사표시에 의하여 물권변동이 일어나는 것을 법률행위에 의한 물권변동이라고 한다. 법률행위에 의한 부동산 물권변동은 민법 제186조에서, 법률행위에 의한 동산 물권변동은 민법 제188조 내지 제190조에서 규율한다.

2. 법률행위 이외의 법률요건

당사자의 의사에 의하지 아니하고 물권변동이 생기는 모든 경우를 말한다. 법률행위 이외의 원인에 의하여 물권변동이 일어나는 것을 법률의 규정에 의한 물권변동이라고도 한다. 법률의 규정에 의한 부동산 물권변동은 민법 제187조에서, 법률의 규정에 의한 동산 물권변동은 주로 민법 제246조 이하에서 규율한다.

제2관 물권변동과 공시

Ⅰ. 물권의 공시제도

1. 공시제도의 의의

물권은 배타적 효력을 갖는 권리이기 때문에 물권의 소재와 변동을 일정한 외부적 표상에 의하여 인식할 수 있도록 하지 않으면 제3자에게 예상치 못한 손해를 주게 되어 거래의 안전을 해치게 된다. 따라서 거래의 안전을 보호하기 위하여 물권의 변동을 일반 제3자가 용이하게 인식할 수 있도록 하는 표상을 공시방법이라 하고, 공시방법을 통하여 물권의 현상을 공시하는 제도를 공시제도라고 한다.

2. 공시의 방법

(1) 부동산물권

부동산물권의 공시방법은 등기이다. 부동산물권의 귀속과 변동과정은 「부동산등기법」의 정함에 따라 토지는 토지등기부에, 건물은 건물등기부에 각각 기재된다.

한편 입목도 입목등기부에 '등기'하고(입목법 1조 · 2조), 수목의 집단 · 미분리의 과실 등에 관하여는 관습법상 '명인방법'이라는 공시제도가 인정된다.

(2) 동산물권

동산물권의 공시방법은 점유이다. 동산의 점유를 이전하는 것을 인도라고 하는데, 그 방법으로 민법은 현실인도(188조 1항) · 간이인도(188조 2항) · 점유개정(189조) · 목적물반환청구권의 양도(190조)의 네 가지를 규정하고 있다.

Ⅱ. 공시의 원칙과 공신의 원칙

1. 입 법 례

(1) 독일민법

부동산·동산에 대하여 공시의 원칙과 공신의 원칙이 모두 인정된다.

(2) 프랑스민법

부동산에는 공시의 원칙만이 인정되고, 동산에는 공신의 원칙만이 인정된다.

(3) 우리 민법

부동산에는 공시의 원칙만이 인정되고, 동산에는 두 원칙이 모두 인정된다.

2. 공시의 원칙

(1) 의 의

공시의 원칙은 물권의 소재 및 변동은 언제나 공시방법을 갖추어야 한다는 원칙이다. 이 원칙은 물권변동을 외부에서 인식할 수 있도록 하므로 거래의 안전을 위하여 인정되는 것이다.

(2) 실현방법

공시의 원칙을 실현하기 위하여 이를 강제하는 방법으로는 두 가지가 있다. 하나는 공시방법을 갖추지 않으면 일반 제3자에 대한 관계에서는 물론 당사자 사이에서도 물권변동의 효력이 발생하지 않는 것으로 하는 것이고(성립요건주의), 다른 하나는 공시방법을 갖추지 않은 경우에도 당사자 사이에서는 물권변동의 효력이 발생하지만 그 물권변동으로써 제 3자에게 대항하지 못하는 것으로 하는 것이다(대항요건주의).

A가 B에게 그 소유부동산을 매도하였을 때, B가 그 부동산의 등기를 하지 않으면 여전히 A가 소유자라는 것이 성립요건주의이며, 그 등기가 없어도 A에 대한 관계에서는 B가 소유자이고, 다만 제3자에 대한 관계에서는 그 등기를 하지 않는 한 A가 소유자가 된다는 것이 대항요건주의이다. 우리 민법과 독일민법은 전자를, 프랑스민법과 일본민법은 후자의 입장을 취하고 있다.

(3) 물권 이외의 경우

공시의 원칙은 물권에 관해서 뿐만 아니라 다른 사권에 관해서도 인정되고 있다. 채권양도에 있어서의 '통지'나 '승낙'이라는 대항요건(450조 이하)·혼인(812조)·인지(859조)·입양(878조) 등에서의 '신고'가 그 예이다.

3. 공신의 원칙

(1) 의 의

공신의 원칙이란 물권의 존재를 추측케 하는 표상, 즉 공시방법이 존재하는 경우에는 비록 그 표상이 실질적 권리와 일치하지 않는다 할지라도 그 표상을 신뢰한 자는 보호되어야 한다는 원칙이다. 공시의 원칙은 그 공시방법이 진실한 권리관계와 일치한다는 것을 전제로 하나, 경우에 따라서는 그것이 일치하지 않을 수가 있다.

A 로부터 B 에게 소유권이 이전된 것으로 등기가 되어 있으나 그것이 B의 서류위조로 인한 경우, A 로부터 동산을 빌려 점유하고 있던 B가 그 동산을 제3자에게 팔아버리는 경우 등이 그러하다. 여기서 물권의 표상을 신뢰한 자(위의 예에서 등기나 점유를 믿고 B 로부터 물건을 매수한 제3자)를 보호하여야 할 필요가 생기고 공신의 원칙은 이러한 취지를 반영한 것이다.

(2) 거래안전보호

공신의 원칙을 인정하면 물권거래의 안전은 보호되지만, 그 반면에 진정한 권리자(위의 예에서 A)는 자신의 권리를 박탈당하게 된다. 달리 말하면 정적 안전을 희생하여 동적 안전을 보호하는 것이 된다. 따라서 공신의 원칙을 인정할 것인가의 여부는 법률정책적인 문제로서 각국의 입법례에 따라 차이가 있다.

독일민법 · 스위스민법에서는 공신의 원칙을 인정하고 있으나, 우리 민법은 프랑스민법과 더불어 부동산물권에 관해서는 공신의 원칙을 인정하지 않는 입장을 취하고 있다. 즉 동산의 경우에는 공신의 원칙을 인정하여 거래의 안전을 보호하는 입장을 취하나, 부동산의 경우에는 공신의 원칙을 인정하지 않고 진정한 권리자를 보호하는 입장을 취한다.

(3) 공신력과 유사한 제도

공신의 원칙과 같이 진실한 권리관계가 존재하는 것과 같은 외형을 신뢰하는 자를 보호하려고 하는 제도로는 다음과 같은 것들이 있다. 즉 표현대리(125조 · 126조 · 129조) · 채권의 준점유자에 대한 변제(470조) · 영수증소지자에 대한 변제(471조) · 지시채권의 소지인에 대한 변제(518조) 등이 그 예이다.

제3관 물 권 행 위

Ⅰ. 물권행위의 의의

직접 물권변동을 발생시킬 것을 목적으로 의사표시를 요소로 하는 법률행위를 물권행위라 하며, 물권행위는 채권 · 채무를 발생시키는 법률행위인 채권행위에 대립하는 개념이다. 예컨대 A와 B가 A 소유 건물의 매매계약을 체결하였다면 그것은 단순한 채권행위로서 A · B 간에 채권채무관계가 발생할 뿐이고, 그것만으로써 곧 소유권이 B 에게 이전되는 것은 아니다. B가 건물의 소유권을 취득하기 위해서는 A와B 가 그 소유권을 이전하기 위한 행위, 즉 물권변동을 목적으로 하는 법률행위와 등기를 하여야 한다는 것이다. 이러한 개념은 독일법의 영향을 받은 것으로 우리나라의 거래관념과는 차이를 나타낸다.

물권행위와 채권행위는 그것에 의하여 발생하는 법률효과에 있어서 기본적인 차이가 있으며, 채권행위에 있어서는 그 발생한 채무의 이행이라는 문제가 남지만 물권행위에 의해서는 별다른 의무의 이행이라는 문제가 남지 않는다는 점에서도 다르다.

물권행위도 법률행위 일반에 있어서와 같이 그 요소인 의사표시의 모습에 따라서 단독행위와 계약으로 나눌 수 있다. 특히 물권에 관한 계약행위를 채권계약과 구별하기 위하여 '물권적 합의'라고도 한다.

Ⅱ. 물권행위와 공시방법과의 관계

우리 민법은 성립요건주의를 취하고 있으므로 법률행위에 의한 물권변동의 경우에 물권행위 외에 등기 또는 인도라는 공시방법을 갖추어야 물권변동이 생긴다. 이와 관련하여 물권행위와 공시방법이 어떠한 관계에 있는지가 문제된다.

이 문제에 대하여 학설은 (ⅰ) 물권적 의사표시와 공시방법을 합친 것이 물권행위라고 보는 견해, (ⅱ) 물권적 의사표시만으로 물권행위는 성립하나 공시방법이 갖추어지지 않으면 물권변동은 일어나지 않는다고 보아 공시방법을 물권행위의 효력발생요건으로 보는 견해, (ⅲ) 공시방법은 물권행위로부터 독립한 것이며 물권행위와 공시방법은 법률에 의하여 요구되는 물권변동의 각 요건이라는 견해로 나누어진다.

물권적 의사표시만을 물권행위로 볼 것인지 아니면 공시방법까지 합한 것을 물권행위로 볼 것인지에 관한 논의는 물권행위의 시기, 물권행위의 하자와 등기의 관계 등에서 적지 않은 차이를 가져온다. 예컨대 물권적 의사표시와 공시방법을 합친 것을 물권행위라고 보면 공시방법을 갖춘 시점에 물권행위가 완료된 것이고, 그 외의 견해는 물권적 합의시에 물권행위가 완료된 것이 된다.

Ⅲ. 물권행위의 독자성과 무인성

1. 독자성

물권행위와 채권행위는 이론상 별개의 법률행위이고 관념상으로도 물권행위는 그 원인이 되는 채권행위의 존재를 전제로 하여 행하여진다. 그렇다면 물권행위는 그 원인이 되는 채권행위와는 별개의 행위로써 행해지는 것으로 파악되어야 하는지가 논의되는데, 이것이 물권행위의 독자성의 문제이다.

예를 들어 A가 B소유의 토지를 매매로 취득하는 과정을 볼 때 먼저 A와 B는 매매계약을 체결하고 A는 대금을 지급하게 되고 B는 등기에 필요한 서류를 넘겨주게 된다. 매매계약을 체결하는 것이 채권행위이고, 등기에 필요한 서류를 넘겨주는 것은 물권행위이다. 채권행위와 별개로 행하여 지느냐, 채권행위에 포함되느냐가 독자성의 문제인 것이다.

이 문제에 있어서 물권행위는 원칙적으로 채권행위와 별개로 다루어져야 한다는 이론이 물권행위의 독자성을 인정하는 견해이고, 그것을 부정하는 이론이 물권행위의 독자성을 부인하는 견해이다. 전자의 견해가 다수설이고 후자의 견해가 소수설이며, 판례는 소수설을 따르고 있다.

그러나 물권행위의 독자성을 부정한다고 해서 물권행위라는 개념 자체를 부정하다든가, 채권행위를 전제로 하지 않고 물권변동만을 일으키는 법률행위의 존재를 부정하는 것은 아니다. 또한 독자성을 인정한다고 해서 채권행위와 물권행위가 하나의 행위로 합체되어서 행하여질 수 없다고 하는 것도 아니다.

2 물권행위의 무인성

물권행위가 그 원인행위인 채권행위와 따로 독립해서 행하여진 때에 그 원인행위인 채권행위가 존재하지 않거나 무효·취소 또는 해제된 경우에 물권행위도 무효가 되는지가 문제된다.

물권행위의 효력은 그 원인인 채권행위의 실효로 당연히 그 영향을 받는다는 것이 물권행위의 유인론이고, 이에 반하여 물권행위의 효력은 그 원인행위인 채권행위의 운명에 의하여 아무런 영향을 받지 않는다는 것이 물권행위의 무인론이다. 물권행위의 독자성을 인정하는 견해는 대체로 무인성도 인정하고 있으나, 소수설과 판례는 무인성을 부정하고 있다(대판 1977. 5. 24, 75다1394).

유인설과 무인설의 차이를 구체적으로 살펴보면 다음과 같다. 예컨대 A와 B가 부동산 매매계약을 체결하고 그 이행으로서 A에서 B로 소유권이전행위를 하였다고 할 때, 무인설에 의하면 매매계약이 일정한 원인에 의하여 취소되더라도 물권행위 자체가 취소되지 않는 이상 그 소유권이전행위는 여전히 유효하다. 따라서 B의 소유권취득은 유효하며 나아가 B가 그 부동산을 C에게 전매하여 이전등기를 한 경우, C는 A·B 사이의 매매계약의 취소와는 상관없이 유효하게 소유권을 취득하게 된다. 이에 반하여 유인설에 의하면 매매계약이 취소되면 B에게로의 소유권이전행위도 당연히 효력을 잃게 되고, 나아가 C 역시 소유권을 취득하지 못하게 된다.

그런데 물권행위의 무인성 여부는 물권행위 자체는 유효한 경우를 전제로 한다는 것이다. 물권행위가 채권행위와 합체되어 행해진 경우라든가, 물권행위에도 무효·취소 등의 사유가 있는 경우에는 물권행위 자체가 실효되므로 채권행위로부터 영향을 받는지 여부가 문제될 여지가 없게 된다.

[물권행위의 독자성과 무인성의 인정여부]

우리의 법제가 물권행위의 독자성과 무인성을 인정하고 있지 않는 점과 민법 548조 1항 단서가 거래안정을 위한 특별규정이란 점을 생각할 때 계약이 해제되면 그 계약의 이행으로 변동이 생겼던 물권은 당연히 그 계약이 없었던 원상태로 복귀한다 할 것이다(대판 1977.5.24. 75다1394).

제3절 부동산물권의 변동

제1관 부동산등기

Ⅰ. 등기의 의의

부동산등기란 등기관이라는 국가기관이 법정절차에 따라 등기부라는 공적장부에 부동산의 상황과 권리관계를 기재하는 것 또는 그러한 기재 자체를 말한다. 현행 부동산등기제도는 등기부의 조직에 있어서 물적 편성주의를, 등기절차에 있어서 공동신청의 원칙과 형식적 심사주의를, 등기의 효력에 관하여 성립요건주의를 취하고 있고, 등기의 공신력은 인정되지 않으며 등기부와 대장이 이원화되어 있다는 점을 그 특징으로 한다.

Ⅱ. 등기부와 대장

1. 등기부와 등기용지

등기부(登記簿)는 부동산의 상황과 그에 관한 권리관계를 기재하는 공적 장부를 말하며, 토지등기부와 건물등기부의 두 가지가 있다(부동산등기법 14조 1항).

등기부에는 1필의 토지 또는 1동의 건물에 대하여 1등기용지를 사용한다(부동산등기법 15조 1항 본문). 이것이 1부동산 1등기용지 원칙이다. 다만 1동의 건물을 구분한 건물에 있어서는 1동의 건물에 속하는 전부에 대하여 1등기용지를 사용한다(부동산등기법 15조 1항 단서). 즉 1동의 건물 전체에 대한 등기부(표제부)와 구분한 건물의 등기부(표제부 · 갑구 · 을구)를 편철한다.

1등기용지는 각 토지 또는 각 건물대지의 지번을 기재하는 등기번호란, 부동산의 사실적 사항과 그 변경에 관한 사항을 기재하는 표제부, 소유권에 관한 사항을 기재하는 갑구, 소유권 이외의 권리에 관한 사항을 기재하는 을구로 나누어지므로(부동산등기법 16조), 1등기용지는 등기번호란 및 표제부 · 갑구 · 을구의 3용지로 구성된다. 다만 집합건물의 경우 전술한 바와 같이 표제부 용지는 1동의 건물의 표제부와 구분한 건물의 표제부를 따로 두고 있다.

2. 대 장

대장(臺帳)은 부동산 자체의 현황을 명확히 파악하기 위하여 시장 · 군수 · 구청장이 작성하는 장부로서 원래 조세의 부과징수라는 행정목적 달성을 위하여 작성되어 왔다. 이에는 지적공부(토지대장 · 임야대장), 가옥대장(건축물관리대장 · 건축물과세대장) 등이 있다.

3. 등기부와 대장의 관계

우리는 부동산에 관하여 등기부와 대장의 이원적 공부제도를 채용하고 있으나 양자의 기재가 일치하도록 하고 있다. 부동산에 관한 최초의 등기인 소유권보존등기는 대장에 기초하여 이루어지고(부동산등기법 130조 · 131조), 그 후 부동산의 권리관계의 변동은 등기부를 중심으로 이루어지고 변경된 등기부에 기초하여 대장상 권리관계의 변동이 이루어진다. 반면 권리관계 이외의 부동산의 사실적 사항은 대장을 중심으로 이루어지고 변경된 대장에 기초하여 등기부의 변경이 이루어진다.

그런데 두 장부는 서로 다른 기관이 다른 목적으로 작성되는 것이므로 서로 불일치하는 경우가 생긴다. 양자가 불일치하는 경우 권리관계는 등기부의 기재가, 권리관계 이외의 사항(부동산의 현황 내지 동일성에 관한 사항: 표제부의 사항)은 대장의 기재가 우선하게 됨이 원칙이다(부동산등기법 55조).

[등기부와 대장상의 소유자가 불일치하는 경우의 변경절차]

부동산등기부상의 소유자의 주소와 임야대장상의 소유자의 주소가 다른 경우에는 먼저 진정한 소유자의 신청에 의한 경정등기가 이루어져야 한다. 그 다음에 경정등기가 이루어진 등기필 · 등기부등본 또는 초본에 의하여 임야대장상의 등록사항 정정이 이루어져야 한다.

등기된 부동산의 경우 지적공부가 직접 경정등기의 자료로 사용되는 것이 아니어서 부동산 등기에 직접적으로 영향을 미치는 것이 아니라, 오히려 등기부에 먼저 소유자에 관한 사항이 변경 또는 경정된 후에 그에 따라 후속적으로 공부의 기재사항이 변경되어야 한다.

이러한 절차를 거쳐 부동산등기부와 대장상의 소유자에 관한 사항이 일치하지 아니하면 당해 부동산에 대하여 다른 등기를 신청할 수 없다(대판 2003.11.13, 2001다37910).

Ⅲ. 등기사항

1. 실체법상의 등기사항과 절차법상의 등기사항

실체법상의 등기사항이란 등기를 필요로 하는 사항, 즉 그것을 등기하지 않으면 사법상 일정한 효력이 생기지 않는 사항을 말한다. 한편 절차법상의 등기사항이란 등기를 할 수 있는 사항, 즉 당사자가 등기를 신청할 수 있고, 또한 등기관이 등기할 직책과 권한을 가지게 되는 사항을 의미한다.

실체법적 등기사항은 모두 절차법적 등기사항이 된다. 무엇이 절차법상의 등기사항인가는 부동산등기법상 등기하는 것이 허용되는가에 의하여 결정되게 되며, 이 사항에 속하는 것을 등기능력이라고도 한다.

2. 부동산등기법에 의한 등기사항(등기능력)

(1) 등기되는 물건

부동산등기법상 등기의 목적물이 되는 것은 토지와 건물뿐이고, 건물 이외의 토지정착물은 입목에 관한 법률 등 특별법에 의한 예외를 제외하고는 독립하여 등기사항이 되지 않는다.

(2) 등기되는 권리

등기되는 권리는 소유권 · 지상권 · 지역권 · 전세권 · 저당권 · 권리질권 · 부동산임차권 · 부동산환매권이다(부동산등기법 2조). 점유권 · 유치권 · 분묘기지권 · 특수지역권 등은 등기사항이 아니다.

(3) 등기되는 권리변동

등기되는 권리의 설정 · 보존 · 이전 · 변경 · 처분의 제한 · 소멸에 대한 사항이 등기된다(부동산등기법 2조).

Ⅳ. 등기의 종류

1. 등기의 기능에 의한 분류

(1) 사실의 등기

권리의 객체인 부동산의 물리적 현황(위치 · 면적 · 구조 등의 표시)을 공시하는 등기로서 등기용지 중 표제부의 표시란에 기재된다. '표시란의 등기'라고도 한다.

(2) 권리의 등기

부동산의 권리관계(권리의 보존 · 설정 · 이전 · 소멸 등)를 공시하는 등기로서 등기용지 중 갑구와 을구의 사항란에 기재된다. '사항란의 등기'라고도 한다.

[표제부 표시의 유효요건]

어느 등기가 그 표제부에 표시된 부동산에 대한 권리관계를 표시하는 것으로서 유효한 것이 되기 위하여는, 우선 그 표시가 부동산과 동일하거나 사회관념상 그 부동산을 표시하는 것이라고 인정될 정도로 유사하여야 한다. 그 동일성 내지 유사성 여부는 토지의 경우에는 지번과 지목 · 지적에 의하여 판단하여야 한다(대판 2001.3.23, 2000다51285).

2. 등기의 방법 내지 형식에 의한 분류

(1) 주등기(독립등기)

독립된 번호를 붙여서 하는 독립등기로서 표시란에 등기할 때에는 표시번호에, 갑구나 을구에 등기할 때에는 순위번호에 각각 독립된 번호를 붙여서 하게 된다(부등법 59조). 등기는 원칙적으로 이러한 주등기의 형식으로 기재된다.

(2) 부기등기

기존의 주등기번호를 그대로 사용하고, 다만 주등기번호 아래에 부기 몇 호라는 번호를 기재하여 하는 등기이다(부동산등기법 60조). 예를 들어 저당권에 대하여 권리질권을 설정하는 경우를 생각해볼 수 있다. 부기등기는 기존의 등기와 동일한 등기(예: 변경등기나 경정등기)이거나 기존의 등기와 동일한 순위를 갖는 등기(예: 소유권 이외의 권리의 이전등기)를 할 때 행해지는 등기형식이다. 부기등기의 순위는 주등기의 순위에 의하지만 부기등기 상호간의 순위는 그 전후에 의한다(부동산등기법 6조 1항).

3. 등기의 효력에 의한 분류

(1) 종국등기

등기 본래의 효력, 즉 물권변동의 효력을 생기게 하는 등기로서 보통의 등기는 모두 이에 해당한다. 본등기라고도 부른다. 종국등기는 그 등기의 기재내용에 의하여 다음과 같이 분류할 수 있다.

1) 기입등기

새로운 등기원인에 기하여 어떤 사항을 등기부에 새로이 기입하는 등기를 말한다. 예컨대 소유권보존등기 · 소유권이전등기 · 저당권설정등기 등이 이에 속한다.

2) 변경등기

사례

태고종 종단소속 사찰로 등록된 바 있는 A사찰 자체의 명의로 X토지가 소유권보존등기가 되어 있다. 태고종으로부터 주지 임명을 받은 갑은 태고종 총무원자의 승인을 받아 X의 등기명의인 표시를 "A사찰"에서 "B사찰"로 변경하는 내용의 등기명의인 표시변경등기를 경료하였다. 표시변경등기 당시에는 B사찰은 실제적으로 존재하지 않았다.

이 경우에 현재 이 사찰의 소유권은 누구에게 속한다고 보아야 하는가? A는 자신의 명의로 등기가 되어 있지 않다는 것을 알았을 때, 어떠한 절차에 따라 자기명의로 등기할 수 있는가?

a) 변경등기의 의의

변경등기란 등기와 실체관계 사이의 불일치를 해소시키기 위하여 기존등기의 일부를 변경하는 등기를 말한다. 그 불일치가 후발적으로 생긴 경우(등기가 행해진 후에 등기된 사항에 변경이 생긴 경우)에 이를 시정하기 위한 협의의 변경등기와 그 불일치가 원시적으로 생긴 경우(신청인 또는 등기관의 착오로 등기가 처음부터 잘못 기재된 경우)에 이를 시정하기 위한 경정등기로 구분된다. 등기 후 소유자의 이름이 김말동에서 김○○로 바뀐 경우에는 변경등기를 해야 하고, 지분이 잘못 표시된 경우(甲 30%, 乙 40%, 丙 40%)에는 정정등기를 하게 된다(대판 1992.4.14, 92다4208).

b) 경정등기의 허용한계

동일성이 결여된 경정등기는 원칙적으로 무효이다. 그러나 이해관계인에게 손해가 미칠 염려가 없거나 경정을 허용하는 것이 권리보호의 실효가 있다면 그러한 경우에도 경정등기를 할 수 있다(대판 1975.4.22, 74다2188)

c) 경정등기와 이해관계 있는 제3자의 승낙여부

변경등기에 의하여 그 부동산에 관한 권리에 어떤 변동을 가져오지 않는다. 또한 부동산등기법 제74조에 의하여 경정등기에 준용되는 동법 제63조는 권리변경의 등기에 관하여 이해관계 있는 제3자가 있는 경우, 그 승낙서 또는 이에 대항할 수 있는 재판의 등본을 첨부하도록 하였다. 그러므로 부동산의 표시에 관한 경정등기에 있어서는 등기상 이해관계 있는 제3자의 승낙의 유무가 문제될 여지가 없다(대판 1992.2.28. 91다34967).

d) 표시변경등기의 효력

등기명의인 표시변경등기는 등기명의인의 동일성이 유지되는 범위 내에서 등기부상의 표시를 실제와 합치시키기 위하여 행하여지는 것에 불과할 뿐, 어떠한 권리변동을 가져오는 것은 아니다(대판 2000.5.12. 선고 99다69983).

사례해결

X토지의 소유권은 A에게 있다. "A사찰"이라는 표시와 "B사찰"이라는 표시는 그 명칭에 소속 종단명을 표시하였느냐는 점에서 부분적으로 차이가 있을 뿐, 등기명의인의 동일성을 해치지 않는 범위 내에서 표시변경등기가 행해진 것이다. 그러므로 A는 정정등기를 하면된다.

3) 말소등기

등기에 대응하는 실체관계가 없는 경우에 그 등기를 법률적으로 소멸시킬 목적으로 기존등기 전부를 말소하는 등기를 말한다(부동산등기법 166조 이하). 말소의 대상이 되는 등기는 후발적 원인에 의하여 부적법하게 되는 경우(예컨대, 변제에 의한 저당권의 소멸)와 원시적으로 부적법하여 무효인 경우(예컨대, 등기원인의 무효)가 있다. 말소등기는 말소한다는 뜻을 기재한 후 등기를 주말(朱抹)한다(부동산등기법 122조).

4) 회복등기

사례

갑 소유의 토지에 대한 을 명의의 근저당권설정등기가 불법하게 말소된 후, 갑이 병에게 근저당권설정등기를 경료하여 주었다. 그 후 을은 근저당권설정등기에 대한 회복등기를 구하는 소송을 제기하여 승소판결을 받았으나, 병의 경매신청에 의하여, 위 토지를 정이 경락받아 이전등기까지 마쳤다. 이때 을이 취할 수 있는 법적 조치는 무엇인가?

a) 회복등기의 의의

회복등기란 기존등기가 부당하게 소멸된 경우에 이를 원상으로 회복하는 등기를 말한다. 이에는 부당하게 말소된 등기를 회복하는 말소회복등기(부동산등기법 75조 · 76조)와 멸실된 등기를 회복하는 멸실회복등기(부동산등기법 79조～81조)가 있다.

말소회복등기는 어떤 등기의 전부 또는 일부가 부적법하게 말소된 경우, 그 말소된 등기를 회복하여 말소당시에 소급하여 말소가 없었던 것과 같은 효과를 생기게 하는 등기이다.

멸실회복등기는 물리적으로 멸실된 경우에 그로 말미암아 소멸한 등기의 회복을 목적으로 행해지는 등기이다.

b) 회복등기절차

말소회복등기절차에 있어서 등기상 이해관계 있는 제3자가 있어 그의 승낙이 필요한 경우라고 하더라도, 제3자가 등기권리자에 대한 관계에 있어 그 승낙을 하여야 할 실체법상의 의무가 있는 경우가 아니면 그 승낙요구에 응하여야 할 이유가 없다(대판 2004.2.27, 2003다35567).

멸실회복등기는 재난 등으로 인하여 등기부의 전부 또는 일부가 물리적으로 멸실된 경우에 그로 말미암아 소멸한 등기의 회복을 목적으로 행하여지는 등기이므로, 등기부 멸실 전에도 자기 명의로 등기부상에 기재되어 있어야 이를 할 수 있다(대판 1995.3.17, 93다61970)

[소유권의 등기부가 멸실된 경우]

등기부멸실 당시의 소유자가 회복등기기간 내에 회복등기를 하지 않았다 하여 소유권을 상실하는 것은 아니다(대판 1994. 11. 11, 94다14933).

c) 요건을 갖추지 못한 회복등기의 효력

말소된 등기의 회복을 신청하는 경우에 등기상 이해관계 있는 제3자가 있는 때에는 신청서에 그 승낙서 또는 이에 대항할 수 있는 재판의 등본을 첨부하여야 한다(부동산등기법 75조). 이러한 요건을 갖추지 못한 회복등기는 등기상 이해관계 있는 제3자에 대하여는 무효이다(대판 2001.1.16, 2004다49473).

[회복등기 없는 중에 경매가 된 경우]

부동산에 대하여 근저당권설정등기가 경료되었다가 위조된 등기서류에 의하여, 아무런 원인 없이 말소되었다는 사정만으로는 곧바로 근저당권이 소멸하는 것은 아니다. 그러나 부동산이 경매절차에서 경락되면 근저당권은 당연히 소멸한다.

그러므로 근저당권설정등기가 원인 없이 말소된 이후에 근저당권인 목적물에 대하여 다른 근저당권자 등 권리자의 경매신청에 따라 경매절차가 진행되어 경락허가결정이 확정되고 경락인이 경락대금을 완납했다면, 원인 없이 말소된 근저당권은 이에 의해 소멸한다(대판 1998.10.2, 96다27197).

사례해결

을의 근저당권은 토지에 대한 경락으로 인해 소멸하였다. 을은 경매절차에서 실제로 배당받은 병에 대하여 부당이득반환청구로서 그 배당금의 한도 내에서 자신의 근저당권설정등기가 말소되지 아니하였더라면 배당받았을 금액의 지급을 구할 수 있다. 그러나 이미 소멸한 근저당권에 관한 말소등기의 회복등기를 위하여 정을 상대로 그 승낙의 의사표시를 구할 수는 없다.

5) 멸실등기

기존의 등기된 부동산이 전부 멸실된 경우에 행해지는 등기이다(부등법 112조). 표시란에 멸실원인을 기재하고 부동산의 표시와 표시번호를 주말(朱抹)하고 그 등기용지를 폐쇄한다.

(2) 예비등기

등기 본래의 효력, 즉 물권변동이나 대항력과는 직접 관계가 없이 장차 행하여질 등기에 대비하여 행해지는 등기로서 가등기와 예고등기가 있다.

1) 가 등 기

사례

을이 갑으로부터 부동산을 매수하면서 소유권이전등기청구권을 보존하기 위하여 가등기를 경료하였다. 그 후 을은 병에게 그 소유권이전등기청구권을 양도하였다. 이때 병은 가등기를 을에게 청구할 수 있는가?

a) 가등기의 의의

가등기는 부동산물권(소유권 · 지상권 · 지역권 · 전세권 · 저당권) 및 이에 준한 권리(권리질권 · 임차권)의 설정 · 이전 · 변경 · 소멸의 청구권을 보전하기 위해 예비로 하는 등기이다(부동산등기법 3조). 가등기는 이처럼 부동산물권변동을 청구할 수 있는 청구권보전기능을 가지나, 순위보전의 효력을 가질 뿐 물권변동이 가등기시로 소급하는 것은 아니다.

b) 가등기를 할 수 있는 경우

가등기에 의하여 보전되는 청구권은 채권적 청구권으로 물권적 청구권을 위한 가등기는 허용되지 않는다. 가등기는 본등기를 예고하므로 본등기를 할 수 없는 권리변동을 목적으로 등기할 수 없다.

다만 부동산매수인이 소유권이전등기청구권을 보전하기 위하여 가등기를 한 상태에서 장차 취득할 권리를 제3자에 양도할 것을 약정하고, 제3자가 자기의 청구권을 보전하기 위해 가등기에 다시 부기등기(가등기의 가등기)를 하는 것은 허용된다(대판 1998.11.19, 98다24105).

c) 가등기의 효력

가등기는 그 성질상 본등기의 순위보전에 효력만이 있고 후일 본등기가 경료된 때에는 본등기의 순위가 가등기한 때로 소급함으로써 가등기후 본등기 전에 이루어진 중간처분이 본등기보다 후순위로 되어 실효될 뿐이고 본등기에 의한 물권변동의 효력이 가등기한 때로 소급하여 발생하는 것은 아니다(대판 1982.6.22, 81다1298,1299)

가등기만으로는 아무런 실체법상 효력을 갖지 아니하고 그 본등기를 명하는 판결이 확정된 경우라도 본등기를 경료하기까지는 마찬가지이므로, 중복된 소유권보존등기가 무효이더라도 가등기권리자는 그 말소를 청구할 권리가 없다(대판 2001.3.23. 2000다51285).

[가등기권자가 본등기를 한 경우]

가등기권자가 소유권이전의 본등기를 한 경우에는 등기관은 부동산등기법 제175조 1항, 제55조 2호에 의하여 가등기 이후에 한 제3자의 본등기를 직권말소 할 수 있다(대판 1962.12.24, 4294민재항675).

사례해결

병은 을과의 공동신청으로 그 가등기상의 권리의 이전등기를 가등기에 대한 부기등기의 형시식으로 경료할 수 있다.

2) 예고등기

등기원인의 무효 또는 취소로 인한 등기의 말소 또는 회복의 소가 제기된 경우에 이를 제3자에게 경고하기 위하여 수소법원의 촉탁으로 행해지는 등기를 말한다(부등법 4 조). 제3자에 대하여 쟁송중임을 경고하는 사실상의 효력을 가질 뿐이고, 그 부동산에 관하여 처분금지의 효력이 생기지 않는다. 다만 그 무효 또는 취소를 선의의 제3자에게 대항할 수 있는 경우에만 촉탁한다(부동산등기법 4조 단서).

Ⅴ. 등기절차

사례

갑과 을이 토지를 공유하고 있다가 상속에[의하여 갑이 단독으로 소유하게 되었다. 이에 갑은 자신의 단독소유로 정정하여 달라고 청구하였다. 갑의 청구는 타당한가? 등기신청을 받은 등기관은 어떻게 조치하여야 하는가? 또한 등기신청이 받아들여져 등기가 이미 경료된 후에 등기상 이해관계에 있는 자는 어떻게 할 수 있는가?

1. 등기의 신청

(1) 신청주의

부동산등기법상의 등기는 당사자의 신청 또는 관공서의 촉탁에 의해 행해지는 '신청주의'를 원칙으로 한다(부동산등기법 27조).

(2) 등기신청의 당사자

1) 원칙: 공동신청주의

등기의 신청은 등기권리자와 등기의무자가 공동으로 하는 것이 원칙이다(부동산등기법 28조). 당해 등기에 관하여 이해관계를 가지는 양당사자가 공동으로 등기신청을 하게 함으로써 진정한 등기를 확보하기 위함이다.

여기서 등기권리자란 신청된 등기가 행하여짐으로써 권리의 취득 기타의 이익을 받는 자라는 것이 등기부상 형식적으로 표시되는 자이고, 등기의무자란 등기가 행하여짐으로써 권리의 상실 기타의 불이익을 받는 자라는 것이 등기부상 형식적으로 표시되는 자를 말한다.

2) 예외: 단독신청주의

공동신청에 의하지 않더라도 등기의 진정을 보장할 수 있는 사정이 있거나 또는 당해 등기의 성질상 등기의무자의 존재를 생각할 수 없는 경우에는 등기권리자 또는 등기의무자의 단독신청이 인정된다. 전자의 경우로서 등기권리자의 단독신청을 허용하는 예로는 판결에 의한 등기·상속에 의한 등기, 멸실회복등기(부등법 29조·79조) 등이 있으며, 후자의 경우로서 실체법상의 권리자 또는 등기명의인에 의한 단독신청을 인정하는 예로는 미등기 부동산의 소유권보존등기(부등법 130조·131조)·부동산의 멸실이나 분합 기타의 변경등기(부등법 90조·101조)·등기명의인의 표시변경등기(부동산등기법 31조) 등이 있다.

3) 대위신청

채권자가 자기채권의 보전을 위하여 채무자가 가지는 등기청구권을 채무자의 대리인으로서가 아니라 자기의 이름으로 행사하여 채무자 명의의 등기를 신청하는 것이다(부동산등기법 52조). 다만 대위원인을 증명하는 서면을 첨부해야 한다.

4) 대리인에 의한 신청

등기신청은 대리인에 의해서도 할 수 있다(부동산등기법 28조). 대리인은 행위능력자가 아니어도 무방하고 자기계약·쌍방대리가 허용된다.

(3) 등기신청에 필요한 서면

등기신청은 요식행위로서 신청시에 신청서, 등기원인을 증명하는 서면, 등기의무자의 권리에 관한 등기필증, 등기원인에 요구되는 제3자의 허가·동의 또는 승낙을 증명하는 서면, 대리권한을 증명하는 서면 등 법정의 서면을 제출하여야 한다(부동산등기법 40조).

2. 등기신청의 접수

등기관이 등기신청서를 받았을 때에는 접수장에 이를 기재하고 신청인에게 수령증을 교부하여야 한다(부동산등기법 53조). 접수의 선후는 별구에서 한 등기의 우열에 관계되므로(부동산등기법 5 조 2 항) 그 순서를 명확히 하여야 한다.

3. 등기신청에 대한 심사

등기가 실체적 권리관계와 부합하도록 하기 위해서 등기신청에 대하여 등기관의 일정한 심사가 필요하게 되는데, 그 심사권의 범위·권한 등은 그 등기심사의 권한과 방법에 따라 실질적 심사주의와 형식적 심사주의의 두 가지 입법례로 나누어진다.

우리 부동산등기법은 제55조에서 등기관의 신청각하사유를 제한적으로 열거하고 있을 뿐인데, 판례는 「등기관은 오직 신청서류와 등기부에 의하여 등기요건에 합당한지 여부를 심사할 권한밖에 없다」라고 판시하여 우리 법이 형식적 심사주의를 채택하고 있는 것으로 본다.

4. 등기의 실행

등기관은 접수된 등기신청을 심사한 결과 신청각하사유에 해당하지 않을 때에는 신청에 따른 기입을 함으로써 등기를 실행한다. 등기를 완료하면 등기관은 등기필증을 등기권리자에게 교부하고, 등기의무자가 제출한 등기필증은 등기필의 뜻을 기재하고 등기소인을 찍어 이를 등기의무자에게 반환한다(부동산등기법 67조).

5. 등기관의 처분에 대한 이의

등기관의 결정 또는 처분을 부당하다고 하는 자는 관할 지방법원에 이의신청을 할 수 있다(부동산등기법 178조). 이의신청은 등기관의 부당한 처분 또는 결정에 대한 원상회복적인 구제방법이고, 이러한 방법으로 시정을 구할 수 있는 경우에는 민사소송이나 행정소송의 방법으로 그 시정을 구할 수 없다.

[표시경정등기의 시정방법]

2인의 공유등기를 그 중 1인의 단독 소유로 경정하여 달라는 등기신청은 그 취지 자체에 있어서 이미 법률상 허용될 수 없음이 명백한 경우에 해당하므로, 등기관이 이를 간과하고 등기신청을 수리하여 등기가 행하여진 경우에는 등기상 이해관계 있는 자는 부동산등기법 제178조 소정의 등기관의 처분에 대한 이의신청의 방법으로 그 등기의 시정을 구할 수 있다(대판1996.4.12. 선고 95다33214).

사례해결

갑의 등기신청은 그에 의하여 소유자가 변경되는 결과가 되어 등기명의인의 동일성을 잃게 되는 결과이므로 갑의 경정청구는 부당하다. 즉 그러한 등기신청은 법률상 허용될 수 없음이 명백하여 등기관은 이를 각하하여야 한다. 만약 등기관이 이를 간과한 경우, 등기상 이해관계 있는 자는 등기관의 처분에 대한 이의신청을 할 수 있다.

제2관 법률행위에 의한 부동산물권변동

Ⅰ. 민법 제186조

우리 민법은 물권변동에 있어 성립요건주의(형식주의)를 취하고 있으므로 물권적 의사표시 외에 등기를 갖추어야 부동산물권변동이 생긴다.

「부동산에 관한 법률행위로 인한 물권의 득실변경은 등기하여야 효력이 생긴다」는 민법 제186조가 바로 이러한 취지를 규정하고 있다.

[법률행위에 의한 물권변동]

채무의 담보를 위하여 채무자가 자기비용과 노력으로 신축하는 건물의 건축허가 명의를 채권자명의로 하였다면 이는 완성된 건물을 담보로 제공하기로 하는 합의로서 법률행위에 의한 담보물권의 설정이라고 볼 수 있다.

따라서 완성된 건물의 소유권은 일단 이를 건축한 채무자가 원시적으로 취득한 후, 채권자명의로 소유권보존등기를 마침으로써 담보목적의 범위내에서 채권자에게 그 소유권이 인정 된다(대판 1997.5.30, 97다8601).

Ⅱ. 민법 제186조의 적용범위

법률행위에 의한 부동산물권변동에 관하여 민법 제186조가 적용되는데, 제186조가 적용되는 물권변동인지 여부가 불분명한 경우가 있다. 이하에서 차례로 살펴본다.

1. 원인행위의 실효에 의한 물권의 복귀

채권행위(물권행위 포함) 또는 원인행위가 취소·해제된 경우에 등기까지 경료함으로써 일단 발생했던 물권변동은 등기를 말소하지 않더라도 당연히 효력을 잃고 물권은 원귀속자에게 복귀하는지 아니면 말소등기나 이전등기를 하여야 비로소 복귀하는지가 문제된다.

물권행위의 무인론에 따르면 새로운 물권행위와 등기가 필요하고, 판례와 소수설인 유인론에 따르면 처음부터 물권변동이 생기지 않은 것으로 취급되므로 등기를 하지 않아도 된다.

이와 같이 원인행위가 취소·해제되거나 무효인 경우 물권이 등기의 말소 여부와는 관계없이 당연히 복귀하는 유인설에 의하면 거래의 안전이 문제된다. 즉 물권행위가 취소·해제되기 전에 유효한 물권변동이 있는 것으로 믿고 거래한 제3자 또는 취소·해제 후에 아직 말소되지 않은 등기를 믿고 거래한 제3자는 어떻게 되는가하는 점이다.

이러한 경우에 선의의 제3자를 보호하여 거래의 안전을 확보하려는 제도가 등기의 공신력을 인정하는 것이나 우리 민법은 이를 인정하지 않고 있다. 다만 민법 제107조 2항·제108조 2항·제109조 2항·제110조 3항·제548조 1항 단서의 특별규정에 의하여 선의의 제3자가 보호받을 수 있다.

2. 재단법인의 설립에 있어서의 출연재산의 귀속

민법 제48조는 재단법인을 설립하기 위하여 출연한 재산은 생전처분으로서 하는 경우에는 법인이 성립된 때(즉, 법인의 설립등기를 한 때, 33조)에, 유언으로서 한 경우에는 유언의 효력이 발생한 때(즉, 유언자가 사망한 때, 1073조 1항)에 법인에 귀속하는 것으로 규정하고 있다.

여기서 그러한 출연재산에 부동산물권이 포함되어 있는 경우라면 그 부동산물권이 재단법인에 귀속하는 것은 민법 제186조에 의하여 등기를 한 때인가, 아니면 민법 제187조와 제48조의 규정대로 등기 없이도 법인성립시나 유언의 효력발생시에 당연히 재단법인에 귀속되는 것인지가 문제된다. 예컨대 甲이 A 재단법인을 설립하기로 하고 자기의 X 토지를 출연하였는데, A 재단법인이 설립등기를 하기 전에 甲이 사망하고 그의 상속인 乙이 X 토지를 丙에게 매도하고 丙 명의로 등기를 한 경우에 소유권이 누구에게 귀속될 것인가 하는 것이다.

다수설은 민법 제48조를 제187조가 말하는 '기타의 법률의 규정'으로 보아 이전등기 없이도 설립등기를 한 때 또는 설립자의 사망시에 물권이 법인에 귀속한다고 해석한다. 다수설에 의하면 상기 예에서 X 토지를 丙 명의로 등기를 하였다 하더라도 소유권은 A 재단법인에 귀속한다. 반면 소수설은 재단법인설립행위가 법률행위인 이상 출연재산이 재단법인에게 귀속하는 것은 등기를 갖춘 때이고, 다만 제48조에 의하여 귀속시기가 재단법인 설립시에 소급한다고 한다. 소수설에 의하면 丙에게 X 의 소유권이 귀속한다.

한편 판례는 처음에는 다수설의 입장이었다가 그 태도를 바꾸어 특수한 이론을 전개하고 있다. 즉 출연자와 법인 사이에서는 다수설과 같이 등기 없이도 출연부동산은 법인설립과 동시에 법인에 귀속하나, 법인이 그가 취득한 부동산을 가지고 제3자에게 대항하기 위하여서는 민법 제186조에 따라 등기를 필요로 한다는 것이다(대판 1979. 12. 11, 78다481·482). 판례에 의하면 A 와 乙 사이에 등기 없이도 A 가 乙에게 대항할 수 있지만, A 와 제3자 丙 사이에는 丙에게 소유권이 인정된다.

3. 제한물권의 소멸청구와 소멸통고

(1) 소멸청구

민법은 일정한 경우에 지상권설정자·전세권설정자가 지상권 또는 전세권의 소멸을 청구할 수 있는 것으로 하고 있다(287조·311조). 이 점에 관하여 학설은 소멸청구권은 형성권이고 형성권의 행사는 의사표시만에 의한다는 점을 들어 지상권이나 전세권은 설정자의 소멸청구의 의사표시만으로 소멸한다고 하는 견해와, 이 경우의 소멸도 역시 민법 제186조에 의하는 물권변동으로 봄으로써 소멸청구의 의사표시 외에 등기를 하여야만 지상권 또는 전세권이 소멸되는 것으로 해석하는 견해로 대립되고 있다. 후자의 견해가 타당하다고 본다.

(2) 소멸통고

민법 제313조는 존속기간을 약정하지 않은 전세권은 당사자가 언제든지 그 소멸을 상대방에게 통고할 수 있고 상대방이 통고를 받은 경우에는 6 개월이 경과하면 전세권이 소멸하는 것으로 하고 있다. 이에 대하여서도 학설은 소멸통고는 형성권이므로 6 개월이 경과하면 전세권은 말소등기 없이도 당연히 소멸한다는 견해와, 거래안전의 보호상 6개월 후 말소등기를 하여야만 비로소 소멸한다는 견해가 대립된다. 후자의 견해가 타당하다고 본다.

4. 소멸시효의 완성

부동산물권 가운데 지상권·지역권·전세권이 소멸시효의 대상이 된다. 이들 용익물권에 관하여 소멸시효가 완성되면 등기 없이도 그 물권이 소멸하는지 아니면 등기를 하여야만 소멸하는지가 문제된다.

시효의 완성으로 권리가 당연히 소멸하지 않고 시효의 이익을 받을 자가 상대방에게 권리소멸을 주장할 수 있는 권리가 생길 뿐이라는 상대적 소멸설의 입장에서는 등기의 말소를 청구해서 등기가 말소된 때에 비로소 권리는 소멸한다고 한다. 반면 시효의 완성으로 권리는 당연히 소멸한다는 절대적 소멸설의 입장에서는 말소등기와 관계없이 권리는 소멸한다고 본다. 판례는 절대적 소멸설의 입장이다.

5. 물권의 포기

물권의 포기는 법률행위이므로 민법 제186조의 적용에 따라 등기하여야 한다는 것이 다수설이다.

Ⅲ. 물권변동요건으로서의 등기

1. 의 의

법률행위에 의한 부동산물권변동에 있어서 등기는 물권변동에 관하여 법률이 요구하는 물권행위 이외의 또 하나의 요건이다. 등기가 물권행위와 더불어 물권변동의 효력을 발생케 하려면 그것이 유효하게 성립하고 있어야 한다. 즉 등기의 절차가 부동산등기법 등에 따라 적법하게 행해져야 하며, 또한 그 내용이 당사자의 물권행위와 일치하는 것이어야 한다. 전자를 등기의 형식적(절차적) 유효요건, 후자를 등기의 실질적(실체적) 유효요건이라 할 수 있다.

2. 형식적 유효요건

(1) 등기의 성립

등기는 등기관이 등기부에 일정한 사항을 기재하고 날인함으로써 성립한다. 따라서 등기신청이 있었더라도 그 기재가 없는 한 등기가 있다고 할 수 없다. 예컨대 공무원의 과실로 등기부의 기재가 없었던 경우 물권변동은 일어나지 않는다.

판례는 등기가 물권의 효력발생요건이지 효력존속요건은 아니라고 한다(대판 1988.10.25, 87다카1232). 따라서 일단 유효하게 성립한 등기가 멸실되거나, 불법말소 되거나 하는 등의 사정으로 부적법하게 그 존재를 잃게 된 경우에도 그 등기가 공하던 물권의 실체법상의 효력은 그대로 존속한다.

[등기가 불법말소된 경우]

등기는 물권의 효력발생요건이고 그 존속요건은 아니므로, 물권에 관한 등기가 원인 없이 말소된 경우에도 그 물권의 효력에는 아무런 변동이 없다(대판 1988.12.27, 87다카2431).

(2) 중복등기의 문제

사례

갑은 자신의 명의로 유효하게 소유권보존등기가 되어 있는 건물을 을에게 매도하였다. 그러나 을은 착오로 동 건물에 대하여 이전등기가 아닌 새로운 보존등기를 하였다. 을은 다시 이 건물을 병에게 매도하고 이전등기를 하였다. 그러던 중 갑은 우연히 위 건물에 대하여 보존등기가 되어 있는 것을 발견하고, 아직 자신명의의 보존등기 이후로 다른 이해관계인이 없는 것을 이용하여 정에게 매도하고 정 명의로 이전등기를 경료하였다.
(1) 이 건물의 소유권은 누구에게 있는가?
(2) 만일 갑이 을에게 소유권 이전등기를 하고 을이 병에게 매도하고 소유권 이전등기를 하기 전에 등기부가 멸실되어 을이 멸실회복등기를 하고, 스 후 병이 멸실회복등기를 한 후 병이 정에게 위 건물을 양도한 경우에 건물의소유권은 누구에게 있는가?

1) 문 제 점

부동산등기법은 1부동산 1등기용지의 원칙을 취하고 있다(15조). 따라서 어느 부동산에 관하여 이미 보존등기가 되어 있음에도 불구하고 다시 보존등기의 신청이 있게 되면, 그 등기신청은 「사건이 등기할 것이 아닌 때」에 해당하여 등기관이 그 신청을 각하하게 된다. 그런데 절차상의 잘못으로 1부동산에 대하여 2 개 이상의 등기용지가 개설되어 등기가 되어 있는 경우 그 등기의 효력을 인정할 것인지가 문제된다. 이를 중복등기 또는 이중등기의 문제라고 하며, 주로 보존등기에서 생긴다.

2) 학 설

이 문제에 대하여 학설은 (ⅰ) 먼저 행하여진 보존등기가 유효하다고 하는 절차법설과, (ⅱ) 이중등기 중 실체적 권리관계에 부합하는 등기를 유효하다고 보는 실체법설, (ⅲ) 원칙적으로 절차법설을 취하여 먼저의 등기가 유효하다고 보나, 그 등기가 실체적 유효요건을 결여하고 후에 이루어진 보존등기가 실체적 유효요건을 구비하는 경우에는 예외적으로 제2의 보존등기가 유효하다는 절충설로 나누어진다.

3) 판 례

판례는 (ⅰ) 중복등기가 동일인 명의인 경우에는 먼저 한 등기가 유효하고 뒤에 된 등기는 절차상 위법한 것으로서 무효라는 절차법설을 취한다(대판 1981.11.18, 81다1340). (ⅱ) 등기명의인을 달리 하는 중복등기의 경우에는 절차법설의 입장을 취하다가 판례를 변경하여 실체법설을 취하였다(대판 1978.12.26, 77다2427).

그 후 다시 처음의 절차법설로 회귀하여 현재에 이르고 있다. 즉 「먼저 이루어진 소유권보존등기가 원인무효가 되지 아니하는 한, 뒤에 된 소유권보존등기는 비록 그 부동산의 매수인에 의하여 이루어진 경우에도 1 부동산 1 용지주의를 채택하고 있는 부동산등기법 아래에서는 무효」라고 판시하였다(대판 1990.11.27, 87다카2961, 87다453). 표제부의 표시란의 이중보존등기는 실체법설에 따라 실제상황과 부합되는 등기가 유효하다.

[이중보존등기의 효력]

동일 부동산에 관하여는 등기명의인을 달리하여 중복된 소유권보존등기가 경료된 경우에는 먼저 이루어진 소유권보존등기가 원인무효로 되지 않은 한, 뒤에 된 소유권보존등기는 그것이 비록 실체관계에 부합한다고 하더라도 1부동산 1등기용지주의의 법리에 비추어 무효이다.

이러한 법리는 뒤에 된 소유권보존등기의 명의인에 당해 부동산의 소유권을 원시취득한 경우에도 그대로 적용된다(대판 1996.9.20, 93다20177 · 20184).

사례해결

(1)은 갑과 을의 보존등기 가운데 누구의 보존등기가 유효한지를 해결하여야 한다. 누구의 보존등기가 유효한가에 따라 건물이 병의 소유인지 정의 소유인지가 달라진다. 이중보존등기를 어떻게 해결할 것인지에 대해서는 견해가 대립하지만 명의인이 다른 이중보존등기에 있어서 판례는 "뒤에 이루어진 소유권보존등기는 매수인에 의하여 이루어진 경우라도 무효이기 때문에 갑의 보존등기는 유효하고 을의 보존등기는 무효이다.

(2)는 을과 병이 순차적으로 멸실회복등기에 의하여 등기를 회복한 경우로서 을과 병중 누구의 멸실회복등기가 우선하는지가 문제된다. 판례는 "적법하게 경료된 것으로 추정되는 각 회복등기 상호간에는 각 회복등기 일자의 선후를 기준으로 우열을 가려야 한다"고 판시하고 있다. 따라서 갑의 멸실회복등기가 우선하게 된다.

3. 실질적 유효요건

(1) 물권행위와의 합치

등기는 물권행위의 내용과 합치하여야 하며, 그렇지 못한 등기는 유효하지 않아 그에 따른 물권변동도 생길 수 없다. 그러나 물권행위와 등기는 별개의 행위로서 별도의 절차에 따라 행해지며, 실제 양자 사이에 시간적 간격이 있게 마련이므로 여러 사정에 의하여 합치가 이루어지지 못하는 경우가 생긴다.

(2) 내용적 불합치

1) 질적 불합치

등기가 물권행위와 내용에 있어서 합치하지 않으면 물권행위에 따른 물권변동은 생기지 않는다. 예컨대 A 토지에 대하여 매매계약을 체결하였는데 소유권이전등기는 B 토지에 대하여 행해진 경우 그 등기는 무효이다. 따라서 A 토지에 대하여 물권변동이 생길 여지가 없다.

[등기원인과 상이한 등기의 효력]

① 부동산 등기는 현실의 권리 관계에 부합하는 한 그 권리취득의 경위나 방법 등이 사실과 다르다고 하더라도 그 등기의 효력에는 아무런 영향이 없는 것이므로 증여에 의하여 부동산을 취득하였지만 등기원인을 매매로 기재하였다고 하더라도 그 등기의 효력에는 아무런 하자가 없다(대판 1980.7.22, 80다791).

② 등기신청서의 기재사항이 등기원인을 증명하는 서면과 부합하지 아니함에도 신청서대로 등기가 경료되었다면 이는 부동산등기법 제55조 제2호에 해당하는 것이 아니므로, 일단 등기가 경료된 후에는 등기관이 이를 직권으로 말소할 수 없고, 등기의무자가 불응하는 경우 그를 상대로 말소등기의 회복등기절차의 이행을 명하는 판결을 받아 부적법하게 말소된 등기를 회복하여야 한다(대판 2004. 5. 14. 2004다11896).

2) 양적 불합치

사례

A가 사망하자 갑·을·병은 A로부터 부동산을 공동으로 상속받았다. 갑·을·병 각자의 지분은 각각 35평·30평·25평이었다. 그러나 갑이 을과 병 몰래 자기 단독명의로 소유권이전등기를 경료한 후, 이 부동산을 정에게 매도하였다.

(1) 공동상속인 을과 병은 정을 상대로 갑 단독명의의 등기가 무효라는 것을 주장하여 등기전부의 말소를 구할 수 있는가?

(2) 만일 갑이 자기 단독명의로 등기를 하는데, 상속이 아니라 매매로 기재하였다면 그 효력은 어떠한가?

물권행위와 등기의 내용에 양적 차이가 있을 뿐인 경우에는 등기를 전부 무효라고 단정할 수 없다. 등기된 양이 물권행위의 양보다 큰 경우에는 물권행위의 한도 내에서 효력이 생기고, 반대로 등기된 양이 물권행위의 양보다 적은 경우에는 법률행위의 일부무효에 관한 민법 제137조의 규정에 의하여 전부를 무효로 할 것인가 또는 등기된 한도에서 유효한 것으로 할 것인가를 판단하여야 한다.

예컨대 3천만원의 채권을 담보하기 위하여 저당권을 설정하였는데, 저당권의 피담보채권을 5천만원으로 등기한 경우 등기는 3천만원의 범위에서만 그 효력이 있다. 그 반대의 경우에는 민법 제137조에 따라 원칙적으로 등기 전부가 무효이지만, 당사자가 3천만원 부분의 유효를 원하면 등기기재의 범위에서 효력이 있다. 판례도 공동상속인 중 1 인이 상속부동산 전체를 자신의 명의로 등기한 경우, 자신의 상속분의 한도에서 등기가 유효하다고 하고 있다(대판 1967. 9. 5, 67다1347).

[표제부에 토지면적이 실제와 다르게 등재된 경우의 효력]

물권의 객체인 토지 1필지의 공간적 범위를 특정하는 것은 지적도나 임야도의 경계이지, 등기부의 표제부나 임야대장·토지대장에 등재된 면적이 아니다.

그러므로 토지등기부의 표제부에 토지의 면적이 실제와 다르게 등재되어 있다 하여도, 이러한 등기는 해당 토지를 표상하는 등기로서 유효하다(대판 2005.12.23, 2004다1691).

사례해결

(1) 등기를 경료한 상속인 갑의 상속분에 관한 등기는 그것이 불법한 방법으로 경료된 것이라 하여도, 이를 무효등기라고는 할 수 없다. 그러므로 등기전부의 말소를 구할 수는 없고, 을과 병의 상속분의 합계만큼의(30평 +25평 = 55평) 말소청구가 가능하다.

(2) 부동산등기는 현실의 권리관계에 부합하는 한, 그 권리취득의 경위나 방법 등이 사실과 다르다고 하더라도 그 등기의 효력에는 아무런 영향이 없는 것이므로, 갑의 상속분 내에서는(35평) 유효한 등기이다.

3) 등기와 물권변동 과정과의 불일치

우리 민법은 물권변동에 있어서 성립요건주의를 취하고 부동산등기법상으로는 등기연속의 원칙을 취하며(부동산등기법 28조) 등기부에는 등기원인을 기재하도록 하고 있으므로(부동산등기법 57조 2항) 물권변동의 과정과 원인을 그대로 공시하게 될 것이다. 그러나 실제에 있어서는 거래의 과정이나 원인과는 다른 물권행위가 이루어진 것처럼 등기가 행해지는 경우가 많다. 그러한 예로서 주로 논의되는 것이 중간생략등기·실제와 다른 등기원인에 의한 등기·무효등기의 유용의 문제이다.

(a) 중간생략등기

사례

임대아파트의 소유자인 갑이 임대아파트를 분양아파트로 전환하게 됨에 따라 그 임차인으로서 우선분양권을 가지고 있던 을 갑과 사이에 분양계약을 체결하고 계약금만을 납부한 후 곧바로 같은 날 병에게 위 아파트에 대한 소유권이전등기 청구권을 양도하고 갑에게 그 양도 사실을 통지하였다. 을은 위 아파트에 대한 소유권이전등기청구권의 양수인으로서 갑에 대하여 잔대금을 수령함과 동시에 갑과의 매매를 원인으로 한 소유권이전등기 절차의 이행을 구하였다.

① 중간생략등기의 의의

부동산의 소유권이 A로부터 B에게로 다시 B로부터 C에게 순차 이전된 경우 원칙적으로는 소유권이전등기가 A로부터 B에게 이전되고 다시 B로부터 C에게 이전되어야 하지만, B

명의의 이전등기를 생략하고 A로부터 직접 C에게 이전등기가 이루어진 경우에 A·C 간의 등기를 중간생략등기라 한다. 이는 중간자인 B가 부담하게 될 세금이나 등기비용 등을 회피하기 위한 수단으로 이용되어 왔다.

중간생략등기와 관련하여서는 그 등기가 유효한가와 C가 A에게 직접 소유권이전등기를 청구할 권리를 갖는가의 두 가지 점을 검토할 필요가 있다.

② 중간생략등기의 유효성

중간생략등기의 효력에 관하여 학설은 무효설과 무조건유효설, 관계당사자들의 합의가 있으면 유효하다는 조건적 유효설이 대립된다. 한편 판례는 3자의 합의를 이유로 중간생략등기가 유효하다는 견해를 취하기도 하고(대판 1970.2.23, 70다2996), 3자의 합의가 없더라도 소유권이전등기가 무효가 아니라고 하여(대판 1980.2.12, 79다2104) 어떤 학설을 취하고 있는지 분명치 않다. 판례는 이미 경료된 중간생략등기가 실체에 부합하기만 하면 유효한 것으로 인정하고 있다.

[최초의 매도인의 매매대금청구권 가부]

중간생략등기의 합의란 부동산이 전전 매도된 경우 각 매매계약이 유효하게 성립함을 전제로 그 이행의 편의상 최초의 매도인으로부터 최종의 매수인 앞으로 소유권이전등기를 경료하기로 한다는 당사자 사이의 합의에 불과할 뿐이다.

그러므로 이러한 합의가 있다고 하여 최초의 매도인이 자신이 당사자가 된 매매계약상의 매수인인 중간자에 대하여 갖고 있는 매매대금청구권의 행사가 제한되는 것은 아니다(대판 2005.4.29, 2003다66431).

③ 중간생략등기청구권

위의 예에서 C가 A에게 직접 자신에게로의 소유권이전등기, 즉 중간생략등기를 청구할 수 있는지가 문제되는데 중간생략등기의 유효성을 인정하는 입장에서는 이를 인정하는 견해도 있을 수 있다. 그러나 중간생략등기는 탈세나 투기 등의 목적으로 이용되는 경우가 많고, 그 유효성을 인정함으로써 얻을 수 있는 실익은 거의 없다. 그렇다면 중간생략등기청구권을 법의 보호영역에 포함시켜서는 안 될 것이다. 왜냐하면 법이 정면으로 금지하고 있는 사항을 당사자의 합의로 무시할 수 있다면 그 법의 실효성을 확보하기 어려울 것이기 때문이다.

사례해결

사례 (1)은 중간생략등기에 있어서 중간자인 을의 동의 없이 이루어진 등기의 효력이 문제된다. 중간생략등기의 효력에 대해서는 견해가 대립한다. 무효설에 의하면 갑이 을에게 등기이전을 하지 않았기 때문에 을은 부동산에 대한 소유권을 취득하지 못한다. 따라서 갑으로부터 을에게로의 등기이전은 원인행위가 없는 것이 되어 갑은 중간생략등기의 합의에 관계없이 병에게 말소등기를 청구할 수 있다. 반면 판례의 태도인 조건부 유효설에 의하면 을의 동의가 없는 경우이므로 병 명의로 경료된 중간생략등기는 무효이다. 그러나 판례는 을의 동의가 없더라도 일단 등기가 경료되었다면 병 명의의 등기는 유효하다.

사례 (2)는 병에게 중간생략등기 청구권이 인정되는지의 문제이다. 무효설에 의하면 중간생략등기 자체가 무효이므로 병은 갑에 대하여 소유권 이전등기조차 청구할 수 없다. 반면 조건부 유효설에 의하면 이론상으로는 제3자간의 합의만 있으면 중간생략등기 청구가 가능할 것이다. 그러나 부동산등기특별조치법의 실효성을 위하여 중간생략등기청구권을 인정해서는 안 된다고 본다.

(b) 실제와 다른 등기원인에 의한 등기

등기부에는 반드시 등기원인을 기재하도록 되어 있다(부동산등기법 57조 2 항). 그런데 실제의 거래와 다른 등기원인으로 등기가 되어 있는 경우, 예컨대 증여에 의한 소유권이전등기를 매매에 의한 것으로 한다든지, 법률행위의 취소에 의한 말소등기를 이전등기로 한 경우에 그 등기의 효력이 문제된다.

등기는 부동산에 관한 권리의 현상, 즉 현실의 권리관계를 표시하면 족하므로 등기부상의 등기원인이 실제와 상이한 경우에도 현실의 권리관계에 부합하는 한 그 등기의 효력에는 영향이 없다. 따라서 증여에 의하여 부동산을 취득하였으나 등기를 매매로 기재하여도 유효한 등기이다(대판 1980.7.22, 80다791).

(c) 무효등기의 유용

사례

을은 그 소유부동산에 대하여 병에게 저당권을 설정하여 주었지만, 원인행위가 무효가 됨에 따라 피담보채권 1억원으로 하는 저당권설정등기도 원인무효가 되었다. 그 후 을은 갑으로부터 1억원을 융자받은 후 이 채무를 담보하기 위하여, 갑과 합의하여 병 명의의 무효인 저당권설정등기에 이전의 부기등기를 하였다.

그러나 이 부기등기가 있기 전에 부동산에 대하여 정이 처분금지가처분의 등기를 경료하였다. 갑은 이 저당권을 가지고 정에게 대항할 수 있는가?

무효등기의 유용이란 등기원인의 부존재 · 무효 · 취소 · 해제로 인하여 말소되어야 할 무효인 등기가 말소되지 않고 있다가 후에 이에 상응하는 등기원인(실체적 권리관계)이 발생한 경우, 이 무효인 등기를 그 등기원인의 공시방법으로 하는 것을 말하는데, 이 경우 그 등기의 유효성이 문제된다.

① 무효등기를 유용하기 위해서는 무효등기유용에 대한 합의가 있어야 하고, 이에 상응하는 새로운 실체관계가 있어야 한다. 가장매매에 기초한 소유권이전등기 후 양당사자가 적법한 매매계약을 체결하고 전술한 등기를 유용한 경우가 이에 속한다.

② 등기유용의 합의 이전에 등기부상 이해관계 있는 제3자가 없어야 한다(대판 1989.10.27, 87다카425). 예컨대 甲과 乙이 乙 소유의 부동산에 있던 변제된 피담보채권의 저당등기를 유용하기로 한 경우, 유용합의 전에 이미 丙이 처분금지가처분을 했다면 이 등기유용의 합의는 丙에게 효력이 없다.

[무효등기의 유용 인정례]

근저당권 등기가 변제로 무효로 된 것을 후에 발생한 금전채권의 담보로 유용하는 경우 새로운 이해관계인이 없다면 유효한 것으로 본다(대판 1994. 1. 28, 93다31702).

[무효등기의 유용 불인정례]

① 멸실된 건물의 보존등기를 멸실 후에 신축한 건물의 보존등기로 유용할 수는 없다(대판 1976.10.26, 75다2211).
② 유효하게 등기된 건물이 증·개축된 경우에 당초 건물과의 동일성이 인정된다면 증·개축된 현재의 건물에 대하여 다시 경료된 보존등기는 무효이다(대판 1966.10.25, 66다1503).

사례해결

갑과 을 사이의 위와 같은 합의는 무효등기유용의 합의이다. 이러한 등기유용에 관한 합의는 그 유용하기로 한, 갑 명의의 근저당권이전등기가 경료되기 이전에 이미 위 부동산에 대하여 처분금지가처분을 하여 둠으로써 등기상의 이해관계를 가지게 된 정에 대한 관계에 있어서는 그 효력이 없다.

(3) 시간적 불합치

물권행위와 등기는 실제 시간적 간격을 두고 행해지므로 물권행위 후 등기 전에 당사자가 행위무능력자로 되거나 사망하거나 처분권이 제한되는 새로운 사정이 발생한 경우에 등기신청이 어떻게 되는지가 문제된다.

① 물권행위 후 당사자가 피성년후견인 등 재한능력자가 된 경우에는 법정대리인을 통해 등기신청을 하여야 한다.

② 물권행위 후 당사자가 사망한 경우, 그 상속인은 상속을 증명하는 서면을 첨부하여 사망자가 살아 있다면 신청하였을 등기를 직접 신청할 수 있다(부동산등기법 47조).

③ 물권행위 후 권리자가 파산하거나 압류를 당하는 등 처분권이 제한된 경우에는 등기를 신청할 수 없다.

제3관 법률행위에 의하지 않은 부동산물권변동

Ⅰ. 민법 제187조

1. 의 의

민법 제187조는「상속 · 공용징수 · 판결 · 경매 기타 법률의 규정에 의한 부동산의 물권의 취득은 등기를 요하지 아니한다. 그러나 등기를 하지 아니하면 이를 처분하지 못한다고 규정함으로써, 법률행위에 의하지 않은 부동산물권의 변동에 있어서는 민법 제186조와 달리 등기 없이도 원칙적으로 그 효력이 발생하는 것으로 하고 있다. 이것을 '법률행위에 의하지 않은 부동산물권의 변동'이라고 한다.

2. 규정의 내용

민법 제187조는 '물권의 취득'이라고 하고 있으나 법률의 규정에 의하여 당연히 물권이 변경 · 소멸하는 경우에도 등기는 필요 없는 것으로 보아야 할 것이다. 따라서 제187조는 널리 '물권의 변동'을 규정한 것이고 '취득'의 경우에만 한정하지는 않는 것이다.

Ⅱ. 민법 第187조의 적용범위

1. 상 속

피상속인의 사망으로 상속은 개시되기 때문에(997조 참조) 상속개시로 인하여 등기 없이 당연히 물권변동의 효력은 발생한다. 포괄적 유증의 경우에도 마찬가지로 해석하여야 한다(1078조 참조). 부동산등기법상 상속 또는 포괄적 유증에 의한 등기는 상속인 또는 포괄적 수유자가 단독으로 신청한다(부동산등기법 29조).

[유증과 등기]

포괄적 유증을 받은 자는 민법 제187조에 의하여 법률상 당연히 유증 받은 부동산의 소유권을 취득한다(대판 2003.5.27. 2000다73445).

2. 공용징수

공용징수는 공공의 이익을 위하여 소유권 기타의 재산권을 강제적으로 수용하는 제도로서 토지의 강제적 수용을 목적으로 한 토지수용법이 그 근간을 이루고 있으므로 '공용수용'이라고도 한다. 수용으로 인하여 수용자는 원칙적으로 등기 없이 권리를 취득하고 반면에 피수용자의 권리는 소멸한다(토지수용법 67조 참조). 수용으로 인한 토지소유권의 취득은 원시취득이므로 그 토지 위에 존속하였던 다른 권리는 원칙적으로 소멸한다. 그러나 그 등기는 소유권이전등기의 형식으로 행해진다(부동산등기법 115조).

[수용절차에 의한 소유권취득]

기업자가 과실 없이 등기부상의 소유자를 진정한 소유자로 믿고 수용절차를 마쳤다면, 기업자는 소유권을 원시취득한다(대판 1991.5.10, 91다8654).

3. 판 결

판결의 확정으로 인하여 등기 없이 당연히 물권변동의 효력이 발생한다. 그러나 물권변동을 일으키는 것은 판결 그 자체에 의하여 부동산에 관한 물권변동을 일어나게 하는 '형성판결'에 한한다(대판 1965.8.17, 64다1721). 형성판결에는 공유물분할의 판결(269조 1항), 사해적 물권행위를 취소하는 판결(406조), 상속재산분할의 판결(1013조 2항) 등이 있다. 판결에 의한 물권변동의 시기는 판결이 확정된 때이다.

이행판결이나 확인판결은 민법 제186조의 원칙에 따라야 한다. 왜냐하면 이 경우는 그 청구원인 등에 의하여 확정되는 법률행위 등의 원인이 존재하기 때문이다.

[판결의 의미]

판결에 의한 부동산 물권취득은 등기할 필요가 없으나, 이때의 판결이란 판결 자체에 의하여 부동산 물권취득의 형성적 효력이 생하는 경우를 말한다. 따라서 당사자 사이에 이루어진 어떠한 법률행위를 원인으로 하여 부동산 소유권이전등기절차의 이행을 명하는 것과 같은 내용의 판결은 이에 포함되지 아니한다(대판 1970.6.30. 70다568).

4. 경 매

여기서 말하는 경매란 국가기관이 하는 공경매를 말한다. 공경매에는 민사집행법에 의한 강제경매(통상의 강제경매와 담보권실행경매가 있다)와 국세징수법에 의한 공매 등이 있다. 이들 공경매에 있어서는 어느 경우에나 경락인이 경락대금을 완납한 때 경매의 목적인 권리를 취득한다.

5. 기 타

위에서 설명한 이외에 법률의 규정에 의하여 등기 없이 당연히 물권변동의 효력이 발생하는 경우로는 다음과 같은 것들이 있다.

① 법이 법률관계의 불분명을 피하기 위하여 그 귀속을 확정하는 경우

예컨대 신축건물의 소유권을 등기 없이 취득하는 것이나(대판 1965. 4. 6, 65다113), 부동산의 멸실로 물권이 상실되는 것, 부합 · 혼화 · 가공(256조 이하)에 의한 소유권취득 등이다.

② 법률이 특별한 정책적 이유로 물권변동을 발생케 하는 경우

예컨대 법정지상권(305조 · 306조) · 관습법상의 법정지상권 · 분묘기지권 · 법정저당권(649조) 등이다.

[건축중인 건물의 완공시의 소유권귀속]

건축주의 사정으로 건축공사가 중단된 미완성의 건물을 인도받아 나머지 공사를 하게 된 경우에는 그 공사의 중단시점에 이미 사회통념상 독립한 건물이라고 볼 수 있는 정도의 형태와 구조를 갖춘 경우가 아닌 한, 이를 인도하여 자기의 비용과 노력으로 완공한 자가 그 건물의 원시취득자가 된다(대판 2006.5.12, 2005다68783).

제4관 등기청구권

사례

갑은 1990. 3. 1 을에게 X토지를 매도하고 인도하였으나 등기를 경료하지 않았고, 을은 이를 1999. 3. 1 병에게 전매하면서 토지만을 인도하여 주었다. 이후 2006. 3. 1 을은 갑에게 X의 소유권이전등기를 해줄 것을 요구한 경우에 갑은 이에 응해야 하는가?

Ⅰ. 의 의

등기청구권이란 등기권리자가 등기의무자에게 등기신청에 협력할 것을 요구하는 권리를 말한다. 실체법적인 권리로서 국민이 국가기관인 등기관에 대하여 가지는 권리인 등기신청권과는 구별된다. 등기청구권은 공동신청의 경우에 문제되는 것이며, 등기권리자 또는 등기의무자가 단독으로 등기신청을 할 수 있는 경우에는 이러한 문제가 발생하지 않는다.

Ⅱ. 발생원인과 성질

1. 법률행위에 의한 물권변동의 경우

법률행위에 의한 부동산물권변동, 예컨대 부동산매매계약에 기초하여 등기가 이루어져야 하는 경우, 매수인은 매도인에게 등기청구권을 갖는다. 물권변동에 있어서 성립요건주의를 취하고 있는 우리 민법에서는 등기를 갖추어야 비로소 물권이 취득되는 것이므로, 이때의 등기청구권은 '채권적 청구권'으로 볼 것이다(다수설 · 판례: 대판 1991. 3. 22, 90다9797). 단 이를 물권적 청구권으로 보는 소수설이 있다.

[진정한 등기명의의 회복을 위한 등기청구권의 요건]

명의신탁에 있어서 대외적으로는 수탁자가 소유자라고 할 것이므로, 명의신탁재산에 대한 침해배제를 구하는 것은 대외적 소유권자인 수탁자만이 가능한 것이다.

따라서 신탁자는 수탁자를 대위하여 그 침해에 대한 배제를 구할 수 있을 뿐이므로, 명의신탁사실이 인정된다고 할지라도, 신탁자는 제3자에 대하여 진정한 등기명의의 회복을 원인으로 한 소유권이전등기청구를 할 수 있는 진정한 소유자의 지위에 있다고 볼 수 없다(대판 2001.8.21, 2000다36484).

2. 실체관계와 등기가 일치하지 않는 경우

등기서류를 위조하여 소유권이전등기가 행해진 경우와 같이 실체관계와 등기가 일치하지 않는 경우에는 진정한 소유자가 현재 등기명의인을 상대로 그 등기의 말소를 청구할 수 있다. 이때의 등기청구권은 소유권에 기한 '물권적 청구권'으로서의 성질을 갖는다(다수설 · 대판 1982.7.27, 80다2968).

3. 부동산점유취득시효의 경우

20년간 소유의 의사로 평온 · 공연하게 부동산을 점유하는 자는 등기함으로써 소유권을 취득한다(245조 1항). 시효취득은 원시취득이지만 등기실무상 이전등기를 하고 있으므로 이 경우에도 등기청구권이 발생한다. 이때 위 규정에 의하여 등기를 하여야만 소유권을 취득하게 되므로 등기청구권의 성질은 '채권적 청구권'으로 보아야 한다(대판 1970.9.29, 70다1875).

[점유취득시효와 등기청구권]

토지에 대한 취득시효 완성으로 인한 소유권이전등기청구권은 그 토지에 대한 점유가 계속되는 한 시효로 소멸하지 아니하고, 그 후 점유를 상실하였다고 하더라도 이를 시효이익의 포기로 볼 수 있는 경우가 아닌 한 이미 취득한 소유권이전등기청구권은 바로 소멸되는 것은 아니다.
그러나 취득시효가 완성된 점유자가 점유를 상실한 경우 취득시효 완성으로 인한 소유권이전등기청구권의 소멸시효는 이와 별개의 문제로서, 그 점유자가 점유를 상실한 때로부터 10년간 등기청구권을 행사하지 아니하면 소멸시효가 완성한다(대판 1996.3.8, 95다34866 · 34873).

4. 부동산임대차

부동산임차인은 당사자간에 반대약정이 없으면 임대인에 대하여 그 임대차등기절차에 협력할 것을 청구할 수 있다(621조 1항). 이 규정에 의하여 등기청구권이 발생하고 그 성질은 '채권적 청구권'으로 보아야 한다.

5. 부동산환매

매매의 목적물이 부동산인 경우에 매매로 인한 소유권이전등기와 동시에 환매권의 보류를 등기한 때에는 제3자에 대하여 그 효력이 생긴다(592조). 따라서 환매권의 보류에 관한 당사자간의 합의에 의하여 등기청구권이 발생하고 그 성질은 '채권적 청구권'으로 보아야 한다.

Ⅲ. 등기인수청구권

등기권리자가 등기이전을 하지 않는 경우, 등기의무자가 등기권리자에 대하여 등기를 이전해 갈 것을 청구할 수 있는가? 이것이 이른바 등기인수청구권의 문제이다.
권리자로 등기된 자가 세금부담 등 불이익을 받을 수 있으므로 등기권리자에게 등기의 인수를 청구할 수 있다고 할 것이다(대판 2001.2.9, 2000다60708).

Ⅳ. 등기청구권의 소멸시효

1. 실체관계와 등기가 일치하지 않은 경우

소유권에 기한 등기청구권은 소멸시효의 대상이 되지 않는다. 소유권 이외의 물권에 기한 등기청구권의 경우에는 물권적 침해상태가 유지되는 경우이므로 소멸시효에 걸리지 않는다는 견해와 소유권 이외의 물권에 기한 등기청구권은 그 물권 자체가 소멸시효에 걸리기 때문에 소멸시효에 걸린다는 견해가 있다. 후자의 견해는 시효기간을 20년으로 본다.

2. 법률행위로 인한 물권변동의 경우

이 경우의 등기청구권은 채권적 청구권이므로 10년의 소멸시효기간에 걸리는 것이 원칙이다. 그러나 판례는 시효제도의 존재이유에 비추어 보아 부동산매수인이 그 목적물을 인도받아서 이를 사용·수익하고 있는 경우에는 그 매수인을 권리 위에 잠자는 것으로 볼 수도 없고, 또 매도인명의로 등기가 남아 있는 상태와 매수인이 인도받아 이를 사용·수익하고 있는 상태를 비교하면 매도인명의로 잔존하고 있는 등기를 보호하기보다는 매수인의 사용·수익상태를 더욱 보호해야 하므로, 목적물을 인도받은 부동산매수인의 소유권이전등기청구권은 소멸시효에 걸리지 않는다(대판 1976.11.6, 76다148)고 본다.

나아가 부동산매수인이 이를 사용·수익하다가 다른 사람에게 그 부동산을 처분하고 그 점유를 승계하여 준 경우에도 이전등기청구권이 소멸하지 않는다(대판 1999.3.18, 98다32175).

[등기청구권의 소멸시효]

① 원칙-채권적 청구권으로서 10년의 소멸시효에 걸린다.
② 예외-매수인이 토지를 인도받아 사용·수익(점유)하고 있는 경우에는 소멸시효제도의 취지에 비추어 볼 때 권리 위에 잠자는 자로 볼 수 없어 소멸시효로 권리가 소멸하지 않는다(대판 1976.11.6, 76다148 전원합의체).
③ 점유와의 관계- 매수인이 부동산을 인도받아 사용·수익하다가 '보다 적극적인 권리행사의 일환으로' 타인에게 그 부동산을 처분하고 점유를 승계해준 경우에도 스스로 사용·수익하고 있는 경우와 특별히 다를 바가 없으므로 위 두 가지 어느 경우나 이전등기청구권의 소멸시효는 진행하지 않는다(대판 1999.3.18, 98다32175 전원합의체).

사례해결

을의 갑에 대한 등기청구권은 통설과 판례에 따르면 채권적 청구권이므로, 10년의 소멸시효로 소멸하였다고 볼 것이다. 그러나 이렇게 해석하는 경우 매도인 갑은 토지의 반환을 청구할 수 없고, 매수인 을은 등기를 할 수 없는 권리의 공백상태가 발생한다.

그러므로 판례에 의하면 매수인 을이 토지를 점유하고 있는 경우에는 소멸시효가 진행하지 않으므로 갑에게 등기청구권을 행사할 수 있다. 만약 을이 등기청구권을 행사하지 않는 경우에는 병이 을을 대위하여 등기청구권을 행사할 수 있다.

제5관 등기의 효력

Ⅰ. 본등기의 효력

1. 권리변동적 효력

물권행위와 그것에 합치되는 등기가 있으면 부동산물권변동의 효력이 생긴다. 이것이 등기의 가장 기본적이고도 중요한 효력이다. 물권변동은 등기를 신청한 때가 아니라 등기부에 기재된 때에 일어나게 된다.

2. 대항적 효력

지상권 · 지역권 · 전세권 · 저당권은 등기함으로써 그 권리가 발생한다. 그러나 이들 권리에 관한 일정한 사항, 예컨대 존속기간 · 지료 · 이자지급시기 등은 등기됨으로써 제3자에게 대항할 수 있게 되고, 그것들이 등기되지 않는 한 당사자들 사이에서만 효력이 있을 뿐 제3자에게 주장할 수 없다. 환매특약을 등기하거나 부동산임차권의 등기는 권리변동적 효력은 없으나, 대항적 효력은 인정된다.

3. 순위확정적 효력

동일한 부동산에 관하여 등기한 권리의 순위는 법률에 다른 규정이 없으면 등기의 전후 내지 선후에 의하여 정하여진다(부동산등기법 5조 1항). 그러므로 등기는 등기된 수개의 권리 사이에서 그 순위를 확정하는 효력을 갖는다. 등기의 전후는 등기용지 중 동구(同區)에서 한 등기에 관하여는 순위번호에 의하고, 별구(別區)에서 한 등기에 관하여는 접수번호에 의하여 정하여진다(부동산등기법 5조 2항). 다만 부기등기의 순위는 주등기의 순위에 의한다.

4. 추정적 효력

사례

갑은 자기소유의 토지를 을에게 양도한 후, 매매를 등기원인으로 하여 을에게 소유권이전등기를 경료하여 주었다. 그러나 갑은 을에 대하여 등기원인의 무효를 이유로 을에게 이전등기의 말소를 청구하였다. 을은 갑에 대하여 자기가 진정한 권리자라고 주장하고 있다.

이 경우에 등기의 추정력에 대한 입증책임은 누가 부담하는가? 만일 제3자 병이 갑으로부터 증여를 받았다고 주장하는 경우에는 어떠한가?

(1) 추정력의 의의 및 근거

어떤 등기가 있으면 그 등기가 표상하는 실체적 권리관계가 존재하는 것으로 추정케 하는 효력을 등기의 추정력이라 한다. 즉 부동산등기는 그것이 형식적으로 존재한다는 사실 자체로부터 적법한 등기원인에 의하여 마쳐진 것으로 추정되는 것이다. 이는 민법에 명문 규정이 있는 것은 아니나 통설과 판례에 의하여 인정되고 있는 효력이다.

(2) 추정력의 범위

등기의 추정력은 권리귀속, 물권변동의 유효한 성립, 전등기명의인의 등기기간 동안의 권리자추정, 말소의 경우 권리소멸이나 부존재, 불법말소의 경우 권리존속, 절차의 적법 등에 미친다. 또한 등기의 추정력은 제3자에 대해서 뿐만 아니라 그 전 소유자에 대해서도 미친다(대판 1997.12.12, 97다40100).

한편 등기의 추정력과 민법 제200조의 점유추정력과의 관계가 문제되는데, 점유자의 권리추정규정은 특별한 사정이 없는 한 부동산물권에는 적용되지 않는다(대판 1982.4.13, 81

다786). 따라서 부동산의 등기명의인과 부동산을 점유하고 있는 자가 다른 경우에는 그 등기에 권리추정력이 인정된다.

[등기의 추정력]

부동산에 관한 등기부상 소유권이전등기가 경료되어 있는 이상 그 절차와 원인이 정당한 것이라는 추정을 받게 되고, 그 절차와 원인의 부당을 주장하는 당사자에게 추정을 깨는 입증책임이 있다. 그러나 등기절차가 적법하게 진행되지 아니한 것으로 볼만한 의심스러운 사정이 있음이 입증된 경우에는 그 추정력은 깨어진다(대판 2003.2.28, 2002다46256).

(3) 추정력의 효력

추정력의 성질을 법률상 권리의 추정으로 보면 등기명의인의 권리추정이 인정되기 때문에, 상대방이 반대증거(본거)로 그 권리의 부존재를 입증하여야 한다. 또한 등기내용에 관하여는 비록 선의라도 악의로 추정되며, 등기내용을 신뢰한 자에 대하여는 무과실로 추정된다. 그러나 부동산을 거래하는 자가 등기내용을 조사하지 않은 경우에는 비록 선의라도 중대한 과실로 추정된다.

[특별조치법상 추정력이 깨지는 경우]

특별치법에 의하여 할 수 있는 소유권이전등기는 동법 제3조의 취지에 비추어보면 그 원인행위인 매매·증여·교환 등 기타 법률행위가 동법 시행일인 1969.6.21 전에 이루어진 것에 한한다고 해석된다.

그러므로 그 등기의 원인행위일자가 그 시행일 이후로 인정되는 경우에는 그 등기에 그 기재내용대로의 효력이 있는 것이라고 할 수 없다. 이는 동법 제10조의 규정에 의하여 임야대장상의 소유자명의를 변경하고 그 임야대장에 기하여 소유권보존등기를 하는 경우에도 마찬가지이다(대판 2004.4.9, 2003다27733).

사례해결

을과 제3자인 병과의 사이에서는 소유권이전등기 명의인인 을이 적법한 등기원인에 의하여 소유권을 취득한 것으로 추정된다. 즉 입증책임을 병이 지므로 병이 입증에 실패한 경우에 병은 패소한다. 문제는 매매의 당사자인 갑·을 사이에서도 이러한 등기의 추정력이 미치는 지인데, 판례는 긍정한다. 결국 갑이 을의 소유권이전등기가 갑의 의사에 반하여 이루어진 것으로서, 무효라는 주장·입증을 하여야 한다.

5. 공 신 력

등기의 공신력은 권리관계에 관한 등기부의 기재는 비록 그것이 실제의 권리관계에 부합하지 않더라도 그것을 진실한 것으로 믿고 거래를 한 선의의 제3자를 보호하기 위하여 등기의 기재에 대하여 인정되는 효력이다. 우리 민법은 부동산물권변동에 관하여 공신의 원칙을 채용하고 있지 않다.

따라서 위조등기를 믿고 부동산을 매수하여 등기를 마쳤다 하더라도 부동산소유권을 취득할 수 없다. 다만 민법상 선의의 제3자 보호규정(107조 2항·108조 2항·109조 2항·

110조 3항 · 548조 1항 단서 등)에 의하여 제3자가 보호될 여지는 있다.

[공신력 인정여부]

등기의 공신력이 인정되지 않는 현행 등기제도 하에서는 등기기재에 부합하는 실체상의 권리관계가 존재함을 전제로 그 등기의 유효성이 인정된다(대판 1969.6.10. 68다199).

Ⅱ. 가등기의 효력

1. 본등기순위보전의 효력

(1) 가등기시로 본등기 순위의 소급

가등기를 한 후 그에 기한 본등기를 하면 본등기의 순위는 가등기의 순위에 의한다(부등법 6 조 2항). 이것은 본등기의 순위가 가등기의 순위로 소급하는 것을 의미할 뿐이지 물권변동이 가등기시로 소급하여 그 때에 일어나는 것을 의미하는 것은 아니다.

예컨대 A로부터 B에게로 소유권이전에 관한 가등기가 행하여지고 이어서 A 로부터 C에게로 소유권이전의 등기가 경료된 후 B의 가등기에 기하여 본등기가 행하여지면, B의 본등기는 C의 등기에 우선하게 되며 그 결과 C의 소유권취득은 효력을 잃게 된다. 다만 B의 본등기가 행하여지기 전에는 C가 정당한 소유자로서 권리를 행사할 수 있다.

(2) 가등기에 기한 본등기의 절차

가등기 후에 제3자를 위한 처분이 행해지지 않으면 가등기권리자와 가등기의무자는 공동신청하여 본등기를 하게 된다. 그러나 가등기 후에 제3자를 위한 처분의 등기가 행해진 경우, 즉 위의 예와 같이 가등기 후 C에게 소유권이전등기가 행해진 경우에 B는 누구를 상대로 하여 본등기를 청구하며 C의 등기는 어떻게 처리할 것인지가 문제된다.

판례는 이러한 경우에 B는 A에게 본등기청구를 하여야 하고, 그에 따라 본등기가 경료되면 C명의의 등기는 부동산등기법 제55조 2호의「사건이 등기할 것이 아닌 때」에 해당하게 되어 등기관이 동법 제175조 1항에 의하여 직권으로 말소하여야 한다고 한다(대판 1975.12.27, 74마100).

그러나 가등기권리자가 직접 본등기를 하는 것이 아니라 일단 제3취득자를 상대로 등기의 말소를 청구하고 제 3 취득자의 등기를 말소한 후에 본등기를 하도록 하는 것이 바람직할 것이다.

2. 본등기 전의 가등기의 효력

가등기는 본등기의 순위를 보전하는데 그 본질적 효력이 있는 것이므로 가등기가 본등기로 실행되지 않는 한 그 자체로서는 실체법상 아무런 효력이 없다(대판 1979.5.22, 79다

239). 그러나 견해에 따라서는 가등기권리자가 가등기의무자에 대하여 본등기를 위한 협력을 청구하거나 가등기 후의 제3자에 대한 등기의 말소를 청구할 수 있는 점을 들어 가등기 자체로서도 청구권보전의 효력이 있는 것이라고 주장하기도 한다.

3. 가등기상 권리의 이전등기

가등기의 효력과 관련하여 가등기에 의하여 순위가 보전된 권리의 이전등기가 허용되는지, 허용된다면 어떠한 방법으로 공시할 수 있는지가 문제된다. 판례는 가등기에 의하여 보전되는 물권변동의 청구권도 양도될 수 있는 재산권이고 가등기라는 공시방법까지 갖춘 셈이므로, 이를 양도한 경우 양도인과 양수인의 공동신청으로 그 가등기상의 권리의 이전등기를 가등기에 대한 부기등기의 형식으로 경료할 수 있다고 한다(대판 1998.11.19, 98다24105).

[가등기의 가등기가 가능한지 여부]

가등기는 원래 순위를 확보하는 데에 그 목적이 있으나, 순위 보전의 대상이 되는 물권변동의 청구권은 그 성질상 양도될 수 있는 재산권일 뿐만 아니라 가등기로 인하여 그 권리가 공시되어 결과적으로 공시방법까지 마련된 셈이다. 그러므로 이를 양도한 경우에는 양도인과 양수인의 공동신청으로 그 가등기상의 권리의 이전등기를 가등기에 대한 부기등기의 형식으로 경료할 수 있다(대판 1998.11.19, 98다24105 전원합의체).

제4절 동산물권의 변동

Ⅰ. 의 의

동산물권의 변동도 부동산물권의 변동과 같이 '법률행위에 의한 경우'와 '법률행위에 의하지 않은 경우'로 나눌 수 있다. 그런데 법률행위에 의하지 않은 물권변동에 관해서는 주로 물권각칙 중 '소유권의 취득'의 절에서 규정을 두고 있다.

동산의 취득시효(246조)·동산의 선의취득(249조 내지 251조)·무주물선점(252조)·유실물습득(253조)·매장물발견(254조)·동산의 부합(257조)·혼화(258조) 등이 그것이다.

Ⅱ. 민법 제188조

동산에 관한 물권의 양도는 그 동산을 인도하여야 효력이 생긴다(188조 1항). 민법 제188조 1항은 법률행위에 의한 동산물권의 변동에 관한 원칙적 규정으로서 부동산에 관한 민법 제186조에 대응하는 규정이다. 즉 부동산물권변동의 경우와 마찬가지로 동산물권변동에 있어서는 물권적 의사표시와 공시방법으로서의 인도를 그 요건으로 하고 있다.

그런데 동산물권에는 소유권 · 점유권 · 유치권 · 질권이 있으나, 그 중 점유권 · 유치권 · 질권에 관하여는 점유를 본질적 구성요소로 하므로 특별규정의 적용을 받는다(192조 · 320조 · 328조 · 330조 · 332조). 따라서 민법 제188조는 동산의 '소유권'에 한정되어 적용되는 셈이다.

민법 제188조 1 항에 의하여 법률행위에 의한 동산물권의 변동에는 물권행위와 인도 두 가지의 요건이 갖추어져야 하나, 물권행위에 관하여는 이미 앞에서 살펴보았으므로 여기서는 공시방법으로서의 인도에 대하여만 설명한다.

Ⅲ. 공시방법으로서의 인도

1. 의 의

인도는 원래 동산에 대한 현실적이고 직접적인 지배의 이전, 즉 '현실의 인도'를 뜻하는 것이나 동산물권변동의 공시방법으로서의 인도는 널리 점유권의 이전을 말한다. 따라서 현실의 인도 이외에도 간이인도 · 점유개정 · 목적물반환청구권의 양도 등 간이의 인도방법까지 포함한다.

2. 현실의 인도

예컨대 물건을 직접 교부하는 것과 같이 물건에 대한 사실상의 지배를 이전하는 것을 말한다. 구체적으로 어떠한 경우에 사실상의 지배의 이전이 있다고 할 것인지는 결국 사회통념에 의하여 결정될 수밖에 없다. 민법은 간이의 인도방법에 관하여 각각 별도의 조문을 두고 있으므로 민법 제188조 1항에서 '인도'란 현실의 인도만을 가리키는 것이다.

[현실의 인도여부]

현실의 인도가 있었다고 하려면 양도인의 물건에 대한 사실상의 지배가 동일성을 유지한 채 양수인에게 완전히 이전되어 양수인은 목적물에 대한 지배를 계속적으로 확고하게 취득하여야 하고, 양도인은 물건에 대한 점유를 완전히 종결하여야 한다(대판 2003.2.11. 2000다66454).

3. 간이인도

양수인이 이미 그 동산을 점유한 때에는 당사자의 의사표시만으로 그 효력이 생긴다(188조 2항). 예컨대 A 소유의 동산을 임차하여 사용하고 있던 B가 그 동산을 A로부터 매수해버리는 경우인데, B가 이미 물건을 점유하고 있으므로 A · B 간의 소유권양도의 합의만으로 소유권은 양도된다.

4. 점유개정

사례

을은 갑 회사 소유의 컨테이너를 점유개정에 의한 양도담보를 설정받았다. 또한 병도 갑 회사와의 사이에 이 컨테이너에 대하여 점유개정에 의한 양도담보약정을 설정하고, 컨테이너를 넘겨받아 선의·무과실의 정에게 처분하였다. 그런데 병은 조금만 주의를 기울였다면 갑과 을 사이의 양도담보설정 사실을 알 수 있었다.

이 경우에 정이 컨테이너를 선의취득한 경우, 을은 병에게 자신의 양도담보권을 침해하였다는 이유로 불법행위에 기한 손해배상을 청구할 수 있는가?

(1) 점유개정의 의의

동산에 관한 물권을 양도하는 경우에 당사자의 계약으로 양도인이 그 동산의 점유를 계속하는 때에는 양수인이 인도받은 것으로 본다(189조). 예컨대 A가 B에게 동산을 매각하면서 그 동산을 다시 B로부터 차용하기로 하는 경우인데, 이때는 소유권이전의 합의와 A가 직접점유 B가 간접점유를 갖기로 하는 합의의 두 가지가 있게 된다. 점유개정이 인정되므로 일단 A가 B에게 동산을 현실인도하고 다시 B로부터 인도를 받는 일을 할 필요가 없게 된다.

(2) 점유개정에 의한 이중양도의 효력

동산의 소유자가 각각 점유개정의 방법으로 동산을 이중양도한 경우에 누가 소유권을 취득하는 것인지 문제된다. 판례는 양수인 간에는 먼저 현실의 인도를 받아 점유를 한 자가 소유권을 취득한다고 한다(대판 1989.10.24, 88다카26802).

(3) 점유개정에 의한 이중양도담보의 효력

동산에 대하여 점유개정의 방법으로 이중양도담보를 설정한 경우, 원래의 양도담보권자는 뒤의 양도담보권자에 대하여 배타적으로 자기의 담보권을 주장할 수 있다. 따라서 뒤의 양도담보권자가 양도담보의 목적물을 처분함으로써 원래의 양도담보권자로 하여금 양도담보권을 실행할 수 없도록 하는 행위는 원래의 양도담보권자의 양도담보권을 침해하는 위법한 행위가 된다.

이 경우에 이중양도담보 설정행위가 횡령죄나 배임죄를 구성하는지 여부나 뒤의 양도담보권자가 이중양도담보 설정행위에 적극적으로 가담하였는지 여부와 관계없다(대판 2000.6.23, 99다65066)

사례해결

점유개정의 방법으로 양도담보를 설정하는 것도 허용된다. 이 경우 을은 병에 대하여 배타적으로 자기의 담보권을 주장할 수 있다. 그러므로 병의 처분행위는 을에 대한 관계에서 위법한 행위로 평가된다, 결국 을은 병에게 불법해위에 기한 손해배상을 청구할 수 있다.

5. 목적물반환청구권의 양도

제3자가 점유하고 있는 동산에 관한 물권을 양도하는 경우에는 양도인이 그 제3자에 대한 반환청구권을 양수인에게 양도함으로써 동산을 인도한 것으로 본다(190조). 예컨대 A가 C에게 맡겨 둔 동산을 맡겨 둔 채로 B 에게 매각하는 경우인데, 이때는 A · B간 소유권이전의 합의와 A가 C에 대하여 가지는 동산의 반환청구권을 B 에게 양도한다는 합의를 통하여 소유권이 이전된다.

이러한 경우에는 소유권이전의 합의와 반환청구권의 양도에 의하여 소유권이 이전되고, 그 소유권이 이전되었기 때문에 목적물반환청구권도 양수인에게 이전된 것으로 보아야 하므로 그 성질은 채권적 청구권이라고 보아야 할 것이다(통설).

따라서 그 양도에 관해서는 채권양도에 관한 규정(449조 이하)이 준용되어 A가 C에게 통지하거나 C가 승낙을 하여야 하고, 이를 제3자에게 대항하기 위해서는 그 통지나 승낙을 확정일자 있는 증서로 하여야 한다.

제5절 물권의 소멸

Ⅰ. 의 의

물권의 소멸에는 절대적 소멸과 상대적 소멸이 있다.

물권의 상대적 소멸이란 물권의 권리주체의 변동을 의미하는 것으로 법률행위 또는 법률의 규정에 의하여 이루어진다. 물권의 절대적 소멸이란 물권의 객체인 목적물 자체가 완전히 소멸하여 존재하지 않게 되는 것으로, 모든 물권에 공통되는 소멸원인과 각종의 물권에 특유한 소멸원인이 있다. 각종 물권의 특유한 소멸원인은 각각의 물권에서 설명한다.

물권의 공통적 소멸원인에는 목적물의 멸실 · 소멸시효 · 혼동 · 공용징수 · 몰수 · 포기 · 포락 등이 있다.

Ⅱ. 목적물의 멸실

물권은 물건을 직접 지배하는 권리이므로 그 객체인 물건이 멸실하면 당연히 물권은 소멸하게 된다. 물건의 멸실은 사회통념 및 거래관념에 의하여 결정된다. 목적물이 멸실하여도 변형물이 있으면 물권의 효력이 이에 미친다(예: 담보물권의 물상대위성).

Ⅲ. 소멸시효

소유권을 제외한 물권은 소멸시효의 대상이 되므로 물권은 20년의 시효로 소멸한다(162

조). 이에 해당하는 물권으로는 지상권 · 지역권 · 전세권이 있다. 소유권은 소멸시효의 대상이 되지 않으나 시효취득의 결과 소멸될 수 있다. 점유를 기초로 하는 점유권과 유치권 등은 점유를 기초로 성립하므로 소멸시효의 대상이 되지 않는다. 담보물권은 피담보채권이 존속하는 한 독립하여 소멸시효의 대상이 되지 않는다.

Ⅳ. 혼 동

사례

X부동산에 관하여 B가 2011. 4. 21. 선순위 근저당권을 취득한 후 A가 2012. 6. 1. 후순위 근저당권을 취득하였고, 이어서 C가 2012. 6. 30.에, D가 2012. 11. 22.에 차례로 X부동산에 대한 가압류등기를 경료한 다음, 2012. 12. 30.에 이르러 A가 X부동산을 매수하여 소유권을 취득하였다. A의 후순위 저당권은 소멸하게 되는가?

1. 의 의

혼동이란 서로 대립하는 두 개의 법률상의 지위 내지 자격이 동일인에게 귀속하는 것을 말한다. 이러한 경우 두 개의 지위를 존속시키는 것은 의미가 없으므로 한쪽이 다른 한쪽에 흡수되어 소멸하는 것을 원칙으로 한다. 다만 소멸될 권리가 제3자의 권리의 목적이 되어 있어서 그 권리를 유지시켜야 할 특별한 이유가 있는 때에는 예외적으로 존속시켜야 할 것이다.

2. 소유권과 제한물권의 혼동

(1) 원 칙

동일한 물건에 대한 소유권과 제한물권이 동일인에게 귀속된 경우에는 그 제한물권은 소멸하는 것이 원칙이다(191조 1항 본문). 예컨대 저당권자가 저당물의 소유권을 취득한 경우에 저당권은 소멸한다.

(2) 예 외

다음과 같은 경우에는 혼동에 의해 제한물권이 소멸되지 않는다(191조 1 항 단서).

1) 제한물권이 제3자의 권리의 목적인 경우

예컨대 甲의 토지 위에 乙이 1번 저당권, 丙이 2번 저당권을 가지고 있는 경우에 乙이 토지소유권을 취득하더라도 乙의 저당권은 소멸하지 않는다. 이 예외가 적용되는 것은 제3자(丙)의 권리가 본인(乙)의 권리에 대하여 劣位인 경우에 한한다(대판 1962.5.3, 62다98).

2) 혼동한 제한물권이 제3자의 권리의 목적인 경우

예컨대 乙이 甲 소유의 토지 위에 지상권을 가지고 있고 그 지상권이 丙의 저당권의 목적인 경우, 乙이 토지소유권을 취득하더라도 乙의 지상권은 소멸하지 않는다. 만일 지상권이 혼동으로 인하여 소멸하게 된다면 그 지상권에 대한 丙의 저당권도 소멸하게 되어 丙의 이익을 부당하게 해치기 때문이다.

[혼동에 의해 소멸하지 않는 경우]

① 선순위 근저당권자 A, 후순위 근저당권자 B에 이어 C와 D가 목적부동산을 가압류하고 B가 목적부동산을 매수하여 소유권을 취득한 경우 B의 근저당권은 혼동으로 인하여 소멸하지 않는다(대판 1998. 7. 10, 98다18643).
② 부동산에 대한 소유권과 임차권이 동일인에게 귀속하게 되는 경우 임차권은 혼동에 의하여 소멸하는 것이 원칙이지만, 그 임차권이 대항요건을 갖추고 있고 또한 그 대항요건을 갖춘 후에 저당권이 설정된 때에는 혼동으로 인한 물권소멸 원칙의 예외규정인 민법 제191조 1항 단서를 준용하여 임차권은 소멸하지 않는다(대판 2001.5.15, 2000다 12693).

3. 제한물권과 다른 권리와의 혼동

(1) 원 칙

제한물권과 그 제한물권을 목적으로 하는 다른 제한물권이 동일인에게 귀속하는 경우에는 그 다른 권리는 원칙적으로 소멸한다(191조 2 항). 예컨대 지상권 위에 저당권을 가지는 자가 지상권을 취득한 경우에는 저당권은 혼동으로 소멸한다.

(2) 예 외

1) 제한물권이 제3자의 권리의 목적인 경우

甲의 토지 위에 乙이 지상권을 가지고 있고 그 지상권 위에 丙이 1번 저당권을 가지고, 또한 丁이 乙의 지상권 위에 2번 저당권을 가지고 있는 경우에 丙이 지상권을 취득하여도 丙의 저당권은 혼동으로 소멸하지 않는다.

2) 혼동한 권리가 제3자의 권리의 목적인 경우

甲의 지상권 위에 乙이 저당권을 가지고 있고, 그 저당권 위에 丙이 질권을 가지고 있는 경우에 乙이 지상권을 취득하여도 乙의 저당권은 소멸하지 않는다.

4. 혼동의 효과

혼동으로 인한 소멸의 효과는 절대적이므로 어떤 사유로 혼동이전의 상태로 복귀되더라도 혼동으로 소멸한 권리는 부활하지 않는다. 단 혼동을 생기게 한 원인이 존재하지 않거나 무효·취소·해제된 경우 소멸한 권리는 부활한다(대판 1971.8.31, 71다1386).

사례해결

사례에서 A의 후순위 근저당권이 혼동으로 소멸하게 된다면, C와 D는 이로 인하여 부당한 이득을 얻게 되는 반면 A는 손해를 보게 되는 불합리한 결과가 되므로, A의 근저당권은 그 이후의 소유권 취득에도 불구하고 혼동으로 소멸하지 아니한다고 할 것이다.

Ⅴ. 포 기

물권의 포기는 물권소멸의 의사표시이며 단독행위이다. 소유권 및 점유권의 포기는 상대방 없는 단독행위이고, 제한물권의 포기는 상대방 있는 단독행위이다. 점유권을 제외한 물권의 포기는 등기하여야 효력이 발생한다.

물권의 포기는 원칙적으로 자유이나 지상권 또는 전세권이 저당권의 목적인 경우 저당권자의 동의 없이 지상권 또는 전세권을 포기할 수 없고(371조), 그 포기가 선량한 풍속 기타 사회질서에 위반하는 것이 아니어야 한다. 시체의 소유권을 갖는 상주(호주상속인)가 시체의 소유권을 포기하는 경우가 이에 속하며 무효가 된다.

소유권을 포기하면 무주물이 되어, 동산은 소유의 의사로 점유하는 자의 소유가 되고 부동산은 국유가 된다(252조).

Ⅵ. 공용징수

공용징수란 특정의 공공사업에 사용할 목적으로 타인의 특정한 소유권이나 그 밖의 재산권을 강제적으로 취득하는 것을 말하며 공용수용이라고도 한다. 공용징수로 인한 취득은 원시취득이므로 목적물 위에 존속하였던 권리는 모두 소멸한다.

Ⅶ. 몰 수

몰수는 범죄자의 재산권을 박탈하는 재산형으로 몰수판결의 효력이 미치는 범위 내에서 소유권은 소멸하고 국고에 귀속된다.

Ⅷ. 포 락

1. 의 의

포락(浦落)은 지면이 해면이나 국유의 하천에 잠기면 더 이상 개인의 소유권의 객체가 되지 못하게 되어 소유권이 소멸하고 국유로 되는 것을 말한다. 포락의 판단기준은 토지가 바닷물이나 적용하천의 물에 개먹어 무너져 바다나 적용하천에 떨어져 그 원상복구가 불가

능한 상태에 이르렀을 때이다

2. 요 건

포락이 되기 위해서는 (ⅰ) 계속적인 침수상태가 있어야 하고, (ⅱ) 원상회복이 불능이어야 한다. 침수상태는 재해에 의한 제방의 유실이나 자연적인 유역변경 등 어떠한 원인에 의해 발생했는지를 묻지 않으며, 정상이 아닌 자연현상(홍수 등)에 의한 일시적 침수상태는 계속성이 인정되지 않는다.

원상회복의 불능은 사회통념에 의해 결정되는 것으로 기술적으로 가능하더라도 과다한 경비가 소요되면 원상회복의 불능이라 할 것이다.

[원상회복의 불능여부]

원상회복의 불능여부는 포락 당시를 기준으로 하여 물리적으로 회복이 가능한지 여부를 밝혀야 함은 물론, 원상회복에 소요될 비용, 그 토지의 회복으로 인한 경제적 가치 등을 비교 검토하여 사회통념상 회복이 불가능한지 여부를 기준으로 하여야 하는 것으로서, 복구 후 토지가액보다 복구공사비가 더 많이 들게 되는 경우에는 특별한 사정이 없는 한 사회통념상 그 원상복구가 불가능하게 되었다고 볼 것이다(대판 2000.12.8. 99다11687).

3. 효 과

포락이 되면 국유로 귀속하고, 포락된 토지가 후에 다시 지표상에 부상하더라도 종전소유자의 소유권은 부활하지 않는다.

[포락과 소유권의 부활]

포락되어 종전 소유자의 소유권이 소멸한 토지가 방조제공사로 재차 성토화 되었다 하여 종전의 소유자가 그 소유권을 다시 취득하게 되는 것이 아니다(대판 1981.6.23. 선고 80다2523).

제2장 기 본 물 권

제1절 점 유 권

제1관 점유권 일반

Ⅰ. 점유권의 의의

1. 점유와 점유권

(1) 점유의 사실성

점유란 물건에 대한 사실상의 지배를 말하며, 점유권은 물건의 사실상 지배관계(본권의 유무불문)가 권리로서 법률상 보호되는 것을 말한다. 즉 물건에 대한 사실상의 지배를 사실적 측면에서 바라보고 하는 말이 점유이고, 이를 법적 측면에서 평가하는 말이 점유권이다.

따라서 점유권이란 점유자에게 법이 부여하는 권리 및 기타 이익(권리추정력 · 점유보호청구권 · 회복자에 대한 과실반환의무의 면제 · 선의취득 · 시효취득 등)을 총칭하는 말이다.

(2) 점유권의 성질

점유권은 물권의 일종이다. 그러나 본권으로서의 물권과는 그 성격이 매우 다르다. 점유권은 점유라는 사실적 측면을 문제삼는데, 본권은 그 권리의 취득원인을 문제삼는다.

점유는 소유권 및 제한물권과 상응되는 측면이 있다. 소유자가 물건을 점유하는 것을 자주점유라고 하고, 제한물권자가 물건을 점유하는 것을 타주점유라고 하여 소유의 측면과 연관된다.

(3) 점유권의 인정필요성

1) 거래안전보호

점유는 본권의 공시수단이 되므로(특히 동산의 경우) 점유의 사실상태를 보호하는 것이 거래안전에 도움이 된다.

2) 법적 안정성

점유권의 내용이 되고 있는 여러 권리(예컨대, 점유물의 반환 또는 방해제거청구권)들은 점유라는 사실상태를 전복하려는 혼란을 방지함으로써 법적 안정성을 꾀하려는 데에 목적이 있다.

3) 소송경제상의 이익

점유보호청구권을 행사하는 데 있어서는 소송절차의 신속 · 간이 · 입증사실의 간략성 · 입증의 용이 등 소송경제상 이점이 많다.

2. 본권과 점유권

본권은 점유를 정당하게 하는 권리를 말한다.

점유권에는 본권을 취득할 가능성이 부여된다. 무권리자로부터 동산소유권을 양도받은 자에게 그 소유권의 취득을 인정하는 선의취득제도, 점유자의 본권이 증명되지 않더라도 일정기간 점유를 계속한 경우에 소유권의 취득을 인정하는 시효취득제도, 무주물의 점유자 · 유실물의 습득자 · 매장물의 발견자 등에게 일정한 요건 아래 소유권을 인정하는 제도 등이 점유라는 사실상태를 기초로 본권을 부여한다.

Ⅱ. 점유권의 발생요건

1. 사실상 지배

(1) 개 념

특정인이 특정물의 사용 · 수익권을 지배하고 있는 객관적인 상황이 있는 경우에 물건에 대한 사실상의 지배가 인정된다. 소유자는 물건에 대하여 사용권 · 수익권 · 처분권을 가지고 있는데, 처분권은 물건의 점유와는 직접 관련이 없다. 처분권은 본권을 가진 사람에게만 인정되고 점유자에게는 인정되지 않기 때문이다. 사용 · 수익권은 물건의 점유와 직접적 관련을 가지며, 원칙적으로 소유자나 용익권자가 물건을 점유하게 된다.

[물건에 대한 사실상 지배의 의미]

사회통념상 건물은 그 부지를 떠나서는 존재할 수 없는 것이므로 건물의 부지가 된 토지는 그 건물의 소유자가 점유하는 것으로 볼 것이고, 이 경우 건물의 소유자가 현실적으로 건물이나 그 부지를 점거하고 있지 아니하고 있더라도 그 건물의 소유를 위하여 그 부지를 점유한다고 보아야 한다(대판 1996.6.14, 95다47282).

(2) 사실상 지배의 판단

사실상 지배의 인정 여부는 사회관념에 기초하여 객관적으로 판단된다.

판례도 같은 취지의 판시를 하고 있다. 즉 「점유란 물건이 그 사람의 사실적 지배에 속한다고 보여지는 객관적 관계를 말하는 것이다. 사실상의 지배가 있다고 하기 위하여는 반드시 물건을 물리적 · 현실적으로 지배하는 것만을 의미하는 것이 아니고 물건과 사람과의 시간적 · 공간적 관계와 본권관계, 타인지배의 가능성 등을 고려하여 사회관념에 따라 합목적적으로 판단해야 한다」(대판 1992.11.10, 92다37710)는 것이다.

① 물건에 대해 직접 작용할 수 있는 물리적 지배가능성이 있으면 족하다.

자동차의 소유자는 주차장에 세워 둔 차에 대해, 여행자는 자기집에 있는 물건에 대해 점유를 하고 있는 것이다.

② 사실적 지배는 어느 정도 계속되어야 한다.

옆 사람의 필기구를 잠시 빌려서 쓰고 있는 경우나 등산객이 사유지를 통로로 이용하는 경우 등은 점유가 인정되지 않는다(대판 1974.7.16, 73다923).

③ 객관적 인식가능성이 있어야 한다.

사실적 지배는 외부로부터 인식할 수 있어야 하므로, 암매장 같은 경우에는 분묘를 점유했다고 할 수 없다(대판 1962.3.8, 4294민상804).

[건물점유자의 건물부지에 대한 점유]

미등기건물을 양수하여 건물에 대한 사실상의처분권을 보유하게 됨으로써 그 양수인이 건물부지 역시 아울러 점유하고 있다고 볼 수 있는 등의 다른 특별한 사정이 없는 한, 건물의 소유명의자가 아닌 자로서는 실제로 그 건물을 점유하고 잇다고 하더라도 그 건물의 부지를 점유하는 자로는 볼 수 없다(대판 2003.11.13, 2002다57935).

(3) 본권 없는 점유

① 본권자가 권리행사를 게을리 하여 제3자가 무단으로 그 물건을 사용·수익하는 경우. 예컨대 절취자는 본권은 없으나 점유를 하고 있다.

② 무권리자로부터 권리를 양도받은 경우.

③ 용익권의 존속기간 만료로 본권이 소멸한 경우.

(4) 사실상 지배에 대한 예외

1) 점유보조자

(a) 의 의

일정한 경우에 물건을 사실상 지배하고 있지만 점유자가 되지 못하는 자를 점유보조자라고 한다. 이에 관해 민법 제195조는「가사상·영업상 기타 유사한 관계에 의하여 타인의 지시를 받아 물건에 대한 사실상의 지배를 하는 때에는 그 타인만을 점유자로 한다」고 규정한다.

(b) 요 건

a) 물건에 대한 사실상의 지배

점유보조자가 물건을 사실상 지배하고 있어야 한다.

b) 점유보조관계가 존재할 것

점유보조자가 점유자의 지시에 따라야 할 관계가 있어야 한다. 그것은 사회적 의미에 있어서의 명령·복종의 종속관계를 말한다. 민법 제195조는 점유보조관계를 가사상(예: 가정부) 또는 영업상(예: 공장의 근로자, 관청의 공무원)의 관계를 예시하고, 그 밖에 타인의 지시를 받는 유사한 관계에 대해서도 점유보조관계의 성립을 인정하고 있다.

종속관계는 계속적일 필요는 없다. 일시적으로 짐을 들고 있어 달라고 하는 경우에도 점유보조관계가 인정된다.

(c) 효 과

a) 점유보조자의 지위

점유주만이 점유자이고 점유보조자에게는 점유권이 인정되지 않는다. 따라서 점유보조자에게 점유보호청구권은 인정되지 않는다. 다만 점유보조자에게도 점유주를 위한 자력구제권은 인정된다(통설).

b) 점유보조관계는 점유보조자가 물건에 대한 지배를 행사하는 경우뿐만 아니라, 점유보조관계에서 물건을 점유하게 되거나 점유를 잃게 되는 경우에도 그 적용이 있다. 예컨대 가정부가 시장에서 물건을 사거나 물건을 잃어버린 경우, 점유주도 점유를 취득하거나 잃게 된다.

c) 점유보조관계의 종료는 점유자와 점유보조자간의 종속관계가 끝남으로써 종료한다.

2) 간접점유

(a) 의 의

점유자와 물건 사이에 점유자와 일정한 관계에 있는 타인이 매개하여 그 타인의 점유에 의해 매개되는 점유를 간접점유라 한다. 예컨대 甲이 乙에게 주택을 임대한 경우에 甲이 간접점유자, 乙이 직접점유자이다. 간접점유는 자기가 직접 물건을 지배·이용하는 경우와 마찬가지로 타인의 지배·이용을 통하여 자기의 이용을 실현하는 경우를 보호하고자 하는 제도이다.

이에 관해 민법 제194조는「지상권·전세권·질권·사용대차·임대차·임치 기타의 관계로 타인으로 하여금 물건을 점유하게 한 자는 간접으로 점유권이 있다」고 규정하고 있다.

(b) 성립요건

a) 특정인의 직접점유

간접점유자와 일정한 법률관계를 지니고 있는 자, 즉 점유매개자가 물건을 직접점유하여야 한다. 물건을 사실상 지배하는 것은 직접점유자뿐이고 그 성질은 타주점유이다. 간접점유자는 사실상 지배를 하지 않는다.

b) 점유매개관계의 성립

간접점유자와 점유매개자 사이에 점유매개관계가 있어야 한다. 점유매개관계는 점유를 할 수 있게 하는 구체적 법률관계, 즉 지상권·전세권 등의 관계가 있어야 하고, 이는 계약이나 법률의 규정에 의하여 발생한다. 점유매매관계가 되기 위해서는 간접점유자는 직접점유자에 대하여 반환청구권을 가져야 한다.

(c) 효 과

a) 간접점유자의 점유권

① 간접점유자도 점유권을 가진다(194조). 따라서 점유에 관한 규정은 그 성질 또는 규정상 적용될 수 없는 것을 제외하고는 간접점유에도 적용된다.

② 간접점유자도 점유보호청구권을 가진다(207조 1항). 다만 점유의 침탈을 당한 경우에

제 1 차적으로는 그 물건을 직접점유자에게 반환할 것을 청구할 수 있을 뿐이고, 직접점유자가 그 물건을 반환받을 수 없거나 이를 원하지 않을 때에는 제 2 차적으로 간접점유자 자신에게 반환할 것을 청구할 수 있다(207조 2항).

③ 간접점유자의 자력구제권 인정 여부

부정설은 간접점유자에게 자력구제권을 인정한다는 명문의 규정이 없고, 또 직접 물건을 지배하고 있지 않으므로 특별히 인정할 필요가 없다고 한다(다수설). 인정설은 실제로 자력구제를 행사할 사태가 벌어진 경우에 이를 허용하지 않는다는 것은 부당하다는 이유로 이를 긍정한다.

b) 직접점유자와 간접점유자의 관계

① 직접점유자에 의하여 간접점유가 침해된 경우(예: 직접점유자가 점유물을 횡령하여 제3자에게 처분한 경우)에는 간접점유자의 점유보호청구권이 인정되지 않는다(대판 1993.3.9, 92다5300). 다만 점유매개관계나 물권에 기한 청구권을 행사할 수 있다.

② 직접점유자는 간접점유자에 대하여 점유보호청구권과 자력구제권을 행사할 수 있다.

c) 점유의 태양의 표준

직접점유자의 점유가 표준이 된다.

[간접점유자인 건물소유자의 책임여부]

화재가 공작물 자체의 설치 보존상의 하자에 의하여 직접 발생한 경우에 그로 인한 손해배상 책임에 대하여는 민법 제758조 제1항 소정의 공작물 점유자 내지 소유자의 책임이 인정되지만, 그와 같은 경우에도 간접점유자인 건물의 소유자는 직접점유자가 손해 방지에 필요한 주의를 해태하지 아니한 경우에 한하여 비로소 책임을 지게 된다(대판 1995.10.13. 94다36506).

2. 점유설정의사

사실상의 지배가 있으면 점유가 성립하므로 점유의 성립에는 사실상의 지배라는 사실 이외에 어떤 점유의사를 요하지 않는다. 그러나 적어도 사실적 지배의사를 가지려는 의사, 즉 점유설정의사는 필요하다고 본다(통설). 따라서 자기 집 마당에 들어온 타인의 닭, 극장에서 타인이 몰래 자기주머니 속에 넣은 편지 등에 대해서는 점유설정의사가 없으므로 점유가 성립하지 않는다.

점유설정의사는 법률행위에 있어서와 같은 의사가 아니라 사실상의 지배를 하고자 하는 자연적 의사이다. 따라서 점유의 취득에는 행위능력이 요구되지 않고, 행위무능력자라 하더라도 사실상의 지배를 하려는 의사가 있는 한 점유를 취득할 수 있다. 예컨대 미성년자도 그의 법정대리인의 동의 없이 독자적으로 점유를 취득할 수 있다.

Ⅲ. 점유의 종류

1. 자주점유 · 타주점유

자주점유는 소유의 의사를 가지고 하는 점유이고, 타주점유는 소유의 의사 없이 하는 점유이다. 소유의 의사는 사실상 소유할 의사가 있으면 되므로 소유권을 가지고 있거나 또 소유권이 있다고 믿고 있어야 하는 것은 아니다. 따라서 타인의 물건을 훔쳐 점유하는 자도 자주점유자이다. 양자를 구별하는 실익은 취득시효(245조 이하) • 무주물선점(252조) · 점유자의 책임(202조) 등에 있다. 소유의 의사의 유무는 점유를 생기게 한 권원의 성질에 의해 객관적으로 정한다. 소유권자나 도둑 등은 자주점유자이지만, 지상권자 · 전세권자 · 질권자 · 임차인 등은 타주점유자이다.

권원의 성질상 자주점유인지 타주점유인지를 판정할 수 없는 경우에는 점유자는 소유의 의사로써 점유하는 것으로 추정된다(197조 1항). 다만 악의의 무단점유의 경우 자주점유의 추정은 깨어진다(대판 1997.8.21, 95다28625).

[소유의사의 판단기준]

점유자의 점유가 소유의 의사 있는 자주점유인지 아니면 소유의 의사 없는 타주점유인지의 여부는 점유자의 내심의 의사에 의하여 결정되는 것이 아니라, 점유취득의 원인이 된 권원의 성질이나 점유와 관계가 있는 모든 사정에 의하여 외형적 · 객관적으로 결정되어야 하는 것이다(대판 1997.8.21. 95다28625).

[타주점유]

어느 토지의 소유자가 스스로 그 토지를 점유하고 있다가 그 토지의 전부 또는 일부를 다른 사람에게 매도하는 등으로 소유권을 이전하고서도 계속하여 그 토지를 점유하고 있는 경우, 다른 사람에게 소유권을 이전한 부분에 대한 점유는 새로이 그 부부네 대한 소유권취득의 원인이 될 수 있는 법률행위 기타 법률요건을 구비하는 등의 트결한 사정이 없는 한, 성질상 타주점유에 해당한다(대판 2007.3.30, 2007다1555).

2. 선의점유 · 악의점유

점유할 수 있는 권리, 즉 본권이 없음에도 불구하고 있다고 오신해서 하는 점유가 선의점유이고, 본권이 없음을 알면서 또는 본권의 유무에 관하여 의심을 품으면서 하는 점유가 악의점유이다.

양자를 구별하는 실익은 취득시효(245조 이하) · 선의취득(249조) · 점유자의 과실취득(201조) · 점유자의 책임(202조) 등에 있다.

점유자는 선의로 점유한 것으로 추정한다(197조 1 항). 다만 선의의 점유자라도 본권에 관한 소에 패소한 때에는 그 소가 제기된 때로부터 악의의 점유자로 본다(197조 2항).

[권원유무와 선의점유]

민법 제197조에 의하여 점유자는 선의로 점유한 것으로 추정되고, 권원 없는 점유였음이 밝혀졌다고 하여 곧 그 동안의 점유에 대한 선의의 추정이 깨어졌다고 볼 것은 아니다(대판 2000. 3. 10. 99다63350).

3. 과실 있는 점유 · 과실 없는 점유

선의점유에 있어 그 오신에 과실이 있느냐 없느냐에 의한 구별이다. 구별의 실익은 취득시효(245조 이하) · 선의취득(249조) 등에 있다. 무과실은 이를 주장하는 자가 입증하여야 한다.

4. 하자 있는 점유 · 하자 없는 점유

선의 · 무과실 · 평온(강폭이 아닌 것) · 공연(은비가 아닌 것) · 계속 등의 점유를 하자 없는 점유라고 하고, 이러한 것 중 어느 것을 결한 점유를 하자 있는 점유라고 한다. 구별의 실익은 취득시효 · 선의취득의 요건 및 효과를 달리 규율하는 데 있다.

점유의 소유의 의사 · 선의 · 평온 · 공연 · 계속은 하자가 없는 것으로 추정된다(197조 1항 · 198조).

[점유의 평온 · 공연성의 상실여부]

점유자는 소유의 의사로 평온 및 공연하게 점유하는 것으로 추정된다. 평온한 점유란 점유자가 그 점유를 취득 또는 보유하는 데 법률상 용인될 수 없는 강폭행위를 쓰지 아니하는 점유이고, 공연한 점유란 은비의 점유가 아닌 점유를 말한다.

그러므로 그 점유가 불법이라고 주장하는 자로부터 이의를 받은 사실이 있거나 점유물의 소유권을 둘러싸고 당사자 사이에 법률상의 분쟁이 있었다고 하더라도 그러한 사실만으로 곧 그 점유의 평온·공연성이 상실된다고 할 수 없다(대판 1994.12.9. 선고 94다25025).

5. 정권원점유 · 무권원점유

정권원점유(正權原占有)는 점유할 수 있는 권리(본권)에 기해 하는 점유이고, 무권원점유(無權原占有)는 부적법한 원인에 의해 취득하는 점유이다. 소유자 · 임차권자 등이 하는 점유는 정권원점유이고, 도둑이 하는 점유는 무권원점유이다. 구별의 실익은 유치권의 발생(320조 2항) 유무에 있다.

6. 직접점유 · 간접점유

직접점유는 물건을 직접 지배하거나 또는 점유보조자(195조)를 통해서 물건을 점유하는 경우에 성립하는 점유이다. 간접점유는 점유매개자를 통해서 하는 점유이다. 임대인은 간접점유자이고 임차인은 직접점유자이다. 간접점유자는 점유보조자와 달리 점유권이 인정된다(194조).

[직접점유·간접점유]

① 직접점유자가 임의로 점유를 타인에게 양도한 경우에는 점유이전이 간접점유자의 의사에 반한다 하더라도 간접점유자의 점유가 침탈된 경우에 해당하지 않는다고 한다(대판1993.3.9, 92다5300).
② 토지에 대한 취득시효 완성으로 인한 소유권이전등기청구권은 그 토지에 대한 점유가 계속 되는 한 시효로 소멸하지 아니하고, 여기서 말하는 점유에는 직접점유 뿐만 아니이라 간접점유도 포함한다고 해석하여야 한다(대판 1995.2.10, 94다28468).

7. 단독점유·공동점유

단독점유는 1개의 물건을 1인이 점유하는 것이고, 공동점유는 1개의 물건을 수인이 점유하는 것이다. 공동점유는 공유에 관한 규정이 유추적용된다.

[공동점유]

처가 아무런 권원 없이 토지와 건물을 주택 및 축사 등으로 계속 점유·사용하여 오고 있으면서 소유자의 명도요구를 거부하고 있다면 비록 그 시부모 및 부(夫)와 함께 이를 점유하고 있다고 하더라도 처는 소유자에 대한 관계에서 단순한 점유보조자에 불과한 것이 아니라 공동점유자로서 이를 불법점유하고 있다고 봄이 상당하다(대판 1998. 6. 26, 98다16456).

제2관 점유권의 취득과 상실

Ⅰ. 점유권의 취득

1. 직접점유의 취득

(1) 원시취득

물건을 사실상 지배하면 점유가 성립되고 그 법률효과로서 당연히 점유권을 취득한다(192조). 원시취득의 예로는 무주물의 선점(252조)·유실물의 습득(253조)·매장물의 발견(254조) 등을 들 수 있다.

(2) 승계취득

1) 특정승계

점유권의 특정승계란 점유권의 양도를 의미하며 양도의 합의와 점유물의 인도로써 그 효력이 생긴다(196조). 여기서 인도란 양도인이 가지고 있었던 물건에 대한 사실적 지배를 양수인에게 이전하는 것으로서, 현실의 인도(196조 1항)와 단순한 의사표시에 의한 인도인 간이인도(196조 2항)만을 의미한다.

[임야에 대한 점유이전과 계속의 판단기준]

임야에 대한 점유의 이전이나 점유의 계속은 반드시 물리적이고 현실적인 지배를 요한다고 볼 것은 아니고, 관리나 이용의 이전이 있으면 인도가 있었다고 보아야 한다.

임야에 대한 소유권을 양도하는 경우라면 그에 대한 지배권도 넘겨지는 것이 거래에 있어서 통상적인 형태라고 할 것이며, 점유의 계속은 추정되는 것이고 임야를 매수하여 그 js부에 대한 이전등기를 마치고 인도를 받았다면, 특별한 사정이 없는 한 그 임야전부에 대한 인도와 점유가 있었다고 보는 것이 상당하다(대판 1996.9.10, 96다19512).

2) 포괄승계

점유권은 상속인에게 이전한다(193조). 따라서 피상속인이 사망하면 그와 동시에 피상속인이 점유하던 물건은 당연히 상속인의 점유가 된다. 상속인이 상속의 개시를 몰랐거나 사실상 지배를 시작하지 않았더라도 상관없다. 이외에 회사합병 등이 있다.

[상속으로 인한 점유권의 이전]

선대의 점유가 타주점유인 경우 선대로부터 상속에 의하여 점유를 승계한 자의 점유도 상속 전과 그 성질 내지 태양을 달리하는 것이 아니어서 특별한 사정이 없는 한 그 점유가 자주점유로는 될 수 없다(대판 1997.5.30, 97다2344).

2. 간접점유의 취득

(1) 간접점유의 설정

우선 직접점유자가 점유매매관계를 설정하여 타인에게 직접점유를 취득시킴으로써 간접점유를 취득할 수 있다. 소유자가 자신의 물건을 임대하면 임차인은 직접점유를, 소유자는 간접점유를 취득한다. 한편 직접점유자 자신이 점유매개자가 될 수 있다. 예컨대 소유자가 물건을 양도한 후에도 점유개정에 의하여 계속 점유하는 경우에 양도인은 직접점유를, 양수인은 간접점유를 취득한다.

(2) 간접점유의 양도

간접점유자는 직접점유자에 대하여 반환청구권을 가지므로 이 청구권을 양도함으로써 양수인이 간접점유권을 승계취득한다(196조 2항 · 190조).

소유자(임대인)가 임차목적물 반환청구권을 제3자에게 양도하는 경우가 그 예이다.

3. 점유권승계의 효과

점유권이 승계된 경우 그 승계인은 전점유자의 점유를 승계하는 한편, 승계인 자신이 원시적으로 그 물건에 대한 점유를 취득한 것이라 할 수 있다. 따라서 점유의 승계인은 자기의 점유만을 주장하거나 자신의 점유와 전점유자의 점유를 아울러 주장할 수 있다(199조 1항). 다만 전점유자의 점유를 동시에 주장하는 경우에는 전점유자의 하자도 승계하게 된다

(199조 2항).

甲이 악의로 5년간 점유한 후 乙이 그 점유를 승계하여 선의로 5년간 점유한 경우, 乙은 자기의 5년의 선의점유만을 주장하거나 甲의 점유를 합한 악의의 10년의 점유를 주장할 수 있다. 그러나 전점유자의 점유기간중의 어느 한 시점을 임의로 선택하여 그 때부터 점유를 주장할 수는 없다(대판 1998.4.10, 97다56822).

상속 등과 같이 포괄승계의 경우에 있어서 다수설은 민법 제199조의 적용을 인정하나, 소수설과 판례는 부인한다. 즉 父인 甲이 악의로 10년간 부동산을 점유하고 子인 乙이 승계하여 5년을 점유한 경우, 다수설은 子인 乙이 선의 5년이나 악의 15년을 주장할 수 있다고 본다. 그라나 판례는 乙이 새로운 권원을 취득하지 않는 이상 악의 15년만을 주장할 수 있다고 본다(대판 1981.3.24, 80다2226).

Ⅱ. 점유권의 상실

점유권은 다른 물권과 그 성질을 달리 하기 때문에 물권의 일반적 소멸원인이 그대로 적용될 수 없다. 예컨대 혼동(191조 3항)·소멸시효(162조 이하) 등은 그 적용이 없다.

1. 직접점유의 상실

점유자가 물건에 대한 사실적 지배를 상실하면 점유권도 상실된다(192조 2항). 그러나 타인의 침탈에 의하여 점유를 상실한 때에 점유자가 1년 이내에 점유회수청구에 의하여 점유를 회복하면 점유는 처음부터 상실하지 않았던 것으로 다루어진다(192조 2항 단서·204조). 또한 사실적 지배가 단절되더라도 그것이 일시적인 것에 지나지 않을 때에는(예: 집에서 기르던 닭이 옆집으로 도망간 경우) 그것만으로 점유권이 상실된다고 할 수 없다.

2. 간접점유의 상실

간접점유자의 점유는 직접점유자가 점유를 상실하거나 직접점유자가 점유매개자의 역할을 포기한 경우(예: 점유물을 횡령한 경우)에 상실된다.

제3관 점유권의 효력

민법은 점유권에 대해 각종의 효과를 부여하고 있다. 점유의 추정적 효력(197조·198조·200조)·점유자와 회복자와의 관계(201조~203조)·점유보호청구권(204조~206조)·점유소권(208조)·자력구제(209조) 등이다.

Ⅰ. 추정적 효력

1. 권리태양의 추정

점유자는 소유의 의사로 선의·평온 및 공연하게 점유한 것으로 추정한다(197조 1항). 다만 선의의 점유자라도 본권에 관한 소에 패소한 때에는 그 소가 제기된 때로부터 악의의 점유자로 본다(197조 2항).

[패소한 점유자의 악의인정]

민법 제197조 2항의 규정에 의하여 토지소유권이전등기의 말소청구소송의 패소자는 승소자가 위 소송을 제기한 때로부터 위 토지에 대한 악의의 점유자로 간주된다(대판 1987.1.20. 86다카1372).

2. 점유계속의 추정

동일인이 전후 양시에 점유한 사실이 있는 때에는 그 점유는 계속한 것으로 본다(198조). 전후 양시점에 점유자가 다르더라도 점유의 승계가 인정되면 점유계속은 추정된다(대판 1996.9.20, 96다24279·24286).

점유자의 승계인은 자기의 점유만을 주장하거나 자기의 점유와 전점유자의 점유를 아울러 주장할 수 있다(199조 1항). 전점유자의 점유를 아울러 주장하는 경우에는 그 하자도 승계한다(199조 2항).

[상속에 의한 점유의 판단기준]

점유지의 점유승계가 상속에 의한 경우 피상속인의 점유의 성질에 관하여 심리하여 점유자의 점유가 자주점유인가의 여부를 판단하여야 할 것임에도 불구하고, 피상속인의 점유의 성질을 밝히지 아니한 채 상속인의 점유만을 따로 분리하여 자주점유라고 판단할 것은 아니다(대판 1996.9.20, 96다25319).

3. 권리적법의 추정

점유자가 점유물에 대하여 행사하는 권리는 적법하게 보유한 것으로 추정한다(200조). 여기서 말하는 점유물에 대하여 행사하는 권리란 소유권이나 임차권과 같이 점유하는 것을 정당하게 하는 모든 권원(본권)을 말한다. 즉 점유자는 본권을 가지는 것으로 추정된다. 점유자는 정권원에 기해 점유하는 것이 통상이므로 점유자가 물건을 점유하고 있을 때는 거기에 점유를 정당화시키는 소유권이나 임차권 등의 권리가 있다고 일응 보여진다는 취지이다.

본권을 추정한다는 의미는 점유권에 정권원이 없다고 다투는 자가 점유권의 무권원을 증명하는 것에 의해 위의 추정을 번복하지 않는 한, 점유자는 정권원을 가지는 것으로 취급된다는 것을 말한다. 점유자의 권리적법 추정은 타인소유의 부동산을 점유하는 경우(대판 1966. 10. 18, 66다1520)나 미등기부동산의 경우에는 적용되지 않는다(대판 1976.9.28, 76다431).

Ⅱ. 점유자와 회복자와의 관계

사례

을은 갑의 미등기의 과수원과 가옥을 관리하여 오던 중 자금이 급히 필요하여 자기 것이라 속이고 2003. 4. 1에 이것을 병에게 매각하였다. 병은 과수원에서 사과를 수확하였다. 그런데 태풍으로 지붕이 날아가 버려 병은 이를 수리함과 동시에 재래식부엌을 신식으로 개조하였다. 그런데 어느 날 병이 창고에서 작업을 하던 중 실수로 창고가 불타버렸다. 뒤늦게 이러한 사실을 안 갑은 2005. 4. 1에 병을 상대로 소유권에 기한 반환청구소송을 제기하였고, 2006. 4. 1에 갑이 승소판결을 받았다. 이 경우 甲·丙간의 법률관계는 어떠한가?

1. 점유자의 과실취득권

(1) 선의점유자의 과실취득권

점유자 중 선의의 점유자는 점유물로부터 생긴 과실을 취득할 수 있다(201조 1항). 과실을 취득할 권리가 있다고 오신하고 원물을 점유하고 있는 자는 과실을 취득하여 소비하는 것이 보통이므로, 나중에 본권자가 그 반환 내지 대상(代償)을 청구할 수 있다면 선의점유자에게 가혹하게 되므로 민법은 선의자의 과실취득권을 인정하고 있다.

선의의 점유자는 과실취득권을 포함한 본권(소유권·지상권·전세권·임차권 등)이 있다고 오신하고 있는 점유자이고, 선의여부를 결정하는 시기는 과실에 관하여 독립한 소유권이 성립하는 시기이다(102조 참조). 즉 천연과실의 경우에는 원물로부터 과실을 분리한 때이다. 과실에는 천연과실과 법정과실이 모두 포함된다.

[선의점유자의 의미]

민법 제201조 1항의 선의의 점유자라 함은 과실수취권을 포함하는 권원이 있다고 오신한 점유자를 말한다. 다만 그와 같은 오신을 함에는 오신할 만한 정당한 근거가 있어야 한다(대판 2000. 3. 10. 99다63350).

[선의점유자의 과실수취권]

선의의 점유자는 법률상 원인 없이 이익을 얻은 경우에도 그 이익을 반환할 의무가 없으므로, 선의점유자의 과실수취권(201조 1항)은 부당이득반환청구에서 특칙으로 작용한다(대판 1995. 5. 12, 95다573).

[선의점유자의 부당이득반환의무 유무]

민법 제201조 1항에 의하면 선의의 점유자는 점유물의 과실을 취득한다고 규정하고 있고, 한편 토지를 사용함으로써 얻는 이득은 그 토지로 인한 과실과 동시할 것이므로 선의의 점유자는 비록 법률상 원인 없이 타인의 토지를 점유사용하고 이로 말미암아 그에게 손해를 입혔다 하더라도 그 점유사용으로 인한 이득을 그 타인에게 반환할 의무는 없다(대판 1987.9.22. 86다카1996,1997).

(2) 악의점유자의 과실반환의무

악의의 점유자는 과실의 반환의무를 부담한다. 즉 악의의 점유자는 수취한 과실을 반환하여야 하며, 소비하였거나 과실(過失)로 인하여 훼손 또는 수취하지 못한 경우에는 그 과실의 대가를 보상하여야 한다(201조 2항). 또 폭력에 의한 점유자 또는 은비에 의한 점유자도 과실의 반환의무를 부담한다(201조 3항).

선의의 점유자라도 본권에 관한 소에 패소한 때는 소 제기시부터 악의의 점유자라고 보므로(197조 2항) 과실의 반환의무를 부담한다. 이 경우까지 선의자로서 보호를 하는 것은 타당하지 않기 때문이다. 단 불가항력의 경우에는 대가를 상환하지 않아도 된다.

[민법 제748조 2항과 제201조 2항의 관계]

타인의 소유물을 권원 없이 점유함으로써 얻은 사용이익을 반환하는 경우, 민법은 선의점유자를 보호하기 위하여 민법 제201조 1항을 두어 선의점유자에게 과실수위권을 인정한다. 이러한 보호필요성이 없는 악의점유자에 대하여는 민법 제201조 2항을 두어 과실수취권이 인정되지 않는다는 취지를 규정하고 있다.

따라서 악의수익자가 반환하여야 할 범위는 민법 제748조 2항에 따라 정하여지는 결과, 그는 받은 이익에 이자를 붙여 반환하여야 하며, 위 이자의 이행지체로 인한 지연손해금도 지급하여야 한다(대판 2003.11.13, 2001다61869).

2. 점유물의 멸실 · 훼손에 대한 책임

(1) 선의점유자의 책임

1) 자주점유자의 경우

점유물이 점유자의 책임 있는 사유로 인해 멸실 · 훼손된 경우에 선의의 점유자는 그 이익이 현존하는 한도에서 배상책임을 진다(202조 전단). 멸실 · 훼손에 점유자에게 귀책사유가 없는 경우에는 아무런 책임이 없다. 여기서의 귀책사유는 자기재산과 동일한 주의의무를 해태한 경우이다. 멸실이란 물건의 물리적 멸실에 한하지 않고 제3자에게 매도한 경우와 같이 점유자가 타인에게 이전하여 점유물의 반환이 불가능하게 된 경우를 포함한다.

2) 타주점유자의 경우

소유의 의사가 없는 점유자는 선의인 경우에도 손해 전부를 배상하여야 한다(202조 후단). 이러한 자는 점유물을 결국 회복자에게 반환해야 하는 것을 알고 있기 때문이다.

(2) 악의점유자의 책임

악의의 점유자는 회복자에 대하여 손해전부를 배상할 의무를 부담한다(202조 전단).

3. 비용상환청구권

점유자가 점유물에 대해 비용을 지출한 경우에는 그 내용에 따라 회복자에게 상환을 청구할 수 있다.

(1) 필 요 비

점유자는 선의·악의를 불문하고, 또 소유의 의사의 유무에 불구하고 필요비의 상환을 청구할 수 있다(203조 1항 본문). 필요비는 보존비·수선비·사양비(飼養費)·공조공과(·公租公課) 등 물건의 보존과 관리에 필요한 비용이다. 예컨대 타인의 건물을 점유하고 있는 자가 그 건물을 수리한 비용이다. 이러한 필요비는 본래 그 건물에 정당한 권원을 가지는 자가 부담해야 할 성질의 것이기 때문이다.

다만 선의의 점유자에게는 과실취득권이 인정되므로 이것과의 형평상 점유자가 과실을 취득한 경우에는 통상의 필요비를 청구할 수 없다(203조 1 항 단서). 그러나 과실을 취득했더라도 특별필요비(태풍으로 인한 가옥의 수선비 등)는 청구할 수 있다.

(2) 유 익 비

점유자는 그의 선의·악의를 불문하고 점유물을 개량하기 위하여 지출한 금액 기타 유익비에 관하여는 그 가액의 증가가 현존한 경우에 한하여 회복자의 선택에 좇아 그 지출금액이나 증가액의 상환을 청구할 수 있다(203조 2항). 이 경우 법원은 회복자의 청구에 의하여 상당한 상환기간을 허여할 수 있다(203조 3항).

[유익비 산정방법]

유익비의 상환범위는 점유자 또는 임차인이 유익비로 지출한 비용과 현존하는 증가액 중 회복자(203조 2항) 또는 임대인(626조 2항)이 선택하는 바에 따라 정하여진다고 할 것이고, 따라서 유익비상환의무자인 회복자 또는 임대인의 선택권을 위하여 그 유익비는 실제로 지출한 비용과 현존하는 증가액을 모두 산정하여야 할 것이다(대판 2002.11.22. 2001다40381).

사례해결

점유자 병은 회복자 갑에게 과수원과 가옥을 반환 때 2003년부터 2004년 사이에 수취한 사과는 선의의 점유자로서 과실수취권이 있으므로 이를 반환하지 않아도 된다. 그러나 2005년도에 수확한 사과는 반환하여야 한다. 을이 패소했으므로 2005. 4. 1부터 악의의 점유자로 보기 때문이다(197조 2항). 만약 소비하였거나 過失로 인하여 수취하지 못한 경우에는 그 사과의 대가를 보상하여야 한다(201조 1항).

멸실된 창고에 대해서는 병이 소유의 의사를 가진 선의의 점유자로서 현재의 상태 그대로 반환하면 된다(202조 전단). 만약 병이 악의라면 창고가액에 해당하는 전 손해를 배상해야 한다.

태풍으로 날아간 지붕을 병이 고친 비용은 특별필요비에 해당되어 지출한 전액에 대하여 갑에게 상환을 청구할 수 있다. 또 병이 재래식부엌을 신식으로 개조했기 때문에 가옥의 가격이 상승한 경우, 병은 갑에게 개조한 비용을 유익비로서 그 상환을 청구할 수 있다. 이 때 갑은 병이 부엌을 개조하는데 들인 비용 또는 신식부엌이 됨으로 인해 증가된 가옥의 가액 중 선택하여 지급할 수 있다(203조).

Ⅲ. 점유보호청구권(점유소권)

1. 의의와 기능

(1) 의 의

점유의 침해가 있는 경우에 그 점유자가 진정한 권리자인가를 불문하고 그 침해를 배제하여 원만한 점유상태를 회복할 것을 청구할 수 있는 권리를 말한다. 이것은 사회질서유지를 위해 자력구제를 억제하는 수단이다(통설).

이 권리는 私法上의 청구권이며 물권적 청구권의 일종으로서 실체법상의 권리이다.

(2) 기 능

1) 본권보호기능

본권의 증명이 곤란한 경우에 본권의 발현형태로서의 점유에 점유보호청구권을 인정함으로써 본권을 보호한다.

2) 채권적 이용권자의 보호기능

임차인과 같이 물권에 기하지 않은 채권적 권원에 기한 점유를 제3자의 점유침해로부터 보호한다.

2. 종류와 내용

(1) 점유물반환청구권(점유회수의 소)

1) 요 건

점유물반환청구권이 인정되기 위해서는 점유자가 점유를 침탈당했어야 한다(204조). 즉 점유자가 그 의사에 기하지 않고 점유를 침탈당했을 것이 필요하다.

건물임차인이 임대인의 건물이 소실된 후 그 부지상에 임차인의 건물을 건축한 경우에는 점유침탈이 인정된다. 그러나 물건이 사취된 경우(대판 1992.2.28, 91다17443)나 遺失한 경우에는 점유물반환청권이 인정되지 않는다.

2) 당 사 자

① 점유물반환청권은 사실적 지배관계를 보호하고 그 반면에 자력구제를 억제하고자 하는 것이다. 그러므로 직접점유자뿐만 아니라 간접점유자도 점유반환청구권의 주체가 될 수 있다. 다만 간접점유자는 직접점유자에게 반환할 것을 청구할 수 있고, 직접점유자가 반환받을 수 없거나 원하지 않을 때에는 자기에게 반환할 것을 청구할 수 있다(207조 2항).

② 침탈자의 선의의 특별승계인에 대하여는 점유물반환청구를 할 수 없다(204조 2항). 예컨대 甲의 물건을 훔친 乙로부터 丙이 그 물건을 매수하여 점유하고 있다면 甲은 丙을 상대로 점유물반환청구를 할 수 없다.

3) 내 용

점유자가 점유의 침탈을 당한 때에는 그 물건의 반환 및 손해배상을 청구할 수 있다(204조 1항). 손해배상으로서 물건가격의 배상이 아니고 점유권의 효력으로서 점유자에게 귀속하는 이익, 즉 이용가치가 배상의 대상이 된다. 악의의 점유자라도 점유침탈자에 대하여 손해배상을 청구할 수 있다. 목적물이 환가처분에 의해 금전으로 변한 경우 그 환가금에 반환청구권의 효력이 미친다.

손해배상청구는 물건의 반환과는 별개의 청구이고, 성질상 불법행위책임이므로 점유침탈이 불법행위의 요건을 충족시키지 않으면 안 된다(통설).

4) 점유의 상호침탈

甲의 물건을 乙이 침탈하고 그것을 다시 甲이 실력으로 탈환한 경우, 乙이 甲에게 점유권에 기한 반환청구를 할 수 있는가 하는 문제가 발생한다.

이 문제에 대하여는 점유물반환청구권을 행사할 수 있는 자가 점유를 탈환한 경우 乙의 점유는 甲에 대한 관계에서는 아직 확립하고 있지 않으므로 탈환자의 점유가 계속하고 있다고 인정할 수 있고, 乙의 반환청구를 인정하면 소송상 비경제적이라는 이유로 乙의 점유물반환청구권을 부정하는 것이 통설이다.

5) 행사기간

점유물반환청구권은 침탈을 당한 날로부터 1년 내에 행사하여야 한다(204조 3항). 이는 제척기간이다.

[점유보호청구권행사의 출소기간 여부]

민법 제204조 3항과 제205조 2항의 제척기간은 재판 외에서 권리행사를 하는 것으로 족한 기간이 아니라, 반드시 그 기간 내에 소를 제기하여야 하는 이른바 출소기간으로 해석함이 상당하다(대판 2002.4.26. 2001다8097,8103).

(2) 점유물방해제거청구권(점유보유의 소)

1) 요 건

점유침탈 이외의 방법에 의해 점유가 방해가 될 것을 요한다(205조). 방해자의 과실의 유무를 불문하며, 그러한 방해가 방해자의 의사에 기할 필요도 없다. 타인의 토지에서 무단으로 경작하고 있다면 점유방해가 된다. 또 사회생활상 인용한도를 넘은 소음·매연 등에 의한 침습(侵襲)도 역시 점유방해가 된다.

[방해배제청구권의 성립요건]

점유권에 의한 방해배제청구권(점유보유청구권)은 물건 자체에 대한 사실상의 지배상태를 점유침탈 이외의 방법으로 침해하는 방해행위가 있을 때 성립된다(대판 1987.6.9. 86다카2942).

2) 당 사 자

방해배제에 의한 원상회복의 청구의 상대방은 현재 방해를 하고 있는 자이다. 그러므로 점유방해자가 바뀌었어도 현재 방해자에 대하여 그 제거를 구할 수 있다.

3) 내 용

점유자가 점유의 방해를 받은 때는 방해의 제거 및 손해배상을 청구할 수 있다(205조 1항). 단 물건이 손상된 경우, 예컨대 제방이 파괴된 경우 등은 원상회복을 청구할 수 없다(대판 1959.10.8 4291민상583).

방해제거청구는 사실상의 지배상태를 보호하기 위한 것이므로 방해자의 고의·과실을 요건으로 하지 않는다. 방해제거는 방해자의 비용으로 원상에 회복시키는 것이다. 손해배상청구의 성질은 불법행위에 기한 손해배상청구권이다. 따라서 손해배상의 발생요건으로서 방해자의 고의·과실을 요한다.

4) 행사기간

방해제거청구는 방해가 있는 사이 또는 방해가 종료한 후 1년 내에 행사하여야 한다(205조 2항). 다만 공사로 인한 점유방해는 공사착수 후 1년 내 또는 완성시까지 하여야 한다(205조 3항).

(3) 점유물방해예방청구권(점유보전의 소)

1) 요 건

점유자가 점유의 방해를 받을 염려가 있을 것을 요한다.

2) 내 용

점유자는 방해예방 또는 손해배상의 담보를 청구할 수 있다(206조 1항). 양자가 택일적이라는 점에서 위의 반환·방해제거청구권과 차이가 있다.

손해배상의 담보는 인적 담보·물적 담보를 불문한다. 손해배상의 담보는 장래의 방해에 의한 손해배상의무에 대비하여 제공하는 것이므로 상대방의 고의·과실을 요건으로 하지 않는다.

3) 행사기간

방해예방청구권은 방해의 염려가 존속하는 한 인정된다. 다만 공사에 의한 경우 공사착수 후 1년 내 또는 완성시까지 행사하여야 한다(206조 2항).

3. 점유의 소와 본권의 소와의 관계

(1) 의 의

점유의 소는 점유보호청구권에 기한 소를 말하고, 본권의 소는 소유권·전세권·임차권 등 점유할 수 있는 권리에 기한 소를 말한다. 점유의 소는 사실적 지배를 그대로 유지·보호하는 것을 목적으로 하는 데 반하여, 본권의 소는 당연히 있어야 할 지배상태를 실현시키는 것을 목적으로 한다.

(2) 원고가 본권과 점유권을 다 가지고 있는 경우

甲의 토지를 乙이 불법점거한 경우에 甲은 소유권에 기한 반환청구의 소를 제기할 수 있고, 또한 점유권을 이유로 하여 점유물반환청구의 소를 제기할 수 있다. 이러한 경우에 점유권에 기인한 소와 본권에 기인한 소는 서로 영향을 미치지 아니한다(208조 1항). 또 점유권에 기인한 소는 본권에 관한 이유로 재판하지 못한다(208조 2항).

1) 민법 제208조 제1항에 의한 결과

위의 예에서 양자는 기초가 다르고 별개의 목적을 가지고 있으므로 서로 관계가 없다. 甲은 소유물반환청구소송과 점유물반환청구소송을 별개로 제기할 수 있고 동시에 제기할 수도 있다. 또한 한 소송에서 패소한 후 다시 다른 소송도 제기할 수 있다.

2) 민법 제208조 제2항에 의한 결과

甲이 점유물반환청구소송을 제기한 경우에 점유의 소의 당부를 판단하는 데는 본권적 이유를 주장하지 못한다. 예컨대 점유물반환청구의 소에 있어서 상대방이 소유권 기타의 본권을 가지고 있다고 하더라도, 이것을 이유로 점유물반환청구를 부인하지 못한다. 또한 甲이 소유물반환청구소송을 제기한데 대해 乙의 침탈의 유무를 이유로 재판해서는 안 된다.

(3) 원고가 점유권을 가지고 피고가 본권을 가진 경우

甲이 乙에게 토지를 임대했는데 임대차종료 후 乙이 토지를 반환하지 않으므로 甲이 탈환하였다고 하자.

1) 민법 제208조 제2항에 의한 결과

乙은 甲에게 점유권에 기한 반환청구소송을 제기할 수 있다. 이 때 甲은 자신에게 소유권이 있다는 것으로 항변할 수 없다. 법원도 乙의 청구를 부인할 수 없다.

2) 점유의 소에 대해 본권에 기한 반소

(a) 긍 정 설

이 견해가 통설과 판례(대판 1957.11.14, 4290민상454)이다.

① 민법 제208조 2항은 점유의 소(訴) 중에서 청구에 대한 방어방법으로서 본권의 주장을 허용하지 않는 것을 의미하는 것이고, 본권에 기한 반소(反訴)를 제기하는 것까지도 금지하는 것은 아니다.

② 점유의 소와 본권의 소가 별소(別訴)로 제기된 경우 이것을 병합심리하는 것은 가능하므로 부정설을 취하는 의미가 없다.

(b) 부 정 설

본권자에 의한 자의적 점유탈환을 정당화하는 것이 되므로 부당하다는 견해이다. 즉 반소를 고려해서 점유소송을 기각하는 것은 민법 제208조 2항에 저촉되므로, 본소인 점유의

소와 반소인 본권의 소를 모두 승소인용 하되 집행단계에서 본권을 우선시키는 결론에 이르게 된다.

Ⅳ. 자력구제

사례

을은 갑으로부터 토지를 임차하여 그 토지 위에 을 소유의 건물을 짓고 거주하고 있었다. 그런데 이 건물에 화재가 발생하여 건물이 모두 불타버렸다. 그 후 병이 토지에 무단으로 가건물을 짓고 있는 경우에 갑과 을이 병에게 취할 수 있는 조치는 무엇인가?

1. 의 의

자력구제(自力救濟)란 권리의 침해를 당한 때에 국가에 의한 구제에 의하지 않고, 私力에 의하여 그의 권리의 구제 내지 실현을 하는 것이다. 이를 自助라고도 한다. 점유가 침해를 받아 침해자의 사실적 지배가 확립되면 법은 침해자의 사실적 지배를 보호해야 한다. 그러나 침해자의 점유가 확립되기 전에 국가의 구제를 받을 만한 시간적 여유가 없을 때는 본래의 점유상태를 유지하기 위해서 점유자의 실력행사를 허용하는 것이 필요하다.

우리 민법은 일정한 경우에 점유자에게 자력구제를 허용하고 있다(209조). 민법이 인정하는 점유자의 자력구제권에는 자력방위권과 자력탈환권이 있다.

2. 자력방위권

(1) 의 의

점유자는 그 점유를 부정히 침탈 또는 방해하는 행위에 대하여 자력으로써 이를 방위할 수 있다(209조 1항). 따라서 점유를 침탈 또는 방해하려는 침해가 아직 끝나지 않고, 또한 침해로 점유를 완전히 빼앗기지 않는 한 점유자는 실력으로써 이를 방위할 수 있다.

(2) 방해행위는 끝났으나 방해상태가 존속하는 경우의 방위 여부

자력방위권은 아직 현실로 점유의 침탈 또는 방해가 일어나기 전에 인정되는 것이기 때문에 부정하는 것이 타당하다. 그러므로 현실로 침탈이 일어나면 점유탈환권 및 점유물반환청구권을 행사할 수 있고, 현실로 방해가 일어나면 점유물방해제거청구권을 행사할 수 있는 것이다.

(3) 방위에 필요한 정도를 넘은 자력방위권의 효력

위법이다(독일민법 230조). 자력구제권자는 상대방에게 손해배상의무를 부담한다.

3. 자력탈환권

(1) 의 의

점유자의 점유가 침탈된 경우에 실력으로써 이를 탈환할 수 있는 것을 자력탈환권이라 한다. 자력탈환권의 행사는 시간적 한계가 있으며 목적물이 부동산인가 동산인가에 따라 그 행사방법이 달라진다.

(2) 목적물이 부동산인 경우

침탈을 당한 후에 직시(直時)로 가해자를 배제하여 목적물을 탈환할 수 있다(209조 2항 전단). 직시란 객관적으로 가능한 한 신속히 또는 사회관념상 가해자를 배제하여 점유회수를 하는 데 필요한 상당한 시간이다(대판 1993.3.26, 91다14116).

[직시성의 판단여부]

갑이 을에 대하여 그가 점유하고 있던 점포에 대하여 위법한 명도집행을 단행한 경우에 이러한 위법한 강제집행에 의하여 부동산의 명도를 받는 것은 공권력을 빌려서 상대방의 점유를 침탈하는 것이 되므로, 을이 위 강제집행이 종료한 후 불과 2시간 이내에 자력으로 그 점유를 탈환한 것은 민법상의 점유자의 자력구제권의 행사에 해당한다(대판 1987.6.9,86다카1683).

(3) 목적물이 동산인 경우

현장에서 또는 가해자를 추적하여 이를 탈환할 수 있다(209조 2 항 후단). 즉 가해자가 현장에 있을 때에는 그 곳에서 실력을 행사하여 탈환할 수 있고, 가해자가 도주한 때에는 추적하여 탈환할 수 있다.

사례해결

토지소유자인 갑은 무단점유자인 병에게 소유권에 기한 방해의 제거를 청구할 수 있다. 그리고 갑은 간접점유자로서 점유권에 기한 점유물방해제거청구권 또한 가지게 된다. 그러나 갑은 병에게 자력구제권을 행사할 수 없다(다수설).

을은 병에 대해 점유권에 기한 방해제거청구권을 행사할 수 있다. 또 을은 직접점유자로서 자력구제권을 행사할 수 있다. 그리고 을은 임차권자로서 임차권이 대항력을 갖추고 있다면 병에게 임차권에 기한 방해제거를 청구할 수 있으나, 대항력을 갖추고 있지 않다면 채권자대위권의 전용(轉用)에 의해 갑이 가지는 권리를 대위행사할 수 있다.

제4관 준점유

Ⅰ. 의 의

점유권제도는 사회의 평화와 질서유지라는 목적에서 물건의 사실적 지배관계를 보호하는 것이지만, 물건의 지배를 수반하지 않는 재산적 이익의 사실적 지배관계도 같이 보호된다. 이처럼 점유를 수반하지 않는 재산권을 사실상 행사하는 것을 준점유(準占有)라고 한다(210조).

점유는 물건에 대한 사실적 지배관계를 말하고, 준점유는 재산권에 대한 사실적 지배관계를 말하는 것이다.

Ⅱ. 준점유의 요건

1. 준점유의 객체

객체는 재산권이다. 즉 점유를 수반하지 않는 재산권이다(저당권 · 채권 · 무체재산권 · 광업권 · 어업권 등). 물건의 점유를 수반하는 재산권(소유권 · 지상권 · 전세권 등)에 관하여는 준점유가 성립할 여지가 없다. 이러한 재산권은 점유에 의해서 보호되기 때문이다.

2. 재산권의 사실상 행사

재산권을 사실상 행사한다는 것은 거래관념상 재산권이 어떤 자의 사실적 지배에 속하는 것으로 볼 수 있는 객관적 사정이 있는 것을 말한다. 권리의 행사란 권리내용을 실현하는 것을 말하지만, 준점유에서는 권리를 적극적으로 행사하는 것을 요하지 않고 단지 재산권이 사실상 권리자에게 속하는 것으로 인정되는 외관의 성립을 의미한다. 예컨대 예금통장과 인장을 가지고 있으면 채권자로 볼 수 있는 외관이 성립되었다고 볼 수 있다.

Ⅲ. 준점유의 효과

준점유에는 점유권의 규정이 준용된다(210조). 따라서 권리의 추정 · 과실의 취득 · 비용상환청구권 · 점유보호청구권 등의 효과가 인정된다.

채권의 준점유자에 대한 변제의 효과가 준점유의 효과에서 중요한 부분이다(470조). 즉 채권의 준점유자에 대한 변제는 유효한 변제가 된다.

제2절 소 유 권

제1관 소유권 일반

제1항 소유권의 성질과 범위

Ⅰ. 소유권의 의의 · 내용

소유권은 소유자가 법률의 범위 내에서 자유로이 물건을 사용 · 수익 · 처분할 수 있는 권리이다(211조). 사용이란 책을 읽는다든가, 양복을 입는 것처럼 목적물을 통상의 용법에 따라 사용하는 것을 말한다. 수익이란 목적물로부터 생긴 과실을 취득하는 것을 말하며, 소유자가 스스로 사용하여 천연과실을 취득하는 것뿐만 아니라 목적물을 타인에게 임대하여 지료·차임 등 법정과실을 취득하는 것도 포함된다. 처분이란 물건의 교환가치를 실현하는 것으로 목적물을 소비하거나 변형·개조·파괴하는 물리적 처분과, 목적물을 양도하거나 목적물에 용익물권이나 담보물권을 설정하는 법률적 처분을 말한다.

Ⅱ. 소유권의 법적 성질

1. 관 념 성

근대민법이 인정하는 소유권은 게르만법의 게베레적 소유처럼 물건에 대한 현실적 지배와 결부되지 않고 권리자의 현실적 지배(점유)의 유무와는 관계없이 인정된다. 따라서 소유권은 목적물의 귀속, 즉 물건에 대한 지배가능성을 말하며 소유권에 있어서 물건의 지배는 관념적인 것에 지나지 않는다. 이러한 성질을 소유권의 관념성이라 한다.

관념성은 다른 물권에 있어서도 일정한 범위 내에서 인정되고 있으나 소유권의 경우와 같이 강하지는 않다.

2. 전 면 성

소유권 이외의 물권은 목적물을 일면적으로 지배하는(용익물권은 이용의 측면을, 담보물권은 처분의 측면을 지배한다) 권리인 데 반하여, 소유권은 목적물의 사용가치와 교환가치를 전면적으로 지배하는 권리이다. 이것을 소유권의 전면적 지배성이라고 한다.

3. 혼 일 성

소유권은 물건의 사용·수익·처분 등 모든 권능을 가지고 있는데 소유권은 이러한 권능의 원천이며 이러한 권능을 하나로 통합한 지배권이다. 이것은 사용·수익·처분의 권능이 소유권의 내용을 이루는 대표적인 권능이라는 것이지 이에 한한다는 뜻은 아니다. 소위 권능을 예시한 것에 불과하며 그 밖에도 점유·보존·관리 등과 같은 관념적 양상을 생각할 수 있다. 소유권과 제한물권이 동일인에게 귀속되면 혼동에 의하여 후자가 소멸하는 것도 소유권의 이러한 특성 때문이다.

4. 탄 력 성

지상권이나 임차권 등 이용권이 설정된 물건의 소유권은 사용·수익권능의 행사가 중지되어 소위 '공허한 소유권'이 된다. 그러나 이러한 이용권에 의한 제한은 유한이며 그것이 소멸되면 소유권은 당연히 본래의 전면적인 지배권으로 복귀한다. 이것을 소유권의 탄력성이라고 한다.

5. 항 구 성

소유권은 일정한 존속기간을 정하여 성립하는 것이 아니고 소멸시효에 의해 소멸하는 것도 아니다(162조 2항). 이것을 소유권의 항구성이라고 한다. 이러한 소유권의 성질 때문에 소유권에 대하여 항구적 처분금지의 특약이나 존속기간을 붙이는 것은 허용될 수 없으며 이러한 제한은 무효이다.

Ⅲ. 토지소유권의 범위

1. 토지의 상하의 범위

토지의 소유권은 정당한 이익 있는 범위 내에서 토지의 상하에 미친다(212조). 이것은 토지소유권이 미치는 범위는 지표에 한하지 않는다는 것을 의미하지만, 上이 무한한 상공까지 下가 지구의 중심까지 미친다는 것은 아니다. 소유권을 행사하는 것에 대해 정당한 이익이 존재하는 한도에서 토지의 상하에 미친다고 해석된다.

[토지소유권의 범위]

지적법에 의하여 어떤 토지가 지적공부에 1필지의 토지로 등록되면 그 토지는 특별한 사정이 없는 한 이 등록으로써 특정된다. 그러므로 지적도를 작성함에 있어서 기술적 착오로 말미암아 지적도상의 경계선이 진실한 경계선과 다르게 작성되었다는 등의 특별한 사정이 없는 한, 그 토지 소유권의 범위는 현실의 경계에 관계없이 지적공부상의 경계에 의하여 확정되어야 한다(대판 1996.2.9, 95다2333).

2. 지상 · 지중의 물건

지상 · 지중에 존재하는 물건은 건물 · 입목 · 타인이 권원에 의해 설치한 물건(256조 단서 참조)을 제외하고는 토지의 구성부분이 되어 토지소유권에 속한다. 그 주된 것은 다음과 같다.

(1) 지중의 암석

암석을 채취하는 권리는 토지소유권에 속한다. 따라서 타인의 토지의 암석을 채취하기 위해서는 토지소유자의 허락을 얻어야 한다.

(2) 광 물

지하의 미채굴의 광물에 대해서는 토지소유권의 효력이 미치지 않고, 광업권이라는 별개의 배타적 권리의 목적이 된다(광업법 3조). 따라서 토지소유자도 광업권을 부여받을 수 있지만, 타인이 광업권을 가지는 광구에서는 조광권을 취득하지 않으면 자기의 토지에 매장하는 광물이라도 이를 채취할 수 없다.

(3) 지 하 수

지하수도 토지의 구성부분이므로 지하수를 이용하는 권리도 일단 토지소유권의 내용에 포함된다고 볼 수 있다.

1) 자연적 지하수

자연적으로 솟아나는 지하수는 그 토지소유자의 전용에 속한다. 다만 계속해서 솟아나와 자기의 토지에 머물러 있지 않고 타인의 토지로 흘러내려가는 경우에는 유수로 되어 용출지의 소유권의 내용으로부터 독립된 것으로 된다. 따라서 일반 유수와 마찬가지로 용출지의 소유자라 할지라도 하류연안의 토지소유자의 이용권을 방해하지 못한다.

2) 인공적 지하수

인공적으로 솟아나게 하는 지하수, 즉 토지소유자가 자기의 토지에 우물을 파서 지하수를 퍼내어 이용하는 것도 토지소유권의 내용을 이룬다. 그러나 이로 인하여 인지(隣地)의 천수(泉水)가 고갈되어 토지소유자의 권리행사가 사회관념상 타인이 인용함에 상당한 정도를 넘는다면 불법행위책임을 진다.

민법은 토지소유자가 함부로 우물 등을 팜으로써 다른 토지의 소유자가 지하수를 이용하지 못하게 된 경우가 없도록 하기 위한 규정을 두고 있다(236조 참조).

[지하수와 상린관계]

어느 토지 소유자가 새로이 지하수 개발공사를 시행하여 설치한 취수공 등을 통하여 지하수를 취수함으로 말미암아 그 이전부터 인근 토지 내의 원천에서 나오는 지하수를 이용하고 있는 인근 토지 소유자의 음료수 기타 생활상 필요한 용수에 장해가 생기거나 그 장해의 염려가 있는 때에는, 생활용수 방해를 정당화하는 사유가 없는 한 인근 토지 소유자는 그 생활용수 방해의 제거(원상회복)나 예방을 청구할 수 있다(대판 1998.4.28, 97다48913).

3) 온 천 수

온천수는 토지의 일부로 토지소유권의 대상이 되며 독립한 권리가 되지 못한다(대판 1970.5.26, 69다1239).

제2항 소유권의 제한

Ⅰ. 제한의 필요성

근대법의 초기에는 개인주의에 입각하여 소유권은 절대불가침인 것으로 생각되었으나(소유권절대의 원칙), 오늘날에 와서는 사회 일반의 복지의 요구에 따라서 소유권의 사회성 내지 공공성의 요구가 강하게 되었다. 이에 우리 헌법도 모든 국민의 재산권은 보장하되 그 내용과 한계는 법률로써 정하고, 재산권의 행사는 공공복리에 적합하도록 하며, 또 공공의 필요에 의하여 법률로써 재산권을 수용·사용·제한할 수 있다고 규정하여(헌법 23조) 소유권의 제한을 선언하고 있다.

Ⅱ. 제한의 태양

1. 법률에 의한 제한

헌법 제23조의 정신에 따라 민법 제211조는 소유권의 내용을 '법률'의 범위 내에서만 인정하도록 규정하고 있다. 따라서 소유권은 법률로써만 제한할 수 있을 뿐이고 명령에 의해서는 제한할 수 없다. 이러한 법률에 의한 소유권제한의 법적 내용을 크게 분류하면 다음과 같다.

(1) 소유자에게 일정한 작위의무를 과하는 것

상린관계에 있어서 처마물에 대한 시설의무(225조)·건축법상의 건축물 유지보전의무·도로법상의 손해예방의무 등이 그 예이다.

(2) 일정한 소유권행사를 제한하는 것

상린관계에서 지하시설 등의 제한(244조)·개발행위의 제한(도시계획법) 등이 그 예이다.

(3) 소유권에 대한 타인의 간섭을 수인할 의무를 부과하는 것

상린관계에서 주위토지통행권(219조·220조) 등이 그 예이다.

(4) 소유권 또는 사용권을 강제적으로 취득하는 것

토지수용 및 공용사용이 이에 해당한다. 발전소용 댐건설이나 도로의 신설 등 일정한 공익사업이 특정한 토지를 필요로 하는 경우에 사업주체(起業者)가 법적 절차와 공적 심의기관의 결정에 따라 토지소유권 또는 사용권을 일방적으로 취득하는 것이 인정되고 있다.

소유권 또는 사용·수익권을 박탈하는 점에서 법률에 의한 소유권제한의 강도가 가장 높은 것이다.

2. 일반조항에 의한 제한

소유권의 제한은 반드시 입법을 통해서만 실현될 수 있는 것이 아니다. 소유권의 행사가 사회적으로 보아 타당하지 않을 때는 민법 제2조의 권리남용금지의 법리나 신의성실의 원칙이라는 일반조항의 해석·적용에 의해 소유권의 행사를 제한할 수 있다.

그러므로 소유권의 행사가 사회적 윤리관념이나 사회질서에 위반되는 경우에는 권리남용으로서 소유권의 주장은 허용되지 않는다. 뿐만 아니라 그로 말미암아 상대방에게 손해를 준 경우에는 불법행위로 될 것이다.

3. 합의에 의한 제한

소유권의 행사를 제한하는 합의는 그 당사자를 구속하지만 그 효력은 본래 채권적인 것이므로 제3자까지 구속하지는 않는다. 이 합의가 소유권 자체의 제한으로서 물권적 효력을 가지기 위해서는 법률의 근거가 필요하다. 예컨대 구분소유건물에서 건물·부지 등의 관리

·사용에 대해 구분소유자 및 의결권의 4 분의 3 이상의 다수로 정하는 규약(집합건물법 29조), 건축법에 의한 제한 등은 합의·체결한 당사자뿐만 아니라 그 승계인 기타 제3자에게도 효력이 미친다.

Ⅲ. 제한과 보상

현대의 법사상 하에서 소유권은 이미 절대불가침의 권리가 아니고 사회공공의 이익을 위하여 일정한 제한을 받게 된다. 그러나 이 제한으로 입게 되는 소유자의 손실은 보상받을 수 있다. 이에 대하여 우리 헌법은「공공필요에 의한 재산권의 수용·사용 또는 제한 및 그에 대한 보상은 법률로써 하되 정당한 보상을 지급하여야 한다」(헌법 23조 3항)고 규정하고 있다. 그리고 이에 관한 법률로써 주요한 것은 토지수용법이 있다.

제3항 상 린 관 계

Ⅰ. 의 의

상린관계(相隣關係)는 인접한 토지상호간의 이용관계를 조절하기 위해 규정된 법률관계를 말한다. 토지는 인접하고 있으므로 각 토지소유자에게 토지이용을 무제한으로 허용하면 상호간에 토지이용의 충돌이 생기게 된다. 그러므로 각자의 소유권을 어느 정도 제한하고 협력의무를 부과하여 소유자 상호간의 토지이용관계를 조절하는 것이 필요하다.

이 목적을 위해 민법 제215조 이하에서 상린관계라고 불리는 일련의 규정을 두고 있다. 상린관계는 독립한 권리가 아니라 소유권의 내용, 즉 소유권의 확장과 제한이다. 상린관계는 인접하는 토지상호간의 이용을 조절하는 것이므로 그 규정은 지상권에도 준용된다(290조). 같은 목적으로 토지소유자가 하는 합의가 지역권이고, 지역권과의 관계에서 상린관계를 법정지역권이라고 말할 수 있을 것이다.

Ⅱ. 건물의 구분소유

사례

갑이 을을 위해 전유부분에만 근저당권을 설정한 후 임의경매절차가 개시되었으나, 대지부분에 대해서는 감정평가액이 반영되지 않은 상태에서 병이 낙찰 받았다. 병은 대지비분에 관해서도 경락에 의해 소유권을 취득하였다고 볼 수 있는가?

1. 집합건물법

건물의 구분소유는 일동의 건물을 수인이 구분하여 소유하는 형태를 말한다. 민법은 건물의 구분소유를 상린관계의 일종으로 취급하여 제215조를 두었다. 민법 제215조는 한 동의 건물을 평면으로 분할하는 이른바 종할형(縱割型) 구분소유관계를 염두에 두고 구분소유건물과 부속건물의 공용부분에 대해 공유추정 및 공용부분의 수선비 기타 부담의 분담을 정하기 위한 것만으로 간단한 것이었다.

2. 구분소유건물의 소유관계

구분소유건물은 크게 전유부분과 공용부분으로 나뉜다.

(1) 전유부분

전유부분은 독립하여 소유권의 목적으로 되는 건물부분을 말한다(집합건물법 2조 3호). 그리고 이 전유부분을 목적으로 하는 소유권을 구분소유권이라고 하고(동법 2조 1호), 구분소유권을 가지는 자를 구분소유자라고 한다(동법 2조 2호). 전유부분이 되기 위해서는 그 부분이 구조상의 독립성과 이용상의 독립성을 구비해야 한다(동법 1조).

① 구조상의 독립성이란 건물의 일부가 「구조상 구분된」 것을 말한다. 아파트 · 연립주택의 각 호나 빌딩의 각 실과 같이 벽 · 문 · 천정 · 마루 등에 의해 다른 부분과 차단되면 된다.

② 이용상의 독립성이란 독립한 건물로 사용될 수 있는 것을 말한다. 이 독립성이 인정되기 위해서는 그 부분에 관해 거주나 점포로서의 이용을 가능하게 하는 내부시설과 이용을 위한 독립된 출입구의 존재가 필요하다고 해석된다.

(2) 공용부분

(ⅰ) 전유부분 이외의 건물부분, (ⅱ) 전유부분에 속하지 않는 건물의 부속물, (ⅲ) 규약에 의해 공용부분이 된 부속건물을 공용부분이라고 한다(동법 2조 4호). 공용부분은 구분소유자의 전원 또는 일부의 공유에 속한다(동법 10조).

전유부분 이외의 건물부분으로는 구조상 구분소유자의 전원 또는 일부의 공용에 제공되는 건물부분(계단 · 현관로비 · 엘리베이터 · 옥상 등)과 구분소유권의 목적으로 될 수 있지만 규약에 의해 공용부분이 된 건물부분(관리인실 · 집회실 등)이 포함된다.

전유부분에 속하지 않는 건물의 부속물은 전기배선 · 수도관 · 가스관 · 건물 외부에 설치된 저수조 등이다. 부속건물이란 창고 등과 같이 구분소유권에 대해 종물적인 관계에 있는 건물을 말한다.

[전유부분과 공유부분의 구분시점]

집합건물의 어느 부분이 전유부분인지 공용부분인지 여부는 구분소유가 성립한 시점, 즉 원칙적으로 건물 전체가 완성되어 당해 건물에 관한 건축물대장에 구분건물로 등록된 시점을 기준으로 판단하여야 한다. 그 후의 건물 개조나 이용상황의 변화 등은 전유부분인지 공용부분인지 여부에 영향을 미칠 수 없다(대판 1999.9.17. 99다1345).

[아파트 지하실의 구분소유 여부]

아파트 지하실이 건축 당시부터 그 지상의 주택 부분과는 별도의 용도나 목적으로 건축되었다고 볼 특별한 사정이 엿보이지 않는다면 건축 당시 그 아파트의 각층 주택의 관리를 위한 기계실 또는 전입주자 공동사용의 목적을 위한 창고, 대피소 등으로 사용하기 위하여 건축된 것으로 봄이 타당하다.
이에 관한 건축물관리대장상 용도가 주택으로 되어 있다거나 그 지하실이 주택 또는 상가 등의 용도로 사용하기에 충분한 높이와 환기 시설 등을 갖추고 있다는 등의 사정만으로 달리 볼 수 없다. 따라서 이는 구분소유자 전원의 공용에 제공되는 건물 부분으로 그들의 공유에 속할 뿐, 따로 구분소유의 목적이 될 수 없다(대판 1995.3.3. 94다4691).

(3) 대지사용권

건물을 토지상에 소유하기 위해서는 그 토지 위에 어떠한 권리를 갖지 않으면 안 된다. 건물의 구분소유자가 점유부분을 소유하기 위하여 토지상에 가지는 권리를 대지사용권이라 한다. 대지사용권은 전유부분과 일체성을 가진다. 즉 대지사용권은 전유부분의 처분에 따르며 분리하여 양도할 수 없다.

[대지사용권의 내용]

1동의 건물의 구분소유자들이 그 건물의 대지를 공유하고 있는 경우, 각 구분소유자는 별도의 규약이 존재하는 등의 특별한 사정이 없는 한 그 대지에 대하여 가지는 공유지분의 비율에 관계없이 그 건물의 대지 전부를 용도에 따라 사용할 수 있는 적법한 권원을 가진다. 이러한 법리는 1필의 토지 위에 축조된 수동의 건물의 구분소유자들이 그 토지를 공유하고 있는 경우에도 마찬가지로 적용된다고 보아야 한다(대판 1995.3.14. 93다60144).

사례해결

민법 제358조에 의하면 저당권의 효력은 저당부동산에 부합된 물건과 종물에 미친다. 전뮤부분만에 관하여 설정된 저당권의 효력은 종물 내지 종된 권리인 그 대지사용권에 가지도 미친다. 그러므로 병은 대지부분에 대해서도 경락에 의해 소유권을 취득한다.

Ⅲ. 인지의 사용 · 통행에 관한 상린관계

1. 인지사용청구권

토지소유자는 경계나 그 근방에서 담 또는 건물을 축조하거나 수선하기 위하여 필요한 범위 내에서 이웃 토지의 사용을 청구할 수 있다(216조 1 항 본문). 청구의 상대방은 인지(隣地)를 사용하고 있는 소유자 · 임차인 등이다. 이러한 자의 승낙이 없으면 인지를 사용할 수 없다.

승낙이 없을 때는 법원에 소를 제기하여 승낙에 갈음한 판결(389조 2 항)을 얻어야 한다. 그러나 인지의 주거에 들어가기 위해서는 이웃사람의 승낙이 반드시 필요하다(216조 1

항 단서). 그러므로 이 경우에는 판결에 의해 승낙을 갈음할 수 없다고 해석된다. 여기서 이웃사람이란 건물에 거주하는 소유자·임차인 등을 가리킨다. 이상의 경우에 이웃사람이 손해를 받은 때에는 보상을 청구할 수 있다(216조 2항).

2. 주위토지통행권

(1) 유상의 주위토지통행권

어느 토지와 공론(公路) 사이에 그 토지의 용도에 필요한 통로가 없어서 그 토지소유자가 주위의 토지를 통행하거나 또는 통로를 개설하지 아니하면 공로에 출입할 수 없는 경우 또는 과다한 비용을 요하는 때에는 그 주위의 토지를 통행할 수 있고 필요한 경우에는 통로를 개설할 수 있다(219조 1 항 본문). 공로란 공도(公道)에 한하지 않고 공중이 자유롭게 통행할 수 있는 사도(私道)를 포함한다.

이다만 통행권을 가지는 자는 이로 인한 손해가 가장 적은 장소와 방법을 선택하여야 하며(219조 1항 단서), 손해가 있는 경우에는 통행지소유자에게 보상하여야 한다(219조 2항). 예컨대 통행권의 범위는 일상생활을 영위하는데 필요한 범위의 노폭까지 인정된다. 기존의 통로가 있더라도 당해 토지의 이용에 부적합하다면 새로운 주위토지통행권도 인정된다(대판 2003.8.17, 2002다53469).

(2) 무상의 주위토지통행권

원래는 공로에 통하고 있었는데 분할 또는 일부양도로 인하여 공로에 통하지 못하게 된 토지가 있는 때에는 그 토지소유자는 공로에 출입하기 위하여 다른 분할자의 토지를 통행할 수 있다(220조 1항 전단·2항). 토지의 분할·일부양도에 의해 대지가 형성되었을 때는 당사자는 당연히 그것을 예견할 수 있으므로 자신들의 내부문제로서 처리해야 하기 때문이다. 이 경우에 통행권자는 보상의 의무가 없다(220조 1항 후단).

무상통행권은 특정승계인에는 적용되지 않는다. 즉 토지공유자 A와 B가 토지를 분할하였고 B의 토지가 공로로 통하지 못하는 경우, B는 무상통행권을 A에게 주장할 수 있으나 A가 이를 C에게 매도하였다면 매매이전에 B가 A에게 주장하지 않는 한 C에게 주장할 수 없다(대판 1991.7.23, 90다12670).

[민법 제220조의 적용범위]

동일인 소유의 토지의 일부가 양도되어 공로에 통하지 못하는 토지가 생긴 경우에 포위된 토지를 위한 주위토지통행권은 일부 양도 전의 양도인 소유의 종전 토지에 대해서만 생기고 다른 사람 소유의 토지에 대하여는 인정되지 아니한다.

무상의 주위토지통행권이 발생하는 토지의 일부 양도라 함은 1필의 토지의 일부가 양도된 경우뿐만 아니라, 일단으로 되어 있던 동일인 소유의 수필의 토지중 일부가 양도된 경우도 포함된다(대판 2005.3.10, 65589·65596).

Ⅳ. 생활방해의 금지

사례

갑은 아파트를 신축하기 위하여 관할부처에서 요구하고 있는 법적 요건을 갖추어 공사에 착수하였다. 아파트가 완공된 후 을을 비롯한 인근의 주민들은 일조방해를 이유로 손해배상을 요구하고 있다. 이에 대해서 갑 측에서는 이미 공법상 요건을 모두 구비하여 공사를 하였기 때문에 문제될 것이 없다고 주장하는 경우에 갑 측의 주장은 타당한가? 또한 을 측에서 조망이익을 주장하는 경우에는 어떠한가?

1. 생활방해의 의의

매연 · 열기체 · 액체 · 음향 · 진동 · 기타 이와 유사한 것이 다른 토지로부터 발산 · 유입하여 토지의 사용을 방해하거나 거주자의 생활에 고통을 주는 것을 임밋시온(Immission), 즉 생활방해라 한다. 생활을 방해하거나 고통을 주는 것은 불가양물(不可量物) 또는 일정한 토지이용과 불가피적으로 결합되어 있는 간섭이어야 한다. 불가량물은 공중 또는 대기 중에 확산되어야 하는 것이므로, 지표상의 흐르는 물은 이에 포함되지 않는다.

2. 토지소유자의 의무

토지소유자는 이러한 생활방해를 방지하도록 적당한 조처를 할 의무가 있다(217조 1항). 다만 생활방해상태가 이웃 토지의 통상의 용도에 적당한 것인 때에는 이웃 거주자는 이를 인용할 의무가 있다(217조 2항).

생활방해가 인용의 한계를 넘는 경우에 이웃 거주자는 소유권이나 점유권에 기한 방해배제청구권을 행사할 수 있고, 손해가 발생한 경우에는 그 배상을 청구할 수 있다.

[조망과 생활방해]

건물의 신축으로 인하여 그 이웃 토지상의 거주자가 직사광선이 차단되는 불이익을 받은 경우에 그 신축행위가 정당한 권리행사로서의 범위를 벗어나 사법상 위법한 가해행위로 평가되기 위해서는 그 일조방해의 정도가 사회통념상 일반적으로 인용하는 수인한도를 넘어야 한다.

일조방해행위가 사회통념상 수인한도를 넘었는지 여부는 피해의 정도, 피해이익의 성질 및 그에 대한 사회적 평가, 가해 건물의 용도, 지역성, 토지이용의 선후관계, 가해 방지 및 피해 회피의 가능성, 공법적 규제의 위반 여부, 교섭 경과 등 모든 사정을 종합적으로 고려하여 판단하여야 하고, 건축 후에 신설된 일조권에 관한 새로운 공법적 규제 역시 이러한 위법성의 평가에 있어서 중요한 자료가 될 수 있다.

조망이익은 원칙적으로 특정의 장소가 그 장소로부터 외부를 조망함에 있어 특별한 가치를 가지고 있고, 그와 같은 조망이익의 향유를 하나의 중요한 목적으로 하여 그 장소에 건물이 건축된 경우와 같이 당해 건물의 소유자나 점유자가 그 건물로부터 향유하는 조망이익이 사회통념상 독자의 이익으로 승인되어야 할 정도로 중요성을 갖는다고 인정되는 경우에 비로소 법적인 보호의 대상이 될 수 있다(대판 2004.9.13. 2003다64602).

사례해결

일조방해의 정도나 조망이익의 침해정도가 현저하게 커 사회통념상 수인한도를 넘은 경우에는 위법행위로 평가될 수 있다. 이러한 경우라면 을 측은 손해배상을 청구할 수 있다. 그리고 건축법 등 관계법령에 일조방해에 관한 직접적인 단속법규는 일조권보호를 위한 최소한도의 기준으로 봄이 상당하다. 따라서 갑 측의 주장은 인근주민들의 수인한도 내에 있다고 판단되지는 않으므로, 을 측의 조망이익의 주장은 타당하다고 본다.

V. 물에 관한 상린관계

1. 배수에 관한 상린관계

(1) 자연적 배수

토지소유자는 이웃 토지로부터 자연히 흘러오는 물을 막지 못하며(221조 1항), 자연히 흘러내리는 물이 저지소유자에게 필요한 것인 때에는 고지소유자는 자기의 정당한 사용범위를 넘어서 흘러내리는 물을 막지 못한다(221조 2항).

자연적으로 흐르는 경우에 한하므로 인지에 지반공사가 되었기 때문에 자연수가 흐르게 된 경우에는 배수시설 등을 청구할 수 있다. 흐르는 물이 저지에서 막힌 때에는 고지소유자는 자비로 소통에 필요한 공사를 할 수 있다(222조). 다만 공사비용의 부담에 관한 관습이 있으면 그 관습에 의한다(224조).

[자연히 흘러오는 물의 의미]

자연히 흘러오는 물이라 함은 인공에 의하여 지상에 떨어지거나 지상으로 분출되는 물이 아닌 우소도 여기에 포함되다(대판 1995.10.13, 94다31488).

[자연유수의 승수의무의 범위]

민법 제221조 1항 소정의 자연유수의 승수의무란 토지소유자는 다만 소극적으로 이웃 토지로부터 자연히 흘러오는 물을 막지 못한다는 것뿐이지, 적극적으로 그 자연유수의 소통을 유지할 의무까지 토지소유자로 하여금 부담케 하려는 것은 아니다(대판1977.11.22, 77다1588).

(2) 인공적 배수

1) 원칙: 인위적으로 물을 타인의 토지에 배출하는 것은 금지

토지소유자는 처마물이 이웃에 직접 낙하하지 아니 하도록 적당한 시설을 하여야 한다(225조). 또한 토지소유자가 저수·배수 또는 인수하기 위하여 공작물을 설치한 경우에 공작물의 파손 또는 막힘으로 인하여 타인의 토지에 손해를 가하거나 가할 염려가 있는 때에는 타인은 그 공작물의 보수, 막힘의 소통 또는 예방에 필요한 청구를 할 수 있다(223조). 다만 공사비용의 부담에 관해 특별한 관습이 있으면 그에 따른다(224조).

2) 예외: 인지에 인공적 배수가 인정되는 경우

고지소유자는 침수지를 건조하기 위하여 또는 가용이나 농·공업용의 여수(餘水)를 소통하기 위하여 공로·공류 또는 하수도에 달하기까지 저지에 물을 통과하게 할 수 있다(226조 1항). 이 경우에는 저지의 손해가 가장 적은 장소와 방법을 선택하여야 하며 손해를 보상하여야 한다(226조 2항).

토지소유자는 그 소유지의 물을 소통하기 위하여 이웃 토지소유자의 시설한 공작물을 사용할 수 있고(227조 1항), 이러한 공작물을 사용한 자는 그 이익을 받는 비율로 공작물의 설치와 보존의 비용을 분담하여야 한다(227조 2항).

[여수소통권의 적용요건]

민법 제226조는 고지소유자에게 여수소통을 위하여 공류 또는 하수도에 달하기까지의 저지에 물을 소통할 권리를 인정하면서 동시에 고지소유자에게 그에 따른 저지소유자의 손해를 보상할 의무가 있음을 정하고 있다.

그러므로 이 규정을 적용하려면 고지소유자가 여수소통을 위하여 저지소유자의 토지를 통과하여 사용하여야 한다(대판 2003.4.11, 2000다11645).

2. 여수급여청구권

토지소유자는 과다한 비용이나 노력을 요하지 아니하고는 가용이나 그 토지이용에 필요한 물을 얻기 곤란한 때에는 이웃 토지소유자에게 보상하고 여수의 급여를 청구할 수 있다(228조).

3. 유수에 관한 상린관계

(1) 수류지가 사유인 경우

1) 수류변경권

구거(溝渠: 도랑) 기타 수류지의 소유자는 대안의 토지가 타인의 소유인 때에는 그 수로나 수류의 폭을 변경하지 못한다(229조 1항). 도랑이나 수류지가 자기소유라 하더라도 수로의 폭을 변경하지 못하도록 하는 것으로, 이는 다른 쪽 면이 토지소유자가 타인인 경우 그 자의 권리를 해할 우려가 있기 때문이다.

그러나 양안의 토지가 수류지소유자의 소유인 때에는 소유자는 수로와 수류의 폭을 변경할 수 있다. 다만 하류는 자연의 수로와 일치하도록 하여야 한다(229조 2항). 이러한 경우에도 다른 관습이 있으면 그에 따른다(229조 3항).

2) 둑의 설치 · 이용권

수류지의 소유자가 언(堰: 둑)을 설치할 필요가 있는 때에는 그 둑을 대안에 접촉하게 할 수 있다. 그러나 이로 인한 손해를 보상하여야 한다(230조 1항). 대안의 소유자는 수류지의 일부가 자기소유인 때에는 그 둑을 사용할 수 있다. 그러나 그 이익을 받는 비율로 둑의 설치·보존의 비용을 분담하여야 한다(230조 2항).

(2) 수류지가 공유인 경우(공유하천용수권)

① 공유하천의 연안에서 농·공업을 경영하는 자는 이를 이용하기 위하여 타인의 용수를 방해하지 않는 범위 내에서 필요한 인수를 할 수 있으며(231조 1 항), 이러한 인수를 위하여 필요한 공작물을 설치할 수 있다(231조 2 항). 다만 그 인수나 공작물의 설치로 인하여 하류연안의 용수권을 방해한 때에는 그 용수권자는 방해의 제거 및 손해배상을 청구할 수 있다(232조). 농·공업의 경영에 이용하는 수로 기타의 공작물의 소유자나 몽리자(蒙利者: 수익자)의 특별승계인은 그 용수에 관한 전소유자나 몽리자의 권리의무를 승계한다(233조).

② 공유하천용수에 관하여 위의 원칙과 다른 관습이 있으면 그 관습에 따른다(234조).

Ⅵ. 경계에 관한 상린관계

1. 경계설치권

인접하여 토지를 소유한 자는 공동비용으로 통상의 경계표나 담을 설치할 수 있다(237조 1항). 이러한 비용은 쌍방이 절반하여 분담한다. 그러나 측량비용은 토지의 면적에 비례하여 분담한다(237조 2항). 이 경우에도 다른 관습이 있으면 그에 의한다(237조 3항).

인지소유자는 자기의 비용으로 담의 재료를 통상보다 양호한 것으로 할 수 있으며 그 높이를 통상보다 높게 할 수 있고, 또 방화벽 기타 특수시설을 할 수 있다(238조).

[협력의무의 이행을 소구할 수 있는 지 여부]

토지의 경계에 경계계표나 담이 설치되어 있지 아니하다면 특별한 사정이 없는 한, 어느 한쪽 토지의 소유자는 인접한 투지의 소유자에 대하여 공동비용으로 통상의 경계표나 담을 설치하는 데에 협력할 것을 요구할 수 있다. 이때 인접토지소유자는 그에 협력할 의무가 있다고 보아야 한다.

그러므로 한쪽 토지소유지의 요구에 대하여 인접토지소유자가 응하지 아니하는 경우, 한쪽 토지소유자는 민사소송으로 인접토지소유자에 대하여 그 협력의무이행을 구할 수 있다(대판 1997.8.26, 97다6063).

2. 경계선상의 공작물의 소유관계

경계에 설치된 경계표·담·도랑 등은 상린자의 공유로 추정한다(239조 본문). 그러나 경계표·담·도랑 등이 상린자 일방의 단독비용으로 설치되었거나 담이 건물의 일부인 경우에는 공유로 추정되지 않는다(239조 단서).

3. 수지·목근의 제거권

인접지의 수목가지가 경계를 넘은 때에는 그 소유자에 대하여 가지의 제거를 청구할 수 있고(240조 1항), 나무의 소유자가 이 청구에 응하지 아니한 때에는 청구자가 그 가지를 제거할 수 있다(240조 2항). 한편 인접지의 수목뿌리가 경계를 넘은 때에는 임의로 제거할 수 있다(240조 3항).

제거한 나무가지나 뿌리의 소유권이 누구에게 귀속되는가에 관해서는 민법에 아무런 규정이 없으나, 가지나 뿌리를 제거하기 위해서는 다소의 비용이나 노력이 필요하기 때문에 제거한 자에게 속한다고 할 것이다(통설 : 스위스민법 687조 1항 참조).

Ⅶ. 토지의 심굴에 관한 상린관계

토지소유자는 인접지의 지반이 붕괴할 정도로 자기의 토지를 심굴(深掘)하지 못한다. 그러나 충분한 방어공사를 한 때에는 그렇지 않다(241조).

소유권에 기한 물권적 청구권에 의하여서도 동일한 효과를 거둘 수 있으므로 위 규정은 특별한 의미가 없는 주의규정에 지나지 않는다고 보는 것이 다수설이다.

Ⅷ. 경계선 부근의 공작물축조에 관한 상린관계

1. 거리제한

(1) 건 물

건물을 축조함에는 특별한 관습이 없으면 경계로부터 반 미터 이상 거리를 두어야 한다(242조 1항). 이것은 건물의 축조 · 수선의 편의 · 통풍 · 일조 · 채광의 저해방지 등을 위한 것이다. 반미터의 거리는 건물의 토대 또는 외벽과 경계선과의 최단거리를 말한다.

이 거리를 두지 않고 건축이 개시된 때는 인지소유자는 위반자에 대하여 건물의 변경이나 철거를 청구할 수 있다. 그러나 건축에 착수한 후 1년을 경과하거나 건축이 완성된 후에는 손해배상만을 청구할 수 있다(242조 2항).

(2) 건물 이외의 공작물

우물을 파거나 용수 · 하수 또는 오물 등을 저치할 지하시설을 하는 때에는 경계로부터 2 미터 이상의 거리를 두어야 하며 저수지 · 도랑 또는 지하실공사에는 경계로부터 그 깊이의 반 이상의 거리를 두어야 한다(244조 1항). 건축물의 건축과 건축설비의 설계를 위하여 지하를 굴착하는 경우에는 민법 제244조 1항의 규정을 적용하지 아니한다. 다만 지하를 굴착하는 경우에는 필요한 안전조치를 하여 위해를 방지하여야 한다.

이 공사를 함에는 토사가 붕괴하거나 하수 또는 오액이 이웃에 흐르지 않도록 적당한 조치를 하여야 한다(244조 2항).

민법 제244조는 제241조와 어떠한 관계에 있는가? 민법 제244조는 제241조의 특별규정이라고 봄이 타당하다. 따라서 양자의 요건이 중복되는 경우가 많을 것인데, 이러한 경우는 민법 제244조가 제241조에 우선하여 적용된다고 해석하여야 할 것이다.

2. 관망에 관한 제한

경계로부터 2 미터 이내의 거리에서 이웃주택의 내부를 관망할 수 있는 창이나 마루를 설치하는 경우에는 적당한 차면시설(遮面施設)을 하여야 한다(243조). 여기서 2 미터의 거리는 창 또는 마루의 가장 인지에 가까운 점으로부터 직각선으로 경계선에 이르기까지를 말한다. 차면시설의무는 건물의 소유자이며 토지의 소유자가 아니다. 그리고 차면시설청구권자는 인지의 소유자가 아니라 이웃 주택의 소유자 또는 현거주자이다.

제2관 소유권의 취득

소유권의 취득원인에는 크게 법률행위와 법률의 규정 두 가지가 있다. 전자에 대해서는 법률행위에 의한 물권변동의 원칙이 그대로 적용된다. 후자에 대하여는 민법 제245조 이하에서 취득시효 · 선의취득 · 무주물선점 · 유실물습득 · 매장물발견 · 첨부 등에 관해 규정하고 있다. 여기서는 법률의 규정에 의한 소유권취득에 관해 설명한다.

제1항 취득시효

Ⅰ. 서

1. 의 의

취득시효(取得時效)란 물건 또는 권리를 점유하는 사실상태가 일정한 기간 계속되는 경우에 그것이 진실한 권리관계와 일치하는가의 여부를 묻지 않고 권리취득의 효과가 생기는 것으로 하는 제도이다.

시효제도에는 취득시효제도와 소멸시효제도가 있다. 양자는 일정한 기간의 경과를 필요로 한다는 점에서 공통점이 있지만 그 효과에 있어서는 전자가 '권리의 취득'을, 후자가 '권리의 소멸'을 가져오는 점에서 상반된다.

2. 시효취득되는 권리

시효로 취득할 수 있는 권리는 소유권(245조 · 246조)과 그 밖의 재산권(248조)이다. 후자는 지상권 · 계속되고 표현된 지역권 · 전세권 · 질권 등 일정한 물권과 이와 유사한 성질을 가지는 권리(예: 광업권 · 어업권 · 무체재산권 등)에 한한다. 점유를 수반하지 않는 물권(저당권) · 신분관계를 기초로 하는 재산적 권리(각종 부양청구권) · 1회의 행사로서 소멸하는 권리(취소권 · 해제권 등) · 법률의 규정에 의하여 성립하는 권리(점유권 · 유치권 등) 등은 시효취득할 수 없다.

Ⅱ. 부동산소유권의 취득시효

1. 점유취득시효

사례

갑은 을의 토지에 건물을 지어 점유하여 오다가 점유취득시효가 완성되었으나 아직 등기를 경료하지 않은 상태이다. 다음에 답하시오.

(1) 이때 乙은 甲의 점유가 불법점유임을 이유로 건물의 철거 또는 대지의 인도를 구할 수 있는가?
(2) 甲은 비록 등기는 이루어지지 않았지만 시효기간이 경과하였음을 주장하여 소유권의 확인을 구할 수 있는가?
(3) 만약 乙의 등기는 무효이고, 진정한 소유자는 丙인 경우에 갑은 어떠한 법적 조치를 취할 수 있는가?
(4) 갑이 등기를 이전받기 전에 을이 제3자 丁에게 등기를 이전하여 준 경우에 갑은 정에게 시효완성을 주장할 수 있는가? 만일 정이 갑의 시효완성 사실을 알면서 등기를 이전받았다면 어떻게 되는가?

(1) 의 의

20년간 소유의 의사로 평온 · 공연하게 부동산을 점유한 자는 등기함으로써 그 소유권을 취득하는데(245조 1항), 이를 점유취득시효 또는 일반취득시효라고 한다.

(2) 요 건

1) 주 체

권리의 주체가 될 수 있는 자는 모두 시효취득할 수 있다. 따라서 자연인 · 법인뿐만 아니라 권리능력 없는 사단 · 재단이나 지방자치단체도 그 주체가 될 수 있다.

2) 객 체

(a) 부 동 산

점유취득시효의 객체는 부동산, 즉 토지와 건물이다.

(b) 부동산의 일부

부동산의 일부에 대한 시효취득도 인정된다. 다만 1 필의 토지의 일부에 대한 시효취득을 인정하기 위해서는 그 부분이 다른 부분과 구분되어 시효취득자의 점유에 속한다는 것을 인식하기에 족한 객관적인 징표가 계속하여 존재할 것을 요한다(대판 1993.12.14, 93다5581).

(c) 자기의 부동산(타인성 여부)

타인소유의 부동산만이 취득시효가 가능하고 자기소유의 부동산에 대하여는 시효취득할 수 없는가. 현행민법의 해석으로는 자기소유의 부동산에 대하여도 시효취득이 가능하다고 한다. 이렇게 해석하는 것이 현재의 사실상태를 권리상태로 높이려고 하는 취득시효제도의 본질에도 부합하기 때문이다(통설, 대판 1973.8.31, 73다378).

(d) 국유재산

국유재산법은 국유재산에 대한 시효취득을 배제하고 있다. 즉 국유재산 가운데 행정재산(관청청사)이나 보존재산(문화재)은 시효취득의 대상이 되지 아니한다(국유재산법 5조 2항 본문). 다만 사적 거래의 대상이 되는 잡종재산에 대하여는 부동산취득시효가 적용된다(동법 5조 2항 단서).

3) 소유의 의사

소유의 의사로 점유하여야 한다. 즉 취득시효의 요건으로서의 점유는 자주점유이어야 한다.

(a) 점유취득의 원인이 분명한 경우

a) 권원의 성질상 자주점유인 경우

① 증여 · 매매 · 교환 등과 같이 소유권취득의 원인이 되는 계약은 자주점유의 권원에 해당한다.

② 매매계약이 어떤 법률상의 사유로 무효가 된 경우에 매수인의 자주점유 여부가 문제될 수 있다. 판례는 매매계약이 있었던 이상 그 계약이 무효라 하더라도 매수인은 원칙적으로 자주점유라고 한다. 그러나 매매계약의 무효사유가 있음을 알고 있던 매수인까지 자주점유자라고 할 수 없다(대판 1972.12.12, 72다1856).

a) 권원의 성질상 타주점유인 경우

지상권자 · 전세권자 · 임차인 등은 타주점유자이다.

(b) 점유취득의 원인이 불분명한 경우

점유취득의 원인이 분명하지 아니한 때에는 민법 제197조 1 항에 의하여 점유자는 소유의 의사로 점유한 것으로 추정한다. 따라서 점유자의 점유가 자주점유가 아님을 주장하는 자가 그의 점유가 타주점유임을 입증할 책임이 있다. 다만 점유자가 점유권원이 없음을 알면서 전유를 개시한 이른바 악의의 무단점유의 경우에 자주점유의 추정은 깨어진다(대판 1997.8.21, 95다28625 전원합의체).

[자주점유로 추정되는 경우]

점유취득의 원인이 불분명한 경우에 민법 제197조 1항에 의하여 점유자는 소유의 의사로 추정한다. 따라서 지상건물과 함께 그 대지를 매수 · 취득하여 점유를 개시함에 있어서 매수인이 인접토지와의 지적상의 경계선을 정확하게 확인하여 보지 아니하여 착오로 인접토지의 일부를 그가 매수 · 취득한 토지에 속하는 것으로 믿고 점유를 하여 왔다고 하더라도위 인접토지의 일부를 현실적으로 인도받아 점유하고 있는 이상, 인접토지에 대한 점유 역시 소유의 의사에 기한 것이라고 보아야 한다(대판 2009.12.10, 2006다55784 · 55791).

4) 평온 · 공연한 점유

평온이라 함은 强暴(강박 · 폭행)에 의하지 않은 것이며, 공연이라 함은 은비에 대한 말로 점유의 존재를 아는 데 관하여 점유를 숨기지 않는 것을 말한다. 그런데 부동산에 관하여는 현실적으로 은비의 점유란 있을 수 없다. 평온 · 공연도 추정된다(197조 1항).

5) 20년간 점유와 등기

20년간 점유하고 등기를 하여야 소유권을 취득한다. 점유취득시효는 법률행위에 의하지 않은 부동산물권취득이지만, 민법 제245조 1항에 의하여 등기를 하여야 소유권을 취득할 수 있다. 따라서 부동산의 일반취득시효에 특별히 요구되는 요건은 등기이다. 시효취득의 기산점은 점유의 개시시이므로, 시효의 기산점은 임의로 주장할 수 없다(대판 1971. 9. 28, 71다1446 · 1447). 따라서 시효기간완성 후 목적물을 양수받은 자에 대해서는 취득시효의 완성을 주장할 수 없다.

[취득시효 완성시기의 기준]

취득시효완성을 원인으로 한 소유권이전등기청구의 경우에 취득시효가 완성되었는지 여부는 사실심변론종결일을 기준으로 해야 한다(대판 1995.2.28, 94다36049).

(3) 취득시효 완성 후 등기 전 법률관계

1) 취득자(점유자)의 지위

a) 소유권이전등기청구권

부동산의 점유취득시효에 있어서 시효의 완성만으로 권리취득의 효과가 발생하는 것이 아니고 등기를 하여야만 비로소 권리를 취득한다. 따라서 점유자는 당시의 원소유자에 대하여 시효취득을 원인으로 하는 소유권이전등기를 청구할 수 있다. 즉 취득시효가 완성되면 시효권리자는 시효 완성 당시의 소유자에 대하여 채권적인 등기청구권을 가질 뿐이다(통설 · 판례) 채권적 청구권이라 하더라도 목적물을 계속 점유하고 있는 한 원칙적으로 이 청구권은 소멸시효에 걸리지 않는다(대판 1990.11.13, 선고 90다카25352)

[등기청구의 상대방]

점유취득시효 완성을 원인으로 한 소유권이전등기청구권은 시효완성 당시의 소유자를 상대로 하여야 한다. 따라서 시효완성 당시의 소유권보존등기 또는 이전등기가 무효라면 그 등기명의인은 시효취득을 원인으로 한 소유권이전등기청구의 상대방이 될 수 없다. 이 경우 시효취득자는 소유자를 대위하여 위 무효등기의 말소를 구하고, 다시 위 소유자를 상대로 취득시효 완성을 이유로 한 소유권이전등기를 하여야 한다(대판 2007.7.26, 2006다64573).

b) 미등기자로서의 점유자의 지위

시효완성 후 소유자는 점유자에게 등기를 해 줄 의무가 있으므로 불법점유임을 이유로 그 지상건물의 철거와 대지의 인도를 청구할 수 없고, 점유로 인한 부당이득의 반환을 청구할 수 없다.

c) 점유자가 점유를 상실한 경우

토지에 대한 취득시효 완성으로 인한 소유권이전등기청구권은 그 토지에 대한 점유가 계속되는 한 시효로 소멸하지 아니하고, 그 후 점유를 상실하였다고 하더라도 이를 시효이익의 포기로 볼 수 있는 경우가 아닌 한 이미 취득한 소유권이전등기청구권은 바로 소멸되는 것은 아니다. 그러나 취득시효가 완성된 점유자가 점유를 상실한 경우 취득시효 완성으로 인한 소유권이전등기청구권의 소멸시효는 이와 별개의 문제로서, 그 점유자가 점유를 상실한 때로부터 10년간 등기청구권을 행사하지 아니하면 소멸시효가 완성한다(대판 1996.3.8, 95다34866 · 34873)

d) 시효완성 후 등기 전 소유자가 부동산을 처분한 경우

㉠ 소유자의 불법행위책임

점유자가 원소유자에 대하여 점유로 인한 취득시효기간이 만료되었음을 이유로 취득시효완성을 원인으로 한 소유권이전등기청구를 하는 등 그 권리행사를 하거나 원소유자가 취득시효완성 사실을 알고 점유자의 권리취득을 방해하려고 하는 등의 특별한 사정이 없는 한, 원소유자는 점유자 명의로 소유권이전등기가 경료되기까지는 소유자로서 그 토지에 관한 적법한 권리를 행사할 수 있다.

그러나 원소유자가 시효취득 사실을 알면서도 제3자에게 목적부동산을 처분함으로서 등기를 넘겨주었다면 원소유자의 점유자에 대한 소유권이전등기 의무가 이행불능에 빠지고 점유자가 손해를 입었다면 원소유자는 불법행위책임을 진다. 이 경우 부동산을 취득한 제3자가 부동산 소유자의 이와 같은 불법행위에 적극 가담하였다면 이는 사회질서에 반하는 행위로서 무효이다(대법원 1995.6.30, 선고 94다52416)

㉡ 대상청구권

취득시효완성자는 소유자를 상대로 이행불능에 따른 효과로서 대상청구권을 행사할 수 있는지가 문제된다. 판례는 취득시효가 완성자의 대상청구권을 인정한다(대판 2012.6.28, 2010다71431). 대상청구권이인정되기 위해서는 급부가 후발적ㅇ으로 불능하게 되어야 한다. 또한 급부를 불능하게 하는 사정의 결과로 채무자가 채권의 목적물에 관하여 대신하는 이익을 취득하여야 한다.

[대상청구권의 내용]

취득시효가 완성된 토지가 수용됨으로써 취득시효 완성을 원인으로 하는 소유권이전등기의무가 이행불능이 된 경우에는, 그 소유권이전등기청구권자는 소위 대상청구권의 행사로서, 그 토지의 소유자가 그 토지의 대가로서 지급받은 수용보상금의 반환을 청구할 수 있다고 보아야 할 것이다(대판 1994.12.9, 94다25025).

2) 취득시효 완성자와 제3자

취득시효기간 완성 후 아직 그것을 원인으로 소유권이전등기를 경료하지 아니한 자는 종전 소유자로부터 그 부동산에 대한 등기부상 소유명의를 넘겨받은 제3자에 대하여 시효취득을 주장할 수 없으나, 취득시효기간 만료전에 등기명의를 넘겨받은 시효완성당시의 등기명의자에 대하여는 그 소유권취득을 주장할 수 있다(대판 1989.4.11, 선고 88다카5843 · 88다카5850).

부동산을 취득한 제3자가 불법행위에 적극 가담하였다면 사회질서에 반하는 행위로서

무효이다(대판 1995.6.30, 94다52416). 그리고 제3자 명의의 등기가 원인무효로 된 경우에 점유자는 원소유자에게 취득시효완성을 이유로 소유권이전등기청구를, 제3자에게는 원인무효등기의 말소를 청구할 수 있다.

[명의신탁재산의 시효취득 여부]

명의신탁된 부동산에 관하여 그 점유자의 점유취득시효 완성 후 그 소유권이전등기를 경료하기 전에 위 명의신탁이 해지되고 새로운 명의신탁이 이루어져 그 소유 명의가 점유취득시효 완성 당시의 명의수탁자로부터 새로운 명의수탁자에게로 이전된 경우, 위 소유 명의의 이전이 무효가 아닌 이상 새로운 명의수탁자는 위 점유취득시효 완성 후에 소유권을 취득한 자에 해당하므로, 위 점유자는 그에 대하여 시효취득을 주장할 수 없다(대판 2000.8.22, 2000다21987).

3) 취득시효 완성자의 특별승계인과 원소유자

취득시효가 완성된 후 점유자(전점유자)로부터 목적 부동산을 양수한 현점유자는 전점유자에 대한 소유권이전등기청구권을 보전하기 위하여 전점유자의 원소유자에 대한 소유권이전등기청구권을 대위행사할 수 있을 뿐, 전점유자의 취득시효완성의 효과를 주장하여 직접 자기에게 소유권이전등기를 청구할 권원은 없다(대판 1995.3.28, 93다4745 전원합의체). 전점유자의 점유를 승계한 자는 그 점유자체와 하자만을 승계하는 것이지, 점유로 인한 법률효과까지 승계하는 것은 아니기 때문이다.

사례해결

(1) 갑은 을에 대해 소유권이전등기절차의 이행을 청구할 수 있고 을은 이에 응할 의무가 있다. 판례에 의할 때 의무자인 을이 권리자인 갑에게 불법점유임을 이유로 건물의 철거 또는 대지의 인도를 구할 수는 없다.

(2) 점유취득시효의 경과만으로 갑이 소유권을 취득하는 것은 아니므로 소유권의 확인을 구할 이익은 없다. 갑은 등기를 함으로써 비로소 소유권자가 되기 때문이다.

(3) 갑은 병을 대위하여 을에 대해 원인무효인 소유권이전등기의 말소를 구할수 있다. 그러나 을에 대해 시효취득을 원인으로 한 소유권이전등기를 청구할 수는 없다. 부동산의 점유로 인한 시효취득자는 취득시효완성 당시의 진정한 소유자에 대하여 소유권이전등기청구권을 가지기 때문이다. 판례에 의하면 이에 대한 예외가 인정되나 사례는 이에 해당하지 않는다.

(4) 갑은 정에게 시효완성을 주장할 수 없다. 갑이 을에 대해 가지는 이전등기청구권은 채권적 청구권에 불과하여 갑이 등기하기 전에 정에게 이전등기된 경우 이중매매 유사의 법리가 적용되기 때문이다. 그러므로 만일 정이 갑의 시효완성 사실을 알았다 하더라도 특별한 사정이 없는 한 마찬가지로 갑은 정에게 시효완성을 주장할 수 없다. 정 명의의 등기가 원인무효라면 사정이 다르나 원인무효라고 볼 만한 사정은 없다.

2. 등기부취득시효

사례

갑은 자기명의로 등기가 된 기간은 10년이 되지 않으나, 전 등기명의자 을의 등기기간을 포함하면 10년이 넘는다. 이 경우에 갑은 이 부동산에 대한 등기부시효취득을 주장할 수 있는가?

(1) 의 의

부동산의 소유자로 등기한 자가 10년간 소유의 의사로 평온·공연하게 선의이며 과실 없이 그 부동산을 점유한 때에는 소유권을 취득하게 되는데(245조 2항), 이것을 등기부취득시효라고 한다.

[소유자로 등기한 자의 의미]

등기부취득시효의 요건으로서의 소유자로 등기한 자라 함은 적법 유효한 등기를 마친 자일 필요는 없고 무효의 등기를 마친 자라도 상관없다(대판 1994.2.8, 93다23367).

(2) 요 건

1) 소유의 의사로 평온·공연한 점유

이는 점유취득시효와 같다.

2) 선의·무과실의 점유

선의라 함은 단지 자기가 무권리자임을 모르는 것뿐만 아니라 적극적으로 자기가 권리자로 믿는 것을 말한다. 무과실은 선의인 점에 대하여 과실이 없는 것을 말한다. 이 때에 선의의 점유는 추정되나(197조 1항), 무과실은 추정되지 않는다. 따라서 시효취득을 주장하는 점유자는 무과실을 입증하여야 한다(대판 1981.6.23, 80다1642).

(a) 선의 및 무과실이 요구되는 시점

선의·무과실이 시효기간 전체를 통하여 계속되어야 하는가, 아니면 점유개시시에만 요구되는가 하는 것이 문제된다. 민법은 동산소유권의 취득시효에 관해서는「점유가 선의이며 과실 없이 개시된 경우」(246조 2항)라고 규정함으로써, 선의·무과실이 점유개시시에만 요구된다는 뜻을 명백히 하고 있다. 등기부취득시효에 관해서는 명문의 규정이 없으나, 선의·무과실은 점유개시시에 있으면 충분한 것으로 해석된다(통설·판례).

(b) 10년의 등기 및 점유

소유자로 등기된 기간과 점유기간이 때를 같이 하여 다같이 10년이어야 하는지의 여부가 문제된다. 이른바 '등기의 승계'의 문제로서 소수설 및 종래의 판례는 소유자로 등기된 기간과 점유기간이 때를 같이 하여 다같이 10년이어야 한다는 견해를 취하였으나, 다수설 및 현재의 판례(대판 1989.12.26, 87다카2176)는 시효취득자 명의뿐만 아니라 앞 등기명의까지 합쳐 10년간 소유자로 등기되어 있으면 충분하다고 본다.

여기서의 등기는 적법·유효한 등기일 필요가 없으므로 무효인 등기가 경료되더라도 족하다(대판 1994.2.8, 93다23367). 단 무효인 이중의 보존등기에 기한 등기부취득시효는 허용되지 않는다(대판 1996.10.17, 96다12511). 한편 상속등기를 마치지 않은 상속인도 피상속인 명의로 10년 이상 소유권등기가 되어 온 이상 등기부시효취득을 할 수 있다(대판 1989.12.26, 89다카6140).

[등기부취득시효 완성된 후 등기가 말소된 경우]

등기는 물권의 효력발생요건이지 효력존속요건은 아니므로, 물권에 관한 등기가 원인 없이 말소된 경우에 그 물권의 효력에는 아무런 영향을 미치지 아니한다.

그러므로 등기부취득시효가 완성된 후에 그 부동산에 관한 점유자명의의 등기가 말소되거나 적업한 원인 없이 다른 사람 앞으로 소유권이전등기가 경료되었다 하더라도, 그 점유자는 등기부취득시효의 완성에 의하여 취득한 소유권을 상실하는 것은 아니다(대판 2001.1.16, 98다20110).

사례해결

사례의 논점은 이른바 등기의 승계를 이정할 수 있는지의 문제이다. 판례는 등기부취득시효에 있어서의 등기와 점유는 권리의 외관을 표상하는 방법에서 동등한 가치를 가진다는 전제하에 등기에 관하여서도 점유의 승계에 관한 민법 제199조를 유추적용한다. 이에 의한 때 갑은 등기부시효취득을 주장할 수 있다.

Ⅲ. 동산소유권의 취득시효

1. 일반취득시효

10년간 소유의 의사로 평온·공연하게 동산을 점유한 자는 그 소유권을 취득한다(246조 1 항). 예컨대 갑이 을의 카메라를 절취하여 평온·공연하게 10년 동안 점유하면 소유권을 취득한다.

2. 선의취득시효

소유의 의사로 평온·공연하게 동산을 점유한 자는 그 점유가 선의이며 과실 없이 개시된 경우에는 5년을 경과함으로써 그 소유권을 취득한다(246조 2항). 예컨대 A에게 배달되어야할 소포(카메라)가 B에게 배달되었는데, B가 자기에게 배달된 줄 알고 그 카메라를 5년 동안 사용하면 B가 그 소유권을 취득한다.

Ⅳ. 소유권 이외의 재산권의 취득시효

1. 객 체

앞서 본 바와 같이 용익물권·질권·임차권·무체재산권 등이 객체가 된다. 다만 지역권은 계속되고 표현된 것에 한하므로 불계속·불표현의 지역권은 시효취득의 객체가 될 수 없다(294조).

2. 요 건

권리행사가 점유를 수반하는 권리(지상권 · 질권 등)에는 점유를 요하고, 물건의 소지를 내용으로 하지 않는 권리(지역권 · 무체재산권 등)에는 준점유를 계속할 것을 요한다. 이러한 경우에는 자주점유가 아니라 타주점유이다.

3. 소유권의 취득시효에 관한 규정이 준용된다(248조).

등기를 요하는 재산권에는 부동산소유권의 취득시효에 관한 규정이, 등기를 요하지 않는 재산권에는 동산소유권의 취득시효에 관한 규정이 각각 준용된다. 따라서 재산권의 목적물이 부동산이냐 동산이냐 또한 등기 · 등록과 같은 공시방법의 유무, 선의 · 무과실이냐에 따라 시효기간은 20년 · 10년 · 5년이 될 것이다.

[압류금액을 초과한 공탁의 성격]

민사집행법 제248조 1항에서 "제3채무자는 압류에 관련된 금전채권의 전액을 공탁할 수 있다"고 규정한 것에 따라, 금전채권의 일부만이 압류되었음에도 그 채권전액을 공탁한 경우에는 공탁금 중 압류의 효력이 미치는 금전채권액은 그 성질상 당연히 집행공탁으로 보아야 한다.

그러나 압류금액을 초과하는 부분은 압류의 효력이 미치지 않으므로, 집행공탁이 아니라 변제공탁으로 보아야 한다(대판 2008.5.15, 2006다74693).

Ⅴ. 취득시효의 효과

1. 권리의 취득

소유권 등의 권리를 취득하나 등기하여야 한다. 권리취득은 원시취득이다.

2. 소 급 효

취득시효에 의한 소유권취득의 효력은 점유를 개시한 때에 소급한다(247조 1항). 소멸시효의 중단에 관한 규정은 취득시효의 소유권취득기간에 준용한다(247조 2항).

[원소유자의 권리]

타인의 토지를 20년간 소유의 의사로 평온 · 공연하게 점유한 자는 등기함으로써 비로소 그 소유권을 취득하게 된다. 따라서 점유자가 소유권이전등기청구를 하는 등 그 권리행사를 하거나 원소유자가 취득시효완성 사실을 알고 점유자의 권리취득을 방해하려고 하는 등의 특별한 사정이 없는 한, 원소유자는 점유자명의로 소유권이전등기가 마쳐지기까지는 소유자로서 그 토지에 대한 적법한 권리를 행사할 수 있다(대판 2006.5.12, 2005다75910).

제2항 선의취득

사례

변호사시험을 준비하는 을은 시험 당일 시험장으로 가던 중 시계를 차고 오지 않아 친구 병으로부터 시계 하나를 빌렸다. 그러나 을은 그날 시험을 망쳐 술을 먹던 중 술값이 없어 갑에게 팔아버렸다.

그러나 갑은 이미 자신은 시계가 있으니 당분간 차고 다니라며 빌려주었다. 갑은 일주일이 지난 후 을에게 시계를 돌려달라고 한 경우 오히려 병이 을에게 시계의 반환을 청구하여 다툼이 생겼다. 이때의 법률관계는 어떠한가?

Ⅰ. 의 의

선의취득(善意取得)이란 동산을 점유하고 있는 자를 권리자로 믿고 선의로 거래한 자에게 그 동산의 권리를 취득하게 하는 제도를 말한다(249조). 민법은 부동산등기에는 공신력을 인정하지 않지만, 동산의 점유에는 공신력을 인정하고 있는 결과이다.

민법은 권리상실의 모습에 따라 두 가지로 나누어 규율한다. ① 권리자의 의사에 의해 타인에게 점유가 맡겨진 점유위탁물(예: 임대차에 의한 카메라)의 경우에는 양수인에게 제한 없는 선의취득을 인정한다(249조). ② 권리자의 의사에 의하지 않고 점유를 떠난 점유이탈물(예: 도품 · 유실물)의 경우에는 선의취득을 제한한다(250조 · 251조).

Ⅱ. 요 건

1. 목적물에 관한 요건

선의취득의 목적물은 동산에 한한다. 다만 다음과 같은 것들이 목적물에 해당하는지 여부가 문제된다.

(1) 등기 · 등록으로 공시되는 물건

선박 · 자동차 · 항공기 · 건설기계 등과 같이 등기 · 등록을 갖춘 동산은 그 성질이 동산이지만, 법률상 부동산과 같이 취급되므로 선의취득의 목적이 될 수 없다.

(2) 명인방법에 의하여 공시되는 지상물

수목의 집단 · 입도(立稻) · 미분리의 과실 등이 명인방법을 갖춘 경우에는 독립한 부동산으로 취급되므로 선의취득의 목적이 될 수 없다. 다만 토지로부터 벌채 · 분리된 입목은 선의취득의 목적이 될 수 있다.

(3) 증권적 채권

지시채권 · 무기명채권 기타 유가증권은 가치가 화체된 증권으로서 보통의 동산과 다르므로 이에 대해서는 특별규정이 있고(514조 · 524조), 동산의 선의취득에 관한 규정이 적용되지 않는다.

(4) 증권에 의하여 표상되는 동산

화물상환·창고증권·선하증권과 같은 증권에 의하여 표상되는 동산은 증권의 배서·교부에 의하여 인도된다. 그러나 만일 창고업자·운송업자가 증권 없이 물건을 처분한 경우에도 상대방은 그 물건을 선의취득한다.

(5) 부동산등기에 의하여 공시된 동산

공장저당권의 효력이 미치는 공장설비동산이 제 3 취득자에게 인도된 경우에는 선의취득의 대상이 된다(공장저당법 9조 2항). 그러므로 재단을 조성하여 재단목록에 기재된 동산에 대해서도 동일하게 해석하여야 할 것이다.

(6) 금 전

금전은 선의취득의 대상이 되지 않는 것이 다수설이다. 다만 금전이 물건으로 거래되는 경우(특정화폐의 급부)에는 선의취득의 대상이 된다.

2. 양도인에 관한 요건

(1) 양도인이 목적물의 점유자일 것

선의취득은 양도인의 점유에 공신력을 주는 제도이므로 양도인이 목적물을 점유하고 있었을 것이 요구된다. 양도인의 점유는 직접점유이든 간접점유이든, 자주점유이든 타주점유이든 불문한다. 그리고 점유보조자가 점유물을 처분한 경우에도 선의취득이 인정된다(다수설).

(2) 양도인이 무권리자일 것

무권리자라 함은 동산의 소유권 또는 처분권한이 없는 자를 말한다. 예컨대 소유자로서 동산을 처분한 자가 실제로는 임차인·수치인 등에 불과한 경우이다. 대리인이 처분한 재산이 본인의 소유에 속하지 아니한 경우에 취득자가 본인의 소유물이라고 오신한 때에는 선의취득이 적용된다. 그러나 무권대리의 경우에는 대리권이 있다고 오신하여도 선의취득이 되지 못한다.

3. 양수인에 관한 요건

(1) 평온 · 공연 · 선의 · 무과실에 의한 점유취득

평온이란 강폭의 반대이고, 공연은 은비의 반대이다. 선의라 함은 양도인이 무권리자임을 알지 못하는 것이고, 무과실이란 알지 못하는 데 과실이 없다는 것이다. 점유자는 선의로 평온·공연하게 점유하는 것으로 추정된다(197조 1항). 문제는 무과실도 추정되는가 하는 점이다.

1) 다 수 설

민법 제200조에 의하여 점유자는 이미 권리가 있다는 추정을 받으므로 양도인은 처분권이 있는 것으로 추정된다. 따라서 그와 거래하는 자가 처분자에게 처분할 권리가 있다고 믿더라도 과실이 없다고 하지 않으면 안 된다고 한다.

2) 판례

무과실에 관해서는 추정규정이 없으므로 선의취득자에게 무과실에 관한 입증책임이 있다고 한다(대판 1981.12.22, 80다2910).

[선의 · 무과실의 기준시점]

선의취득에 관한 제251조의 규정이 양수인의 선의만을 규정하고 있지만, 무과실도 당연히 요구된다. 선의취득에서 양수인의 선의·무과실의 기준시점은 물권행위가 완성되는 때를 기준으로 한다(대판 1991.3.22, 91다70).

(2) 양수인이 점유를 취득하였을 것

거래에 의하여 취득자가 점유를 취득하게 된 방법은 현실의 인도에 의한 경우뿐만 아니라 간이인도 · 목적물반환청구권의 양도에 의한 취득이라도 무방하다(통설). 그런데 양수인이 점유개정에 의하여 점유를 취득한 경우에도 선의취득을 인정할 것인가 하는 문제가 있다.

예컨대 乙이 甲의 시계를 빌려서 차고 다니다가 이것을 자기 것이라고 속이고 丙에게 팔았다. 그런데 丙이 乙에게 1 주일 동안 무상으로 빌려주겠다고 하여 乙이 이 시계를 가지고 있었다. 1 주일 후 丙이 乙로부터 시계를 돌려 받으려고 하자 甲이 乙에게 시계의 반환을 청구한 경우, 甲과 丙 중 누가 시계의 소유권을 취득하느냐 하는 것이다. 이에 대하여 다음과 같이 견해가 나뉘고 있다.

1) 긍 정 설

점유개정을 동산물권변동의 하나의 공시방법으로 명시하고 있는 이상, 점유개정에 의한 선의취득을 부인할 이유가 없다고 한다. 이 견해에 의하면 상기 예에서 丙이 시계의 소유권을 취득한다.

2) 부 정 설(다수설 · 판례)

점유개정은 관념적 점유이전방법 중에서 가장 불명확한 것이라는 점, 외부에서 거래행위의 존재를 전혀 인식할 수 없다는 점, 같은 사람에게 신뢰를 기초로 동산을 맡겨 놓은 진정한 권리자와 제3자 중에서는 전자가 우선적으로 보호되어야 한다는 점 등을 이유로 점유개정에 의한 선의취득을 부정한다. 즉 동산의 선의취득에 필요한 점유의 취득은 현실적 인도가 있어야 하고, 점유개정에 의한 점유취득만으로서는 그 요건을 충족할 수 없다(대판 1978.1.17, 77다1872). 이 견해에 의하면 상기 예에서 원권리자인 甲의 소유권에 기한 시계의 반환청구가 우선된다.

3) 절 충 설

점유개정에 의한 선의취득을 인정하지만 소유권의 취득은 아직 확정적인 것은 아니고, 원권리자와 선의취득자 중에서 먼저 현실의 인도를 받은 사람이 확정적으로 권리를 취득한다고 한다. 이 견해에 의하면 상기 예에서 甲과 丙 중 乙로부터 시계를 먼저 반환받은 사람이 시계의 소유권을 취득한다.

(3) 동산물권취득에 관한 유효한 거래행위

1) 동산물권에 관한 것일 것

실제로는 동산물권 중 소유권과 질권에 한한다. 유치권은 법률상 당연히 발생하며 취득요건도 법정되어 있으므로 선의취득을 적용할 여지가 없다.

[선의취득의 적용범위]

민법 제249조의 선의취득은 인도를 물권변동의 요건으로 하는 동산의 소유권취득에 관한 규정으로서(민법 제343조에 의하여 동산질권에도 준용), 저당권의 취득에는 적용될 수 없다(대판 1985.12.24, 84다카2428).

2) 거래행위가 있을 것

선의취득은 거래안전과 신속을 보호하는 제도이므로 거래행위에 의하여 점유를 승계하여야 한다. 거래행위에는 매매 · 증여 · 질권설정 · 대물변제 · 변제를 위한 급부 · 소비대차의 이행으로서의 급부 등이 포함된다. 경매의 경우도 선위취득을 인정한다(대판 1972.11.28, 72다945). 즉 저당권의 효력이 미치는 기계를 분리하여 압류하였고, 이를 경락받은 자는 그 기계를 선의취득할 수 있다.

그러나 타인의 산림을 자기의 것으로 오신하고 벌채하여 동산인 목재를 취득하는 경우와 같이 거래행위를 매개하지 않고, 사실행위에 의하여 직접 원시적으로 취득한 경우에는 선의취득의 적용이 없다. 또한 상속 · 회사의 합병 등과 같은 포괄승계에 의한 취득에도 적용이 없다.

3) 거래행위가 유효할 것

선의취득은 거래행위가 유효할 것을 전제로 한다. 거래행위가 당사자의 무능력 · 의사표시의 흠결 · 대리권의 부존재 등으로 취소되거나, 그 밖의 무효 또는 취소의 원인이 있어서 실효된 때에는 선의취득은 성립되지 않는다.

Ⅲ. 효 과

1. 소유권 · 질권의 취득

선의취득에 의하여 양수인은 동산의 소유권과 질권을 취득한다.

2. 선의취득의 성질

(1) 원시취득설(통설)

양도인이 무권리자임에도 불구하고 권리취득이 인정된다는 점이나 법률의 규정에 의한 취득이라는 점을 근거로 한다. 원시취득이라고 보는 결과 전소유자에게 존재하였던 제한은 선의취득과 더불어 소멸한다.

(2) 승계취득설(소수설)

이 견해는 선의취득을 승계취득으로 구성함으로써 전소유자에게 존재했던 제한이 그대로 존속하게 되어 전소유자 · 시효취득자 · 제3자 사이의 이해관계를 합리적으로 규율할 수 있다고 한다.

3. 부당이득반환의 문제

거래안전을 보호하는 관점에서 선의취득자에게 실질적 이익을 보유할 수 있게 해주기 위한 것이 선의취득제도이므로 부당이득의 반환의무를 부담하지 않는다. 다만 선의취득이 무상행위로 인한 경우에 부당이득반환의무를 인정하는 견해(소수설)와 이를 부정하는 견해(다수설)가 대립되고 있다.

Ⅳ. 도품 및 유실물에 관한 특칙

1. 의 의

도품 · 유실물의 경우에는 제3자가 선의취득의 요건을 갖추고 있더라도 피해자 또는 유실자는 도난 또는 유실을 당한 날로부터 2년 내에 그 점유자에 대하여 그 물건의 반환을 청구할 수 있다(250조).

2. 적용범위

(1) 도품 · 유실물

도품(盜品)이라 함은 절도 또는 강도에 의하여 점유자의 의사에 반해서 그의 점유를 박탈당한 물건이다. 유실물(遺失物)은 점유자의 의사에 의하지 않고 그의 점유를 이탈한 물건으로서 도품이 아닌 것을 말한다.

여기서 말하는 점유의 의사는 직접점유자가 있는 경우에는 직접점유자를, 점유보조자가 있는 경우에는 점유보조자의 의사를 기준으로 결정한다. 따라서 점유보조자가 횡령하여 매매한 경우에는 도품이나 유실물이 아니다.

(2) 사기 · 공갈 · 횡령 등의 목적물

이러한 경우 본인의 의사에 기한 것이므로 도품 · 유실물이 아니어서 본조가 적용되지 않는다.

[점유보조자에 의한 처분]

점유보조자가 가게의 물건을 임의 처분하였다면 그 처분한 물건은 선의취득에 관한 제250조상의 도품에는 해당하지 않는다(대판 1991.3.22, 91다70).

3. 특칙의 내용

(1) 당 사 자

1) 반환청구권자

피해자 또는 유실자이다. 그리고 직접점유자가 반환청구권을 가지는 경우에 그 간접점유자인 원소유자도 반환청구권을 가진다.

2) 반환청구의 상대방

도품 또는 유실물을 현재 점유하고 있는 자이다. 목적물의 절취자 또는 습득자로부터 직접 취득한 자뿐 아니라 그의 특정승계인도 포함된다.

(2) 반환청구기간

도난 또는 유실한 날로부터 2년이다(250조 본문). 그 기간은 피해자 또는 유실자의 점유상실시로부터 기산된다. 이 기간의 성질에 관하여 제척기간으로 보는 견해(다수설)와 소멸시효기간으로 보는 견해(소수설)로 나뉜다. 민법 제250조의 제도를 둔 취지와 관련해서 시효중단을 인정한다거나, 법원의 직권에 의한 권리소멸을 부인하는 것이 타당하지 않으므로 제척기간으로 해석하는 것이 타당하다.

(3) 소유권의 귀속

피해자 또는 유실자가 반환을 청구할 수 있는 2년간 도품 · 유실물의 소유권이 누구에게 귀속하는가에 대해 통설은 점유의 취득과 동시에 취득자에게 귀속한다고 본다. 즉 취득자는 반환청구를 당함을 해제조건으로 하여 그 소유권을 취득하는 것이다.

(4) 대가의 변상

1) 원 칙

특칙에 의한 원상회복은 무상임을 원칙으로 한다.

2) 예 외

선의취득자가 도품 · 유실물을 경매나 상인으로부터 매수한 때에는 피해자 또는 유실자는 선의취득자가 지급한 대가를 변상하여야 그 물건의 반환을 청구할 수 있다(251조).

민법 제251조는 선의취득자에게 대가변상의 청구권을 준 대가변상청구권이라는 견해(통설 · 판례)와 반환청구를 거부할 수 있는 항변권이라는 견해(소수설)로 나뉜다. 통설 · 판례에 의하면 선의취득자가 일단 목적물을 반환한 후에도 대가를 청구할 수 있고, 대가를 변상하지 않으면 목적물의 반환을 청구할 수 있는 권리를 상실하지 않는다고 한다(대판 1972.5.23, 72다115).

사례해결

갑은 을을 소유자라고 믿고 유효한 매매계약을 통해 시계를 매수한 것으로 보아 선의취득의 요건을 충족하였다고 할 수 있다. 그러나 갑이 점유개정의 방법에 의하여 점유를 취득하였기 때문에 다수설과 판례에 따르면 선의취득을 할 수 없다. 따라서 갑은 시계에 대한 선의취득을 주장할 수 없다. 갑의 선의취득이 인정되기 않기 때문에 원권리자인 병의 소유권에 기한 목적물 반환청구가 우선된다. 을은 갑에 대하여 채무불이행책임을 부담해야 할 것이다.

제3항 선점 · 습득 · 발견

Ⅰ. 무주물선점

1. 의 의

무주의 동산을 소유의 의사로 점유한 자가 그 소유권을 취득하는 것을 무주물선점(無主物先占)이라고 한다(252조 1 항). 무주물선점의 법적 성질은 사실행위이다.

2. 요 건

(1) 무주물일 것

무주물이란 현재 소유자가 없는 물건을 말한다. 야생의 동물, 바다속의 물고기 등과 같이 아직 사람의 소유에 속하지 않은 물건이 무주물이다. 전에 전혀 누구의 소유에도 속하지 않았던 물건(예: 원시적 무주물)뿐만 아니라, 전에 누구의 소유에 속하였던 것인데 어떤 사유로 인하여 다시 무주의 상태로 된 물건(예: 후발적 무주물)도 무주물이다. 야생하는 동물은 원시적 무주물이고 사육하는 야생동물도 다시 야생상태로 돌아가면 후발적 무주물이 된다(252조 3항). 또 모든 동산은 소유권의 포기에 의하여 후발적 무주물이 된다.

지하에서 발굴된 물건은 무주물인가, 매장물인가의 문제가 있는데, (ⅰ) 전에 누구에게도 속하지 않았다고 생각되는 물건(예: 고생물의 화석류 등), 전에 누군가의 소유였다 하더라도 현재 그 상속인의 소유라고 생각할 수 없는 물건(예: 고대인류의 유물 등)은 무주물이고, (ⅱ) 전에 누군가의 소유이었고 현재에도 그 상속인의 소유에 속한다고 인정되는 물건은 매장물이다.

(2) 동산일 것

무주의 동산만이 선점의 대상이 된다. 무주의 부동산은 국유가 되므로 선점의 목적이 되지 않는다(252조 2항). 선점에 의하여 부동산을 취득할 수 있다고 하면 선점을 다투게 되어 사회의 안녕을 해칠 것이고, 또한 부동산은 국가존립의 기초이기 때문에 정책상 이를 국유로 하는 것이다.

[부동산소유자가 행방불명된 경우]

특정인명의로 사정된 토지는 특별한 사정이 없는 한 사정명의자나 그 상속인의 소유로 추정된다. 또 토지소유자가 행방불명되어 생사를 알 수 없다하더라도 그가 사망하고 상속인도 없다는 점이 입증되거나 그 토지에 대하여 민법 제1053조 내지 1058조에 의한 국가귀속절차가 이루어지지 아니한 이상, 그 토지가 바로 무주부동산이 되어 국가소유로 귀속되는 것은 아니다.

그러므로 무주부동산이 아닌 한 국유재산법 제8조에 의한 무주부동산의 처리절차를 밟아 국유재산으로 등록되었다 하여 국가소유로 되는 것은 아니다(대판 1999.2.23, 98다59132).

(3) 소유의 의사로 점유할 것

선점이란 소유의 의사를 가지고 무주물을 점유하는 것을 말한다. 이러한 점유의 취득은 점유매개자 또는 점유보조자에 의하여 할 수도 있다. 예컨대 어부를 고용하여 그로 하여금 고기를 잡게 하는 경우가 점유보조자에 의한 선점이다. 선점은 사실행위이므로 행위제한능력자라도 선점할 수 있다.

3. 효 과

(1) 소유권취득

선점자는 그 무주물의 소유권을 취득한다(252조 1항). 선점에 의한 소유권의 취득은 원시취득이다.

(2) 학술 등의 자료

학술 · 기예 또는 고고의 중요한 자료가 되는 동산에 관하여는 사인(私人)의 선점에 의한 소유권의 취득을 인정하지 않으며, 언제나 국유가 된다(255조 1항). 이때에 선점자에게도 민법 제255조 2항을 유추적용하여 보상청구권을 인정하는 것이 타당하다(통설).

(3) 수렵권 · 어업권의 대상물

조수보호 및 수렵에 관한 법률 · 수산업법 등에 의하여 포획이나 어획이 금지되거나 제한되는 경우에도 선점은 성립한다. 즉 금지의 위반에 대한 제재는 받더라도 사법상의 효과에는 아무런 영향이 없다(통설).

고래를 고의로 잡았을 경우에 수산업법에 따라 3년 이하의 징역 또는 2천만원 이하의 벌금형에 처하도록 규정하고 있으나, 고래에 대한 선점은 인정된다.

Ⅱ. 유실물습득

1. 의 의

유실물은 유실물법에 의하여 공고한 후 1년 내에 그 소유자가 권리를 주장하지 아니하면 습득자가 그 소유권을 취득한다(253조 · 유실물법 1조).

2. 요 건

(1) 유실물 또는 이에 준하는 물건일 것

① 유실물이라 함은 점유자의 의사에 의하지 않고서 그의 점유를 떠난 물건으로서 도품이 아닌 것을 말한다. 성질상 유실물은 동산에 국한된다.

② 유실물에 준하는 물건으로서는 범죄자가 두고 간 것으로 인정되는 물건(유실물법 11조), 착오로 인하여 점유한 물건, 타인이 두고 간 물건 및 잃어버린 가축(동법 12조) 등이 있다. 그러나 가축 이외의 동물을 잃어버린 경우는 사육하는 야생동물을 잃어버린 것이므로 다시 야생상태로 돌아가는 것이어서 이는 무주물로 된다(252조 3항).

③ 표류물 및 침몰물은 성질상 유실물이지만 그 습득에 관하여는 수난구호법의 적용을 받는다(수난구호법 28조 이하).

(2) 습득하였을 것

습득은 유실물의 점유를 취득하는 것으로서 선점과는 달리 소유의 의사를 요하지 않는다. 즉 객관적으로 유실물을 습득하면 된다. 따라서 무능력자도 습득할 수 있으며 점유매개자 또는 점유보조자에 의한 습득도 가능하다.

(3) 공고 후 1 년이 경과할 것

① 습득자는 원칙적으로 즉시 유실자 또는 소유자 기타 물권회복의 청구권을 가진 자에게 그 물건을 반환하거나 또는 경찰서에 7일 이내에 제출하여야 한다(유실물법 1조).

② 습득자의 교부를 받은 경찰서장은 물건을 반환받을 자가 나타나면 이를 반환해야 하지만, 그 성명 · 주소를 알 수 없을 때에는 대통령령이 정하는 바에 의하여 공고를 하여야 한다(유실물법 1조 2항).

③ 습득자가 유실물의 소유권을 취득하기 위해서는 공고 후 1년 내에 소유자가 권리를 주장하지 않아야 한다.

3. 효 과

(1) 소유권의 취득

① 습득자는 위의 요건을 갖추게 되면 유실물의 소유권을 취득한다(253조).

② 습득자가 습득 후 7일 이내에 경찰서에 제출하지 않으면 소유권을 취득할 권리를 상실한다(유실물법 9조).

③ 습득자가 소유권을 취득한 날로부터 6월 이내에 경찰서로부터 물건을 수취하지 아니한 때에도 그 소유권을 상실하고(유실물법 14조), 그 물건은 국고에 귀속된다(동법 15조).

(2) 보상금청구권

1) 소유자와 습득자간의 법률관계

물건을 유실한 소유자를 알게 되었을 때에는 유실물은 소유자에게 반환되고 유실물습득에 의한 소유권취득은 성립되지 않는다. 이 경우에 소유자와 습득자의 법률관계는 사무관리에 의해 규율된다(통설).

2) 보상금청구권의 범위

사무관리에서는 관리자의 보상금청구권이 인정되지 않는다. 그러나 유실물법에서는 물건을 반환받는 자가 유실물가액의 5/100 내지 20/100의 범위 내에서 습득자에게 보상금을 지급하도록 규정하고 있다(유실물법 4조).

3) 유실물의 보관비 등

습득물의 보관비·공고비 기타 필요비는 물건의 소유권을 취득하여 이를 인도받은 자 또는 물건을 반환받은 자의 부담으로 하되, 그 지급확보를 위하여 유치권의 규정이 적용된다(유실물법 3조).

Ⅲ. 매장물발견

1. 의 의

매장물은 유실물법에 의하여 공고한 후 1년 내에 소유자가 권리를 주장하지 아니하면 발견자가 그 소유권을 취득하게 된다(254조). 이것을 매장물발견(埋藏物發見)이라 한다.

2. 요 건

(1) 매장물일 것

① 매장물이라 함은 토지 그 밖의 물건(포장물) 속에 매장되어서 외부에서는 용이하게 볼 수 없는 상태에 있고, 그 소유권이 누구에게 속하는 것인지를 식별할 수 없는 물건을 말한다.

② 매장물은 소유자나 상속인이 존재하지만 이를 확정할 수 없다는 점에서 소유자가 없는 무주물과 구별된다.

③ 매장물은 일반적으로 동산이지만 건물인 경우도 있다(땅속에 묻힌 고대건물의 발견).

(2) 발견하였을 것

1) 발견의 의미

발견이라 함은 매장물의 존재를 구체적·객관적으로 인식하는 것을 말한다. 발견은 반드시 점유를 취득하는 것을 요하지 않으며, 이 점에서 선점·습득과 다르다.

2) 타인이 매장물을 발견한 경우

타인이 매장물의 발굴작업을 위하여 고용된 노무자인 경우 발견자는 고용주이나, 타인이 매장물의 발굴 이외의 작업을 위하여 고용된 경우 발견자는 노무자이다.

(3) 공고 후 1년이 경과할 것

유실물법이 정하는 바에 의하여 공고한 후 1년 내에 소유자가 권리를 주장하지 않아야 한다.

3. 효 과

(1) 소유권의 취득

위 요건을 갖추면 발견자는 매장물의 소유권을 취득한다(254조 본문). 그러나 타인의 토지 기타 물건으로부터 발견한 매장물은 그 토지 기타 물건의 소유자와 발견자가 절반하여 취득한다(254조 단서).

(2) 매장물이 문화재인 경우

이 경우에는 국유로 되며(255조 1항), 국가에 대하여 적당한 보상을 청구할 수 있다(255조 2항).

제4항 첨 부

Ⅰ. 의 의

첨부(添附)라 함은 어떤 물건에 타인의 물건이 결합하거나 타인의 노력이 가해지는 것을 말한다. 이에는 부합·혼화·가공 등이 있다. 이러한 세 가지를 포괄하여 첨부라 하는 것은 세 가지가 소유권취득의 원인이 되는 이유와 그 법적효과에 있어서 공통점이 있기 때문이다. 소유자를 달리하는 2 개 이상의 물건이 결합하여 1 개의 물건이 되었거나 어떤 물건을 가공하여 새로운 물건을 만들었을 경우, 이를 달리 분리하여 원상회복을 하는 것은 사회경제상 불이익을 초래한다. 첨부는 이와 같은 경우에 새로운 소유권발생의 효력을 부여하는 제도이다.

따라서 이들 원상회복하도록 청구하는 것은 허용되지 않으나, 소유권에 관한 것은 임의규정으로 당사자의 의사에 의하여 자유로이 정할 수 있다.

Ⅱ. 부 합

사례

A는 시멘트건물 1층 12평을 지어 자신의 명의로 등기하여 소유하고 있었는데, 그 건물에 1974년 3월 15일 X가 매매예약으로 인한 소유권이전등기청구권보전의 가등기를 하였다. 그 후 A는 기존의 1층 건물 위에 한 개의 층(2층 부분)을 증축하고 이 증축부분의 등기를 표시변경하였다. 그리고 이 증축부분 중 8평은 Y와 전세권설정계약을 체결하고 1974년 8월 22일에 이를 등기하였다.

한편 X는 1975년 1월 21일에 위 가등기에 기하여 본등기를 경료하였는 바, X는 증축된 부분은 기존부분인 1층 부분에 부합되어 그와 일체를 이루는 것이라며 전세권자인 Y에게 건물명도청구를 하였다. 이 경우에 2층의 증축된 부분에도 효력이 미친다고 볼 수 있는가?

1. 부동산에의 부합

(1) 의 의

소유자를 각각 달리하는 수개의 물건이 결합하여 1 개의 물건으로 되는 것이 부합(附合)이다. 부동산의 소유자는 그 부동산에 부합한 물건의 소유권을 취득한다(256조 본문). 이것을 부동산에의 부합이라고 한다.

(2) 요 건

1) 피부합물과 부합물

부합되는 물건(피부합물)은 부동산(토지 · 건물)이어야 한다. 그런데 부동산에 부합하는 물건(부합물)은 동산에 한정되는지 문제된다. 이에 대하여 통설은 동산에 한한다고 하나, 판례와 소수설은 부동산도 포함된다고 한다(대판 1962.1.31, 4294민상445). 건물에 부속화장실을 설치하는 것이 그 예이다.

2) 부합 · 합체가 일정한 정도에 달할 것

부동산과 물건이 합체되어야 한다. 여기서 부합의 정도는 부합되는 물건이 독립성을 잃어야 하므로, 훼손하지 아니하면 분리할 수 없거나 분리에 과다한 비용을 요하는 경우는 물론 분리하게 되면 경제적 가치를 심히 감소시키는 경우도 포함된다(대판 1962.1.31, 4294민상445).

3) 부합의 원인

부합의 원인은 인위적이든 자연적이든 불문한다.

(3) 효 과

1) 소유권의 취득

부동산의 소유자는 그의 부동산에 부합한 물건의 소유권을 취득한다(256조 본문). 부합되는 물건이 부동산가격을 초과하는 경우에도 부동산소유자가 부동산소유권을 취득한다.

2) 권원에 의한 취득의 제한

부합한 물건이 타인의 권원에 의하여 부속된 것인 때에는 부동산소유자의 소유로 되지 않고 부속시킨 자의 소유로 된다(256조 단서). 여기서 권원이라 함은 타인의 부동산에 자기의 물건을 부속시켜 그 부동산을 이용할 수 있는 권리로서 지상권 · 전세권 · 임차권 등을 의미한다. 권원에 의해 부속시킨 물건이라도 독립성이 있어야 독립된 소유권이 인정된다. 따라서 부속된 물건이 독립성이 없는 경우에는 부합이 성립될 뿐 민법 제256조 단서는 적용되지 않는다.

부동산에 부합한 물건이 사실상 분리복구가 불가능하여 거래상 독립한 권리의 객체성을 상실하고 그 부동산과 일체를 이루는 부동산의 구성부분이 된 경우에는 타인이 권원에 의하여 이를 부합시켰더라도 그 물건의 소유권은 부동산의 소유자에게 귀속된다.

[부동산부합물의 소유권취득 요건]

저당권의 실행으로 부동산이 경매된 경우에 그 부동산에 부합된 물건은 그것이 부합될 당시에 그 부동산을 낙찰 받은 사람이 소유권을 취득하지만, 그 부동산의 상용에 공하여진 물건일지라도 부동산의 소유자가 아닌 다른 사람의 소유인 때에는 이를 종물이라고 할 수 없다.

그러므로 부동산의 낙찰자가 그 소유권을 취득하는 것은 아니며, 낙찰자가 그 물건을 선의취득하였다고 할 수 있으려면 물건이 경매의 목적물로 되었고, 낙찰자가 선의이며 과실 없이 물건을 점유하는 등으로 선의취득의 요건을 구비하여야 한다(대판 2008.5.8, 2007다36933 · 36940).

(4) 특수문제

1) 건물의 부합

토지와 건물은 별개의 부동산이므로 건물이 토지에 부합하는 일은 없다. 그러나 타인소유의 건물을 임차인 등이 증개축한 경우에 그 증개축 부분의 소유권의 귀속은 역시 민법 제256조에 따라서 결정된다. 원칙적으로 건물의 증개축 부분은 건물소유자에게 귀속한다.

다만 임차인 등이 건물소유자의 동의를 얻어 증개축하고 그 증개축 부분이 구조상 · 기능상 독립성을 가지는 때에는 민법 제256조 단서에 의하여 증개축 부분은 임차인의 소유가 된다. 증개축 부분이 독립성을 가지느냐의 여부에 대한 판단은 사회통념에 의하여 결정되어야 할 것이다(대판 2002.10.25, 2000다63110).

[부합을 인정한 예]

지하 1층 · 지상 7층의 주상복합건물을 신축하면서 불법으로 위 건물 중 주택부분인 7층의 복층으로 같은 면적의 상층을 건축하였고, 그 상층은 독립ㄷ괸 외부통로가 없이 하층 내부에 설치된 계단을 통해서만 출입이 가능하고, 별도의 주방시설도 없이 방과 거실로만 이루어져 있으며, 위와 같은 사정으로 상 · 하층 전체가 단일한 목적물로 임대되어 시용된 경우, 그 상층부분은 하층에 부합되었다(대판 2002.10. 25. 2000다63110).

2) 수목의 부합

수목이 타인소유의 토지에 부합되면 원칙적으로 토지소유자의 소유가 된다(256조 본문). 다만 임차권 등의 권원에 의하여 부속케 한 때에는 예외적으로 임차인 등이 그 수목의 소유권을 취득하게 된다. 따라서 아무런 권원 없이 타인의 토지에 심은 수목의 소유권은 토지소유자에게 귀속된다(통설 · 판례).

3) 농작물의 부합

농작물은 토지의 일부이지만 임차권 등 정당한 권원에 의거하여 타인의 토지에서 경작 · 재배하면 그 농작물은 토지에 부합하지 않고 토지로부터 독립한 별개의 부동산으로 취득된다(256조 단서).

판례는 아무런 권원 없이 타인의 토지에서 농작물을 경작 · 재배한 경우에도 명인방법을 갖출 필요 없이 그 농작물의 소유권은 경작자에게 있다(대판 1978.3.14, 77다2396)고 하여 불부합설을 취하고 있다. 학설은 판례의 태도를 지지하는 불부합설과 경작자에게 소유권이 귀속하지 않는 부합설(다수설)로 대립하고 있으나, 후설의 견해가 타당하다고 본다.

2. 동산간의 부합

(1) 의 의

소유자가 다른 수개의 동산이 부합한 경우에 이것을 단독소유자에게 귀속시키는 것을 말한다. 부합물의 분리에 의한 사회적 · 경제적 이익의 손실을 회피하는 취지이다.

(2) 요 건

(ⅰ) 소유자를 달리하는 수개의 동산이 결합하여, (ⅱ) 훼손하지 않으면 분리할 수 없을 것 또는 분리에 과다한 비용이 필요한 경우이어야 한다. 여기서 훼손이란 물리적 훼손 외에 경제적 가치를 현저하게 감손하는 경우도 포함한다.

(3) 효 과

1) 부합한 동산의 주종을 구별할 수 있을 때

주된 동산의 소유자가 합성물의 소유권을 취득한다(257조 전단). 예컨대 트럭소유자 甲이 乙의 철판을 훔쳐 트럭적재함의 망가진 부분에 용접을 하여 부합시켰을 때, 甲은 철판의 소유권을 취득한다. 주종의 구별은 사회통념에 의하지만 합성물의 기능 또는 각각의 동산가격의 대소 등이 판단요소가 된다.

2) 부합한 동산의 주종을 구별할 수 없을 때

동산의 소유자는 부합당시의 가액의 비율로 합성물을 공유한다(257조 후단). 주종을 구별할 수 없는 예로는 소유자가 다른 소나무와 매화로서 하나의 분재를 만든 경우, 같은 정도로 중요한 부품으로 1개의 기계를 만든 경우 등을 들 수 있다.

사례해결

갑이 1층 12평 5홉을 지어 등기하고 1974. 3. 15 원고가 그 위에 가등기를 하였으며 그 후 위 갑이 건평 12평 4홉 7작이 되는 2층을 지어 올려 증축부분의 등기는 표시변경을 한 후, 피고에게 증축부분 8평을 전세주어 등기(1974. 8. 22)까지 하였다.

그 후 원고는 1975. 1. 21 위 가등기에 의한 본등기를 하였다면 그 증축된 2층 부분을 1층에 부합 된 것으로 볼 것이냐 또는 독립물로 볼 것이냐의 판단은 1층과 2층이 분리하기 어렵게 붙은 사실만으로 판단할 수 없다. 사례의 경우는 증축부분이 기존가옥부분과 관계에 있어 구조상으로 경계가 명확하여 피차 차단되어 있어 그 자체가 전용부분이 있다고 보인다.

이용상으로 보아 소유권의 객체가 될 만하여 이 부분이 구분소유의 객체가 될 수 있다면, 이를 굳이 기존부분에 종속 또는 부종되었다고 볼 이유가 없을 뿐 아니라 1층만에 한하여 얻는 권리가 이유 없이 2층까지 미친다고 해석함은 불합리 하다. 그러므로 1층 부분에 부합된 것만을 이유로 1층에 대한 가등기의 효력이 그 후에 증축한 2층에 미친다고 할 수 없다고 보아야 한다.

Ⅲ. 혼 화

1. 의 의

소유자를 달리하는 동산과 동산이 융합하여 쉽게 식별할 수 없게 된 때에는 동산간의 부합에 관한 규정을 준용하며(258조), 이를 혼화(混和)라고 한다.

혼화에는 고형물(곡물 · 금전)의 혼화인 '혼합'과 유동물(술 · 기름)의 혼화인 '융합'의 두 종류가 있다. 어느 경우이든 물건이 같은 종류의 다른 물건과 섞이어 원물을 쉽게 식별할 수 없다는 점에서 동산간의 부합과 일응 구별되나, 이것은 부착 · 합체가 쉽게 이루어진다는 것을 의미할 뿐이며 그 본질은 일종의 동산간의 부합이라고 할 수 있다.

2. 요 건

소유자를 달리 하는 동산과 동산이 혼합하여 원물을 쉽게 식별할 수 없게 되고 그 분리를 위하여 과다한 비용을 요하여야 한다.

3. 효 과

동산간의 부합에 관한 규정이 준용된다(258조). 따라서 혼화한 물건 사이에 주종의 구별이 있을 때에는 주된 물건의 소유자가 혼화물의 소유권을 취득하고, 주종의 구별이 없을 때에는 각 물건의 소유자는 혼화할 당시의 가액의 비율로 혼화물을 공유한다.

Ⅳ. 가 공

1. 의 의

가공(加工)이란 타인의 동산에 노동을 가해 새로운 물건을 만들어내는 것을 말한다. 이는 물건과 인간의 노동과의 합체라고 할 수 있다.

2. 요 건

(1) 타인의 동산에 노동을 가할 것

사람이 타인의 동산에 가공하는 것이 일반적인 모습이나, 예컨대 암닭으로 계란을 부화시키도록 하는 경우처럼 사람이 동물을 사용하여 가공할 수도 있다.

한편 부동산에 가공했을 때는 가공물의 소유권은 부동산의 소유자에게 속하므로 부동산에의 가공에 민법 제259조는 적용되지 않는다고 할 것이다(다수설). 구민법 시절 갯벌을 염전으로 만든 것에 대해 가공의 법리가 적용된다고 한 판례가 있다(대판 1958.5.22, 4290민상460).

(2) 새로운 물건을 제작할 것

가공의 결과 본래의 재료와는 다른 새로운 물건이 만들어졌어야 한다. 일반적으로 새로운 물건인가의 여부는 거래관념에 따라 결정하지만, 일응의 기준으로서는 원물과 가공물의 경제적 기능의 동일성·동일명칭으로 불리는가, 외양이 변경되었는가 등이 고려된다.

가공을 부정한 예로는 귀금속의 원형을 변경하여 금괴로 만든 경우, 도벌한 타인의 목재를 제재·반출한 경우나 자전거의 바퀴를 떼어서 다른 자전거에 단 경우 등을 들 수 있다. 가공을 긍정한 예로는 뇌물로 받은 옷베를 가지고 옷을 만든 경우를 들 수 있다.

3. 효 과

(1) 원 칙

가공물의 소유권은 원칙적으로 원재료의 소유자에게 속한다(259조 1항 본문).

(2) 예 외

가공으로 인한 가액의 증가가 원재료의 가액보다 현저히 다액인 때에는 가공자의 소유로 한다(259조 1항 단서). 그러므로 甲 소유의 염가의 원단을 사용하여 유명 디자이너인 乙이 의류발표회를 위해 드레스를 제작했을 경우, 甲은 원단의 소유권을 상실한다. 이 때에 가공자가 재료의 일부를 제공하였을 때에는 그 가액은 위 증가액에 가산한다(259조 2항).

4. 민법 제259조와 근로관계

근로관계에 의하여 생산된 생산물의 소유권귀속에 관하여는 가공에 관한 민법규정의 적용이 배제된다.

Ⅴ. 첨부의 효과

1. 복구의 부정에 관한 규정

첨부에 의하여 생긴 물건은 1개의 물건으로서 존속하고 그 복구는 인정되지 않는다. 이에 관한 규정은 강행규정이다.

2. 소유권귀속에 관한 규정

첨부에 의하여 생긴 새 물건에 관하여는 새로이 소유자가 결정된다. 이에 관한 규정은 임의규정이다(통설).

3. 당사자의 이해조정에 관한 규정

첨부의 결과 소멸하게 된 구물건의 소유자는 부당이득에 관한 규정에 따라 보상을 청구할 수 있다(261조). 이 규정도 임의규정이다.

4. 제3자의 보호에 관한 규정

첨부로 인하여 물건의 소유권이 소멸하면 그 물건 위에 존재하는 제3자의 권리도 소멸하지만(260조 1항), 그 물건의 소유자가 새로운 물건의 단독소유자 · 공유자가 된 때에는 그 권리는 새로운 물건 또는 공유지분 위에 존속한다(260조 2항). 이 규정은 강행규정이다(통설).

제3관 소유권에 기한 물권적 청구권

Ⅰ. 의 의

물권법 총론에서 살펴본 바와 같이 물권의 내용의 실현이 방해되거나 방해될 우려가 있는 경우에 물권자는 물권적 청구권을 갖는다. 따라서 소유권의 내용의 실현이 방해되거나 방해되려고 하는 경우에 물건의 소유자는 소유권에 기한 물권적 청구권을 행사할 수 있다. 소유권의 특성상 그에 기한 물권적 청구권은 물권적 청구권 중 가장 완전한 모습으로 보장된다.

민법은 소유물반환청구권(213조) · 소유물방해제거청구권(214조 전단) · 소유물방해예방청구권(214조 후단)을 인정하면서 이것을 제한물권(지상권 · 지역권 · 전세권 · 저당권)에도 준용하고 있다(290조 · 301조 · 319조 · 370조).

Ⅱ. 소유물반환청구권

1. 의 의

소유자가 그 소유에 속한 물건을 점유할 권리 없이 점유한 자에 대하여 그 반환을 청구할 수 있는 권리가 소유물반환청구권이다(213조).

2. 요 건

(1) 주 체

청구권자는 소유물의 점유를 상실한 소유자이다. 점유의 상실 여부는 사실심변론종결

당시를 표준으로 한다(대판 1991.7.12, 90다13161).

[진정명의 회복을 위한 이전등기청구권의 요건]

진정한 등기명의의 회복을 위한 소유권이전등기청구는 자기명의로 소유권을 표상하는 등기가 되어 있었거나 법률에 의하여 소유권을 취득한 진정한 소유자가 그 등기명의를 회복하기 위한 방법으로 그 소유권에 기하여 현재의 등기명의인을 상대로 진정한 등기명의의 회복을 원인으로 한 소유권이전등기절차의 이행을 구하는 것이다(대판 2001.8.21, 2000다36484).

(2) 상 대 방

청구권의 상대방은 물건을 점유할 권리 없이 현재 그 물건을 현재 점유하고 있는 자이다. 따라서 점유자가 소유자에 대하여 자기의 점유를 정당화할 수 있는 권리를 가지는 때에는 소유자가 그 반환을 구할 수 없다. 그러한 권리에는 지상권 · 전세권 · 유치권 · 질권과 같은 물권뿐만 아니라 임차권 · 동시이행의 항변권과 같은 채권적 권리도 포함된다.

간접점유자에 대해서도 반환청구를 할 수 있다. 즉 갑의 자전거를 을이 침탈한 후 병에게 임대하고 있는 경우와 같이 점유침탈자가 간접점유를 하고 있다면, 직접점유자 병뿐만 아니라 간접점유자 을도 상대방이 된다. 점유보조자는 점유자가 아니므로 반환청구를 할 수 없다. 즉 회사의 직원이 사무실을 점유하는 경우 이들을 상대로 반환청구를 할 수 없다(대판 2001.4.27, 2001다13983).

[불법점유자가 항상 상대방이 되는지 여부]

불법점유를 이유로 하여 그 인도를 청구하려면 현실적으로 그 목적물을 점유하고 있는 자를 상대로 하여야 하고, 불법점유자라 하더라도 그 물건을 다른 사람에게 인도하여 현실적으로 점유를 하고 있지 않은 이상 그 자를 상대로 한 인도청구는 부당하다(대판 1970.9.29, 70다1508).

3. 내 용

이 청구권의 내용은 소유물의 반환, 즉 물건의 점유의 이전을 청구하는 것이다. 점유권에 기한 물권적 청구권과는 달리 그 행사기간에 제한이 없다. 점유이전에 드는 비용의 부담문제나 점유자와 회복자간의 법률관계가 이 경우에도 역시 문제되나 앞에서 살펴본 이론을 적용하면 된다.

Ⅲ. 소유물방해제거청구권

1. 의 의

소유자가 그 소유권을 방해하는 자에 대하여 방해의 제거를 청구할 수 있는 권리가 소유물방해제거청구권이다(214조 전단).

2. 요 건

(1) 주 체

이 청구권의 주체는 현재 소유권을 방해받고 있는 소유자이다.

(2) 상 대 방

청구권의 상대방은 현재 소유권을 방해하는 자로 현재의 방해상태를 지배하고 있는 자를 의미한다.

[침해배제청구권의 상대방]

임야의 소유권에 터 잡아 분묘의 철거를 청구함에 있어서는 분묘의 설치를 누가 하였건 그 침해의 배제행위를 현재할 수 있는 분묘의 관리처분권을 가진 자를 상대로 하여야 한다(대판 1967.12.26, 선고 67다2073).

(3) 방 해

이 청구권을 행사하기 위해서는 실제 방해가 있어야 하는데, 여기서 방해란 물건의 점유상실 이외의 방법으로 소유권의 내용이 실현되지 못하고 있는 상태를 말한다. 여기서의 방해는 정신적 방해(사창가의 설치), 시체실의 설치, 소극적 방해(채광 · 통풍)을 불문하나 생활방해는 포함되지 않는다. 이러한 방해는 현재 계속되고 있어야 하며, 과거의 방해에 대하여는 손해배상의 문제만 생길 뿐이다. 방해자의 귀책사유는 불문한다.

[방해의 의미]

방해라 함은 현재에도 지속되고 있는 침해를 의미하고, 그 침해가 과거에 일어나서 이미 종결된 경우에 해당하는 손해의 개념과 다르다. 소유권에 기한 방해배제청구권은 방해결과의 제거를 내용으로 하여서는 안 되고, 현재 계속되고 있는 방해원인을 제거하는 것을 내용으로 한다(대판 2003.3.28, 2003다5917).

3. 내 용

이 청구권은 현재 계속되고 있는 방해상태를 제거하는 것을 주된 내용으로 한다. 방해를 제거하는 데 비용이 드는 경우에는 원칙적으로 상대방의 비용으로 방해를 제거할 것을 청구할 수 있다.

Ⅳ. 소유물방해예방청구권

1. 의 의

소유자가 소유권을 방해할 염려 있는 행위를 한 자에 대하여 그 예방이나 손해배상의 담보를 청구할 수 있는 권리가 소유물방해예방청구권이다(214조 후단).

2. 요 건

청구권자는 현재 소유권의 내용의 실현을 방해받을 염려가 있는 물건의 소유자이고, 그 상대방은 소유권을 방해할 염려가 있는 자로서 방해를 일으킬 염려 있는 사실을 자신의 지배하에 가지고 있는 자를 의미한다.

이 청구권은 현재 방해상태가 발생하고 있지는 않지만 장래 발생할 가능성이 큰 경우에 행사할 수 있다. 방해의 염려는 개별적으로 상당한 개연성을 가져야 한다(대판 1995. 7. 14, 94다50533).

3. 내 용

이 청구권은 방해의 염려를 생기게 하는 원인을 제거해서 방해를 미연에 방지하는 조치를 청구하거나 또는 손해배상의 담보를 청구하는 것을 내용으로 한다. 소유자는 양자 중 하나만을 청구할 수 있을 뿐이다.

제4관 공 동 소 유

하나의 물건을 2 인 이상의 다수인이 공동으로 소유하는 것을 공동소유라 한다. 다수인(또는 그들이 결합한 단체)이 하나의 물건을 소유하는 경우에 그 형태는 그들의 목적과 사회적 요구에 따라 다양하게 나타날 수 있는데, 우리 민법은 공동소유의 형태를 공유(262조~270조)·합유(271조~274조)·총유(275조~297조)의 세 가지로 규정하고 있다.

제1항 공 유

Ⅰ. 의의와 성질

1. 의 의

공유(共有)란 물건이 지분에 의하여 수인의 소유로 된 것을 말한다(262조 1항).

2. 법적 성질

(1) 양적 분할설

1개의 소유권이 분량적으로 분할되어 수인에게 속하는 것이라고 보는 견해이다(통설). 예컨대 3 인이 집 한채를 공유하고 있는 경우 각자가 소유권의 3 분의 1 씩 가지고 있다는 것이다.

(2) 다수소유권경합설

수인이 1개의 물건에 각자 1개의 소유권을 갖되 각 소유권은 일정비율에 따라 서로 제한되며, 그 내용의 총체가 독립한 1개의 소유권의 내용과 같게 되는 형태라고 보는 견해이다.

(3) 판 례

판례는 양적 분할설을 취하는 것(대판 1964.12.15, 64다824)과 다수소유권경합설을 취하는 것(대판 1965.11.9, 65다1646)을 모두 찾아볼 수 있다.

Ⅱ. 공유의 성립

1. 법률행위에 의한 성립

하나의 물건을 수인이 공동의 소유로 한다는 의사의 합치에 의하여 공유는 성립한다. 예컨대 A·B 가 특정물건을 공유하기로 하고 양수한 경우에 A·B 간에 그 물건에 대한 공유관계가 생긴다. 이 때 공유하기로 한 물건이 동산인 경우에는 공동점유하면 족하다(188조). 부동산인 경우에는 등기를 하여야 한다(186조).

(1) 공유의 등기

공유자는 공유등기를 하여야 한다(부동산등기법 44조·89조 참조). 이 등기가 없으면 공유자가 되지 못하고, 따라서 지분권도 주장하지 못한다.

(2) 지분의 등기

공유자가 공유의 등기를 하고 있더라도 지분의 등기를 하고 있지 않으면 그 지분은 균등한 것으로 추정된다(262조 2항). 따라서 등기되어 있지 않은 실제의 지분비율을 가지고 제3자에게 대항할 수 없다.

[공동으로 부동산을 매수한 경우의 법률관계]

수인이 부동산을 공동으로 매수한 경우에 매수인들 사이의 법률관계는 공유관계로서 매도인은 그 지분에 관한 소유권이전등기의무를 부담하는 경우도 있을 수 있고, 그 수인을 조합원으로 하는 조합체에서 매수한 것으로서 매도인이 소유권 전부의 이전의무를 그 조합체에 대하여 부담하는 경우도 있을 수 있다(대판 2006.4.13, 2003다25256).

2. 법률규정에 의한 성립

공유가 법률상 당연하게 성립하는 경우는 다음과 같다.

① 공유물의 과실(102조 참조)

② 구분소유건물의 공용부분(215조·집합건물법 3조)

공용부분에 대한 지분만을 처분할 수 없다.

③ 상린관계에 있어서 경계선상의 설치물(239조)

다만 이 경우에는 공유물의 분할청구권이 인정되지 않는다(268조 3항). ②와 ③의 경우에는 공유의 추정이므로, 반증을 들어 단독소유 등을 주장할 수 있다.

④ 타인의 물건 속에서의 매장물발견(254조 단서)

⑤ 주종을 구별할 수 없는 동산간의 부합(257조 후단)·혼화(258조)

⑥ 공동상속재산(1006조)·공동포괄유증재산(1078조)

상속인이 수인인 때에는 상속재산은 그 공유로 한다(1006조). 여기서「공유로 한다」의 의미가 공유와 동일한 의미인지 합유의 의미인지에 대해서 학설이 나뉜다. 다수설과 판례는 공유설을, 소수설은 합유설을 취한다. 규정의 문언에 충실하게 공유로 해석하는 것이 타당하다.

Ⅲ. 공유지분

1. 지분의 의의

공유에서 지분이라는 말은 2 개의 의미로 사용되고 있다. 첫째는 각 공유자가 공유물에 대하여 가지는 권리라는 의미로서 '지분권'이라고 한다. 둘째는 각 공유자가 공유물에 대하여 가지는 권리(지분권)의 비율이라는 의미로서 '지분의 비율'이라고 한다. 민법은 양자를 엄격하게 구별하여 사용하고 있지는 않으며, 강학상으로는 지분으로 통칭하는 것이 일반적이다.

2. 지분비율의 결정

지분의 비율은 법률의 규정(254조 단서·257조·258조·1009조 등) 또는 공유자의 의사에 의하여 정하여지나, 그것이 분명하지 아니한 때에는 균등한 것으로 추정된다(262조 2항).

부동산공유지분의 비율에 관한 약정이 있는 경우에는 이를 등기하여야 한다(부동산등기법 44조).

3. 지분의 내용

지분은 소유권의 분량적 일부분에 지나지 않는 것이지만 그 성질은 하나의 소유권과 같으므로 목적물을 사용·수익·처분하는 권능을 가진다.

4. 지분권의 포기·처분

공유자의 1인이 지분권을 포기한 때 또는 상속인 없이 사망한 때에는 그 지분권은 다른 공유자에게 각 지분의 비율로 귀속한다(267조). 지분권을 포기한 경우 무주의 부동산은 국고에 귀속하고(252조 2 항), 상속인이 없는 지분권은 특별연고자에게 분여도 되지 않았을 때는 국고에 귀속할 것이지만(1058조 1항), 법률관계가 복잡하게 되는 것을 피하기 위해 입법정책상 그 지분권을 다른 공유자에게 귀속시키는 것이다.

공유자는 그 지분을 자유롭게 처분할 수 있다(263조). 즉 양도하거나 담보로 제공하거나 또는 포기할 수 있다. 지분이 양도된 경우에 그 양수인은 양도인이 받고 있었던 것과 같은 제약을 받는 지분을 취득한다. 지분양도금지의 특약은 유효하나 그것으로 제3자에게 대항할 수 없다. 이로 인해 공동소유자들은 지분의 처분을 막기 위하여 합유제도를 이용하지만, 합유의 경우에는 지분의 상속 등이 인정되지 않으므로 불합리한 면이 있었다.

Ⅳ. 공유물의 이용관계

사례

(1) 공유지분 1/2을 소유하고 있는 A가 공유지분 1/2을 소유하고 있으면서 공유물을 배타적으로 점유하여 사용하고 있는 B를 상대로 공유물의 인도를 청구할 수 있는가?
(2) 공유지분 1/4을 소유하고 있는 A가 공유지분 3/4을 소유하고 있으면서 공유물의 특정부분을 배타적으로 사용·수익하고 있는 B를 상대로 어떠한 청구를 할 수 있는가?
(3) A와 B는 각각 1/3 지분과 2/3 지분을 공유하고 있다가 A의 지분을 C가 취득하였다. C는 A와 B 사이에 맺은 공유물에 대한 사용·수익에 관한 특약이 자신에게 불리하다고 하여 이를 승계할 수 없다고 주장하고 있다. C의 주장은 타당한가?

1. 공유물의 사용

각 공유자는 공유물 전부를 비율에 따라 사용 · 수익할 수가 있다(263조). 구체적인 사용방법이나 수익분배방법은 공유자간의 협의에 의한다. 지분의 비율을 넘는 사용 · 수익은 다른 공유자의 동의를 요한다.

[공유지분을 초월하여 사용한 경우의 부당이득]

토지공유자는 각자의 지분비율에 따라 토지전체를 사용 · 수익할 수 있지만, 그 구체적인 사용 · 수익방법에 관하여 공유자들 사이에 지분과반수의 합의가 없는 이상, 1인이 그 전부를 배타적으로 점유 · 사용할 수 없다.

그러므로 공유자 중의 일부가 그 전부를 배타적으로 점유 · 사용하고 있다면, 다른 공유자들 중 지분은 있으나 사용 · 수익은 전혀 하지 않고 있는 자에 대하여는 그 자의 지분에 상응하는 부당이득을 하고 있다(대판 2002.10.11, 2000다17803).

2. 공유물의 처분 · 변경

공유물은 다른 공유자의 지분의 객체로도 되어 있으므로 한 공유자가 그 공유물을 자유로이 처분 또는 변경할 수 없다. 즉 공유지분의 처분은 자유로우나 공유물의 처분 또는 변경을 위해서는 공유자 전원의 동의를 요한다(264조).

여기서 처분이라 함은 법률상 및 사실상의 처분을 포함한다(공유물매각 등). 변경은 건물의 개축, 토지의 개간 · 산림의 벌채 등과 같이 목적물이 멸실하지 않는 범위에서 공유물의 성질을 변하게 하는 것을 말한다.

[과반수지분권자의 관리범위]

과반수 공유지분권자가 그 공유물의 특정부분을 배타적으로 사용·수익할 경우의 한계 사용·수익의 내용은 공유물의 기존의 모습에 본질적 변화를 일으켜 관리 아닌 처분이나 변경의 정도에 이르는 것이어서는 안 된다. 예컨대 다수지분권자라 하여 나대지에 새로이 건물을 건축한다든지 하는 것은 관리의 범위를 넘는 것이 될 것이다(대판 2001.11.27, 2000다33638·33545).

3. 공유물의 관리

(1) 공유물의 이용 · 개량

공유물의 관리에 관한 사항은 공유자의 지분의 과반수로써 결정한다(265조 본문). 이는 임의규정이다. 여기서 말하는 관리란 공유물의 이용·개량행위를 말한다.

공유물의 이용이라 함은 공유물을 경제적 용도에 따라서 활용하는 것으로서 각 공유자의 개인적 수요를 충족하기 위한 사용·수익과는 다르다. 공유물의 개량이란 그 사용가치나 교환가치를 증대케 하는 것으로서 변경의 정도까지는 이르지 않는 것을 말한다.

(2) 공유물의 보존

공유물의 보존행위는 각 공유자가 단독으로 할 수 있다(265조 단서).

공유물의 보존이라 함은 공유물의 멸실·훼손을 방지하고 그 현상을 유지하는 것을 말한다(수리 등). 보존행위는 공유자 전원의 이익이 되고, 공유자간에 이익이 대립되지 않기 때문에 단독으로 할 수 있는 것이다.

[보존행위로서 공유물의 인도청구 여부]

공유물의 소유자는 자신이 소유하고 있는 지분이 과반수에 미달되더라도 공유물을 점유하고 있는 자에 대하여, 공유물의 보존행위로서 공유물의 인도를 청구할 수 있다(대판 1994.3.22. 93다9392).

[특약의 승계여부]

공유자 간의 공유물에 대한 사용수익·관리에 관한 특약은 공유자의 특정승계인에 대하여도 당연히 승계된다고 할 것이나, 민법 제265조는 "공유물의 관리에 관한 사항은 공유자의 지분의 과반수로써 결정한다."라고 규정하고 있으므로, 위와 같은 특약 후에 공유자에 변경이 있고 특약을 변경할 만한 사정이 있는 경우에는 공유자의 지분의 과반수의 결정으로 기존 특약을 변경할 수 있다(대판 2005.5.12. 2005다1827).

4. 공유물에 관한 부담

(1) 부담의무

공유자는 그 지분의 비율에 따라 관리비용과 기타 의무를 부담한다(266조 1항). 관리비용이란 공유물의 변경·관리·보존에 필요한 비용, 기타 의무는 공유물에 부과되는 조세 등의 공과금을 말한다. 본 규정은 공유자 상호간에만 적용되고 대외관계에는 적용되지 않으므로(대판 1991.4.12, 90다20220), 건물공유자가 건물을 임대한 경우에 보증금반환채무는 공유자 전원의 불가분채무이다.

(2) 공유자의 의무불이행과 다른 공유자의 지분매수

공유자가 이러한 의무를 1년 이상 지체한 때에는 다른 공유자는 상당한 가액으로 그 자의 지분을 매수할 수 있다(266조 2항). 이 매수청구권은 일종의 형성권이므로 상대방의 동의를 요하지 아니한다. 단 지분 전체에 대한 매수청구권이어야 한다.

사례해결

(1) A는 B를 상대로 공유물의 인도를 청구할 수 있고, 그 근거는 보존행위이다. 이에 대해 B가 가지고 있는 "지분의 비율에 따른 사용·수익권"까지 근거 없이 박탈한다는 이유로 반대하는 견해가 있으나, B의 점유상태는 전체적으로 보아 법의 보호를 받을 수 없는 부적법한 것이므로 결국 A는 공유물의 인도를 청구할 수 있다고 봄이 타당하다.
(2) A는 B에 대해 공유물의 인도를 청구할 수는 없다. 공유물의 관리에 관한 사항은 공유자의 지분의 과반수로써 결정하는데(민법 제 265조) B는 과반수 지분권자로서, 공유물의 특정 부분을 배타적으로 사용·수익하기로 하는 것을 공유물의 관리방법으로 볼 수 있기 때문이다. 다만 A는 그로 인해 그 특정 부분의 사용·수익을 전혀 하지 못하여 손해를 입고 있으므로 1/4 지분에 상응하는 임료 상당의 부당이득 반환청구를 B에게 할 수 있다.
(3) 공유자 간의 공유물에 대한 사용수익·관리에 관한 특약은 공유자의 특정 승계인에 대하여도 당연히 승계되고, C는 과반수 지분권자도 아니므로 C의 주장은 부당하다.

Ⅴ. 지분권의 주장과 공유의 대외적 주장

1. 지분권의 주장

지분권은 소유권과 같으므로 각 공유자는 소유권과 마찬가지로 다른 공유자나 제3자에 대해 자기의 지분을 주장할 수 있다. 이 경우 각 공유자는 단독으로 소를 제기할 수 있고, 다른 공유자를 상대로 할 수도 있고, 다투는 자만을 피고로 하면 족하다. 그리고 판결의 기판력은 소송당사자간에만 생긴다. 지분권의 주장으로서 문제가 되는 것은 다음과 같은 것이 있다.

(1) 지분권의 확인청구

각 공유자는 지분권의 존부를 다투는 다른 공유자나 제3자를 상대방으로 하여 단독으로 지분권확인의 소를 제기할 수 있다.

(2) 지분권침해에 대한 물권적 청구

1) 반환청구

제3자가 공유물의 점유를 침탈한 경우에 각 공유자는 각 지분의 비율에 따른 반환을 청구함과 동시에 그 지분에 기하여 단독으로 자기에게 공유물 전부의 인도를 청구할 수 있다는 것이 통설 · 판례(대판 1966.4.19, 66다283)의 태도이다.

그러나 그 근거에 관하여 판례가 이를 보존행위에 해당한다고 보는 데 반하여, 통설은 불가분채권의 규정(409조)을 유추적용하여 목적물은 1 개 불가분의 것이므로 단독으로 전부의 반환을 청구할 수 있다고 본다.

[공유물지분권자의 인도청구 여부]

공유물에 대한 과반수지분권자는 공유물의 관리방법으로 이를 점유하고 있는 다른 공유자 또는 제3자에 대하여 그 공유물 전부의 인도를 청구할 수 있다(대판 1968.11.26. 68다1675).

2) 방해배제청구

다른 공유자 또는 제3자가 공유물에 대하여 침해행위를 하는 때에는 각 공유자는 단독으로 공유물 전부에 대한 방해의 제거를 할 수 있다(통설 · 판례).

[지분권의 효력이 미치는 범위]

공유지분권은 공유물 전부에 효력이 미치므로 다른 지분권자가 공유지분권을 다투거나 침해하였다면 보존행위로서 지분권의 확인 및 방해배제를 청구할 수 있다(대판 1970.3.24, 70다133).

(3) 등기청구

① 각 공유자는 공유부동산이 다른 공유자의 단독명의로 되어 있을 때는 자기 지분권에 대해 단독으로 등기를 청구할 수 있다.

② 지분권의 양수인은 양도인에 대해 양수한 지분권에 기해 단독으로 지분권의 이전등기를 청구할 수 있다.

③ 공유부동산에 대해 제3자가 불법한 등기명의를 가지고 있을 때는, 각 공유자는 지분권에 기해 단독으로 그 말소등기를 청구할 수 있다(대판 1993.5.11, 92다52870).

(4) 손해배상청구

공유물이 침해된 경우에 각 공유자는 지분권에 기해 손해배상을 청구할 수 있다. 다만 자기의 지분의 비율에 따른 손해액만을 청구할 수 있을 뿐이다.

2. 공유의 대외적 주장

공유의 대외적 주장이란 예컨대 어느 부동산이 甲 · 乙 · 丙 등의 공유라는 사실(공유관계)을 제3자에게 주장하는 것을 말한다. 문제는 이 경우에 공유자 1인만으로 소송을 제기할 수 있는가, 아니면 공유자 전원이 원고가 되어야 하는가가 문제된다. 이 문제의 핵심은 공유자 일부의 소제기에 의하여 얻어진 판결의 효력(기판력)을 다른 공유자에 대해서도 미치는 것으로 할 것인지에 있다.

통설은 이를 필요적 공동소송으로 보아 반드시 공유자 전원이 원고가 되어 소를 제기해야 한다고 한다. 한편 판례는 공유자 중 1 인의 청구의 내용이 보존행위인 경우에는 지분권의 주장과 공유의 대외적 주장을 구별하지 않고 단독의 소제기를 인정한다(대판 1970.3.24, 70다133). 다만 청구의 내용이 관리 · 처분행위인 경우에는 공유자 전원이 소송을 제기하여야 한다고 한다. 타인명의로 되어 있는 등기를 공유자 전원 명의의 등기로 하는 경우에는 공동청구가 필요하다.

Ⅵ. 공유물의 분할

사례

A와 B는 8:1의 지분비율로 상업지역에 대지 540 ㎡를 공유하고 있으며 A의 지분에는 C가 근저당권을 설정한 상태이다. A는 공유지분비율에 따라 9분의 1지분에 상당한 60 ㎡를 재판상 분할을 청구하였다. 법원은 현물분할의 원칙에 따라 현물분할을 하여야 하는가?

1. 분할자유의 원칙

공유자는 언제라도 공유물의 분할을 청구할 수 있다(268조 1항 본문). 다만 5년을 초과하지 않는 기간 내에서 분할하지 아니할 것을 약정할 수 있다(268조 1항 단서). 이 불분할계약은 갱신할 수 있지만 그 기간은 갱신한 날로부터 5년을 넘지 못한다(268조 2항). 불분할계약의 효력은 지분의 양수인에게도 승계되나 부동산의 경우에는 등기를 요한다(부동산등기법 89조).

[공유물분할의 대상]

민법 제268조가 규정하는 공유물의 분할은 공유자 상호간의 지분의 교환 또는 매매를 통하여 공유의 객체를 단독소유권의 대상으로 하여 그 객체에 대한 공유관계를 해소하는 것을 말한다. 그러므로 공유물의 대상이 되는 것은 어디까지나 공유물에 한한다(대판 2002.4.12, 2002다4580).

2. 분할의 방법

(1) 협의에 의한 분할

공유물의 분할은 협의에 의하는 것이 원칙이다(269조 1항 참조). 분할에 관하여 공유자 사이에 협의가 성립한 경우에는 그 방법에 아무런 제한이 없으나 일반적으로 다음과 같은 방법에 의한다.

1) 현물분할

토지를 분할하는 것처럼 공유물을 그대로 분량적으로 분할하는 방법으로 가장 일반적인 모습이다.

2) 대금분할

공유물을 매각하여 그 대금을 분할하는 방법이다. 이 경우에 각 공유자는 공유물의 매각과 동시에 대금채권을 분할해서 취득하는 것이 원칙이다(408조 참조).

3) 가격분할

공유자 중의 1인이 공유물의 단독소유자가 되고, 다른 공유자는 그 자로부터 자기의 지분에 상당한 가격의 지급을 받는 방법이다.

[가격배상에 의한 분할의 여부]

공유관계의 발생원인과 공유지분의 비율 및 분할된 경우의 경제적 가치·분할 방법에 관한 공유자의 희망 등의 사정을 종합적으로 고려하여 당해 공유물을 특정한 자에게 취득시키는 것이 상당하다고 인정되고, 다른 공유자에게는 그 지분의 가격을 취득시키는 것이 공유자 간의 실질적인 공평을 해치지 않는다고 인정되는 특별한 사정이 있는 때에는 공유물을 공유자 중의 1인의 단독소유 또는 수인의 공유로 하되 현물을 소유하게 되는 공유자로 하여금 다른 공유자에 대하여 그 지분의 적정하고도 합리적인 가격을 배상시키는 방법에 의한 분할도 현물분할의 하나로 허용된다(대판 2004.10.14. 2004다30583).

(2) 재판에 의한 분할

분할의 방법에 관하여 협의가 성립되지 않는 경우에는 공유자는 법원에 대하여 공유물의 분할을 청구할 수 있다(269조 1항).

1) 소의 원인 · 성질

협의가 성립되지 않는 경우에는 처음부터 분할에 관한 협의가 이루어지지 않는 경우는 물론, 분할에 관한 협의는 하였으나 분할방법에 합의가 이루어지지 않는 경우도 포함한다. 공유물분할의 소는 단독소유권을 취득시키는 새로운 법률관계의 형성을 내용으로 하는 것이므로 형성의 소이다. 판결이 확정되면 원칙적으로 당연히 분할의 효과가 생긴다.

2) 소의 당사자

분할의 소는 필요적 공동소송이다. 그러므로 원고를 제외한 모든 공유자를 피고로 하여야 한다.

3) 분할의 방법

재판에 의한 분할방법은 현물분할이 원칙이나, 예외적으로 대금분할이 인정된다. 즉 현물분할이 불가능한 때 또는 현물분할에 의해 그 가액이 현저히 감손될 염려가 있을 경우에는 물건을 경매하여 그 대금을 분할할 수 있다(269조 2항).

[재판분할방법]

재판에 의하여 공유물을 분할하는 경우에 현물로 분할할 수 없거나 현물로 분할하게 되면 그 가액이 현저히 감손될 염려가 있는 때에는 물건의 경매를 명하여 대금분할을 할 수 있는 것이다.

현물로 분할할 수 없다는 요건은 이를 물리적으로 엄격하게 해석할 것은 아니고, 공유물의 성질·위치나 면적·이용상황·분할 후의 사용가치 등에 비추어 보아 현물분할을 하는 것이 곤란하거나 부적당한 경우를 포함한다. 현물로 분할하게 되면 현저히 그 가액이 감손될 염려가 있는 경우라는 것은 공유자의 한 사람이라도 현물분할에 의하여 단독으로 소유하게 될 부분의 가액이 분할 전의 소유지분 가액보다 현저하게 감손될 염려가 있는 경우도 포함한다(대판 2009.9.10, 2009다40219·40236).

3. 분할의 효과

(1) 공유의 소멸

분할에 의해 공유관계는 소멸하고 각 공유자는 자기가 취득한 부분에 대해 단독소유권을 취득한다. 분할의 실질은 각 공유자간에는 현물분할의 경우는 지분권의 교환이고, 가격배상의 경우는 지분권의 매매이다.

(2) 분할효과의 불소급

공동상속재산의 분할의 효과는 소급하지만(1015조), 공유물의 분할의 효과는 소급하지 않는다. 공유물의 분할은 권리(지분권)의 상호이전 또는 매매라는 성격을 갖기 때문이다.

(3) 분할에 의한 담보책임

공유자는 다른 공유자가 분할로 인하여 취득한 물건에 대하여 그 지분의 비율로 매도인과 동일한 담보책임을 진다(270조). 매도인의 담보책임의 내용으로 감액·손해배상·해제 등이 인정된다(570조 2 항). 다만 재판에 의한 분할의 경우에는 해제가 인정되지 않는다(통설). 해제를 인정한다면 그에 의하여 재판의 결과를 뒤집는 결과가 되기 때문이다.

[현저히 그 가액이 감손될 염려가 있는 때의 의미]

민법 제269조 2항 소정의 대금분할을 해야 할 경우인 분할로 인하여 "현저히 그 가액이 감손될 염려가 있는 때'라 함은 그 공유물 전체의 교환가치가 현물분할로 인하여 현저하게 감손될 경우뿐만 아니라 공유자들에게 공정한 분할이 이루어지지 아니하여 그 중의 한사람이라도 현물분할에 의하여 단독으로 소유하게 될 부분의 가액이 공유물 분할 전의 소유지분가액 보다 현저하게 감손될 경우도 이에 포함된다.

그러므로 비록 형식적으로는 현물분할이 가능하다 하더라도 공유물의 위치, 면적과 주변도로상황, 사용가치, 가격, 각 공유자의 소유지분 비율에 따른 공평한 분할이 이루어질 수 없는 경우에는 현물 분할방법에 의할 것이 아니라 대금분할방법으로 그 공유물을 분할하여야 할 것이다(대판 1985.2.26. 84다카1194).

(4) 지분권 위의 담보물권

지분권에 설정된 담보물권에 관하여 민법에 규정이 없지만, 분할에 의해 다음과 같은 영향을 받는다고 해석된다.

① 자기의 지분권 위에 저당권을 설정한 공유자 甲이 현물분할에 의해 공유지의 일부를 취득했을 때는 甲의 지분권은 소멸하지 않고, 저당권은 甲의 지분비율로 공유지 전부 위에 존속한다(대판 1989.8.8, 88다카24868).

② 甲이 가격배상에 의해 공유지 전부를 취득했을 때에도 甲의 지분권은 소멸하지 않고 저당권은 그 지분권 위에 존속한다.

③ 공유가 가격배상에 의해 다른 공유자 또는 대금분할에 의해 제3자의 소유에 귀속했을 때에도 甲의 지분권은 소멸하지 않고, 저당권은 그 지분권 위에 존속함과 동시에 저당권자는 甲의 대금청구권(또는 지분대금)에 대하여 물상대위권을 행사할 수 있다.

사례해결

A의 청구대로 60 ㎡를 B의 단독소유로 현물분할을 할 경우에 그 부분은 건축물 대지면적의 최소한도 이하의 면적이 되어 그 지상에 건축이 불가능한 대지가 된다(건축법 제49조 및 건축법시행령 제80조의 규정에 의하면 상업지역에서의 건축물의 대지며넉의 최소한도는 150 ㎡이상으로 되어 있음). 이러한 대지부분의 가액은 분할 전의 건축이 가능한 대지의 지분가액보다 현저하게 감손되어 공정한 분할이 아니다. 그렇다고 B의 단독소유 부분의 면적이 150㎡가 되도록 분할한다면 이번에는 A의 단독소유 부분의 면적이 390 ㎡에 불과하여 분할전 소유지분가액보다 지나치게 감소된다.

이와 같은 경우 A 소유토지가액의 감손부분에 대하여 B에게 가액보상을 명하는 방법이 있으나, A 소유지분에 대하여 C 명의의 근저당권이 설정되어 있고 이 근저당권은 분할 후 B 단독소유 토지에도 그 지분비율대로 존속하게 되어 A는 B에게 이로 인한 가액감손을 보상해야 하므로 상호보상관계가 매우 복잡해진다. 결국 여러 사정을 고려하면 대금분할의 방법으로, 토지를 경매에 붙여 그 대금 중 경매비용을 공제한 나머지 금액을 A·B의 각 지분비율에 따라 분배함이 상당하다.

제2항 합 유

사례

A·B·C는 동업계약을 하고 부동산을 구입하였으나 합유등기를 하지 않고 지분에 따른 공유등기를 하였다. 이 때 조합과 각 지분의 공유등기 사이에 법률관계는 어떻게 되는가?

Ⅰ. 의의와 성질

합유(합유)는 수인이 조합체로서 물건을 소유하는 공동소유형태를 말한다(271조 1항). 조합체란 수인이 동일한 목적으로 결합되어 있으나 구성원의 개별성이 강하여 아직 단체로서의 체제를 갖추지 못한 수인의 결합체를 의미한다.

합유는 공유와 비교하면 단체적 색체가 강하나, 총유와 비교하면 구성원의 개성이 뚜렷하다는 특징이 있다. 이러한 의미에서 합유는 공유와 총유의 중간형태라고 할 수 있다.

Ⅱ. 합유의 성립

합유는 조합체가 물건의 소유권을 취득함으로써 성립한다. 조합의 소유권취득 역시 물권적 합의와 공시방법을 갖추어야 한다. 특히 부동산을 합유하는 때에는 이를 등기하여야 한다(부동산등기법 44조).

1. 계약에 의한 성립

계약에 의하여 조합체가 만들어짐으로써 합유관계가 성립한다. 계약에 의한 조합의 성립의 전형적인 것으로는 동업계약과 계가 있다.

[계의 성질]

계는 특별한 약정이 없으면 조합계약으로 추정되며 계를 중심으로 한 재산은 각 계원의 합유가 된다(대판 1962.7.26, 62다265).

2. 법률의 규정에 의한 성립

민법의 조합재산(704조)과 수탁자가 수인 있는 경우의 신탁재산(신탁법 45조)이다.

[조합재산의 명의신탁]

매수인들이 상호 출자하여 공동사업을 경영할 것을 목적으로 하는 조합이 조합재산으로서 부동산의 소유권을 취득하였다면, 민법 제271조 1항의 규정에 의하여 당연히 그 조합체의 합유물이 된다.

다만 그 조합체가 합유등기를 하지 아니하고 그 대신 조합원 1인의 명의로 소유권이전등기를 하였다면, 이는 조합체가 그 조합원에게 명의신탁한 것으로 보아야 한다(대판 2002.6.14, 2000다30622).

Ⅲ. 합유의 법률관계

1. 지분의 효력이 미치는 범위

합유자의 권리, 즉 지분은 조합재산 전체에 대하여 지분을 가지며 개개의 물건에도 지분을 갖는다(271조 1항 후단).

2. 합유물의 처분 · 변경과 보존

합유물을 처분 또는 변경하려면 합의자 전원의 동의가 있어야 한다(272조 본문). 그러나 보존행위는 각자가 할 수 있다(272조 단서).

[특별사무의 처리방법]

조합재산의 처분·변경에 관한 행위는 다른 특별한 사정이 없는 한, 조합의 특별사무에 해당하는 업무집행이다. 업무집행조합원이 수인 있는 경우에는 조합의 통상사무의 범위에 속하지 아니하는 특별사무에 관한 업무집행은 민법 제706조 2항에 따라 원칙적으로 업무집행조합원의 과반수로써 결정한다(대판 2000.10.10, 2000다28506·28513).

3. 합유지분의 처분

합유지분이란 합유물에 대한 합유자의 권리를 말하며, 이는 합유물 전부에 미친다(271조 1항 후단). 합유지분은 공유지분과 같이 자유로이 처분할 수 있는 독립한 권리로서의 지분이 아니고, 조합의 목적과 단체성에 의하여 제한을 받는다.

따라서 민법은 합유물에 대한 지분을 처분하기 위해서는 합유자 전원의 동의가 필요하다고 규정한다(273조 1항).

[합유지분의 처분]

합유재산을 합유자의 1인 명의로 소유권보존등기 한 것은 원인무효의 등기이며, 합유자는 전원의 동의 없이는 합유물에 대한 지분을 처분하지 못하는 것이므로, 그 동의가 없는 이상 지분매매도 할 수 없다(대판 1970.12.29. 69다22).

[합유지분의 상속여부]

부동산의 합유자 중 일부가 사망한 경우 합유자 사이에 특별한 약정이 없는 한, 사망한 합유자의 상속인은 합유자로서의 지위를 승계하지 못한다. 그러므로 해당 부동산은 잔존 합유자가 2인 이상일 경우에는 잔존 합유자의 합유로 귀속되고, 잔존 합유자가 1인인 경우에는 잔존 합유자의 단독소유로 귀속된다(대판 1996.12.10. 96다23238).

4. 합유물의 분할금지

조합이 존속하고 있는 동안은 각 합유자는 합유물의 분할을 청구하지 못한다(273조 2 항). 조합이 청산된 때에는 청산절차에 따라 합유물을 분할하여 각 조합원에게 분배할 수 있다.

5. 합유의 종료

(1) 종료원인

합유물의 분할은 원칙적으로 금지되어 있으므로 합유관계가 종료하는 것은 합유물의 양도로 조합재산이 없게 되는 때와 조합체의 해산이 있는 경우이다(274조 1항).

(2) 합유물의 분할

조합체의 해산으로 합유관계를 종료하게 되면 합유물을 분할하게 되는데 그 분할에는 공유물의 분할에 관한 규정이 준용된다(274조 2항).

사례해결

동업을 목적으로 하는 조합이 조합체로서 또는 조합재산으로서 부동산의 소유권을 취득한 경우 그 부동산은 조합체의 합유물이다. 다만 설문에서 조합체가 합유등기를 하지 아니하고 조합원들 명의로 각 지분에 관하여 공유등기를 하였는데, 이 경우 조합체가 조합원들에게 각 지분에 관하여 명의신탁 한 것으로 볼 수 있다.

제3항 총 유

Ⅰ. 의 의

총유(總有)는 법인이 아닌 사단의 사원이 집합체로서 물건을 소유하는 공동소유형태를 말한다(275조 1항).

Ⅱ. 총유의 성립

총유가 성립하기 위해서는 그 전제로서 법인이 아닌 사단의 존재를 필요로 한다. 예컨대 동창회 · 학회 · 교회 등이 회관 그 밖의 물건을 소유하고, 촌락이 산림을 소유하는 경우 등이다. 부동산의 총유는 이를 등기하여야 하며, 등기는 그 대표자 또는 관리인이 사단의 명의로 이를 신청한다(부동산등기법 30조).

Ⅲ. 총유의 법률관계

1. 관리 · 처분

총유물의 관리 및 처분은 원칙적으로 정관의 규정에 따르고, 규정이 없는 경우에 사원총회의 결의에 의한다(276조 1항).

[교회재산의 처분방법]

기독교 단체인 교회에 있어서 교인들의 연보 · 헌금 기타 교회의 수입으로 이루어진 재산은 특별한 사정이 없는 한, 그 교회 소속교인들의 총유에 속한다. 따라서 그 재산의 처분은 그 교회의정관 기타 규약에 의하거나 그것이 없는 경우에는 교회소속 교인들로 구성된 총회결의에 따라야 한다(대판 2009.2.12, 2006다23312).

2. 사용 · 수익

일반적으로 총유물의 사용 · 수익의 권능은 각 사원에게 분속되지만 그 행사는 정관 기타의 규약에 따라 이를 하여야 한다(276조 2항).

3. 보존행위

각 사원이 총유물에 관한 보존행위를 단독으로 할 수 있는가에 관해서 민법에 규정이 없다. 이에 관해 초기의 판례는 각 사원이 총회의 결의를 얻어 단독으로 보존행위를 할 수 있다고 하였으나(대판 1986.9. 23, 84다카6), 그 후의 판례는 이를 변경하여 단독으로 보존행위를 할 수 없다고 하였다(대판 2005.9.15,2004다44971).

4. 총유물에 관한 권리의무의 득상

총유물에 관한 사원의 권리의무는 사원의 지위를 취득·상실함으로써 취득·상실된다(277조). 총유물에 관한 사원의 권리의 중요한 것은 총유물의 관리·처분에 참여할 수 있는 것과 총유물을 사용·수익하는 것이다. 총유에 있어서는 공유나 합유와 달리 지분이 없다.

[어촌계의 보상금 취득요건]

어촌계의 계원으로 있을 당시 어촌계가 취득한 보상금이라 하더라도 그 분배결의 당시 계원의 신분이 상실하였다면, 그 결의의 효력을 다툴 법률상의 이해관계가 없다(대판 1996.12.10, 95다57159).

제4항 준공동소유

Ⅰ. 의 의

준공동소유(準共同所有)란 소유권 이외의 재산권을 수인이 공동으로 소유하는 것을 말한다. 준공동소유에도 공동소유의 형태와 같이 준공유·준합유·준총유의 세 종류가 있다.

Ⅱ. 준공동소유가 인정되는 재산권

1. 소유권 이외의 물권

지상권·지역권·전세권·저당권 등에 준공동소유가 인정된다.

2. 채 권

채권에 대한 준공동소유를 인정하는 것이 다수설인데 그에 대한 적용규정에 대해서는 (ⅰ) 채권편의 규정이 우선 적용된다는 견해와 (ⅱ) 채권의 내용·효력에 관하여는 불가분채권의 규정을 적용하되 채권에 대한 지배에 관하여도 공동소유의 규정을 적용하여야 한다는 견해가 대립된다. 한편 소수설은 물건의 지배를 수반하는 채권(임차권·사용차권)에 관하여만 준공동소유를 인정한다.

[공동명의 예금채권의 집행방법]

공동명의의 예금채권자 중 1인에 대한 채권자로서는 그 1인의 지분에 상응하는 예금채권에 대한 압류 및 추심명령 등을 얻어 이를 집행할 수 있다. 한편 이러한 압류 등을 송달받은 은행으로서는 압류채권자의 압류명령 등에 기초한 단독 예금반환청구에 대하여 공동명의 예금채권자들과 사이의 공동반환특약을 두어 그 지급을 거절할 수 없다(대판 2005.9.9, 2003다7319).

▣ 공유 · 합유 · .총유의 비교

구분	공유	합유	총유
인적결합형태	개인주의적 공동소유	조합의 공동소유	비법인사단 공동소유
지분의 처분	자유롭게 처분	합유자 전원의 동의	지분권이 없음
분할청구	특약이 없으면 가능	불가	지분이 없어 불가
공동소유물 처분·변경	공유자 전원 동의	합유자 전원 동의	사원총회 결의
공동소유물 관리	과반수	조합계약에 의함	사원총회 결의
공동소유물 보존	각자 가능	각자 가능	상원총회 결의
공동소유물 사용·수익	공유물 전부 지분비율로 사용 가능	합유물 전부 조합계약에 따라 가능	정관에 의함
공동소유관계 이탈	양도·분할·지분포기	조합체 해산 또는 합유물의 양도	총유물의 양도나 사원지위의 상실
부동산 등기방식	공유자 전원명의로 하되 지분 기재	합유자 전원명의로 하되 합유 취지 기재	비법인사단 자체의 명의로 등기

제5관 명 의 신 탁

사례

을은 갑 소유의 토지를 매수하기로 하였으나 세금을 회피하기 위하여 병에게 부동산매수에 대한 사무를 위임하고 부동산계약과 명의도 병의 이름으로 하기로 하였다. 병은 토지의 소유자인 갑과 매매계약 체결 후 자신의 명의로 등기를 경료하였다. 몇 년 후 을이 병에게 부동산소유권의 이전을 요구하였으나 병은 이를 거부하고 정에게 매도하였다. 이 때 갑 · 을 · 병의 법률관계는?

Ⅰ. 의 의

명의신탁이란 대내적으로는 실권리자가 관리 · 수익 · 처분 등 소유권을 가지면서 등기명의를 명의수탁자 앞으로 해 두는 것이다. 우리나라에서 명의신탁제도가 이용된 것은 일제에 의한 토지조사사업 당시 종중토지를 종중원 개인의 명의로 등기한 것을 유효라고 인정하면서부터이다.

한편 「부동산실권리자 명의등기에 관한 법률」(이하 부동산실명법)은 그 적용대상이 되는 명의신탁약정을 「부동산에 관한 소유권 기타 물권을 보유한 자 또는 사실상 취득하거나 취득하려고 하는 자가 타인과의 사이에 대내적으로는 실권리자가 부동산에 관한 물권을 보유하거나 보유하기로 하고 그에 관한 등기(가등기를 포함한다)는 그 타인의 명의로 하기로 하는 약정」(위임 · 위탁매매의 형식에 의하거나 추인에 의한 경우를 포함한다)이라고 정의

하고 있다(부동산실명법 2조 1호).

Ⅱ. 명의신탁약정의 효력

1. 종래의 논의

민법은 명의신탁에 대해 명문의 규정을 두고 있지 않고, 주로 판례에 의해 그 이론이 확립되었으므로 명의신탁에 관한 논의 역시 판례에 대한 수용태도에 따라 이루어져 왔다. 즉 판례에 대한 비판을 통해 명의신탁은 허위표시로서 무효라고 주장하는 견해와 판례의 태도를 일단 수용하되 선의의 제3자만을 보호하려는 관점에서 법리를 재구성하여 제한적으로 유효하다는 견해, 그리고 판례를 지지하여 명의신탁을 유효하다고 보는 견해가 명의신탁의 유효성에 관하여 종래 논의되어 왔다.

2. 현행법상 명의신탁의 효력

(1) 원 칙

부동산실명법은 명의신탁약정을 무효라고 명시하고 있다(부동산실명법 4조 1항). 또 그에 따라 행하여진 부동산물권변동도 무효가 되고(부동산실명법 4조 2항 본문) 등기도 원인무효가 된다. 다만 명의신탁약정과 등기의 무효는 제3자에게 대항하지 못한다(부동산실명법 4조 3항). 이 경우 제3자의 선의·악의는 불문하며 제3자는 등기를 경료한 자이어야 한다.

(2) 예 외

종중이 보유한 부동산에 관한 물권을 종중 외의 자 명의로 등기한 경우 및 배우자 명의로 부동산에 관한 물권을 등기한 경우에는 조세포탈·강제집행의 면탈·법령상 제한회피를 목적으로 하지 않는 경우에 한하여 명의신탁약정의 효력·과징금·이행강제금·벌칙 및 기존 명의신탁의 실명등기의무위반시 효력의 규정이 배제된다(부동산실명법 8조). 따라서 이 경우에는 종래의 판례이론이 적용된다.

3. 명의신탁의 유형

(1) 양자간 명의신탁

명의신탁자(甲)의 소유인 부동산을 명의신탁약정에 의하여 명의수탁자(乙)의 명의로 등기하여 두는 명의신탁을 말한다. 양자간 명의신탁은 부동산실명법에 의하면 당연히 무효가 된다(동법 4조2 항 본문).

(2) 중간생략명의신탁

이는 명의신탁자(甲)가 원소유자(A)로부터 부동산을 매수하면서 명의수탁자(乙)의 명의로 등기하여 두는 명의신탁이다. 즉 등기는 A로부터 甲을 생략하고 직접 乙에게 이전되는 경우이다. 이 경우에 매도인(A)과 명의수탁자(乙)간의 부동산물권변동은 무효이고, 명의신탁자(甲)와 명의수탁자(乙)간의 명의신탁약정도 무효가 되지만 매도인(A)과 매수인(甲)간의 매매계약은 유효하다.

(3) 계약명의신탁

이는 부동산의 원소유자가 명의신탁약정의 사실을 알지 못하고 명의수탁자와 직접 매매계약을 체결하여 명의수탁자에게 등기를 이전해주는 방식이다. 예컨대 甲(명의신탁자)이 乙(명의수탁자)에게 매매대금을 주면서 丙(원소유자)으로부터 토지를 매수하여 乙명의로 등기를 하는 경우이다. 이러한 경우에 丙이 甲·乙간의 명의신탁약정이 있다는 사실을 몰랐다면 乙·丙 사이의 매매계약은 부동산실명법에 의하면 유효하다(부동산실명법 4조 2항 단서).

[계약명의신탁에서 매도인이 악의인 경우]

어떤 사람이 타인을 통하여 부동산을 매수함에 있어 매수인 명의 및 소유권이전등기 명의를 타인 명의로 하기로 약정하였고 매도인도 그 사실을 알고 있어서 그 약정이 부동산실명법 제4조의 규정에 의하여 무효로 되고 이에 따라 매매계약도 무효로 되는 경우, 매매계약상의 매수인의 지위가 당연히 명의신탁자에게 귀속되는 것은 아니다.

그러나 그 무효사실이 밝혀진 후에 계약상대방인 매도인이 계약명의자인 명의수탁자 대신 명의신탁자가 그 계약의 매수인으로 되는 것에 대하여 동의 내지 승낙을 함으로써 부동산을 명의신탁자에게 양도할 의사를 표시하였다면, 명의신탁약정이 무효로 됨으로써 매수인의 지위를 상실한 명의수탁자의 의사에 관계없이 매도인과 명의신탁자 사이에는 종전의 매매계약과 같은 내용의 양도약정이 따로 체결된 것으로 봄이 상당하다.

따라서 이 경우 명의신탁자는 당초의 매수인이 아니라고 하더라도 매도인에 대하여 별도의 양도약정을 원인으로 하는 소유권이전등기청구를 할 수 있다(대판 2003.9.5, 2001다32120).

[명의수탁자가 반환해야 할 부당이득의 대상]

① 부동산실명법 시행 전에 이른바 계약명의신탁에 따라 명의신탁 약정이 있다는 사실을 알지 못하는 소유자로부터 명의수탁자 앞으로 소유권이전등기가 경료되고 동법 소정의 유예기간이 경과하여 명의수탁자가 당해 부동산의 완전한 소유권을 취득한 경우, 명의수탁자가 명의신탁자에게 반환하여야 할 부당이득의 대상은 당해 부동산 자체이다.(대판 2002.12.26, 2000다21123).
② 부동산실명법 시행 후에 이른바 계약명의신탁 약정을 한 경우, 명의수탁자가 명의신탁자에게 반환하여야 할 부당이득의 대상은 매수자금이다(대판 2005.1.28. 2002다66922).

(4) 상호명의신탁

1) 의 의

토지 중 일부를 특정하여 매수하고 다만 그 소유권이전등기만을 편의상 토지 전체에 관하여 공유지분이전등기로 한 경우 그 특정부분 이외의 부분에 관한 등기는 상호명의신탁관계에 있다. 마찬가지로 1동의 건물 중 위치 및 면적이 특정되고 구조상 및 이용상 독립성이 있는 일부분씩을 2인 이상이 구분소유하기로 하는 약정을 하고 등기만은 편의상 각 구분소유의 면적에 해당하는 비율로 공유지분등기를 하여 놓은 경우 공유자들 사이에 상호

명의신탁관계에 있는 이른바 구분소유적 공유관계에 해당한다. 상호명의신탁은 무효가 되는 명의신탁약정에 해당하지 않는다.(부동산실명법 2조 1호 나목)

2) 법률관계

구분소유적 공유관계에 있는 자는 내부관계에 있어서는 특정부분에 한하여 소유권을 취득하고 이를 배타적으로 사용, 수익할 수 있고, 다른 구분소유자의 방해 행위에 대하여는 소유권에 터 잡아 그 배제를 구할 수 있으나, 외부관계에 있어서는 1필지 전체에 관하여 공유관계가 성립되고 공유자로서의 권리만을 주장할 수 있는 것이므로, 제3자의 방해 행위가 있는 경우에는 자기의 구분소유 부분뿐 아니라 전체토지에 대하여 공유물의 보존행위로서 그 배제를 구할 수 있다.

그 해소는 일반적인 명의신탁의 법리에 의한다. 즉, 명의신탁자는 명의수탁자에 대하여 신탁해지를 하고 신탁관계의 종료 그것만을 이유로 하여 소유 명의의 이전등기절차의 이행을 청구할 수 있음은 물론, 신탁해지를 원인으로 하고 소유권에 기해서도 그와 같은 청구를 할 수 있다. 그와 같은 법리는 위 상호 명의신탁의 지위를 승계한 자와의 관계에 있어서도 마찬가지로 적용된다.

Ⅲ. 명의신탁의 법률관계에 관한 판례이론

판례는 명의신탁에 대해 대내관계와 대외관계로 구별하여 대내관계에서는 신탁자가 소유권을 그대로 보유하나, 대외관계에서는 수탁자를 완전한 소유자로 보는 점에서 출발한다.

1. 대내관계

(1) 소유권의 유보

명의신탁계약에 의하여 신탁부동산에 대해 수탁자명의로 소유권이전등기가 경료되었다 하더라도 대내관계인 신탁자와 수탁자 사이에서는 신탁자가 신탁재산에 대한 소유권을 그대로 보유하면서 그것을 관리·수익한다. 대내적으로는 수탁자는 소유자가 아니다. 따라서 수탁자 명의의 토지에 수탁자가 건물을 지은 경우 관습법상 법정지상권은 성립하지 않는다.

(2) 수탁자의 의무

명의신탁 역시 하나의 계약이므로 수탁자의 의무는 원칙적으로 계약의 내용에 따라 정해지게 된다. 그러나 일반적으로 수탁자는 신탁재산에 관한 소유명의를 보존할 의무를 진다. 따라서 수탁자가 명의신탁을 받은 재산을 임의로 처분하면 횡령죄가 성립하게 된다.

(3) 신탁관계의 승계

명의신탁이 유효하게 성립되어 있는 경우에 계약당사자 중에서 그 일방이 사망하여도 명의신탁관계가 당연히 소멸하지는 않는다. 따라서 상속인과의 사이에 명의신탁관계는 그대로 존속하게 된다. 특히 상호명의신탁의 경우에 있어서는 이러한 신탁당사자의 내부관계의 법리가 신탁당사자의 특정승계인에게도 적용된다고 한다.

(4) 신탁부동산에 대한 시효취득

명의신탁에 의하여 부동산의 소유자로 등기된 자는 그 점유권원의 성질상 자주점유라 할 수 없어 신탁부동산의 소유권을 취득할 수 없고, 또 수탁자 명의의 등기를 신탁자의 등기로 볼 수도 없으므로 신탁자에게 등기부취득시효가 인정될 수 없다(대판 1987.11.10, 85다카1644).

2. 대외관계

(1) 수탁자의 소유권취득

명의신탁이 성립된 경우에 대외적인 제3자와의 관계에 있어서는 등기명의자인 수탁자만이 소유권을 가진다. 따라서 수탁자의 일반채권자는 수탁자 명의의 재산에 대하여 강제집행 내지 경매할 수 있다. 이에 반해 등기명의자가 아닌 신탁자는 신탁을 이유로 수탁자의 일반채권자에 대하여 소유권을 주장할 수 없다.

(2) 신탁재산의 처분

수탁자로부터 그 부동산을 양수한 제3자는 그가 선의이었건 악의이었건 가릴 것 없이 그 소유권을 유효하게 취득하는 것이 원칙이다(대판 1991.4.23, 91다6221). 다만 제3자가 수탁자에게 매도나 담보의 제공 등을 적극적으로 권유함으로써 수탁자의 배임행위에 적극 가담한 경우에는 명의수탁자와 제3자 사이의 계약은 반사회적인 법률행위로서 무효가 된다.

(3) 명의신탁재산에 대한 침해배제청구권

명의신탁자는 불법점유자 내지는 불법등기명의자에 대해 직접 그 명도 내지는 등기말소를 청구할 수는 없고, 수탁자를 대위하여 그 물권적 청구권 등을 행사할 수 있을 뿐이다(대판 1979.8.25, 77다1097). 판례는 특히 그 논거로서 수탁자를 대위함으로써 신탁자의 지위보존에 부족함이 없고, 나아가 신탁자가 직접 그 권능을 행사하는 것은 신탁의 법률관계를 복잡하게 한다는 점을 든다.

3. 명의신탁의 해지

(1) 명의신탁의 해지권자

명의신탁자는 특별한 사정이 없으면 언제든지 신탁계약을 해지하고 수탁자에 대하여 신탁재산의 반환을 청구할 수 있다. 또한 수탁자 역시 특별한 사정이 없는 한 명의신탁계약을 해지할 수 있다고 해야 할 것이다.

(2) 명의신탁해지의 방법

명의신탁의 해지는 특별한 사정이 없는 한 해지권자의 일방적인 의사표시로 행해진다.

이러한 해지는 꼭 명시적으로 해야 하는 것은 아니고 묵시적으로도 할 수 있다. 그리고 이러한 명의신탁의 해지에 대해서는 일반적인 계약의 해제나 해지의 불가분성에 관한 규정인 민법 제547조 1항이 적용되지 않는다.

(3) 명의신탁해지의 효과

명의신탁은 해지의 의사표시가 있으면 바로 효과가 발생하는데, 그 효과는 계약해지의 법리상 소급하지 않고 장래에 대해서만 발생한다. 또한 명의신탁이 해지되면 당연히 청산의무가 발생하는데, 청산의무의 핵심은 수탁자가 신탁자에게 소유권을 주는 것이다.

이와 관련하여 명의신탁의 해지로 수탁자가 가지고 있던 소유권이 당연히 신탁자에게 이전되는지(물권적 효과설), 소유권이전등기를 해야만 소유권이 이전되는 것인지(채권적 효과설)가 문제된다. 이에 관한 판례의 태도는 신탁자와 수탁자의 관계, 신탁자 및 수탁자와 제3자와의 관계로 나누어 살펴보아야 한다고 한다.

1) 대내적 관계에 있어서 해지의 효과

신탁자와 수탁자 사이에서 신탁계약이 해지되면 신탁자는 신탁관계종료만을 이유로 수탁자명의로 되어 있는 등기의 이전이나 말소를 청구할 수 있다고 하면서, 신탁계약의 해지로 소유권은 당연히 신탁자에게 복귀한다는 것이다(대판 1980.12.9, 79다634).

앞에서 살펴본 바와 같이 대내적인 법률관계에 있어서는 신탁자가 진정한 소유자이므로 소유권이 원래부터 신탁자에게 있는 것이지 신탁계약의 해지로 복귀되는 것으로 이해할 필요는 없을 것이다. 신탁종료로 인한 신탁등기의 말소등기청구권은 소멸시효의 대상이 되지 않는다.

2) 대외적인 관계에 있어서 해지의 효과

이에 반하여 제3자에 대한 대외관계에서는 신탁자가 명의신탁계약을 해지하더라도 수탁자가 여전히 소유자이므로 신탁자는 소유권이전등기를 경료하지 않는 한 제3자에 대하여 소유권을 주장할 수 없다고 한다(대판 1991.8.27, 90다19848). 따라서 신탁재산을 제3자에게 처분한 경우에 제3자는 완전한 소유권을 취득하게 되고, 신탁자는 신탁계약의 해지를 이유로 그 제3자에게 대항하지 못한다.

사례해결

부동산실권리자명의등기에 관한 법률의 시행으로 명의신탁계약은 무효이다. 그러나 계약명의신탁인 경우에는 동법 제4조 제2항 단서에 따라 매도인인 갑이 명의신탁 사실을 알았는지의 여부가 법률관계에 중대한 영향을 미치게 된다.

설문의 경우 계약명의 신탁에 해당되는바 매도인 갑의 선의·악의를 나누어 살펴보아야 한다. 매도인 갑이 선의인 경우 수탁자 병과의 계약은 유효하고 수탁자 병과 신탁자 을과는 매매대금에 관한 부당이득반환청구만 문제되고 병의 정에 대한 처분행위도 유효하게 된다. 매도인 갑이 악의 경우 수탁자 병과의 계약은 무효이고 소유권은 갑이 가지고 있으며, 이에 따라 병의 정에 대한 처분행위는 불법행위를 구성하게 된다 이 경우에도 수탁자 병과 신탁자을 사이에는 부당이득반환문제가 발생한다.

제3장 용 익 물 권

타인의 토지 또는 건물을 사용·수익하는 것을 내용으로 하는 물권을 통틀어 용익물권(用益物權)이라 한다. 민법은 용익물권으로 지상권·지역권·전세권의 세 가지를 규정하고 있다.

제1절 지 상 권

제1관 일반지상권

I 지상권의 본질

1. 의 의

지상권(地上權이)란 타인의 토지에 건물 기타의 공작물이나 수목을 소유하기 위하여 그 토지를 사용하는 용익물권이다(279조).

[지상권의 실질적인 운용형태]

근저당권 등 담보권 설정의 당사자등이 그 목적이 된 토지 위에 차후 요익권이 설정되거나 건물 또는 공작물이 축조·설치되는 등으로써 그 목적물의 담보가치가 저감하는 것을 막는 것을 주요한 목적으로 하여 채권자 앞으로 아울러 지상권을 설정하였다면, 그 피담보채권이 변제 등으로 만족을 얻어 소멸한 경우는 물론이고, 시효소멸한 경우에도 그 지상권은 피담보채권에 부종하여 소멸한다(대판 2011.4.14, 2011다6342).

2. 법적 성질

(1) 타 물 권

지상권은 타인의 토지에 대한 권리이다. 그러므로 지상권과 토지소유권이 동일인에게 귀속하는 때에 그 지상권은 혼동으로 인하여 소멸한다(191조 참조). 지상권의 객체인 토지는 1필의 토지임을 원칙으로 하나 1필의 토지의 일부라도 상관 없다. 다만 토지의 일부에 지상권을 설정하는 경우에는 그 범위를 등기하여야 한다(부동산등기법 136조).

(2) 건물 기타 공작물이나 수목을 소유하기 위한 권리

1) 건물 기타 공작물

공작물이라 함은 지상 및 지하에 인공적으로 설치된 모든 시설물을 말한다. 즉 건물을 비롯하여 교량·연못·광고탑·전주 등 지상공작물뿐만 아니라 지하철·터널·우물 등 지하공작물을 포함한다.

2) 수 목

수목이라 함은 식림의 대상이 되는 식물을 말한다. 경작대상 수목에 벼 · 보리 · 과수 · 뽕나무 등의 식물은 포함되지 않는다는 것이 다수설이다. 다수설의 근거는 농지법 제22조가 농지의 임대차 또는 사용대차 등의 행위를 금지하고 있다는 것이다. 이에 대해 소수설은 현행법상 수목의 종류를 제한하고 있는 규정이 없으므로, 경작의 대상이 되는 식물도 포함한다고 한다.

(3) 사 용 권

지상권은 타인의 토지를 사용하는 권리이다. 따라서 현재 공작물이나 수목이 없더라도 설정계약에 의하여 지상권은 유효하게 성립한다. 예컨대 벌목을 위하여 지상권을 설정한 경우 벌목할 권리가 사라지더라도 지상권은 존속한다. 또 공작물이나 수목이 후에 멸실하더라도 지상권은 그대로 존속한다. 지상권은 토지를 점유할 수 있는 권리를 포함한다. 그러므로 지상권자는 지상권 자체에 기한 물권적 청구권과 점유권에 기한 점유보호청구권을 갖는다.

(4) 물 권

지상권은 물권이다. 즉 토지소유자에 대한 권리가 아니라 그 객체인 토지를 직접 지배하는 권리이다. 따라서 토지소유자의 변경은 지상권에 대하여 영향을 미치지 않는다.

1. 지상권과 토지임차권과의 차이

(1) 권리의 성질

지상권은 배타성을 가지며 직접 토지를 지배할 것을 내용으로 하는 물권인데 반하여, 임차권은 임차인에게 토지를 사용 · 수익하게 할 것을 청구할 수 있는 채권이다. 이 점에서 양자의 본질적인 차이가 있다.

(2) 대 항 력

지상권은 물권으로서 제3자에게 대항할 수 있지만, 임차권은 그러한 대항력을 갖지 못한다. 다만 부동산임차권도 등기를 하면 그 때부터 제3자에게 대항할 수 있고(621조 2항), 주거용건물 및 상가건물에 대한 임대차의 경우에는 임차인이 그 건물의 인도를 받고 주민등록 또는 세무소에의 등록을 마치면 그 임차권은 제3자에 대해 대항력을 갖게 된다(주택임대차보호법 3조 1항, 상가건물임대차보호법 3조 1항).

(3) 투하자본의 회수

지상권은 타인에게 그 권리를 양도하거나 그 존속기간 내에서는 토지를 임대할 수 있고(282조), 지상권 위에 저당권도 설정할 수 있으나(371조), 임차권은 임대인의 동의 없이 양도 또는 전대하지 못한다(651조).

(4) 존속기간

지상권에는 최장기간의 제한은 없고 최단존속기간의 제한이 있으나(280조), 임차권은 원칙적으로 20년을 넘지 못한다(651조). 기간을 약정하지 않은 경우에 지상권은 최단존속기간까지 보장되나(281조), 임차권은 각 당사자가 언제든지 해지통고를 할 수 있고 일정기간의 경과로 해지된다(635조).

(5) 대가관계

지료는 지상권의 요소가 아니지만(279조), 차임은 임차권의 요소이다(618조). 지상권에 있어서는 지상권자가 2년 이상의 지료지급을 연체한 때에만 그 소멸을 청구할 수 있다(287조). 반면 임차권에 있어서는 임차인의 차임연체액이 2기의 차임액에 달하면 해지통고를 할 수 있다(640조).

Ⅱ 지상권의 취득

사례

(1) 을은 갑의 기존 1층 건물 옥상 위에 건물소유를 목적으로 하는 지상권을 설정하였다. 이러한 지상권설정계약은 유효하다고 볼 수 있는가?
(2) 을은 갑 소유의 대지 위에 건물소유를 목적으로 하는 지상권설정계약을 체결하였고 지상권설정등기를 하였다. 그러나 을의 지상권설정등기가 경료되기 전에 이 대지 위에 아무런 권원이 없는 병이 건물을 축조하여 건물에 대한 소유권취득등기를 하였다. 갑과 을 사이의 지상권설정계약은 유효한가?

1. 법률행위에 의한 취득

지상권은 당사자 사이의 지상권설정계약과 등기에 의하여 성립한다(186조 참조). 이것이 지상권을 취득하는 원칙적인 모습이다. 그 밖에 유언과 지상권의 양도에 의하여 지상권이 승계취득된다.

2. 법률행위에 의하지 않은 취득

(1) 민법 제187조

지상권은 부동산물권이므로 상속 · 공용징수 · 판결 · 경매 · 기타 법률의 규정에 의해 지상권이 취득될 수 있으며, 이때에는 그 등기 없이도 당연히 지상권을 취득한다(187조). 다만 점유취득시효로 지상권을 취득하는 경우에는 그 등기를 하여야 한다(245조 1항).

[지상권의 점유취득시효 요건]

타인의 토지에 관하여 공작물의 소유를 위한 지상권의 점유취득시효가 인정되려면 그 토지의 점유사실 외에도 그것이 임대차나 사용대차관계에 기한 것이 아니라, 지상권자로서의 점유에 해당함이 객관적으로 표시되어 계속되어야 하고, 그 입증책임은 시효취득을 주장하는 자에게 있다.

그와 같은 요건이 존재하는가의 여부는 개별사건에서 문제된 점유개시와 공작물의 설치 경위·대가관계·공작물의 종류와 구조·그 후의 당사자간의 관계·토지의 이용상태 등을 종합하여 그 점유가 지상권자로서의 점유에 해당한다고 볼 만한 실질이 있는지의 여부에 의하여 판단하여야 한다(대판 1996.12.23, 96다7984).

(2) 법정지상권

법정지상권은 일정한 요건하에 건물 또는 입목을 위하여 법률상 당연히 성립하는 지상권이다. 우리 법제에서는 토지와 건물은 별개의 부동산으로 취급하므로 법정지상권을 인정해야 할 경우가 생긴다.

사례해결

(1) 지상권은 토지를 사용하는 권리이므로 갑과 을 사이의 지상권 설정이 단지 1층 건물에 대한 권리에 해당하여 무효인지 문제된다. 갑과 을 사이의 계약의 취지는 갑 소유의 기존 1층 건물 위에 을이 건물을 소유하기 위하여 그 대지에 지상권을 설정하기 위한 계약으로 봄이 상당하므로, 그러한 지상권설정계약은 유효하다.
(2) 지상권은 배타성을 가지며 직접 토지를 지배할 것을 내용으로 하는 물권이므로 건물에 대한 등기자에 불과한 병은 토지에 대한 물권자인 을에게 대항하지 못한다. 결국 갑과 을 사이의 지상권설정계약은 병의 불법건축물의 철거를 전제로 하는 것으로 유효하다.

Ⅲ. 지상권의 존속기간

1. 존속기간을 약정한 경우

(1) 최단기간

① 지상권의 존속기간은 당사자가 설정계약에서 임의로 정할 수 있다. 그러나 그 기간은 최소한 다음의 연한보다 단축하지는 못한다(280조 1항).

㈎ 석조·석회조·연와조 또는 이와 유사한 견고한 건물이나 수목의 소유를 목적으로 하는 때에는 30년
㈏ 위 이외의 건물의 소유를 목적으로 하는 때에는 15년
㈐ 건물 이외의 공작물의 소유를 목적으로 하는 때에는 5년

[견고한 건물의 판단기준]

민법 제280조 1항 1호가 정하는 견고한 건물인지의 여부는 그 건물이 갖고 있는 물리적·화학적 외력 또는 화재에 대한 저항력 및 건물해체의 난이도 등을 종합하여 판단하여야 한다.

따라서 건물이 목재기둥으로 세워졌다 하더라도 벽체가 벽돌과 시멘트블록으로, 지붕이 슬레이트로 이루어져 있어 상당기간 내구력을 지니고 있고, 용이하게 해체할 수 없는 것이면 여기서 말하는 견고한 건물에 해당한다(대판 2003.10.10, 2003다33165).

② 설정계약에서 위 최단기간보다 단축한 기간을 정한 때에는 위 최단기간까지 연장한다(280조 2항).

(2) 최장기간

민법은 최장기간에 대해서는 아무런 제한규정을 두고 있지 않으므로 지상권의 존속기간을 영구무한으로 정할 수 있는가가 문제된다. 지상권이 가지는 제한물권으로서의 성질과 지상권자에게 인정되는 갱신청구권 등을 감안할 때 부정적으로 해석하는 것이 타당하다고 본다. 그러나 구분지상권 등의 경우에는 소유권에 대한 전면적 제한이 아니므로 허용될 수 있다.

[존속기간을 영구로 약정할 수 있는지 여부]

민법상 지상권의 존속기간은 최단기만이 규정되어 있을 뿐 최장기에 관하여는 아무런 제한이 없으며, 존속기간이 영구(永久)인 지상권을 인정할 실제의 필요성도 있다. 이러한 지상권을 인정한다고 하더라도 지상권의 제한이 없는 토지의 소유권을 회복할 방법이 있을 뿐만 아니라, 특히 구분지상권의 경우에는 존속기간이 영구라고 할지라도 대지의 소유권을 전면적으로 제한하지 아니한다는 점 등에 비추어 보면, 지상권의 존속기간을 영구로 약정하는 것도 허용된다(대판 2001.5.29, 99다66410).

2. 존속기간을 약정하지 않은 경우

① 지상물의 종류와 구조에 따라 민법 제280조의 최단존속기간이 그 지상권의 존속기간이 된다(281조 1항).

② 지상권설정 당시에 공작물의 종류와 구조를 정하지 않은 경우에는 15년으로 한다(281조 2 항). 이 경우에 수목은 제외되고 있으므로 지상물이 수목인 경우에 존속기간은 언제나 30년으로 보아야 한다.

[민법 제281조 2항의 적용요건]

민법 제281조 2항은 당사자가 지상권설정의 합의를 함에 있어서 다만 그 존속기간을 정하지 아니하고, 지상권을 설정할 토지상에 소유한 공작물의 종류와 구조가 객관적으로 확정되지 않을 경우에 한하여 적용이 있는 것이다.

그러므로 비록 무허가 또는 미등기건물이라 하더라도 그 건물의 종류와 구조가 확정되어 있는 경우에는 적용되는 것이 아니고 이러한 경우에는 민법 제281조 1항에 의하여 존속기간을 정하여야 한다(대판 1988.4.12, 87다카2404).

3. 계약의 갱신과 존속기간

(1) 원 칙

지상권의 존속기간이 만료한 경우에 당사자는 계약으로써 전의 계약을 갱신할 수 있다. 갱신청구권은 존속기간 만료 후 지체 없이 행사하여야 하며, 그렇지 않으면 갱신청구권은 매수청구권과 함께 소멸한다. 지상권설정계약의 묵시적 갱신은 인정되지 않는다.

(2) 지상권자의 갱신청구권

위와 같은 갱신계약이 체결되지 않은 경우에도 일정한 요건 하에 지상권자가 계약의 갱신을 청구할 수 있는 제도가 민법상 마련되어 있다.

① 지상권이 소멸한 경우에 건물 기타 공작물이나 수목이 현존한 때에는 지상권자는 계약의 갱신을 청구할 수 있다(283조 1항). 여기서 '지상권이 소멸'한 경우는 존속기간의 만료로 소멸하는 경우만을 지칭하는 것으로 해석된다. 한편 이러한 갱신청구권은 그 존속기간 만료 후 지체 없이 행사하여야 하고, 그렇지 않은 경우에는 갱신청구권은 소멸하는 것으로 해석된다.

② 갱신청구권은 형성권이 아니므로 지상권자의 갱신청구로 곧바로 계약이 갱신되는 것은 아니다. 갱신청구에 응하여 갱신계약을 맺음으로써 비로소 갱신의 효과가 생긴다. 그러나 지상권설정자가 계약의 갱신을 원하지 아니한 때에는 지상권자는 상당한 가액으로 현존하는 공작물이나 수목의 매수를 청구할 수 있다(283조 2항).

이러한 매수청구권은 형성권이므로 결국 갱신청구가 있는 경우에 지상권설정자는 이에 응하든지, 아니면 지상물을 매수하든지 양자 중 선택하여야 한다. 이때의 지상물은 설정자의 동의에 의하여 설치하였거나 설정자로부터 매수한 것일 필요는 없다.

(3) 갱신과 존속기간

당사자가 계약을 갱신하는 경우 지상권의 존속기간은 갱신한 날로부터 민법 제280조의 최단존속기간보다 단축하지는 못한다. 그러나 당사자는 이보다 장기의 기간을 정할 수 있다(284조). 계약갱신시 존속기간 그 밖의 사항에 관하여 특별히 약정한 바가 없으면 갱신된 계약의 내용은 종전의 계약과 동일한 것으로 추정하여야 한다(통설).

Ⅳ. 지상권의 효력

1. 지상권자의 토지사용권

지상권자는 설정계약에서 정한 목적범위 내에서 타인의 토지를 사용할 권리가 있다(279조). 그런데 지상권의 목적은 등기하여야 한다(부동산등기법 136조). 이와 같이 지상권은 목적에 의한 제한을 받으므로 토지에 영구적인 손해를 일으키는 변경을 가할 수 없다. 소유자, 즉 지상권설정자는 토지사용을 방해하지 않아야 할 소극적인 의무를 진다.

[지상권과 설정당시 임목의 소유권]

수목의 소유를 목적으로 하는 지상권을 취득한 자는 특별한 사정이 없는 한 그 임야에 대한 지상권설정당시 현존하는 임목의 소유권도 취득한 것이라고 추정된다(대판 1972.10.25, 72다1389).

2. 지상권의 처분

(1) 지상권의 양도 · 임대 · 담보제공

지상권자는 토지소유자의 동의 없이도 지상권을 양도하거나 지상권의 존속기간 내에서 그 토지를 임대할 수 있다(282조). 이에 위반하는 계약으로 지상권자에게 불리한 것, 예컨대 당사자가 양도 또는 임대를 금지하는 특약을 하더라도 그 특약은 무효이다(289조).

지상권 위에 저당권을 설정할 수도 있다(371조 1항). 그런데 담보제공금지의 특약에 대해서는 유효설과 무효설이 대립된다. 무효설(다수설)은 담보제공금지의 특약을 유효로 하는 것은 민법이 지상권자의 투하자본회수의 수단을 확보하려는 근본취지에 어긋나며, 민법이 명문으로 지상권의 양도 · 임대금지의 특약을 무효로 하고 있음에 비추어(282조) 이 특약을 무효라고 한다. 반면 유효설(소수설)은 지상권의 담보제공을 인정하는 민법 제371조에 대해서는 민법 제289조가 적용된다고 할 수 없으므로 지상권에 대한 저당권설정을 금지하는 특약은 유효하다고 한다.

(2) 지상물의 양도

지상물을 타인에게 양도한 때 지상권도 당연히 양도되는가에 관하여 다수설은 지상물을 양도하는 때에 반대의 의사표시가 없는 한 지상권도 당연히 이전한다고 하나(대판 1966.4.26, 65다52864), 소수설은 물권변동에 관하여 형식주의를 취하는 현행 민법하에서는 지상권이전의 등기를 하지 않고 지상권양도의 효력이 생기는 일은 있을 수 없다고 한다.

한편 지상권을 양도하더라도 그것이 지상물의 양도를 수반하지는 않는다.

3. 지료관계

(1) 지료의 결정

지료의 지급은 지상권의 요소가 아니므로(279조), 당사자가 지료의 지급을 약정한 때에만 지상권자는 지료지급의무를 부담한다. 지료는 일시급이든 정기급이든 상관없으며 반드시 금전에 한하지 않는다. 지료액 또는 그 지급시기 등 지료에 관한 약정은 이를 등기하여야만 제3자에게 대항할 수 있다(부동산등기법 136조). 즉 지료에 관한 약정을 등기하지 않으면 지상권설정자는 지상권양수인에게 지료채권을 주장하지 못한다.

[지상권의 지료]

지상권에 있어서 지료의 지급은 그의 요소가 아니어서 지료에 관한 유상 약정이 없는 이상 지료의 지급을 구할 수 없다. 지상권에 있어서 유상인 지료에 관하여 지료액 또는 그 지급시기 등의 약정은 이를 등기하여야만, 그 뒤에 토지소유권 또는 지상권을 양수한 사람 등 제3자에게 대항할 수 있다. 지료에 관하여 등기되지 않은 경우에는 무상의 지상권으로서 지료증액청구권도 발생할 수 없다(대판 1999. 9. 3, 99다24874).

(2) 지료증감청구권

지료액은 당사자의 약정에 의해 결정되지만, 그 후에 토지에 관한 조세 기타 부담의 증감이나 지가의 변동으로 인하여 상당하지 아니하게 된 때에는 그 증감을 청구할 수 있다(286조).

이 지료증감청구권은 일종의 형성권이므로(통설), 지상권설정자가 증액청구를 하거나 지상권자가 감액청구를 하면 지료는 곧 증액 또는 감액된다. 그러나 이 증액청구권에 대하여 상대방이 불응하면 법원의 결정에 따르게 되고, 이 결정은 당사자가 증감청구를 한 때에 소급하여 그 효력이 생긴다.

(3) 지료체납의 효과

지상권자가 2년 이상의 지료를 지급하지 아니한 때에는 지상권설정자는 지상권의 소멸을 청구할 수 있다(287조). 여기에서 2년이란 연속하여 2년일 필요는 없다. 지상권의 소멸청구는 물권적 단독행위로서 그 등기를 하여야 효력이 생긴다.

지상권이 저당권의 목적인 때 또는 그 토지에 있는 건물·수목이 저당권의 목적인 때에는, 지상권소멸청구는 저당권자에게 통지한 후 상당한 기간이 경과한 때에 그 효력이 생긴다(288조).

Ⅴ. 지상권의 소멸

1. 지상권의 소멸사유

(1) 일반적 소멸사유

일반적 소멸사유에는 토지의 멸실·존속기간의 만료·소멸시효·혼동·토지수용·지상권에 우선하는 저당권의 실행에 의한 경매 등이 있다.

(2) 특유한 소멸사유

1) 지상권설정자의 소멸청구

(a) 지료체납의 경우

정기의 지료를 지급하여야 하는 지상권자가 2년 이상의 지료를 지급하지 않은 때에는 지상권설정자는 지상권의 소멸을 청구할 수 있다(287조).

지상권이 저당권의 목적인 때 또는 그 토지에 있는 건물·수목이 저당권의 목적이 된 때에는 지상권의 소멸청구는 저당권자에게 통지한 후 상당한 기간이 경과하여야 효력이 생긴다(288조).

(b) 용법위반의 경우

지상권자가 토지에 영구적인 손해를 일으키는 변경을 가하거나 그 밖의 토지에 관한 약정에 위반한 경우에는, 민법 제544조에 의하여 변경의 정지·원상회복을 최고하고 이에 응하지 않으면 해지할 수 있다(통설).

[종전 소유자에 대한 연체기간 합산가부]

지상권자가 그 권리의 목적이 된 토지의 특정한 소유자에 대하여 2년분 이상의 지료를 지불하지 아니한 경우에 그 특정의 소유자는 선택에 다라 지상권의 소멸을 청구할 수 있다. 그러나 지상권자의 지료지급 연체가 토지소유권의 양도전후에 걸쳐 이루어진 경우, 토지양수인에 대한 연체기간이 2년이 되지 않는다면 양수인은 지상권소멸청구를 할 수 없다(대판 2001.3.13, 99다17142).

2) 지상권의 포기

(a) 원 칙

지료를 지급하지 않는 무상의 지상권은 기간에 관한 약정의 유무를 불문하고 언제든지 자유로이 지상권을 포기할 수 있다.

(b) 제 한

지상권의 포기로 인하여 토지소유자에게 손해가 생긴 때에는 그 손해를 배상하여야 하며(153조 2항 참조), 지상권이 저당권의 목적인 때에는 저당권자의 동의 없이 포기하지 못한다(371조 2항).

(c) 지상권의 포기와 등기

지상권의 포기는 민법 제186조의 법률행위에 의한 포기이므로, 포기로 인한 지상권의 소멸은 이를 등기하여야 그 효력이 발생한다.

3) 약정소멸사유

지상권의 소멸사유를 약정한 경우에는 이러한 약정사유가 발생하면 지상권은 소멸한다. 이러한 약정사유가 존속기간·지료체납 등에 관하여 지상권자에게 불리한 것인 때에는 그 효력이 없다(289조).

2. 지상권소멸의 효과

(1) 지상물수거권

지상권이 소멸한 때에는 지상권자는 건물 기타 공작물이나 수목을 수거하여 토지를 원상회복시켜야 한다(285조 2항). 이것은 지상권자의 권리인 동시에 의무이다.

(2) 지상물매수청구권

1) 지상권설정자의 매수청구권

지상권이 소멸한 때에 지상권설정자가 상당한 가액을 제공하여 그 공작물이나 수목의 매수를 청구한 때에는 지상권자는 정당한 이유 없이 이를 거절하지 못한다(285조 1항). 이 매수청구권은 일종의 형성권이므로(통설·판례), 이 청구권을 행사하면 지상물에 관한 매매가 성립한다. 정당한 이유란 예컨대 지상권자가 이미 타인에게 공작물을 양도하기로 약정한 경우 또는 지상권자가 공작물을 스스로 다른 장소에 옮기려고 하는 등 합리적인 이유가 있는 경우를 말한다.

2) 지상권자의 매수청구권

지상권이 소멸한 경우에 지상권설정자가 계약의 갱신을 원하지 아니한 때에는 지상권자는 상당한 가액으로 건물 기타 공작물이나 수목의 매수를 청구할 수 있다(283조 2항).

[지료연체와 지상물매수청구권]

민법 제283조 2항 소정의 지상물매수청구권은 지상권이 존속기간의 만료로 인하여 소멸하는 때에 지상권자에게 갱신청구권이 있어 그 갱신청구를 하였으나 지상권설정자가 계약갱신을 원하지 아니할 경우 행사할 수 있는 권리이다. 따라서 지상권자의 지료연체를 이유로 토지소유자가 그 지상권소멸청구를 하여 이에 터 잡아 지상권이 소멸된 경우에는 매수청구권이 인정되지 않는다(대판 1993.6.29, 93다10781).

(3) 유익비상환청구권

지상권자가 유익비를 지출한 경우에는 지상권소멸시에 토지소유자의 선택에 따라 지상권자가 그 토지에 지출한 금액 또는 증가액의 상환을 청구할 수 있다(626조 2항의 유추해석). 단 유익비를 지상권자가 부담하기로 하는 약정은 유효하다.

제2관 법정지상권

Ⅰ. 개 념

1. 의 의

지상권은 지상권설정계약과 등기에 의하여 취득하는 것이 원칙이다. 그러나 동일인 소유의 토지와 그 지상건물 어느 하나에만 제한물권을 설정하였는데, 그 후에 어떤 사정으로 토지와 건물이 소유자를 달리 하게 된 때에는 건물소유자를 위하여 법률상 당연히 지상권이 설정된 것으로 보는 경우가 있다. 이를 법정지상권이라 한다.

법정지상권은 민법상 인정되는 것, 판례상 인정되는 것, 특별법상 인정되는 것 세 종류가 있다.

2. 제도의 근본취지

(1) 우리 법제의 결함보완

민법은 토지와 건물을 각각 별개의 부동산으로 취급하여 독립해서 처분할 수 있도록 하고 있다. 그런데 건물은 본래 토지이용을 전제로 하는 것이므로 건물이 건축된 경우 토지소유권의 내용은 이미 잠재적으로 그 건물의 이용을 위한 편익과 여타의 법익으로 분리된다고 할 수 있다.

이러한 잠재적 토지이용관계는 토지와 건물의 소유자가 동일인일 때에는 문제되지 않으나, 당사자가 미처 이용권을 설정할 기회 없이 양자의 소유자가 달라진 경우에는 법률이 토지이용관계를 현실화하여 줄 필요가 있다.

그러므로 법정지상권은 건물소유자가 미리 지상권을 설정할 수 없는 경우에 잠재적인 토지이용권을 법률상 당연히 현실화하여 줌으로써 건물을 독립한 부동산으로 취급하는 우리 법제의 특수성에 따른 결함을 시정하는 제도이다.

(2) 건물이용권의 보호

법정지상권은 건물이용권자의 이용권을 보호함으로써 토지소유권을 제한하는 제도이다. 따라서 용익권과 소유권을 조화시킬 수 있도록 제도를 운영하여야 할 것이다.

Ⅱ. 민법상의 법정지상권

사례

A는 B건설사로부터 아파트분양을 받고 아파트에 관한 소유권이전등기청구권을 가지고 있다. A는 아파트의 대지권을 확보하기 위하여 민법 제 366조상의 법정지상권을 취득하였다.

(1) A가 아파트의 소유권과는 분리하여 법정지상권을 C등에게 양도하였다. C는 법정 지상권을 취득하는가?

(2) A가 법정지상권을 취득한 상태에서 C에게 아파트를 양도한 경우에 C는 법정지상권의 등기 없이 당연히 법정지상권을 취득하는가? 토지소유자 D가 C에게 건물의 철거를 주장할 수 있는가?

1. 민법 제366조의 법정지상권

(1) 의 의

민법 제366조의 저당권 실행으로 인한 법정지상권은 저당물의 경매로 인해 토지와 그 지상건물이 다른 소유자에 속하게 되어 소유자가 달라진 경우에 토지소유자가 건물소유자에 대하여 가지는 지상권을 말한다.

(2) 성립요건

1) 저당권설정 당시에 토지 위에 건물이 있었을 것

① 저당권설정 당시에 존재하였던 건물이 멸실되어 재축·개축되더라도 법정지상권은 성립한다. 이 경우 신·구건물 사이의 동일성을 요하지 않는다. 다만 지상권의 내용은 멸실 전의 건물을 기준으로 한다(대판 1990.7.10, 90다카6399). 또한 지상권설정 당시 건축 중이고 독립된 건물로 볼 수 없었다 하더라도 건물규모 등이 예견가능하면 법정지상권은 성립한다(대판 1985.10.25, 87다카1564).

② 저당권설정 이후에는 건물을 축조하여도 법정지상권이 발생하지 않는다. 건물이 없는 토지와 건물이 있어서 지상권의 제한을 받는 토지와는 담보목적물의 환가상 가격에 커다란 차이가 있으므로, 이 경우에도 법정지상권을 인정하면 저당권자에게 큰 손해를 끼칠 우려가 있기 때문이다. 따라서 저당권설정 당사자간에 장래 건물을 세우는 경우에는 지상

권을 설정한다는 특약을 하더라도 법정지상권은 인정되지 않는다.

③ 토지상에 1번 저당권을 설정한 후에 건물을 신축하고 그 후에 2번 저당권을 설정하였는데 2번 저당권의 실행으로 경매가 진행되어 토지와 건물의 소유자가 달라진 경우 최우선순위 저당권의 설정 당시에 건물이 존재하지 않았으므로 법정지상권은 성립하지 않는다.

2) 저당권설정 당시에 토지와 건물이 동일인에게 귀속하였을 것

저당권설정 당시에 토지와 그 지상건물의 소유자가 동일해야 한다. 저당권설정 당시에 그 소유권이 각각 다른 자에게 속하였다면 이미 건물을 위한 이용권이 성립하였을 것이기 때문이다. 따라서 미등기건물을 그 대지와 함께 양수한 사람이 대지의 소유권이전등기만 넘겨받고 건물의 소유권등기를 이전받지 못한 상태에서 대지에 관해 저당권을 설정하고 대지의 경매로 소유자가 달라지게 된 경우에는 법정지상권이 성립할 수 없다(대판1991.8.27. 91다16730).

저당권설정 당시에는 동일인에게 속하였다가 그 후에 토지와 건물이 각각 소유자를 달리하게 되어도 법정지상권은 성립한다. 또한 토지 위에 저당권을 설정할 당시에는 토지소유자와 건물소유자가 각각 다른 자였으나, 그 후에 토지소유자가 그 지상건물의 소유권을 취득하여 토지와 건물이 동일인에게 속하게 된 경우에도 법정지상권이 성립한다.

3) 경매의 결과 토지와 건물의 소유자가 달라질 것

① 토지와 건물의 소유자가 경매로 인해 달라져야 한다. 토지와 건물이 함께 저당권의 목적이 되었든, 어느 하나만이 목적이 되었든 상관없다.

② 저당권에 의한 경매가 아니고 다른 채권자의 청구에 의하여 강제집행된 경우에도 법정지상권의 요건이 구비되면 성립한다.

4) 당사자의 특약에 의한 배척불가

민법 제366조의 규정은 강행규정으로 보아야 하기 때문에 당사자의 특약으로 법정지상권의 성립을 배척할 수 없다(대판 1988.10.25, 87다카1564).

5) 등기불요

법정지상권은 법률의 규정에 의한 물권변동이기 때문에 등기를 하지 않아도 성립한다(187조). 그러나 법정지상권을 처분하려면 등기하여야 한다.

[민법 제366조 법정지상권의 성립요건]

민법 제366조의 법정지상권은 저당권 설정 당시 동일인의 소유에 속하던 토지와 건물이 경매로 인하여 양자의 소유자가 다르게 된 때에 건물의 소유자를 위하여 발생한다. 토지에 관하여 저당권이 설정될 당시 토지 소유자에 의하여 그 지상에 건물을 건축 중이었던 경우, 그것이 사회관념상 독립된 건물로 볼 수 있는 정도에 이르지 않았다 하더라도 건물의 규모·종류가 외형상 예상할 수 있는 정도까지 건축이 진전되어 있었고, 그 후 경매절차에서 매수인이 매각대금을 다 낸 때까지 최소한의 기둥과 지붕 그리고 주벽이 이루어지는 등 독립된 부동산으로서 건물의 요건을 갖추면 법정지상권이 성립한다. 이때 그 건물이 미등기라 하더라도 법정지상권의 성립에는 아무런 지장이 없는 것이다(대판 2004.6.11, 2004다13533).

(3) 내 용

법정지상권도 지상권이므로 그 내용은 일반지상권의 경우와 같다.

1) 권리의 범위

지상권은 건물의 대지에만 한정되지 않고 그 건물이용에 적당한 범위에 미친다(대판 1977.7.26, 77다921).

2) 지료와 존속기간

지료는 당사자의 협의에 의하여 정하여진다. 협의가 되지 않으면 당사자의 청구에 의하여 법원이 정한다(366조 단서). 존속기간은 그 약정이 없는 것으로 보아 민법 제281조에 따라 결정하여야 한다.

지료

지료증감청구권에 관한 민법 제286조의 규정에 비추어 볼 때, 특정 기간에 대한 지료가 법원에 의하여 결정되었다면 당해 당사자 사이에서는 그 후 위 민법규정에 의한 지료증감의 효과가 새로 발생하는 등의 특별한 사정이 없는 한, 그 후의 기간에 대한 지료 역시 종전 기간에 대한 지료와 같은 액수로 결정된 것이라고 보아야 한다(대판 2003.12.26, 2002다61934).

3) 등 기

법률의 규정에 의한 부동산물권의 취득이므로 등기 없이도 효력이 생긴다. 그러나 이를 처분하려면 먼저 등기하여야 하며(187조), 법정지상권을 등기하지 않은 채 건물을 전득한 자는 토지소유자에게 지상권을 주장하지 못하는 것이 물권변동의 원칙이다(187조 단서).

그러나 법정지상권을 취득한 건물소유자가 법정지상권설정등기를 경료하지 않고 건물을 양도한 경우에는 특별한 사정이 없는 한 건물과 함께 지상권을 양도하기로 하는 채권적 계약이 있는 것으로 보고 건물양수인이 양도인을 대위하여 토지소유자에게 법정지상권설정등기절차이행을 청구할 수 있다(대판 1981.9.8, 80다2873).

나아가 건물과 함께 법정지상권을 양수한 자에 대한 대지소유자의 건물철거청구도 허용되지 않는데, 대지소유자는 지상권의 부담을 용인하고 설정등기절차를 이행할 의무를 진다는 점에서 건물철거청구권은 신의칙에 반하기 때문이다(대판 1985.4.9, 84다카1131 · 1132).

2. 민법 제305조의 법정지상권

(1) 의 의

건물에 전세권을 설정할 당시에는 건물과 대지가 동일인에게 속하였으나, 그 후 대지만 타인에게 특별승계된 경우에 그 전세권설정자가 대지의 양수인으로부터 취득하는 법정지상권을 말한다.

(2) 성립요건

① 건물에 전세권을 설정할 당시 대지와 건물이 동일소유자에게 속하였을 것

② 토지소유권이 이전되어 건물과 대지의 소유자가 달라질 것

민법상 건물이 경매되는 경우에 관한 규정이 없으나, 이 때에도 잠재적 이용관계의 현실화가 필요하므로 법정지상권의 성립을 인정해야 한다(통설 · 판례).

(3) 내 용

① 법정지상권을 취득하는 자는 전세권자가 아니라 건물소유자이다. 지상권은 지상물을 소유하기 위한 권리이기 때문이다.

② 법정지상권의 취득에 등기를 요하지 않음은 민법 제366조의 경우와 같다.

③ 지료 · 존속기간 · 강행규정도 민법 제366조와 같다.

④ 대지소유자는 타인에게 그 대지를 임대하거나 이를 목적으로 한 지상권 · 전세권을 설정하지 못한다(305조 2항).

사례해결

(1) 민법 제366조 소정의 법정지상권이 건물의 소유에 부속되는 종속적인 권리가 되는 것이 아니며 하나의 독립된 법률상의 물권으로서의 성격을 지니고 있는 것이기 때문에 A가 법정지상권만을 처분하는 것도 가능하다. 그러므로 C는 법정 지상권을 취득한다.

(2) C가 등기 없이 당연히 법정 지상권을 취득하는 것은 아니다. 그러나 C는 채권자대위의 법리에 따라 A 및 D에 대하여 차례로 지상권의 설정등기 및 이전등기절차이행을 구할 수 있다 할 것이므로 D는 건물의 철거를 주장할 수 없다. 다만 D는 C에게 부당이득반환청구만을 주장할 수 있다.

Ⅲ. 판례상의 법정지상권

1. 관습법상의 법정지상권

사례

갑 소유의 토지와 건물 중 2001년 9월 1일에 건물만이 을에게 양도됨으로써 토지와 건물의 소유자가 달라진 이래 각기 다른 사람에게 순차로 전전 양도되어 현재 토지는 병의 소유로, 건물은 정의 소유로 되었다. 정은 토지에 대한 법정지상권을 취득할 수 있는가?

(1) 의 의

토지와 건물이 동일인에게 속하였다가 그 중 어느 하나가 매매 기타의 원인으로 각각 소유자를 달리하게 된 때, 그 건물을 철거한다는 특약이 없는 경우에 건물소유자가 당연히 취득하게 되는 법정지상권을 말한다. 민법 제366조에 의한 법정지상권은 경매에 의한 경우에만 해당하기 때문에 판례에서 이를 인정하는 것이다.

(2) 성립요건

1) 토지와 건물이 처분 당시 동일인에게 속할 것

민법 제366조의 경우에는 저당권설정 당시를 기준으로 하는데, 관습법상의 법정지상권은 처분 당시에 동일인의 소유이면 족하고 원시적으로 동일인 소유일 필요는 없다(대판 1966.2.22, 65다2223). 또한 강제경매의 경우에는 경락 당시에 동일인에게 속하면 된다(대판 1970.9.29, 70다1454). 무허가나 미등기 건축물이더라도 문제되지 않는다(대판 1991.8.13, 91다16331).

[원인무효에 의한 등기말소와 관습법상 법정지상권]

관습상의 법정지상권의 성립 요건인 해당 토지와 건물의 소유권의 동일인에의 귀속과 그 후의 각기 다른 사람에의 귀속은 법의 보호를 받을 수 있는 권리변동으로 인한 것이어야 한다. 그러므로 원래 동일인에게의 소유권 귀속이 원인무효로 이루어졌다가 그 뒤 그 원인무효임이 밝혀져 그 등기가 말소됨으로써 그 건물과 토지의 소유자가 달라 지게 된 경우에는 관습상의 법정지상권을 허용할 수 없다(대판 1999.3.26, 98다64189).

2) 매매 기타 원인으로 토지소유자와 건물소유자가 달라졌을 것

소유권귀속이 달라지는 원인으로 매매 · 증여 · 공유물분할 · 강제경매 · 국세체납처분에 의한 공매 · 귀속재산처리법에 의한 귀속 등이 있다. 그러나 환지처분은 이에 해당하지 않는다.

[귀속재산의 불하처분과 관습상의 법정지상권]

귀속재산처리법상의 불하처분이 행정행위라 하더라도 그 실질은 매매이며 매매에 의하여 동일소유자에 속한 토지와 건물의 소유자가 다르게 된 경우, 관습에 의한 법정지상권이 성립함은 물론 그 존속기간은 민법의 규정에 따라야 한다(대판 1986.9.9, 85다카2275).

3) 당사자간에 건물을 철거한다는 특약이 없을 것

당사자간에 대지에 관한 임차권이 설정된 경우에는 관습법상의 법정지상권을 포기한 것으로 본다(대판 1971.5.14, 91다1912).

(3) 내 용

관습법상의 법정지상권에는 다른 특별한 사정이 없는 한 민법상 지상권에 관한 규정이 준용된다.

1) 토지사용권의 범위

객관적인 여러 가지 사정을 종합하여 그 건물을 사용하는데 일반적으로 필요한 범위라고 인정되는 대지에 대해서만 그 권리가 인정된다.

* 관습법상 법정지상권의 범위

관습법상의 법정지상권이 성립된 토지에 대하여는 법정지상권자가 건물의 유지 및 사용에 필요한 범위를 벗어나지 않은 한, 그 토지를 자유로이 사용할 수 있다, 그러므로 지상건물이 법정지상권이 성립한 이후에 증축되었다 하더라도 그 건물이 관습법상의 법정지상권이 성립하여 법정지상권자에게 점유·사용할 권한이 있는 토지 위에 있는 이상 이를 철거할 의무는 없다(대판 1995.7.28, 95다9075, 9082).

2) 존속기간

관습법상의 지상권은 존속기간을 약정하지 않은 지상권으로 본다(대판 1963. 5. 9, 63다11). 따라서 민법 제280조 및 제281조가 준용된다.

3) 지 료

당사자간의 협의에 의해 결정하고, 협의가 되지 않으면 당사자의 신청에 의해 법원이 결정한다(366조 단서). 따라서 법정지상권자는 대지소유자에게 지료를 지급할 의무가 있고, 법정지상권이 있는 건물의 양수인으로서 장차 법정지상권을 취득할 지위에 있는 자가 대지를 점유 · 사용함으로써 얻은 이득은 부당이득으로서 대지소유자에게 반환할 의무가 있다(대판1997.12.26. 96다34665).

[지료결정]

지료증감청구권에 관한 민법 제186조의 규정에 비추어 볼 때, 특정기간에 대한 지료가 법원에 의하여 결정되었다면 당해 당사자 사이에서는 그 후 위 민법규정에 의한 지료증감의 효과가 새로 발생하는 등의 특별한 사정이 없는 한, 그 후의 기간에 대한 비료 역시 종전 기간에 대한 지료와 같은 액수로 결정된 것이라고 보아야 한다(대판 2003.12.26, 2002다61934).

사례해결

을이 이 사건 건물을 양수할 때에 을은 이 사건 토지에 대한 법정지상권도 함께 취득하였다고 할 것이다. 위 지상권은 그 후 건물의 양도와 함께 묵시적으로 건물양수인에게 순차로 전전 양도되어 현재는 정이 위 건물의 최후의 소유자로서 이 사건 토지에 대한 권능도 양수하고 있다. 비록 정이 지상권등기를 경료하지 아니하여 지상권을 취득하지는 못했다 하더라도 지상권의 설정등기 및 이전등기절차이행을 구할 수 있는 지위에 있다.

그러므로 정에게 지상권의 부담을 용인하고 그 설정등기절차를 이행할 의무 있는 병이 정을 상대로 건물철거 및 대지의 인도를 구하는 것은 신의성실의 원칙에 위배되어 허용될 수 없다.

2. 분묘기지권

(1) 의 의

타인의 토지에 분묘를 설치한 자는 그 분묘기지에 대하여 지상권에 유사한 물권을 취득한다. 이를 분묘기지권(墳墓基地權)이라고 하는데, 관습법상 인정되는 특수한 지상권이다. 분묘기지권은 한국사회의 묘지제도의 특수성에서 유래한다.

(2) 성립요건

다음의 세 가지 중 하나만 구비하면 분묘기지권은 성립한다.

① 승 낙 형: 토지소유자의 승낙을 얻어 분묘를 설치한 경우(대판 1976.10.1, 76다1920)

② 시효취득형: 토지소유자의 승낙 없이 분묘를 설치하고 20년간 평온·공연하게 분묘를 점유하여 시효취득한 경우(대판 1973.2.26, 72다2454)

③ 처 분 형: 자기소유의 토지에 분묘를 설치한 후 그 묘지에 대한 소유권을 유보하거나 분묘이전의 약정 없이 토지를 처분한 경우(대판 1965.3.23, 65다17)

[분묘기지권의 설정]

분묘시지인 토지가 분묘소유권자 아인 다른 사람의 소유인 경우에 그 토지소유자가 분묘소유자에 대하여 분묘의 설치를 승낙한 대에는 그 분묘기지에 대하여 분묘소유자를 위한 지상권에 유사한 물권(분묘기지권)을 설정한 것으로 보아야 한다.

이러한 경우 그 토지소유자는 분묘의 수호·관리에 필요한 상당한 범위 내에서는 분묘기지가 된 토지부분에 대한 소유권 행사가 제한될 수 밖에 없다(대판 2000.9.26, 99다14006).

(3) 내 용

1) 분묘기지권의 범위

분묘의 보전수호와 제사에 필요한 범위이다. 확실한 범위는 구체적인 경우에 관습의 취지에 따라 개별적으로 정하여야 한다(대판 1988.2.23, 86다카2919).

[새로운 분묘설치 여부]

분묘기지권은 분묘를 수호하고 봉제사하는 목적을 달성하는 데 필요한 범위 내에서 타인의 토지를 사용할 수 있는 권리를 의미한다. 이 분묘기지권에는 그 효력이 미치는 지역의 범위 내라고 할지라도 기존의 분묘 외에 새로운 분묘를 신설할 권능은 포함되지 아니한다.

그러므로 부부 중 일방이 먼저 사망하여 이미 그 분묘가 설치되고 그 분묘기지권이 미치는 범위 내에서 그 후에 사망한 다른 일방을 단분(單墳)형태로 합장하여 분묘를 설치하는 것도 허용되지 않는다(대판 2001. 8. 21, 2001다28367).

2) 등 기

분묘 그 자체가 공시의 기능을 하고 있기 때문에 등기는 필요 없다(대판 1957.10.31, 4290민상539). 따라서 분묘가 평장되거나 암장된 경우에는 분묘기지권을 취득할 수 없다(대판 1991.10.25, 91다5040).

3) 지 료

분묘기지의 사용대가로 지료를 지급하여야 하는가에 관하여 민법 제366조 단서를 유추적용하자는 견해와 그 유형에 따라 취급을 달리하자는 견해가 있다. 후자의 견해는 승낙형의 경우에는 지료에 관한 약정이 있으면 유상이고 약정이 없으면 무상이라고 한다. 또 시효취득형의 경우에는 무상, 처분형의 경우에는 민법 제366조를 적용하여 지료를 결정한다고 한다.

4) 존속기간

분묘기지권의 성질은 지상권에 유사한 물권이지만 그 존속기간에 관하여는 민법의 지상권에 관한 규정에 따를 것이 아니라 당사자 사이에 약정이 있으면 그에 따르고, 그 약정이 없는 경우에는 관리자가 분묘의 수호와 봉사를 계속하는 한 그 분묘가 존속하는 동안은 분묘기지권은 존속한다고 보아야 할 것이다(대판 1994.8.26, 94다28970).

따라서 상당기간 동안 분묘의 수호와 봉사를 저버린 경우 토지소유자는 분묘의 이전을 청구할 수 있다(대판 1982.1.26, 81다1220).

Ⅳ. 특별법상의 법정지상권

1. 입목법에 의한 법정지상권

입목은 토지와 분리하여 처분할 수 있으므로(입목법 3조 2항), 민법상 건물과 토지간에 발생하는 법률관계가 역시 발생할 수 있다. 즉 경매 등으로 인하여 토지소유자와 입목소유자가 달라졌을 때 입목소유자를 위한 토지이용권의 문제가 발생한다. 이 문제를 해결하기 위해 입목법은 법정지상권을 인정하고 있다(입목법 6조).

입목법에 의한 법정지상권의 성립요건과 효력은 민법 제366조의 법정지상권과 원칙적으로 동일하다. 다만 민법 제366조와 달리 경매 이외에 매매·증여의 경우에도 성립되고, 지료는 당사자의 약정에 따르도록 되어 있는 점이 다르다(동법 6조 2항).

2. 가등기담보법에 의한 법정지상권

토지와 건물이 동일한 소유자에게 속하였다가 그 일방 또는 쌍방에 채권담보를 위한 소유권이전등기 또는 담보가등기를 한 후 그 담보권의 실행과 청산에 의하여 토지와 건물의 소유자가 달라진 경우에는, 그 건물의 소유를 목적으로 그 토지 위에 지상권이 설정된 것으로 본다(가등기담보법 10조). 이 경우 존속기간·지료 등은 당사자의 청구에 의해 법원이 정한다.

제3관 구분지상권

Ⅰ. 의 의

구분지상권(區分地上權이)라 함은 건물 기타 공작물을 소유하기 위하여 타인소유 토지의 지상 또는 지하의 공간을 일정한 범위(구분층)를 정하여 사용하는 물권을 말한다(289조의2, 1항). 지상권이 지표에 관한 지상권인 데 대하여, 구분지상권은 공중 또는 지하에 관한 지상권이다.

예를 들어 국가에서 지하철을 건설하는데 다른 사람의 토지를 경유해야만 하는 경우가 대부분이다. 이 때 그 다른 사람의 토지의 일부인 지하만 이용해야 하는 경우가 있는데 이 때 이용할 수 있는 제도가 구분지상권이다.

Ⅱ. 법적 성질

1. 일반지상권과의 관계

민법 제289조의2에 의해 민법상의 지상권으로는 일반지상권 · 법정지상권 · 구분지상권 등 세 가지 형태의 성립이 가능하게 되었다. 일반지상권이란 종래 인정되어 온 보통의 지상권을 가리키고, 이와 대비하는 뜻에서 지하지상권과 공중지상권을 구분지상권이라고 한다.

이러한 구분지상권도 지상권의 일종으로서 그 본질이 같다. 다만 토지의 전층을 객체로 하는 일반지상권에 대해 토지의 구분층만을 객체로 한다는 점에서 양적 차이가 있을 뿐이다.

2. 토지분할양도의 실질

종전에 지상권자가 목적토지에 대하여 영구적인 손해를 발생케 하는 변경을 가할 수 없는 것으로 해석되었다. 그러나 지하 · 공중에서의 공작물설치는 대체로 장기적인 것이기 때문에 결국 그것은 영구적인 변경을 가하는 것이 된다.

그렇다면 지하지상권이나 공중지상권을 설정하는 것은 결과에 있어서 토지에 대한 上下區分의 이용을 허락하기 위하여 그것을 저렴하고 용이하게 분할 · 양도하는 것과 같은 의미를 띠고, 그 이용은 토지 또는 공간의 상품화를 촉진시키게 될 것이다.

Ⅲ. 구분지상권의 설정

1. 물권적 합의와 등기

구분지상권도 물권이므로 이를 설정하기 위해서는 당사자간의 구분지상권설정에 관한 물권적 합의와 등기가 있어야 한다. 구분지상권은 건물 또는 공작물의 소유만을 목적으로 하고 수목은 제외된다(289조의2, 1항 전단).

2. 구분지상권의 객체

구분지상권의 객체는 토지의 상하에 있어서 토지의 어느 층(구분층)에 한정된다. 따라서 구분층의 한계, 즉 토지의 '상하의 범위'를 반드시 정해서 등기하여야 한다.

Ⅳ. 당사자간의 법률관계

1. 일반지상권규정의 준용

구분지상권은 일반지상권과 비교할 때 본질적인 차이가 없고 양적 차이가 있는 데 불과하기 때문에 일반지상권에 관한 규정이 구분지상권에 관해서도 원칙적으로 준용된다(290조 2항).

2. 상린관계에 관한 규정의 준용

구분지상권자와 토지소유자(또는 기존이용권자)가 각각 목적으로 하는 객체는 서로 중첩적으로 인접하고 있기 때문에 상린관계에 관한 규정도 일반지상권의 경우와 동일하게 준용된다(290조 1항·216조 내지 244조).

3. 토지사용제약의 특약

구분지상권설정계약의 당사자는 설정행위로써 그 구분지상권의 행사를 위하여 토지소유자의 토지사용을 제한하는 내용의 특약을 할 수 있다(289조의2, 1항 후단). 즉 구분소유권자가 지하 또는 공중의 공작물을 유지하기 위하여 토지소유자의 지표이용을 특약으로써 제한할 수 있는 것이다.

그러나 이러한 제한에는 한계가 있다. 즉 그 특약이 토지소유자의 이용을 전면적으로 배제하는 내용일 수는 없는 것이다. 그 이유는 지표의 전면적 이용을 배제하는 경우에는 구분지상권설정의 의의가 상실될 것이고, 이러한 경우에는 오히려 일반지상권에 의하는 것이 합리적이기 때문이다.

한편 토지소유자가 지표공작물을 유지하기 위하여 지상 또는 공중이용의 태양을 특약으로써 제한하고자 하는 경우에는 명문규정이 없으나, 민법 제289조의 2, 1 항의 후단을 유추적용할 수 있는 것으로 본다. 이러한 경우의 특약은 원래 등기사항이 아니기 때문에 공시상의 문제가 있으나(부동산등기법 136조 참조), 등기가 있는 경우 토지소유자가 이로써 제3자에게 대항할 수 있음은 물론이다.

Ⅴ. 기존용익권자와의 관계

1. 용익권자의 승낙

구분지상권을 설정함에 있어서 그 토지에 대하여 용익권을 가지는 제3자가 있는 경우에는 그 용익권자의 승낙을 얻어야 한다(289조의2, 2항 전단). 이것은 구분지상권의 행사로 말미암아 기존용익권을 제한하는 결과를 초래할 수 있기 때문이다.

여기서 제3자란 예컨대 토지에 대하여 지상권·지역권·전세권·임차권 등을 가지는 자뿐만 아니라 그러한 용익권을 목적으로 하는 권리를 가지는 자도 포함된다(예: 토지를 목적으로 하는 지상권이나 전세권 위에 저당권을 가진 자).

다만 그러한 승낙은 기존의 구분지상권과 설정하려고 하는 구분지상권의 객체인 층이 전체적 또는 부분적으로 중복하여 있는 경우에만 필요하다. 양자가 중복되지 않을 때에는 두 구분지상권의 배타적 효력이 저촉하지 않기 때문이다.

2. 권리행사의 방해금지

토지소유자와 구분지상권자가 기존용익권자의 승낙을 얻어 구분지상권을 설정한 경우에는 그 기존용익권자는 구분지상권의 행사를 방해할 수 없다(289조의2, 2항 후단). 그러나 이 규정은 기존용익권자가 구분지상권의 설정에 관하여 승낙을 한 이상, 구분지상권자의 권리행사를 방해하지 않아야 하는 것으로서 신의칙에 비추어 볼 때 당연한 이치를 주의적으로 규정한 것에 불과하다.

3. 가등기와의 관련

구분지상권을 설정하고자 하는 객체에 대하여 가등기가 되어 있는 경우에는 그 가등기권리자의 승낙을 얻어야 할 것이다. 그러나 토지소유권 자체의 이전 또는 이전청구권의 가등기권리자는 구분지상권의 설정을 위하여 승낙이 필요한 제3자에 해당하지 않는다.

따라서 가등기에 의거하여 본등기를 거친 신소유권으로 말미암아 그 사이의 구분지상권은 뒤집어지는 결과가 될 수밖에 없을 것이다.

Ⅳ. 구분지상권의 등기

구분지상권의 등기에 있어서는 구분지상권의 설정목적과 범위를 기재하고 경우에 따라서는 그 존속기간 · 지료 및 그 지급시기와 민법 제289조의2, 2 항이 규정하는 사용제한의 특약을 기재하여야 한다(부동산등기법 136조). 민법 제289조의2, 2 항에서 규정하는 제3자의 승낙은 구분지상권의 성립요건으로서의 성격을 갖는 것으로 해석되므로 등기신청에 있어서 그 승낙서를 첨부해야 할 것이다.

제2절 지 역 권

제1관 일반지역권

Ⅰ. 개 념

1. 의 의

지역권은 일정한 목적을 위하여 타인의 토지(승역지)를 자기토지(요역지)의 편익에 이용하는 물권이다(291조). 그 예로는 통행지역권 · 인수지역권 · 관망지역권 · 전선로부설지역권 등이 있다.

2. 성 질

(1) 용익물권성

지역권은 타인의 토지를 자기의 토지의 편익에 이용하는 토지용익물권이다. 따라서 두

개의 토지의 존재를 요한다. 이 중 편익을 받는 토지를 요역지라 하고, 편익을 제공하는 토지를 승역지라 한다. 예컨대 A 토지의 소유자가 B 토지를 통행하려고 할 때에 A 토지를 요역지(要役地), B 토지를 승역지(承役地)라고 한다.

여기서 자기의 토지란 것은 토지소유권이 있어야 한다는 의미가 아니라 사용·수익권이 있다는 의미이므로 지상권·전세권·임차권을 가진 자도 지역권을 설정할 수 있다.

「편익에 이용한다」라는 것은 요역지의 사용가치를 증대시키는 것을 뜻하며 편익의 종류에는 제한이 없다. 요역지에 거주하는 사람의 개인적인 이익을 위해서는 지역권을 설정할 수 없다. 즉 토지가 낚시터로 제공된다거나 곤충채집의 장소로 제공되는 것 등을 위해 지역권을 설정할 수 없다. 이는 토지를 위한 것이 아니라 사람의 개인적인 이익을 위한 것이기 때문이다.

(2) 부 종 성

지역권은 요역지상의 권리에 종된 권리이므로 요역지가 이전되거나 담보권·지상권 등의 설정과 같이 다른 권리의 목적이 된 때 원칙적으로 이와 운명을 같이 한다(292조 1항 본문). 따라서 지역권이 설정된 요역지에 관해 지상권·전세권·임차권 등을 취득한 자는 지역권을 행사할 수 있고, 승역지의 지상권자·전세권자·임차인 등은 지역권에 의해 제한을 받는다. 그리고 요역지와 분리하여 지역권만을 양도하거나 다른 권리의 목적으로 하지 못한다.

(3) 불가분성

1) 공유자 1인에 의한 소멸청구의 경우

토지소유자(토지공유자)의 1인은 지분에 관하여 그 토지를 위한 지역권 또는 그 토지가 부담한 지역권을 소멸하게 하지 못한다(293조 1항).

2) 분할 · 일부양도의 경우

토지(요역지·승역지)의 분할이나 토지의 일부양도의 경우에는 지역권은 요역지의 각 부분을 위하여 그 승역지의 각 부분에 존속한다.

3) 공유자에 의한 시효취득의 경우

공유자의 1인이 지역권을 취득한 때에는 다른 공유자도 지역권을 취득한다(295조 1항). 점유로 인한 지역권취득기간의 중단은 모든 공유자에 대한 사유가 아니면 그 효력이 없다(295조 2항).

4) 소멸시효의 중단 · 정지의 경우

요역지의 공유자의 1인을 위한 소멸시효의 중단·정지는 모든 공유자에 대하여 효력이 발생한다(296조).

Ⅱ. 종 류

(1) 작위지역권과 부작위지역권

작위지역권은 지역권자가 일정한 행위를 할 수 있고, 승역지소유자가 이를 인용할 의무를 부담하는 것이다(통행지역권 · 인수지역권 등). 부작위지역권은 승역지이용자가 일정한 행위를 하지 않을 의무를 지는 지역권이다(관망방해건물의 건축금지지역권 등). 이 구별은 지역권의 내용이 되는 권리의무의 태양에 따른 것이다.

(2) 계속지역권과 불계속지역권

계속지역권은 지역권의 내용의 실현이 중단없이 계속되는 경우이다. 도로를 개설한 통행지역권 · 인수지역권 · 관망지역권 · 부작위지역권 등이 그 예이다. 불계속지역권은 권리내용을 실현함에 있어서 그때그때 권리자의 행위를 요하는 지역권이다. 도로를 개설하지 않은 통행지역권이 그 예가 된다.

이 구별은 지역권의 행사가 시간적으로 어떻게 나타나는가에 따른 것이며 그 구별의 실익은 취득시효에서 나타난다.

(3) 표현지역권과 불표현지역권

표현지역권은 지역권의 내용의 실현이 외부로부터 인식되는 외형적 사실을 수반하는 경우이다. 통로를 개설한 통행지역권 · 지표에 수로를 개설한 인수지역권 등이 그 예이다. 불표현지역권은 그런 외형적 사실을 수반하지 않는 경우로서, 지하인수지역권 · 부작위지역권 등이 그 예가 된다.

이 구별은 지역권의 행사를 제3자가 인식할 수 있는가의 여부에 따른 것이며 그 구별의 실익은 취득시효에서 나타난다.

Ⅱ. 취득과 존속기간

사례

A 소유의 X대지를 B가 1966년 12월 경부터 통로로 사용하였다. 그 후 1987년 10월.경 甲이 B로부터 인접 토지인 Y대지를 매수하여 甲도 그 무렵부터 X대지를 통로로 이용해 왔는데, 甲은 그 지역권을 등기하지는 않았다. 한편 X대지는 乙이 A로부터 매수하여 1988년 3월 30일 소유권이전등기까지 마쳤다. 갑은 지역권을 취득할 수 있는가?

1. 지역권의 취득

(1) 취득사유일반

1) 지역권설정계약

지역권설정합의와 등기에 의하여 지역권이 성립한다. 승역지 등기용지에 지역권을 등기하여야 하고, 요역지 등기용지에도 지역권의 내용을 직권으로 등기한다(부동산등기법 137조 · 138조). 지역권의 대가는 유 · 무상 어느 것이나 상관없다.

민법과 부동산등기법은 지역권의 존속기간에 관해 규정하고 있지 않으나 지역권은 소유권의 제한정도가 낮고 제한범위 내에서도 이용을 전적으로 금지시키는 것이 아니므로 존속기간을 영구적으로 할 수 있다(통설, 대판 1980.1.29, 79다1704). 당사자가 약정한 존속기간은 유효하며 이를 등기함으로써 제3자에게 대항할 수 있다(통설).

2) 양도 · 유언 · 상속

이러한 단독행위에 의한 경우에도 지역권이 성립한다.

(2) 시효취득

계속되고 표현된 지역권에 한하여 취득시효가 인정된다(294조). 점유취득시효만 인정된다.

* 통행지역권의 시효취득요건

지역권은 계속되고 표현된 것에 한하여 민법 제245조의 규정을 준용하도록 되어 있으므로, 통행지역권은 요역지의 소유자가 승역지 위에 도로를 설치하여 승역지를 사용하는 객관적 상태가 민법 제245조에 규정된 기간 계속된 경우에 한하여 그 시효취득을 인정할 수 있다(대판 1995.6.13, 95다1088,95다1095).

2. 지역권의 존속기간

(1) 민법상 규정의 부재

민법에 지역권의 존속기간을 규정하지 않은 이유는 지역권은 소유권을 제한하는 정도가 현저하게 낮기 때문에 강행적인 존속기간을 규정할 필요가 없기 때문이다.

(2) 당사자의 약정

당사자가 존속기간을 임의로 정할 수 있다. 존속기간 · 대가의 약정은 등기가 없으면 제3자에게 대항할 수 없다. 다만 악의 또는 과실 있는 자에게는 유기 · 유상성을 대항할 수 있다.

사례해결

B는 적어도 1986.년 12월 경 자기가 소유하던 Y대지의 통로로 사용하기 위하여 X 대지상에 통행지역권을 시효취득함으로써 통행지역권을 완성하였다고 할 수 있다. 그러나 민법 제294조에 의하여 지역권은 계속되고 표현된 것에 한하여 동법 제245조의 규정을 준용하게 되어 있으므로 지역권을 시효취득한 자는 등기함으로써 그 지역권을 취득하는 것이라고 보아야 할 것인데, 甲은 그 지역권을 등기한 바 없고 X 대지는 乙이 매수하여 1988년 3월 30일 소유권이전등기까지 마쳤으므로 甲이 지역권을 승계취득하였다고 하더라도 甲은 乙에 대하여 이를 주장할 수 없다.

Ⅲ. 효 력

1. 지역권자의 권능

(1) 승역지이용권

지역권자는 지역권의 내용에 따라 승역지를 자기 토지의 편익에 이용할 수 있다(291조).

(2) 지역권의 내용

1) 용수지역권

① 승역지의 수량이 요역지와 승역지의 수요에 부족한 경우에는 그 수요의 정도에 따라서 먼저 가용(家用)에 공급하고 나머지를 다른 용도에 공급하여야 한다(297조 1항 본문). 그러나 설정행위에서 사용방법을 달리 정할 수도 있다(297조 1항 단서). 당사자 사이에 특약이 체결된 경우에는 등기하여야 이를 가지고 제3자에게 대항할 수 있다(부동산등기법 137조).

② 승역지에 수개의 용수지역권이 설정된 때에는 후순위의 지역권자는 선순위의 지역권자의 권리행사를 방해하지 못한다(297조 2항).

2) 승역지소유자의 공작물이용권

① 승역지소유자는 지역권의 행사를 방해하지 않는 범위 내에서 지역권자가 지역권의 행사를 위해 승역지에 설치한 공작물을 사용할 수 있다(300조 1항).

② 승역지소유자는 그 수익정도의 비율로 공작물의 설치 · 보존을 위하여 필요한 비용을 분담하여야 한다(300조 2항).

(3) 지역권에 기한 물권적 청구권

지역권자에게 방해배제청구권과 방해예방청구권이 인정된다(301조). 그러나 반환청구권은 인정되지 않는다. 지역권자는 승역지를 점유할 권한이 없기 때문이다.

2. 승역지이용자의 의무

(1) 기본적 의무

승역지이용자는 지역권자의 행위를 인용하고 일정한 행위를 하지 않을 부작위의무를 부담한다.

(2) 부수적 의무

1) 공작물의 설치 · 수선의무

계약에 의하여 승역지소유자가 자기비용으로 지역권의 행사를 위하여 공작물의 설치 · 수선의무를 부담한 때에는 승역지소유자와 승역지소유자의 특별승계인도 그 의무를 부담한다(298조). 다만 특별승계인에게 대항하려면 등기를 요한다.

2) 위기에 의한 부담면제

승역지의 소유자는 지역권에 필요한 부분의 토지소유권을 지역권자에게 위기(委棄)하여 지역권의 부담을 면할 수 있다(299조). 위기는 승역지의 토지소유권을 지역권자에게 이전한다는 일방적 의사표시이며, 그 의사표시는 지역권자에 대하여 하여야 하고 등기하여야 효력이 생긴다(186조 참조). 위기로 인하여 소유권이 지역권자에게 이전되는 경우에는 지역권은 혼동으로 소멸하게 된다(191조 1항 참조).

Ⅳ. 지역권의 소멸

1. 소멸사유일반

요역지 또는 승역지의 멸실 · 존속기간만료 · 혼동 · 승역지의 수용 · 지역권자의 포기 · 약정소멸사유발생 등에 의하여 지역권은 소멸한다.

2. 특수한 소멸원인

(1) 승역지의 시효취득

승역지가 제3자에 의하여 지역권을 배척하는 방법으로 점유되어 취득시효가 완성되면 지역권은 소멸한다. 그러나 승역지의 취득시효가 진행되고 있는 동안에 지역권자가 그 권리를 행사한 경우, 승역지의 점유자가 지역권의 존재를 인용하면서 점유를 계속할 때에는 지역권이 소멸하지 않는다.

(2) 지역권의 시효소멸

지역권을 20년간 행사하지 않으면 시효로 소멸한다(162조 2항). 그런데 요역지가 공유인 경우에는 모든 共有者에 대하여 소멸시효가 완성된 때에만 그 효력이 발생한다(296조). 또 지역권자가 지역권내용의 일부만 행사한 경우에는 불행사 부분만이 시효로 소멸한다. 예컨대 4개의 도로를 개설할 수 있는 지역권이 2개의 도로만 개설한 경우, 나머지 부분은 시효가 완성되면 소멸한다.

제2관 특수지역권

Ⅰ. 개　념

1. 의　의

어느 지역의 주민이 집합체의 관계로 일정한 토지에서 초목 · 야생물 및 토사의 채취 · 방목 기타의 수익을 하는 권리를 특수지역권이라고 한다(302조). 이것은 촌락생활에 있어서 다수의 촌락민이 공동으로 타인의 토지를 이용하는 일이 많으므로 이용권자를 보호하기 위해서 인정된 제도이다.

2. 태 양

목적토지의 소유권이 수익권을 가지는 지역주민 전체의 총유에 귀속되는 형태와 목적토지의 소유권이 다른 주체(국가 · 공공단체 · 공법인 · 사법인 · 개인)에 속하는 형태로 구분된다. 전자의 경우에는 토지의 총유로 취급되고 후자의 경우 특수지역권에 관한 규정인 민법 제302조에 의해 규율된다.

Ⅱ. 성 질

1. 토지수익권인 제한물권

특수지역권은 토지수익을 목적으로 하는 제한물권이며, 타인의 일정한 토지로부터 초목 · 토사의 채취 및 야생물의 방목 그 밖의 수익을 목적으로 한다.

2. 일종의 인역권

특수지역권의 특수성은 다른 지역권과 달라서 요역지가 없다는 점이다. 이는 지역주민이 목적토지의 점유를 수반함이 없이 특정의 편익을 위하여 이용한다는 점에 있어서는 지역권과 유사하지만, 그 편익을 받는 것은 토지가 아니라 사람이라는 점에 있어서 지역권과 다르다. 따라서 그 성질도 일종의 인역권(人役權)이며 양도성 · 상속성이 없다.

3. 준총유적 토지수익권

특수지역권은 어느 개인에게만 속하는 것이 아니라 일정한 지역의 주민전체에 속한다. 민법 제302조의「집합체의 관계」라 함은 그 뜻이며 이는 결국 권리능력 없는 사단에 해당한다. 따라서 목적물을 사용 · 수익할 권능은 주민 개개인에게 속하지만, 이 권리자체의 관리 · 처분의 권능은 주민전체에 속한다는 것은 준총유가 된다는 뜻이다.

4. 관습법상의 권리

특수지역권은 주로 관습에 의하여 성립하는 권리이다. 지역권은 계약에 의해서도 성립되나 각 지역의 관습에 의하여 성립하는 것이 보통이다.

Ⅲ. 효 력

1. 토지수익권

주민은 각자의 편익을 위하여 목적토지를 다른 주민과 공동으로 초목 · 토사의 채취 및 야생물의 방목 등 관습상 인정되는 사용 · 수익을 할 수 있다.

관리·처분의 권능은 주민전체에 속하므로 각 주민은 법인 아닌 사단의 일원으로서 토지수익권의 관리·처분에 참여할 수 있다. 토지소유자에게 대가를 지급해야 할 경우에는 주민이 공동으로 부담한다.

2. 토지수익권을 침해한 경우

권능의 범위를 초월하여 수익한 경우, 권능의 범위를 초월한 수익으로 인하여 타주민의 권리를 방해한 경우 등과 같은 경우에는 침해행위의 배제 및 손해배상을 청구할 수 있다.

Ⅳ. 취득과 소멸

1. 취 득

주민의 지위의 취득에 의해 당연히 특수지역권을 취득한다. 주민의 지위의 득실은 관습에 의한다. 또 특수지역권은 계약에 의해서도 취득이 가능하다. 이 경우에 특수지역권은 인역권의 성질을 가지고 있으므로 양도성·상속성이 없다. 특수지역권의 취득의 경우에 관습법에 의한 취득은 등기 없이도 효력을 발생하지만, 계약에 의한 취득은 등기를 하여야 효력이 생긴다(186조).

2. 소 멸

특수지역권은 토지가 멸실되거나 목적토지로부터 수익이 불가능한 경우에 소멸한다. 또한 지역주민 전체의 의사나 목적토지 소유자와의 협의에 의하여 소멸한다.

제3절 전 세 권

제1관 전 세 권

Ⅰ. 총 설

1. 전세권의 의의

전세권은 전세금을 지급하고 타인의 부동산을 점유하여 그 부동산의 용도에 좇아 사용·수익하고, 전세권이 소멸한 때에는 그 부동산을 반환하고 그 부동산 전부에 대하여 후순위권리자 기타 채권자보다 전세금의 우선변제를 받을 것을 내용으로 하는 용익물권이다(303조 1항). 종래 임대차와 소비대차의 결합체로서 관습상 행해져 온 채권적 전세를 민법에서 물권화 시킨 것이다.

2. 법적 성질

(1) 용익물권성

전세권은 목적부동산을 점유하여 사용·수익하는 것을 본체로 하는 용익물권이다.

(2) 담보물권성

전세권자에게는 우선변제권이 인정되므로(303조 1항 후단), 전세권은 용익물권성 외에 담보물권으로서의 성질도 가진다. 즉 전세권자가 전세금을 반환받지 못하는 경우 전세건물을 경매하여 우선변제를 받을 수 있다.

Ⅱ. 전세권의 취득

1. 설정에 의한 취득

(1) 취득사유

당사자간의 전세권설정계약과 등기에 의하여 취득한다. 전세권설정계약은 약정된 전세금을 수수함으로 요물계약이다. 목적물의 인도는 전세권의 성립요건이 아니다. 만약 목적물의 인도가 없는 경우에는 전세권자는 전세권에 기한 목적물반환청구권을 행사하면 된다.

(2) 전세권의 목적물

전세권의 목적물은 타인의 부동산인 토지 및 건물이다. 토지의 일부도 전세권의 목적이 될 수 있으나 농경지는 제외된다(303조 2항). 전세권의 목적이 부동산의 일부인 때에는 등기신청시에 그 도면을 첨부해야 한다(부동산등기법 139조 2항).

농경지를 포함하지 않는 것은 농경지의 소작·임대차 또는 위탁경영 등의 행위를 금지하는 농지법과 보조를 맞추기 위한 것이다.

(3) 전 세 금

① 전세금의 지급은 전세권의 성립요소로서(303조 1항), 금전에 한하며 전세금액은 이를 등기해야 한다(부동산등기법 139조 1항). 전세금을 지급하지 않는다는 특약은 무효이다. 그러나 전세금의 지급이 반드시 현실적으로 수수되어야만 하는 것은 아니고 기존의 채권으로 전세금의 지급에 갈음할 수도 있다.

② 전세금의 성질은 사용대가로서의 성질, 전세권자의 귀책사유로 인한 손해를 담보하는 보증금으로서의 성질, 신용수수의 수단으로서의 성질을 가진다(통설).

③ 전세금은 전세권자가 설정자에게 교부하는 금전으로서 전세권이 소멸한 때에는 반환을 받는다(317조·318조).

④ 전세금이 목적부동산에 관한 조세·공과금·기타 부담의 증감이나 경제사정의 변동으로 인하여 상당하지 아니하게 된 때에는 당사자는 장래에 대하여 그 증감을 청구할 수

있다. 그러나 증액의 경우에는 약정전세금의 20분의 1을 초과하지 못한다(312조의 2, 주택임대차보호법시행령 2 조 1항). 이 증감청구권은 형성권이라는 것이 다수설이다.

⑤ 전세물을 사용하는 대가로서의 차임은 전세금의 이자로서 충당한다.

2. 양도 · 상속권에 의한 취득

설정행위에서 금지되어 있지 않는 한 전세권을 자유로이 양도할 수 있고(306조), 양수인은 전세권설정자에 대하여 양도인과 동일한 권리 · 의무가 있다. 그리고 전세권자가 사망하면 상속에 의해 전세권이 이전된다.

Ⅲ. 전세권의 존속기간

1. 당사자의 약정이 있는 경우

(1) 전세권설정의 자유

1) 최장기간의 제한

전세권의 존속기간은 자유로 정할 수 있으나 10년을 넘지 못한다(312조 1항 본문). 당사자의 약정기간이 10년을 넘는 때에는 10년으로 단축한다(312조 1항 단서).

2) 최단기간의 제한

건물에 대한 존속기간을 1년 미만으로 정한 때에는 이를 1년으로 한다(312조 2 항). 이는 건물의 이용도를 높이고 전세권자의 지위의 안정성을 확보하기 위한 것이다. 주택임대차의 최단존속기간은 2년이다(주택임대차보호법 4조).

(2) 계약의 갱신

1) 계약갱신의 자유

전세권의 설정은 이를 갱신할 수 있다. 그 기간은 갱신한 날로부터 10년을 넘지 못하며(312조 3 항), 계약갱신은 등기를 해야 효력이 발생한다.

2) 전세권자의 갱신청구권 부인

계약갱신은 당사자의 합의에 의해서만 가능하며 지상권자와 같은 갱신청구권은 인정되지 않는다.

3) 법정갱신

건물의 전세권설정자가 전세권의 존속기간 만료 전 6 월부터 1 월까지 사이에 전세권자에 대하여 갱신거절의 통지 또는 조건을 변경하지 아니하면 갱신하지 아니한다는 뜻의 통지를 하지 아니한 경우에는 그 기간이 만료된 때에 전전세권과 동일한 조건으로 다시 전세권을 설정한 것으로 본다(312조 4항). 법정갱신의 경우에는 등기가 없더라도 효력이 발생한다(187조 · 대판 1989.7.1, 88다카21029).

[전세권의 법정갱신]

전세권의 법정갱신(제312조 4항)은 법률의 규정에 의한 부동산에 관한 물권의 변동이므로, 전세권갱신에 관한 등기를 필요로 하지 아니하고 전세권자는 그 등기 없이도 전세권설정자나 그 목적물을 취득한 제3자에 대하여 그 권리를 주장할 수 있다(대판 1989.7.11, 88다카21029).

2. 당사자의 약정이 없는 경우

(1) 소멸통고

전세권의 존속기간을 약정하지 아니한 경우에는 각 당사자는 언제든지 상대방에 대하여 전세권의 소멸을 통고할 수 있고, 상대방이 이 통고를 받은 날로부터 6 개월이 경과하면 전세권은 소멸한다(313조). 다만 전세권의 소멸시기에 관하여는 6 개월이 경과하면 전세권 말소등기 없이도 전세권은 소멸한다는 견해(소수설)와 그 말소등기를 한 때에 소멸한다는 견해(다수설)가 있다.

(2) 건물전세권의 소멸제한

건물전세는 최소한 1년의 존속기간이 보장된다(312조 2항). 그러므로 설정일로부터 6 개월 내에는 소멸을 청구할 수 없다.

Ⅳ. 전세권의 효력

1. 전세권자의 사용·수익권

(1) 사용·수익권

전세권자는 부동산의 용도에 좇아 사용·수익할 권리를 가진다(303조 1항). 전세권설정계약에서 공작물의 축조·수목의 식재를 약정한 경우 그러한 목적으로 토지의 사용·수익이 가능하다. 수익은 천연과실·법정과실을 포함하는 것이다.

(2) 전세권의 효력이 미치는 범위

설정계약 또는 부동산의 성질에 따라 결정된다.

1) 토지의 경우

전세목적물의 종물에도 효력이 미친다.

2) 건물의 경우

건물에 대해서만 전세권을 설정한 경우라도 건물사용을 위해 필요한 범위 내에서 대지사용권을 갖는다.

[전세권의 효력이 미치는 범위]

집합건물이 되기 전의 상태에서 건물 일부 만에 관하여 전세권이 설정되었다가 그 건물이 집합건물로 된 후 그 전세권이 구분건물의 전유부분 만에 관한 전세권으로 이기된 경우, 구분소유자가 가지는 전유부분과 대지사용권의 분리처분이 가능하도록 규약으로 정하는 등의 특별한 사정이 없는 한, 그 전유 부분의 소유자가 대지사용권을 취득함으로써 전유 부분과 대지권이 동일소유자에게 귀속하게 되었다면 위 전세권의 효력은 그 대지권에 까지 미친다고 보아야 할 것이다.

따라서 위 집합건물에 관하여 경매가 실행된 경우 대지권의 환가대금에 대한 배당순위에 있어서, 위 전세권이 대지사용권이 성립하기 전의 토지에 관하여 이미 설정된 저당권보다 우선한다고 할 수는 없다.

이는 대지사용권에 대한 전세권의 효력은 대지사용권이 성립함으로써 비로소 미치게 되는 것이므로, 대지사용권이 성립하기 전에 그 토지에 관하여 이미 저당권을 가지고 있는 자의 권리를 해쳐서는 안 되기 때문이다(대판 2002.6.14, 2001다68389).

3) 지상권 · 임차권에 대한 효력

타인의 토지 위에 있는 건물에 전세권을 설정한 때에는 전세권의 효력은 그 건물의 소유를 목적으로 한 지상권 또는 임차권에 미친다(304조 1항). 따라서 전세권설정자는 전세권자의 동의 없이 지상권 또는 임차권을 소멸하게 하는 행위를 하지 못한다(304조 2항).

4) 법정지상권

대지와 건물이 동일한 소유자에게 속한 경우에 건물에 전세권을 설정한 때에는 그 대지소유권의 특별승계인은 전세권설정자에 대하여 지상권을 설정한 것으로 본다(305조 1항 전단). 다만 지료는 당사자의 청구에 의하여 법원이 정한다(305조 1항 후단). 법정지상권은 건물소유자가 취득하고 그 건물의 전세권의 효력은 그 지상권에 미치게 된다. 법정지상권이 성립하는 경우에 대지소유자는 타인에게 그 대지를 임대하거나, 그 대지를 목적으로 하는 지상권 또는 전세권을 설정하지 못한다(305조 2항).

(3) 전세권자의 유지 · 수선의무

전세권설정자는 전세권의 사용 · 수익을 수인하면 족하므로 전세권자가 목적물의 현상을 유지하고 그 통상의 관리에 속한 수선을 하여야 한다(309조). 따라서 전세권자는 필요비의 상환을 청구하지 못한다.

(4) 점유권 · 물권적 청구권과의 관계

① 전세권은 타인의 부동산을 점유하여 그 부동산의 용도에 좇아 사용 · 수익하는 것을 내용으로 하므로 전세권은 점유할 권리를 포함한다. 따라서 전세권의 내용의 실현이 방해된 때에는 반환청구권 · 방해제거청구권 · 방해예방청구권의 세 가지가 모두 인정된다. 또한 전세권자가 목적물을 점유하는 중에 그 점유를 침해당한 경우에는 점유보호청구권도 행사할 수 있다.

② 전세권은 토지를 이용하는 권리이므로 인접하는 토지와의 이용의 조절을 목적으로 하는 상린관계의 규정이 전세권자간 또는 전세권자와 인지소유자 내지는 지상권자간에 준용된다(319조).

2. 전세권의 처분

(1) 처분의 자유

전세권자는 전세권을 타인에게 양도하거나 담보로 제공할 수 있고, 또한 그 존속기간 내에서 그 목적물을 타인에게 전전세 또는 임대할 수 있다(306조 전단). 전세권의 처분은 원칙적으로 자유이나 당사자가 설정행위로써 이를 금지할 수 있다(306조 단서). 그러나 이 처분금지의 특약은 이를 등기하여야만 제3자에게 대항할 수 있다(부동산등기법 139조 1항).

(2) 전세권의 양도 · 전전세 · 임대

1) 전세권의 양도

전세권의 양도는 전세권자와 양수인간에 전세권 양도의 합의가 있어야 하고, 등기가 있어야 한다. 전세권양수인은 전세권설정자에 대하여 전세권양도인과 동일한 권리 · 의무를 가진다(307조). 다만 양도대금의 많고 적음에 관계없이 전세권양수인은 전세권설정자에 대해 원래 등기된 전세금만 반환받을 수 있다.

존속기간 만료 후의 전세권의 양도여부

전세기간 만료 이후 전세권양도계약 및 전세권이전의 부기등기가 이루어진 것만으로는 전세금반환채권의 양도에 관하여 확정일자 있는 통지나 승낙이 있었다고 볼 수 없어 이로써 제3자인 전세금반환채권의 압류 · 전부 채권자에게 대항할 수 없다(대판 2005.3.25. 2003다35659).

2) 전세권의 전전세 · 양도

전세권자는 그 존속기간 내에서 그 목적물을 타인에게 전전세 또는 임대할 수 있다(306조). 이 경우에 전세권자는 전전세 또는 임대하지 아니하였으면 면할 수 있는 불가항력으로 인한 손해에 대해서도 그 책임을 부담한다(308조).

여기서 전전세 또는 임대하지 아니하였으면 면할 수 있는 불가항력으로 인한 손해는 실제로는 존재하지 않는다. 학설은 입증책임의 전환, 즉 전세권자가 전전세권자에게 전전세하고 목적물에 손해가 발생한 경우, 전세권자가 전전세를 하지 않았더라도 일어났을 불가항력이라는 것을 입증하지 못하면 책임을 부담한다는 것이다.

4) 전세금반환청구권의 양도

전세금반환청구권을 전세권과 분리하여 양도할 수 있는가에 대하여 견해가 대립한다. 담보물권의 부종성으로 인해 전세금반환청구권만 분리하여 양도할 수 없다는 견해와 전세금반환청구권의 양도는 참여당사자 사이에서만 채권적 효력을 가질뿐이고 제3자에 대해서는 효력이 없다는 소수설이 있다. 그러나 판례는 전세권설정자에게 아무런 불이익을 주지 않는다는 점을 근거로 허용하여야 한다고 본다(대판 1969.12.23. 69다1745).

[전세금반환채권만을 전세권과 분리하여 양도할 수 있는지 여부]

전세금은 전세권과 분리될 수 없는 요소일 뿐 아니라, 전세권에 있어서는 그 설정행위에서 금지하지 아니하는 한 전세권자는 전세권 자체를 처분하여 전세금으로 지출한 자본을 회수할 수 있도록 되어 있다. 따라서 전세권이 존속하는 동안은 전세권을 존속시키기로 하면서 전세금반환채권만을 전세권과 분리하여 확정적으로 양도하는 것은 허용되지 않는다.

이다만 전세권 존속 중에는 장래에 그 전세권이 소멸하는 경우에 전세금 반환채권이 발생하는 것을 조건으로 그 장래의 조건부 채권을 양도할 수 있을 뿐이다(대판 2002.8.23. 2001다69122).

V. 전세권의 소멸

사례

甲은 乙을 위하여 자기의 건물에 대해 전세권을 설정하여 주었다.

(1) 乙 은 자신의 전세권에 관하여 丙을 위하여 저당권을 설정하여 주었다. 전세권이 기간만료로 소멸되면 갑은 을과 병 가운데 누구에 대하여 전세금반환의무를 부담하는가?

(2) 갑이 전세권의 목적이 된 그 건물을 정에게 양도한 경우 전세금반환의무자는 누구인가?

1. 소멸사유

(1) 일반소멸원인

전세권은 존속기간만료 · 소멸시효 · 혼동 · 경매 · 토지수용 · 전세권에 우선하는 저당권실행 등에 의하여 소멸한다.

(2) 특수한 소멸원인

1) 전세권설정자의 소멸청구

(i) 전세권의 양도금지특약에도 불구하고 전세권을 양도한 경우(306조 단서), (ii) 전세권자가 목적물의 유지 · 수선의무를 이행하지 않은 경우(309조) 등 전세권자가 설정계약 또는 목적부동산의 성질에 의하여 정하여진 용법으로 이를 사용 · 수익하지 않는 경우(주거용 건물을 식당으로 바꾸는 것 등)에는 저당권설정자는 전세권의 소멸을 청구할 수 있다(311조 1항). 용법을 위반하면 족하고 목적물에 훼손이 발생했을 필요는 없다. 이 경우에 전세권설정자는 전세권자에 대하여 원상회복 또는 손해배상을 청구할 수 있다(311조 2항).

2) 전세권의 소멸통고

전세권의 존속기간을 약정하지 않은 경우에는 각 당사자는 언제든지 상대방에 대하여 전세권의 소멸을 통고할 수 있고, 상대방이 이 통고를 받은 날로부터 6개월이 경과하면 전세권은 소멸한다(313조).

3) 목적부동산의 멸실

(a) 전부멸실의 경우

전세권의 목적물의 전부가 멸실한 때에는 전세권은 소멸한다(314조 1항). 전세권의 목적물이 전세권자의 귀책사유로 멸실된 때에는 전세권자는 손해배상책임을 진다(315조 1항). 손해배상의 경우 전세권설정자는 전세금으로 이를 충당하고, 나머지가 있으면 반환하여야 하며, 부족이 있으면 그 부족액을 청구할 수 있다(315조 2항).

(b) 일부멸실의 경우

전세목적물의 일부가 멸실된 경우에는 그 멸실된 부분의 전세권은 소멸한다(314조 1항). 따라서 멸실된 부분만큼 전세금은 감액된다(통설). 불가항력으로 인한 일부멸실의 경우 전세권자가 잔존부분으로 전세권의 목적을 달성할 수 없는 때에는 전세권설정자에 대하여 전세권전부의 소멸을 통고하고 전세금의 반환을 청구할 수 있다(314조 2 항). 이 때의 소멸통고에는 그 성질상 6개월의 기간은 요구되지 않는다(통설).

(3) 전세권의 포기

전세권자는 자신의 전세권을 자유로이 포기할 수 있다. 그러나 그 전세권이 제3자의 권리의 목적인 경우에는 그 제3자의 동의없이 전세권을 포기할 수 없다. 전세권의 포기는 전세금반환청구권의 포기를 포함하는지가 문제되나 전세금반환청구권까지 포기한 것이라고 인정할만한 특별한 사정이 없는 한 전세권을 포기하더라도 전세금반환청구를 할 수 있다. 전세권의 포기는 물권적 단독행위로서 법률행위이므로 등기를 해야 전세권소멸의 효력이 생긴다(다수설).

2. 전세권소멸의 효과

(1) 동시이행

전세권이 소멸한 때에는 전세권설정자는 전세권자로부터 그 목적물의 인도 및 전세권설정등기의 말소등기에 필요한 서류의 교부를 받는 동시에 전세금을 반환하여야 한다(317조).

(2) 유익비상환청구권

전세권자가 목적물을 개량하기 위하여 지출한 금액 기타 유익비에 관하여는 그 가액의 증가가 현존한 경우에 한하여 소유자의 선택에 좇아 그 지출액이나 증가액의 상환을 청구할 수 있다(310조 1항). 이 경우에 법원은 소유자의 청구에 의하여 상당한 상환기간을 허여할 수 있다(310조 2항).

그러나 전세권자는 목적물의 현상을 유지하고 그 통상의 관리에 속한 수선을 하여야 할 의무가 있으므로(309조), 목적물에 지출한 필요비의 상환을 청구할 수 없다.

(3) 원상회복의무

전세권이 소멸하면 전세권자는 그 목적부동산을 원상으로 회복하여야 하고 부동산에 부속시킨 물건은 이를 수거할 수 있다(316조 1항 본문). 부속물의 수거와 원상회복은 전세권자의 권리인 동시에 의무이다. 부속물수거권은 전세권설정자가 매수청구권을 행사하는 경우에는 인정되지 않는다.

(4) 부속물 매수청구권

1) 전세권설정자의 청구

전세권의 목적부동산에 부속시킨 물건 또는 지상물을 수거하면 일반적으로 가치가 감소하며, 전세권자에게 있어서나 또는 사회경제상으로 불이익한 결과가 되므로, 전세권설정자가 부속물의 매수를 청구하는 때에 전세권자는 정당한 이유없이 이를 거절할 수 없다(316조 1 항 단서). 이 경우의 매수청구권은 형성권이다. 따라서 청구권의 행사가 있으면 곧 부속물에 관한 매매는 성립하게 된다(통설).

2) 전세권자의 청구

전세권이 소멸한 경우에 (ⅰ) 부속물건이 전세권설정자의 동의를 얻어 부속시킨 것인 때, (ⅱ) 부속물을 전세권설정자로부터 매수한 것인 때에는 전세권자는 전세권설정자에 대하여 그 부속물건의 매수를 청구할 수 있다(316조 2항).

(5) 우선변제권

1) 의　의

전세권설정자가 전세금의 반환을 지체하는 때에는 전세권자는 목적물을 경매하여 경락대금으로부터 그 목적 부동산의 전부에 대해 후순위권리가 기타 채권자보다 전세금의 우선변제를 받을 수 있다.

2) 경매청구의 요건

전세권설정자가 전세금의 반환을 지체하는 때라야 한다. 그런데 전세권설정자의 전세금 반환의무는 전세권자의 목적물인도 및 전세권설정등기의 말소등기에 필요한 서류의 교부와 동시이행의 관계에 있으므로(317조), 전세권자가 자기의무의 이행의 제공을 하였는데도 전세권설정자가 전세금의 반환을 지체하는 때라야 한다.

3) 경매청구목적물의 범위

전세권자는 그 부동산 전부에 대하여 후순위권리자 기타 채권자보다 전세금의 우선변제를 받을 권리가 있다(303조 1항). 따라서 부동산의 일부에 대하여 전세권을 설정한 경우에도 다른 채무자의 경매신청 등으로 그 부동산 전체가 경매되는 때에는 그 부동산 전부에 대해 그 등기순위에 따라 우선변제권을 가진다.

4) 우선변제권의 실행방법

전세권자는 전세목적물을 경매하여 그 경락대금으로부터 우선변제를 받게 된다(318조, 민사집행법 88조).

[전세권경락의 효과]

건물의 일부를 목적으로 하는 전세권은 그 목적물인 건물부분에 한하여 그 효력을 미친다. 따라서 건물 중 일부를 목적으로 한 전세권이 경락으로 인하여 소멸한다고 하더라도 그 전세권보다 나중에 설정된 전세권이 건물의 다른 부분을 목적물로 하고 있었던 경우에는 그와 같은 사정만으로는 아직 존속기간이 남아 있는 후순위의 전세권까지 경락으로 인하여함게 소멸한다고 볼 수 없다(대판 2000.2.25, 98다50969).

5) 전세물 외의 일반재산으로부터의 변제

전세권에 기해 전세물로부터 우선변제를 받고도 변제 받지 못한 전세금이 남아 있는 경우에는 전세권설정자의 다른 재산에 대한 강제집행 및 배당참여를 통해 변제받을 수 있다. 그러나 전세권자가 전세물로부터 우선변제를 받지 않은 채 전세권설정자의 일반재산에 대해 일반채권자로서 강제집행을 하는 것은 제340조 1항의 반대해석의 유추적으로 허용되지 않는다(통설).

사례해결

(1) 전세권을 목적물로 하는 저당권의 설정은 갑의 의사와는 상관없이 을의 동의만 있으면 가능한 것이고, 원래 전세권에 있어 갑이 부담하는 전세금반환의무는 전세금반환채권에 대한 제3자의 압류 등이 없는 한 을에 대해 전세금을 지급함으로써 그 의무이행을 다할 뿐이라는 점에 비추어 볼 때 갑은 을에 대해서만 전세금 반환의무를 부담한다.

(2) 민법이 전세권 관계로부터 생기는 상환청구, 소멸청구, 갱신청구, 전세금 증감청구, 원상회복, 매수청구 등의 법률관계의 당사자로 규정하고 있는 전세권설정자 또는 소유자는 모두 丁이라고 해석된다. 전세권은 전세금이 존재하지 않으면 독립하여 존재할 수 없는 용익물권으로서 전세금은 전세권과 분리될 수 없는 요소이므로, 전세권 관계로 생기는 위와 같은 법률관계가 丁에게 이전되었다고 보는 이상, 전세금 채권 관계만이 따로 분리되어 갑과 사이에 남아 있다고 할 수는 없다. 그러므로 전세금반환의무자는 丁이다.

제2관 전전세권

Ⅰ. 전전세권의 의의

전전세는 전세권자의 전세권을 그대로 유지하면서 그 전세부동산을 목적으로 하는 전세권을 설정하는 것이다. 전전세는 전세권의 설정행위로 금지하지 않는 한 전세권의 존속기간 내에서 허용된다(306조).

Ⅱ. 전전세권의 요건

1. 전전세권 설정행위와 등기

전전세권도 일종의 전세권이므로 부동산물권의 일반원칙에 따라 설정행위와 등기에 의하여 성립한다(186조).

2. 전전세권의 당사자

당사자는 원전세권자와 전전세권자이다. 원전세권설정자는 당사자가 아니며, 또한 원전세권자에 대한 통지나 그의 승낙을 요하지 않는다.

3. 전전세권의 존속기간

전전세권은 원전세권의 존속기간을 넘지 못한다(306조 본문). 전전세권은 원전세권을 기초로 하는 것이므로 당연한 제한이다. 이를 위반하는 전전세기간은 그 범위 내로 단축된다.

존속기간을 약정한 경우에는 이를 등기하여야 제3자에게 대항할 수 있다(부동산등기법 139조 1항). 이를 등기하지 않은 경우에는 존속기간을 정하지 않은 전전세로 다루어진다.

4. 전전세금의 지급

전세금의 지급은 전세권의 요소이므로 전전세권에 있어서도 반드시 전전세금의 지급을 요한다. 전전세금액에 관해서는 아무런 규정이 없기 때문에 학설이 대립한다. 통설은 전전세권은 원전세권을 기초로 하여 설정되는 것이므로 전전세금액은 원전세금액을 초과할 수 없다고 하나, 소수설은 전전세금은 원전세금을 초과하여도 상관없다고 한다.

Ⅲ. 전전세권의 효과

1. 전전세권에 의한 원전세권의 제한

전전세가 이루어지더라도 원전세권은 소멸하지 않으나, 원전세권자는 전전세권에 의하여 제한되는 한도에서 목적물을 사용·수익하지 못한다.

전전세권자는 목적물을 점유하여 사용·수익할 권리를 갖는다. 그러나 원전세권설정자에 대해서 직접적으로 권리·의무를 갖지는 않는다.

2. 전세권자의 책임

전세권자는 전전세하지 않았더라면 면할 수 있었을 불가항력으로 인한 손해에 대해서도 그 책임을 부담한다(308조). 전세권자에게 전세권설정자의 동의 없이 전전세권을 설정할 수 있도록 하는 대신 그만큼 무거운 책임을 부담시키는 것이다. 그러나 전전세권을 설정하더라도 목적부동산의 점유자가 변경될 뿐이지 그 부동산의 존재장소에 변동이 생기는 것이 아니므로, 전전세하지 아니하였으면 면할 수 있는 불가항력으로 인한 손해는 실제에 있어서 거의 생각할 수 없다.

그러므로 손해에 대한 책임이란 전전세권을 설정한 후에 손해가 발생한 경우에는 전세권자 또는 전전세권자 누구의 고의·과실인가를 불문하고 그 손해를 전전세하지 않았더라도 일어났었을 불가항력으로 인한 손해임을 입증하지 못하는 이상, 손해발생이란 사실만으로 손해배상의 책임을 부담하여야 한다는 뜻으로 새겨야 한다.

3. 전세권소멸의 금지

전전세권이 존속하는 동안에 원전세권자는 전세권의 포기등 전전세권의 기초가 되는 전세권을 소멸시키는 행위를 하지 못한다. 그러나 원전세권의 기간만료로 원전세권이 소멸한 경우에는 전전세권도 소멸한다.

4. 원전세권에의 의존

전전세권은 원전세권의 존재를 기초로 하여 성립하는 것이므로 원전세권이 소멸하면 전전세권도 소멸한다.

5. 전전세권과 목적물의 인도

전전세권이 소멸한 때에는 전전세권자는 원전세권자에 대하여 목적부동산의 인도 및 전전세권 설정등기의 말소에 필요한 서류의 교부와 동시에 전세금의 반환을 청구할 수 있다.

6. 전전세권의 경매권

원전세권자가 전전세금의 반환을 지체한 때에는 전전세권자도 경매권을 행사할 수 있다(318조). 그러나 전전세권자의 경매권은 전세권자의 경매권을 기초로 하므로 일정한 제한이 있다. 우선 전전세권의 존속기간이 원전세권보다 먼저 만료하더라도 원전세권의 존속기간이 만료하기 전에는 전전세권자는 경매권을 행사할 수 없다. 또 원전세권설정자가 원전세권자에게 전세금을 반환한 경우에 전전세권자의 경매권은 소멸한다.

제4장 담 보 물 권

제1절 담보물권 일반

Ⅰ. 담보제도

1. 담보제도의 의의

담보란 채권의 변제를 확실하게 하기 위한 제도로 이에는 인적 담보와 물적 담보가 있다. 인적 담보는 채무자 이외의 자의 일반재산으로 담보를 하는 것인데, 보증인 · 연대채무자 등 담보설정자의 재산상태에 의해 그 담보가치가 불안정해질 수 있는 면이 있으나 계약만으로 설정할 수 있는 간편한 절차가 이점이다.

물적 담보는 담보목적물이 가지는 경제적 가치에 의해 채권을 담보하는 것으로, 채무자의 인적 요소에 의존하지 않으므로 채권의 변제가 보다 확실하게 담보되는 이점이 있다.

Ⅱ. 담보물권의 종류

담보물권은 채권자가 채권의 변제를 확보하기 위해 채무자 또는 제3자의 특정재산에 우선적으로 권리를 행사할 수 있는 물권으로 그 종류는 다음과 같다.

담보물권은 크게 전형담보물권과 비전형담보물권으로 나눌 수 있다. 전형담보물권에는 약정담보물권(질권 · 저당권)과 법정담보물권(유치권)이 있다. 비전형담보물권으는 양도담보 · 가등기담보 · 매도담보(환매 또는 재매매예약) 등이 있다.

Ⅲ. 담보물권의 효력

1. 우선변제적 효력

채권자가 물건의 교환가치를 통하여 채무변제가 없을 때에는 목적물을 환가하여 다른 채권자에 우선하여 변제를 받을 수 있는 효력이다.

2. 유치적 효력

목적물을 채권자에게 유치시켜 채무자가 목적물을 사용하지 못하도록 함으로써 심리적 압박을 가함으로써 채무변제를 충족시키는 효력이다.

Ⅳ. 담보물권의 성질

담보물권이 통상 가지는 성질(通有性)은 부종성 · 수반성 · 불가분성 · 물상대위성이다.

1. 부 종 성

담보물권은 채권의 담보를 목적으로 하는 것이므로 피담보채권이 존재하여야 담보물권이 존재하는데, 이를 부종성(附從性이)라 한다. 민법은 「저당권으로 담보한 채권이 시효의 완성 기타 사유로 인하여 소멸한 때에는 저당권도 소멸한다」(369조)고 하여 다음과 같은 취지를 규정하고 있다.

① 성립에 있어서 부종성: 채권이 없으면 담보물권은 발생하지 않는다.

② 존속에 있어서 부종성: 담보물권은 채권과 분리하여 처분할 수 없다.

③ 소멸에 있어서 부종성: 채권이 소멸하면 담보물권도 소멸한다.

④ 우선변제를 받음에 있어서 부종성: 목적물로부터 우선변제를 받기 위해서는 현실로 발생하고 있는 피담보채권에 의하지 않으면 안된다.

2. 수 반 성

담보물권은 피담보채권에 의존하는 것이므로 채권이 이전되면 담보물권도 이에 따라 이전한다. 이러한 성질을 수반성(隨伴性이)라 한다. 민법은 제361조에서 「저당권은 그 담보한 채권과 분리하여 타인에게 양도하거나 다른 채권의 담보로 하지 못한다」고 하여 이러한 취지를 규정하고 있다.

3. 불가분성

담보물권은 피담보채권의 전부에 대한 변제를 받을 때까지 목적물 전부에 대해 그 효력이 미친다. 이를 불가분성(不可分性이)라 한다. 민법은 유치권에서 「유치권자는 채권 전부의 변제를 받을 때까지 유치물 전부에 대하여 그 권리를 행사할 수 있다」고 규정하고(321조), 이를 질권과 저당권에 준용하고 있다(343조 · 370조).

4. 물상대위성

담보물권은 목적물 자체가 아니라 그 교환가치를 파악하는 것이므로 목적물이 멸실 · 훼손 · 공용징수되더라도 그로 말미암아 채무자가 받을 금전 기타 물건, 즉 가치변형물에 대해서도 담보물권자가 그 담보물권을 행사할 수 있다. 이것이 물상대위성이다.

예컨대 甲이 乙로부터 1,000만원을 빌리면서 자기소유의 토지에 저당권을 설정하였으나 그 토지가 공용징수되어 甲이 5,000만원의 보상금을 받은 경우, 乙의 저당권의 효력은 5,000만원에도 미친다. 민법 제342조는 「질권은 질물의 멸실 · 훼손 또는 공용징수로 인하여 질권설정자가 받을 금전 기타 물건에 대하여도 이를 행사할 수 있다. 이 경우에는 그 지급 또는 인도 전에 압류하여야 한다」고 규정하고, 이를 저당권에 준용하고 있다(370조).

① 유치권에는 우선변제적 효력이 없으므로 물상대위성도 없다.

② 법정담보물권(유치권)에는 부종성이 엄격하게 적용되고, 약정담보물권(질권 · 저당권)에는 적용이 완화된다.

③ 물상대위성에 관해 질권 · 저당권에서 각각 작용이 다르다.

제2절 유 치 권

사례

을은 갑으로부터 임차중인 승용차가 고장이 나자 병에 게 수리를 의뢰하였다.

(1) 갑이 병에게 와서 자기소유의 자동차의 반환을 요구한 경우에 병은 갑의 반환청구에 응해야 하는가? 병이 승용차의 주인을 을로 믿은 경우와 제3자로 믿은 경우에 결론은 다른가?

(2) 병이 숭용차의 수리대금을 받기 위한 수단은 무엇인가? 을에게 승용차를 인도한 경우와 갑에게 승용차를 인도한 경우는 어떠한가?

(3) 병이 을이 방치한 승용차를 을의 의뢰 없이 수리하여 보관하고 있는 경우라면 갑 · 병간의 법률관계는 어떠한가?

I. 개 념

1. 유치권의 의의

유치권이란 타인의 물건을 점유하고 있는 자가 그 물건에 관해서 생긴 채권을 가지는 경우에 그 변제를 받을 때까지 그 물건을 유치할 수 있는 권리이다(320조). 예컨대 자동차를 수리한 카센타주인은 수리비의 지불을 받을 때까지 자동차를 반환하지 않겠다고 항변할 수 있다. 목적물을 유치함으로써 채무자의 변제를 간접적으로 강제할 수 있는 기능이 있다.

그러나 유치권은 공평의 원칙에서 인정된 담보물권으로서 당사자의 의사에 기하지 않고 법률상 당연히 발생하는 법정담보물권이다.

2. 유치권의 성질

유치권은 물권의 일종으로서 제한물권이며 담보물권으로서는 법정담보물권에 속한다. 따라서 담보물권으로서의 부종성 · 수반성 · 불가분성(321조)을 가진다. 그러나 유치권에 있어서 채권의 담보는 누구에게나 인도를 거절함으로써 간접적으로 실현되는 것이므로 우선변제적 효력이 없고, 따라서 물상대위성이 없다.

[유치권의 불가분성]

민법 제321조에 의해 유치물은 그 각 부분으로써 피담보채권의 전부를 담보한다. 위와 같은 유치권의 불가분성은 그 목적물이 분할 가능하거나 수개의 물건이 경우에도 적용된다(대판 2000.10.30, 2000다4002).

Ⅱ. 유치권의 성립요건

1. 타인의 물건일 것

(1) 타인의 물건

타인의 물건이란 채무자 자신의 소유물일 필요는 없고 채무자에게 그 물건의 인도청구권이 있으면 유치권이 성립한다. 예를 들면 A가 자동차를 B에게 수리를 맡겼지만 A가 소유자가 아니고 C로부터 임차하여 사용하고 있는 경우에도 B는 A에 대하여 유치권을 주장할 수 있다.

(2) 목 적 물

유치권의 목적이 될 수 있는 것은 타인의 동산, 부동산, 유가증권이다. 유치권은 목적물의 점유 자체가 공시방법의 역할을 하는 법정물권이므로 부동산이나 유가증권 유치권의 경우에도 등기나 배서가 필요치 않다. 타인의 물건 또는 유가증권이므로 채무자가 아닌 제3자도 이에 포함된다.

2. 채권과 물건의 견련성

채권이 유치권의 목적물에 관하여 생긴 것이어야 한다. 「그 물건에 관하여 생긴 채권」(320조)이란 (ⅰ) 채권이 물건 자체로부터 발생한 경우와, (ⅱ) 채권이 물건의 반환청구와 동일한 법률관계 또는 사실관계로부터 발생한 경우를 말한다.

이러한 견련성(牽連性은) 채권과 목적물 사이에 있으면 충분하고 그 채권이 목적물의 점유 중에 생긴 것이어야 하는 것은 아니다. 즉 채권과 '목적물의 점유'와의 견련성이 요구되는 것은 아니다.

(1) 채권이 물건 자체로부터 발생한 경우

물건에 대해 지출된 필요비 또는 유익비 등의 상환청구권(626조 · 203조)이 그 대표적인 예로서, 목적물에 대한 수리비 및 유치권을 취득하게 되는 자가 물건의 가치를 보존 · 증대시키거나 그 물건으로부터 직접 손해를 입은 경우 등이다.

예컨대 甲이 광산업자 乙로부터 덕대계약에 의하여 광산을 인도받아 광산개발을 위하여 유익비를 지출하였는데, 광산업자 乙이 광산인도청구를 하는 경우 甲은 유치권을 갖게 된다.

[유치권행사의 인정여부]

기초공사 벽체공사 옥상스라브 공사만이 완공된 건물에 전세금을 지급하고 입주한 후 소유자와 간에 위 건물을 매수하기로 합의하여 자기 자금으로 미완성 부분을 완성한 자는 위 건물에 들인 금액 상당의 변제를 받을 때까지 위 건물의 제3취득자에 대하여 유치권을 행사할 수 있다(대판 1967.11.28, 66다2111).

(2) 채권이 물건의 반환청구권과 동일한 법률관계 또는 사실관계로부터 발생한 경우

① 채권이 물건의 반환청구권과 동일한 법률관계로부터 발생한 경우로는 매매계약이 취소된 결과 생기는 대금반환청구권과 목적물의 반환의무의 관계나 자동차의 수리위탁계약에 따른 수리대금청구권과 자동차의 반환의무의 관계 등이 있다.

② 채권이 물건의 반환청구권과 동일한 사실관계로부터 발생한 경우로는 비오는 날 2인이 서로 우산을 바꿔간 경우 그 상호간의 반환청구권의 관계를 예로 들 수 있다.

(3) 견련성이 부인되는 경우

채권이 유치권의 목적물에 관하여 생긴 것이 아니어서 견련성이 부인되는 것으로는 임차보증금반환청구권, 부속물매수청구시 부속물대금채권과 대지의 반환의무 등이 있다.

[견련관계를 부정한 경우]

임대인과 임차인 사이에 건물명도시에 권리금을 반환하기로 하는 약정이 있었다 하더라도, 그와 같은 권리금반환청구권은 건물에 관하여 생긴 채권이라 할 수 없으므로, 그와 같은 채권을 가지고 건물에 대한 유치권을 행사할 수 없다(대판 1994.10.14, 93다62119).

3. 채권이 변제기에 있을 것

채권이 변제기에 있지 않을 때는 유치권은 발생하지 않는다. 변제기 전에 유치권을 인정하면 변제기 전의 채무이행을 강제하는 것이 되기 때문이다. 변제기 도래라는 요건은 질권·저당권에 있어서는 권리실행의 요건이나, 유치권에서는 성립요건이다.

유익비의 상환청구권에 대해 법원은 채무자에게 기한을 허여할 수가 있는데, 이 경우에는 유치권이 성립하지 않는다(203조 3항 · 325조 2항 단서 · 626조 2항 후단).

4. 유치권자가 목적물을 점유하고 있을 것

유치권에서의 점유는 유치권의 성립요건인 동시에 존속요건이다. 즉 유치권은 점유하고 있는 물건에 대하여 생기는 권리이므로 물건의 점유를 이탈하여 성립할 수 없다. 또한 점유가 계속되는 때에만 유치권이 존속하게 된다.

유치권자의 점유는 직접점유이든 간접점유이든 상관없으며, 유치권자가 목적물의 점유를 상실하면 유치권은 당연히 소멸한다. 부동산에 대한 유치권도 등기하였다 하더라도 점유하고 있지 않으면 점유라고 할 수 없다.

[채무자가의 점유하는 경우]

유치권은 목적물을 점유함으로써 채무자의 변제를 간접적으로 강제하는 것을 본체적 효력으로 하는 권리인 점 등에 비추어, 점유자가 채무자인 경우에는 유치권 성립요건으로서의 점유에 해당하지 않는다(대판 2008.4.11, 2007다27236).

5. 점유가 불법행위로 인하여 취득된 것이 아닐 것

유치권자의 점유는 불법행위로 인하여 취득한 것이 아니어야 한다(320조 2 항). 불법행위로 물건을 점유한 자에게 유치권을 인정하여 그 채권을 특별히 보호할 필요는 없으므로 공평의 원칙에 의해 둔 규정이다.

이에는 점유 자체가 불법인 경우와 처음에는 점유할 권원이 있었지만 권원이 소멸하였음에도 불구하고 계속 점유하는 경우에도 불법점유가 된다. 예컨대 임대차계약이 해지로 종료된 이후에 임차인이 목적물에 필요비를 지출하여도 그 상환청구권에 관하여는 유치권이 성립하지 않는다.

6. 유치권배제특약의 부존재

당사자간에 유치권의 발생을 배제하는 특약이 있으면 그 특약은 유효하다. 따라서 그러한 특약이 없어야 유치권이 성립할 수 있다.

[유치권의 배제특약]

건물의 임차인이 임대차관계 종료시에는 건물을 원상으로 복구하여 임대인에게 명도하기로 약정한 것은 건물에 지출한 각종 유익비 또는 필요비의 상환청구권을 미리 포기하기로 한 취지의 특약이라고 볼 수 있어 임차인은 유치권을 주장을 할 수 없다(대판 1975.4.22, 73다2010).

Ⅲ. 유치권의 효력

1. 유치권자의 권리

(1) 목적물의 유치

유치권자는 그 채권의 전부를 변제받을 때까지 목적물의 전부를 유치할 수 있다(321조). 유치란 목적물을 계속 점유함으로써 그 인도를 거절하는 것을 말하며, 목적물의 유치가 바로 유치권의 본체적 효력이다.

유치권은 채권변제를 받을 때까지는 누구에 대해서도 목적물을 유치할 수 있고, 목적물의 소유권이 이전되더라도 이러한 효력에 변함이 없다. 유치물이 경매되는 경우에도 경락인은 유치권자에 대하여 채권을 변제하지 않으면 그 목적물을 수취할 수 없다(민사집행법 91조 5 항).

그러나 유치적 효력에 의하여 확실하게 채권의 효력은 강제되지만 그 효력은 심리적인 것에 불과하다. 예를 들어 유치하고 있는 물건이 채무자에게 필요하다면 변제를 강제할 효력을 가지지만 그렇지 않은 경우에는 강제의 효력이 없다. 유치권에는 본래의 의미에서의 우선변제권이 없고 담보물권으로서의 법적인 효력이 약한 이유가 여기에 있다

또한 유치권자는 유치물을 침해하는 자에 대해 점유보호청구권을 행사할 수 있을 뿐만 아니라 불법행위로 인한 손해배상청구권도 행사할 수 있다.

[유치권의 효력]

물건의 인도를 청구하는 소송에 있어서 피고의 유치권 항변이 인용되는 경우에는 그 물건에 관하여 생긴 채권의 변제와 상환으로 그 물건의 인도를 명하여야 한다(대판 1969.11.25, 69다1592).

(2) 경매권과 간이변제충당권

1) 경 매 권

유치권자는 채권의 변제를 받기 위하여 유치물을 경매할 수 있다(322조 1 항). 그러나 유치권자에게 우선변제권은 인정되지 않으므로 다른 채권자의 배당요구가 있으면 그 자와 평등한 비율로 변제를 받을 수 있을 뿐이다.

유치권자에 의한 경매의 구체적인 절차는 민사집행법 제274조에서 정하고 있다.

2) 간이변제충당권

유치권자는 정당한 이유가 있는 때에 감정인의 평가에 의하여 유치물로서 직접 변제에 충당할 것을 법원에 청구할 수 있다. 이 경우에는 미리 채무자에게 통지하여야 한다(322조 2 항). 예컨대 목적물의 가치가 적어서 경매를 신청하는 것이 부적당한 경우에 간이변제충당권을 이용할 수 있다.

[정당한 이유의 존부 판단기준]

유치물의 처분에 관하여 이해관계를 달리하는 다수의 권리자가 존재하거나 유치물의 공정한 가격을 쉽게 알 수 없는 등의 경우에는 민법 제322조 2항에 의하여 유치권자에게 유치물의 간이변제충당을 허가할 정당한 이유가 있다고 할 수 없다(대판 2000.10.30, 2000다4002).

(3) 과실수취권

① 유치권자는 유치물에서 생긴 과실을 수취하여 이것으로 다른 채권자에 우선하여 그 채권의 변제에 충당할 수 있다(323조 1항). 이는 과실에 의한 우선변제권이라 할 수 있으나 선의점유자(201조 1항)와 달리 과실의 소유권이 귀속되는 것은 아니다.

유치권자는 간이변제충당으로 직접 유치물의 소유권을 취득하며 등기를 필요로 하지 않는다. 다만 차액은 채무자에게 반환하여야 한다. 과실에는 천연과실 · 법정과실이 모두 해당되며, 부당이득으로서 반환하여야 할 사용이익도 과실에 준하는 것으로 볼 것이다.

② 수취한 과실은 먼저 이를 채권의 이자에 충당하고, 또 나머지가 있으면 원본에 충당한다(323조 2항). 과실이 금전이 아닌 때에는 이를 경매하여 위와 같이 충당하여야 한다(323조 1항 단서).

(4) 비용상환청구권

① 유치권자가 유치물에 관하여 필요비를 지출한 때에는 소유자에게 그 상환을 청구할 수 있다(325조 1 항). 예컨대 수치인이 보관료 채권을 담보하기 위하여 임치계약 종료 후

임치물을 유치하고 있는 경우에 추가되는 보관료는 필요비이다. 유치권자는 이 상환청구권을 피담보채권으로 하여 다시 유치권을 행사할 수 있다.

② 유익비를 지출한 때는 그 가격의 증가가 현존하는 경우에 한하여 소유자의 선택에 좇아 그 지출한 금액 또는 증가액의 상환을 청구할 수 있다. 단 유익비의 상환에 대하여 법원은 소유자의 청구에 의하여 상당한 기간을 허여할 수 있고(325조 2항), 이때에는 유익비에 관하여 유치권을 행사할 수 없다.

2. 유치권자의 의무

① 유치권자는 선량한 관리자의 주의의무로 유치물을 점유하여야 한다(324조 1항).

② 유치권자는 그 권리의 성질상 채무자의 승낙 없이 유치물을 사용·대여 또는 담보제공을 하지 못한다(324조 2항 본문).

이다만 유치물의 보존에 필요한 사용, 예컨대 자동차를 유치한 경우에 자동차배터리의 방전을 막기 위해 사용하거나 노트북컴퓨터에 바이러스가 침투하여 이를 퇴치하기 위해 사용하는 것은 채무자의 승낙 없이도 할 수 있다(324조 2항 단서). 채무자와 소유자가 다를 때에 그 승낙은 소유자가 한다.

③ 유치권자가 위 의무를 위반한 경우에 채무자는 유치권의 소멸을 청구할 수 있다(324조 3항).

[보존에 필요한 사용과 부당이득]

공사대급채권에 기하여 유치권을 행사하는 자가 스스로 유치물인 주택에 거부하며 사용한 것은 특별한 사정이 없는 한, 유치물인 주택의 보존에 도움이 되는 행위로서 유치물의 보존에 필요한 경우에 해당한다고 할 것이다. 이처럼 유치권자가 유치물의 보존에 필요한 사용을 한 경우에도, 특별한 사정이 없는 한 차인에 상당한 이득을 소유자에게 반환할 의무가 있다(대판 2009.9.24, 2009다40684).

Ⅳ. 유치권의 소멸

1. 일반적 소멸원인

유치권도 물권이므로 물권의 일반적인 소멸원인에 의하여 소멸한다. 즉 목적물의 멸실, 토지수용, 혼동, 포기 등으로 유치권은 소멸한다. 다만 유치권자는 목적물을 점유하고 있으므로 유치권이 시효로 소멸하지는 않는다.

그러나 목적물을 점유하고 있다고 해서 그것이 곧 채권을 행사하는 것이라고 볼 수 있는 것은 아니므로 유치권의 행사가 피담보채권의 소멸시효의 진행에 영향을 미치지는 않는다(326조). 따라서 목적물을 유치하고 있더라도 채권을 행사하고 있지 않으면 시효로 소멸될 수 있으며, 그렇게 되면 유치권은 피담보채권의 소멸로 인하여 소멸한다.

2. 특수한 소멸원인

(1) 유치권자의 의무위반에 대한 소멸청구

유치권자가 보관의무를 해태하거나 채무자의 승낙 없이 유치물을 사용·대여·담보제공을 한 경우에는 채무자는 유치권의 소멸을 청구할 수 있다(324조 3항). 채무자는 위반행위가 종료했는지 여부, 손해가 발생했는지의 여부를 불문하고 소멸청구할 수 있으며, 유치물의 제3 취득자도 소멸청구할 수 있다.

소멸청구권은 형성권이므로 소유자의 유치권자에 대한 의사표시로 유치권소멸의 효력이 발생하는 것이고, 유치권자의 위반행위가 있다고 하여 당연히 유치권이 소멸하는 것은 아니다.

(2) 상당한 담보제공에 의한 소멸청구

채무자는 상당한 담보를 제공하고 유치권의 소멸을 청구할 수 있다(327조). 피담보채권액에 비하여 과대한 금액의 물건이 유치되어 있는 경우에 실익이 있다. 이 대담보제도(代擔保制度)는 채무자의 이익을 고려하여 공평의 원칙에 의하여 인정된 것으로 인적 담보와 물적 담보 모두 가능하다. 다만 다른 담보를 제공하고 소멸청구를 하려면 유치권자의 동의가 필요하다(통설). 따라서 담보제공에 유치권자가 승낙하지 않을 때에는 그 승낙에 갈음하는 판결을 구할 수밖에 없다.

[담보의 상당성의 판단기준]

민법 제327조에 의하여 제공하는 담보가 상당한가의 여부는 그 담보의 가치가 채권의 담보로서 상당한가, 태양에 있어 유치물에 의하였던 담보력을 저하시키지는 아니한가 하는 점을 종합하여 판단하여야 할 것인바, 유치물의 가격이 채권액에 비하여 과다한 경우에는 채권액 상당의 가치가 있는 담보를 제공하면 족하다고 할 것이다. 한편 당해 유치물에 관하여 이해관계를 가지고 있는 자인 채무자나 유치물의 소유자는 상당한 담보가 제공되어 있는 이상 유치권 소멸 청구의 의사표시를 할 수 있다(대판 2001.12.11, 2001다59866).

(3) 점유상실

유치권은 점유의 상실로 인하여 소멸한다(328조). 유치권은 목적물의 점유를 본체로 하는 권리이므로 점유는 유치권의 성립·존속요건이다. 유치권자가 점유를 침탈당한 경우에는 점유물반환청구권(204조)에 의하여 이를 회수하여야 하며, 이것은 유치권에 기한 반환청구권은 아니다.

사례해결

병이 을의 의뢰를 받아서 수리를 한 경우에 병은 수리비채권을 가지고 승용차에 대해 유치권을 행사할 수 있다. 이 경우 유치권행사의 상대방은 乙뿐만 아니라 소요자인 갑도 될 수 있다. 이 때 병은 유치권의 효력으로서 채권의 변제를 받을 때까지 목적물을 점유할 수 있고, 경매권과 간이변제충당권이 인정되고, 채무자가 파산을 한 경우에는 별제권도 인정된다.

그러나 의뢰 없이 무단으로 승용차를 수리하여 보관하고 있는 경우라면 수리비채권에 대해 유치권은 성립하지 않는다. 이 경우는 고장 난 승용차의 수리로 소유자인 갑이 부당이득을 얻었으므로 부당이득반환청구권 문제만이 생길 것이다. 또는 병은 사무관리를 주장하여 갑에게 수리비용의 반환을 청구할 수 있다.

제3절 질 권

제1관 질권 일반

Ⅰ. 질권의 의의와 성질

1. 질권의 의의

질권(質權)은 채권자가 그 채권을 담보하기 위하여 채무자 또는 제3자(물상보증인)로부터 동산 또는 재산권을 채무의 변제가 있을 때까지 유치함으로써 채무의 변제를 간접적으로 강제하는 동시에 변제가 없을 때에는 그 동산 또는 재산권으로부터 우선변제를 받을 수 있는 권리이다.

예컨대 甲이 乙로부터 50만원을 차용하면서 그 담보로서 보석반지를 입질하면 乙은 甲이 채무를 변제할 때까지 그 반지를 유치하여 반환을 거부할 수 있고, 또 甲이 이행지체에 빠지게 되면 乙이 그 반지의 가액으로부터 자기채권의 우선변제를 받을 수 있는 권리이다.

2. 질권의 법적 성질

① 질권은 물권의 일종으로서 제한물권이며, 담보물권으로서는 예외적인 경우를 제외하고는 약정담보물권에 속한다. 따라서 담보물권으로서의 부종성·수반성·불가분성·물상대위성을 가진다.

② 질권은 피담보채권의 변제가 있을 때까지 채무자 또는 제3자에 의하여 제공된 목적물을 유치하고 변제가 없을 때에는 목적물의 교환가치로부터 우선변제를 받을 수 있는 권리이다.

Ⅱ. 질권의 종류

질권은 여러 가지 표준에 따라서 분류할 수 있다.

1. 목적물에 의한 분류

민법은 질권의 대상인 목적물에 따라 동산질권과 권리질권으로 나누어 규정하고 있다.

(1) 동산질권

동산을 목적으로 하는 질권이다. 민법은 동산질권에 관하여 일반적인 규정을 두고, 이것을 다른 종류의 질권에 관하여 준용하도록 하고 있다. 동산질권은 소액의 채무를 담보하는데 적합하고 편리하지만 채무자가 이용하고 있는 기계나 기구에 질권을 설정한다면 생산활동을 할 수 없게 된다. 동산질권에 있어서 유치적 효력은 단지 물건을 유치할뿐이고, 목적물의 사용·수익할 수 없다.

(2) 권리질권

통상의 지명채권 외에 채권·주식·사채 기타의 권리를 목적으로 하는 질권이다. 대상이 권리이기 때문에 유치적 효력이라 하더라도 의미는 없다. 증서인 권리는 증서의 교부가 효력요건이지만 이를 유치적 효력이라고 할 수는 없다. 채무자에게 심리적 압박을 줄 수 없기 때문이다. 결국 효력의 중심은 저당권과 마찬가지로 우선변제권이다.

(3) 부동산질권

토지·건물 등 부동산을 목적으로 하는 질권이다. 구민법은 부동산질권을 인정하고 있었으나, 현행민법은 저당권의 존재로 그 효용이 없다는 점에서 부동산질권을 인정하지 않는다.

2. 적용법규에 의한 분류

(1) 민사질권

민법의 적용만을 받는 질권을 민사질권이라 한다. 민법상의 질권으로서는 위에서 본 동산질권과 권리질권이 있으나, 민사질권에 관한 일반이론은 아래의 상사질권이나 영업질권에 대해서도 통칙으로서 적용된다.

(2) 상사질권

상행위에 의하여 생긴 채권을 담보하기 위하여 설정되는 질권을 총칭하여 상사질권이라 한다. 상사질권에 관해서는 우선 상법이 적용되고 그 규정이 없는 경우에는 민법이 적용된다. 상사질권에 있어서는 민사질권에서 금지되는 유질계약이 허용된다(상법 59조).

3. 약정질권·법정질권

질권이 당사자의 설정행위에 의하여 발생하는가 또는 법률의 규정에 의하여 당연히 발생하는가에 따라서 약정질권과 법정질권으로 나눌 수 있다. 현행민법은 양자를 모두 인정하고 있으나 법정질권은 예외적인 것에 지나지 않는다.

제2관 동 산 질 권

Ⅰ. 동산질권의 성립

1. 약정질권

동산질권은 원칙적으로 약정담보물권으로서 질권설정계약과 목적물인 동산의 인도에 의하여 설정된다.

(1) 질권설정계약

1) 당 사 자

질권설정계약의 당사자는 질권을 취득하게 되는 '질권자'와 목적동산에 질권을 설정하는 '질권설정자'이다.

(a) 질 권 자

질권자는 피담보채권의 채권자에 한한다.

(b) 질권설정자

질권설정자는 피담보채권의 채무자인 것이 보통이나 제3자라도 무방하다. 이처럼 채무자를 위하여 자신의 동산을 담보로 제공하는 제3자를 물상보증인이라고 한다. 예를 들어 甲이 乙로부터 50만원을 차용하면서 그 담보로서 丙이 질물로 제공해도 좋다고 하면서 자기소유의 보석반지를 가지고 질물로 제공한 사례에서 丙을 물상보증인이라고 한다. 물상보증인은 스스로 피담보채무를 부담하고 있지는 않으므로 채권자가 이에 대하여 이행의 소를 제기하거나 물상보증인의 일반재산에 대하여 집행하지는 못한다.

그러나 타인의 채무를 위하여 자기의 재산 위에 물적 담보를 부담하는 자이어서 그의 채무자에 대한 지위는 보증인과 비슷하다. 따라서 물상보증인이 스스로 변제를 하거나 또는 질권의 실행으로 질물의 소유권을 잃은 때에는 보증인의 경우와 마찬가지로 채무자에 대하여 구상권을 행사할 수 있다(341조). 따라서 보증인의 구상권에 관한 민법 제441조 내지 제447조 및 제481조 내지 제485조의 규정이 물상보증인의 경우에 준용되게 된다.

질권의 설정은 일종의 처분행위이므로 설정자는 목적물을 처분할 권리나 또는 처분의 권능을 가지는 자이어야만 한다. 그러나 설정자에게 처분권이나 처분권능이 없는 경우에도 채권자가 설정자에게 그러한 처분의 권리나 권능이 있다고 믿고 그렇게 믿는 데 과실이 없이 질권의 설정을 받은 때에는 선의취득의 규정에 따라 유효하게 질권을 취득한다(343조 · 대판 1981.12.22, 80다2910).

[물상보증인의 구상권의법적 성질]

물상보증인이 변제 등에 의하여 채무자를 면책시키는 것은 위임사무 처리가 아니고, 법적 의미에서는 의무 없이 채무자를 위하여 사무를 관리한 것에 유사하다.

따라서 물상보증인의 채무자에 대한 구상권은 그들 사이의 물상보증위탁계약의 법적 성질과 관계없이 민법에 의하여 인정된 별개의 독립한 권리이고, 그 소멸시효에 있어서는 민법상 일반채권에 관한 규정이 적용된다(대판 2001.4.24, 2001다6237).

[선의 · 무과실의 입증책임]

동산질권을 선의취득하기 위하여는 질권자가 평온, 공연하게 선의이며 과실없이 질권의 목적동산을 취득하여야 하고, 그 취득자의 선의, 무과실은 동산질권자가 입증하여야 한다(대판 1981.12.22, 80다2910).

2) 질권설정계약의 성질

질권설정계약은 물권행위와 채권계약이 존재되어 있다는 견해와 물권계약이라는 견해로 나뉘어진다. 견해에 따라서는 질권설정의 합의 이외에 인도가 있어야 효력이 생기기 때문에 질권설정계약은 요물계약이라고 하기도 한다(구민법 시절의 통설과 판례).

그러나 인도하여야 효력이 생긴다는 것은 형식주의를 취하는 현행 민법상의 대원칙에 따른 결과이므로 질권설정계약을 요물계약이라고 하는 것은 부당하다(현재의 통설).

(2) 목적동산의 인도

동산물권의 변동은 그 동산을 인도하여야 효력이 생기므로(188조 1항), 동산질권의 설정에 있어서도 당사자 사이의 질권설정계약 외에 목적동산의 인도가 있어야 한다.

2. 법정질권

질권은 법률의 규정에 의하여 당연히 성립되는 경우도 있다. 민법은 부동산임대인의 임대차에 관한 채권에 관하여 예외적으로 법정질권이 성립하는 경우를 규정하고 있다. 즉 (ⅰ) 토지임대인이 임대차에 관한 채권에 의하여 임차지에 부속 또는 그 사용의 편익에 공용한 임차인 소유의 동산 및 그 토지의 과실을 압류한 경우(648조), (ⅱ) 건물 기타 공작물의 임대인이 임대차에 관한 채권에 의하여 그 건물 기타 공작물에 부속한 임차인 소유의 동산을 압류한 경우(650조)에는 각각 질권과 동일한 효력이 있는 것으로 한다.

3. 목 적 물

① 동산질권의 목적물은 양도할 수 있는 것이어야 한다(331조). 양도할 수 없는 물건은 그 대가로부터 우선변제를 받을 수 없기 때문이다. 그러나 절대적으로 양도성이 없는 동산은 금제품이 있을 뿐이다. 민사집행법상 압류가 금지되고 있는 동산도 그것이 성질상 양도금지를 이유로 하는 물건인 경우에는 질물의 목적으로 할 수 없으나, 단순히 채무자의 보호를 위한 것인 경우에는 질권의 목적으로 하여도 무방하다.

② 다만 동산 중에서도 선박 · 자동차 · 항공기 · 중기는 각종의 특별법에 의해 등기 · 등록되는 것은 정책적 이유에서 입질이 금지되고 저당권의 목적이 된다.

4. 동산질권의 피담보채권

(1) 채권일반

질권에 의하여 담보될 수 있는 채권, 즉 피담보채권의 목적에는 아무런 제한이 없다. 따라서 급부의 종류에 있어서 금전을 목적으로 하는 채권이거나 그 이외의 급부를 목적으로 하는 채권 또는 일정한 행위를 목적으로 하는 채권이라도 무방하다.

모든 채권은 그 불이행으로 인하여 금전에 의한 손해배상채권으로 변하는 것이 원칙이기 때문에 질권은 결국 모든 채권에 대하여 우선변제의 작용을 할 수 있게 된다.

(2) 장래에 성립하는 채권

질권에 있어서의 피담보채권은 조건부채권 · 기한부채권과 같이 장래에 성립하는 것이라도 무방한가? 우리 민법은 저당권에 관해서는 장래 증감변동하는 채권의 담보를 위한 근저당을 명문으로 인정하지만 질권에 관해서는 아무런 규정도 없다.

그러나 사회경제적인 현실을 고려하여 조건부채권이나 기한부채권을 위해서도 담보권을 유효하게 설정할 수 있다는 점에 이론(異論)이 없다.

Ⅱ. 동산질권의 효력

1. 효력이 미치는 범위

(1) 피담보채권의 범위

① 동산질권은 피담보채권의 원본뿐만 아니라 그 이자 · 위약금 · 질권실행의 비용 · 질물보존의 비용 · 채무불이행으로 인한 손해배상채권 · 질물의 하자로 인한 손해배상채권까지도 담보한다(334조 본문). 그러나 이 범위는 당사자의 특약으로서 변경할 수 있다(334조 단서).

질권의 피담보채권의 범위는 저당권의 경우(360조 참조)보다 상당히 넓은데, 그것은 질권에 있어서는 질물이 채권자에게 인도될 뿐만 아니라 동일목적물 위에 질권이 경합하는 경우가 비교적 적어서 다른 채권자를 해칠 염려가 드물기 때문이다.

② 동산질권은 불가분성을 가지고 있으므로(343조 · 321조), 질권자는 채권의 전부의 변제를 받을 때까지 질물의 전부에 관하여 그 권리를 행사할 수 있다.

(2) 목적물의 범위

1) 질물 전체

동산질권의 효력은 설정계약에 의하여 질권의 목적으로 된 물건의 전부에 미친다.

(a) 종 물

종물은 주물의 처분에 따르기 때문에(100조 2항) 설정계약에 다른 약정이 없고, 또한 그 종물이 인도된 경우에 한해서는 질권의 효력은 종물에도 미치는 것으로 해석하여야 한다.

(b) 과 실

과실에 관해서는 유치권의 규정(323조 참조)이 준용되기 때문에 동산질권은 과실에 대해서도 그 효력을 미친다(343조). 과실은 천연과실뿐만 아니라 질물소유자의 동의를 얻어서 사용 또는 임대하는 경우의 법정과실도 포함된다.

2) 물상대위

(a) 의 의

질권은 목적물의 교환가치를 취득하는 것을 목적으로 하는 권리이기 때문에 목적물이 멸실 · 훼손되더라도 그 교환가치를 대표하는 것이 존재하는 경우 질권은 다시 그 대표물 위에 존속하게 되는데 이를 물상대위라 한다. 민법은 「질권은 질물의 멸실 · 훼손 또는 공용징수로 인하여 질권설정자가 받을 금전 기타 물건에 대해서도 이를 행사할 수 있다」고 규정하고(342조 전단), 이를 저당권에 관해서도 준용하고 있다(370조).

(b) 물상대위의 객체

물상대위가 인정되는 대표물은 질물의 멸실 · 훼손 또는 공용징수로 인하여 질권설정자가 받을 금전 기타의 물건이다. 실제 물상대위의 객체는 현실의 금전 기타의 물건이 아니라 질권설정자가 제3자에 대하여 가지는 금전 기타의 대위물의 「지급청구권 또는 인도청구권」으로서 보험금청구권 · 손해배상청구권 · 보상금청구권 등이 그 예이다.

(c) 물상대위의 요건

질권자가 물상대위권을 행사하기 위해서는 대표물이 지급 또는 인도되기 전에 압류하여야 한다(342조 후단). 압류를 요구하는 취지는 질권설정자가 지급 또는 인도를 받아 그의 다른 재산 속에 섞이게 된 후에도 질권자의 추급을 허용한다면 목적물을 특정하기 어렵고 다른 채권자의 이익을 해하게 되기 때문이다. 이러한 취지에 비추어 볼 때 다른 제3채권자가 이미 압류한 경우에도 특정성은 유지되는 것이므로 물상대위를 할 수 있다고 볼 것이다(대판 1987.5.26, 86다카1058).

2. 유치적 효력

① 동산질권자는 피담보채권의 전부를 변제받을 때까지 질물을 유치할 권리를 가진다(335조 본문). 질권자의 질물을 유치할 권리는 질물의 양수인 · 일반채권자 또는 자기에게 우선하지 않는 다른 담보물권자에 대해서도 주장할 수 있다. 그러나 유치권의 경우와는 달리 그 질물에 대하여 우선권을 가지는 채권자[예컨대 선순위의 질권자(333조), 질권자에 우선하는 국세채권자(국세징수법 5조) 등]에게는 대항할 수 없다.

그러므로 이러한 채권자에 의하여 질물이 경매에 부쳐진 경우에는 질권자로서는 그 순위와 효력에 따라서 경락대금으로부터 배당을 받을 수 있을 뿐이고, 유치권자와 같이 자기의 채권 전부에 대한 변제가 없다는 이유로 그 질물의 인도를 거절할 수는 없다.

② 그 밖의 점에 있어서 동산질권은 유치권과 공통된 성질을 가지기 때문에 유치권에 있어서의 과실수취권(323조) · 유치물의 관리 및 사용(324조) · 비용상환청구권(325조)에 관한 규정들은 모두 질권에 준용된다(343조).

3. 우선변제적 효력

(1) 의 의

동산질권자는 질물에 대하여 다른 채권자보다 자기의 채권의 우선변제를 받을 권리가 있다(329조). 그러나 질권자의 우선변제권은 그 질권보다 우선권이 있는 선순위의 질권자(333조), 우선특권을 갖는 선박채권자(상법 872조 · 861조 이하), 질권자에 우선하는 조세채권을 갖는 국가(국세징수법 5조) 등이 있는 때에는 제한된다.

(2) 우선변제권의 행사요건

질권자가 우선변제권을 행사하기 위해서는 채무자가 채무를 이행하지 않아야 하며, 피담보채권이 금전 이외의 급부를 목적으로 하는 경우에는 손해배상채권 등 금전채권으로 된 후라야 한다.

(3) 우선변제권의 행사방법

1) 경 매

원칙적으로 민사집행법이 정하는 절차에 따라서 질물을 경매하여 그 경락대금으로부터 권리순위에 따라 우선변제를 받는다(338조 1항).

2) 간이변제충당

예외적으로 간이변제충당이 인정된다. 예컨대 질물의 가격이 적어서 경매가 부적당하다는 등 정당한 사유가 있는 경우에 한해서는 법원에 청구하여 법원이 선임한 감정인의 평가에 따라서 질물로서 직접 변제에 충당할 수 있다. 간이변제충당을 하고자 하는 경우에는 법원에 청구하기 전에 미리 채무자 및 질권설정자에게 그 뜻을 통지하여야 한다(338조 2항).

3) 기 타

동산질권자는 스스로 경매를 하지 않더라도 일반채권자가 목적물에 대하여 집행을 하거나 또는 다른 담보물권자가 목적물을 경매에 붙이는 경우에는 경락인에 대하여 유치적 효력을 주장함으로써 우선변제를 받는 것과 동일한 결과를 거두거나 또는 경매대금으로부터 그 순위와 효력에 따라서 우선변제를 받을 수 있다. 또 질권설정자가 파산한 경우에 질권자는 별제권을 가진다.

(4) 채무자의 일반재산으로부터의 변제

질물을 환가한 결과 질물로부터 피담보채권의 완제를 받기에 부족한 경우, 질권자는 채무자의 일반재산에 대하여 민사집행법의 규정에 따라서 채무명의를 얻어 강제집행을 할 수 있다(340조 1 항). 만일 질물보다 먼저 채무자의 다른 재산에 관한 배당을 실시하는 경우에는 질권자는 그 배당에 참가할 수 있고, 이러한 경우에는 다른 채권자는 질권자에게 그 배당금액의 공탁을 청구할 수 있다(340조 2항).

(5) 유질계약의 금지

1) 의 의

질권설정자는 채무변제기 전의 계약으로 질권자에게 변제에 갈음하여 질물의 소유권을 취득하게 하거나 법률에 정한 방법에 의하지 않고 질물을 처분할 것을 약정하지 못한다(339조). 유질계약을 금지하는 이유는 서민금융을 위한 법적 수단으로서의 질권의 사회경제적 기능에 비추어 궁박한 상태에 있는 채무자가 소액의 채무 때문에 고가인 질물의 제공을 부당하게 강요당하는 희생을 방지하고자 하는 것이다.

2) 요 건

민법 제339조의 유질계약으로 되기 위하여는 (ⅰ) 유질계약이 변제기 전에 체결되어야 한다. 변제기 후에 유질계약을 체결하는 것은 채무자의 궁박을 악용할 우려가 적기 때문에 유효하며 일종의 대물변제로 볼 것이다. (ⅱ) 변제에 갈음하여 질권자에게 질물의 소유권을 취득하게 하거나, 법률에 정한 방법에 의하지 아니하고 질물을 처분하여야 한다. 예컨대 질권자가 질물을 임의로 처분하는 것을 약정하는 경우이다.

3) 효 과

유질계약은 무효이다. 다만 유질계약만 무효로 되는 것이고 질권 자체가 무효로 되는 것은 아니다. 따라서 채무자는 채무를 변제하고 질물의 반환을 청구할 수 있다.

4) 예 외

유질계약의 금지는 민법상의 원칙이지만 다른 법률에서 유질계약을 허용하는 경우가 있다. 상행위에 의하여 생긴 채권을 담보하기 위하여 설정된 질권에 관해서는 유질계약이 허용된다(상법 59조).

4. 질권의 재이용 : 전질권

사례

갑은 을로부터 변제기를 2006. 8. 1로 하여 100만원을 빌리면서 자기소유의 카메라에 질권을 설정하였다. 을은 갑의 채무변제기 전에 이 카메라를 병에게 담보로 제공하고 병으로부터 융자를 받을 수 있는가? 융자를 받을 때 변제기를 2006. 12. 1로 할 수 있는가? 또 120만원의 융자를 받을 수 있는가?

(1) 의의 및 종류

질권자는 그 권리의 범위 내에서 자기의 책임으로 질물을 전질할 수 있다(336조 본문). 이것이 전질권이다. 甲이 乙에게 100만원을 빌리면서 담보로서 甲소유의 카메라에 질권을 설정했는데, 乙이 금전이 필요해 다시 丙에게 질물로 제공한 카메라를 담보로 제공하여 질권을 설정하는 경우이다. 질권자가 질물에 고정시킨 자금을 피담보채권의 변제가 있기 전에 다시 유동시킬 수 있도록 하기 위하여 질권자의 전질권을 명문으로 규정하고 있는 것이다. 전질권을 통하여 질권자가 가지는 우선변제권의 재이용을 가능하게 하는 제도이다.

한편 민법은 제343조에 의하여 제324조 2항(유치물이용에 대한 채무자의 승낙)을 질권에 준용함으로써 질권자의 전질을 또한 인정하고 있다. 여기서 민법 제336조와 제324조 2항과의 관계가 문제되는데, 양자가 서로 배척하는 관계에 있는 것은 아니다. 전자는 질권설정자의 승낙 없이 단순히 질권자의 책임 아래서 하는 '책임전질'을 규정한 것이며, 후자는 질권설정자의 승낙을 얻어서 하는 '승낙전질'을 규정한 것으로 해석할 것이다. 따라서 우리 민법은 전질로서 책임전질과 승낙전질의 양자를 인정하는 것이다(통설).

(2) 책임전질

1) 성 질

책임전질은 질권자가 질권설정자의 승낙 없이 오직 자기의 책임만으로써 하는 전질이다. 그러나 그 성질에 관해서는 (ⅰ) 질권자가 자기의 채무의 담보를 위하여 질물 위에 다시 질권을 설정하는 것으로 파악하는 질물재입질설과, (ⅱ) 피담보채권과 질권을 함께 입질한다고 보는 채권·질권 공동입질설이 대립된다. 다수설은 질권의 부종성과 전질의 대항요건(채무자에 대한 전질의 통지 또는 채무자의 승낙)을 고려하여 후설의 입장을 취한다.

2) 요 건

① 전질도 하나의 질권설정이므로 원질권자와 전질권자와의 사이에 물권적 합의와 질물의 인도가 있어야 한다. 채권증서가 있는 경우에는 이를 교부하여야 한다.

② 책임전질은 질권자의 권리의 범위 내에서만 할 수 있다(336조). 따라서 전질권의 피담보채권액은 원질권의 피담보채권액을 초과할 수 없고, 전질권의 존속기간은 원질권의 존속기간 내여야 한다. 예컨대 乙이 甲에게 변제기를 2003. 8. 1.로 하여 150만원을 빌려주면서 甲소유의 카메라에 질권자가 된 경우, 乙은 丙에게 그 카메라를 질입하고 150만원의 범위 내에서 2003. 8. 1.로 변제기를 정해 전질권을 설정할 수 있다. 만일 그 범위를 초과하는 경우에는 원질권의 범위 내에서만 그 효력을 가진다.

③ 책임전질을 다른 사람에게 주장하기 위해서는 대항요건을 갖추어야 한다. 즉 질권자가 채무자에게 전질의 사실을 통지하거나 채무자가 그것을 승낙하지 않으면 전질로써 채무자·보증인·질권설정자 및 그 승계인에게 대항할 수 없다(337조 1항).

3) 효 과

① 전질권자는 자기의 피담보채권의 변제를 받을 때까지 질물을 유치할 수 있다(335조).

② 질권자가 전질의 사실을 채무자에게 통지한 경우에는 그 전질로써 채무자·보증인·질권설정자 및 그 승계인에게 대항할 수 있다(337조 1항). 한편 그 통지를 받은 채무자로서는 전질권자의 동의 없이 질권자에게 채무를 변제하였더라도 그것으로써 전질권자에게 대항하지 못한다(337조 2항).

③ 전질권자가 전질권을 실행하기 위해서는 자기의 채권은 물론 원질권자의 채권도 변제기에 도래하고 있어야 한다. 전질권을 실행한 경우 그 매득금은 우선 전질권자의 우선변제에 충당하고 다음에 그 나머지를 원질권자의 우선변제에 충당하게 된다.

④ 질권자는 전질을 함으로써 자기의 질권 및 채권에 의하여 구속되기 때문에 원질권을 포기하거나 또는 원채무자의 채무를 면제하는 따위와 같이 원질권을 소멸시키는 처분을 할 수 없다.

⑤ 질권자는 전질을 하지 않았더라면 생기지 않았을 불가항력으로 인한 손해에 대해서도 배상의 책임을 져야 한다(336조 후단). 예컨대 전질권자의 건물이 소실되어 질물이 멸실하였으나, 원질권자의 건물은 화재를 면한 경우에는 질권자는 질물의 멸실로 인한 손해를

그 질물의 소유자에게 배상하여야 한다.

⑥ 원질권이 소멸하게 되는 경우에는 전질권도 당연히 소멸한다.

(3) 승낙전질

1) 성 질

승낙전질은 질권자가 질물소유자의 승낙을 얻어서 자기의 채무를 담보하기 위하여 질물을 다시 입질함으로써 그 질물 위에 자기의 질물보다도 우선적 효력이 있는 새로운 질권을 설정하는 것이다. 따라서 승낙전질의 성질에 있어서는 질물재입질설이 통설로서 타당하다. 즉 승낙전질에 있어서 전질권은 원질권과 관계없는 독립적 동산질권이다.

2) 요 건

① 승낙전질이 성립하기 위해서는 질물소유자의 전질에 대한 승낙이 필요하며, 승낙 없이 전질을 한 경우 원질권설정자는 질권의 소멸을 청구할 수 있다(343 · 324조 2항).

② 승낙전질은 원질권과는 관계가 없기 때문에 그 범위에 관하여 어떠한 제한도 받지 않는다. 상기 예에서 乙이 丙으로부터 융자를 받을 때에 변제기를 2003. 12. 1.로 하고 융자액을 200만원으로 할 수 있다. 그러나 승낙전질의 경우에도 전질권설정자가 원질권설정자의 승낙내용을 초과하여 전질한 경우에는 그 부분은 역시 초과전질이 된다.

③ 책임전질의 경우와 같이 원질권의 채무자에 대하여 전질의 사실을 통지할 필요가 없다.

3) 효 과

① 승낙전질의 경우에는 책임전질에서와 같은 질권자의 가중책임은 인정될 수 없다. 즉 불가항력에 의한 손해의 배상책임이 없다.

② 원질권설정자는 자기의 채무를 원질권자에게 변제함으로써 질권을 소멸시킬 수 있다. 그러나 원질권자의 질권이 소멸하여도 전질권자의 질권에 대해서는 어떠한 영향도 미칠 수 없다.

③ 원질권설정자가 원질권자에게 그 채무를 변제하는 데 전질권자가 동의한 경우에는 그 변제로써 전질권자에게 대항할 수 있다(337조 참조). 따라서 그 변제로 인하여 원질권이 소멸하면 질물소유자는 질물의 반환을 청구할 수 있다.

사례해결

책임전질로써 병으로부터 융자를 받는 경우에는 변제기를 2006. 8. 1 이전으로, 그리고 융자금액도 원질권의 융자금액인 100만원 이내로 하여야 한다. 따라서 변제기를 2006, 21, 1로 하고, 융자금액을 120만원으로 할 수 없다.

그러나 승낙전질에 의하면 변제기를 2006. 12. 1로 하고 융자금액도 원질권 100만원을 초과하여 120만원으로 할 수 있다.

5. 동산질권의 침해에 대한 효력

사례

갑은 을로부터 200만원을 차용하고자 했으나 담보물로 제공할 만한 적당한 물건이 없어 곤란해 하고 있었다. 그런데 어느 날 친구인 병으로부터 골동품을 팔아달라는 대리권을 부여받고 이것을 인도받았는데, 갑은 이것을 을에게 제공하고 질권계약을 설정하였다. 뒤늦게 이 사실을 안 병은 을에게 골동품을 감정해 주겠다고 속이고 이것을 도로 찾는데 성공했다. 이 경우에 을은 병에게 골동품의 반환을 청구할 수 있는가?

(1) 점유권에 기한 반환청구권

동산질권은 물권이며 그것은 성질상 당연히 점유할 권리를 포함한다. 따라서 동산질권에 대한 침해가 있는 경우에는 우선 점유보호청구권(204조~206조)에 의하여 보호될 것이며, 또 그로 인하여 손해가 발생한 경우에는 손해배상청구권(750조)이 생길 것이다.

(2) 질권에 기한 반환청구권

질권자는 질권 자체에 기한 물권적 청구권을 행사할 수 있는가. 민법이 본권에 기한 물권적 청구권에 관하여 소유권에 기한 물권적 청구권의 규정을 다른 물권에 준용하는 입법방식을 취하고 있으면서 질권에 관하여는 준용규정을 두고 있지 않으므로 견해가 대립된다.

부정설은 동산질권은 점유를 상실하면 소멸하므로 반환청구권을 인정하는 것은 다른 채권자를 해칠 우려가 있고, 점유보호청구권만으로도 질권자를 보호하는데 충분하다는 것을 논거로 하여 질권자의 물권적 청구권을 부정한다.

이에 대해 다수설인 긍정설은 (ⅰ) 질권도 물권으로 그 내용의 실현이 침해당하고 있는 때에는 당연히 물권적 청구권을 인정하여야 하고, (ⅱ) 「동산질권자가 질권의 점유를 침탈당한 때에는 점유회수의 소에 의해서만 그 질물을 회수할 수 있다」는 구민법 제353조의 삭제는 질권에 기한 물권적 청구권을 인정하려는 취지로 해석할 수 있고, (ⅲ) 연혁적으로는 로마법 이래 근대민법전이 질권에 기한 물권적 청구권을 점유보호청구권과 병행하여 인정하고 있고, (ⅳ) 질권자가 질물을 유실하거나 제3자의 사기에 의하여 질물을 인도한 경우와 같이 점유물반환청구권을 행사할 수 없는 경우를 위하여 점유보호청구권에 이외에 질권에 기한 물권적 청구권을 인정할 필요가 있다고 한다. 질권의 경우에도 소유물과 마찬가지로 반환청구권과 방해배제청구권·방해예방청구권을 인정해야 한다는 다수설이 타당하다.

사례해결

갑이 병의 대리인임을 표시하고 질권을 설정한 경우에는 민법 제126조의 표현대리가 성립하므로 을은 유효하게 골동품에 대한 질권을 취득한다. 만약 갑이 자신의 골동품이라고 속여 질권을 설정한 경우라면 을이 선의·무과실인 한 질권을 선의취득하게 된다.

유효하게 질권을 취득한 을이 소유자가 병이라는 것을 알면서 골동품을 반환한 때는유치적 효력의 상실로 인하여 질권도 소멸하여(다수설) 이를 반환청구할 수 없다. 그러나 을이 기망을 당하여 반환한 때에는 질권에 기한 반환청구가 가능하다. 이 경우에 갑은 병에게 손해배상책임을 부담한다.

Ⅲ. 동산질권의 소멸

1. 소멸원인

① 동산질권은 물권 일반의 소멸사유(예컨대, 목적물의 멸실)와 담보물권에 공통되는 소멸사유(예컨대, 변제 기타 피담보채권의 소멸)에 의하여 각각 소멸한다.

② 동산질권에 특유한 소멸원인은 질권자가 목적물을 질권설정자에게 반환함으로써 소멸한다는 것(점유상실)과 질권자가 그 의무를 위반한 경우에 질권설정자의 소멸청구로 소멸하게 된다는 것(343조)이다. 한편 동산질권자가 질물을 유치하고 있다고 해서 피담보채권을 행사하고 있다고는 할 수 없기 때문에 채권불행사로 인한 소멸시효는 진행되고 있다고 해석된다.

2. 소멸효과

동산질권이 소멸하면 질권자는 질물을 질권설정자에게 반환하여야 한다. 질물의 반환은 채권의 변제와 동시이행의 관계에 있는 것이 아니고, 채권의 완제가 있은 후에 비로소 질물반환청구권을 행사할 수 있는 데 그친다.

제3관 권 리 질 권

Ⅰ. 서

1. 권리질권의 의의

권리질권이란 재산권을 목적으로 하는 질권을 말한다(345조 본문). 질권은 본래 유체물에 관하여 발달한 것이나, 근대에 오면서 재산권 특히 채권이 독립된 교환가치를 인정받게 되고 나아가서는 재산권을 화체(化體)한 유가증권제도가 발달하게 되면서 권리질권이 제도적으로 부각된 것이다.

오늘날에는 재산권이 표상된 증권을 통해 피담보채권의 변제를 가장 간편하면서도 확실하게 보장받을 수 있기 때문에 권리질권이 동산질권보다도 많이 활용되고 있다.

2. 권리질권의 목적

권리질권의 목적이 될 수 있는 것은 양도성이 있는 재산권이다.

① 재산권이어야 한다. 즉 금전적 가치로 평가할 수 있는 권리이어야 하며, 인격권·친족권·상속권 등은 권리질권의 목적이 되지 못한다.

② 양도성을 가지는 재산권이어야 한다. 권리질권의 목적은 환가가 가능한 것이어야 하기 때문에 비록 재산권이라 하더라도 양도성이 없으면 권리질권의 목적이 되지 않는다.

③ 양도가 가능한 재산권이라 하더라도 질권설정이 적당하지 않은 권리에 대해서는 법

률의 규정에 의하여 질권의 설정을 허용하지 않고 있다. 즉 민법은 부동산의 사용·수익을 목적으로 하는 권리(예컨대 지상권·전세권·부동산임차권)에 대하여 질권의 설정을 금지하고(345조 단서), 그 밖에 광업권·어업권 등에 대해서는 특별법에 의하여 질권의 설정을 금지하는 한편 저당권의 목적으로 할 수 있게 한다.

④ 소유권·지역권·점유권 등은 그 성질상 질권의 목적이 될 수 없다. 결국 권리질권의 목적으로서 주요한 것은 채권·주식·무체재산권이다.

[수탁자의 비용상환청구권과 권리]

신탁법 제42조에서 규정하고 있는 수탁자의 비용상환청구권은 수탁자가 신탁사무의 처리에 있어서 정당하게 부담하게 되는 비용 또는 과실 없이 입게 된 손해에 관하여, 신탁재산 또는 수익자에 대하여 보상을청구할 수 있는 권리이다.

따라서 이는 수탁자가 개인적으로 갖는 권리로서 독립성을 인정할 수 있으므로, 양도될 수도 있고 권리질의 목적도 될 수 있다(대판 2005.12.22, 2003다55059).

Ⅱ. 채권질권

1. 채권질권의 설정

(1) 설정방법

채권질권은 당사자간의 설정계약과 그 공시방법을 갖춤으로써 설정된다. 민법은 권리질권의 설정은 법률에 다른 규정이 없으면 그 권리의 양도에 관한 방법에 의하여야 한다고 규정한다(346조). 따라서 채권질권의 설정방법은 목적이 되는 채권의 종류에 따라서 달라진다.

1) 지명채권

지명채권을 입질하는 경우에 채권증서가 있으면 질권의 설정은 그 증서를 질권자에게 교부하여야 그 효력이 생긴다(347조). 채권증서가 없다면 질권설정의 합의만으로 그 효력이 생긴다. 그러나 지명채권을 목적으로 하는 질권의 설정은 채권양도의 경우와 마찬가지로 질권설정을 제3채무자에게 통지하거나 또는 제3채무자가 입질을 승낙하지 않으면 이로써 제3채무자 기타 제3자에게 대항하지 못한다(349조 1항).

[민법 제451조의 질권설정에의 준용 여부]

민법 제451조 제1항은 채무자의 승낙이라는 사실에 공신력을 주어 양수인을 보호하고 거래의 안전을 꾀하기 위한 규정으로서, 이 경우 양도인에게 대항할 수 있는 사유로서 양수인에게 대항하지 못하는 사유는 협의의 항변권에 한하지 아니하고 넓게 채권의 성립, 존속, 행사를 저지하거나 배척하는 사유를 포함하고, 이는 지명채권에 대한 질권 설정의 경우에도 같다(대판 1997.5.30, 96다22648).

2) 지시채권

지시채권은 특정인이 권리자가 되지만 그 자가 타인을 권리자로 지시할 수 있는 채권을 말한다. 어음 · 수표 및 화물상환증이 그 예이다. 지시채권의 입질은 그 양도에 있어서와 같이 증서에 배서하여 질권자에게 교부하여야 효력이 생긴다(350조 · 508조 참조).

3) 무기명채권

무기명채권은 특정인을 권리자로 기재하지 않고 증권의 소지인이 권리자가 되는 채권이다. 무기명채권의 입질은 증서를 질권자에게 교부하여야 효력이 생긴다(351조 · 523조 참조).

4) 저당권부채권

저당권에 의하여 담보되고 있는 채권 위에 권리질권을 설정하는 경우에는 담보물권의 부종성에 의하여 그 저당권도 권리질권의 목적으로 될 수밖에 없다. 그러나 민법은 저당권부채권을 입질하는 경우에는 그 저당권등기에 질권을 설정하였다는 부기등기를 하여야만 질권의 효력이 저당권에도 미치는 것으로 하고 있다(348조).

이 규정은 공시의 원칙을 관철하기 위한 취지에서 둔 특칙이며, 이러한 부기등기가 없으면 질권자는 저당권의 담보가 없는 채권에 대해서만 질권을 취득한 것이 된다.

(2) 채권질권의 목적

① 채권질권의 목적으로 될 수 있는 채권은 권리질권의 일반원칙에 의하여 양도할 수 있는 채권이다(355조 · 331조). 채권은 일반적으로 양도할 수 있으므로 원칙적으로 질권의 목적으로 할 수 있다.

그러나 법률의 규정에 의하여 그 양도가 금지되고 있는 채권 979조의 부양청구권 · 연금청구권 · 채권보상청구권 등)이나 채권자의 변경으로 급부의 내용이 전혀 달라지는 채권(예컨대, 특정인의 초상을 그리게 하는 채권), 또는 특정된 채권자와의 사이에서 결제되어야 할 특별한 사유가 있는 채권 상법 72조 이하의 상호계산에 계입된 채권) 등과 같이 성질상 양도가 허용되지 않는 채권은 질권의 목적이 될 수 없다(449조 1항 단서).

② 당사자 사이의 특약으로써 양도가 금지되고 있는 채권을 질권의 목적으로 할 수 없다(449조 2항 본문). 그러나 이러한 특약은 선의의 제3자에게 대항할 수 없으므로(449조 2항 단서) 질권자가 선의인 이상 질권은 유효하게 성립할 수 있다.

③ 질권자 자신에 대한 채권에 관해서도 권리질권은 성립할 수 있다. 은행이 정기예금 위에 질권을 취득함으로써 예금자에게 금전대여를 해주는 경우가 그 예이며 실제상 많이 이루어진다.

2. 채권질권의 효력

(1) 효력의 범위

1) 피담보채권의 범위

채권질권이 담보하는 채권의 범위는 동산질권의 경우와 다를 바 없다(355조 · 334조).

2) 효력이 미치는 목적의 범위

채권질권의 효력은 입질된 원본채권의 전부와 이에 따르는 이자채권, 그리고 인적 · 물적

담보의 모든 것에 미친다. 따라서 입질채권이 보증채권 또는 담보물권에 의하여 담보되어 있는 때에는 이들 종된 권리도 또한 채권에 부종하여 질권의 효력을 받게 된다.

[채권질권의 효력범위 및 실행방법]

질권의 목적이 된 채권이 금전채권인 때에는 질권자는 자기채권의 한도에서 질권의 목적이 된 채권을 직접 청구할 수 있고, 채권질권의 효력은 질권의 목적이 된 채권의 지연손해금 등과 같은 부대채권에도 미친다. 그러므로 채권질권자는 질권의 목적이 된 채권과 그에 대한 지연손해금채권을 피담보채권의 범위에 속하는 자기채권액에 대한 부분에 한하여 직접 추심하여 자기채권의 변제에 충당할 수 있다(대판 2005.2.25, 2003다40668).

(2) 유치적 효력

채권질권자는 질권설정을 위하여 교부받은 채권증서를 점유하고 피담보채권의 전부가 변제될 때까지 그것을 유치할 권리를 가진다(355조 · 335조). 그리고 그것을 질권설정자에게 반환하더라도 질권이 당연히 소멸하지는 않고(332조는 준용되지 않는다) 그 반환을 청구할 수 있다. 피담보채권이 담보하는 피담보채권액이 입질된 채권액보다 작은 경우에도 질권의 효력은 입질채권 전부에 미친다. 즉 甲이 1,000만원 채권담보를 목적으로 2,000만원 채권을 乙에게 입질하었다면 질권의 효력은 2,000만원 채권 전부에 미친다.

(3) 질권설정자의 권리처분제한

질권설정자는 채권질권에 의하여 그 권리처분에 제한을 받는다. 즉 질권설정자는 질권자의 동의 없이 그 채권의 추심 · 변제의 수령 · 면제 · 상계 · 경개 기타 입질된 채권을 소멸시키는 행위나 질권자의 이익을 해치게 될 변경을 가하는 행위를 하지 못한다(352조). 이것은 채권질권자에 대하여 인정되는 추심권능 기타의 환가권을 확보하기 위해서이다.

[민법 제352조를 위반한 경우의 효력]

민법 제352조가 질권설정자는 질권자의 동의 없이 질권의 목적된 권리를 소멸하게 하거나 질권자의 이익을 해하는 변경을 할 수 없다고 규정한 것은 질권자가 질권의 목적인 채권의 교환가치에 대하여 가지는 배타적 지배권능을 보호하기 위한 것이다. 그러므로 질권설정자와 제3채무자가 질권의 목적된 권리를 소멸하게 하는 행위를 하였다고 하더라도 이는 질권자에 대한 관계에 있어 무효일 뿐이어서 특별한 사정이 없는 한 질권자 아닌 제3자가 그 무효의 주장을 할 수는 없다(대판 1997.11 11, 97다35375).

(4) 우선변제적 효력

채권질권자는 채권질권을 실행함으로써 우선변제권을 행사할 수 있는데, 민법은 다음의 두 가지 방법을 인정한다.

1) 채권의 직접청구

질권자는 질물의 목적이 된 채권을 직접 청구할 수 있다(353조 1항). 즉 질권자는 자기의 이름으로 입질채권의 목적물을 자기에게 인도하라고 청구할 수 있는 것이다.

① 채권의 목적물이 금전인 경우, 질권자는 자기의 채권액에 해당하는 부분에 한하여 직접 청구함으로써 그것을 곧 피담보채권의 변제에 충당할 수 있다(353조 2항). 만약 입질채권의 변제기가 피담보채권의 변제기 이전에 도래하였다면 질권자는 제3 채무자로 하여금 그 변제금액을 공탁시킬 수 있고, 이러한 경우에는 질권은 그 공탁금 위에 존속하는 것이 된다(353조 3항).

② 입질채권이 금전 이외의 물건을 목적으로 한 경우에는 추심한 물건으로써 직접 변제에 충당할 수 없으므로 질권자는 변제로서 받은 물건에 대하여 질권을 행사할 수 있을 따름이다(353조 4항).

2) 민사집행법이 정하는 집행방법

채권질권자는 민사집행법 제273조가 정하는 바에 따라서, 즉 채권의 추심 · 전부(轉付) 및 환가 등의 집행방법에 의해서 질권을 실행할 수 있다. 어느 수단에 의하든 질권의 실행으로서 행하는 집행이므로 일반채권자와는 달리 판결 기타 채무명의를 필요로 하지 않는다.

3) 유질계약의 금지

채권질권에 관해서도 유질계약금지의 규정이 적용된다.

(5) 전 질

채권질권자도 동산질권과 마찬가지로 전질권을 가진다(355조 · 336조).

(6) 채권질권의 침해

채권질권은 채권 자체에 대해서 뿐만 아니라 교부받은 채권증서에 대해서도 물권적 지배를 미치기 때문에 그 어느 것에 대해서나 침해가 있는 경우에는 물권적 청구권과 아울러 손해배상청구권을 행사할 수 있다.

(7) 채권질권자의 의무

채권질권자는 교부받은 채권증서를 선량한 관리자의 주의로써 보관하고 피담보채권이 소멸하는 경우에는 그것을 질권설정자에게 반환하여야 한다. 그리고 질권의 실행으로서 직접 청구를 하는 경우에도 선량한 관리자의 주의로써 하여야 한다.

Ⅲ. 기타의 권리질권

1. 주식 위의 질권

주식을 목적으로 질권을 설정할 수 있는데 주식은 오늘날의 경제거래에 있어서 가장 중요한 상품의 하나이며 그 위의 질권은 채권질권에 못지 않은 기능을 하고 있다. 다만 그에 대한 규율은 전적으로 상법에 맡겨져 있고 민법은 이에 관한 규정을 두고 있지 않다. 무기명주식은 무기명채권가 동일한 방식으로 행한다.

2. 무체재산권 위의 질권

① 특허권 · 실용신안권 · 의장권 · 상표권 · 저작권 등과 같은 무체재산권도 입질할 수 있다. 이들 무체재산권은 각각의 법률에 따라서 등록하여야 효력이 생긴다. 다만 저작권의 입질에 있어서 등록은 대항요건에 지나지 않는다.

② 무체재산권을 목적으로 하는 질권에도 유치권에 관한 민법 제323조와 제324조가 준용되므로(355조 · 348조) 질권자는 설정자의 승낙 없이는 이들 권리를 행사해서 그 수익을 우선변제에 충당하지 못한다.

③ 무체재산권 위의 질권의 실행방법으로서는 민사집행법이 규정하는 바에 따른 환가의 방법이 있을 뿐이다(354조 · 민사집행법 273조 참조).

제4절 저 당 권

제1관 저당권 일반

Ⅰ. 저당권의 의의

저당권은 채무자 또는 제3자가 점유를 이전하지 아니하고 채무의 담보로 제공한 부동산 기타 목적물에 대하여 우선변제를 받을 권리를 가지는 담보물권이다. 저당권은 목적물의 점유 · 사용을 그 소유자에게 그대로 놓아둔 채 그 교환가치만을 파악하므로 목적물의 이용이 채무자에게 필요한 경우, 예컨대 채무자가 공장을 담보로 제공하지만 계속해서 공장을 가동하여야 그 변제가 가능한 경우에 유효한 담보제도로 이용될 수 있다.

다만 목적물을 계속 그 소유자가 점유하므로 저당권을 공시할 방법이 마련되어져야 한다. 그 결과 저당권의 객체가 될 수 있는 것은 점유 이외의 공시방법인 '등기'나 '등록'을 할 수 있는 것에 한정된다.

Ⅱ. 저당권의 법적 성질

① 저당권은 물권의 일종으로서 제한물권이며, 담보물권으로서는 약정담보물권에 속한다. 따라서 담보물권으로서의 부종성 · 수반성 · 불가분성 · 물상대위성을 가진다.

② 저당권도 우선변제를 받을 수 있다는 점에서 질권과 같으나, 저당권자는 목적물을 점유함이 없이 단지 목적물에 대한 교환가치만을 파악하는 점에서 유치적 효력을 가지는 질권과 다르다.

제2관 저당권의 성립

저당권은 약정담보물권이므로 저당권설정의 합의와 등기에 의하여 성립하는 것이 원칙이나, 예외적으로 법률의 규정에 의해 저당권이 성립하는 경우가 있다.

Ⅰ. 저당권설정계약

1. 당 사 자

저당권설정계약의 당사자는 저당권을 취득하게 되는 '저당권자'와 목적부동산에 저당권을 설정하는 '저당권설정자'이다.

(1) 저당권자

저당권자는 피담보채권의 채권자에 한한다. 단 채권자가 아닌 자가 저당권자가 되기도 하는데, 채권자 · 채무자 · 제3자 사이에 합의가 있으면 유효한 것으로 볼 수 있다(판례).

[제3자 명의의 근저당권설정 등기의 유효성]

근저당권은 채권담보를 위한 것이므로 원칙적으로 채권자와 근저당권자는 동일인이 되어야 하지만, 제3자를 근저당권 명의인으로 하는 근저당권을 설정하는 경우 그 점에 대하여 채권자와 채무자 및 제3자 사이에 합의가 있고, 채권양도, 제3자를 위한 계약, 불가분적 채권관계의 형성 등 방법으로 채권이 그 제3자에게 실질적으로 귀속되었다고 볼 수 있는 특별한 사정이 있는 경우에는 제3자 명의의 근저당권설정등기도 유효하다고 보아야 할 것이다.

한편 부동산을 매수한 자가 소유권이전등기를 마치지 아니한 상태에서 매도인인 소유자의 승낙 아래 매수 부동산을 타에 담보로 제공하면서 당사자 사이의 합의로 편의상 매수인 대신 등기부상 소유자인 매도인을 채무자로 하여 마친 근저당권설정등기는 실제 채무자인 매수인의 근저당권자에 대한 채무를 담보하는 것으로서 유효하다고 볼 것이다(대판 2001.3.15, 99다48948 전원합의체).

(2) 저당권설정자

저당권설정자는 피담보채권의 채무자인 것이 보통이나 제3자라도 무방하다. 이러한 경우의 제3자를 물상보증인이라고 함은 질권에서 본 것과 같다. 물상보증인이 채무를 변제하거나 또는 저당권의 실행으로 인하여 목적물의 소유권을 잃은 때에는 보증인의 경우와 마찬가지로 채무자에 대하여 구상권을 행사할 수 있다(370조 · 341조).

저당권의 설정은 일종의 처분행위이므로 설정자는 목적물에 대한 처분권한을 가지고 있어야 한다. 따라서 자기소유가 아닌 물건에 저당권을 설정하지 못하며, 한편 소유자라 할지라도 법률상 그 처분권능을 제한당하고 있는 경우, 예컨대 파산선고를 받은 경우에는 저당권을 설정하지 못한다.

[저당권의 주체]

채권과 그를 담보하는 저당권은 담보물권의 부수성에 의하여 원칙적으로 그 주체를 달리할 수 없으나, 채권담보를 위하여 저당권을 설정하는 경우 제3자 명의로 저당권등기를 하는 데 대하여 채권자와 채무자 및 제3자 사이에 합의가 있었고, 나아가 제3자에게 그 채권이 실질적으로 귀속되었다고 볼 수 있는 특별한 사정이 있는 경우에는 제3자 명의의 저당권등기도 유효하다(대판 1995.9.26, 94다33583).

2. 계약의 성질

저당권설정계약은 직접 저당권의 발생을 목적으로 하는 물권계약이다.

Ⅱ. 저당권의 설정등기

1. 저당권의 성립요건으로서의 등기

저당권설정계약은 물권계약이므로 저당권설정의 합의 외에 그 등기를 하여야 비로소 저당권이 성립한다. 등기하여야 할 사항은 채권자 · 채권액 · 변제기 · 이자 및 그 지급시기 등이며, 그 밖에 원본 또는 이자의 지급장소에 관한 약정이나 민법 제358조 단서의 약정이 있는 때에는 그 약정채권이 조건부인 때에는 그 조건의 내용을 기재한다(부동산등기법 140조).

등기는 효력발생요건이고 효력존속요건이 아니므로 저당권등기가 불법말소되더라도 저당권에는 영향을 미치지 못한다(대판 1982.9.14, 81다카923).

[등기가 위법말소 되어 배당받지 못한 근저당권자의 구제방법]

근저당권설정등기가 위법하게 말소되어 아직 회복등기를 경료하지 못한 연유로 그 부동산에 대한 경매절차의 배당기일에서 피담보채권액에 해당하는 금액을 배당받지 못한 근저당권자는 배당기일에 출석하여 이의를 하고 배당이의의 소를 제기하여 구제를 받을 수 있다. 가사 배당기일에 출석하지 않음으로써 배당표가 확정되었다고 하더라도, 확정된 배당표에 의하여 배당을 실시하는 것은 실체법상의 권리를 확정하는 것이 아니기 때문에 위 경매절차에서 실제로 배당받은 자에 대하여 부당이득반환 청구로서 그 배당금의 한도 내에서 그 근저당권설정등기가 말소되지 아니하였더라면 배당받았을 금액의 지급을 구할 수 있다(대판 2002.10.22, 2000다59678).

2. 저당권설정등기의 유용

변제로 저당권이 소멸되었으나 그 등기를 말소하지 않고 있던 중 다시 같은 내용의 저당권설정계약을 체결한 경우에 종전의 말소되지 않은 저당권등기를 이용할 수 있는지가 저당권설정등기의 유용의 문제이다. 판례는 이러한 경우 등기의 유용은 등기가 무효가 된 후 당사자가 그 무효등기를 유용하기로 합의할 때까지의 기간 동안에 등기부상 이해관계 있는 제3자가 나타나지 않는 한 유효하다고 한다(대판 1970.12.24, 70다1630).

Ⅲ. 저당권의 객체

저당권은 목적물의 점유를 요건으로 하지 않으므로 그 객체는 등기나 등록의 공시방법이 마련되어 있는 것에 한한다.

1. 민법상 객체

민법이 인정하는 저당권의 객체는 부동산(356조)과 지상권 및 전세권(371조)이다.

2. 특별법상 객체

민법 이외의 특별법에서 인정되는 저당권의 객체로는 등기된 선박(상법 871조) · 수목의 집단(입목법 3조 2항) · 광업권(광업법 13조) · 어업권(수산업법 15조) · 공장재단(공장저당법) · 광업재단(광업재단저당법) · 승용자동차를 제외한 자동차(자동차저당법) · 항공기(항공기저당법) · 건설기계(건설기계저당법) 등이 있다.

Ⅳ. 저당권의 피담보채권

1. 채권일반

저당권에 의하여 담보될 수 있는 채권, 즉 피담보채권의 목적에는 아무런 제한이 없다. 금전채권인 경우가 보통이겠지만, 금전 이외의 급부를 목적으로 하는 채권이라도 그 불이행으로 인하여 금전에 의한 손해배상채권으로 변하는 것이 원칙이기 때문에 역시 저당권의 피담보채권이 될 수 있다. 다만 피담보채권이 금전채권이 아닌 경우에는 그 채권의 가격을 등기하여야 한다(부동산등기법 143조).

이 경우 채권의 실제가액이 등기된 가액을 초과하고 있는 경우라도 등기된 범위 내에서만 우선권을 주장할 수 있다(대판 1971.3.23, 70다2982). 이것은 저당권의 목적부동산에 관하여 이해관계를 가진 자, 예컨대 후순위저당권자나 제 3 취득자 등에게 피담보채권액을 공시함으로써 이들을 보호하기 위한 것이다.

[피담보채권 소멸 후의 근저당권의 효력]

피담보채권이 소멸하면 저당권은 그 부종성에 의하여 당연히 소멸하게 되므로, 그 말소등기가 경료되기 전에 그 저당권부채권을 가압류하고 압류 및 전부명령을 받아 저당권 이전의 부기등기를 경료한 자라 할지라도, 그 가압류 이전에 그 저당권의 피담보채권이 소멸된 이상, 그 근저당권을 취득할 수 없고, 실체관계에 부합하지 않는 그 근저당권 설정등기를 말소할 의무를 부담한다(대판 2002.9.24, 2002다27910).

2. 장래에 성립하는 채권

저당권은 성립상의 부종성의 원칙에 의하여 피담보채권이 없이는 성립할 수 없다. 그러나 피담보채권은 저당권설정의 시점에 존재하고 있을 필요는 없고, 조건부채권·기한부채권과 같이 장래에 성립하는 것이라도 무방하다. 예를 들어 보증인이 장래 주채무자로부터 취득할 수 있는 구상채권을 담보하기 위하여 저당권을 설정할 수 있다. 특히 장래의 증감변동하는 불특정다수의 채권에 대하여 그 최고액을 정하여 저당권을 설정할 수 있는데, 이를 근저당이라고 한다(357조).

Ⅴ. 저당권의 특수한 성립

1. 법정저당권

토지임대인이 변제기를 경과한 최후 2년의 차임채권에 의하여 그 지상에 있는 임차인 소유의 건물을 압류한 때에는 저당권과 동일한 효력이 있다(649조).

2. 부동산공사수급인의 저당권설정청구권

부동산공사의 수급인은 그 보수에 관한 채권을 담보하기 위하여 그 부동산을 목적으로 한 저당권의 설정을 청구할 수 있다(666조). 수급인이 이 청구권을 행사하고 도급인이 그에 응하여 등기를 한 때에 비로소 저당권이 성립한다.

제3관 저당권의 효력

Ⅰ. 저당권의 효력이 미치는 범위

1. 피담보채권의 범위

① 저당권은 피담보채권의 원본 이외에도 그 이자·위약금·채무불이행으로 인한 손해배상 및 저당권의 실행비용을 담보한다(360조). 저당권에서는 목적물을 점유하지 않으므로 질권에서의 질물보존비용과 질물의 하자로 인한 손해배상채권 같은 것은 담보되지 않는다.

② 지연배상에 대하여는 원본의 이행기일을 경과한 후의 1년분에 한하여 저당권을 행사할 수 있다(360조 단서). 이처럼 지연배상의 범위를 제한하는 취지는 후순위저당권자 등과 같은 다른 채권자의 이익을 보호하기 위한 것이다. 예컨대 이행기일이 도래하여 저당권을 실행할 수 있음에도 불구하고 저당권자가 권리행사를 하지 않아 계속 지연이자가 늘어가는데, 이를 무제한으로 담보된다고 보면 다른 채권자의 이익을 해치는 결과가 되기 때문이다.

갑과 을이 피담보채권액 1,000만원, 이자를 년 1할, 지연배상을 2할로 하기로 약정하였다. 그런데 변제기로부터 1년이 경과하였다. 이러한 경우 저당권이 담보하는 것은 원본 1,000만원, 이자 100만원, 지연배상 100만원으로 총 1,200만원이다.

따라서 후순위저당권자 기타 채권자가 없는 때 또는 채무자가 임의로 변제를 하는 때에는 이 규정의 적용을 받지 않는다고 할 것이다. 판례도 민법 제360조 단서의 규정은 저당권자의 제3자에 대한 관계에서의 제한이며, 채무자나 저당권설정자가 저당권자에 대하여 대항할 수 있는 것이 아니라고 한다(대판 1992.5.12, 90다8855).

2. 목적물의 범위

사례

A는 그 소유의 사무실용 건물에 대해 채권자 갑을 위해 저당권을 설정하고 등기를 한 후 저당권 설정 당시부터 그 건물에 설치되어 있던 냉난방기를 신식으로 바꾸고 이 신식 냉난방기를 을에게 양도담보로 제공하였다. 그 후 을은 A가 변제기에 채무를 이행하지 않으므로 A의 승인하에 그 냉난방기를 떼어 병에게 매각하였다. 이 경우 갑·을 및 갑·병간의 법률관계는 어떠한가?

(1) 논의의 실익

저당권은 궁극적으로 목적물의 전체 교환가치로부터 우선변제를 받는 것을 목적으로 하기 때문에 목적물의 범위를 설정하는 것이 중요하다. 또한 목적물을 분리하려는 자가 있으며, 이를 저지하거나(물권적 청구권) 경우에 따라서는 손해배상을 청구할 수 있기 때문에 범위에 관한 문제가 의의가 있다. 저당권자의 입장에서의 보면 목적물의 범위가 넓은 것이 유리할 것이다.

(2) 저당부동산 전체

저당권의 효력이 미치는 목적물의 범위는 목적물의 소유권이 미치는 범위와 원칙적으로 같다. 다만 당사자의 의사에 의하여 그 범위가 축소 또는 확대될 수 있다(358조 단서).

1) 부 합 물

(a) 원 칙

저당부동산에 부합된 물건에는 저당권의 효력이 미친다(358조). 예컨대 건물에 저당권이 설정된 경우 그 건물에 부속된 창고에도 저당권의 효력이 미치는 것이다. 한편 이러한 부합물이 저당권설정 당시에 이미 부동산에 부합되어 있어야 하는 것은 아니고, 그 후에 부합되었더라도 역시 저당권의 효력이 미친다는 것이 통설과 판례(대판 1971.12.10, 71마757)의 태도이다. 건물이 증축된 경우에 증축된 부분이 독립성을 가지면 저당권의 효력이 미치지 않는다.

* 저당권의 효력이 미치는 목적물의 범위

저당권은 법률에 특별한 규정이 있거나 설정행위에 다른 약정이 있는 경우를 제외하고 그 저당부동산에 부합된 물건과 종물 이외에까지 그 효력이 미치는 것은 아니다. 따라서 사회적 관점이나 경제적 관점에 비추어 보아 저당건물과는 별개의 독립된 건물을 저당건물의 부합물이나 종물로 보아 경매법원에서 저당건물과 같이 경매를 진행하고 경락허가를 하였다고 하여 위 건물의 소유권에 변동이 초래될 수는 없다(대판 1974.2.12, 73다298).

(b) 예 외

저당부동산의 소유자 이외의 자가 그 권원에 의하여 부속시킨 때(256조 단서) 등 법률에 특별한 규정이 있는 경우나 저당권설정행위에서 부합물에 저당권의 효력이 미치지 않는 것으로 약정한 경우에는 예외이다. 다만 당사자간의 약정은 등기를 하여야만 제3자에게 대항할 수 있다(부동산등기법 140조 1항).

저당부동산에 대한 이용권은 저당권설정자에게 있으므로 설정자가 자신의 정당한 권리행사에 의하여 부합물을 목적부동산으로부터 분리하였으면 분리된 물건에는 저당권의 효력이 미치지 않는다. 그러나 정당한 권리행사에 의하지 않고 분리된 부합물의 경우에는 어떠한지 문제된다. 예컨대 임야를 저당권의 목적으로 하였는데, 그 지상의 수목이 벌채되어 반출된 경우, 그 수목에 저당권의 효력이 미치는가 하는 문제이다.

이에 관하여 분리된 물건에 대하여 물상대위의 규정을 유추적용하여 목적물을 압류하면 그 압류한 것에 대해 저당권의 효력이 미친다는 소수설(이른바 물상대위설)도 있으나, 다수설(이른바 공시원칙설)은 분리된 물건은 저당부동산과 결합하여 공시의 작용이 미치는 한도 내에서만 저당권의 효력이 미친다고 해석한다. 또 분리된 물건이 저당목적물과 아직도 사회관념상 일체성을 보유하고 있으면 저당권의 불가분성에 의하여 저당권의 효력이 미친다고 설명하는 견해(이른바 사회관념상 일체설)도 있다.

2) 종 물

저당부동산의 종물도 저당권설정시에 존재한 것이든 그 후에 부속된 것이든 저당권의 효력이 미친다(358조). 그러나 법률의 규정이나 당사자의 설정행위에 의하여 예외가 인정될 수 있는 것은 부합물의 경우와 같다.

또한 부동산에 종된 권리도 종물에 준하여 취급된다. 예컨대 건물에 대한 저당권의 효력은 그 대지이용권인 지상권 · 전세권 · 임차권에도 미친다(대판 1992.7.14, 92다527).

* 저당부동산의 종된 권리에 대한 효력 유무

토지임차권이 있는 건물에 대해 저당권을 실행한 경우 제358조에 의해 그 토지임차권도 경락인에게 이전한다(대판 1993.4.13, 92다24950).

* 저당권의 효력이 미치는 범위

공장저당법에 의한 공장저당을 설정함에 있어서는 공장의 토지, 건물에 설치된 기계, 기구 등은 동법 제7조 소정의 기계, 기구 목록에 기재하여야만 공장저당의 효력이 생긴다.

그러나 이와는 달리 공장건물이나 토지에 대하여 민법상의 일반저당권이 설정된 경우에는 공장저당법과는 상관이 없으므로 동법 제7조에 의한 목록의 작성이 없더라도 그 저당권의 효력은 민법 제358조에 의하여 당연히 그 공장건물이나 토지의 종물 또는 부합물에까지 미친다(대판 1995.6.29, 94다6345).

3) 과 실

저당목적물의 이용은 설정자에게 맡겨진 것이므로 그 천연과실에는 저당권의 효력이 미치지 않는 것이 원칙이다. 그러나 예외적으로 저당부동산에 대한 압류가 행해진 후에 저당권설정자가 그 부동산으로부터 수취한 과실 또는 수취할 수 있는 과실에 대해서는 저당권의 효력이 미친다(359조). 다만 그 부동산에 대한 소유권·지상권·전세권을 취득한 제3자에 대하여는 압류한 사실을 통지한 후가 아니면 이로써 대항하지 못한다(359조 단서).

한편 민법 제359조의 과실에 법정과실이 포함되어 있는지에 관하여 통설은 이를 긍정한다.

4) 저당토지 위의 건물

저당토지 위의 건물에는 저당권의 효력이 미치지 않는다. 다만 토지를 목적으로 저당권을 설정한 후 그 설정자가 저당토지 위에 건물을 축조한 때에는 저당권자는 토지와 함께 그 건물에 대하여도 경매를 청구할 수 있다(365조 본문). 이것은 저당권의 실행을 용이하게 하기 위한 것으로 일괄경매청구권이라 한다. 그러나 그 건물의 경매대가로부터는 우선변제를 받지 못한다(365조 단서).

[일괄경매청구권]

저당지상의 건물에 대한 일괄경매청구권은 저당권설정자가 건물을 축조한 경우뿐만 아니라 저당권설정자로부터 저당토지에 대한 용익권을 설정받은 자가 그 토지에 건물을 축조한 경우라도 그 후 저당권설정자가 그 건물의 소유권을 취득한 경우에는 저당권자는 토지와 함께 그 건물에 대하여 경매를 청구할 수 있다(대판 2003.4.11, 2003다3850).

[일괄경매의 추가신청의 가부]

민법 제365조에 기한 일괄경매청구권은 토지의 저당권자가 토지에 대하여 경매를 신청한 후에도 그 토지상의 건물에 대하여 토지에 관한 경매기일 공고시까지는 일괄경매의 추가신청을 할 수 있다. 이 경우에 집행법원은 두 개의 경매사건을 병합하여 일괄경매절차를 진행함이 상당하다(대결 2001.6.13, 자 2001마1632).

사례해결

냉난방기는 건물에 부합한 물건이므로 갑은 을에게 자기의 저당권의 효력이 미치는 것을 주장할 수 있다. 을의 위 냉난방기의 분리행위에 대하여 저당권의 추급효가 미치는가는 다수설인 공시원칙에 따르면 허용되지 않는다. 다만 분리행위로 갑에게 손해를 발생하게 하는 경우라면 갑에 대해 불법행위가 성립한다. 이 경우 갑은 을에게 실손해액에 대해 손해배상을 청구할 수 있다.

갑·병간의 문제는 갑은 병에게 어떠한 조치를 강구할 수 있는가, 병은 냉난방기의 소유권을 취득할 수 있는가의 여부에 관하여 살펴보아야 한다. 신식 냉난방기를 분리 내지 반출하는 것에 의해 위 기계에 대한 저당권의 추급력은 소멸한다(다수설). 병이 선의취득의 요건을 충족하면 민법 제249조에 따라 병은 저당권에 의한 구속을 받지 않는 소유권을 취득하게 된다.

(2) 물상대위

질권에서의 물상대위에 관한 규정은 저당권에도 준용된다(370조·342조). 따라서 저당권은 저당물의 멸실·훼손 또는 공용징수로 인하여 저당권설정자가 받을 금전 기타 물건에 대하여도 이를 행사할 수 있다. 다만 물상대위권을 행사하려면 그 지급 또는 인도 전에 압류하여야 한다.

A가 저당권을 가지고 있는 채무자 B의 건물이 화재에 의하여 소실된 경우 저당권설정자인 건물의 소유자 B는 어떻게 어떠한 권리를 가지고 있는 생각해보자. 화재에 의하여 B자신 이외의 원인자가 있는 경우 불법행위나 채무불이행을 이유로 하는 손해배상청구를 할 수 있는 경우가 있다.

이와 같은 경우에는 원인자가 배상금을 지급하는 B에게 발생한 손해는 일응 경제적으로 전보된다. 또한 B가 화재보험에 가입하였다면 화재보험금이 있어 손해는 전보될 수 있다. 그러나 이와 같이 저당권설정자의 손해가 전보되는데 저당권자는 저당권을 잃는다는 것이 타당하지 않다. 그래서 저당목적물이 배상청구권이나 보험금청구권으로 바뀐 경우 이러한 청구권에 저당권이 미친다고 인정하는 것이 공평한 것이다. 이것을 물상대위라고 한다.

Ⅱ. 우선변제적 효력

1. 우선변제권

(1) 의 의

저당권자는 목적물로부터 우선변제를 받을 수 있다(356조). 이것이 저당권의 본질적 효력이다. 저당권자가 우선변제권을 행사하기 위해서는 채무자가 채무를 이행하지 않아야 하며, 피담보채권이 금전 이외의 급부를 목적으로 하는 경우에는 손해배상채권 등 금전채권으로 된 후라야 하는 것은 질권의 경우와 같다.

(2) 우선변제의 순위

1) 일반채권자에 대한 관계

저당권은 일반채권자에 대해서는 언제나 우선한다. 다만 주택임대차보호법 및 상가건물임대차보호법에 의하여 저당권설정등기일보다 먼저 대항요건과 계약서상의 확정일자를 갖춘 임차인은 저당권자에 우선하여 그 보증금을 변제받을 수 있다(주택임대차보호법 3 조의 2). 또 소액보증금에 관해서는 주택 및 상가건물임차인은 주택 및 상가건물에 관한 경매의 등기 전에 대항요건을 갖추는 것을 전제로 하여 언제나 다른 담보권자에 우선한다(주택임대차보호법 8조 · 상가건물임대차보호법 14조).

2) 다른 저당권자에 대한 관계

동일한 부동산 위에 수개의 다른 저당권이 경합할 때에 그 우선순위는 저당권설정등기의 선후에 의한다(370조 · 333조). 후순위저당권자가 경매를 신청한 경우에도 선순위저당권은 소멸하고, 후순위저당권자는 선순위자들이 배당받고 남은 잔액에 대해서 우선변제권을 행사하여야 한다.

3) 전세권에 대한 관계

저당권과 전세권이 경합하는 경우에는 전세권을 저당권과 동일하게 보아 그 설정등기의 선후에 의하여 우선순위를 정한다. 그러나 전세권은 담보물권인 동시에 용익물권이므로 전세권이 저당권보다 먼저 설정된 경우에 전세권자의 용익권을 보호해 주어야 한다.

따라서 이 경우에 후순위인 저당권자가 경매를 신청한다면 전세권은 소멸하지 않는다. 즉 전세권이 저당권에 대항할 수 없는 경우에는 경매로 소멸되고(민사집행법 91조 3항), 그 이외의 경우는 매수인이 전세권을 인수한다. 다만 전세권의 경우에 전세권자가 민사집행법 제88조에 따라 배당요구를 하면 전세권은 경매로 소멸된다(민사집행법 91조 4항).

4) 국세우선권에 대한 관계

종전에 국세채권은 담보물권보다 우선하는 것으로 인정되었으나(구국세기본법 35조 1항 3 호 참조), 이러한 우선특권의 인정은 재산권인 담보물권 내지 사유재산제도의 본질적인 내용을 침해하고 과잉금지의 원칙에도 위배되어 위헌이라는 결정을 받았다(헌재 1990.9.3, 89헌가92). 따라서 저당물의 소유자가 체납하고 있는 국세는 그 법정기일 전에 설정된 저당권에 우선해서 징수하지 못한다(국세기본법 35조 1항 3호). 다만 저당물에 부과된 국세와 가산금은 그 법정기일 전에 설정된 저당권에 대하여서도 언제나 우선한다(동법시행령 18조 4항).

5) 파산채권자에 대한 관계

저당물의 소유자가 파산한 경우에 저당권자는 별제권을 행사할 수 있다(채무자회생파산법 411조).

(3) 채무자의 일반재산으로부터의 변제

저당권자가 채무자의 일반재산에 대하여 집행할 수 있는가에 관해서는 질권의 경우와 같다. 즉 저당물로부터 완제를 받지 못한 부분의 채권에 관하여 집행하는 경우에는 민사집행법의 규정에 따라서 채무명의를 얻어 강제집행을 할 수 있다. 만일 저당물보다 민저 채무자의 다른 재산에 대한 배당을 실시하는 경우에는 저당권자는 그 배당에 참가할 수 있고, 한편 다른 채권자는 저당권자에 대하여 그 배당금액의 공탁을 청구할 수 있다.

2. 저당권의 실행

저당채무에 대한 이행지체→경매신청→경매개시결정→배당요구의 종기결정→최저매각가액의 결정→매각허가결정→매수인의 대금납부→배당(배당표의 작성)

(1) 의 의

저당권자가 저당물로부터 우선변제를 받기 위하여 저당물을 환가하여 그 대금으로부터 피담보채권을 변제받는 것을 저당권의 실행이라 한다. 민사집행법상의 경매에 의하여 저당권을 실행하는 것이 일반적인 방법이나 그에 의하지 않고 유저당이라는 방법에 의하기도 한다.

(2) 저당권실행의 요건

① 저당권을 실행하기 위해서는 유효한 채권과 저당권이 존재하여야 한다.

② 피담보채권이 이행기에 있어야 한다. 즉 채무자가 그 이행을 지체하고 있어야 한다. 따라서 피담보채권의 이행기가 도래하기 전에 한 경매신청은 부적법한 것으로 각하되어야 한다. 그러나 이 경우에 각하되지 않고 경매가 진행되고 매각허가결정의 확정이 있을 때까지의 사이에 변제기가 도래하면 경매절차의 하자가 치유되는 것으로 해석하여야 할 것이다(통설).

(3) 경매절차

1) 경매신청

저당권자는 일정한 사항을 기재한 서면을 목적부동산소재지의 지방법원에 제출함으로써 저당물의 경매를 신청할 수 있다(363조 1항 · 민사집행법 80조).

[대항요건을 갖추지 못한 양수인의 경매신청 가부]

피담보채권을 저당권과 함께 양수한 자는 저당권이전의 부기등기를 마치고 저당권실행의 요건을 갖추고 있는 한, 채권양도의 대항요건을 갖추고 있지 아니하더라도 경매신청을 할 수 있다. 이때 채무자는 경매절차의 이해관계인으로서 채권양도의 대항요건을 갖추지 못하였다는 사유를 들어 경매개시결정에 대한 이의나 즉시항고절차에서 다툴 수 있다.

이 경우는 신청채권자가 대항요건을 갖추었다는 사실을 증명하여야 할 것이나, 이러한 절차를 통하여 채권 및 근저당권의 양수인의 신청에 의하여 개시된 경매절차가 실효되지 아니한 이상 그 경매절차는 적법한 것이고, 또한 그 경매신청인은 양수채권의 변제를 받을 수도 있다(대판 2005.6.23, 2004다29279).

2) 경매개시의 결정

법원은 경매신청이 적법하다고 인정되면 경매개시결정을 하고 그 부동산에 압류를 명해야 하며(민사집행법 83조), 직권으로써 경매개시결정이 있었음을 목적부동산의 등기부에 기입하도록 등기관에게 촉탁하여야 한다(민사집행법 94조).

3) 경 매

법원이 경매개시의 결정을 한 때에는 경매기일 및 경락기일을 정하여 공고하고, 경매기일을 경매절차상의 이해관계인에게 통지하여야 한다(민사집행법 104조 1항 · 2항). 또 법원은 경락기일을 경매기일로부터 7일 내로 정하고 경락절차는 법원 내에서 하여야 한다(민사집행 109조).

4) 매각허가의 결정

매각기일에 최고가경매인이 정해진 경우에는 법원은 매각결정기일을 열어서 매각허가결정을 선고하여야 한다(민사집행법 126조). 매각허가결정이 확정된 때에는 매수인은 법원이 정하는 기일에 대금을 법원에 완납하여야 하고(민사집행법 142조), 대금을 완납한 때에 매각부동산의 소유권을 취득한다(민사집행법 135조의 2). 법원은 매각허가결정의 등본을 첨부하여 매수인이 취득한 권리의 등기를 관할등기소에 촉탁하여야 한다(민사집행법 144조).

5) 매각대금의 배당

법원은 매수인이 매각대금을 납입하면 배당기일을 정하여(민사집행법 146조) 이해관계인과 배당을 요구한 채권자를 소환·심문하여 배당표를 확정하고(민사집행법 149조), 이에 따라 배당을 실시한다(민사집행법 159조).

[배당요구를 하지 않은 근저당권자의 배당여부]

부동산을 목적으로 하는 담보권의 실행을 위한 경매절차에서 그 개시 전의 근저당권자는 민사소송법 제728조에 의하여 준용되는 동법 제605조에 의한 배당요구를 하지 않았더라도 당연히 배당요구를 한 것과 동일하게 취급되므로, 그러한 근저당권자가 배당요구를 하지 아니하였다 하여도 배당에서 제외하여서는 아니 된다(대판 1996.5.28, 95다34415).

(4) 매각의 효과

1) 매수인의 권리취득

매수인은 경매의 목적이었던 권리를 취득한다. 그 취득시기는 매각대금을 완납한 때이다(민사집행법 135). 매수인이 취득하는 목적물의 범위는 저당권의 효력이 미치는 범위와 같다.

2) 경매목적물 위의 다른 권리

경매의 목적인 부동산 위에 존재하는 저당권은 매각대금의 완납으로 모두 소멸한다(민사집행법 91조 2항). 다만 저당권보다 먼저 설정된 전세권은 경매로 인하여 당연히 소멸하지 않음은 앞서 살펴보았다. 또 유치권자는 경매가 이루어져도 그 유치적 효력을 잃지 않기 때문에 매수인이 유치권자에게 변제를 하지 않는 이상 경매목적물의 인도를 거절할 수 있다(민사집행법 91조 5항).

3) 건물소유를 위한 지상권 또는 임차권

건물의 소유를 목적으로 하는 지상권 또는 토지임차권이 설정되어 있는 건물에 대해 저당권이 실행되면 건물소유를 위한 지상권 또는 토지임차권은 건물소유권과 함께 매수인에게 이전된다(대판 1996.4.26, 95다52864).

4) 경매하자의 치유

매각허가결정이 확정되면 매각절차상의 하자가 치유되어 더 이상 다툴 수 없게 되어 매각의 효과가 확정된다. 또한 피담보채권이나 저당권의 소멸·무효·부존재 등과 같이 경매의 기초가 되는 실체법상의 권리에 하자가 있더라도 매각허가결정이 확정되어 매수인이 대금을 완납한 때에는 채무자는 더 이상 매수인의 소유권취득을 다툴 수 없다(민사집행법 267조).

(5) 유 저 당

유저당(流抵當)이란 저당권설정계약 또는 채무의 변제기 전의 계약으로써 목적물의 소유권을 저당권자에게 취득시킬 것을 약정하는 것을 말한다. 민법은 유저당에 관한 규정을 두고 있지 않을 뿐 아니라 유질계약금지에 관한 민법 제339조의 준용도 규정하고 있지 않으므로 저당권의 실행으로서 유저당을 허용할 것인지가 문제된다.

통설은 유질과 달리 민법에서 이를 금지하는 규정을 두지 않고 있고, 저당권자와 채무자 간의 경제력의 차등이 질권과 같이 현저하지 않다는 점 등을 이유로 유저당의 유효성을 인정하고 있다. 다만 그것이 폭리행위가 되는 경우에는 민법 제104조에 의하여 무효로 하여야 할 것이다.

Ⅲ. 법정지상권

토지와 그 지상건물은 별개의 부동산이기 때문에 양자가 동일인의 소유라 하더라도 별도로 저당권의 목적이 될 수 있다. 따라서 저당권의 목적이 된 토지나 그 지상건물이 경매되어 그 결과 각각 다른 소유자에게 속하게 된 경우에는 양자의 소유 및 이용관계를 조절할 필요가 생긴다. 이러한 경우에 민법은 토지소유자가 건물소유자에 대하여 지상권을 설정한 것으로 보며(366조), 이것이 법정지상권이다.

Ⅳ. 저당권과 제3취득자

1. 제3취득자의 지위

저당권의 목적으로 되어 있는 부동산에 대해 소유권을 취득하거나 또는 그 부동산 위에 지상권이나 전세권을 취득한 자를 포괄하여 저당부동산의 제3취득자라고 한다. 저당권은 저당물의 교환가치만을 파악하는 것이다.

그러므로 저당권설정 자체만으로는 제3취득자의 권리에 아무런 영향을 미치지 않는다. 그러나 채무자의 채무불이행으로 저당권의 실행이 있게 되면 권리를 상실할 불안한 지위에 있는 것이 제3취득자이다. 따라서 민법은 제3취득자를 보호하는 규정을 두고 있다.

[소유권을 상실한 제3취득자의 채무자에 대한 구상권 여부]

타인의 채무를 담보하기 위하여 저당권을 설정한 부동산의 소유자(물상보증인)로부터 소유권을 양수한 제3자는 채권자에 의하여 저당권이 실행되게 되면 저당부동산에 대한 소유권을 상실한다는 점에서 물상보증인과 유사한 지위에 있다.

그러므로 물상보증의 목적물인 저당부동산의 제3취득자가 채무를 변제하거나 저당권의 실행으로 저당물의 소유권을 잃은 때에는 물상보증인의 구상권에 관한 민법 제370조,제341조의 규정을 유추적용하여 보증채무에 관한 규정에 의하여 채무자에 대한 구상권이 있다(대판 1997.7.25, 97다8403).

2. 경 매 인

저당물의 소유권을 취득한 제3자도 경매인이 될 수 있다(363조 2항).

3. 제3취득자로서의 변제

저당부동산의 제 3 취득자는 그 부동산으로 담보된 채권을 변제하고 저당권의 소멸을 청구할 수 있다(364조).「그 부동산으로 담보된 채권」, 즉 민법 제360조가 정하는 범위의 금액만을 변제하면 되므로 지연이자는 원본의 이행기일을 경과한 후의 1년분만을 변제하면 된다. 제3취득자는 저당목적물에 이해관계가 있는 자이므로, 채무자의 의사에 반하여도 변제할 수 있다.

한편 민법 제364조는「소멸을 청구할 수 있다」라고 규정하고 있으나, 피담보채권의 변제로 그 저당권은 당연히 소멸되기 때문에 무의미한 표현인 것으로 해석된다.

[후순위 근저당권자가 제3취득자인지 여부]

근저당부동산의 후순위 근저당권자는 제3취득자에 해당하지 않으므로, 선순위 근저당권의 피담보채무가 확정된 이후에 그 확정된 피담보채무를 변제한 것은 민법 제469조 규정에 의한 이해관계 있는 제3자의 변제로서 유효한 것인지 따져볼 수는 있을지언정, 민법 제364조의 규정에 따라 선순위 근저당권의 소멸을 청구할 수 있는 사유로는 삼을 수 없다(대판 2006.1.26, 2005다17341).

4. 제3취득자의 비용상환청구권

저당물의 제3취득자가 그 부동산의 보존·개량을 위하여 필요비 또는 유익비를 지출한 때는 점유자의 비용상환청구권에 관한 규정(203조 1항·2항)의 규정에 의하여 저당물의 경매대가에서 우선상환을 받을 수 있다(367조).

[저당물의 소유권취득자도 제3취득자인지 여부]

민법 제367조의 취지는 저당권설정자가 아닌 제3취득자가 저당물에 관한 필요비 또는 유익비를 지출하여 저당물의 가치가 유지·증가된 경우, 매각대금 중 그로 인한 부분은 일종의 공익비용과 같이 보아 제3취득자가 경매대가에서 우선상환을 받도록 한 것이다.

그러므로 저당물에 관한 지상권·전세권을 취득한 자만이 아니고, 소유권을 취득한 자도 민법 제367조 소정의 제3취득자에 해당한다(대판 2004.10.15, 2004다36604).

V. 저당권의 침해

사례

을은 갑에게 1000만원을 빌리면서, 그 담보를 위해 자기소유의 시가 2000만원의 산림에 저당권을 설정해 주었다.
(1) 을이 그 산림의 입목을 벌채하는 경우, 갑은 저당권에 기하여 벌채의 중지를 청구할 수 있는가?
(2) 무권리자 병이 벌채한 경우는 어떠한가?
(3) 병이 산림을 점유하고 있는 경우, 갑은 병에게 점유의 중지를 청구할 수 있는가?
(4) 을이 산림의 입목을 전부 벌채하여 반출한 후 제3자 정에게 매각한 경우, 갑은 벌목에저당권의 효력이 미친다는 것을 주장할 수 있는가?
(5) 갑은 저당권의 실행을 기다리지 않고 병에 대하여 저당권침해를 이유로 하여 손해배상을 청구할 수 있는가?

1. 의 의

저당권의 침해란 저당권자의 담보를 위태롭게 하는 것인데, 저당권이 원래 목적물에 대한 교환가치를 파악하는 물권이므로 그 교환가치를 감소케 하는 행위가 저당권에 대한 침해가 된다. 저당물을 멸실시키거나, 통상의 용도를 넘는 건물의 개조 및 토지의 현상 변경, 부합물이나 종물의 부당한 분리 등의 경우에 저당권의 침해가 성립된다. 그러나 목적물을 그 경제적 용도에 따라 사용·수익하는 것 또는 목적물의 정당한 이용의 범위 내에서 부합물이나 종물을 분리하는 것 등은 저당권의 침해라 할 수 없다.

[저당권을 침해하는 점유가 되는 경우]

저당권자는 저당부동산의 소유자가 행하는 저당부동산의 사용 또는 수익에 관하여 간섭할 수 없다. 다만 저당부동산에 대한 점유가 저당부동산의 본래의 용법에 따른 사용·수익의 범위를 초과하여 그 교환가치를 감소시키거나 점유자에게 저당권의 실현을 방해하기 위하여 점유를 개시하였다는 점이 인정되는 등, 그 점유로 인하여 정상적인 점유가 있는 경우의 경락가격과 비교하여 그 가격이 하락하거나 경매절차가 진행되지 않는 등 저당권의 실현이 곤란하게 될 사정이 있는 경우에는 저당권의 침해가 인정될 수 있다(대판 2005.4.29, 2005다3243).

2. 침해에 대한 구제방법

(1) 물권적 청구권

저당권의 침해가 있는 때에는 방해제거나 방해예방을 청구할 수 있다(370조·214조). 이 물권적 청구권은 저당권의 침해가 있으면 즉시 발생하는 것이며, 그 침해로 목적물의 교환가치가 피담보채권을 만족시킬 수 없게 되었는지 여부는 문제되지 않는다. 다만 저당권은 목적물을 점유하는 것을 내용으로 하지 않기 때문에 반환청구권은 인정되지 않는다.

[저당권자의 방해배제청구권]

저당권자는 물권에 기하여 그 침해가 있는 때에는 그 제거나 예방을 청구할 수 있다고 할 것인 바, 공장저당권의 목적 동산이 저당권자의 동의를 얻지 아니하고 설치된 공장으로부터 반출된 경우에는 저당권자는 점유권이 없기 때문에 설정자로부터 일탈한 저당목적물을 저당권자 자신에게 반환할 것을 청구할 수는 없다.

그러나 저당목적물이 제3자에게 선의취득 되지 아니하는 한 원래의 설치 장소에 원상회복할 것을 청구함은 저당권의 성질에 반하지 아니함은 물론 저당권자가 가지는 방해배제권의 당연한 행사에 해당한다(대판 1996.3.22, 95다55184).

(2) 손해배상청구권

저당물에 대한 침해에 있어서 침해자의 고의·과실이 있는 경우에는 민법 제750조에 의하여 불법행위를 이유로 하는 손해의 배상을 청구할 수 있다. 그러나 손해배상청구권이 발생하기 위해서는 목적물의 침해로 인하여 저당권자가 채권의 완전한 만족을 얻을 수 없게 되어야 한다.

(3) 담보물보충청구권

저당권설정자의 책임 있는 사유로 인하여 저당물의 가액이 현저히 감소된 때에는, 저당권자는 저당권설정자에 대하여 그 원상회복 또는 상당한 담보제공을 청구할 수 있다(362조). 현저히 감소된 때란 교환가치의 감소로 피담보채권을 완제하지 못할 염려가 있는 때를 말한다. 이 청구권을 행사하여 저당권의 보충이 있는 경우에는 손해배상청구권이나 기한이익의 상실에 의한 즉시변제청구권은 행사하지 못한다.

(4) 기한이익의 상실

채무자가 담보를 손상·감소 또는 멸실하게 한 때에는 채무자는 기한의 이익을 주장하지 못한다(388조 1호). 따라서 저당권자는 즉시 변제할 것을 청구하고 저당권을 실행할 수 있다.

사례해결

(1) 저당권에 저당권에기한 물권적 청구권이 인정되는가가 문제로 되더라도, 저당권도 물건인 이상 물건에 대한 지배권을 완수하기 위하여 인정된다. 또 저당권의 불가분성으로부터 목적물의 가치를 침해하는 행위가 있으면, 그 방해를 배제하고 잔존하는 산림의 가치가 피담보채권액을 밑도는 것을 요하지 않는다. 무엇보다도 저당권의 본질은 목적물의 점유를 설정자에게 남겨 두면서 목적물의 교환가치를 파악하는 점에 있기 때문에 목적물의 사용수익권은 설정자에게 있다.
을의 벌채가 통상의 사용수익의 범위내의 벌채라면, 갑은 그 중지를 청구할 수 없다. 반면, 을의 벌채가 통상의 상요수익의 범위를 넘고 있는 경우라면 갑은 벌채를 중지할 수 있다.

(2) 무권리자에게는 목적물의 사용수익권이 없기 때문에, 벌채의 정도를 묻지 않고 저당권의 침해로 된다. 따라서 갑은 병에게 벌채의 중지를 요구할 수 있다.

(3) 저당권도 물권이기 때문에 물권적 청구권으로 방해배제청구가 가능하다. 무엇보다 저당권의 본질은 교환가치를 파악하는 점에 있다. 따라서 방해배제청구가 인정되기 위해서는 교환가치의 침해가 필요하다. 제3자가 불법점거하고 있는 물건은 그 경락가치가 하락하는 경우가 있고, 이것은 실질적으로는 교환가치의 침해로 될 수 있다. 그리고 제3자가 저당부동산을 불법점거하는 것에 의해 저당부동산의 교환가치의 실현이 방해되고, 저당권자의 우선변제청구권의 행사가 곤란하게 되는 상태에 이른 때는 저다권에 기한 방해배제청구를 인정할 수 있다.
본 문제에서 병이 산림을 불법점거하는 것에 의해 저당산림의 교환가치가 하락하는 때에는 갑은 병에게 산림의 점유중지를 청구할 수 있다.

(4) 저당권은 부가물도 포함하여 목적물 전체의 교환가치를 지배하는 물권이기 때문에 저당권자 보호를 위해서도 분리된 물건에도 지배력이 미친다. 벌목이 반출되더라도 저당권자는 제3자에게 저당권의 효력을 주장할 수 있는가에 대하여 제3자는 분리물로부터 저당권의 존재를 알 수 없기 때문에, 항상 제3자에게 대항할 수 있다고 하는 것은 거래안전을 해한다. 따라서 분리물이 저당부동산에 존재하고 등기로 공시되는 경우에 한하여서만 저당권의 효력을 제3자에게 대항할 수 있다.
본 사안에서 벌목이 산림으로부터 반출된 이상 갑은 저당권의 효력을 제3자에게 주장할 수 없다.

(5) 갑은 병에 대하여 저당권침해를 이유로 손해배상을 청구할 수 있는가에 대하여 설장자만이 손해배상청구권을 가지고, 저당권자는 그것에 물상대위권을 가지는 것에 지나지 않는다는 견해가 있다. 그러나 설정자만이 청구가능하다면 설정자가 청구하지 않는 경우는 저당권자에게 가혹하다손해배상청구가 인정되기 위해서는 손해의 발생이 필요한 바, 손해에 의해 피담보채권의 만족을 얻을 수 없게 된 경우에는 손해가 있다고 할 수 있고, 저당권자와 설정자 모두 침해자에 대한 손해배상을 청구할 수 있다. 산림의 가치가 1000만원 이하로 된 경우에는 갑은 직접 병에게 손해배상을 청구할 수 있다.

제4관 저당권의 처분과 소멸

Ⅰ. 저당권의 처분

1. 처분의 제한

저당권자는 피담보채권의 변제기가 도래한 때에 비로소 채권을 변제받거나 저당권을 실행하여 자금을 회수할 수 있고, 그 이전에 투하자금을 회수하려면 피담보채권을 양도하거나 질권을 설정하여야 한다. 더 확실한 자금회수수단은 저당권 자체를 양도하는 방법이다.

그러나 민법 제361조는 「저당권은 그 담보한 채권과 분리하여 타인에게 양도하거나 다른 채권의 담보로 하지 못한다」고 규정하여 저당권의 부종성을 엄격하게 지키고 있다. 따라서 저당권자는 그 피담보채권과 함께 저당권을 양도하거나 입질하는 수밖에 없다.

[저당권양도의 당사자 범위]

저당권의 양도는 물권변동의 일반원칙에 따라 저당권을 이전할 것을 목적으로 하는 물권적 합의와 등기가 있어야 저당권이 이전된다고 할 것이다.

그러나 이때의 물권적 합의는 저당권의 양도·양수받는 당사자 사이 있으면 족하고, 그 외에 채무자나 물상보증인 사이에 있어야 하는 것은 아니다. 단지 채무자에게 채권양도의 통지나 이에 대한 채무자의 승낙이 있으면 채권양도를 가지고채무자에게 대항할 수 있다(대판 2005.6.10, 2002다15412·15429).

2. 저당권부채권의 양도

저당권에 의하여 담보되어 있는 채권을 저당권과 함께 양도하는 것이다. 저당권만의 분리·양도가 불가능하므로. 저당권부채권의 양도는 언제나 채권의 양도와 물권의 양도가 결합된 것이다. 따라서 이에 대하여는 채권양도의 규정(449조~452조)과 물권변동의 규정(186조)이 함께 적용된다. 그 결과 채권의 양도는 양도인이 채무자에게 통지하거나 채무자가 승낙하여야 채무자 기타의 제3자에게 대항할 수 있고, 저당권의 양도는 그 이전등기를 하여야 그 효력이 생긴다.

[근저당권의 명의인의 지위]

피담보채권과 근저당권을 함께 양도하는 경우에 채권양도는 당사자 사이의 의사표시만으로 양도의 효력이 발생하지만 근저당권이전은 이전등기를 하여야 하므로, 채권양도와 근저당권이전등기 사이에 어느 정도 시차가 불가피한 이상 피담보채권이 먼저 양도되어 일시적으로 피담보채권과 근저당권의 귀속이 달라진다고 하여 근저당권이 무효로 된다고 볼 수는 없다.

그러나 위 근저당권은 그 피담보채권의 양수인에게 이전되어야 할 것에 불과하고, 근저당권의 명의인은 피담보채권을 양도하여 결국 피담보채권을 상실한 셈이므로 집행채무자로부터 변제를 받기 위하여 배당표에 자신에게 배당하는 것으로 배당표의 경정을 구할 수 있는 지위에 있다고 볼 수 없다(대판 2003.10.10, 2001다77888).

3. 저당권부채권의 입질

피담보채권이 입질되는 경우에는 저당권도 그 피담보채권과 함께 질권의 목적이 된다. 다만 그 저당권등기에 질권의 부기등기를 하여야만 질권의 효력이 저당권에 미친다(348조).

Ⅱ. 저당권의 소멸

1. 일반적 소멸원인

저당권은 물권이면서 담보물권이므로 물권일반의 소멸원인과 담보물권일반의 소멸원인에 의하여 소멸한다.

2. 기타 소멸원인

저당권은 경매나 제3취득자의 변제(364조)·피담보채권의 소멸(369조) 등에 의해서도 소멸한다. 또한 저당권의 포기에 의해서도 소멸하나, 포기는 물권적 단독행위이므로 그 등기를 하여야 저당권소멸의 효력이 발생한다.

저당권의 소멸과 관련하여 지상권 또는 전세권을 목적으로 저당권을 설정한 자는 저당권자의 동의 없이 지상권 또는 전세권을 소멸하게 하는 행위를 하지 못하다(371조 2항). 지상권 또는 전세권이 소멸하면 그것을 목적으로 하는 저당권이 소멸하기 때문이다.

[근저당권설정등기의 말소청구 여부]

근저당권이 설정된 후에 그 부동산의 소유권이 제3자에게 이전된 경우에는 현재의 소유자가 자신의 소유권에 기하여 피담보채무의 소멸을 원인으로 그 근저당권설정등기의 말소를 청구할 수 있다. 또한 근저당권설정자인 종전의 소유자도 근저당권설정계약의 당사자로서 근저당권소멸에 따른 원상회복으로 근저당권자에게 근저당권설정등기의 말소를 구할 수 있는 계약상 권리가 있다.

그러므로 이러한 계약상 권리에 터 잡아 근저당권자에게 피담보채무의 소멸을 이유로 하여 그 근저당권설정등기의 말소를 청구할 수 있다고 봄이 상당하고, 목적물의 소유권을 상실하였다는 이유만으로 그러한 권리를 행사할 수 없다고 볼 것은 아니다(대판 1994.1.25, 93다16338).

제5관 특수저당권

보통의 저당권과 성질이 다른 특수한 저당권으로 민법은 근저당(357조)과 공동저당(368조)을 규정하고 있고, 그 외에 입목저당·재단저당·동산저당 등이 특별법에 의해서 인정되고 있다.

제1항 근 저 당

Ⅰ. 의의 및 성질

1. 의 의

근저당은 계속적 거래관계로부터 생기는 다수의 불특정 채무를 장래의 결산기에 있어서 일정한 한도액까지 담보하는 저당권이다(357조). 계속적 거래관계에서 개별 거래에서 채권이 발생할 때마다 그를 담보할 저당권을 각각 설정하여야 한다면 매우 불편할 것이므로, 하나의 저당권으로 다수의 불특정채권을 일괄하여 담보하는 것이 요구되고 이러한 요구에 따라 이용되고 법제화된 것이 근저당제도이다.

그러나 현행 민법상 근저당제도는 민법 제357조 1개 조문에 불과하여 그 해석에 있어서 많은 논의가 있어 왔다. 이에 민법개정안에서는 제357조의 2내지 제357조의12의 규정을 신설하여 근저당제도를 규율하고자 하고 있다.

A 전자제품 대리점은 B 전자 주식회사로부터 제품을 계속적으로 납품받아 판매하려고 할 때 제품대금은 매월말마다 일괄하여 지급하기로 하였다. 그리고 이러한 금전채무를 담보하기 위하여 대리점의 건물에 저당권을 설정하기로 하였다. 보통 저당권에서는 그 목적을 달성하기 위하여 대금채무가 발생할 때마다 저당권을 설정하고 이 대금채무가 변제되면 부종성에 의하여 저당권은 소멸하기 때문에 새로운 매매대금채무에 대해서는 다시 저당권을 설정하여야 한다. 이처럼 보통 저당권은 계속적 거래에는 매우 불편하다.

2. 성 질

(1) 부종성의 완화

근저당권은 장래의 증감변동하는 불특정의 채권을 담보하므로 피담보채권이 일시 소멸하더라도 근저당권은 소멸하지 않으며, 이는 저당권의 소멸상의 부종성에 대한 예외에 해당한다. 개개의 채권이 이전하여도 근저당권은 이전하지 않는다.

(2) 피담보채권의 불특정성

원본이 확정될 때까지 어느 채권이 담보되는가는 특정되지 않는다. 즉 근저당권은 최고액의 한도 내에서 불특정의 채권을 담보하는 저당권이고, 피담보채권의 불특정성이 보통 저당권과 구별되는 특색이다.

Ⅱ. 근저당의 설정

근저당도 당사자 사이의 근저당권설정의 합의와 등기에 의하여 성립한다.

1. 설정계약

근저당권설정계약에는 근저당권을 특정하는 데 필요한 (ⅰ) 채권최고액, (ⅱ) 피담보채권의 범위를 결정하는 기준으로서의 일정한 종류의 계속적 거래, (iii) 근저당권의 존속기간 내지 결산기를 약정하여야 한다. 근저당설정계약은 당좌대월계약이나 어음할인대부계약과 같은 기본계약과 함께 이루어지는 것이 보통이다.

2. 등 기

근저당권설정등기에는 근저당이라는 뜻을 등기하고 피담보채권이 최고액을 명시하여야 한다(부동산등기법 140조 2항). 또한 등기원인으로 기본계약을 기재하여야 한다. 통상 근저당설정계약이라 기재한다. 그러나 근저당권의 존속기간 내지 결산기는 필요적 등기사항이 아니다.

Ⅲ. 근저당의 효력

1. 효력이 미치는 범위

① 근저당권의 효력은 설정계약에서 정한 최고액의 범위 내에서 현존하는 채권액의 전부에 미친다. 따라서 계속적 거래관계에서 발생한 채권이 최고액을 초과하면 최고액만을, 최고액에 미달하면 그 확정액만을 우선변제받을 수 있다.

② 근저당권의 효력이 미치는 피담보채권의 범위는 우선 설정계약에 의해서 결정되고, 설정계약에 의한 약정이 없는 경우에 민법 제360조 · 제357조 2 항이 적용된다. 따라서 설정계약에서 정함이 없는 경우에 원본 · 이자 · 위약금 · 채무불이행으로 인한 손해배상 · 저당권 실행비용의 경우 채권최고액에 포함되는가에 관하여 다수설도 이를 부정하고 있다. 모두 채권최고액의 범위 내에서 근저당권에 의하여 담보된다.

[근저당권의 효력의 범위]

근저당권자가 그 피담보채무의 불이행을 이유로 경매신청을 한 때에는 그 경매신청시에 근저당권은 확정되는 것이고 근저당권이 확정되면 그 이후에 발생하는 원금채권은 그 근저당권에 의하여 담보되지 않는다(대판 1989.11.28, 89다카15601).

2. 근저당의 실행

(1) 피담보채권의 확정

근저당권을 실행하여 피담보채권의 우선변제를 받기 위하여는 증감 · 변동하는 채권이 확정되어야 한다. 근저당권에 의하여 담보되는 피담보채권은 (ⅰ) 근저당권설정계약이나 기본계약에서 정하고 있는 결산기가 도래하거나(대판 2002.5.24, 2002다7176), (ⅱ) 근저당권자가 경매를 신청한 때(대판 1989.11.28, 89다카15601), (iii) 설정계약이 해지 · 해제되는 때에 확정된다.

[채무확정의 효과]

근저당권자가 피담보채무의 불이행을 이유로 경매신청을 한 경우에는 경매신청시에 근저당 채무액이 확정되고, 그 이후부터 근저당권은 부종성을 가지게 되어 보통의 저당권과 같은 취급을 받게 되는 바, 위와 같이 경매신청을 하여 경매개시결정이 있은 후에 경매신청이 취하되었다고 하더라도 채무확정의 효과가 번복되는 것은 아니다(대판 2002.11.26, 2001다73022).

(2) 근저당권의 실행

피담보채권이 확정되고 확정된 피담보채권의 변제기가 도래하면 근저당권을 실행하여 최고액까지 피담보채권의 확정액을 우선변제 받을 수 있다.

근저당의 피담보채권이 확정되면 일반저당권으로 전환되므로 그 실행은 일반저당권의 실행절차와 같다.

Ⅳ. 근저당의 처분과 소멸

1. 처 분

근저당권은 개개의 채권에 부종하지 않으나 기본계약인 피담보채권이 양도되면 저당권의 수반성에 의하여 근저당권도 이전한다. 다만 피담보채권과 분리하여 근저당권만을 양도하는 것은 허용되지 않고, 피담보채권이 없는 근저당권의 양도는 무효이다.

근저당권의 기초가 되는 계속적 거래관계와 함께 근저당권을 양도하는 경우에는 피담보채권의 양도도 포함되기 때문에 근저당권자와 양수인 이외에 채무자를 포함하는 3면계약으로 하여야 한다.

2. 소 멸

근저당권은 피담보채권이 확정된 때에 담보할 채권이 전혀 존재하지 않거나 채권이 있더라도 변제로 소멸한 때 또는 그 실행이 종료하면 소멸한다. 피담보채권이 확정되기 전에도 사정변경의 원칙에 의한 해지권의 행사로 근저당권을 소멸시킬 수 있다.

[근저당권의 소멸청구]

① 근저당이 설정된 부동산의 제3취득자는 최고액까지만 변제하고 근저당권 소멸을 청구할 수 있다(대판 1971.4 6, 71다26).

② 근저당권의 물상보증인은 민법 357조에서 말하는 채권의 최고액만을 변제하면 근저당권설정등기의 말소청구를 할 수 있고 채권최고액을 초과하는 부분의 채권액까지 변제할 의무가 있는 것이 아니다(대판 1974.12.10, 74다998).

Ⅴ. 포괄근저당

1. 의 의

포괄근저당은 채권발생의 기초가 되는 계속적 거래관계에 의해 발생하는 채권뿐만 아니라 당사자 사이에서 발생하는 현재 및 장래의 모든 채권을 최고액까지 담보하기 위해 설정되는 근저당이다. 포괄근저당은 계속적 거래관계를 유지하고 있는 당사자 사이에서 반복하여 계속되는 다양한 종류의 거래를 모두 기본거래로 열거하는 것이 불편하고 불가능할 수도 있으므로 은행 등 실무거래에서 많이 이용되고 있다.

2. 유 형

(1) 순수한 포괄근저당

당사자 사이에 현재 및 장래에 발생할 일체의 채권·채무를 담보한다는 유형이다.

(2) 부가적 포괄근저당

당좌대월계약·어음할인계약·상호계산계약 등과 같은 기본계약을 열거하면서 「… 등의 계약에서 생기는 채무 기타 일체의 채무를 담보한다」는 형식으로 설정되는 유형이다. 주로 은행거래에서 많이 이용되고 있다.

3. 유 효 성

(1) 학 설

1) 무 효 설

근저당에 있어서 기본계약의 존재는 필수적인 것이며, 이를 갖추지 못한 포괄근저당은 저당권의 부종성에 반하므로 무효라는 견해이다.

2) 무제한유효설

근저당에 관한 명문규정이 있고 최고액을 등기하도록 되어 있으며, 거래실무계의 요청으로 포괄근저당제도가 널리 이용되고 있는 이상 사적 자치의 원칙상 당사자간의 합의에 의해 설정된 어떠한 포괄근저당이든 이를 유효한 것으로 인정해야 할 것이라는 견해이다(다수설).

3) 한정적 유효설

포괄근저당을 「현재 및 장래에 있어서 발생할 일체의 채권을 담보」하는 것과 「당좌대월계약·계속적 어음할인계약 등에서 생기는 채권 기타 일체의 채권을 담보」하는 것으로 나누어, 전자는 무효이나 후자는 유효하다는 견해이다.

4) 확대한정적 유효설

'기타 일체의 채권'이 은행과 거래선 사이에 거래상 생기는 채권 및 이러한 채권의 채무불이행으로 인한 손해배상청구권을 포함할 뿐만 아니라(여기까지가 한정적 유효설의 인정범위이다), 나아가 이러한 거래와 밀접한 관계에서 발생하는 불법행위로 인한 손해배상청구권이나 부당이득반환청구권까지도 포함한다는 견해이다.

(2) 판 례

판례는 포괄근저당을 무제한 유효로 보는 전제에서 「기타의 원인에 의하여 부담되는 일체의 채무」를 담보하는 포괄근저당을 유효로 본다(대판 1982.12.14, 82다카413). 나아가 보증채무와 같은 계약에 기한 채무뿐 아니라 불법행위나 부당이득에 기한 채무까지도 「기타의 원인에 의하여 부담되는 일체의 채무」의 범위 내에 속하는 것으로 보고 있다(대판 1968.1.11, 67마576).

근래에는 피담보채권의 범위를 체결경위 · 목적 · 근저당설정자와 채무자 및 채권자의 상호관계 등 제반사정을 고려하여 계약서의 문언과 달리 해석할 수 있다고 하여 제한하고자 한다(대판 1996.9.20, 96다27612).

Ⅲ. 특별법이 규정하는 특수저당권

민법 이외의 법률이 규정하는 특수저당권에는 입목저당(입목에 관한 법률), 선박저당(상법 871조), 어업권의 저당(수산업법 29조), 광업권의 저당(광업법 13조), 재단저당(공장저당법 · 광업재단저당법), 동산저당(자동차저당법 · 건설기계저당법 · 항공기저당법) 등이 있다.

각 특별법에 특칙이 없는 경우 저당권에 관한 민법의 규정은 위 특수저당권에도 준용된다(372조).

제2항 공동저당

Ⅰ. 의 의

공동저당이란 동일한 채권을 담보하기 위하여 여러 개의 부동산 위에 설정된 저당권을 말하며, 총괄저당이라고도 한다. 예컨대 甲이 乙에 대하여 가지고 있는 금전채권을 담보하기 위하여 乙 소유의 토지와 건물에 대해 저당권을 설정하는 것이다. 공동저당에 관하여 민법은 제368조 하나의 규정만을 두고 있으나 우리 법제에서 토지와 건물이 별개의 부동산으로 취급되고 있기 때문에 토지나 건물 어느 하나만으로 담보가치가 부족한 경우에 공동저당이 많이 이용되고 있다.

공동저당은 여러 개의 부동산 위에 하나의 저당권이 설정되는 것이 아니라 저당목적물의 수만큼 저당권이 성립한다. 그러나 그러한 수개의 저당권은 동일채권의 담보라는 단일목적하에 불가분적으로 결합하고 있는 것으로서 각 부동산이 등기된 채권의 전액에 대하여 책임을 지며, 채권자가 어느 저당권에 의하여 채권 전부의 변제를 받은 때에는 다른 저당권은 목적의 도달로 소멸한다.

Ⅱ. 공동저당의 성립

공동저당도 당사자의 설정계약과 등기에 의해 성립한다.

1. 설정계약

당사자 사이에 동일한 채권을 담보하기 위하여 여러 개의 부동산 위에 저당권을 설정하기로 하는 합의가 있어야 한다. 각 저당권이 동시에 설정되어야 하는 것은 아니고 추가담보로서 시간을 달리하여 설정하는 것도 가능하다.

2. 등 기

저당권의 목적물이 되는 각 부동산에 대하여 각각의 저당권설정등기를 하여야 한다(부동산등기법 145조). 이 경우에 그 부동산과 공동저당관계에 있는 다른 부동산이 있다는 점을 기재하여야 한다(부동산등기법 149조).

Ⅲ. 후순위저당권자와의 관계

사례

甲이 乙에 대한 3,000만원의 채권에 관하여 X토지(시가 3,000만원), Y토지(시가 2,000만원), Z토지(시가 1,000만원) 위에 공동저당권을 설정 받았다. 그 후 A 는 乙에 대한 1,500만원의 채권에 관하여 X 토지 위에, B는 1,000만원의 채권에 관하여 Y토지 위에, C는 500만원의 채권에 관하여 Z 토지 위에 각각 2번 저당권을 설정 받았다.

이 경우 갑이 X·Y·Z 토지에 대해 저당권을 실행하여 동시에 배당할 경우의 법률관계는 어떠한가? 만약 갑이 X 토지에 대해서만 경매를 신청하여 배당받았다면 그 법률관계는 어떠한가?

1. 민법 제368조의 입법취지

공동저당에 있어서 공동저당물의 전부를 동시에 집행할 것인지 또는 순차로 집행할 것인지, 순차로 집행한다면 어느 목적물을 집행할 것인가 하는 것은 공동저당권자의 자유선택에 맡겨져 있다. 그 결과 저당권이 실행되지 않은 목적물의 후순위저당권자가 저당권이 실행된 목적물의 후순위저당권자보다 이유 없이 이익을 얻게 되어 후순위저당권자 사이에 불공평한 결과를 가져온다. 따라서 공동저당권자에게 집행의 자유를 인정하되 후순위저당권자 사이의 이해관계를 조절하는 규정을 둘 필요가 있고, 민법은 이러한 취지에서 민법 제368조를 규정하고 있다.

2. 동시배당의 경우

공동저당권의 목적물 전부를 경매하여 그 경매대가를 동시에 배당하는 때에는 각 부동산의 경매대가에 비례하여 그 채권의 분담을 정한다(368조 1 항). 이 규정은 부동산에 관하여 후순위저당권자가 존재하지 않는 경우에도 그 적용이 있다고 볼 것이다. 다른 담보물권자·채무명의를 갖는 배당요구자·가압류채권자 등과 같이 저당권자 이외의 자도 부동산 경매대가에 대하여 배당참가를 할 수 있는데, 이들도 공동저당권자를 해치지 않는 범위 내에서 보호하는 것이 타당하기 때문이다.

구체적인 예를 들면 다음과 같다. 갑이 을에 대한 3,000만원의 채권에 관하여 X토지(시가 3,000만원), Y토지(시가 2,000만원), Z토지(시가 1,000만원) 위에 공동저당권을 설정ㅈ받았다. 그 후 A는 을에 대한 1,500만원의 채권에 관하여 X토지 위에, B는 1,000만원의 채권에 관하여 Y토지 위에, C는 500만원의 채권에 관하여 Z토지 위에 각각 2번 저당권을 설정받았다.

이 경우에 채권자 甲이 공동저당목적물의 경매를 동시에 실행했다면 민법 제368조 1 항에 의하여 甲의 채권 3,000만원을 X·Y·Z의 토지에 각각 1,500만원·1,000만원·500만원으로 배분한다. 그리고 X토지의 경매대가 잔액 1,500만원은 A에게, Y토지의 잔액 1,000만원은 乙에게, Z토지의 잔액 500만원은 C에게 배분한다.

[각 부동산의 경매대가의 의미]

민법 제368조 1항에서 말하는 각 부동산의 경매대가라 함은 매각대금에서 당해 부동산이 부담한 경매비용과 선순위채권을 공제한 잔액을 말한다(대판 2003.9.5, 2001다66291).

(3) 이시배당의 경우

1) 후순위저당권자의 대위

공동저당권의 목적물 중 어느 한 부동산만이 경매되어 그 대가를 먼저 배당하는 경우에 공동저당권자는 그 대가로부터 채권 전액의 변제를 받을 수 있다(368조 2항 전단). 이 경우 그 경매된 부동산의 후순위저당권자는 선순위저당권자가 동시에 배당하였더라면 다른 부동산의 경매대가에서 변제를 받을 수 있는 금액의 한도에서 선순위자를 대위하여 저당권을 행사할 수 있다(368조 2항).

상기 예에서 甲이 X 토지로부터 3,000만원의 채권전액을 변제받았다면 민법 제368조 2항에 의하여 X 토지의 후순위저당권자 A 는 Y 토지에서 1,000만원, Z토지에서 500만원의 한도에서 甲의 저당권을 대위할 수 있다.

2) 대위의 발생요건

공동저당권자가 일부 부동산으로부터 채권의 전부를 변제받은 경우뿐만 아니라 일부만을 변제받은 경우도 대위권이 발생한다(통설). 공동저당권자가 어느 하나의 부동산의 대가 전액으로부터 채권의 일부변제를 받은 경우 그 부동산 위의 후순위저당권자는 저당권을 상실하는 셈이 되는 데 반하여, 다른 저당부동산의 후순위저당권자는 대위 없는 배당을 받게 되어 후순위저당권자 사이의 불공평이라는 문제가 발생하는 것은 마찬가지이기 때문이다.

3) 대위의 효과

후순위저당권자에 의한 대위는 공동저당권자의 저당권이 법률상 당연히 이전하는 것이므로 이 경우의 저당권의 이전은 등기 없이 효력이 생긴다.

대위권이 발생하는 시기는 공동저당권자가 채권의 완제를 받은 때이다. 공동저당권자가 목적부동산으로부터 일부변제를 받은 경우에는 채권잔액에 대하여 다른 공동저당물 위에 여전히 저당권을 가지고 있으므로 후순위저당권자는 선순위의 공동저당권자가 장차 다른 부동산의 대가로부터 채권의 잔액을 완제 받아 그 공동저당권이 소멸하는 경우에 비로소 그 저당권을 대위하게 되는 것이다.

[차순위저당권자의 대위권의 발생시기]

민법 제368조에 따른 차순위저당권자의 대위권은 일단 배당기일에 그 배당표에 다라 배당이 실시되어 배당기일이 종료되었을 때 발생하는 것이지, 배당이의 소송의 확정 등 그 배당표가 확정되는 것을 기다려 비로소 발생하는 것은 아니다(대판 2006.5.26, 2003다18401).

사례해결

채권자 갑이 공동저당목적물의 경매를 동시에 실행했다면, 갑의 채권 3,000만원을 X · Y · Z의 토지에 각각 1,500만원, 1,000만원, 500만원으로 배분한다. 그리고 X토지의 경락대금 잔액 1천 500만원은 A에게, Y토지의 경락대금 잔액 1천만원은 B에게, Z토지의 경락대금 잔액 500만원은 C에게 배분한다.

이시배당이 된 경우, 즉 갑이 X토지로부터 3,000만원을 전액변제 받았다면 X토지의 후순위저당권자 A는 갑이 다른 공동저당목적토지로부터 동시배당의 경우에 변제받을 금액의 한도에서 갑을 대위하여 그 저당권을 실행할 수 있다. 따라서 A는 Y토지에서 1천만원, Z토지에서 500만원의 한도에서 갑의저당권을 대위할 수 있다.

4. 선순위저당권자와의 관계

공동저당의 목적물 중 어느 부동산 위에 선순위저당권자가 존재하는 경우에 공동저당권자는 모든 부동산을 일괄 경매할 수 없고, 선순위저당권이 존재하는 부동산만 따로 경매하여야 한다. 이러한 경우에 일괄경매를 허용한다면 선순위저당권자가 불이익을 받을 염려가 있기 때문이다.

5. 물상보증인과 후순위저당권자와의 관계

사례

甲이 乙에 대한 1억원의 채권의 담보로서 채무자 乙소유의 X 건물(시가 1억원)과 물상보증인 A 소유의 Y 건물(시가 1억원) 위에 공동저당권을 설정받았다. 그 후 X 건물 위에 후순위저당권자 B의 채권 5천만원을 위해 2번 저당권이 설정되었다. 이 경우 甲이 Y 건물에 경매를 신청하여 Y 건물로부터 1억원을 변제받았다면 A 와 B 중 누구를 우선적으로 보호할 것인가?

(1) 민법 제481조와 민법 제368조 제2항의 충돌

공동저당의 목적물이 모두 채무자소유에 속할 때에는 별문제가 없다. 그러나 공동저당의 목적물이 채무자 이외의 자, 즉 물상보증인의 소유인 경우에 그 물건에 대하여 경매가 행해진 때에는 물상보증인은 변제자대위의 규정(481조)에 의하여 다른 목적물 위의 공동저당권에 대위한다.

그런데 경매되는 부동산 또는 제3자에 의하여 대위되는 부동산에 후순위저당권자가 있는 경우에 물상보증인의 대위권과 후순위저당권자의 대위권의 관계가 문제된다. 즉 민법 제481에 의한 변제자대위와 민법 제368조 2항에 의한 후순위저당권자의 대위 사이의 충돌이일어난다. 이러한 경우에 다음과 같이 견해가 대립된다.

(2) 물상보증인 우선설

이 견해는 공동저당에 있어서 이시배당의 경우에 후순위저당권자의 대위권을 채무자소유의 수개의부동산 사이에서만 인정되는 제도라는 해석을 전제로 한다. 물상보증인은 채무자소유의 부동산이 공동담보로 되어 있어 구상권은 확실한 효과를 거둘 수 있다고 기대한 것이므로, 채무자가 나중에 후순위저당권을 설정함으로써 그대를 무(無)로 돌리게 할 수는 없다는 것이다. 판례가 이 견해를 취한다.

[이시배당의 경우에 우선순위]

먼저 주채무자의 토지에 대하여 피담보채무의 불이행을 이유로 근저당권이 실행되어 경매대금에서 1번 근저당권의 피담보채권액을 넘는 금액이 배당된 경우에는 변제자대위의 법리에 비추어 볼 때, 민법 제368조제2항은 적용되지 않으므로 후순위(2번)저당권자인 채권자는 물상보증인 소유토지에 대하여 자신의 1번 근저당권을 대위행사할 수 없다. 따라서 물상보증인의 근저당권설정등기는 그 피담보채권의 소멸로 인하여 말소되어야 한다(대판 1996.3.8, 95다36596).

(3) 후순위저당권자 우선설

이 견해의 이론적 근거는 1 민법 제368조 2항의 후순위저당권자의 대위는 소유자를 달리하는 부동산 사이에서도 적용된다고 해석한다. 물상보증인이라도 공동저당의 목적물을 제공한 이상 그 부동산의 가격에 비례한 피담보채권의 안분액만큼은 부담할 각오는 되어 있는 것으로 보아야 하기 때문에 그 한도에서는 후순위저당권자(B)를 우선 보호해야 한다는 것이다.

사례해결

물상보증인을 우선시키는 견해에 따라 甲이 Y 건물로부터 변제를 받아 A 가 민법 제481조에 의하여 1억원에 관하여 X 건물에 대위하면 B 는 보호되지 않는다. 이에 반하여 후순위저당권자를 우선시키는 견해에 따라 A의 대위권을 민법 제368조 2항에 의하여 5천만원으로 제한하면 B는 보호되나 A의 구상권은 충분히 보호되지 못한다.

이 경우에는 판례와 같이 물상보증인 A를 우선시키는 것이 타당할 것이다.

제5절 비전형담보물권

제1관 비전형담보 일반

Ⅰ. 의 의

비전형담보란 민법이 인정하는 이외의 법형식을 이용함으로써 실질적으로 채권담보의 기능을 하게 할 것을 목적으로 하는 담보를 말한다. 민법이 규정하고 있는 담보물권을 전형담보라고 부를 때에 이에 대응하는 용어이다.

민법의 담보물권제도는 담보권을 정형화하여 그 내용을 획일적인 것으로 하고 그 실행에서의 당사자간의 이해관계를 조절하고자 하는 것이므로, 실제 거래계에서는 그 이용에 한계가 있을 뿐만 아니라 금전대여자의 입장에서는 보다 안전하고 강력한 담보수단을 요구하게 된다. 더구나 신용의 수수에 있어서 금전대여자가 차용자에 비하여 우월한 지위를 차지하고 있는 것이 거래계의 현실이므로 이러한 사정하에서 민법이 예상하지 아니한 여러 가지의 제도가 만들어지게 된 것이다.

Ⅱ. 비전형담보의 기능

1. 전형담보의 제한적 내용의 탈피

민법상의 전형담보는 그 목적물과 내용이 좁게 법정되어 있기 때문에 적절한 담보수단을 갖지 아니하는 당사자로서는 이용이 불편하다. 예컨대 금전차용자가 동산을 담보로 제공한 이후에도 계속 점유하여 사용할 필요가 있는 경우, 질권을 이용할 수는 없으므로(332조 참조) 이러한 제한을 탈피하기 위하여 동산에 대한 양도담보가 이용되는 것이다.

2. 실행의 용이성과 초과이익의 취득

민법상의 전형담보는 주로 채무자나 제3자의 이익을 보호하기 위하여 채권자의 이익을 제한하고 있다. 예컨대 부동산에 대한 저당권의 경우에 담보권의 실행은 일정한 절차에 따른 공경매에 의하여서만 가능하며 그 절차가 복잡하고 오랜 시간이 걸릴 뿐만 아니라, 그 절차에 의하여 추심할 수 있는 범위도 제한되어 있으며 적정한 환가도 보장되어 있지 않다.

이러한 제한을 회피하고자 하는 것은 금전대여자의 당연한 의도이며 실제 비전형담보의 가장 큰 목적이 되고 있다. 이를 위하여 비전형담보는 변제기에 채무가 변제되지 않으면 채무자는 목적물에 대한 소유권을 종국적으로 상실하고 채권자는 그 소유권을 취득하거나 자신에게 유리한 방법으로 담보권을 실행할 수 있도록 하는 방안을 마련하고 있다.

Ⅲ. 비전형담보의 유형

우리 사회에서 활용되고 있는 비전형담보는 여러 가지 형태로 나타나고 있으나 가장 문제가 많고 흔히 사용되는 형태는 소유권을 이전하거나 이전하기로 하는 계약의 형태를 빌어 담보의 목적으로 사용하는 것이다. 이를 일컬어 소유권이전형의 비전형담보라고도 한다. 소유권이전형의 비전형담보는 다시 어떠한 형식으로 자금수수가 이루어지는가에 따라 다음과 같이 나누어 볼 수 있다. 각 유형의 구체적 모습은 해당부분에서 살펴보기로 한다.

① 매매에 의한 방식 : 매도담보

② 소비대차에 의한 방식

㈎ 소유권이 계약과 동시에 이전되는 형식을 취한 것 : 협의의 양도담보

㈏ 채무불이행이 있을 때 소유권이 이전되기로 한 것 : 가등기담보

Ⅳ. 비전형담보의 규제

비전형담보는 채권담보의 목적으로 하는 것이지만 목적물에 대한 소유권을 채권자에게 이전하는 형식을 취하므로 외형과 실질이 일치하지 않는 그 자체 문제점을 내포하고 있으며, 우월한 지위에 있는 채권자가 사적으로 담보를 실행하기 때문에 폭리를 취할 우려가 있으므로 그에 대한 규제가 필요하게 된다.

비전형담보에 대한 규제는 원래 민법 제607조와 제608조를 중심으로 이루어져왔다. 이 규정들은 우리만의 특유한 규정으로 그동안 이용되어 왔던 대물변제 예약의 거래관행을 법적으로 규율하고자 하는 취지에서 규정된 조문이다. 그런데 금전채권의 담보로서 부동산에 대해 단순히 대물변제의 예약만을 하는 것이 아니라 이를 보전하기 위하여 가등기를 하는 소위 가등기담보가 많이 활용되었고, 그 담보실행과정에서 폭리를 취하는 등 여러 문제가 발생하였다. 이러한 문제점을 시정하기 위해서 1984년부터 「가등기담보 등에 관한 법률」이 시행되고 있다.

제2관 가등기담보

Ⅰ. 의 의

가등기담보란 금전채권을 담보하기 위하여 채권자와 채무자(또는 제3자) 사이에 채무자(또는 제3자) 소유의 부동산을 목적물로 하는 대물변제예약 또는 매매예약을 체결하고 채무자의 채무불이행이 있는 경우, 채권자가 그의 예약완결권을 행사함으로써 발생하게 될 장래의 소유권이전청구권을 보전하기 위한 가등기를 하는 담보형식을 말한다.

예컨대 甲이 금전소비대차계약에 의하여 乙로부터 3,000만원을 빌리면서 甲이 변제기에 3,000만원을 갚지 않으면 시가 5,000만원 상당의 甲소유 토지를 대신 주기로 미리 약정을 하고(대물변제예약) 그 예약에 따른 권리(장래의 소유권이전청구권)를 대외적으로 보전하기 위하여 甲소유 토지에 대해 乙명의로 가등기를 하는 방법이다.

[가등기담보법의 적용요건]

가등기담보법은 재산권이전의 예약에 의한 가등기담보에 있어서 재산의 예약당시의 가액이 차용액 및 이에 붙은 이자의 합산액을 초과하는 경우에 적용된다. 따라서 재산권이전의 예약당시 재산에 대하여 선순위 근저당권이 설정되어 있는 경우에는 재산의 가액에서 피담보채무액을 공제한 나머지 가액이 차용액 및 이에 붙인 이자의 합산액을 초과하는 경우에만 적용된다(대판 2006.8.24, 2005다61140).

Ⅱ. 법적 성격

가등기담보는 소유권이전의 담보형식을 취하지만 가등기담보법에 의하여 가등기담보권자에게 목적부동산의 경매청구권이 인정되고, 그 경매에 관하여는 저당권으로 보며(가등기담보법 12조) 우선변제권이 인정된다(가등기담보법 13조). 따라서 가등기담보권은 일종의 담보물권으로 이해하여야 할 것이다.

Ⅲ. 가등기담보권의 설정

가등기담보권은 가등기담보계약과 가등기를 함으로써 설정된다.

1. 가등기담보계약

가등기담보권의 설정계약은 채권자와 채무자(또는 제3자, 즉 물상보증인) 사이의 합의에 의하여 성립한다. 이 설정계약은 외관상 대물변제예약 또는 매매예약의 모습으로 나타나는 것이 보통이다.

가등기담보법은 피담보채권이 소비대차나 준소비대차에 의하여 발생하는 경우에 적용되므로, 매매대금을 담보하거나 공사대금채권 등을 담보할 목적으로 가등기를 경료한 경우에는 적용되지 않는다.

[가등기담보법의 적용범위]

가등기담보법은 차용물의 반환에 관하여 다른 재산권을 이전할 것을 적용되고, 매매잔대금 지급과 관련하여 다른 재산권을 이전하기로 약정한 경우에는 적용되지 않는다(대판 2007.12.13, 2005다52214).

2. 가 등 기

가등기담보권의 공시방법은 부동산등기법 제3조에 의한 소유권이전청구권보전의 가등기이다. 가등기담보법에서는 담보를 위한 가등기를 '담보가등기'라고 함으로써(가등기담보법 2조 3호) 원래의 의미인 '보전가등기'와 구별하고 있다.

[담보가등기의 결정여부]

당해 가등기가 담보 가등기인지 여부는 당해 가등기가 실제상 채권담보를 목적으로 한 것인지 여부에 의하여 결정되는 것이지 당해 가등기의 등기부상 원인이 매매예약으로 기재되어 있는지, 아니면 대물변제예약으로 기재되어 있는가 하는 형식적 기재에 의하여 결정되는 것이 아니다(대결 1998. 10. 7, 자 98마1333).

3. 가등기담보권의 이전

가등기담보권도 일종의 재산권으로서 담보물권성을 가지므로 그 양도성을 부인할 수 없다. 가등기담보권의 양도에 있어서는 담보권 자체의 양도와 담보권부채권의 양도가 병행하게 된다. 전자의 공시방법이 문제되는데, 기존의 가등기에 권리이전의 부기등기를 경료하는 형식이 될 것이다. 또한 후자에 있어서는 채권양도에 관한 일반원칙(449조~452조)이 적용되어야 할 것이다.

Ⅳ. 가등기담보권의 효력

1. 일반적 효력

(1) 효력이 미치는 범위

가등기담보권도 일종의 담보물권으로 볼 것이므로 저당권에 관한 민법규정, 예컨대 제360조 · 제358조 · 제342조 등이 적용된다. 따라서 가등기담보권은 원본 · 이자 · 위약금 · 채무불이행으로 인한 손해배상청구권 · 담보권실행비용 등을 담보하게 되고, 부합물 · 종물 · 과실 등도 가등기담보권의 효력이 미치는 목적물의 범위에 포함된다. 또한 가등기담보권도 저당권과 같은 불가분성 · 물상대위성을 가진다고 볼 것이다.

(2) 담보목적물의 이용관계

가등기담보권이 설정되어도 목적물의 소유권은 그 가등기담보권의 실행이 있게 될 때까지는 설정자에게 있다. 따라서 가등기가 설정되기 이전에 목적물에 설정된 용익권은 가등기에 의하여 아무런 영향을 받지 않는다. 또 가등기담보권이 실행되어 그 목적물의 소유권이 담보권자나 제3자에게 이전되더라도 그들은 용익권이 붙어 있는 상태로 소유권을 취득하는 데 지나지 않으므로 용익권에는 영향이 없다.

한편 부동산임차권을 등기하거나 주택임대차보호법에 의하여 임차인이 보호되고 있는 경우와 같이, 대항력 있는 임차권을 취득한 자에 대해서는 비록 그것이 담보가등기가 행해진 후에 설정된 것이라 하더라도 청산금의 범위 내에서는 동시이행의 관계를 인정함으로써 임차인의 권리를 보호하고 있다(가등기담보법 5조 5항). 이 밖에도 저당권의 경우와 같이 법정지상권을 인정하고 있다(가등기담보법 10조).

[청산절차 종료 후 담보목적물에 대한 사용·수익권]

채권자가 가등기담보권을 실행하여 그 담보목적부동산의 소유권을 취득하기 위하여 가등기담보법에 따라 채무자에게 담보권 실행을 통지한 경우 청산금을 지급할 여지가 없는 때에는 2월의 청산기간이 경과함으로써 청산절차는 종료된다.

이에 따라 채권자는 더 이상의 반대급부의 제공 없이 채무자에 대하여 소유권이전등기청구권 및 목적물 인도청구권을 가진다 할 것임에도, 채무자가 소유권이전등기의무 및 목적물 인도의무의 이행을 지연하면서 자신이 담보목적물을 사용·수익할 수 있다고 하는 것은 심히 공평에 반하여 허용될 수 없다.

그러므로 이러한 경우 담보목적물에 대한 과실수취권 등을 포함한 사용·수익권은 청산절차의 종료와 함께 채권자에게 귀속된다고 보아야 한다(대판 2001.2.27, 2000다20465).

2. 가등기담보권의 실행

가등기담보권의 실행방법에 관해서 가등기담보법은 담보권자가 (ⅰ) 직접 담보부동산의 소유권을 취득하는 방법과, (ⅱ) 경매에 의한 방법을 인정하고 있으며, 가등기담보권자가 청산절차를 어느 방법으로 할 것인가는 자유로 하고 있다.

(1) 권리취득에 의한 실행

가등기담보권자가 그 담보권을 실행하여 그 담보목적부동산의 소유권을 취득하기 위해서는 채권의 변제기가 경과한 후에 청산금(목적물의 가액에서 채권액을 공제한 것)의 평가액을 채무자에게 통지해야 한다. 그 통지가 상대방에게 도달한 날로부터 2 개월(이 기간을 청산기간이라 한다)이 경과하여야 비로소 담보물의 소유권을 취득할 수 있게 된다(가등기담보법 3조 1항).

담보부동산이 부동산으로서 이미 소유권이전등기가 행해지고 있는 경우(양도담보의 경우)에는 청산기간이 경과한 후에 청산금을 채무자에게 지급한 때에 그 소유권을 취득하는 것이 된다. 이에 비하여 담보가등기가 행해지고 있는 경우(보통의 가등기담보)에는 청산기간이 경과하여야만 가등기에 기한 본등기를 청구할 수 있게 된다(가등기담보법 4조 2항). 그러나 가등기담보의 경우에는 청산금지급의무와 부동산의 소유권이전등기 및 인도채무의 이행은 서로 동시이행의 관계에 놓이게 된다(가등기담법 4조 3항).

청산절차를 거치지 않은 본등기는 무효이다(대판 1994.1.25, 92다20132).

[귀속정산절차상 통지의 상대방]

가등기담보법에 의하면 가등기담보권자가 담보권실행을 위하여 담보 목적 부동산의 소유권을 취득하기 위하여는 그 채권의 변제기 후에 소정의 청산금 평가액 또는 청산금이 없다고 하는 뜻을 채무자 등에게 통지하여야 한다(동법 3조 1항). 이때의 채무자 등에는 채무자와 물상보증인뿐만 아니라 담보가등기 후 소유권을 취득한 제3취득자가 포함되는 것이므로(동법 2조 2호), 위 통지는 이들 모두에게 하여야 하는 것으로서 채무자 등의 전부 또는 일부에 대하여 위 통지를 하지 않으면 청산기간이 진행할 수 없다.

따라서 가등기담보권자는 그 후 적절한 청산금을 지급하거나 실제 지급할 청산금이 없다고 하더라도 가등기에 기한 본등기를 청구할 수 없으며, 설령 편법으로 본등기를 마쳤다고 하더라도 그 소유권을 취득할 수 없다(대판 2002.4.23, 2001다81856).

(2) 경매에 의한 실행

가등기담보권자는 목적부동산의 담보권실행경매를 청구하여 그 경매대금으로부터 자기 채권의 변제를 받을 수 있다. 가등기담보권자가 목적물의 경매를 청구한 경우에는 가등기담보권을 저당권으로 봄으로써 법적 처리가 행해진다(가등기담보법 12조 1항).

Ⅴ. 가등기담보권의 소멸

1. 소유권이전에 의한 소멸

가등기담보법 제3조 이하의 절차에 의하여 목적부동산의 소유권이 채권자에게 이전한 때에는 가등기담보권은 소멸한다.

2. 경매에 의한 소멸

가등기담보권이 설정되어 있는 부동산에 관하여 통상의 강제경매 또는 담보권실행경매가 행하여지는 때에는 그 부동산의 매각으로 가등기담보권은 소멸한다.

3. 기타의 원인에 의한 소멸

가등기담보권도 담보물권의 일종이므로 채무의 변제·시효소멸·목적물의 멸실에 의하여 소멸한다.

제3관 양 도 담 보

사례

X는 1997. 4. 2. 양돈업을 하는 A와의 사이에 5,000 만원의 채권담보를 위하여 A 소유의 돼지 500마리를 점유개정의 방법으로 양도받았다. 그런데 그 후 A가 부도로 인해 더 이상 돼지사육이 곤란하게 되자 A의 다른 채권자 Y가 그 돼지 전부를 사육하여 그 수익으로 A의 Y에 대한 채무를 정산하기로 합의하고 돼지 전부를 Y에게 인도하였다.

Ⅰ. 의 의

양도담보란 채권담보를 위하여 채무자 또는 제3자(물상보증인)의 소유권 기타의 재산권을 외관상 채권자에게 이전하며, 변제기에 채무자가 변제를 하면 그 소유권 기타의 재산권을 채무자 또는 제3자에게 반환하고, 변제기에 변제하지 않는 경우에는 그 재산권에 관하여 청산절차를 거쳐 우선변제를 받을 수 있는 비전형담보를 말한다.

예컨대 甲이 금전소비대차계약에 의하여 乙로부터 3,000만원을 빌리면서 그 담보로 시가 5,000만원 상당의 甲소유 토지를 乙 앞으로 소유권이전등기를 해 주는 방법이다. 이 경우 甲은 변제기에 3,000만원을 갚고 토지를 다시 찾아오게 된다.

Ⅱ. 법적 구성

양도담보는 그 목적이 채권담보임에도 불구하고 담보권을 설정하지 않고 소유권이전이라는 형식을 취하고 있기 때문에 그 형식을 중시하여 소유권이 이전된다고 할 것인가 아니면 채권담보라는 목적을 중시하여 담보물권이라고 구성할 것인가가 문제된다.

가등기담보법이 시행되기 이전에는 소유권이전에 중점을 두고 법적 구성을 하는 신탁적 소유권이전설이 다수설·판례의 태도였다. 그러나 가등기담보법이 시행된 이후에는 동법이 채권자가 청산의무를 이행하여야 소유권을 취득하는 것으로 규정하고 있는 점 등에서 채권담보의 목적을 중시하는 담보물권설로 구성하는 것이 다수설의 입장이다.

이다만 동산양도담보의 경우 학설은 가등기담보법의 유추적용을 인정하지만, 판례는 이를 부인하여 신탁적소유권이전설에 따른다(대판 1994.8.26, 93다44739).

Ⅲ. 양도담보권의 설정

양도담보권은 그 설정을 목적으로 하는 양도담보계약과 목적권리의 이전에 필요한 공시방법을 갖춤으로써 성립한다.

1. 양도담보계약

채권담보의 목적으로 채무자 또는 제3자(물상보증인)의 특정의 재산권을 채권자에게 양도하고, 채무자의 채무불이행시에는 그 재산권으로부터 채권을 변제받기로 하는 내용의 계약이다.

2. 양도담보권의 공시방법

양도담보설정계약이 물권행위로서의 효력을 발생하기 위해서는 공시방법을 갖추어야 한다.

① 목적물이 동산인 경우 인도가 있어야 하는데, 동산질권과는 달리 점유개정에 의한 인도도 허용된다고 해야 한다.

② 목적물이 부동산인 경우에는 그 등기를 갖추어야 한다. 그런데 부동산등기법이 양도담보의 등기에 관한 규정을 두고 있지 않으므로, '매매'를 등기원인으로 단순한 이전등기를 하는 것이 관행이었으나, 1995년 제정된 부동산실명법은 부동산 양도담보의 경우 양도담보의 취지가 기재된 서면을 등기관에게 제출하도록 하고 있다(부동산실명법 14조 1항).

③ 기타의 재산권이 양도담보의 목적인 때에도 그 권리의 이전에 필요한 공시방법을 갖추어야 한다. 다만 그 목적이 지명채권인 경우에는 당사자 사이의 양도담보설정계약만으로써 양도담보권이 설정된다고 해석하여야 한다. 지명채권의 양도에 있어서의 통지 또는 승낙은 대항요건에 지나지 않기 때문이다.

Ⅳ. 양도담보권의 효력

1. 일반적 효력

(1) 효력이 미치는 범위

양도담보권도 일종의 담보물권으로 법적 구성한다면 저당권에 관한 민법 규정, 예컨대 제360조 · 제358조 · 제342조 등이 적용된다. 따라서 양도담보권은 원본 · 이자 · 위약금 · 채무불이행으로 인한 손해배상청구권 · 담보권 실행비용 등을 담보하게 되고, 부합물 · 종물 · 과실 등도 양도담보권의 효력이 미치는 목적물의 범위에 포함된다. 또한 양도담보권도 저당권과 같은 불가분성을 가진다고 볼 것이다.

[양도담보권의 범위]

① 양도담보가 설정된 대지상의 건물임차인에게 양도담보권자는 토지소유자임을 내세워 명도를 구할 수 없다(대판 1996. 6. 28, 96다9218).
② 돼지를 양도담보의 목적물로 하여 소유권을 양도하되 점유개정의 방법으로 양도담보설정자가 계속하여 점유·관리하면서 무상으로 사용·수익하기로 약정한 경우, 양도담보 목적물로서 원물인 돼지가 출산한 새끼 돼지는 천연과실에 해당하고 그 천연과실의 수취권은 원물인 돼지의 사용 · 수익권을 가지는 양도담보설정자에게 귀속된다. 그러므로 다른 특별한 약정이 없는 한 천연과실인 새끼 돼지에 대하여는 양도담보의 효력이 미치지 않는다(대판 1996.9.10, 96다25463).

(2) 목적물의 이용관계

목적물의 점유 · 이용을 어떻게 하는가는 양도담보의 요소가 아니며 당사자의 합의에 의하여 정해지는 것이다. 그러나 목적물의 점유 · 이용을 양도담보권자에게 이전하는 것은 질권제도에 의해서도 달성할 수 있으므로 양도담보의 작용에 비추어 볼 때 목적물의 점유 · 이용은 양도담보설정자가 하는 것이 일반적이다. 구체적인 이용관계는 양도담보설정계약에 의하여 정해질 것이나, 대체로 임대차 또는 사용대차의 형식을 취하게 된다. 따라서 목적물의 사용 · 수익권자는 동산양도담보이건 부동산양도담보이건 양도담보설정자임이 일반적이다.

[양도담보목적물의 사용 · ·수익권자]

일반적으로 부동산을 채권담보의 목적으로 양도한 경우 특별한 사정이 없는 한 목적부동산에 대한 사용수익권은 채무자인 양도담보설정자에게 있는 것이므로 양도담보권자는 사용수익할 수 있는 정당한 권한이 있는 채무자나 채무자로부터 그 사용수익할 수 있는 권한을 승계한 자에 대하여는 사용수익을 하지 못한 것을 이유로 임료상당의 손해배상이나 부당이득반환청구는 할 수 없다(대판 1988.11.22, 87다카2555).

(3) 양도담보권자의 의무

양도담보권자는 외관상 목적물의 소유권자이나, 자기가 취득한 권리를 담보의 목적을 초과하여 행사하지 않아야 할 의무를 부담한다. 따라서 피담보채권의 변제기가 도래함으로써 양도담보권자가 채무자 등에게 청산금의 평가액을 통지하고, 청산기간을 거쳐 청산금을 지급할 때까지는 목적물을 처분하지 못한다.

다만 양도담보권자가 이에 위반하여 목적물을 자기의 소유물로서 처분하면 그 상대방이 선의인 경우 그 상대방은 목적물의 소유권을 취득하게 된다.

2. 양도담보권의 실행

양도담보권의 실행도 실행통지 · 청산 · 소유권취득의 3 단계를 거치게 된다. 다만 양도담보의 경우는 담보부동산이 부동산으로서 이미 소유권이전등기가 행해지고 있으므로, 청산기간이 경과한 후에 청산금을 채무자에게 지급한 때에 그 소유권을 취득하는 것이 된다.

[양도담보권자의 채무불이행의 성립여부]

채권담보의 목적으로 부동산의 소유권을 채권자에게 이전하는 이른바, 양도담보에 있어 채권자(양도담보권자)가 피담보 채권의 만족을 얻기 위하여 담보목적물을 환가 내지 평가처분한 경우에 채권자는 정산의무가 있다 할 것이며 그 환가나 평가는 언제나 객관적으로 공정한 가격으로 산출하여야 할 것이므로 적정한 가격보다 저렴한 가격으로 환·평가한 때는 채무불이행이 된다(대판 1983.2.8, 81다547).

V. 양도담보권의 소멸

양도담보도 보통의 담보물권의 경우와 같이 채권의 변제 · 소멸시효 기타의 사유로 인하여 소멸하면 그에 따라 소멸하게 된다. 피담보채권의 소멸로 인하여 양도담보권이 소멸한 경우, 목적물이 부동산이면 설정자는 담보의 목적으로 경료된 소유권이전등기의 말소를 청구할 수 있다(가담법 11조 본문).

양도담보권자가 채무자에게 청산금을 지급함으로써 소유권을 취득한 때에도 양도담보권은 소멸한다. 다만 이 경우에는 담보목적으로 경료된 소유권이전등기가 원래의 뜻으로서의 소유권이전등기로 변하는 셈이므로 등기에 관해서 별로 문제될 것이 없다.

[채무변제 후 행사하는 등기청구권과 소멸시효]

채권담보의 목적으로 이루어지는 부동산 양도담보의 경우에 있어서 피담보채무가 변제된 이후에 양도담보권설정자가 행사하는 등기청구권은 양도담보권설정자의 실절적 소유권에 기한 물권적 청구권이므로 따로 시효소멸 되지 아니한다(대판 1979.2.13, 78다2412).

사례해결

금전채무를 담보하기 위하여 채무자가 그 소유의 동산을 채권자에게 양도하되 점유개정에 의하여 채무자가 이를 계속 점유하기로 한 경우, 특별한 사정이 없는 한 대외적인 관계에 있어서 채무자는 동산의 소유권을 이미 채권자에게 양도한 무권리자가 된다.

그러나 다른 채권자와의 사이에 양도담보 설정계약을 체결하고 점유개정의 방법으로 인도를 하더라도 선의취득이 인정되지 않는 한 나중에 설정계약을 체결한 채권자는 양도담보권을 취득할 수 없다. 현실의 인도가 아닌 점유개정으로는 선의취득이 인정되지 안 되기 때문이다(대판 2004.10.28, 2003다30463)

명상의 시간

하룻밤의 외출

망망대해에 어둠이 찾아들면
바람도 잔잔히 다가와
내 손을 잡는다

낮게 뜬 보름달
침묵으로 일관하는
발트해의 밤 깊어만 가는데

시간에 떠밀려온
저 달 속에
미소 짓는 미래가 있어

오늘 밤
무거운 짐 내려놓고
가슴에 불을 지핀다.

「조성민, 시간의 절정(제2시집), 책나라, 2013, 2, P84」

제3편

채권법총론

제1장 채권의 기초이론

제2장 채권의 목적

제3장 채권의 효력

제4장 다수당사자의 채권관계

제5장 채권관계 당사자의 교체

제6장 채권의 소멸

제1장 채권의 기초이론

제1절 채권의 본질

사례

甲과 乙은 乙 소유의 자동차에 대해 매매계약을 체결하고 그 등록은 1개월 후에 잔금과 상환하여 넘겨받기로 합의했다. A는 B로부터 카메라를 매입하면서 대금지급과 동시에 인도받았다. 이 경우에 갑이 자동차위에 가지는 권리와 A가 카메라에 대해 행사할 수 있는 권리의 차이점은 무엇인가?

Ⅰ. 채권의 의의

채권은 특정인에게 일정한 행위를 할 것(작위) 또는 행위를 하지 않을 것(부작위)을 청구하는 권리이다. 일정한 행위를 하거나 하지 않을 의무를 지는 자를 채무자라 하고, 일정한 행위를 하거나 하지 말 것을 요구할 수 있는 자를 채권자라고 한다.

이와 같이 채권은 채무자의 일정한 행위를 목적으로 한다. 예컨대 갑이 을에게 변제기를 1년 후로 정하고 1,000만원을 빌려준 경우, 1년 후에 갑이 을에게 1,000만원을 반환할 것을 요구할 수 있는 권리가 채권이다. 여기서 채무자의 일정한 행위(을이 갑에게 채무를 변제하는 행위)를 강학상 급부라 하고, 이 급부를 해야 할 급부의무가 채무의 주된 내용이 된다.

Ⅱ. 채권과 물권의 차이

1. 채권과 물권의 의의

채권은 채권자가 채무자에게 일정한 행위(채무의 이행 = 변제)를 청구할 수 있는 권리인데 반해, 물권은 사람이 아니라 물건에 대해서 직접적으로 작용하는 권리이다. 채권은 원칙적으로 동일한 채무자에 대해 동일한 내용의 권리가 둘 이상 성립할 수 있다는 점에서, 하나의 물건에 대해서는 동일한 내용의 권리의 병존이 인정되지 않는 물권(一物一權主義)와 근본적으로 다르다.

2. 재산권으로서의 채권과 물권

채권은 물권과 더불어 재산에 대한 권리를 구성한다. 재산의 교환원리를 정한 것이 채권법이고, 재산의 귀속·지배의 원리를 정한 것이 물권법이다. 그리고 각각의 법률에 의한 권리가 채권과 물권이다.

3. 권리의 상대성과 절대성

채권은 특정인에게만 행사할 수 있는 권리(채권의 상대성)이지만, 물권은 누구에게라도 행사할 수 있다(물권의 절대성). 이러한 채권의 상대성 때문에 채권은 채무자 이외의 제3자의 침해로부터 보호될 수 없다고 여겨왔다. 즉 제3자에 의한 채권침해는 당사자간에 채무불이행이라는 결과를 가져오지만, 원칙적으로 채권 그 자체를 제3자에게 주장할 수 없어 그 자에게 채무불이행책임뿐만 아니라 불법행위책임도 물을 수 없다고 보았다(현재는 채권에 대한 제3자의 침해에 대하여 불법행위성립 인정).

반면 물권은 어떠한 자의 침해가 있더라도 보호된다. 이것을 물권의 불가침성이라고 한다.

4. 배타성의 유무

채권은 채무자에게 일정한 행위를 요구하는 권리이다. 그러한 행위를 하는 가의 여부는 채무자의 의사에 달려 있다. 예컨대 갑이 을과 병에게 동일한 시간에 두 사람의 담장을 고쳐주겠다는 계약을 체결한 경우와 같이, 동일한 채무자에게 동일한 내용의 채권이 2개 이상 성립할 수 있다(다만 이행을 하지 못한 일방에게 이행불능이 될 뿐이다). 반면 동일물에 대하여 동일내용의 물권은 1개밖에 성립하지 않는다(물권의 배타성)

채권이 동일목적물에 대하여 복수로 성립하고 있는 경우에도 상호간에 우열이 있는 것이 아니고 원칙적으로 평등하다(채권자평등의 원칙). 반면 동일한 목적물 위에 다른 물권이 성립하고 있는 경우는 그 상호간에 우선순위가 성립한다.

한편 채권과 물권 사이의 우열은 성립의 선후에 상관없이 물권이 우선한다.

5. 파산시의 효력의 차이

채무자가 파산한 경우에 채권자는 원칙적으로 평등하게 채권액에 비례한 금전의 지급을 받는다. 반면 물권은 물건 그 자체를 찾을 수 있고(환취권), 물건에 대한 우선적인 권리를 주장할 수 있다(별제권).

6. 채권과 물권의 구별의 상대화

채권과 물권은 관념적으로 대조적인 권리이다. 그러나 시대흐름에 따라 채권과물권의 구별이 모호한 부분이 생겨나고 있다. 예컨대 부동산임차권은 채권이라도 등기를 하는 것에 의하여(621조 2항), 또 특별법(주택임대차보호법 3조 1항, 3조의2, 2항)에 의해 물권과 마찬가지로 배타성과 절대성이 인정되고 있다. 그리고 제3자에 의한 채권침해에 대해서도 학설 · 판례상 불법행위의 성립이 인정되므로, 이 점에서도 채권은 물권과 마찬가지로 불가침성을 갖는다.

결국 채권과 물권의 구별은 상대적이라 할 수 있다. 이것은 용익을 수반하는 채권에 대해 사회정책적인 관점에서 보호를 가하면서 이루어진 것이다(이른바 채권의 물권화경향).

Ⅲ. 사권에 있어서 채권의 위치

1. 재 산 권

채권은 그 내용을 이루는 이익이 재산에 관한 것이라는 점에서 재산권이다. 다라서 원칙적으로 양도성을 가진다(449조 1항 본문)

2. 청 구 권

채권은 채무자의 행위를 요구하는 것이므로 청구권이다. 이 청구권은 채권의 본질적 요소이다. 다만 주의할 것은 「채권 = 청구권」은 아니라는 점이다. 채권에는 청구권 · 급부보유력 · 소구력 · 집행력 · 항변권 · 해제권 등 여러 권능이 포함되어 있고, 청구권은 채권의 효력의 일부에 지나지 않는다. 또한 청구권은 채권에 의해서만 발생되는 것은 아니고, 채권외의 권리(물권 · 친족권 등)에 의해서도 발생한다.

3. 상 대 권(대인권)

채권은 채무자라는 특정인에 대한 권리이므로, 권리가 미치는 범위가 특정한 사람에게 한정된다는 점에서 상대권이다.

4. 평 등 성

채권은 물권과 달리 배타성이 없으므로, 복수의 채권은 그 발생원인 · 발생시기의 선후 · 가액의 다소를 불문하고 원칙적으로 평등한 효력이 인정된다.

사례해결

(1) 갑의 권리는 채권으로서 채권의 객체는 을의 일정한 행위이다. 갑은 1개월 후에 을에게 자동차의 소유권을 넘겨줄 것을 청구할 수 있다. A의 권리는 물권인 소유권으로서 카메라가 그 객체가 된다.
(2) 갑은 자동차를 직접 사용 · 수익할 수는 없고 단지 을에게 청구함으로써 지배한다. 반면 A는 카메라를 점유하여 스스로 사용할 수 있다. 또 A는 카메라에 대해 타인과 임대차나 사용대차 계약을 체결할 수 있다.
(3) 채권은 동일한 내용의 채권이라도 2개 이상 성립할 수 있기 때문에, 을이 갑과 매매계약을 체결했어도 다시 타인과 자동차에 대한 매매계약을 체결할 수 있다. 반면 A의 카메라에 대한 소유권에는 배타성이 있으므로, 어느 누구라도 그것에 대해 재차 소유권을 취득할 수 없다.
(4) 갑의 채권도 제3자 병에게 양도가 가능하나, 그 양도로써 을에게 대항하기 위해서는 양도사실을 갑이 을에게 통지하거나 을이 갑이나 병에게 승낙해야 한다. A는 카메라의 소유권을 독자적으로 타인에게 양도할 수 있다.
(5) 갑의 채권은 을에게만 주장할 수 있다. 그러나 A는 카메라에 대한 소유권을 누구에게나 주장할 수 있다.

제2절 채권의 기본원칙

Ⅰ. 서 설

민사법률 관계의 기본원칙이라 할 수 소유권절대의 원칙 · 법률행위자유의 원칙(계약자유의 원칙) · 과실책임주의의 원칙 · 공공의 복리 등은 채권관계에서도 마찬가지로 기본원칙으로서 작용한다. 특히 채권관계에 있어서 기조로 되는 것은 신의성실의 원칙과 채권자평등의 원칙이다.

Ⅱ. 신의성실의 원칙

채권은 당사자간의 합의에 의하여 발생하는 것이 원칙이므로 채권발생의 기초는 당사자간의 상호 신뢰관계에 있다. 따라서 신의성실의 원칙은 채권관계에서 당연히 준수되어야 할 가장 중요한 원칙이다(2조 1항)

신의성실의 원칙은 모든 권리의 행사와 의무이행에 있어서 일반적으로 적용되는 원칙이지만, 이것이 주로 적용되는 것은 채권관계에 대해서이다. 예컨대 5,000,000의 채무를 변제하기 위하여 제공한 금액이 실제 4,999,500원인 경우, 500원이 부족하다는 이유로 채무자의 재산을 압류하는 것은 이 원칙에 반한다.

Ⅲ. 채권자평등의 원칙

이 원칙은 특별한 담보(담보물권)를 가지지 않은 채권은 그 발생의 전후를 불문하고 모두 평등한 지위에 있다는 것을 말한다. 예컨대 채무자가 파산한 경우에 그 채권자는 전원이 안분비례 하여 배당을 받을 수 있을 뿐 어느 채권자가 우선하는 일이 없다. 이것은 본래 채권이 물건에 대한 지배권이 아니며, 또 배타성도 우선적 효력도 인정되지 않는다는 성질에서 당연히 유래하는 것이다.

제3절 채권법의 체계와 특질

Ⅰ. 채권을 성립시키는 행위

1. 채권계약과 채권의 성립

甲 · 乙간에 어느 물건의 매매계약이 체결된 경우, 매도인 甲은 을에게 그 물건의 소유권을 이전할 의무를 부담하고, 매수인 乙은 甲에게 그 대가를 지불할 의무를 부담하는 관계가 성립한다. 甲 · 乙간의 매매계약은 채권계약이고 이에 따라 위와 같은 갑 · 을간의 법률관

계, 즉 채권·채무관계가 성립한다.,

위의 예에서 목적물의 소유권이전은 논리적으로는 채권계약인 매매계약에 의해 발생한 의무이행으로서 행해진다고 생각할 수 있다. 다만 채권행위(=매매계약)와 그 의무이행(=소유권이전)을 하나의 의사표시로서 행할 수 있는가 하는 것은 이와는 별개의 문제이다.

2. 채권의 성립과 계약자유의 원칙

물권행위의 내용은 구체적으로는 물권의 설정 또는 이전이고, 물권의 내용은 법률에서 정하고 있으므로(물권법정주의) 그 설정 또는 이전에 관한 합의도 획일적이다. 그러나 채권행위의 내용은 원칙적으로 당사자간에 자유롭게 정해지므로(계약자유의 원칙) 획일성을 요하지 않는다.

Ⅱ. 채권법의 체계

채권법의 체계를 민법전과 관련하여 형식적으로 본다면 민법전 제3편으로「총칙·계약·사무관리·부당이득·불법행위」의 5개 장으로 구성되어 있다. 또한 채권법을 우리의 현실생활과 관련하여 실질적으로 본다면 채권 자체가 발생하여 일정한 효력을 가지고, 경우에 따라서는 채권관계의 당사자가 변경되기도 하고, 결국에는 채권이 소멸하는 일련의 과정으로 이해할 수 있다.

1. 채권의 발생

채권의 발생원인으로는 계약(527조 이하), 사무관리(734조 이하), 부당이득(741조 이하), 불법행위(750조 이하)를 들 수 있다. 이 중 계약은 당사자의 합의에 근거하여 채권이 발생한 경우이고(약정채권), 나머지 세 가지는 법률의 규정에 근거하여 채권이 발생하는 경우이다(법정채권).

2. 채권의 효력

각 채권의 내용에 따라 채권자는 채무자에게 일정한 행위를 요구하고, 채무자가 임의로 이행하지 않을 때는 법원에 강제이행을 청구할 수가 있다(389조). 또 채무자가 채권내용에 따라 이행을 하지 않을 때는 채무불이행으로서 손해배상을 청구할 수가 있다(390조).

나아가 채무자의 책임재산을 유지하고 보전시킬 수 있는 권한을 채권자에게 부여할 필요성에 의해 채권자대위권(404조·405조)과 채권자취소권(406조·407조)이 인정된다. 특히 채권의 효력을 보강하는 것으로서 각종의 약정담보물권제도나 다수당사자의 채권관계(408조이하, 특히 연대채무나 보증채무 등)가 있다.

3. 채권관계에서 당사자의 교체

채권은 그 목적을 달성하여 소멸하기 전에 제3자에게 양도할 수 있으며, 이 경우 채권자의 교체를 가져온다. 근대법에 있어서는 채권(특히 금전채권)이 독자의 경제적 가치를 가지며 거래대상이 되는 것이 많다. 한편 채권관계에 있어서 채무가 제3자에게 이전되는 수가 있으며, 이 경우에는 채무자의 교체 내지 추가를 가져온다.

민법전에는 채권양도에 관한 규정(449조 이하)과 채무인수에 관한 규정(453조 이하)이 있다.

4. 채권의 소멸

채권은 다른 권리와 마찬가지로 소멸시효나 법률행위의 취소·계약의 해제, 특히 권리의 포기(특수한 것으로서 상속의 포기) 등에 의해서 소멸한다. 그러나 채권의 소멸을 가져오는 대표적인 것은 변제이고, 그 외에 공탁·상계·경개·면제·혼동 등에 의해서도 소멸한다. 민법전은 제3편 제1장 제6절 채권의 소멸(460조 이하)에서 이들에 관해 규정하고 있다.

Ⅲ. 채권법의 특질

1. 임의법규성

채권관계에서는 개인의 자유의사가 존중되고, 또 가장 기본이 되므로 계약내용은 원칙적으로 당사자의 의사에 맡기고, 법률 등에 의한 간섭을 제한하는 것에 근대시민법의 특질이 있다(계약자유의 원칙)

그러나 자본주의발달에 따른 여러 문제점의 해결을 위해 채권관계에 대하여도 특별법에 의한 강행법규화가 필요하게 되었다. 예컨대 주택임대차보호법이나 근로기준법 등 특별법 영역이 출현하게 되는 것이 대표적인 경우이다.

또 채권법에서도 법정채권 발생원인인 사무관리·부당이득·불법행위에 있어서는 당사자의 의사와 상관없이 법률상 당연히 그 효과가 인정되는 것이므로 그 규정이 강행성을 가지게 된다.

2. 보 편 성

근대사회의 성립에 수반하여 자유의사에 기한 거래의 진전이 채권법의 합리성을 만들어 냈고, 그 결과 여러 면에서 지방색·민족색 등이 약화되면서 근대사회공통의 내용을 갖기에 이르렀다. 이러한 채권의 보편성은 물권법이나 가족법이 지방적·민족적 색채를 갖는 점과 비교해 보면 뚜렷하게 알 수 있다.

3. 신의성실에 의한 지배

채권관계는 당사자의 신뢰관계 위에 성립하므로 거기에는 채권의 성립으로부터 소멸레 이르기까지 일관하여 신의성실의 원칙이 지배한다. 특히 당사자간의 합의, 즉 계약을 성립 원인으로 하는 채권관계에 있어서는 이 원칙이 전면적으로 타당하다.

4. 과실책임주의

자기의 귀책사유(고의 또는 과실)가 없으면 손해배상책임을 지지 않는다는 것이 근대사회의 원칙이다. 이것은 특히 자본주의 초창기에 있어서는 영업활동의 자유를 보장하는 기능을 함으로써 자본주의의 발전에 크게 기여하였다. 과실책임주의는 계약법의 영역(390조)과 불법행위의 영역(750조)에 공통된 원칙이다.

그러나 대량생산, 대량소비시대인 산업사회로의 발전에 다른 상품생산기술의 전문화, 정보의 비공개 등으로 손해를 입은 자가 상대방의 고의·과실을 입증할 수 없게 되어 실질적인 공평을 확보할 수가 없다. 이에 대한 고려로 입증책임의 전환, 무과실책임의 도입 등이 이루어졌다. 특히 불법행위법의 영역에서 이러한 예를 쉽게 찾을 수 있다(국가배상법·자동차손해배상법·광업법 등). 계약법의 영역에서도 이러한 수정을 찾아볼 수 있는바, 이행보조자의 고의·과실을 채무자의 고의·과실로 보는 규정(391조)가 그 예이다.

제2장 채권의 목적

제1절 급 부

Ⅰ. 급부의 의의

채권은 채무자에게 일정한 행위를 청구할 수 있는 권리이므로 채권의 목적은 '채무자의 채무이행행위', 즉 급부(給付)이다. 급부의 내용은 계약에 의해 발생하는 경우에는 당사자의 합의에 의해 결정되지만, 그 이외의 경우에는 일반적으로 발생원인인 법률의 규정(750조의 불법행위 등)에 의해 결정된다. 또 채무는 각각 채무의 취지에 따라 이행되어야 한다(390조).

채권의 목적과 채권의 목적물은 구별되어야 한다. 예컨대 건물의 매매에 있어 채권의 목적은 건물의 소유권을 이전하는 행위이고, 채권의 목적물은 건물이 된다. 민법은 채권의 목적과 목적물을 구별하여 사용하지는 않으나, 민법 375조 1항, 399조에서의 채권의 목적은 채권의 목적물을 의미한다.

Ⅱ. 급부의 요건

채권의 목적인 급부는 일반적으로 법률행위의 목적이 되므로, 법률행위 목적의 일반적 요건(적법성 · 사회적 타당성 · 실현가능성 · 확정가능성)을 갖추어야 한다.

1. 적 법 성

채권의 목적이 강행법규 중 효력법규에 위반하는 경우에는 무효가 된다. 단속규정에 위반하는 경우에는 사법사의 효력이 인정되므로, 채권의 목적이 될 수 있고 유효한 법률행위가 된다.

2. 사회적 타당성

급부내용이 선량한 풍속 기타 사회질서에 반하는 경우에는 채권의 목적이 될 수 없다(103조). 인신매매나 불륜의 남녀관계를 맺는 계약을 체결하는 경우에 그 급부는 무효이다. 이 경우에 급부가 무효라도 급부목적물의 반환을 청구할 수 없다. 이것을 불법원인급여라고 한다(746조).

3. 실현가능성

원시적으로 불능인 급부는 채권의 목적이 되지 못한다. 불능여부의 기준은 물리적 · 절대적인 것이 아니고 사회통념에 다라 결정된다. 예컨대 홍수의 탁류 속으로 떨어진 반지를 찾는 채무는 일반적으로 불능이라 할 것이다. 불능판단의기준시는 채권성립시이다. 다만 채권성립시에는 불능이더라도 이행기까지 실현가능하면 불능이 아니다(569조의 타인권리의 매매 등).

판례도 건축하도급계약 당시 그 건축공사에대한 건설부장관의 사업계획승인, 원도급인의 하도급에 대한 승인, 건축부지의 확보 등이 갖추어져 있지 않았다 하더라도 그 계약의 목적이 된 토지상에 아파트건축공사를 하는 것이 법률상 금지 내지 제한되어 있었다는 특단의 사정이 없는 이상 계약 후 이를 보완할 수 있는 것이므로, 그와 같은 사유만으로써는 위 하도급계약이 계약 당시 그 계약목적이 실현불가능 한 것이어서 무효라고 할 수 없다고 하여(대판 1989.11.28, 89다카11777), 이행기까지의 사정을 고려한다 .

채권이 성립하는 시기에 이미 실현 불가능한 것은 원시적 불능으로 채권의 목적이 될 수 없다. 예컨대 소실되어 현존하지 않는 건물을 인도한다는 급부는 실현불가능 하여 그 급부는 무효가 된다. 이러한 원시적 불능의 경우에는 계약체결상의 과실의 문제(535조)의 매도인의 담보책임의 문제(570-581조)가 발생할 수 있다.

한편 계약성립 후의 불능, 즉 후발적 불능의 경우에는 불능원인이 채무자의귀책사유에 기한 것이면 손해배상문제(390조)가 되고, 불능원인이 누구의 책임도 아니라면 위험부담의 문제(537-538조)가 된다.

4. 확정가능성

급부내용은 채권성립시에 확정되어 있을 필요는 없지만 이행시까지는 확정되어야 한다. 확정가능성의 판단은 당사자의 의사해석의 문제, 즉 법률행위의 해석의 문제이다.

5. 금전적 평가의 가능성

채권은 금전으로 가액을 산정할 수 없는 것이라도 법률의 효력을 인정할 수 있다면 채권의 목적으로 할 수 있다(535조). 예컨대 누구를 위하여 기도해주기로 약속한 경우에 그러한 약속이 단순한 도의적 관계에 의한 것이 아니라면 법률적 구속력을 인정하여 채권의 목적으로 할 수 있다.

그 결과 금전으로 산정할 수 없는 채권도 강제이행이 가능하면 법원에 소구하여(민사소송법 26조) 강제이행을 할 수 있고(389조), 강제이행이 부적절한 경우에도 채무불이행이 있으면 손해배상을 청구할 수 있다. 급부 자체는 금전으로 산정할 수 없어도 불이행으로 인해 생긴 채권자의 재산상 및 정신상의 손해를 금전으로 평가하여 배상시키는 것이 가능하기 때문이다(394조).

[작위나 부작위를 구하는 소의 소가]

작위나 부작위 명령을 구하는 소송에 있어서의 소가(訴價)는 작위나 부작위 자체의 소가가 아니고, 그 작위나 부작위의 명령을 받음으로써 원고가 받는 이익을 표준으로 하여 소가를 산정하여야 한다(대판 1969.12.30, 65마198)

Ⅲ. 급부의 종류

급부내용은 원칙적으로 당사자간에 자유롭게 정할 수 있으나, 일정한 기준에 따라 다음과 같이 분류할 수 있다.

1. 작위급부 · 부작위급부

급부내용이 채무자의 적극적 행위인가 소극적 행위인가에 따른 분류이다.

예컨대 금전지급 · 물건의 인도 등은 작위급부이고, 소음을 내지 않는다든가 경업(競業)을 하지 않는 것 등은 부작위급부이다. 양자는 채무의 강제적 실현방법이 다르다는 점에 그 구별의 실익이 있다.

작위채권의 강제이행은 예컨대 채무자가 채무를 지급하지 않는 경우에 금전지급이라는 결과를 채무자의 협력 없이 국가권력에 의해 강제적으로 실현하는 방법으로서의 직접강제의 방법에 의해 이루어진다. 즉 국가의 집행기관은 채권자로부터 청구가 있는 경우에는 채무자재산을 압류하고(처분을 금지하는 것), 그것을 경매 등으로 환가하여 그에 의해 얻은 금전을 채권자에 양도하여 만족을 준다.

이에 대해 부작위채권은 예컨대 채무자가 일정한 장소에 건축을 하지 않을 부작위채에 위반하여 건축을 했다면 의무위반이 유형적으로 존재하여 남아있으므로, 이것을 제거하여 원상회복하는 것이 강제이행의 내용이 된다.

2. 주는 급부 · 하는 급부

주는 급부는 목적물 또는 불특정물과 같이 물건의 인도를 내용으로 하는 급부이다(인도채무). 예컨대 토지나 자동차의 인도와 같은 것이다. 하는 채무는 작위 또는 부작위를 내용으로 하는 채무이다(행위채무). 예컨대 건축을 하여야 하는 채무가 이에 속한다. 양자는 강제이행의 방법(389조)에 차이가 있다.

3. 대체적 급부 · 부대체적 급부

대체적 급부는 행위의 대체성, 즉 타인의 행위로 대신할 수 있는지 여부에 따른 구별이다. 타인의 행위로 대신할 수 있으면 대체적 급부(代替的 給付)이고, 그렇지 않으면 부대체적 급부(不代替的 給付)이다.

대체적 급부에 있어서는 채무자의 개성이 문제되지 않기 때문에 타인이 대신하여 급부를 할 수 있다. 예컨대 불특정물매매에 있어서 매도인의 급부가 이에 속한다. 부대체적 급부에 있어서는 채무자 자신의 개성이 중요성을 갖기 때문에 타인이 대신하여 급부를 한다면 의미가 다르거나 도는 무의미하게 된다. 예컨대 강연 · 연극 등을 하는 채무이다. 이것은 급부에 착안한 구별이고, 물건에 있어서 대체물과 부대체물의 개념과는 다르다.

4. 특정물급부 · 불특정물급부

주는 급부에 있어서 인도의 적물이 특정되어 있느냐 여부에 의한 구별이다. 양자의 구별은 특정을 요하느냐의 구별, 이행의 방법(462조), 이행시기(374조 · 375조), 이행장소(467조)에 있어서 실익이 있다.

특정물급부는 급부목적인 특정물이 실되면 이행이 불가능하게 된다. 그러므로 특정물무자는 목적물이 되거나 훼손되지 않도록 선량한 관리자의 주의로서 보존할 주의의무를 진다. 불특정물급부에서는 시장에 그 종류물이 얼마든지 많이 있다는 전제 아래 급부불능을 인정하지 않는다. 다만 종류채무의 특정이라는 제도를 두어 그 특정요건이 충족된 이후에는 특정물급부에서와 같이 급부불능을 인정한다.

5. 가분급부 · 불가분급부

가분급부는 급부의 본질 또는 가치를 손상함이 없이 급부를 분할하여 실현할 수 있는가에 의한 구별이다.

가분급부의 전형적이 예로는 甲 · 乙 · 丙이 丁에게 1,500만원의 금전채무를 지고 있는 경우, 갑 · 을 · 병의 채무를 각각 500만원 채권으로 분할하여 인정한다. 이에 반해 불가분급부는 분할하여 실현할 수 없는 급부로서, 갑 · 을 · 병이 정에게 자동차 1대를 인도하기로 한 경우가 이에 속한다. 양자는 다수당사자의 채권관계(408조 이하)에 있어서 차이가 있다.

6. 일회적 급부 · 회귀적 급부 · 계속적 급부

일회적 급부는 급부실현이 한번으로 끝나는 급부이다. 예컨대 컴퓨터의 인도가 이에 해당한다. 회귀적 급부는 일정한 간격을 두고 반복되는 급부로서, 월간지를 매달 배달하는 경우이다. 계속적 급부는 시간적으로 끊이지 않고 계속하고 있는 급부이다. 수도나 전기를 공급해 주는 경우가 그 예이다.

회귀적 급부의 경우 계속적 급부의 특수한 형태라고 보는 것이 일반적이다. 계속적 급부와 회귀적 급부의 경우 통설에 따르면 신의성실의 원칙과 사정변경의 원칙이 크게 작용하여, 법률관계의 종료에 있어 소급효를 인정할 수 없어 계약해제가 아니라 해지가 인정된다.

제2절 특정물채권

사례

갑과 을이 갑 소유의 별장에 대해 매매계약을 체결했다. 갑이 을에게 별장을 인도하기 전에 짐을 옮기던 중 운전부의로 담장이 무너졌다. 이 경우에 갑은 담장을 수선하여 을에게 인도해야 하는가?

Ⅰ. 특정물채권의 의의

특정물채권은 당사자의 동종의 다른 물건으로 바꾸지 못하게 정한 물건의 인도를 내용으로 하는 채권이다. 예컨대 고려청자의 매매에 있어서 매수인이 취득하는 목적물인도채권이 이에 해당한다. 특정물은 당사자가 주관적 의사에 의해 물건에 개성을 부여했다는 점에서, 객관적인 성질에 의해 구별되는 대체물·부대체물과는 다르다.

불특정물이라도 민법 374조 2항에 의해 특정이 된 후의 목적물은 특정물과 같이 취급되지만, 본래의 특정물과는 구별된다..

Ⅱ. 선관주의의무

1. 의의

특정물의채무자는 목적물을 인도하기까지 선량한 관리자의 주의의무를 가지고 그 물건을 보존하여야 한다(374조). 특정물거래에 있어서는 거래대상이 그 물건에 한정되므로, 멸실·훼손에 의한 손해를 피하기 위해 소유권이 계약당사자의 누구에게 있느냐를 불문하고 인도시까지 채무자로 하여금 충분한 주의를 시키기 위한 취지이다.

선관주의의무는 그 법률관계의 특정채무자를 기준으로 하여 요구되는 주의의무가 아니고, 평균적이고 일반적인 채무자에게 요구되는 정도의 주의의무를 말한다. 이 선관주의의무는 민법상 주의의무의 원칙적 모습이고, 이러한 의무를 위반하는 것을 추상적 과실이라고 한다. 민법은 주의의무를 경감하여야 할 필요성이 있는 경우에 구체적이고 개별적인 주의의무를 요구한다. 즉 '자기재산과 동일한 주의(695조)', '자기재산에 관한 행위와 동일한 주의(922조)', '고유재산에 대하는 것과 동일한 주의(1022조)'라고 규정하고 있다.

채무자가 선관주의의무를 해태하고 그로 인하여 채권자에게 손해를 준 경우에 채무자는 채무불이행에 기한 손해배상책임을 부담한다(390조). 이 경우에 채무자가 선관주의의무를 다했음을 입증해야 한다.

2. 의무부담여부

구체적인 계약에 있어서 특정물의 보관의무자가 선관주의의무를 부담하는가의 여부는 제1적으로는 당사자의 합의에 의해 정해진다. 민법 374조가 임의규정인 당연한 결과이며,

당사자간에 특약이 없는 경우에는 채무자는 민법 374조에 의해 선관주의의무를 부담한다.

Ⅲ. 목적물의 보존

1. 목적물보존의 의의

보존은 특정물의 사실상 또는 법률상의 유지에 필요한 법률행위 또는 사실행위이고, 단순히 물건의 멸실·훼손·침탈을 방지하는데 필요한 행위인 보전과는 구별된다. 보존행위의 결과 원상에 다소의 변화가 생겼다 해도 사회통념상 물건의 동일성을 상실하지 않았다면 보존이라고 본다.

민법 374조의 보존의무는 타인의 소유물의 점유자에게 과해진 의무는 아니다. 따라서 특정물매매계약에서 매도인의 목적물보존의무는 그 소유권의 이전시기에 불구하고 인도할 때까지 존속한다고 본다.

2. 보존의무의 존속기간

민법 374조가 「그 물건을 인도하기까지」라고 규정하고 있는 의미는 채무자가 현실적으로 목적물을 인도할 때까지라고 해석하는 것이 통설이다(현실인도설). 이에 대해 인도해야 할 시기, 즉 이행기까지라고 하는 견해도 있다(이행기설).

이 학설상의 차이는 이행기 후에 채무자에게 보관의무를 부담지울 수 있는가에 대한 것이지만, 이행지체가 채무자의 귀책사유에 의한 경우에는 불가항력에 의한 지체중의 손해에 대해서도 책임을 진다(392조 본문).

한편 수령지체에 의한 경우에는 채무자는 자기물건과동일한 주의의무로서 보관하면 된다. 즉 채무자의 보관의무는 경감되어 채무자는 고의 또는 중대한 과실이 있는 경우에만 불이행에 따른 책임을 진다(401조).

그러므로 민법 374조가 그대로 적용되는 것은 이행지체도 수령지체도 되지 않는 경우, 즉 객관적인 지체가 양당사자의 귀책사유 없이 생기는 경우에 한하고, 이 경우에 채무자에게 선관주의의무가 과해진다.

[임차인의 선관의무 발생시기]

임대차계약에 있어 임차인의 목적물에 대한 선량한 관리자로서의 의무는 목적물의 인도를 받은 후에야 발생하는 의무이다(대판 1962.2.28, 4294행상17)

Ⅳ. 목적물의 인도

목적물의 인도가 채권의 목적인 때에는 채무자가 이행기의 현상대로 그 물건을 인도하여야 한다(462조). 인도해야 할 장소는 특약이 없으면 채권성립 당시에 그 물건이 있던 장소이다(467조 1항).

V. 목적물의 과실

1. 원 칙

특정물을 인도할 때까지 목적물로부터 생긴 천연과실은 원물에서 분리될 때 수취할 권리자에게 귀속하므로 특정물채무자가 과실수취권을 갖는다(102조 1항). 이행기 이후의 과실은 목적물과 함께 채권자에게 인도하여야 한다(통설).

2. 예 외

유상계약의 경우 매수인이 이행기에 목적물의 대금을 지급하지 않은 경우에는 이행기 이후라도 목적물로부터 생긴 과실은 매도인의 소유에 속한다(587조 · 567조)

사례해결

특정물채권경우에 채무자는 인도할 때까지 선량한 관리자의 주의로써 그 물건을 보존한 의무를 부담한다(374조). 본래 이행기에 현상대로 그 물건을 인도하면 그 의무를 다하는 것이지만(462조), 채권자보호를 위해 채무자에게 보존의무를 부과한 것이다.

선관주의의무에 위반한 결과 채무자가 부담해야 할 책임은 일반적인 채무불이행책임과 마찬가지이다. 선관주의의무 위반과 채무불이행의 요건인 채무자의 고의나 과실(390조 단서), 즉 귀책사유와 의 관계를 어떻게 해석할 것인가가 문제되지만, 양자는 같은 것이라고 보아도 좋을 것이다.

따라서 갑은 채무불이행책임을 져야한다. 갑이 을에게 부담하는 손해배상은 무너진 담장에 대한 수리비를 금전으로 배상하는 것이다(394조). 다만 갑 · 을의 합의로 금전으로 손해를 배상하는 대신 담장의 수리를 하는 것은 가능하다.

제3절 종류채권

사례

갑은 을로부터 신형냉장고 1대를 구입하였다.

(1) 을이 냉장고를 갑의 집으로 운반하던 중 도중에 병의 트럭에 추돌되어 냉장고가 파손된 경우에 갑 · 을 간의 법률관계는 어떠한가?

(2) 갑이 지정한 일시에 을이 이 냉장고를 갑의 집에 가지고 갔으나, 갑이 부재중이므로 할 수 없이 돌아오던 중에 추돌사고가 난 경우는 어떠한가?

Ⅰ. 종류채권의 의의

종류채권은 일정한 종류와 수량으로 정해진 물건의 인도를 목적으로 하는 채권을 말한다(불특정물채권이라고도 한다). 예컨대 A자동차회사의 신형자동차 1대의 매매에 있어서 매수인의 권리가 이에 해당한다.

통상의 종류채권은 일반거래시장을 전제로 한 개념이지만, 특정의 범위 안에 있는 일정량의 물건을 채권의 목적으로 하는 경우(牛舍 內에 있는 소 10마리 중 1마리, 창고 내에 있는 사과 100상자 중 10상자 등)에는 그 채권을 제한종류채권이라고 한다. 통상의 종류채권이라면 창고 내에 있는 사과 전부가 썩어도 동종의 사과가 시장에 존재하기 때문에 이행불능이 되지 않으나, 제한종류채권의 경우에는 이행불능이 된다.

Ⅱ. 목적물의 품질

1. 결정기준

(1) 제1기준 : 법률행위의 성질 또는 당사자의 의사 · 거래관습

법률행위의 성질에 의하여 종류채권의 목적물의 품질이 결정된 경우, 예컨대 소비대차에 있어서 차주는 빌린 물건과 동종·동질·동량의 물건을 반환하면 된다(598조).

당사자의 의사에 의하여 그 품질이 결정되는 경우에는 당초의 계약에 있어서 명시적으로 결정되거나 묵시적으로 되는 경우가 일반적이나, 후일 당사자 또는 제3자에 의해 명백하게 되는 경우도 있다. 또 관습에 의해 품질이 정해지는 경우도 있을 수 있다.

(2) 제2기준 : 중등품

이상의 기준에 의해 품질이 정해지지 않는 경우에 채무자는 중등품질의 물건으로 이행하여야 한다(375조 1항). 중등품질의 의미는 주로 거래관행에 의해 정해진다.

한편 중등품질 여부의 판단에 대한 평가의 시기나 장소가 문제되고, 그 점이 명백하지 않은 경우에는 이행기에 이행장소에서의 평가기준에 따르는 것이라고 추정하는 것이 타당하다.

2. 기준위반의 효과

위 기준을 밑도는 품질의 물건을 급부한 경우에는 채무불이행(불완전이행)이 되어 그 책임을 부담해야 한다. 반대로 위 기준을 상회하는 품질의 물건을 급부한 경우에는 당사자간의 구체적 사정을 전제로 하여 판단해야 하지만, 반대급부(대가)는 불변일 것을 전제로 하므로, 채권자에게 기타의 불이익이 생기지 않는 경우에는 채무불이행은 아니라고 해석할 수 있다.

Ⅲ. 종류채권의 특정

1. 의 의

종류채권은 종류와 수량에 의해 추상적으로 목적물이 정해지는데 불과하다. 실제로 채무를 이행하기 위해서는 정해진 종류에 속한 물건 중에서 일정량의 물건을 구체적으로 선정하여야 한다. 이러한 종류채권의 급부대상이 특정물로 정해지는 것을 종류채권의 특정이라고 한다.

종류채권의 목적은 제1차적으로는 당사자의 합의에 의해 특정된다. 합의가 없는 때에는 채무자가 물건을 인도하기 위해 필요한 행위를 완료한 때에 특정된다(375조 2항). 필요한 행위의 완료여부는 거래관행 · 채무의취지 · 신의칙에 의해 인정된다.

2. 특정의 방법

(1) 당사자의 의사에 의한 특정

1) 당사자의 합의에 의한 특정

종류채권이 성립한 후 당사자의 합의에 의해 채권의 목적물을 특정할 수 있는 것은 사적 자치의 원칙에 비추어 당연하다. 다만 단순한 합의만으로는 불충분하고, 종류물 중에서 일정수량의 부분을 다른 부분으로부터 구별할 수 있을 정도로 특정(분리독립)하여야 한다.

2) 지정에 의한 특정

당사자의 특약에 의해 당사자의 일방 또는 제3자에게 지정권한을 부여한 경우에는 그 지정권한의 행사에 의해 특정이 생긴다. 그러나 이 경우에도 종류물로부터 목적물의 분리독립이 필요하다.

(2) 채무자의 행위에 의한 지정

민법 375조 1항 전단은 「채무자가 이행에 필요한 행위를 완료」한 경우에는 특정이 생기는 것으로 하고 있다. 채무자가 이행에 필요한 행위를 완료한다는 것은 변제의 제공을 의미한다(460조). 변제의 제공은 채무의 이행장소와 관련성을 가지므로, 지정도 채무의 이행장소와 밀정한 관련성을 가진다. 여기서 채무자의 행위는 이행장소와 관련하여 다음과 같이 구별할 수 있다.

1) 지참채무

당사자의 약정이 없는 한 종류채무는 지참채무이다(467조 2항)> 지참채무는 채무자가 목적물을 채권자의 주소에 가지고 가서 이행해야 하는 채무이므로, 채무자가 채권자의 주소에서 급부목적물을 현실적으로 제공한 때(460조)에 특정된다.

따라서 운송기관에 위탁하여 발송하는 것만으로는 특정이 되지 않는다. 단 채권자가 미리 수령을 거절한 경우에는 목적물을 분리 · 지정하고 채권자에게 이를 통지(구두의 제공이라 함)한 때 특정이 발생한다(다수설).

2) 추심채무

채권자가 채무자의 주소에 와서 목적물을 수령해야 하는 채무가 추심채무이다. 추심채무의 경우는 채무자가 급부할 목적물을 다른 물건과 분리하여 인도의 준비를 하고 채권자에게 통지한 때 특정된다. 추심채무에서 채무이행은 구두의 제공만으로 족하나, 특정이 발생하기 위해서는 구두의 제공에 목적물의 분리 · 지정이 필요하다는 것이다.

3) 송부채무

당사자 주소 이외의 장소에서 급부해야 하는 채무가 송부채무이다. 송부채무는 목적물이 제3자의 장소에 도달하고 채권자에게 현실적으로 제공된 때에 특정된다. 그러나 본래는 추심채무이지만 채무자의 호의로 송부채무로 되었을 때는 채무자가 목적물을 분리해서 제3의 장소로 발송한 때에 특정된다.

(3) 강제집행에 의한 특정

대체물을 내용으로 하는 종류채권의 경우 목적물을 채무자로부터 수취하여 채권자에게 인도하는 강제이행이 가능하므로, 이 경우 집행관이 목적물을 압류한 때에 특정된다.

Ⅳ. 특정의 방법

1. 종류채권의 특정물채권화

종류채권은 목적물의 특정으로 그 동일성을 해함이 없이 특정채권으로 전환된다(375조 2항 참조). 따라서 특정된 후에는 목적물이 채무자의 책임에 돌릴 수 없는 불가항력으로 멸실하면 다른 동종류의 물건이 있어도 채무자는 채무를 면한다.

2. 위험부담의 문제

특정에 의하여 특정물채권으로 변하게 되면 채무자는 급부여부를 면하게 되므로, 급부에 발생한 손실을 채권자가 부담하게 된다. 즉 급부위험은 특정 전 까지는 목적물을 제공해야 할 의무가 있는 채무자에게 있으므로 채무자가 부담하고, 특정된 이후에는 채권자가 부담한다.

쌍무계약의 경우에 대가위험(반대급부를 받지 못하는 위험)은 종류채권의 특정 후에도 채권자에게 이전하지 않는다(537조). 따라서 목적물이 불가항력으로 멸실한 경우에도 채무자는 채권자에게 이행을 청구하지 못한다. 예컨대 갑이 을에게 라면 10개를 주기로 하고 대금으로 10,000원을 받기로 한 경우, 특정 후 갑의 귀책사유 없이 가면 10개가 멸실하였다면 다시 라면을 구해서 급부해야할 의무는 없으나, 대금(반대급부)을 받지 못하는 위험도 채무자가 부담한다. 따라서 갑은 을에게 10,000원의 대금을 청구할 수 없다.

그러나 채권자지체의 경우에는 대가위험이 채권자에게 이전한다(538조). 상기 예에서 갑이 라면 10개를 가지고 을에게 배달 갔는데 을이 대금이 없다는 이유로 수령을 거절한 후, 갑의 과실 없이(경과실 포함, 중과실 제외) 라면이 멸실된 경우에 갑은 라면을 급부해야 할 의무를 면한다. 그렇지만 갑은 을에게 10,000원의 대금을 청구할 수 있다.

3. 변경권

채무자는 특정 이후에는 그 특정된 물건으로 인도할 의무를 진다. 그러나 종류채권은 목적물의개성에 중점을 두지 않는 채권이며 그 특정은 종류채권을 이행하기 위한 수단·방법에 불과하다. 따라서 일단 특정된 후에 동종·동량의 다른 물건을 인도하더라도 이를 언제나 채무불이행으로 볼 것은 아니다.

종류채권의 특정 후에도 이른바 변경권을 인정할 것인가에 관해 통설은 이를 인정한다. 다만 이는 종류채권의 성질과 신의칙으로부터 인정되는 것이므로, 채권자의반대의사가 있거나 채권자에게 불이익을 주는 경우에는 인정되지 않는다고 봉아야 할 것이다.

4. 목적물의소유권의 귀속

종류채권의 목적물이 특정되어도 그것만으로 곧 목적물의 소유권이 이전하는 것은 아니다. 소유권이 채권자에게 이전되기 위해서는 공시방법을 갖추어야 한다.

사례해결

(1) 매도인 을이 냉장고를 매수인 갑의 집으로 운반도중 제3자 병의 불법행위에 의해 그 목적물이 멸실·훼손되었으므로, 종류채권이 특정되지 않았다. 따라서 을은 갑에게 채권의 다른 냉장고를 인도해야 한다.
(2) 갑이 지정한 일시와 장소에 채무자 을이 냉장고를 가지고 갔으나 갑의 부재로 인도하지 못했다. 이 경우에 채권자의 책임 있는 사유로 이행을 하지 못했기 때문에 수령지체에 해당한다. 사례에서 갑은 수령지체의 책임을 부담하므로 을은 채무이행을 면하고 반대급부 청구권, 즉 냉장고 대금을 청구할 수 있다.

제4절 금전채권

사례

(1) 갑이 을에게 2천만원의 채무를 부담하고 있다. 변제기일에 외출 중 이웃집의 화재로 인하여 갑의 주택이 전소되어 무자력이 되었다. 갑이 변제기일에 변제를 하지 못한 경우에 이행지체의 책임을 부담하지 않는가?
(2) A가 미국 여행 중 돈이 떨어져 동료인 B에게 미화 100달러짜리로 5천달러를 빌리면서 귀국 후에 변제하기로 했다. A가 귀국하여 변제할 때에 미화 100달러짜리로만 변제해야 하는가? 이 경우에 한국화폐로 변제할 수 있는가?
(3) 갑이 9월 1일에 우리나라 화폐로 변제한다고 약속했으나 미처 돈을 마련하지 못하여10월 1일에 변제하고자 한다. 그런데 우리나라에서 환급시가가 9월 1일에는 1달러당 1,200원이었으나 10월 1일에는 1,000인 경우에 어느 시점을 기준으로 하여 변제해야하는가?

Ⅰ. 금전채권의 의의

금전채권은 일정액의 금전의 급부를 목적으로 하는 채권이다(금액채권). 일정량의 가치가 결정적으로 중요하고 금전의 종류 등은 통상 문제가 되지 않으므로, 특약이 없는 한 채무자는 그 선택에 따라 각종의 통화로써 변제할 수 있다. 특약이 있는 경우로는 금종채권과 외화채권이 있다.

금전채권을 발생시키는 원인으로는 증여 · 매매 · 소비대차 · 임대차 · 고용 · 도급 · 임치 등이 있다. 또한 민법상 채무불이행이나 불법행위로 인한 손해는 금전으로 배상하는 것이 원칙이다(394조 · 763조).

금전채권은 가치에 의미를 두므로 불능 · 특정 · 하자 등의 문제가 발생하지 않는다.

Ⅱ. 금전채권의 종류

금전채권은 보통 금액채권을 뜻하지만, 민법은 이외 금종채권과 외화채권에 관한 규정을 두고 있다.

1. 금액채권

일정액의 금전의 인도를 목적으로 하는 채권으로 일종의 종류채권이나, 금전의 종류는 중요한 의미가 없다. 다만 금전종류의 선택이 경우에 따라서는 신의칙에 반할 수 있다(예 : 1,000만원을 100원의 동전으로 지급하는 경우.

2. 금종채권

일정한 종류의 통화로 지급하기로 된 금전채권을 말한다. 금종채권(金種債權)은 반드시 일정종류의 통화로 지급해야 하는 절대적 금종채권과 변제기에 약정한 통화를 여러 종류의 통화로 변제할 수 있는 상대적 금종채권이 있다.

10,000원권으로 500만원을 지급하기로 약정한 경우는 상대적 금종채권에 해당하고, 2012년에 발행된 10,000원권의 새지폐로 500장을 지급하기로 한 경우에는 절대적 금종채권이다. 상대적 금종채권은 금전채권이고, 절대적 금종채권은 순수한 종류채권에 지나지 않는다.

3. 외화채권

다른 나라 통화(外貨)로 지급하기로 된 금전채권을 말한다. 외화채권의 경우에도 외화금액채권 · 외화금종채권으로 나눌 수 있다.

4. 특정금전채권

특정의 금전을 인도할 것을 내용으로 하는 채권이다. 잘못 인쇄된 화폐가 유통되어 이 화폐를 지급하기로 약정한 경우가 이에 속한다. 특정금전채권은 순수한 특정물채권에 지나지 않으므로 금전채권으로서의 특질을 가지지 못한다.

5. 금약관

금약관은 금전채권에 부가되어 변제기에 채무액에 상당하는 금이나 금화로 지급할 것을 내용으로 하는 약정이다. 화폐가치의 폭락이나 폭등을 막기 위한 방법으로 국제거래에서는 의미가 크다. 우리나라에 금화는 없으므로 금화약관은 인정되지 않고 금약관만 인정된다.

Ⅲ. 금전채권의 급부방법

1. 특약이 있는 경우

채무자는 그 선택에 따라 각종의 통화로 지급할 수 있다.

2. 특약이 없는 경우

특정의 통화로 급부해야 할 특약이 있다면(금종채권) 채무자는 그 특약에 따라야 한다. 그러나 위 통화가 변제기에 강제통용력을 잃은 때에는 다른 통화로 변제하여야 한다(376조). 절대적 금종채권의 경우에는 강제통용력을 잃은 경우에도 특정의 통화로 지급하여야 한다.

3. 외국통화의 지급

(1) 통화선택의 자유

채권의 목적이 다른 나라 통화로 지급할 것인 경우에는 채무자는 자기가 선택한 나라의 각 종류의 통화로 변제할 수 있다(377조 1항). 그 다른 나라 통화가 변제기에 강제통용력을 잃은 때에는 그 나라의 다른 통화로 변제하여야 한다(377조 2항)>

(2) 급부대용권

채권액이 다른 나라 통화로 지정된 때에는 채무자는 지급할 때에 있어서의 이행지의 환금시가에 의하여 우리나라 통화로 변제할 수 있다(378조). 여기에서 '지급할 때'라는 것은 변제기가 아니라 현실로 지급한 때를 의미한다. 민법 378조의 규정상으로는 채무자만이 급부대용권을 갖는 것처럼 되어 있지만, 채권자도 우리나라의 통화로 지급할 것을 청구할 수 있다.

[외화채권의 환산시기]

채권액이 외국통화로 정해진 금전채권인 외허 | 채권을 채무자가 우리나라 토화로 변제하는 경우에 그 환산시기는 이행기가 아니라 현실로 이행하는 대, 즉 현실이행시의 외국환시세에 의하여 우리나라 통화로 변제하여야 한다.

이와 같은 법리는 외화채권자가 경매절차를 통하여 변제를 받는 경우에는 동일하게 적용되어야 한다. 따라서 집행법원이 경매절차에서 외화채권자에 대하여 배당을 할 때에는 특별한 사정이 없는 한, 배당기일 당시의 외국환시세를 우리나라 통화로 환산하는 기준으로 삼아야 한다(대판 2011.4.14, 2010다103642)

4. 화폐가치의 변동

금전채권은 일정한(원 · 마르크 등)에 의해 그 가치가 표현되므로, 화폐가치 자체가 변동하면 그 명목가치와 실질가치간에 차이가 생길 수 있으나 그 자체는 경제문제이다.

그러나 그 가치가 현저한 경우에는 당사자간에 심한 불공평이 생길 수가 있고, 이 때문에 법률문제가 생긴가. 제1차 대전 후의 독일에서 일어난 인플레이션이 그 전형적인 예라고 할 수 있다. 법률상의 과제로서는 사정변경의 원칙을 적용하여 이러한 불공평을 제거할 수 있는가의 여부가 논란된다. 당시 독일에서는 판례에 의해 사정변경의 원칙이 적용되었다.

사정변경의 원칙은 당사자의 책임으로 돌릴 수 없는 사유로 계약 당시 당사자가 예상할 수 없는 현저한 사정의 변경이 생긴 경우에 형평에 맞도록 계약내용의 개정 또는 그것이 불가능한 경우에 계약의 해제를 인정해야 한다는 원칙이다. 우리 민법에는 이 원칙에 기한 규정이 산재하고 있으나(218조 · 286조 · 557조 · 627조 · 628조 · 661조 · 689조 등), 이 원칙을 직접 규정하는 일반원칙은 없다.

판례는「현행법의 해석으로는 금전채무 불이행의 경우에 사정변경의 원칙을 적용할 수 없다」고 하여, 이를 부정하고 있다(대판 1955.9.22, 4288민상16). 이에 대해 화폐가치의변동이 있는 경우에는 신의칙상 그 채권액을 상당한 정도까지 증액하자는 견해도 있으나, 법적 안정성을 기하기 위해 부정하는 것이 타당하다고 본다.

Ⅳ. 금전채권의 특칙

금전채권에 있어서는 비금전채권의 경우와 달리 이행불능이 발생하지 않는다. 일반적으로 채무자가 의무를 이행하지 않는 경우채권자는 채무가 불이행됐다는 사실, 채무불이행으로 인해 손해가 발생되었다는 사실 및 손해액을 입증하여야 손해배상을 청구할 수 있다.

그러나 금전채권의 경우에는 가치에 중점을 두므로 이러한 원칙에 예외가 인정된다. 금전의 가치적 특성에 기인한 특성은 아래와 같다.

1. 채권자의 손해증명의 불요(不要)

금전채권의 채무불이행이 있는 경우에는 당연히 손해가 발생하는 것으로 되어, 채권자는 손해의 증명을 할 필요가 없다(397조 2항 전단). 즉 금전채무의 불이행은 당연히 일정한 손해를 발생케 하는 것으로 본다. 금전채무불이행의 손해배상액은 법정이율에 의해 결정되므로, 채무자는 실제의 손해의 다소를 묻지 않고 법정이율로 산정한 금액을 손해배상으로 지급해야 한다. 또 채권자는 실제의 손해가 더 크다는 것을 입증해도 초과손해에 대한 배상을 청구하지 못한다.

그러나 법령의 제한에 위반하지 아니한 약정이율이 있으면 그 이율에 의한다(397조 1항 단서). 또 계약당사자간에 채무불이행에 관한 손해배상액을 예정한 경우에는 이에 의한다(398조 1항)

[손해발생 주장책임의 면제여부]

금전채무불이행에 관한 특칙을 규정한 민법 397조는 그 이행지체가 있으면 지연이자 부분만큼의 손해가 있는 것으로 의제하려는 데에 그 취지가 있는 것이므로, 지연이자를 청구하는 채권자는 그 만큼의 손해가 있었다는 것을 증명할 필요가 없다.

그렇더라도 채권자가 금전채무불이행을 원인으로 손해배상을 구할 때에 지연이자 상당의 손해가 발생하였다는 취지의 주장은 하여야 하는 것이지, 주장조차 하지 아니하여 그 손해를 청구할 수 있다고 볼 수 없는 경우까지 지연이자 부분만큼의 손해를 인용해 줄 수는 없다(대판 2002.2.11, 99다49644)

2. 채무자의 귀책사유의 不要

(1) 내 용

채무자는 과실 없음을 이유로 채무불이행책임이 없음을 항변하지 못한다(397조 2항 후단). 이 의미는 금전채무에 있어서는 이행기에 이행이 없다면 즉시 이행지체가 된다는 절대적인 책임을 인정한 것이다. 다만 지급유예의 조치가 취하여진 경우에는 별개의문제이다.

여기서 천재지변·전쟁과 같은 불가항력의 경우에도 채무자가 무조건 그 책임을 져야 하는지가 문제된다. 통설과 판례는 불가항력의 경우에도 무과실처럼 채무불이행책임을 져야한다고 해석한다. 그러므로 채무자가 대금을 융통키 위하여 이행지를 떠난 후 불가항력으로 인하여 이행기일에 이행지에 도착하지 못하여S다 하더라도 채무불이행의 책임을 면치 못한다(대판 1947.2.7, 1946민상105). 반면 불가항력의 경우에는 채무자가 그 책임을 면한다고 하는 소수설도 있으나, 통설의 입장이 민법조문에 충실한 해석이다.

(2) 지급유예(Moratorium)의 조치

금전채무의 불이행은 불가항력을 가지고 항변하지 못하므로, 천재지변이아 경제공황 등으로 경제계가 일반적으로 핍박하고 있는 때에도 채무불이행의 책임을 면할 수 없다. 그리하여 국가비상사태의 경우 국가가 금전채무자를 위해 법령으로 일정기간 그 지급을 연기하는 조치를 취하게 된다. 이를 지급유예조치라고 한다.

사례해결

(1) 금전채무자인 갑은 불가항력을 가지고 항변을 하지 못하므로(397조 후단), 주택의 전소로 무자력이 되었더라도 을에게 이행지체의 책임을 부담한다. 이 경우에 갑의 손해배상액은 연 5%이다(379조).
(2) 외화채권의 경우에 채무자 A는 자기가 선택한 각 종류의 미화로 변제할 수 있다(377조 1항). 따라서 갑은 10달러, 50달러, 100달러, 500달러 등 여러 종류의 화폐로 5천달러를 변제하면 된다.
(3) 갑은 급부대용권이 있으므로 미화 대신 한국화폐로 변제할 수 있다(378조). 따라서 갑은 乙에게 5천달러의 환금시가에 해당하는 한국화폐로 변제할 수 있다.

갑이 외화채권을 우리나라 통화로 변제함에 있어서 환금시가를 어느 때를 기준으로 할 것인가에 관해, 민법 378조에서 "지급할 때"라고 규정하고 있다. 판례에 의하면 변제기인 9월 1일자 환금시가가 아니라 현실 이행시인 10월 1일자를 기준으로 5천달러를 달러 당 1,200원에 해당하는 환금시가로 변제하면 된다.

제5절 이자채권

Ⅰ. 이 자

1. 이자의 의의

이자는「금전 기타 대체물의 사용대가로서 원본액과 사용기간에 비례하여 지급되는 금전 기타의 대체물」을 말한다.

따라서 (ⅰ) 원본의 존재를 전제로 하지 않는 종신정기금·주식배당금 등은 이자가 아니고, (ⅱ) 사용대가가 아닌 지연이자 등은 이자가 아니며, (ⅲ) 부대체물(건물·토지 등)의 사용대가인 차임·지료도 이자가 아니고, (ⅳ) 이자는 금전 기타 대체물로 지급되어야만 이자이나, 원본과 이자가 동일한 대체물일 필요는 없다. (ⅴ) 이자는 일정한 이율에 의하여 정해져야 하므로, 이율에 의하여 산정도지 않는 사례금은 이자가 아니다.

2. 이 율

(1) 법정이율

법률이 규정하는 이율로서 민사에 있어서는 연 5%이고(379조) 상사에 있어서는 연 6%이며(상법 54조), 공탁금의 이자는 연 1%이다(공탁법 6조·공탁금의 이자에 관한 규칙 2조).

(2) 약정이율

약정이율은 당사자의 법률행위로 정하여지는 이율로서 원칙적으로 자유이다. 약정이율이 정해지지 않는 경우에는 법정이율에 의한다(379조·상법 55조).

[이자에 대한 지연손해금 인정여부]

이미 발생한 이자에 관하여 채무자가 이행을 지체한 경우에는 그 이자에 대한 지연손해금을 청구할 수 있다(대판 1996.9.20, 96다25302).

Ⅱ. 이자채권

1. 이자채권의 의의

이자의 발생 또는 지급을 목적으로 하는 채권이 이자채권이다. 이자채권의 목적인 이자는 종류채권의 일종이며, 이자가 금전인 경우에는 당연히 금전채권에 관한 규정의 적용을 받는다.

2. 발생원인

법률의 규정에 의해 발생하는 수가 많으나 보통은 소비대차·소비임치에 수반하여 약정된다. 특히 상거래에 있어서는 특약이 없어도 당연히 법정이자 청구권이 생긴다(상법 55조).

3. 종 류

기본적 이자채권과 지분적 이자채권이 있다. 예컨대 갑이 을에게 1,200만원을 빌려주면서 연 10%의 이자를 받기로 하였다면 을은 이 약정에 따라 연 120만원의 이자를 지급해야 할 기본적 이자채권을 부담하고, 이 채무의 이행으로서 변제기에 每期(매월 10만원)의 이자를 지급해야 될 지분적 이자채권을 부담하게 된다.

기본적 이자채권은 원본채권에의 종속성이 강하여 원본채권이 무효이면 이자채권을 발생하지 않고(성립상의 부종성), 원본채권이 소멸하면 이자채권도 소멸한다(존속상의 부종성). 또한 원본채권이 양도되면 별도의 특약이 없는 한 이자채권도 이전된다(수반성). 수반성으로 인해 원본채권에 대한 전부명령이 있으면 이자채권도 압류채권자에게 이전하게 된다.

지분적 이자채권의 경우에도 부성성이 있으나 상당한 독립성을 가지고 있어, 이미 변제기에 도달하면 원본채권이 양도되어도 원칙적으로 수반되지 않고(대판 1989.3.28, 88다카12803), 원본채권과 별도로 변제할 수 있으며, 별도의 시효적용을 받는다(163조 1호).

Ⅲ. 이자의 제한

1. 이자제한의 필요성

사회경제생활에서 대차관계, 특히 금전대차관계는 필수적이라 할 수 있다. 여기서 발생하는 이자는 금전이 필요한 차주, 즉 채무자의 재산을 수탈하는 수단으로 악용될 소지가 있어 사회·경제적으로 열악한 지위에 있는 채무자를 보호하기 위하여 그에 대한 규제가 필요하다.

종래 이자제한법을 제정하여 약정이자를 규제해 왔었다(1962년 법 971호). 1997년 외화부족 사태로 1998년 1월 13일 이자제한법법이 폐지되었다. 그 후 고리대금업자의 폭리행위가 문제되자 「대부업의 등록 및 금융이용자 보호에 관한 법률이 제정되었다. 그런데 이 대부업법은 대부업자에 의한 이자제한은 대부업자, 즉 대부업의 등록을 한 자가 대부를 하는 경우에만 적용되는 것이어서 일반 사인 사이의 대차에 있어서는 이자가 제한되지 않는 문제가 생겼다. 그리하여 새로운 이자제한법이 2007년 2월 15일 제정공포되어 2007년 6월 30일부터 시행되었다.

이에 따라 이자의 제한은 이자제한법에 의한 제한과 대부업법에 의한 제한으로 2원화되어 있다.

2. 이자제한법에 의한 제한

(1) 적용범위

이자제한법은 금전의 소비대차에서 생기는 약정이자에 적용된다(동법 2조 1항). 대차관계에 기하지 않고서 생긴 금전채권에는 적용되지 않는다. 대차원금이 10만원 미만인 대차의 이자에 관하여는 적용되지 않는다(동법 2조 5항).

이자제한법 시행 전에 성립한 대차관계에 관한 계약상의 이자율에 관하여도 그 법 시행일 이후부터는 그 법에 따라 이자율을 계산한다(동법 부칙 2항). 이자제한법은 다른 법률에 의하여 인가·허가·등록을 마친 금융업 및 대부업과 대부업법 제9조의 4에 따른 미등록 대부업자에 대하여는 적용되지 않는다(동법 7조).

(2) 제한이율

1) 최고이자율

금전재차에 관한 계약상의 최고이자율은 연 40%를 초과하지 않는 범위 내에서 대통령령으로 정한다(동법 2조 1항). 대통령령에 의한 최고이자율은 연 30%이다(이자제한법 제2조 1항의 최고이자율에 관한 규정). 이 처ㅛ고이자율은 약정한 때의 이자율을 말한다(동법 2조 2항).

2) 간주이자

금전대차와 관련하여 채권자가 받은 것은 사례금·할인금·수수료·공제금·채당금 그 밖의 명칭에도 불구하고 이를 이자로 본다(동법 4조).

3) 제한위반의 효과

이자가 제한이율을 초과하는 경우에 그 초과부분의 이자는 무효이다(동법 2조 3항). 채무자가 제한초과이자를 임의로 지급한 경우에는 초과 지급된 이자 상당금액은 원본에 충당되고, 원본이 소멸한 때는 그 반환을 청구할 수 있다(동법 2조 4항).

4) 복 리

이자에 대하여 다시 이자를 지급하기로 하는 복리약정은 제한이율을 초과하는 부분에 해당하는 금액에 대하여는 무효로 본다(동법 5조).

5) 선이자

선이자를 사전 공제한 경우에는 그 공제액이 채무자가 실제 수령한 금액을 원본으로 하여 제한이율에 따라 계산한 금액을 초과한 때에는 그 초과부분은 원본에 충당한 것으로 본다(동법 3조).

3. 대부업법에 의한 제한

(1) 제한이율

대부업자가 개인이나 대통령령으로 정하는 소규모 법인에 대부를 하는 경우 그 이자율은 연 60% 범위에서 대통령령으로 정하는 율을 초과할 수 없다(동법 8조 1항). 대통령령에 의한 최고이율은 연 49%이며, 원이자율 및 일이자율은 연 49%를 단리로 계산한다(동법시행령 5조 2항).

(2) 제한위반의 효과

제한이율을 초과하는 부분에 대한 이자계약은 무효이다(동법 8조 3항). 채무자가 대부업자에게 제한이율을 초과하는 이자를 지급한 경우에 그 초과 지급된 이자 상당금액은 원본에 충당되고, 남은 금액이 있으면 그 반환을 청구할 수 있다(동법 8조 4항).

(3) 여신금융기관과 미등록 배부업자에 대한 규제

여신금융기관은 연 60%의 범위에서 대통령령으로 정하는 율(현재 연 100분의 49)을 초과하여 대부금에 대한 이자를 받을 수 없다(동법 15조 1항). 미등록 대부업자의 이자율에 관하여는 이자제한법 제한이율 규정(동법 2조 1항)과 대부업법 제8조 2항부터 5항까지를 준용한다(동법 11조 1항).

제6절 선택채권

사례

갑은 을로부터 중고자동차를 구입하기 위해 을의 집으로 갔다. 을의 집에는 팔려고 내놓은 승용차 A와 지프 B등 2대가 있었다. 갑은 을과 2대의 중고자동차 중 하나를 선택해서 구입하겠다고 하면서, 어느 것을 선택할지는 며칠 뒤에 잔금을 주면서 결정하겠다는 매매계약을 체결했다.
(1) 이 경우 을은 A와 B중 하나를 선택할 수 있는가?
(2) 갑과 을이 매매계약을 체결하기 전에 A가 멸실한 경우는 어떠한가?
(3) 갑과 을이 매매계약을 체결한 다음 날 A·B를 보관하던 창고에 원인 모를 화재가 발생하여 A가 소실되어 버린 경우, 갑과 을의 법률관계는 어떠한가?

Ⅰ. 서 설

1. 선택채권의 의의

선택채권은 각자 개성을 가지는 수개의 급부 중에서 어느 개성에 착안하여 선택한 1개의 급부를 목적으로 하는 채권이다.

갑은 오토바이와 승용차를 소유하고 있다. 을은 갑과 2개의 물건 중 1개월 후에 잔금을 지급하면서 1개를 결정하겠다는 내용의 매매계약을 체결한 경우가 선택채권의 예이다.

2. 발생원인

선택채권은 당사자의 법률행위 또는 법률규정에 의해 발생한다. 법률행위에 의한 경우는 여러 가지가 있지만 실제로는 증여에 희한 경우가 많다. 법률규정에 의한 경우는 무권대리인의 책임(135조)·점유자의 유익비상환청구권(203조 2항)·보증인의 사전구상권에 대한 주채무자의 보호(443조) 등이다.

3. 선택채권과 종류채권

양자는 모두 특정 이전에는 채권의 목적인 급부가 불확정한 상태에 있다는 점에서 비슷하다. 그러나 선택채권은 채권의 목적인 급부가 여러 개이어서 급부 자체가 불확정적인 것이고, 종류채권은 급부는 확정적이나 급부의 목적물이 불확정적인 것이다.

Ⅱ. 선택채권의 특정

선택채권이 이행되려면 수개의 급부 중에서 어느 하나가 선택·특정되어 단순채권으로 변경되어야 한다. 선택채권의 특정에는 선택에 의한 경우와 급부불능에 의한 경우가 있다.

1. 선택에 의한 특정

(1) 선택권

선택권이란 수개의 급부 중에서 하나의 급부를 선정하는 일방적 의사표시로서 형성권의 일종이다.

(2) 선택권자

1) 특약에 의한 경우

상기 예에서는 갑·을 사이의 특약에 의해 을이 선택권자가 된다. 그러므로 을은 갑에게 선택의 의사표시를 하고, 이 의사표시가 도달함으로써 선택의 효력이 발생하게 된다. 이 경우에 갑은 선택된 물건에 대해서 급부의무를 부담한다.

2) 법률규정에 의한 경우

민법 135조 1항은 「무권대리인은 상대방의 선택에 좇아 이행책임 또는 손해배상책임을 진다」고 규정하고 있다. 갑의 子인 을이 무단으로 부친 갑 소유의 X토지를 갑의 대리인이라 사칭하고 병에게 매각했다. 이 경우에 을은 갑의 추인을 얻어 X토지의 소유권을 병에게 이전하든가 손해를 배상하여야 한다. 이 때 선택권은 병에게 있다.

3) 채무자

특약이나 법률에 규정이 없는 경우에는 선택권은 채무자에게 있다(380조).

(3) 선택권의 행사

1) 당사자가 선택하는 경우

채권자나 채무자가 선택하는 경우 그 선택은 상대방에 대한 의사표시로 한다(382조 1항). 선택의 의사표시는 상대방에게 도달한 때부터 효력이 발생하므로, 효력발생 이후 상대방의 동의가 없는 한 철회하지 못한다(382조 2항). 이 경우에 사기·강박 등을 이유로 한 취소는 가능하다.

[동의 없이 철회가 가능한 경우]

선택권자가 선택을 한 뒤라도 상대방의 방해행위 등으로 선택의 목적을 달성할 수 없는 경우와 같이 특별한 사정이 있으면 상대방의 동의 없이도 이 의사표시를 철회하고 새로운 선택을 할 수 있다(대판 1972.7.11, 70다877).

2) 제3자가 선택하는 경우

제3자가 선택권을 가진 경우 선택권은 채무자 및 채권자에 대한 의사표시로 한다(383조 1항). 그러므로 제3자는 채무자와 채권자 모두에 대해 선택의 의사표시를 해야 한다. 제3자가 선택권을 행사한 경우 채무자 및 채권자 양자의동의가 없는 한 철회할 수 없다(383조 2항).

(4) 선택권의 이전

1) 당사자 일방이 선태권을 가지는 경우

(a) 기간이 있는 경우

선택권자가 그 기간 내에 선택권을 행사하지 않으면 상대방은 상당한 기간을 정하여 그 선택을 최고할 수 있고, 그 기간 내에 선택하지 않으면 선택권은 상대방에게 이전된다(381조 1항).

(b) 기간이 없는 경우

채권의 기한이 도래한 후 상대방이 상당한 기간을 정하여 그 선택을 최고하여도 최고기간 내에 선택하지 않으면 선택권은 상대방에게 이전된다(381조 2항).

[제한종류채권의 급부목적물의 특정방법]

제한종류채권에 있어 급부목적물의 특정에는 원칙적으로 종류채권의 급부목적물의 특정에 관한 민법 375조 2항이 적용되므로, 채무자가 이행에 필요한 행위를 완료하거나 채권자의 동의를 얻어 이행할 물건을 지정한 때에는 그 물건이 채권의 목적물이 된다.

그러나 당사자 사이에 지정권의 부여 및 지정방법에 관한 합의가 없고, 채무자가 이행에 필요한 행위를 하지 않거나 지정권자로 된 채무자가 이행할 물건을 지정하지 않은 경우에는 선택채권의 선택권이전에 관한 민법 381조를 준용하여 채권의 기한이 도래한 후 채권자가 상당한 기간을 정하여 지정권이 있는 채무자에게 그 지정을 최고하여도 채무자가 이행할 물건을 지정하지 아니하면 지정권이 채권자에게 이전한다(대판 2003.3.28, 2000다24856).

2) 제3자가 선택권을 가지는 경우

(a) 제3자가 선택할 수 없는 경우

선택권은 채무자에게 이전된다(384조 1항). 이 경우 변제기의 도래나 당사자의 최고는 선택권이전의 요건이 아니므로, 제3자가 선택할 수 없다는 사실만 존재하면 선택권은 당연히 채무자에게 이전한다.

(b) 제3자가 선택하지 않는 경우

채권자나 채무자는 제3자에 대해 상당기간 선택을 최고한 다음, 최고기간 내에 제3자가 선택하지 않는다면 그 선택권은 채무자에게 이전된다(384조 2항).

(3) 선택의 효과

선택채권은 선택에 의해 특정물채권이 되는 것이 아니고, 단순채권으로 변하게 되어 채무자는 선택된 1개의 급부에 대하여만 급부의무를 부담한다. 선택된 급부의 목적물은 특정물·종류물·금전일 수 있다. 즉 선택채권은 선택된 급부의 성질에 따라, 다시 특정물채권·종류채권·금전채권 등으로 변한다. 선택의 효력은 채권발생 당시로 소급한다(386조 본문).

따라서 선택으로 특정물급부(고려자기의 인도 등)를 택하였다면 특정물에 대한 선관주의의무를 선택 이후부터가 아니라 선택채권성립 시부터 소급하여 채무자가 부담하게 된다. 이 경우에 선택의 소급효로 인해 제3자의 이익을 해하지 못한다(386조 단서). 그런데 선택에 의해 급부가 확정되는 것에 지나지 않고 선택의 소급효로 제3자의 권리를 해하는 경우란 존재하지 않으므로, 민법 386조 단서의 규정은 무의미한 규정이다.

2. 급부불능에 의한 특정

(1) 의 의

급부불능에 의한 특정이란 채권의 목적으로 선택할 수개의 급부 중 원시적 또는 후발적 불능으로 이행이 불능으로 된 경우에 있어서의 특정을 말한다.

(2) 원시적 불능의 경우

채권의 목적으로 선택할 수개의 급부 중 채권관계 이전부터 불능한 것이 있을 경우에는 채권은 잔존한 가능한 급부에 대해서만 성립한다(385조 1항). 따라서 잔존하는 급부가 1개라면 그것을 목적으로 한 단순채권이 되고, 잔존하는 급부가 2개 이상이면 그에 대한 선택채권이 성립한다.

상기 예에서 갑과 을이 매매계약을 체결하기 이전에 오토바이가 멸실되었다면 채권은 지프에 대해서만 성립한다.

(3) 후발적 불능의 경우

1) 선택권 있는 당사자의 과실에 의한 경우

선택권을 가지는 자의 과실에 의하여 불능이 된 경우에 채권은 잔존하는 급부에 한하여 선택채권이 존재한다(385조 1항 후단). 따라서 잔존하는 급부가 1개라면 채권은 그 급부에 대하여 특정된다. 다만 선택권을 가지는 채권자의 과실에 의하여 급부불능이 된 경우 채무자는 채권자에게 손해배상을 청구할 수 있다.

2) 선택권 없는 당사자의 과실에 의한 경우

선택권 없는 당사자의 과실로 인하여 수개의 급부 중 하나의 급부가 이행불능이 된 때에는 특정이 발생하지 않는다(385조 2항). 이 때 선택권자가 채권자인 경우에는 불능이 된 목적물을 선택하여 이행불능에 의한 손해배상을 채무자에게 청구할 수 있고 잔존급부를 청구할 수도 있다. 채무자가 선택권자인 경우에도 채무자는 불능인 급부를 선택하여(예 : 멸실된 집 등) 채무를 면할 수도 있고, 잔존급부부를 선택하여 채무를 이행할 소도 있다.

상기 예에서 갑과 을이 매매계약을 체결한 다음 날 승용차와 오토바이를 보관하던 창고가 원인모를 화재가 발생하여 오토바이가 소실되었다면, 갑의 과실에 기간 것이 아니므로 을은 승용차에 대해서만 선택할 수 있다.

3) 선택권자의 과실 또는 당사자 쌍방의 무과실

잔존하는 급부에 선택이 이루어진다(통설).

(4) 특정의 효과

불능에 의한 특정은 선택에 의한 특정과는 달라서 소급효가 없다.

사례해결

사례 (1)의 경우에는 갑과 을 사이의 특약에 의해 갑이 A · B중 선택을 할 수 있다. 이 때 갑의 을에 대한 선택의 의사표시로 특정이 이루어지게 되어, 을은 갑이 선택한 차량을 갑에게 인도할 의무를 부담하게 된다.

사례 (2)의 경우에는 갑과 을의 매매계약이 체결되기 이전에 A가 멸실되었기 때문에, 처음부터 B를 목적으로 하는 단순채권이 성립하게 된다. 따라서 갑은 A를 선택할 수 없다.

사례 (3)의 경우에는 매매계약이 체결된 이후 을의 과실 없이 A가 멸실되었으므로, 채권은 잔존하는 급부에 대하여 존재한다. 따라서 채권의 목적은 B에 특정이 되고, 갑은 A를 선택할 수 없게 된다.

제7절 임의채권

I. 의의

1개의 특정한 급부를 목적으로 하는 채권이지만, 채권자 또는 채무자가 다른 급부로 갈음케 할 수 있는 권리(대용권)를 가지는 채권을 임의채권이라 한다. 원래 채무는 A사의 특정자동차 1대의 인도청구권이지만, 당사자의 일방이 B사의 자동차 1대로 변경하는 권리를 가지는 채권이 그 예이다.

임의채권은 A사 자동차만이 본래의 급부로서 채권의 목적이 되므로, 복수의 급부가 대등한 지위에 있게 되는 선택채권과 다르다. 따라서 본래의 급부가 채무자의 귀책사유 아닌 이유로 불능이 된 경우에는 보충적 급부가 가능하더라도 채권은 소멸한다(위험부담의 문제로 된다). 채무자의 귀책사유로 불능이 된 때에도 원칙적으로 이행불능의문제가 생긴다. 임의채권은 법률행위에 의해 성립하는 것이 보통이지만, 법률의 규정에 의해 발생하는 경우도 있다.

Ⅱ. 임의채권의 효과

1. 대용관계

본래의 급부와 代用給付는 주종의 관계에 있다.

① 채무자의 귀책사유 없이 본래의 급부가 이행불능이면 임의채권은 소멸한다.

② 일부불능으로 본래의 급부가 일부감축 된 경우에는 대용급부도 비례하여 감축된다.

2. 대용권 (보충권)

대용권은 본래의 급부에 갈음하여 다른 급부를 할 수 있는 권리를 말한다.

(1) 대용권을 채무자가 가지는 경우

① 채권자는 본래의 급부만을 청구할 수 있다.

② 대용권행사는 대용급부를 현실로 제공함으로써 한다.

대용권은 형성권적 성질을 가지나 의사표시만으로는 효력이 발생하지 않는다. 이것이 형성권과 다른 점이다.

③ 본래의 급부가 채권자의 귀책사유로 불능으로 된 경우에는 채무자는 본래의 급부에 갈음한다는 의사표시에 의하여 본래의 급부의무를 면한다.

(2) **대용권을 채권자가 가지는 경우**

① 채무자는 본래의 급부만을 제공할 수 있다.

② 대용권행사는 채무자에게 의사표시에 의해 행한다.

③ 본래의 급부가 이행불능이 된 경우에는 채무자는 채무를 면하고, 채권자는 대용급부의청구가 불가능하다.

제3장 채권의 효력

제1절 채권의 구조와 그 효력

Ⅰ. 채권의 실현과정과 법적 구조

1. 채권의 기본효력

채권실현의 가장 올바른 모습은 채권자가 채무자에게 채무이행을 청구하고(청구력), 채무자는 채무내용에 좇은 이행을 하며 그 이행의 결과로서 발생한 급부목적물을 적법하게 보유함으로써(급부보유력) 채권이 소멸하게 된다. 즉 채권의 주된 효력은 채무자에 대한 청구력과 채권자가 급부를 수령한 것을 적법하게 보유하는 급부보유력이다.

이 2개의 효력을 연결하는 것이 채권의 실현과정(채무의 이행)이지만, 민법은 이것을 채권의 효력과 구별하여 채권의 소멸이라는 관점에서 규정하고 있다.

2. 채무의 불이행

(1) 이행강제

근대시민사회에서 시민상호간의 관계는 계약에 의해 매매괴고(규범의 설정), 그것이 임의이행 됨으로써 완결한다. 이 과정은 상품교환의 논리(경제법칙)를 기초로 하는 것이므로, 그 실현을 위해 기본적으로는 경제외적 강제를 필요로 하지 않는다. 즉 상품교환의 법칙을 전제로 한 규범의식에 지지되어 계약은 국가권력과는 상관없이 이행되고 있다.

계약을 위반한 자는 이러한 시민사회의 룰(rule)에 대한 위반자이므로, 이러한 자에 대해서는 국가의 강제력에 의해 그 계약내용을 실현하기 위한 절차가 필요하다. 민법은 이를 위해 소송을 통한 현실적 이행강제에 관해 규정하고 있다(389조).

(2) 손해배상

계약이 확정적으로 이행될 수 없거나 최종적으로 이행되어도 이행이 지체되었거나 계약의 불완전한 이행을 원인으로 하는 손해가 발생하는 경우도 있다. 어느 경우에나 계약의 효력으로서 손해배상의 청구가 문제된다(390조 · 393조).

3. 손해배상의 확보

채무가 종국적으로 이행될 수 없는 경우에 채권자는 손해배상을 통해 간접적인 만족을 얻을 수밖에 없다. 그러나 이 경우에도 채무자가 재산이 없는 경우에는 의미가 없으므로, 채무자의 재산을 확보하기 방법으로 채권자대위권과 채권자취소권을 인정하고 있다.

Ⅱ. 채권의 효력제한

채권은 채무자에 대한 청구권과 급부보유력을 기본적인 효력으로 하여 만족을 얻는 것이 채권의 원래 의도된 모습이나, 채권이 만족을 얻지 못한 경우에는 소송을 통해 채무자의 재산에 강제집행을 해야 한다. 즉 채무가 불이행되는 경우에 채권은 소구력(채무의 이행을 재판상으로 청구할 수 있는 권리)과 집행력(채무자의 재산에 대한 강제실현력)을 갖게 된다. 다만 일정한 경우에 소구력과 집행력이 없는 채권이 문제된다.

1. 자연채무(소구력이 없는 채무)

(1) 의 의

자연채무는 채무자가 임의로 급부하지 않는 경우에도 채권자가 그 이행을 법원에 소구할 수 없는 채무이다. 민법은 자연채무에 관한 규정을 두고 있지 않지만 통설을 그 개념을 인정한다. 자연채무의 개념에 관하여 협의설(다수설)은 법률상 유효한 채무인데, 소구할 수 업체는 채무라고 해석한다. 광의설(소수설)은 유효한 채무가 있음에도 반환청구가 인정되지 아니하는 모든 경우(도덕상의 의무, 사회질서위반의 채무)를 자연채무라고 해석한다. 따라서 광의설에 의하면 소멸시효가 완성된 채무, 불법원인 급여, 사무관리의 보수청구권 등도 자연채무가 된다.

(2) 자연채무의 범위

자연채무에 해당하는 예로서 채무자가 이행을 하지 않더라도 소구(訴求)하지 않도록 당사자간에 합의된 경우나 채권이 존재하는데도 채권자의 패소판결이 확정된 경우, 채권자가 승소판결을 받은 후에 소를 취하한 경우(민사소송법 267조에 의해 재소가 금지되는 결과이다), 파산절차에서 면책된 채무(파산법 349조 · 298조)나 화의에서 일부면제된 채무(화의법 61조) 등이 있다.

(3) 자연채무의 해당여부가 문제되는 경우

다음과 같은 경우에 자연채무의 개념에 관한 협의설에 의하면 자연채무를 부인하나, 광의설에 의하면 자연채무를 인정한다.

1) 소멸시효가 완성된 채무

소멸시효가 완성된 채무에 관하여는 상대적 소멸설에 의하여 자연채무를 인정하는 견해와절대적 소멸성에 의하여 자연채무를 인정하는 견해, 어느 학설에 의하든 자연채무를 인정할 수 없다는 견해가 대립된다.

절대적 소멸설에 의하면 시효완성으로 채무는 소멸하므로 자연채무가 될 여지가 없으며, 상대적 소멸설에 의하면 시효완성 후 원용이 있기 전에는 완전한 채무이고 원용 후에는 채무가 소멸하므로 역시 자연채무의 개념을 인정할 수 없다고 본다.

2) 불법원인급여

불법원인으로 인하여 급여한 경우에 그 급여의 반환을 청구할 수 없는데(746조), 이것이 자연채무인가에 대하여도 견해의 대립이 있다.

그러나 이 규정의 취지는 반사회적 행위자에 대하여 법이 협력하지 않겠다는 것이다. 그 결과 급여한 물건의 권리는 수익자에게 귀속하게 되므로, 그에게 반환의무가 없어 자연채무의 개념을 인정할 여지가 없다고 본다.

3) 사무관리의 보수

사무관리의 경우 관리자에게 비용상환청구권은 인정되나(739조) 보수청구권은 인정되지 않는다. 다만 본인이 관리자에게 보수를 지급하였다면 광의설에 따르면 도의적인 급부로 자연채무이고, 협의설에 따르면 도의상의 의무는 법률상의 의무가 아니므로 자연채무가 아니다. 자연채무도 법률상의 채무이므로 자연채무가 아니라고 해야 할 것이다.

(4) 자연채무의 효력

자연채무는 그 이행의 강제가 소권이라는 법률상의 제도에 의하여 보장되지 않을 뿐 법률상의 채무이므로, 채무자의 이행은 유효한 변제이며 채권자는 급부를 가질 권리를 갖고 보증이나 담보 등이 인정된다. 또한 양도도 가능하고 자연채무를 기초로 하여 경개, 준소비대차계약 등의 계약을 체결할 수 있다.

2. 강제집행력 (채무와 책임)

(1) 책임의 개념

계약에 의해 매개된 채권자와 채무자의 관계를 채권의 관점에서 보면 채권관계라고 할 수 있고, 채무의 관점에서 보면 채무관계라고 할 수 있다. 채권(채무)관계에서 채무가 이행되지 않는 경우에는 그 내용이 어떠한 것이든 최종적으로는 손해배상의 문제로 되므로, 채무는 최종적으로 채무자의 총재산에 의해 담보되어 있다. 이 관계를 구체적으로 설명하면 다음과 같다.

책임이란 채무(갑이 을에게 1,000만원을 변제해야 할 의무)가 이행되지 않는 경우를 위해 채무자의 총재산(또는 제3자의 재산)이 채권의 담보가 되어 있는 것(채권자의 강제집행에 의한 공취력에 복종하는 것)을 의미한다. 예컨대 갑이 을로부터 1,000만원을 차용했지만 이행기에 채무를 이행하지 않는 경우에 을은 갑에 대하여 승소판결을 얻어 을의 일반재산에 강제집행을 하게 된다. 이 때 채무자 갑의 재산이 채권자 을의 강제집행에 목적이 되는 것을 책임이라고 한다.

(2) 채무와 책임의 분리

갑이 을로부터 1,000만원을 차용한 경우에 갑은 그 채무에 대해 자기의 전재산으로 책임을 부담하지 않으면 안 된다. 이와 같이 채무와 책임은 통상 동일인에게 귀속하지만, 상기 예에서 갑의 채무를 담보하기 위해 병의 토지에 저당권이 설정(책임)되는 것처럼 양자가 분리되는 경우도 있다.

책임은 결국 강제집행과의 관련에서 문제되는 것이나, 강제집행을 위한 소송에서는 역시 실체법상의 채권을 전제로 한다. 특히 공취력(강제집행가능성)을 전제로 하고 있다. 이러한 관점에서 자연채무(소송을 전제로 하지 않음)와 책임 없는 채무(강제집행을 전제로 하지 않음)를 구별할 수 있다.

(3) 책임 없는 채무

당사자가 강제집행을 하지 않는다는 특약, 즉 강제집행배제의 특약을 한 경우로 채권자는 청구력 · 급부보유력 · 소구력을 가지나 집행력만을 갖지 못하게 된다. 강제집행의 배제특약이 있음에도 채권자가 강제집행을 하는 경우에 채무자는 집행방법에 대한 이의를 신청한다.

(4) 책임의 한정

채무자는 원칙적으로 채무 전부에 관하여 그의 전재산을 가지고 책임을 져야하지만, 법률의규정에 의하여 집행범위가 다음과 같이 제한되는 경우가 있다.

1) 상속의 한정승인

재산상속인은 상속으로 인하여 취득할 재산의 한도에서 피상속인의 채무와 유증을 변제할 것을 조건으로 상속을 승인할 수 있다(1028조). 즉 한정승인 상속재산이 존재하는 한도를 가지고 변제하는 것이고, 채무는 감축되지 않지만 책임은 감축된다.

2) 주식회사의 주주

주주의 책임은 그가 가진 주식의 인수가액을 한도로 한다(상법 331조). 즉 주주는 일정한 금액(출자액)에 한해 책임을 부담한다.

3) 유한책임사원

유한책임사원은 그 출자가액에서 이미 이행한 부분을 공제한 가액을 한도로 하여 회사채무를 변제할 책임이 있다(상법 279조 1항).

(5) 채무 없는 책임

채무 없이 책임만 부담하는 경우로 물상보증인이나 담보부동산의 제3취득자가 이에 해당한다. 예컨대 을이 갑으로부터 융자를 받고 병이 물상보증인으로서 자기소유의 건물에 저당권을 설정한 경우, 을이 갑에게 채무를 변제하지 않으면 병은 어떠한 채무를 부담하는 것은 아니지만 병은 갑의 저당권실행에 의해 건물소유권을 상실한다.

이 경우에 병은 채무 없는 책임을 부담하는 것이 된다. 병이 저당권실행을 저지하기 위해서 갑에게 변제를 할 수가 있어도 그것은 타인 을의 채무의 변제이다(469조). 채무 없는 책임은 채권의 효력제한이 아니라 채권담보의 확정적 기능이다.

Ⅲ. 제3자에 의한 채권침해 (채권의 대외적 효력)

1. 의 의

채권은 원칙적으로 계약관계를 전제로 한 것이므로, 계약당사자인 채무자가 채무를 이행하지 않음으로써 채권이 침해되는 것이 일반적이다. 이 경우 채무자는 채무불이행책임을 부담할 뿐 동일한 사유로 불법행위책임을 지지는 않는다.

문제는 계약당사자 아닌 제3자가 채권의 목적실현을 방해하는 경우 그 자에게 불법행위 책임을 부담시킬 수 있는가? 나아가 제3자의 채권침해의 배제를 청구할 수 있는가? 하는 점이다. 이것이 제3자의 채권침해의 문제이다.

2. 불법행위의 성부

종래에는 채권의 상대성 때문에 제3자에 의한 채권침해와 그로 인한 불법행위는 성립하지 않는다고 보기도 하였으나, 현재에는 제3자의 채권침해에 대하여 불법행위가 성립한다는데 견해가 일치되어 있다. 다만 그 근거에 관하여 다툼이 있다.

(1) 권리불가침설

채권 역시 재산권으로서 법적인 보호를 받아야 하는 불가침성을 가지므로, 제3자에 의하여 채권이 침해되었을 때 불법행위가 성립한다는 견해이다.

(2) 위법성설

제3자의 채권침해가 언제나 불법행위가 되는 것은 아니고, 채권침해의 태양에 따라 구체적으로 검토하여 채권의 침해행위의 위법성 여부에 따라 그 성립여부를 결정하여야 한다는 견해이다(통설 · 판례 ; 대판 1975.5.13, 73다1244). 또한 제3자의 채권침해가 불법행위로 되려면 당연히 불법행위의 일반적 성립요건(750조)을 충족해야 한다.

3. 채권침해의 유형

(1) 채권의 귀속을 침해하는 경우

타인의 무기명채권증서를 훼멸한 경우나 제3자가 채권의 준점유자로서 채무변제를 받는 경우 등이다. 다만 지명채권증서를 훼손한 경우에 채권은 소멸하지 않으므로 불법행위가 성립하지 않는다.

(2) 급부침해에 의해 채권이 소멸한 경우

특정물채권의 목적물을 소실하거나 공연채권의 채무자(즉 연기자)를 이행기에 감금하는 경우 등이다.

(3) 급부를 침해했지만 채권이 소멸하지 않는 경우

채권자에게만 기술제공을 하도록 약정된 채무자를 제3자가 속여 기술정보를 유출시킨 경우 등이다.

(4) 채무자의 일반재산을 감소시킨 경우

채무자와 공모하여 정당한 거래행위에 의하지 않고 채무자의 일반재산을 감소시킨 경우에는 위법성이 인정된다. 다만 이러한 공모가 정당한 거래행위를 통하여 실현되어 채무자의 책임재산이 감소되었다면 위법성이 인정되지 않기 때문에 채권자취소권을 해결하여야 할 것이다.

4. 방해배제청구권

제3자에 의한 채권침해가 계속·반복되는 경우에 채권자가 채권에 기해 그 침해의 배제를 청구할 수 있는가 문제된다. 다수설과 판례는 이를 긍정한다. 그러나 제3자에 의한 모든 채권침해의 경우가 아니라 계속적 채권관계, 특히 용익물권과 같이 사용·수익이 수반되는 채권(부동산임차권)이 공시방법을 갖춘 경우에 방해배제청구권을 인정하는 것이 일반적이다.

따라서 제3자에 의해 부동산임차권이 침해된 경우에 부동산을 점유하는 임차인은 점유보호청구권을 행사할 수 있고(205조), 소유자인 임대인은 소유권에 기한 물권적 청구권을 행사할 수 있다. 임차인이 대항력을 갖추었다면 임차권에 기해 직접 방해배제청구권을 행사할 수 있다(다수설). 다만 방해배제청구권이 인정되더라도 방해제거·방애예방청구권만 인정되고, 목적물반환청구권은 인정되지 않는다.

제2절 채무불이행

채무자가 정당한 사유 없이 채무의 취지에 따른 이행을 하지 않은 것을 채무불이행이라고 한다(390조). 채무불이행에 관해서는 이것을 3개의 유형으로 나누어 이해하는 것이 일반적이다.

① 채무이행이 가능함에도 불구하고 채무자의 귀책사유에 의해 기한을 도과(徒過)한 경우(이행지체)

② 채무자의 귀책사유에 의해 이행하는 것이 불가능하여 이행할 수 없는 경우(이행불능)

③ 이행기에 이행했지만 그 급부가 채무내용에 따른 것이 아니었던 경우(불완전이행)

또 채권자에 의한 수령지체를 채무불이행이라고 할 수 있는가에 관하여 학설이 나뉘어져 있지만, 본서에서는 이것을 긍정설의 입장에서 설명한다.

제1관 이행지체

사례

백미 소매상인 몽룡이는 춘향이의 창고를 임차하여 백미를 보관하고 있던 중 임대차기간이 만료되었다. 그런데 몽룡이는 다른 창고를 미처 구하지 못해 반환을 지체하고 있던 중 태풍으로 창고가 멸실되었다. 이 경우에 몽룡이와 춘향이의 법률관계는 어떠한가?

Ⅰ. 이행지체의 의의

이행지체(履行遲滯)란 채무의 이행이 가능함에도 불구하고 채무자가 그에게 책임 있는 사유로 이행을 하지 않고 이행기를 경과하는 것을 말한다. 이행지체는 채무자지체라고도 한다.

Ⅱ. 이행지체의 요건

1. 이행이 가능할 것

이행기에 이행이 가능한데 채무자의 귀책사유로 채무내용에 좇은 이행을 하지 않는 경우라야 한다. 이행기 전 또는 후에 이행이 불가능하게 된 경우에는 그 시기로부터 이행불능이 된다.

2. 이행기를 도과할 것

원칙적으로 이행기에 채무의 내용에 좇은 이행을 하지 않은 경우에 지체가 발생하지만, 이행기를 도과하였다고 언제나 이행지체가 발생하는 것은 아니다. 지체가 발생하는 시기는 채무의 성질 등에 따라 달라진다(387조). 또한 어느 때부터 지체책임을 진다는 것은 그 다음 날부터 지체책임이 발생한다는 의미이다(대판 1988.11.8, 88다3523).

(1) 확정기한부채무

기한의 도래로 지체가 된다(387조 1항 전단). 즉 기한이 도래한 다음 날부터 이행지체의 책임을 진다. 다만 예외적으로 증권에 화체된 채무(지시채권 · 무기명채권)의 경우에는 소지인이 증서를 제시하고 이행을 최고한 때 지체가 된다(517조 · 524조). 또 추심채무의 경우는 추심이 없으면 지체가 되지 않는다. 쌍무계약의 경우 양 채무가 동시이행의 관계에 있다면 이행을 먼저 제공하고 이행을 최고한 때 지체책임이 발생한다(536조).

[변제기 후의 일자가 만기로 된 어음교부]

채권자가 기존채무의 지급을 위하여 그 채무의 변제기보다 후의 일자가 만기로 된 어음을 교부받은 경우, 기존 채무의 변제기는 특별한 사정이 없는 한 어음의 만기일로 변경된 것으로 볼 수 있다(대판 2001.7.13, 2000다57771).

(2) 불확정기한부채무

채무자가 기한의 도래를 안 때 지체가 된다(387조 1항 후단). 또 채무자가 기한의 도래를 모르더라도 기한도래 후에 채권자의 최고가 있으면 그 다음 날부터 이행지체의 책임을 진다.

(3) 기한이 없는 채무

채무자는 이행청구를 받은 때부터 지체책임이 있다(387조 2항). 다만 반환시기의 약정이 없는 소비대차의 경우에는 채권자가 상당한 기간을 정하여 최고하여야 하므로, 상당한 기간이 경과한 후에 지체책임이 발생한다(603조 2항).

불법행위로 인한 손해배상채무는 최고 없이 불법행위시부터 지체책임이 발생한다(대판 1975.5.27, 74다1393).

(4) 기한의 이익을 상실한 채무

다음 사유가 발생한 경우 채무자는 기한의 이익을 상실하게 되어 그 때부터 지체가 된다.

① 채무자가 담보를 손상·감소 또는 멸실하게 한 때(388조 1호)

② 채무자가 담보제공의 의무를 이행하지 않은 때(388조 2호)

③ 채무자가 파산선고를 받은 때(채무자회생파산법 425조)

민법 제388조는 임의규정이므로 다른 약정을 할 수 있다. 당사자 사이에 다른 약정이 있는 경우 이에 따라 기한의 이익 상실여부를 판단하여야 한다(대판 2001.10.12, 99다56192).

[기한이익 상실특약의 해석]

기한이익 상실특약은 그 내용에 의하여 일정한 사유가 발생하면 채권자의 청구 등을 요함이 없이 당연히 기한의 이익이 상실되어 이행기가 도래하는 것으로 하는 정지조건부 기한이익 상실특약과 일정한 사유가 발생한 후 채권자의 통지나 청구 등 채권자의 의사행위를 기다려 비로소 이행기가 도래하는 것으로 하는 형석권적 기한이익 상실특약의 두 가지로 대별할 수 있다.

기한이익 상실특약이 양자 중 어느 것에 해당하느냐는 당사자의 의사해석의 문제이지만, 일반적으로 기한이익 상실특약이 채권자를 위하여 둔 것인 점에 비추어 명백히 정지조건부 기한이익 상실특약이라고 볼 만한 특별한 사정이 없는 이상, 형성권적 기한이익 상실특약으로 추정하는 것이 타당하다(대판 2002.9.4. 2002다28340).

3. 채무자의 귀책사유가 있을 것

(1) 원 칙

민법 제390조 단서는 이행불능에 대해서만 채무자의 귀책사유를 요구하는 것으로 규정되어 있지만, 학설은 이행지체에 대해서도 귀책사유를 요건으로 인정한다. 민법상 과실책임주의의 원칙에 따른 당연한 해석이다. 채무자의 귀책사유는 채무자의 고의·과실은 물론 신의칙상 이와 동일시되는 사유, 즉 법정대리인이나 이행보조자의 고의·과실도 포함된다.

(2) 법정대리인과 이행보조자의 고의 · 과실

1) 의 의

채무자는 원칙적으로 본인이 채무를 이행해야 하지만 채무이행을 위해 제3자를 사용하는 것이 허용된다. 이러한 제3자를 광의로는 이행보조자라고 한다. 이행보조자는 원칙적으로 독립된 인간이므로 이행보조아의 책임을 채무자가 부담하지 않는 것이 근대민법의 원칙이다. 그러나 타인을 시용하여 이익을 얻었다면 위험도 부담하는 것이 공평하다.

이에 따라 민법은 이행보조아의 고의 · 과실에 대하여는 채무자가 자기의 고의 · 과실과 마찬가지의 책임을 지도록 하고 있다(391조). 이행보조자는 다시 법정대리인과 기 이외의 이행보조자로 나누어 살펴볼 수 있다.

2) 법정대리인

친권자 · 후견인 · 법원에 의해 선임된 부재자의 재산관리인 등 본래의미의 법정대리인뿐만 아니라 넓게 일상가사대리권을 가지는 부부(827조) · 유언집행자(1093조) · 파산관재인(채무자회생파산법 355조) 등의 특별임무를 가지는 대리인도 민법 391조의 법정대리인에 포함하는 것으로 해석한다.

3) 이행보조자

(a) 협의의 이행보조자

채무자의 수족이 되어 채무이행을 보조하는 자를 협의의 이행보조자라고 한다. 통설은 지휘 · 감독 등 간섭가능성이 있으면 이행보조자가 된다고 한다. 예컨대 (ⅰ) 주택임차인이 임차주택에 가족과 함께 거주하는 경우의 가족, (ⅱ) 선박을 빌린 자가 제3자를 고용하여 선박을 운영하는 경우의 제3자, (ⅲ) 건축공사의수급인이 사용하는 목수 등 채무자가 채무이행에 관하여사용 또는 지배하에 둔 자를 말한다.

이러한 자는 채무자의 지시 또는 행위에 따르는 것이고, 채무자는 이행을 할 때에 이행보조자에게 필요한 주의를 다해야 할 채무도 부담한다. 따라서 이행보자의 고의 · 과실에 대하여도 채무자 본인이 채권자에게 책임을 부담하는 것이 당연하다. 이행보조자의 행위가 채권자에 대해 불법행위가 된다고 하더라도 채무자가 면책될 수는 없다(대판 2008.2.15, 2005다69458).

[이행보조자로서 수급인]

임대인이 임차인과의 임대차계약상의 약정에 따라 제3자에게 도급을 주어 임대차목적 시설물을 수선한 경우에는 그 수급인도 임대인에 대하여 종속적인지 여부를 불문하고 이행보조자로서의 피용자라고 보아야 할 것이다.

이러한 수급인이 시설물 수선공사 등을 하던 중 수급인의 과실로 인하여 화재가 발생한 경우에는 임대인은 민법 391조에 따라 위 화재발생에 귀책사유가 있다 할 것이어서 임차인에 대한 채무불이행상의 손해배상책임이 있다(대판 2002.7.12, 2001다44338).

(b) 이행대행자

채무자를 보조하는 것이 아니고 제3자가 채무자를 대신하여 채무를 이행하는 경우이다. 이러한 제3자를 이행대행자라고 하고, 협의의 이행보조자와 이론적으로 구별한다. 이행대행자는 협의의 이행보조자에 비해 채무자로부토 독립성이 강한 점(간섭가능성이 없음)에 특징이 있다.

예컨대 수임자로부터 복위임을 받은 자, 수탁자로부터 전수탁(轉受託)을 받은 자, 유언집행자로부터 유언집행복위임을 받은 자 등이다. 이행대행자의 경우에는 법률상, 당사자의 특약상 대행자의 사용이 허용되어 있는가에 따라서 그 취급이 달라진다.

① 명문상(120조 · 657조 2항 · 682조 · 701조 · 1103조 2항 등) 또는 급부의 성질상(위임 기타 일신전속적 급부 또는 특약이 있는 경우) 대행자의 사용이 허용되지 않는 경우에는 대행자를 사용한 자체가 채무불이행이 된다. 따라서 그 대행자의 고의 · 과실을 불문하고 곧 채무자의 책임이 된다.

② 명문상 대행자의 사용이 허용되어 있는 경우 또는 채권자의 승낙을 얻은 경우에는 원칙적으로 대행자의선임 · 감독에 관하여 고의 · 과실이 없는 때에만 책임을 진다(121조 · 682조 2항 · 701조 · 1103조 2항 등).

③ 명문상 또는 채권자와 특약으로 대행자의사용이 금지되어 있지 않고, 또한 허용되어 있지도 않아서 급부의 성질상 대행자를 사용하여도 상관없다고 해석되는 경우에는 그 대행자의고의 · 과실은 채무자의 고의 · 과실로 간주된다. 민법 391조가 규정하는 것은 바로 이 경우에 관한 것이다.

(3) 입증책임

이행지체가 채무자의귀책시유에 의한 것인가 아닌가의 입증책임은 채무자가 진다. 채권자가 기한도래의 요건(387조)을 입증하여 이행을 청구하면 채무자는 지체가 자기의 귀책시유에 기한 것이 아니라는 것을 입증하지 않는 한 채무불이행책임을 면할 수 없다.

4. 이행하지 않는 것이 위법일 것

이행지체가 성립하려면 채무자에게 위법성이 인정되어야 한다. 그러므로 유치권(320조) · 동시이행의 항변권(536조) 등 이행기의 도과를 정당하게 해주는 사유가 존재하는 경우에는 이행지체가 성립하지 않는다.

Ⅲ. 이행지체의 효과

1, 강제이행

이행지체에 있어서는 원래의 급부가 가능하므로 채권자는 현실의 이행을 강제하여 채권의만족을 구할 수 있다.

2. 손해배상

(1) 지연배상

이행지체의 경우에 채권자는 본래의 급부에 대한 이행청구와 더불어 지체로 인해 발생한 손해에 대해서도 그 배상을 청구할 수 있다.

(2) 전보배상

이행지체로 계약을 해제한 경우 이행에 갈음하는 손해배상(전보배상)을 청구할 수 있다(548조). 또한 계약을 해제하지 않고 채무자가 이행을 지체한 경우에 채권자가 상당한 기간을 정하여 이행을 최고하여도 그 기간 내에 이행을 하지 아니하거나, 지체 후의 이행이 채권자에게 이익이 없는 때에는 채권자는 수령을 거절하고 이행에 갈음한 손해배상을 청구할 수 있다(395조).

3. 책임의 가중

채무자의 책임 있는 사유로 이행이 지체된 경우에 지체 중에 발생한 급부불능에 대해서 채무자는 자기에게 과실이 없는 경우에도 그 손해를 배상하여야 한다(392조 본문). 채무자의 지체가 없었더라면 그 후에 발생한 불능의 원인이 문제되지 않았을 것이기 때문이다. 그러나 채무자가 이행기에 이행을 하였더라도 손해를 피할 수 없었을 경우에는 채무자는 책임을 면한다(392조 단서).

예컨대 임차인이 자전거의 반환을 지체하던 중 이웃의 화재로 인해 목적물이 연소되었다면 손해를 배상하여야 한다. 그러나 임차인이 창고를 임차한 후 반환을 지체하던 중 옆 건물의 화재로 인해 창고가 소실된 경우, 임차인이 이행기에 이행을 했더라도 창고는 소실되었을 것이므로 임차인은 배상책임을 부담하지 않는다.

[이행지체 중 불가항력으로 인한 손해]

채무자가 이행지체에 있는 동안 불가항력 기타 사유로 인하여 이행불능이 된 경우에 채무자는 이행지체에 있지 않았다 하더라도 필연적으로 손해가 발생하였을 것이라는 주장과 입증이 없는 한 그 손해배상책임을 면할 수 없다(대판 1959.10.15, 4291민상 803).

4. 계약해제권의 발생

채무자가 이행을 지체한 경우에는 채권자는 상당한 기간을 정하여 이행을 최고하고, 채무자가 그 기간 내에 이행하지 않으면 채권자에게 계약해제권이 발생한다(544조 본문). 그러나 채무자가 미리 이행하지 않을 의사를 표시했거나 또는 채무자의 급부가 정기행위인 경우에는 최고 없이 채권자에게 해제권이 발생한다(544조 단서 · 545조). 해제권을 행사하는 경우에도 손해배상청구권은 영향을 받지 않는다.

[이행의 최고가 불필요한 경우]

부동산매도인이 중도금의 수령을 거절하였을 뿐만 아니라 계약을 이행하지 아니할 의사를 명백히 표시한 경우, 매수인은신의성실의 원칙상 소유권이전등기의무 이행기일까지 기다릴 필요 없이 이를 이유로 매매계약을 해제할 수 있다(대판 1993.6.25, 93다11821).

Ⅳ. 금전채무의 이행지체에 관한 특칙

1. 요건상 특칙

① 이행지체에 대한 채무자의 과실을 요하지 않는다(397조 2항 후단).
② 채권자는 손해의 발생을 증명할 필요가 없다(397조 1항 단서).

2. 효과상 특칙

금전채무의 지체에 의한 손해액은 법정이율에 의할것을 원칙으로 한다(397조 1항 본문). 다만 당사자 사이에 약정이율이 있는 경우에는 이에 따른다(397조 1항 단서).

사례해결

몽룡이는 임대차기간이 만료한 날로부터 춘향이에게 이행지체의 책임을 부담한다. 이행지체 중에는 몽룡이에게 귀책사유가 없는 경우에도 그 손해를 배상하여야 한다. 그러나 이행기에 이행을 하여도 그 손해를 면할 수 없는 겨우에는 면책된다.

몽룡이가 이행지체 중에 있기는 하지만, 그 창고의 태풍으로 인한 멸실은 몽룡이가 임대차기간이 만료한 때에 이행을 했더라도 피할 수 없는 손해이다. 따라서 몽룡이는 그 창고의 가액을 배상할 책임은 없다. 다만 임차기간이 만료한 때부터 멸실될 때까지의 지체로 인한 손해, 즉 지연배상에 대한 책임을 부담해야 한다.

제2관 이행불능

Ⅰ. 이행불능의 의의

이행불능(履行不能)이란 계약성립 후에 채무자의 귀책사유로 인하여 채무자가 급부를 실현하는 것이 불가능하게 된 경우를 말한다(후발적 불능)

[채무의 이행불능]

채무의 이행이 불능이라는 것은 단순히 절대적·물리적으로 불능인 경우가 아니라 사회생활에 있어서의 경험법칙 또는 거래상의 관념에 비추어 볼 때 채권자가 채무자의 이행의 실천을 기대할 수 없는 경우를 말한다(대판 2003.1.24, 2000다22850).

Ⅱ. 이행불능의 요건

1. 이행이 불능일 것

(1) 불능의 판단기준

불능 여부의 판단기준은 사회관념 또는 거래관념에 따라 결정된다(통설). 그 사유가 물리적 불능(목적물의 멸실 등과 같이 자연법칙에 의한 불능)이든 법률적 불능(이사에 대한 대표권제한 등으로 인한 거래금지 등에 의한 불능)이든 상관없다.

(2) 후발적 불능

계약성립 시에 이미 급부가 불능인 것을 원시적 불능이라고 하고, 계약성립 후에 불능이 된 것을 후발적 불능이라고 한다.

원시적 불능의 경우에는 채권의 목적이 본래 존재하지 않으므로 계약이 성립하지 않고, 그 결과 채권·채무관계를 전제로 하는 채무불이행은 문제되지 않는다.

다만 이 경우에 있어서 당사자의 신의칙 위반은 계약체결상의 과실의 문제가 된다(535조). 따라서 이행불능이 되기 위해서는 후발적 불능이어야 한다.

(3) 채무일부의 이행불능

다른 가능한 부분은 원칙적으로 소멸하지 않지만, 잔존부분만으로 계약목적을 달성할 수 없는 경우에는 전부불능으로서 처리할 수 있다.

(4) 불능의발생시기

불능의 발생은 계약성립 후에만 있으면 되고 이행기 전이든 이행기 후이든 상관없다. 불능은 이행기를 표준으로 하여야 하므로, 현재는 불능이라도 이행기에 가능하면 불능이 되지 않는다. 또한 이행기전이라도 불능인 것이 확실한 때는 이행기를 기다리지 않고 이행불능이 된다.

2. 채무자의 귀책사유가 있을 것

(1) 채무자 본인의 고의 · 과실에 의한 경우는 물론 이행보조자의 고의 · 과실에 의한 경우에는 이행지체의 경우와 마찬가지로 채무자가 책임을 진다.

(2) 채무자의 이행지체 중의 급부불능에 대해서는 귀책사유가 없더라도 채무자가 책임을 진다(392조 본문). 다만 이행지체가 없었다 하더라도 역시 이행불능이 생겼으리라는 것을 입증한 경우에는 면책된다(392조 단서).

(3) 입증책임

귀책사유가 없다는 것에 대한 입증책임은 채무자가 진다.

Ⅲ. 이행불능의 효과

1. 전보배상청구권

급부의 전부가 채무자의 귀책사유로 불능케 된 경우에 본래의 급부를 목적으로 하는 청구권은 소멸한다. 채권자는 본래의 급부에 갈음한 전보배상청구권을 취득한다(390조).

2. 계약해제권

채무자의 책임 있는 사유로 이행이 불능하게 된 때에는 채권자는 계약을 해제할 수 있다(546조). 이 경우에 해제권의 행사는 손해배상청구(전보배상)에 영향을 미치지 않는다(561조).

3. 대상청구권

(1) 대상청구권의 의의

대상청구권(代償請求權)이란 이행불능이 생긴 결과 동일한 원인에 의해 채무작 이행목적물의 대상이라고 생각되는 이익을 취득한 경우에는 공평의 관점에서, 채권자가 입은 불이익의 한도에서 그 대상의 인도를 청구할 수 있는 권리이다.

(2) 인정여부

우리 민법은 대상청구권에 대한 규정을 두고 있지 않지만, 형평의 원칙에 비추어 이를 인정하는 것이 통설과 판례이다.

[대상청구권의 인정여부]

우리 민법은 이행불능의 효과로서 채권자의 전보배상청구권과 계약해제권 외에 별도로 대상청구권을 규정하고 인정하고 있지 않으나, 해석상 대상청구권을 부정할 이유가 없다. 따라서 매매의 일종인 경매 목적물인 토지가 경락허가결정 이후 하천구역에 편입되게 됨으로써 소유자의 경락인에 대한 소유권이전 등기의무가 이행불능이 되었다면, 경락인은 소유자가 하천구역 편입으로 인하여 지급받게 되는 손실보상금에 대한 대상청구권을 행사할 수 있다(대판 2002.2.8, 99다23901).

(3) 요 건

1) 후발적 불능

대상청구권이 인정되기 위해서는 후발적 불능이어야 한다. 불가항력으로 인한 이행불능의 경우가 중요한 의미를 갖는다. 판례도 취득시효가 완성된 토지가 수용된 경우, 수용보상금에 대한 반환청구를 인정하여 시효취득자에게 대상청구권을 인정하고 있다(대판 1994.12.9, 94다25025).

채무자의 귀책사유로 인한 이행불능의 경우에는 손해배상청구권과 대상청구권을 채권자가 선택적으로 행사할 수 있다.

2) 대상적 이득의 취득

이행불능으로 채무자가 원래의 급부에 갈음하는 이익을 얻어야 하며, 이 대상적 이익은 불능이 된 급부와 동일성이 인정되어야 한다.

(4) 대상처우권의 범위

대상청구권의 범위는 채권자가 이행불능으로 받은 손해를 한도로 이익을 구할 수 있다(대판 1992.5.12, 92다4581).

(5) 대상청구권의 행사

대상청구권은 채권적 청구권이므로 채권자가 채무자에게 이행을 청구하여야 한다.

4. 배상자의 대위

(1) 서 설

채권자 그 채권의 목적인 물건 또는 권리의 가액전부를 손해배상으로 받은 때에는 채무자는 그 물건 또는 권리에 관하여 당연히 채권자를 대위한다(399조). 손해배상자의 대위를 인정하지 않으면 채권자가 부당이득을 취하는 것이 되기 때문이다. 이러한 관계는 채무불이행, 특히 이행불능의 경우에 주로 발생한다.

(2) 요 건

채권자가 손해배상채권의 목적인 물건 또는 권리가액의 전부를 배상받을 것을 요한다.

(3) 효 과

1) 권리의 이전

손해배상채권의 목적인 물건 또는 권리가 당연히 배상자에게 이전한다. 예컨대 갑이 을로부터 자전거를 임치계약에 의해 맡아 보관하던 중 병에게 절취를 당했기 때문에 수치인 갑이 임치인 을에게 임치계약 위반으로 생긴 손해를 배상한 경우, 도품의 소유권은 배상과 동시에 갑에게 이전하므로, 갑은 병에게 자기의 소유물로써 반환을 청구할 수 있다. 이러한 이론은 불법행위에 기한 손해배상의 경우에도 마찬가지로 적용될 수 있다.

2) 예 외

손해배상 전액을 배상한 경우라도 항상 대위가 생기는 것은 아니다. 예컨대 임차인 갑의 실화로 가옥을 전소시킨 경우에는 갑이 임대인 을에게 전손해를 배상하여도 갑은 을의 화재보험회사 병에 대한 보험금청구권을 대위할 수 없다.

손해보험은 피보험자 을의 실질적 손해를 보상하는 제도이므로, 갑이 을에게 전손해를 배상하면 병의 을에 대한 보험금 지불채무는 소멸한다. 따라서 대우의 대상이 존재하지 않으므로 갑의 대위는 일어나지 않는다.

[배상자 대위행사를 위한 별도절차 여부]

민법상 손해배상자의 대위의 취지는 채권자가 채권의 목적이 되는 물건 또는 권리의 가격전부를 손해배상으로 받아 그 만족을 얻었을 때에는 그 물건 또는 권리에 관한 권리는 법률상 당연히 채무자에게 이전되는 것이다. 따라서 그에 관하여 채권자나 채무자의 양도 기타 어떠한 특별한 행위를 필요로 하는 것은 아니다(대판 1977.7.12, 76다408).

제3관 불완전이행

Ⅰ. 의 의

불완전이행(불완전이행)이란 채무자가 채무의 이행을 하였으나 하자 있는 불완전한 이행을 하였기 때문에 채권자에게 손해가 생긴 경우를 말한다. 민법은 불완전이행에 관하여 특별히 규정하고 있지 않지만 제390에서 「채무의 내용에 좇은 이행을 하지 아니한」것을 채무불이행으로 하여, 이론적으로는 이행지체에도 이행불능에도 해당하지 않는 제3의 유형의 채무불이행의 존재를 예정하고 있다고 생각할 여지가 있다.

이러한 이해에 기해 불완전이행을 독자의 채무불이행의 유형으로 승인하는 입장이 통설이다. 이에 대해 민법규정을 토대로 담보책임이나 불법행위책임으로 구성하려는 소수설이 있으나, 불완전이행도 채무불이행의 독자적인 유형으로 보는 것이 합리적이라고 본다.

Ⅱ. 불완전이행의 요건

1. 이행이 되었을 것

채무내용과 전혀 별개 종류의 것을 급부한 경우에도 당해계약의 이행으로서 된 것이 명백하면 불완전이행이다. 이 점이 명백하지 않을 때는 본래의 급부에 대하여는 이행지체가 되고, 수령한 것에 대하여는 법적 근거 없는 타인의 물건의 보관의 문제가 된다.

2. 이행이 불완전할 것

(1) 이행의 질적 불완전성

형식적으로 이행이 있으나 질적으로 이행이 불완전하여야 한다.

주는 채무에서 목적물에 하자가 있는 경우, 예컨대 독성 있는 사료를 인도한 때에 하자담보책임과의 관계가 문제된다. 이에 대해 다수설인 경합부정설은 하자담보책임만 적용되고 불완전이행은 적용되지 않는다고 한다. 소수설인 경합인정설은 특정물매매에 있어서도 목적물에 하자가 있으면 불완전이행이 되나, 하자담보책임의 규정상 손해가 목적물자체의 하자에 그친 경우에는 하자담보책임만 인정되고 확대손해가 발생한 경우에는 불완전이행책임이 발생한다고 한다.

부수적 주의의무위반, 즉 매도인이 목적물의 사용방법을 잘못 지시한 경우 등에도 불완전이행이 된다. 보호의무의 위반, 즉 불량사료로 가축이 폐사한 경우 등에는 불완전이행이 인정된다.

(2) 불완전성의 보수의 가부

보수(補修)는 완전한 것으로 교환하는 것과 불완전한 것을 수리하는 것의 쌍방을 포함하는 개념이고, 단순히 수량적 추완을 포함하지 않는다.

(3) 확대손해의 발생

전염병에 걸린 닭을 매입하였기 때문에 기존의 닭까지 전염병에 감염된 경우, 유리창 수리 중에 유리창을 깬 경우, 가구를 운반하던 중에 카페트를 손상한 경우 등과 같이 급부내용의 불완전성에 의해 손해가 발생한 사례가 그 예이다.

위 사례들은 본래의 하자 이상으로 확대하여 손해가 발생한 경우, 즉 적극적 채권침해가 발생한 있는 경우이다. 따라서 불완전이행은 단순한 하자보수를 필요로 하는 경우와 적극적 채권침해에 대한 배상이 필요한 경우를 포함한 개념이다. 또 적극적 침해는 광의로는 '채무자의 적극적 행위에 의한' 계약위반을 의미한다.

3. 채무자의 귀책사유에 기인할 것

이 요건의 의의 및 이행보조자를 둘러싼 문제는 다른 채무불이행의 경우와 같다.

4. 불완전하게 이행된 것이 위법일 것

Ⅲ. 불완전이행의 효과

1. 완전한 대체물급부가 가능한 경우

채권자는 완전한 대체물을 청구할 수 있다.

2. 수리가 가능하고 또 타당한 경우

추완(追完)의 청구가 가능하다.

3. 위 1·2가 모두 불가능한 경우

채무자에게 귀책사유가 있으면 전보배상 및 지연배상 등을 청구할 수가 있다(390조).

4. 하자 있는 부분만으로는 채권의 목적을 달성할 수 없는 경우

급부전체에 대하여 손해배상을 청구할 수 있다. 채권이 계약에 기한 경우에는 계약의 해제도 가능하다(544 · 546조).

5. 확대손해의 경우

확대손해가 발생한 경우의 효과는 불완전이행의 본질 및 하자담보책임과 밀접한 관령이 있다. 보호의무위반을 불완전이행에서 제외하는 견해에 따르면 보호의무위반은 불법행위책임의 문제가 되고 채무불이행은 되지 않는다. 반면에 보호의무위반을 불완전이행으로 보는 견해에 의하면 채무불이행책임이 발생하게 된다. 또한 담보책임으로 보고 채무불이행책임의 적용을 부인하는 견해에 의하면 담보책임만을 부담하게 된다.

손해배상청구권의 범위가 문제되는 경우에는 민법 제393조의 요건을 충족해야 한다.

[확대손해에 대한 배상책임의 근거]

매도인이 매수인에게 공급한 부품이 내한성이라는 특수한 품질이나 성능을 갖추고 있지 못하여 하자가 있다고 인정할 수 있기 위하여는 매수인이 매도인에게 완제품을 사용될 환경을 설명하면서 그 환경에 충분히 견딜 수 있는 내한성 있는 부품의 공급을 요구한 데 대하여, 매도인이 부품이 그러한 품질과 성능을 갖춘 제품이라는 점을 명시적으로나 묵시적으로 보증하고 공급하였다는 사실이 인정되어야 한다.

특히 매매목적물의 하자로 인하여 확대손해 내지 2차손해가 발생하였다는 이유로 매도인에게 그 확대손해에 대한 배상책임을 지우기 위하여는 채무내용으로 된 하자 없는 목적물을 인도하지 못한 의무위반사실 외에 그러한 의무위반에 대하여 매도인에게 귀책사유가 인정될 수 있어야 한다(대판 1997.5.7, 96다39455).

Ⅳ. 불완전이행과 특정물의 하자담보책임

불완전이행(不完全履行)은 기본적으로 모든 채권의 이행에 관해 문제가 될 수 있지만, 급부의 목적물이 특정물인 경우에 하자 있는 물건을 인도한 경우에 하자담보책임과의 경합을 인정할 수 있는지가 문제된다.

1. 부정설

하자 있는 물건의 인도로 부가적 또는 확대손해가 발생한 경우에 이를 하자담보책임의 손해배상 범위문제로 해결하면 되고, 그 외에 불완전이행이 성립하는 것은 아니라고 본다.

2. 무제한 긍정설

특정물채권의 경우에도 완전물급부가 있으므로 불완전이행의 성립을 긍정한다. 양자는 요건과 효과에서 차이가 있으므로 그 경합을 인정하자는 입장이다.

3. 제한 긍정설

특정물인도의 경우에는 원칙적으로 불완전이행이 성립하지 않으나, 확대손해가 발생한 경우에는 그 성립을 인정하는 견해이다. 하자담보책임에 의한 손해배상은 물건의 하자 자체에 국한된 것이므로, 확대손해의 경우에 그 배상을 위해서는 불완전이행의 성립을 긍정해야 한다는 것이다.

제4관 채권자지체

사례

(1) 갑은 을로부터 사과 10상자를 구입하고 약정기일에 을의 창고에서 수령한다는 계약을 체결했다. 을은 사과 10상자를 구입하여 인도준비를 한 후, 약정기일에 갑에게 인수하라고 통지했다. 이 경우에 을은 이행지체의 책임을 지는가?
(2) 을의 토지를 받은 갑은 미처 대금을 마련하지 못해 1개월 후에 을의 창고에 가서 사고를 인도받았다. 그런데 갑은 인도받은 사과 중 5상자가 썩을 것을 발견했다. 이것을 을의 창고에 보관 중 약정기일 후에 습기 때문에 발생할 것이었다. 이 경우에 을은 이행불능의 책임을 지는가?

Ⅰ. 채권자지체의 의의

채권자가 채무내용에 좇은 이행을 완료하기 위해서는 채권자의 수령 또는 협력을 필요로 하는 경우가 대부분이다. 이러한 경우를 대비하여 민법은 채권자가 이행을 받을 수 없거나 받지 아니한 때에는 이행의 제공 있는 때로부터 지체책임이 있음을 규정하고 있다(400조). 즉 「채무자가 채무의 내용에 좇은 이행을 제공하였는데도 채권자가 이행을 받을 수 없거나 받지 아니하여 이행이 완료되지 못한 상태에 놓이는 것」을 채권자지체(債權者遲滯) 또는 수령지체(受領遲滯)라고 한다.

Ⅱ. 채권자지체의 본질

1. 법정책임설

이 견해는 채권자는 권리를 행사할 것인가의 자유를 가지는 것이고 수령할 의무는 없으므로, 채무자에 의한 변제의 제공을 수령하지 않아도 채권자는 의무에 반하는 것이 아니라고 본다. 다만 공평의 관점에서 수령지체에 의해 발생한 불이익은 채무자에게 부담시킬 수 없고 채권자에게 부담시키는 것이 타당하므로, 법률이 채권자의 특별책임을 규정한 것이라고 해석한다. 결국 채권자지체 책임은 채권자의 수령의무 위반에서 오는 것이 아니고, 공평의 견지에서 법이 인정하는 법정책임이라고 한다.

이 견해에 따르면 채권자지체의 경우, 채무자의변제제공의 효과(461조)와 채권자지체의 효과(401조 -403조)만 인정되고 채무불이행으로 인한 계약해제와 손해배상은 인정되지 않는다.

2. 채무불이행책임설

채권관계에서 채권자와 채무자는 신의칙에 따라 급부의 실현에 협력할 의무를 부담한다고 해석한다. 따라서 채무자로부터 채무내용에 따른 변제의 제공이 있으면 채권자는 이것을 수령할 법률상의 의무를 가진다.

채권자가 이것을 수령하지 않는 것은 일종의 채무불이행이 되고, 민법이 규정한 채권자지체는 채권자에게 과해진 채무불이행책임이라고 한다. 이 견해가 다수설이다. 이에 의하면 채권자지체의 결과 채무불이행으로 인한 손해배상청구권과 계약해제가 인정된다. 이 견해가 채무자와 채권자의 관계를 합리적이고 공평하게 규율하는 해석이라고 본다.

3. 절충설

채권자에게는 일반적으로 수령의무는 없지만, 매매·도급·임치 등의 계약에서는 신의칙상 채권자에게 인수의무를 인정해야 한다는 견해이다.

Ⅲ. 채권자지체의 요건

1. 채무이행에 관해 채권자의 수령 또는 협력을 필요로 할 것

부작위채무와 같이 채무자의 행위만으로 완료시킬 수 있는 채무에서는 채권자지체가 생길 수 없다. 채권자지체가 되기 위해서는 채권자의 협력 없이는 이행이 완료되지 않는 채무라야 한다.

2. 채무내용에 좇은 이행의 제공이 있을 것

채권자지체의 책임은 이행의 제공이 있을 때부터 발생한다. 이행의 제공이 있어도 채무내용에 좇은 것이 아닌 경우에는 채권자지체가 되지 않는다.

3. 채권자의 수령거부 또는 수령불능일 것

수령거부는 채권자가 수령에 장애가 되는 객관적인 사정이 없음에도 불구하고 수령하지 않는 경우로 매수인이 목적물의 인수를 거절하든가, 사용자가 노동자의 근부를 거절하는 것이 이에 해당한다. 수령불능은 채권자가 객관적으로 수령할 수 없는 상태에 있는 것을 의미한다. 그러나 수령불능의 경우에는 이행불능(급부불능)과의 구별이 쉽지 않은 문제점이 있다.

예컨대 공장이 소실하여 노동자가 근무를 할 수 없었던 경우에는 수령불능인가 이행불능인가의 구별이 명확하지가 않다. 따라서 고용계약에 있어서 수령지체와 위험부담의 문제와 관련하여 어려움이 있다. 즉 공장의 소실이 이웃 건물에 화재가 발생하여 옮겨 붙은 경우, 노동자의 채무는 민법 제537조의 「당사자 쌍방의 책임 없는 사유」에 의한 이행불능이 되어 노동자는 반대급부를 가질 권리를 상실하는가의 문제이다.

이에 관하여 영역설(領域說은) 장애가 누구의 영향범위에서 생겼는가에 따라 수령불능과 이행불능을 구별한다. 즉 급부를 불능케 한 장애가 채권자쪽에 있으면 수령불능, 채무자쪽에 있으면 이행불능이 된다고 한다. 영역설에 의하면 사용자의 지배영역에서 생긴 사정에 의해 노동자가 근무를 방해받은 경우에는 수령지체가 된다. 따라서 공장의 소실에 의한 근무불능의 경우에 노동자는 임금채권을 상실하지 않는다.

4. 기 타

채권자지체의 본질에 관하여 채무불이행책임설(다수설)에 따르면 채무불이행의 일반요건으로서 채권자의 귀책사유와 채권자의 수령불능 또는 수령거절의 위법성을 요구하게 된다.

Ⅳ. 채권자지체의 효과

1. 채무자 책임의 경감

채권자지체 중에는 채무자의 주의의무가 경감되어 채무자는 고의 또는 중대한 과실로 인한 채무불이행에 대해서만 책임을 진다(401조). 약정채무와 법정채무 모두에게 인정된다. 채권자가 고의·중과실을 입증하여야 한다.

[수령지체로 임치물이 훼손된 경우의 책임]

상인이 그 영업범위 내에서 물건의 임치를 받은 경우에는 보수를 받지 아니하는 때에도 선량한 관리자의 주의로 보관할 의무가 있으므로 이를 게을리 하여 임치물이 멸실 또는 훼손된 경우에는 채무불이행으로 인한 손해배상책임을 면할 수 없다.

그러나 수치인이 적법하게 임치계약을 해지하고 임치인에게 임치물의 회수를 최고하였음에도 불구하고 임치인의 수령지체로 반환하지 못하고 있는 사이에 임치물이 멸실 또는 훼손된 경우에는 수치인에게 고의 또는 중대한 과실이 없는 한 채무불이행으로 인한 손해배상책임이 없다(대판 1983.11.8, 83다카1476).

2. 이자의 정지

채무자는 채권자지체 중에는 채권이 이자 있는 것이라도 그 이자를 지급할 의무가 없다(40-2조).

3. 증가비용의 채권자부담

채권자지체로 인하여 그 목적물의 보관 또는 변제비용이 증가된 때에는 그 증가액은 채권자의 부담으로 한다(403조). 즉 채무자는 비용상환청구권을 갖게 된다. 이 비용상환청구권은 원채권과 관계없이 독립적으로 존재한다.

4. 위험의 이전

민법은 쌍무계약에 있어서 채무자위험부담주의를 취하고 있으나(537조), 채권자지체가 되면 이 위험이 채권자에게 이전한다(538조 1항). 이 위험이전의 근거는 채권자가 제때에 수령했더라면 그 시점 이후의 손실은 채권자에게 돌아갔을 것이라는 데 있다.

5. 손해배상청구 및 계약해제

채권자지체의 본질을 채무불이행이라고 파악하는 견해에 따르면, 위에서 살펴 본 효과 외에 채무불이행의 일반원칙에 따라 채권자의 협력의무 위반을 이유로 손해배상청구 및 계약해제를 할 수 있다.

V. 채권자지체의 종료

채권자지체는 일반적인 채권의 소멸원인에 의하여 소멸한다. 따라서 채무면제·상계·채무자의공탁 등이 발생하면 채권자지체는 소멸하게 된다. 그 외 채권자지체 책임만을 채무자가 면제하거나 채무자의 고의·중과실로 이행불능이 되거나 채권자가 수령을 최고한 경우(일정요건 필요) 등의 경우에도 채권자지체가 종료된다.

사례해결

(1) 채권자가 미리 변제의 수령을 거절하거나 기타 협력을 거부하는 경우에 채무자는 언제든지 변제할 수 있는 인도의 준비를 하고, 이 사실을 채권자에게 통지하여 그의 협력을 최고하면 변제제공의 효과가 인정된다. 이것이 구두의 제공이다(460조 단서).
을의 채무는 추심채무이므로 채무이행에 채권자 갑의 행위를 요하므로, 을은 구두제공으로 족하다. 을은 사과의 인도준비를 한 후 갑에게 인수할 것을 통지했으므로, 변제의 제공이 있는 것이 된다. 따라서 을은 이행지체의 책임을 지지 않는다.

(2) 사과의 특정에 의해 을의 채무의 대상은 특정된 사과 10상자에 한정된다. 사과 5상자가 썩었으므로 을의 채무는 일부 이행불능이 된다. 종류채무가 특정되면 채무자는 원칙적으로 선관주의의무로서 특정된 물건을 보존하여야 한다(374조).
그러나 사례와 같이 채권자의수령지체가 있을 때는 주의의무는 경감되어 채무자는 고의 또는 중과실에 대해서만 책임을 부담한다(401조). 설문상 을의 창고가 불량함에도 불구하고 을이 이것을 방치하는 등의 특별한 사정이 없는 한, 을에게 고의 도는 중과실이 인정되지 않는다.
따라서 을의 채무는 채무자에게 귀책사유 없는 일부불능으로서 불능부분이 소멸한다. 채권자 갑은 그의 수령지체로 인하여 사과가 썩었으므로, 갑의 대금채무는 그대로 존속한다(538조 1항 후단). 결과적으로 갑은 을에게 사과대금을 모두 지급해야 한다.

제3절 채무불이행에 대한 구제

제1관 강제이행

사례

(1) 갑이 을 소유의 건물을 매수하고 대금을 모두 지급했으나, 건물가격이 급등한 것을 이유로 을이 건물을 인도를 하지 않는 경우에 갑은 구제책은 무엇인가?
(2) A와 B가 담장을 철거하고 주차장을 만드는 도급계약을 체결했다. 그런데 수급인 을이 일손이 부족하다는 이유로 이행기를 도과하여 채무를 이행하지 않는 경우의 도급인A의 구제책은 무엇인가?
(3) 극장주인 갑은 극장창립 10주년 기념 축하공연을 위해 개그맨 을과 한 달 후에 공연계약을 체결했다. 그런데 을이 인기가 너무 좋아서 갑은 축하공연에 을이 다른 극장에 출연할 것을 우려하고 있다. 이 경우에 갑이 취할 수 있는 법적 수단을 무엇인가?
(4) A가 도공인 B에게 아내의 이름이 새겨진 도자기제적에 관한 계약을 체결했다. 그러나 변제기에 B가 도자기를 제작하지 못한 경우에 A · B의 법률관계는 어떠한가?
(5) 갑과 을이 갑 소유의 골동품에 대해 3개월 내에 매매계약을 체결하기로 하는 매매예약을 했다. 갑이 예정된 시기에 골동품을 매도한다는 청약의 의사표시를 하였으나, 을이 그에 대해 승낙의 의사표시를 하지 않고 있다. 갑의 구제책은 무엇인가?

Ⅰ. 강제이행의 의의

채권의 실현은 당사자의 임의이행에 의하는 것이 원칙이다. 그러나 채무자가 임의로 급부하지 않는 경우는 법원에 제소하여 채무자에게 급부를 명하는 판결을 구할 수가 있다. 그럼에도 불구하고 채무자가 급부를 하지 않으면 국가권력으로써 급부내용을 강제적으로 실현시킬 수밖에 없다. 이렇게 국가기관에 의해 강제적으로 채권의 내용을 실현하는 것을 강제이행이(强制履行)라고 한다.

Ⅱ. 강제이행의 종류

1. 직접강제

채무자의 의사여하에 불구하고 집행기관의 행위에 의해 채권의 내용을 강제적으로 실현하는 수단이다(389조 1항 · 민사집행법 188-222조).

채무의 성질상 직접강제가 불가능한 경우를 제외하고는 채무불이행시 채권자는 직접강제를 법원에 청구할 수 있다. 성질상 직접강제가 불가능한 채무란 하는 채무(노래를 부르는 채무 등)를 말한다. 따라서 직접강제는 '주는 채무'에만 허용되고 '하는 채무'에는 허용되지 않는다.

2. 대체집행

급부내용을 채권자 또는 제3자가 채무자를 대신하여 실현하고 그 비용을 채무자에게 부담시키는 수단이다(389조 2항 · 민사집행법 260조, 261조). 이는 대체적 작위채무(건물철거 · 청소 등)를 내용으로 한다.

3. 간접강제

직접강제나 대체집행이 적합하지 않은 채무에 관하여 채무자에게 심리적 강제를 가하는 것에 의해 채무자 자신에게 급부행위를 시키는 수단이다(민사집행법 261조 · 262조). 예컨대 채무를 불이행하면 일정액의 손해배상금을 지급하게 하는 경우이다. 간접강제는 직접강제나 대체집행이 적합하지 않은 채무, 즉 부대체적 작위채무와 계속적 또는 회귀적 부작위채무에 관하여 문제된다.

Ⅲ. 채무의 종류와 강제이행의 형태

1. 주는 채무

금전이나 물건의 급부채무가 이에 해당하고 직접강제가 가능하다. 즉 집행관이 채무자로부터 점유를 강제로 수취하여 채권자에게 이전하게 된다. 직접강제가 가능한 경우에는 대체집행과 간접강제는 허용되지 않는다.

2. 하는 채무

(1) 대체적 채무

1) 대체적 작위채무

건축을 해야 할 채무의 경우에는 대체집행이 가능하다. 따라서 채권자는 스스로 또는 특정의 제3자로 하여금 건축을 하고 그 비용을 채무자로부터 추심할 수 있다.

2) 대체적 부작위채무

증축을 하지 않을 채무와 같이 부작위를 목적으로 하는 채무는 채무자의비용으로써 그 위반한 것을 제거하고 장래에 적당한 처분을 법원에 청구할 수 있다(389조 2항). 이것도 대체집행의 일종이며, 다만 장래를 위한 적당한 처분을 청구할 수 있다는 것이 부가되어 있다. 대체집행이 허용되면 간접강제는 허용되지 않는다.

(2) 부대체적채무

1) 부대체적 작위채무

연극 · 연주와 같은 출연계약 등이고, 유명한 음악가나 배우의 연주나 연기의 경우에는 일반적으로 대체집행은 불가능하고 간접강제가 가능하다. 다만 채무자의 자유의사를 강제하는 것이 인격존중의 이념에 반하거나(동거의 부부의무), 자유의사를 강제하면 채무내용에 좇은 급부를 제대로 실현할 수 없는 경우(예술가의 작품제작)에는 간접강제도 허용되지 않는다. 이 경우에는 채무불이행으로 인한 손해배상을 청구할 수밖에 없다.

2) 부대체적 작위채무

① 무형적 위반상태의 계속

계속적으로 소음이나 매연을 내지 않을 채무를 위반한 경우로써 간접강제가 가능하다. 간접강제는 직접강제도 대체집행도 할 수 없는 때에만 허용된다.

② 1회의 위반

영업기밀 등의 누설금지 위반 등의 경우에는 손해배상 청구만 가능하고, 장래의 위반예방을 위해서는 손해배상의 담보를 통한 간접강제가 가능하다.

3. 법률행위를 목적으로 하는 경우

동의 · 승낙 · 채권양도의 통지 등을 할 채무가 여기에 해당하고, 이행강제가 필요하면 판결로써 그러한 의사표시에 갈음할 수 있다(389조 2항 전단).

[의사표시에 갈음하는 판결의 한계]

채무자인 학교법인이 다른 재산이 없어 기본재산을 처분하지 않고서는 채무변제가 불가능하더라도 학교법인이 기본재산을 처분하기 위하여 관할관청의 허가를 신청할지의 여부는 특별한 사정이 없는 한 재단법인의 의사에 맡겨져 있다.

그러므로 금전채권자들에 불과한 자가 기본재산의 처분을 희망하지도 않는 학교법인을 상대로 관할관청에 대하여 기본재산에 대한 처분허가신청절차를 이행할 것을 청구할 수는 없다(대판 2001.12.28, 2001다24075).

사례해결

(1) 을은 갑에게 주는 채무를 부담하고 있다. 이 경우에 갑은 직접강제에 의해 구제를 받을 수 있다. 즉 갑이 명도소송을 제기하여 승소판결 받으면 집달관이 을로부터 건물의 점유를 강제로 수취하여 갑에게 이전한다.

(2) 수급인 B는 대체적 작위채무를 부담하고 있다. 수급인이 채무이행을 하지 않으면 도급인이 직접 채무내용을 실현하든가, 아니면 다른 건축업자에게 담장철거와 주차장시설을 하게 할 수 있다. 이 때 A는 그 비용을 B에게 추심하여 변제받을 수 있다.

(3) 개그맨 을이 부담하는 채무는 부대적 작위채무이다. 이 경우에 갑은 을이 공연날자에 출연하지 못하면 이에 대해 손해배상을 지급한다는 특약을 체결하여 을에게 심리적 압박을 가하는 간접강제의 방법을 활용할 수 있다.

(4) B의 채무는 부대체적 작위채무이다. 이 경우에 간접강제가 고려될 수 있으나, 예술가의 창작활동에는 간접강제가 허용되지 않는다고 보아야 한다. 그러므로 갑은 을에게 채무불 이행을 이유로 하여 계약해제 및 손해배상을 청구해야 한다.

(5) 갑과 을이 매매예약을 체결했으므로, 을의 채무는 법률행위를 목적으로 하는 경우에 해당한다. 이 때 갑은 을의 승낙의 의사표시에 갈음할 재판을 청구하여, 그 재판에 따라갑 · 을 간의 매매계약이 체결된 것으로 본다.

제2관 손해배상

Ⅰ. 손해배상 일반

1. 서 설

(1) 손해배상의 의의

손해배상이라 함은 채무불이행 또는 불법행위로 인하여 발생한 손해를 전보하여 될 수 있는 한, 손해가 발생하지 않았던 상태로 돌리는 것을 말한다.

(2) 손해배상의 기능

어떤 자가 채무불이행 또는 불법행위로 타인에게 손해를 가한 경우에는 당사자 사이에 발생한 손해의 회복 내지는 균형이 필요하다. 따라서 손해배상은 평균적 정의에 이바지하는 제도로서 실손해를 전보하는 기능을 한다.

2. 손해의 개념과 종류

(1) 손해의 개념

손해라 함은 법익에 관하여 받은 불이익을 말한다. 그 개념에 관하여 다음과 같이 견해가 나뉜다.

1) 차액설

손해는 위법행위가 없었더라면 존재하였을 이익상태와 위법행위가 있은 현재의 상태와의 차이라고 한다. 금전배상에 적당한 개념이나 비재산적 손해에는 부적당하다. 이 견해가 통설이다.

2) 구체적 손해설

차액설에서의 손해는 추상적 손해이지만 이 견해에 의하면 구체적 불이익이다. 즉 법익침해로 발생한 개개의 손해를 개별적으로 고려한다. 이 견해는 차액설이 재산적 손해에는 적합하지만, 비재산적 손해에는 적합하지 않다는 것을 근거로 한다.

(2) 손해의 종류

1) 손해의 성질 또는 내용에 의한 분류

(a) 재산적 손해 · 비재산적 손해

재산에 가해진 손해가 재산적 손해(유형적 손해)이고, 생명 · 신체 · 자유 · 명예 등 비재산적 법익에 대하여 가해진 손해가 비재산적 손해(무형적 손해)이다. 일반적으로 비재산적 손해를 정신적 손해라고 하며, 그에 대한 배상을 위자료라고 한다.

민법은 불법행위에 관하여 정신적 손해를 배상할 책임이 있음을 규정하고 있지만(751조 · 752조), 채무불이행에 있어서는 정신적 손해에 관하여 아무런 규정을 두고 있지 않다. 그러나 이 점에 관하여 양자 사이에 차이를 두어야 할 이유가 없으므로, 채무불이행에 있어서도 정신적 손해배상을 인정하여야 할 것이다(통설). 판례도 채무불이행으로 인한 위자료 청구를 인정한다(대판 1996.6.11, 95다12798). 다만 정신적 손해는 채무불이행에 있어서는 특별한 사정에 의한 손해(393조 2항)로 되는 경우가 많을 것이다.

[채무불이행으로 인한 위자료 인정여부]

임대차계약에 있어서 임대인의 채무불이행으로 인하여 임차인이 임차의 목적을 달할 수 없게 되어 손해가 발생한 경우, 이로 인하여 임차인이 받은 정신적 고통은 그 재산적 손해에 대한 배상이 이루어짐으로써 회복된다고 보아야 할 것이다. 따라서 임차인이 재산적 손해의 배상만으로는 회복될 수 없는 정신적 고통을 입었다는 특별한 사정이 있고, 임대인이 이와 같은 사정을 알았거나 알 수 있었을 경우에 한하여 정신적 고통에 대한 위자료를 인정할 수 있다(대판 1994.12.13, 93다59779).

(b) 적극적 손해 · 소극적 손해

기존재산이 감소한 경우가 적극적 손해이고, 장래 얻을 수 있었던 이익을 상실한 경우가 소극적 손해이다. 채무불이행에 있어서는 불이행에 의한 채권침해가 적극적 손해이고, 채무가 이행되었더라면 채권자가 목적물을 전매하여 얻었을 이익의 상실이 소극적 손해이다. 이 구별의 실익은 전자가 통상의 손해(393조 1항)인데 대하여, 후자는 보통 특별한 손해(393조 2항)로 되는 경우가 많다는데 있다.

2) 손해발생원인 또는 배상범위에 의한 분류

(a) 지연배상 · 전보배상

이행지체의 경우 채권자는 본래의 급부를 청구하는 것이 가능하므로 손해배상으로는 이행이 지체된 것 그 자체에 의해 생긴 손해배상, 즉 지연배상을 청구할 수 있다. 이에 반해 이행불능의 경우는 본래의 급부를 청구하는 것이 불가능하므로 채권자는 본래의 급부에 대신하여 이것을 전보하는 배상, 즉 전보배상을 청구할 수밖에 없다.

(b) 이행이익의 배상 · 신뢰이익의 배상

이행이익이란 계약이 채무내용에 따라 이행되었더라면 채권자가 얻을 수 있는 이익을 말한다(적극적 계약이익). 신뢰이익이란 계약이 불성립하거나 무효인 경우에 계약의 성립 · 유효성을 신뢰했기 때문에 입은 불이익을 말한다(소극적 이익).

예컨대 갑과 을이 토지의 매매계약을 체결했으나 이 계약이 무효가 된 경우, 그 계약체결을 위해 지출된 각종 비용과 수수료 등이 신뢰이익의 손해이고, 매수인인 토지를 매수하여 이를 다시 전매하여 얻을 수 있는 전매차액이 이행이익의 손해가 된다. 채무불이행에서는 주로 이행이익이 문제된다. 신뢰이익은 계약체결상의 과실 · 계약해제 · 하자담보책임 등에서 손해배상과 관련하여 논해진다.

3) 통상손해 · 특별손해

통상손해는 채무불이행에 의해 통상 발생한다고 생각되는 손해이다(393조 1항). 특별손해는 특수한 사정에 의해 발생한 손해를 말한다(393조 2항).

(3) 손해배상의 방법

1) 금전배상의 원칙

손해배상의 방법으로서는 손해발생 전의 상태로 되돌리는 원상회복주의와 손해를 금전으로 평가하여 금전을 지불시키는 금전재상주의가 있다. 우리민법은 채무불이행 · 불법행위 모두 금전배상주의를 취한다(394조 · 763조).

2) 원상회복이 인정되는 경우

손해배상의 방법으로서 예외적으로 원상회복이 인정되는 경우는 (i) 당사자간에 다른 의사표시가 있는 경우(394조), (ii) 명예회손의 경우(764조), (iii) 무체재산권이 침해된 경우(특허법 131조 · 실용신안법 46조 · 의장법 66조 · 상표법 69조), (iv) 광해배상(鑛害賠償)의 경우(광업법 93조 1항) 등이다.

Ⅱ. 손해배상의 범위

1. 사실적 인과관계와 상당인과관계

손해배상청구권이 성립하기 위해서는 손해발생과 채무불이행간에 인과관계가 존재하여야 한다. 하지만 인과관계를 조건적 · 논리적으로만 따진다면 채무불이행과 대부분의 손해발생 사이에 인과관계를 인정하게 되고, 이를 모두 배상케 ㅐ 한다면 채무자에게 너무 가혹하다.

그러므로 통설과 판례는 인과관계라는 말을 손해배상청구권의 성립요건으로서 채무불이행과 손해발생 간에 원인과 결과의 관계가 있지 않으면 안 된다는 의미(사실로서의 인과관계 = 사실적 인과관계)와 발생한 손해 중 어디까지 배상되어야 할 것인가(법적 평가판단으로서의 인과관계 = 상당인과관계)의 두 가지의 의미로 사용하고 있다.

2. 손해배상범위를 산정하는 기준

(1) 상당인과관계설

상당인과관계설은 채무불이행과 상당인과관계가 인정되는 손해가 배상되어야 할 손해라고 한다(통설 · 판례). 상당인과관계에 있는 손해란「당해 채무불이행에 의해 발생한 손해 중 특유한 것을 제외하고, 당해 채무불이행으로부터 일반적으로 발생한 것이라고 인정되는 손해」이다. 상당성에 관하여는 채무불이행 당시 보통인이 알 수 있었던 사정과 채무자가 인식한 사정을 고려하여 판단한다. 이 견해에 의하면 민법 제393조 1항은 객관적 상당인과관계의 원칙을, 2항은 그 기초가 될 특별사정의 범위를 정한 것(절충적 상당인과관계)이 된다.

따라서 어느 손해가 통상손해라면 곧바로 그 손해를 배상하고, 특별손해라면 그것이 생긴 사정에 관해 채무자에게 예견가능성이 있을 것을 조건으로서 손해를 배상하는 것이 된다.

(2) 보호규범설

이 견해는 상당인과관계라는 개념은 불필요하고, 곧바로 민법 제393조의 해석론으로 들어가 판단하면 된다고 한다. 즉 종래 (Ⅰ)사실적 인과관계, (ⅱ)손해배상의 범위, (ⅲ) 손해의 금전적 평가라는 3개의 성질을 상당인과관계라는 이름하에 논해왔지만, 제392조는 (ⅱ)만에 관련된 규정이므로, (ⅱ)의 문제에서 상당인과관계라는 용어를 사용할 수는 없고 오히려 보호범위라는 용어를 사용하는 것이 좋다고 한다.

어느 손해가 통상손해인가 특별손해인가는 채권발생원인의 해석에 의해 정해지고, 통상손해가 아니어도 당사자가 예견가능한 것이라면 특별손해로서 배상될 수 있는 것이므로, 손해배상의 범위는 당사자의 예견가능성에 의해 정해지는 것이 된다. 결국 민법 제393조는 당사자의 예견가능성을 손해배상의 범위를 획정하는 기준으로 규정한 것이고, 1항은 예견가능성의 입증책임을 경감한 소송법적인 규정이라고 한다.

(3) 위험성관련설

이 견해도 보호범위설과 마찬가지로 상당인과관계라는 개념이 불피요하다고 한다. 이 설에 의하면 손해는 제1차 손해와 그것을 기점으로 생긴 후속손해로 분류한다. 즉 전자는 손해배상청구권의 성립요건의 문제(책임설정적 인과관계)이지만, 후자는 배상범위의 문제(책임충족적 인과관계)라고 한다.

갑이 을과 자전거 매매계약을 체결했는데 채무자 을의 잘못으로 자전거가 분실된 경우, 채무자의 이행불능으로 자전거를 받지 못한 것이 1차손해가 되고, 갑이 이 자전거를 병에게 전매하기로 되어 있었던 경우에는 전매이익이나 위약금 등이 후속손해가 된다.

후속손해가 배상될 것인가의 여부는 제1차 손해가 가지는 손해야기의 위험성과 후속손해와의 관련(=위험성관련)에 의해 정해진다고 한다. 제393조는 이 위험성관련을 배상범위 획정의 기준으로 정한다고 한다.

3. 민법 제393조의 해석

사례

갑은 을로부터 을 소유의 X건물을 5천만원에 매수하고, 이를 병에게 6천만원에 미등기 전매를 하였다. 그러나 을이 갑으로부터 X의 소유권을 이전받기 전에 갑이 쓰레기를 소각하다가 과실로 소실되었다. 이 경우에 갑이 을을 상대로 청구할 수 있는 손해배상의 범위는 어떠한가?

(1) 학설과의 관계

상당인과관계설 중 절충설에 입각하여 제393조 1항은 상당인과관계의 원칙을 정한 것이며, 제393조 2항은 고찰의 대상으로 삼은 사정의 범위를　병한 것이라고 해석하는 것이 통설 · 판례이다.

(2) 통상손해

「채무불이행으로 인한 손해배상은 통상의 손해를 그 한도로 한다」(393조 1항). 통상손해라 함은 특별한 사정이 없는 한 그 종류의 채무불이행이 있으면 사회일반의 관념에 따라 통상 발생하는 것으로 생각되는 범위의 손해이다. 이 통상손해에 관하여는 채무자의 예견유물를 묻지 않고 손해배상을 청구할 수 있다. 채권자는 채무불이행과 통상의 손해액을 입증하면 된다.

[통상손해의 범위]

불법행위로 인한 손해는 물건이 멸실되었을 때에는 멸실 당시의 시가를, 물건이 훼손되었을 때에는 수리 또는 원상회복이 가능한 경우에는 수리비 또는 원상회복에 드는 비용을 통상의 손해로 본다. 다만 수리비가 건물의 교환가치를 넘는 경우에는 건물의 교환가치 범위 내로 제한되어야 하며, 수리 또는 원상회복이 불가능한 경우에는 훼손으로 인하여 교환가치가 감소된 부분을 통상의 손해로 보아야 한다(대판 2006.4.28, 2005다44633).

(3) 특별손해

「특별한 사정으로 인한 손해는 채무자가 그 사정을 알았거나 알 수 있었을 때에 한하여 배상의 책임이 있다」(393조 2항). 여기서 알았거나 알 수 있어야 한다는 것은 오직 손해의 원인이 된 특별한 사정에 관한 것이고, 그 결과인 손해에 관하여는 이를 알았거나 알 수 있었을 필요는 없다.

채무자가 알았거나 알 수 있었음은 채권자가 입증하여야 하고, 채무자가 알았거나 알 수 있었음을 결정하는 시기는 채무의 이행기를 기준으로 한다(대판 1985.9.10, 84다카1532).

[채무불이행으로 인한 특별손해]

토지 매도인의 소유권이전등기의무가 이행불능 상태에 이른 경우, 매도인이 매수인에게 배상하여야 할 통상의 손해배상액은 그 토지의 채무불이행 당시의 교환가격이다. 만약 그 매도인이 매매 당시 매수인이 이를 매수하여 그 위에 건물을 신축할 것이라는 사정을 이미 알고 있었고 매도인의 채무불이행으로 인하여 매수인이 신축한 건물이 철거될 운명에 이르렀다면 그 손해는 적어도 특별한 사정으로 인한 것이고, 나아가 매도인은 이러한 사정을 알고 있었으므로 위 손해를 배상할 의무가 있다(대판 1992.8.14, 92다2928).

사례해결

갑이 을을 상대로 청구할 수 있는 통상손해는 X건물의 매매가격인 5천만원이다. 갑이 을을 상대로 특별손해를 청구하기 위해서는 갑의 전매사실을 을이 알았거나 알고 있었어야 한다. 을이 갑·병 간의전매사실을 알고 있었다면, 갑을 을에게 전매차익금 1천만원을 청구할 수 있다.

그러므로 갑은 을에게 통상손해 5천만원과 특별손해 1천만원을 청구할 수 있다.

Ⅲ. 손해배상액의 산정기준

1. 배상액산정의 가격

(1) 재산적 손해

재산적 손해에 관하여는 통상가격을 표준으로 하고, 특별가격 및 감정가격은 그것이 생기게 된 특별한 사정을 채무자가 알았거나 또는 알 수 있었을 경우에 한하여 배상책임을 진다.

(2) 비재산적 손해

위자료액에 관하여는 배상권리자가 정당하다고 생각되는 액을 청구케 하고, 그 범위 내에서 법원의 자유재량으로 손해액을 판정하는 수밖에 없다.

2. 배상액산정의 시기

손해는 결국 금전으로 평가될 것이므로, 특히 가격이 변동하는 물건에 대하여 손해가 발생한 경우에 어느 시점의 가격을 손해라고 할 것인가가 문제된다. 예컨대 계약체결 후에 가격이 등귀하고 이행불능이 된 후 최고가격이 되었지만 채권자가 손해배상을 청구한 때에는 하락한 경우, 채권자가 전보배상을 청구하는 경우에 어느 시점을 기준으로 하느냐의 문제이다.

(1) 책임원인발생시설

손해배상제도는 손해가 있기 전의 상태로 복귀시키는 데도 있지만 손해분담의 공평성도 고려해야 하므로, 책임원인의 발생시점 이후의 가격변동이 있는 경우에는 그 점에 대한 채무자의 예견가능성을 전제로 하여 배상액에 포함시켜 특별손해로 처리한다. 판례가 이 견해를 취한다.

이행불능의 경우에는 이행불능이 발생한 때를 기준으로 하여 전보배상을 청구할 수 있고(대판 1999.6.14, 94다61359), 이행지체의 경우에는 최고 후 상당한 기간을 경과하여야 손해배상청구권이 발생하므로 상당한 기간이 경과한 후의 時價를 기준으로 하며(대판 1967.6.13, 66다1842), 불법행위로 인한 손해배상채권은 그 성립과 동시에 이행기에 있게 되므로 그 불능 당시가 배상액산정의 기준시점이 된다는 견해이다.

(2) 판결시설

책임원인발생시에 확정되는 것은 손해배상뿐이고 그에 대한 평가는 성질상 언제든지 할 수 있으며, 청구를 소송으로 할 경우에는 결국 구두변론 종결시에 평가하는 것이 된다는 견해이다. 따라서 이행불능 후 목적물의 가격의 증가가 있는 경우에도 그것은 통상손해가 된다. 이 견해가 다수설의 입장이다.

3. 배상액산정의 장소

특약 또는 특별규정(상법 137조)이 없는 한 채무이행지에서의 가격을 표준으로 한다.

Ⅳ. 손해배상책의 조정

1. 손익상계

채무불이행으로 손해를 받은 자가 같은 원인으로 이익을 얻고 있는 때에는 손해배상청구액은 전체 손해액에서 이익을 공제하여야 한다. 이 때 공제되는 이득도 배상원인과 상당인과관계를 가지는 것에 한한다. 손익상계에 관한 명문규정은 없지만 공평의 원칙상 당연히 인정된다.

예컨대 갑이 을에게 중고자동차를 인도하기로 하고 중고자동차의 사후검사는 을이 부담하기로 하였는데, 갑의 과실로 자동차가 전소한 경우, 을이 받은 손해배상액에서 지출하지 않게 되는 검사비용을 공제하여야 한다.

2. 과실상계

(1) 취 지

손해발생에 관하여 채권자에게도 과실이 있는 경우에 손해배상의 책임 및 금액을 경감하는 제도를 과실상계(396조 · 763조)라고 한다. 자기의 부주의에 의해 생긴 손해를 타인에게 전가하는 것을 허용하지 않는다는 공평의 원칙 내지 신의성실의 원칙에 기한 당연한 제도이다.

[과실상계가 인정되지 않는 경우]

불법행위로 인한 손해배상 사건에서 피해자의과실을 들어 과실상계를 함에 있어서는 피해자의 주주의를 이용하여 고의로 불법행위를 저지른 자가 바로 그 피해자의 부주의를 이유로 자신의 책임을 감하여 달라고 주장할 수 없다(대판 2009.8.20, 2008다51120 · 51137).

(2) 요 건

1) 채무불이행에 관해 채권자에게도 과실이 있을 것

채무불이행 자체에 관해 과실이 있는 경우와 손해의 발생 · 확대에 관해 과실이 있는 경우이다.

2) 과실의 개념

과실상계에 있어서 과실은 반드시 엄격한 의미에서의 법률상의 의무위반일 것을 요하지 않고, 채권관계에서 신의칙 위반이 있으면 된다. 그리고 채권자 자신에 의한 것뿐만 아니라 그의 이행보조자에게 과실이 있어도 이것을 참작해야 한다.

(3) 효과

1) 채권자에게 과실이 있는 때에는 법원은 손해배상 책임 및 그 금액을 정함에 있어 이를 반드시 참작하여야 한다. 다만 어느 정도 참작할 것인가는 법원의 자유재량에 속하며, 이를 위반하면 상고이유가 된다.

2) 참작이란 통상은 책임의 경감을 의미하지만, 일방의 과실이 중대한 경우에는책임자체를 부정할 수도 있다(통설).

3) 손익상계와 관련하여 과실상계를 먼저 하고 손익상계를 하여야 한다(대판 1996.1.21, 95다24340).

[과실상계가 인정되지 않는 경우]

채무자가 계약체결 당시 채권자가 계약내용의 중요부분에 관하여 착오에 빠진 사실을 알면서도 이를 이용하거나 이에 적극 편승하여 계약을 체결하고 그 결과 채무자가 부당한 이득을 취하게 되는 경우 등과 같이 공평의 이념이나 신의칙에 반하는 경우에는 채무자의 과실상계 주장을 허용하여서는 안 될 것이다(대판 2008.5.15, 2007다88644).

3. 중간이자의 공제

(1) 중간이자의 공제필요성

장래의 일실이익(逸失利益)을 현재가로 산정하는 경우에 장래의 취득예정가에서 그 사이의 중간이자를 공제하는 방법을 취한다. 만약 장래 취득예정가를 현재에 전액을 지급받는다면 중간이자 상당의 부당이득이 발생하게 되기 때문이다. 현재 중간이자는 법정이율 연 5%로 계산한다. 중간이자 공제의 대상이 되는 것은 장래소득에 관한 일실이익 청구뿐만 아니라 장래의 치료비·의수비(義手費)·개호비(介護費)의 필요비용도 포함된다(대판 1979.4.24, 77다703).

(2) 계산방법

계산방법에 관해서는 민법에 규정이 없어 판례나 관행에 맡겨져 있다. 우리나라에서는 배상금의 중간이자를 공제하는 방법으로 당리계산식과 복리계산식의 두 가지를 이용해 왔다.

1) 단리계산식(Hoffmann式)

배상액 = 장래취득액 ÷ (1+연수×연이율)

이 방식은 계산방법이간단하여 이용이 편리하며 중간이자가 적게 공제되어 채권자에게 유리하다. 그러나 수익기간이 일정기간 지나면 현재가로 받은 금액의 이자만으로 장래취득액에 달하게 되어 원금 상당액의 부당이득이 우려된다.

2) 복리계산식(Leibniz式)

배상액 = 장래취득액÷(1+연이율)의 연수제곱

이 방식은 복리계산이 복잡하지만, 수익기간의 장기·단기에 관계없이 수익기간이 만료함과 동시에 배상원금이 0(zero)이 되므로 이론상으로는 이 계산방법이 합리적이다.

3) 판 례

판례는 당사자의 주장에 관계없이 법원의 자유로운 판단에 따라 두 가지 방법 중에서 하나를 정할 수 있다고 한다(대판1983.6.26, 83다191). 국가배상법은 Hoffmann식을 따르고 있다.

4. 손해배상액의 예정

(1) 취 지

장래 손해가 발생한 경우의 분쟁을 피하기 위해 당사자가 미리 계약에 의해 배상액을 정하는 것을 배상액의 예정이라고 한다(398조 1항). 손해배상을 청구하기 위해서는 청구자가 그 요건을 입증해야 하지만, 그 어려움이나 번거로움을 피하기 위해 또 분쟁을 방지한다는 관점에서 인정되는 제도이다.

[민법 398조의 규정취지]

민법 398조에서 손해배상액의 예정에 관하여 규정한 목적은 손해발생 사실과 손해액에 대한 입증의 곤란을 덜고 분쟁의 발생을 미리 방지하여 법률관계를 쉽게 해결할 뿐 아니라 채무자에게 심리적 경고를 함으로써 채무이행을 확대하려는 것이다.

한편 동조 2항에 규정된 손해배상 예정액의 감액제도는 국가가 계약당사자들 사이의 실질적 불평등을 제거하고 공정을 보장하기 위하여 계약내용에 간섭하려는 데에 그 취지가 있다(대판 1993.4.23, 92다41719).

(2) 법적 성질

손해배상액의 예정계약은 채무불이행을 정지조건으로 하는 계약으로 원채권관계의 종된 계약이다. 따라서 원채권과 운명을 같이하며 기본채권에 대한 물적 담보(저당권 등)나 인적 담보(보증 등)의 효력은 손해배상예정액의 지급에도 미친다.

(3) 요 건

1) 기본채권의 존재

손해배상액의 예정계약은 기본채권관계에 종된 계약이기 때문에 기본채권이 존재하여야 한다.

2) 채무불이행이 발생되기 전에 체결될 것

배상액예정계약은 채무불이행으로 손해배상청구권이 발생하기 전에 약정되어야 하며, 일단 손해배상청구권이 발생한 이후에 하는 약정은 배상액합의라 하여 배상액예정과는 구별된다.

(4) 효 과

1) 입증책임

채권자는 채무불이행 사실만 입증하면 된다(대판 2000.12.8, 2000다50350). 채권자는 채무자의 귀책사유를 입증할 필요가 없고, 손해발생의 사실 · 손해액에 관하여 증명하는 것도 불필요하다. 즉 채무자는 손해발생이 없다는 것 또는 손해액이 예정액보다 소액인 것, 자기에게 귀책사유가 없다는 것을 입증해도 배상책임을 면할 수 없다(대판 1991.1.11, 90다8053). 반대로 채권자도 실손해가 예정액보다 고액이어도 증액청구를 할 수 없다.

지연배상의 예정이 있을 때는 동시에 본래의 급부를 청구할 수 있고, 예정액은 후에 이행불능이 되었거나 또는 해제된 때의 전보배상의 기준이 된다. 전보배상의 예정이 있을 때는 본래의 급부를 청구할 수 없지만, 지연배상에 관하여 예정이 되어 있지 않으면 별도로 청구할 수 있다.

2) 법원의 권한

손해배상액의 예정액이 부당히 고다한 경우에는 법원은 적당히 감액할 수 있다(398조 2항). 배상예정액이 부당히 과다한 경우에 감액할 수 있을 뿐이지 부당히 과소하다고 해서 증액할 수 있는 것은 아니다(통설).

3) 배상액예정과 계약의 효력

손해배상액의 예정은 이행의 청구나 계약의 해제에 영향을 미치지 않는다(398조 3항). 즉 배상액의 예정이 이행청구권이나 계약해제권의 포기를 포함하는 것은 아니다.

(a) 일부이행의경우의 배상예정액의 청구

채무자가 채무일부를 이행하고 잔존채무를 이행하지 않는 경우에도 채권자는 배상예정액의 청구를 할 수 있는가기 문제된다. 계약당시의 당사자의의사에 따르고, 의사사 분명하지 않은 때는 이행의 비율에 따라 예정액을 감액하여 청구할 수 있다고 볼 것이다.

(b) 위약금의 배상액예정으로의 추정

위약금은 채무불이행의 경우에 채무자가 채권자에게 지급할 것은 약속한 금전이다. 위약금의 목적은 위약벌 또는 배상액의 예정이다. 민법은 위약금의 약정은 손해배상액의 예정을 위한 것으로 추정하고 있다(398조 4항). 당사자가 위약벌의 목적으로 약정한 경우에는 반증을 들어 이 추정을 깨뜨릴 수 있으며, 이 경우에는 민법 제398조의 규정이 적용되지 아니한다. 따라서 법원이 감액하지도 못한다.

[계약금의 손해배상액 여부]

유상계약을 체결함에 있어 계약금 등 금원이 수수되었다고 하더라도 이를 위약금으로 하는 특약이 있는 경우에 한하여 민법 398조 4항에 의하여 손해배상액의 예정으로서의 성질을 가진 것으로 볼 수 있을 뿐이고, 그와 같은 특약이 없는 경우에는 그 계약금 등을 손해배상액의 예정으로 볼 수 없다(대판 1996.6.14, 95다11429).

(C) 과실상계와 손익상계

손해배상액의 예정에도 과실상계 및 손익상계가 인정된다(통설). 판례는 과실상계를 인정하지 않는다(대판 2002.1.15, 99다57126).

[잔금 지급기일 위반시 중도금 포기약정]

매수인이 당초 약정된 잔금 지급기일까지 잔금을 지급하지 못하여 그 지급독촉을 받아오다가 매도인과의 사이에 그 잔금의 지급기일을 연기하는 한편 그 기일의 준수를 다짐하면서 만일 rm 연기된 날까지 잔금을 지급하지 아니하면 매매계약을 해제하여 무효로 함과 아울러 매도인에게 이미 지급한 계약금 및 중도금에 대한 반환청구권을 포기 내지 상실키로 약정을 한 경우, 그 포기약정을 손해배상액의 예정으로 보아 그 예정액이 부당히 과다하다면 이를 감액할 수 있다(대판 1995.12.12, 95다40076).

5. 손해배상자의 대위

채권자가 그 채권의 목적인 물건 또는 권리의 가액전부를 손해배상으로 받은 때에는 채무자는 그 물건 또는 권리에 관하여 당연히 채권자를 대위한다(399조). 예컨대 수치인이 임치물을 도난당한 경우 그 물건의 가액을 변상하면 수치인이 당연히 그 물건의 소유권을 취득한다.

손해배상자의 대위는 가액전부를 배상한 경우만 인정되므로 일부의 배상이 있었다 하여 물건 또는 권리에 대하여 일부대위가 생기지 않는다. 대위로 인한 경우에 채권의 목적 또는 권리가 법률상 당연히 인정된다. 즉 인도나 채권양도의 통지 또는 승낙을 요하지 않는다.

보상금청구권과 관련하여 임차인이 그의 과실로 임차가옥을 소실케 하여 전보배상을 하더라도 가옥소유자의 화재보험금을 대위할 수 없다. 오히려 보험회사가 보험금을 지급한 때에는 가옥소유자가 임차인에 대하여 가지는 손해배상청구권을 보험회사가 대위하게 된다(상법 682조).

[배상자 대위가 인정되지 않는 경우]

채권의 목적인 물건 또는 권리가 가분적인 것이라는 등의 특별한 사정이 있는 경우는 별론으로 하고, 그 밖의 경우에는 성질상 채무자가 채권의 목적인 물건 또는 권리의 가액의 일부를 손해배상한 것만으로는 채권자를 대위할 수 없다(대판 2007.10.12, 2006다42566).

6. 대상청구권

대상청구권이란 이행불능이 생긴 것과 동일한 원인에 의해 채무자가 목적물의 대상(代償)이라고 생각되는 이익을 취득한 경우, 공평의 관점에서 채권자가 입은 불이익의 한도에서 그 대상의 인도를 청구할 수 있는 권리이다.

우리 민법은 대상청구권에 대한 규정을 두고 있지 않지만, 형평의 원칙에 비추어 이를 인정하는 것이 다수설과 판례의 입장이다.

제4절 책임재산의 보전

금전채권 이외의 채ㅔ권도 채무자가 임의로 이행하지 않는 경우에는 손해배상의 문제가 되므로 채무자의 일반재산은 채권자의 최후의보루이고, 이것이 잘 유지되는 것은 채권자에게 있어서 중요하다. 따라서 채무자가 일반재산의 감소를 방치하는 경우에 그 감소를 방지하고 보전하는 수단이 필요하고, 그 수단으로서 채권자에게 인정되는 권리가 채권자대위권과 채권자취소권이다.

제1관 채권자대위권

사례

을은 토지소유자인 갑으로부터 토지를 임차하여 그 위에 건물을 짓고 살아왔다. 그런데 건물이 화재로 소실되었다. 그 후 병이 그 토지에 무단으로 가건물을 짓고 살고 있지만, 을은 임차권의 대항력을 갖추지 못하고 있다. 이러한 경우에 을이 취할 수 있는 법적 수단은 무엇인가?

Ⅰ. 서 설

1. 채권자대위권의 의의

채권자대위권은 채권자가 자기의 채권을 보전하기 위하여 자기의 이름으로 채무자의 권리를 행사할 수 있는 권리이다(404조 1항 본문). 예컨대 갑의 채무자 을이 제3채무자 병에 대하여 가지고 있는 채권을 행사하지 않기 때문에 그 채권이 소멸시효에 걸릴 우려가 있는 경우, 채권자 갑이 을의 병에 대한 채권을 대신 행사하여 시효를 중단시킬 수가 있다.

2. 연혁과 기능

채권자대위권은 독일과 스위스에는 없는 제도로 프랑스민법에서 유래한 제도이다. 채권자대위권은 채무명의를 요하지 않으므로 행사가 쉽고 행사의 범위도 넓다(강제집행이 전혀 적용될 수 없는 경우 - 채무자의 권리를 보존하기 위한 행위 등에도 적용됨). 이 제도는 강제집행을 보완하는 기능이 있고 특정채권(등기청구권 등)을 보존하는 기능도 가지고 있다.

3. 성 질

채권자대위권은 실체법상의 권리이지, 소송법상의 권리가 아니다. 또한 채권자대위권은 채권자가 자기의 이름으로 채무자의 권리를 행사할 수 있는 권리이므로 대리권은 아니며, 일종의 법정재산관리권이다.

Ⅱ. 채권자대위권의 요건

근대시민사회에서는 각 시민은 개인으로서 독립된 지위를 보장받으므로 자기재산에 대하여는 원칙적으로 타인에 의한 간섭을 받지 않는다. 채권의 대외적 효력은 이 기본원리에 대한 예외로서의 측면을 가지므로 대위권행사의 요건이 중요한 의미를 가지고 있다. 또 그 판단에 있어서도 엄격한 태도가 요구된다.

1. 대위의 목적이 되는 권리

(1) 채무자의 일반재산을 구성하는 재산권

채무자의 일반재산을 구성하는 재산권이 대위의 대상이 된다. 그러므로 청구권·형성권·환매권 등은 물론 채권자대위권·채권자취소권 등도 대위의 목적이 될 수 있다. 또한 공법상의 등기청구권도 대위의 목적이 된다.

(2) 일신전속권

일신전속권은 권리의 성질상 특정 권리자만이 향유할 수 있거나(귀속상의 일신전속권), 행사할 수 있는 권리(행사상의 일신전속권)을 말한다. 귀속상의 일신전속권의 예로는 위자료청구권·상속재산분할청구권 등이 있다. 행사상의 일신전속권의 예로는 부양청구권·인지청구권·부부간의 계약취소권·이혼청구권·상속포기권 등이 있다.

일신전속권 중 타인의 권리를 대신해서 행사할 수 없는 행사상의 일신전속권은 채권자대위권의 대상이 되지 않는다(404조 1항 단서). 그러나 재산적 성격이 짙은 귀속상의 일신전속권은 채권자대위권의 대상이 된다.

(3) 압류지채권

민법상 명문의 규정은 없지만 압류금지채권은 주로 채무자의 생존을 위하여 압류가 금지된 결과 채권이 공동담보가 될 수 없으므로 대위행사를 할 수 없다(민사집행법 296조·근로기준법 89조·공무원연금법 32조 등).

2. 피보전권리

(1) 피보전채권의 존재

채권자대위권을 행사하기 위하여 보존할 필요가 있는 채권이 존재하여야 한다. 민법 제404조는 채권이라고만 규정하고 있으나 순수한 채권이 아닌 물권적 청구권도 포함된다. 채권의 종류와 발생원인은 문제되지 않는다.

[채권이 제3채무자에게 대항 가능여부]

민법 404조에서 규정하고 있는 채권자대위권은 채권자가 채무자에 대한 자기의 채권을 보전하기 위하여 필요한 경우에 채무자의 제3자에 대한 권리를 대위행사 할 수 있는 권리를 말한다. 이 때 보전되는 채권은 보전의 필요성이 인정되고 이행기가 도래한 것이면 족하고, 그 채권의 발생원이이 어떠하든 대위권을 행사함에는 아무런 방해가 되지 아니한다. 또한 채무자에 대한 채권이 제3채무자에게까지 대항할 수 있는 것임을 요하는 것도 아니다(대판 2003.4.11, 2003다1250).

(2) 피보전채권이 변제기에 있을 것

1) 원 칙

피보전채권이 변제기에 있어야 대위권을 행사할 수 있으나, 채권보전의 긴급성이라는 관점에서 다음 2개의 예외를 인정하고 있다.

2) 예 외

(a) 재판상 대위

기간이 도래하기 전에 행사하지 않으면 목적을 달성할 수 없는 경우에는 법원의 허가를 얻어 채권자대위권을 행사할 수 있다(404조 2항 본문). 즉 채권자의 채권이 「기한 전에 채무자의권리를 행사하지 아니하여 그 채권을 보전할 수 없거나, 이를 보전함에 곤란이 생길 염려가 있을 때에 재판상의 대위를 신청할 수 있다」(비송사건절차법 45조).

(b) 보존행위

채무자의권리의 현상을 그대로 유지하는 보존행위(소멸시효중단 등)는 채권자의 채권의 변제기도래 전이라도 채권자는 법원의 허가 없이 대위할 수 있다(404조 2항 단서).

(3) 채권보전의 필요가 있을 것 – 무자력필요 여부

1) 보전필요성의 의미

채권자대위권을 행사하기 위해서는 채무자가 무자력인 경우, 즉 채무자의 책임재산 중 소극재산이 적극재산을 초과해야만 하는가에 관하여 견해의 대립이 있다.

① 무자력요건설 : 채무자의 책임재산이 무자력인 경우에만 보전필요성이 인정된다는 견해이며, 다수설이다.

② 무자력불요설 : 채권자대권은 채무자의 권리를 대신 행사하는데 지나지 않으므로, 채무자의 무자력은 대위의 요건이 아니라는 견해이다.

③ 절충설 : 채무자의 제3자에 대한 권리가 채권자의 채권에 대한 담보로서 관련성이 강한 경우에는 무자력을 요건으로 하지 않으나, 기타의 경우에는 무자력을 요건으로 한다는 견해이다.

무자력요건설의 경우에는 특정채권을 보전하기 위한 경우에 채권자대위권을 전용하여 문제를 해결하고, 절충설은 이를 채권자대위권의 본래적 기능이라고 해석하는 점에서만 차이가 있을 뿐이므로 무자력요건설과 절충설의 실질적인 차이가 없다.

[채권보전의 필요성]

민법 404조 1항에서 「자기의 채권을 보전하기 위하여」라 함은 그 채권이 금전채권이거나 손해배상채권으로 귀착할 수밖에 없는 것인 때에는 채권자가 무자력하여 그 일반재산이 감소되는 것을 방지할 필요가 있는 경우를 말하는 것이며, 대위권행사의 요건의 존재사실은 채권자가 입증하여야 한다(대판 1963.4.25, 53다122).

2) 피보전권리가 금전채권인 경우

통상의 대금채권이나 손해배상청구채권의 권리자가 만족을 얻기 위해서는 채무자의 자력을 유지하는 방법밖에 없다. 이러한 채권을 대위권의 행사에 의해 보전하기 위해서는 채무자의 무자력을 요한다. 이것이 채권자대위권의 일반적인 모습이다. 다만 금전채권이라도 대위채권과 피대위채권 사이에 특별히 밀접한 관련이 있거나 피대위채권이 대위채권을 실질적으로 담보하고 있는 경우에는 채무자의 무자력을 요하지 않는다고 본다.

판례도 금전채권을 가진 자가 채무자의 국가에 대한 상속등기청구권을 대위행사 하는 경우(대판 1964.4.3, 63다54)나 의료인이 치료비청구권을 보전하기 위하여 채무자가 국가에 대해 갖는 치료비청구권을 대위행사 하는 경우(대판 1981.6.23, 80다1351) 등에는 무자력을 요구하지 않는다.

채무자의 무자력 여부에 대한 판단은 사실심변론종결 당시를 표준으로 결정하며(대판 1966.6.21, 66다587), 채무자의 무자력은 채권자가 주장 · 입증하여야 한다.

3) 금전채권 이외의 경우

채권자대위권은 다양한 실제사의 요구를 배려하여 위 원칙적 사례 이외의 경우에도 이용되는 것이 중요한 기능을 하고 있다. 즉 채권자가 채무자의 제3자에 대한 특정채권을 행사하는 것이 의해, 자기의 특정채권을 보전할 수 있을 때에는 예외적으로 무자력을 요건으로 하지 않고 대위권의 행사가 인정된다.

이러한 경우를 채권자대위권의 전용이라고 한다(무자력요건설의 입장이다. 절충설에 따르면 채권자대위권의 기능상 당연한 결과이다). 주요한 전용예를 검토하면 다음과 같다.

(a) 등기청구권의 대위행사

갑→을→병 순으로 토지가 양도되었지만, 아직 등기는 갑에게 남아 있고 병의 요구에도 불구하고 을이 갑에게 등기이전의 청구를 하지 않고 있는 경우, 병은 을의갑에 대한 등기청구권을 대위행사할 수 있다.

그러나 을의 갑에 대한 대금지불이 완료되지 않은 때는 갑은 대감지불과 등기이전을 동시이행하라는 항변권(536조)을 가지므로, 병은 갑이 을에 대한 항변권을 행사하면 을의 갑에 대한 권리를 대위할 수 없다(대위권의 부존재). 또한 병이 을에게 대금을 지불하지 않은 때에도 항변권의 행사가 있으면 병의 을에 대한 청구권이 행사될 수 없으므로 대위할 수 없다(피보전채권의 부존재).

[채권담보의 소유권이전등기 말소청구권]

종중원에게 명의신탁 된 종중소유 부동산에 관하여 제3자 명의로 원인무효의 소유권이전등기가 경료된 경우, 종중은 수탁자가 가지고 있는 소유권이전등기 말소등기 절차이행 청구권을 대위행사할 수 있다(대판 1965.11.23, 65다1669).

(b) 방해배제청구권의 대위행사

갑이 을에게 토지를 임대했는데 을은 갑의 동의를 병에게 이를 전대했다. 그런데 병이 토지의 점유를 개시하기 전에 제3자 정이 이 토지를 불법점거 한 경우, 병은 을의 갑의 명도청구권을 대위하는 권리를 대위하여 정으로 하여금 토지를 명도할 것을 청구할 수 있다. 이 경우에는 갑·을의 자력과는 무관하게 병은 자기의 특정채권을 보전하기 위해 을의 갑에 대한 대위권을 대위할 수 있다(대위권도 대위의 목적이 될 수 있다).

(4) 채무자가 스스로 권리를 행사하지 않을 것

채무자가 스스로 권리를 행사하는 경우에는 그 결과여하에 불구하고 대위권을 행사할 수 없다(대판 1975.7.8, 75다529). 한편 소송에서 채무자의 권리행사가 부적당한 때는 채권자는 보조참가(민사소송법 71조) 또는 당사자참가(민사소송법 79조)에 의해 자기의 권리를 보전할 수 있다.

Ⅲ. 채권자대위권의 행사

1. 행사방법

(1) 채권자 명의로 행사

채권자는 자기의 이름으로 대위권을 행사할 수 있다(이 점에서 대리와 구별된다). 그러나 채무자의 입장에 서서 채무자의 권리를 행사하기 때문에, 제3채무자는 그가 채무자에 대하여 가지고 있는 항변권을 대위행사하는 채권자에 대하여 주장할 수 있다. 대위권의 행사는 재판 외에서도 할 수 있는 바, 이 점에서 채권자취소권과 다르다.

[채권자대위권의 행사]

채권자가 채무자와 제3채무자 사이에 체결된 부동산매매계약에 기한 소유권이전등기청구권을 보전하기 위해, 채무자를 대위하여 제3채무자에 대한 부동산에 대하여 가처분결정을 받은 경우에는 채무자가 그 매매계약을 합의해제 하여 채권자대위권의 객체인 부동산소유권 이전등기청구권을 소멸시켰다하더라도 채권자에게 대항할 수 없다. 그 결과 제3채무자도 채권자에게 대항할 수 없다(대판 2007.6.28, 2006다85921).

(2) 채무자에게 통지

채권자가 보전행위 이외의 채무자의 권리를 대위행사한 때에는 이를 채무자에게 통지하여야 한다(405조 1항). 그러나 대위권행사에 채무자의 동의를 받을 필요는 없다.

채무자가 채권자로부터 대위권행사의 통지를 받은 후에는 채무자가 대위행사 된 권리를 처분하더라도 그 처분을 채권자에게 대항할 수 없다(405조 2항). 대위권행사의 통지가 없었더라도 채무자가 대위권행사의 사실을 알고 있었을 때에는 그 대위행사한 권리의 처분을 가지고 채권자에게 대항할 수 없다(대판 1988.1.19, 85다카1792).

[대위채권자와 제3채무자의 관계]

채무자가 대위권행사의 통지를 받은 후에 채무자의 채무불이행을 이유로 제3채무자가 통지 전에 체결된 매매계약을 해제한 경우, 제3채무자는 계약해제로써 대위권을 행사하는 채권자에게 대항할 수 있다.

이다만 형식적으로 채무자의 채무불이행을 이유로 한 계약해제인 것처럼 보이지만, 실질적으로는 채무자와 제3채무자가 대위채권자에게 대항할 수 있도록 채무자의 채무불이행을 이유로 하는 계약해제인 것처럼 외관을 갖춘 것이라는 등의 특별한 사정이 있는 경우에는 채무자가 피대위채권을 처분한 것으로 보아, 제3채무자는 계약해제로써 대위권을 행사하는 채권자에게 대항할 수 없다(대판 2012.5.17, 2011다87235).

2. 행사의 범위

채권보전에 필요한 범위에 한정되므로 관리행위는 허용되나 처분행위는 허용되지 않는다. 또 채권의 공동담보의 목적을 위하여 대위채권자의 채권액 이상의 채무자의 권리를 행사하는 것은 무방하나, 하나의 권리행사로 그 목적을 달성할 수 있는 경우에 그 이상으로 다른 권리를 행사하는 것은 허용되지 않는다고 하여야 할 것이다.

[대위행사 후 채무자의 소유권이전등기청구권]

채무자의 변제수령은 처분행위라 할 수 없다. 같은 이치에서 채무자 그 명의로 소유권이전등기를 경료하는 것 역시 처분행위라고 할 수 없다. 그러므로 채권자가 소유권이전등기청구권을 대위행사한 후에도 채무자는 그 명의로 소유권이전등기를 경료하는 데 아무런 지장이 없다(대판 1991.4.12, 90다9407).

Ⅳ. 대위권행사의 효과

1. 효과의 귀속

채권자대위권은 채권자가 채무자의 권리를 행사하는 것이므로 그 효과는 직접 채무자에게 귀속하고 총채권자를 위하여 공동담보가 되며, 대위채권자가 그 급부로부터 우선변제를 받을 권리는 없다.

따라서 대위채권자는 자기채권의 변제를 받으려면 다시 채무자로부터 임의변제를 받거나 또는 다시 강제집행절차를 밟아야 한다. 다만 대위수령한 목적물이 채권자의 채권의 목적물과 동종의 것이고 상계적상에 있는 때에는 상계함으로써 우선변제를 받는 것과 같은 결과를 가져올 수도 있다.

2. 비용의 상환

채권자대위권을 행사하는 채권자와 그 채무자 사이에는 일종의 법정위임관계가 생긴다고 볼 수 있으므로, 민법 제688조를 준용하여 채권자는 채무자에게 그 비용의 상환을 청구할 수 있다(대판 1996.8.21, 96그8).

3. 판결의 기판력

채권자대위권은 재판상 행사할 필요는 없지만, 채권자가 대위권을 재판상 행사한 경우에 판결의 기판력이 채무자에게 미치는가의 여부가 문제된다.

(1) 채권자가 대위소송을 제기한 경우

채권자가 스스로 소송당사자가 되어 대위소송을 제기한 경우에 채무자가 소송에 참가(민사소송법 79조) 또는 소송고지를 받은 때에는(민사소송법 84조-86조) 그 판결의 효력이 채무자에게도 미친다(민사소송법 77조).

(2) 채무자가 소송참가도 하지 않고 소송고지도 받지 않은 경우

판례는 소송이 제기된 사실을 어떤 사유에 의하였든지 간에 채무자가 알았을 때에는 그 대위소송의 판결의 기판력은 채무자에게도 미친다고 한다(대판 1975.5.13, 74다1664 전원합의체). 다수설은 민사소송법 제218조 2항, 즉 「다른 사람을 위하여 원고나 피고가 된 사람에 대한 확정판결은 그 다른 사람에 대하여도 효력이 미친다」는 것에 근거하여, 채권자에 의한 대위소송을 채무자가 알든 모르든 이를 묻지 않고 기판력은 언제나 채무자에게 미치는 것으로 본다. 법적 안정성의 측변에서 채무자의 인지여부에 관계없이 대위소송의 기판력은 채무자에게 미친다고 보는 것이 타당하다고 본다.

사례해결

설문은 부동산임차권에의 채권자대위권의 전용례(轉用例)이다.

임차인 을이 대항력을 갖추고 있으면 직접 부동산임차권에 기한 방해제거가 가능하지만, 설문에서 을에게는 대항력이 없다. 그러나 부동산임차인은 임대인이 목적부동산의 불법점거자에 대하여 가지는 방해배제청구권을 대위행사할 수가 있고, 이 경우에는 채무자의 무자력을 요건으로 하지 않는다. 즉 토지소유자 을은 불법점거자 병에 대하여 소유권에 기한 방해배 갑은 을의 병에 대한 방해배제청구권을 대위행사할 수 있다.

제2관 채권자취소권

사례

을이 갑으로부터 금전을 차용하여 변제하지 않자 갑은 을에 대하여 강제집행을 하려고 마음먹고 있었다. 그런데 이러한 사실을 안 을은 병과 통모하여 자신의 유일한 재산인 시가 5천만원의 X토지를 명에게 3천만원에 매각하였다. 그 후 병은 정에게 X토지를 4천 5백만원에 전매하였다. 이 경우에 갑·을·병·정의 법률관계는 어떠한가?

Ⅰ. 서 설

1. 의 의

채권자취소권은채무자가 채권자를 해함을 알면서 자기의 일반재산을 감소시키는 법률행위(詐害行爲)를 한 경우, 채권자가 그 법률행위를 취소하고 재산을 원상으로 회복하는 것을 내용으로 하는 권리이다(406조 1항). 사해행위취소권 또는 폐파소권(廢罷訴權)이라고도 한다. 채권자취소권의 실체법상의 권리이다.

[근저당권설정계약의 취소여부]

채무자와 수익자 사이의 저당권설정계약이 사해행위인 이상 그로 인한 근저당권설정등기가 경락으로 인하여 말소되었다고 하더라도 수익자로 하여금 근저당권자로서의 배당을 받도록 하는 것은 민법 406조 1항의 취지에 반한다.

따라서 수익자에게 그와 같은 부당이득을 보유시키지 않기 위하여 그 근저당권설정등기로 해를 입게 되는 채권자는 근저당권설정계약의 취소를 구할 이익이 있다(대판 1997.10.10, 97다8687).

2. 성 질

채권자취소권의 성질에 관하여 견해의 대립이 있는데, 크게 네 가지로 분류할 수 있다. 다음 2개의 예를 사용하여 각 학설의 특징을 살펴보면 다음과 같다.

【예1】 채무자 을은 채권자 갑의 강제집행을 면하기 위해 유일한 재산이 시가 5,000만원 의토지를 병(수익자)에게 4,000만원에 매각했다.

【예2】 <예1>에서 병은 토지를 4,500만원에 정(전득자)에게 매각했다.

(1) 형성권설

취소권의 본질은 사해행위의 효력을 부인하는 권리하고 주장한다. 즉 채권자취소권은 을·병간의 매매계약을 사해행위로서 취소할 수 있는 권리이고, 소의 성질은 형성소송이다.

이 경우의 효과는 통사의 취소와 같다(141조 참조). 소송의 상대방은 <예1>·<예> 모두 을과 병이고, 을·병간의 매매계약을 취소하는 것이 된다. 판결에 의해서는 취소에 의한 형성적 효과밖에 발생하지 않는다.

그러므로 <예1>에서는 을이 스스로 병에게 반환을 청구하고, 병은 을에게 4,000만원의 부당이득의 반환을 청구한다. <예2>에서 갑은 을을 대위하여 정에게 반환을 청구하고, 정은 병에게 부당이득 4,500만원, 병은 을에게 부당이득 4,000만원의 반환청구를 하게 된다.

(2) 청구권설

취소권의 본질은 사해행위에 의해 급부된 것을 반환청구 하는 권리라고 주장한다. 을 · 병간의 계약을 취소하는 것은 어디까지나 반환청구의 논리적 전제이고, 사해행위의 효력 자체를 부인하는 것은 아니다. 소의 성질은 권리애용에 따른 급부소송(이행소송)이므로 소송의 상대방은 <예1>에서는 병이다. 병은 을은 을에게 토지를 반환하라는 판결을 구한다. <예2>에서는 정을 상대방으로 하여 정은 을에게 토지를 반환하라는 판결을 구한다.

취소 후에는 <예1>에서는 병이 을에게 4,000만원의 부당이득의 반환청구를 하고, <예2>에서는 정이 을에게 4,000만원의 부당이득반환청구를 하는 것이 된다(을과 병, 병과 정간의 각 행위의 효력은 취소에 의해 영향을 받지 않는다).

(3) 절 충 설

취소권의 본질은 사해행위를 취소하고, 또 일탈된 재산을 도로 찾는 것이고, 소의 성질은 형성소송과 급부소송이다, 소송의 상대방은 <예1>에서는 병이고, 을 · 병간의 매매계약을 취소하고 병은 을에게 토지를 반환하라는 판결을 구한다. <예2>에서의 상대방은 정이고, 을 · 병간의 매매계약을 취소하고 정은 을에게 토지를 반환하라는 판결을 구한다.

취소 후에는 <예1>에서는 병은 을에게 4,000만원의 부당이득반환청구를 하고, <예2>에서는 정은 을에게 4,000만원의 부당이득반환청구를 한다(취소는 청구건설과 같이 상대적 효력밖에 없다).

통설과 판례는 절충설을 취한다.

(4) 책 임 설

채권자취소권은 채무자 을로부터 일탈된 재산에 대해 채권자 갑의 강제집행을 가능하게 하기 위한 준비절차이고, 그 본질은 책임적 무효를 발생시키는 형성권이라고 주장한다. 수익자 병 또는 전득자 丁의 소유권은 그대로 두고, 병 또는 정은 을의 책임을 인수하는(법정물상보증인이 된다) 제도라고 한다. 재산권의 귀속과 책임의 분리를 전제로서 책임재산의 범위를 확장하는 사고이다. 소의 성질은 형성소송이라고 본다.

Ⅱ. 채권자취소권의 요건

채권자취소권을 행사하려면 (ⅰ) 채무자가 재산권을 목적으로 하는 법률행위를 할 것, (ⅱ) 채권자를 해하는 법률행위일 것, (ⅲ) 채무자가 채권자를 해치는 알고 알고 한 행위일 것, (ⅳ) 수익자 · 전득자가 악의일 것 등이 필요하다.

前 2자를 객관적 요건, 後 2자를 주관적 요건이라고 한다.

1. 채권자의 채권

채권자의 채권은 사해행위가 있기 이전에 발생한 것이라야 한다(대판 1962.2.15, 4294민상378). 사해행위 당시에 아직 존재하지 않는 채권이 그 사해행위에 의하여 침해된다는 것은 논리모순이기 때문이다. 다만 사해행위 당시에 이미 채권성립의 기초가 되는 법률관계가 발생되어 있고, 가까운 장래에 그 법률관계에 기하여 채권이 성립될 고도의 개연성이 있는 경우에는 그 채권도 포함될 수 있다(대판 1996.2.9, 95다14503).

채권자의 채권은 원칙적으로 금전채권이어야 하나, 손해배상청구권으로 변할 수 있으면 채권자취소권이 인정된다(통설 · 판례 ; 대판 1965.6.29, 65다477). 채권자의 채권은 이행기에 있을 필요는 없으며 물적 담보(저당권 등)가 설정되어 있는 채권자의 채권은 그 담보물의 가액이 부족한 한도에서만 취소권을 행사할 수 있다. 인적 담보의 경우에는 채권전액에 관하여 취소권을 행사할 수 있다.

[사해행위 당시 미발생한 구상채권]

채권자의 보증채무 이행으로 인한 구상금채권이 채무자의 사해행위 당시 아직 발생하지는 않았으나 그 기초가 되는 신용보증약정은 이미 체결되어 있었고 사해행위 시점이 주채무자의 부도일(不渡日) 불과 한달 전으로서 이미 주채무자의 재정상태가 악화되어 있었던 경우, 위 구상금채권은 채권자취소권의 피보전채권이 된다(대판 2000.5.25, 99다53704).

2. 객관적 요건

(1) 재산권을 목적으로 한 법률해위

민법 제406조 1항은 「재산권을 목적으로 한 법률행위」는 취소의 대상이 된다고 규정하고 있다. 법률행위는 채무자의 법률행위이다. 물상보증인이 부동산을 타인에게 양도한 경우는 채무자의 행위가 아니므로 채권자취소권의 대상이 아니다. 법률행위는 사실상의 법률행위만을 의미하는 것은 아니고 재판사의 법률행위나 준법률행위도 포함하는 개념이다.

법률행위를 하지 않았으나 법률행위를 한 것과 동일한 효과가 주어지는 경우에 의하여 책임재산이 감소한 경우에는 채권자취소권을 행사할 수 있다. 법률상의 추인이나(15조) 법정추인(145조) 등이 이에 해당한다. 단순한 부작위나 사실행위 또는 순수한 소송행위는 채권자취소권을 행사할 수 없다.

채무자의 법률행위는 반드시 유효한 것일 필요는 없다. 통설과 판례는 통정허위표시에 해당하여 무효이어도 채권자취소권을 행사할 수 있다고 한다(대판 1988.4.25, 87다카1380). 채무자의 법률행위는 재산권을 목적으로 하여야 하므로 가족법상의 법률행위는 대상이 되지 않는다. 다만 이혼에 따른 재산분할에 있어 채무자의 자산상태」양도경위 등을 고려하여 과도한 경우에는 취소권의 대상이 될 수 있다(대판 1990.11.23, 90다카24762). 압류가 금지되어 있는 재산권은 채권의 공동담보가 되지 못하므로 대상이 되지 않는다.

(2) 채권자를 해하는 법률행위

채권자를 해한다는 것은 채무자의 일반재산이 감소하여 채권자가 만족을 얻을 수 없는 것을 말한다. 즉 채무자의 행위에 의해 책임재산 중 소극재산이 적극재산을 초과하는 것을 의미한다.

이러한 일반적 기준도 구체적 적용에 있어서는 다음과 같은 문제가 생긴다.

1) 채무자 재산의 평가기준

물적 담보의 목적이 되어 있는 재산에 대하여는 피담보채권액을 공제하고 평가한다. 예컨대 병을 보증인으로 세운 채무자 을의 채권자 갑이 취소권을 행사하려는 경우에 주채무자 을이 변제능력을 상실한 경우에는 그 범위 내에서 병의 보증채무는 소극재산으로서 計上된다.

연대채무자의 1인 을의 채권자 갑이 취소권을 행사하려는 경우에 다른 연대채무자 병·정이 변제할 수 있는 경우, 을의 연대채무는 그 부담부분의 범위 내에서만 소극재산이 되고 다른 연대채무자가 무자력이 되면 무자력자의 부담부분의 범위 내에서 소극재산이 된다.

2) 판단기준

사해행위당시를 기준으로 무자력여부를 결정한다. 다만 사해행위 시점에는 채권자를 해하는 요건을 충족시켰어도, 취소시점에서 채무자의 자력이 회복된 경우에는 취소할 수 없다(통설·판례).

3) 일부 채권자에의 변제

통설과 판례에 의하면 사해행위로 되지 않는다. 적극재산만 감소하는 것이 아니라 같은 정도로 소극재산도 감소하기 때문이다. 다만 이행기가 도래하지 않는 채권을 변제한 경우에는 사해행위가 된다(대판 1967.4.25, 67다75).

[사해행위가 되는 경우]

무자력상태의 채무자가 기존채무에 관한 특정의 채권자로 하여금 채무자가 가지는 채권에 대하여 압류 및 추심명령을 받음으로써 강제집행절차를 통하여 사실상 우선변제를 받게 할 목적으로 그 기존채무에 관하여 강제집행을 승낙하는 취지가 기재된 공정증서를 작성하여 주었다.

이에 의해 채권자가 채무자의 그 채권에 관하여 압류 및 추심명령을 얻은 경우, 채권자자와 채무자의 합의는 기존채무의 이행에 관한 별도의 계약인 채무변제계약에 해당하는 것으로써 다른 일반채권자의 이익을 해하여 사해행위가 된다(대판 2010.4.29, 2009다33884).

4) 담보의 제공

(a) 물적담보제공

채무자가 새로운 채권을 설정하면서 물적담보를 제공하는 경우에는 사해행위에 해당하지 않는다. 그러나 채무초과상태에 있는 채무자가 채권자 중의 어느 한 사람에게 물적담보를 제공하는 것은 다른 채권자의 이익을 해하므로 사해행위에 해당한다(대판 2001.5.8, 2000다50015).

[특정 채권자에의 근저당권 설정행위]

수인의 채권자 중 특정 채권자에게 채무자의 유일한 부동산에 대하여 근저당권을 설정해주는 행위는 특별한 사정이 없는 한, 사해행위에 해당한다. 그리고 특정 채권자로부터 차용한 금원의 사용처에 따라 사위행위의 범위가 달라지는 것은 아니다(대판 2007.10.11, 2007다45364).

(b) 인적담보의 제공

채무자가 연대보증채무 · 연대채무를 부담하는 경우에는 소극재산이 증가하므로 사해행위에 해당한다.

5) 상당한 대가의 매각

시가상당액으로 매각하는 행위는 사해행위로 되지 않는다. 그러나 대금이 부당하게 저렴한 경우에는 사해행위로 된다.

채무자가 유일한 재산인 부동산을 매각하여 소비하기 쉬운 금전으로 바꾸는 행위에 대하여 판례는 특별한 사정이 없는 한 사해행위로 보고 있으나(대판 2001.4.24, 2000다41875), 통설은 대금이 상당한 경우에는 이를 사해행위로 평가하지 않는다. 이 경우에는 채권자를 해할 우려가 다분하므로 사해행위를 인정하는 것이 타당하다고 본다.

6) 대물변제

대물변제도 매매의 경우와 같이 대물의 가치가 본래의 급부의 가치에 비하여 부당하게 고가인 때에만 사해행위로 된다고 할 것이다(대판 1962.11.25, 62다634).

[대물변제와 사해행위]

채무자의 재산이 채무 전부를 변제하기에 부족한 경우에 채무자가 그의 유일한 재산을 어느 특정채권자에게 대물변제로 제공하여 양도한 행위는 다른 특별한 사정이 없는 한, 다른 채권자들에 대한 관계에서 사해행위가 된다(대판 2005.11.10, 2004다7873).

3. 주관적 요건

(1) 채무자의 사해의사

채무자가 그의 법률행위에 의하여 채권자를 해함을 알고 있어야 한다(406조 1항 본문). 그 입증책임은 채권자에게 있다(통설).

(2) 수익자 · 전득자의 악의

수익자는 사해행위 당시에, 전득자는 전득 당시에 채권자를 해하게 되는 사실을 알고 있어야 한다(406조 1항 단서). 채무자가 악의이고 수익자 또는 전득자 중 일방이 악의이면 그 자와의 사이에서 취소권이 성립한다. 수익자 또는 전득자는 자신이 선의임을 입증하여야 그 책임을 면할 수 있다(통설 · 판례)

[수익자의 악의의 추정]

채무자의 제3자에 대한 담보제공행위가 객관적으로 사해행위에 해당하는 경우 수익자의 악의는 추정되는 것이므로 수익자가 법률행위 당시 선의였다는 입증을 하지 못하는 한, 채권자는 그 법률행위를 취소하고 그에 다른 원상회복을 청구할 수 있다(대판 2006.4.14, 2006다5710).

Ⅲ. 채권자취소권의 행사

1. 행사방법

(1) 채권자의 이름으로 행사

채권자취소권은 소송상 채권자의 이름으로 행사된다. 채권자대위권처럼 채무자에 갈음해서 행사하는 것이 아니다.

(2) 재판상의 행사

채권자는 사해행위의 「취소 및 원상회복을 법원에 청구할 수 있다」(406조 1항 본문). 따라서 채권자는 채권자취소권을 재판상으로만 행사할 수 있다. 이것을 인정하는 판결은 취소만을 청구한 경우에는 취소의 판결(형성판결)을 내리게 되며, 취소 및 재산의 반환을 청구하는 경우에는 취소와 동시에 재산의 반환을 명하는 판결(이행판결 = 급부판결)을 내리게 된다.

(3) 취소소송의 상대방

채권자취소권 행사의 상대방은 언제나 이익반환청구의 상대방, 즉 수익자 또는 전득자이며 채무자를 피고로 해서는 안 된다. 채무면제와 같은 단독행위를 취소하는 경우에도 채무면제로 이익을 받은 수익자만을 상대로 한다.

수익자와 전득자가 모두 악의인 때에는 채권자의 선택에 따라 전득자를 피고로 하여 사해행위를 취소하고 그로부터 재산의 반환을 청구할 수도 있고, 수익자를 피고로 하여 그에 대한 관계에서 사해행위를 취소하고 그로부터 채무자의 재산으로부터 逸脫한 본래의 재산에 갈음하여 가액배상을 청구할 수도 있다.

수익자가 악의이고 전득자가 선의일 때에는 채권자는 수익자에 대해서만 취소권을 행사할 수 있다. 이 경우에는 수익자에 대하여 손해배상을 청구할 있을 뿐이다. 수익자가 선의이고 전득자가 악의인 때에는 악의의 전득자를 피고로 하여 재산의 반환을 청구할 수 있다(통설).

[사해행위취소 소송의 피고적격]

채권자가 사해행위의 취소와 함께 책임재산의 회복을 구하는 사해행위취소의 소에 있어서는 수익자 또는 전득자에게만 피고적격이 있고, 채무자에게는 피고적격이 없다(대판 2009.1.15, 2008다72394).

(4) 다른 재판절차와의 관계

사해행위의 취소소송이 계속(係屬)하는 중에 채무자가 파산선고를 받은 대에는 취소소송은 중단되고, 파산관재인이 부인소송으로서 절차를 수계(受繼)한다(파산법 78조 참조).

사해행위를 한 채무자에 대하여 강제화의가 성립하고 화의조건이 정해진 경우는 그것을 존중해야 하므로 채권자도 일정한 제한을 받는다. 즉 선순위채권자가 정해져서 변제가 되어도 사해행위가 되지 않는다.

[파산자의 채권에 기한 사해행위취소]

파산자의 채권에 기한 사해행위취소의 소에서 채무자의 사해행위를 알았는지의 여부는 파산자를 기준으로 판단하여야 한다. 그러나 파산자가 사해행위의 취소원인을 알지 못한 상태에서 파산관재인이 선임되었다면, 그 후로는 파산관재인을 기준으로 판단하여야 한다(대판 2008.4.24, 2006다57001).

2. 행사의 범위

(1) 취소의 범위

사해행위 당시에 성립하고 있는 채권액의 범위 내에서 취소권을 행사한다. 다만 사해행위의 목적물이 불가분이거나 다른 채권자가 배당참가를 신청하는 것이 명백하여 채권자가 자기의 채권을 변제받기 위하여 필요한 경우에는 그의 채권액을 넘어서도 취소권을 행사할 수 있다.

예컨대 채권자 갑에 대하여 1,000만원의 채무를 부담하고 있는 채무자 을이 병에게 1,500만원을 증여한 경우, 이 증여가 사해행위에 해당하면 갑은 1,000만원의 한도에서 을·병간의 증여계약을 취소할 수 있을 뿐이다.

이 예에서 다른 채권자들이 배당참가를 신청할 것이 명백한 경우에는 1,500만원의 증여 전체를 취소할 수 있다. 만일 을이 1,500만원의 금전이 아니라 1,500만원 가치의 보석을 병에게 증여하였다면 사해행위의 목적인 보석은 불가분이므로, 갑은 을·병간의 보석의 증여계약 전부를 취소할 수 있다.

채권자의 채권액에는 사해행위 이후 사실심 변론종결시까지 발생한 이자와 지연손해금이 포함된다(대판 2002.10.25, 2002다42711). 채권액은 사해행위 당시를 표준으로 한다.

(2) 반환청구의 목적물

사해행위에 의해 급부된 목적물 자체를 청구하는 것이 원칙이다. 다만 그것이 불가능 하던가 현저하게 곤란한 때는 가격배상청구권을 취득한다.

Ⅳ. 채권자취소권의 효과

1. 취소효과의 귀속자

채권자취소권 행사의 효과는 「모든 채권자의 이익을 위하여 그 효력이 있다」(407조). 즉 채무자의 책임재산의 증가라고 하는 결과를 가져온다. 취소권을 행사한 채권자는 취소권에 의하여 회복된 재산권에 대하여 다시 강제집행의 절차를 밟지 아니하면 그것을 자기채권의 변제에 충당할 수 없다. 즉 채권자는 회복된 재산으로부터 우선변제를 받을 권리는 없다.

[사해행위 이후의 채권자]

사해행위 이후에 채권을 취득한 채권자는 채권취득 당시에 사해행위취소에 의하여 회복되는 재산을 채권자의 공동담보로 파악하지 아니한 자로서, 민법 제407조에 정한 사해행위취소와 원상회복의 효력을 받는 채권자에 포함되지 아니한다(대판 2009.6.23, 2009다18502).

2. 취소의 상대적 효과

채권자취소권은 채권자와 취소의 상대방과의 관계에서 사해행위의 효력을 부인하는 것이다. 이러한 취소효의 상대성의 냉용은 제도적 목적과의 관련에서 이해할 수 있다. 즉 이 제도의 목적은 채무자의 일반재산에서 逸脫된 재산을 반환시켜 채권을 보전하기 위한 것이므로, 취소의 효과를 이목적달성에 필요한 최소한의 범위에 한정시키는 것이다.

다만 취소의 상대적 효과에 대하여 상대적 무효설(통설 · 판례)과 책임법설이 대립하고 있다. 책임법설에 의하면 책임법적 무효만을 야기하므로, 소송상대방인 수익자 또는 전득자는 채권자에 대하여 채무자로부터 취득한 재산을 가지고 책임만을 부담하므로 물상보증인과 유사한 지위를 갖게 된다. 상대적 무효설에 다르면 채권자에 대한 관계에서 수익자 도는 전득자는 소유자가 아니라는 점에 차이를 갖는다. 우리나라는 책임소송을 인정하지 않으므로 상대적 무효설의 입장에서 논하기로 한다.

[채권자취소권의 상대적 효력]

사해행위취소의 효력은 상대적이기 때문에 소송당사자인 채권자와 수익자 또는 전득자 사이에만 발생할 뿐, 소송의 상대방 아닌 제3자에게는 아무런 효력을 미치지 아니한다(대판 2005.11.10, 2004다49532).

(1) 채무자의 지위

판례(대판 1990.10.30, 89다카35421)에 의하면 채무자는 피소적격이 없으므로 취소된 법률행위도 수익자와 채무자간에는 유효하게 존재한다(상대효). 따라서 채무자는 수익자에 대하여 재산의 반환청구도 가격보상청구권도 취득하지 못한다. 채무자와 수익자 사이에서 목적물의 소유권은 수익자 또는 전득자에게 있다.

수익자가 피고로 된 경우에는 채무자 · 수익자간의 행위의 효력이 모든 채권자와의 관계에서만 취소된 것이고, 수익자 · 전득자간의 관계에는 영향을 주지 않는다. 부당이득에 기한 조정문제만 남아 있을 뿐이다.

(2) 다른 채권자의 지위

취소는 모든 채권자의 이익을 위해 효력을 발생한다(407조). 이것은 일반채권자가 취소의 결과에 대해 평등한 비율로 변제를 받는 절차를 취할 수 있고, 그 절차가 취해진 경우에는 평등한 비율로 변제를 받을 수 있다는 의미이다.

그러나 분배절차에 대한 규정이 없으므로 취소권자는 반환받은 재산에 대하여 분배의무는 부담하지 않는다고 본다. 금전에 대하여는 채권자는 직접 자기에게 인도하라는 청구권을 가지므로, 상계 등에 의해 사실상 우선변제권을 가지는 결과가 되어, 일반채권자가 배당에 참가하는 예는 적다고 생각된다. 반환의채상이 동산인 경우에도 금전에 준하여 채권자엑 인도할 것을 청구할 수 있다고 해석할 수 있을 것이다.

[다른 채권자의 권리주장 가부]

사해행위의 취소와 원상회복은 모든 채권자의 이익을 위하여 그 효력이 있어서 다른 채권자도 안분액을 변제받을 수 있다. 그러나 이는 공동담보로 회복된 채무자의 책임재산으로부터 민사집행법 등의 법률상 절차를 거쳐 다른 채권자도 안분액을 지급받을 수 있다는 것을 의미할 뿐이다.

따라서 다른 채권자가 이러한 법률상 절차를 거치지 아니하고 취소채권자를 상대로 하여 안분액의 지급을 직접 구할 수 있는 권리를 취득한다거나 취소채권자가 인도받은 재산 또는 가액배상금의 분배의무를 부담한다고 볼 수는 없다(대판 2008.6.12, 2007다37837).

Ⅴ. 취소권행사기간의 제한

채권자취소권의행사는 이미 효력을 완성한 법률관계를 일정한 범위 안에서 뒤집는 것이므로, 그 행사기간을 제한하여 법률관계의 불안정한 상태가 오랫동안 계속되지 않도록 할 필요가 있다.

그러므로 민법은 「채권자취소권의 소는 채권자가 취소원인을 안 날로부터 1년, 법률행위 있은 날로부터 5년 내에 제기하여야 한다」고 규정하고 있다(406조 2항). 이 기간은 제척기간이며, 재판상 청구를 하여야 하는 제소기간이다. 취소의 원인을 안 날이란 법률행위를 한 사실을 채권자가 안 때를 의미하는 것이 아니라, 그 법률행위가 채권자를 해하는 행위라는 것까지 알아야 한다는 의미이다(대판 2003.7.1, 2003다19435). 제척기간 도과의 입증책임은 채권자취소소송의 상대방에게 있다(대판 2009.3.26, 2007다63162).

사례해결

사례에서 을은 갑에 대한 채무를 면탈할 목적으로 병과 통모하여 자신의 유일한 재산인 X토지를 시가보다 헐값에 병에게 매각했다. 이는 사해행위의 요건을 충족했다고 볼 수 있으므로 갑은 사해행위취소권을 행사할 수 있다. 이 경우에 우익자인 병과 전득자인 정이 모두 악의인 때에는 갑의 선택에 따라 정을 피고로 하여, 사해행위를 취소하고 그로부터 X토지의 반환을 청구할 수 있다. 또 병을 피고로 하여 사해행위를 취소하고 그로부터 채무자 을로부터 일탈한 X토지의 반환에 갈음하여 손해배상을 청구할 수 있다.

그러나 병이 악의인 것은 확실하나 정의 선악여부는 불분명하다. 만약 정이 선의라면 갑은 병에 대해서만 채권자취소권을 행사할 수 있고, 병에 대하여 손해배상만을 청구할 수 있다. 취소의 범위와 관련하여 사해행위의 목적물이 토지이므로, 이는 불가분채무에 해당하여, 갑은 을의 매매행위 자체를 취소할 수가 있다.

제4장 다수당사자의 채권관계

제1절 총 설

Ⅰ. 의 의

민법전은 채권총칙(제3편 제1장)의 제3절(408-448조)에 「수인의 채권자 및 수인의 채무자」라는 표제를 두고 있다. 이것은 채권관계의 일방(또는 쌍방)의 당사자로 2인 이상의 채권자 또는 채무자가 병존하는 관계를 말한다.

예컨대 갑 · 을 · 병 3인이 정으로부터 물건을 구입하는 경우에 이들 3인은 매수인으로서 각자가 매매목적물의 인도에 관해 채권자의 지위에 선다. 또는 반재채무로서 대금지급의무가 생기므로 3인은 채무자의 지위에도 선다.

다수당사자의 채권관계는 1개의 물건을 수인이 공동소유 하는 모습과 유사하므로 공동적 귀속의 한 유형이고, 채권법상의 다수당사자의 채권관계에 대한 규정은 물권법상의 공동소유 규정의 특칙이라고 이해한다(통설).

다수당사자의 채권관계는 하나의 급부에 채권자와 채무자의 수만큼 채권관계가 성립하므로, 하나의 채권 · 채무의 공동적 귀속관계와 다른 특징을 갖는다.

Ⅱ. 다수채권자 · 채무자관계의 기본적 문제

채권자 또는 채무자가 복수로 병존하는 관계는 채권자 · 채무자가 1인인 채권관계에서는 볼 수 없는 다음과 같은 문제가 발생한다. 이러한 기본적 문제를 해결하는 것이 다수당사자의 채권관계를 이해하는 핵심이다.

1. 대외적 효력

채권자 대 채무자의 관계에서 채권의 실현 내지 변제방법 · 범위를 둘러싼 문제이다. 위 예에서 채권자 정은 갑 · 을 · 병에게 어떻게 인도를 하여야 하는가(전원에 대하여 하여야 하는가, 아니면 그 중 1인에 대하여 인도를 하면 되는가), 또 정은 갑 · 을 · 병에 대해 어느 범위에서 대금을 받을 수 있는가(임의의 1인에게 전액을 청구할 수 있는가, 또는 일정한 비용까지만 청구할 수 있는가) 등이 문제된다.

2. 당사자 1인에게 생긴 사유의 효력

채권자 대 채무자의관계에서 수인 중 1인에게 생긴 채권의 만족 이외의 사유가 발생한 경우, 그 효력이 다른 채권자나 채무자에게도 영향을 미치는가의 문제가 있다. 예컨대 정에게 갑이 인도채권의 소멸시효를 중단시키면 을·병에게도 중단의효력이 생기는가, 또 정이 갑에게 대급채무를 면제한 경우에 을·병의 채무에 어떠한 영향을 주는가의 문제이다.

3. 대내적 효력

변제 등 채권의 만족에 의해 채권자 대 채무자의 관계에서는 전 채권·채무가 소멸할 때, 변제를 받은 채권자와 다른 채권자 또는 변제를 한 채무자와 다른 채무자간의 청산문제관계가 문제된다.

Ⅲ. 다수당사자의 채권관계의 유형

1. 전형적 형태

민법전은 다수당사자의 채권관계로서 4개의 전형적 형태를 규정하고 있다. 분할채권관계·불가분채권관계·연대채무·보증채무가 그것이다. 이 중에서 전 2자에 관하여는 채권자가 복수인 경우와 채무자가 복수인 경우가 존재한다(분할채권·분할채무·불가분채권·불가분채무). 또 민법전에서는 규정하고 있지 않지만, 연대채무에 대응하는 다수채권자의 관계로서 연대채권의 개념이 인정된다.

2. 비전형적 형태

다수당사자의 채권관계의 형태는 위의 네 가지 형태에 그치지 않는다. 민법 제408조 이하의 제규정은 임의 규정이므로, 명문의 규정이 있는 경우는 물론 규정이 없는 경우에도 원칙적으로 당사자의 의사가 우선한다(105조).

그러므로 당사자의 합의 가 있으면 민법규정과 다른 효과를 발생시키는 소위 비전형적인 다수당사자 관계를 창출하는 것도 가능하다. 이 점에서 물권법의 경우(물권법정주의)와는 대조적이다.

Ⅳ. 다수당사자의 채권관계의 기능

민법이 다수당사자의 채권관계로서 정하는 제도 중에는 2개의 다른 기능이 있다. 즉 (ⅰ) 수인이 동일한 급부에 관해 채권자 또는 채무자로 된 경우의 법률관계의 정리에 관한 것, (ⅱ) 채권담보제도로서의 인적담보의 역할을 하는 것이다.

분할채권·채무는 (ⅰ)만에 관한 것이지만, 불가분채권·채무와 연대채무는 (ⅰ)과 (ⅱ)의 양자에 관한 것이고, 보증채무는 (ⅱ)에 관한 것이다. 오늘 날에는 (ⅱ)의 인적담보 기능의 중요성이 증대하고 있다.

제2절 분할채권 · 채무관계

1. 의 의

수인이 1개의 가분급부를 목적으로 하는 채권을 가지거나 채무를 부담하는 경우에는 당사자간에 특별한 약정이 없으면 분할채권 · 채무관계로 되는 것이 원칙이다(408조). 따라서 갑 · 을 · 병 3인의 공유물을 정에게 매각한 결과 정에 대한 1,000만원의 채권을 가지는 경우에는 원칙적으로 갑 · 을 · 병은 각각 500만원의 채권을 가진다(분할채권관계).

반대로 3인의 공유물로 하기 위해 물건을 구입한 결과 1,500만원의 채무를 부담하는 경어에는 마찬가지로 각자 500만원의 채무를 부담하는 것이 된다(분할채무관계).

Ⅱ. 분할채권 · 채무관계의 성립

1. 분할채권관계의 성립

가분급부를 목적으로 하는 경우 분할채권이 성립한다. 계약에 의해 분할채권이 발생하는 것은 수인이 금전을 대여하여 대여금채권을 가지는 경우, 공유물을 매각 · 임대하여 공유자가 대금채권 · 차임채권을 취득한 경우 등이 있다. 법률에 의하여 분할채권이 발생하는 것은 공유물에 대한 제3자의 불법행위로 손해배상청구권을 취득하는 경우, 공유물에 대하여 제3자가 부당이득 하여 공유자가 차임 상당의 부당이득반환청구권을 취득하는 경우, 금전 기타 기본채권을 공동상속 하는 경우 등이 있다.

2. 분할채무관계의 성립

(1) 공동상속채무와 조합채무

공동상속재산에 속한 채무는 공유적 귀속이라고 해석하는 것이 다수설과 판례의 입장이다. 민법상의 조합이 부담한 채무는 채무의 합유적 귀속이 되므로 분할채무는 아니다.

[채무가 공동상속 된 경우]

금전채무와 같이 급부의 내용이 가분인 채무가 공동상속 된 경우, 이는 상속개시와 동시에 법정상속분에 따라 공동상속인에게 분할되어 귀속되는 것이다. 따라서 상속재산분할의 대상이 될 여지가 없다(대판 1997.6.24, 97다6809).

(2) 수인이 법률의 규정에 의해 채무를 부담하는 경우

이에 속한 분할채무의 예로서 타인이 1개의 사무관리에 의해 수인이 이익을 얻어 그 이익상환채무를 부담하는 경우(739조), 수인이 동일한 법률관계에 의해 부당이득을 한 경우(741조) 등을 들 수 있다.

(3) 수인이 계약에 의해 채무를 부담하는 경우

1) 트럭 1대 분의 목재를 2인이 공동으로 구입한 경우에는 급부가 불가분이라고 인정되지 않으므로, 민법 제408조에 의해 분할채무가 된다고 본다.

2) 2인 이상이 공동으로 금전을 차용하고 계약서에 연서한 경우에도 원칙적으로 분할채무가 된다. 즉 특약 내지 법규가 없으면 연대의 추정은 인정되지 않는다. 다만 특약은 명시될 것을 요하지 않고 묵시적인 것이라도 좋다.

3) 수인이 부담하는 채무가 불가분인 이익의 대가인 경우(가옥의 공동임차인의 차임지급채무 등)에는 불가분채무의성립을 인정하는 것이 타당하다. 채무자 전원의 자력이 종합적으로 평가된 경우(매수인이 수인인 경우)에는 연대채무가 된다고 해석하는 것이 타당할 것이다.

3. 가분급부이나 분할채무로 인정되지 않는 경우

공동불법행위로 인한 손해배상채무(760조), 임대목적물의 소유자가 공유자인 경우에 보증금반환채무, 상행위로 발생한 채무, 일상가사채무(832조) 등은 불가분채무 내지 연대채무가 된다.

Ⅲ. 분할채권 · 채무관계의 효력

1. 채권 · 채무의 독립성

각 채권자의 권리 및 채무자의 의무는 상호 독립된 것으로 취급되어 단독으로 행사되고, 원칙적으로 다른 채권자 및 채무자에게 영향을 미치지 않는다. 다만 분할된 전 채무가 전체로서 쌍무계약상의 일방의 채무를 형성하고 있는 경우에는 반대급부를 목적으로 하는 채무는 분할채무의 전부와 동시이행의 관계(536조)에 선다고 해석할 수 있다(통설).

계약해제의 의사표시는 모든 채권자로부터 모든 채무자에 대하여 하지 않으면 안 된다(547조 1항). 예컨대 차임을 지불하지 않은 채 임차인이 사망하였는데 상속인으로 처와 子가 있을 때는 연체차임채무를 분할채무라고 해석해도 특단의 사정이 인정되지 않는 한, 子만에 대한 임대차계약 해지의 의사표시는 무효이다. 해지권은 채권 · 채무로부터 발생한 것이 아니고, 계약당사자의 지위에 부수하는 권능이므로 당연한 결과이다.

2. 당사자 1인에게 생긴 사유

변제 · 상계 · 이행지체 · 면제 등 당사자 1인에게 생긴 사유는 모두 그 당사자에 애해서만 효력이 생긴다(상대적 효력).

3. 채권 · 채무의 비율

특별한 의사표시가 없는 한 분할채권채무 관계의 당사자는 균등한 비율로 권리와 의무를 부담한다(408조). 자신의 비율 이상으로 수령하거나 채무를 변제한 경우, 타인의 채권의 행사 또는 타인 채무의 변제(469조)에 해당하며 분급관계나 구상관계는 원칙적으로 발생하지 않는다. 다만 우리 민법상 위임사무처리비용(688조) 또는 사무관리처리 비용상환청구권(7조)에 의하여 구상을 할 수 있게 된다.

제3절 불가분채권 · 채무관계

Ⅰ. 의 의

수인이 1개의 불가분급부를 목적으로 하는 채권을 보유하거나 채무를 부담하는 경우를 각각 불가분채권 또는 불가분채무라고 한다. 불가분급부는 다음과 같이 두 가지로 분류된다.

1. 성질상 불가분급부

이에는 사실상 분할이불능인 것(가옥 등), 법률상 분할이 불능인 것(공유지ㅏ를 위한 지역권의 설정 ; 293조)이 있다. 예컨대 갑 · 을 · 병이 공동으로 자동차 1대를 구입하는 경우에 자동차의 인도청구권은 불가분채권이고, 반대로 갑 · 을 · 병이 공유하는 자동차를 판 경우에 인도채무는 불가분채무가 된다.

통설과 판례는 가분급부를 성질상 불가분급부로 파악하는 경우가 있다. 즉 수인이 부담하는 급부가 각 채무자가 불가분적으로 향수하는 이익의 대가(공유자의 공유물관리비용)이거나 불가분급부의 대가인 경우이다.

2. 의사표시에 의한 불가분급부

시멘트 20톤과 같이 본래는 가분이지만, 운송 등의 이유로 이것을 불가분이라고 약정하는 경우가 이에 해당한다.

[불가분채무자가 갖는 손해배상청구권의 성질]

갑과 을이 피고에게 잡돌 약 600트럭, 조약돌 약 1,000트럭, 모래 약 1,000트럭을 납품하기로 약정하고 납품인 대표로 갑을 지정한 것을 보면 납품채무는 당사자의 의사표시에 의한 갑과 을의 불가분채무임이 분명하다. 이 경우에 계약위반으로 불가분채무자가 갖는 손해배상청구권은 불가분채권의 성질을 갖는다(대판 1962.3.15, 4294민상1230).

Ⅱ. 불가분채권 · 채무의 효력

1. 불가분채권

(1) 대외적 효력

각 채권자는 모든 채권자를 위하여 이행을 청구할 수 있고, 채무자는 모든 채권자를 위하여 각 채권자에게 이행할 수 있다(409조).

(2) 채권자 1인에게 생긴 사유의 효력

채무자는 채권자의 1인에게 채무전부를 변제할 수 있는(409조) 결과, 변제 · 공탁 · 채권자지체 등은 모든 채권자에게 효력이 미친다(절대적 효력). 채권자는 단독으로 채권전부를 청구할 수 있으므로, 청구에 의한 시효중단 · 이행지체는 모든 채권자에게 절대적 효력이 있다.

불가분채권자 1인과 채무자간에 경개 또는 면제가 있는 경우에는 다른 채권자는 채무전부의 이행을 청구할 수 있다(401조 1항). 즉 상대적 효력만 인정된다. 불가분채권은 1인의 채권자가 급부전부를 수령하므로, 다른 불가분ㅌ채권자들에게 분급도지 않을 우려가 있기 때문이다.

이다만 경개 도는 면제가 있는 경우에 채무전부의 이행을 받은 다른 채권자는 그 1인이 권리를 잃지 아니하였으면 그에게 분급할 이익을 채무자에게 상환하여야 한다(410조 2항). 채무자가 다시 경개 · 면제 · 대물변제 · 상계를 한 채권자에게 상환해야 하는 순환을 피하기 위한 규정이다.

(3) 불가분채권 상호간의 내부관계

민법에 규정은 없지만 내부적 지분은 원칙적으로 균등하다고 추정할 수 있다. 내부지분을 초과하여 면제를 수령한 채권자는 그 초과부분을 다른 채권자에 상환하여야 한다.

2. 불가분채무

(1) 대외적 효력

연대채무의 규정이 준용되므로 채권자는 각 채무자에게 동시 도는 순차로 전부이행이나 일부이행을 청구할 수 있다(411조에 의한 414조 준용).

(2) 채무자 1인에게 생긴 사유의 효력

연대채무에 준하므로(411조) 채무자의 1인이 변제하면 다른 채무자의 채무도 소멸하는 결과 변제 · 공탁 · 채권자지체는 절대적 효력을 가진다. 이행청구와 이에 기한 이행지체 · 시효중단 · 경개 · 판결 · 채무의 승인 · 상계는 상대적 효력만 가진다(통설).

[공동의 점유·사용으로 인한 부당이득반환채무]

여러 사람이 공동으로 법률상 원인 없이 타인의 재산을 사용한 경우의 부당이득반환채무는 특별한 사정이 없는 한 불가분적 이득의 반환으로서 불가분채무이다. 이 불가분채무는 각 채무자가 채무전부를 이행할 의무가 있으며, 1인의 채무이행으로 다른 채무자도 그 의무를 면하게 된다(대판 2001.12.11, 2000다3948).

(3) 불가분채무자 상호간의 구상관계

연대채무의 규정이 준용된다(411조에 의한 424조-427조 준용).

제4절 연대채무

사례

을은 갑으로부터 1천만원을 융자받을 때 병에게 부탁하여 연대채무자가 되게 하였다. 그런데 변제기가 다가올 무렵 을의 재산상태가 악화되었다.

(1) 을이 변제를 하지 않는 경우에 갑은 을과 병에게 동시에 1천만원의 변제를 청구할 수 있는가?
(2) 을이 변제를 하지 않고 있는 동안에 병이 사망하여 그의 자인 A·B가 병을 상속한 경우에 변제를 둘러싼 을, A·B간의 관계는 어떠한가?
(3) 을의 채무에 대해 소멸시효가 완성된 경우에 을, A·B간의 관계는 어떠한가? A가 이미 자기의 채무를 승인한 경우는 어떠한가?

Ⅰ. 서 설

1. 연대채무의 의의

갑과 을이 공동사업의 운영자금 1,000만원을 병으로부터 빌려 갑·을이 500만원씩 갚기로 하는 경우와 갑·을이 연대하여 1,000만원을 빌린 경우의 異同은 다음과 같다. 변제기일에 갑·을이 전액을 병에게 변제를 하면 병의 입장에서는 양자의 차이가 없다. 그러나 만약 갑이 변제기일에 변제할 수 없는 사정이 생긴 경우에는 양자사이에 큰 차이가 생기게 된다. 즉 연대채무의 경우에 병은 자력이 없는 갑을 무시하고 을에게 1,000만원 전액의 변제를 청구할 수 있다.

연대채무는 수인의 채무자가 동일내용의 급부에 관해 각자 독립하여 전부급부를 할 채무를 부담하고, 그 중 1인의 급부가 있으면 다른 채무자의 채무도 소멸하는 채무이다(413조). 그 기능은 주로 채권의 담보 내지 채권의 효력강화라고 할 수 있다.

2. 연대채무의 성질

(1) 채무의 독립성

연대채무는 채무자의 수에 따른 수개의 채무이다. 따라서 (ⅰ) 채무자의 1인에 대한 채권을 양도하는 것, (ⅱ) 채무자 1인에 대해 보증인을 두는 것도 가능하고, (ⅲ) 각 채무자의 채무가 태양을 달리하는 것도 가능하다(민사채무와 상사채무), (ⅳ) 채무자 1인에 대해 법률행위의 무효 또는 취소원인이 있어도 다름 채무자의 채무에는 영향을 미치지 않는다(415조).

(2) 공동목적에 의한 채무의 결합

연대채무의 각 채무는 독립된 수개의 채무이나 경합에 의하여 연대채무가 된 것이다. 이 결합이 무엇인가에 관하여 학설의 대립이 있다.

주관적 공동관계설(통설)은 채무자 상호간에 공동목적을 위한 주관적 공동관계가 결합을 만드는 본질이라고 이해한다. 이 견해에 따르면 목적도달 이외의 사유에 대해서는 절대적 효력을 인정할 수 있다. 이 견해는 주관적 공동목적이 무엇인지 명확하지 않고 구상권의 근거에 대하여 설명이 어렵다는 비판이 있다.

상호보증관계설은 각 채무자는 자기의부담부분에 대해서는 고유의무를 부담하는 주채무자의 지위에 있지만, 타인의 부담부분에 대해서는 보증채무와 유사한 담보의무를 부담한다는 견해이다. 이 견해는 민법이 목적도달사유 외에 절대적 효력을 인정하는 이유를 설명할 수 없다는 단점이 있다.

Ⅱ. 연대채무의 성립

1. 법률규정에 의한 성립

(1) 민법규정에 의한 경우

법인의 불법행위책임이 발생하지 않는 경우에 그 사항의 의견에 찬성하거나 그 의결을 집행한 사원, 이사 기타 대표자의 연대배상책임(35조 2항), 임무를 해태한 이사의 법인에 대한 손해배상책임(65조), 공동차주 및 공동임차인의 채무(616조 · 654조), 공동불법행위(760조), 일상가사채무에 대한 부부의 연대책임(832조) 등이 있다.

(2) 상법규정에 의한 경우

상행위에 있어서 다수채무자간의 연대채무(상법 57조), 합명화시의 사원의 책임(상법 212조), 주식회사의 발기인의 인수, 납입담보책임(상법 321조), 주식회사의 이사의 제3자에 대한 책임(상법 401조) 등이 있다.

2. 법률행위에 의한 성립

법률행위에 의하여 연대채무가 성립하는 경우로는 계약과 유언(단독행위)이 있다. 계약에 의해 연대채무가 발생하는 것도 하나의 계약으로 발생하는 경우와 수개의 계약으로 발생하는 경우가 있게 된다.

계약으로 연대채무가 발생하기 위해서는 연대의 합의가 있어야 한다. 이 때 어느 연대채무자에 대한 법률행위의 무효나 취소의 원인은 다른 채무자의 채무의 효력에 영향을 미치지 아니한다(415조).

Ⅲ. 연대채무의 효력

1. 대외적 효력

채권자는 어느 연대채무자에 대하여 또는 동시나 순차로 모든 연대채무자에 대하여 채무의 전부나 일부의 이행을 청구할 수 있다(414조). 예컨대 갑이 을·병·정을 연대채무자로 하여 3,000만원을 융자한 경우, 갑은 을·병·정의 1인 또는 전원에 대하여 3,000만원의 전부 또는 일부를 청구할 수 있다.

만약 소송에서 을·병·정에게 동시에 이행을 청구하는 경우에는 연대채무자 3인이 공동피고가 된다(민사소송법 65조·66조). 또 을·병·정에 대해 순차 개별적으로 소송을 제기한 경우에도 중복제소(민사소송법 259조)가 아니고, 기판력이 미치는 것은 아니다(민사소송법 218조). 또 을·병·정이 동시에 파산한 경우에는 갑은 각각 파산재단에 대하여 3,000만원으로 배당에 가입할 수 있다.

2. 연대채무자 1인에 관하여 생긴 사유의 효력

연대채무자 중 1인에게 생긴 사유가 다른 연대채무자에 대하여도 효력이 미치느냐가 문제된다. 다른 연대채무자에게도 효력을 미치는 경우에 그 사유는 절대적 효력이 있다고 하고, 미치지 않는 경우에 그 사유는 상대적 효력이 있다고 한다.

(1) 절대적 효력이 있는 사유

1) 변제 · 대물변제 · 공탁

연대채무는 본질적으로는 채무의 준공유적 귀속이라고 할 수 있는 관계이므로, 그 채무는 형식상 복잡해도 채무를 소멸시키려는 단일한 목적을 가진다. 따라서 변제와 같이 그 목적을 달성시키는 사유는 모든 채무자를 위해 효력이 생긴다. 대물변제에 관하여도 마찬가지이다. 변제를 위한 공탁이 있으면 채무소멸의 효과가 발생하므로 변제의 경우와 기본적으로 같다.

2) 이행의 청구

어느 연대채무자에 대한 이행청구는 다른 연대채무자에게도 효력이 있다(416조). 따라서 1인에 대한 이행청구에 의하여 모든 채무자를 이행지체에 빠뜨리고(387조 2항), 도한 모든 채무자에 대하여 소멸시효중단의 효과를 발생시키는 점(168조 1호)에 실익이 있다.

3) 경 개

어느 연대채무자와 채권자간에 채무의 경개가 있는 때에는 채권은 모든 연대채무자의 이익을 위하여 소멸한다(417조). 이것은 당사자의사의 합치에 기초를 두는 것이므로, 당사자가 총채무의 면책이 아니고 부담부분만큼 축소하는 취지의 특약이나 다른 자에게 영향을 미치지 않는다는 특약을 체결하는 것도 가능하다고 해석된다.

4) 상 계

어느 연대채무자가 채권자에 대하여 채권이 있어 그 채무자가 상계한 때에는 채권은 모든 연대채무자의 이익을 위하여 소멸한다(418조 1항). 예컨대 3,000만원의 채권자 갑에 대하여 연대채무자 을·병·정(부담부분은 평등)의 1人인 을이 1,600만원의 반대채권을 가지 ㅐ고 있는 경우에 을이 대등액에서상계하면, 병·정도 그 부분의 채무를 면하고 이후 을·병·정은 1,400만원의 연대채무를 부담하는 것이 된다.

또 을이 스스로 상계를 하지 않는 경우에도 병·정은 을의 갑에 대한 반대채권을 을의 부담부분의 한도(1,000만원)에서 상계할 수 있다(418조 2항). 이것을 인정하지 않으면 반대채권이 있는 채무자는 상계의 기회를 잃게 된다.

따라서 변제한 채무자에게 자기의 부담부분을 상환하고, 이와는 별도로 다시 채권자로부터 반대채권의 변제를 받는 번거로운 절차를 거쳐야 하기 때문이다. 상계의 절대적 효력규정은 강행규정이 아니므로 절대적 효력을 배제하는 특약을 체결할 수 있다.

[부진정연대채무의 상계]

민법 제418조는 부진전연대채무에는 적용되지 않으므로, 부진정연대채무자 중의 1인이 채권자에 대한 반대채권으로 채무를 대등액에서 상계하더라도, 그 상계로 인한 채무소멸의 효력은 다른 부진정연대채무자에게 미치지 않는다(대판 1996.12.10, 95다 24364).

5) 면 제

채권자가 1인의 채무자에 대하여 채무를 면제해 주면 그 채무자의 부담부분의 범위 안에서 다른 채무자도 채무를 면한다(419조). 예컨대 채권자 갑이 연대채무자 을에 대하여 채무전액(3,000만원)에 대하여 면제를 하면, 다른 연대채무자 병·정도 을의 부담부분(1,000)에 관하여 채무를 면하므로 병·정은 이후 2,000만원의 연대채무를 부담한다. 연대채무자 사이에 부담부분이 다른 경우에는 채권자가 그러한 사실을 알았거나 알 수 있었던 경우에 한하여 적용된다(통설).

6) 혼 동

연대채무자의 1人과 채권자간에 혼동이 있으면 그 채무자의 부담부분에 한하여 다른 연대채무자도 의무를 면한다(420조). 혼동이 있는 채무자의 부담부분을 넘는 부분에 대하여는 혼동이 있었던 채무자가 채권자로 된다.

따라서 그는 다른 연대채무자에 대하여 그의 부담부분을 제외한 나머지의 채무전액의 이행을 청구할 수 있다. 예컨대 을이 3,000만원의 채권자 갑을 상속한 경우에는 을은 다른 연대채무자 병 · 정에게 1,000만원씩 구상할 수 있다.

7) 소멸시효의 완성

연대채무자 1인의 채무에 대하여 소멸시효가 완성한 때에는 그의 부담부분만큼 다른 연대채무자의 채무도 소멸한다(421조). 예컨대 3,000만원의 채권자 갑의 연대채무자 을에 대한 소멸시효가 완성하면 다른 연대채무자 병 · 정의 채무는 2,000만원이 된다.

8) 채권자지체

채권자가 연대채무자의 1人에 대하여 채권자지체에 빠진 때에는 그는 모든 연대채무자에 대하여 채권자지체에 빠지게 된다(422조).

(2) 상대적 효력이 있는 사유

위의 열거한 것 이외의 사유는 상대적 효력을 가질 뿐이다(423조)> 따라서 채권자의 이행청구로 인한 경우 이외의 소멸시효의 중단이나 채무자의 지체, 1人에 대한 판결 등은 다른 연대채무자에게는 효력이 미치지 않는다.

민법 423조는 임의규정이므로 특약으로 절대적 효력을 부인할 수 있다.

3. 연대채무의 대내적 효력

(1) 구상권의 기초

연대채무자의 1인이 채무를 변제하거나 자기의 출재로 총채무자릉 위해 공동면책을 얻었을 때는 다른 채무자에 대해 구상할 수가 있다.

1) 근 거

연대채무자의 1人인 을이 채권자 갑에게 3,000만원을 변제하면 다른 연대채무자 병 · 정에게 각각 1,000만원씩 구상할 수 있다. 그 근거에 관하여는 견해가 나뉜다.

① 제1설 : 공평의 견지에서 특히 법률(구상권의 구정)이 인정하는 것이라는 견해

② 제2설 : 을은 실질적으로 타인의 채무를 변제한 것이 되므로 병 · 정은 부당이득을 한 것이 되어 그 반환이 필요하다는 견해

③ 제3설 : 내부적으로 출연을 분담하려는 주관적 공동관계가 있기 때문이라는 견해

위의 학설 중 제1설은 구상권 자체의 근거를 설명할 수 있지만, 각 부담부분과의 관계에서 구상액을 설명하는 것이 어렵다. 제2설은 을의 변제가 왜 타인의 채무를 변제하는 것이 되는가의 근거를 설명하지 않고 있다. 제3설에 의하면 각 채무자간의 내부관계에 기초하여 각자의 부담부분을 확정하고, 그것을 전제로 하여 일정한 구상관계가 성립하는 것이 된다.

민법이 연대채무자간에는 당연히 부담부분이 있는 것을 예정하고 있는 것을 고려할 때 제3설이 타당하다.

2) 부담부분의 비율

부담부분은 연대채무자가 내부관계에 있어 출재를 부담하는 비율이다. 부담부분은 다음 표준에 의해 정해진다.

① 채무자간의특약에 의한다.

② 특약이 없는 경우에는 채무자가 그에 의해 받은 이익의 비율에 의한다.

③ 이상의 표준에 의해 정할 수 없는 경우의 부담부분은 균둥한 것으로 추정한다(424조).

(2) 구상권의 성립

1) 구상권과 부단부분의 비율

어느 연대채무자가 변제 기타 자기의 출재로 공동면책이 된 때에는 다른 연대채무자의 부담부분에 대하여 구상권을 행사할 수 있다(525조 1항). 또 구상권자는 채권자를 대위할 수 있다(481조). 공동면책이란 연대채무자 1인이 모든 채무자를 위하여 채무를 소멸시키거나 감소시키는 것을 의미하며 사전구상은 인정되지 않는다(대판 1982.6.22, 81다8). 출재가 없는 면제나 시효완성은 구상권이 없다. 그러나 출재가 부담부분을 초거나해야 하는 것은 아니다(다수설).

2) 출연액과 구상권의 범위

변제액이 공동채무액을 초과해도 초과부분을 구상할 수 없다. 출연에 의해 면책된 날 이후의 법정이자 및 피할 수 없는 비용 기타의 손해배상은 구상권의 범위에 포함된다(425조 2항).

(3) 통지를 해태한 경우의 구상권의 제한

연대채무자의 1인이 변제를 한 때에는 사전 및 사후에 다른 연대채무자에게 통지를 하여야 한다. 이것은 구상권을 위한 요건은 아니지만, 이것을 해태한 경우는 구상권의 제한을 받는다.

1) 사전통지를 게을리 한 때

어느 연대채무자가 다른 연대채무자에게 통지하지 아니하고 변제 기타 자기의 출재로 공동면책이 된 경우, 다른 연대채무자는 채권자에 대한 반대채권을 가지고 변제채권자에게 대항할 수 있다(426조 1항)> 이것은 채권자에게 항변권을 가지는 채무자가 그 권리를 행사할 기회를 잃지 않도록 배려한 규정이다.

2) 사후의 통지를 해태한 때

을이 전액변제를 하고 사후통지를 해태한 후에, 병이 사전통지를 하고 선의로 변제를 한 경우에는 병은 자기의 면책행위의 유효를 주장할 수 있다(426조 2항). 이 경우에 제2의 면책행위가 모든 연대채무자에 대한 관계에서 유효한가, 과실 있는 제1의 면책행위자와 제2의 면책행위자간에만 유효한가가 문제된다. 이 경우에는 과실 있는 제1의 면책행위자 을과 제2의 면책행위자 병 사이에서만 유효하다고 해석할 수 있다(통설 · 판례). 선의의 이중변제자를 보호하는 본조의 목적을 달성하는데 이것으로 충분하기 때문이다.

갑에 대해 을·병·정이 3,000만원의 연대채무(부담부분은 균등)를 부담하고 있다면, 상기 예에서 정에 대해서는 병의 변제는 유효하지 않으므로 병은 을에 대해서만 구상할 수 있지만, 을이 부담해야 할 1,000만원과 정이부담해야할 1,000만원의 합계 2,000만원이 구상액으로 된다. 한편 을의 변제는 정과의 관계에서는 변제가 유효하므로, 을은 정에게 1,000만원을 구상할 수 있다.

갑이 병으로부터 변제받은 3,000만원은 부당이득이 되므로 을은 갑에게 부당이득반환청구권을 행사할 수 있다(병이 갑에게 반환청구를 하고, 특히 을이 병에게 청구한다는 순환을 생략하고 갑에 대한 부당이득반환청구권은 전액 을에게 이전한다고 본다).

3) 사후통지를 해태한 자와 사전통지를 해태한 자가 경합하는 경우

이 경우는 원칙에 따라 제1의 면책행위를 유효한 것으로 취급한다. 채권자 갑에 대한 연대채무자 을·병 중 청구를 받은 을이 먼저 변제를 하고 사후통지를 해태하고 있는 중에 병이 사전통지를 하지 않고 2중으로 변제한 경우, 병은 을에게 민법 제426조 2항에 의해 자기의 변제를 유효하다고 주장할 수 없다.

민법 제426조 2항의 규정은 동조 1항의 규정을 전제로 하는 것이고, 동조 1항의 사전통지에 관해 과실 있는 연대채무자까지를 보호하는 취지는 아니라고 해석해야할 것이기 때문이다.

(4) 상환무능력자가 있는 경우의 구상권의 확장

1) 다른 연대채무자에의 구상권의 확장

(a) 부담부분이 균등한 경우

채권자 갑에 대한 연대채무자 을·병·정 가운데 을이 전채무를 변제했지만 다른 연대채무자의 1人인 정이 상환할 자력이 없는 경우, 정의 부담부분을 을과 다른 연대채무자 병이 부담부분의 비율에 따라 분담한다(427조 1항 본문). 따라서 을·병은 각각 1,500만원씩 부담하므로, 을은 병에게 1,500만원을 구상한다. 다만 을이 適時에 구상권을 행사하지 않았기 때문에 정이 무자력이 되었을 때는 정의 부담부분 1,000만원은 전액 을이 부담하여야 한다(427조 1항 단서).

(b) 부담부분이 영(0)인 자가 있는 경우

위의 예에서 병의 부담부분이 零(0)이라면 무자력자인 정의 부담부분 1,000만원에 관해 을·병이 균등하게 분담할 수 있는가의 문제가 생긴다. 부담부분이 영(0)인 병은 실질적으로는 보증인인 경우가 대부분이므로, 병에게 구상하는 것은 원칙적으로 허용되지 않고 그 결과 을만이 전액부담을 하여야 한다고 본다.

(c) 전액부담할 자가 무자력이 된 경우

위의 예에서 을이 변제했지만 을·병 모두 부담부분이 영(0)이고 전액 부담해야 할 정이 무자력이 된 경우에는 정이 지급해야할 3,000만원은 을·병이 균등하게 분담해야 한다(통설·판례). 먼저 지급한 자가 일방적으로 손해를 보는 것은 공평의 관념에 반하기 때문이다.

2) 연대의 면제와 구상권의 확장

(a) 절대적 연대면제

모든 연대채무자에 대하여 연대를 면제하면 채무는 분할채무(408조)가 되고 연대관계는 소멸한다.

(b) 상대적 연대면제

3,000만원의채권자 갑이 연대채무자 을·병·정 가운데 을에 대하여만 연대를 면제할 수 있다. 이 경우에 연대의 면제를 받은 을은 부담부분에 관하여 분할채무를 부담하고 병·정은 전액에 관하여 연대채무를 부담하는 것이 되지만, 구상관계는 여전히 을을 포함하여 존속한다.

그런데 병이 전액을 변제하고 정이 무자력인 경우에 연대의 면제가 없었다면 정의 1,000만원에 관해 병과 을이 500만원씩 분담하지만, 을에 대해 연대의면제가 있고 연대면제의 취지를 본래의 부담부분액 이상을 부담하는 것이 아니라고 해석하면, 을이 새로 분담하게 될 500만원은 갑이 부담한다(427조 2항).

(5) 구상권자의 대위권

연대채무자가 자기의 출재로 공동면책을 얻었을 때는 다른 채무자에 대하여 구상권을 취득하고, 그 범위에서 법정대위권이 발생한다(481조).

사례해결

(1) 을과 병은 갑에게 연대채무를 부담하고 있으므로 을이 변제기에 채무를 이행하지 않은 경우, 갑은 채권 전부에 대해 을·병에게 동시 또는 순차로 청구할 수 있다.
(2) A·B가 병을 상속한 경우에 이들은 병의 연대채무를 상속한다. 이 때 A·B는 병의 연대채무를 분할해서 승계하는지가 문제된다. 분할승계설에 의하면 A와 B는 상속분에 따라 각각 500만원에 대해 을과 연대하여 변제하여야 한다. 불분할승계설에 의하면 A·B이 연대하여 각각 1천만원을 을과 연대하여 부담하게 된다.
(3) 을의 채무가 시효로 소멸하는 경우에 을의 부담부분의 범위 내에서 절대적 효력이 생기므로, 그 범위 내에서 A·B도 채무를 면한다.

V. 부진정연대채무

1. 개 념

(1) 부진정연대채무가 문제되는 경우

1) 부진정연대채무의 의의

복수의 채무자가 동일내용의 급부에 관해 전부를 이행할 의무를 부담하고 채무자 1인이 이행하면 다른 채무자도 채무를 면하지만, 주관적 공동관계가 없는 연대채무를 부진정연대채무라고 한다(통설).

[공동불법행위자 중 1인의 변제의 효력]

부진정연대채무인 공동불법행위로 인한 손해배상채무에 있어서 공동불법행위자 중 1인의 변제는 변제된 금액의 한도 내에서 채무자 전원을 위하여 공동면책의 효력이 있다(대판 1981.8.11, 81다298).

2) 구체적 사례

① 갑의 가옥을 소실시킨 불법행위자 을의 갑에 대한 손해배상채무와 화재보험회사 병의 갑에 대한 보험금지급채무의 관계

② 갑이 을에게 임치한 카메라를 병이 절취하여 이것을 선의·무과실의 정에게 양도한 경우에 을의 갑에 대한 손해배상채무(390조)와 병의 갑에 대한 손해배상채무(750조)의 관계

③ 불법행위의 피해자 갑에 대해 법인 을의 이사 병이 개인으로서 부담하고 있는 불법행위책임과 피해자에 대한 법인 을의 책임(35조 1항) 의 관계

④ 갑에 대해 을 회사의 피용자 병이 불법행위를 행한 경우에 병의 손해배상채무(750조)와 을 회사의 사용자책임에 기한 갑에 대한 배상의무(756조)의 관계

⑤ 법정감독의무(755조 1항)와 대리감독자의 배상의무(755조 2항)의 관계

⑥ 동물점유자의 배상의무(759조 1항)와 동물보관자의 배상의무(759조 2항)의 상호관계

⑦ 공동불법행위자가 부담하는 배상의무(760조)의 관계

(2) 주관적 공동목적

연대채무의 경우에는 각 채무자간에 공동목적에 의한 주관적인 관계가 있지만, 부진정연대채무의 경우에는 그러한 목적을 찾을 수 없다. 갑과 을이 공모하여 병에게 불법행위를 한 경우에는 갑·을 간에 사실상 공동목적에 의한 주관적 관련이 있다고 생각되지만, 이 경우에도 갑·을 간에는 급부의 실현에 어떠한 주관적인 공동목정에 의한 관련은 존재하지 않고 손해가 전보되어 채무가 소멸하는 것 이외에는 어떠한 관계도 존재하지 않는다.

(3) 부담부분과 절대적 효력

통사의 연대채무의 경우에는 주관적 관련에 기해 채무자간에 부담부분이 결정되고, 일정한 사유가 절대적 효력을 가지는 것이 되어(416-422조) 구상권도 발생한다(425조). 그러나 부진정연대채무의 경우에는 부담부분도 없을 뿐만 아니라 절대적 효력이나 구상권도 인정되지 않는다.

2. 효 력

(1) 주관적 공동관계의 결여와 구상관계

채권자를 만족시키는 사유(변제·대물변제·공탁·상계 - 상계의 경우 소수설은 부인)는 절대적 효력이 발생한다. 이 이외의 사유는 상대적 효력을 가지는 것ㄹ에 불과하다. 부진정연대채무의 경우에는 주관적 공동관계를 결하므로 부진정연대채무 자체의 효력으로서

구상권이 생기지 않는다고 해석된다.

그러나 다른 법률상의 근거(공동불법행위자 상호간의 과실비율(대판 1971.2.9, 70다2508), 법인과 이사(35조 1항), 사용자와 피용자(756조 3항), 공동점유자와 보관자(759조)) 에기해 구상권이 발생할 수가 있다. 예컨대 갑 회사의종업원 을이 자기의 과실에 의해 제3자 병에게 손해를 끼치면 갑 회사와 종업원 을의 벼에 대한 손해배상책임이 발생한다. 이 경우에 갑과 을 간에 주관적 공동관계는 없으므로 연대채무와 같이 당사자의 의사에 기초를 둔 내부적 부담부분도 없다.

그러므로 갑이 모든 손해를 병에게 배상하는 경우에도 연대채무의 경우와 같이 당연하게 구상할 수는 없지만, 갑 · 을 간의 고용계약상의 채무불이행(또는 불법행위)을 이유로 갑은 을에게 구상권을 행사할 수 있다(756조 3항).

(2) 구상권의 제한

피용자에 대한 전액구상은 간혹 부당한 결과를 가져오므로, 불법행위발생의 전제로 된 사정을 고려하여 갑의 을에 대한 구상권의 행사를 제한할 수 있다.

사용자로부터 피용자에 대한 구상권을 제한하는 실질적 이유로 (ⅰ) 사용자는 위험을 수반하는 업무에 피용자를 종사시켜 그로 인한 수익을 얻는다는 것, (ⅱ) 사용자는 기업활동에서 생기는 정형적인 위험에 관해 보험제도나 가격기구를 통해 손실을 분산시킬 수 있다는 것, (ⅲ) 사용자는 피용자의 노동조건을 통제할 수 있는 것 등을 들 수 있다.

Ⅳ. 연대채권

연대채권이란 수인의 채권자가 동일한 내용의 급부에 대하여 각자 독립하여 그 전부 또는 일부를 청구할 수 있는 권리를 가지고, 그 가운데 1인 또는 수인이 전부의 급부를 수령하면 모든 채권자의 채권이 소멸하는 채권관계를 말한다. 이에 관해 민법에 규정은 없으나 통설은 이를 긍정한다. 연대채권은 연대채무에 관한 규정이 유추적용 된다.

제5절 보증채무

사례

을은 자기소유의 중고피아노를 갑에게 매각하면서 대금 100만원을 수령하고 피아노는 1개월 후에 인도하기로 하였다.
(1) 병이 매도인 을의 채무를 보증하였다. 이러한 보증은 가능한가?
(2) 약속된 기한에 을이 채무를 이행하지 않자 갑은 매매계약을 해제하고 을 및 병에게 대금반환 및 손해배상을 청구했다. 이것은 정당한가?
(3) 약속된 기한에 을이 이행을 했지만 피아노에 결함이 있는 경우, 갑이 을 및 병에게 책임을 물을 수 있는가?

Ⅰ. 서 설

1. 보증채무의 의의

보증채무는 주채무와 동일한 내용을 가지고 주채무가 이행되지 않는 경우에는 보증인이 이것을 이행함으로써 채권자에게 주채무의 이행과 동일한 이익을 부여하는 것이다. 예컨대 을이 갑 은행에서 자금을 차용할 때 병이 을의 보증인이 된 경우, 을이 차용금을 변제하지 않을 때에는 병이 을 대신에 변제를 하여야 한다(428조 1항). 이러한 법률관계에 있어서 乙을 주채무자, 병을 보증인이라고 한다.

위와 같은 경우에 주채무자 을은 자기의 토지 · 건물에 저당권을 설정하는 것이 통상이다. 이 경우에 저당권이나 보증인 모두 갑에게 있어서는 자기의 을에 대한 채권을 확실한 것으로서 하기 위한 수단(담보)이다. 이러한 의미에서 저당권을 물적담보라고 하고, 보증인을 인적담보라고 한다.

2. 보증채무의 법적 성질

(1) 독자채무성

병의 보증채무는 을의 주채무와는 별개의 채무이다. 병의 보증채무는 병과 甲간에 체결되는 보증계약에 기초하여 발생하는데 대하여, 을의 주채무는 갑과 을 간의 소비대차계약에 기초하여 발생하는 것이다.

실제로는 을이 병에 대해 자기를 위해 보증인이 되어 달라고 의뢰하는 경우가 대부분일 것이지만, 그러한 사정(을 · 병간의 일종의 위탁)은 갑 · 병간의 보증계약 내용에는 원칙적으로 영향을 미치지 않는다(다만 동기는 될 수 있다). 주채무와 보증채무는 별개이어서 채무의 소멸시간은 채무의 성질에 따라 달라질 수 있다.

(2) 동일성

보증채무는 주채무자가 이행하지 않는 채무를 이행하는 것이므로, 채무자가 아닌 자가 이행할 수 있도록 주채무가 대체성이 있을 것이 전제된다. 그러나 통설과 판례는 부대체적 급부를 목적으로 한 보증을 인정하고 이를 주채무의 불이행으로 인한 손해배상의무를 보증하는 것으로 해석한다.

(3) 부종성

갑·병간의 보증계약은 을의 갑에 대한 채무의 변제를 확실하게 하기 위해 체결되는 것이므로, 주채무가 성립하지 않는 경우에는 보증채무는 성립하지 않는다(436조). 또 주채무가 소멸하면 보증채무도 그 존재의의를 잃어 소멸한다. 보증채무의 이러한 성질을 「성립·소멸의 부종성」이라고 한다. 이 원칙에 대한 예외로서는 근보증 등의 계속적 보증이 있다.

특히 보증인의 부담이 주채무의 목적이나 형태보다 중한 때에는 주채무의 한도로 감축한다(430조). 보증채무의 이러한 성질을 「내용의 부종성」이라고 한다. 다만 보증채무는 보증계약에 관한 위약금 기타 손해배상액을 예정할 수 있는데(429조 2항), 이는 보증채무의 이행을 확실하게 하기 위한 것이다.

[주채무의 변제기 연장]

보증계약 체결 후 채권자가 보증인의 승낙 없이 주채무자에 대하여 변제기를 연장하여 준 경우, 그것이 반드시 보증인의 책임을 가중하는 것이라고는 할 수 없으므로, 원칙적으로 보증채무에 대하여도 그 효력이 미친다(대판 1996.2.23, 96다49141).

(4) 수반성

보증채무는 일종의 담보로서 수반성(隨伴性)을 가진다. 보증채무에 의해 담보되는 채무가 양도되면 보증채무의 상대방도 이에 따라 변경된다. 이에 대해 주채무가 채무인수에 의해 제3자에게 승계된 때는 보증인이 특히 동의하지 않는 한 보증계약은 소멸한다. 보증인에게 있어 채무자의 일반재산의 변경은 결정적으로 중요한 것이기 때문이다.

(5) 보충성

보증인은 주채무자가 그 채무를 이행하지 않을 때 비로소 자기의 채무를 이행할 의무가 있다(428조). 이것을 보증채무의 보충성이라고 한다. 예컨대 채권자로부터 청구 받은 경우에 먼저 주채무자에게 청구하라고 항변할 수가 있다(437조 본문). 이것을 최고의 항변권이라고 한다. 또 채권자가 집행하려는 경우에 먼저 주채무자의 재산에 집행할 것을 항변할 수가 있다(437조 본문). 이것을 검색의 항변권이라고 한다. 다만 연대보증의 경우에는 이러한 보충성이 없다(437조 단서).

Ⅱ. 보증채무의 성립

1. 보증계약의 당사자

보증채무는 보증인과 채권자간에 보증계약에 의해 성립한다. 통상은 주채무자와 채권자간의 계약에 부수하는 합의에 의해 주채무자가 제3자에게 보증인이 되어달라고 의뢰하고, 이에 기해 제3자와 채권자간에 보증계약이 체결되지만, 주채무자와 보증인 사이의 사정은 계약내용이 되지 않는다.

2. 보증인의 자격

보증인이 되기 위한 자격이 특별히 요구되는 것은 아니다. 주채무자가 법률의 규정 또는 계약에 의해 보증인을 세울 의무를 부담하는 경우에는 (ⅰ) 행위능력이 있는 자일 것, (ⅱ) 변제자력이 있는 자일 것이 요구된다(431조 1항).

보증인에게 위 능력이 없더라도 보증계약이 무효가 되는 것은 아니다. 그리고 채권자가 보증인을 지명한 경우에는 보증인의 자격에 관한 규정은 적용되지 않는다(431조 3항).

3. 피보증채무

현재는 성립하지 않지만 장래 성립하는 것이 확실한 채무 또는 정지조건부채무에 대하여도 보증은 성립한다(통설 · 판례). 장래의 불특정채무도 보증할 수 있다(근보증). 다만 이 경우에는 보증채무도 장래의 채무 또는 정지조건부채무로서 성립한다고 해석하는 것이 다수설이다.

[보증채무의 성립]

주채무 발생의 원인이 되는 기본계약이 반드시 보증계약보다 먼저 체결되어야만 하는 것은 아니고 보증계약 체결당시 보증의 대상이 될 주채무의 발생원인과 그 내용이 어느 정도 확정되어 있다면 장래의 채무에 대해서도 유효하게 보증계약을 체결할 수 있다(대판 2006.6.27, 2005다50041).

4. 보증인의 특별한 책임

주채무의 무효나 취소의 원인이 있으면 보증채무도 소멸하는 것이 원칙이다. 그러나 취소의 원인 있는 채무를 보증한 자가 보증계약 당시에 그 원인 있음을 안 경우에는 주채무의 불이행 또는 취소가 있는 때에는 주채무와 동일한 목적의 독립채무를 부담한 것으로 본다(436조). 즉 주채무가 무능력을 이유로 취소되면 보증채무도 부종성에 의해 소멸하는 것이 원칙이지만, 보증인이 그 취소원인을 알고 있었던 경우에는 보증인의 책임을 인정한다는 취지이다. 이 경우에 보증인을 보호하기 위하여 다수설은 취소원인을 알고 있었던 경우를 독립채무로 부담한다는 의사가 명백하거나 추단될 수 있는 경우에 한한다고 해석한다.

Ⅲ. 보증채무의 효력1

1. 채권자와 보증인의 관계

(1) 보증채무의 내용

보증채무의 내용은 특약이 없는 한 보증계약과 보증채무의 부종성에 의해 결정되지만, 그 범위는 구체적으로는 주채무의 이자·위약금·손해배상 기타 주채무에 종속한 채무를 포함한다(429조 1항). 위약금 기타 손해배상액의 예정을 할 수 있다(429조 2항).

(2) 계약해제와 보증채무

보증채무가 주채무자의 채무불이행의 경우에 주된 위력을 발휘하는 제도인 이상, 이자 등과 같이 주채무의 내용이 당연히 확장하는 경우에는 보증인이 이에 관하여도 책임을 부담해야 하지만, 계약이 해제된 경우에 주채무자의 원상회복에 대하여도 책임을 부담해야 하는가 문제된다.

1) 원상회복의무에 대한 보증인의 책임

계약이 해제되면 주채무자는 당연히 원상회복의무를 부담한다(548조 1항). 소습효를 수반하지 않는 계속적 계약의 해지의 경우, 예컨대 임대차계약에 있어 임차인의 보증인은 해지 후의 임차인의 원상회복의무에 대하여 책임을 부담한다고 해석할 수 있다. 목적물의 반환의무는 본래의 채무 그 자체라고 보아야 할 것이기 때문이다.

반면 해제에는 소급효를 수반하므로(직접효과설) 별개의 관점에서 검토하여야 한다. 원상회복의무는 본래의 매매계약의 이행의무와는 별개독립의 채무이므로, 거기에는 보증채무는 다연하게 미치지 않는다는 갓이 종래의 통설·판례였다.

그러나 보증계약 당사자의 의사의 측면에서 보면 주채무자의 채무불이행에 의해 계약이 해제된 경우의 책임에 대하여도 보증계약의 내용에 포한하는 것이 통상이므로, 특히 반대의 의사표시가 없는 한 원상회복의무에도 보증인의 책임을 긍정할 수 있다(판례).

[보증의 효력]

타인간의 계약에 있어 그 계약상의 여러 가지 의무를 부담하는 당사자의 일방을 위하여 그 계약을 보증한 보증인은 상대방에 대하여 특단의 사정이 없는 한, 피보증인의 채무불이행으로 인하여 그 계약이 해제되었으므로 인한 피보증인의 원상회복의무에 대하여도 책임을 진다(대판 1972.5.9, 71다1474).

2) 손해배상청구권에 대한 보증인의 책임

계약해제에 의해 발생한 손해배상의무(551조)는 해제 전부터 발생한 채무불이행 자체에서 발생한 것이고, 본래의 채무와 별개의 것이라고는 해석되지 않는다. 따라서 보증인이 주채무자의 손해배상의무에 관해 책임을 부담한다는데 異論이 없다.

(3) 보증인의 항변권

1) 최고의 항변권

보증인은 채권자로부터 청구를 받은 경우에 주채무자에게 변제자력이 있다는 사실과 그 집행이 용이하다는 사실을 증명하고, 먼저 주채무에게 이행을 청구하라고 항변할 수 있다(437조 본문). 이것을 최고의 항변권이라한다.

변제자력이 있다는 것은 주채무자가 채무전액을 변제할 자력이 있어야 하는 것은 아니고, 채무변제에 상당한 정도면 충분하다, 집행이 용이하다는 의미에 대해 격지에 있는 동산이나 부동산 및 채권은 집행이 용이하지 않다고 해석하고, 채무자의 주소에 있는 동산이나 유가증권은 집행이 용이하다고 해석한다.

2) 검색의 항변권

채권자가 먼저 주채무자에게 최고하고 보증인에게 청구하더라도, 보증인은 다시 주채무자의 변제자력과 집행의 용이함을 증명하고 먼저 주채무자의 재산에 집행하라고 항변할 수 있다(437조 본문). 이를 검색의 항변권이라고 한다.

3) 최고・검색의 항변의 효과

최고·검색의 항변권은 연기적 항변권으로 이행지체책임을 저지할 뿐이다. 그러나 보증인은 최고·검색의 항변에도 불구하고 채권자가 주채무자의 최고나 검색(집행)을 게을리하여 주채무자로부터 전부나 일부의 변제를 받지 못한 때에는 채권자가 해태하지 아니하였으면 변제받았을 한도에서 그 의무를 면한다(438조).

(4) 주채무자 또는 보증인에게 생긴 사유의 효력

1) 주채무자에게 생긴 사유의 효력

주채무자에게 생긴 사유는 모두 보증인에게 효력을 미친다. 즉 절대적 효력이 있다. 이것은 보증채무의 부종성으로부터 당연히 도출되는 결과이다.

(a) 주채무의 소멸

주채무가 소멸하면 그 소멸사유의 여하를 불문하고 보증채무도 소멸한다.

(b) 주채무자에 대한 시효중단

주채무자에 대한 시효의 중단은 보증인에 대하여도 효력을 미친다(440조). 시효중단의 효력은 원칙적으로 당사자와 승계인에게만 한정되므로(169조) 보증인에게 효력이 없다. 따라서 민법 제440조는 채권자보호를 위한 특별규정이다(대판 1986.11.25, 86다카1569).

[주채무자에 대한 소멸시효 중단사유 발생]

민법 제440조는 민법 제169조의 예외규정으로서 채권자보호를 위해 주채무자에 대한 시효중단의 사유가 발생하였을 대는 그 보증인에 대한 별도의 중단조치가 이루어지지 아니 하여도 동시에 시효중단의 효력이 생기게 한 것이다.

따라서 그 시효중단의 사유가 압류 · 가압류 및 가처분이라 하더라도 이를 보증인에게 통지하여야 비로소 시효중단의 효력이 발생하는 것은 아니다(대판 2005.10.27, 2005다35554 · 35561).

(c) 주채무자에 대한 채권양도 · 채무인수

채권자가 주채무자에 대하여 가지는 채권을 양도하여 대항요건을 갖춘 때에는 이 채권양도는 보증인에 대해서도 효력이 있다(450조 이하). 즉 보증인은 채권양수인에 대하여 보증채무를 부담하게 된다. 주채무에 관하여 보증인의 승낙 없이 면책적 채무인수가 행해지면 보증채무는 소멸한다.

2) 보증인에게 생긴 사유의 효력

보증인이 채권자의 청구에 의해 보증채무를 이행한 경우에는 채권자와 관계에서는 보증계약에 기한 자기의 채무를 이행한 것이지만, 주채무자와의 관계에서는 타인의 채무를 변제한 것이 된다. 따라서 구상권의 문제가 발생한다.

(1) 수탁보증인의 구상권

1) 원칙: 사후구상권

주치무자의 부탁을 받아 보증인이 된 자가 과실 없이 변제 기타의 출재로 주채무를 소멸하게 한 때에는 주채무자에 대하여 구상권을 행사할 수 있다(441조 1항). 구상권의 범위에 대해서는 연대채무자의 구상권의 범위와 같다(441조 2항 · 425조 2항). 예컨대 변제를 위한 출재액 · 그 이후의 법정이자 · 불가피한 비용 등이다.

[수탁보증인의 구상권]

수탁보증인은 특별한 사정이 없는 한 그 주채무의 변제기 연장이 언제 이루어졌던지 간에 본래의 변제기가 도래한 후에는 민법 제442조 1항 4호에 의하여 주채무자에 대하여 사전구상권을 행사할 수 있다.

이 경우에는 민법 제442조 2항에 따라 보증계약 후에 채권자가 주채무자에게 허여한 기한으로 보증인에게 대항하지 못할 뿐만 아니라, 수탁보증인이 본래의 변제기가 도래한 후 과실 없이 변제 기타의 출재로 주채무를 소멸하게 한 후 이를 주채무자에게 통지하였다면, 민법 제445조 1항에 의하여 주채무자는 위 통지를 받은 후 채권자와 사이에 이루어진 변제기 연장에 관한 합의로서 사후구상권을 행사하는 수탁보증인에게 대항할 수 없다(대판 2007.4.26, 2006다22715).

2) 예외 : 사전구상권

(a) 요　건

보증인에게도 다음과 같은 경우에는 사전에 구상권을 행사할 수 있다(442조).

① 보증인이 과실 없이 채권자에게 변제할 재판을 받은 때(동조 1호)

② 주채무자가 파산선고를 받은 경우에 채권자가 파산재단에 가입하지 아니한 때(동조 2호)

③ 채무의 이행기가 확정되지 아니하고 그 최장기도 확정할 수 없는 경우에 보증계약 후 5년을 경과한 때(동조 3호)

④ 채무의 이행기가 돌애한 때(동조 4호)

이 경우에는 보증계약 후에 채권자가 주채무자에게 이행기를 연장해 주었더라도 본래의 이행기가 도래한 때에는 수탁보증인은 사전구상을 할 수 있다(442조 2항). 민법 제442조는 임의규정이다.

[사전구상금을 수령한 수탁보증인의 의무]

수탁보증인이 사전구상권을 행사하여 사전구상금을 수령하였다면 이는 결국 사전구상 당시 채권자에 대하여 보증인이 부담할 원본채무와 이미 발생한 이자, 피할 수 없는 비용 및 기타의 손해액을 선급 받는 것이어서 이 금원은 주채무자에 대하여 수임인의 지위에 있는 수탁보증인이 위탁사무의 처리를 위하여 선급 받은 비용의 성질을 가지는 것이다. 그러므로 보증인은 이를 선량한 관리자의 주의로써 위탁사무인 주채무자의 면책에 사용하여야 할 의무가 있다(대판 2002.11.26, 2001다833).

(b) 주채무자의 면책청구

위와 같은 경우에 주채무자가 보증인의 사전구상에 응해도 보증인이 확실하게 변제를 할 것인가의 여부는 불명하다. 그러므로 수탁보증인이 사전구상을 청구한 때에는 주채무자는 그 청구에 응하여 사전구상을 하여주고 자기를 면책하여 주거나 담보를 제공할 것을청구할 수 있고, 또는 구상할 액을 공탁하거나 담보를 제공하거나 보증인을 면책하게 함으로써 구상의무를 면할 수 있다(443조). 주채무자는 보증인이 담보를 제공할 때까지 사전구상을 거절할 수 있는가에 대해 통설은 거절할 수 있다고 본다.

주채무자가 면책행위를 한 경우에는 이 사실을 수탁보증인에게 통지하여야 한다. 이 통지를 게을리 한 경우에 수탁보증인이 선의로 변제 기타 유상의 면책행위를 한 때에는 수탁보증인은 자기의 면책행위의 유효를 주장할 수 있다(446조).

[이중의 면책행위를 한 경우의 우열]

민법 446조의 규정은 445조 1항의 규정을 전제로 하는 것이어서 445조 1항의 사전통지를 하지 아니한 수탁보증인까지 보호하는 취지의 규정은 아니다. 따라서 수탁보증에 있어서 주채무자가 면책행위를 하고도 그 사실을 보증인에게 통지하지 아니하고 있던 중에 보증인도 사전통지를 하지 아니한 채 이중의 면책행위를 한 경우에는 보증인은 주채무자에 대하여 446조에 의하여 자기의 면책행위의 유효를 주장할 수 없다.

이 경우에는 이중변제의 기본원칙으로 돌아가 먼저 이루어진 주채무자의 면책행위가 유효하고 나중에 이루어진 보증인의 면책행위는 무효로 보아야 한다. 그러므로 보증인은 민법 466조에 기하여 주채무자에게 구상권을 행사할 수 없다(대판 1997.10.10, 95다46265).

(2) 부탁 없는 보증인의 구상권

1) 보증인으로 된 것이 주채무자의 의사에 반하지 않는 경우

이 경우에는 보증인이 변제 기타 출재를 할 당시에 주채무자가 「이익을 받은 한도」에서 구상을 청구할 수 있다(441조 1항). 따라서 면책된 날 이후 이자나 손해배상은 구상의범위에 포함되지 않는다.

2) 보증인으로 된 것이 주채무자의 의사에 반하는 경우

이 경우에는 주채무자가 구상시에 이익을 받은 한도, 즉 「현존이익의 한도」에서 구상권을 행사할 수 있을 뿐이다. 현존이익은 면책행위시가 아니라 구상권행사시를 기준으로 한다. 변제 기타 출재 등에 의한 면책행위가 있은 후 구상시까지 사이에 주채무자가 채권자에 대하여 반대채권을 취득하였을 때에는 상계할 수 있었음을 보증인에게 주장하고 구상에 응하기를 거절할 수 있다. 이 때 상계로 소멸할 채권은 보증인에게 이전한다(444조 3항).

수탁보증인의 경우와 또 다른 것은 주채무자의 부탁을 받지 않고 보증인이 된 자는 사전구상을 할 수 없다는 점이다(442조 참조).

(3) 구상요건으로서의 통지

1) 사전의 통지

보증인이 주채무자에게 통지하지 아니하고 변제 기타 자기의 출재로 주채무를 소멸시킨 경우에 주채무자가 채권자에게 대항할 수 있는 사유가 있었을 때에는 그 사유를 가지고 보증인에게 대항할 수 있으며, 그 대항사유가 상계인 때에는 상계로 소멸할 채권은 보증인에게 이전한다(445조 1항).

2) 사후의 통지

보증인은 변제 기타의 면책행위 후에도 이 사실을 주채무자에게 통지하여야 한다. 만약 이러한 사후통지가 없었을 경우에 주채무자가 선의로 채권자에게 변제 기타 유상의 면책행위를 한 때에는 주채무자는 자기의 면책행위의 유효를 주장할 수 있다(445조 2항).

(4) 주채무자가 복수인 경우의 보증인의 구상권

1) 복수의 채무자를 위해 보증인이 된 경우

채권자 갑(채권액 3,000만원)의채무자 을 · 병 · 정을 위해 A가 보증인이 된 경우를 살펴보면 다음과 같다.

(a) 분할채무인 경우

을 · 병 · 정이 변제를 하지 않아 보증인 A가 갑에게 3,000만원을 변제하였다면, A는 을 · 병 · 정에게 각각 1,000만원씩 구상할 수 있다.

(b) 불가분채무 · 연대채무인 경우

이 경우에는 구상권도 각 상은하는 채무로서는 불가분채무 또는 연대채무이다. 예컨대 보증인 A가 채권자 갑에게 3,000만원 전액을 변제하면 A는 을·병·정에 대해 각각 3,000만원의 구상권을 취득한다. A가 연대채무자(또는 불가분채무자)의 1人인 을로부터 구상권 전액에 대해 만족을 얻으면, 을·병·정간의 내부적 구상관계는 연대채무·불가분채무의 내부관계의 문제로 이행한다.

2) 일부의 채무자를 위해 보증인이 된 경우

위의 예에서 A가 채무자 을만의 보증인이 된 경우를 상정하여 살펴보면 다음과 같다.

(a) 분할채무의 경우

A는 을만의 보증인이므로 채권자 갑은 A에 대해 을의 부담액 이외에 대하여는 청구할 수 없다. A가 을이 부담하는 1,000만원을 갑에게 변제하면 A는 을에 대해 그 부담부분인 1,000만원을 구상할 수 있다.

(b) 불가분채무·연대채무인 경우

을·병·정이 갑에게 3,000만원의 연대채무(또는 불가분채무)를 부담하고 있는 경우에는 A가 을만의 보증인이어도 A는 갑에게 3,000만원을 변제할 의무를 부담한다. A가 갑에게 전액을 변제하면 자기의주채무자인 을에게 3,000만원을 구상할 수 있음은 물론이지만, 보증하지 않은 병·정에 대해서도 부담부분이 균등하다면 보증인 직접 그 부담부분 1,000만원에 대하여 구상할 수가 있다(447조).

따라서 병·정이 을의 보증인 A에게 각각 1,000만원씩을 지불하면 을도 A에게 1,000만원만 지불하면 되지만, 을이 먼저 A에게 3,000만원을 지불하면 을은 병·정에게 각각 1,000만원씩 구상할 수 있다.

사례 해결

(1) 사례와 같이 병이 매도인 을의 중고피아노 인도채무를 보증한 것은 유효하다. 이 때 병은 을의 피아노 인도를 목적으로 한 주채무가 이행되지 않을 경우, 그 불이행으로 인한 손해배상채무를 보증한 것으로 해석해야 한다.

(2) 타인 간 계약을 보증한 자는 채권자에 대하여 피보증인의 채무불이행으로 인하여 그 계약해제로 인한 피보증인의 원상회복의무에 대하여도 책임을 진다(대판 1972.5.9, 71다 1474). 따라서 갑이 을의 채무불이행을 이유로 매매계약을 해제하면, 보증인 병은 갑이 을에게 지급한 대금 100만원의 반환 및 손해배상을 해야 한다.

(3) 을이 갑에게 인도한 피아노에 계약의 목적을 달성할 수 없을 정도의 중대한 하자가 있는 경우, 갑은 매매계약을 해제하고 손해배상을 청구할 수 있다. 그렇지 않다면 을에게 손해배상만 청구할 수 있다. 설문상 주채무의 목적물이 중고피아노이므로 특정물이다. 그러므로 보증인 병은 갑에게 손해배상책임을 부담하지만, 다른 중고피아노를 제공할 책임은 부담하지 않는다.

제6절 특수한 보증

Ⅰ. 연대보증

1. 서 설

(1) 연대보증의 의의

연대보증은 보증인이 주채무자와 연대하여 채무를 부담해야 할 특약이 있는 보증이다(437조 단서).

(2) 성 질

연대보증은 보증계약의 일종이고 주채무에 부종한다. 따라서 부종성에서 발생하는 효과의 면에서도 보통의 보증과 같지만, 연대보증에는 보통의 보증과 같은 보충성이 없으므로 최고의 항변권·검색의 항변권은 인정되지 않는다.

연대보증에 있어 연대보증인에게 생긴 사유가 주채무자에게 효력이 미치는 범위에 관하여 연대채무에 관한 규정이 적용되고 보충성이 없다는 점은 연대채무와 유사하다. 그러나 연대보증에는 부동성이 있고 부담부분이 없는 점은 연대채무와 다르다.

2. 성립원인

보증계약에서 특히 연대라는 취지의 특약을 한 때에 연대보증이 성립한다. 도 보증이 상행위이거나 주채무가 상행위에 의해 발생한 때는 그 보증계약은 연대보증이 된다(상법 57조 2항). 보증인이 사전·사후에 최고·검색의 항변권을 포기한 경우에도 연대보증이 성립한다.

3. 효 력

(1) 연대보증인과 채권자의 관계

채권자의 연대보증인에 대한 권리는 연대채무자에 대하여 가지는 권이와 같다. 연대보증에는 보충성이 없는 결과 채권자는 연대보증인에게도 직접 청구할 수 있는 권리를 가진다. 그러나 부종성이 있으므로 주채무의 범위를 초과하여 청구할 수는 없다.

(2) 연대보증인과 주채무자의 관계

연대보증인의 주채무자에 대한 구상관계는 보통의 보증과 같자(441조 이하).

[민간공사도급계약의 연대보증인의 책임범위]

민간공사도급계약의 연대보증인의 보증책임은 각종 보증서의 구비여부, 도급계약의 내용, 보증경위 등을 참작하여 개별적으로 구체적인 사안에 다라 법률행위의 해석에 의하여 판단되어야 한다.

그러나 특별한 약정이 없다면 수급인의 책임과 마찬가지로 금전채무보증과 시공보증을 포함한다고 보아야 한다(대판 2005.3.25, 2003다55134).

Ⅱ. 공동보증

1, 공동보증의 의의

공동보증은 동일한 주채무자에 대하여 수인이 보증인(연대보증인·보증연대인이 된 경우도 포함)으로 된 경우이다. 그 예로서 을의 갑에 대한 3,000만원의 주채무에 대하여 A·B·C 3인이 보증을 한 경우를 들 수 있다.

2. 분별의 이익

공동보증인 A·B·C는 통상 분별의 이익을 가진다. 분별의 이익이란 복수의 보증인이 채권자에 대해서는 균등한 비율로 분할된 액수에 관해서만 보증채무를 부담하는 것을 말한다(439조). 공동보증은 1개의 계약으로 복수의 자가 보증인으로 된 경우와 순차적으로 별개의 계약에서 보증인으로 된 경우가 있지만, 어느 경우라도 보증인은 분별의 이익을 갖는다.

다만 주채무가 불가분채무인 경우, 공동보증이 연대보증인 경우, 보증인 상호간에 연대의 특약이 있는 경우(보증연대), 상법 제57조의 공동보증의 경우에는 분별의 이익이 인정되지 않는다.

[연대보증인간의 분별의 이익]

수인의 보증인이 있는 경우에는 분별의 이익이 있는 것이 원칙이다. 그러나 그 수인이 연대보증인일 대에는 각자가 별개의 법률행위로 보증인이 되었으므로, 보증인 상호간에 연대의 특약(보증연대)이 없었더라도 채권자에 대하여는분별의 이익을 갖지 못하고 각자가 채무전액을 변제하여야 한다. 다만 보증인 상호간의 내부관계에 있어서는 일정한 부담부분이 있고, 그 부담부분의 비율에 관하여는 특약이 없는 한 각자 평등한 비율로 부담한다(대판 1993.5.27, 93다4656).

3. 공동보증인과 채권자와의 관계

분별의 이익의 유무로 나누어 살펴볼 수 있다. 분별의 이익이 있는 경우에는 각 보증인은 분할채권관계의 원칙(408조)에 따라 균등한 비율로 분할된 액수에 관하여만 보증채무를 부담한다(439조). 분별의 이익이 없는 경우에는 각 보증인은 각각 채무전액의 이행의무를 부담한다.

4. 공동보증인간의 구상관계

(1) 분별의 이익이 있는 경우

내부관계에서도 공동보증인은 분할된 부담액만을 변제하면 족하다. 그러나 공동보증인의 1인이 이 부담액을 초과하여 변제한 경우는 초과분에 대하여 부탁 없는 보증인의 규정(444조)이 준용된다(448조 1항). 즉 그 변제가 다른 공동보증인의 의사에 반하지 않으면 변제를 한 공동보증인은 변제 당시에 받은 이익의 한도에서(444조 1항), 또 변제가 다른 공동보증인의 의사에 반하는 경우는 변제하지 않은 공동보증인은 변제를 한 공동보증인에게 구상 당시에 받은 현존이익의 한도(444조 2항)에서 상환하여야 한다.

(2) 분별의 이익이 없는 경우

채권자에 대한 관계에서는 채무전액을 부담하고 있는 공동보증인도 내부적으로는 부담부분이 있으므로, 1인의 보증인이 자기의 부담부분을 초과하여 변제를 하면 초과부분에 관하여 다른 공동보증인에 대해 구상권을 취득한다.

연대채무의 경우는 1인의 면책행위가 부담부분액을 넘지 않는 경우에도 비율에 따른 구상권이 인정되지만, 공동보증의 경우에는 부담부분을 넘는 면책행위를 한 경우에만 구상권이 인정되므로 연대채무와 다르다.

그 결과 연대채무자 상호간과 같은 구상관계에 있으므로 민법 제425조부터 427조까지의 연대채무의 규정이 준용된다(448조 2항). 그러나 공동보증인의 1인에 관하여 면제가 된 경우와 같이 관련규정(419조)의 준용이 명기되어 있지 않은 경우에는 그 유추적용의 가부가 문제된다.

Ⅲ. 계속적 보증

1. 개 념

(1) 계속적 보증의 의의

지금까지 살펴본 보증은 통상적 소비대차계약상의 일정한 채무의 보증이지만, 이것과는 달이 일정한 법률관계로부터 장래 발생하는 불특정의 채무를 보증하는 경우도 있다. 이를 계속적 보증이라 한다. 을이 갑 은행과 계속적 거래관계를 체결하고 병이 보증인이 된 경우가 이에 해당한다. 갑 · 을 간의 계속적 거래관계에 은행과 상인간의 어음할인 · 어음대부 · 당좌대월 기타 융자관계 등이 있다.

계속적 보증에는 신용거래(당좌대월계약)에서 발생하는 신용보증 · 근로자 도는 피용자의 손해배상채무의 보증(신원보증) · 임대차계약으로부터 발생하는 임차인의 채무의 보증 등이 있으나, 좁은 의미의 계속적 보증은 채권관계에서 발생하는 불확정채무의 보증만을 의미한다.

(2) 특질과 법적 규율

피보증채무의 범위는 보증계약에 의해 정해지는 것이 원칙이다. 그러나 계속적 보증의 경우 보증계약의 성립시에 피보증채무는 통상 미발생 또는 불특정이고, 발생 후에 있어서도 그 액수는 항상 변화하므로 보증인은 그 채무내용을 확실하게 예측할 수 없다. 그 결과 종종 가혹한 책임을 부담하게 된다.

따라서 이러한 보증의 유효성을 인정하기 위해서는 거래관행 등을 고려하여 적절하게 그 책임을 제한하는 해석론의 전개가 필요하다. 판례도 당사자의 의사를 의제하여 보증책임의 범위를 제한하거나, 일정한 경우에 해지권을 인정하고 상속을 부정하는 방법 등의 합리적 해결책을 모색하고 있다.

2. 근보증 · 신용보증

(1) 피보증채무와 그 범위

갑 · 을간의 당좌대월계약의 경우에 그 계약에서 발생한 채무가 피보증채무이다. 이 채무의 범위는 그 성질상 확정되어 있지 않아도 좋지만, 확정할 수 있는 기준은 제시되어야 한다(대월한도액 등).

(2) 보증기간

근보증의 일반적 유효성을 인정하기 위해서는 보증기간에 관한 합리적 해석이 전제로 된다.

1) 계약에 의한 결정

보증계약에 의해 기간이 정해져 있을 때는 원칙적으로 이에 따른다. 보증기간이 보증해야 할 거래기간으로 되어 있는 경우에 기본인 거래관계(위 예에서 갑 · 을 간의 계약)가 연장되어도 보증인의ㅣ 책임이 연장되지는 않는다. 보증계약체결시 기본인 거래관계의 연장가능성이 존재하고, 보증인이 이것을 알고 있는 경우에만 보증인의 책임도 연장된다고 볼 것이다(대판 1993.2.13, 92다45520).

2) 상당기간의 경과와 해지권

보증기간이 정해져 있지 않은 경우에 보증인은 보증계약체결 후 상당한 기간이 경과하면 보증계약을 해지할 수 있다고 볼 것이다. 한편 판례에 의하면 회사의 이사가 퇴직한 경우에는 보증계약상 보증한도액과 보증기간이 제한되어 있다고 하더라도 보증계약을 해지할 수 있다(대판 1998.6.26, 98다11826).

(3) 보증의 한도

1) 약정한도액

보증인의 책임은 보증기간의 만료 또는 계속적 거래관계가 청산되는 시점에서 존재하는 채무에 관하여 발생한다(대판 1988.11.8, 88다3253). 당해 채무가 보증인의 액정한도액을 초과하는 경우에는 약정한도액의 범위 내에서만 보증인이 책임을 부담한다.

2) 상당한도액

보증한도액이 정해져 있지 않은 경우에는 형식논리적으로는 피보증채무에 관해 무한책임을 부담하는 것이 되지만, 주채무자가 거래관행이나 신의칙에 반하여 보증의 범위가 예상할 수 없을 만큼 확대된 경우(대판 1991.10.8, 91다14147)에는 합리적인 범위로 제한할 수 있다. 이사가 퇴직한 경우에는 퇴직 후의 회사의 채무에 대하여는 비록 보증기간의 제한이 없이 보증을 하였더라도 보증책임을 지지 않는다(대판 1987. 4. 26, 82다카789).

(4) 근보증채무의 상속성

보증한도액이 정해진 한정근보증의 경우에는 보증인이 사망하였더라도 특별한 사정이 없는 한 상속인에게 승계되고, 보증기간과 보증한도액의 정함이 없는 계속적 보증의 경우에는 보증인의 지위가 상속되지 않는다(대판 2001.6.12, 2000다47187).

(5) 사정변경과 보증의 해지

판례는 이사의 지위에서 부득이 회사의 계속적 거래관계로 인한 불확정한 채무에 대하여 보증인이 된 자가 이사의 지위를 떠난 경우에 사정변경을 이유로 하여 계약을 해지할 수 있다고 하여(대판 2002.5.13, 2002대1673), 계속적 보증의 경우에 계약해지를 인정한다.

3. 신원보증

(1) 신원보증의 개념

신원보증이란 피용자의 고용에 의하여 사용자에게 발생한 모든 손해를 신원보증인이 부담하는 것으로 하는 보증인과 사용자간의 계약으로 일종의 손해담보계약이다. 이에는 협의의 신원보증과 신원인수가 있다.

손해담보계약은 당사자일방이 상대방에 대하여 일정한 사항으로부터 발생한 장래의 손해를 전보할 것을 목적으로 하는 계약이다. 이는 주채무를 전제로 하지 않으며 담보자가 독립하여 손해배상채무를 부담한다는 점에서 통상의 보증채무와 다르다.

1) 협의의 신원보증

피용자의 태업에 의한 채무불이행·횡령에 의한 불법행위 등에 의해 피용자가 사용자에게 부담하는 손해배상의무 기타 채무를 보증하는 사용자와 제3자간의 보증계약을 말한다. 일종의 근보증계약이다.

2) 신원인수

피용자의 귀책사유에 관계없이 그 피용자를 고용함으로써 발생한 일체의 손해를 담보하는 계약, 즉 피용자의 신사에 관한 모든 책임을 인수하는 경우이다. 이것을 신원인수라고 하며, 부종성이 없는 손해담보계약이다.

(2) 신원보증의 내용

1) 법률에 의한 규제

신원보증법은 신원보증관계를 적절히 규율하는 것을 목적으로 제정되었다(동법 1조). 다만 이 법의 규정에 반하는 특약은 어떠한 명칭이나 내용이든지 신원보증인에게 불리한 것은 효력이 없다(동법 8조).

2) 피보증채무의 범위

피용자가 업무를 수행하는 과정에서 그의 책임 있는 사유로 사용자에게 손해를 입힌 경우에 그 손해배상에 한정된다(동법 2조).

3) 보증기간

기간을 정하지 아니한 신원보증계약은 그 성립일로부터 2년간 효력을 가진다(동법 3조 1항). 보증기간을 정한 경우에도 신원보증계약의 기간은 2년을 초과하지 못하고, 이보다 장기간으로 정한 경우에는 그 기간을 2년으로 단축한다(동법 3조 2항). 신원보증계약은 이를 갱신할 수 있는데, 그 기간은 갱신한 날로부터 2년을 초과하지 못한다(동법 3조 3항).

4) 보증책임의 한도

신원보증인은 피용자의 고의 또는 중과실로 인한 행위로 인하여 발생한 손해에 대하여 배상할 책임이 있고(동법 6조 1항), 신원보증인이 2인 이상인 경우에는 특별한 의사표시가 없으면 각 신원보증인은 균등한 비율로 의무를 부담한다(동법 6조 2항).

5) 사용자의 통지의무

사용자는 (ⅰ) 피용자가 업무상 부적격자이거나 불성실한 행적이 있어 이로 말미암아 신원보증인의 책임을 야기할 염려가 있음을 안 때, (ⅱ) 피용자의 업무 또는 업무수행의 장소를 변경함으로써 신원보증인의 책임을 가중하거나 그 감독이 곤란하게 된 때에는 신원보증인에게 지체 없이 통지하여야 한다(동법 4조 1항).

다만 사용자가 고의 또는 중과실로 동법 제6조 1항의 통지의무를 게을리 하여 신원보증인이 동법 제5조에 의한 해지권을 행사하지 못한 경우, 신원보증인은 그로 인하여 발생한 손해의 한도에서 의무를 면한다(동법 6조 2항).

6) 보증인의 계약해지권

신원보증인은 (ⅰ) 사용자로부터 동법 제4조 1항의 통지를 받거나, 신원보증인이 스스로 제4조 1항 각호의 1에 해당하는 사유가 있음을 안 때, (ⅱ) 피용자의 고의 또는 과실이 있는 행위로 발생한 손해를 신원보증인이 배상한 경우, (ⅲ) 기타 계약의 기초되는 사정에 중대한 변경이 있는 경우에 계약을 해지할 수 있다(동법 5조).

7) 신원보증채무의 비상속성

신원보증채무는 일신전속적 색채가 강하므로, 신원보증계약은 신원보증인의 사망으로 종료한다(동법 7조).

제5장 채권관계 당사자의 교체

제1절 채권양도

Ⅰ. 서설

1. 의 의

(1) 채권양도의 구조

채권양도란 채권을 그 동일성을 유지하면서 이전하는 신구(新舊) 양 채권자간의 계약을 말한다. 예컨대 갑·을 간에 매매계약을 체결하고 갑이 이 계약에 의해 취득한 대금채권을 제3자 병에게 양도하는 경우이다. 채권양도의 동기로서는 일반적으로 (i) 당해 채권을 이행기 전에 환금할 필요가 있거나, (ii) 병에 대한 채권담보 내지 변제를 위해 제공하거나, (iii) 대금회수의 곤란으로부터 추심을 의뢰하기 위한 것 등을 들 수 있다.

채권양도의 개념을 쉽게 이해하기 위해서 이것과 유사한 제도 내지 개념과 비교하여 살펴보면 다음과 같다.

(2) 계약상 지위의 이전과 구별

채권양도와 계약상 지위의 이전과는 명확하게 구별할 수 있다. 예컨대 매도인 갑은 매매계약에서 생긴 채권·채무의 혼연일체가 된 법적 지위를 가지는데, 이 지위를 이전하는 경우에는 계약상 지위의 이전이 된다. 반면 채권양도는 매도인 갑이 그 지위의 일부인 매매대금청구권만을 제3자 병에게 양도하는 것이다. 즉 채권양도의 경우 계약상의 지위에서 나오는 권리는 이전되지 않는다.

(3) 경개와의 구별

채권양도는 계약당사자의 일방이 변경된다는 점에서 경개(500조 이하)와 유사하지만, 신구 양채무에 동일성이 인정되는 점에서 그 동일성이 부정되는 경개와 구별된다.

2. 성 질

채권양도는 채권이 귀속하는 주체를 직접 변경케 하는 처분행위이며, 채권의 이전 그 자체를 목적으로 하는 준물권계약이다. 채권양도는 준물권계약이므로 이 경우에도 독자성 무인성의 논의가 있으나, 통설은 채권양도와 그 원인행위가 합체되어 하나의 행위로서 행해지는 것이 일반적이기 때문에 특별한 경우가 아닌 한 원인행위의 영향을 받는다고 한다. 다만 증권적 채권에서는 유통성 확보를 위해 원인행위가 무효·취소되더라도 채권양도의 효력에는 영향이 없다.

채권양도는 채권자와 양수인 사이의 낙성·불요식의 계약이다. 다만 증권적 채권양도에 있어서는 배서·교부(지시채권) 또는 교부(무기명채권)가 양도의 성립 내지 효력발생요건으로 되어 있음을 이유로 이를 요식계약이라고 설명하는 것이 다수설이다. 이에 대해 배서교부나 교부는 법률에 의해 특별히 요구되는 양도의 합의 이외에 또 하나의 요건이라고 하는 소수설도 있다.

Ⅱ. 지명채권의 양도

사례

갑은 을에 대하여 100만원의 채권을 가지고 있다. 갑은 이 채권을 병에게 양도하고 내용증명우편으로 채무자 을에게 통지했다. 그 후 갑은 이 채권을 다시 제3자 정에게 양도했지만, 을은 그 양도에 대하여 이의를 보류하지 않은 채 승낙하였다. 을은 병과 정 중 누구에게 변제해야 하는가?

1. 지명채권의 의의

지명채권은 보통의 채권, 즉 증권적 채권이 아닌 일반채권을 말한다. 채권자가 교체되는 것이 예정되어 있는 증권적 채권과 구별하여 채권자가 특정인으로 지명되어 있다고 하여 이를 지명채권이라 한다. 지명채권에서 채권증서는 증권적 의미에 지나지 않는다.

2. 지명채권의 양도성

(1) 원칙 : 양도성

지명채권은 원칙적으로 양도성을 가진다(449조 1항 본문). 양도에 의해 채무자에게 불이익이 되지 않는 이상, 채권의 재산권으로서 중요성을 감안하여 넓게 양도성을 인정할 수 있기 때문이다. 계약자유의 원칙을 중시하면 채권의 양도성의 유무는 본질적으로는 그 채권을 창조한 당사자간의 계약내용에 의하여 정해진다고 볼 수 있지만, 현대사회에서의 채권은 사회 경제적으로 보아 중요한 재산적 가치를 가지는 것으로 일반적으로 그 양도성이 불가결한 것으로 되어 있다. 따라서 장래에 발생할 채권이나 임금채권도 양도할 수 있다(대판 1988.12.18, 87다카280 전원합의체). 가압류된 채권의 양도도 가능하다.

(2) 예외: 양도의 금지

1) 성질에 의한 양도금지

채권의 성질이 양도를 허용하지 않는 때에는 그 채권을 양도할 수 없다(449조 1항 단서). 그러한 것으로 다음과 같은 채권이 있다.

① 채권자가 변경되면 급부내용이 전혀 달라지는 채권 : 특정인의 초상을 그리게 하는 채권·부작위채권의 경우.

② 채권자가 변경되면 권리행사에 큰 차이가 생기는 채권 : 당사자 사이의 신뢰관계에 기초한 채권으로, 예컨대 사용차주의 채권(610조 2항), 임차권(629조 1항), 사용자의 채권(657조 1항) 등이 이에 해당한다. 이러한 채권을 양도할 때는 채무자의 승낙이 있어야 한다.

③ 특정의 채권자와의 사이에 결제되어야 할 특별한 사유가 있는 채권 : 상호계산에 계입된 채권·당좌대월계약상의 채권 등의 경우에는 그 채권의 성질상 양도가 금지된다.

④ 종된 채권 : 종된 채권은 원칙적으로 주된 채권과 분리하여 양도하지 못한다 (예외 : 지분적 이자채권).

⑤ 전세금채권 : 전세권을 담보하는 경우에는 전세권과 전세금반환청구권을 분리할 수 없다. 전세권을 담보하지 않은 경우에는 허용한다(대판 1997.11.25, 97다29700)

2) 의사표시에 의한 양도금지

채권은 당사자가 반대의 의사를 표시한 경우에는 양도하지 못한다(449조 2항 본문). 양도금지의 특약은 채권성립과 동시에 또는 성립 후에 할 수도 있다. 그러나 채권양도금지의 의사표시로써 선의의 제 3자에게 대항하지 못한다(449조 2항 단서). 양도금지의 특약은 임의의 양도를 제한할 수 있을 뿐이므로, 채권의 압류까지도 제한할 수 있는 것은 아니다.(대판 1976.10.29, 76다1623).

양도금지특약은 상대적 효력을 가지므로 선의의 제3자에게 대항할 수 없다(449조 2항). 제3자의 무과실을 요하는가에 대해 판례는 악의 또는 중과실이 없으면 된다는 제한설의 입장에 서 있다(대판 1996.6.28, 96다18281).

[양도금지특약부 채권양도가 유효한 경우]

양도금지특약부 채권에 대한 전부명령이 유효한 경우 그 전부채권자로부터 다시 그 채권을 양수한 자가 그 특약의 존재를 알았거나 중대한 과실로 알지 못하였다고 하더라도, 채무자는 위 특약을 근거로 삼아 채권양도의 무효를 주장할 수 없다(대판 2003.12.11, 2001다3771).

3) 법률에 의한 양도금지

특별히 본래의 채권자에게만 변제하게 할 필요가 있는 채권에 관하여 법률은 명문의 규정으로 양도를 금지하고 있다. 그 예로서 부양청구권(979조)·특별법에 의한 연금청구권(공무원연금법 32조; 사립학교교원연금법 40조; 군인연금법 7조; 국민연금법 35조 등), 재해보상청구권(근로기준법 86조)·국가배상청구권(국가배상법 4조) 등을 들 수가 있다.

법률에 의하여 양도가 금지되는 채권은 이를 압류하지 못한다. 따라서 그러한 채권에 전부명령이 있더라도 그 전부명령(轉付命令)은 무효이다. 그러나 압류가 금지되는 채권이 반드시 양도가 금지되는 채권인 것은 아니다(대판 1990.2.13, 88다카8132)

3. 지명채권양도의 대항요건

(1) 대항요건의 필요성

지명채권의 양도는 양도인과 양수인 사이의 낙성계약에 의하므로, 이에 관여하지 못하는 채무자와 제3자를 보호할 필요가 있다. 우리 민법은 그들에 대하여 일정한 대항요건을 갖추어야 채권양도의 효력을 주장할 수 있도록 하는 대항요건주의를 채택하고 있다.

지명채권양도의 대항요건은 양도인의 채무자에 대한 통지 또는 채무자의 승낙이다. 즉 지명채권의 양도는 양도인이 채무자에게 통지하거나 채무자가 승낙하지 아니하면 채무자 기타 제3자에게 대항하지 못한다(450조 1항).

대항요건은 (i) 채무자에 대하여는 양수인이 채권양수의 사실을 주장하는 요건으로 기능하며, (ii) 제3자에 대하여는 채권의 이중양수자간, 압류채권자간의 권리관계의 우열을 결정하는 기준으로 기능한다.

(2) 채무자에 대한 대항요건

1) 채무자에의 통지

(a) 통지의 성질

채권양도가 있었음을 알리는 관념의 통지로 준법률행위이다(대판 2000.4.11. 2000다2627). 따라서 의사표시에 관한 규정은 원칙적으로 적용이 없으나, 행위능력 · 도달주의 · 대리에 관한 규정은 준용된다고 보는 것이 타당하다.

(b) 통지의 방법

통지는 양도인이 채무자에게 하여야 하며, 양수인이 양도인을 대위하여 통지할 수 없다. 그러나 양수인이 양도인의 사자 또는 대리인으로 채권양도의 통지를 할 수 있다(대판 1997.6.27, 95다40977 · 40984). 연대채무의 경우는 연대채무사 전원에세 통지하여야 하고, 보증채무의 경우는 주채무자에게만 통지하면 보증인에게도 대항할 수 있다(대판 1976.4.13, 75다1100). 양도통지는 양수인의 동의를 얻어 철회할 수 있다.

[양수인이 무현명으로 한 통지의 효력]

채권양도통지 권한을 위임받은 양수인이 양도인을 대리하여 채권양도통지를 함에 있어서는 민법 제114조 1항의 규정에 따라 양도인 본인과 대리인을 표시하여야 한다.

그러므로 양수인이 서면으로 채권양도통지를 함에 있어 대리관계의 현명을 하지 아니한 채, 양수인명의로 된 채권양도통지서를 채무자에게 발송하여 도달되었다 하더라도 이는 효력이 없다(대판 2004.2.13, 2003다43490).

(c) 통지의 효력

① 채무자의 항변사유

채무자는 통지를 받은 때까지 양도인에 대하여 생긴 사유로써 양수인에게 대항할 수 있다(451조 2항). 예컨대 동시이행의 항변이나 채권의 불성립 · 무효 · 취소 · 상계의 항변을 할 수 있다.

[근저당권 이전등기 없는 채권양도의 효력]

피담보채권과 근저당권을 함께 양도하는 경우에 채권양도는 당사자 사이의 의사표시만으로 양도의 효력이 발생하지만, 근저당권 이전은 이전등기를 하여야 한다.

그러므로 채권양도와 근저당권이전등기 사이에 어느 정도 시차가 불가피한 이상, 피담보채권이 먼저 양도되어 일시적으로 피담보채권과 근저당권의 귀속이 달라진다고 하여 근저당권이 무효로 된다고 볼 수 없다.

그러나 위 근저당권은 그 피담보채권의 양수인에게 이전되어야 할 것에 불과하고, 근저당권의 명의인은 피담보채권을 양도하여 결국 피담보채권을 상실한 셈이다.

따라서 등기명의인은 집행채무자로부터 배당을 받기 위하여 배당표에 자신에게 배당하는 것으로 배당표의 정정을 구할 수 있는 지위에 있다고 볼 수 없다(대판 2003.10.10, 2001다77888).

② 채권양도의 금반언

양도통지가 이루어졌으나 양도행위가 불성립·무효인 경우에 선의의 채무자를 해할 우려가 있으므로, 민법은 양도인이 채무자에게 통지를 한 때에는 아직 양도하지 아니하였거나, 그 양도가 무효인 경우에도 선의인 채무자는 양수인에게 대항할 수 있는 사유로 양도인에게 대항할 수 있게 하였다(452조 2항). 따라서 채무자가 표현양수인(表見讓受人)에게 한 변제 기타 면책행위는 양도인에게 유효한 것으로 주장할 수 있다.

2) 채무자의 승낙

(a) 승낙의 성질

채권양도의 사실에 대한 인식을 표명하는 채무자의 관념의 통지로 준법률행위이다. 이 경우 대리인·사자에 의한 승낙도 유효로 보는 것이 타당할 것이다.

(b) 승낙의 방법

승낙은 채무자가 양도인 또는 양수인 어느 쪽에 대하여 해도 무방하다. 사전승낙은 양도할 채권이나 양수인이 특정되어 있는 경우에 유효하다(통설). 양수인이 특정되어 있지 않은 경우에는 유효성의 다툼이 있다. 채권양도의 승낙에는 조건을 붙일 수 있다.

(c) 승낙의 효력

a) 이의를 보류한 승낙의 효력

이 경우는 전술한 통지의 효력과 같다.

b) 이의를 보류하지 않은 승낙의 효력

① 항변권의 상실

채무자가 채권양도를 승낙하는데 있어 채권의 불성립·성립의 하자·채권의 소멸 기타 사유로 인한 항변권을 보류하지 않은 경우 선의의 양수인에게 그것으로 대항하지 못한다(451조 1항 본문). 이 제도는 공신의 원칙에 기하여 양수인을 보호하고 채권양도의 안전을 보장하려는 것이다(공신설; 통설).

양수인보호설의 입장에서는 양수인이 선의·무과실이어야 한다고 하고, 판례는 이의를 보류하지 않은 승낙을 했더라도 양수인이 악의·중과실인 경우에 채무자는 양수인에게 대항할 수 있다고 한다(대판 1999.8.20, 99다18039).

양수인이 선의이면 전득자가 악의이더라도 채무자는 전득자에게 대항하지 못하며, 양수인이 악의이더라도 전득자가 선의이면 역시 채무자는 전득자에게 대항하지 못한다.

② 항변권상실의 효력범위

항변권상실의 효력은 채무자와 양수인 사이에 한하는 것이며 제3자의 권리에는 영향을 미치지 않는다. 따라서 저당채권이 변제 등 기타사유로 소멸하였음에도 불구하고 이의를 보류하지 않고 승낙을 한 경우에도 채권은 소멸하지 않지만, 물상보증인 · 후순위담보권자 · 저당부동산의 제3취득자의 권리에는 영향을 미치지 않는다(다수설).

③ 채무자의 구제

항변권상실로 인해 채무자가 받게 되는 불이익의 구제로서 채무자는 양도인에게 급여한 것이 있으면 이를 회수할 수 있고, 양도인에 대하여 부담한 채무의 불성립을 주장할 수 있다(451조 1항 단서).

c) 통지나 승낙이 없는 동안의 효력

양수인은 채무자에 대하여 채무자가 악의인 경우에도 채권양도의 효력을 주장하지 못한다. 따라서 채무자는 양수인에게 변제를 거절할 수 있으며, 양수인은 채무자에 대하여 시효중단 · 담보권실행 · 파산신청 등을 하지 못한다. 또한 채무자가 양도인에게 변제 기타 면책행위를 유효하게 할 수 있고, 양도인이 채무자에게 한 상계 · 면제도 유효하다.

그러나 채권양도의 효력은 양도계약 자체만으로 발생하므로 채무자가 그 효력을 인정하는 것은 무방하다.

d) 채권양도의 취소 · 해제의 대항요건

채권양도가 취소 · 해제되면 채권은 당연히 양도인에게 복귀하게 되지만, 양수인이 취소나 해제의 사실을 채무자에게 통지하지 않으면 양도인은 채무자에게 대항하지 못한다(대판 1979.9.25, 77다1909).

(3) 채무자 이외의 제3자에 대한 대항요건

채무자 이외의 제3자에 대한 대항요건은 확정일자 있는 증서에 의한 통지 또는 승낙이다(450조 2항).

1) 확정일자 있는 증서의 의의

확정일자란 당사자가 후에 변경하지 못하는 일자이며, 특정일자와는 구별된다. 민법부칙 제3조는 공증인 또는 법원서기의 확정일자인이 있는 사문서상의 그 일자 · 공정증서에 기입한 일자 · 공무소에서 사문서에 어느 사항을 증명하고 기입한 일자가 확정일자라고 규정한다.

채권의 배타적 귀속에 관한 공시방법으로 확정일자 있는 증서에 의한 통지 또는 승낙을 요구하는 것은 채권자와 채무자가 통정하여 양도일자를 소급케 하여 제3자의 권리를 해하려는 것을 방지하려는 목적 때문이다.

확정일자 제도의 취지에 비추어 볼 때 원본이 아닌 사본에 확정일자를 갖추었다 하더라도, 대항력의 판단에 있어서는 아무런 차이가 없다(대판 2006.9.4, 2005다45537).

[확정일자의 의미]

확정일자란 증서에 대하여 그 작성한 일자에 관한 완전한 증거가 될 수 있는 것으로, 법률상 인정되는 일자를 말한다. 당사자가 나중에 변경하는 것이 불가능한 확정된 일자를 가리킨다(대판 2000.4.11, 2000다2627).

2) 채무자 이외의 제3자의 범위

제3자란 그 채권에 관하여 양수인의 지위와 양립할 수 없는 법률상의 지위를 취득한 자 또는 채권에 관하여 법률상 이익을 가지는 자이다(다수설). 예컨대 채권자의 이중양수인 · 채권질권자 · 압류채권자 · 채권양도인이 파산한 경우의 파산채권자 등이다.

양도행위의 무효 기타 사유에 의한 무권리자, 채무자의 채권자 등은 제 3자의 범위에 속하지 않는다.

3) 권리관계의 우열

채권의 양수인과 이중양수인 · 질권자 · 압류채권자 등의 사이에 있어서는 확정일자 있는 증서에 의한 통지를 한 자가 우선한다. 만일 양자 모두 확정일자 있는 증서에 의해서 통지한 경우라면 확정일자의 선후에 의하여 그 우열을 정하는 것으로 보는 견해가 통설이다. 이에 대해 통지의 도달일자 또는 승낙일자의 선후에 의해 우열을 정해야 한다는 소수설도 있다.

판례에 의하면 채권이 이중으로 양도된 경우에 양수인 상호간의 우열은 통지 또는 승낙에 붙여진 확정일자의 선후에 의하여 결정할 것이 아니라 채권양도에 대한 채무자의 인식, 즉 확정일자 있는 양도통지가 채무자에게 도달한 일시의 선후에 의하여 결정하여야 한다고 한다. 이러한 법리는 채권양수인과 동일 채권에 관하여 가압류명령을 집행한 자 사이의 우열을 결정하는 경우에 있어서도 마찬가지이다. 따라서 확정일자 있는 채권양도통지와 가압류결정 정본의 제3채무자(채권양도의 경우는 채무자)에 대한 도달의 선후에 의하여 그 우열을 결정하여야 한다(대판 1994.4.26, 93다24223 전원합의체).

사례해결

지명채권양도는 채권의 이전자체를 목적으로 하는 계약이고, 채권자와 양수인간의 낙성 · 불요식에 의해 이루어진다. 채무자가 이의 없는 승낙을 한 경우에 이에 대한 공신력을 인정하여 양수인과 채무자간에 그 효력을 인정한다. 그러나 제3자에게는 그 효력이 미치지 아니한다.

설문에서 채무자가 이의를 보류하지 않은 승낙이 항변권상실에 의해 공신력을 가지는 것은 채무자가 양도인에 대하여 주장할 수 있었던 사유에 대해서 만이다. 채권의 귀속은 오로지 대항요건, 즉 확정일자 있는 증서에 의한 통지 · 승낙에 의하여 설정된다고 해석되고 있다. 따라서 을은 대항요건을 구비한 병에게 변제하여야 한다.

Ⅲ. 증권적 채권의 양도

1. 서 설

근대사회는 채권양도의 자유를 인정하지만, 상업거래의 활성화는 특히 그 유통성을 요청하게 되었다. 그러나 지명채권으로는 그 요청에 응할 수가 없기 때문에, 채권의 유통을 촉진하는 수단으로서 증권이 사용되게 되었다. 즉 채권을 증권으로 화체(化體)하고 그 성립·존속·양도·행사 등에 있어서 증권과 함께 할 것을 요구하게 되었다.

증권적 채권은 채권자를 결정하는 방법에 따라 기명채권·지시채권·무기명채권·지명소지인출급채권의 4가지로 나누어진다. 민법은 이 중에서 지시채권·무기명채권·지명소지인출급채권의 양도에 관한 규정을 두고 있다. 규정이 없는 기명채권의 양도도 당사자간의 양도계약과 양도인으로부터 양수인에게로의 증권의 교부에 의해서 행해진다고 해석해야 할 것이다(증권상에 지정되어 있는 채권자에게 변제해야 하는 채권이므로 그 유효성이 적다).

2. 지시채권

(1) 의 의

지시채권은 증서에 기재된 채권자 또는 그가 지시(지정)한 자에게 변제하여야 하는 증권적 채권이다. 화물상환증(상법 130조)·창고증권(상법 157조)·선하증권(상법 820조)·어음(어음법 11조 77조)·수표(수표법 14조) 등의 상법·어음법·수표법이 규정하는 전형적 유가증권은 모두 이에 속한다. 이들은 배서금지의 기재가 없는 한 법률상 당연한 지시채권이다.

이들은 상법·어음법·수표법의 적용을 받으며 민법은 거의 적용되지 않는다. 따라서 민법의 지시채권에 관한 규정은 실질적으로 독자적 의의를 가지고 있지 않다.

기명증권은 특정인만이 채권자로 기재되어 있는 증권적 채권이다. 지시금지어음(어음법 11조 2항), 지시가 금지된 화물상환증이 이에 속한다. 채권자는 증권상의 특정인이 되며, 권리이전방법은 지명채권의 양도방법이다.

(2) 양 도

1) 방법

증서에 배서하여 양수인에게 교부하여야 한다(508조). 즉 증권의 배서·교부는 이른바 대항요건이 아니라 성립요건 내지 효력발생요건이다. 배서라 함은 채권양도의 의사표시를 증권에 기재하는 것이고, 교부는 증권의 점유를 이전하는 것이다.

2) 배서

(a) 배서의 방식

배서는 증서 또는 보충지에 그 뜻을 기재하고, 배서인이 반드시 서명 또는 기명날인하여야 한다(510조 1항).

(b) 배서의 모습

a) 기명식배서

기명식배서란 피배서인의 명칭을 기재한 배서를 말하며, 정식배서 또는 완전배서라고도 한다. 기명식배서에는 피배서인의 기재 외에 배서인의 기명날인이 필요하다(510조 1항 참조). 배서는 기명식배서를 원칙으로 한다.

b) 약식배서

약식배서는 피배서인을 지정함이 없이 배서인의 서명 또는 기명날인만으로 하는 배서를 말하며(510조 2항), 백지식배서라고도 한다. 이 약식배서의 처리방법에 관하여 민법은 세 가지 방법을 규정하고 있다(511조). 즉 (i) 증서의 소지인은 자기나 타인의 명칭을 피배서인으로 기재할 수 있고, (ii) 약식으로 또는 타인을 표시하여 다시 증서에 배서할 수도 있으며, (iii) 피배서인을 기재하지 아니하고 배서 없이 증서를 제3자에게 교부하여 양도할 수 있다.

한편 배서에는 증권의 소지인에게 지급해야 할 뜻을 기재하는 소지인출급식배서도 있는데, 이것은 약식배서와 같은 효력이 있다(512조).

c) 환배서

배서는 채무자를 피배서인으로 하여서도 할 수 있다(509조 1항). 이를 환배서라고 한다. 환배서가 있더라도 채권은 혼동으로 소멸하지 않으며(507조 참조), 피배서인인 채무자는 다시 배서하여 양도할 수 있다(509조 2항). 이것은 유가증권의 유통성을 높이기 위한 것이다.

A가 갑을 지급인으로 환어음을 발행하여 B에게 교부하였다. B가 배서에 의해 C에게, C는 D에게, D는 E에게 어음을 교부하였다. 그 후 E가 배서에 의해 어음을 C에게 교부하였다. E의 배서는 어음채무자인 C에 대한 것이다. 이것이 환배서의 예가 된다. 이 경우에 C는 소지한 어음을 타인에게 양도하거나 지급인 갑에게 권리를 행사할 수 있다. 만약 갑이 어음금의 지급을 거절하면 C는 발행인 A, 자신의 前者인 배서인 B에 대해서만 권리를 행사할 수 있다.

(c) 배서의 효력

a) 권리이전적 효력

권리이전적 효력은 지시채권상의 권리가 피배서인에게 이전되는 효력을 말한다. 지시채권은 증서에 배서를 하고 이를 양수인에게 교부함으로써 그 채권이 양수인에게 이전된다(508조). 따라서 배서만으로는 지시채권이 이전되지 않는다. 그러나 배서는 원래 증서상의 권리를 양도하는 행위로서 권리이전적 효력은 배서로부터 나온다고 할 수 있다.

b) 자격수여적 효력

지시채권증서의 점유자가 배서의 연속으로 그 권리를 증명한 때에는 적법한 소지인으로 본다(513조 1항 전단). 즉 배서가 연속되어 있는 증서의 소지인은 그 증서상의 권리자로서 자격이 인정된다. 이것을 자격수여적 효력이라고 한다.

배서의 연속이란 최초의 권리자가 제1배서인이 되고, 제1배서의 피배서인이 제2배서의 배서인이 되는 것처럼 배서가 단절됨이 없이 연속되는 것을 가리킨다. 최후의 배서가 약식인 경우에도 증서의 점유자를 적법한 소지인으로 본다(513조 1항 후단).

A가 B에게 컴퓨터를 구입하면서 약속어음을 발행하여 교부하였다. B가 어음을 C에게 배서에 의하여 양도하였으며, C는 배서에 의해 D에게 양도하였다. 배서가 연속된 어음을 소지한 D는 어음상의 권리자로 추정되어 만기에 A에게 어음금의 지급을 청구할 수 있다. 약식배서 다음에 다른 배서가 있으면 그 배서인은 약식배서로 증서를 취득한 것으로 본다(513조 2항). 그리고 말소된 배서는 배서의 연속에 관하여 그 기재가 없는 것으로 본다(513조 3항).

(3) 유통의 보호

1) 양수인의 보호

a) 선의취득

배서인이 무권리자이거나 또는 배서행위가 무권대리인 혹은 무처분권자에 의하여 행해지는 경우에도, 소지인이 이에 대하여 악의 또는 중과실이 없는 한 소지인은 그 증서상의 권리를 취득한다(514조). 이것은 동산의 선의취득(249조)과 그 취지를 같이 하지만, 경과실이 있어도 선의취득이 인정되고 또 도품·유실물에 대한 특칙이 적용되지 않는 점에서 그 보호의 범위가 넓다. 이는 증권적 채권의 유동성 확보를 위한 것이다.

b) 인적 항변의 제한

지시채권의 채무자는 소지인의 전자에 대한 인적 관계의 항변으로 소지인에게 대항하지 못한다(515조 본문). 인적 항변은 어음채무자가 특정한 어음소지인에 대해서 대항할 수 있는 항변이다. 이러한 인적 항변은 그 배서인에 대하여 대항할 수 있을 뿐이다.

그러나 소지인이 누구이든지 언제나 대항할 수 있는 항변(물적 항변)은 모든 소지인에게 대항할 수 있다. 무엇이 인적 항변이고 물적 항변이냐는 해석의 문제이나, 증서의 기재로부터 명백한 것(변제기도래·시효소멸 등)과 채무자의 이익에 중대한 관계가 있는 것(증권의 위조나 변조 등)은 물적 항변이고, 그 밖의 것은 모두 인적 항변이다. A가 어음을 발행하여 B→C→D 순으로 유통되었다. A가 발생한 어음의 만기가 2012년 9월 1일인데, 2012년 8월 1일에 어음금의 지급을 청구한다면 소지인이 B·C·D 누구이건 A는 어음금의 지급을 거절할 수 있다.

2) 채무자의 보호

(a) 변제수령자격 조사의무 면제

채무자는 배서의 연속 여부에 관해서는 조사할 의무가 있다(518조 본문 전단). 그러나 배서인의 서명 또는 날인의 진위나 소지인의 진위에 관해서는 조사할 권리는 있으나 의무는 없다(518조 본문 후단). 따라서 그 진위를 조사하지 않았기 때문에 진정한 권리자가 아닌 자에게 변제를 하더라도 그 변제의 효력은 부인되지 않는다. 다만 채무자가 변제하는 때에 소지인이 권리자 아님을 알았거나 중대한 과실로 알지 못한 때에는 그 변제는 무효이다(518조 단서).

(b) 지시채권의 변제

a) 변제장소

증서에 변제장소를 정하지 아니한 때에는 채무자의 현영업소를 변제장소로 한다. 영업소가 없는 때에는 현주소를 변제장소로 한다(516조).

b) 증서의 제시와 이행지체

증서에 변제기한이 있는 경우에는 확정기한부채무이므로 채무자가 기한이 도래한 것을 안 때부터 지체책임을 부담하여야 하나, 지시채권의 경우에는 그 기한이 도래한 후에 소지인이 증서를 제시하여 이행을 청구한 때로부터 채무자는 지체책임이 있다(517조).

[출역인부임전표채권의 이행지체 시기]

공사장에 출역한 인부들의 임금으로 현금대신 발행한 출역인부임전표채권은 변제기한이 도래한 후에 소지인이 위 증서를 제시하여 이행을 청구할 때로부터 비로소 채무자는 지체책임을 진다(대판 1976.5.11, 73다616)

c) 변제와 증서교부, 영수의 기입청구권

① 채무자는 증서와 교환하여서만 변제할 의무가 있다(519조). 변제와 증권의 반환은 동시이행의 관계에 있다. 지시채권을 자동채권으로 하여 상계할 때에도, 채권자는 상계의 의사표시와 함께 채무자에게 증서를 제시하여야 한다.

② 채무자는 변제하는 때에 소지인에 대하여 증서에 영수를 증명하는 기재를 할 것을 청구할 수 있다. 일부변제의 경우에 채무자의 청구가 있으면 채권자는 증서에 그 뜻을 기재하여야 한다(520조).

(4) 증서의 멸실 · 상실

멸실한 증권이나 소지인의 점유를 이탈한 증권은 공시최고절차에 의하여 무효로 할 수 있다(521조). 공시최고의 신청이 있는 때에는 채무자로 하여금 채무의 목적물을 공탁하게 할 수 있고, 소지인이 상당한 담보를 제공하면 변제하게 할 수 있다(522조).

3. 무기명채권

(1) 의 의

무기명채권은 특정의 채권자를 지정함이 없이 증권의 소지인에게 변제하여야 하는 증권적 채권을 말한다. 그 예로서 무기명사채 · 무기명식 수표 등의 상법이나 수표법상의 유가증권 · 그 밖에 상품권 · 지하철승차권 · 도서상품권 등을 들 수 있다.

(2) 양도방법

무기명채권의 양도는 그 증권의 교부에 의한다(523조). 교부하여야 양도의 효력이 생기므로, 그것은 대항요건이 아니라 성립요건 내지 효력발생요건이다.

(3) 유통의 보호

1) 양수인의 보호

항변의 절단에 관하여는 지시채권에 관한 민법 제515조가 준용된다(524조).

2) 채무자의 보호

증서소지인이 진정한 채권자가 아닌 경우에도 선의로 변제한 경우에는 유효하다. 그러나 채무자가 변제하는 때에 소지인이 권리자 아님을 알았거나 중대한 과실로 알지 못하는 때에는 그 변제는 무효가 된다(524조 · 518조 참조).

4. 지명소지인출급채권

(1) 의 의

지명소지인출급채권은 증서에 표시된 특정인 또는 증서의 정당한 소지인에게 변제하여야 하는 증권적 채권이다. 상법과 수표법상의 전형적인 유가증권이 그 예가 된다.

(2) 양도방법

무기명채권과 같이 다루어진다(525조). 즉 지명소지인출급채권의 교부에 의한다.

(3) 유통의 보호

1) 양수인의 보호

무기명채권의 변형이므로 항변의 절단에 관하여는 무기명채권의 규정(524조)이 적용될 수 있다. 따라서 지시채권의 규정이 준용되고 또 선의취득도 인정된다.

2) 채무자의 보호

진정한 채권자가 아닌 증서소지인에게 변제한 채무자는 민법 제518조의 보호를 받는다.

5. 면책증서(면책증권)

면책증서라 함은 증서의 소지인에게 변제하면 비록 그 자가 진정한 채권자가 아닌 경우에도, 채무자가 선의이면 그 책임을 면하는 증서를 말한다. 그 예로서 철도여객의 수하물상환증 · 음식점의 신발표 등을 들 수 있다.

면책증권은 그 소지인이 진정한 권리자인가의 여부를 조사하는 것이 곤란한 경우에 채무자로 하여금 조사의무를 면하게 하기 위하여 발행되는 것으로서, 채권의 유통성을 증대하는 것을 목적으로 하는 것이 아니다.

이러한 면책증권이 발행되어 있는 경우의 채권은 보통의 지명채권에 지나지 않는다. 그러므로 지명채권에서와 같은 방법으로 양도된다. 그러나 이 종류의 채권이 증권적 채권에 비슷한 성질을 가지고 있는 데서, 민법 제526조는 지시채권에 관한 규정의 일부를 여기에 준용하고 있다(516조 · 517조 · 520조).

제2절 채무인수

Ⅰ. 서 설

1. 의 의

채무인수란 채무를 그 동일성을 상실하지 않고 인수인에게 이전하는 계약을 말한다. 채무인수에 의하여 주채무자는 채무를 면하고 인수인이 새로운 채무자가 되는 점에서 병존적 채무인수와 구별하여 면책적 채무인수라고도 한다.

채권양도의 경우에는 채권자가 교체되어도 채무자는 별다른 불이익을 받지 않는 것이 통상이지만, 채무자의 교체는 그 책임의 기초인 재산이 변경되므로 채권자가 불이익을 받을 수 있다. 이 점이 채권양도와 다른 점이다.

2. 법적 성질

채권자와 인수인간의 계약 또는 채권자·채무자·인수인의 3면 계약에 의한 경우는 채권행위(인수인의 의무부담행위)와 준물권행위(채권자의 채권처분행위)가 결합된 것이라고 본다(통설). 채무자와 인수인 사이의 계약에 의한 경우는 그 계약은 채권행위이고, 다만 채권자의 승낙이 있는 경우에 비로소 채무인수가 이루어진다는 점에서 채권자의 승낙이 준물권행위라고 보아야 할 것이다.

Ⅱ. 채무인수 요건

1. 채무에 관한 요건

(1) 채무의 유효성

채무인수는 유효한 채무의 존재를 전제로 한다. 그러나 불완전채무·장래의 채무 등도 인수될 수 있다.

(2) 채무의 이전성

채무인수가 유효하기 위해서는 인수되는 채무가 이전할 수 있는 것이어야 한다. 다음과 같은 채무는 이전성이 없다.

1) 채무의 성질에 의한 제한

채무의 성질이 인수를 허용하지 않는 것일 때에는 그 채무를 인수하지 못한다(453조 1항 단서). 구체적으로 어떤 채무가 성질상 그 이전이 제한되는 것인가는 거래관념을 고려하여 구체적으로 검토하여야 한다. 채권의 성질에 의한 양도제한에 준하여 생각해 볼 때 다음의 경우는 이전성이 제한된다.

① 채무자가 변경되면 급부내용이 전혀 달라지는 채권: 유명한 화가가 그림을 그려주는

등의 부대체적 작위급부가 이에 해당된다.

② 채무자가 변경되면 채무이행에 현저한 차이가 생기는 채무: 고용(657조 2항) · 위임(682조) · 임치(701조) 등 신뢰관계에 기초한 채무가 이에 해당한다.

③ 특정한 채무자와의 사이에 결제되어야 할 특별한 사유가 있는 채무: 상호계산에 계입된 채무.

2) 당사자의 의사표시에 의한 제한

민법상 명문규정은 없으나 채권자와 채무자가 미리 인수금지 특약을 체결한 때에는 이전성이 제한된다. 다만 이 특약은 선의의 제 3자에게 대항하지 못한다(449조 2항 단서 참조).

2. 인수계약의 당사자

(1) 채권자 · 채무자 · 인수인의 3면 계약

채무인수는 채권자 · 채무자 · 인수인의 3면 계약에 의해 행해질 수 있다. 민법에 규정은 없지만 계약자유의 원칙상 당연한 것이다.

(2) 채권자, 인수인의 계약

채무인수는 채권자와 인수인 사이의 계약으로 할 수 있다(453조 1항 본문). 이것이 본래의 채무인수의 기본형태이다. 그러나 채무의 성질이 채무인수를 허용하지 않는 경우에는 채무인수는 인정되지 않는다(453조 1항 단서). 또한 이해관계 없는 제3자는 채무자의 의사에 반하여 채무인수를 할 수 없다(453조 2항).

판례는 채무자의 의사에 반하는가는 인수 당시를 표준으로 결정하며, 채무자의 의사에 반한다고 주장하는 자가 입증책임을 진다고 한다(대판 1966. 2. 22, 65다2512). 연대채무자 중 1인에 대한 면책적 채무인수의 경우에 다른 연대채무자 선원의 동의가 필요하다.

[보증인교체 승인과 종전 보증인의 책임]

금융기관이 특별한 사정도 없이 새로운 연대보증인을 세우기도 전에 기존 연대보증인의 책임을 먼저 면제하여 준다는 것은 이례적인 것임에 비추어 볼 때, 금융기관인 원고가 연대보증인을 교체하여 달라는 변경요청을 승인했다 하더라도, 이는 원고가 새로운 연대보증계약을 체결할 때에 비로소 보증책임을 면제하여 준다는 의사로 보아야 할 것이지, 새로운 연대보증계약을 체결하기도 전에 먼저 보증책임부터 면제해주겠다는 의사로 보기는 어렵다. 따라서 위 승인만으로 확정적으로 보증책임을 면하게 되었다고 볼 수는 없다(대판 2006.6.27, 2005다50041).

(3) 채무자, 인수인의 계약

채무자와 인수인 사이의 계약에 의하여 채무인수가 행하여질 수도 있다. 그러나 이 경우에는 채권자의 승낙이 있어야 채무인수의 효력이 생긴다(454조 1항). 채권자의 승낙 또는 거절의 상대방은 채무자 또는 인수인이다(454조 2항). 채권자의 승낙은 면책에 대한 동의이다. 따라서 승낙이 없으면 이행인수가 될 뿐이다.

채무자와 인수인은 상당한 기간을 정하여 채권자에게 승낙 여부의 확답을 최고할 수 있으며(455조 1항), 채권자가 그 기간 안에 확답을 발송하지 아니한 때에는 승낙을 거절한 것으로 본다(455조 2항). 채무자와 인수인은 채권자의 승낙이 있을 때까지 합의에 의하여 채무인수를 철회하거나 변경할 수 있다(456조). 채무인수에 대한 승낙의 효력은 다른 의사표시가 없는 한 채무를 인수한 때에 소급하여 발생한다(457조 본문). 그러나 제3자의 권리를 해하지 못한다(457조 단서).

[면책적 채무인수가 채무승인에 해당하는지 여부]

면책적 채무인수가 있은 경우, 인수채무의 소멸시효기간은 채무인수와 동시에 이루어진 소멸시효 중단사유, 즉 채무승인에 따라 채무인수일로부터 새로이 진행된다(대판 1999.7.9, 99다2376).

[면책적 채무인수와 중첩적 채무인수의 판별기준]

채무인수가 면책적인가 중첩적인가 하는 것은 채무인수계약에 나타난 당사자 의사의 해석에 관한 문제이고, 채무인수에 있어서 면책적 채무인수인지 중첩적 채무인수인지가 분명하지가 아니한 때에는 이를 중첩적으로 인수한 것으로 볼 것이다(대판 2002.9.24, 2002다36228).

Ⅲ. 채무인수의 효과

1. 채무이전

채무는 동일성을 잃지 않고 채무자로부터 인수인에게 이전한다. 이자채권 · 위약금채무 등 종된 채무도 원칙적으로 수반하여 이전한다. 물론 이미 발생하고 있는 이자는 반드시 이전되는 것은 아니다.

3면계약 또는 채권자 · 인수인 간의 계약에서 채무가 이전되는 시기는 인수계약성립시이다. 채무자와 인수인 간의 계약에 있어서는 채권자의 승낙이 있으면 인수계약체결시에 소급하여 효력이 생긴다(457조). 그러나 승낙의 소급효로 제3자의 권리를 해하지 못한다.

2. 항변권의 이전

인수인은 전채무자(前債務者)가 가지고 있던 채권성립 · 존속 또는 이행을 저지하거나 배척하는 모든 항변으로 채권자에게 대항할 수 있다(458조). 그러나 채무의 발생원인이 된 계약의 취소권 · 해제권은 계약당사자만이 가지는 것이므로 인수인이 직접 행사할 수 없고, 전채무자가 이러한 권리를 행사한 경우에만 채무불성립 · 채무소멸의 항변을 할 수 있을 뿐이다. 또한 전채무자의 채권은 타인의 채권이므로 인수인은 그 반대채권으로 상계하지 못한다. 그러나 인수계약 자체에 무효 · 취소 · 해제 등의 항변사유가 있는 경우에 인수인은 자신의 항변권으로서 채권자에게 대항할 수 있다.

[채무인수계약의 취소]

채무자와 제3자의 채무인수계약을 채권자가 승낙한 바 있다면 그 뒤 채무인수인이 위 채무인수계약을 적법하게 취소하려면, 채무자의 승낙이 있다든가 채권자가 위 인수계약을 승낙할 때에 채무인수인의 취소권유보를 승낙하였다든가의 특수한 사정이 있어야 한다(대판 1962.5.27, 62다161).

3. 담보권 등의 이전

전채무자의 채무에 대한 보증이나 제3자가 제공한 담보는 인적 담보이든 물적 담보이든 채무자의 책임재산에 변경이 생기므로 소멸하는 것이 원칙이다(459조 본문). 그러나 보증인이나 제3자가 채무인수에 동의한 때에는 소멸하지 않는다(459조 단서).

채무자가 제공한 담보의 경우 채권자와 인수인 사이의 계약의 경우에는 소멸하지만, 채무자 · 인수인의 계약 또는 3면계약의 경우에는 존속한다.

반면 유치권 · 법정질권 · 법정저당권 등 법정담보는 특정채권의 보전을 위하여 법률상 당연히 성립된 것이므로, 채무인수에 의해 아무런 영향을 받지 않아 소멸하지 않는다.

[물상보증인이 근저당권의 피담보채무만을 면책적으로 인수한 경우]

물상보증인이 근저당권의 채무자의 계약상의 지위를 인수한 것이 아니라, 다만 그 채무만을 면책적으로 인수하고 이를 원인으로 하여 근저당권변경의 부기등기가 경료된 경우, 특별한 사정이 없는 한 그 변경등기는 당초 채무자가 근저당권자에 대하여 부담하고 있었던 것으로서 물상보증인이 인수한 채무만을 그 대상으로 하는 것이다.

그러므로 그 후 채무를 인수한 물상보증인이 다른 원인으로 근저당권자에 대하여 부담하게 된 새로운 채무까지 담보한 것으로 볼 수는 없다(대판 2002.11.26, 2001다72022).

Ⅳ. 채무인수와 유사한 제도

1. 병존적 채무인수

(1) 의 의

병존적 채무인수는 제3자가 채무관계에 가입하여 채무자가 되고 종래의 채무자와 더불어 새로이 동일내용의 채무를 부담하는 채권자와 인수인 사이의 계약을 말한다. 전술한 면책적 채무인수와는 채무의 이전이 없다는 점에서 다르다. 병존적 채무인수는 순전히 채무의 담보를 위한 목적으로 하는 것이므로 채무자의 의사에 반하여도 할 수 있다(대판 1966.9.6, 66다1202).

[제3자를 위한 계약과 병존적 채무인수]

제3자를 위한 계약과 이행인수의 판별기준은 계약당사자에게 제3자 또는 채권자가 계약 당사자 일방 또는 인수인에 대하여 직접 채권을 취득케 할 의사가 있는지 여부에 달려 있다.

부동산을 매매하면서 매도인과 매수인 사이에 중도금 및 잔금은 매도인의 채권자에게 직접 지급하기로 약정한 경우, 그 약정은 매도인의 채권자로 하여금 매수인에 대하여 그 중도금 및 잔금에 대한 직접 청구권을 행사할 권리를 취득케 하는 제3자를 위한 계약에 해당한다. 동시에 매수인이 매도인의 그 제3자에 대한 채무를 인수하는 병존적 채무인수에 해당한다(대판 1997.10.24, 97다28698).

(2) 법적 성질

단순한 채권행위(의무부담행위)의 성질을 가진다.

채무자와 인수인의 관계를 어떻게 보느냐에 관하여 연대채무설 · 부진정연대채무설 · 보증채무설로 견해가 나뉜다. 과거의 다수설은 부진정연대채무설을 취하였으나, 현재의 다수설은 연대채무로 해석한다.

[채무자와 인수인의 관계]

중첩적 채무인수에서 인수인이 채무자의 부탁 없이 채권자와의 계약으로 채무를 인수하는 것은 매우 드문 일이므로, 인수인은 원칙적으로 주관적 공동관계가 있는 연대채무관계에 있다. 그러나 인수인이 채무자의 부탁을 받지 아니하여 주관적 공동관계가 없는 경우에는 부진정연대관계에 있는 것으로 보아야 한다(대판 2009.8.20, 2009다32409).

(3) 면책적 채무인수와의 구별

병존적 채무인수가 면책적 채무인수와 다른 점은 채무의 이전이 없다는 점이다. 양자 중 어느 것인지 불명한 경우에는 당사자가 의욕한 법률상의 효과를 밝혀서 신중히 판정하여야 할 것이다.

면책적 채무인수는 구채무자의 채무를 면책시킨다는 처분행위를 수반하는 것이므로 이에 관한 명백한 의사가 있음을 인정할 수 있거나 또는 그렇게 볼만한 특별한 사정이 있는 경우에만 인정할 것이고, 그렇지 않은 경우에는 모두 병존적 채무인수로 보아야 할 것이다.

판례도 면책적 채무인수인지 또는 병존적 채무인수인지가 분명하지 않은 때에는 병존적 채무인수로 본다(대판 1988.5.24, 87다카3104).

[면책적 채무인수와 기존 저당권의 소멸여부]

면책적 채무인수로 인하여 인수인은 종래의 채무자와 지위를 교체하여 새로이 당사자로서 채무관계에 들어서서 종래의 채무자와동일한 채무를 부담하고 동시에 종래의 채무자는 채무관계에서 탈퇴하여 면책되는 것일 뿐, 종래의 채무가 소멸되는 것은 아니다.

그러므로 채무인수로 종래의채무가 소멸하였으니 저당권의 부종성으로 인하여 당연히 소멸한 채무를 담보하는 저당권도 소멸한다는 법리는 성립하지 않는다(대판 1996.9.11, 96다27476).

2. 이행인수

이행인수란 인수인이 채무자에 대해서 그 채무를 이행할 것을 약정하는 채무자 · 인수인 사이의 계약을 말한다. 이 경우에 인수인은 채무자에 대하여 제3자의 채무를 변제할 의무를 부담할 뿐, 채권자에 대해서는 직접 아무런 채무도 부담하지 않는다. 따라서 이행인수는 원칙적으로 제3자를 위한 계약이 되지 않음으로, 인수인이 채권자에게 이행하지 않는 때에는 채무자에 대하여 채무불이행 책임을 지게 될 뿐이다.

그러나 인수인과 채무자가 특히 채권자로 하여금 직접 채권을 취득케 하는 특약을 하면 이것은 제3자를 위한 계약으로서 유효하고, 채권자는 직접 인수인에 대하여 권리를 취득하게 된다(통설 · 판례).

[부동산매매에서 채무인수의 성질]

부동산 매수인이 매매목적물에 대한 근저당권의 피담보채무 · 가압류채무 · 임대차보증금반환채무를 인수하는 한편 그 채무액을 매매대금에서 공제하기로 약정한 경우에 다른 특별한 사정이 없는 한, 이는 매도인을 면책시키는 채무인수가 아니라 이행인수로 보아야 한다.

이는 매수인이 매매대금에서 그 채무액을 공제한 나머지를 지급함으로써 잔금지급의무를 다한 것으로 보아야 한다(대판 2002.5.10, 2000다18578).

3. 계약인수

계약인수는 계약당사자의 지위의 승계를 목적으로 하는 계약을 말한다. 계약인수에 관하여 민법의 규정은 없으나 계약자유의 원칙상 당연히 인정된다(대판 1976.9.24, 96다25548). 계약에서 파생하는 채권 · 채무 그 밖의 부수적 권리관계를 포괄적으로 이전하는 점에서 채무인수와 다르다.

계약인수는 3면계약에 의해 행해지는 것이 원칙적인 모습이다. 이는 관계당사자 중 2인의 합의와 나머지 1인의 동의 내지 승낙의 방법으로도 가능하다. 계약인수에서는 계약상의 지위가 이전되므로 취소권이나 해제권도 이전한다.

제6장 채권의 소멸

제1절 채권소멸의 의의와 제유형

Ⅰ. 채권의 소멸원인

계약 등에 의해 일단 유효하게 성립한 채권은 해제조건의 성취(147조 2항)·소멸시효(162조 이하)·계약의 해제(548조 1항 본문)·계약의 취소(141조)·계약의 존속기간의 도래 등 권리의 일반적 소멸원인에 의해 소멸한다. 그런데 민법은 특히 채권에 특유한 소멸원인으로서 변제·대물변제·공탁·상계·경개·면제·혼동에 관하여 규정하고 있다.

본 장에서는 이들을 중심으로 채권에 특유한 소멸원인데 관하여 살펴본다.

Ⅱ. 채권에 특유한 소멸원인의 유형

1. 목적 달성에 의한 소멸

채권은 변제에 의해 그 목적을 달성하여 당연히 소멸한다. 대물변제는 당사자의 합의를 요건으로 하지만(466조), 효과면에서는 변제와 같다. 공탁 역시 채무자에게는 변제와 동일한 효과를 가지는 제도이다. 상계는 채무이행이 되는 것은 아니므로 일반적으로 목적 달성이라고 할 수 없지만, 현실적으로는 상대방 채무의 강제적 실현이므로 여기에 분류할 수 있다. 채권의 준점유자에 대한 변제(470조)는 채권자가 만족을 얻는 것은 아니지만, 그 채권은 목적을 달성한 것으로서 취급된다.

2. 목적 달성에 의하지 않은 소멸

경개에 의해 구채무 자체는 소멸하지만, 그에 대신한 신채무가 이행되지 않은 한 실질적으로는 목적이 달성되는 것은 아니다. 면제는 채권자의 의사에 의하여 그 목적 달성을 포기한 경우이고, 혼동은 채권의 존재의의가 소멸한 경우이다.

3. 목적 달성의 불능

일단 유효하게 성립한 채무가 후에 이행불능이 되는 때에, 그것이 채무자의 귀책사유에 의한 경우에는 채무불이행이 되어 손해배상채무로 이전하게 되지만, 채무자의 귀책사유가 없는 경우에는 그 채무가 소멸한다. 한편 이렇게 소멸한 채무와 쌍무계약적 견련관계에 서는 상대방의 채무가 소멸하는지가 문제되는데, 이것이 위험부담의 문제이다.

제2절 변 제

Ⅰ. 서 설

1. 변제의 의의

변제란 채무의 내용인 급부가 실현됨으로써 채권이 만족을 얻는 것으로, 변제로 채권은 소멸한다. 따라서 변제와 변제행위(급부행위)는 구별된다. 변제행위는 변제를 위한 수단, 즉 채무자의 행위를 말한다. 이는 노무의 제공과 같은 사실행위일 수도 있고 위임의 사무로서 제3자와 계약을 체결한 수임인의 행위의무와 같이 법률행위일 수도 있다. 변제행위만으로는 채권은 소멸하지 않는다.

2. 변제의 법적 성질

변제의 법적 성질에 대하여는 종래 법률행위설, 법률행위·사실행위절충설, 준법률행위설이 논의되었다. 이러한 견해 차이는 주로 변제에 있어서 변제자의 변제의사가 필요한가에 초점이 맞추어진 것이었다. 즉 변제를 법률행위로 보면(법률행위설) 변제에 있어서도 급부를 하기 위한 변제의사를 요구하게 된다. 한편 절충설은 급부가 법률행위라면 변제도 법률행위이고, 급부가 사실행위라면 변제도 사실행위라고 한다.

그러나 현재에는 변제를 준법률행위로 파악하는 이설이 없다. 변제로 인하여 채권이 소멸하는 것은 변제 의사표시의 효과가 아니라 채권의 목적 달성이라는 사실에 의한 것이며, 변제와 변제를 위한 변제행위는 구별되는 개념이기 때문이다.

따라서 변제 자체를 행위무능력이나 의사표시의 흠결을 이유로 취소할 수는 없다. 만일 변제행위가 법률행위인 경우에는 위와 같은 하자를 이유로 변제행위를 취소할 수 있고, 그에 따라 변제의 효과가 부정될 수 있으나, 이것과 변제 자체의 취소와는 구별하여야 한다. 또 변제 자체를 대리할 수는 없고, 다만 법률행위로서의 변제행위를 대리할 수 있을 뿐이다.

Ⅱ. 변제자와 변제수령자

사례

을과 병은 채권자 갑의 연대채무자이다. 을의 형인 정은 을로부터 부탁을 받고 병의 반대를 무릅쓰고 을과 병의 채무를 변제했다. 정은 병에게 구상권을 행사할 수 있는가?

1. 변 제 자

(1) 채무자

본래의 변제자는 채무자이다. 채무자는 이행보조자를 사용하여 변제를 할 수 있고, 급부행위가 법률행위인 때는 대리인에 의해 변제를 할 수도 있다.

(2) 제3자

1) 원 칙

변제는 제3자도 할 수 있는 것이 원칙이다(469조 1항 본문). 변제에 있어 중요한 것은 채무내용인 급부가 실현되어 채권의 목적이 달성되는 것이고, 누가 그것을 실현하는가는 크게 문제가 되지 않기 때문이다. 제3자의 변제의 법적 성질은 위임 또는 사무관리이다. 제3자는 대물변제와 공탁도 할 수 있다.

제3자의 변제란 제3자가 자기명의로 타인(채무자)의 채무를 변제하는 것이다. 따라서 이행보조자나 대리인에 의한 변제는 제3자의 변제에 해당하지 않는다. 이행보조자는 채무자의 수족으로서, 대리인은 채무자 명의로 변제하는 것이기 때문이다. 또 제3자가 타인의 채무를 자기채무로서 변제를 한 경우도 제3자의 변제에 해당하지 아니하고 비채변제의 문제로 된다(742조 · 745조).

[타인의 채무를 변제한다는 제3자의 의사]

민법 제469조의 정한 바에 다라 채무의 변제는 제3자도 할 수 있다. 이때 제3자가 타인의 채무를 변제하여 그 채무를 소멸시키기 위하여는 제3자가 타인의 채무를 변제한다는 의사를 가지고 있었음을 요건으로 한다.

이러한 의사는 타인의 채무변제임을 나타내는 변제지정을 통하여 표시되어야 할 것이지만, 채권자가 변제를 수령하면서 제3자가 타인의 채무를 변제하는 것이라는 사실을 인식하였다면 타인의 채무변제라는 지정이 있었다고 볼 수 있다(대판 2010.2.11, 2009다71558).

2) 제3자 변제의 제한

예외적으로 다음과 같은 경우에는 제 3자의 변제가 제한된다.

(a) 채무의 성질이 제3자의 변제를 허용하지 않는 때

채무자가 스스로 급부하지 않으면 채무내용에 따른 변제라고 할 수 없는 경우이다(469조 1항 단서 전단). 예컨대 유명한 음악가의 연주 등 채무자의 특수한 기능이 채무내용으로 되어 있는 때는 타인이 급부를 대신하는 것이 허용되지 않는다. 또한 고용계약상의 노무는 당사자간의 신뢰관계가 중요하기 때문에 채권자(사용자)의 동의가 없으면 제3자에 의한 변제가 허용되지 않는다(657조 2항).

(b) 당사자가 반대의사를 표시한 경우

채무의 성질상 제3자의 변제가 허용되는 경우에도, 계약일 때는 특약에 의하여 단독행위일 때는 일방적 의사표시에 의하여 제3자의 변제를 금지시킬 수 있다(469조 1항 단서 후단). 이 의사표시는 제3자의 변제가 있기 전에 하지 않으면 안 되지만, 계약이나 단독행위의 성립 전에 하여야 할 필요는 없다.

(c) 이해관계 없는 제3자로서의 채무자의 의사에 반하는 경우

이해관계 없는 제3자는 채무자의 의사에 반하여 변제하지 못한다(469조 2항). 반대해석하면 이해관계 있는 제3자는 채무자의 의사에 반해서도 변제를 할 수가 있다는 것이다. 원칙적으로 채무자의 의사를 존중하지만, 이해관계를 가지는 자의 이익을 채무자의 의사에 우선시킨다는 취지이다.

이해관계를 가지는 제3자란 단순히 사실상의 이해관계를 가지는 자가 아니라 법률상의 이해관계를 가지는 자를 말한다(대판 1991. 7. 12, 90다17774 · 17781). 물상보증인 · 저당부동산의 제3취득자 · 후순위저당권자 등이다. 예컨대 물상보증인은 피담보채권의 채무자가 변제하지 않을 때는 담보물권이 실행되어 소유권을 상실할 염려가 있으므로 이해관계가 있다.

채무자의 의사는 미리 표시될 필요는 없고, 채무의 성질 · 당사자의 관계 기타 변제 전후에 있어서 제반사정으로 보아 인정되는 것이면 족하다. 그러나 제3자의 변제가 채무자의 의사에 반하는가 여부의 입증책임은 변제가 채무자의 의사에 반하여 무효임을 주장하는 자가 부담한다.

[이해관계 있는 자의 의미]

민법 469조 2항의 이해관계 있는 자는 변제를 하지 않으면 채권자로부터 집행을 받게 되거나 또는 채무자에 대한 자기의 권리를 잃게 되는 지위에 있기 때문에 변제함으로써 당연히 대위의 보호를 받아야 할 법률상 이익을 가지는 자를 말하고, 단지 사실상의 이해관계를 가진 자는 제외된다(대판 2009.5.28, 2008마109).

사례해결

제3자라도 변제할 수 있지만, 이해관계 없는 제3자는 채무자의 의사에 반하여 변제할 수 없다. 을의 형인 정은 사실상 이해관계를 가지다고 할 수 있으나, 법률상 이해관계를 가지다고 할 수 없다.

따라서 설문과 같이 연대채무자인 병이 채무변제에 반대를 하면 병에 대한 관계에서 丁의 변제는 무효이고, 丁은 병에게 구상권을 행사할 수 없다. 다만 을이 병에게 그의 부담부분을 구상하는 것은 가능하다.

2. 변제수령자

(1) 변제수령권한이 있는 자

1) 채권자가 채권을 가지기 때문에 변제수령자는 원칙적으로 채권자이다. 그러나 채권자라 하더라도 채권이 질권의 목적인 때(353조) · 채권이 압류된 때(민사집행법 227조) · 채권자가 파산선고를 받은 때(파산법 7조)에는 채권자에게 수령권한이 없고, 채권질권자 · 압류채권자 · 파산관재인이 변제수령권한을 가진다. 한편 채권자로부터 수령권한을 부여받은 자 · 무능력자의 법정대리인 · 부재자의 재산관리인 등도 변제수령권한을 가진다.

2) 변제수령권한이 없는 자에 대한 변제는 무효이다. 그러나 그 무효인 변제에 의하여 채권자가 사실상 이익을 받은 때에는 그 한도에서 변제는 유효하고 채권도 소멸한다(472조).

(2) 표현수령권자(表見受領權者)

1) 채권의 준점유자

(a) 의 의

채권의 준점유자란 거래의 관념상 진정한 채권자라고 믿게 할 만한 외관을 갖춘 자를 말한다. 예컨대 무효 또는 취소된 양도계약에 의한 채권의 사실상의 양수인(통설)·채권의 표현상속인·예금증서와 그에 찍힌 印影과 같은 인장을 소지한 자(대판 1985.12.24, 85다카880)·위조한 영수증을 제시하여 변제받은 자 등이 이에 속한다.

통설은 선의의 변제자보호라는 차원에서 채권의 준점유자에는 채권자 본인이라고 하면서 채권을 행사하는 자는 물론이고, 채권자의 대리인이라고 하면서 채권을 행사하는 자도 포함된다고 한다.

(b) 요 건

채권의 준점유자에 대한 변제가 유효하려면 변제자가 선의·무과실이어야 한다(470조). 다만 증권적 채권에 있어서는 변제자에게 고의 또는 중대한 과실이 없는 한 그 변제를 유효로 하는 특별규정이 있다(518조, 524조).

한편 예금증서의 인장이 위조된 경우처럼 채권자에게 아무런 귀책사유가 없는 경우에도 변제자가 선의·무과실로 변제하면 그 변제는 유효한지가 문제된다. 민법은 그 요건으로 변제자의 선의·무과실만을 요구하고 채권자의 귀책사유를 따로 요구하지 않으므로(470조), 위와 같은 경우에도 그 변제는 유효하게 된다.

[채권의 준점유자의 의미]

민법 제471조에서 채권의 준점유자라 함은 변제자의 입장에서 볼 때 일반의거래관념상 채권을 행사할 정당한 권한을 가진 것으로 믿을만한 외관을 가지는 사람을 의미한다.

그러므로 준점유자가 스스로 채권자라고 하여 채권을 행사하는 경우뿐만 아니라, 채권자의 대리인이라고 하면서 채권을 행사하는 때에도 채권의 준점유자에 해당한다(대판 2004,4,23, 2004다5389).

2) 영수증소지자

(a) 의 의

영수증을 소지한 자에 대하여 선의·무과실로 채무를 변제한 때는 그 소지자가 변제를 받을 권한이 없는 경우에도 그 변제는 유효하다(471조)

(b) 요 건

영수증이라 함은 변제의 수령을 증명하는 서면이다. 통설은 진정한 영수증, 즉 영수증을 작성할 권한이 있는 자가 작성한 영수증의 소지인에 대한 급부만을 유효한 것으로 인정한다. 다만 진정한 영수증이면 충분하고 소지자가 그것을 어떻게 입수하게 되었는가 하는 경위를 불문한다.

따라서 위조된 영수증을 소지한 자에 대한 급부는 채무를 소멸시키는 효력이 없다. 그러나 위조영수증의 소지자는 채권의 준점유자의 요건을 갖출 수가 있고, 그에 대한 급부는 채권의 준점유자에 대한 급부로서 민법 제470조에 의하여 유효한 것으로 인정될 수 있다.

[대금수령확인서 및 입금표]

매수인으로부터 매매대금을 지급받는데 필요하다는 소외 갑회사의 직원의 요구에 응하여 매도인이 그 직원에게 대금수령확인서와 입금표를 작성하여 준 경우, 대금수령확인서는 매매대금수령에 관한 수령인 백지의 위임장이며 입금표는 매매대금의 영수증임이 명백하다. 그러므로 다른 특별한 사정이 없는 한 위와 같은 증거만으로도 매도인이 위 회사직원에게 매매대금의 수령권한을 위임하였다고 보아야 한다(대판 1990.2.23, 88다카30108).

3) 증권적 채권의 증서소지인에 대한 변제

증권적 채권의 경우에는 변제자에게 악의 또는 중대한 과실이 없는 한 언제나 유효한 변제가 된다.

4) 권한 없는 자에 대한 변제

권한 없는 자에 대한 변제는 무효이다. 다만 사실상의 이익을 채권자가 받은 때에는 그 한도에서 유효하다.

Ⅲ. 변제의 태양 · 장소 · 비용 · 증명

사례

서울에서 일식집을 운영하는 갑은 목포 수산시장에서 도매업을 하는 을과 흑산도산 홍어에 대해 매매계약을 체결하고, 홍어는 을이 구하는 대로 넘겨받기로 했다. 1주일 뒤 을이 어렵게 홍어를 구했으니 목포에 와서 인도하라고 연락이 왔다. 이에 갑이 서울의 식당으로 보내달라고 요청하자, 을이 택배비용 50만원을 부담하라고 하여 갑과 을 사이에 분쟁이 발생한 경우는 어떻게 처리하는가?

1. 변제의 태양

(1) 특정물의 인도

급부가 특정물의 인도일 때는 변제자는 이행기의 현상대로 이행을 하면 된다(462조). 특정물이 이행기까지 훼손된 때는 그 상태로 인도하면 되고, 훼손으로 목적물의 동일성이 상실되었다면 인도채무는 소멸한다. 그리고 목적물의 훼손이 채무자의 귀책사유에 의한 때는 선관주의의무의 위반으로서 채무불이행책임을 부담하며(374조 · 390조), 하자담보책임의 문제가 생길 수 있다(580조).

(2) 불특정물의 인도

1) 유 형

(a) 타인의 물건의 인도

채무의 변제로 타인의 물건을 인도한 채무자는 다시 유효한 변제를 하지 아니하면 그 물건의 반환을 청구하지 못한다(463조).

(b) 양도무능력자의 인도

양도할 능력 없는 소유자가 채무의 변제로 물건을 인도한 경우에는 그 변제가 취소된 때에도, 다시 유효한 변제를 하지 아니하면 그 물건의 반환을 청구하지 못한다(464조). 이미 인도를 받은 채권자를 보호하기 위해서이다.

2) 채권자의 선의소비

타인의 물건의 인도나 양도무능력자의 인도에 있어, 채권자가 변제로 받은 물건을 선의로 소비하거나 타인에게 양도한 때에는 그 변제는 효력이 있다(465조 1항). 다만 이 경우에도 물건의 소유자가 채권자를 상대로 소유물반환청구나 부당이득반환청구를 할 수 있다. 채권자가 이에 응해 반환한 때에는 채권자는 채무자에 대해 구상권을 행사할 수 있다(465조 2항).

2. 변제의 장소

(1) 당사자의 의사표시 또는 채무의 성질

파손된 유리창의 유리를 교체하여야 할 채무는 그 성질상 유리창이 파손된 건물에서 이행되어야 한다.

(2) 표준이 없는 경우

1) 특정물인도의 경우

급부행위가 특정물일 때는 채권성립 당시에 그 물건이 있던 장소에서 이행하여야 한다(467조 1항). 예컨대 주택의 인도는 계약시에 주택이 존재하던 장소에서 이행하면 된다.2) 특정물인도 이외의 경우

특정물인도 이외의 채무변제는 채권자의 현주소(단 영업에 관한 채무의 변제는 채권자의 현영업소)에서 하여야 한다(467조 2항). 민법 제467조 2항은 민법상 지참채무가 원칙인 것을 선언하는 규정이다. 매매의 경우 목적물의 인도와 동시에 대금을 지급할 경우에는 그 인도장소에서 이를 지급하여야 하고(586조), 임차물은 보관된 장소에서 반환하여야 한다(700조).

3. 변제비용

변제비용은 당사자의 약정이나 관습이 없으면 채무자의 부담으로 한다(473조 본문). 그러나 채권자의 주소이전 기타의 행위로 인하여 비용부담이 증가된 때에는 그 증가액은 채권자의 부담으로 한다(473조 단서).

변제비용은 변제를 위해 필요한 비용으로 운송비 · 하역비 · 보관료 · 등기료 · 채권양도시의 통지비용 등이다. 변제비용과 구별해야 할 것으로 계약비용이 있다. 계약비용은 계약증서에 첨부되는 인지대 · 공정증서작성수수료 · 목적물측량비 등 계약체결에 있어서 통상 필요로 하는 비용을 말하고, 당사자 쌍방이 균분하여 부담한다(566조). 채권자의 권리실현을 위한 비용은 채권자의 부담이 된다.

4. 변제의 증명

(1) 영수증청구권

변제자는 변제를 받는 자에게 영수증을 청구할 수 있다(474조). 영수증이란 변제의 수령을 증명하는 서면을 말하고, 서면의 형식을 불문한다. 일부변제나 대물변제의 경우에도 인정된다. 변제와 영수증의 교부는 동시이행의 관계에 있다(536조).

(2) 채권증서반환청구권

채권증서가 있는 경우에 변제자가 채무전부를 변제한 때에는 채권증서의 반환을 청구할 수 있다(475조 전단). 채권증서란 채권자가 채권의 성립 · 내용을 증명하기 위해 채무자에게 작성시켜 교부받은 서면을 말한다. 채권증서를 소지한 자는 채권을 가지는 자로 추정되므로, 이중변제를 방지하기 위해 변제자에게 반환청구권을 인정한다. 채권이 변제 이외의 사유로 전부소멸한 때에도 그 반환청구가 인정된다(475조 후단). 채권증서반환의 비용은 부당이득반환채무의 비용이므로 채권자가 부담한다(473조 참조).

일부변제의 경우에는 채권증서의 반환청구가 인정되지 않지만, 일부변제의 사실을 채권증서에 기재할 것을 청구할 수 있다.

채권증서의 반환과 변제는 동시이행의 관계에 있지 않다(통설). 변제의 증명은 영수증의 교부로서 충분하고, 채권자가 채권증서를 분실했을 때에 부당한 결과가 발생하기 때문이다. 다만 증권적 채권에 있어서는 동시이행의 관계에 있다(519조 · 524조).

사례해결

갑 · 을 사이의 홍어에 대한 매매계약은 종류채권에 해당한다. 특정물인도 이외의 채무변제의 장소에 관해 당사자의 약정이 없으면 채권자의 현주소, 즉 지참채무가 원칙이다(467조 2항). 이에 의하면 을은 갑의 영업장소인 서울의 일식집에서 인도를 하여야 한다.

설문상 을은 지참채무를 부담하고 있다. 그러므로 을은 홍어를 목포에서 서울까지 운반하는 택배비 50만원을 부담하여야 한다.

Ⅳ. 변제충당

1. 변제충당의 의의

채무자가 동일한 채권자에 대하여 동종의 목적을 가지는 수개의 채무를 부담한 경우, 변제의 제공이 그 채무전부를 소멸하게 하지 못하는 때에는 그 급부를 가지고 어느 채무의 변제에 충당할 것인가를 정할 필요가 있다. 이를 변제충당이라고 한다.

당사자는 미리 또는 변제시에 충당의 방법을 정할 수 있지만, 이러한 합의가 없는 경우에는 다음과 같은 기준에 따른다.

2. 지정에 의한 충당

(1) 변제자의 지정

변제자는 급부시에 변제수령자에 대한 의사표시로 변제에 충당할 채무 또는 급부를 지정할 수 있다(476조 1항, 478조). 변제자는 자기에게 유리하도록 지정할 수 있으므로, 고이율의 채무나 담보가 있는 채무를 먼저 소멸시킬 수 있다.

(2) 변제수령자의 지정

변제자가 위의 지정을 하지 않은 때에는 변제수령자는 수령시에 변제자에 대한 의사표시로 변제의 충당을 할 수 있다(476조 2항 본문). 그러나 변제자가 변제수령자의 충당에 대하여 즉시 이의를 한 때에는 그 지정은 효력을 상실한다(476조 2항 단서). 이때에는 법정충당에 의해 처리된다(통설).

[변제수령자의 지정변제충당]

채무자가 동일한 채권자에 대하여 수개의 금전채무를 부담하는 경우에 변제로서 제공한 급부가 그 채무의 전부를 소멸하게 하지 못하는 때 변제자가 변제에 충당할 채무를 지정하지 아니하면 변제수령자가 어느 채무를 지정하여 변제에 충당할 수 있다(대판 1981.7.28, 80다1579).

3. 법정충당

당사자가 변제에 충당할 채무를 지정하지 아니한 때나 채권자의 지정충당에 채무자가 이의를 제기한 경우, 경매에 의한 매각대금의 배당의 경우에는 다음의 순서에 따라 법정충당한다(477조).

(1) 채무 중에 이행기가 도래한 것과 도래하지 아니한 것이 있으면, 이행기가 도래한 채무의 변제에 충당한다(동조 1호).

(2) 채무전부의 이행기가 도래하였거나 또는 도래하지 않은 때에는, 채무자에게 변제이익이 많은 채무의 변제에 충당한다(동조 2호).

일반적으로는 무이자부 채무보다는 이자부 채무, 저이율의 채무보다는 고이율의 채무,

무담보채무보다는 담보부채무, 연대채무보다는 단순채무가 채무자에게 변제이익이 많다.

(3) 채무자에게 변제이익이 같으면, 이행기가 먼저 도래한 채무나 먼저 도래할 채무에 충당한다(동조 3호).

(4) 이상의 기준에 의하여 변제충당의 선후가 정해지지 않을 경우에는 그 채무액에 비례하여 각 채무의 변제에 충당한다(동조 4호).

[임차인의 연체차임지급의 거절여부]

임차인은 임대차계약이 종료된 경우 특별한 사정이 없는 한 임대인에게 그 목적물을 명도하고 임대차 종료일까지의 연체차임을 지급할 의무가 있다. 또 임대차 종료일 이후부터 목적물 명도 완료일까지 그 부동산을 점유·사용함에 따른 차임 상당의 부당이득금을 반환할 의무도 있다.

이와 같은 법리는 임차인이 임차물을 전대하였다가 임대차 및 전대차가 모두 종료된 경우의 전차인에 대하여도 특별한 사정이 없는 한 그대로 적용된다(대판 2007.8.23, 2007다21856·21863).

4. 비용·이자·원본간의 충당

(1) 원 칙

채무자가 1개 또는 수개의 채무의 비용 및 이자를 지급할 경우에 변제자가 그 전부를 소멸하지 못한 급여를 한 때에는 비용·이자·원본의 순서로 변제에 충당하여야 한다(479조 1항).

(2) 당사자의 합의

당사자의 합의에 의한 충당에 있어서는 위의 제한을 받지 않지만, 당사자 일방의 지정에 의하여 민법 제479조 1항에 반하는 지정충당을 할 수 없다(통설·판례).

(3) 동일종류간의 충당

비용·이자·원본의 각 채무를 완전하게 충당할 수 없는 급부가 되었을 때는 법정충당의 규정에 따른다(479조 2항).

[묵시적 합의에 의한 임의충당 인정여부]

비용·이자·원본에 대한 변제충당에 있어서는 민법 479조에 그 충당순서가 법정되어 있고 지정변제충당에 관한 민법 476조는 준용되지 않으므로, 당사자 사이에 특별한 합의가 없는 한 비용·이자·원본의 순으로 충당하여야 할 것이다. 채무자는 물론 채권자라 할지라도 위 법정순서와 다르게 일방적으로 충당의 순서를 지정할 수는 없다.

그러나 당사자의 일방적인 지정에 대하여 상대방이 지체 없이 이의를 제기하지 아니함으로써 묵시적인 합의가 되었다고 보여 지는 경우에는 그 법정충당의 순서와는 달리 충당의 순서를 인정할 수 있다(대판 2002.5.10, 2002다12871, 12888).

Ⅴ. 변제의 제공

1. 의 의

변제의 제공이란 채무이행에 관해 채권자의 협력을 필요로 하는 경우에 채무자가 급부의 실현에 필요한 준비를 다하고 채권자의 협력을 구하는 것을 말한다.

채무자는 채권의 내용에 좇은 급부의 제공을 하여야 한다(460조). 채무의 내용에 좇은 변제제공이라고 할 수 있기 위해서는 (i) 안전한 급부의 제공이어야 하며, (ii) 급부의 제공이 이행기에 이행장소에서 행해져야 하며, (iii) 급부의 제공이 신의칙에 합치하여야 한다.

2. 변제제공의 방법

변제제공의 방법에는 현실제공(사실상의 제공)과 구두제공(언어상의 제공)의 두 가지가 있는데, 이 중 어느 것에 의할 것인가는 채권관계의 성질 및 채권자의 행태에 의하여 결정된다.

(1) 현실제공

현실의 제공이란 채무자로서 하여야 할 행위를 완료하여 채권자의 협력만 있으면 곧 변제의 결과를 가져올 수 있는 상태를 만드는 것이다. 채무는 전부제공 되어야 하고 자기앞수표·우편환의 제공은 현실의 제공이 있는 것이나, 예금증서·예금장부의 교부는 유효한 제공이 아니다. 부동산의 경우에는 등기에 필요한 서류를 갖추어 등기소에 나가거나 서류를 채권자에게 교부하면 현실의 제공이 된다.

[격지매매에서의 이행제공]

채권의 격지매매에서 매도인은 대금을 수령한 후 매수인의 영업지에 채권을 고속버스 편으로 발송하고 매수인에게 전화로 송장번호와 도착시간을 알려주면 매수인은 도착 후에 채권을 인도받기로 한 경우, 특별한 사정이 없는 한 매수인이 현실적으로 목적물을 수령한 때에 이행의 제공이 완료되었다고 볼 것이다(대판 1977.4.26, 76다3020).

(2) 구두제공

민법 제460조 단서가 규정하고 있는 다음의 경우에는 구두제공으로 족하다. 즉 채무자는 변제준비를 완료하고, 이를 채권자에게 통지하고 그 수령을 최고하면 된다.

1) 구두제공으로 족한 경우

(a) 채권자가 미리 변제받기를 거절한 경우

예컨대 채권자가 계약의 무효를 주장하거나 또는 급부물에 하자가 있다고 하면서 수령을 받기를 미리 거절한 경우에는(460조 단서 전단) 채무자는 구두제공만 하면 된다. 채권자의 사전의 수령거절에도 불구하고 채무자에게 현실제공을 요구하는 것은 채무자에게 불필요한 위험을 부담지우는 일이기 때문이다.

(b) 채무이행에 채권자의 행위를 요하는 경우

채권자가 먼저 협력행위를 하여야 급부가 실현되는 경우이다(460조 단서 후단). 예컨대 추심채무의 이행에는 추심이라는 채권자의 협력행위가 필요하다. 또 채권자가 선택권을 가지고 있는 선택채권의 이행에는 채권자의 선택행위가 필요하다. 채권자가 공급하는 재료에 가공하여야 할 채무의 경우도 마찬가지이다.

2) 구두의 제공도 필요하지 않은 경우

(a) 채권자의 수령거절의사가 명백한 경우

구두제공이 무의미할 정도로 수령거절의사가 명백한 경우에는 신의칙상 구두의 제공도 요하지 않는다고 한다(대판 1976. 11. 9, 76다2218). 수령거절 의사가 명백하다는 것은 수령거절의사를 번복할 가능성이 없는 경우를 말한다.

(b) 분할적 · 회귀적 급부에서 채권자의 수령지체

지료 · 차임과 같은 회귀적 분할채무에서 채무자가 1회분의 변제제공을 하였으나 채권자가 수령을 거절한 경우, 그 다음 회의 급부에 관해서는 구두제공을 하지 않더라도 지체책임이 없다.

[전세계약 해지 후 목적물의 인도불응]

전세계약이 해지된 후 목적물의 인도에 불응한 경우에는 전세금의 수령을 거절하였다고 봄이 상당하고, 채권자가 미리 수령을 거절한 경우 구두의 제공만으로 적법한 제공이 된다(대판 1956.2.9, 4288민상332).

3. 변제제공의 효과

변제의 제공이 있는 것만으로는 채권은 소멸하지 않는다. 그러나 채무자 측으로는 할 수 있는 모든 일을 다 하였으므로 민법은 채무자를 보호하기 위하여 변제제공에 다음과 같은 효과를 부여하고 있다.

(1) 변제제공이 있으면 그 때부터 채무불이행책임을 면하게 된다(461조). 이때부터는 오히려 채권자가 채권자지체에 빠지게 된다. 즉 채권이 소멸하지 않는다는 점을 제외하고는 변제가 있었던 경우와 동일한 이익을 채무자에게 보장해 주고 있다.

(2) 쌍무계약의 일방 당사자가 변제제공을 하면 상대방은 동시이행의 항변권을 상실한다(536조). 그러나 이 효과의 지속을 위해서는 급부의 제공은 계속되어야 한다. 과거에 한 번 급부의 제공이 있었다는 사실만으로는 동시이행의 항변권이 상실되지 않는다.

Ⅵ. 변제에 의한 대위(대위변제)

사례

을이 갑에게 9,000만원을 차용할 때 을의 채무를 담보하기 위하여 A·B·C가 보증인 이 되었고, D·E·F는 각각 X토지(D소유 : 담보가격 3,000만원)·Y토지(E소유 : 담보 가격 2,000만원)·Z토지(F소유 : 담보가격 1,000 만원)에 저당권을 설정했다. A가 갑에게 9,000만원을 변제했다면 A는 B·C 와 D·E·F에게 얼마를 대위할 수 있는가?

1. 의 의

제3자 또는 공동채무자의 1인이 변제를 하면 채무자에 대하여 구상권을 취득하는 경우가 많다. 이 구상권을 확보하기 위해 구상권의 범위에서 채권자가 가지는 채권 및 그 담보에 관한 권리가 제3자에게 이전하는 것을「변제자대위」또는「대위변제」라고 한다.

2. 대위변제의 요건

(1) 제3자 또는 공동채무자의 1인이 변제를 하여 구상권을 취득할 것

보증인은 자기의 채무를 변제하는 것이지만 실질은 타인의 채무의 변제이고, 연대채무자도 부담부분 이외에 대하여는 실질적으로는 타인의 채무를 변제하는 것이므로 구상권을 취득하고 대위에 의한 이익이 인정된다.

구상권의 근거는 보증인(441조)·연대채무자(425조)·담보부동산의 제3취득자(576조)에 대하여는 각 조문에서 찾지만, 이 이외의 변제자는 채무자와 변제자의 관계에 따라 채무자의 위탁을 받아 변제를 했을 때는 민법 제688조, 채무자의 위탁을 받지 않고 변제를 했을 때는 민법 제739조에 의해 구상권을 취득하는 것으로 본다. 증여의 의사로 변제를 한 경우에는 당연히 구상권을 취득할 수 없다.

(2) 변제 등에 의해 채권자에게 만족을 줄 것

변제자가 자기의 출재로 채권자에 만족을 주는 면책행위를 하여야 한다. 따라서 변제에 한하지 않고 대물변제·공탁·상계의 경우에도 대위변제가 성립한다(486조). 자기의 출재로 인한 경우이면 그것이 임의변제이든 강제집행의 결과이든 상관없다.

(3) 변제할 정당한 이익이 있을 것

이 요건을 갖추지 못했을 때는 채권자의 승낙을 얻어야 한다(480조). 이 요건을 구비한 경우를 법정대위, 구비하지 못한 후자의 경우를 임의대위라고 한다.

1) 법정대위

변제할 정당한 이익이 있는 자는 변제로 당연히 채권자를 대위한다(481조). 정당한 이익을 가지는 자는 변제하지 않으면 집행을 받게 될 지위에 있는 자와 변제하지 않으면 채무

자에 대한 자기의 권리와 가치를 상실하게 되는 자이다.

전자에는 채권자에 대하여 채무자와 함께 법적인 채무를 부담하는 자로 보증인 · 연대채무자 · 불가분채무자 · 연대보증인 등이 있다. 또한 다른 유형으로 법적 채무를 부단하지 않지만 자기의 재산에 대한 강제집행을 면하기 위하여 타인의 채무를 변제하는 자로 물상보증인 · 저당부동산의 제3취득자가 있다.

후자에는 후순위담보권자 · 대항력 있는 임차인처럼 채권자의 강제집행으로 권리행사에 장애가 생기는 자와 일반채권자가 있다.

[변제자대위에 의한 행사 범위]

변제자대위는 주채무를 변제함으로써 주채무자 및 다른 연대보증인에 대하여 갖게 된 구상권의 효력을 확보하기 위한 제도여서, 대위에 의한 원채권 및 담보권의 행사범위는 구상권의 범위로 한정된다(대판 2005.10.13, 2003다24147).

2) 임의대위

변제할 정당한 이익을 가지지 않는 자가 변제를 한 경우에는 변제와 동시에 채권자의 승낙을 얻어 채권자를 대위할 수 있다(480조 1항). 이 권리의 이전은 법률상의 이전이고 채권양도는 아니지만, 채권양도와 마찬가지로 통지 또는 승낙을 대항요건으로 한다(480조 2항 · 450조 1항). 특히 제3자에게 대항하기 위해서는 그 통지가 승낙이 있는 확정일자 있는 증서로 행하여져야 한다(450조 2항).

[구상권의 범위]

제3자가 채무자를 위하여 채권자에게 채무를 변제함으로써 채무자에 대하여 구상권을 취득하는 경우, 그 구상원의 범위 내에서는 종래 채권자가 가지고 있던 그 담보에 관한 권리는 법률상 당연히 변제자에게 이전되는 것이다.

담보에 관한 권리에는 질권 · 저당권이나 보증인에 대한 권리 등과 같이 전형적인 물적 · 인적 담보뿐만 아니라, 채권자와 채무자 사이에 채무이행을 확보하기 위한 특약이 있는 경우에 그 특약에 기하여 채권자가 가지게 되는 권리도 포함된다(대판 2007.3.16, 2005다10760).

3. 대위의 효과

변제에 의한 대위의 효과는 대위자와 채무자 사이 · 대위자 상호간 · 대위자와 채권자 사이의 세 부분으로 나눌 수 있다.

(1) 대위자와 채무자간의 관계

1) 대위자가 행사할 수 있는 권리의 범위

대위자는 그의 구상권의 범위 내에서 종래의 채권자가 가지고 있던 채권 및 그 담보에 관한 권리를 행사할 수 있다(482조 1항). 따라서 이행청구권 · 손해배상청구권 · 채권자대위권·채권자취소권 등과 같이, 그 채권에 관하여 채권자가 가지고 있었던 권리 및 그 채권을 담보하는 보증채무·연대채무 등의 인적 담보와 질권·저당권 등의 물적 담보가 구상권의 범위 내에서 법률상 당연히 변제자에게 이전한다.

2) 일부대위

채권의 일부에 대하여 대위변제가 있는 때에는 대위자는 그 변제한 가액에 비례하여 채권자와 함께 그 권리를 행사한다(483조 1항). 예컨대 갑·을 사이의 3,000만원의 소비대차에서 차주 을이 자기소유의 주택에 저당권을 설정하고 제3자 丙을 보증인으로 세운 때, 을이 1회분의 지급을 지체하여 병이 300만원을 지불한 경우에는 변제의 비율만큼(10분의 1) 채권 및 저당권이 보증인 병에게 이전한다. 다만 위의 예에서 갑이 잔존채무(2,700만원)를 받기 위해 乙 소유주택을 경매신청하여 그 주택이 2,700만원에 경락된 경우, 경락대금은 채권자(갑)가 일부대위변제자 병에 우선하여 배당을 받는다고 보는 것이 판례이다(대판 1988. 9. 27, 88다카1797).

[일부대위의 효과]

변제할 정당한 이익이 있는 자가 채무자를 위하여 근저당권의 피담보채무의 일부를 대위변제한 경우에는 대위할 범위에 관하여 종래 채권자가 이미 배당요구를 하였거나 배당요구 없이도 당연히 배당받을 수 있었던 경우에는 대위변제자는 따로 배당요구를 하지 않아도 배당을 받을 수 있다(대판 2006.2.10, 2004다2762).

(2) 법정대위자 상호간의 관계

동일한 채권에 관하여 법정대위를 할 수 있는 자가 수인이 있는 경우에 각자의 구상권에 관하여 혼란을 피하고 공평을 기하기 위하여 민법은 대위의 순서와 비율에 대해 다음과 같이 규정한다(482조 2항).

1) 보증인과 담보목적물의 제3취득자와의 관계

(a) 보증인에 의한 대위

보증인이 변제한 때에는 전세물이나 저당물에 권리를 취득한 제3자에 대하여 채권자를 대위한다. 이 때 대위를 하기 위해서는 보증인은 미리 전세권이나 저당권의 등기에 그 대위를 附記하여야 한다(482조 2항 1호). '미리'란 「보증인의 변제 후 제3취득자의 등기 전」의 의미이다(통설).

(b) 제3취득자에 의한 대위불가

제3취득자가 변제를 하여도 보증인에 대하여 채권자를 대위하지 못한다(482조 2항 2호). 담보목적물의 제3취득자는 담보의 부담을 각오하면서도 부동산을 취득한 자이기 때문이다.

2) 제3취득자 상호간 · 물상보증인 상호간의 관계

(a) 제3취득자 상호간의 관계

담보목적물의 제3취득자가 수인 있는 경우에 그 중 1인은 각 부동산의 가액에 비례하여 다른 제3취득자에 대하여 채권자를 대위한다(482조 2항 3호). 제3취득자는 모두 평등하게 손실을 입어야 공평하다는 치지이다.

(b) 물상보증인 상호간의 관계

위의 경우와 마찬가지로, 물상보증인이 수인 있는 경우에는 각 담보재산의 가액에 비례하여 다른 물상보증인에 대하여 채권자를 대위한다(482조 2항 4호). 갑·을간의 6,000만원의 소비대차계약에서 借主 을의 채무를 담보하기 위해 제3자 병·정이 각각 자기의 토지(丙=4,000만원, 丁=2,000만원의 시가)에 저당권을 설정했다. 이 경우 丙·丁은 2대 1의 비율로 보증채무를 부담하므로 후에 丙이 갑에게 6,000만원을 변제한 경우에는 丙은 丁에게 2,000만원만 대위할 수 있다.

[매도담보로 취득한 제3자와 물상보증인]

저당권이 설정된 부동산을 매도담보로 취득한 제3취득자는 저당채무를 변제한 정당한 이익이 있고 그 변제를 한 때에는 물상보증인들과는 각 담보재산의 가액에 비례하여 채권자를 대위할 수 있다(대판 1974.12.10, 74다1419).

3) 물상보증인과 보증인과의 관계

(a) 양자의 단순한 관계

갑·을간의 6,000만원의 소비대차계약에서 병이 물상보증인이고 정이 보증인인 경우, 병과 정간에는 그 인원수에 비례하여 채권자 갑을 대위한다(482조 2항 5호 본문). 예컨대 병이 갑에게 6,000만원을 변제한 경우에는 병은 정에게 3,000만원만 대위할 수 있다.

(b) 양자가 수인인 경우

위의 예에서 물상보증인 A(담보가격 4,000만원)·B(담보가격 2,000만원)와 보증인 C·D 4인이 있는 경우에 A가 갑에게 6,000만원 전액을 변제했다고 가정하자. 이 때 A는 보증인 C·D에 대하여는 각 1,500만원씩을 대위할 수 있고, 같은 물상보증인인 B에 대하여는 위 C·D의 부담부분을 공제한 나머지 3,000만원 중 B의 담보재산의 가액에 비례한 1,000만원을 대위할 수 있다(482조 2항 5호 단서).

(3) 대위자와 채권자의 관계

1) 채권증서 및 담보물의 교부의무

채권전부의 대위변제를 받은 채권자는 그 채권에 관한 증서 및 점유한 담보물을 대위자에게 교부하여야 한다(484조 1항).

2) 일부대위의 경우

채권의 일부에 대한 대위변제가 있는 때에는 채권자는 채권증서에 그 대위를 기입하고, 자기가 점유한 담보물의 보존에 관하여 대위자의 감독을 받아야 한다(484조 2항).

3) 일부대위변제 후의 계약해제의 경우

일부변제가 있은 후에 나머지 채무에 관한 채무불이행으로 인한 계약의 해제는 채권자만이 할 수 있고, 채권자는 대위자에게 그 변제한 가액과 이자를 상환하여야 한다(483조 2항).

4) 채권자의 담보보존의무

법정대위를 할 자가 있는 경우에 채권자의 고의나 과실로 담보가 상실되거나 감소된 때에는 대위할 자는 그 상실 또는 감소로 인하여 상환을 받을 수 없는 한도에서 그 책임을 면한다(485조). 법정대위를 할 자의 장래의 권리행사, 즉 채권자의 담보권의 대위행사의 실효를 위해 채권자에게 담보보존의 의무를 부과한 것이다.

[채권자의 귀책사유에 의한 담보상실]

채권자의 고의나 과실로 담보가 상실된 경우 법정대위권자가 면책되는 범위는 채권자가 담보를 취득할 당시가 아니라, 그 담보상실 당시의 교환가치 상당액이다(대판 2011.10.9, 2000다36283).

사례해결

보증인 A·B·C와 물상보증인 D·E·F간에는 인원수에 비례하여 채권자 갑을 대위한다(482조 2항 5호 본문). 따라서 A·B·C는 6명 중 3인의 부담비율인 4,500만원을 변제할 채무가 있으므로, A는 B·C에게 각 1,500만원을 대위할 수 있다.

물상보증인의 D·E·F의 부담부분은 ABC의 부담부분을 공제한 나머지 4,500만원 중 담보부동산의 가액에 비례한 액수이다(482조 2항 5호 단서). 이에 따라 D의 부담부분은 2,250만원(4,500 × 3,000/6,000), E의 부담부분은 1,500만원(4,400 × 2,000/6,000), F의 부담부분은 750만원(4,500 × 1,000/6,000)이다. 그러므로 A는 D에게 2,250만원, E에게 1,500만원, F에게 750만원을 대위할 수 있다.

제3절 대물변제

Ⅰ. 서 설

1. 의 의

대물변제는 채권자의 승낙을 얻어 채무자가 부담하는 본래의 급부에 갈음하여 다른 급부를 현실적으로 이행함으로써 채권을 소멸시키는 채권자와 변제자 사이의 계약을 말하며, 이는 변제와 동일한 효력을 가진다(466조). 예컨대 채무자가 500만원의 채무대신에 자동차 1대를 현실적로 급부하는 것에 의해, 500만원의 채무를 소멸시키는 경우이다.

2. 법적 성질

대물변제는 본래의 채무를 소멸시키고, 한편으로는 이에 대신한 대가를 급부하는 것에 의해 성립하는 유상계약이다(다수설). 이 점에서 준법률행위인 변제와 다르다. 또 대물변제는 현실적으로 대물이 급부될 것을 성립요건으로 하므로 요물계약이다. 이 점에서 낙성계약인 경개와 다르다. 경개에서는 당사자의 합의만으로 구채무의 소멸과 신채무의 발생이라는 효과가 발생하지만, 대물변제에서는 신채권이 발생되는 것이 아니고 현실의 대물급부에 의해 기존의 채권이 소멸하게 된다. 이에 대하여 대물변제의 본질이 변제라는 견해가 있다.

Ⅱ. 대물변제의 요건

1. 채권이 존재할 것

대물변제에서는 채권의 소멸을 목적으로 하므로 본래의 채권이 존재할 것이 필요하다. 채권이 존재하지 않을 때는 대물변제계약이 무효이고(비채변제), 급부된 것은 부당이득으로서 반환되어야 한다.

2. 본래의 급부와 다른 급부를 할 것

본래의 급부와 다른 급부를 할 것이 필요하다. 본래의 급부가 금전의 지급인 때는 동산이나 부동산의 소유권 이전·채권의 양도·예금증서의 교부·어음이나 수표의 교부 등이 여기에 해당한다. 다른 급부는 본래의 급부와 동가치일 것을 필요로 하지 않으므로(대판 1992. 2. 28, 91다25574), 대물급부의 가치가 부족하거나 크더라도 그 과부족이 청산되어야 하는 것은 아니며 채권은 그대로 소멸한다. 그러나 그 불균형이 심하면 폭리행위로서 민법 제 104조에 의하여 무효가 될 수도 있다.

3. 대물급부가 현실적으로 행해질 것

대물변제계약은 요물계약이므로 본래의 급부에 갈음한 다른 급부를 현실적으로 해야 한다. 다른 급부를 약속하는 것은 대물변제의 예약일 뿐이다. 예컨대 대물급부로서 부동산의 소유권을 이전하는 경우에는 그 등기까지도 완료하여야 한다.

4. 대물급부가 본래의 변제에 「갈음하여」 행하여졌을 것

대물변제로서의 급부는 본래의 급부의 이행수단으로서 된 때에는 성립하지 않고, 본래의 변제에 갈음하여 행해져야 한다. 구체적으로는 금전채무를 부담하고 있는 채무자가 어음이나 수표를 교부했을 경우에 이것이 변제를 위해 교부된 것인가, 변제에 갈음하여 교부된 것인가가 문제된다.

변제를 위한 것이라면 교부된 어음이나 수표에 의해 채권액이 회수되지 않았을 때는, 다시 본래의 급부를 청구할 수 있다. 이에 대해 변제에 갈음하여 교부된 때는 대물변제가 되어 채권이 소멸하므로 채권자가 다시 본래의 급부를 청구할 수 없고 不渡 등의 회수위험을 부담하게 된다. 채권자가 이러한 불이익을 받는 것은 가혹하므로 통설·판례는 변제를 위해 교부된 것이라고 추정한다.

5. 채권자의 승낙이 있을 것

대물변제는 채권자와 채무자 기타 변제를 할 수 있는 자와의 합의에 의해 생기므로 당연히 채권자의 승낙을 필요로 한다(466조).

Ⅲ. 대물변제 효과

대물변제는 변제와 동일한 효과가 생긴다(466조). 따라서 대물변제로 채권이 소멸하고, 그에 수반한 물적·인적 담보도 소멸한다.

대물변제로서 급부된 물건에 하자가 있는 경우에도 본래의 채권은 소멸하였으므로 채무불이행을 이유로 하자 없는 물건의 인도를 청구할 수 없다. 다만 대물변제계약도 유상계약이므로 매매에 있어서 매도인의 담보책임에 관한 민법 제580조의 규정이 준용되어(567조), 손해배상청구와 계약해제의 청구가 가능하다.

Ⅳ. 대물변제의 예약

대물변제예약이란 장래 일정한 사유가 발생한 경우에 본래 급부에 갈음할 대물급부를 할 것을 내용으로 하는 합의를 말한다. 대물변제계약은 요물계약이지만, 대물변제예약은 현실적 대물급부 없이도 유효하다.

그러나 실제 대물변제예약은 대물변제의 전단계로서의 예약으로서보다는 일종의 담보로서 많이 이용된다. 예컨대 금전소비대차 계약시에 借主가 변제기에 변제를 하지 않으면 借主의 부동산을 채권자에게 이전시키기로 합의하고, 그에 따라 위 부동산에 소유권이전등기청구권의 보전을 위한 가등기를 하는 경우이다. 그리고 후에 借主의 채무불이행이 있으면 채권자는 당연히 부동산의 소유권을 취득하거나(정지조건부 대물변제예약), 예약완결권을 행사함으로써 그 소유권을 당연히 취득한다(진정한 대물변제예약).

이처럼 일종의 비전형담보로서 이용되는 대물변제의 예약에 관해서는 민법 제607조·제608조가 적용되어 담보의 범위에서만 그 효력이 인정된다. 즉 본래의 급부에 갈음한 재산의 예약 당시의 가액이 소비대차에 따른 차용원리금의 합계를 넘지 못하고, 그 초과액을 채무자에게 반환하여야 한다. 그리고 대물변제예약에 따른 장래의 소유권이전등기청구권을 보전하기 위해 가등기를 하였다면 「가등기담보 등에 관한 법률」의 규제를 받는다.

제4절 공 탁

Ⅰ. 서 설

1. 공탁의 의의

공탁은 변제자가 채권자를 위해 변제목적물을 공탁소에 공탁시키는 것에 의해 채권을 소멸시키는 제도이다. 공탁에는 변제공탁 · 담보공탁 · 집행공탁 등이 있는데, 여기서는 변제공탁을 의미한다. 금전채무의 지급 등 채권자의 수령해위가 필요한 변제에 있어서는 채무자가 변제의 제공을 하여도 채권자가 수령하지 않는 한 채권은 소멸하지 않는다. 다만 채무자는 변제의 제공에 의하여 채무불이행책임을 면할 수 있다(461조). 그러나 채권 자체가 소멸하지 않아 채권에 부종하는 담보권도 소멸하지 않고, 목적물의 보관의무도 계속하여 부담하여야 한다.

그러므로 민법은 채권자가 변제의 수령을 거부한 경우나 수령할 수 없는 경우, 변제자의 과실 없이 채권자를 알 수 없는 경우에 변제자가 채권자를 위해 변제목적물을 공탁함으로써 채권자의 협력 없이도 채권을 소멸시키는 것을 인정하고 있다(487조).

[변제공탁의 효력발생시기]

변제공탁이 적법한 경우에는 채권자가 공탁물 출급청구를 하였는지의 여부와는 관계없이 그 공탁을 한 때에 변제의 효력이 발생한다(대판 2002.12.6, 2001다2846).

2. 공탁의 법적 성질

(1) 제3자를 위한 임치계약설

공탁을 공탁자(채무자)와 공탁소(국가) 사이에 체결되는 제3자(채권자)를 위한 임치계약이라고 보는 견해이다.

(2) 공법관계설

공탁을 행정청의 행정처분으로 보는 견해이다. 판례는 공탁을 공법관계로 보고 있다(대결 1972. 5.15, 72마401).

(3) 양면관계설(다수설)

공탁은 공법관계이면서 사법관계로는 제3자를 위한 임치계약의 성질을 지닌다는 견해이다.

Ⅱ. 공탁의 요건

1. 공탁원인이 있을 것

(1) 채권자의 수령거절 또는 수령불능

채권자가 변제를 받지 아니하거나 받을 수 없을 때에는 공탁을 할 수가 있다(487조 전단).

이 요건은 채권자지체의 요건과 실질적으로 같다(400조). 다만 공탁은 채권자에게 불이익을 주지 않기 때문에, 채권자의 귀책사유 유무에 불구하고 위 사유가 객관적으로 존재하기만 하면 공탁을 할 수 있다(통설). 또 채권자가 미리 변제의 수령을 거절하거나 거절할 것이 명백한 경우에는 구두제공(460조 단서 참조)을 할 필요 없이 변제자는 곧 공탁을 할 수 있다(통설).

수령불능의 예로는 교통사고로 채권자가 이행장소에 나오지 못한 경우·지참채무에서 변제기에 채권자가 부재중인 경우·무능력자인 채권자를 위해 법정대리인이 선임되지 않는 경우 등을 들 수 있다. 불능이 채권자의 과실로 인한 것이어야 하는 것은 아니다.

[이행제공 없는 변제공탁 가부]

채권자의 태도로 보아 채무자가 설사 채무의 이행제공을 하였더라도 그 수령을 거절하였을 것이 명백한 경우에는 채무자는 이행의 제공을 하지 않고 바로 변제공탁 할 수 있다(대판 1881.9.8, 80다2851).

(2) 과실 없이 채권자를 알 수 없는 경우

변제자가 과실 없이 채권자를 알 수 없는 경우에도 공탁을 할 수가 있다(487조 후단). 채권자가 사망하여 상속인이 누구인지 알 수 없는 경우·채권이 이중양도 되어 양수인을 알 수 없는 경우 등이 그 예이다. 알 수 없는 경우란 선량한 관리자의 주의를 다하여도 채권자가 누구인지를 알 수 없는 경우를 말한다.(대판 1997.10.16, 96다11747). 채권자를 전혀 알 수 없는 경우(절대적 불명)에는 공탁이 허용되지 않는다.

2. 채무내용에 따른 공탁일 것

공탁은 채무내용에 따라 이루어져야 하므로 채권액의 일부의 공탁은 무효가 되어 공탁액의 한도에서도 채권은 소멸하지 않는다(대판 1988.1.19, 85다카 1792). 그러나 여러 차례에 걸쳐 일부공탁의 합계액이 모든 채무액에 달했을 때는 변제공탁으로서 유효하다. 또 당사자간에 채권액에 관해 다툼이 있는 경우, 채권자가 주장하는 액수보다 적은 금액을 공탁했더라도 채권자가 이것을 수령하면 원칙적으로 전액에 관해 공탁의 효력이 생긴다고 본다.

3. 공탁의 당사자

(1) 공 탁 자

공탁자는 채무자 또는 변제를 할 수 있는 자이다.

(2) 공탁할 수 있는 장소

원칙적으로 채무이행지의 공탁소이다(488조 1항). 공탁사무는 지방법원장의 감독 아래 그가 지정하는 법원서기관 또는 법원사무관이 집행한다(공탁법 2조). 공탁소에 관하여 법률에 특별한 규정이 없으면 법원은 변제자의 청구에 의하여 공탁소를 지정하고 그 공탁물보관자를 선임하여야 한다(488조 2항).

4. 공탁의 목적물

공탁의 목적물은 원칙적으로 변제목적물 그 자체이다. 금전인 경우가 대부분이나 동산·부동산 무엇이든 공탁할 수 있다(통설). 예외적으로 변제목적물이 공탁에 적당하지 아니하거나, 멸실·훼손될 염려가 있거나, 공탁에 과다한 비용을 요하는 경우에는 변제자는 법원의 허가를 얻어 그 물건을 경매하거나 시가로 방매하여 그 대금을 공탁할 수 있다(490조). 이것을 자조매각금의 공탁이라고 한다.

5. 공탁의 통지

공탁이 된 경우에 공탁자는 지체 없이 채권자에게 공탁의 통지를 하여야 한다(488조 3항). 그러나 실제로 그 통지는 공탁자가 하는 것이 아니라 공탁공무원이 한다(공탁사무처리규칙 27조).

Ⅲ. 공탁의 효과

1. 채권의 소멸

공탁에 의해 채권은 소멸한다(487조). 그러나 일단 공탁이 행해진 후에도 일정한 경우에 변제자가 공탁물을 회수할 수 있으므로 채권소멸의 효과는 불확정적이다. 이러한 점 때문에 채권소멸의 효력발생시기에 대하여 견해가 다음과 대립한다.

(i) 공탁에 의해 바로 채무가 소멸하고 공탁물의 회수에 의해 채무가 부활한다는 해제조건설(다수설·판례), (ii) 공탁은 공탁자에게 항변권만 생기게 하고 회수권이 소멸해야 채권이 소멸한다는 정지조건설, (iii) 공탁에 의해 위험만이 채권자에게 이전하고 채무는 소멸하지 않는다는 위험이전설 등이다.

민법의 해석상 공탁에 의해 채무가 소멸하므로 해제조건설이 타당하다고 본다. 따라서 공탁물을 회수하는 때에 공탁하지 않은 것으로 간주한다.

2. 목적물소유권의 이전

(1) 공탁물이 금전 기타 소비물인 경우

금전 기타 소비물의 공탁의 경우에 이것은 소비임치이므로(702조), 공탁물의 소유권은 일단 공탁물보관자(은행 또는 창고업자)에게 귀속하며, 채권자가 공탁물보관자로부터 동종·동질·동량의 물건을 수령했을 때에 그 물건의 소유권을 취득한다.

(2) 공탁물이 특정물인 경우

공탁목적물이 동산인 경우에 공탁물의 소유권은 채권자가 공탁소로부터 그 동산을 인도받았을 때에 공탁물의 소유권이 채무자로부터 채권자에게로 직접 이전한다(통설). 공탁목적물이 부동산인 경우에는 채무자로부터 채권자에게로 등기이전이 있을 때에 채권자에게 소유권이 이전된다.

3. 채권자의 공탁물인도청구권

(1) 권리행사방법

공탁에 의해 채권자는 공탁소에 대하여 공탁물의 인도를 청구하는 권리를 취득한다. 채권자가 이 권리를 행사했을 때에 채권소멸의 효과가 발생한다. 매매목적물이 공탁된 경우와 같이 채무자가 채권자에 대하여 동시이행의 항변권을 가지고 있을 때에는, 채권자는 먼저 그의 의무를 이행하지 않으면 공탁물을 수령할 수 없다(491조).

(2) 이의의 유보

공탁원인이 존재하지 않는 공탁이나 채무내용에 따르지 않는 공탁은 원칙적으로 무효이다. 그러나 공탁자가 공탁원인을 받아들이지 않겠다는 이의의 유보는 가능하다. 이의유보의 상대방은 공탁공무원이나 공탁자에게도 가능하다. 공탁공무원에 대한 이의유보는 명시적이어야 하고, 공탁자에 대한 이의유보는 명시적으로 할 필요가 없다.

4. 공탁물의 회수

(1) 민법상의 회수

공탁자는 원칙적으로 공탁물을 회수할 수 있다(489조 1항 전단). 이를 공탁물회수권이라 한다. 공탁물회수권은 형성권이라는 것이 다수의 견해이다. 공탁물을 회수한 경우에는 공탁하지 아니한 것으로 본다(489조 1항 후단). 즉 공탁으로 소멸하였던 채무는 부활한다.

그러나 다음과 같은 경우에는 공탁물을 회수할 수 없다.

① 채권자가 공탁을 승인한 경우(489조 1항)

② 채권자가 공탁소에 대하여 공탁물을 받기를 통고한 경우(489조 1항)

③ 공탁이 유효하다는 판결이 확정된 경우(489조 1항)

④ 공탁으로 인하여 질권 또는 저당권이 소멸한 경우(489조 2항)

(2) 공탁법상의 회수

착오로 공탁을 한 때 또는 공탁의 원인이 소멸한 때에 공탁자는 공탁물을 회수할 수 있다(공탁법 8조 2항). 공탁법에 의하여 회수한 경우에도 그 효과는 민법상의 회수의 경우와 같다.

[공탁효력의 상실]

피공탁자가 공탁자에 대하여 가지고 있는 별도채권의 채무명의에 기하여 공탁자의 공탁물 회수청구권을 압류 및 전부 받아 그 집행으로 공탁물을 회수한 경우에는 공탁으로 인한 채권소멸의 효력은 소급하여 소멸된다(대판 1981.2.10, 80다77).

제5절 상 계

사례

을이 갑으로부터 5천만원을 차용할 때에 병이 을을 위하여 보증인이 되었다. 을은 갑에 대하여 이전부터 3천만원의 채권을 가지고 있었다. 병은 을이 갑에 대하여 가지고 있는 3천만원의 채권을 가지고 갑이 을에게 가지는 채권과 상계할 수 있는가?

Ⅰ. 서 설

1. 의 의

상계란 채무자가 채권자에 대하여 자기의 채무와 동종의 채권을 가지고 있는 경우에 그 채권과 채무를 대등액에서 소멸시키는 일방적 의사표시를 말한다(492조 1항). 상계는 형성권이며 상대방 있는 단독행위이다.

예컨대 갑이 을에 대하여 1,000만원의 금전채권을 가지고 있고, 을이 갑에 대하여 700만원의 금전채권을 가지고 있는 경우에 갑과 을은 700만원의 한도에서 상계에 의해 대금채권을 소멸시킬 수 있다. 이 때 상계를 하는 측의 채권을 자동채권(또는 능동채권)이라 하고, 상계를 당하는 측의 채권을 수동채권이라 한다.

당사자의 합의로써 서로 대립하는 채무를 대등액에서 소멸시킬 수 있는데, 이는 상계계약으로 단독행위인 상계와 구별된다.

2. 상계의 기능

(1) 간이결제기능

상계는 간이결제기능을 가진다. 위의 예에서 상계제도가 없으면 갑·을 쌍방은 합계 1,700만원의 금전을 사용하여 변제를 하여야 하고, 시간과 노력을 요한다. 상계에 의해 대응액에서 채권의 소멸을 인정하면 을이 갑에게 300만원을 변제하면 되므로 금전수수 및 시간을 절약할 수 있다.

[동시이행관계에 있는 자동채권과 수동채권의 상계여부]

상계의 대상이 될 수 있는 자동채권과 수동채권이 동시이행관계에 있다고 하더라도 서로 현실적으로 이행하여야 할 필요가 없는 경우라면 상계로 인한 불이익이 발생할 우려가 없고, 오히려 상계를 허용하는 것이 동시이행관계에 있는 채권·채무관계를 간명하게 해소할 수 있으므로 특별한 사정이 없는 한 상계가 허용된다(대판 2006.7.28, 2004다54633).

(2) 담보적 기능

상계제도는 상대방의 자산상태가 악화된 경우에 다른 채권자에 우선해서 자기의 채권(자동채권)의 회수를 할 수 있는 기능이 있다.

Ⅱ. 상계의 요건

1. 상계적상에 있을 것

(1) 당사자간의 채권의 대립이 있을 것

채무자가 채권자에 대해 채권(자동채권)을 가지는 경우, 채무자가 상계할 수 있다. 그러나 민법은 제3자가 상계를 할 수 있는 예외를 인정한다.

1) 제3자가 가지는 채권으로 상계할 수 있는 경우

을이 갑에 대한 채권을 가지는 일방이고, 을·병이 갑에 대한 연대채무자인 경우 또는 병이 을의 보증인인 경우에는 채권자 갑의 청구에 대하여 병은 을의 채권을 자동채권으로 하여 상계할 수 있다(418조 2항, 434조 참조). 병이 갑에게 변제한 후에 을에게 구상권을 행사하고, 을은 갑에게 자기의 채권을 행사하는 순환을 피하기 위한 것이다.

2) 제3자에 대한 채권으로 상계할 수 있는 경우

위의 예에서 병이 을에게 통지하지 않고 갑에게 변제를 하고 을에 대해 구상권을 행사한 경우, 을은 갑에 대해 가지는 채권으로 자기의 부담부분만큼 상계할 수 있다(426조 1항, 445조 1항 참조). 왜냐하면 병이 변제 전에 을에게 통지를 했더라면 을은 갑에 대한 채권으로 상계하여 자기채무를 면할 수 있었기 때문이다. 그러므로 을·병간의 상계에 의해 을의 갑에 대한 채권은 병에게 이전하므로, 병이 갑에게 청구할 수 있게 된다.

3) 시효소멸 후의 채권과 상계

소멸시효가 완성된 채권이 소멸시효완성 전에 상계할 수 있었던 경우에는 이를 가지고 상계할 수 있다(495조). 당사자쌍방의 채권이 이미 상계적상의 상태에 있었던 때에는 결제되었다고 처리하는 것이 당사자의 의사에 합치하기 때문이다.

(2) 양 채권이 동종의 목적을 가질 것

상계를 할 수 있기 위해서는 대립하는 채권이 금전채권 등 동종의 목적을 가진 종류채권에 한한다(492조 본문). 채권액이 동일할 필요는 없으며, 또 양 채권의 이행지가 다르더라도 상계에는 지장이 없다(494조 본문). 다만 이행지를 달리하는 채무의 상계에 있어 상대방에게 손해를 준 때에는 상계자는 이를 배상하여야 한다(494조 단서).

[동종의 목적을 가진 채무일 것]

백미급부를 목적으로 하는 채무의 이행청구에 대해서 채무자가 반대채권으로서 금전채권이 있음을 이유로 이를 자동채권으로 하여 상계의 의사표시를 하였다 하여도 금전채권은 수동채권과의 사이에 상계적상에 있지 아니 하므로, 그 의사표시에 의하여 상계의 효력이 발생하지 않는다(대판 1960.2.18, 4291민상424).

(3) 양 채권이 변제기에 있을 것

자동채권은 반드시 변제기에 있어야 한다. 그러나 수동채권은 채무자가 기한의 이익을 포기할 수 있으므로(153조 2항 · 468조), 변제기도래 전이라도 이를 포기하고 상계할 수 있다.

(4) 채권의 성질이 상계를 허용하는 것일 것

「하는 채무」나 「부작위채무」는 현실적으로 이행을 하여야 채권의 목적을 달성할 수 있으므로 성질상 상계가 허용되지 않는다. 또한 자동채권에 항변권이 붙어있는 경우에도 마찬가지이다. 이러한 경우에 상계를 허용하면 상대방은 일방적으로 그 항변권을 잃게 되기 때문이다. 그러나 수동채권에 항변권이 붙어 있는 경우에는 상계자가 이를 포기할 수 있으므로 이를 포기하고 상계하는 것은 무방하다.

2. 상계가 금지되는 채권

형식적으로는 상계적상에 있어도 다음과 같은 경우에는 상계할 수 없다.

(1) 당사자의 의사표시에 의한 금지

당사자는 상계를 반대하는 의사표시를 하여 이를 금지할 수 있다. 다만 이 의사표시로써 선의의 제 3자에게 대항하지 못한다(492조 2항). 예컨대 갑 · 을사이에 상계금지의 특약이 있을 때에는 갑과 을은 상계할 수 없으나, 갑이 을에 대한 채권을 병에게 양도하고 병이 상계금지특약을 모르는 경우, 병은 이 양수채권을 가지고 자신에 대한 을의 채권과 상계할 수 있다.

(2) 법률에 의한 금지

법률은 채무자가 실제로 변제를 하여야 할 특별한 사정이 있는 수동채권에 대해서는 상계의 수동채권으로 삼는 것을 금지한다. 그러나 그 수동채권의 채권자가 이를 자동채권으로 하여 상계하는 것은 상관없다.

1) 고의의 불법행위로 인한 수동채권

채무가 고의의 불법행위로 인한 것인 때에는 그 채무자는 상계로 채권자에게 대항하지 못한다(496조). 예컨대 갑이 을에 대하여 200만원의 채권을 가지고 있는데 그 후 갑이 을을 폭행하여 200만원의 손해배상채무를 지는 경우, 이 채권과 채무를 상계할 수 없다. 변제를 하지 않는 채무자에게 고의로 가해행위를 하는 것을 방지하기 위한 취지이다. 반면에 피해자 을이 갑에 대한 채무와 배상채권을 상계하는 것은 허용된다.

그러나 과실에 의한 불법행위의 경우에는 상계할 수 있다. 한편 양 채권이 모두 고의의 불법행위로 생긴 경우에도 상계는 허용되지 않는다(대판 1994.2.25, 93다38441).

[중과실의 불법행위로 인한 수동채권]

고의의 불법행위에 의한 손해배상채권에 대한 상계금지를 중과실의 불법행위에 의한 손해배상채권에까지 유추 또는 확장적용 하여야할 필요성이 없다(대판 1994.8.12, 93다3208).

2) 압류금지의 수동채권

채권이 압류하지 못할 것인 때에는 그 채무자는 상계로 채권자에게 대항하지 못한다(597조). 부양청구권 · 구호사업 또는 제3자의 자혜에 의하여 받은 계속수입 · 兵의 급료 · 급여채권의 2분의 1 상당액은 압류하지 못한다(민사집행법 246조).

한편 사용자는 근로자에 대한 채권을 가지고 임금과 상계할 수 없고, 또 賃金은 통화로 직접 근로자에게 그 전액을 지급하여야 한다(근로기준법 28조 · 42조). 따라서 근로자가 받을 퇴직금은 임금의 성질을 가지는 것으로서 사용자는 그 수령권자에게 직접 전액을 지급하여야 하는 것이므로, 사용자가 자기 직원으로 근무하다가 사망한 근로자의 퇴직금에 대하여 대출금채권으로 상계충당할 수 없다(대판 1990.5.8, 88다카26413).

3) 지급금지의 수동채권

지급을 금지하는 명령을 받은 제3채무자는 그 후에 취득한 채권을 가지고 그 명령을 신청한 채권자에게 상계로 대항하지 못한다(498조). 지급금지명령을 받은 채권이라 함은 압류 또는 가압류된 채권을 말한다.

지급금지명령에 의하여 채권자에 대한 채무자의 변제는 금지된다. 따라서 지급금지채무를 소멸시키는 상계 · 면제 등도 당연히 금지된다. 그러나 채무자는 지급금지명령 전에 그의 채권자에 대하여 취득한 그의 채권을 가지고 상계할 수는 있다(498조의 반대해석). 제3채무자가 압류 전부터 가졌던 상계에 대한 기대는 담보권과 유사한 권리로서 압류에도 불구하고 보호받아야 하기 때문이다.

한편 민법 제498조가 압류 당시에 변제기가 도래할 것을 요하는 것인가에 대하여 논의가 있으나, 판례는 이른바 변제기도래설을 취한다. 즉 가압류명령을 받은 제3채무자가 가압류채무자에 대한 반대채권을 가지고 있는 경우에 상계로서 가압류채권자에게 대항하기 위해서는 가압류효력발생 당시에 양 채권이 상계적상에 있거나, 반대채권이 압류 당시 변제기에 달하지 않는 경우에는 피압류채권인 수동채권의 변제기와 동시에 또는 보다 먼저 도달하여야 상계할 수 있다(대판 1982.6.22, 82다카200).

[지급금지채권의 판단]

제3채무자의 압류채무자에 대한 자동채권이 수동채권인 피압류채권과 동시이행의 관계에 있는 경우에는 그 채권에 의한 상계로 압류채권자에게 대항할 수 있다. 이 경우에 자동채권이 발생한 기초가 되는 원인은 수동채권이 압류되기 전에 이미 성립하여 존재하고 있었던 것이다.

그러므로 민법 제498조의 지급을 금지하는 명령을 받은 제3채무자가 그 후에 취득한 채권에 해당하지 않는다고 봄이 상당하다(대판 2005.11.10, 2004다37676).

4) 질권이 설정된 수동채권

민법은 이에 관하여 규정하고 있지 않으나, 질권이 설정된 채권은 질권의 효력으로서 지급금지의 효력이 생기므로 지급금지명령을 받은 채권과 같이 다루어진다. 따라서 질권이 설정된 채권을 수동채권으로 하여 상계하여도 이로서 채권질권자에게 대항하지 못한다.

5) 특별법상 상계금지채권

주식납입채권(상법 334조 · 596조) · 임금채권(근로기준법 25조) · 공무원연금법상의 급여청구권(공무원연금법 32조) · 형사보상청구권(형사보상법 22조) 등은 상계가 금지된다.

[벌금채권을 자동채권으로 하는 상계여부]

벌금형이 확정된 이상 벌금채권의 변제기는 도래한 것이므로 달리 이를 금하는 특별한 법률상 근거가 없는 이상, 벌금채권은 적어도 상계의 자동채권이 되지 못할 아무런 이유가 없다(대판 2004.4.27, 2003다37891).

Ⅲ. 상계의 방법

1. 상계의 의사표시

상계는 상대방에 대한 의사표시로 한다(493조 전단). 이 때 어느 것이 자동채권이고 어느 것이 수동채권인지를 인식할 수 있을 정도로 의사표시를 하면 족하고, 그 이상 채권의 발생일시 · 발생원인 · 액수까지 상세히 명시할 필요는 없다. 이는 형성권이므로 상대방의 동의 없이 일방적으로 하면 된다.

[상계의 의사표시와 효력발생]

당사자 쌍방의 채무가 서로 상계적상에 있다 하더라도 별도의 의사표시 없이도 상계된 것으로 한다는 특약이 없는 한, 그 자체만으로 상계로 인한 채무소멸의 효력이 생기는 것이 아니고 상계의 의사표시를 기다려 비로소 상계로 인한 채무소멸의 효력이 생긴다(대판 2000.9.8, 99다6524).

2. 의사표시의 상대방

상계의 의사표시는 자동채권의 채무자에 대하여 하여야 한다. 그런데 채권자 갑이 채무자 을의 병에 대한 채권을 대위행사할 때 제3채무자 병이 상계하는 경우, 의사표시는 피대위채무자 을에 대해 하는 것이 아니고 갑에게 해야 한다.

3. 조건 또는 기한의 금지

상계의 의사표시에는 조건 또는 기한을 붙이지 못한다(493조 후단). 상계의 의사표시는 단독행위이기 때문에 조건을 붙이지 못하게 한 것이고, 상계는 소급효를 갖기 때문에 기한을 붙이는 것을 금지한 것이다.

Ⅳ. 상계의 효과

1. 채권의 소멸

수동채권과 자동채권은 대등액에 있어서 소멸한다(493조 2항). 피상계자가 여러 개의 상계적상에 있는 수동채권을 가지고 있는데, 자동채권이 그 전부를 소멸시키기에 부족한 때에는, 변제충당에 관한 규정을 준용하여 상계에 의하여 소멸될 수동채권을 결정한다(499조, 476조~479조). 이를 상계충당이라고 한다.

2. 상계의 소급효

상계의 의사표시가 있으면 각 채무가 상계할 수 있는 때에 대등액에 관하여 소멸한 것으로 본다(493조 2항). 즉 자동채권과 수동채권은 상계의사표시시가 아니라 상계할 수 있는 때, 즉 두 채권이 상계적상에 놓여 졌을 때로 소급하여 소멸한다. 따라서 상계는 소급효를 가진다.

[계약해제와 상계의 소급효]

피고회사에 대한 채권자가 그 회사를 인수함에 있어 그 채권액을 위 인수계약금 및 중도금 일부로서 상계하였으나, 그 후 인수계약이 해제되었다면 그 인수대금채권 역시 소급하여 소멸한다. 그러므로 상계도 효력을 발생할 수 없어 상계로 소멸한 채권자의 채권은 다시 살아나는 것이다(대판 1980.8.26, 79다1257).

사례해결

갑과 을은 서로 금전채무를 부담하고 있기 때문에, 양 채무가 모두 이행기가 도래했다면 상계가 가능하다(492조 2항. 채무자가 아닌 제3자는 상계할 수 없다. 그러나 보증인은 주채무자의 상대방에 대한 채권으로 상계할 수 있다(433조).

따라서 병은 을의 갑에 대한 채권을 자동채권으로 하고, 갑이 을에 대하여 가지는 채권을 수동채권으로 하여 3천만원의 범위에서 상계할 수 있다.

제6절 경 개

Ⅰ. 서 설

1. 경개의 의의

경개(更改)란 당사자가 채무의 중요한 부분을 변경하므로써 신채무를 성립시키는 동시에 구채무를 소멸시키는 계약을 말한다(500조). 예컨대 구채무는 500만원의 급부를 하는 것이었으나, 이를 소멸시키고 그에 대신하여 골동품 1개를 급부할 채무로 바꾸는 것을 말한다.

경개에 있어서 구채무의 소멸과 신채무의 성립 사이는 유인관계에 있다. 따라서 구채무가 소멸하지 않으면 신채무도 성립하지 않고, 또한 신채무가 성립하지 않으면 구채무도 소멸하지 않는다(504조). 경개는 구채무가 소멸된다는 측면에서 처분행위에 해당하고, 신채무가 성립한다는 측면에서 의무부담행위이다.

[대환의 법적 성질과 보증책임의 존속여부]

현실적인 자금의 수수 없이 형식적으로만 신규대출을 하여 기존채무를 변제하는, 이른바 대환은 특별한 사정이 없는 한 형식적으로는 별도의 대출에 해당하나 실질적으로는 기존채무의 변제기의 연장에 불과하므로, 그 법적 성질은 기존채무가 여전히 동일성을 유지한 채 존속하는 준소비대차로 보아야 한다.
이러한 경우 채권자와 보증인 사이에 있어서 사전에 신규대출형식에 의한 대환을 하는 경우, 보증책임을 면하기로 약정하는 등의 특별한 사정이 없는 한 기존채무에 대한 보증은 존속한다(대판 2002.9.24, 2000다49374).

2. 경개의 종류

경개에는 (i) 채무자변경으로 인한 경개(501조), (ii) 채권자변경으로 인한 경개(502조), (iii) 목적물의 변경에 의한 경개(500조)가 있다. 경개에 의하여 당사자가 실현하고자 하는 채무요소의 변경은 채권양도나 채무인수 등과 같은 제도에 의해서도 실현할 수 있다. 이러한 제도에 의하면 채무의 동일성을 유지하면서 그 요소를 변경할 수 있으므로 경개의 현대적 의의는 적다고 본다.

Ⅱ. 경개의 요건

1. 구채무가 존재할 것

경개는 유인계약이므로 구채무가 존재하지 않으면 신채무는 성립하지 않는다. 다만 채권자변경으로 인한 경개에는 채권양도에 관한 민법 제451조 1항이 준용되므로(503조), 채무자가 이의를 보류하지 않은 승낙을 하면 구채무가 존재하지 않아도 경개가 성립하는 경우가 있다.

2. 신채무가 성립할 것

신채무가 유효하게 성립하지 않으면 경개는 무효가 되어, 원칙적으로 구채무는 소멸하지 않는다. 민법 제504조는 「경개로 인한 신채무가 원인의 불법 또는 당사자가 알지 못한 사유로 인하여 성립되지 아니하거나 취소된 때에는 구채무는 소멸되지 아니한다」고 규정하고 있다. 따라서 당사자가 신채무의 불성립을 알면서 경개한 때는 무효를 인정할 필요가 없으므로 경개는 유효하게 되어 구채무는 소멸한다고 해석할 수 있다.

3. 채무요소의 변경이 있을 것

채무요소의 변경은 채권자·채무자·목적물 중 어느 것이 변경하는 것이다. 그러나 단순한 채권자·채무자의 변경은 통상 채권양도·채무인수라고 볼 것이지 이를 경개로 단정할 수는 없다. 경개의 경우에는 구채무의 소멸과 함께 그에 부수하는 항변권이나 담보권도 소멸하는 것이므로 당사자에게 그러한 의도가 없었는가의 여부를 신중하게 판단하여야 한다.

그러므로 경개가 성립하기 위해서는 객관적으로 채무요소의 변경이 있을 뿐만 아니라, 신채무의 성립에 의해 구채무를 소멸시키려는 경개의사가 당사자에게 필요하다.

4. 경개계약의 당사자

(1) 채무자변경으로 인한 경개

이 경우는 채권자와 신채무자 사이의 계약으로 경개를 할 수 있다. 그러나 구채무자의 의사에 반하여 이를 할 수 없다(501조).

(2) 채권자변경으로 인한 경개

이 경우는 신·구채권자와 채무자의 3면계약에 의한다(통설). 채권자변경의 경개는 채권양도와 유사하므로 채권양도와 동일한 정도의 대항요건을 필요로 한다. 제3자에게 대항하기 위한 요건은 채권양도의 경우와 마찬가지로 확정일자 있는 증서이다(502조).

(3) 목적을 변경하는 경개

급부의 목적을 변경하는 경개는 채권자와 채무자 사이의 계약에 의한다.

Ⅲ. 경개의 효과

1. 구채무의 소멸 및 신채무의 성립

경개에 의해 구채무는 소멸하고 신채무가 성립한다. 구채무와 신채무와의 사이에는 동일성이 없다. 따라서 구채무에 존재하였던 담보권·보증채무·위약금 기타의 종된 권리는 소멸한다. 그러나 당사자는 특약으로 구채무의 담보를 그 목적의 한도 내에서 신채무의 담보로 할 수 있다(505조 본문). 이때 제3자가 담보를 제공한 경우에는 그의 승낙을 얻어야 한다(505조 단서).

2. 신채무의 불이행과 해제

신채무의 이행이 없는 것을 이유로 경개계약을 해제할 수 잇는가의 여부가 문제된다.

경개계약은 신채무가 성립하면 그 효력이 완결된다. 따라서 신채무의 채무 불이행이 있더라도 그 사유가 경개계약의 해제사유가 되지는 아니한다(대판 1980.11.11, 80다2050).

그러나 계약자유의 원칙상 경개계약의 성립 후에 그 계약을 합의해제 하여 구채권을 부활시키는 것은 적어도 당사자 사이에서는 가능하다(대판 2003.2.11, 2002다62333).

제7절 면 제

Ⅰ. 서 설

면제는 채권자의 일방적 의사표시에 의해 무상으로 소멸시키는 단독행위이다(506조). 즉 채권을 포기하는 것이다. 채무자의 의사를 불문한다.

독일 · 프랑스 · 스위스의 경우에는 면제를 계약으로 규정한다.

Ⅱ. 면제의 요건

면제의 요건은 처분권한 있는 채권자가 채무자에 대해 면제의 의사표시를 하는 것이다. 면제의 의사표시는 서면 기타 형식을 필요로 하지 않으므로 명시적으로나 묵시적으로도 할 수 있다(대판 1970. 7. 10, 79다705). 면제는 전부면제뿐만 아니라 일부면제도 가능하다.

채무면제는 단독행위이나 채무자에게 유리하므로 조건을 붙일 수 있다. 그러나 주금납입채무나 부양청구권 등은 미리 포기할 수 없으므로 면제가 허용되지 않는다.

Ⅲ. 면제의 효과

면제에 의해 채권은 소멸한다(506조 본문). 부종성에 의해 그 채권에 부수하는 담보물권이나 보증채무 등도 소멸한다. 다만 제3자가 면제의 대상인 채권에 대하여 정당한 이익을 가지고 있는 경우에는 면제로써 제3자에게 대항하지 못한다(506조 단서). 예컨대 면제의 대상인 채권이 압류되어 있는 때에는, 채권자에 의한 면제는 이 채권을 압류한 제3채권자의 정당한 이익을 해한다. 따라서 채권자나 면제받은 채무자는 면제를 가지고 채권을 압류한 제 3채권자에게 대항하지 못한다.

제8절 혼 동

Ⅰ. 혼동의 의의 · 법적 성질

혼동은 채권과 채무가 동일인에게 귀속하는 것이다(507조). 예컨대 부친 갑이 아들 을에 대해 100만원의 채권을 가지고 있던 중 갑이 사망하여 을이 갑을 상속한 경우, 을이 자기 자신에게 채권을 가지게 되는 것이므로 채권을 잔존시킬 실익이 없어 소멸시킨다. 채권의 혼동은 상속 이외에 회사의 합병이나 채권양도 등에 의해서도 생긴다.

혼동의 법적 성질은 사건이고, 의사표시 등 당사자의 행위를 필요로 하지 않는다.

[가해자 측이 피해자의 손해배상청구권을 대습상속한 경우]

가해자의 직계비속 또는 배우자가 피해자의 보험자에 대한 직접청구권의 전제가 되는 자동차손해배상보장법 3조에 의한 피해자의 운행자에 대한 손해배상청구권을 대습상속한 경우, 가해자가 피해자의 상속인이 되는 등 특별한 경우에 해당한다고 할 수 없으므로, 피해자의 손해배상청구권은 상속에 의한 혼동에 의하여 소멸되지 않는다(대판 2005.1.13, 2004다34080).

Ⅱ. 혼동의 효과

혼동에 의해 원칙적으로 채권은 소멸한다(507조 본문). 그러나 예외적으로 채권이 소멸하지 않는 경우가 있고, 이 경우를 주의해야 한다.

1. 채권이 제3자의 권리의 목적인 경우

채권이 제 3자의 권리의 목적인 때에는 혼동에 의해 소멸하지 않는다(507조 단서). 제3자의 이익을 보호하기 위한 취지이다. 그 예로서 채권이 질권의 목적이 되어 있거나 채권압류 후 채무자와 제3 채무자간 혼동이 생긴 경우를 들 수 있다.

2. 채권 · 채무의 귀속하는 재산이 각각 분리독립한 경우

이 경우에는 재산이 동일인에게 귀속하여도 채권은 혼동에 의해 소멸하지 않는다. 상속의 한정승인에 관하여는 명문의 규정이 있다. 즉 상속인이 한정승인을 한 때에는 피상속인에 대한 상속인의 재산상 권리의무는 소멸하지 아니한다(1031조). 또한 조합원 가운데 1인이 조합에 대한 제3자의 채권을 양수받은 경우에도 혼동은 발생하지 않는다.

[손해배상청구권과 손해배상의무의 혼동여부]

피해자의 사망으로 상속이 개시되어 가해자가 피해자의 자신에 대한 손해배상청구권을 상속함으로써 그 손해배상청구권과 이를 전제로 하는 자동차손해배상보장법 10조 1항에 의한 보험자에 대한 직접청구권이 혼동으로 소멸하였다 할지라도 가해자가 적법하게 상속을 포기하면 그 소급효로 인하여 위 손해배상청구권과 직접청구권은 소급하여 소멸하지 않았던 것으로 되어 다른 상속인에게 귀속된다.

그러므로 가해자가 피해자의 상속인이 되는 등 특별한 경우에 해당하지 않게 되므로 위 손해배상청구권과 이를 전제로 하는 직접 청구권은 소멸하지 않는다(대판 2005.1.14, 2003다38573, 38580).

3. 증권화한 채권의 경우

어음 · 수표가 어음채무자에게 배서 · 양도되어도 어음채권은 소멸하지 않는다(어음법 11조; 수표법 14조 참조). 이는 어음 등의 유통을 보호하는 취지이다.

명상의 시간

산사의 교향곡

끊어질 듯 이어지는
삶의 곡예 속에
마음 하나 드러낸다

이곳에서 바라보는
높은 세계가 있어
귀 하나 열어 동반자가 된다

이를 위해 저를 위해
드러내지 않는 침묵의 기도소리
숲속마다 흩어져 길을 낸다.

「조성민, 시간의 절정(제2시집), 책나라, 2013. 2, P79」

제 4 편

채권법각론

제1장 채권의 발생원인

민법 제3편은 채권편으로서 제1장 총칙 · 제2장 계약 · 제3장 사무관리 · 제4장 부당이득 · 제5장 불법행위로 나누어 규정되어 있다. 이 중 1장을 강학상 채권총론이라고 하고, 제2장부터 제5장까지를 채권각론이라 한다. 제1장 총칙은 채권의 일반적 성질, 즉 내용과 효력에 관한 규정이고, 제2장 내지 제5장은 채권이 어떤 형식에 의하여 발생되는가 하는 발생원인에 관한 규정이다.

민법의 기본원리인 사적 사치의 원리는 개인이 스스로 사적 생활영역을 규율하여야 한다는 이상이고, 이러한 이상이 현실적으로 가장 두드러지게 나타나는 법률관계가 채권관계이므로 법이 규정하는 계약 · 사무관리 · 부당이득 · 불법행위만이 채권의 발생원인이 되는 것은 아니고 일정한 예시규정에 지나지 아니한다. 또한 채권의 발생원인은 민법 중 총칙편 · 물권편 · 친족편 그리고 특별법에 규정되어 있는 것도 적지 않다.

채권편에 규정되어 있는 채권의 발생원인은 크게 두 가지로 나누어 볼 수 있다. 하나는 당사자가 의욕한 것에 법이 효과를 부여하는 것, 즉 법률행위에 의한 것으로 제2장의 계약이 이에 해당한다. 다른 하나는 당사자의 의사 여하와 관계없이 일정한 요건사실이 존재하면 특정한 효과를 부여하는 것, 즉 법률의 규정에 의한 것으로 제3장 내지 제5장의 사무관리 · 부당이득 · 불법행위가 이에 해당된다.

제1절 채권의 발생원인으로서 법률행위

법률행위는 단독행위 · 계약 · 합동행위로 나뉘지만 채권의 발생원인으로 중요한 것은 계약이다. 왜냐하면 단독행위에 의해 법률효과가 발생하는 것은 민법상 유언과 재단법인설립행위뿐이고 단독행위에 의하여 채권이 발생되지 않는다는 것이 통설이다(소수설은 스스로 타인의 채무를 부담하는 단독행위는 할 수 있다고 본다).

합동행위의 경우에도 일정한 목적달성을 위하여 의사표시가 협동하는 것을 내용으로 하는 것이지 채권 · 채무발생을 목적으로 하는 것은 아니다. 출자부담 있는 조합계약의 경우에는 일응 채권발생원인이 될 수 있다고 볼 수 있으나 조합계약이 계약인가(통설) 합동행위인가에 이론이 있으며, 합동행위를 주장하는 입장에서도 순수한 합동행위가 아닌 계약적 성질을 가진 합동행위로 보므로 결국 채권의 발생원인이 되는 것은 계약에 한정된다 할 것이다.

제2절 채권의 발생원인으로서 법률규정

법률행위 이외에 법률요건이 되는 것에는 준법률행위 · 위법행위 · 사건 등이 있다. 이러한 법률요건은 채권편에 한정되어 있는 것은 아니나, 채권이 규정하고 있는 것은 사무관리(준법률행위) · 불법행위(위법행위) · 부당이득(사건)이다. 채권편에 규정되어 있지 아니한 법정채권관계로서는 특정인이 타인의 재산을 관리하는 경우(부재자재산관리인 · 후견인 · 유언집행자 · 공동상속재산관리인 등), 유실물습득(253조), 점유자와 소유자와의 관계, 유치권자와 유치물소유자와의 관계, 부양의무관계 있는 자간의 관계(974조) 등 민법전반에 걸쳐 다양하게 나타난다.

본서는 채권발생원인에 관해 채권편의 규정을 중심으로 계약을 계약총론과 계약각론으로 나누어 설명하고, 다음으로 법조문의 순서에 따라 사무관리 · 부당이득 · 불법행위를 설명한다.

제2장 계약

제1절 계약총론

제1관 계약일반

Ⅰ. 계약의 의의 · 기능

1. 계약의 의의

당사자의 서로 맞서는 의사표시가 내용상 일치함으로써 이루어지는 법률행위를 계약이라 한다. 예컨대 甲이 乙에게 자기의 자동차를 500만원에 팔겠다는 의사를 표시(청약)하고, 乙이 甲에게 자동차를 사겠다는 의사를 표시(승낙)하는 경우에 甲 · 乙간에 계약이 성립된다. 계약은 서로 대립하는 두 개 이상의 의사를 기초로 하는 합의이기 때문에, 유언이나 채무면제와 같이 하나의 의사표시만으로 성립하는 단독행위와 구별된다.

계약은 위의 예처럼 채권 · 채무의 발생을 목적으로 하는 채권계약 이외에도 저당권의 설정과 같은 물권의 변동을 목적으로 하는 물권계약, 혼인과 같은 친족법상의 계약 등을 모두 포함하는 넓은 개념이다. 그러나 좁은 의미에서 계약이라 함은 채권계약만을 말하고, 계약법은 이것만을 그 대상으로 한다.

2. 계약의 사회적 기능

계약은 서로 대립하는 두 개 이상의 의사표시가 합치되어야 성립되므로, 당사자간의 대등하고도 자유로운 지위가 전제된다. 따라서 개인의 자유와 평등을 기초로 하는 근대시민사회의 생활관계는 계약이라는 수단을 통하여 형성되었다. 즉 계약을 통하여 사람들간에 재화와 용역이 유통되고, 각자는 자신의 생활영역을 자유롭게 전개하며 사회공동체 내에서 더불어 살아갈 수 있는 것이다.

현재 우리의 생활을 살펴보아도 무수히 많은 계약이 체결되어 있음을 알 수 있다. 매일 잠을 자는 집은 남으로부터 샀거나(매매계약) 빌린 것(임대차계약)이고, 출근을 위하여 지하철을 타거나(운송계약), 직장에서 일하는 것(고용계약) 등이 모두 계약에 기초한 생활이다.

Ⅱ. 계약자유의 원칙과 그 제한

1. 계약자유원칙

(1) 의 의

사람은 누구나 독립된 자율적 인격을 가진 권리주체로서 자신의 자유로운 의사에 따라 자신의 생활관계를 형성해 갈 수 있다. 이것이 계약자유의 원칙이며, 계약자유야말로도 사적 자치의 원칙의 가장 전형적인 표현이므로 양자가 동일한 의미로도 사용된다. 이 원칙은 개인이 스스로 창의와 책임을 기초로 하여 사회생활관계를 형성하도록 하는 것이 개인의 발전뿐만 아니라 국가와 사회전체를 위해서도 가장 적절하고 유익하다는 데 그 근거를 두고 있으며, 우리 헌법 제10조의 행복추구권 등이나 민법 제105조 등에서 그 법적 근거를 찾아볼 수 있다.

(2) 내 용

1) 계약체결의 자유

외부로부터 강제를 당하지 않고 계약을 체결할 수 있는 자유이다. 계약은 일반적으로 청약과 승낙의 합치에 의하여 성립하므로, 계약체결의 자유는 청약의 자유와 승낙의 자유를 포함한다.

2) 상대방선택의 자유

누구를 계약의 상대방으로 하여 계약을 체결할 것인가도 자유이다.

3) 내용결정의 자유

계약을 체결하면서 그 계약내용을 어떻게 정할 것인가 하는 것도 자유이다. 일단 성립한 계약의 내용을 사후에 변경하거나 보충하는 것도 포함된다.

4) 방식의 자유

계약은 원칙적으로 특정한 방식 없이 당사자의 합의만으로 성립될 수 있다(낙성· 불요식의 원칙).

2. 계약자유의 원칙에 대한 제한

근대적 시민법원리로서 중요한 역할을 담당해 온 계약자유의 원칙은 자본주의경제가 고도로 발달하면서 인간의 실질적 불평등이라는 사회적 모순을 초래하는 등 여러 가지 어려운 문제를 발생케 하였다. 그에 따라 계약당사자를 실질적으로 대등한 지위에 있게 함으로써 실질적인 계약의 자유를 실현코자 종래의 계약자유의 원칙에 대한 여러 제한이 가해지게 되었다.

(1) 체결의 자유에 대한 제한

1) 승낙의 자유에 대한 제한

계약체결의 청약을 받은 사람에게 청약에 대한 승낙의무가 부과되는 경우가 있다. 예컨대 전기(전기사업법 14조)·가스(도시가스사업법 19조)·운송(여객자동차운수사업법 26조 1항) 등의 독점적 기업, 공증인(공증인법 4조)·집행관(집행관법 14조)·법무사(법무사법 20조) 등의 공공적 직무, 의사·조산사·간호사·약사·한약사(의료법 15조·약사법 24조) 등의 공익적 직무의 경우에는 정당한 이유 없이 그 업무 또는 직무를 거절할 수 없다.

이상은 승낙의 자유에 대한 공법적 제한이나, 민법에서도 특정한 법률관계와 관련해서 법률이 정한 일정한 이유 없이는 승낙을 거절하지 못하도록 정한 경우가 있다. 지상권설정자가 지상물의 매수를 청구한 때(285조 2항), 전세권설정자가 부속물의 매수를 청구한 때(316조 1항), 임차인과 전차인이 부속물의 매수를 청구한 때(646조 · 647조) 등이다.

2) 청약의 자유에 대한 제한

양곡관리법 제4조에 의하면 농림수산식품부장관은 양곡소유자에 대하여 정부에게 양곡을 매도할 것을 명할 수 있다. 이것은 양곡소유자에게 청약의 의무가 부과되는 경우라 할 수 있다.

(2) 상대방선택의 자유에 대한 제한

청약 또는 승낙 자체가 강제될 경우는 상대방선택의 자유도 제한되는 것이 보통이다. 또한 직접 청약이나 승낙의 자유가 제한되지는 않더라도 특정 상대방과 사이에 계약을 배척할 수 없거나 이를 받아들여야 하는 경우가 있다. 예컨대 노사관계에 있어서 Closed shop (사용자가 노동조합의 조합원 이외에는 채용할 수 없도록 하는 노사간의 협정)이 그러하다.

(3) 내용결정의 자유에 대한 제한

계약의 내용이 강행법규에 위반하거나 선량한 풍속 기타 사회질서에 위반하는 경우, 그 계약은 무효가 된다(103조 · 105조). 그밖에 기업의 독점화를 막고 소비자를 보호하기 위하여 사적 독점의 금지, 불공정한 거래의 금지, 기업결합의 제한 등이 행해지는 것(독점규제 및 공정거래에 관한 법률)도 내용결정의 자유에 대한 제한이 된다. 또한 경제적 약자를 보호하기 위한 근로기준법 · 주택임대차보호법 · 상가건물임대차보호법 등도 그 예이다.

(4) 방식의 자유에 대한 제한

현행 민법상 채권계약에 관하여 특별한 방식을 요구하는 경우는 없으나, 민법 제 555조는 증여의 의사표시가 서면으로 표시되지 아니한 경우에는 각 당사자는 이를 해제할 수 있다고 규정하고 있다.

한편 부동산등기특별조치법 제3조 1항에 의하면 계약을 원인으로 소유권이전등기를 신청할 때는 일정한 사항을 기재한 계약서에 검인신청인을 표시하여 부동산의 소재를 관할하는 시장 · 군수 또는 그 권한을 위임받은 자의 검인을 받아 관할등기소에 이를 제출하여야 한다. 이러한 방식의 제한을 두는 이유는 법률관계를 명확히 하고 증거를 보전하며 당사자로 하여금 신중을 기하도록 하기 위해서이다.

(5) 국가의 허가 · 증명 · 신고에 의한 제한

계약자유의 원칙이 인정되지만, 그 체결된 계약에 대하여 국가로부터 허가 또는 증명을 받게 하거나, 국가에 신고를 하도록 하는 경우가 있다.

예컨대 국토이용관리법에 의한 허가구역 내의 토지의 소유권이전, 지상권 · 전세권 · 임차권의 설정을 목적으로 하는 계약은 관할 시장·군수·구청장의 허가를 받아야 하고(구국토이용관리법 21조의3, 1항), 신고구역은 단속법규에 해당하므로 사법상 효력은 유효하다(동법 21조의7)(대판 1992. 7.28, 92다17990). 농지를 취득하기 위한 계약에서는 소재지관서로부터 농지취득자격증명을 얻어야 한다(농지법 8조). 또 사찰재산의 처분계약은 문화체육관광부장관의 허가를 받아야 하고(전통사찰보존법 9조), 사립학교 기본재산의 처분계약은 감독청의 허가를 받아야 한다(사립학교법 28조).

Ⅲ. 약관에 의한 계약

1. 약관의 의의

약관이란 계약의 일방당사자가 다수의 상대방과 계약을 체결하기 위하여 일정한 형식에 의하여 미리 마련한 계약의 내용이 되는 것을 말한다(약관규제법 2조 1호). 금융계약, 보험계약, 운송계약, 가스·수도·전기 공급계약, 신용카드계약 등 오늘날의 많은 거래관계에서는 미리 상세한 거래조건을 획일적으로 정한 약관을 이용하는 경우가 일반적이다. 즉 이러한 유형의 거래에는 계약서 또는 기타 증서의 뒷면에 거래조건이 미리 인쇄되어 있거나 또는 세부적인 거래조건이 기재되어 있는 별도의 인쇄물이 첨부되는 것이 보통이다.

동일한 내용의 거래가 대량적·반복적으로 이루어지는 현대사회에서는 약관을 이용함으로써 대량의 계약관계가 획일적으로 신속하게 처리될 수 있기 때문에 약관이 광범위하게 이용되고 있다. 그러나 약관이 사업자 측에 의하여 일방적으로 작성된다는 점에서 그 내용이 작성자에게는 유리하지만 상대방에게는 불리하거나 불합리한 경우가 적지 않다. 이 경우에 상대방은 약관의 내용과 다른 계약조건을 제시하여 변경할 수 있는 가능성은 현실적으로 존재하지 않는다.

따라서 이러한 약관에 대한 법적 규제의 문제가 논의되기 시작하였다. 그리하여 사업자가 그 거래상의 지위를 남용하여 불공정한 내용의 약관을 작성·통용하는 것을 방지하고, 불공정한 내용의 약관을 규제하여 건전한 거래질서를 확립함으로써 소비자를 보호하고 국민생활의 균형 있는 향상을 도모함을 목적으로 1986년에 "약관의 규제에 관한 법률"(약관규제법)이 제정되었다.

2. 약관의 법적 성질과 계약에의 편입

(1) 약관의 법적 성질

약관의 법적 성질의 문제는 사업자가 일방적으로 작성한 약관이 상대방에 대하여 계약의 내용으로서 효력을 가지는 근거가 무엇인지에 관한 논의이다. 이에 관하여 학설은 (i) 약관을 기업의 자주적 법규로 보는 자치법설, (ii) 약관에 의하여 계약이 체결되고 있는 관행이 존재하는 한 그 관행을 기초로 약관이 계약의 내용으로서의 효력을 가진다는 상관습설<(i) (ii)를 통틀어 규범설이라 한다>, (iii) 당사자간에 약관을 계약의 내용으로 하는 합의가 있으므로 그 효력을 인정할 수 있다는 계약설(다수설)로 나뉘고 있다.

약관규제법은 약관의 법적 성질을 「계약」으로 보고 있다. 즉 사업자의 명시·설명의무를 규정하고, 사업자가 이에 위반하면 당해 약관을 계약의 내용으로 주장할 수 없도록 하며(동법 3조), 약관에서 정하고 있는 사항에 대하여 사업자와 고객이 그와 다르게 합의한 사항이 있을 때에는, 당해 합의사항이 약관에 우선하도록 규정(동법 4조)하고 있으므로 계약설의 입장을 전제하고 있다.

(2) 계약에의 편입

계약설에 의하여 약관의 구속력의 근거를 당사자의 합의에서 찾는 것은 당사자의 합의에 의해서 약관이 계약에 편입되어 계약내용이 되는 것을 의미한다. 약관규제법은 「사업자는 계약을 체결할 때에는 고객에게 약관의 내용을 계약의 종류에 따라 일반적으로 예상되는 방법으로 분명하게 밝히고, 고객이 요구할 경우 그 약관의 사본을 고객에게 내주어 고객이 약관의 내용을 알 수 있게 하여야 한다」고 규정하고 있다(동법 3조 1항 본문).

따라서 약관을 이용하는 사업자가 약관을 명시 또는 설명하고, 그 상대방이 해당 약관에 따라 계약을 체결하는 데 동의한 경우에 비로소 약관은 계약내용에 편입된다. 또한 사업자는 약관의 중요내용을 고객이 이해할 수 있도록 설명하여야 한다(동법 3조 2항). 사업자가 명시·설명의무를 다하지 않은 경우에는 당해 약관을 계약내용으로 주장할 수 없다(동법 3조 4항).

다만 다른 법률의 규정에 의하여 행정관청의 인가를 받은 약관으로서 거래의 신속을 위하여 필요하다고 인정되어 대통령령이 정하는 약관에 대하여는 약관의 명시의무가 면제된다(동법 3조 1항 단서). 예컨대 여객운송법, 통신업, 전기·수도·가스 사업의 약관이 그러하다(동법시행령 2조).

3. 약관의 내용통제

약관은 사업자 측에 의하여 일방적으로 작성되기 때문에 그 내용이 사업자에게는 유리하지만 상대방인 고객에서는 불리한 경우가 적지 않고, 이 경우에 상대방은 약관의 내용과 다른 계약조건을 제시하여 변경할 수 있는 가능성은 현실적으로 존재하지 않는다. 따라서 약관규제법은 이러한 부당한 내용의 약관조항을 통제하고 있다.

(1) 약관의 해석에 의한 내용통제

1) 개별약정우선의 원칙

계약당사자가 약관과는 다른 내용을 약정하였을 때에 그 다른 약정은 약관에 우선한다(동법 4조). 개별약정이 있는 경우 약관은 개별약정에 대하여 보충적 기능을 담당하게 되고, 당사자는 개별약정우선의 원칙에 의하여 약관의 효력을 제한할 수 있다.

2) 객관적 해석의 원칙

약관은 일방당사자가 다수인과의 거래를 위하여 일방적으로 결정한 계약내용이므로 그 문언에 따라서 해석되어야 하고, 그 작성자의 주관적 의사에 의하여 해석되거나 또는 계약의 상대방에 따라서 다르게 해석되어서는 아니 된다. 약관규제법은「약관은 신의성실의 원칙에 따라 공정하게 해석되어야 하며, 고객에 따라 다르게 해석되어서는 아니된다」(동법 5조 1항)고 규정한다.

3) 불명확조항해석의 원칙

약관의 내용이 불명확할 때에는 고객에게 유리하게 해석되어야 한다(동법 5조 2항). 즉 명확하게 해석되지 않는 약관조항에 대하여는 그 약관을 작성한 사업자가 그 불명확으로 인한 위험을 부담하여야 한다는 '작성자불이익의 원칙'을 규정한 것이다.

(2) 불공정약관조항에 대한 입법적 통제

1) 일반원칙

신의성실의 원칙에 반하여 공정을 잃은 약관조항은 무효이다(동법 6조 1항). 그리고 고객에게 부당하게 불리한 약관조항, 고객이 계약의 거래행태 등 제반사정에 비추어 예상하기 어려운 조항, 계약의 목적을 달성할 수 없을 정도로 계약에 따르는 고객의 본질적 권리를 제한하는 조항은 불공정약관으로서 무효로 추정된다(동법 6조 2항). 이 경우 무효는 민법 제137조의 일부 무효의 원칙에 대한 특칙이 인정되어 무효조항만 무효로 취급된다(동법 16조).

2) 개별적 무효사유

약관규제법은 다음과 같은 무효사유를 구체적으로 열거하고 있으며, 이에 위반하는 내용의 약관조항은 무효이다.

(a) 면책조항의 금지

사업자의 책임을 부당하게 면제하는 경우로서, 사업자의 고의 또는 과실로 인한 법적 책임을 배제하는 면책약관조항, 상당한 이유 없이 사업자의 손해배상범위를 제한하거나 고객에게 위험을 이전시키는 약관조항, 상당한 이유 없이 사업자의 하자담보책임을 배제하거나 제한하는 약관조항이 이에 속한다(동법 7조).

(b) 손해배상의 예정

고객에 대하여 부당하게 과중한 손해배상액을 예정하는 경우이다(동법 8조).

(c) 해제 · 해지권

해제권 · 해지권을 고객에 대하여 부당하게 배제 또는 제한하거나, 반대로 사업자에게 부당하게 해제권 · 해지권을 부여하거나, 해제권 · 해지권의 행사요건을 완화하는 경우이다(동법 9조).

(d) 채무의 이행

상당한 이유 없이 사업자가 급부내용을 일방적으로 결정 · 변경하거나 사업자가 그의 급부를 중지하거나 제3자로 하여금 대행케 할 수 있게 하는 경우이다(동법 10조).

(e) 고객의 권익제한

고객의 항변권·상계권을 배제·제한하거나, 기한의 이익을 박탈하거나 기타 고객의 권익을 제한하는 경우(동법 11조), 고객의 의사표시를 부당하게 의제하거나, 의사표시의 형식이나 요건에 대하여 부당하게 엄격한 제한을 가하거나, 그 의사표시에 부당하게 장기의 기한 또는 불확정한 기한을 정하는 경우이다(동법 12조).

(f) 대리인의 책임가중

고객의 대리인에 의하여 계약이 체결된 경우에 그 대리인에 대하여 의무이행을 지우는 경우이다(동법 13조).

(g) 제소금지

고객에게 소의 제기를 금지하거나 상당한 이유 없이 입증책임을 부담시키는 경우이다(동법 14조).

4. 약관의 통제절차 및 내용

일정한 사업자가 불공정약관조항을 계약의 내용으로 한 경우에 공정거래위원회는 그 약관조항의 삭제·수정 등 시정에 필요한 조치를 명할 수 있고(동법 17조의2), 사업자가 그 명령에 위반한 경우에는 2년 이하의 징역 또는 1억원 이하의 벌금에 처한다(동법 32조). 다만 공정거래위원회는 약관에 대한 추상적 심사만을 행하므로 무효인 약관조항에 따른 구체적인 법률관계에 관한 다툼은 민사소송의 절차를 통하여야 한다.

Ⅳ. 계약의 종류

계약자유의 원칙상 계약의 종류와 내용을 당사자가 자유롭게 결정할 수 있으므로 계약의 종류는 무수하게 존재할 수 있다. 이처럼 다양한 형태의 계약을 다음과 같이 유형화하여 살펴보는 것은 계약법을 체계적으로 이해하는데 큰 도움이 된다.

1. 전형계약·비전형계약

민법(제3편 제2장 제2절, 554조 이하)에서 정하고 있는 14종류의 계약을 전형계약이라고 한다. 계약의 이름이 법률상 주어져 있다는 의미에서 유명계약(有名契約)이라고도 한다. 이러한 전형계약은 우리 사회에서 가장 빈번히 활용되는 유형들을 민법전에 미리 정해 놓음으로써 그에 관한 기준적·보완적 기능을 담당한다. 그러나 현실에서 이루어지는 계약들이 전형계약의 내용에 꼭 들어맞게 이루어지는 경우는 상당히 드물다.

비전형계약은 민법에 규정되어 있지 않은 계약을 통틀어 지칭하는 것이며, 무명계약(無名契約)이라고도 한다. 계약자유의 원칙상 비전형계약의 내용은 천차만별이며, 사회생활관계가 변화·발전하고 거래관계가 복잡해지고 있는 상황하에서는 당연한 현상이라 할 수 있다.

2. 쌍무계약 · 편무계약

계약에 의하여 각 당사자가 서로 대가적 의미를 가지는 채무를 부담하는 것, 즉 상대방이 나에게 의무를 이행하지 않으면 내 의무가 이행되어야 할 이유가 없는 관계가 쌍무계약이다. 전형계약 중 매매 · 교환 · 임대차 · 고용 · 도급 · 조합 · 화해 · 유상위임 · 유상임치가 이에 속한다.

편무계약은 일방당사자만이 채무를 부담하거나 쌍방이 채무를 부담하더라도 그것이 서로 쌍무적 또는 대가적 관계에 서지 않을 때의 계약을 말한다. 증여 · 사용대차 · 현상광고 · 무상소비대차 · 무상위임 · 무상임치가 편무계약에 속한다.

쌍무계약에서는 양당사자의 채무가 서로 성립 · 이행 · 존속상 견련관계에 있기 때문에 동시이행의 항변(536조), 반대급부의 위험부담(537조 · 538조 참조)의 문제가 생기지만, 편무계약에서는 이러한 문제가 생기지 않는다.

3. 유상계약 · 무상계약

유상계약은 당사자가 대가적 의미를 가지는 출연을 하는 계약이다. 출연은 자신의 경제적 손실로서 상대방에게 지급하는 것을 말하는데, 금전의 지급 · 재산권의 이전 · 사용수익의 제공 · 노무의 제공 · 일의 완성 등이 모두 그 예이다. 반면 일방당사자의 출연에 대하여 대가적 출연이 없는 계약이 무상계약이다. 증여 · 사용대차가 이에 속한다. 소비대차 · 위임 · 임치 등은 당사자의 의사에 의하여 유상 · 무상이 결정된다.

쌍무계약은 각 당사자가 서로 대가적 채무를 부담하므로 모두 유상계약이다. 현상광고는 편무계약(계약으로 보는 것을 전제로)이지만 행위의 완료와 보수의 지급이라는 관계는 대가적인 것이므로 유상계약이다. 유상계약에 대해서는 그 가장 대표적인 유형인 매매에 관한 규정들이 다른 유상계약에도 준용된다(567조). 유 · 무상 구별의 구체적 실익은 담보책임을 지는가의 여부이다.

4. 낙성계약 · 요물계약

당사자 사이의 의사표시의 합치만으로 성립하는 계약을 낙성계약, 합의 이외에 추가로 일방당사자가 물건의 인도 기타의 급부를 해야 성립하는 계약을 요물계약이라 한다. 전형계약 중에서 요물계약이라고 할 수 있는 것은 현상광고뿐이나 대물변제에 관한 계약(466조) · 계약금계약 등도 요물계약이다(통설 · 대판 2008.3.13, 2007다73611).

요물계약에서는 물건의 인도 기타의 급부를 해야 비로소 계약이 성립하기 되므로, 양자는 계약의 성립시기에서 차이가 생긴다.

5. 요식계약 · 불요식계약

계약의 성립에 일정한 방식을 요하는 계약을 요식계약, 방식을 요하지 않는 계약을 불요식계약이라 한다. 민법은 원칙적으로 계약에 있어 방식의 자유를 인정하고 있다.

6. 계속적 계약 · 일시적 계약

계약의 내용인 급부를 이행함에 있어서 그것을 일정한 기간 동안 계속적으로 하여야 하는 계약이 계속적 계약이고, 일정한 시점에 급부를 이행함으로써 완료되는 계약이 일시적 계약이다. 급부의 계속성은 상대적이다. 다만 일반적으로 소비대차 · 사용대차 · 임대차 · 고용 · 위임 · 임치 · 조합 · 종신정기금이 계속적 계약이고, 매매 · 증여 · 교환은 일시적 계약에 속한다.

계속적 채권관계에는 해지권이 인정되어 해지권을 행사한 때로부터 채권관계가 失效되게 되고, 당사자간의 신뢰가 강하게 요구되므로 신의칙이 적용되기 쉽다.

분할공급계약(일정량을 나누어 공급하는 계약. 예컨대, 쌀 100톤을 매월 20톤씩 공급하는 계약)은 매매이고, 회귀적 공급계약(일정시기를 기준으로 반복하는 급부. 예컨대, 우유 · 신문배달)은 계속적 공급계약의 일종이다. 계속적 공급계약(일정한 기간을 정하여 또는 정하여지지 않은 기간 동안 종류로서 정해진 물건<가스 · 전기 등>을 대가로 받고 공급하는 계약)은 매매라는 것이 다수설이다.

7. 예약 · 본계약

장래 계약을 체결할 것을 미리 약정하는 계약이 예약이고, 그 예약에 기하여 체결되는 계약이 본계약이다. 예약 없이 체결되는 일반적 계약은 단지 '계약'이라고 할 뿐 '본계약'이라고 하지 않는다.

예약에는 본계약의 성립을 위해서 다시 당사자의 합의를 필요로 하는 경우로서 쌍무예약(당사자 쌍방에게 각각 상대방의 청약에 대하여 본계약을 체결할 채무를 부담시키는 예약)과 편무예약(당사자의 일방만이 그러한 채무를 부담하는 예약)이 있고, 일방의 의사표시만으로 본계약이 성립하는 경우로서 쌍방예약(이러한 형성권을 당사자 쌍방이 모두 가지는 예약)과 일방예약(당사자일방만이 형성권을 가지는 예약)이 있다.

제2관 계약의 성립

Ⅰ. 총설

1. 계약성립의 의의

계약은 일정한 법률효과의 발생을 의욕하는 당사자간의 의사표시의 합치이다. 따라서 어떠한 모습으로 계약이 성립하든 당사자간에 서로 대립하는 의사표시의 합치, 즉 합의가 있어야 한다. 계약의 성립조건으로서의 합의가 성립하기 위해서는 대립하는 의사표시가 내용에 있어 서로 일치하여야 하며(객관적 합치), 각 당사자의 의사표시가 서로 상대방에 대한 것이어서 상대방이 누구인지에 관하여 잘못이 없어야 한다(주관적 합치).

2. 계약성립의 모습

계약은 당사자 사이의 의사표시의 합치에 의하여 성립하므로, 청약과 승낙이라는 두 개의 의사표시가 내용적으로 합치함으로써 계약이 성립하는 것이 가장 일반적이다. 그러나 그 외에도 승낙의 의사표시로 인정될 수 있는 사실에 의하여 계약이 성립하는 경우고 있고, 상호간의 동일한 내용의 청약이 행해지고 그 내용이 일치함으로써 계약이 성립하는 경우도 있다. 민법은 계약성립의 모습으로 위의 세 가지, 즉 청약과 승낙의 합치에 의한 것, 의사실현에 의한 것(532조), 교차청약(533조)에 의한 것을 규정하고 있다.

Ⅱ. 청약과 승낙에 의한 계약의 성립

당사자일방이 먼저 의사표시(청약)을 하고, 상대방이 그에 대한 의사표시(승낙)을 함으로써 계약이 성립한다.

1. 청약

(1) 의의

1) 청약은 상대방의 승낙과 결합하여 일정한 내용의 계약을 성립시키는 의사를 표시하는 것이다. 甲이 乙에게 자기소유의 주택을 1억원에 팔겠다는 의사표시를 하고, 乙이 이에 대하여 그 주택을 1억원에 사겠다는 의사표시를 하면 그 주택에 대한 매매계약이 성립한다.

이 경우에 甲의 의사표시를 청약이라고 한다. 즉 청약은 상대방의 승낙(乙의 매수 의사표시)과 결합하여 특정한 계약(주택매매계약)을 성립시킬 것을 의욕하는 확정적 의사표시이다. 따라서 청약은 법률사실일 뿐 법률행위가 아니므로 청약만으로 계약이 성립되지 않는다.

2) 청약의 내용확정성

청약은 그에 대응하는 승낙이 있으면 바로 계약이 성립하므로, 계약의 중요내용을 확정적으로 표시하는 의사표시어야 한다. 그러나 계약의 중요내용이 반드시 청약의 의사표시에 포함되어 있어야 하는 건 아니고, 상품목록 · 약관 · 거래관행 등에 의해서 또는 의사표시의 해석을 통하여 그 내용이 확정될 수도 있다.

3) 청약의 상대방

청약은 특정인이 특정인에게 행하는 것이 일반적이다. 그러나 청약자가 누구인지가 청약의 의사표시에 명시적으로 나타나야 하는 것은 아니다. 또한 청약의 상대방은 불특정다수일 수 있다. 예컨대 신문광고로 청약의 의사표시를 하는 경우나 자동판매기의 설치가 그렇다.

4) 청약의 유인

청약은 청약의 유인과 구별된다. 청약은 그에 대응하는 승낙이 있으면 계약이 성립하는 확정적 의사표시인 데 반하여, 청약의 유인은 상대방으로 하여금 청약하도록 촉구하는 의사의 표시이다. 구인광고, 주택의 임대광고, 상품의 진열, 기차·선박의 시간표의 제시 등은 사람의 고용·주택의 임대·상품의 판매·운송 등에 대한 청약의 유인에 지나지 않아 상대방이 이에 대한 의사표시를 하여도 곧 계약이 성립하지는 않는다.

상대방의 의사표시(이것이 청약이 된다)에 대하여 그 유인을 한 자가 승낙함으로써 비로소 계약이 성립한다. 이 경우 청약을 유인한 자는 승낙해야 할 의무를 부담하지 않는다.

[청약의 유인과의 구별]

상가를 분양하면서 그곳에 첨단 오락타운을 조성·운영하고 전문경영인에 대한 위탁경영을 통하여 분양계약자들에게 일정한 이상의 수익을 보장한다는 광고를 하고, 분양계약 체결시 이러한 광고내용을 계약상대방에게 설명하였더라도 체결된 분양계약서에는 이러한 내용이 기재되지 않은 점과 그 후의 위 상가 임대운영경위 등에 비추어 볼 때, 위와 같은 광고 및 분양계약 체결시의 설명은 청약의 유인에 불과할 뿐 상가분양계약의 내용으로 되었다고 볼 수 없다. 따라서 분양회사는 위 상가를 첨단 오락타운으로 조성·운영하거나 일정한 수익을 보장할 의무를 부담하지 않는다(대판 2001.5.29, 99다56601·55618).

(2) 효력

1) 효력발생시기

청약은 의사표시이므로 의사표시의 일반원칙에 따라 도달주의원칙(111조 1항)이 그대로 적용된다. 따라서 청약은 상대방에게 도달된 때에 그 효력이 발생한다. 만일 자동판매기·판매광고 등을 통한 경우와 같이 청약이 불특정 다수인에 대한 것이라면 자동판매기의 설치 또는 광고의 게재에 의하여 불특정인이 알 수 있는 상태가 된 때로부터 그 효력이 발생한다.

2) 청약의 구속력

청약이 상대방에게 도달하면 청약자는 청약을 임의로 철회할 수 없다(527조). 이를 청약의 구속력이라고 한다. 청약을 받은 자가 승낙을 위한 준비를 하는 동안에 청약자가 갑자기 청약을 철회하면 상대방이 불측의 손해를 입을 우려가 있기 때문이다. 따라서 청약이 상대방에게 도달하기 전에만 청약자는 그 의사표시를 철회할 수 있다.

그러나 민법 제527조는 임의규정이므로 청약자가 철회권을 유보하고 청약을 할 수 있고, 이 경우에는 그 의사표시가 상대방에게 도달한 후에도 철회될 수 있다. 불특정인에 대한 청약의 경우 청약의 구속력이 배제된다는 것이 일반적이다.

[청약의 의사표시의 방법과 내용]

계약이 성립하기 위한 법률요건인 청약은 그에 응하는 승낙만 있으면 곧 계약이 성립하는 구체적·확정적 의사표시여야 한다. 따라서 계약내용을 결정할 수 있을 정도의 사항을 포함시키는 것이 필요하다(대판 2003.4.121, 2001다53059).

3) 청약의 승낙적격

청약이 상대방에게 도달하여 상대방이 승낙을 하면 계약이 성립한다. 이와 같이 청약이 상대방의 승낙이 있으면 계약을 성립시킬 수 있는 효력을 청약의 승낙적격(실질적 효력이라고도 한다)이라 한다. 승낙은 청약이 유효하게 존속하고 있는 동안에 행하여져야 계약이 성립하므로 청약의 승낙적격은 청약의 존속기간의 문제이며, 이는 곧 승낙기간과 같다.

청약의 존속기간은 청약자가 승낙기간을 정한 때에는 그 기간이고(528조 1항), 정하지 않은 때에는 그 청약에 대응하여 계약을 성립시키는 데 걸리는 상당한 기간이다(529조).

2. 승낙

(1) 의의

승낙은 청약에 대응하여 계약을 성립시킬 것을 목적으로 하는 청약수령자의 청약자에 대한 의사표시로서, 승낙은 청약과 합치되어 계약을 성립시킨다. 앞의 예에서 乙의 甲에 대한 주택매수의 의사표시가 곧 매매계약을 성립시키는 승낙이다. 청약과 승낙은 그 내용에 있어서 객관적으로 합치되어야 한다.

따라서 청약에 조건이나 변경을 가한 승낙은 청약의 거절인 동시에 새로운 청약(534조)이다. 분할승낙(30톤 청약 중 20톤 승낙)인 경우 승낙의 범위 내에서 계약이 성립하나 분할승낙이 허용되지 않는 경우 민법 제534조가 적용된다. 또 승낙은 청약과 달리 불특정 다수인에 대하여 할 수 없고, 특정의 청약자에 대하여 하여야 한다(주관적 합치). 청약을 받은 자가 승낙할 의무를 부담하는 것은 아니며, 승낙을 할 것인지 여부는 청약수령자의 자유이다. 청약자가 청약시에 승낙 여부를 표시하지 않으면 승낙으로 보겠다는 의사를 표시하였더라도 승낙자의 침묵이 승낙으로 인정될 수 없다. 청약과 함께 물건을 보내면서 구입할 의사가 없으면 반송해 달라는 의사를 표시하더라도 청약수령자가 회답을 하거나 물품을 반송할 의무를 부담하지 않는다.

그러나 청약이 상시거래관계에 있는 자 사이에 그 영업부류에 속하는 계약에 관하여 이루어진 것인 경우 지체 없이 승낙여부의 통지를 발송하여야 하고, 이를 해태한 때에는 승낙한 것으로 본다(상법 53조). 청약을 거절한 때에도 받은 물건을 청약자의 비용으로 보관하여야 한다(상법 60조).

승낙의 방식은 자유이다. 그러나 청약자가 승낙의 방식을 지정한 경우에는 그것이 단순한 청약자의 희망사항이 아닌 한, 그 방식에 의하여 승낙을 하여야 한다.

(2) 승낙기간

승낙기간은 청약의 존속기간이며, 이 기간 내에 승낙이 이루어져야 계약이 성립하게 된다.

청약자가 승낙기간을 정하여 청약을 한 때에는 그 승낙기간 내에 승낙이 청약자에게 도달하여야 한다. 그러므로 승낙기간이 지난 후에 승낙이 청약자에게 도달한 때에는 그 청약은 효력을 상실한다(528조 1항). 다만 승낙의 통지가 보통 승낙기간 내에 도달할 수 있도록 발송되었음에도 불구하고 특별한 사정에 의하여 지연되어 그 기간이 경과한 후에 도달된 경우에는, 이미 그 도달 전에 지연의 통지를 발송한 경우를 제외하고는 청약자는 지체 없이 상대방에게 승낙의 통지가 연착되었다는 것을 통지하여야 한다(528조 2항). 청약자가 그러한 통지를 하지 아니한 때에는 승낙은 연착되지 아니한 것으로 되어(528조 3항), 계약은 유효하게 성립한다. 승낙기간을 경과하여 연착된 승낙은 청약자가 이를 새로운 청약으로 보고(530조), 이에 대하여 청약자가 승낙을 함으로써 계약을 성립시킬 수 있다.

승낙기간을 정하지 아니하고 청약한 경우에는, 계약을 성립시키는 데 걸리는 상당한 기간 내에 승낙의 통지가 청약자에게 도달하여야 한다(529조).

[승낙으로 간주한다고 표시된 청약의 효력]

청약자가 미리 정한 기간 내에 이의를 하지 아니하면 승낙한 것으로 간주한다는 뜻을 청약시에 표시하였다고 하더라도, 이는 상대방을 구속하지 아니하고 그 기간은 경우에 따라 단지 승낙기간을 정하는 의미를 가질 뿐이므로 그 기간이 도과하면 청약이 실효하게 된다(대판 1999.1.29, 98다48903).

3. 계약의 성립시기(승낙의 효력발생시기)

(1) 문제점

청약에 대하여 승낙을 함으로써 계약이 성립한다. 따라서 승낙의 효력발생시기가 곧 계약의 성립시기이다. 민법은 상대방 있는 의사표시의 효력발생에 관하여 도달주의(111조)를 취하고 있으므로, 계약도 승낙의 의사표시가 청약자에게 도달한 때에 성립하게 된다. 민법 제528조 1항도 승낙기간 내에 통지를 받지 못한 때에는 계약이 성립될 수 없다고 하여 이러한 취지를 규정하고 있다. 그런데 민법 제531조는「隔地者간의 계약은 승낙의 통지를 발송한 때에 성립한다」고 규정하여 발신주의를 취하고 있다.

여기서 민법 제528조 1항과 제531조는 서로 모순 충돌하게 되는데, 이를 어떻게 합리적으로 해석할 것인가가 문제된다.

(2) 학설

다수설은 승낙이 승낙기간 또는 상당한 기간이 경과한 후에 청약자에게 도달하지 않은 것을 해제조건으로 하여 승낙의 발신에 의하여 계약이 성립하는 것으로 이론구성한다(해제조건설). 반면 승낙이 승낙기간 또는 상당한 기간 내에 청약자에게 도달하게 되면, 그 때 비로소 승낙의 발신시에 소급하여 계약이 성립된 것으로 이론구성하는 견해(정지조건설)가 있다.

(3) 민법 제531조의 해석

위의 어느 설에 의하든 결과적으로는 계약의 성립시기는 승낙의 발신시이므로 승낙이 도달하지 않은 불이익은 승낙자가 부담하여야 한다. 그러나 해제조건설에 의하면 승낙자는 승낙의 통지를 발송한 후 도달 전에 그 승낙을 철회할 수 없으며, 승낙을 발송한 때로부터 계약의 목적실현에 반하는 행위를 하여서는 아니된다. 반대로 정지조건설에 의하면 승낙자

쪽에서 도달을 입증하여야 하고 승낙을 발신한 후에도 철회할 수 있게 된다.

민법의 발신주의 취지를 최대한으로 관철하는 의미에서 해제조건설이 타당하다고 본다. 계약의 성립을 간편하고 신속하게 처리할 수 있기 때문이다.

Ⅲ. 의사실현 · 교차청약에 의한 계약의 성립

1. 의사실현에 의한 계약성립

(1) 의의

청약자의 의사표시나 관습에 의하여 승낙의 통지가 필요하지 아니한 경우, 계약은 승낙의 의사표시로 인정되는 사실이 있는 때에 성립한다(532조). 이를 의사실현에 의한 계약의 성립이라 한다. 청약자가 매도한다고 보내온 물건을 사용 또는 처분한 경우, 청약자의 매매대금청구에 대하여 그 대금을 송금한 경우 등이 그 예이다.

의사실현에 의한 계약의 성립을 인정하는 것은 위의 예에서와 같은 승낙자의 일정한 행위로부터 승낙의 의사표시를 추단할 수 있기 때문이다. 따라서 의사실현에 의한 계약은 승낙자의 추단된 의사표시에 의한 계약의 성립이다.

(2) 요건

의사실현에 의하여 계약이 성립하려면 승낙의 통지가 필요하지 아니하다는 청약자의 의사표시 또는 관습이 존재하여야 하고, 승낙의 의사표시로 인정될 수 있는 사실이 있어야 한다.

1) 승낙의 통지가 필요하지 않을 것

청약자의 의사표시에 의하여 승낙의 통지가 필요하지 않은 경우이다. 그 의사표시는 명시적이든 묵시적이든 상관없다. 예컨대 판매할 목적으로 청약과 함께 물건을 부치는 것은 승낙의 통지가 필요 없다는 청약자의 묵시적인 의사표시로 볼 것이다. 이때에는 청약수령자가 그 물건을 사용 · 소비하면 계약이 성립한다.

관습에 의하여 승낙이 필요하지 않은 경우로서, 예컨대 편의점에서 물건을 집는 행위 등이 있으면 관습상 계약이 성립한다.

2) 승낙의 의사표시로 인정될 수 있는 사실이 있을 것

어떠한 사실이 승낙의 의사표시로 인정되는지는 구체적 · 개별적으로 제반사정을 고려하여 결정할 것이다. 일반적으로는 그 계약에 의하여 취득될 권리를 미리 행사하거나(위의 예에서 부쳐온 물건을 사용하는 경우, 주차행위 등) 채무이행을 준비하는 행위(부쳐온 물건의 대금을 결제하도록 지시하는 행위) 등이 이에 해당한다.

(3) 효과

승낙의 의사표시로 볼 수 있는 사실이 있는 때에 계약이 성립한다. 청약자가 그 사실을 알았는지 여부는 문제되지 않는다.

[의사실현에 의한 예금계약의 성립]

예금계약은 예금자가 예금의 의사를 표시하면서 금융기관에 돈을 제공하고 금융기관이 그 의사에 따라 그 돈을 받아 확인을 하면 그로써 성립하며, 금융기관의 직원이 그 받은 돈을 금융기관에 입금하지 아니하고 이를 횡령하였다고 하더라도 예금계약의 성립에는 아무런 지장이 없다(대판 1996.1.26, 95다26919).

2. 교차청약에 의한 계약성립

(1) 의의

당사자 쌍방이 동일한 내용의 청약을 서로 행한 경우가 교차청약이며, 교차청약이 있으면 계약이 성립한다(533조). 예컨대 甲이 乙에게 자기소유의 물건을 100만원에 팔겠다는 청약을 하였는데, 乙이 그러한 사실을 알지 못한 채 甲에게 그 물건을 100만원에 살테니 팔라는 청약을 한 경우에 그 물건에 대한 甲·乙간의 매매계약이 성립한다. 교차청약의 경우, 청약과 승낙의 합치라는 형식은 갖추어지지 않았으나 그와 마찬가지로 의사표시의 주관적·객관적 합치가 있기 때문에 계약성립의 한 모습으로 인정하는 것이다.

(2) 계약의 성립시기

교차청약이 있는 경우 두 청약이 모두 도달한 때에 계약이 성립한다(533조). 따라서 두 청약이 동시에 도달하면 그 때에, 서로 다른 때에 도달하면 나중에 청약이 도달한 때에 계약이 성립한다.

Ⅳ. 사실적 계약관계론

사실적 계약관계란 계약을 성립시키려는 당사자 사이의 합의는 존재하지 않으나, 계약이 유효하게 성립·존재하고 있는 경우와 동일한 사회정형적 행위가 있으면 계약의 성립을 인정하자는 이론이다. 예컨대 유료주차장에 자기 차를 주차하는 자는 주차행위 자체만으로 계약이 성립하고 주차자는 주차요금을 지급하여야 한다는 것이다.

이러한 사실적 계약관계론은 대량거래에 있어서의 급부관계가 정형화되어 있다는 점에 주로 착안하고 있다. 교통기관의 이용관계, 가스·전기·물의 공급관계, 유료주차장의 이용관계는 그 이용사실 자체에 의하여 계약이 성립하는 것이지, 청약과 승낙의 합치에 의하여 성립하는 것은 아니라는 것이다.

그러나 사실적 계약관계론은 사적 자치를 기본으로 하는 전통적 계약법 체계에 맞지 않으며, 현대사회의 집단적 거래의 특수성이라는 이유만으로 정당화될 수는 없다는 점에서 그 도입에 회의적인 견해가 많다. 그 이유는 행위무능력을 이유로 취소가 불가하고, 의사표시의 착오 등을 이유로 취소가 불가하며, 승낙을 명백히 거절하더라도 급부를 수령하기만 하면 계약이 성립하기 때문이다.

그렇다면 위에서 살펴본 행위들은 거래관행(관습)에 의하여 승낙의 통지를 필요로 하지 않는 의사실현행위로 해석하면 될 것이다. 독일에서도 1971년 사실적 계약관계가 부인된 항공기무임사건판결 이후 사실적 계약이론은 원용되고 있지 아니하다.

Ⅴ. 계약체결상의 과실

1. 계약체결상의 과실의 의의

계약체결상의 과실이란 계약체결을 위해 당사자가 접촉을 시작한 때로부터 계약성립을 위해 계약을 체결할 때까지 계약체결을 위한 협의과정에서의 당사자의 과실을 말한다. 이러한 당사자의 과실로 상대방 당사자가 손해를 입게 되면 과실 있는 당사자는 손해를 입은 상대방에게 그 손해를 배상하여야 하며, 이러한 배상책임을 계약체결상의 과실책임이라 한다.

2. 법적 성질

계약체결상의 과실책임 내지 민법 제535조에 의한 책임의 법적 성질을 어떻게 볼 것인지가 문제된다. 이에 관하여 (i) 계약체결 이전단계의 책임문제는 모두 불법행위책임으로 다루어야 한다는 전제에서 계약체결상의 과실책임도 불법행위책임이라고 보는 불법행위책임설, (ii) 계약상의 의무는 주된 급부 외에도 신의칙상 여러 가지 부수적 의무를 포함하고 있으므로, 계약체결상의 과실책임은 부수적 의무위반으로 인한 손해배상책임으로 그 본질이 계약책임이라는 계약책임설, (iii) 계약체결을 위한 교섭을 시작한 당사자간에는 보호 내지 주의의무를 내용으로 하는 법적 특별구속관계가 발생하므로, 계약체결상의 과실책임은 계약책임도 불법행위책임도 아닌 법정책임이라는 법정책임설이 주장된다.

계약체결을 위한 교섭단계에서는 당사자 사이의 계약관계를 인정할 수 없으므로 계약책임으로 볼 수 없으며, 교섭과 같은 접촉관계가 전혀 없는 자들간의 손해를 전보해 주는 불법행위책임과도 구별된다. 따라서 법정책임설로 이론구성하는 것이 타당할 것이다. 그러나 계약책임으로 보는 것이 다수설의 견해이다.

3. 민법 제535조의 요건(법정책임설의 입장)

우선 당사자 사이에 계약체결을 위한 행위가 있어야 하며, 그 계약의 급부의 실현이 불능이어야 한다. 계약체결을 위한 행위란 외견상 계약체결이 있어야 한다는 의미이나, 계약교섭행위가 있으면 족하다는 견해도 있다. 급부실현의 불능이란 특정물의 인도를 목적으로 하는 계약(매매 · 임대차 등)에서 그 목적물이 계약체결 전에 이미 멸실되어 존재하지 않거나, 일신전속적인 업무를 제공하여야 할 계약(위임 · 고용 등)에서 채무자가 사망하거나 질병에 걸려서 채무의 실현이 불가능한 경우를 말한다. 그리고 배상의무자가 그러한 불능을 알았거나 알 수 있었어야 하며, 상대방은 그러한 불능을 모르고 그에 대하여 과실이 없어야 한다(535조 2항). 민법 제535조도 손해배상책임을 규정한 것이므로 상대방에게 목적의 불능으로 인한 손해가 발생하여야 함은 물론이다.

계약책임설의 경우 계약체결의 준비단계에서의 손해, 예컨대 어머니를 따라온 미성년자가 슈퍼마켓에서 바나나껍질에 미끄러져 넘어진 경우에도 계약체결상의 과실책임을 인정하나, 법정책임설은 이를 불법행위로 다룬다. 이러한 계약책임설의 입장은 계약체결상의 과실책임을 계약이 유효하게 성립된 경우(당사자일방이 과실로 자문 내지 설명을 못하여 상대방 잘못된 설명을 신뢰하여 계약을 체결한 경우), 계약이 무효·취소된 경우 등에도 적용한다.

4. 효과

(1) 손해배상책임의 발생

목적이 불능한 계약을 체결할 때에 그 불능을 알았거나 알 수 있었을 자는 상대방이 그 계약의 유효를 믿었음으로 인하여 받은 손해를 배상하여야 한다.

(2) 손해배상의 범위

계약체결상 과실책임은 상대방이 그 계약의 유효를 믿었음으로 인하여 받은 손해를 배상하는 것이나, 계약이 유효함으로 인하여 생길 이익액을 넘지 못한다(535조 1항). 즉 손해배상책임은 이행이익의 범위 내에서 신뢰이익을 배상하는 것이다. 즉 손해배상책임은 이행이익의 범위 내에서 신뢰이익을 배상하는 것이다. 이행하여야 할 계약이 존재하지 않으므로 이행이익 내지 이행이익을 넘는 배상청구는 허용되지 않는다. 신뢰이익은 목적물에 대한 조사비용이나 대금지급을 위하여 융자를 받은 경우의 이자 등이다.

[계약의 중도파기로 인한 불법행위의 손해]

계약교섭의 부당한 중도파기가 불법행위를 구성하는 경우에 그러한 불법행위로 인한 손해는 일방이 신의칙에 반하여 상당한 이유 없이 계약교섭을 파기함으로써 계약체결을 신뢰한 상대방이 입게 된 상당인과관계 있는 손해로서 계약이 유효하게 체결된다고 믿었던 것에 의하여 입었던 손해, 즉 신뢰이익에 한정된다. 신뢰손해란 그 계약의 성립을 기대하고 지출한 계약준비비용과 같이 그러한 신뢰가 없었더라면 통상 지출하지 아니하였을 비용상당의 손해라고 할 것이다.

그러나 아직 계약체결에 관한 확고한 신뢰가 부여되기 이전상태에서 계약교섭의 당사자가 계약체결이 좌절되더라도 어쩔 수 없다고 생각하고 지출한 비용, 예컨대 경쟁입찰에 참가하기 위하여 지출한 제안서·견적서 작성비용 등은 여기에 포함되지 아니한다(대판 2003.4.11, 2001다53059).

제3관 계약의 효력

Ⅰ. 계약의 일반적 효력

1. 계약의 효력발생

계약이 유효하게 성립하면 당사자가 표시한 의사표시의 내용대로 효력이 발생한다. 따라서 계약당사자는 그 계약의 내용에 구속되며, 법은 그 계약의 내용이 실현될 수 있도록 도와준다.

2. 계약의 효력발생요건

계약이 유효하게 그 효력을 발생하기 위해서는, 일반적 유효요건으로서 (i) 계약당사자가 행위능력자이어야 하고, (ii) 계약인 내용인 급부가 확정 · 가능 · 적법 · 사회적 타당성이 있어야 하며, (iii) 의사표시에 있어 의사와 표시가 일치하고, 의사표시에 하자가 없어야 한다. 그리고 이러한 일반적 유효요건 이외에 특별한 유효요건이 요구되는 경우에는, 그 특별요건도 모두 갖추어야 한다.

3. 계약적 효력에 관한 민법의 규정

민법은 계약총칙에서 모든 계약의 일반적 효력을 규정하고 있지 않다. 즉 계약총칙에서는 쌍무계약의 효력만을 규정하고, 전형계약의 개개의 효력에 대하여는 계약각칙에서 따로 규정하고 있다. 쌍무계약의 효력으로는 동시이행의 항변권(536조)과 위험부담(537조)를 규정하고 있다. 한편 제3자를 위한 계약은 앞의 효력과는 구별되는 것이나 계약의 효력이 계약당사자가 아닌 제3자에게도 미칠 경우가 있다는 점에서 계약의 효력에서 함께 규정하고 있다.

Ⅱ. 쌍무계약의 효력

1. 쌍무계약의 특질 - 견련성

쌍무계약은 각 당사자가 서로 대가적인 채무를 부담하는 계약이다. 따라서 쌍무계약에서 각 당사자가 채무를 부담하는 것은 상대방이 채무를 부담하기 때문이며, 양당사자의 채무는 상호의존관계에 있다. 예컨대 매매계약에서 매도인이 매수인에게 물건인도의무를 지는 것은 매수인으로부터 대금을 지급받기 위해서이고, 매수인이 매도인에게 대금지급의무를 지는 것은 매도인으로부터 물건의 소유권을 넘겨 받기 위한 것이다.

이와 같은 쌍무계약에서 양당사자의 채무의 상호의존관계를 채무의 견련성이라 한다. 이러한 채무의 견련성은 원칙적으로 주된 급부에서만 인정된다. 쌍무계약의 이러한 특질은 채무의 성립 · 이행 · 소멸의 세 가지 측면에서 검토해 볼 수 있다.

(1) 성립상의 견련성

쌍무계약에 있어서 당사자일방의 채무가 불능 · 불법 · 무효 · 취소 등으로 인하여 불성립하게 되면 상대방의 채무도 당연히 성립하지 않게 된다. 이러한 성립상의 상호원인관계를 '성립상의 견련성'이라 한다.

(2) 이행상의 견련성

쌍무계약의 각 채무자는 상대방 채무자가 그의 채무를 이행하기까지는 자기 채무를 이행하지 않을 수 있다. 이러한 쌍무계약에서 채무이행상의 상호의존관계를 '이행상의 견련성'이라 한다. 이행상의 견련성을 규율하는 것이 민법 제536조 '동시이행의 항변권'이다.

(3) 존속상의 견련성

쌍무계약에 있어서 당사자일방의 채무가 그의 책임 없는 사유로 인하여 소멸하게 되면, 그 채무와 상호의존관계에 있는 상대방의 채무도 원칙적으로 소멸한다. 이것이 '존속상의 견련성'이고, 이를 규정한 것이 '위험부담'이다(537조 · 538조).

2. 동시이행의 항변권

(1) 의 의

쌍무계약의 당사자일방은 상대방이 그 채무이행을 제공할 때까지 자기의 채무이행을 거절할 수 있다(536조 본문). 이러한 항변권을 동시이행의 항변권이라 하고, 쌍무계약에서 생기는 대가적 관계에 있는 채무사이에 이행상의 견련성을 관철하려는 제도이다.

동시이행의 항변권은 우선 담보적 기능을 가진다. 쌍무계약의 각 당사자는 상대방으로부터 반대급부를 제공받은 때에만 자기 채무를 이행할 의무를 가지므로, 상대방 채무의 이행을 확보하는 담보적 기능을 가지고 있다. 또 동시이행의 항변권은 상대방으로부터 이행의 제공을 받을 때까지는 자기 채무의 이행을 거절할 수 있는 권능, 즉 이행거절권을 가진다. 동시이행의 항변권에 의한 이행거절권은 상대방의 이행 제공시까지만 이행을 거절할 수 있는 연기적 항변권이다. 동시이행의 항변권의 법적 성질에 대하여는 항변권이라는 것이 통설과 판례(대판 1990.11.27, 90다카25222)이다.

(2) 요 건

1) 대가적 채무의 존재

(a) 동시이행의 항변권이 성립되기 위해서는 양당사자의 채무가 동일한 쌍무계약에 의하여 발생하여 서로 대가적 관계에 있어야 한다. 하나의 계약에서 한 당사자가 둘 이상의 채무를 부담하는 경우, 예컨대 부동산매매계약에서 매도인은 부동산의 인도의무와 소유권이전의무를 부담하는데, 이러한 경우에는 기본적 급부의무(소유권이전의무)가 상대방의 채무(통상 매수인의 잔대금지급의무)와 동시이행의 관계에 있다고 할 것이다. 따라서 쌍방이

서로 채무를 부담하더라도 채무가 법률상 다른 원인에 의하여 발생한 경우(대판 1989. 2. 14, 88다카10753)나 서로 대가적 의미를 지니지 아니하는 경우에는 동시이행항변권이 인정되지 않는다.

(b) 동시이행의 항변권은 쌍무계약의 당사자 사이에서만 인정되지만, 채권양도 · 채무인수 · 전부명령 등에 의하여 채무가 동일성을 유지한 채 이전된 경우에도 여전히 동시이행의 항변권이 인정된다. 또 쌍무계약의 일방의 채무가 손해배상채무로 전환된 경우에는 본래의 채무와 손해배상채무간에 동일성이 유지되므로 여전히 동시이행의 항변권이 존속한다.

2) 상대방의 채무가 변제기에 있을 것

(a) 상대방의 채무가 변제기에 있지 않으면 동시이행의 항변권은 인정되지 않는다(536조 1항 단서). 당사자일방이 상대방보다 먼저 이행할 의무, 즉 선이행의무를 지는 때에는 그는 동시이행의 항변권을 가지지 못한다. 어떠한 채무가 동시이행의무인가 선이행의무인가는 계약이나 법률에 의하여 정할 수 있다.

민법은 임대차의 차임이나 고용 · 도급 · 위임 · 임치에 있어서의 보수에 대해서는 다른 약정이나 관습이 없으면 이를 후지급의무로 규정하고 있고(633조 · 656조 · 655조 · 686조 · 701조), 부동산매매계약에서는 잔대금지급과 상환으로 이전등기를 해 주도록 약정하는 것이 보통이다.

(b) 선이행의무를 지는 당사자도 후이행의무자에게 신용상태의 불량, 재산상태의 악화 등으로 그의 채무의 이행이 곤란할 현저한 사유가 있는 때에는 동시이행의 항변권이 인정된다(536조 2항). 이러한 경우의 동시이행의 항변권을 '불안의 항변권'이라 한다.

또 선이행의무자가 채무를 이행하고 않고 있는 동안에 상대방의 채무가 이행기에 도달한 때에는, 선이행의무자는 동시이행의 항변권을 행사할 수 있다(대판 1970. 9. 29, 70다1464). 동시이행의 항변권의 성질상 항변권을 행사할 때에 상대방의 채무가 변제기에 있는 것으로 족하고, 변제기가 같아야 한다고 해석할 필요는 없기 때문이다. 예컨대 매수인이 중도금 지급을 지체한 채 잔대금지급기일이 도래한 경우, 매도인은 소유권이전등기의무의 이행제공과 상환으로 매수인에게 중도금 및 이에 대한 잔금지급일까지의 지연손해금과 잔대금의 지급을 청구할 수 있다.

[불안의 항변권]

민법 제536조 2항 소정의 선이행의무를 지고 있는 당사자가 상대방의 이행이 곤란한 현저한 사유가 있는 때에 자기의 채무이행을 거절할 수 있는 경우란 선이행의무를 지게 된 채권자가 계약성립 후 채무자의 신용불안이나 재산상태의 악화 등의 사정으로 반대급부를 이행받을 수 없는 사정변경이 생기고 이로 인하여 당초의 계약내용에 따른 선이행의무를 이행케 하는 것이 공평과 신의칙에 반하게 되는 경우를 말하는 것이다(대판 2005.6.24, 2005다17501).

3) 상대방이 이행 또는 이행의 제공을 하지 않을 것

(a) 상대방이 자기의 채무에 대하여 변제 또는 변제의 제공 없이 채무의 변제를 청구한

경우에 동시이행의 항변권을 행사할 수 있다. 상대방이 자기의 채무를 이행한 때에는 채무의 대가적 관계가 소멸하므로 동시이행의 항변권은 성립되지 않는다.

(b) 상대방이 일부이행만을 하였거나 불완전이행을 한 경우에는 그에 상당하는 부분의 채무의 이행만을 거절할 수 있다. 다만 미이행부분이나 불완전부분이 계약에 있어서 중대한 부분이라면 자기채무 전부의 이행을 거절할 수 있다.

(c) 한편 이행의 제공을 받았음에도 불구하고 이를 수령하지 않아 수령지체에 빠진 당사자는 그 때부터 상대방에게 동시이행의 항변을 할 수 없을 것인가. 통설은 동시이행의 항변권에 있어서는 한번 이행의 제공을 하여 상대방을 수령지체에 빠뜨렸다 하더라도, 계속해서 이행의 제공을 하지 않은 이행의 청구에 대해서는 수령지체에 빠진 자라 하더라도 계속 동시이행의 항변권을 주장할 수 있다고 한다. 판례도 당사자일방의 수령지체가 있었다 하더라도 그 이행이 계속되지 않는 경우 과거 이행의 제공이 있었다는 사실만으로 당사자 사이의 급부의무의 견련관계가 소멸하는 것은 아니라고 보아 동시이행항변권을 인정하고 있다(대판 1994.3.14, 94다26646).

(3) 효 력

1) 항변할 수 있는 권능

동시이행의 항변권은 상대방이 채무의 이행 또는 이행의 제공을 할 수 있을 때까지 일시적으로 자기 채무의 이행을 거절할 수 있는 연기적 항변권이다. 그리고 이 항변권은 그 권리를 가지는 자가 이를 주장·원용하지 않으면 항변권으로서의 효력이 발생하지 않으며, 법원이 그 존재를 직권으로 고려할 것이 아니다(대판 1951. 10. 23, 4283민상33).

2) 항변권 존재의 효력

(a) 이행지체책임의 면제

동시이행의 항변권을 가지는 자는 항변권을 행사하여 정당하게 채무이행을 거절할 수 있으므로 그 지체에 대하여 책임을 지지 않는다.

(b) 상계의 금지

상대방이 동시이행의 항변권을 가지는 경우 그 항변권이 붙어 있는 채권을 자동채권으로 하여 상계할 수 없다. 이러한 경우에 상계를 허용하게 되면 상대방은 항변권 행사의 기회를 상실하게 되기 때문이다.

(c) 이자의 불발생

동시이행관계에 있는 금전채무는 상대방의 반대급부가 있을 때까지 이자가 생기지 않는다(587조).

3) 상계권 주장의 효력

쌍무계약의 당사자일방이 이행의 소를 제기한 경우에 피고가 된 상대방이 동시이행의 항변권을 원용하면 법원은 원고청구기각판결을 할 것이 아니라 상환이행판결(일부승소판결)을 내려야 한다. 동시이행의 항변권은 상대방의 청구를 전적으로 부인하는 것이 아니기 때문이다.

(4) 동시이행의 항변권의 확장적용

동시이행의 항변권은 공평의 견지에서 인정된 것이므로 두 개의 채무가 하나의 쌍무계약에서 발생한 것이 아니더라도 하나의 법률요건에서 발생하고 서로 견련적인 경우에는 확대적용하고 있다. 이러한 확대적용에는 전세권소멸시 전세목적물의 인도 및 말소등기에 필요한 서류의 교부와 전세금의 반환(317조), 가등기담보에 있어 채권자의 청산금지급채무와 채무자의 목적부동산의 소유권이전등기 및 인도채무, 해제에 의한 원상회복의무, 부담부증여, 수급인의 담보책임, 계약이 무효로 된 경우 당사자 사이의 반환의무, 임차인의 목적물반환의무와 임대인의 보증금반환의무, 변제와 수령증의 교부(통설) 등이 있다.

[매수인의 구상채무와 매도인의 소유권이전의무]

부동산의 매수인이 매매목적물에 관한 근저당권의 피담보채무를 인수하는 한편 그 채무액을 매매대금에서 공제하기로 약정한 경우, 매수인이 지급하기로 한 채무는 매매대금 지급채무에 갈음한 것으로서 매도인이 그 채무를 대신 변제하였다면 그로 인한 매수인의 매도인에 대한 구상채무는 인수채무의 변형으로서 매매대금 지급채무에 갈음한 것의 변형이다.

그러므로 매수인의 구상채무와 매도인의 소유권이전의무는 대가적 의미가 있어 이행상 견련관계에 있다고 인정된다. 따라서 양자는 동시이행의 관계에 있다고 해석함이 공평의 관념 및 신의칙에 합당하다(대판 2007.6.14, 2007다3285).

3. 위험부담

(1) 위험과 위험부담

1) 위 험

위험이란 계약당사자들의 책임 없는 사유로 채무의 내용이 불능이 됨으로써 발생된 불이익을 말한다. 매매에 있어서 그 목적물인 물건이 당사자 쌍방의 귀책사유 없이 멸실되거나 도난 된 경우에 채무자인 매도인이 목적물을 인도할 수 없게 된 것이 위험이다.

쌍무 · 유상계약에서는 급부위험 이외에 대가급부위험이 문제된다. 당사자일방의 급부실현이 당사자 쌍방의 귀책사유 없이 불능이 된 경우 그 채무는 소멸하지만, 이와 견련관계에 있는 상대방의 반대급부의무가 당연히 소멸하는 것은 아니다. 이 경우에 채무자가 반대급부를 청구할 수 없다고 한다면 채무자는 대가를 받지 못하는 위험까지도 부담하는 것이 되고, 채무자가 반대급부를 청구할 수 있고 그에 따라 채권자가 이행하여야 한다면 채권자가 그 위험을 부담하는 것이 된다. 따라서 쌍무계약에서의 위험은 채무자가 반대급부를 청구할 수 없는 불이익 또는 채권자가 반대급부를 이행하여야 할 불이익을 말하는 것이다.

2) 위험부담

위에서 살펴본 반대급부위험을 누가 부담하는가 하는 것이 쌍무계약에 있어서 위험부담의 문제이다. 위험을 누구에게 부담하게 할 것인지는 계약당사자의 이해관계를 좌우하는 것으로서 입법정책적으로 결정될 문제이다. 이에 관해서는 채무자위험부담주의, 채권자위험부담주의, 소유자위험부담주의가 있다. 채무자주의는 게르만법, 채권자주의는 로마법, 소유자주의는 영미법계의 영향을 받은 것이다.

우리 민법은 이러한 대가위험을 채무자가 부담하도록 하고 있다. 쌍무계약에서는 양 채무가 서로 존속상의 견련관계에 있기 때문에, 일방의 채무가 불능이 된 이상 상대방의 채무도 소멸하는 것으로 보는 것이 타당하다는 고려에서 규정한 것으로 보인다.

(2) 채무자의 반대급부위험의 부담

1) 의 의

민법은 채무자에게 반대급부위험을 부담시킨다(537조). 따라서 쌍무계약의 당사자일방의 채무가 당사자 쌍방의 책임 없는 사유로 이행할 수 없게 된 때에는 채무자는 상대방의 이행을 청구하지 못한다.

2) 효 과

(a) 전부불능인 경우에 채무자는 상대방에게 반대급부의 이행을 청구하지 못한다(537조). 따라서 채권자가 반대급부를 이미 이행한 경우라면 채권자는 그 반환을 청구할 수 있다(741조). 채무자가 수령한 반대급부는 채무자의 급부가 불능이 된 때로부터 법률상의 원인이 없는 부당이득이 되기 때문이다.

(b) 일부불능인 경우에는 그로 인하여 계약의 목적을 달성할 수 없는 경우가 아닌 한, 그 불능에 상응하는 범위에서 상대방의 채무가 비례적으로 감축된다고 할 것이다. 이 역시 쌍무계약의 견련성을 근거로 하는 것이다. 그러나 채권자의 반대급부가 분할할 수 없는 경우에는 채권자는 일단 전부급부를 하고 불능부분에 대응하는 반대급부의 부분을 금전으로 환가하여 부당이익으로서 반환청구하여야 한다.

(c) 민법 제537조는 강행규정이 아니므로 당사자 사이에 다른 약정이 있다면 그에 따른다. 상법은 운송인과 창고업자의 위험부담에 관하여 특별규정을 두고 있다(상법 134조·135조·160조 참조).

[이행불능으로 계약관계가 소멸한 경우]

민법 537조는 채무자위험부담주의를 채택하고 있는 바, 쌍무계약에서 당사자 쌍방의 귀책사유 없이 채무가 이행불능 된 경우, 채무자는 급부의무를 면함과 더불어 반대급부도 청구하지 못한다. 따라서 쌍방급부가 없었던 경우에는 계약관계는 소멸하고 이미 이행한 급부는 법률상 원인 없는 급부가 되어 부당이득의 법리에 따라 반환청구 할 수 있다.

매매목적물이 경매절차에서 매각됨으로써 당사자 쌍방의 귀책사유 없이 이행불능에 이르러 매매계약이 종료된 경우에 위험부담의 법리에 따라 매도인은 이미 지급받은 계약금을 반환하여야 하고, 매수인은 목적물을 점유·사용함으로써 취득한 임료상당의 부당이득을 반환할 의무가 있다(대판 2009.5.28, 2008다98655·98662).

(3) 채권자의 귀책사유로 인한 급부불능

1) 의 의

쌍무계약의 당사자일방의 채무가 채권자의 귀책사유로 인하여 이행할 수 없게 된 때에는, 채무자는 상대방의 이행을 청구할 수 없다(538조 1항 전단). 한편 채권자의 수령지체 중에 당사자 쌍방의 책임 없는 사유로 이행할 수 없게 된 때에도 마찬가지이다(538조 1항 후단). 이 규정은 채권자의 귀책사유나 수령지체를 전제로 하는 것이므로 순수한 의미의 위험부담규정은 아니고, 자신의 행위에 책임을 져야 하는 책임주의원칙에 따른 결과라고 이해하여야 할 것이다.

2) 요 건

(a) 채권자의 책임 있는 사유

매매계약에서 채권자의 잘못으로 목적물이 멸실되었거나, 도급이나 위임계약에서 채권자인 도급인 또는 위임인이 일의 지시를 잘못한 경우 등에 채권자의 귀책사유가 인정된다.

(b) 채권자의 수령지체

채무자가 이행기에 채무의 내용에 좇은 이행의 제공을 하였으나, 채권자가 이를 수령하지 않거나 또는 채권자가 필요한 협력을 하지 않음으로써(538조 1항 후단) 채무자가 이행을 완료할 수 없을 때에는 채권자는 지체책임을 부담한다. 이것이 채권자의 수령지체이다. 채권자지체 중에는 채무자는 자기 또는 이행보조자의 고의 또는 중대한 과실에 대해서만 채무불이행책임을 지므로, 채무자의 경과실로 급부가 불능하게 된 경우 당사자에게 책임 없는 사유에 의한 급부불능이 된다.

[퇴직처분이 무효인 경우 근로자의 임금청구권의 범위]

사용자의 근로자에 대한 퇴직처분이 무효인 경우에는 근로자의 사용자의 귀책사유로 말미암아 근로를 제공하지 못한 것이므로, 근로자는 계속 근로하였을 경우에 받을 수 있는 임금전부의 지급을 청구할 수 있다(대판 2002.5.31, 2000다18127).

3) 효 과

채무자는 이행할 수 없게 된 급부의무를 면하지만 채권자에 대한 반대급부청구권을 잃지 않는다(538조 1항). 다만 채무자가 자기의 채무를 면함으로써 얻은 이익은 이를 채권자에게 상환하여야 한다(538조 2항). 이익이란 적극적으로 얻은 이익뿐만 아니라 소극적으로 지출하지 않게 된 비용 등도 포함된다. 예컨대 사용자의 귀책사유로 해고된 근로자가 해고기간 중 다른 직장에서 지급받은 임금 등(대판 1993. 11. 9, 93다37915)이 이에 해당한다.

민법 제538조 1항 역시 강행규정이 아니므로 당사자 사이의 특약으로 그 적용을 배제할 수 있다.

[채권자 위험부담시 채무자의 중간이득 공제범위]

사용자의 귀책사유로 인하여 해고된 근로자가 해고기간 중에 다른 직장에 종사하여 얻은 이익(이른바 중간수입)은 민법 제538조 2항에서 말하는 채무를 면함으로써 얻은 이익에 해당한다. 따라서 사용자는 위 근로자에게 해고기간 중의 임금을 지급함에 있어 위의 이익의 금액을 임금액에서 공제할 수 있다(대판 1996.4.23, 94다446).

Ⅲ. 제3자를 위한 계약

사례

갑은 자기 소유의 건물을 을에게 2억원에 매도하는 계약을 체결하고, 그 대금은 을이 제3자인 병에게 1개월 후에 지불하도록 하였다. 병은 이행기가 도과하자 을에게 지불을 청구하였다. 을은 갑으로부터 소유권이전등기는 받았지만, 건물의 명도를 받지 않았기 때문에 지불할 수 없다고 하였다. 이러한 경우 갑·을·병 사이의 법률관계는 어떠한가?

1. 의의

제3자를 위한 계약이란 계약당사자가 아닌 제3자로 하여금 계약으로부터 생기는 급부청구권을 취득하게 하는 것을 내용으로 하는 계약을 말한다. 예컨대 甲이 乙에게 자기소유의 물건을 팔면서 그 대금은 乙이 丙에게 지급하도록 하고, 丙은 직접 乙에게 대금을 청구할 수 있도록 甲·乙간에 약정한 경우, 그 약정은 제3자 丙을 위한 계약이다.

제3자를 위한 계약은 3면계약의 모습을 가진다. 즉 제3자를 위한 계약에서 채권자는 채무자에게 채무부담 약속을 요청하고, 채무자는 그 부담의 약속을 수락하며, 제3자는 채무자로부터 이익을 받게 된다. 따라서 채권자를 요약자, 채무자를 낙약자, 제3자를 수익자라고 부른다. 다만 민법은 채권자·채무자·제3자라는 용어를 그대로 사용한다.

제3자를 위한 계약의 특징은 계약당사자가 아닌 제3자가 계약의 효과인 이행청구권을 취득한다는 데 있다. 민법 제539조는 계약에 의하여 당사자일방이 제3자에게 이행할 것을 약정한 때에는 그 제3자는 채무자에게 그 이행을 청구할 수 있다고 규정한다. 다만 그 제3자가 채무자에 대하여 수익의 의사를 표시한 때에 그 권리가 생긴다.

[제3자를 위한 채무면제계약]

제3자를 위한 계약이 성립하기 위하여는 일반적으로 그 계약의 당사자가 아닌 제3자로 하여금 직접 권리를 취득하게 하는 조항이 있어야 한다. 그러나 계약 당사자가 제3자에 대하여 가진 채권에 관하여 그 채무를 면제하는 계약도 제3자를 위한 계약에 준하는 것으로서 유효하다(대판 2004.9.3, 2002다37405).

2. 당사자 사이의 법률관계

제3자를 위한 계약도 다른 일반적인 계약과 마찬가지로 당사자 사이의 합의만으로 성립한다. 다만 3면관계가 존재하므로 각 당사자 사이의 법률관계를 살펴볼 필요가 있다.

(1) 요약자와 낙약자 사이의 법률관계 – 보상관계

제3자를 위한 계약에서 낙약자는 제3자에 대하여 직접 급부하여야 할 의무를 부담하게 되나, 낙약자가 그러한 의무를 지는 것은 요약자와의 사이에 원인관계가 있기 때문이다. 이러한 원인관계를 보상관계라고 한다. 낙약자가 제3자에게 이행함으로써 받는 재산상 손실은 요약자와의 사이에 있는 원인관계에 의하여 보상된다는 의미이다. 이러한 보상관계는 계약의 내용을 이루게 되어 그 하자는 계약의 효력에 영향을 미치고, 보상관계에서 생기는 항변권을 가지고 제3자에게 대항할 수 있게 된다.

[대가관계의 효력이 보상관계에 영향을 미치는 여부]

제3자를 위한 계약의 체결원인이 된 요약자와 제3자 사이의 법률관계(대가관계)의 효력은 제3자를 위한 계약자체는 물론 그에 기한 요약자와 낙약자 사이의 법률관계(보상관계)의 성립이나 효력에 영향을 미치지 아니한다.
그러므로 낙약자는 요약자와 수익자 사이의 법률관계 기한 항변으로 수익자에게 대항하지 못하고, 요약자도 대가관계의 부존재나 효력의 상실을 이유로 자신이 보상관계에 기하여 낙약자에 부담하는 채무이행을 거부할 수 없다(대판 2003.12.11, 2003다48771).

(2) 요약자와 제3자 사이의 법률관계 – 대가관계

제3자를 위한 계약에서 제3자가 권리를 취득하는 것은 결국 요약자가 낙약자와의 보상관계 통하여 간접적으로 출연을 하는 데에 기인하기 때문에 요약자와 제3자 사이에 일정한 원인이 있어야 한다. 이를 대가관계라고 한다. 그러나 대가관계는 제3자와 요약자 사이에 존재하는 내부관계에 불과하므로 그 하자가 계약 자체의 효력에 아무런 영향을 미치지 않는다.

3. 효 력

(1) 제3자의 지위

1) 제3자의 권리취득

(a) 권리의 발생시기

제3자의 권리는 제3자가 낙약자에 대하여 계약의 이익을 받을 의사를 표시한 때에 생긴다(539조 2항). 이러한 제3자의 수익의 의사표시는 제3자의 청구권의 발생요건이다(통설·판례: 대판 1955. 7. 28, 4288민상1651). 다만 타인을 위한 보험(상법 639조), 변제를 위한 공탁(487조) 등에서는 제3자가 당연히 권리를 취득한다.

(b) 수익의 의사표시

수익의 의사표시는 채무자에 대하여 해야 하며(539조 2항), 명시적으로뿐만 아니라 묵시적으로도 할 수 있다. 제3자가 낙약자에 대하여 직접 급부를 청구하거나 이행의 소를 제기하는 경우 수익의 의사표시 규정은 임의규정이다(다수설 · 판례).

2) 제3자의 지위

(a) 수익의 의사표시 이전의 지위

제3자를 위하여 계약이 있는 경우 제3자가 수익의 의사표시를 할 것인가는 전적으로 제3자의 자유에 달린 것으로 제3자는 일종의 형성권을 가지고 있는 셈이다. 제3자의 형성권은 재산적 색채가 강하므로 일신전속권이 아니라고 본다(다수설). 따라서 상속 · 양도는 물론 채권자대위권의 목적이 된다.

제3자는 계약에서 특별히 정한 바가 없으면 10년의 제척기간동안 그 권리를 행사할 수 있다고 해석된다. 그러나 채무자(낙약자)는 상당한 기간을 정하여 이익의 향수 여부의 확답을 제3자에게 최고할 수 있고, 채무자가 그 기간 내에 확답을 받지 못한 때에는 제3자가 수익을 거절한 것으로 본다(540조).

(b) 수익의 의사표시 후의 지위

수익의 의사표시에 의하여 제3자의 권리가 발생한 후에는 계약당사자는 이를 변경 또는 소멸시키지 못한다(541조). 그러나 계약당사자가 미리 계약에서 그 변경을 보류한 경우, 즉 제3자의 권리가 발생한 후에도 이를 변경 · 소멸할 수 있다고 약정한 경우에는 그 제한을 그대로 받는다고 볼 것이다.

[제3자의 권리를 변경 · 소멸시키는 행위의 효력]

제3자가 민법 제539조 2항에 따라 수익의 의사표시를 함으로써 제3자에게 권리가 확정적으로 귀속된 경우에 요약자와 낙약자의 합의에 의하여 제3자의 권리를 변경 · 소멸시킬 수 있음을 미리 유보하였거나, 제3자의 동의가 있는 경우가 아니면 계약당사자인 요약자와 낙약자는 제3자의 권리를 변경 · 소멸시키지 못한다. 만일 계약당사자가 제3자의 권리를 임의로 변경 · 소멸시키는 행위를 한 경우 이는 제3자에 대하여 효력이 없다(대판 2002.1.15, 2001다30285).

(c) 계약에 대한 제3자의 지위

제3자는 계약의 당사자가 아니다. 따라서 의사의 흠결 · 사기 · 강박의 유무를 판단함에 있어서 요약자 · 낙약자를 기준으로 하여야 하며, 계약의 해제권이나 취소권은 요약자에게 귀속하고 제3자가 이를 행사하지 못한다. 따라서 제3자를 위한 계약의 당사자가 아닌 수익자는 계약의 해제권이나 해제를 원인으로 한 원상회복청구권이 없다(대판 1994. 8. 12, 92다41559). 그런데 제3자는 계약당사자가 아니더라도 그가 취득하는 권리는 계약으로부터 직접 생기기는 것이므로, 제3자 보호규정(107조 이하)의 적용에 있어서는 계약당사자로 다루어진다.

[기본관계가 해제된 경우 제3자에 대한 반환청구 여부]

제3자를 위한 계약관계에서 낙약자와 요약자 사이의 법률관계(이른바 기본관계)를 이루는 계약이 해제된 경우, 그 계약관계의 청산은 계약의 당사자인 낙약자와 요약자 사이에 이루어 져야한다. 따라서 특별한 사정이 없는 한 낙약자가 이미 제3자에게 급부한 것이 있더라도 낙약자는 계약해제에 기한 원상회복 또는 부당이득을 원인으로 제3자를 상대로 그 반환을 구할 수 없다(대판 2005.7.22, 2005다7566 · 7573).

(2) 채권자의 지위

1) 채권자는 채무자에 대하여 제3자에게 채무를 이행할 것을 청구할 수 있다. 제3자에게 채무자에 대한 청구권이 주어지지만 제3자에 대한 이행은 채권자에게 계약상 긴밀한 이해관계를 주기 때문이다.

2) 제3자의 권리가 확정된 이후에도 채무자의 채무불이행이 있으면 채권자는 제3자의 동의 없이도 계약을 해제하여 자기의 채무를 면할 수 있다(통설 · 판례: 대판 1970. 2. 24, 69다1410 · 1411). 또 채무자가 채무를 이행하지 않는 경우에 제3자는 채무자에게 손해배상을 청구할 수 있고, 채권자 역시 그와 독립 · 별개의 손해배상청구권을 가진다(다수설). 이에 대하여 요약자는 제3자에게 손해를 배상할 것을 청구하게 할 수 있을 뿐이고 자기에게 배당할 것을 청구하지 못한다는 견해도 있으나, 다수설의 입장이 타당하다.

(3) 채무자의 지위

1) 채무자는 채권자와의 기본계약에서 발생되는 채무를 제3자에 대하여 부담하는 데 지나지 않으므로 계약의 무효 · 취소 및 채권자의 불이행에 의한 동시이행항변권 등의 사유는 제3자에 대하여 주장할 수 있다.

그러나 계약 이외의 원인에 의하여 채권자에게 대항할 수 있는 항변사유를 가지고는 제3자에게 대항할 수 없다. 예컨대 채무자가 채권자에 대하여 가지는 채권을 가지고 제3자에게 상계를 주장할 수는 없다.

2) 제3자가 수익을 거절한 경우에는 계약의 목적 비추어 제3자에의 급부가 절대적인 것이 아닌 한, 채무자는 채권자에게 대신 급부함으로써 채무를 소멸시킬 수 있다.

사례해결

갑과 을이 제3자를 위한 계약을 채결함으로써 병은 채무자에게 그 이행을 청구할 수가 있게 된다. 다만 이러한 제3자의 권리는 제3자가 채무자에 대하여 계약의 이익을 받을 의사를 표시한 때에 생기기 때문에 병은 乙을 상대로 수익의 의사표시를 하여야 할 것이다.

설문에서 병은 이행기 도과 후 을에게 이행을 청구하였으므로 수익의 의사표시가 있는 것으로 보인다. 따라서 그때부터 권리가 발생하게 되는 것이다. 그런데 설문에서 갑이 을에게 등기만을 이전하고 건물을 명도하고 있지 않으므로, 乙은 쌍무계약상의 동시이행의 항변권을 가지고 제3자인 병에게 주장할 수 있다. 그러므로 乙은 병의 청구를 거부할 수 있다.

제4관 계약의 해제 · 해지

사례

갑은 2001년 9월 1일에 자신의 X토지를 을에게 매도한다는 내용의 매매계약을 체결하였다. 그러나 갑은 2012년 현재까지 을에게 X토지에 대한 소유권이전등기를 해주지 않고 있다. 이에 을이 갑을 상대로 소유권이전등기 절차의 이행을 청구하였는데, 갑은 매매계약 후 10년이 흘렀고 토지의 時價 또한 현저히 올랐기 때문에 이를 이유로 계약을 해제하겠다고 하였다. 이때 갑의 계약해제는 정당한가?

Ⅰ. 계약의 해제

1. 계약해제 일반

(1) 해제의 의의

계약의 해제는 유효하게 성립한 계약관계를 당사자의 일방적 의사표시에 의하여 해소시키는 것을 말한다. 해제에는 당사자 사이에서 미리 해제권의 유보를 합의해 놓는 약정해제와 당사자일방의 채무불이행이 있는 경우에 인정되는 법정해제가 있다. 보통 해제라고 하면 법정해제를 말하며, 민법이 규정하고 있는 것은 주로 법정해제이다(544조~546조).

계약이 해제되어야 당사자들은 비로소 계약의 구속력에서 벗어날 수 있다. 따라서 해제권을 행사하는 채권자로서는 자기 채무의 이행의무에서 벗어나는 기능을 한다는 점에서 중요하다.

(2) 해제권의 의의

1) 계약을 해제할 수 있는 법적 권한이 해제권이다. 일방당사자의 의사표시에 의하여 유효하게 성립한 계약관계를 해소시키는 것은 기본적으로 사적 자치의 원칙에 반하기 때문에, 계약당사자 사이의 약정이 있거나 법률의 규정이 있는 경우에만 인정될 수 있다.

2) 해제권은 일방적 의사표시에 의하여 계약관계의 소멸을 가져오는 권리이므로 형성권이다. 또 해제권은 계약을 처음부터 존재하지 않았던 것과 같은 효과를 발생케 하는 권리이므로, 계약당사자 또는 당사자의 지위를 승계한 자만이 가질 수 있다. 따라서 계약당사자가 아닌 채권의 양수인 또는 제3자를 위한 계약에서의 수익자는 해제권을 갖지 못한다.

(3) 구별개념

1) 해지와의 구별

해제와 해지는 계약에만 특유한 제도로서, 어느 것이나 유효하게 성립한 계약의 효력을 당사자일방의 의사표시에 의하여 해소시키는 제도이다. 그러나 해제가 일시적 계약을 대상으로 하여 계약의 효력을 소급하여 소멸시키는데 반해, 해지는 계속적 계약을 대상으로 하는 것으로서 해지한 때로부터 계약이 장래를 향하여 효력을 잃는 점에서 구별된다.

2) 해제계약과의 구별

해제계약은 계약당사자들의 합의에 의하여 전에 맺었던 계약을 없었던 것으로 하는 것이다. 즉 유효하게 성립한 계약관계를 해소하겠다는 내용을 가진 새로운 계약에 의하여 기존의 계약관계가 해소되는 것을 말한다. 해제계약을 합의해제라고도 하며, 해제권자의 일방적 의사표시로 성립하는 단독행위인 형성권의 일종인 해제권과는 본질적으로 다르다. 따라서 민법상의 해제에 관한 규정(543조 이하)은 해제계약에는 적용되지 않는다(대판 1996. 7. 30, 95다16011).

[합의해제에 있어 민법 제548조 1항 단서의 적용여부]

계약의 합의해제에 있어서도 민법 제548조의 계약해제의 경우와 같이 이로써 제3자의권리를 해할 수 없다. 계약해제의 계약은 소급하여 소멸하게 되어 해약당사자는 각 원상회복의 의무를 부담하게 된다.

그러나 이 경우 원상회복등기 등이 이루어지기 이전에 해약당사자와 양립되지 아니하는 법률관계를 가지게 되었고 계약해제 사실을 몰랐던 제3자에 대하여는 계약해제를 주장할 수 없다. 제3자가 악의라는 사실의 주장·입증책임은 계약해제를 주장하는 자에게 있다(대판 2005.6.9, 2005다6341).

3) 실권조항과의 구별

실권조항이란 일방당사자의 채무불이행이 있으면 다른 일방의 특별한 의사표시가 없어도 당연히 계약의 효력이 소멸하는 취지의 약관을 말한다. 이러한 약정은 채무불이행을 이유로 하는 계약소멸의 조건을 정한 계약이므로, 해제권과 달리 해제권자의 특별한 의사표시가 없어도 계약의 효력이 소멸된다. 즉 실권약관은 채무자의 채무불이행을 해제조건으로 하는 약정이고, 해제권을 유보하는 약정이 아니다.

4) 자동해제약정

자동해제약정이 있더라도 특단의 사정이 없는 한 상대방이 이행지체에 있지 아니하면 계약이 자동으로 해제되는 것은 아니다(대판 1998. 6. 12, 98다505). 즉 일반적으로 해제의 요건을 충족하여야 하므로 해제와 큰 차이가 없다.

2. 법정해제권

(1) 해제권의 발생

1) 발생원인

계약에 있어서 인정되는 법정해제는 채무불이행을 원인으로 하여 발생한다. 즉 채무자의 귀책사유로 인한 급부장애가 있는 경우에 한하여 해제가 인정된다. 민법은 계약일반의 해제원인으로 이행지체와 이행불능을 규정하나, 불완전 이행이나 채권자의 수령지체(그 본질을 채무불이행으로 볼 경우)에 의해서도 해제권이 발생할 수 있다. 이 외에 각종 계약의 특유한 해제원인(증여·매매·도급 등)이 있다.

2) 이행지체에 의한 해제권의 발생

(a) 보통의 지체의 경우

당사자일방이 그 채무를 이행하지 아니하는 때에는 상대방은 상당한 기간을 정하여 그 이행을 최고하고, 그 기간 내에 이행하지 아니한 때에는 계약을 해제할 수 있다. 그러나 채무자가 미리 이행하지 아니할 의사를 표시한 경우에는 최고를 요하지 아니한다(544조).

민법 제544조에 따라서 해제권 발생의 요건을 나누어 보면, (i) 채무자의 이행이 지체되었을 것, (ii) 채권자가 이행의 제공을 하였을 것, (iii) 채권자가 상당한 기간을 정하여 이행을 최고하였을 것(387조 2항의 이행청구와 같은 의미이다), (iv) 최고기간 내에 이행 또는 이행의 제공이 없었을 것이다. 채무자에게 귀책사유가 필요한가에 대하여 일반적으로 이행지체책임은 채무자의 귀책사유(390조)를 요구하므로 귀책사유를 요구한다고 본다(통설).

[544조 단서의 최고가 불필요한 경우]

채무자가 채무를 이행하지 아니할 의사를 명백히 표시한 경우에 채권자는 신의칙상 이행기 전이라도 이행의 최고 없이 채무자의 이행거절을 이유로 계약을 해제하거나 채무자를 상대로 손해배상을 청구할 수 있다.

채무자가 채무를 이행하지 아니할 의사를 명백히 표시하였는지 여부는 채무이행에 관한 당사자의 행동과 계약전후의 구체적인 사정 등을 종합적으로 살펴서 판단하여야 한다(대판 2007.9.20, 2005다63337).

(b) 정기행위일 경우

계약의 성질 또는 당사자의 의사표시에 의하여 일정한 일시 또는 일정한 기간 내에 이행하지 않으면 계약의 목적을 달성할 수 없는 계약을 정기행위라고 한다. 정기행위에서는 당사자일방이 그 시기에 이행하지 아니한 때에는 상대방은 이행의 최고를 하지 아니하고 계약을 해제할 수 있다(545조). 다만 최고가 필요치 않다는 것은 해제권이 발생한다는 것일 뿐, 지체가 있다고 하여 바로 해제의 효과가 발생하는 것은 아니므로 해제의 의사표시를 하여야 한다.

3) 이행불능에 의한 해제권의 발생

채무자의 책임 있는 사유로 이행이 불능하게 된 때에는, 채권자는 이행기를 기다릴 필요 없이 또 최고를 할 필요 없이 곧 계약을 해제할 수 있다(546조). 이행불능으로 인한 법정해제권의 발생요건을 경감하는 특약은 유효하다.

[소유권이전등기의무의 이행불능]

매도인이 매매계약상의 소유권이전등기의무가 이행불능이 되어 이를 이유로 매매계약을 해제함에 있어서는 상대방의 잔대금지급의무가 매도인의 소유권이전등기의무와 동시이행관계에 있다고 하더라도 그 이행의 제공을 필요로 하는 것이 아니다(대판 2003.1.24, 2000다22850).

4) 불완전이행에 의한 해제권의 발생

불완전이행이란 채무의 이행으로 급부가 행해졌으나 그 급부가 불완전한 경우를 말한다. 불완전이행에 있어 완전이행이 가능한 경우라면 채권자가 상당한 기간을 정하여 이행을 최고하였으나 채무자가 이행을 하지 않고 최고기간을 넘긴 때에 해제권이 발생한다. 또 완전이행이 불가능한 경우에는 채권자는 최고 없이 곧 해제할 수 있다.

물건의 급부를 목적으로 하는 채무는 특정물이건 불특정물이건 물건의 하자로 인한 경우에는 하자담보책임의 문제만 발생할 뿐 불완전이행으로 인한 해제의 효과는 발생하지 않는 것이 원칙이다.

5) 채권자지체에 의한 해제권의 발생

채권자지체는 채무의 내용에 좇은 채무자의 이행의 제공이 있었음에도 불구하고 채권자가 이를 수령하지 않거나 하는 등으로 채무이행이 실현될 수 없는 경우에 성립한다. 채권자지체의 본질에 대하여는 법정책임설과 채무불이행설이 대립되는데, 전자의 견해에 의하면 채권자지체에 의한 해제권의 발생을 부정하고, 후자의 견해에 의하면 인정한다.

6) 기 타

(a) 사정변경에 의한 해제권의 발생

계약의 성립 후 그 이행까지의 사이에 그 계약체결의 기초가 된 사정이 현저하게 변경되고, 그 결과 당초의 계약내용대로 그 이행을 요구하는 것이 신의칙상 부당하다고 인정되는 경우에 사정변경이 있다고 한다. 이러한 사정변경을 이유로 해제권이 발생한다고 볼 수 있는지에 관하여 통설은 이를 긍정하나, 판례는 부정한다(대판 1963. 9. 12, 63다452).

(b) 부수의무위반에 의한 해제권의 발생

불이행한 채무가 단지 부수적 주의의무를 위반한 것에 불과하다면, 그 불이행으로 계약의 목적을 달성하기 불가능하거나 특별한 약정이 있는 경우를 제외하고는 원칙적으로 계약 전체의 해제를 허용할 수 없다(대판 1997. 4. 7, 97마575). 약정에 의하여 부수적 의무위반에 대해 해제권을 인정하더라도 손해배상청구권을 인정할 수 없다(대판 1983. 1. 18, 81다89).

(2) 해제권의 행사

1) 해제권행사의 자유

(a) 채권자에게 해제권이 발생하더라도 그 권리를 행사할 때까지는 해제의 효력이 발생하지 않으며, 그 행사 여부는 채권자에게 달려있다. 따라서 해제권은 상대방에 대한 의사표시로 하여야 하며(543조 1항), 상대방에게 도달한 때로부터 그 효력이 생긴다.

(b) 해제권은 형성권이므로 조건과 기한을 붙이지 못한다. 상대방의 지위를 불안정하게 할 수 있기 때문이다. 그러나 상대방을 불이익한 지위에 놓이게 할 염려가 없는 경우에는 예외적으로 허용된다. 예컨대 최고를 하면서 최고기간 내에 이행하지 않으면 다시 해제의 의사표시를 하지 않더라도 당연히 해제된다고 하는 것은 유효하다(대판 1992. 12. 22, 92다28549).

(c) 해제의 의사표시는 철회하지 못한다(543조 2항). 계약이 해제되었다고 믿는 상대방을 보호하기 위해서이다. 만약 상대방이 동의하였다면 철회할 수 있다고 할 것이나, 철회

의 효과는 제3자에게 대항하지 못한다고 볼 것이다.

2) 해제권의 불가분성

(a) 당사자의 일방 또는 쌍방이 수인인 경우에는, 계약의 해제는 그 전원으로부터 전원에 대하여 하여야 한다(547조 1항). 그러나 반드시 동시에 공동으로 하여야 하는 것은 아니다. 이 규정은 복잡한 법률관계를 간편하게 하기 위한 편의적인 규정이므로 당사자의 특약으로 그 적용을 배제할 수 있다.

(b) 당사자의 일방 또는 쌍방이 수인인 경우에 그 중의 한 사람에 관하여 해제권이 소멸한 때에는 다른 당사자에 대하여도 소멸한다(547조 2항).

(c) 해제권의 불가분성의 원칙은 임의규정이다(대판 1994. 11. 18, 93다46209).

[신탁해지 의사표시의 가분성]

수탁자의 사망으로 인하여 수탁자의 지위가 공동상속 되었을 때 신탁해지의 의사표시가 그 공동상속인 일부에게만 이루어졌다면 신탁해지의 효과는 그 일부 상속인에게만 발생하는 것이다. 이때에는 해제권의 불가분에 관한 민법 547조의 규정은 그 적용이 없고 그 일부에 한하여 신탁해지의 효과가 발생하는 것일 뿐 수탁자나 수탁자의 지위를 승계한 사람이 수인이라 하여 그 전원에게 신탁해지의 의사표시를 동시에 하여야만 그 효과가 발생하는 것은 아니다(대판 1992.6.9, 92다9579).

(3) 해제권행사의 효과

1) 해제의 효과에 관한 법리구성

민법은 계약해제의 효과로서 원상회복의무와 손해배상청구를 그 주요한 것으로 규정하고 있고, 이를 어떻게 법률적으로 구성하여 설명한 것인지에 대하여 학설의 대립이 있다.

(a) 직접효과설

해제권의 행사에 의하여 그 직접적 효과로서 계약상의 채권·채무는 처음부터 존재하지 않았던 것처럼 소급해서 소멸한다는 견해이다. 통설과 판례의 입장이다(판례는 직접효과설 중 물권적 효과설을 취한다. 대판 1995. 5. 12, 94다18881). 이 견해에 의하면 아직 이행되지 않은 채무는 소멸하고, 이미 이행된 급부는 법률상의 원인을 상실하게 되어 부당이득으로서 반환되어야 한다.

(b) 간접효과설

해제는 채권관계 그 자체를 소멸하는 것이 아니라 작용을 저지할 뿐이라는 견해이다. 따라서 미이행채무에 관해서는 그 이행을 거절할 수 있는 항변권이 생기고 기이행채무에 관해서는 원상회복을 위한 새로운 반환청구권이 발생한다고 본다.

(c) 청산관계설

기본적으로 해제의 효과를 소급적으로 구성하지 않고, 이를 장래에 대하여 그 효력을 잃는 것으로 본다. 따라서 종래의 계약관계는 청산을 목적으로 하는 것으로 내용이 변경되고, 그러한 청산사무가 존재하므로 손해배상청구도 할 수 있는 것으로 구성한다.

청산관계설은 직접효과설이 계약의 소급소멸과 계약채무의 불이행으로 인한 손해배상청구권의 존재라는 모순을 설명하지 못한다는 비판에서 논의를 전개하고 있다. 그러나 청산관계설 역시 민법이 해제와 장래효를 갖는 해지를 구별하는 점, 동시이행의 항변권을 규정하는 점 등을 논리적으로 설명하지 못한다는 문제점을 갖는다.

이하에서는 기본적으로 직접효과설의 입장에서 해제의 효과를 살펴본다.

2) 해제의 소급효

(a) 계약의 소급적 실효

계약을 해제하면 그 계약으로부터 생겼던 법률효과는 모두 소급하여 소멸한다(통설 · 판례). 따라서 계약에 의하여 발생한 채권 · 채무는 해제에 의하여 당연히 소멸한다. 문제는 계약의 이행으로써 등기나 인도를 갖추어 이전한 물권도 해제로 당연히 원권리자에게 복귀하는가 하는 점이다.

이에 관하여 (i) 채권적 효과설은 해제가 있더라도 이행행위 자체는 그 효력이 있으며, 다만 그 원상회복을 시킬 채권관계가 발생한다는 입장이고, (ii) 물권적 효과설은 원인행위가 해제되면 이전하였던 물권도 등기나 인도 없이도 당연히 원권리자에게 복귀한다는 입장이다. 전자가 물권행위의 독자성과 무인성을 전제로 하는데 반하여, 후자는 물권행위의 독자성과 무인성을 부인하고 유인성을 전제로 한다. 판례는 물권적 효과설을 취한다(대판 1977.5.24, 75다1394).

(b) 해제의 소급효와 제3자보호

해제는 제3자의 권리를 해하지 못한다(548조 1항 단서). 앞에서 살펴본 채권적 효과설에 의하면 이 규정이 큰 의미가 없겠지만, 물권적 효과설에 의하면 이는 필요적 규정으로서 중요한 의미를 갖는다. 물권적 효과설에 의하면 해제된 계약으로부터 생긴 법률적 효과를 기초로 하여 새로운 이해관계를 가졌을 뿐만 아니라, 등기 · 인도 등으로 완전한 권리를 취득한 자를 말한다(대판 2000.9.5, 2000다16169). 이러한 경우 해제 전 상대방으로부터 목적물을 전득한 제3자는 불측의 손해를 입을 우려가 있고, 이에 따라 민법 제548조 1항 단서가 중요한 의미를 갖는 것이다.

제3자의 범위를 확대하기 위해 통설과 판례는 그 범위에 대하여는 「해제의 의사표시가 있은 후 그 해제에 의한 말소등기가 있기 이전」에 이해관계를 갖게 된 선의의 제3자를 포함하는 것으로 넓게 해석한다(대판 1985.4.9, 84다카130.131).

[가압류채권자가 제3자인지 여부]

해제된 계약에 의하여 채무자의 책임재산이 된 계약의 목적물을 가압류한 가압류채권자는 그 가압류에 의하여 당해 목적물에 대하여 잠정적으로 그 권리행사만을 제한하는 것이나, 종국적으로는 이를 환가하여 그 대금으로 피보전채권의 만족을 얻을 수 있는 권리를 취득하는 것이다. 그러므로 그 권리를 보전하기 위해서는 548조 1항 단서에서 말하는 제3자에는 가압류채권자도 포함된다(대판 2000.1.14, 99다40937).

3) 원상회복의무

(a) 의 의

계약이 해제되면 각 당사자는 서로 계약이 없었던 상태로 회복시킬 의무가 있다(548조 1항). 계약이 해제됨으로써 각 당사자가 그 채무의 이행으로써 수령한 것은 법률상의 원인이 없는 것이 되므로 원상회복의무는 기본적으로 부당이득반환의무의 성질을 가지며, 민법 제548조의 규정은 청산관계설에 의하면 원계약의 변형으로 쌍무계약이 유지된다. 직접효과설에 의하면 부당이득의 반환범위를 정한 민법 제748조에 대한 특칙이다.

(b) 원상회복의 범위

해제로 계약은 소급적으로 소멸하였으므로 그 이득이 현존하는가, 그리고 상대방이 선의인가 여부를 가리지 않고 받은 급부 전부를 반환하여야 하는 것이 원칙이다. 따라서 원물이 존재하면 그 물건을 반환하여야 하고, 원물이 채무자의 귀책사유로 멸실 · 훼손되었다면 그 급부의 객관적 가격을 반환하여야 한다. 금전의 경우에는 그 받은 날로부터 반환할 때까지의 이자를 가산하여 반환하여야 한다(548조 2항). 수령한 목적물로부터 생긴 과실도 반환하여야 한다.

[이자반환의 법적 성질]

민법 제548조 2항에서 이자의 반환은 원상회복의무의 범위에 속하는 것으로 일종의 부당이득반환의 성질을 가지는 것이지, 반환의무의 이행지체로 인한 손해배상은 아니다(대판 2003.7.22, 2002다76298).

4) 손해배상의 청구

계약의 해제는 손해배상의 청구에 영향을 미치지 아니한다(551조). 따라서 계약을 해제한 경우에 우리 민법상 원상회복 청구권과 손해배상청구권이 같이 발생할 수 있다. 민법 제551조의 손해배상책임은 채무불이행책임의 일종이다. 손해배상의 범위는 민법 제390조 이하의 일반규정이 그대로 적용된다. 다만 손해배상액을 예정한 경우에는 해제가 있더라도 그 특약은 유효하며 해제에 의한 손해배상의 기준이 된다.

5) 해제와 동시이행

해제로 인하여 양당사자가 부담하는 원상회복의무는 서로 동시이행의 관계에 선다(549조). 당사자 상호간의 공평을 위한 규정이다.

[계약해제와 동시이행]

계약이 해제되면 계약당사자는 상대방에 대하여 원상회복의무와 손해배상의무를 부담한다. 이때 계약당사자가 부담하는 원상회복의무 뿐만 아니라 손해배상의무도 함께 동시이행의 관계에 있다(대판 1996.7.26, 95다25138 · 25145).

(4) 해제권의 소멸

1) 일반적 소멸원인

해제권은 이행 또는 이행의 제공.포기, 실효의 법리에 의하여 소멸한다. 그리고 해제권은 형성권이므로 10년의 제척기간에 걸린다.

2) 특수한 소멸원인

(a) 해제권의 존속기간이 있는 경우 그 기간의 경과로 해제권은 소멸한다.

(b) 해제권의 기간을 정하지 아니한 때에는 상대방은 상당한 기간을 정하여 해제권행사여부의 확답을 해제권자에게 최고할 수 있고, 그 기간 내에 해제의 통지를 받지 못한 때에는 해제권은 소멸한다(552조).

[새로운 사유에 의한 해제권의 행사여부]

민법 제552조에 의하여 해제권이 소별한 경우에도, 이로 인하여 그 후 새로운 사유에 의하여 발생한 해제권까지 행사할 수 없는 것은 아니다(대판 2005.12.8, 2003다41463).

(c) 해제권자의 고의나 과실로 인하여 계약의 목적물이 현저히 훼손되거나 이를 반환할 수 없게 된 때 또는 가공이나 개조로 인하여 다른 종류의 물건으로 변경된 때에는 해제권은 소멸한다(553조).

(d) 당사자의 일방 또는 쌍방이 수인인 경우 1인에 관하여 해제권이 소멸하면 다른 자와의 관계에서는 해제권이 소멸한다(547조 2항).

3. 약정해제권

(1) 의 의

당사자는 계약에 의하여 해제권을 발생시킬 수 있다(543조 1항). 이때 해제권은 당사자 일방 또는 쌍방에 유보되나, 처음의 계약에서 반드시 하여야 하는 것은 아니며 별개의 계약에 의하여서도 할 수 있다. 한편 계약당사자 사이에 계약금 · 보증금 등의 명목으로 돈이나 물건을 교부한 경우(565조) 또는 환매의 특약이 행하여진 경우(590조)에는 약정해제권이 유보된 것으로 해석된다.

(2) 약정해제와 민법규정

민법의 해제에 관한 규정 중에서 법정해제에 대해서만 적용되는 민법 제544조 · 제545조 · 제546조의 규정은 약정해제에 적용될 수 없으며, 채무불이행을 전제로 하는 민법 제551조의 규정도 적용되지 않는다. 그러나 그 이외의 규정들은 약정해제에도 적용된다.

(3) 약정해제의 효과

약정해제권의 행사로 인한 효과도 법정해제의 경우와 기본적으로 같다. 다만 약정해제의 효과로서 손해배상의무는 발생하지 않는다. 약정해제권은 상대방의 채무불이행을 전제로 하여 발생되는 것이 아니기 때문이다.

Ⅱ. 계약의 해지

1. 해지의 의의

계속적 채권관계에서 당사자의 일방적 의사표시에 의하여 장래에 대해서 계약관계를 소멸시키는 것을 해지라고 한다. 해지를 할 수 있는 권리가 해지권이다. 해지가 인정되는 계속적 채권관계로는 전형계약 중 소비대차 · 사용대차 · 고용 · 위임 · 임치 · 조합 · 종신정기금 등이 있다.

기간의 정함이 없는 계속적 채권관계에서 각 당사자들에게 원칙적으로 해지의 자유가 인정된다. 그 법률관계의 특성상 약정이나 채무불이행이 없더라도 기본적 채권관계를 종료시킬 수 있는 가능성이 주어져야 하기 때문이다.

2. 해지권의 발생과 행사

(1) 해지권의 발생원인

1) 약정해지

해지권은 이를 유보하는 약정에 의하여 발생할 수 있다(543조 1항). 민법은 임대차에 관하여는 이러한 취지를 규정하고 있다(636조).

2) 법정해지

해지권은 법률의 규정에 의하여 발생할 수도 있다. 민법은 계약각칙의 절에서 각종의 계속적 계약에 관하여 개별적으로 그 해지권의 발생원인을 규정하고 있다. 사용대차(610조 3항) · 임대차(625조 이하) · 고용(657조 이하) · 위임(689조 이하) · 임치(698조 이하) 등이다. 이러한 개별적인 법률규정이 없이도 민법 제544조 내지 제565조(법정해제권)를 유추적용하여 법정해제권을 인정할 것인가에 대하여 다수설은 이를 부인한다.

한편 판례는 계속적 계약에서는 사정변경을 이유로 한 해지권의 발생을 인정한다. 판례가 인정한 사안은 계속적 보증계약의 경우로서 회사의 직원이 향후 3년간 그 회사가 타인에 대해 부담할 채무에 관해 보증을 하였으나 그 기간만료 전에 퇴사를 한 경우 사정변경을 이유로 보증계약을 해지할 수 있다고 하였다(대판 1990. 2. 27, 89다카1381).

(2) 해지권의 행사

해지권은 형성권이므로 그 행사는 상대방에 대한 일방적 의사표시에 의하여 행하여지며(543조 1항), 상대방에게 도달하면 철회하지 못한다(543조 2항). 또 해지권도 해제권과 마찬가지로 불가분성을 가지므로 당사자의 일방 또는 쌍방이 여러 사람인 경우 해지는 전원으로부터, 전원에 대하여 행하여야 한다(547조 1항). 그리고 해지권이 당사자 1인에 대하여 소멸한 때에는 다른 당사자에 대해서도 소멸한다(547조 2항).

3. 해지권행사의 효과

(1) 장래에 대한 효력

해지는 해제의 경우와 달리 해지한 때로부터 장래에 대하여 계약의 효력을 상실한다. 따라서 해지 이전의 계약관계에는 영향을 미치지 않고, 이미 이행된 부분은 그대로 유효하다. 그러나 해지 이전에 이미 발생한 개개의 채무, 예컨대 고용관계가 해지되기 전에 발생한 보수지급채무 등은 해지 이후에도 그대로 존속한다.

(2) 손해배상의 청구

계약을 해지한 경우에도 손해가 있으면 그 배상을 청구할 수 있다(551조).

사례해결

사정변경의 원칙은 신의성실의 원칙의 파생원칙의 하나이다. 우리민법은 사정변경의 원칙과 관련하여 이를 직접 규정하는 일반규정은 존재하지 않는다. 이러한 이유로 학설과 판례가 그 인정여부를 놓고 대립하고 있다.

다수의 견해는 사정변경의 원칙을 신의칙의 분칙으로 인정하고 있는 반면, 판례는 계속적 계약의 경우를 제외하고는 사정변경의 원칙을 인정하지 않는다. 설문의 경우에도 판례의 태도에 따라 갑과 을이 매매계약체결 후 10여년이 지났고 시가가 올랐다는 사정만으로 갑은 계약을 해제할 만한 사정변경이 있다고 볼 수 없다. 따라서 매수인 을이 소유권이전등기 절차의 이행청구를 구하는 것은 신의칙에 위배된다고 할 수 없을 것이다.

제2절 계약각론

제1관 총 설

Ⅰ. 전형계약의 의의

민법은 제3편 제2장에서 14종류의 계약을 정하여 놓고 있다. 이들 계약을 전형계약 또는 법에 의하여 이름이 주어졌다는 의미에서 유명계약이라고도 한다. 이러한 전형계약은 우리 사회에서 가장 빈번히 활용되는 유형들을 민법전에 미리 정해 놓음으로써 그에 관한 기준적·보완적 기능을 담당한다. 시대에 따라 변화하며 민법개정안에 중개계약과 여행계약이 포함된 것이 그 전형적인 예이다.

그러나 이러한 변화수용에도 현실에서 이루어지는 계약들이 전형계약의 내용에 꼭 들어맞게 이루어지는 경우는 상당히 드물며, 그 계약과 관련하여 분쟁이 발생한 때에는 실제로 체결된 계약의 내용이 우선적으로 적용되어야 한다. 따라서 민법의 전형계약 규정은 임의의 규정으로서 일응의 기준이 되는 것으로 이해하면 될 것이다.

Ⅱ. 전형계약의 분류

민법상 14종류의 전형계약은 그 목적의 성질별로 다음과 같이 분류할 수 있다.

1. 재산권의 이전을 목적으로 하는 계약

(1) 무상계약 – 증여

(2) 유상계약

1) 반대급부가 금전의 지급을 목적으로 하는 경우 – 매매

2) 반대급부가 금전의 지급을 목적으로 하지 않는 경우 – 교환

2. 물건의 대차를 목적으로 하는 계약

(1) 대체물을 반환하는 계약 – 소비대차(유상 · 무상 모두 가능하다)

(2) 빌린 물건 자체를 반환하는 계약

1) 무상계약 – 사용대차

2) 유상계약 – 임대차

3. 노무의 제공을 목적으로 하는 계약

(1) 종속적 노무를 제공하는 계약 – 고용(노무제공 그 자체가 목적, 결과완성의무 없으며 하는 급부이므로 담보책임 없음)

(2) 비종속적 노무를 제공하는 계약

1) 일의 완성을 목적으로 하는 계약 – 도급(일의 완성목적이므로 결과완성의무 있고 자율적 급부이며 담보책임 있음)

2) 광고에서 정한 행위의 완료를 목적으로 하는 계약 – 현상광고(결과완성의무 있고 자율적 급부이며 담보책임 없음

3) 사무처리를 목적으로 하는 계약 – 위임(사무의 처리가 목적이므로 결과완성의무 없고 자율적 급부이며 담보책임 없음)

4) 물건의 보관을 목적으로 하는 계약 – 임치(결과완성의무 없고 자율적 급부이며 담보책임 없음)

4. 단체적 결합을 목적으로 하는 계약 — 조합

5. 특정인의 사망시까지 정기적으로 금전 기타 물건을 급부할 것을 약정하는 계약 — 종신정기금

6. 당사자 사이의 분쟁을 서로 양보하여 종지시키는 계약 — 화해

제2관 증 여

Ⅰ. 증여의 의의·법적 성질

1. 증여의 의의

증여라 함은 당사자일방이 무상으로 재산을 상대방에게 수여하는 의사를 표시하고, 상대방이 이를 승낙함으로써 성립하는 계약을 말한다(554조). 증여는 계약이라는 점에서 단독행위인 유증과 구별된다.

증여는 재산권의 이전을 목적으로 하는 것으로 기존의 권리를 양도하는 것은 물론, 그 이외에도 용익물권의 설정.채무의 면제 등 증여자측의 재산감소에 의해 수증자에게 재산증가가 생긴 경우도 포함된다.

2. 증여의 법적 성질

증여는 무상·낙성·편무·불요식의 계약이다.

① 증여는 수증자로부터 대가를 받음이 없이 재산을 주는 무상계약의 전형이다.5

② 증여는 무상으로 재산을 주는 것이지만 상대방에게 이를 받을 것을 강요할 수는 없으므로 수증자의 승낙이 있어야 성립한다.

③ 증여가 성립하면 증여자만이 재산이전의무가 있을 뿐이다.

④ 서면에 의하지 않은 증여는 각 당사자가 해제할 수 있지만(555조), 증여의 성립 자체에는 서면과 같은 방식이 요구되지 않는다.

⑤ 증여는 계약이므로 태아(대판 1982. 2. 9, 81다534)나 아직 형성되지 않는 종중 또는 친족공동체(대판 1992. 2. 25, 91다28344)에 대한 증여의 의사표시는 아무런 효력이 없다.

Ⅱ. 증여의 성립

민법은 증여를 낙성계약으로 규정하고 있으므로, 합의에 의해 증여자의 급부의무가 유효하게 성립한다. 다만 타인의 물건을 증여의 목적으로 할 수 있는가가 문제되는데, 증여는 낙성계약이므로 타인의 재산도 증여의 목적으로 할 수 있다고 볼 것이다. 타인의 물건을 증여의 목적으로 한 때, 증여자는 이것을 취득하여 상대방에게 급부할 의무를 부담하게 된다(569조 참조).

Ⅲ. 증여의 효력

1. 증여자의 의무

증여자는 계약에 의해 부담한 채무를 수증자에게 이행할 의무를 부담한다. 동산·부동산

등의 재산권의 이전이 계약의 목적인 경우에는 각각 인도·등기를 갖추어야 한다. 불특정물이 증여의 목적이고 그 물건에 하자가 있을 때는 그 내용에 따른 급부가 아니므로 채무불이행책임을 부담한다(390조).

2. 증여자의 담보책임

증여자는 증여의 목적인 물건 또는 권리의 하자나 흠결에 대하여 원칙적으로 담보책임을 지지 않는다(559조 1항 본문). 증여는 증여자의 일방적 출연행위에 의한 무상계약이므로 형평성을 위한 것이다.

이 원칙에 대하여 다음과 같은 예외가 인정된다.

① 증여자가 그 하자나 흠결을 알고 수증자에게 고지하지 아니한 때에는 담보책임을 진다(559조 1항 단서). 그러나 수증자도 그러한 사실을 알고 있었을 때는 증여자는 책임을 부담하지 않는다(통설). 이 책임은 수증자가 목적물의 하자나 흠결이 없다고 오신한 것에 의해 입은 손해(신뢰이익)를 배상하는 것이기 때문이다.

② 불특정물의 경우에는 담보책임, 즉 완전물급부의무를 부담한다(통설).

③ 상대부담 있는 증여에 있어서 증여자는 그 부담의 한도에서 매도인과 같은 담보책임을 진다(559조 2항).

④ 담보책임을 지기로 특약한 경우이다.

3. 증여의 해제

민법은 증여에 특수한 해제권의 발생원인을 규정하고 있으며, 그에 따른 해제의 경우에 그 효과에 관하여도 특칙을 두고 있다.

(1) 해제권의 발생원인

1) 서면에 의하지 않은 증여의 해제

증여의 의사가 서면으로 표시되지 아니한 경우에는 각 당사자는 이를 해제할 수 있다(555조). 증여자가 경솔하게 증여하는 것을 방지함과 동시에 증여자의 의사를 명확하게 하여 후일에 분쟁을 피하려는데 그 취지가 있다(대판 1988.3.9, 92다19481).

서면으로 표시되는 것은 증여자가 자기의 재산을 상대방에게 주는 증여의사이므로, 이러한 의사가 문서를 통하여 확실히 알 수 있는 정도로 서면에 나타나 있으면 충분하고(대판 1988.9.27, 86다카2634), 수증자의 승낙이 기재되어야 한다거나 서면이 교부되어야 하는 것은 아니다.

[민법 第55조의 해제에 제척기간이 적용되는지 여부]

서명의 문언자체는 증여계약서로 죄어 있지 않더라도 그 서명의 작성에 이르게 된 경위를 아울러 고려할 때, 그 서면이 바로 증여의사를 표시한 서면이라고 인정되면 이를 민법 제555조의 말하는 서면에 해당한다고 보아야 한다.

민법 제555조에서 말하는 해제는 일종의 특수한 철회일 뿐 민법 제543조 이하에서 규정한 본래 의미의 해제와는 다르다고 할 것이어서, 형성권의 제척기간의 적용을 받지 않는다(대판 2003.4.11.2003다1755).

2) 망은행위에 의한 증여의 해제

수증자가 증여자 또는 그 배우자나 직계혈족에 대하여 범죄행위를 한 때, 그리고 수증자가 증여자에 대하여 부양의무를 부담하는 경우에 이를 이행하지 아니하는 때에도 증여자는 증여를 해제할 수 있다(556조). 사정변경에 의한 해제권의 발생이라고 이해할 수 있다. 다만 이 경우에 해제는 수증자가 증여의 사실을 알면서도 이러한 행동을 한 때에 한한다고 할 것이다.

위 해제권은 해제원인 있음을 안 날로부터 6월을 경과하거나 증여자가 수증자에 대하여 용서의 의사표시를 한 때에는 소멸한다(556조 2항).

[친족간이 아닌 수증자가 부양의무를 게을리 한 경우]

갑이 자신의 부양 및 선조의 제사봉양을 조건으로 을에게 토지를 증여한 경우에 이는 부담부증여에 해당한다. 민법 556조 1항 2호에 규정되어 있는 "부양의무"라 함은 민법 974조에 규정되어 있는 직계혈족 및 그 배우자 또는 생계를 같이 하는 친족간의 부양의무를 가리키는 것이다. 따라서 친족간이 아닌 당사자 사이의 약정에 의한 부양의무는 이에 해당하지 아니하여, 민법 566조 2항이나 민법 558조가 적용되지 않는다(대판 1996.1.26, 95다43358).

3) 증여자의 재산상태의 악화에 따른 해제

증여계약 후에 증여자의 재산상태가 현저히 변경되고 그 이행으로 인하여 생계에 중대한 영향을 미칠 경우에는 증여자는 증여를 해제할 수 있다(557조). 이 경우 역시 사정변경에 의한 해제권의 발생이 인정되는 것이다.

[생계에 중요한 영향을 미치는 경우]

증여자가 증여계약 후에 반신불수가 되어 그의 전재산을 치료비 등으로 소비함으로써 부동산의 소유권을 수증자에게 이전함으로 생계에 중요한 영향을 미치는 경우라면 증여자는 증여계약을 해제할 수 있다(대판 1991.4.12, 90다17491).

(2) 해제의 효과에 대한 특칙

위 세 가지 경우에 의한 증여의 해제는 "이미 이행한 부분"에 대하여는 영향을 미치지 않는다(558조). 동산의 경우에는 인도시, 부동산의 경우에는 소유권을 수증자에게 이전등기를 한 때(대판 1981.10.13, 81다649)이다. 즉 법정해제권의 행사에 있어서와 같은 원상회복관계가 발생하지 않도록 특칙을 두고 있다.

Ⅳ. 특수한 증여

1. 정기증여

정기증여는 일정기에 무상으로 재산을 급여하는 계약이다. 이러한 경우 정기증여는 종신정기금계약의 성질을 갖는다(매월 말 10만원씩 준다는 약정). 당사자간에 특별한 인적 관계에 기한 것이 많으므로, 증여자 또는 수증자의 사망으로 인하여 그 효력을 상실한다(560조).

2. 부담부증여

부담부증여란 수증자에게 일정한 급부를 해야 할 의무를 부담시키는 증여계약을 말한다(561조). 증여자가 선이행하는 경우에 한하지 않고, 수증자가 부담을 선행하는 경우도 포함한다(통설). 증여는 무상이어도 부담의 한도에서 증여의 급부와 부담의 급부와는 대가관계에 선다고 볼 수 있으므로, 증여자는 매도인과 같은 담보책임을 부담하여(559조 2항), 쌍무계약에 관한 규정이 준용된다(561조). 단 부담과 증여는 대가관계가 아니므로 부담부증여의 법적 성질은 편무 · 무상계약이다.

[부담의무 불이행에 따른 증여계약의 해제]

상대부담 있는 증여계약의 경우에 상대방이 자신의 의무를 이행하지 아니할 때에는 비록 증여계약이 이미 이행되어 있다하더라도 증여자는 계약을 해제할 수 있고, 그 경우 민법 555조와 568조는 적용되지 아니한다(대판 1997.7.8, 97다2177).

3. 사인증여

사인증여는 증여자의 사망에 의해 효력이 발생하는 증여이다. 증여자의 사망에 의해 효력이 발생한다는 점에서 유증과 유사하므로 유증에 관한 규정이 준용된다(562조). 다만 사인증여는 계약으로서 단독행위인 유증과 차이가 있으므로, 유증에 관한 규정 중 유언능력 · 유언방식 · 승인과 포기.유언의 철회 등 유언의 단독행위적 성질에 기초하는 규정은 사인증여에는 준용되지 않는다(대판 1996. 4. 12, 94다37714.37721).

[유류분권자의 반환청구권]

유류분반환청구의 목적인 증여나 유증이 병존하고 있는 경우에는 유류분권리자는 먼저 유증을 받은 자를 상대로 유류분침해액의 반환을 구하여야 하고, 그 이후에도 여전히 유류분침해액이 남아 있는 경우에 한하여 증여를 받은 자에 대하여 그 부족분을 청구할 수 있다. 사인증여의 경우에는 유증의 규정이 준용될 뿐만 아니라 그 실제적 기능도 유증과 달이 볼 필요가 없으므로 유증과 같이 보아야 할 것이다(대판 2001.11.30, 2001다6947).

제3관 매 매

제1항 매매일반

사례

갑은 사과 100상자를 500만원에 을에게 매도하기로 하고 을과 계약을 체결하였다. 을은 갑에게 계약금으로 50만원을 지급함과 동시에 계약서에 「매수인은 계약금을 포기하고, 매도인은 계약금의 배액을 상환하고 계약을 해제할 수 있다」고 계약해제특약을 체결했다.

매도인 갑은 채무를 이행하기 위하여 사과 100상자를 싣고 을의 주소로 가던 중, 사과가격이 급격히 상승할 것이라는 소문을 듣고 을에게 100만원을 지급하고 계약을 해제할 것을 요구하였다. 이 경우 갑의 주장은 정당한가?

Ⅰ. 매매의 의의 · 법적 성질

1. 매매의 의의

매매는 당사자일방(매도인)이 재산권을 상대방(매수인)에게 이전할 것을 약정하고 상대방이 그 대금을 지급할 것을 약정함으로써 그 효력이 생기는 계약이다(563조). 민법은 제563조에서 매매의 성립을, 제568조에서 그 효력을 규정하고 있다.

2. 매매의 법적 성질

매매는 당사자간 의사의 합치만으로 성립하는 낙성계약이고, 그 성립에 특별한 방식이 필요 없는 불요식계약이고, 대가를 받고 재산권을 이전하는 유상계약이며, 당사자간 의무가 대가적 관계에 있는 쌍무계약이다. 매매는 유상계약의 가장 전형적인 모습이며, 매매에 관한 규정은 원칙적으로 다른 유상계약에 준용된다(567조).

Ⅱ. 매매의 성립

1. 합 의

(1) 당사자간 의사의 합치

매매는 매도인이 재산권을 이전할 것과 매수인이 그 대가로서 대금을 지급할 것에 대하여 당사자간의 의사의 합치가 있으면 성립한다. 이러한 기본적인 사항에 대한 합의로 충분한 것이지, 이행시기 · 이행장소 등 부수적 사항에 관한 구체적 합의가 없더라도 계약은 유효하게 성립한다(대판 1996.4.25, 94다34432).

(2) 현실매매

우리의 일상생활에서는 현실매매가 빈번하게 이루어진다. 예컨대 편의점에서 진열된 상품을 집어 계산대에서 대금을 지급하거나, 자동판매기에 동전을 넣고 커피를 사는 경우이다. 이러한 현실매매도 채권행위로서의 합의가 생략되는 것은 아니며, 단지 채권행위와 물권행위 및 인도가 합체되어 이루어지는 것이다.

2. 매매의 예약

(1) 의 의

예약은 장래에 본계약을 체결할 것을 내용으로 하는 계약이다. 예약 역시 채권계약이므로 예약이 성립하기 위해서는 그 예약에 기해 체결될 본 계약의 요소가 되는 내용이 확정되어 있거나 또는 확정될 수 있는 것이어야 한다(대판 1993.5.27, 93다4908). 민법은 매매의 일방예약에 관하여 규정한다(564조).

(2) 종 류

1) 편무예약 · 쌍무예약 (요물계약의 예약)

예약에 있어서는 예약상의 권리자가 본계약인 매매의 체결을 원하여 청약을 하면, 상대방은 그에 대해 승낙을 하여야 할 채무를 지게 된다. 여기서 당사자의 일방만이 그러한 권리를 갖고 상대방은 이에 대해 승낙의무를 지는 것을 편무계약이라 하고, 당사자 쌍방이 모두 권리를 갖고 서로 의무를 부담하는 것을 쌍무계약이라고 한다.

2) 일방예약 · 쌍방예약 (낙성계약의 예약)

예약완결권을 가진 자의 일방적 의사표시로 계약을 성립시키는 예약의 형태로, 이 때 당사자일방만이 매매완결의 의사표시를 할 수 있는 권리(예약완결권)를 가지는 것을 일방예약이라 하고, 쌍방이 모두 그러한 권리를 가지는 것을 쌍방예약이라 한다.

(3) 매매의 일방예약

1) 민법의 규정

민법은「매매의 일방예약은 상대방이 매매를 완결할 의사를 표시하는 때에 매매의 효력이 생긴다」고 규정하고 있다(564조 1항). 따라서 매매의 예약은 당사자 사이에 특별한 약정이 없으면 일방예약으로 추정된다. 일방예약은 정지조건부매매이다.

[일방예약의 성립요건]

매매의 예약은 당사자 일방이 매매를 완결할 의사를 표시한 때에 매매의 효력이 생기는 것이므로, 적어도 일방예약이 성립하려면 그 예약에 터 잡아 맺어질 본계약의 요소가 되는 매매목적물 · 이전방법 · 매매가액 및 지급방법 등의 내용이 확정되어 있거나 확정할 수 있어야 한다(대판 1993.5.27, 93다4908 · 4915 · 4922).

2) 예약완결권

(a) 의의 및 성질

매매의 일방예약에 의하여 상대방에게 매매완결의 의사표시를 할 수 있는 권리를 예약완결권이라고 한다. 예약완결권의 행사로 매매가 성립하므로 이 권리는 형성권이다(대판 1995.11.10, 94다22682).

(b) 양 도

예약완결권은 양도할 수 있고, 그 양도는 채권양도에 준하여 의무자에 대한 통지 또는 그의 승낙이 있어야 의무자에게 대항할 수 있다.

(c) 상대방

예약완결권행사의 상대방은 예약을 한 상대방이며, 목적부동산이 제3자에게 양도된 경우라도 상대방에게 하여야 한다.

(d) 행사기간

당사자가 완결권의 행사기간을 계약에서 정한 경우에는 그에 의할 것이나, 정함이 없는 경우에는 10년 이내에 행사하지 않으면 제척기간의 경과로 인하여 완결권은 소멸한다. 매매예약완결권의 제척기간이 도과하였는지 여부는 소위 직권조사 사항으로서 이에 대한 당사자의 주장이 없더라도 법원이 당연히 직권으로 조사하여 재판에 고려하여야 한다(대판 2000.10.13, 99다18725).

행사기간을 정하지 아니한 때에는 예약의무자는 예약완결권자에게 상당한 기간을 정하여 완결권행사 여부의 확답을 최고할 수 있다(564조 2항). 그 기간 내에 예약의무자가 확답을 받지 못하면 예약은 효력을 상실한다(564조 3항). 예약완결권은 목적부동산을 양도받은 경우라 할지라도 제척기간으로 소멸한다(대판 1997.7.25, 96다47494).

[예약완결권의 행사기간과 기산점]

매매의 일방예약에서 예약자의 상대방이 매매예약완결의 의사표시를 하여 매매효력을 생기게 하는 권리, 즉 매매예약의 완결권은 일종의 형성권으로서 당사자 사이에 그 행사기간을 약정한 때에는 그 기간 내에, 그러한 약정이 없는 때에는 그 예약이 성립한 때로부터 10년 내에 이를 행사하여야 한다. 그 기간이 지나면 예약완결권은 제척기간의 경과로 소멸한다(대판 2003.1.10, 2000다26425).

Ⅲ. 계약금

1. 의 의

매매계약을 체결할 때 그 징표로서 금전 또는 기타의 유가물을 교부하는 경우가 많다. 이렇게 교부되는 금전을 계약금이라 하며, 당사자간에 계약금이 수수되었다면 최소한 계약이 체결되었다는 사실이 증명된다(증약금). 그런데 민법은 「매매의 당사자일방이 계약 당시에 금전 기타 물건을 계약금·보증금 등의 명목으로 상대방에게 교부한 때에는, 당사자간에 다른 약정이 없는 한 당사자의 일방이 이행에 착수할 때까지 교부자는 이를 포기하고 수령자는 그 배액을 상환하여 매매계약을 해제할 수 있다」고 규정하여 이를 해약금으로 추정한다(565조 1항).

계약금계약은 요물계약이며, 매매 기타의 계약에 부수하여 행해지는 종된 계약이다. 계약금계약은 종된 계약이나 주된 계약과 동시에 성립할 필요는 없으므로 본 계약성립 후에 성립된 계약금도 유효하다(대판 1955.3.10, 4287민상388).

2. 해약금에 의한 해제

(1) 요 건

당사자의 일방이 이행에 착수할 때까지 수령자가 계약을 해제하려면 계약금의 배액을 제공하여야 하고, 교부자는 계약금을 포기하고 해제의 의사표시를 하여야 한다. 여기서 「당사자의 일방이 이행에 착수할 때까지」란 객관적으로 외부에서 인식할 수 있을 정도로 채무의 이행행위의 일부를 행하거나 또는 이행을 하기 위하여 필요한 전제행위를 하는 것을 말한다. 예컨대 중도금을 지급하였거나, 잔대금을 준비하여 소유권이전등기를 청구하는 행위 등은 이행에 착수한 것으로 평가할 수 있다. 만일 이러한 단계에서 상대방으로부터 계약이 해제된다면 예측하지 못한 손해를 입게 될 우려가 있으므로 이를 방지하고자 하는데 그 취지가 있다(대판 1997.6.27, 97다9369).

수령자가 배액을 상환하여야 한다는 것은 해제의 의사표시와 동시에 배액상환이나 이행의 제공이 있어야 한다는 의미이며(대판 1966.6.21, 66다699.700), 배액이 되지 못하면 해제하지 못한다(대판 1973.1.30, 72다2243).

(2) 효 과

보통의 해제와 같이 계약이 소급소멸하나, 아직 이행에 착수하기 전에 해제하는 것이므로 원상회복의 문제는 발생하지 않는다. 해약금에 의한 해제는 해약금계약이라는 특약에 의한 것이므로 채무불이행에 의한 해제와는 구별되므로 손해배상의 문제 또한 발생하지 않는다.

계약에 의한 해제권유보와 채무불이행으로 인한 해제는 별개의 것이므로 법정해제권의 발생·행사·효과에는 영향을 주지 않는다.

[이행에 착수할 때까지로 해제권행사를 제한한 취]

민법 제565조가 해제권행사의 시기를 당사자의 일방이 이행에 착수할 때까지로 제한한 것은 당사자의 일방이 이미 이행에 착수한 때에는 그 당사자는 그에 필요한 비용을 지출하였을 것이다. 또 그 당사자는 계약이 이행될 것으로 기대하고 있는데, 만일 이러한 단계에서 상대방으로부터 계약이 해제된다면 예측하지 못한 손해를 입게 될 우려가 있으므로 이를 방지하고자 함에 있다(대판 2006.2.10, 2004다1599).

Ⅳ. 매매비용의 부담

매매계약에 관한 비용은 당사자 사이에 특약이 없으면 당사자쌍방이 균분하여 부담한다(566조).

사례해결

계약금은 통상 증약금 · 위약금 · 해약금의 성질을 가지게 되며, 어떠한 성질을 갖느냐의 여부는 당사자의 의사해석에 의한다. 계약금포기 · 배액상환의 특약은 통상 위약금특약으로 인정된다. 이 경우 해약금으로서의 성질이 배제되는가에 관하여 견해의 대립이 있다. 다수설과 판례는 해약금의 성질을 배제하지 않는 것으로 인정한다. 즉 위약금특약에도 불구하고 갑은 해약금을 통한 해제권이 인정된다.

그러나 갑의 해제권이 인정되더라도 갑이 이행에 착수하면 민법 제565조 1항이 정하고 있는 해제권 행사기간에 반하는가의 여부가 문제된다. 설문의 경우에 갑이 종류채권인 사과 100상자를 이행에 필요한 준비를 하여 채권자의 주소지로 운송하던 중이었으므로 이행의 착수를 행한 것이라고 볼 수 있다.

이행에 착수한 경우에 계약을 해제할 수 없다는 다수설과 판례에 의하면 갑의 해제권행사는 부당하다. 따라서 갑의 계약해제권을 부정하는 타당하다고 본다.

제2항 매매의 효력

Ⅰ. 매매계약상의 기본의무

1. 매도인의 의무

(1) 재산권이전의무

매도인은 매수인에 대하여 매매의 목적이 된 권리를 이전하여야 할 의무를 진다(568조 1항). 권리 그 자체를 이전해 주어야 하며, 부동산의 점유를 내용으로 하는 물권의 매매에서는 등기 외에 목적부동산의 점유도 이전해 주어야 한다. 채권의 경우 채무자에게 통지하여야 하며 특약이 없는 한 아무런 부담이 없는 완전한 것이어야 한다(대판 1967.7.11, 67다813). 매도인의 재산권이전의무는 특별한 약정이나 관습이 없으면 매수인의 대금지급의무와 동시이행의 관계에 있다(568조 2항).

(2) 과실인도의무

과실은 이를 수취할 권리자에게 귀속하는 것이 원칙이므로(102조), 목적물의 소유권이 매수인에게 이전하면 그로부터 생기는 과실도 매수인에게 귀속하여야 한다. 그런데 민법은 「매매계약이 있은 후에도 인도하지 아니한 목적물로부터 생긴 과실은 매도인에게 속한다」고 규정한다(587조 전단). 그러나 판례는 매수인이 매매대금을 완납한 때에는 그 이후의 과실수취권은 매수인에게 귀속하게 된다고 한다(대판 1993.11.9, 93다28928).

2. 매수인의 의무

(1) 대금지급의무

1) 의 의

매수인은 매도인의 재산권이전에 대한 반대급부로서 그 대금을 지급할 의무를 진다(568조 1항). 대금지급의무는 금전채무이므로, 그 이행에는 금전채권에 관한 규정(376조)이 적용된다.

2) 대금지급의 시기와 장소

대금의 지급시기에 관하여 특약이나 관행이 있으면 이에 따를 것이나, 매매의 당사자일방에 대한 의무이행의 기한이 있는 때에는 상대방의 의무이행에 대하여도 동일한 기한이 있는 것으로 추정된다(585조). 대금의 지급장소는 채권자의 현주소에서 하여야 하는 것이 원칙이다(467조 2항). 그러나 매매목적물의 인도와 동시에 대금을 지급할 경우에는 그 인도장소에서 대금을 지급하여야 한다(586조).

3) 대금의 이자

매수인은 목적물의 인도를 받은 날로부터 대금의 이자를 지급할 책임을 진다(587조). 목적물의 인도와 대금의 지급이 동시이행관계에 있는 한, 대금의 지급기한이 지났더라도 목적물의 인도가 없으면 매수인은 이자를 지급할 필요가 없다.

4) 대금지급거절권

매수인은 그가 동시이행의 항변권을 행사할 수 있는 경우에는 대금의 지급을 거절할 수 있다. 그 외에도 매매의 목적물에 대하여 권리를 주장하는 자가 있는 경우에 매수인이 매수한 권리의 전부나 일부를 잃을 염려가 있는 때에는 매수인은 그 위험의 한도에서 대금의 전부나 일부의 지급을 거절할 수 있다. 다만 이 경우 매도인이 상당한 담보를 제공하면 매수인은 대금의 지급을 거절하지 못한다(588조).

한편 매수인이 대금지급거절권을 가지는 경우, 매도인은 매수인에 대하여 대금의 공탁을 청구할 수 있다(589조).

(2) 목적물수령의무

매수인은 원칙적으로 목적물의 인도에 관하여 채권을 가질 뿐이고, 이를 수령해야 할 의무를 부담하지 않는다(판례 · 다수설: 대판 1993.6.25, 93다11821; 수령의무가 있는지의 여부는 채권자지체의 법적 성질을 어떻게 이해할 것인가에 달려 있다). 그러나 매매에서는 도급이나 임치의 경우처럼 신의칙상 매수인의 이른바 수취의무가 인정될 수 있다.

Ⅱ. 매도인의 담보책임

1. 의의 · 법적 성질

(1) 의 의

매도인의 담보책임은 매매의 목적물에 성질상 또는 법률상의 하자가 존재하고 있는 것에 대하여 그 계약의 채무자(매도인)가 부담하는 책임이다. 매매에 있어 양당사자의 의무는 대가적 견련관계에 있는데, 매매목적의 물건이나 권리 등에 하자가 있는 경우에 매도인의 過失을 묻지 않고 일정한 책임을 매도인에게 지움으로써 유상계약관계인 매매관계의 균형을 유지하기 위한 제도가 담보책임인 것이다.

매매와 같은 대가적 견련관계에서 급부장애가 발생하는 경우에 그 해결방법으로 담보책임 외에 채무불이행.위험부담의 제도가 있으나, 채무불이행은 상대방의 귀책사유에 의한 급부장애에 대한 구제제도이고, 위험부담은 양당사자의 귀책사유 없이 일방당사자의 급부가 불능이 된 경우의 해결방법으로 담보책임과는 구별된다.

민법은 제569조 내지 제584조에서 이를 규정하고, 매매에 관한 담보책임의 규정들은 유상계약에도 준용되어 중요한 역할을 한다.

(2) 법적 성질

매도인의 담보책임의 법적 성질에 관해서는 (ⅰ) 매매계약의 유상성에서 매수인을 보호하고 거래의 동적 안전을 보장하려는 취지에서 매도인에게 부과된 법정책임설(다수설), (ⅱ) 매도인의 담보책임을 채무불이행의 일종으로 보는 채무불이행책임설이 대립된다.

법정책임설에 의하면 특정물매매의 하자담보책임은 법정책임이고 종류매매의 하자는 불완전이행의 성질을 가지나 민법 제581조에 의해 담보책임이 인정된다. 채무불이행책임설에 의하면 하자담보책임은 특정물매매 · 종류매매를 불문하고 적용되며, 이행이익까지 배상하여야 한다. 또한 후자의 견해에 의하면 매도인의 담보책임에 관하여 민법에 규정되어 있는 내용 이외에 대하여는 채무불이행의 일반원칙이 적용된다.

판례는 타인권리매매에 관한 민법 제570조(대판 1967.5.18, 66다2618) 및 민법 제572조(대판 1993.1.19, 92다37727)에 대해서는 이행이익의 배상 및 채무불이행책임을 인정하고, 민법 제581조의 종류매매에 있어서는 이행이익의 배상을 통해 채무불이행책임을 간접적으로 인정하고 있다(감자종자사건; 대판 1989.11.14, 89다카15298). 민법 제574조와 제576조에 대하여는 법정책임을 인정하고 있는 것으로 보인다(이 경우 물건은 특정물이다; 대판 1992.10.27, 92다21784).

2. 내 용

(1) 권리의 하자에 대한 담보책임

1) 권리의 전부가 타인에게 속하는 경우

타인의 권리도 매매의 목적으로 할 수 있으나(569조), 매도인이 그 권리를 취득하여 이전할 수 없는 경우에는 담보책임을 부담한다. 을이 갑에게 토지를 매수하고 중도금을 지급한 상태에서 병에게 토지를 미등기전매를 했는데, 갑이 정에게 토지를 이중으로 양도하고 소유권이전등기를 한 경우에 을이 병에게 부담하는 담보책임이 그 예가 된다.

(a) 성립요건

매도인이 매매의 목적인 타인의 권리를 취득하여 매수인에게 이전할 수 없는 경우라야 한다. 매매목적물은 현존하나 그것이 타인의 권리에 속하기 때문에 이전할 수 없는 경우에 한하고, 목적물 자체가 존재하지 않거나 소멸한 경우에는 본조의 책임이 발생하지 않는다(원시적 불능-계약체결상 과실책임 발생). 권리이전의무가 이행기 이후 불능이 되더라도 책임은 발생한다(통설).

[타인권리를 매매한 자를 그 타인이 상속한 경우]

채권자가 채무자 소유의 부동산에 대하여 강제경매신청을 하여 자녀들 명의로 이를 경락받았다면 그 소유자는 경낙인인 자녀들이다. 그 후 채권자가 채무자와 사이에 채권액의 일부를 지급받고 자녀들 명의의 소유권이전등기를 말소하여 주기로 합의하였다.

나중에 채권자의 사망으로 자녀들이 상속지분에 따라 채권자의 의무를 상속하게 되었다고 하더라도 그들은 신의칙에 반하는 것으로 인정할만한 특별한 사정이 없는 한, 원칙적으로 위 합의에 따른 의무의 이행을 거절할 수 있다(대판 2001.9.25, 99다19698).

(b) 책임의 내용

매수인은 그의 선의·악의를 불문하고 계약을 해제할 수 있다(570조 본문). 그러나 매수인이 악의인 경우, 즉 계약당시 그 권리가 매도인에게 속하지 아니함을 안 때에는 손해배상을 청구하지 못한다(570조 단서). 매도인의 과실로 인한 이행불능에 대해서는 매수인은 악의더라도 민법 제570조 외에 일반적인 채무불이행책임을 물을 수 있다.

(c) 선의 매도인의 보호

매도인이 계약 당시에 매매의 목적이 된 권리가 자기에게 속하지 아니함을 알지 못한 경우에, 그 권리를 취득하여 매수인에게 이전할 수 없는 때에 한하여 매도인은 손해를 배상하고 계약을 해제할 수 있다(571조 1항). 그러나 매수인이 계약 당시에 그 권리가 매도인에게 속하지 아니함을 알았다면 매도인은 매수인에 대하여 그 권리를 이전할 수 없음을 통지하고 계약을 해제할 수 있다(571조 2항).

[수개의 권리를 일괄매매한 경우 571조1항의 적용 가부]

민법 제571조 1항은 선의의 매도인이 매매의 목적인 권리의 전부를 이전할 수 없는 경우에 적용될 뿐 매매의 목적인 권리의 일부를 이전할 수 없는 경우에는 적용될 수 없다. 마찬가지로 수개의 궐리를 일괄하여 매매의 목적으로 정하였으나, 그 중 일부의 권리를 이전할 수 없는 경우에도 위 조항은 적용될 tnn 없다(대판 2004.12.9, 2002다33557).

2) 권리의 일부가 타인에게 속하는 경우

(a) 성립요건

매매의 목적이 된 권리의 일부가 타인에게 속하기 때문에 매도인이 이를 취득하여 이전할 수 없는 경우이다(572조). 본조의 담보책임에서 권리의 하자는 권리일부의 이전불능이라는 데 그 특징이 있다. 갑이 을에게 토지 100평을 평당 5만원에 매도하고 소유권을 이정했으나, 100평 중 10평이 병의 소유인 경우에 갑이 을에게 부담하는 담보책임이 그 예가 된다.

수개의 권리를 일괄이전하는 중 일부권리가 타인에게 속한 경우에도 비율에 따른 대금산출이 불가능하다면 본조가 적용된다(대판 1989.11.14, 88다카13547).

[민법 제572조의 유추적용]

매매계약에서 건물과 그 대지가 계약의 목적물인데 건물의 일부가 경계를 침범하여 이웃 토지 위에 건립되어 있는 경우에 매도인이 그 경계 침범의 건물부분에 관한 대지부분을 취득하여 매수인에게 이전하지 못하는 때에는 매수인은 매도인에 대하여 민법 제572조를 유추적용 하여 담보책임을 물을 수 있다(대판 2009.7.23, 2009다33570).

(b) 책임의 내용

매수인은 그 선의·악의를 불문하고 이전불능이 된 부분의 비율로 대금의 감액을 청구할 수 있다(572조 1항). 그리고 잔존한 부분만이면 이를 매수하지 아니하였을 때에는 선의의 매수인에 한하여 계약 전부를 해제할 수 있고(572조 2항), 손해배상을 청구할 수 있다(572조 3항). 손해배상은 이행이익 상당액이다(대판 1993.1.19, 92다37727).

이러한 권리는 매수인이 선의인 경우에는 사실을 안 날로부터, 악의인 경우에는 계약한 날로부터 1년 내에 행사하여야 한다(573조).

[사실을 안 날의 의미]

사실을 안 날이라 함은 단순히 권리의 일부가 타인에게 속한 사실을 안 날이 아니라, 그 대문에 매도인이 이를 취득하여 매수인에게 이전할 수 없게 되었음이 확실하게 된 사실을 안 날을 말한다(대판 1997.6.13, 96다15596).

3) 목적물의 수량부족 · 일부멸실의 경우

(a) 성립요건

① 수량을 지정한 매매의 목적물이 부족한 경우이다(574조). 수량을 지정한 매매란 당사자가 매매목적물인 특정물이 일정한 수량을 가지고 있다는데 주안을 두고, 대금도 이 수량을 기초로 하여 정한 경우를 말한다(대판 1990.5.8, 89다카7266).

예컨대 갑이 을에게 토지 100평을 평당 5만원에 매도하고 소유권이전등기를 완료했는데, 실은 90평인 경우에 갑이 부담하는 담보책임이 그 예이다. 그리고 본조의 담보책임은 특정물 매매에 관하여서만 적용된다. 종류물 매매에 있어서 급부된 물건이 부족한 경우에는 채무불이행책임이 문제될 뿐이기 때문이다

[수량을 지정한 매매의 의미]

수량을 지정한 매매라 함은 당사자가 매매의 목적이 된 특정물이 일정한 수량을 가지고 있다는 데 주안을 두고, 대금도 그 수량을 기준으로 하여 정한 경우를 말한다.

그러므로 토지의 매매에 있어 목적물을 등기부상의 면적에 따라 특정한 경우라도 당사자 그 지정된 구획을 전체로서 평가하였고, 면적에 의한 계산이 하나의 표준에 지나지 아니하여 그것이당사자들 사이에 대상토지를 특정하고 그 대금을 결정하기 위한 하나의 표준에 지나지 않는다고 보일 때에는 이를 가리켜 수량을 지정한 매매라 할 수 없다(대판 2003.1.24, 2002다65189).

② 매매의 목적물의 일부가 계약 당시에 이미 멸실된 경우이다(574조). 즉 급부실현이 원시적으로 일부불능인 경우에 본조의 담보책임이 인정된다. 갑이 을에게 창고가 딸린 건물을 매도했는데 계약 전에 창고가 소실된 경우에 갑이 을에게 부담하는 담보책임이다.

(b) 책임의 내용

매수인이 선의인 경우에 한하여 앞서 본 권리의 일부가 타인에게 속하는 경우의 책임규정이 준용된다(574조). 따라서 선의의 매수인은 대금감액을 청구할 수 있고, 잔존부분만으로는 이를 매수하지 않았을 때에는 계약전부를 해제할 수 있으며, 손해배상도 청구할 수 있다.

제척기간은 권리의 일부가 타인에게 속하는 경우의 매도인의 담보책임과 동일하다.

[아파트분양계약의 성질]

목적물이 일정한 면적(수량)을 가지고 있다는데 주안을 두고 대금도 면적을 기준으로 하여 정해지는 아파트분양계약은 이른바 수량을 지정한 매매라 할 것이다(대판 2002.11.8, 99다58136).

4) 용익적 권리에 의하여 제한되어 있는 경우

(a) 성립요건

매매의 목적물이 지상권 · 지역권 · 전세권 · 유치권 · 질권 또는 대항력을 갖춘 임차권의 목적이 된 경우이거나(575조 1항, 주택임대차보호법 3조 3항), 목적부동산을 위하여 존재해야 할 지역권이 설정되어 있지 않은 경우이다(575조 2항). 예컨대 을이 갑 소유 토지 매수하였는데

丙이 그 토지에 대하여 전세권을 가지고 있어서 을이 부동산을 사용하지 못하는 경우이다.

(b) 책임의 내용

선의의 매수인에 한해 위와 같은 권리로 인해 계약의 목적을 달성할 수 없는 경우에 한하여 계약을 해제할 수 있고, 기타의 경우에는 손해배상만을 청구할 수 있다(575조 1항). 본조의 담보책임은 권리의 질적 하자에 그 기초를 두고 있으므로 감축되어야 할 금액을 비율적으로 산출할 수 없어 대금감액청구권은 인정되지 않는다. 매수인의 해제권과 손해배상청구권은 매수인이 그 사실을 안 날로부터 1년 이내에 행사하여야 한다(573조 3항).

5) 저당권 · 전세권에 의하여 제한되어 있는 경우

(a) 성립요건

매매의 목적이 된 부동산에 설정된 저당권 또는 전세권의 행사로 인하여 매수인이 그 소유권을 취득할 수 없거나 취득한 소유권을 상실한 경우(576조 1항), 매매의 목적이 된 부동산에 설정된 저당권 또는 전세권의 실행에 의한 소유권의 상실을 피하기 위하여 매수인이 자신의 출재로 소유권을 보존한 경우(576조 2항)이다.

예1 : 갑이 저당권이 설정되어 토지를 을에게 매도하고 소유권을 이전했는데, 저당권실행으로 을이 토지소유권을 상실한 경우

예2 : 예1에서 을이 소유권을 보존하기 위해서 을의 출재로 저당권을 소멸시킨 경우

(b) 책임의 내용

매수인이 소유권을 취득할 수 없거나 또는 소유권을 상실한 때에는 그의 선의·악의를 묻지 않고 계약을 해제할 수 있다(576조 1항). 또한 매수인의 출재로 소유권을 보존한 때에는 상환청구뿐만 아니라 손해배상도 청구할 수 있다(576조 2항·3항). 다만 매수인의 출재로 소유권을 보존하기로 한 특약이 있는 경우에는 본조가 적용되지 않는다.

출재의 상환청구는 매수인의 선·악의를 불문한다(대판 1996.4.12, 95다55245). 이 경우 변제자대위에 의해서도 상환청구할 수 있다. 이러한 권리의 행사에는 기한의 제한이 없다.

(c) 저당권의 목적이 된 지상권·전세권의 매매의 경우

매매의 목적이 된 지상권 또는 전세권 위에 저당권이 설정되어 있는 경우에도 저당권이 실행되면 매수인은 그 권리를 취득할 수 없거나 잃게 되므로 그 매수인을 보호하기 위하여 민법 제576조가 준용된다(577조).

예 : 갑의 토지에 을이 지상권을 설정 받아 병에게 자금을 융통하면서 그 지상권 위에 저당권을 설정하였다. 그 후 을이 지상권을 정에게 양도했는데 병의 저당권 실행으로 정이 지상권을 상실한 경우

[임차권 매매계약의 경우 담보책임 여부]

임대차계약에 기한 임차권을 그 목적물로 한 매매계약이 성립한 경우, 매도인이 임대인의 임대차계약상의 의무이행을 담보한다는 특별한 약정으로 하지 아니한 이상, 임차권 매매계약 당시 임대차 목적물에 이미 설정되어 있던 근저당권이 임차권 매매계약 이후에 실행되어 낙찰인이 임대차 목적물의 소유권을 취득함으로써 임대인의 목적물을 사용·수익하게 할 의무가 이행불능으로 되었다거나, 임대인의 무자력으로 인하여 임대차보증금반환채무가 사실상 이행되지 않고 있다고 하더라도, 임차권 매도인에게 민법 제576조에 다른 담보책임이 있다고 할 수 없다(대판 2007.4.26, 2005다34018·34025).

(2) 물건의 하자에 대한 담보책임

1) 특정물의 매매

(a) 성립요건

특정된 목적물에 하자기 있어야 하며, 매수인의 선의·무과실이어야 한다. 하자의 개념에 대하여 객관적으로 그 물건이 가질 것으로 기대되는 통상의 성질이 결여되는 경우에 하자가 있다는 객관적 하자설(다수설), 계약으로 당사자가 설정한 목적에 적합하지 못한 경우 하자가 있다는 주관적 하자설이 있다. 법률적 장애는 권리의 흠결로 보는 것이 다수설이고, 따라서 경매로 인한 경우에도 담보책임을 지게 된다. 판례는 물건의 하자로 보며(대판 2000.1.18, 98다18506), 경매로 인한 경우에는 담보책임을 지지 아니한다.

(b) 책임의 내용

목적물의 하자로 인하여 계약의 목적을 달성할 수 없는 때에는 매수인은 계약을 해제할 수 있다(580조 1항 본문·575조 1항). 목적물의 하자가 계약의 목적을 달성할 수 없을 정도로 중대한 것이 아닌 경우에는 손해배상만을 청구할 수 있을 뿐이다(580조 1항 본문.575조 1항 단서). 이러한 권리는 매수인이 그 사실을 안 날로부터 6월 이내에 행사하여야 한다

[카탈로그와 검사성적서를 제시한 경우 기계의 하자여부]

매도인이 매수인에게 기계를 공급하면서 당해 기계의 카탈로그와 검사성적서를 제시했다면, 매도인은 그 기계가 카탈로그와 검사성적서에 기재된 바와 같은 정도의 품질과 성능을 갖춘 제품이라는 점을 보증하였다고 할 것이다.

그러므로 매도인이 공급한 기계가 매도인이 카탈로그와 검사성적서에 의하여 보증한 일정한 품질과 성능을 갖추지 못한 경우에는 그 기계에 하자가 있다고 보아야 한다(대판 2000.10.27, 2000다30554·30561).

2) 불특정물의 매매

(a) 성립요건

매매의 목적물이 종류로 지정된 경우 목적물의 특정시에 목적물에 하자가 있다면 담보책임이 문제되며, 특정된 이후에는 특정물 매매에 있어서와 요건이 같다. 불특정물의 매매에서 매도인은 하자 없는 물건이 현실적으로 존재하는 한 그 물건을 인도할 채무를 부담하므로 특정시에 비로소 담보책임이 문제될 수 있는 것이다. 갑 자동차회사에서 을에게 자동

차를 매도했는데 엔진에 중대한 결함이 발생한 경우가 그 예이다.

(b) 책임의 내용

특정물 매매의 경우와 같다(581조 1항). 그러나 매수인은 계약의 해제 또는 손해배상의 청구를 하지 아니하고, 그에 갈음하여 하자 없는 물건을 청구할 수도 있다(581조 2항). 이러한 권리 역시 매수인이 그 사실을 안 날로부터 6월 이내에 행사하여야 한다(582조).

[권리행사기간의 성질]

민법 제582조 소정의 매수인의ㅏ 권리행사기간은 재판상 또는 재판외에서의 권리행사에 관한 기간이므로, 매수인은 소정기간 내에 재판외에서 권리를 행사함으로써 권리를 보존할 수 있다.

재판외에서의 권리행사는 특별한 형식을 요구하는 것이 아니므로 매수인이 매도인에 대하여 적당한 방법으로 물건에 하자가 있음을 통지하고 계약의 해제나 하자의 보수 또는 손해배상을 구하는 뜻을 표시함으로써 충분하다(대판 2003.6.27, 2003다20190).

(3) 경매에서의 담보책임

1) 의 의

경매에 있어서 경락인은 매수인의 지위에, 채무자는 매도인의 지위에 있다고 할 수 있으며, 경매목적물의 하자로부터 경락인을 보호할 필요성이 있음은 매매의 경우와 마찬가지이다. 따라서 민법은 경매에 있어서의 채무자의 담보책임을 인정하며, 이는 경락인을 보호하기 위한 규정으로 공경매(민사집행법에 의한 강제경매—민사집행법 80조 이하, 담보권의 실행 등을 위한 경매—민사집행법 264조 이하, 국세징수법에 의한 경매—국세징수법 67조)에 한하여 적용된다.

2) 책임의 내용

(a) 권리에 하자가 있는 경우

매각결정 받은 권리에 하자가 있는 경우에는 그 하자의 유형에 따라 민법 제570조 내지 제575조 규정에 의해 그 담보책임이 정해진다(578조 1항). 매수인은 우선 채무자에게 경매에 의한 매매계약의 해제 또는 대금감액청구를 할 수 있다(578조 1항). 만일 채무자에게 자력이 없다면 매각 받은 매수인은 매각대금의 배당을 받은 채권자에 대하여 그 대금의 전부나 일부의 반환을 청구할 수 있다(578조 2항). 채권자는 채무자에게 속하지 않은 목적물에 의하여 부당하게 배당을 받은 것이기 때문이다. 다만 채권자의 책임은 배당받은 금액을 한도로 한다.

한편 채무자가 권리의 흠결을 알고도 고지하지 않았거나 채권자가 이를 알고 경매를 신청하였다면, 매각 받은 매수인은 그 흠결을 안 채무자나 채권자에 대하여 위 권리 외에 손해배상을 청구할 수 있다(578조 3항).

[낙찰자에 대한 채무자의 담보책임]

선순위 근저당권의 존재로 후순위 임차권이 소멸하는 것으로 알고 부동산을 낙찰 받았으나, 그 후 채무자가 후순위 임차권의 대항력을 존속시킬 목적으로 선순위 근전당권의 피담보채무를 모두 변제하고 그 근저당권을 소멸시키고도 이 점에 대하여 낙찰자에게 아무런 고지도 하지 않았다.

그 후 낙찰자가 대항력 있는 임차권이 존속하게 된다는 사정을 알지 못한 채, 대금지급기일에 낙찰대금을 지급하였다. 이때 채무자는 민법 제578조 3항의 규정에 의하여 낙찰자가 입게 된 손해를 배상할 책임이 있다(대판 2003.4.25, 2002다70075).

(b) 물건에 하자가 있는 경우

매각목적물에 하자가 있더라도 담보책임은 발생하지 않는다(580조 2항). 이는 경매결과를 확실하게 하기 위함이다.

(4) 채권의 매도인의 담보책임

1) 의 의

채권도 일반 동산의 소유권과 마찬가지로 매매의 대상이 되므로 그 채권에 하자가 있는 경우에 매수인을 보호할 필요성이 있다. 채권의 매매에 있어서 그 채권에 하자가 있는 때에 채권의 매도인이 어떠한 담보책임을 질 것인가에 대해 민법은 규정을 두고 있지 않다. 통설은 민법 제569조 이하의 물건의 담보책임에 관한 규정을 유추적용 한다. 예컨대 채권의 전부 또는 일부가 타인에게 속하는 경우에 민법 제570조 내지 573조가 적용된다.

채권은 그 가치가 채무자의 자력에 의존하게 된다는 점에서 일반 동산과 구별된다. 따라서 채무자의 자력을 담보하는 특약을 하는 것이 일반적이다. 민법은 이러한 경우에 채권의 매도인에게 담보책임을 부담하도록 하고 있다.

2) 채무자의 자력담보시기

채권의 매도인이 시기를 정하지 않고 채무자의 자력을 담보한 때에는 매매계약 당시의 자력을 담보한 것으로 추정한다(579조 1항). 따라서 계약성립 후에 채무자의 자력이 감소하여 매수인이 변제를 받지 못하더라도 매도인이 책임을 지지 아니한다. 변제기에 도달하지 아니한 채권의 매도인이 채무자의 자력을 담보한 때에는 변제기의 자력을 담보한 것으로 추정한다(579조 2항).

3) 책임의 내용

채권의 매도인이 "채무자의 자력을 담보한다"고 함은 채무자의 무자력에 대하여 변제되지 않은 부분을 매도인이 대신해서 변제한다는 의미이다. 따라서 채권매매의 매수인은 먼저 채무자에게 이행을 청구하고, 채무자의 무자력으로 변제를 받지 못한 때에 채권의 매도인에게 손해배상을 청구하게 될 것이다.

(5) 관련문제

1) 담보책임과 동시이행

매수인이 매도인에 대하여 담보책임을 물어 대금감액·계약해제 또는 손해배상을 청구하는 때에는 그가 이미 매도인으로부터 수령한 것이 있으면 이를 반환하여야 하며, 양당사자의 의무는 동시이행의 관계에 있다(583조).

2) 담보책임에 관한 특약

민법상 담보책임에 관한 규정은 강행규정으로 볼 수 없으므로, 당사자 사이에서 민법이 정한 담보책임을 배제·경감하거나 가중하는 특약을 하는 것은 유효하다. 다만 하자의 존재를 매도인이 알면서도 이를 고지하지 않았거나 또는 권리를 제3자에게 설정 또는 양도한 경우에는 매도인은 면책특약에도 불구하고 그 책임을 면할 수 없다(584조).

제3항 환 매

Ⅰ. 환매의 의의·성질

1. 환매의 의의

환매(還買)란 매도인이 매매계약과 동시에 환매할 권리를 보유하였다가 그 권리를 일정한 기간 내에 행사하여 대금과 매매비용을 반환하면서 매매의 목적물을 다시 사오는 것을 말한다(590조).

환매는 두 번째의 매매로서의 외형을 갖추고 있고 실제 매도한 물건을 다시 사오기 위해 환매특약을 하는 경우가 없지 않으나, 주로 채권담보의 수단으로 이용된다. 즉 금전을 빌리면서 그 대여금을 매매대금으로 하여 부동산 등을 매각하고 그 금전을 변제하면 그 부동산을 회수할 수 있도록 특약을 맺는 것이다. 물권법의 '매도담보'가 바로 이러한 유형이며, 환매는 이를 가능케 하는 법적 수단으로서의 역할을 하는 것이다. 이 경우 가등기담보 등에 관한 법률 및 민법 제607조·608조의 적용을 받게 되고 환매규정은 적용되지 않는다.

2. 환매의 법적 성질

환매의 법적 성질을 어떻게 파악할 것인가에 대하여는 (ⅰ) 환매를 매매계약의 해제, 즉 해제권보유부 매매로 보는 견해와, (ⅱ) 두 번째의 매매의 예약으로 보는 견해(다수설)가 대립된다. 전자는 소유권이전등기를 말소하는 방식으로 환매를 실행할 것이나, 후자는 다시 소유권이전등기를 하는 방식으로 행하게 될 것이다. 판례 중에는 환매를 해제조건부매매라고 본 사례가 있다(대판 1981.6.9, 80다3195).

Ⅱ. 환매의 요건

1. 목적물

특별한 제한이 없으므로 부동산·동산·재산권에 대해서도 환매의 특약을 할 수 있다.

2. 환매의 특약

환매의 특약은 매매계약과 동시에 하여야 한다(590조 1항). 매매계약체결 후에 하는 특약은 재매매의 예약이 될 수는 있어도 환매가 되지는 않는다. 매매목적물이 부동산인 경우에는 매매등기와 동시에 환매권의 보유를 등기할 수 있고(부동산등기법 53조), 그 등기를 한 때에는 제3자에 대하여 그 효력이 있다(592조). 이전등기의 부기등기의 형식으로 행하게 된다.

3. 환매대금

환매권자는 최초의 매매대금과 매수인이 부담한 매매비용을 반환하고 환매할 수 있다. 그러나 환매대금에 관하여 특별한 약정이 있으면 그 약정에 의한다. 또 목적물의 과실과 대금의 이자는 특별한 약정이 없으면 상계한 것으로 본다(590조). 따라서 매도인은 환매할 때까지의 대금에 대한 이자를 지급할 필요가 없고, 매수인은 환매할 때까지 목적물로부터 얻은 과실을 반환할 필요가 없다.

4. 환매기간

환매기간은 부동산은 5년, 동산은 3년을 넘지 못하고 약정기간이 이를 넘는 때에는 위 기간으로 단축한다(591조 1항). 환매기간을 정하지 않은 경우에도 위 기간으로 하며(591조 3항), 환매기간을 정한 때에는 이를 다시 연장하지 못한다(591조 2항).

이처럼 환매기간을 제한한 것은 너무 오랫동안 환매될 수 있는 불안정한 상태에 둔다면 목적물의 거래나 개량 등에 지장을 줄 수 있어 불합리하기 때문이다. 환매기간은 특약이 성립된 때부터 기산한다.

Ⅲ. 환매의 실행

1. 환매권의 행사방법

매도인이 환매기간 내에 환매대금을 제공하고 환매의 의사표시를 함으로써 환매가 성립한다(594조 1항). 의사표시만으로는 부족하고 실제 환매대금을 제공하여야 한다. 그러나 환매로 목적물의 소유권을 취득하게 되는 것은 환매를 근거로 인도 또는 등기를 갖춘 때이다. 환매권을 행사함이 없이 환매기간을 경과하게 되면 환매권은 소멸한다.

2. 환매권의 대위행사

환매권은 양도성이 있고, 또한 일신전속권이 아니므로 매도인의 채권자가 이를 대위행사할 수 있다(404조). 다만 매도인의 채권자가 매도인을 대위하여 환매하고자 하는 때에, 매수인은 법원이 선정한 감정인의 평가액에서 매도인이 반환할 금액을 공제한 잔액으로 매도인의 채무를 변제하고 잉여액이 있으면 이를 매도인에게 지급하여 환매권을 소멸시킬 수 있다(593조).

3. 환매의 효과

환매의 효과는 환매의 법적 성질에 따라 달라진다. 해제조건부매매설에 의하면 해제의 효과가 발생하고 재매매예약설에 의하면 두 번째 매매가 생기고 이에 따른 권리 · 의무가 발생한다. 특별한 약정이 없으면 목적물의 과실과 대금의 이자는 이를 상계한 것으로 본다(590조 3항). 매수인이나 전득자가 목적물에 대하여 비용을 지출한 때에는 매도인은 이를 상환하여야 한다. 그러나 유익비에 대하여는 법원이 매도인의 청구에 의하여 상당한 상환기간을 허여할 수 있다(594조 2항).

4. 공유지분의 환매

공유지분에 대한 환매특약이 있은 후에 그 환매실행 전에 목적물의 분할이나 경매가 있는 때에는 그 분할부분이나 배당금에 대하여 환매권을 행사할 수 있다. 다만 매수인이 이해관계인인 매도인에게 통지하지 않고 분할이나 경매에 참여한 경우 매도인은 공유지분 자체의 환매를 주장할 수 있다(595조). 따라서 분할이나 경매는 그 효력을 잃게 된다.

제4관 교 환

Ⅰ. 교환의 의의 · 성질

교환은 당사자 쌍방이 금전 이외의 재산권을 상호이전 할 것을 약정함으로써 생기는 계약이다(596조). 교환계약은 낙성 · 유상 · 쌍무 · 불요식 계약이다. 계약을 체결하면서 동시에 목적물을 교환하는 경우에는 현실매매와 같다고 보아도 무방하다.

인류사회의 발전사에서 생산물의 교환은 화폐의 발생 전부터 행해지고 있으므로, 생산물의 교환형식으로서는 교환이 매매에 선행하는 것이라고 본다. 그러나 오늘날의 사회에서는 원칙적으로 노동생산물은 팔기 위해 만드므로(상품) 화폐를 매개를 한 상품교환(매매)이 사회적 규범으로 전개되어 있고, 그 결과 교환이 가지는 사회 · 경제적 의의는 적어지게 되었다.

[교환계약의 의사표시 방법]

교환은 낙성계약으로써 서면의 작성을 필요로 하지 아니하고, 그 청약의 의사표시는 그 내용이 이에 대한 승낙만 있으면 곧 계약이 성립될 수 있을 정도로 구체적이어야 한다.
승낙은 이와 같은 구체적인 청약에 대한 것이어야 할 것이다. 이 경우에 그 승낙의 의사표시는 특별한 사정이 없는 한, 그 방법에 아무런 제한이 없고 반드시 명시적임을 요하는 것도 아니다(대판 1992.10.13, 92다29696).

Ⅱ. 교환의 성립

1. 금전 이외의 재산권을 대상으로 할 것

교환은 당사자 쌍방이 모두 금전 이외의 재산권을 급부로 하는 경우에 성립하며, 당사자 일방이 금전을 지급하는 경우라면 이것은 곧 매매가 된다.

2. 금전 이외의 재산권과 함께 보충금을 급부하는 경우

교환의 대상인 재산권의 가치에 차이가 있을 때에는 그 차액을 보충하기 위해서 당사자 일방이 금전을 함께 지급하는 경우가 있다. 민법은 이것도 교환으로 보고 특칙을 두어(597조) 이 금전부분에 관해서는 매매대금에 관한 규정이 준용되도록 한다. 이때에 지급되는 금전을 '보충금'이라고 한다.

Ⅲ. 교환의 효력

민법은 교환의 효력에 관하여 특별히 규정하고 있지 않다. 그러나 교환은 유상계약이므로 매매에 관한 규정이 준용된다(567조). 또 보충금지급의 특약이 있는 경우에 이에 관하여도 매매에 관한 규정이 준용된다(597조).

[당사자가 시가를 묵비하거나 허위로 고가라고 한 경우]

교환의 경우에 당사자 일방이 알고 있는 정보를 상대방에게 사실대로 고지하여야 할 신의칙상의 주의의무가 인정된다고 볼만한 특별한 사정이 없는 한, 자기가 소유하는 목적물의 시가를 묵비하였거나 허위로 시가보다 높은 가액을 시가라고 고지하였다 하더라도, 이는 상대방의 의사결정에 불법적인 간섭을 한 것이라고 볼 수 없으므로 불법행위가 성립한다고 볼 수 없다(대판 2001.7.13, 99다38583).

제5관 소비대차

Ⅰ. 소비대차의 의의 · 성질

1. 소비대차의 의의

소비대차는 당사자일방(貸主)이 금전 기타 대체물의 소유권을 상대방에게 이전할 것을 약정하고, 상대방(借主)은 동종 · 동질 · 동량으로 반환할 것을 약정함으로써 성립하는 계약이다(598조).

소비대차는 사용대차.임대차와 같이 대차형의 계약이나, 借主가 빌린 물건 그 자체가 아니라 그와 동종 · 동질 · 동량의 다른 물건을 반환하면 되므로 목적물의 처분권을 취득한다는 점에서 사용대차 · 임대차와 구별된다.

2. 소비대차의 성질

민법의 소비대차는 낙성 · 불요식의 계약이고, 또 금전 기타 대체물의 사용의 대가로서 당연히 이자를 지급하도록 되어 있지 않은 점에서 무상계약이며, 편무계약임이 원칙이다. 다만 당사자 사이의 특약 또는 법률의 규정에 의해 이자를 지급하여야 하는 경우에 이자부 소비대차는 유상계약이며 쌍무계약이다(다수설 · 판례: 대판 1966.1.25, 65다2337).

Ⅱ. 소비대차의 성립

1. 소비대차의 성립요건

(1) 소비대차는 당사자일방이 금전 기타 대체물의 소유권을 상대방에게 이전할 것을 약정하고, 상대방은 그와 같은 종류 · 품질 · 수량으로 반환할 것을 약정함으로써 성립한다. 당사자의 합의만으로 성립하는 낙성계약이므로, 금전의 수수 등의 경제적 이득을 취하여야만 성립하는 것은 아니다(대판 1991.4.9, 90다14652).

(2) 소비대차의 목적물은 금전 기타 대체물이다. 가장 중요한 기능을 하는 것은 금전의 소비대차이다. 공채 기타 유가증권에 대하여는 당사자의 의사가 증권의 처분을 본래의 목적으로 하는 것일 때는 소비대차라고 해석할 수 있을 것이다.

2. 소비대차의 실효

대주가 목적물을 차주에게 인도하기 전에 당사자일방이 파산선고를 받은 때에는 소비대차는 그 효력을 잃는다(599조).

3. 소비대차의 해제에 관한 특칙

무이자소비대차의 당사자는 목적물의 인도전에는 언제든지 계약을 해제할 수 있다(601

조 본문). 무이자소비대차의 경우에는 대주만이 손실을 보기 때문에 당사자간에 공평을 기하기 위해서이다. 다만 그러한 해제로 인하여 상대방에게 손해가 생긴 때에는 이를 배상하여야 한다(601조 단서).

Ⅲ. 소비대차의 효력

1. 대주의 의무

(1) 목적물의 이전의무

대주는 차주에게 목적물의 소유권을 이전할 의무를 부담하는데, 이것이 대주의 기본적인 의무이다. 이 채무의 이행장소에 관하여는 특약이 없는 한 일반원칙에 따라서 채권자의 현주소라고 해석해야 할 것이다(467조 2항 참조).

(2) 담보책임

이자 있는 소비대차의 목적물에 하자가 있는 경우에 대주는 매도인의 하자담보책임과 같은 담보책임을 진다(602조 1항). 목적물의 하자가 중대하여 계약목적을 달성할 수 없는 경우에는 계약을 해제할 수 있고, 그렇지 않은 경우에는 손해배상을 청구할 수 있다(580조. · 575조 1항 준용). 또한 계약의 해제나 손해배상을 청구하지 않고, 하자 없는 다른 완전한 물건의 교부를 청구할 수도 있다(581조 2항 준용). 차주가 대주에게 위와 같은 담보책임을 묻는 것은 6월내에 하여야 한다(582조 준용). 이 담보책임에 관하여는 대주의 고의 · 과실을 요하지 않지만, 차주는 목적물에 하자 있음을 모르고 또한 모르는데 과실이 없어야 한다.

한편 이자 없는 소비대차의 경우에는 무상계약의 담보책임의 일반법리에 따라서 대주가 그 하자를 알고 차주에게 고지하지 아니한 때에 한하여 위와 같은 담보책임을 진다(602조 2항 단서).

2. 차주의 의무

(1) 반환의무

1) 원 칙

차주는 약정시기에 차용물과 동종 · 동질 · 동량의 물건을 반환하여야 한다(603조 1항). 이것이 차주의 기본적인 의무이다.

2) 예 외

(a) 차주가 하자 있는 물건을 수령한 경우에는 같은 하자 있는 물건을 반환할 수도 있지만, 하자 있는 물건의 가액으로 반환할 수 있다(602조 2항 본문). 이것은 이자 없는 소비대차에 관한 규정이지만, 이자 있는 소비대차에 있어서 차주가 대물청구를 하지 않았던 경우에도 마찬가지라고 해석된다.

(b) 차주가 차용물과 동종 · 동질 · 동량의 물건을 반환할 수 없는 때에는 그 때의 시가로 상환하여야 한다(604조 본문). 그러나 목적물인 특수한 통화가 반환시기에 강제통용력을 잃은 때에는 차주는 다른 통화로 변제하여야 한다(604조 단서).

(c) 차주가 금전에 갈음하여 유가증권 기타 물건의 인도를 대신 받은 대물대차의 경우에는 금전에 갈음했던 물건이 아니라 금전을 반환하게 된다. 다만 반환하는 금전의 액은 인도받은 물건의 인도시의 가액이다(606조). 이 규정의 취지에 반하는 당사자의 특약이 차주에게 불리한 때에는 그 특약은 무효이다(608조).

(d) 당사자가 대물반환의 예약을 한 경우에는 차주가 차용물에 갈음하여 반환하는 재산에 관한 예약 당시의 가액은 차용액 및 이에 붙인 이자의 합산액을 넘지 못한다(607조). 이 규정에 반하는 당사자의 약정으로서 차주에게 불리한 것은 환매 기타 어떠한 명칭을 사용하더라도 무효이다(608조).

(e) 이자 있는 소비대차는 차주가 목적물의 이전을 받은 때로부터 이자를 계산하여야 하며, 차주가 그 책임 있는 사유로 수령을 지체할 때에는 대주가 이행을 제공한 때로부터 이자를 계산하여야 한다(600조). 이자지급의무는 특약이 있는 경우와 법률의 규정(예: 상사소비대차)이 적용되는 경우에 발생한다.

[소송상 청구하는 경우 이자의 범위]

당사자간에 약정이자 또는 약정지연이자의 정함이 있는 경우라 할지라도 소송상 청구하는 경우, 당사자 일방은 소송촉진 등에 관한 특례법 제3조 1항의 규정에 따라, 소장 등이 송달된 날 다음 날부터는 이자제한법의 범위 안에서 대통령령으로 정하는 이율인 연 2할 5푼의 비율에 의한 지연손해금의 지급을 구할 수 있다(대판 1992.12.12, 92다4307).

(f) 반환불능의 경우 불능시의 차용물의 시가로 상환하여야 한다. 그러나 목적물이 특종의 통화인 때에 그 통화가 강제통용력을 잃은 때에는 다른 통화로서 반환하여야 하고 구화폐의 시가로 반환하지 못한다(604조).

[607조 · 608조 위반의 효력]

재산권을 이전하기로 한 당사자 간의 약정이 담보목적이 아니라 대물변제의 의사로 한 것이라 하더라도 위 약정을 함에 있어 약정 후 3년 이내에 채무자가 그간의 원리금을 지급하면 채권자는 목적물을 채무자에게 되돌려 주기로 하는 약정도 함께 하였다면, 이는 결국 대물변제의 예약이라고 봄이 상당하며 그 약정 당시의 가액이 원리금을 초과하므로 대물변제의 예약자체는 무효이고 다만 양도담보로서의 효력은 인정하여야 한다(대판 1991.12.24, 91다11223).

Ⅳ. 소비대차의 종료

소비대차는 계약의 일반적 종료원인에 기해 종료하는 외에 다음과 같은 원인에 의해 종료한다.

1. 반환시기의 도래

당사자가 반환시기를 합의한 때는 그 시기의 도래에 의해 차주는 지체책임을 진다. 반환시기는 확정기한이든 불확정기한이든 상관이 없다.

기한부 소비대차에 있어서도 기한의 이익을 상실하는 사유(388조)가 발생하면 기한은 즉시 도래한다. 그 외 차주가 다른 채권자로부터 강제집행을 받은 때에는 기한의 이익을 상실한다는 특약이 체결되는 경우가 많다.

2. 고지(반환시기의 약정이 없는 경우)

반환시기의 약정이 없는 때에는 대주는 상당한 기간을 정하여 반환을 최고하여야 한다(603조 2항). 이 상당기간이 경과한 후에 소비대차는 종료한다.

반환시기의 약정이 없는 때에는 차주는 언제든지 반환할 수 있고(603조 단서), 이에 의해 소비대차는 소멸한다.

Ⅴ. 준소비대차

1. 의 의

소비대차에 의하지 아니하고 금전 기타의 대체물을 지급할 의무가 있는 경우에 당사자가 그 목적물을 소비대차의 목적으로 할 것을 약정한 때에는 소비대차의 효력이 생긴다(605조). 이것을 준소비대차라고 한다. 매매계약의 당사자가 매매대금의 미지급금을 소비대차로 한 것으로 하여 새로운 변제기를 정하여 지급을 유예해 주면서, 지연이자를 포함한 액을 대부액이라고 하는 경우 등이 그 예이다.

기존채무는 소멸하고 신채무를 성립시킨다는 점에서 경개와 같으나 준소비대차의 경우 신채무와 구채무간 동일성이 유지된다는 점에서 차이가 있다.

2. 성립요건

당사자 사이에 금전 기타 대체물의 급부를 목적으로 하는 유효한 기초채무가 존재하여야 하며, 기초가 될 수 있는 채무에는 제한이 없다. 구채무가 소비대차라도 상관없다(대판 1994.5.13, 94다8440). 그리고 기초채무의 당사자가 그 채무의 목적을 소비대차의 목적으로 한다는 합의를 하여야 한다. 만일 기초채무가 무효이거나 취소되면 준소비대차는 성립되지 않는다(대판 1962.1.18, 4294민상493).

[준소비대차의 당사자]

준소비대차는 기존 채무의 당사자가 그 목적물을 소비대차의 목적물로 한다는 합의를 할 것을 요건으로 하므로, 준소비대차계약의 당사자는 기초가 되는 기존 채무의 당사자이어야 한다(대판 2002.12.6, 2001다2846).

3. 효 력

준소비대차의 효력은 소비대차의 효력과 같다. 문제는 소비대차에 의해 성립한 채무와 구채무 사이의 법적 동일성의 유무이다.

신구채무(新舊債務)는 특별한 사정이 없는 한 원칙적으로 동일성을 갖는다. 따라서 기존 채무에 관하여 존재하는 담보나 보증은 원칙적으로 신채무를 위하여 존속한다. 다만 시효는 채무 자체의 성질에 의하여 결정되므로 신채무를 기준으로 하여야 한다. 이 경우 동시이행의 항변권은 원칙적으로 존속한다(통설). 시효는 신채무를 기준으로 한다.

제6관 사용대차

Ⅰ. 사용대차의 의의 · 성질

1. 사용대차의 의의

사용대차는 대주가 차주에게 무상으로 사용 · 수익하게 하기 위하여 목적물을 인도할 것을 약정하고, 차주가 사용. · 수익한 후 그 물건을 반환할 것을 약정하는 계약이다(609조). 타인의 물건을 사용 · 수익하는 경우에는 대가를 지불하는 것이 원칙이지만(임대차 등), 사용대차가 성립한 경우에는 대주와 차주 사이에 특수한 관계(친인척관계 등)가 존재하는 경우가 많다.

따라서 사용대차에 관하여 생긴 분쟁도 법률관계 자체에 기인하기 보다는, 오히려 배후에 있어 인간관계의 파탄 등에 기인하는 경우가 많다.

[사용대차와 임대차의 구별]

갑과 을 사이에 을이 갑 소유의 토지에 공원을 조성하여 그때부터 일정기간 동안 그 토지를 사용 · 수익하되 기간이 종료한 때에는 을이 건립한 공원시설물 및 공원운영에 필요한 일체의 권리를 갑에게 무상으로 양도하기로 약정되어 있고, 부대계약서에 을이 설치할 시설물의 단가 및 총액이 명시되어 있다면, 을의 그와 같은 의무는 토지사용과 대가관계에 있다고 할 것이다.

따라서 갑과 을 사이에 체결된 대차계약은 그 계약서상의 명칭이 사용대차계약으로 되어 있다 하더라도 임대차계약에 해당하는 것으로 봄이 상당하다(대판 1994.12.2, 93다31672).

2. 사용대차의 법적 성질

(1) 사용대차는 대차형의 계약이고, 목적물의 소유권을 대주에게 유보한다는 점에서 임대차와 유사하다. 따라서 차주는 목적물을 소비하지 않고 반환하여야 한다.

(2) 사용대차는 대주가 차주에게 목적물의 사용 · 수익을 시키는 채권관계이다. 대주는 단순히 차주가 목적물을 사용 · 수익하는 것을 인용하는 소극적 의무를 부담하는데 지나지 않으므로, 사용 · 수익에 필요한 비용은 차주가 부담한다.

(3) 사용대차는 무상 · 편무 · 낙성 · 불요식 계약이다.

Ⅱ. 사용대차의 성립요건

1. 목적물의 제한 없음

목적물은 동산·부동산을 불문한다. 물건의 일부라도 상관없다. 대주는 목적물의 소유권을 이전하지 아니하므로 타인의 물건이라도 사용대차는 성립한다.

2. 대가의 무상

무상계약이므로 금전에 의한 대가가 지불되지 않더라도, 다른 물건의 사용·수익의 대가로서 상대방에게 급부되는 경우에는 사용대차가 아니다. 다만 공조·공과 등 부담을 지우는 것은 무방하다. 甲과 乙이 각자가 소유하는 토지를 교환하여 이용하고 있고 쌍방의 토지의 이용가치에 불균형이 없는 경우에는, 각각 무상이어도 유상의 이용계약이라고 보아야 할 것이다. 한편 차주가 약간의 금전을 지급하는 경우에도 그것이 물건의 이용에 관한 대가적 의의를 갖지 않는 정도라면 사용대차라고 하여도 무방할 것이다.

3. 사용대차의 판단

일정한 법률관계를 전제로 사용대차 유사의 법률관계가 성립된 경우 그것이 사용대차인지가 문제된다. 예컨대 고용관계를 전제로 한 사택의 무상이용계약, 양도담보계약의 설정자가 목적물을 무상으로 이용할 수 있는 계약 등이 문제된다.

이러한 경우에는 목적물의 이용관계만을 보면 무상의 이용계약이고 사용대차라고 해석할 여지가 있지만, 전자의 경우에는 임금의 실질적 일부를 구성하고 있는 것이고, 후자의 경우도 담보부 소비대차계약의 하나의 표현형식인 경우가 많다. 따라서 어느 경우에도 독자적인 사용대차라고 하기는 어려울 것이다.

Ⅲ. 사용대차의 효력

1. 대주의 권리·의무

(1) 대주의 권리

대주는 계약종료 후에 목적물의 반환을 청구할 수가 있다.

(2) 대주의 의무

1) 대주는 차주가 목적물을 사용·수익할 수 있도록 물건을 인도하고, 차주의 사용·수익을 인용하여야 한다(609조). 이것이 대주의 기본적인 의무이다.

2) 사용대차는 무상계약이므로 대주의 담보책임에 관하여 증여자의 담보책임에 관한 규정(559조)이 준용된다(612조). 그 결과 목적물의 하자에 의해 차주가 손해를 입어도 대주는 손해배상책임을 부담하지 않지만, 대주가 그 하자를 알고 고지하지 않은 경우에는 손해배

상책임을 부담한다(559조 1항 준용). 증여의 경우와 마찬가지로 부담부 사용대차도 유효하다고 해석되고, 그 경우에는 매도인과 같은 담보책임을 부담한다(559조 2항 준용).

2. 차주의 권리 · 의무

(1) 차주의 권리

차주의 기본적 권리는 목적물의 사용.수익이다. 사용.수익권의 내용은 계약에 의해 정해지는 것이 원칙이지만, 계약상 명확하지 않은 경우에는 목적물의 성질에 의해 정해진 용법에 따른다(610조 1항). 차주는 대주의 승낙이 없으면 제3자에게 차용물을 사용 · 수익하게 하지 못한다(610조 2항).

차주가 이러한 사용.수익권이 행사방법에 위반한 경우에는 채무불이행이 되므로, 대주는 계약을 해지하고(610조 3항) 손해배상을 청구할 수 있다. 그러나 손해배상청구는 대주가 물건의 반환을 받은 날로부터 6월내에 하여야 한다(617조).

(2) 차주의 의무

1) 차주는 사용대가를 지급할 의무를 부담하지 않는다.

2) 차주는 목적물을 선량한 관리자의 주의의무를 가지고 보관할 의무를 부담한다(374조). 이 의무에 위반하여 목적물에 손해가 생긴 경우에는 채무불이행책임을 진다.

3) 차주는 목적물의 통상의 필요비를 부담한다(611조 1항). 사용대차의 대주는 임대인과 같이 차주에 대하여 사용.수익을 시킬 적극적 의무를 부담하지 않기 때문이다. 따라서 차주가 이 의무를 해태하여 목적물에 손해가 생기면 채무불이행책임을 진다.

통상의 필요비 이외의 특별필요비와 유익비에 대하여 차주는 환매권자의 비용상환청구권과 같은 범위에서 상환을 청구할 수 있다(611조 2항 · 583조 2항). 이 비용상환청구권에 대하여도 6월의 제척기간이 정해져 있다(617조).

4) 차주는 계약종료시에 목적물을 반환할 채무를 부담한다(609조). 차주가 목적물의 성질에 따라 사용 · 수익을 한 결과 목적물이 손상되었더라도 그대로 반환하면 되지만, 목적물에 변경을 가한 경우에는 원상으로 회복하여 반환하여야 한다. 차주가 목적물에 부속시킨 물건이 있는 경우에는 이것을 철거할 수 있다(615조).

5) 수인이 공동으로 물건을 차용한 경우에는 연대하여 그 의무를 부담한다(616조).

Ⅳ. 사용대차의 종료

1. 계약기간의 만료

계약상 존속기간이 정해져 있는 경우에는 그 만료시에 사용대차는 종료한다(613조 1항). 반환시기가 정해져 있지 않는 경우에도 차주는 목적물의 성질에 의한 사용 · 수익이 종료한 때에 목적물반환의무를 부담한다(613조 2항 본문).

[존속기간 약정 없는 경우 대주의 해지권]

무상으로 사용을 계속한 기간이 40년 이상의 장기간에 이르렀고 최초의 사용대차계약 당시의 대주가 이미 사망하여 대주와 차주간의 친분관계의 기초가 변하였을 뿐더러 쌍방의 신뢰관계 내지 우호관계가 허물어진 경우, 공평의 견지에서 대주의 상속인에게 사용대차의 해지권을 인정한다(대판 2001.7.24, 2001다23699).

2. 사용대차의 해지

(1) 대주의 해지

차주가 계약에서 약정한 사용·수익의 범위를 벗어나거나 대주의 승낙 없이 제3자에게 사용·수익하게 한 때(610조 3항), 반환시기의 약정이 없는 경우에 사용·수익에 족한 기간이 경과한 때(613조 2항 단서), 차주가 사망하거나 파산선고를 받은 때(614조)에 대주는 사용대차를 해지할 수 있다. 사용대차에서 제3자가 대주의 승낙 없이 목적물을 사용·수익하는 경우 대주는 계약을 해지함 없이 제3자에 대하여 목적물의 인도를 청구할 수 있다(대판 1965.11.16, 65다1748).

[건물소유를 목적으로 하는 토지의 사용대차]

건물의 소유를 목적으로 하는 토지 사용대차의 경우에는 특별한 사정이 없는 한 차주 본인이 사망하더라도 당연히 상실되는 것이 아니어서, 그로 인하여 곧바로 계약의 목적이 달성되는 것은 아니라고 봄이 통상의 의사해석에도 합치된다. 이러한 경우에는 민법 614조의 규정에도 불구하고 대주가 차주의 사망 사실을 들어 사용대차계약을 해지할 수 없다(대판 1993.11.26, 93다36806).

(2) 차주의 해지

차주는 다른 특약이 없는 한 언제든지 계약을 해지할 수 있다. 일종의 용익권의 포기라고 이해하면 될 것이다.

3. 사용대차의 해제

대주가 목적물을 인도하기 전이면 당사자는 언제든지 계약을 해제할 수 있다(612조·601조 본문). 그러나 해제로 말미암아 상대방에게 손해가 생긴 때에는 그 손해를 배상하여야 한다(601조 단서).

제7관 임대차

제1항 임대차

Ⅰ. 임대차의 의의 · 성질

1. 임대차의 의의

임대차는 임대인이 임차인에게 목적물을 사용 · 수익하게 할 것을 약정하고, 임차인이 이에 대하여 차임을 지급할 것을 약정함으로써 성립하는 계약이다(618조).

임차인은 임대인에게 사용 · 수익의 차임을 지급하여야 하며, 이 점에서 사용대차와 구별된다. 또한 임대차는 소비대차와 달리 목적물의 소유권을 상대방에게 이전하는 것이 아니므로, 임대인이 임대물에 대한 소유권 기타 처분 권한을 가지고 있어야 하는 것은 아니다(대판 1996.3.8, 95다15087).

[임대차와 시설대여(리스)계약과 구별]

시설대여(리스)는 시설대여회사가 대여시설 이용자가 선정한 특정물건을 새로이 취득하거나 대여 받아, 그 물건에 대한 직접적인 유지 · 관리책임을 지지 아니하면서 대여시설이용자에게 일정기간 사용케 하고 그 기간에 걸쳐 일정대가를 정기적으로 분할하여 지급받으며 그 기간종료 후의 물건의 처분에 관하여는 당사자간의 약정으로 정하는 계약이다.

형식에서는 임대차계약과 유사하나 그 실질은 물적 금융이고 임대차계약과는 다른 특질이 있기 때문에 리스계약은 비전형계약(무명계약)이다. 따라서 민법의 임대차에 관한 규정이 바로 적용되는 아니한다(대판 1986.8.19, 84다카503 · 504)

2. 임대차의 성질과 부동산임차권의 강화

(1) 임대차의 법적 성질

임대차는 채권계약으로 낙성 · 유상 · 쌍무 · 불요식 계약이다. 또 임대차는 계속적 계약관계이므로 당사자의 신뢰관계나 계약관계에 중대한 영향을 끼치며, 사정변경이 고려되어야 할 경우가 많다. 임대차의 목적물은 '물건'이므로(618조), 권리나 영업허가 등을 임대하는 것은 전형계약으로서의 임대차는 아니다.

(2) 부동산임차권의 강화

임대차 중에서도 부동산임대차는 우리사회에서 널리 이용되나, 채권에 불과하므로 임차인은 지상권자나 전세권자와 같은 물권자에 비해 상대적으로 열등한 지위에 놓이게 마련이다. 그러나 부동산임차권은 주거 · 생산 기타 경제활동의 목적에서 광범위하게 이용되므로, 임차인의 보호를 위해 부동산임차권의 강화 내지 물권화 경향이 나타나게 되었다.

부동산임차권 강화의 내용으로는 (ⅰ) 대항력의 강화(621조 1항 · 622조 1항, 주택임대차보호법 3조 참조), (ⅱ) 임차권의 침해에 대한 배제청구, (ⅲ) 임차권의 처분 가능성(629조 참조), (ⅳ) 임차권의 존속보장(주택임대차보호법 4조 1항) 등이 주로 논의된다. 상가건물임대차보호법의 내용도 주택임대차보호법과 유사하다.

[등기된 임차권이 침해된 경우 방해배제]

등기된 임차권에는 용익권적 권능 외에 임차보증금반환채권에 대한 담보권적 권능이 있다. 임대차기간이 종료되면 용익권적 권능은 임차권등기의 말소등기 없이도 곧바로 소멸하나, 담보권적 권능은 곧바로 소멸하지 않는다. 임차인은 임대차기간이 종료한 후에도 임차보증금을 반환받기까지는 임대인이나 그 승계인에 대하여 임차권등기의 말소를 거부할 수 있다.

따라서 임차권등기가 원인 없이 말소된 때에는 그 방해를 배제하기 위한 청구를 할 수 있다(대판 2002.2.26, 99다67079).

Ⅱ. 임대차의 존속기간

1. 임대차기간을 약정한 경우

(1) 원 칙

당사자가 임대차기간을 약정한 경우, 그 존속기간은 원칙적으로 최장 20년을 넘지 못한다(651조 1항 전단). 당사자가 이를 초과하는 기간을 약정한 경우에는 20년으로 단축된다(651조 1항 후단).

[민법 제651조 1항의 강해규정성]

민법 제651조 1항은 강행규정에 해당하므로, 동조 1항이 동법 제652조에 포함되어 있지 않다거나, 임차물이 견고한 철근콘크리트 건물이고 임대인이 임차인으로부터 관리비를 징수하면서 임차물을 관리하고 있다거나, 동조 1항이 제정될 당시에 비하여 현재 건축기술이 발달하여 건물이 훨씬 견고해 졌다는 사실만으로 달리 해석할 것은 아니다(대판 2003.8.22, 2003다19961).

(2) 예 외

1) 일정목적을 위한 토지임대차의 경우

견고한 건물 기타 공작물의 소유를 목적으로 하는 토지임대차나 식목·채염을 목적으로 하는 토지임대차의 경우에는 20년이라는 최장기간의 제한을 받지 않는다(651조 1항 전단).

2) 처분의 능력 및 권한 없는 자가 임대차를 한 경우

임대차는 처분행위가 아니므로 처분의 능력이나 권한이 없는 자도 임대차계약을 체결할 수 있다. 민법상 처분의 권한이 없어도 관리할 권한은 있는 자로는 부재자재산관리인(25조)·권한이 정하여 있지 않은 대리인(118조)·후견인(개정민법 946조·개정민법 950조)·상속재산관리인(1023조·1047조 등) 등이 있다.

그러나 이 경우에 민법은 그 대상에 따라 최장기간을 제한한다(619조).

(ⅰ) 식목·채염 또는 견고한 건축을 목적으로 하는 토지의 임대차는 10년, (ⅱ) 기타 토지의 임대차는 5년, (ⅲ) 건물 기타 공작물의 임대차는 3년, (ⅳ) 동산의 임대차는 6월의 기간을 넘지 못한다(619조).

이 기간을 넘은 임대차는 이 기간으로 단축된다.

(3) 임대차의 갱신

임대차의 갱신은 임대차의 동일성을 유지하면서 당사자간의 합의로 그 기간을 연장하는 것을 말한다.

1) 계약에 의한 갱신

(a) 원 칙

당사자의 합의로 10년을 넘지 않는 범위에서 임대차기간을 갱신할 수 있다(651조 2항). 갱신은 몇 번이고 할 수 있다.

(b) 단기임대차의 갱신

처분의 능력 및 권한이 없는 자가 하는 단기임대차의 경우에도 갱신할 수 있으나, 기간만료 전 토지에 대하여는 1년, 건물 기타 공작물에 대하여는 3월, 동산에 대하여는 1월 내에 갱신하여야 한다(620조). 갱신되는 기간은 민법 제619조가 정하는 기간을 넘을 수 없다.

(c) 토지임차인의 갱신청구권

건물 기타 공작물의 소유 또는 식목 · 채염 · 목축을 목적으로 한 토지임대차의 기간이 만료한 경우에 건물 · 수목 기타 지상시설이 현존한 때에는 임차인은 계약의 갱신을 청구할 수 있으며, 임대인이 이를 거절할 경우 임차인은 지상시설의 매수를 청구할 수 있다(643조). 이 권리는 형성권이다(통설).

임차인의 채무불이행 등의 사유로 인하여 임대차계약이 해지되었을 때에는 임차인에게 갱신청구권이 발생하지 않는다(대판 1972. 12. 26, 72다2013). 그리고 이 규정에 위반하는 약정으로서 임차인에게 불리한 것은 그 효력이 없다(652조). 임대인이 이에 응하여야 할 의무는 없다.

2) 묵시의 갱신

임대차기간이 만료한 후 임차인이 사용 · 수익을 계속하는 경우에 임대인이 상당한 기간 내에 이의를 하지 아니한 때에는 전임대차와 동일한 조건으로 다시 임대차한 것으로 본다. 다만 당사자는 기간의 정함이 없는 경우와 같이 해지의 통고를 할 수 있다(639조 1항). 이 경우에 전임대차에 대하여 제3자가 제공한 담보는 기간의 만료로 소멸한다(639조 2항). 본조는 강행규정이 아니므로 당사자가 특약으로 그 적용을 배제할 수 있다(652조 참조).

[합의 기간연장의 경우 639조 2항의 적용가부]

민법 제639조 1항의 묵시적 갱신은 임차인의 신뢰를 보호하기 위하여 인정되는 것이다. 이 경우 동조 2항에 의하여 제3자가 제공한 담보는 소멸한다고 규정한 것은 담보를 제공한 자의 예상하지 못한 불이익을 방지하기 위한 것이라 할 것이다.

그러므로 동조 2항은 당사자들의 합의에 따른 임대차기간 연장의 경우에는 적용되지 않는다(2005.4.14, 2004다63293).

3) 갱신의 효과

전임대차와 동일한 조건으로 임대차한 것으로 본다(639조 1항). 임대차의 존속기간은 약정이 없는 것으로 된다(대판 1966.10.25, 66다1467).

2. 임대차기간을 약정하지 않은 경우

임대차기간의 약정이 없는 때에는 당사자는 언제든지 계약해지의 통고를 할 수 있다(635조 1항). 토지·건물 기타 공작물에 대하여는 임대인이 해지를 통고한 경우에는 6월, 임차인이 해지를 통고한 경우에는 1월, 동산에 대하여는 5일이 경과하는 때에 해지의 효과가 생긴다(635조 2항).

임대차기간의 약정이 있더라도 당사자일방 또는 쌍방이 그 기간 내에 해지할 권리를 보유한 때에는 민법 제635조의 규정이 준용된다(636조). 본조는 강행규정이다(652조).

Ⅲ. 임대차의 효력

1. 임대인의 권리와 의무

(1) 임대인의 권리

임대인의 권리로서는 차임청구권(618조)이 가장 중요하다.

(2) 임대인의 의무

1) 목적물인도의무 · 방해제거의무 · 수선의무

목적물을 사용·수익할 수 있도록 목적물을 인도하고(623조), 제3자의 방해를 제거하며, 계약존속 중 임차인이 사용·수익하는데 필요한 상태를 유지할 의무를 진다(623조). 수선의무는 특약으로 면제할 수 있다. 임대인의 수선의무 때문에 임차인은 임대인의 임대물 보존행위에 필요한 행위를 거절하지 못하며(624조), 임대인이 임차인의 의사에 반하여 보존행위를 하는 경우 그로 인하여 임차의 목적을 달성할 수 없는 때에는 계약을 해지할 수 있다(625조).

[임대인의 상가 활성화 조성의무 여부]

상가임대인이 입점주들로부터 지급받은 장기임대료 등을 적절히 집행하여 상가 활성화와 상권형성을 위해 노력하고 이를 위해 입점주들과 협력할 의무가 있다고 볼 수 있다. 그러나 전반적인 경기의 변동이나 소비성향의 변화 등과 상관없이 상가임대인이 전적으로 책임지고 상가가 활성화되고 상권이 형성된 상태를 조성하여야 할 의무까지 부담한다고 볼 수는 없다(대판 2009.8.20, 2008다94769).

2) 담보책임

임대차는 유상계약이므로 매매에 관한 규정이 준용된다(567조). 따라서 임대인은 매도인과 같은 담보책임을 부담한다.

2. 임차인의 권리와 의무

(1) 임차인의 권리

1) 사용 · 수익권

(a) 임차인의 권리로서 가장 중요한 것은 목적물의 사용 · 수익권이다. 다만 임차인은 계약 또는 그 목적물의 성질에 의하여 정하여진 용법으로 이를 사용 · 수익하여야 한다(654조 · 610조 1항). 임차인이 이에 위반하여 생긴 손해에 대해서는 임대인이 목적물의 반환을 받은 날로부터 6개월 이내에 그 배상청구를 하여야 한다(654조 · 617조).

(b) 임차권의 대항력

부동산임차인은 당사자간에 반대약정이 없으면 임대인에 대하여 그 임대차등기절차에 협력할 것을 청구할 수 있다(621조 1항). 이 등기청구권은 채권적 청구권이다. 부동산임대차를 등기한 때에는 그 때부터 제3자에 대하여 효력이 생긴다(621조 2항).

한편 건물의 소유를 목적으로 한 토지임대차는 이를 등기하지 아니한 경우에도 임차인이 그 지상건물을 등기한 때에는 제3자에 대하여 임대차의 효력이 생긴다(622조 1항). 다만 그 건물이 임대차기간 만료 전에 멸실 또는 후폐한 때에는 그 대항력을 잃는다(622조 2항). 이 경우에는 토지임차인을 보호할 필요가 없기 때문이다.

[임차인의 건물등기 전 제3자가 토지에 등기한 경우]

민법 622조 1항은 건물을 소유하는 토지임차인의 보호를 위하여 건물의 등기로써 토지임대차등기에 갈음하는 효력을 부여하는 것이다.

그러므로 임차인이 그 지상건물을 등기하기 전에 제3자가 그 토지에 관하여 물권취득의 등기를 한 때에는 임차인이 그 지상건물을 등기하더라도 제3자에 대하여 임대차의 효력이 생기지 않는다(대판 2003.2.28, 2000다65802 · 65819).

2) 비용상환청구권

임차인이 임차물의 보존에 관한 필요비를 지출한 때에는 임대차의 종료를 기다리지 않고서 곧 임대인에 대하여 그 상환을 청구할 수 있다(626조 1항). 필요비의 범위는 단순히 목적물 자체의 원상을 유지하거나 회복하는데 한하지 않으며 목적물을 통상의 용도에 적합한 상태로 보존하기 위하여 지출한 비용도 포함한다.

한편 임차인이 유익비를 지출한 경우에는 임대차가 종료한 때에 그 가액의 증가가 현존한 경우에 한하여 임차인이 지출한 금액이나 또는 그 증가액 중의 하나를 상환하여야 한다(626조 2항). 유익비를 상환하는 경우에 법원은 임대인의 청구에 의하여 상당한 상환기간을 허여할 수 있다(626조 2항 후문).

비용상환청구권은 임대인이 목적물을 반환받은 날로부터 6개월 내에 행사하여야 한다(654조 · 617조). 임차인은 비용상환청구권에 대하여 유치권을 갖는다(320조). 비용상환청구권에 관한 규정은 강행규정이 아니며(652조 참조), 당사자 사이의 특약으로 권리를 포기할 수 있다.

[유익비 상환청구권 포기의 특약]

임대차계약 체결시 임차인이 임대인의 승인하에 임차목적물인 건물부분을 재축 또는 변조할 수 있으나 임차목적물을 임대인에게 명도할 때에는 임차인이 일체비용을 부담하여 원상복구를 하기로 약정하였다면, 이는 임차인이 임차목적물에 지출한 각종 유익비의 상환청구권을 미리 포기하기로 한 취지의 특약이라고 봄이 상당하다(대판 1994.9.30, 94다20389 · 20396).

3) 부속물매수청구권

건물 기타 공작물의 임차인이 그 사용의 편익을 위하여 임대인의 동의를 얻어 이에 부속하거나 또는 임대인으로부터 매수한 부속물이 있는 때에는 임대차의 종료시에 임대인에 대하여 그 부속물의 매수를 청구할 수 있다(646조). 이는 형성권이다. 부속물은 임차인의 소유에 속하고 독립성을 가져야 한다. 따라서 독립되어 있지 못하거나 임차인의 특수목적에 의해 부속된 것(사무실을 식당으로 고친 경우)은 대상이 아니다(대판 1993.10.8, 93다25738). 다만 건물임차인의 채무불이행으로 임대차가 종료된 경우에는 부속물매수청구를 인정하지 않는 것이 판례이다(대판 1990.1.23, 88다카7245·7252).

4) 토지임차인의 지상물매수청구권

토지임차인은 1차적으로 계약의 갱신을 청구하고, 임대인이 그에 응하지 않을 때에 2차적으로 그 지상물의 매수를 청구할 수 있다(643 · ·644조). 따라서 토지임차인의 채무불이행으로 계약이 해지된 경우에는 계약의 갱신을 청구할 수 없으므로 지상물매수청구도 할 수 없다. 매수청구권은 형성권으로서 그 행사로 임대인과 임차인 사이에 지상물에 관한 매매가 성립한다.

한편 기간의 약정 없는 토지임대차계약을 임대인이 해지하여 그 임차권이 소멸한 경우에도 매수청구권은 인정되며, 이 경우에는 계약의 갱신을 거절한 것으로 볼 수 있으므로 토지임차인은 계약의 갱신을 청구할 필요 없이 곧 지상물의 매수를 청구할 수 있다(대판 1995.2.3, 94다51178·51185).

임대인이 제기한 토지인도 및 건물철거소송에서 임차인이 매수청구권을 행사하지 아니한 채 패소확정 후 임차인은 별소로서 매수청구권을 행사할 수 있다. 민법 제634조는 강행규정이다.

[경제적 가치존부가 매수청구권의 행사요건인지 여부]

민법 제643조 · 283조에 규정된 임차인의 매수청구권은 건물의 소유를 목적으로 한 토지 임대차의 기간이 만료되어 그 지상에 건물이 현존하고, 임대인이 계약의 갱신을 원하지 아니하는 경우에 임차인에게 부여된 권리이다.

따라서 그 지상건물이 객관적으로 경제적 가치가 있는지 여부나 임대인에게 소용이 있는지 여부가 그 행사요건이라고 볼 수 없다(대판 2002.5.31, 2001다42080).

(2) 임차인의 의무

1) 차임지급의무

(a) 임차인은 임대인에게 차임을 지급하여야 하나, 반드시 금전이어야 하는 것은 아니다.

(b) 임차물의 일부가 임차인의 과실 없이 멸실 기타의 사유로 사용·수익할 수 없는 때에는 임차인은 그 부분의 비율에 의한 차임의 감액을 청구할 수 있다(627조 1항). 한편 임대물에 대한 공과부담의 증감 기타 경제사정의 변동으로 약정한 차임이 상당하지 아니하게 된 때에는 당사자는 장래에 대한 차임의 증감을 청구할 수 있다(628조). 민법 제627조·628조 모두 강행규정이다. 민법 제628조는 일시사용을 위한 임대차 또는 전대차의 경우에는 적용되지 않는다(653조). 차임증감청구권은 형성권이다.

차임불증액 특약이 있더라도 그 약정 후 그 특약을 그대로 유지시키는 것이 신의칙에 반한다고 인정될 정도의 사정변경이 있다고 보여 지는 경우에는 형평의 원칙상 임대인에게 차임증액청구를 인정하여야 한다(대판 1996.11.12, 96다34601).

(c) 차임채권의 확보를 위하여 일정한 경우에 임대인에게 법정질권·법정저당권이 인정된다(648조·650조).

(d) 건물 기타 공작물의 임대차나 또는 건물 등의 소유를 목적으로 하는 토지임대차에서, 임차인의 차임연체액이 2기의 차임액에 달하는 때에는 임대인은 계약을 해지할 수 있다(640조·641조).

[차임지급의 입증책임]

임대차계약이 성립되었다면 임대인에게 임대차계약에 기한 차임채권이 발생하였다 할 것이고, 차임을 지급하였다는 입증책임은 임차인이 부담한다(대판 2001.8.24, 2001다28176).

2) 임차물 보관의무

임차인은 임차물을 임대인에게 반환할 때까지 선량한 관리자의 주의를 가지고 보관하여야 한다(374조 참조). 이와 관련하여 임차물이 수리를 요하거나 또는 임차물에 대하여 권리를 주장하는 자가 있는 때에는 임차인은 지체 없이 임대인에게 이를 통지할 의무가 있다. 그러나 임대인이 이미 이를 안 때에는 통지할 필요가 없다(634조). 또한 임대물의 보존을 위한 임대인의 행위를 임차인은 거절하지 못한다.

[임차인의 선관주의의무]

임대차가 장기간 계속되었고 화재의 원인이 된 전기배선을 임차인이 직접 하였으며 임차인이 전기배선의 이상을 미리 알았거나 알 수 있었던 경우에는 위와 같은 전기배선의 하자로 인한 화재는 특별한 사정이 없는 한, 임차인이 임차목적물의 보존에 관한 선량한 관리자의 주의의무를 다하지 아니한 결과 발생한 것으로 보아야 한다(대판 2006.1.13, 2005다51013·51020).

3) 임차물 반환의무

임대차가 종료한 때에는, 임차인은 부속시킨 물건을 철거하여 임차물을 원상으로 회복하여야 한다(654조.615조).

Ⅳ. 임차권의 양도와 전대

1. 민법의 규정

임차권의 양도란 임차권의 동일성을 유지하면서 이전하는 계약이고, 전대란 임차인 자신이 임대인(전대인)이 되어 그 임차목적물을 다시 제3자(전차인)에게 사용·수익하게 하는 계약이다.

임차인은 임대인의 동의 없이 그 권리를 양도하거나 임차물을 전대하지 못하고, 임차인이 이에 위반한 때에는 임대인이 계약을 해지할 수 있다(629조). 다만 이 규정이 강행규정은 아니므로 당사자의 특약으로 달리 정할 수 있다.

[건물을 양도담보로 제공한 경우]

건물소유를 목적으로 한 대지임차인이 자기소유 건물에 대하여 채권담보의 목적으로 제3자 명의의 소유권이전등기를 경료하여 준 이른바 양도담보의 경우, 채권담보를 위하여 신탁적으로 양도담보권자에게 건물의 소유권이 이전될 뿐 확정적 종국적으로 이전되는 것은 아니고 또한 특별한 사정이 없는 한 양도담보권자가 건물의 사용·수익권을 갖게 되는 것도 아니다.

그러므로 이 건물의 부지에 대하여 민법 639조 소정의 해지의 원인인 임차권의 양도 또는 전대가 이루어지지 않았다고 해석함이 상당하다(대판 1995.7.25, 94다46428).

2. 임대인의 동의 있는 양도·전대의 효과

(1) 양도의 경우

양도인은 임대차관계에서 벗어나고, 임차권은 그 동일성을 유지하면서 양수인에게 이전한다. 다만 양도인의 연체차임채무나 기타 손해배상채무 등은 원칙적으로 양수인에게 이전하지 않는다. 임대인의 동의는 대항요건이다.

[전대가 아니라 임차권 양도계약인 경우]

의류판매대리점 영업을 하던 점포임차인이 그 영업을 양도하면서 점포도 넘겨주기로 한 계약이 영업양도계약에 부수하여 이루어 졌고, 임대차계약서 양식이 아니라 매매계약서 양식을 이용하여 위 계약을 체결하였다. 그리고 양수인과 임차인이 함께 임대인을 찾아가 영업양수인과 새로운 임대차계약을 체결하여 줄 것을 요구하였다.

점포임차인이 영업을 양도한 이후 위 점포에 대한 임차권의 관리관계에서 임차인의 지위를 유지시켜야 할 이익을 인정할 수 없다면, 양수인과 임차인 사이에서 위 점포를 넘겨주기로 한 계약은 전대차계약이 아니라 임차권의 양도계약이다(대판 2001.9.28, 2001다10960).

(2) 전대의 경우

1) 임차인(전대인)과 전차인의 관계

전대차계약에 따라 정해진다.

2) 임대인과 임차인의 관계

종전의 관계를 그대로 유지하며 전대차에 의하여 아무런 영향을 받지 않는다.

3) 임대인과 전차인의 관계

양자 사이에 직접 임대차관계가 성립하는 것은 아니지만, 전차인은 직접 임대인에 대하여 의무를 부담한다(630조 1항 전단). 따라서 전차인이 임대인에게 차임지급의무 등을 이행하면 임차인에 대한 의무는 면하게 된다.

한편 전차인은 전대차계약에 의하여 임차인(전대인)에 대해서도 의무를 지므로 임차인에게 의무이행을 한 한도 내에서 임대인에 대한 의무를 면하게 된다. 다만 전차인이 전대차계약에서 정한 변제기 전에 차임을 임차인에게 지급하면 그로써 임대인에게 대항하지 못한다(630조 1항 후단).

[임대인에게 대항할 수 없는 차임의 범위]

전차인이 임대인에게 대항할 수 없는 차임의 범위는 전대차계약상의 차임지급시기를 기준으로 하여 그 전에 전대인에게 지급한 차임에 한정되고, 그 이후에 지급한 차임으로는 임대인에게 대항할 수 없다(대판 2008.3.27, 2006다45459).

4) 전차인의 특별보호규정

① 전차권은 임차권에 기초하여 성립된 것이나, 임대인과 임차인의 합의로 임대차계약이 종료한 때에는 전차권이 소멸하지 않는다(631조).

② 임대차계약이 해지의 통고로 종료된 경우에는 임대인은 전차인에게 그 사유를 통지하지 아니하면 해지로써 전차인에게 대항하지 못한다(638조 1항). 전차인이 이 통지를 받은 때에는 일정한 기간(635조 2항 준용)이 경과하여야 해지의 효력이 생긴다(638조 2항).

③ 건물 기타 공작물의 소유 또는 식목·채염·목축을 목적으로 하는 토지임차인이 적법하게 그 토지를 전대한 경우, 임대차 및 전대차의 기간이 동시에 만료되고 또 건물 등의 지상시설이 현존한 때에는 전차인은 임대인에 대하여 전임대차와 동일한 조건으로 임대할 것을 청구할 수 있다(644조 1항).

이 경우 임대인이 임대할 것을 원하지 않을 때에는, 임대인에 대하여 상당한 가액으로 그 지상시설을 매수할 것을 청구할 수 있다(644조 2항). 전차인의 임대청구권과 매수청구권은 지상권자가 토지를 임대한 경우에 준용한다(645조).

④ 건물 기타 공작물의 임차인이 적법하게 전대한 경우에, 전차인이 그 사용의 편익을 위하여 임대인의 동의를 얻어 이에 부속한 물건이나 또는 임대인으로부터 매수하였거나 그 동의를 얻어 임차인으로부터 매수한 부속물에 대하여는, 전대차의 종료시에 임대인에 대하여 그 부속물의 매수를 청구할 수 있다(647조).

5) 전대차의 종료

전대인의 임차권이 기간의 만료, 채무불이행에 의한 해지 등으로 소멸하면 전차인의 전차권도 소멸한다. 그러나 임차인이 임대인의 동의를 얻어 임차물을 전대한 경우에는 임대인과 임차인의 합의로 계약을 종료한 때에도 전차인의 권리는 소멸하지 않는다(631조). 이는 강행규정이다.

3. 임대인의 동의 없는 양도 · 전대의 효과

(1) 양도의 경우

1) 임차인(양도인)과 양수인의 관계

이들 사이에 체결된 양도계약은 이들 당사자 사이에서는 유효하고, 임차인은 양수인에 대한 관계에서 임대인의 동의를 얻어야 하는 의무를 진다.

2) 임대인과 양수인의 관계

양수인은 임대인에 대한 관계에서 양도계약의 효력을 주장할 수 없으므로 양수인의 목적물에 대한 점유는 불법점유가 된다. 따라서 임대인은 목적물을 임차인에게 반환할 것을 양수인에게 청구할 수 있다.

3) 임대인과 임차인(양도인)의 관계

임대인은 무단양도를 이유로 임대차계약을 해지할 수 있다(629조 2항). 단, 신뢰관계를 파괴할 만큼의 배신행위가 아니라면 임대인은 자신의 동의 없이 임차권이 이전되었다는 것만을 이유로 임대차계약을 해지할 수 없다(대판 1993.4.13, 92다24950).

(2) 전대의 경우

위 양도의 경우와 같다.

4. 보증금과 권리금

(1) 보증금

보증금이란 부동산임대차에서 임차인의 채무 등을 담보하기 위하여 관행상 차임 이외에 임대인에게 지급되는 금전 기타의 유가물을 말한다. 보증금계약은 요물계약이다. 단, 낙성계약도 유효하다. 민법은 이에 관해 아무런 규정을 두지 않아 관습이나 판례에 의해 해결하고 있다. 이러한 보증금은 임차인이 임차부동산을 반환할 때까지 임차인의 채무를 담보하며, 청산하고 남은 보증금과 임차부동산의 반환의무는 동시이행의 관계에 있다.

(2) 권리금

권리금이란 임차부동산이 지니는 특수한 장소적 이익 또는 특수한 권리이익의 대가로서 양도인에게 지급되는 금전을 말한다. 이는 전적으로 관행에 의하며, 보증금과는 달리 반환되지 않는다는 점에 특색이 있다.

권리금은 새로운 임차인으로부터 지급받는 것이 통상적이고 임대인에게는 지급을 구할 수 없는 것이다(대판 2000.4.11, 2000다4517·4524).

Ⅴ. 임대차의 종료

1. 임대차의 종료원인

(1) 존속기간의 만료

임대차에 존속기간이 정하여져 있는 경우에는 그 기간의 만료로 임대차가 종료한다.

(2) 해지의 통고

임대차기간의 약정이 없는 때에는 당사자는 언제든지 계약해지의 통고를 할 수 있고, 상대방이 그 통고를 받은 날로부터 일정한 기간이 경과한 때에 종료한다(635조). 임대차기간의 약정이 있더라도 해지권을 보유한 때에는 마찬가지이다.

한편 임차인이 파산선고를 받은 경우에는 임대차기간의 약정이 있는 경우에도 임대인 또는 파산관재인은 민법 제635조의 규정에 의하여 계약해지의 통고를 할 수 있다. 이 경우 각 당사자는 상대방에 대하여 계약해지로 인한 손해배상을 청구할 수 없다(637조).

(3) 해 지

임대인이 임차인의 의사에 반하여 보존행위를 하는 때(625조), 임차물의 일부가 임차인의 과실에 의하지 않고서 멸실한 경우에 그 잔존부분만으로는 임차의 목적을 달성할 수 없을 때(627조 2항), 임차인이 임대인의 동의 없이 제3자에게 임차권을 양도하거나 전대한 때(629조 2항), 차임연체액이 2기의 차임액에 달하는 때(640조.641조), 임차인의 용법준수의무 위반, 기타 부득이한 사유가 있는 때(대판 2002.3.29, 2002다4887)에 해지가 인정된다.

(4) 임대인의 소유권양도

취득자의 임차목적물반환청구는 임대인의 의무이행을 불능으로 하므로 임대차계약은 당연 종료한다.

2. 임대차 종료의 효과

임대차의 종료는 언제나 장래에 향하여 효력이 생기고 소급효가 없다. 임대차가 종료하면 임차인은 목적물을 원상으로 회복하여 임대인에게 반환하여야 한다.

제2항 주택임대차보호법

사례

갑이 A은행으로부터 1천만원을 융자받으면서 그의 X주택에 1번 저당권을 설정했다. 그 후 을이 X주택에 보증금 5천만원을 주고 임차함과 동시에 전입신고를 했다. 한 달 후에 갑이 B은행으로부터 5천만원을 융자받으면서 2번 저당권을 설정했다. 그런데 갑이 B은행에 융자금을 받지 못해 X주택이 6천만원에 경락되었다.
이 경우에 경락대금은 누구에게 배당되는가? 만약 을이 전입신고와 동시에 임대차계약서에 확정일자를 받았다면 어떠한가?

Ⅰ. 법률일반

1. 주거용건물의 임차인의 보호

주거용건물(주택)의 임대차에 관하여 국민의 주거생활의 안정을 보장하기 위해 민법에 대한 특례로서 주택임대차보호법이 제정되었다.

2. 주택임대차보호법의 적용범위

(1) 주거용건물의 전부 또는 일부를 임대차하는 경우(주택임대차보호법 2조 전단)

주택임대차보호법은 원칙적으로 주거용 건물을 적용대상으로 한다. 주거용건물과 비주거용건물의 구분은 임차건물이 현재 일상생활을 하는데 사용되느냐 하는 사실상의 용도를 기준으로 판단하여야 하고 공부(公簿)(등기부 · 건축물관리대장 등)상의 용도를 기준으로 판단할 것은 아니다(대판 1986.1.21, 85다카1537).

그러므로 건축물관리대장상의 용도는 공장으로 되어 있지만 현재 내부구조를 변경하여 주거로 사용하고 있는 건물을 임차하여 입주와 전입신고를 마쳤다면 그 임차인은 보호받을 수 있다.

(2) 임차주택의 일부가 주거외의 목적으로 사용되는 경우(동법 2조 후단)

甲이 주택의 일부를 구멍가게로 개조한 건물을 임차하여 입주와 동시에 전입신고를 마치고 그 곳에서 구멍가게를 경영하고 있다면 보호받을 수 있다. 그러나 이와는 달리 건물 중 주택과 점포의 구조와 점유면적, 건물의 주된 용도 등을 참작할 때 오히려 비주거용건물의 일부를 주거로 사용하고 있는 경우라면 주택임대차보호법의 적용을 받을 수 없다.

(3) 등기하지 아니한 전세계약(동법 12조)

임차주택이 미등기건물이라도 임대차계약서에 확정일자를 받아 두면 나중에 이 주택에 보존등기가 경료되고 저당권이 설정되어 경매되더라도 저당권자에 우선하여 임대보증금을 변제받을 수 있다. 다만 임대차계약은 반드시 실제소유자(건축물관리대장에 의하여 건축소유자로 확인된 신축자)와 체결해야 한다.

Ⅱ. 주택임차권의 대항력

1. 요 건

주택임대차는 그 등기가 없는 경우에도 임차인이 주택의 인도와 주민등록을 마친 때에는 그 다음 날부터 제3자에 대하여 효력이 생긴다(동법 3조 1항 전단). 이 경우 전입신고를 한 때에 주민등록이 된 것으로 본다(동법3조 1항 후단). 다음 날은 오전 영(0)시부터를 의미한다(대판 1999.5.5, 99다9981).

대항력의 유지를 위해서는 공시방법이 계속 존속하여야 하나 가족을 남겨둔 채 자신만 일시적으로 주소를 옮긴 경우에는 대항력이 인정된다(대판 1989.1.17, 86다카143). 다가구 주택의 전입신고는 지번의 기재만으로 족하다.

주민등록전입신고를 하면서 임차인의 착오로 임차주택의 소재지 지번을 잘못 기재하여 주민등록부에 다른 지번이 기재된 경우에는 주택임대차보호법상의 보호를 받을 수 없다. 그러나 임차인은 올바르게 전입신고를 했는데 담당 공무원의 착오로 주민등록부에 지번이 틀리게 등재된 경우에는 보호를 받을 수 있다(대판 1991.8.13, 91다18118).

주택임대차보호법은 자연인인 무주택자의 주거안정을 입법목적으로 하고 있다. 그러므로 법인이 사원용 주택의 마련을 위하여 주택을 임차하고 사원을 입주시킨 후 입주한 사원 명의로 주민등록을 마쳤더라도 보호받을 수 없다(대판 1997.7.11, 96다7236).

2. 대항력의 내용

(1) 임차주택의 양수인에 대한 관계

임차목적물의 양수인에게 임차권을 주장하는 것이 대항력 부여의 주된 취지이다. 주택임대차보호법은 임차주택의 양수인 기타 임대할 권리를 승계한 자는 임대인의 지위를 승계한 것으로 본다고 규정한다(동법 3조 3항). 임대차관계의 당연승계의 취지는 종전의 임대인은 임대차관계에서 탈퇴하고 양수인 등이 그 관계에서 발생하는 모든 지위를 승계한다는 것을 말한다.

(2) 그 밖의 제3자에 대한 관계

저당권자·압류채권자 등과 같은 그 밖의 제3자에 대한 관계에서는 대항요건의 선후를 기준으로 우열관계가 정해진다.

(3) 임차권등기명령

임대차가 종료된 후 보증금을 반환받지 못한 임차인은 법원에 임차권등기명령을 신청할 수 있다(동법 3조의3 1항). 이 경우 다음의 사항을 기재하여야 한다(동법 3조의3, 2항).

① 신청의 취지 및 이유.

② 임대차의 목적인 주택(임대차의 목적이 주택의 일부분인 경우에는 그 도면을 첨부한다).

③ 임차권등기의 원인이 된 사실.

(4) 임차권은 임차주택에 대하여 민사집행법에 의한 매각이 행하여진 경우에는 그 임차주택의 경락에 의하여 소멸한다. 다만 보증금이 전액 변제되지 아니한 대항력이 있는 임차권은 그러하지 아니하다(동법 3조의5).

Ⅲ. 주택임차권의 존속의 보장

1. 최단기간의 제한

기간의 정함이 없거나 또는 기간을 2년 미만으로 정한 임대차는 그 기간을 2년으로 본다(동법 4조 1항 본문). 따라서 주택임차인은 적어도 2년간은 안심하고 임차주택을 사용할 수 있다. 다만 임차인은 2년 미만으로 정한 기간이 유효함을 주장할 수 있다(동법 4조 1항 단서).

임대차가 종료한 경우에도 임차인이 보증금을 반환받을 때까지는 임대차관계는 존속하는 것으로 본다(동법 4조 2항).

2. 계약의 갱신

임대인이 임대차기간만료 전 6월부터 1월까지에 임차인에 대하여 갱신거절의 통지 또는 조건을 변경하지 아니하면 하지 아니한다는 뜻의 통지를 하지 아니한 경우에는 그 기간이 만료된 때에 전임대차와 동일한 조건으로 다시 임대차한 것으로 본다(동법 6조 1항 전단). 임차인이 임대차기간만료 전 1월까지 통지하지 아니한 때에도 또한 같다(동법 6조 1항 후단). 이 경우에 임대차의 존속기간은 그 정함이 없는 것으로 본다(동법 6조 2항).

이와 같은 계약갱신은 임차인이 2기의 차임액에 달하도록 차임을 연체하거나 또는 임차인으로서의 의무를 현저히 위반한 때에는 이를 적용하지 아니한다(동법 6조 3항).

묵시적 갱신의 경우 임차인은 언제든지 임대인에 대하여 계약해지의 통고를 할 수 있다(동법 6조의2, 1항). 이 해지통고는 임대인이 그 통고를 받은 날부터 3월이 경과하면 효력이 생긴다(동법 6조의2, 2항).

Ⅳ. 차임 등의 증감청구권

1. 차임증액의 제한

약정한 차임 또는 보증금이 임차주택에 관한 조세.공과금 기타 부담의 증감이나 경제사정의 변동으로 인하여 상당하지 아니하게 된 때에는 당사자는 장래에 대하여 그 증감을 청구할 수 있다(동법 7조 본문).

그러나 증액의 경우에는 대통령령이 정하는 기준에 따른 비율을 초과하지 못한다(동법 7조 단서). 즉 약정한 차임.보증금의 20분의 1을 초과하지 못하고, 또 임대차계약 또는 약정한 차임·보증금의 증액이 있은 후 1년 이내에는 이를 하지 못한다(동법시행령 2조).

2. 월차임전환시 산정율의 제한

보증금의 전부 또는 일부를 월단위의 차임으로 전환하는 경우에는 그 전환되는 금액에 은행법에 의한 금융기관에서 적용하는 대출금리 및 대통령령이 정하는 비율(연 1할 4푼)을 곱한 월차임의 범위를 초과할 수 없다(동법 7조의 2, 동법시행령 2조의 2).

예컨대 보증금 5천만원을 월세로 전환하는 경우라면 5,000만원 × 0.14% ÷ 12개월 = 약 58만원이므로, 월세로 약 58만원을 초과하여 청구할 수 없다.

Ⅴ. 보증금의 효력

1. 보증금의 회수

(1) 임차인이 임차주택에 대하여 보증금반환청구소송의 확정판결 기타 이에 준하는 채무명의에 기한 경매를 신청하는 경우에는 반대의무의 이행 또는 이행의 제공을 집행개시의 요건으로 하지 아니한다(동법 3조의2 1항).

(2) 임대인의 채권자에 의한 강제집행이나 담보권의 실행 또는 임대인의 국세체납으로 임차주택이 경매 또는 공매되는 경우에 있어서 임대차계약을 확정일자 있는 증서로 작성하고 또 대항력을 갖추고 있는 임차인은 임차주택의 환가대금에서 후순위권리자 기타 채권자보다 우선하여 보증금을 변제받을 권리가 있다(동법 3조의2, 2항) 이 경우 임차인은 임차주택을 양수인에게 인도하여야 보증금을 수령할 수 있다(동법 3조의2, 3항).

확정일자란 그 날짜 현재 문서가 존재하고 있었다는 사실을 증명하기 위하여 대차계약서의 여백에 記簿번호를 기입하고 확정일자인을 찍어주는 것을 말한다. 확정일자는 (ⅰ) 법원 · 등기소, (ⅱ) 공증기관, (ⅲ) 읍 · 면 · 동사무소에서 임대차계약서에 부여받을 수 있다.

2. 소액보증금의 보호

(1) 임차인은 보증금 중 일정액을 다른 담보물권자보다 우선하여 변제받을 권리가 있다. 이 경우 임차인은 주택에 대한 경매신청의 등기 전에 그 대항력을 갖추어야 한다(동법 8조 1항).

(2) 우선변제를 받을 임차인의 범위는 보증금이 서울특별시에서는 7,500만원 이하, 수도권정비계획법에 의한 수도권 중 과밀억제권역에서는 6,500만원 이하, 광역시(수도권정비계획법에 따른 과밀억제권역에 포함된 지역과 군지역은 제외한다), 안산시, 용인시, 김포시 및 광주시에서는 5,500만원 이하, 그 밖의 지역에서는 4,000만원 이하인 임차인으로 한다(동법시행령 4조).

한편 보증금 중 우선변제를 받을 일정액의 범위는 서울특별시에서는 2,500만원 이하, 수도권정비계획법에 따른 과밀억제권역(서울특별시는 제외한다)에서는 2,200만원 이하, 광역시(수도권정비계획법에 따른 과밀억제권역에 포함된 지역과 군지역은 제외한다), 안산시, 용인시, 김포시 및 광주시에서는 1,900만원 이하, 그 밖의 지역에서는 1,400만원 이하로 한다(동법시행령 3조 1항). 그러나 보증금 중 일정액이 주택가액의 2분의 1을 초과하는 경우에는 주택가액의 2분의1에 해당하는 금액에 한하여 우선변제권이 있다(동법시행령 3조 2항).

(3) 하나의 주택에 임차인이 2인 이상이고 그 각 보증금 중 일정액의 합산액이 주택의 가액의 2분의 1을 초과하는 경우에는 그 각 보증금 중 일정액의 합산액에 대한 각 임차인의 보증금 중 일정액의 비율로 그 주택의 가액의 2분의 1에 해당하는 금액을 분할한 금액을 각 임차인의 보증금 중 일정액으로 본다(동법시행령 3조 3항).

(4) 하나의 주택에 임차인이 2인 이상이고 이들이 그 주택에서 가정공동생활을 하는 경우에는 이들은 1인의 임차인으로 보아 이들의 각 보증금을 합산한다(동법시행령 3조 4항).

Ⅵ. 주택임차권의 승계

1. 임차인이 상속권자 없이 사망한 경우에 그 주택에서 가정공동생활을 하던 사실상의 혼인관계에 있는 자는 임차인의 권리와 의무를 승계한다(동법 9조 1항).

2. 임차인이 사망한 경우에 사망당시 상속권자가 그 주택에서 가정공동생활을 하고 있지 아니한 때에는 그 주택에서 가정공동생활을 하던 사실상의 혼인관계에 있는 자와 2촌 이내의 친족은 공동으로 임차인의 권리와 의무를 승계한다(동법 9조 2항).

3. 위와 같은 승계는 임차인이 사망한 후 1월 이내에 임차권의 승계인이 임대인에 대하여 반대의사를 표시한 때에는 생기지 않는다(동법 9조 3항).

Ⅶ. 강행규정

주택임대차보호법에 위반된 약정으로서 임차인에게 불리한 것은 그 효력이 없다(동법 10조).

사례해결

A은행이 1천만원을 먼저 배당받고 나머지 5천만원을 B은행이 배당받는다. 이 경우에 을은 대항력을 상실하게 되어 임차주택에서 퇴거해야 한다. 만약 을이 전입신고와 더불어 확정일자를 받았다면 A가 배당을 받은 후에 B보다 먼저 5천만원을 배당받을 수 있다.

제3항 상가건물임대차보호법

Ⅰ. 법률일반

1. 상가용건물의 임차인의 보호

상가건물의 임대차에 관하여 국민경제생활의 안정을 보장하기 위하여 민법에 대한 특례로서 상가건물임대차보호법이 제정되었다.

2. 상가건물임대차보호법의 적용범위

(1) 상가건물의 임대차

상가건물임대차보호법은 상가건물의 임대차에 한하여 적용한다. 상가건물이라 함은 동법 제3조에 의한 사업자등록의 대상이 되는 건물을 말하며, 임대차목적물의 주된 부분을 영업용으로 사용하는 경우를 포함한다.

(2) 대통령령이 정하는 보증금액을 초과하지 않은 임대차

상가임대차의 경우에는 모든 경우 상가건물임대차보호법의 대상이 되는 것이 아니고 소규모의 영세상인을 보호하기 위한 것으로 대통령령으로 일정한 제한을 두고 있다. 대통령령이 정한 보증금액은 서울특별시 3억원, 수도권정비계획법에 따른 과밀억제권역(서울특별시는 제외한다)는 2억5천만원, 광역시(수도권정비계획법에 따른 과밀억제권역에 포함된 지역과 군지역은 제외한다), 안산시, 용인시, 김포시 및 광주시는 1억8천만원, 그 밖의 지역은 1억5천만원이다(동법시행령 2조 1항).

보증금 외에 차임이 있는 경우에는 그 차임액에 은행법에 의한 금융기관의 대출금리 등을 감안하여 대통령령이 정하는 비율을 곱하여 환산한 금액을 포함하여야 한다. '대통령령이 정하는 비율'이라 함은 1분의 100을 말한다(동법시행령 2조 3항).

(3) 등기하지 아니한 전세계약(동법 17조)

상가건물임대차보호법은 미등기전세계약에 준용된다.

Ⅱ. 상가건물임대차의 대항력

1. 요 건

상가건물임대차는 그 등기가 없는 경우에는 임차인이 상가건물의 인도와 부가가치세법 제5조, 소득세법 제168조 또는 법인세법 제111조의 규정에 의한 사업자등록을 신청한 때에는 그 다음 날부터 제3자에 대하여 효력이 생긴다(동법 3조 1항).

2. 대항력의 내용

(1) 임차건물의 양수인에 대한 관계

임차건물의 양수인(그 밖에 임대할 권리를 승계한 자를 포함한다)은 임대인의 지위를 승계한 것으로 본다.

(2) 임차권의 등기명령

임대차가 종료된 후 보증금을 반환받지 못한 임차인은 임차건물의 소재지를 관할하는 지방법원·지방법원지원 또는 시·군법원에 임차권등기명령을 신청할 수 있다(동법 6조).

임차권등기명령의 신청에는 다음 사항을 기재하여야 하며, 신청의 이유 및 임차권등기의 원인이 된 사실은 이를 소명하여야 한다.

① 신청의 취지 및 이유

② 임대차의 목적인 건물(임대차의 목적이 건물의 일부분인 경우에는 그 도면을 첨부한다).

③ 임차권등기의 원인이 된 사실(임차인이 동법 3조 1항의 규정에 의한 대항력을 취득하였거나 동법 5조 2항의 규정에 의한 우선변제권을 취득한 경우에는 그 사실).

④ 그 밖에 대법원규칙이 정하는 사항.

(3) 임차권은 임차건물에 대하여 민사집행법에 의한 경매가 행하여진 경우에는 그 임차건물의 경락에 의하여 소멸한다. 다만 보증금의 전액 변제되지 아니한 대항력이 있는 임차권은 그러하지 아니하다.

Ⅲ. 상가건물임차권의 존속의 보장

1. 최단기간의 제한

기간의 정함이 없거나 기간을 1년 미만으로 정한 임대차는 그 기간을 1년으로 본다. 다만 임차인은 1년 미만으로 정한 기간이 유효함을 주장할 수 있다(동법 9조 1항). 임대차가 종료한 경우에도 임차인이 보증금을 반환받을 때까지 임대차관계는 존속하는 것으로 본다(동법 9조 2항).

2. 계약의 갱신

임대인은 임차인이 임대차기간 만료 전 6월부터 1월까지 사이에 행하는 계약갱신요구에 대하여 정당한 사유 없이 이를 거절하지 못한다. 다만 (ⅰ) 임차인이 3기의 차임액에 달하도록 차임을 연체한 사실이 있는 경우, (ⅱ) 임차인이 거짓 그 밖의 부정한 방법으로 임차한 경우, (ⅲ) 쌍방합의하에 임대인이 임차인에게 상당한 보상을 제공한 경우, (ⅳ) 임차인이 임대인의 동의 없이 목적건물의 전부 또는 일부를 전대한 경우, (ⅴ) 임차인이 임차한 건물의 전부 또는 일부를 고의 또는 중대한 과실로 파손한 경우, (ⅵ) 임차한 건물의 전부 또는 일부가 멸실되어 임대차의 목적을 달성하지 못할 경우, (ⅶ) 임대인이 목적건물의 전부 또는 대부분을 철거하거나 재건축하기 위해 목적건물의 점유회복이 필요한 경우, (ⅷ) 그 밖에 임차인이 임차인으로서의 의무를 현저히 위반하거나 임대차를 존속하기 어려운 중대한 사유가 있는 경우 등에는 그러하지 아니하다(동법 10조 1항).

임차인의 계약갱신요구권은 최초의 임대차기간을 포함한 전체 임대차기간이 5년을 초과하지 않는 범위 내에서만 행사할 수 있다(동법 10조 2항). 갱신되는 임대차는 전임대차와 동일한 조건으로 다시 계약된 것으로 본다. 다만 차임과 보증금은 동법 제11조의 규정에 의한 범위 안에서 증감할 수 있다(동법 10조 3항).

임대인이 동법 제1항의 기간 이내에 임차인에 대하여 갱신거절의 통지 또는 조건의 변경에 대한 통지를 하지 아니한 경우에는 그 기간이 만료된 때에 전임대차와 동일한 조건으로 다시 임대차한 것으로 본다. 이 경우에 임대차의 존속기간은 정함이 없는 것으로 본다. 이 경우 임차인은 언제든지 임대인에 대하여 계약해지의 통고를 할 수 있고, 임대인이 그 통고를 받은 날부터 3월이 경과하면 그 효력이 발생한다.

Ⅳ. 차임 등의 증감청구권

차임 또는 보증금이 암차건물에 관한 조세, 공과금 그 밖의 부담의 증감이나 경제사정의 변동으로 인하여 상당하지 아니하게 된 때에는 당사자는 장래에 대하여 그 증감을 청구할 수 있다. 그러나 증액의 경우에는 대통령령이 정하는 기준에 따른 비율을 초과하지 못한다(동법 11조 1항). 대통령령이 정하는 비율은 청구 당시의 차임 또는 보증금의 100분의 12의 금액이다. 또한 증액청구는 임대차계약 또는 약정한 차임 등의 증액이 있은 후 1년 이내에는 이를 하지 못한다(동법 11조 2항).

Ⅴ. 보증금의 효력

1. 보증금의 회수

임차인이 임차건물에 대하여 보증금반환청구소송의 확정판결, 그 밖에 이에 준하는 집행권원에 기한 경매를 신청하는 경우에는 민사집행법 제41조의 규정에 불구하고 반대의무의 이행 또는 이행의 제공을 집행개시의 요건으로 하지 아니한다(동법 5조 1항).

대항요건을 갖추고 관할세무서장으로부터 임대차계약서상의 확정일자를 받은 임차인은 민사집행법에 의한 경매 또는 국세징수법에 의한 공매시 임차건물(임대인 소유의 대지를 포함한다)의 환가대금에서 후순위권리자, 그 밖의 채권자보다 우선하여 보증금을 변제받을 권리가 있다(동법 5조 2항). 이 경우 임차인은 임차건물을 양수인에게 인도하지 아니하면 보증금을 수령할 수 없다.

상가건물임대차의 확정일자는 주택임대차와 달리 세무서장에게 받아야 한다.

2. 소액보증금의 보호

(1) 임차인은 보증금 중 일정액을 다른 담보물권자보다 우선하여 변제받을 권리가 있다. 이 경우 임차인은 건물에 대한 경매신청의 등기 전에 대항력을 갖추어야 한다(동법 14조 1항).

(2) 우선변제를 받을 임차인 및 보증금 중 일정액의 범위와 기준은 임대건물가액(임대인 소유의 대지가액을 포함한다)의 3분의 1 범위 안에서 당해 지역의 경제여건, 보증금 및 차임 등을 고려하여 대통령령으로 정하여진다. 대통령령은 서울특별시는 5천만원, 수도권정비계획법에 따른 과밀억제권역(서울특별시는 제외한다)은 4천500만원, 광역시(수도권정비계획법에 따른 과밀억제권역에 포함된 지역과 군지역은 제외한다), 안산시, 용인시, 김포시

및 광주시는 3천만원, 그 밖의 지역은 2천500만원 이하인 경우로 하고 있으며(동법시행령 6조) 우선변제받는 보증금의 범위는 서울특별시는 1,500만원, 수도권정비계획법에 따른 과밀억제권역(서울특별시는 제외한다)은 1천350만원, 광역시(수도권정비계획법에 따른 과밀억제권역에 포함된 지역과 군지역은 제외한다), 안산시, 용인시, 김포시 및 광주시는 900만원, 그 밖의 지역은 750만원이다(동법시행령 7조).

(3) 하나의 상가건물에 임차인이 2인 이상이고, 그 각 보증금 중 일정액의 합산액이 상기건물의 가액의 3분의 1을 초과하는 경우에는 그 각 보증금을 일정액의 합산액에 대한 각 임차인의 보증금 중 일정액의 비율로 그 상가건물의 가액의 3분의 1에 해당하는 금액을 분할한 금액을 각 임차인의 보증금 중 일정액으로 본다(동법시행령 7조 3항).

Ⅵ. 상가건물임차권의 특별규정

1. 민법의 규정에 의한 임대차등기의 효력

임차인이 대항력 또는 우선변제권을 갖추고 민법 제621조 1항의 규정에 의하여 임대인의 협력을 얻어 임대차등기를 신청하는 경우에는 신청서에 부동산등기법 제74조 1호부터 5호까지의 사항 외에 사업자등록을 신청한 날, 임차건물을 점유한 날, 임대차계약서상의 확정일자를 받은 날 등을 기재하여야 하며, 이를 증명할 수 있는 서면(임대차의 목적이 건물의 일부분인 경우에는 해당부분의 도면을 포함한다)을 첨부하여야 한다(동법 7조).

2. 전대인과 전차인의 전대차관계에의 적용

상가건물임대차보호법 중 제10조 내지 제12조의 규정(계약갱신요구, 차임증감청구권 등)은 전대인과 전차인의 전대차관계에 적용한다(동법 13조 1항).

또한 임대인의 동의를 받고 전대차계약을 체결한 전차인은 임차인의 계약갱신요구권 행사기간 범위 내에서 임차인을 대위하여 임대인에게 계약갱신요구권을 행사할 수 있다(동법 13조 2항).

제8관 고 용

Ⅰ. 고용의 의의 · 성질

1. 고용의 의의

고용은 노무자가 사용자에게 노무를 제공할 것을 약정하고, 사용자가 노무자에게 보수를 지급할 것을 약정함으로써 그 효력이 생기는 계약이다(656조).

(1) 경제적 의의

자본주의적 생산의 기본적 요소는 자본과 노동력이므로 고용계약의 경제적 중요성은 지대하다. 그러나 근로자가 상대방의 지시에 따라 노동을 제공해도 그의 전인격적 지배에 따르는 것은 아니고, 자기의 노동가능성을 일정시간을 단위로서 파는데 지나지 않는다. 따라서 경제적인 측면에서 고용은 노동력의 매매라고 해석할 수 있다.

(2) 사회적 의의

타인의 노동을 이용하는 생활관계는 사회생활의 전역에 존재한다. 공장이나 경지와 같이 직접적인 생활의 장뿐만 아니라 상사회사나 교통기관과 같은 상품유통의 場, 특히 학교나 병원과 같이 상품생산이나 유통에는 직접적인 관련을 가지지 않는 場에도 존재한다. 이러한 타인의 노동을 이용하는 다양한 생활관계 중에서 노동을 제공하는 자가 사용자의 지휘.명령에 따르는 것이 고용으로서의 검토대상이 된다.

2. 고용의 법적 성질

고용은 낙성 · 쌍무 · 유상 · 불요식 계약이다.

(1) 고용은 종속적 노동을 목적으로 하는 낙성계약이다. 단체협약의 경우에는 서면작성이 요구된다(노동조합 및 노동관계조정법 31조 1항). 노동의 제공 자체가 계약의 목적이고 또 사용자의 지휘 · 명령에 복종하는 것이 요건이 되므로, 고도의 지식이나 기술을 필요로 하는 노동의 경우에는 위임이나 도급에 해당하는 경우가 많게 된다(의사나 변호사의 계약 등).

(2) 고용은 유상 · 쌍무계약이다. 고용은 인간의 노동가능성을 계약의 대상으로 하는 계속적 채권관계이지만, 노동가능성이 인간의 신체와 불가분적인 것이므로 인격존중과의 관련에서 법률상 문제를 일으키기 쉽다.

Ⅱ. 고용의 성립

1. 성립요건

(1) 계약목적이 종속적 노동일 것이 필요하다. 즉 사용자의 지휘 · 감독을 받아야 한다. 그렇지 않은 경우 도급이나 위임에 해당한다.

(2) 보수의 지급에 관한 합의가 있어야 한다. 이 합의는 묵시적이어도 좋고 관행에 의해 추정되는 경우라도 좋다. 보수는 금전에 의해 지급되는 것이 보통이지만, 기술습득 등의 무형의 보수도 있을 수 있다. 보수는 노동시간이나 생산고에 따라 지급되는 것이 많지만 민법상 정함은 없다.

2. 고용계약의 내용의 확정

고용계약은 민법상으로는 당사자간의 자유로운 계약에 의해 정해지지만, 실제로는 특별법이나 노동단체에 의해 집단적으로 결정되는 경우가 많다.

예컨대 甲이 乙회사에 취직한 경우에 甲 · 乙간에 고용계약이 체결되지만, 甲의 노동조건은 구체적으로 무엇에 의해 결정되는가. 甲 · 乙간의 고용계약은 甲 · 乙간의 근로계약에 의해 성립한다. 그러나 구체적인 노동조건은 乙회사의 취업규칙(근로기준법 93조 이하)에 의해 정한다. 또 乙회사에 노동조합이 존재하고 노사간의 단체교섭에 의해 근로계약을 체결하는 경우에는 그 내용 및 관계법령이 우선적으로 적용된다.

Ⅲ. 고용의 효력

1. 노무자의 의무

(1) 노무의 급부의무

1) 노무내용은 계약에 의해 정해진다. 육체적 노동이나 정신적 노동을 불문한다. 사용자의 동의 없이 제3자로 하여금 자기를 갈음하게 할 수 없다.

2) 사용자의 지휘 · 명령에 따라 원칙적으로 스스로 노무를 급부해야 한다(657조 2항). 노무자가 사용자의 지휘 · 명령에 따르지 않는 경우에는 징계 · 해고 등의 처분을 받을 수 있다.

3) 노무자는 노무를 급부할 때 선관주의의무를 다 해야 한다. 이에 위반하면 채무불이행책임을 진다.

(2) 부수적 의무

1) 노무자는 성실의무를 진다고 해석된다. 예컨대 노무자가 노무급부의무를 통해 알고 있는 영업상 비밀이나 사용자의 프라이버시를 타인에게 누설하는 것은 허용되지 않는다.

2) 노무자는 사용자와의 관계에서 경업피지의무(競業避止義務)를 진다고 해석된다. 취업시간중 · 자유시간중의 경업피지의무는 원칙적으로 고용계약의 종료에 의해 소멸하지만, 퇴직 후의 경업피지의무도 문제될 수 있다(일반적으로는 특약의 효력의 문제가 된다).

(3) 신원보증인 · 신원인수인

1) 의의

노무자 甲이 乙회사에 취직할 때 乙이 甲에게 신원보증인 내지 신원인수인을 세우도록 요구할 수 있다. 甲의 의뢰에 의해 신원보증인이 된 丙은 甲이 사용자 乙에게 장래 부담할 채무불이행 및 불법행위에 기한 손해배상채무를 乙에 대해 보증하게 된다(계약은 乙 · 丙간에 체결된다). 丙이 신원인수인이 된 경우에는 신원보증인으로서의 채무 외에 甲의 질병에 의해 사용자가 받은 손해 및 노무자를 요양시키는 것까지도 부담하게 된다. 이러한 채무는 甲의 주채무에 대한 부종성이 없으므로 일종의 손해담보계약이 성립된다고 해석된다. 甲이 신원보증인을 세우는 대신에 乙에게 교부하는 금전 기타 유가증권을 신원보증금이라고 한다. 그 법적 성질은 임대차의 보증금과 유사하다.

2) 신원보증법에 의한 규제

신원보증계약 등은 사용자가 고용계약의 체결에 있어서 노무자에게 요구하는 것이므로, 통상은 사용자의 사회적 · 경제적으로 유리한 지위가 계약내용에 반영되는 것이 보통이고,

때로는 신원보증인에게 가혹한 내용의 계약효력이 문제되는 경우가 많다. 그러므로 신원보증법이 이를 규율한다.

① 신원보증법은 명칭 여하를 불문하고 피용자의 행위에 의해 사용자가 입은 손해를 배상하는 것을 목적으로 하는 신원보증계약에 적용된다(동법 2조). 사용자가 입은 손해란 피용자의 책임 있는 행위에 기한 손해이다.

② 신원보증인은 피용자의 고의 또는 중과실로 인한 행위로 인하여 발생한 손해에 대하여 배상할 책임이 있다. 법원은 신원보증인의 손해배상의 책임과 그 금액을 정함에 있어 피용자의 감독에 관한 사용자의 과실의 유무, 신원보증인이 신원보증을 하게 된 사유 및 이를 함에 있어서 주의를 한 정도, 피용자의 임무 또는 신상의 변화 기타 일체의 사정을 참작한다(동법 6조).

③ 사용자는 피용자가 업무상 부적임하거나 불성실한 사적(事跡)이 있어 이로 말미암아 신원보증인의 책임을 야기할 염려가 있음을 안 때, 또는 피용자의 임무 또는 임지를 변경함으로써 신원보증인의 책임을 가중하거나 또는 그 감독이 곤란하게 될 때에는 이것을 지체 없이 신원보증인에게 통지하여야 한다(동법 4조). 신원보증인이 이러한 통지를 받은 때 또는 신원보증인이 스스로 이러한 사실이 있음을 안 때에는 신원보증계약을 해지할 수 있다(동법 5조).

④ 신원보증계약의 기간은 2년을 초과하지 못한다(동법 3조 2항 전단). 이보다 장기간을 정한 때에는 그 기간은 2년으로 단축한다(동법 3조 2항 후단). 신원보증계약은 이를 갱신할 수 있으나, 그 기간은 갱신시부터 2년을 초과하지 못한다(동법 3조 3항). 기간을 정하지 아니한 신원보증계약은 그 성립일로부터 2년간 효력을 가진다(동법 3조 1항).

신원보증계약은 신원보증인의 사망으로 종료하고 상속되지 않는다(일신전속성: 동법 7조).

2. 사용자의 의무

(1) 보수지급의무

1) 사용자의 보수지급의무는 고용계약상의 기본적 채무이다(655조). 보수의 종류를 불문한다.

2) 보수지급방법에 관하여 민법은 후불의 원칙을 규정한 것으로 보아, 기타 사항은 모두 당사자의 합의로 정한다. 노무자는 계약에 따라 노무급부를 종료한 후가 아니면 보수를 청구할 수 없다(656조 2항)

3) 고용계약성립에 의해 사용자가 부담하는 보수지급채무와 노무급부가 종료한 것에 의해 생긴 구체적인 보수청구권과 구별하여야 하고, 청구·압류·전부·상계 등의 대상이 될 수 있는 것은 후자뿐이다.

4) 미성년자가 노무를 제공한 경우에는 보수는 미성년자에게 직접 지급하여야 한다. 근로기준법이 적용되는 경우에는 당연하지만(근로기준법 68조), 적용되지 않는 경우에도 그 규정을 유추적용하여 미성년자는 법정대리인의 동의 없이 보수를 청구하고 수령할 수 있다고 본다.

(2) 급부불능과 보수지급의무

노무자가 노무를 급부할 수 없는 객관적인 상태가 발생한 경우에 관하여 (ⅰ) 사용자가 수령가능함에도 수령을 거부한 경우, (ⅱ) 사용자의 귀책사유에 의해 노무를 수령할 수 없는 경우, (ⅲ) 사용자·노무자 쌍방의 귀책사유 없이 노무를 수령할 수 없는 경우, (ⅳ) 노무자의 귀책사유에 의해 일시적 급부불능이 고려된다. 이 중 (ⅳ)의 경우는 노무자의 채무불이행문제가 되지만, (ⅰ)~(ⅲ)의 경우에는 위험부담의 문제인가 수령지체의 문제인가가 논의된다.

1) 위험부담의 채권자주의

채권자(사용자)의 귀책사유에 의해 노무의 급부를 할 수 없었던 경우, 즉 (ⅰ)~(ⅱ)의 경우에 노무자는 보수청구권을 상실하지 않는다(538조 1항 전단). 일부불능의 경우에는 잔부를 급부하여 보수전액을 청구할 수 있다. 다만 노무자가 노무급부의 일부를 면하는 것에 의해 이익을 얻은 경우에는 이것을 사용자에게 상환하여야 한다(538조 2항). 본질적으로는 노무자의 부당이득이 되기 때문이다.

2) 위험부담의 채무자주의

사용자와 노무자 쌍방의 귀책사유 없이 노무급부가 불능이 된 경우, 즉 (ⅲ) 의 경우에 노무자(채무자)는 보수를 수령할 권리를 상실한다(537조). 예컨대 공장이 옆건물의 화재에 의해 소실된 경우에는 노무자는 보수청구권을 상실한다.

(3) 부수적 의무(안전배려의무)

사용자는 노무자에 대해 그 지휘·명령하에 노무의 급부를 청구할 수 있지만, 고용계약의 급부대상인 노무는 인간의 노동가능성이므로 사용자는 노동자의 생명·건강의 안전을 배려할 의무를 부담한다. 이 의무는 노무자의 충실의무에 대응하는 것이다. 특히 현업의 노동자의 노무급부의 경우, 즉 사용자의 지휘·명령에 의해 노무를 급부하는 일정한 공장이나 시설에서는 사용자가 이러한 안전배려의무를 부담하는 것은 당연하다(대판 2000.5.16, 99다47129).

Ⅳ. 고용의 종료

1. 고용의 종료원인

고용은 계약일반의 종료원인에 의해 종료하는 외에 다음과 같은 사유에 의해 종료한다.

(1) 계약기간의 만료

계약기간이 만료한 경우에는 고용관계는 종료한다. 다만 기간만료 후 노무자가 계속하여 그 노무를 제공하는 경우에 사용자가 상당한 기간 내에 이의를 하지 아니한 때에는 전고용과 동일한 조건으로 다시 고용한 것으로 본다(662조 1항 본문). 즉 묵시의 갱신이 성립한다.

그러나 당사자는 언제든지 계약해지의 통지를 할 수 있고 상대방이 해지통고를 받은 날로부터 1월이 경과하면 해지의 효력이 생긴다(622조 1항 단서). 묵시적 갱신의 경우에는 전고용에 대하여 제3자가 제공한 담보는 기간의 만료로 인하여 소멸한다(622조 2항).

[고용계약의 묵시적 연장]

민법 제662조에 의하면 고용계약이 만료된 후 노무자가 계속하여 노무를 제공하는 경우에 사용자가 상당한 기간 내에 이의를 하지 아니한 때에는 앞의 고용계약과 동일한 조건으로 고용한 것으로 보게 되어 있으므로, 당초의 해외취업기간이 1년이었다면 그 연장계약기간도 특단의 사정이 없는 한 1년으로 연장되었다고 보아야 하며 이에 반하는 주장을 하는 경우, 그 주장자에게 입증책임이 있다(대판 1986.2.25, 85다카2096).

(2) 계약기간중의 해지

계약기간에 관하여는 어떠한 제한규정도 존재하지 않으므로 당사자의 사망까지 기간으로 하는 계약도 유효하다. 그러나 당사자를 장기간 구속하는 것으로부터 발생하는 불합리한 것을 피하기 위해 계약기간이 3년을 넘거나 당사자의 일방 또는 제3자의 종신까지로 된 때에는 3년을 경과한 후 언제든지 계약해지의 통고를 할 수 있다(659조 1항). 이 경우에 상대방이 해지의 통고를 받은 날로부터 3월이 경과하면 해지의 효력이 생긴다(659조 2항).

(3) 기간을 정하지 않은 경우의 해지통고

고용기간의 약정이 없는 때에는 당사자는 언제든지 계약해지의 통고를 할 수 있고, 1월이 경과하면 계약은 종료한다(660조 1항 · 2항). 기간으로 보수를 정한 때에는 상대방이 해지의 통고를 받은 당기 후의 1기를 경과함으로써 해지의 효력이 생긴다(660조 3항).

(4) 부득이한 사유와 해지권

고용기간의 약정이 있는 경우에도 부득이한 사유가 있는 때에는 각 당사자는 계약을 해지할 수 있다. 그러나 그 사유가 당사자일방의 과실로 인하여 생긴 때에는 상대방에 대하여 손해를 배상하여야 한다(661조).

[부득이한 사유의 의미]

고용은 계속적 계약으로 당사자 사이의 특별한 신뢰관계를 전제로 하므로, 공용관계를 계속하여 유지하는 데 필요한 신뢰관계를 파괴하거나 해치는 사실도 부득이한 사유에 포함한다. 따라서 고용계약상 의무의 중대한 위반이 있는 경우에도 부득한 사유에 포함된다(대판 2004.2.27, 2003다51675).

(5) 상대방의 파산

사용자가 파산선고를 받은 경우에는 고용기간의 약정이 있는 때에도 노무자 또는 파산관재인은 계약을 해지할 수 있고(663조 1항), 이 경우에 각 당사자는 계약해지로 인한 손해배상을 청구하지 못한다(663조 2항).

(6) 노무자의 사망

노무자가 사망한 경우에는 노무급부의 일신전속성과 타인의 지휘.명령에 따르는 성질을 고려하여 고용관계는 종료한다고 볼 수 있다. 사용자의 사망만으로는 원칙적으로 고용관계가 종료되지 않는다.

2. 고용종료 후의 관계

(1) 고용은 계속적 채권관계이므로 계약관계의 법률상의 종료에 의해 사실관계까지지도 곧바로 끝나는 것이 아니다. 노무자는 고용종료 후에도 성실하게 사무를 계속하는 등의 부수적 의무를 부담한다고 본다.

(2) 노무자는 고용관계의 계속 중에 알게 된 사용자의 업무상의 비밀 등을 고용관계종료 후에도 부당하게 사용하여서는 안 될 것이다. 이것도 부수적 의무의 일종이라고 해석할 수 있다.

제9관 도 급

사례

갑은 건축업자 을과 자신의 주택건설에 대한 도급계약을 체결하였다. 그런데 갑은 을이 좋은 재료를 사용할지가 의심이 되어 도급계약시 자신이 모든 건축재료를 공급하겠다고 하였다. 이 경우 완성된 건물의 소유권은 누구에게 귀속하는가? 만약 건축재료의 전부를 을이 제공하여 건축하였다면 이 경우에는 어떠한가?

Ⅰ. 도급의 의의 · 성질

1. 도급의 의의

도급은 수급인이 어느 일을 완성할 것을 약정하고, 도급인이 그 일의 결과에 대하여 보수를 지급할 것을 약정함으로써 그 효력이 생기는 계약이다(664조). 고용이나 위임과 마찬가지로 타인의 노무를 이용하는 것을 목적으로 하는 계약이지만, 일의 완성을 목적으로 하는 점에 특징이 있다.

건물의 건축이나 양복을 만드는 것과 같이 유형물의 완성을 목적으로 하는 경우가 많지만, 연주나 운송과 같인 무형의 일의 완성을 목적으로 하는 경우도 포함한다.

2. 도급의 법적 성질

도급은 수급인이 어느 일의 완성을 약속하고 도급인이 이에 대해 보수를 지급할 것을 약속하는 것에 의해 성립하는 낙성 · 쌍무 · 불요식 계약이다. 고용에서는 노무의 급부, 위임에서는 사무처리에 대해 보수가 지급되는 것이고 양자 모두 일의 완성은 계약의 목적이 아니다.

(1) 쌍무계약

일의 완성에 대해 보수를 지급하는 계약이므로 일의 완성이 없는 이상 도급인의 보수지급의무는 발생하지 않는다. 일의 완성과 보수는 대가관계에 있다.

(2) 낙성 · 불요식 계약

건축도급계약과 같은 경우에는 통상 계약서가 작성되고 또 특별법에 의해 계약서의 작성이 의무로 되어 있는 경우도 있지만(건설산업기본법 22조 2항), 서면의 존부는 도급계약의 성부 자체에는 영향을 미치지 않는다.

Ⅱ. 도급의 성립요건

1. 일의 완성을 목적으로 할 것

(1) 일의 목적이 유형적인 경우

이 경우에는 고용이나 위임과는 명확하게 구별할 수 있지만, 도급과 유사한 비전형계약과의 구별이 문제된다.

1) 건물 · 도로 · 댐 · 철도 등과 같이 부동산에 관한 공사를 목적으로 하는 계약은 원칙적으로 도급이라고 생각해도 좋다. 이 경우에는 건축업법의 적용을 받으므로 수급인은 등록의무와 계약서 작성의무를 부담하지만, 계약의 성립요건은 아니다.

2) 동산의 경우에도 일의 대상이 부대체물인 경우, 예컨대 선박이나 특수한 가구 등의 경우에는 도급계약이 된다고 해석할 수 있을 것이다.

3) A회사가 종업원의 작업복을 일정한 사이즈로 나누어 주문하는 경우에 주문을 받은 B제조판매업자는 도급계약을 체결한 것인가, 매매계약을 체결한 것인가가 반드시 명확하지가 않다.

위의 예는 제작물공급계약으로 물건의 완성과 제작된 물건의 공급이라는 두 가지 측면을 가지고 있어, 도급이라 할 수도 있고 매매라고 할 수도 있다. 이에 대해 이를 도급과 매매의 혼합계약이라는 견해, 제작물이 대체물이면 매매이고 부대체물이면 도급이라는 견해, 거래의 성질에 따라 파악해야 한다는 견해로 나뉘어 있으나, 제작물의 성질(대체물 · 부대체물)에 따라 파악하는 것이 타당하다(대판 1996.6.28, 94다42976).

따라서 종업원의 작업복을 각각의 신체에 맞춘 경우에는 부대체물(타인에게 팔 수 없으므로)로 도급에 해당하고, 사이즈를 나누어 주문한 경우에는 대체물로 매매에 해당한다.

4) 도급인이 재료를 제공한 경우에 도급인가의 문제가 있다. 예컨대 옷감을 제공하고 와이셔츠를 만들어 달라고 주문하는 경우, 주문자의 체형에 맞추어 재단하는 것에 의해 와이셔츠가 부대체물이 되므로 도급이 된다고 해석할 수 있다.

(2) 일의 목적이 무형적인 경우

이 경우에는 고용이나 위임, 특히 위임과의 구별이 문제된다. 의사나 변호사와 같이 고도의 전문적인 지식이나 이론을 필요로 하는 노무를 목적으로 하는 경우에는 원칙적으로 위임이 된다고 해석할 수 있을 것이다.

2. 일의 완성에 대해 보수가 합의될 것

보수는 금전으로 정해지는 것이 일반적이지만 이에 한하지 않는다. 또 정액인 경우와 概算으로 합의된 후에 확정되는 경우도 있다.

Ⅲ. 도급의 효력

1. 수급인의 의무

(1) 일의 완성의무

1) 수급인은 계약에서 정해진 시기에 일을 착수해야 하고(387조 1항), 그러한 합의가 없을 때는 도급인으로부터 최고를 받을 때로부터 지체에 빠진다(387조 2항). 이러한 경우에 도급인은 민법 제544조에 의해 계약을 해제할 수 있다.

그러나 수급인의 책임으로 다액의 비용을 들여 납기까지 일을 완성하는 것이 가능하면 계약을 해제할 수 없고, 반대로 납기까지의 완성은 수급인의 노력에도 불구하고 불가능한 시점까지 일의 착수가 지연된 경우에는 최고 없이 계약을 해제할 수 있다고 해석할 수 있다.

2) 도급은 쌍무계약이지만 일의 완성의무는 도급인의 대금지급과 동시이행의 관계에 서지 않으므로(644조 참조), 수급인은 일의 착수 또는 완성의 지체를 동시이행의 항변권에 의해 정당화할 수 없다. 그러나 완성한 일이 인도를 필요로 하는 경우에는 인도채무와 대금지급채무는 동시이행의 관계에 선다고 해석할 수 있다.

3) 수급인이 일을 중지한 경우에 도급인은 착수지체의 경우와 같이 완성기일 전에도 최고를 하고 계약을 해제할 수 있다(544조). 수급인이 도급인의 지시와 같이 일을 하지 않은 경우도 마찬가지이다.

(2) 재료의 공급과 완성물소유권의 귀속

일의 완성에 필요한 재료를 수급인이 조달할 것인가 도급인이 공급할 것인가는 당사자의 계약에 의해 정해진다. 재료 공급자가 누구인가는 일이 유형적인 경우에 그 완성물의 소유권이 누구에게 귀속할 것인가와 밀접한 관련을 가지고 논의된다.

1) 도급인이 재료의 전부 또는 주요부분을 공급한 경우

특약이 없는 한 완성물의 소유권은 원시적으로 도급인에게 귀속한다. 판례도 「일반적으로 자기의 노력과 재료를 들여 건물을 건축한 사람은 그 건물의 소유권을 원시취득한다」(대판 1997.5.30, 97다8601)라고 하여, 소유권이 도급인에게 귀속한다고 하고 있다.

2) 수급인이 재료의 전부 또는 주요한 부분을 조달한 경우

특약이 없는 경우에 학설은 대립하고 있다. 수급인귀속설은 수급인이 재료의 전부 또는 주요부분을 제공하여 건축물을 완공한 경우에 그 건물의 소유권은 도급대금의 지급과 목적물의 인도에 의하여 원시적으로 수급인에게 귀속한다는 견해로 판례(대판 1972.2.29, 71다2541)의 입장이기도 하다. 도급인귀속설(다수설)은 수급인이 재료의 전부 또는 주요부분을 제공하여 건축물을 완공한 경우에도 완성물이 부동산인 때에는 원시적으로 도급인에게 귀속(다만 동산인 경우에는 원시적으로 수급인에게 귀속)한다는 견해이다.

당사자의 특약이 있는 경우에는 특약에 의하여 결정된다.

(3) 하도급

甲과 乙이 건물도급계약을 체결했지만, 乙이 스스로 일을 완성하지 않고 제3자 丙에게 그 일을 도급시킨 경우에 乙·丙간의 법률관계를 하도급이라 한다. 하도급을 하청이라고도 한다.

1) 수급인의 의무는 일을 완성하는 것이므로 그 일을 자신이 완성해야 하는가는 중요한 것이 아니다. 따라서 甲·乙간의 계약으로 하도급 금지특약이 없는 한 또는 일의 성질이 하도급을 허용하지 않는 경우(연주·강연 등)를 제외하고, 乙·丙간의 하도급계약은 乙의 甲에 대한 채무불이행은 아니다.

2) 乙·丙간의 하도급이 성립하는 경우에도 甲·乙간의 도급에는 어떠한 영향을 받지 않는다. 또한 甲·丙간에는 어떠한 법률관계도 성립하지 않는다. 丙이 일을 완성한 경우에는 乙이 그 인도를 받아 그것을 甲에게 인도하는 것이 된다. 甲·乙간에 하도급 금지특약이 있는 경우에도 乙·丙간의 하도급은 유효하다.

그러나 甲·乙간의 도급이 해제나 취소에 의해 실효된 경우에는 하도급의 목적달성은 불능이 되므로, 乙·丙간의 하도급은 이행불능이 된다. 따라서 乙의 귀책사유에 기한 이행불능이라면 丙은 乙에 대해 손해배상을 청구할 수 있다.

3) 하수급인 丙의 고의·과실에 의해 도급인 甲에게 손해가 발생한 경우에는 하도급 금지특약에 관계없이 수급인 乙은 甲에게 손해배상책임을 부담한다. 丙은 乙의 이행대행자이기 때문이다. 하도급 금지특약이 있는 경우에는 乙·丙간의 하도급 자체가 채무불이행이므로, 丙의 고의·과실에 관계없이 乙은 甲에 대해 손해배상책임을 부담한다.

(4) 목적물의 멸실 · 훼손과 위험부담

수급인의 의무는 일을 완성하여 인도를 요하는 것에 대하여는 그 인도를 마치는 것을 포함한다. 그러므로 목적물의 완성 전에 목적물이 멸실 또는 훼손된 경우에 그 손실을 수급인과 도급인 중 누가 부담할 것인가가 문제된다. 이 경우에는 수급인측의 손실(비용·노력 등)부담문제와 보수지급청구권의 소멸 유무의 문제가 있다.

1) 목적물의 인도를 필요로 하는 경우

(a) 일이 완성할 때까지 진행된 일이 멸실·훼손되어도 일의 완성이 거래관념상 불능이 아닌 한, 일의 완성의무는 존속하고 그에 소요되는 비용 및 노력은 모두 수급인의 부담이다(537조). 따라서 수급인은 일을 다시 고쳐 완성하여도 보수의 증액청구도 할 수 없다.

(b) 일을 완성했지만 인도전에 목적물이 멸실 혹은 훼손된 경우에는 원칙적으로 이행불능이 되고 수급인은 일을 다시 고쳐할 의무를 부담하지 않는다고 해석된다. 수급인의 귀책사유에 의한 경우에는 이행불능에 의한 책임을 부담하고 보수청구권을 상실한다. 도급인의 귀책사유에 의한 경우에는 위험부담에 관한 채권자주의에 의해(538조) 보수청구권을 상실하지 않는다. 양당사자의 귀책사유가 없는 경우에는 원칙적으로 위험은 수급인이 부담해야 한다.

2) 목적물의 인도를 필요로 하지 않는 경우

도급인이 거주하고 있는 주택을 수리할 것을 목적으로 하는 도급과 같이 목적물의 인도가 문제되지 않는 경우에는 수리 중 부분이 멸실 또는 수리하는 것에 의한 손실은 모두 수급인의 부담이 된다. 일이 불능으로 되지 않는 경우에는 이미 발생한 비용과 증가비용은 수급인이 부담한다. 급부불능으로 되는 경우에는 원칙적으로 수급인은 급부청구권이 없고(537조), 도급인의 귀책사유에 의한 경우만 보수를 청구할 수 있다(538조 1항).

(5) 수급인의 하자담보책임

1) 서

도급은 유상계약이므로 매도인의 담보책임에 관한 규정이 준용되어야 할 것이다(567조). 그러나 도급의 경우 일의 하자는 단순히 재료의 하자에 그치는 것이 아니고 수급인의 일의 방법이 불완전한 것에 기인한 것이 많으므로 그 책임에 관해 특별한 규정이 있다(667·672조).

수급인의 하자담보책임이 생기는 것은 「완성된 목적물 또는 완성 전의 성취된 부분에 하자가 있는 때」이다(667조 1항 본문). 목적물이 통상 가지는 품질이나 성능을 결하고 있는 경우나 당사자간에 미리 정한 성질을 결하고 있는 경우에 문제된다. 목적물이라고 규정되어 있지만 이는 통상의 경우를 표현한 것이고, 이론적으로는 무형의 일의 경우에도 담보책임은 생긴다고 볼 것이다.

[수급인의 담보책임에 도급인 과실의 참작여부]

수급인의 하자담보책임은 법이 특별히 인정한 무과실책임으로서 여기에 민법 제396조의 과실상계 규정이 준용될 수는 없다하더라도, 담보책임이 민법의 지도이념인 공평의 원칙에 입각한 것인 이상 하자 발생 및 그 확대에 가공한 도급인의 잘못을 참작할 수 있다(대판 2004.8.20, 2001다70337).

2) 담보책임의 종류

하자보수청구권(667조 1항 본문), 손해배상청구권(667조 2항), 계약해제권(668조 본문)이다. 이러한 수급인의 책임은 무과실책임이라고 해석된다(대판 1980.11.11, 80다923·924). 일의 하자가 수급인의 귀책사유에 의해 생긴 경우에도 하자담보책임은 생기지만, 이 경우에는 채무불이행책임과 경합이 문제된다.

그런데 수급인의 하자담보책임은 채무불이행책임과 경합을 당연히 예상하고 하자의 종류나 정도에 따라 도급에 적절한 요건과 효과를 정한 것이라고 해석할 수 있으므로, 채무불이행에 관한 일반규정의 적용은 배제된다고 볼 것이다.

(a) 하자보수의무

완성된 목적물 또는 완성 전의 성취된 부분에 하자가 있는 때에는 도급인은 수급인에 대하여 상당한 기간을 정하여 그 하자의 보수를 청구할 수 있다(667조 1항 본문). 그러나 하자가 중요하지 아니한 경우에 그 보수에 과다한 비용을 요할 때에는 보수를 청구할 수 없고(667조 1항 단서) 손해배상을 청구할 수 있다. 하자의 중요정도는 계약의 목적·목적물의 성능 등의 객관적 사정에 의해 정해지고, 비용의 상당성은 보수에 필요한 비용과 보수에 의해 생기는 이익을 비교하여 결정할 수 있을 것이다. 하자보수비는 하자보수청구시 또는 보수에 갈음하는 손해배상청구시를 기준으로 산정한다(대판 1980.11.11, 80다923.924). 하자는 수급인의 귀책사유에 의해 생길 필요는 없다.

도급인은 상당한 기간을 정해 일단 하자의 보수를 청구한 이상, 그 기간이 경과할 때까지는 보수대신 손해배상을 청구할 수 없다. 그 기간 내에 수급인이 보수를 하지 않는 경우에 도급인은 재차 보수를 청구할 수 있다고 본다. 이 경우에 해제의 일반규정(544조)에 의해 계약을 해제할 수 있는가가 문제되지만, 도급계약의 특수성을 감안하여 일반규정에 의한 해제권을 인정하지 않는 취지라고 해석할 수 있다.

목적물의 인도를 필요로 하는 도급의 경우에는 도급인은 목적물의 인도를 받을 때에 하자보수를 청구하고 대금의 전부 또는 일부의 지급을 거절할 수 있다(536조). 도급인이 하자의 존재를 알면서 아무런 유보 없이 목적물을 인도받은 경우에도 하자보수청구권의 포기로 볼 수 없는 한 수급인의 담보책임은 존속한다고 볼 것이다.

(b) 손해배상의무

도급인은 하자보수에 갈음하여 또는 보수와 함께 손해배상을 청구할 수 있다(667조 2항). 전술한 바와 같이 하자보수의무는 무과실책임이므로 그에 대신한 손해배상의무도 마찬가지로 해석할 수 있고, 또 배상의 성질은 채무불이행에 관한 일반규정의 적용이 배제된다고 해석하는 이상 이행이익이라고 해석할 수 있다. '보수와 함께'란 '보수와 병행하여'라는 의미이고, 일의 완성의 지연에 의한 손해나 보수에 의해서도 치유되지 않는 손해가 대상이 된다.

하자보수청구권과 이에 대신한 손해배상청구권은 선택적으로 행사할 수 있다고 해석된다. 다만 보수가 용이할 때는 먼저 보수를 청구할 수 있다. 또 도급인의 손해배상청구권과 수급인의 보수청구권은 동시이행의 관계에 있다(667조 3항). 손해배상의 범위는 이행이익을 포함한다는 것이 다수설이다.

(c) 하자담보책임의 추급으로서의 계약해제권

도급인이 완성된 목적물의 하자로 인하여 계약의 목적을 달성할 수 없는 때에는 계약을 해제할 수 있다. 그러나 건물 기타 토지의 공작물에 대하여는 그러하지 아니하다(668조). 하자보수청구권, 이에 대신한 손해배상청구권과 민법 제668조의 계약해제권은 선택적으로 행사할 수 있다. 하자가 중대하여 보수가 무의미한 경우에는 상당한 기간을 정해 최고가 필요하다고 본다. 해제의 일반규정(544조)의 적용을 배제한다고 해석하는 것과 균형을 고려하기 때문이다. 또 해제에 의해서도 손해가 남는 경우에는 그 배상을 청구할 수 있다.

건물 기타 공작물에 관한 계약에 대하여는 중대한 하자가 있어도 해제할 수 없다(668조 단서). 이 경우에는 수급인의 손실이 과대하게 될 수 있는 것과 원상회복에 의해 생기는 사회.경제적 손실의 크기를 고려하기 때문이라고 해석된다. 공작물이 완성하기 전에는 하자담보책임이 문제되지 않으므로 해제의 일반규정(544조)에 의한 해제가 가능하지만, 공작물 완성 후에는 하자담보책임을 이유로 계약을 해제할 수 없다.

[부수의무 불이행시 해제권 인정여부]

영상물 제작공급계약의 수급인이 내부적인 문제로 영상물제작 일정에 다소의 차질이 발생하여 예정된 일자에 시사회를 준비하지 못한 경우, 그와 같은 의무불이행은 그 계약의 목적이 된 주된 채무를 이행하는 과정에서의 부수된 절차적인 의무불이행에 불과하므로, 도급인은 그와 같은 부수적인 의무불이행을 이유로 계약을 해제할 수 없다(대판 1996.7.9, 96다14364 · 14371).

3) 담보책임의 예외

(a) 도급인에게 귀책사유가 있는 경우

목적물의 하자가 도급인이 제공한 재료의 성질 또는 도급인의 지시에 기인한 때에는 원칙적으로 수급인은 담보책임을 지지 않는다. 그러나 수급인이 그 재료 또는 지시의 부적당함을 알고 도급인에게 고지하지 아니한 때에는 그러하지 아니하다(669조).

예컨대 수급인이 도급인의 설계도면대로 건축한 경우, 수급인이 설계도가 부적당하다는 것을 알고 고지하지 않은 것이 아닌 이상 수급인은 하자담보책임을 지지 않는다(대판 1996.5.14, 95다24975).

(b) 담보책임 면제특약

당사자가 하자담보책임에 관하여 면제특약을 한 경우 그 특약은 유효하다. 다만 수급인이 알면서 도급인에게 고지하지 않은 경우에는 담보책임을 진다(672조). 담보책임존속기간을 단축하는 것도 유효하다.

4) 담보책임의 존속기간

(a) 하자담보책임은 1년의 제척기간에 걸린다. 이 기산점은 인도를 필요로 하는 목적물에 대하여는 인도를 받은 날(670조 1항), 인도를 요하지 않는 경우에는 일의 종료한 날(670조 2항)이다.

(b) 토지 · 건물 기타 공작물에 대하여는 원칙적으로 5년이지만, 석조 · 석회조 · 연와조 · 금속의 공작물의 하자에 대하여는 10년이다(671조 1항).

(c)(b)의 하자로 인하여 목적물이 멸실 또는 훼손한 때에는 도급인은 멸실 · 훼손한 날로부터 1년 내에 수급인에게 담보책임을 물어야 한다.

2. 도급인의 의무

(1) 보수지급의무

보수지급의무는 도급인의 기본적 채무이다(664조). 보수액이 정해져 있을 때는 원칙적으로 정액도급이라고 볼 수 있다. 보수지급시기에 관하여는 원칙적으로 후불이다. 목적물의 인도를 요하는 경우에는 인도와 동시에, 인도를 요하지 않는 경우에는 일의 완성과 동시에 지급하여야 한다(665조). 보수가 후불이어도 도급계약의 성립에 의해 구체적인 채권으로서 성립되어 있으므로 압류의 대상이 될 수 있다.

(2) 협력의무

도급인은 도급계약의 취지에 따라 수급인에게 적절한 지시를 하는 등에 의해 일의 완성에 협력할 의무를 부담해야 한다.

(3) 수취의무

도급인은 완성한 목적물을 수취할 의무가 있다고 본다.

(4) 안전배려의무

도급인의 일반적 의무라고 해석할 필요는 없지만 도급으로 되어 있는 계약관계 중에 고용계약에 가까운 실태를 가지는 것도 포함되므로, 각각의 실태에 따라 도급인의 안전배려의무를 인정할 수 있다.

Ⅳ. 도급의 종료

1. 도급인의 임의해제권

수급인이 일을 완성하기 전에는 도급인은 손해를 배상하고 계약을 해제할 수 있다(673조). 수급인의 채무불이행은 요건이 아니다. 도급인에게 있어 무의미하게 된 일을 이행하는 것은 사회·경제적으로도 무의미한 것이기 때문이다. 일이 완성되면 인도전이라도 계약을 해제할 수 없다(대판 1995. 8. 22, 95다1521).

도급인이 완성된 목적물의 하자로 인하여 계약의 목적을 달성할 수 없는 때에는 계약을 해제할 수 있다(668조 본문). 그러나 건물 기타 토지의 공작물에 대하여 그러하지 아니하다(668조 단서).

[집합건물의 하자로 인한 분양계약 해제가부]

통상 대단위 집합건물의 경우 분양자는 대규모 건설업체임에 비하여 수분양자는 경제적 약자로서 수분양자를 보호할 필요성이 높으므로, 집합건물법 9조 1항(민법 668조를 준용함)이 적용되는 집합건물의 분양계약에 있어서는 민법 668조 단서가 준용되지 않는다.

따라서 수분양자는 집합건물의 완공 후에도 분양목적물의 하자로 인하여 계약의 목적을 달성할 수 없는 때에는 분양계약을 해제할 수 있다(대판 2003.11.14, 2002다2485).

2. 도급인이 파산한 경우

도급인이 파산선고를 받은 때에는 수급인 또는 파산관재인은 계약을 해제할 수 있다. 이 경우에는 수급인은 일의 완성된 부분에 대한 報酬 및 보수에 포함되지 아니한 비용에 대하여 파산재단의 배당에 가입할 수 있다(674조 1항). 이 경우에 각 당사자는 상대방에 대하여 계약해제로 인한 손해배상을 청구하지 못한다(674조 2항). 파산제도와 보수후불의 원칙과의 조정을 기한 것이다. 이러한 취지에서 배당에 가입하는 채권액은 일의 완성도에 비례하여 정할 수 있을 것이다.

사례해결

도급인 갑이 재료의 전부 또는 주요부분을 제공하여 수급인 을이 건축한 경우에는 당연히 갑에게 완성된 건물의 소유권이 귀속하는데 異說이 없다.

그러나 수급인 을이 재료의 전부 또는 주요부분을 제공하여 건물을 완성한 경우에는 견해가 나뉜다. 판례에 의하면 수급인이 재료의 전부를 공급한 경우에는 완성된 건물의 소유권은 을에게 귀속하는 것으로 본다. 그러나 수급인귀속설을 취할 경우 여러 가지 문제점들이 나타난다. 그러므로 수급인이 재료의 전부 또는 주요부분을 제공했더라도 완성된 건물의 소유권은 도급인인 갑에게 원시적으로 귀속하는 것이 옳다고 본다.

제10관 현상광고

Ⅰ. 현상광고의 의의 · 성질

1. 현상광고의 의의

현상광고는 광고자가 어느 행위를 한 자에게 일정한 보수를 지급할 의사를 표시하고, 이에 응한 자가 그 광고에 정한 행위를 완료함으로써 효력이 생기는 계약이다(675조). 지정되는 행위에는 종류가 없고 누구의 이익이 되는가도 문제되지 않는다. 그 예로는 유실물을 찾아주는 사람에게 현상금을 지급하겠다는 광고를 내는 경우를 들 수 있다.

[지정행위 완료에 조건을 붙일 수 있는지 여부]

현상광고는 그 광고에 정한 행위의 완료에 조건이나 기한을 붙일 수 있다. 경찰이 범인을 수배하면서 "제보로 검거되었을 때에 신고인 또는 제보자에게 현상금을 지급한다"는 내용의 현상광고를 한 경우, 현상광고의 지정행위는 범인의 거처 또는 소재를 경찰에 신고 내지 제보하는 것이고 "범인이 검거되었을 때"는 지정행위의 완료에 조건을 붙인 것이다.

제보자가 범인의 소재를 발견하고 경찰에 이를 신고함으로써 현상광고의 지정행위는 완료되었다. 그에 따라 경찰관이 출동하여 범인이 있던 호프집 안에서 그를 검문하고 나아가 차량에 태워 파출소까지 데려간 이상 그에 대한 검거는 이루어진 것이다. 따라서 현상광고상의 지정행위 완료에 붙인 조건도 성취되었다고 볼 수 있다(대판 2000.8.22, 2000다3675).

2. 현상광고의 법적 성질

(1) 계약설

현상광고를 양당사자의 의사의 합치에 의해 성립하는 계약의 본질을 갖는 것으로 파악하는 견해이다(다수설). 즉 광고자의 의사표시는 불특정다수인에 대한 청약에 해당하고, 응모자의 그에 대한 응모 및 지정행위의 완료는 승낙에 해당한다고 이해함으로써 현상광고를 요물계약이라고 본다. 단 광고가 있음을 알지 못하고 지정행위를 한 자는 민법 제677조의 법률규정에 의해 응모자와 같은 보수청구권을 갖는다고 본다. 이때의 법률관계는 계약이 아닌 준현상광고로 파악한다.

(2) 단독행위설

현상광고는 지정행위를 완료한 자에게 보수를 지급한다는 불특정다수인에 대한 의사표시, 즉 지정행위의 완료를 정지조건으로 하는 채무부담행위의 단독행위로 본다(소수설).

Ⅱ. 현상광고의 효력

1. 형식적 효력(철회의 제한)

지정행위의 완료기간을 정한 때는 광고를 철회할 수 없다(679조 1항). 그 기간 내에 지정행위완료자가 없으면 철회의사표시가 없어도 자동적으로 청약은 실효한다.

완료기간을 정하지 않은 때는 완료자가 있기 전에는 광고와 동일한 방법으로 철회할 수 있다(679조 2항). 동일한 방법으로 할 수 없게 된 때에는 비슷한 방법으로 하여야 하나, 철회사실은 모든 사람에게 대항할 수 없고(679조 3항), 알고 있었다는 것을 광고자가 입증하여야 한다.

광고가 유효하게 철회되면 그 후에 지정행위를 완료한 자에게 보수를 지급할 필요가 없다. 그러나 가해의 목적으로 광고를 했거나 과실로 광고를 한 때는 각각 불법행위와 계약체결상 과실책임을 면할 수 없다.

2. 실질적 효력(보수청구권)

특별한 의사표시가 없는 한 지정행위완료로 보수청구권은 발생하고, 사전 · 사후에 광고자에게 통지할 필요가 없다. 다만 광고전에 완료한 자의 경우에는 광고가 효력을 발생할 때 보수청구권을 취득한다고 본다.

지정행위완료자가 수인이면 지정행위를 먼저 완료한 자가 권리를 취득한다. 만일 동시에 완료한 경우에는 균분해야 하지만, 분할할 수 없거나 분할하지 않기로 정한 때는 추첨에 의해 결정하고(676조 2항) 그 결정의 효과는 소급한다.

수인이 공동으로 지정행위를 완료한 경우에도 공동자는 균등한 비율로 권리를 취득하고(408조) 보수가 불가분인 때에는 불가분채권을 취득하게 된다(409조).

3. 우수현상광고

(1) 의 의

응모기간 내에 지정행위를 완료한 수인 중 우수한 자에게만 보수를 주기로 하는 특수한 현상광고를 말한다. 응모기간이 없으면 무효이고(678조 1항), 따라서 철회할 수 없다. 지정행위는 응모기간 전이 되고 광고전에 해도 상관없다. 유실물발견 등 우수를 가릴 수 없는 것은 지정행위가 될 수 없다.

(2) 응 모

응모는 지정행위를 완료했다는 뜻의 통지로서 광고자에게 하여야 하고, 승낙의 의사표시로의 성질을 갖는다. 응모는 광고자의 다른 의사표시가 없는 한 지정기간 내에 광고자에게 도달하면 통지발송시에 소급하여 성립한다고 해석된다(531조 적용). 단독행위설에 의하면 도달시에 효력이 발생할 것이다.

(3) 판 정

응모자가 행한 지정행위결과의 우열을 판단하는 행위인데, 광고에서 정해진 자가 없으면 판정자는 광고자이다(678조 2항). 상대적 판정이므로 특별한 의사표시나 객관적 표준이 없는 한 우수자가 없다는 판정을 할 수 없다. 그러나 광고 중에 다른 의사표시가 있거나 광고의 성질상 판정의 표준이 정해져 있는 때에는 그러하지 아니하다(678조 3항). 우수하다는 판정에는 이의를 제기할 수 없다.

다만 판정이 착오·사기·강박에 의한 때에는 취소할 수 있다(678조 4항). 광고에서 정한 기준이나 신의칙에 위배되면 무효를 주장할 수 있고, 지정행위의 산물은 특약이 없으면 이전하지 않는다.

제11관 위 임

사례

갑은 을 회사와 사무처리에 관한 위임계약을 체결했고 2년간 위임계약을 해지하지 않는다는 특약을 하였다. 을 회사는 2년간의 해지금지특약이 있음에도 2년의 경과 전에 일방적인 해지를 하였다. 이에 갑은 을 회사를 상대로 기본급·주택수당·자녀학비 및 퇴직금 등에 해당하는 손해배상을 청구하였다. 갑의 청구는 인용될 수 있는가?

Ⅰ. 위임의 의의·성질

1. 위임의 의의

위임은 위임인이 수임인에 대하여 사무의 처리를 위탁하고 수임인이 이를 승낙함으로써 효력이 생기는 계약이다(680조). 위임도 타인의 노무를 이용하는 계약의 일종이지만, 타인의 재산의 매각·구매와 같이 일정한 사무처리를 위해 통일적인 노무를 목적으로 하는 것을 특색으로 한다.

위임은 사단과 이사의 관계, 타인의 재산관리관계, 소송 등 법률사무처리관계, 사단의 총회에 있어서 타인을 위한 표결권행사관계 등 사회생활에서 광범위하고 또 중요한 역할을 하고 있다.

[공사감리계약의 성격과 내용]

공사감리계약의 성격은 그 감리의 대상이 된 공사의 완성여부·진척정도와는 독립된 별개의 용역을 제공하는 것을 본질적 내용으로 하는 위임계약의 성격을 갖고 있다(대판 2000.8.22, 2000다19342).

2. 위임의 법적 성질

(1) 위임은 낙성·불요식 계약이다.

(2) 위임은 원칙적으로 무상이고 특약이 없으면 보수를 청구할 수 없다(686조 1항). 실제로는 대부분 특약 또는 관습에 의해 유상이 된다. 일반적으로 무상계약에서 채무자는 그 책임이 경감되지만(559조·612조·695조), 무상위임에 있어서 수임자는 유상의 경우와 마찬가지로 선관주의의무를 부담한다(681조). 다만 수임자에게 경제적인 부담이 되지 않도록 배려는 되어 있다(687조·688조).

(3) 위임은 계속적인 계약관계이다. 계약의 소급효와 관련해서 주의를 요한다.

Ⅱ. 위임의 성립

1. 계약목적이 일정한 사무처리의 위탁일 것이 필요하다(준법률행위·사실행위도 포함된다). 가족법상의 법률행위는 위임의 목적이 되지 못하나 신고·소송절차 등은 신분행위에 관한 것이라도 위임의 목적이 될 수 있다. 계약의 성립에는 증서 기타 형식을 필요로 하지 않지만 위임자가 위임장을 교부하는 경우가 많다.

2. 민법은 위임을 원칙적으로 무상으로 하지만(686조) 실제로는 유상위임이 많다.

[경찰관의 긴급구호요청의 치료위임 여부]

경찰관직무집행법에 의하면 경찰관이 병자·부상자 등으로서 적당한 보호자가 없으며 응급의 구호를 요한다고 인정되는 자를 발견한 때에는 보건의료기관 또는 공공구호기관에 긴급구호요청을 할 수 있다. 이러한 긴급구호요청을 받은 보건의료기관이나 공공구호기관은 정당한 이유 없이 긴급구호를 거절할 수 없다고 규정하고 있을 뿐이고(경찰관직무집행법 4조 1항, 2항), 응급의 구호를 요하는 자에 대하여 응급의 구호에 필요한 치료의 의무를 부담한다는 규정을 두고 있지 아니하다.

그러므로 경찰관이 응급의 구호를 요하는 자를 보건의료기관에 긴급구호요청을 하고, 보건의료기관이 이에 따라 진료행위를 하였다고 하더라도 국가와 보건의료기관 사이에 국가가 그 치료행위를 보건의료기관에 위탁하고 보건의료기관이 이를 승낙하는 내용의 치료위임계약이 체결된 것으로는 볼 수 없다(대판 1994.2.22, 93다4472).

Ⅲ. 위임의 효력

1. 수임인의 의무

(1) 선관주의의무

1) 수임인은 위임의 본지에 따라 선량한 관리자의 주의로써 위임사무를 처리하여야 한다(681조). 위임의 본지에 따르는 것은 위임계약의 목적에 적합하도록 사무를 처리하는 것이다. 위 규정은 수임인에게 사무처리를 할 때 자유재량의 여지를 인정하는 것이다.

따라서 위임인의 지시가 있는 경우에는 원칙적으로 이에 따라야 하지만, 이것이 적절하지 않는 경우나 사정의 변화에 의해 부적절하게 된 경우에는 이 지시에 구속되지 않고 위임인에게 지시의 변경을 청구할 수 있다(통설).

2) 수임인은 무상위임의 경우에도 선관주의의무를 부담한다. 이 점에 당사자간의 신뢰관계를 기초로 하는 위임계약의 특색이 나타난다. 따라서 당사자가 명확히 무상으로 한 경우에는 그 관계를 과연 법률관계라고 해석해도 좋은가의 여부를 음미하여 볼 필요가 있을 것이다. 위임인이 영리를 목적으로 하는 개인 또는 기업인 경우에는 유상위임이라고 해석해야 할 것이다.

3) 수임인은 원칙적으로 스스로 사무를 처리하지 않으면 안 된다. 위임인은 수임인을 신뢰하고 사무처리를 위탁한다고 해석할 수 있기 때문이다. 그러나 위 원칙을 엄격하게 지키는 것은 사무를 원활하게 처리할 수 없는 경우도 생긴다. 그러므로 내부관계의 유사성을 감안하여 민법은 복위임권을 인정하고 있다(682조).

[변호사의 선관주의의무의 내용]

소송대리를 위임받은 변호사는 그 수임사무를 수행함에 있어, 전문적인 법률지식과 경험에 기초하여 성실하게 의뢰인의 권리를 옹호할 의무가 있다. 구체적인 위임사무의 범위는 변호사와 의뢰인 사이의 위임계약 내용에 의하여 정하여 진다. 그러나 위임사무의 종료단계에서 패소판결이 있었던 경우에는 의뢰인으로부터 상소에 관하여 특별한 수권이 없는 때에도 그 판결을 점검하여 의뢰인에게 불이익한 계산상의 잘못이 있다면, 의뢰인에게 그 판결의 내용과 상소하는 대의 승소가능성 등에 대하여 구체적으로 설명하고 조언하여야 할 의무가 있다(대판 2004.5.14, 2004다7354).

(2) 부수의무

1) 보고의무

수임인은 위임인의 청구가 있는 때에는 위임사무의 처리상황을 보고하고, 위임이 종료한 때에는 지체없이 그 전말을 보고하여야 한다(683조). 상법상 대리상과 본인에 관하여는 특칙이 있다(상법 88조).

2) 취득물 이전의무

수임인은 위임사무의 처리로 인하여 받은 금전 기타의 물건 및 그 수취한 과실을 위임인에게 인도하여야 한다(684조 1항). 사무처리 도중에 다른 수임인에게 인계한 경우에는 반환의무를 면한다고 본다. 이 취득물은 대체물이더라도 당사자간에는 특정된 물건이므로 다른 물건으로 인도하지 못한다(대판 1969.12.16, 67다1525).

3) 취득권리 이전의무

수임인이 위임인을 위하여 자기의 명의로 취득한 권리는 위임인에게 이전하여야 한다(684조 2항). 수임인이 대리권을 가지는 경우에는 이러한 의무는 문제되지 않는다.

4) 금전소비책임

수임인이 위임인에게 인도할 금전 또는 위임인의 이익을 위하여 사용할 금전을 자기를 위하여 소비한 때에는 소비한 날 이후의 이자를 지급하여야 하며, 그 외에 손해가 있으면 배상하여야 한다(685조).

[수임인의 취득물 인도시기]

수임인이 위임사무 처리로 받은 금전 등을 위임인에게 인도하는 시기는 당사자 간의 특약이 있거나 위임의 본뜻에 반하는 경우 등과 같은 특별한 사정이 있지 않는 한 위임계약이 종료된 때라 할 것이다. 따라서 수임인이 반환할 금전의 범위도 위임종료시를 기준으로 정해진다(대판 2007.2.8, 2004다64432).

2. 위임인의 의무

(1) 기본적 의무

1) 위임사무의 처리에 비용을 요하는 때에는 위임인은 수임인의 청구에 의하여 이를 선급하여야 한다(687조). 위임인의 비용선급의무는 당사자간의 신뢰관계를 전제로 하는 것이므로, 선급에 관해 불안한 경우에는 위임계약을 해지할 수 있다. 비용의 선급과 사무처리는 동시이행에 유사한 관계에 선다고 할 수 있을 것이다.

[소송위임계약이 해지된 경우 착수금의 반환범위]

변호사가 의뢰인으로부터 받는 착수금은 일반적으로 위임사무의 처리비용과 보수금 일부의 선급금조의 성격을 갖는다. 그러므로 소송위임계약이 해지된 경우, 수임인인 변호사는 사무처리의 정도 등에 비추어 일부 착수금을 반환할 의무가 있다(서울중앙지판 2005.9.16, 2005가합28940).

2) 수임인이 위임사무의 처리에 관하여 필요비를 지출한 때에는 위임인에 대하여 지출한 날 이후의 이자를 청구할 수 있다(688조 1항).

3) 수임인이 위임사무의 처리에 필요한 채무를 부담한 때에는 위임인에게 자기에 갈음하여 이를 변제하게 할 수 있고, 그 채무가 변제기에 있지 아니한 때에는 상당한 담보를 제공하게 할 수 있다(688조 2항).

4) 수임인이 위임사무의 처리를 위하여 과실 없이 손해를 받은 때에는 위임인에 대하여 그 배상을 청구할 수 있다(688조 3항).

(2) 유상위임의 경우의 보수지급의무

1) 수임인은 특별한 약정이 없으면 위임인에 대하여 보수를 청구하지 못한다(686조 1항) 그러나 판례는 보수에 관한 특약이 없더라도 위임사무가 수임인의 영업 내지 업무와 관련된 것이라면 묵시적 약정이 있는 것으로 보아 보수청구권을 인정한다(대판 1993. 11. 12, 93다36882).

보수의 내용에 관하여는 제한이 없다. 사무처리 자체에 대하여 지급되는 경우가 많지만, 사무처리가 성공한 경우에만 또는 성공한 경우에는 가산하여 지급하는 경우도 있다. 지급시기에 대하여는 후급이 원칙이지만, 기간으로 보수를 정한 때에는 그 기간이 경과한 후에 이를 청구할 수 있다(686조 2항).

2) 수임인이 위임사무를 처리하는 중에 수임인의 책임 없는 사유로 인하여 위임이 종료된 때에는 수임인은 이미 처리한 사무의 비율에 따른 보수를 청구할 수 있다(686조 3항). 수임인의 귀책사유에 의해 위임이 도중에 종료한 경우에는 귀책사유가 발생한 시점까지의 부분에 상당하는 보수를 지급해야 할 것이다.

[변호사가 청구할 수 있는 보수액]

변호사의 소송위임사무처리에 관한 보수에 관하여 의뢰인과의 사이에 약정이 있는 경우, 위임사무를 완료한 변호사는 특별한 사정이 없는 한 약정된 보수액을 전부 청구할 수 있는 것이 원칙이다.

하지만 의뢰인과의 평소부터의 관계 · 사건수임의 경위, 착수금의 액수 · 사건처리의 경과와 난이도 · 노력의 정도 · 소송물 가액 · 의뢰인이 승소로 인하여 얻게 된 구체적 이익과 소속변호사회의 보수규정 · 기타 변론에 나타난 제반사정 등을 고려하여 약정된 보수액이 과다하여 신의성실의 원칙이나 형평의 원칙에 반한다고 볼 만한 특별한 사정이 있는 경우에는 예외적으로 상당하다고 인정되는 범위 내의 보수액만을 청구할 수 있다(대판 2002.4.12, 2000다50190).

Ⅳ. 위임의 종료

1. 위임의 종료원인

위임은 계약의 공통 종료원인 외에 다음 사유에 의해 종료한다.

(1) 해지의 고지

위임은 각 당사자의 신뢰를 기초로 하는 계약이므로 유 · 무상 기간의 약정유무를 불문하고 언제든지 해지할 수 있다(689조 1항). 그러나 당사자일방이 부득이한 사유 없이 상대방의 불리한 시기에 계약을 해지한 때에는 그 손해를 배상하여야 한다(689조 2항). 수임인이 고지할 경우에는 사무처리의 승계에 지장을 생기게 하는 경우, 위임인이 고지하는 경우에는 수임인이 위임의 계속을 예정하고 다른 수임을 얻을 기회를 잃은 경우 등이 고려된다.

[위임계약의 해지로 인한 손해배상책임]

민법상 위임계약은 유상계약이든 무상계약이든 당사자 상방의 특별한 대인적 신뢰관계를 기초로 하는 위임계약의 본질상 각 당사자는 언제든지 이를 해지할 수 있다. 이로 인해 상대방이 손해를 입는 일이 있어도 그것을 배상할 의무를 부담하지 않는 것이 원칙이다(대판 1005.11.24, 2005다39136).

(2) 사망 · 파산 · 피성년후견인

위임은 당사자 한쪽의 사망이나 파산으로 종료된다. 수임인이 성년후견개시의 심판을 받은 경우에도 종료한다(개정민법 690조). 이와 반대되는 특약을 할 수 있고 위임인의 금치산선고는 위임의 종료사유가 아니다.

2. 위임종료시의 긴급처리와 대항요건

(1) 수임인의 긴급처리

위임종료의 경우에 급박한 사정이 있는 때에는 수임인, 그 상속인이나 법정대리인은 위임인, 그 상속인이나 법정대리인이 위임사무를 처리할 수 있을 때까지 그 사무의 처리를 계속하여야 한다(691조). 신임을 받은 수임인의 당연한 책임이다. 유상위임의 경우에는 위사무처리에 대하여도 보수를 청구할 수 있다.

[대표사임 후 직무를 계속 수행할 수 있는 범위]

민법상 법인과 그 기관인 이사와의 관계는 위임자와 수임자의 법률관계와 같아서 이사가 사임하면 일단 위임관계는 종료함이 원칙이다. 그러나 후임이사의 선임시까지 이사가 존재하지 않는다면 기관에 의하여 행위를 할 수 밖에 없는 법인으로서는 당장 정상적인 활동을 중단하여야 할 상황에 놓이게 된다. 이는 민법 제691조에 규정된 위임종료의 경우에 급박한 사정이 있는 때와 같으므로 사임한 이사라도 임무를 수행함이 부적당하다고 인정할만한 특별한 사정이 없는 한, 후임이사가 선임될 때까지 이사의 직무를 계속 수행할 수 있다(대판 2003.3.14, 2001다7599).

(2) 상대방에 대한 대항요건

위임종료의 사유는 이를 상대방에게 통지하거나 상대방이 이를 안 때가 아니면 이로써 상대방에게 대항하지 못한다(692조). 위임의 종료를 모르는 상대방이 손실을 받지 않도록 하는 취지이다(고지의 경우에는 적용되지 않는다).

사례해결

유상위임계약은 유상 · 쌍무계약으로 유상위임 상 해지포기특약은 사적 자치의 원칙상 유효하다고 보아야 할 것이다. 사례에서 을 회사가 갑에게 행한 해지포기특약은 유효하다. 해지포기특약을 위반하여 행한 을 회사의 해지는 계약위반으로 손해배상책임을 부담하며, 그 손해의 범위는 민법 제392조에 따른다고 보는 것이 타당하다. 그러므로 갑이 을 회사에 대하여 통상의 손해로서 위에서 청구한 내용의 손해배상청구는 인용될 수 있다고 본다.

제12관 임 치

Ⅰ. 임치의 의의 · 성질

1. 임치의 의의

타인을 위해 어느 물건을 보관하는 관계는 우리들의 생활관계 중에 많이 볼 수 있다. 여행지에서 일시적으로 물건을 맡기거나, 은행이나 우체국에 금전을 맡기는 경험은 누구라도 있을 것이다. 임치는 임치인이 수치인에 대하여 금전이나 유가증권 기타 물건의 보관을 위탁하고, 수치인이 이를 승낙함으로써 효력이 생기는 계약이다(693조).

2. 임치의 법적 성질

임치는 낙성 · 불요식 계약이고 무상 · 편무임을 원칙으로 하나, 특약이 있는 때에는 유상 · 쌍무계약이 된다.

(1) 임치는 금전이나 유가증권 기타의 물건을 보관하는 것이 계약의 목적 내지 내용이다.

1) 임치물의 보관

(a) 보관은 목적물의 점유를 취득해서 멸실 · 훼손을 막고 원상을 유지하는 것, 즉 보전하는 것이다. 단순히 보관장소만을 제공하는 계약은 사용대차 또는 임대차에 지나지 않는다.

(b) 보관의 내용이 되는 수치인의 노무는 목적물의 원상을 그대로 유지한다는 목적달성에 필요한 노무에 한하며, 그 이상의 적극적 노무의 제공을 포함하지 않는다. 이 점에서 임치는 고용 · 도급 · 위임과 구별된다.

2) 임치의 목적물

임치의 목적물은 금전이나 유가증권 기타의 물건이다. 그러나 금전은 특수한 동산이므로 특정물로서 임치된 경우가 아니면 소비임치가 된다. 민법은 임치의 목적물을 물건이라고 하므로 동산에 한하지 않고 부동산도 포함된다.

(2) 임치에 있어서는 수치인이 목적물의 점유를 취득한다는 것이 필요하게 되나, 이를 임치계약의 성립요건으로 하느냐의 여부는 입법정책의 문제이다. 연혁적으로는 로마법 이래로 요물계약으로 하고 있으나, 민법은 낙성계약으로 하고 있다. 따라서 목적물의 점유를 취득하는 것은 성립요건이 아니다.

(3) 민법상 임치는 원칙적으로 무상·편무계약이다. 그러나 특약으로 보수(報酬)를 지급하는 것으로 할 수 있으며(701조·686조), 이 경우에는 유상·쌍무계약이 된다.

(4) 임치는 특정의 목적물을 보관하고 이를 반환하는 것이 원칙이다. 그러나 임치 가운데는 이러한 임치의 원형과는 다른 특수한 것이 있는데, 혼장임치와 소비임치가 그것이다.

[수치인이 반환할 목적물]

임치계약상 수치인이 반환할 목적물은 당사자 사이에 특약이 없는 한 수치한 물건 그 자체이고, 그 물건이 전부 멸실된 때에는 임치물 반환채무는 이행불능이 되는 것이다. 임치한 물건이 대체물인 경우라도 그와 동종 동량의 물건을 인도할 의무가 없고 수치인의 과실로 인하여 임치물이 멸실된 경우에는 멸실 당시의 물건 시가액 상당의 손해를 배상할 책임이 있다(대판 1976.11.9, 76다1932).

Ⅱ. 임치의 효력

1. 수치인의 의무

(1) 보관의무

1) 무상임치의 경우에 수치인은 임치물을 자기재산과 동일한 주의로 보관하여야 한다(695조). 상인은 영업행위 내에서 임치를 받는 경우 무상이라도 선관의무를 부담한다.

2) 유상임치의 경우에 수치인은 임치물을 선량한 관리자의 주의로써 보관하여야 한다(374조).

3) 수치인은 임치인의 동의 없이 임치물을 사용하지 못한다(694조). 수치인은 원칙적으로 자기가 임치물을 보관해야 하지만, 임치인의 승낙이 있거나 부득이한 사유가 있는 때에는 제3자에게 보관시켜도 좋다(701조). 이 경우 복위임에 관한 민법 제682조가 준용된다.

4) 곡물 등 대체물을 임치한 경우에는 통상의 임치는 아니고 수치인이 동종·동등의 다른 임치물과 혼합하여 보관하고, 동수량의 물건을 반환하는 것이 허용되는 경우도 있다(혼장임치).

(2) 부수적 의무

1) 임치물에 대한 권리(소유권 등)를 주장하는 제3자가 수치인에 대하여 소를 제기하거나 압류한 때에는 수치인은 지체 없이 임치인에게 이를 통지하여야 한다(696조). 임치인에게 방어기회를 주기 위한 것이다.

2) 위임의 규정이(682조, 684조 내지 687조, 688조 1항·2항) 준용되는 결과(701조), 수치인은 임치에 관해 수취한 물건 또는 수취한 과실의 반환의무를 부담하고, 반환할 금전을 자기를 위해 소비한 경우에는 손해배상의무를 부담한다.

(3) 목적물반환의무

임치관계가 종료한 경우에는 수치인은 목적물을 임치인 또는 지정한 자에게 반환하여야 한다. 임치계약상의 의무이행이다. 반환하여야 하는 물건은 임치인에게서 받은 물건(동산. 유가증권 등) 그 자체이다(대판 1976.11.9, 76다1932). 동종·동질·동량의 물건을 반환할 것을 내용으로 하면 소비임치로 소비대차규정이 준용된다. 반환장소는 특약이 없으면 물건의 보관장소이다. 그러나 정당한 이유로 임치물을 전치한 경우 현존하는 곳에서 반환할 수 있다(700조).

[묵시적 임치계약의 경우 반환의무]

선하증권이 발행된 화물의 해상운송에 있어서 운송인 또는 그 선박대리점은 선하증권과 상환하여 화물을 인도함으로써 그 의무의 이행을 다하는 것이다.
그러므로 선하증권상의 통지처에 불과한 화주의 의뢰를 받은 하역회사가 화물을 양하하여 통관을 위해 지정장치장에 입고시켰다면, 화물이 운송인 등의 지배를 떠나 화주에게 인도된 것으로 볼 수 없다.
이때 운송인과 지정장치장 화물관리인 사이에는 화물에 관하여 묵시적인 임치계약관계가 성립하게 된다. 따라서 지정장치장 화물관리인은 운송인 등의 지시에 다라서 임치물을 인도할 의무가 있다(대판 2006.12.21, 2003다47362).

2. 임치인의 의무

(1) 보관비용선급의무 · 비용상환의무 · 채무변제의무

위임규정의 준용에 의한다(701조). 무상인 경우에는 수치인에게 경제적 부담을 시켜서는 안 된다는 취지를 포함한다.

(2) 손해배상의무

임치물의 성질 또는 하자에 의해 손해가 생긴 경우에는 임치인은 수치인에게 배상하여야 한다. 그러나 수치인이 그 성질 또는 하자를 안 때에는 손해를 배상하지 않아도 된다(697조).

(3) 유상임치의 경우의 보수지급의무

임치는 원칙적으로 무상이므로 특약 또는 거래관행이 있는 경우에만 유상으로 된다(대판 1968.4.16, 68다285). 보수지급방법에 대하여는 민법 제686조가 준용된다(701조).

Ⅲ. 임치의 종료

임치는 일반적인 계약종료원인에 의하는 외에 해지에 의해서만 종료한다. 당사자의 사망 · 파산 · 금치산 등은 종료원인이 아니다.

1. 임치인의 해지권

임치인은 언제라도 계약을 해지할 수 있다. 임치기간의 약정이 있는 때에도 마찬가지다(698조 단서).

2. 수치인의 해지권

임치기간의 약정이 없는 때에는 수치인은 언제라도 계약을 해지할 수 있다(699조). 기간의 약정이 있는 경우에는 수치인은 부득이한 사유 없이는 그 기간만료 전에 계약을 해지하지 못한다(698조 본문).

Ⅳ. 소비임치

1. 의의와 법적 성질

(1) 의 의

임치 중에서 수치인이 목적물을 보관하고 그 자체를 반환하는 것이 아니라 목적물을 소비하고 동종·동등·동량의 물건을 반환하는 것을 소비임치라고 하며, 반환시기를 제외하고는 모두 소비대차의 규정이 준용된다(702조).

(2) 법적 성질

소비임치의 법적 성질은 임치로 봄이 통설이다.

1) 수치인은 목적물의 소유권을 취득하므로 이것을 소비할 수 있다(702조).

2) 소비임치는 낙성·편무계약이다.

3) 소비임치는 이자지급의 유무에 의해 유상 또는 무상계약이 된다.

2. 성립요건

(1) 목적물은 금전 기타 대체물이다.

(2) 당사자간에 임치물을 소비하고, 동종·동질·동량의 물건을 반환하는 합의가 필요하다.

(3) 채무를 부담하는 자가 그 채무를 소비임치의 목적으로 할 것을 약정한 때에는 소비임치의 효력이 생긴다(605조). 이를 준소비임치라고 한다.

3. 소비임치의 효력

(1) 수치인의 의무

1) 소비수치인은 보관목적이 달성된 경우에는 동종·동등·동량의 물건을 반환할 의무를 부담한다(702조 본문). 반환시기가 정해져 있는 경우에는 이에 따르지만, 반환시기의 약정이 없는 때에는 임치인은 언제든지 반환을 청구할 수 있다(702조 단서).

2) 소비임치는 계속적 계약이므로 반환청구를 하는 것은 계약관계를 종료시키는 것을 의미한다.

3) 이자부 소비임치로서 기간을 정하고 있는 경우(은행의 정기예금 등)에는 수치인측에서 기한 전에 반환할 수 없는 것이 원칙이지만, 기간까지의 이자를 지급하고 기한의 이익을 포기하면 반환할 수 있다.

(2) 임치인의 의무

1) 임치인은 기한의 정함이 있는 경우에는 보통의 임치와 다르고 그 시기까지 반환청구를 할 수 없지만, 보관비용 등을 지급할 의무는 부담하지 않는다.

2) 이자부 소비임치에 관하여는 소비대차의 대주의 담보책임의 규정(602조)이 준용된다.

4. 소비임치의 종료

임치인이 반환을 청구하는 것에 의해 소비임치는 종료한다.

[예금계약의 성립시기]

예금계약은 예금자가 예금의 의사를 표시하면서 금융기관에 돈을 제공하고 금융기관이 그 의사에 따라서 그 돈을 받아 확인을 하면 그로써 성립하며, 금융기관의 직원이 그 받은 돈을 금융기관에 입금하지 아니하고 이를 횡령하였다고 하더라도 예금계약의 성립에는 아무 지장이 없다(대판 1984.8.14, 84도1139).

제13관 조 합

Ⅰ. 조합의 의의 · 성질

1. 조합의 의의

조합은 2인 이상이 상호출자하여 공동사업을 경영할 것을 약정함으로써 그 효력이 생기는 계약이다(703조 1항). 甲 · 乙 · 丙 3명이 공동출자하여 천연가스를 이용한 유리제조업을 경영하는 계약을 체결하는 경우가 이에 해당한다. 조합과 마찬가지의 사회적 · 경제적 목적은 상법상의 회사(법인)형식으로도 달성하지만, 그를 위한 요건을 충족하여야 한다. 따라서 조합은 그 사업주체에 단체로서의 성격을 갖출 필요가 없는 경우에 이용된다.

일상생활에서 조합이라고 불리는 것 중에는 민법상의 조합이 아닌 것도 적지 않다. 예컨대 농업협동조합 · 어업협동조합 · 노동조합 등은 사단으로서의 성격을 가진다.

조합계약은 조합을 설립하겠다는 합의뿐만 아니라 조합존속중 조합의 구성 등에 관한 합의도 조합계약이다.

[연립주택 소유자들과 공사업자 간의 관계]

연립주택의 소유자들이 재건축을 함에 있어 주택소유자들은 부지를 제공하고 공사업자는 그의 책임으로 공사비 등을 투자하여 연립주택을 신축하되 신축주택 1세대씩은 기존소유자들에게 제공하고 잔여주택은 공사업자가 처분하기로 하는 내용의 계약을 체결한 경우, 이 계약은 동업계약이라고 볼 수 있다(대판 2002.4.23, 2000두5852).

2. 조합의 법적 성질

조합계약은 기본적으로는 낙성 · 쌍무계약이다. 그러나 전형적 쌍무계약인 매매나 임대차 등과 다르고 계약당사자간에 이해대립의 관계보다도 협조적 관계가 존재하므로, 합동행위의 성질도 갖고 계약의 성질도 갖는 특수한 법률행위라는 소수설도 있다.

어느 견해에 서더라도 조합계약에 관하여 쌍무계약에 관한 통칙을 정하고 있는 동시이행의 항변권(536조, 적용긍정설-다수설), 위험부담(537조, 적용긍정설-다수설), 해제(543조,

적용부인설-통설 · 판례)의 각 규정을 적용해도 좋은가의 여부는 중요한 문제가 된다. 민법전의 구성을 존중하여 조합계약을 쌍무계약의 일종으로 해석하고, 전기 제규정에 관하여는 조합계약의 내용 · 성질에 반하지 않는 한 적용하는 것이 타당할 것이다.

Ⅱ. 조합의 성립요건

1. 출 자

조합은 각 당사자의 전원이 출자하여 공동사업을 경영할 것을 약정하는 계약이다. 출자의 종류는 제한이 없지만, 재산적 가치를 가지는 것이면 금전 기타 재산(물건의 소유권 · 무체재산권 · 채권 · 유가증권 등)이나 노무로도 할 수 있다(703조 2항). 출자에 관한 합의는 처음부터 명시되지 않아도 좋다. 또 출자액이 명확하지 않은 경우에는 균등한 것이라고 해석할 수 있다.

2. 공동사업

조합은 공동사업을 경영하는 것이어야 한다. 사업의 종류나 성질에 관하여 제한이 없으므로 영리적 · 비영리적인 것을 불문한다. 통상은 어느 정도의 계속성을 가지는 사업이 행해지지만, 수인이 한번만 특정상품을 구입하기 위한 계약도 조합계약이다. 그러나 토지공유자가 공동으로 토지를 이용하는 것만으로는 공동사업이라고 할 수 없을 것이다. 이는 토지소유권의 내용에 불과하다.

[공동으로 부동산을 매수한 경우]

수인이 부동산을 공동으로 매수한 목적이 전매차익의 획득에 있을 경우, 그것이 공동사업을 위해 동업체에서 매수한 것이 되려면 적어도 공동매수인들 사이에서 그 매수한 토지를 공유가 아닌 동업체의 재산으로 귀속시키고 공동매수인 전원의 의사에 기해 전원의 계산으로 처분한 후 그 이익을 분배하기로 하는 명시적 또는 묵시적 의사의 합치가 있어야만 할 것이다. 이와 달리 공동매수 후 매도인별로 토지에 관하여 공유에 기한 지분권을 가지고 각자 자유롭게 그 지분권을 처분하여 대가를 취득할 수 있도록 한 것이라면 이를 동업체에서 매수한 것으로 볼 수는 없다(대판 2007.6.14, 2005다5140).

3. 조합관계의 당연성립

광업법은 2인 이상이 공동으로 광업권설정의 출원을 하는 경우 광업권 출원인은 조합계약을 한 것으로 간주한다(광업법 17조 5항). 신탁법은 수탁자가 수인인 때에는 신탁재산은 합유로 한다고 규정하고 있다(신탁법 50조 1항). 다만 이 경우는 신탁의 특수성에 기인한 것이고 조합관계가 성립하는 것은 아니라고 본다.

Ⅲ. 조합의 업무집행

1. 업무내용

조합의 업무를 내용적으로 보면 조합원 상호간의 관계(대내관계)와 제3자에 대한 관계(대외관계)로 나눌 수 있다. 대내관계에 대한 권한은 조합계약 또는 위임계약에 기하여 발생하지만 대외관계에 대한 권한, 특히 대리권은 대리권수여를 목적으로 하는 법률행위에 의해 발생한다.

2. 대내적 업무집행

(1) 각 조합원의 업무집행

조합계약상 각 조합원의 개성이 중시되므로 각 조합원은 누구라도 업무집행에 참여할 수 있는 것이 원칙이다. 이 경우의 업무집행은 조합원의 과반수로써 결정한다(706조 2항 전단). 조합의 통상사무는 각 조합원이 할 수 있다. 그러나 그 사무의 완료 전에 다른 조합원의 이의가 있는 때에는 즉시 중지하여야 한다(706조 3항). 각 조합원은 다른 조합원의 업무집행을 감시할 수 있을 뿐 아니라(707조 · 683조), 적극적으로 조합의 업무 및 재산상태를 검사할 수 있다(710조).

(2) 업무집행자에 의한 집행

업무집행자는 조합계약 또는 조합원 3분의 2 이상의 찬성으로 선임할 수 있다(706조 1항). 업무집행자가 수인이면 업무집행은 과반수로써 결정한다(706조 2항 후단). 통상사무는 각 업무집행자가 단독으로 할 수 있다(706조 3항 본문). 그러나 그 사무의 완료 전에 다른 업무집행자의 이의가 있으면 중지해야 한다(706조 3항 후단).

업무집행자인 조합원은 정당한 사유 없이 사임하지 못하며 다른 조합원의 일치가 아니면 해임하지 못한다(708조). 정당한 사유의 존부는 구체적 사안에 따라 판단해야 하지만, 예컨대 업무집행자와 다른 의견의 대립이나 충돌 · 질병 · 공무 등에 의한 집무불능.무능력 등이 고려된다. 업무집행자가 아닌 조합원은 통상사무라도 집행할 수 없으나 조합업무 및 재산상태를 검사할 수 있다(710조).

[조합재산 처분 · 변경의 방법]

조합재산의 처분 · 변경에 관한 행위는 다름 특별한 사정이 없는 한 조합의 특별사무에 해당하는 업무집행이며, 업무집행조합원이 수인 있는 경우에는 조합의 통상사무의 범위에 속하지 아니하는 특별사무에 관한 업무집행은 민법 706조 2항에 따라 원칙적으로 업무집행조합원의 과반수로써 결정한다(대판 2000.10.10, 2000다28506 · 28513).

(3) 업무집행자와 위임규정의 준용

조합업무를 집행하는 조합원 <상기 (1)(2) 양 경우를 포함>에는 위임규정이 준용된다(707조).

위임규정의 준용은 주로 다음과 같은 점이 문제된다.

1) 업무집행조합원은 선량한 관리자의 주의로써 사무를 처리할 의무가 있다(681조).

2) 업무집행자는 중요 사무처리 후에 그 처리사항을 보고할 의무가 있다. 특히 조합해산 후에도 해산까지의 처리상황을 보고하여야 한다(683조). 또 업무집행자가 다른 조합원에게 사후에 보고를 하지 않은 경우에 당해 조합원이 제3자와 한 행위의 효력은 영향을 받지 않는다.

3) 업무집행자는 업무처리로 인하여 받은 금전 기타의 물건 및 수취한 과실을 조합에 인도하여야 하고(684조 1항), 또 자기명의로 취득한 권리를 조합에 이전할 의무가 있다(684조 2항).

4) 업무집행자는 조합에 인도할 금전 또는 조합의 이익을 위하여 사용할 금전을 자기를 위하여 소비한 때에는 소비한 날 이후의 이자를 지급하여야 하며 그 외에 손해가 있으면 배상하여야 한다(685조).

5) 업무집행자는 특별한 약정이 없으면 조합에 대하여 보수를 청구하지 못한다(686조 1항).

6) 업무집행자는 조합사무의 처리에 비용을 요하는 때에는 비용의 선급을 받을 수 있다(687조).

7) 업무집행자가 조합사무의 처리에 관하여 필요비를 지출한 때에는 조합에 대하여 지출한 날 이후의 이자를 청구할 수 있다(688조 1항). 또 업무집행자가 조합사무의 처리를 위하여 과실 없이 손해를 받은 때에는 조합에 대하여 그 배상을 청구할 수 있다(688조 3항).

이와 같이 업무집행자에 대하여는 위임에 관한 많은 규정이 준용됨에도 불구하고, 업무집행자의 해임에 관하여는 위임의 해지에 관한 민법 제689조의 준용을 배척하고 엄격한 제한을 두었다(708조). 그 이유는 조합의 업무달성을 위해서는 용이하게 해임할 수 없는 두터운 신뢰관계와 업무집행자의 지위안정을 필요로 하기 때문이다.

따라서 해임에 관한 규정(708조)은 조합계약에서 업무집행을 위임받은 조합원에게만 적용된다. 조합계약으로 제3자에게 위임한 경우는 민법 제708조의 적용은 없다. 조합계약에 의하지 않고 독립한 위임계약으로 조합원 중의 1인 또는 수인에게 위임한 경우도 마찬가지로 위임이 성립하므로 동조의 적용은 없다.

3. 대외적 업무집행(조합대리)

(1) 각 조합원의 대외적 업무집행

조합은 사회적으로는 독자적 활동을 하고 있지만, 사단은 아니므로 이사와 같은 기관을 가지지 않는다. 그러므로 대외적으로 법률행위를 하기 위해서는 조합원 전원이 행하든가 대리인에 의해 행해야 하지만, 조합에는 법인격이 없으므로 이론적으로는 대리인은 전 조합원의 명의로 대리행위를 한다.

조합의 통상사무에 관하여는 각 조합원이 다른 조합원을 대리할 권한을 가진다고 해석되지만(709조), 통상사무 이외의 사무에 관하여는 견해가 나뉜다. 이 점에 관하여는 일정한 대외적 행위를 할 조합의사의 문제(706조)와 이에 기한 대리행위의 문제를 구별하여 고려할 수 있다. 예컨대 조합원 甲이 다른 조합원 乙·丙·丁의 의사를 무시하고 제3자와 거래를 한 경우에는 표현대리(126조)의 문제로서 검토할 수 있을 것이다.

(2) 업무집행자에 의한 대외적 업무집행

업무집행자가 정해져 있는 경우에는 그가 다른 조합원을 대리할 권한을 가진다(709조). 업무집행자가 복수인 경우에도 각 집행자가 각각 전 조합원을 대리할 권한을 가진다고 해석된다. 조합의 업무집행자 또는 기타의 조합대표자가 조합을 위해 법률행위를 하기 위해서는 규정은 없지만, 민법의 대리규정(114조 이하)에 따라야 할 것이다.

업무집행자가 집행상의 절차(706조 2항)나 대리권의 내부적 제한에 위반한 경우에는 표현대리(126조)의 문제가 된다고 본다.

[업무집행자에 관해 약정이 있는 경우]

민법 제709조에 의하면 조합계약으로 업무집행자를 정했거나 또는 선임한 때에는 그 업무집행조합원은 조합의 목적을 달성하는데 필요한 범위세서 조합을 위하여 모든 행위를 할 대리권이 있는 것으로 추정되지만, 709조는 임의규정이라고 할 것이므로, 약정이 있는 경우에는 조합의 업무집행은 조합원 전원의 동의가 있는 때에만 유효다고 할 것이다.

그러므로 조합의 구성원이 위와 같은 약정의 존재를 주장·입증하면 조합의 업무집행자가 조합원을 대리할 권한이 있다는 추정은 깨어진다. 그리고 업무집행자 사이에 법률행위를 한 상대방이 나머지 조합원에게 그 법률행위의 효력을 주장하기 위하여는 그와 같은 약정에 따른 조합원 전원의 동의가 있었다는 것을 주장·입증할 필요가 있다(대판 2002.1.25, 99다62838).

4. 조합의 소송행위

(1) 조합은 당사자능력이 없다.

(2) 조합의 소송행위는 조합의 대외적 업무집행의 一態樣이므로 업무집행자가 없는 경우에는 각 조합원이, 업무집행자가 있는 경우에는 이 자가 다른 조합원을 대리하여 소송행위를 할 수 있다.

(3) 대표자가 정해져 있는 조합은 그 명의로 소송행위를 할 수 있다.

Ⅳ. 조합의 재산관계

1. 특별재산으로서의 조합재산

(1) 특별재산성

조합도 단체의 일종으로서 사회적 활동단위며, 자신의 고유한 재산을 가지며 민법도 이 관념을 인정한다(704조). 형식적으로는 모든 조합원에게 귀속하지만, 실질적으로는 조합 자신의 특별재산으로서 각 조합원의 고유재산에 혼입되지 않고 그것과 구별되는 별개의 법률관계를 이룬다. 이러한 관계를 합유라고 한다(271조~274조.704조).

따라서 조합원지분에 대한 압류는 이익배당 및 지분반환청구권, 즉 조합재산에 대한 조합원의 지분을 의미할 뿐이다(714조). 또 조합의 채무자는 그가 부담하는 채무와 조합원에 대한 채권을 상계하지 못한다(715조).

[포기한 지분권의 귀속관계]

합유지분 포기가 적법하다면 그 포기된 합유지분은 나머지 잔존 합유지분권자들에게 균분으로 귀속되지만, 그와 같은 물권변동은 합유지분권의 포기라고 하는 법률행위에 의한 것이므로 등기하여야 효력이 있다. 지분을 포기한 합유지분권자로부터 잔존 합유지분권자들에게 합유지분권 이전등기가 이루어지지 아니하는 한 지분을 포기한 지분권자는 제3자에 대하여 여전히 합유지분권자로서의 지위를 가지고 있다(대판 1997.9.9, 96다16896).

(2) 조합재산의 구성

조합재산의 기본적인 것은 조합원이 출자한 재산이며, 아직 출자가 이행되기 전에 존재하는 출자청구권도 조합재산을 구성한다고 본다. 그리고 금전을 출자의 목적으로 한 조합원이 출자시기를 지체할 때에는 연체이자를 지급하는 외에 손해를 배상하여야 한다(705조).

그 밖에 조합의 업무집행으로 취득한 재산과 조합재산에서 생긴 채권도 조합재산을 이루며, 조합의 업무집행으로 부담하게 된 채무도 소극적으로 조합재산을 구성한다.

[노동력상실률의 산출]

불법행위의 피해자가 입은 소극적 손해를 산정함에 있어 노동능력상실률을 적용하는 방법에 의할 경우에는 그 노동력상실률은 단순한 신체적 장애율이 아니라, 피해자의 연령·교육정도·종전작업의 성질과 직업·경력 및 기술숙련 정도·신체장애의 부위 및 정도·유사직종이나 타 직종에의 전업가능성과 그 확률 기타 사회적·경제적 조건을 모두 참작하여 경험법칙에 따라 도출하는 합리적이고 객관성 있는 노동력상실률을 도출해야 한다(대판 2009.7.9, 2008다91180).

2. 합유관계

(1) 지분의 처분제한

조합재산을 구성하는 개개의 합유물에 대한 각 조합원의 지분을 처분하지 못할 뿐만 아니라(273조 1항), 전체로서의 조합재산에 대한 각 조합원의 지분도 처분하지 못한다. 왜냐하면 이 처분은 조합원이라는 그 지위 자체의 재산적 측면이어서, 조합원의 지위 내지 자격과 분리하여 처분할 성질의 것이 아니기 때문이다(대판 1960.11.10, 4292민상837).

(2) 분할의 금지

각 조합원은 전체 또는 개개의 조합재산을 분리해서 합유관계를 종료시키지 못한다. 다만 조합원의 전원의 합의로 조합재산에 속하는 합유물을 분리하는 경우와 조합이 해산되어 청산절차가 끝난 후, 잔여재산으로 남은 특정의 재산을 분리하는 경우가 있다. 이때에는 공유물의 분할에 관한 규정을 준용한다(274조 2항).

(3) 준합유관계

조합재산에 속하는 소유권 이외의 재산권에 관하여는 이른바 준합유가 성립하고, 물건의 합유와 같은 원칙에 의해 규율된다(278조). 예컨대 조합재산은 조합원 전원에게 합유적으로 귀속하므로 채권의 추심이나 처분은 전 조합원이 공동으로, 즉 합유적으로만 행할 수 있고 그 추심한 것은 조합의 합유재산으로 된다(대판 1963.9.5, 63다330).

(4) 조합재산의 처분과 보존

합유에 관한 민법 제272조는 합유물을 처분변경하려면 합유자 전원의 동의가 있어야 한다고 규정하고 민법 제706조 2항은 조합의 업무집행은 조합원 과반수로 결정하되 업무집행자가 수인인 때에는 과반수로 결정한다고 하여 양자의 관계가 문제된다.

이에 대해 민법 제706조가 민법 제272조의 특별규정으로 조합의 업무집행이라고 볼 수 없는 경우에만 민법 제272조가 적용된다는 견해, 민법 제272조가 업무집행자를 선임하지 않는 경우에 적용된다는 견해, 민법 제272조와 민법 제702조는 규율대상을 달리한다는 견해 등으로 나누어져 있다. 판례는 조합재산의 처분변경에 관한 행위는 조합의 특별사무이며, 따라서 민법 제706조 2항에 따라 조합원의 과반수로 결정한다고 본다(대판 2000.10.10, 2000다28506).

3. 조합채무에 대한 책임

(1) 조합채무의 특수성

조합이 제3자로부터 물건을 구입하고 융자를 받거나 손해배상채무를 부담하는 수가 있지만, 이러한 채무는 조합에 권리능력이 없는 이상 모든 조합원에게 귀속하고 조합의 성질상 채권의 경우와 마찬가지로 특수한 귀속관계가 된다. 즉 조합채무는 각 조합원에게 분할되어 귀속하는 것이 아니라, 우선 조합재산이 담보가 되어 이와 동시에 각 조합원이 개인책임을 부담한다.

(2) 조합재산에 대한 효력

조합의 채권자는 채권 전액에 관하여 조합재산으로부터 변제받을 권리를 가진다.

(3) 조합원의 개인재산에 대한 효력

조합채무에 관한 조합원 개인의 책임은 원칙적으로 분할채무이다(408조 참조 · 대판 1985. 11. 12, 85다카1499). 조합채무에 수반한 조합원 개인의 책임은 조합계약에 의해 정해진 손실분담의 비율이지만, 그 채권발생 당시 채권자가 조합원의 손실부담의 비율을 알지 못한 때에는 각 조합원에게 균분하여 그 권리를 행사할 수 있다(712조). 또 채권자가 채권발생 당시 손실부담의 비율이 영(0)인 조합원이 있는 것을 알았으면 그 자의 개인재산에 대해 집행할 수 없을 것이다.

통상적으로 조합채권자는 먼저 조합재산에 대하여 권리를 주장하고 목적을 달성할 수 없는 경우에 조합원 개인의 재산에 대해 권리를 주장할 수 있지만, 반드시 이 순서에 의할 필요는 없다고 본다.

4. 손익분배

(1) 분배비율

조합사업을 통해 얻은 이익이나 손실은 조합재산을 구성하고 모든 조합원에게 귀속하지만, 조합내부에서는 이익은 각 조합원에게 분배되고 손실도 각 조합원에게 분담시킬 수 있다. 이것을 전제로 민법은 손익분배의 비율에 관해 정하고 있다. 즉 당사자가 손익분배의 비율을 정하지 아니한 때에는 각 조합원의 출자가액에 비례한다(711조 1항). 이익 또는 손실에 대하여 분배의 비율을 정한 때에는 그 비율은 이익과 손실에 공통된 것으로 추정한다(711조 2항).

[다른 출자자가 대신 출자한 경우 이익분배 비율]

절반씩 투자하여 부동산을 취득 전매하여 이익금을 반분하기로 하는 동업계약을 체결한 후 당초 약정된 비율의 출자를 이행하지 아니하여 다른 출자자가 대신 출자한 경우, 당초 약정된 이익분배비율이 실제 출자가액비율로 변경된다고 볼 수 없다(대판 1993.5.25, 92다5744 · 5751).

(2) 분배시기

손익분배의 시기는 조합계약에 의한다. 정해지지 않은 경우에는 원칙적으로 청산한 때이지만, 영리를 목적으로 하는 조합에서 이익의 분배는 조합원이나 업무집행자가 정한 시기라고 해석된다.

[출자의무불이행과 이익분배 가부]

건설공동수급체의 구성원인 조합원이 그 출자의무를 불이행하였더라도 그 조합원은 조합에서 제명하지 않는 한, 건설공동수급체는 조합원에 대한 출자금채권과 그 연체이자채권 · 그 밖의 손해배상채권으로 조합원의 이익분배청구권과 직접 상계할 수 있을 뿐이다.

따라서 조합계약에서 출자의무의 이행과 이익분배를 직접 연계시키는 특약을 두지 않는 한, 출자의무의 불이행을 이유로 이익분배 자체를 거부할 수는 없다(대판 2006.8.25, 2005다16959).

Ⅴ. 조합원의 변동

조합의 단체성을 중시하여 민법은 조합원의 변동이 있어도 조합의 동일성을 유지한다는 것이 통설이다.

1. 조합원의 탈퇴

(1) 임의탈퇴

탈퇴하려는 조합원이 다른 조합원 전원에 대한 의사표시를 함을 원칙으로 한다(통설 · 판례-대판 1959.7.9, 4291민상668). 조합계약으로 존속기간이 정해져 있지 않은 때와 종신까지 존속할 것으로 정한 때에는 각 조합원은 언제든지 탈퇴할 수 있으나, 부득이한 사유 없이 조합의 불리한 시기에 탈퇴할 수 없다(716조 1항).

따라서 조합의 목적달성에 불리하거나, 자기는 부당하게 큰 이익을 얻고 다른 조합원에게 불리하게 되는 경우에는 탈퇴할 수 없다. 다만 조합원 전원의 동의가 있으면 무방하고, 2인 조합에서 1인이라도 탈퇴할 수 있다(대판 1987.11.24, 86다카2485). 부득이한 사유는 탈퇴하려는 조합원의 주관적인 사정을 의미하며, 조합원의 부진이나 다른 조합원의 무성의 등도 이에 포함된다.

존속기간을 정한 때는 그 기간 중 탈퇴할 수 없음이 원칙이다(716조 2항). 부득이한 사유가 있으면 탈퇴할 수 있다는 점은 강행규정이고, 어떠한 경우에도 탈퇴하지 못한다는 특약은 무효이나, 임의탈퇴의 요건을 무겁게 하는 것은 무방하다.

(2) 비임의탈퇴

조합원은 사망·파산·성년후견의 개시·제명에 의해 당연하게 탈퇴한다(개정민법 717조).

1) 사망(개정민법 717조 1호)

사망을 탈퇴사유로서 특별히 둔 것은 그 상속인이 당연히 조합원으로서의 지위를 승계하는 것이 아니라는 것을 의미한다(대판 1994.2.25, 93다39225). 조합이 인적 신뢰관계를 기초로 성립하고 있는 이상 당연한 것이다. 그러나 조합계약으로 조합원이 사망한 때는 상속인이 권리.의무를 승계하고 당연히 조합원이 된다는 특약은 무방하다(통설·대판 1987.6.23, 86다카2951).

2) 파산(개정민법 717조 2호)

파산을 탈퇴사유로 하지 않는다는 특약은 무효라고 해석할 수 있다(통설). 조합원의 채권자보호규정이기 때문이다.

3) 성년후견의 개시(개정민법 717조 3호)

이것은 다른 조합원의 보호규정이므로 조합계약에서 탈퇴사유로 하지 않을 것을 정할 수 있다. 이것은 한정치산자에게는 적용되지 않는다.

4) 제 명(개정민법 717조 4호)

조합원의 인적 신용을 기초로 하는 조합에서 조합원 중에 그 신용을 잃은 행위를 한 자가 있는 경우에는 제명제도에 의해 그 자를 조합에서 배제하는 것이 필요하게 된다. 동시에 법률적 관점에서는 이 제도가 정당한 이유 없이 다른 조합원을 배제하기 위해 남용될 우려가 없도록 제명하기 위한 요건을 정할 필요가 있다. 조합원의 제명은 정당한 사유가 있는 때에 한하여 다른 조합원의 일치로써 이를 결정한다(718조 1항).

(a) 정당한 사유의 구체적인 예로서는 상법 제220조에서 제명사유로서 열거하고 있는 사항을 조합의 제명에도 유추할 수 있을 것이다. 즉 출자의무의 불이행.경업행위.업무집행 또는 조합대리에 관한 부정한 행위가 있는 때, 권한 없이 업무를 집행하거나 조합대리에 관여한 때, 중요한 의무불이행 등이다.

(b) 다른 조합원의 일치란 제명될 조합원 이외의 자가 일치하는 것이다. 따라서 2인 밖에 조합원이 없는 조합에서는 제명될 자 이외의 조합원의 일치라는 것은 있을 수 없으므로 1인이 다른 1인을 제명할 수는 없다.

(c) 제명은 제명결의에 의해 효력이 생긴다. 피제명자를 보호하기 위해 제명된 조합원에게 제명결정을 통지할 것을 대항요건으로 하고 있다(718조 2항).

[출자의무 불이행을 이유로 한 제명]

조합원이 출자의무를 이행하지 않는 것은 민법 718조 1항에서 정한 조합원을 제명할 정당한 사유에 해당한다고 할 것인 바, 그와 같은 출자의무의 불이행을 이유로 조합원을 제명함에 있어 출자의무의 이행을 지체하고 있는 당해 조합원에게 다시 상당한 기간을 정하여 출자의무의 이행을 최고하여야 하는 것은 아니다(대판 1997.7.25, 96다29816).

(3) 탈퇴의 효과

조합원이 조합을 탈퇴하면 조합원으로서의 자격을 상실하고 모든 권리.의무를 상실한다. 탈퇴조합원과 조합과의 사이에서는 재산관계의 청산이 남는다.

1) 계산의 표준시기

조합의 청산은 조합의 종료시점에서 하는 것이 원칙이지만, 도중에 탈퇴하는 자가 있는 이상 그 자와의 관계에서 「탈퇴 당시의 조합재산 상태에 의하여」 지분의 계산을 하여야 한다(719조 1항). 탈퇴는 소급효를 갖지 않으므로, 탈퇴 당시에 지분계산을 하는 것은 당연하다. 자산평가의 기준시도 탈퇴 당시이다(대판 1996.9.6, 96다19208).

여기서 말하는 '탈퇴 당시'란 제명결의시가 아니고 제명통지가 피제명조합원에게 도달한 때이다. 다만 탈퇴 당시에 완결되지 않은 사항에 관하여는 완결 후에 계산할 수 있다(719조 3항).

2) 지분의 반환방법

계산결과 자산이 부채를 초과한 때는 조합은 탈퇴조합원의 지분에 따라 반환하여야 한다. 탈퇴조합원은 출자한 현물을 반환받을 수 있지만, 출자한 현물로 반환받으면 조합사업의 계속에 지장을 초래하는 경우에는 조합은 금전으로 반환할 수 있다(719조 2항). 부채가 자산을 초과한 때는 탈퇴조합원은 손실분담의 비율에 따라 자기의 부담부분에 상당하는 액을 지불하여야 한다.

3) 탈퇴 이후의 조합재산

조합원의 1인이 탈퇴하면 조합재산은 이후 잔존조합원 전원의 합유가 되어 탈퇴자가 가지고 있던 지분은 당연하게 잔존조합원 전원에게 귀속한다. 조합재산에 속하는 채권에 관하여는 탈퇴조합원으로부터 채권양도의 절차를 밟을 필요는 없다.

4) 탈퇴 이후에 생긴 조합채무

탈퇴 이후에 생긴 채무에 관하여는 탈퇴자는 어떤 책임도 부담하지 않는다. 탈퇴 이전에 생긴 조합채무에 관하여 탈퇴조합원은 개인적 책임을 부담한다.

[탈퇴자와 잔존 조합원간의 계산방법]

계산은 사업의 계속을 전제로 하는 것이므로, 조합재산의 가액은 단순한 매매가격이 아닌 영업권의 가치를 포함하는 영업가격에 의하여 평가하되, 당해 조합원의 지분비율은 조합청산의 경우에 실제 출자한 자산 가액의 비율에 의하는 것과는 달리 조합내부의 손익분배 비율을 기준으로 계산하여야 하는 것이 원칙이다(대판 2006.3.9, 2004다49693·49709).

2. 새 조합원의 가입

가입에 관한 규정은 없지만, 조합의 본질과 탈퇴에 관한 규정에 의해 그 요건을 고려할 수 있다.

(1) 가입의 요건

1) 조합에 가입하려는 자는 모든 조합원과 가입계약을 체결하여야 한다.
2) 가입자는 출자를 하여야 한다(합유).

(2) 가입의 효과

가입조합원은 가입계약시부터 조합원으로서의 권리.의무를 취득한다. 가입자는 조합의 기존채무에 대해서도 자기 지분을 가지고 책임을 지지만, 개인재산에 의해서 책임을 지지 않는다.

(3) 조합원 지위의 양도

민법에 명문규정은 없으나 조합계약에서 양도를 인정한 때 또는 조합원 전원이 동의한 때는 양도할 수 있다는 것이 통설과 판례이다(대판 1958.1.6, 4290민상693).

Ⅵ. 조합의 해산 및 청산

1. 조합의 해산

조합의 해산이란 조합이 그 공동사업을 중지하고 조합재산의 청산을 하는 것이다.

(1) 해산사유

특별한 규정은 없으나 목적사업의 성공·성공불능·존속기간의 만료·기타 조합계약으로 정한 사유의 발생(대판 1985.2.26, 84다카192)·전 조합원의 합의로 해산하게 된다.

부득이한 사유가 있으면 각 조합원은 조합의 해산을 청구할 수 있다(720조). 이것은 다른 조합원 전원에 대한 일방적 의사표시이며 그들의 동의가 필요 없다. 부득이한 사유로는 경제사정의 급격한 변화로 사업경영이 곤란하게 되거나, 조합의 재산상태의 악화·조합원간의 분쟁·불화 등으로 조합이 전체로서 그 사업을 계속하기 곤란하게 되는 것 등을 들 수 있다.

(2) 효 과

장래에 향하여서만 발생한다. 그리고 해산으로 청산절차가 개시된다.

[해산사유와 청산 관련규정의 강행규정 여부]

민법의 조합의 해산사유와 청산에 관한 규정은 그와 내용을 달리하는 당사자의 특약까지 배제하는 강행규정이 아니므로, 당사자가 민법의 조합의 해산사유와 청산에 관한 규정과 다른 내용의 특약을 한 경우 그 특약은 유효한 것으로 보아야 한다(대판 1985.2.26, 84다카1921).

2. 조합의 청산

(1) 청산인

청산사무는 조합원 전원이 공동으로 행하든가 또는 그들이 선임한 자가 그 사무를 집행한다(721조 1항).

(2) 청산인의 선임

청산인의 선임은 조합원의 과반수로써 결정한다(721조 2항). 민법 제721조 2항은 강행규정이 아니므로 조합계약에 의해 조합원 전원의 합의로 청산인을 선임하는 것을 정해도 좋고, 어느 조합원을 청산인으로 한다는 것을 조합계약에서 정해도 좋다.

(3) 청산인의 업무집행방법

선임된 청산인이 수인인 때에는 그 사무집행방법은 조합의 업무집행자가 수인인 경우와 마찬가지이므로 조합원의 업무집행방법에 관한 민법 제706조 2항 후단이 준용된다(722조). 업무집행방법은 통상업무는 청산인이 단독으로, 기타 업무에 관하여는 청산인의 과반수로 결정한다. 조합존속 중의 업무집행에 관하여 전원일치에 의한다는 취지의 정함이 있어도, 이것은 청산사무에까지는 적용되지 않는다고 본다.

(4) 청산인의 사임 · 해임

조합원 중에서 청산인을 정한 때에는 민법 제708조의 업무집행자의 사임.해임의 규정을 준용하는 것에 의해, 청산인의 지위의 안정을 기하므로 청산사무의 집행의 성과가 기대된다. 조합계약상 조합원 전원의 합의로 조합원 중에서 청산인을 선임한 때는 그 청산인은 정당한 사유가 없이 사임하지 못하며 또한 해임할 수도 없다(723조).

(5) 청산인의 직무권한

1) 현존사무의 종결

해산 당시에 계속되고 있는 거래를 완결시키는 것을 말한다.

2) 채권의 추심

변제기가 도래하고 있는 채권의 추심은 물론 변제기 미도래의 채권에 관하여는 양도 기타 환가처분을 하든가 잔여대산으로서 조합원에게 양도할 수 있다. 또 출자의무의 이행을 해태하고 있는 조합원으로부터 그 추심을 하는 것, 어느 조합원에게 비용분담액의 청구를 하는 것 등도 청산인의 직무이다(724조 1항).

3) 채무의 변제

채무를 변제함에 있어 조합채권자에게 부당한 손해를 입히지 않는 것도 청산인의 직무이다.

4) 잔여재산의 인도

잔여재산이란 조합재산으로 조합채무를 변제한 후에 남은 재산의 전부다. 잔여재산은 각 조합원의 출자가액에 비례하여 이를 분담한다(724조 2항).

[제명 조합원의 잔여재산분배청구권]

조합의 해산결의 이후 조합원의 자동제명 사유가 발생하였다 하더라도, 그 조합원은 해산결의에서 정한 청산방법에 따라 출자지분에 비례한 잔여재산의 분배를 구할 수 있다(대판 2007.2.9, 2006다3486).

제14관 종신정기금

I. 종신정기금의 의의 · 성질

1. 종신정기금의 의의

종신정기금은 당사자 일방 甲이 상대방 乙 또는 제3자의 종신까지 정기로 금전 기타의 물건을 상대방 乙 또는 제3자에게 지급할 것을 약정함으로써 그 효력이 생기는 계약이다(725조).

2. 종신정기금의 법적 성질

(1) 종신정기금채권이라는 특수한 채권을 발생시키는 계약이고, 무상의 경우에는 증여의 요소가 강하므로 증여에 관한 규정(554조 이하)을 준용할 수 있다. 유상의 경우에도 다른 계약의 요소를 가지고 있는 경우에는 그 계약의 규정을 준용할 수 있다.

(2) 종신정기금계약이 제3자를 위해 체결된 경우에는 제3자를 위한 계약에 관한 규정(539조 이하)을 준용할 수 있다.

(3) 종신정기금은 낙성 · 불요식 계약이다.

(4) 종신정기금채권은 유증에 의해서도 생길 수 있다(730조).

Ⅱ. 종신정기금의 효력

1. 종신정기금의 발생과 계산

(1) 종신정기금계약이 성립하면 종신정기금채권(기본적 채권)이 발생하고 이로부터 매기마다 지분적 채권이 발생하는데, 지분적 채권에 관하여는 그 발생시기가 문제된다. 이것은 기간의 경과에 의해 발생한다고 해석하면 후급이지만, 채권자의 생활보장의 의미를 가지는 경우에는 선급이라고 해석하는 것이 당사자의 의미에 합치하는 것이다.

(2) 기본적 채권인 종신정기금이 지분권발생의 표준기간 중도에 소멸한 경우에는 그 시기의 지분권은 일·수에 의해 정해진다(726조).

2. 종신정기금계약의 해제

정기금채무자가 정기금채무의 원본을 받은 경우에 그 정기금채무의 지급을 해태하거나 기타 의무를 이행하지 아니한 때에는 정기금채권자는 원본의 반환을 청구할 수 있다.

그러나 이미 지급을 받은 채권액에서 그 원본의 이자를 공제한 잔액을 정기금채무자에 반환하여야 한다(727조 1항). 손해가 있으면 손해배상을 청구할 수 있다(727조 2항). 원본의 반환청구에 관하여는 동시이행의 항변권(536조)이 준용된다(728조).

3. 기준이 되는 자의 사망에 관한 특칙

사망이 정기금채무자의 책임 있는 사유로 인한 때에는 법원은 정기금채권자 또는 그 상속인의 청구에 의하여 상당한 기간 채권의 존속을 선고할 수 있다(729조 1항).

4. 법정해지의 불인정

약정의 해지사유가 없는 종신정기금계약은 해지로써 계약관계를 소멸시킬 수 없다.

第15관 화　해

Ⅰ. 화해의 의의·성질

1. 화해의 의의와 사회적 작용

화해는 당사자가 상호 양보하여 당사자간의 분쟁을 종지할 것을 약정함으로써 효력이 생기는 계약이다(731조). 근대 시민사회에서 민사분쟁을 해결하기 위해 국가는 법원을 설치하였지만, 법원절차에 의하기 전에 당사자가 의논하는 것에 의해 독자적으로 해결하는 경우도 적지 않다.

또 분쟁의 성질에 따라서는 권리의 존부에 의해 해결한 것도 당사자의 합의에 기해 타협적인 해결을 도모하는 방법이 적절한 경우도 있다. 화해를 규정한 것으로는 가사심판법이 있다. 제소전 화해(민소법 385조)도 정식재판절차의 개시를 피하기 위한 것이다. 소제기 후에도 법원은 화해권고를 할 수 있다(민소법 145조).

[불확정기한부 화해계약]

지방자치단체와 분쟁이 있던 은행이 분쟁해결을 위하여 자방자치단체가 청구권을 행사하지 않는 대신 지방자치단체의 문화시설 건립비용을 부담하기로 하되 그 비용의 지급방법은 상호협의에 의하여 정하기로 한 경우, 그 약정은 불확정기한부 화해계약에 해당한다(대판 2002.3.29, 2001다41766).

2. 법적 성질과 성립요건

(1) 화해는 당사자가 상호 양보하여 그 사이에 존재하는 분쟁을 종지할 것을 약정하는 것에 의해 효력이 생기는 계약이고, 유상·쌍무·낙성계약이다.

(2) 분쟁이란 당사자가 권리.의무의 존부 또는 그 범위·태양에 관해 다른 주장을 하는 것이다. 법률의 종류는 묻지 않지만 당사자가 처분할 수 있는 법률관계가 아니면 안 되므로, 친족관계의 존부에 관한 분쟁 등은 대상이 될 수 없다.

(3) 분쟁의 당사자가 상호 양보하지 않으면 안 된다. 양보란 상호 손실을 입는 것을 인정하는 것이므로 주장하고 있는 권리의 일부를 포기하고 다른 부분을 승인시키는 것도 좋고, 일정한 대가와 바꿔 권리 전부를 승인하는 것도 좋다.

(4) 분쟁을 종지하는 것은 화해계약에 따라 법률관계를 확정하는 것이다.

Ⅱ. 화해의 효력

1. 법률관계를 확정하는 효력(창설적 효력)

화해계약은 당사자 일방이 양보한 권리가 소멸되고 상대방이 화해로 인하여 그 권리를 취득하는 효력이 있다(732조).

제소전화해가 이루어지면 그 창설적 효력에 의하여 종전의 법률관계를 바탕으로 한 권리의무 관계는 소멸한다. 예컨대 갑이 1968.9.9 을로부터 금 1,500만원을 이자 월 4분 변제기 1969.3.9로 정하여 차용한 후, 금 1,800만원을 1969.3.9까지 지급하기로 제소 전 화해를 하였다. 이때 위 변제기 후의 갑의 채무액은 금 1,800만원 및 이에 대한 변제기 이후의 민법 소정의 년 5분의 비율에 의한 지연손해금이다(대판 1981.8.25, 80다2645).

[불법행위로 인한 손해배상에 관한 합의의 해제]

불법행위로 인한 손해배상에 관하여 가해자와 피해자 사이에 피해자가 일정한 금액을 지급받고 그 나머지 청구를 포기하기로 합의가 이루어진 때에는 그 후 그 이상의 손해가 발생하였다 하여 다시 그 배상을 청구할 수 없다. 그러나 그 합의가 손해의 범위를 정확히 확인하기 어려운 상황에서 이루어진 것이고, 후발손해가 합의당시의 사정으로 보아 예상이 불가능한 것으로서 당사자가 후발손해를 예상하였더라면 사회통념상 그 합의금액으로는 화해하지 않았을 것이라고 보는 것이 상당할 만큼 그 손해가 중대한 것일 때에는 당사자의 의사가 이러한 손해에 대해서까지 그 배상청구권을 포기한 것이라고 볼 수 없다. 따라서 피해자는 다시 그 배상을 청구할 수 있다(대판 2001.9.4, 2001다9456).

2. 화해와 착오

화해계약도 무효·취소에 관한 규정이 적용된다. 다만 화해계약은 착오를 이유로 하여 취소하지 못한다(733조 본문). 그러나 화해당사자의 자격 또는 화해의 목적인 분쟁 이외의 사항에 착오가 있는 때에는 취소할 수 있다(733조 단서).

[화해의 목적인 분쟁 이외의 사항의 의미]

'화해의 목적인 분쟁 이외의 사항'이라 함은 분쟁의 대상이 아니라 분쟁의 전제 또는 기초가 된 사항으로서, 쌍방 당사자가 예정한 것이어서 상호 양보의 대상으로 되지 않고 다툼이 없는 사실로 양해된 사항을 말한다(대판 2004.6.25, 2003다32797).

3. 화해와 후발손해

일반적으로 화해계약의 합의가 있는 이상 합의 이후에 손해가 있더라도 추가청구를 하지 못함이 원칙이다(대판 1959.11.26, 4291민상140). 그러나 교통사고의 합의와 같이 예측하지 못한 후유증이 있는 경우 후발손해의 배상을 인정한다(대판 1970. 8. 31, 70다1284).

제3장 사무관리

근대사회에 있어서 甲이 乙의 사무에 간섭하기 위해서는 원칙적으로 甲·乙간의 계약을 매개로 하지 않으면 안 된다. 甲이 乙의 동의 없이 乙의 재산에 간섭하면 그 행위는 원칙적으로 위법행위가 되고, 그에 의해 乙에게 어떠한 손해가 발생하면 甲은 乙로부터 손해배상청구를 받게 된다(불법행위).

그러나 경우에 따라서는 甲이 乙을 위해 乙의 사무에 간섭하는 것도 일상생활 중에 있을 수 있다. 민법은 이것을 일정한 요건하에서 사무관리로서 합법적 행위로 하고 필요한 규정을 두었다.

제1절 사무관리 일반

Ⅰ. 사무관리의 의의·연혁

사무관리란 법률상 의무 없이 타인을 위해 그 사무를 처리하는 행위를 말한다(734조). 일상생활에서는 계약상의 의무에 기해 타인의 사무관리를 개시하는 것이 압도적으로 많다. 위임계약에 기한 경우는 그 전형적인 예가 된다.

그런데 위임계약 같은 계약관계에 기해 타인의 사무를 처리하는 것이 아니고, 아무런 계약관계 없이 타인의 사무를 처리하는 것이 일상생활 중에 있을 수 있다. 예컨대 신문대금을 받으러 왔지만 부재중인 때 이웃의 주부가 신문대금을 대신 지급한 경우에는 통상 사무관리가 된다.

의무 없이 타인을 위하여 사무를 관리하는 자는 그 사무의 성질에 좇아 가장 본인에게 이익 되는 방법으로 이를 관리하여야 한다(734조 1항). 조문의 취지에서도 알 수 있는 바와 같이 타인의 사무를 자기를 위해 처리하는 경우는 타인의 사무를 처리한다는 요건을 충족하지 못한다. 결국 자기의 이익을 위해 처리하는 것은 사무관리가 되지 않고 타인에 대한 위법한 간섭이 될 가능성이 있다. 그러므로 이타적인 의미에서 행위를 하는 것이 사무관리의 기본적인 특징의 하나라고 할 수 있다.

사회생활에 있어서 상호부조의 이상에 기해 이것을 적법한 행위로 하고, 일면으로는 관리자에게 비용상환청구권을 인정함과 동시에 타면으로는 관리자에게 그 관리를 적절하게 이행할 의무를 부과하는 것에 사무관리의 관념이 있다(사회부조설-통설).

[사무관리자의 부주의로 발생한 화재의 손해배상 책임]

피고가 원고를 대신하여 손님이 주문한 음식의 조리를 위한 준비로 위 가스레인지를 점화하여 원고의 사무를 개시한 이상 위 가스레인지의 사용이 필요 없게 된 경우, 스스로 위 가스레인지의 불을 끄거나 위 레스토랑의 종업원으로 하여금 그 불을 끄도록 조치하는 등 원고에게 가장 이익 되는 방법으로 이를 관리하여야 함에도 이를 위반하였다. 따라서 피고는 사무관리자로서 이로 인하여 발생한 손해에 대하여 본인인 원고가 입은 손해를 배상할 책임이 있다(대판 1995.9.29, 94다13008).

Ⅱ. 사무관리의 법적 구조

사무관리의 법적 구조는 우선 사무관리를 받은 사람과 사무관리를 한 사람과의 기본적인 관계에 기초하고 있다. 그러나 경우에 따라서는 사무의 내용으로서 본인과 제3자와의 관계를 문제로 하는 경우도 있다. 사무관리를 다른 제도와 대비시켜 법적 구조를 설명하면 다음과 같다.

1. 위임과 비교

사무관리와 위임을 비교한 경우에 큰 차이점은 계약관계가 아니라는 것이다. 계약관계는 아니지만 타인의 지배권에 속한 사무를 처리함에도 그것이 위법성을 띠지 않는다는 점에서 위임과 유사하다. 특히 타인의 사무를 처리할 때 타인을 대리하여 어떠한 법률행위를 하지 않으면 안 되는 실제상 문제가 될 수 있는 경우도 있다. 그러한 사태가 되면 위임과 유사한 구조가 생기게 된다.

2. 부당이득과 비교

甲이 乙의 사무를 처리한 결과 乙에게 이득이 발생한 경우에 甲에게 발생하고 있는 손해(비용)의 한도에서 乙에게 발생한 이득을 반환시킬 수 있다는 것이 부당이득인데 대하여, 甲이 乙을 위해 사무를 처리하는데 든 제반 비용을 변상시킨다는 것이 사무관리이다.

3. 법적 성질

사무관리가 성립하기 위해서는 사무관리의사가 필요하나 이 의사는 관리의 사실상의 이익을 귀속시키려는 의사이지 법적 효과를 의욕 하는 효과의사는 아니다. 따라서 사무관리는 의사적 요소를 포함하는 혼합사실행위이다.

Ⅲ. 사무처리원인의 유형

1. 계약이 무효인 경우

甲·乙간에 위임사무처리계약이 이행되었지만 그것이 실은 무효였던 경우이다.

2. 사무처리계약 종료 후의 경우

유효하게 성립한 사무처리계약이 종료한 후에 거기에 관련한 사무가 문제되었기 때문에 종전과 마찬가지로 사무처리를 한 경우는 어떻게 되는가. 사무처리계약에 기한 효과는 지금까지 100이었던 것이 어느 날 갑자기 영(0)이 되는 것은 아니고, 본래 있었던 계약관계의 나머지 효과가 남아 있다고 생각하면 본래 존재한 계약관계에 의거하면서 후의 사무처리에 관해 설명할 수 있다고 생각되지만, 계약종료와 동시에 거의 영(0)에 가까운 상태가 되었다고 생각하면 사무처리계약의 관계에서 처리할 수 없는 것이 되고 사무관리에 의하여야 한다.

Ⅳ. 무권대리행위의 추인의 경우

무권대리행위가 추인된 경우의 사무처리에 관한 본인과 대리인의 관계도 문제된다. 무권대리관계가 추인된 경우의 효과는 소급적으로 본인에게 귀속한다고 이해되지만, 무권대리행위의 추인은 대리효과에 관한 추인인 것에 불과하다. 사무처리의 측면에 관하여는 추인된 것은 아니므로 권한 없는 사람이 한 사무처리라는 의미에서 사무관리가 성립한다.

따라서 무권대리행위의 추인과 사무관리의 추인이라는 것과는 이론적으로 구별할 수 있다. 무권대리관계가 추인되어 유효하게 되는 사례에서는 사무관리가 성립되므로, 이 경우에는 그 이상으로 사무관리의 추인이라는 것은 독자적으로는 문제되지 않는다.

제2절 사무관리의 성립요건

Ⅰ. 타인의 사무관리

1. 사무일 것

사무관리의 대상이 되는 사무란 인간생활의 이익에 영향을 주는 일체의 일이고, 법률행위나 사실행위를 포함한다. 법률행위(전기요금지급) 또는 사실행위(건물수선), 재산상의 행위 또는 비재산상의 행위, 일시적인 행위 또는 계속적인 행위 등 어느 것이라도 해당한다.

그러나 (ⅰ) 불법행위는 타인의 사무가 될 수 없으므로 제외된다. (ⅱ) 순수하게 종교나 도덕 · 애정에 관한 행위는 채권 · 채무관계로서 취급할 수 없는 것이므로 제외된다.

2. 타인의 사무일 것

(1) 객관적 자기사무

객관적으로 보아 자기사무에 속한 사무는(예: 타인의 건물이라고 오신하고 자기의 건물을 수리하는 것) 사무관리가 성립하지 않는다.

(2) 객관적 타인의 사무

명확하게 객관적으로 타인의 사무에 관여하는(예: 이웃집을 수리하는 것) 사무관리가 성립한다.

(3) 중성(中性)의 사무

외관상 자기의 사무인가 타인의 사무인가를 판단할 수 없는 사무에 관하여는(예: 수리용의 재료를 구입하는 것과 같이 성질상 특정인과 관계되지 않는 사무) 관리자가 타인을 위하는 의사로 사무를 행하는 한 사무관리가 성립한다(통설). 이 경우 타인을 위하는 의사는 표시할 필요는 없고 당해 관리에 있어서 객관적으로 추단되는 것이 필요하다. 사무관리는 거래안전에 관련된 제도는 아니므로 관리자의 의사를 중심으로 고려해도 지장이 없기 때문이다.

Ⅱ. 타인을 위한 의사

1. 타인의 이익을 도모하는 의사

타인을 위하여 사무를 관리한다는 것은(734조 1항) 타인을 위한 의사, 즉 타인의 이익을 도모하는 의사로써 사무를 처리하는 것을 말한다(통설). 그러나 여기서 말하는 '타인을 위하여'란 사회통념상 본인에게 이익을 주는 것이라고 인정되는 것을 말하고, 관리자의 주관적인 의사를 가리키는 것이 아니라는 견해가 있다. 결국 사무가 성질상 또는 사실상의 결과를 타인에게 귀속시키는 내용의 것이면 관리자에게 증여목적을 가지고 있었던가, 자기를 위해서 한 증거가 없는 때는 당연하게 사무관리가 성립하는 것이라고 해석하는 것이다(소수설).

그러나 사무관리는 이타적인 행위지만 그것은 타인을 위하여 하는 의사가 존재하기 때문이고, 타인의 이익을 위한 의사가 없는 자를 관리자로서 보호할 필요는 없으므로 통설이 타당하다. 판례도 주관설에 따르고 있다(대판 1994.11.22, 94다41072 · 41089).

2. 자기를 위한 의사와의 병존 가능성 여부

타인을 위한 의사는 자기를 위한 의사와 병존하는 것을 방해하지 않는다. 예컨대 자기집의 위험방지를 위해 이웃집의 담을 보강한 것도 사무관리가 될 수 있다. 또 타인을 위한 의사는 표시될 필요는 없고, 그 타인은 관리 당시에 확정되어 있을 필요도 없다. 예컨대 길 잃은 어린애를 보호하고 있는 경우에도 사무관리는 성립한다.

3. 타인을 위한 의사와 증여와의 관계

타인을 위한 의사는 증여의사와의 관계에서 문제된다. 타인을 위한 의사가 강하고 비용을 스스로 부담할 의사(증여의사)로 된 경우에는 사무관리는 성립하지 않는다. 예컨대 夫

甲과 妻 乙이 이혼했지만, 甲이 子 丙을 부양하지 않으므로 乙이 애정을 가지고 丙을 양육해도 乙·丙간에는 사무관리는 성립하지 않는다. 乙과 甲 사이에도 타인을 위하는 의사를 결한 것으로서 사무관리는 성립하지 않을 것이다.

Ⅲ. 법률상 의무의 부존재

1. 의무가 없을 것

민법은 '의무 없이' 타인의 사무를 관리할 것을 요건으로 한다. 관리자가 법률규정이나 계약에 의해 관리할 의무를 지는 때에는 사무관리는 성립하지 않는다. 또 선장이 조난자를 발견한 때 인명구조의무와 같은 공법상의 의무를 부담하고 있는 경우에도 사무관리는 성립하지 않는다.

경찰관이나 소방대원에 의한 구조활동은 행정상의 행위이고 사무관리는 아니므로 비용상환의무는 없다.

2. 의무를 초과한 관리

의무가 있는 경우에도 그 의무의 범위를 넘어 관리가 된 경우에는 그 초과부분에 관하여는 사무관리가 성립한다. 예컨대 공유자 1인이 다른 공유자가 부담할 비용을 지급한 경우에는 다른 공유자와의 관계에서는 사무관리가 성립한다.

3. 제3자에는 의무 있으나 본인에게는 없는 경우

제3자와의 관계에서는 의무가 있지만 본인과의 관계에서 의무가 없는 때는 사무관리가 성립하는가가 문제된다. 소수설은 사무관리가 성립한다고 하고, 다수설은 부인한다. 예컨대 甲의 수임인 乙이 위임에 따라 丙의 집을 수리하면 乙·丙 사이에 사무관리는 성립하지 않는다.

Ⅳ. 본인의 의사·이익에의 적합

사무관리가 본인에게 불이익한 것이 명백한 경우에는 사무관리는 성립하지 않는다. 또 본인의 의사에 반해서도 사무관리는 성립하지만(739조 3항), 본인의 의사에 반하는 것이 명백한 때에는 일단 시작한 사무를 중지하여야 한다(737조 단서). 처음부터 본인의 의사에 반하는 것이 명백한 경우에는 사무관리는 성립하지 않는다(통설·판례: 대판 1961.11.19, 4293민상729).

다만 본인의 의사에 반하는 것이 명백한 경우에도 본인의 의사가 강행법규 또는 공서양속에 반하는 경우에는 그 의사에 반하여도 사무관리는 성립한다. 예컨대 자살자를 살리기 위하여 의사를 부른다든지, 의무자가 바라지 않는 납세를 하는 것과 같다.

[사무관리의 성립요건]

사무관리가 성립하기 위해서는 우선 그 사무가 타인의 사무이고 타인을 위하여 사무를 처리하는 의사, 즉 관리의 사실상의 이익을 타인에게 귀속시키려는 의사사 있어야 함은 물론 나아가 그 사무의처리가 본인에게 불리하거나 본인의 의사에 반한다는 것이 명백하지 아니할 것을 요한다. 따라서 의무 없이 타인을 위하여 사무를 관리하는 자는 그 타인과의 사이에서 사무관리가 성립하고 제3자에 대한 관계에서는 사무관리가 성립하지 아니한다(대판 1997.10.10, 97다26326).

제3절 사무관리의 효과

사례

갑은 을이 자살하려는 것을 보고, 이를 말리기 위해 을이 가지고 있던 칼을 빼앗던 중 실수로 乙을 다치게 했고 을의 물건을 훼손시켰다. 한편 갑도 부상을 입었고 옷이 찢어졌지만, 을의 자살을 방지할 수 있었다. 다음 물음에 답하시오.

(1) 을은 갑에게 부상 및 물건훼손에 대한 손해배상을 청구할 수 있는가?

(2) 갑은 을에게 부상 및 찢어진 옷의 손해배상을 청구할 수 있는가? 또 구조의 보수청구권이 있는가?

1. 위법성조각

타인의 사무관리는 타인의 권리 영역에의 침입이고 불법행위의 유형에 해당하지만, 사무관리의 요건을 충족한 때는 위법성을 조각한다(통설). 이 점에 관하여 명문규정은 없지만, 사무관리가 채권발생원인으로서 인정되는 것이므로 그렇게 이해되고 있다. 다만 관리방법에 있어서 선관주의의무를 결해 본인에게 손해를 준 경우에는 관리자에게 책임이 생긴다. 이것은 사무관리의 관리효과로서 발생한 채무불이행에 의한 책임이고 불법행위책임은 아니다.

2. 관리자의 의무

사무관리자는 일단 사무관리에 착수하면 위임에 유사한 법정채권관계가 발생하고 대개 수임자와 동일한 의무를 부담한다.

(1) 관리방법에 관한 의무

1) 관리방법

관리자가 본인의 의사를 알거나 알 수 있는 때에는 그 의사에 적합하도록 관리하여야 하고(734조 2항), 기타의 경우에는 사무의 성질에 따라 가장 본인의 이익에 적합한 방법으로 관리하여야 한다(734조 2항). 다만 본인의 의사가 강행법규 또는 공서양속에 반한 때에는 이에 따르지 않아도 된다.

본인 의사존중의무를 위반한 경우 무과실의 손해배상책임을 부담한다(734조 3항). 단 관리행위가 공공의 이익에 적합한 때는 중대한 과실이 없으면 배상할 책임이 없고 긴급사무관리의 경우에도 고의·중대한 과실이 없으면 배상책임이 없다.

2) 주의의무

관리자는 관리의무의 수행에 있어서는 원칙적으로 선량한 관리자의 주의의무를 부담한다(735조의 반대해석). 다만 관리자가 타인의 생명·신체·명예 또는 재산에 대한 급박한 위해를 면하게 하기 위하여 그 사무를 관리한 경우(긴급사무관리)에는 관리자의 주의의무는 경감되어 고의 또는 중대한 과실이 없으면 책임을 지지 않는다(735조).

(2) 관리계속의무

관리를 시작하면서 그것을 중지하면 본인이 손해를 입게 되므로, 민법은 관리자에게 본인·그 상속인 또는 법정대리인이 그 사무를 관리할 수 있는 때까지 관리계속의무를 부담시키고 있다(737조 본문). 다만 관리의 계속이 본인의 의사에 반하거나 본인에게 불리함이 명백한 경우에는 관리중지를 하여야 한다(737조 단서).

[사무관리의 종료여부]

사무관리는 의무 없이 타인을 위하여 사무를 관리한다는 사실만 있으면 성립되는 것이고 의사표시를 요소로 하는 법률행위가 아니므로, 본인이 사무관리의 목적이었던 사무를 직접 관리하려면 사무관리자에게 그 관리를 종료하여 줄 것을 내용으로 하는 의사표시를 하여야 하는 것이 아니고 본인 자신이 직접 관리하겠다는 의사가 외부적으로 명백히 표현된 경우에는 사무관리는 그 이상 성립할 수 없는 것이다(대판 1975.4.8, 75다254).

(3) 관리개시통지의무

관리자가 관리를 개시한 때에는 지체 없이 본인에게 통지하여야 한다. 그러나 본인이 이미 이를 알고 있는 때에는 통지의무는 없다(736조). 이 통지의무는 사무관리에 수반한 본인의 이익을 배려한 것이다.

(4) 계산의무

관리자의 지위는 수임인의 지위와 유사한 것이므로, 수임인의 계산의무에 관한 민법 제683조 내지 제685조가 준용된다(738조).

1) 보고의무

관리자는 본인의 청구가 있을 때는 언제라도 사무관리의 상황을 보고하고, 관리종료의 경우에는 지체없이 그 전말을 보고하여야 한다(683조 준용).

2) 수취물의 인도의무

관리인은 사무관리로 인하여 받은 금전 기타의 물건 및 수취한 과실을 본인에게 인도하여야 한다(684조 1항 준용). 또 관리자가 본인을 위하여 자기명의로 취득한 권리는 본인에게 이전하여야 한다(684조 2항 준용).

3) 금전소비책임

관리자가 본인에게 인도할 금전 또는 본인의 이익을 위하여 사용할 금전을 자기를 위하여 소비한 때에는 소비한 날 이후의 이자를 지급하여야 하며, 그 외에 손해가 있으면 배상하여야 한다(685조 준용).

3. 본인의 의무

(1) 비용상환의무

사무관리는 의무 없는 행위이므로 보수청구권은 없지만, 타인을 위한 관리이므로 관리에 들인 비용만은 본인에게 부담시키지 않으면 안 된다. 이 비용상환에 관하여 민법은 사무관리가 본인의 의사에 반하지 않은 경우와 반한 경우를 구별하여 상환내용을 정하고 있다.

1) 사무관리가 본인의 의사에 반하지 않는 경우

① 관리자가 본인을 위하여 필요비 또는 유익비를 지출한 때에는 본인에 대하여 그 상환을 청구할 수 있다(739조 1항). 그 유익비가 현존하지 않아도 지출한 금액의 상환을 청구할 수 있다. 유익비인가의 여부는 지출한 때를 표준으로 하여 객관적으로 결정한다.

② 관리자가 사무관리의 처리에 필요한 채무를 부담한 때는 본인에게 자기에 갈음하여 이를 변제하게 할 수 있고, 그 채무가 변제기에 있지 아니한 때에는 상당한 담보를 제공하게 할 수 있다(688조 2항 준용). 이 의무는 관리자에 대한 의무이고 채권자인 제3자에 대한 의무는 아니다.

2) 사무관리가 본인의 의사에 반한 경우

이 경우에는 본인의 현존이익의 한도에서 유익비용의 상환 및 유익한 채무의 변제.담보제공의 의무를 부담한다(739조 3항). 전술한 바와 같이 사무관리를 하는 것이 본인의 의사에 반해서도 그것이 명백하지 않는 한 사무관리가 성립하므로, 민법 제739조 3항은 이러한 경우에 본인의 이익을 고려하여 상환의무의 범위를 제한하는 취지라고 해석된다. 또 청구시를 표준으로 하여 현존이익의 상환을 인정하는 점은 선의의 부당이득의 경우와 같다.

(2) 보수지급

관리자의 보수청구권은 일반적으로 인정되는 않는다는 것이 통설이다. 다만 특별법에 의해 인정되는 경우 또는 의사와 같이 보수를 수반하는 영업 내지 직업의 범위 내의 행위로서 행해진 경우에는 인정된다.

(3) 손해배상의무

관리자가 사무관리를 함에 있어서 과실 없이 손해를 받은 때에는 본인의 현존이익의 한도에서 그 손해의 보상을 청구할 수 있다(740조).

[혼인외 출생자를 양육한 자의 생부에 대한 비용상환청구 여부]

혼인외 출생자에 대하여는 그 실부가 인지를 하거나 부모의 혼인으로 그 혼인 중의 출생자로 간주되어야만 비로소 부자간에 법률상의 친자관계가 형성되어 부양의무를 비롯한 친자관계로 인한 법률상 효과가 발생하는 것이고, 인지되지 않은 혼인외 출생자에 대하여는 그 실부라 할지라도 법률상 부양의무가 있다고는 할 수 없다.

그러므로 비록 제3자인 원고가 피고의 혼인외 출생자라고 주장하는 위 소외인을 그 주장과 같이 양육 및 교육하면서 그 비용을 지출하였다 하여도 법률상 부양의무 없는 피고가 그로 인하여 부당이득을 하였다거나 원고가 피고의 사무를 관리하였다고 보기는 어렵다(대판 1981.5.26, 80다2515).

Ⅱ. 대외적 효과

관리자가 사무관리로서 자기 명의로 법률행위를 한 경우 그 효과는 본인에게 귀속하지 않지만, 관리자가 사무관리를 위해 본인 명의로 법률행위를 한 경우에 내부적으로 본인과 관리자간에 사무관리의 요건을 충족하고 있으면 대외적인 행위는 유효한 대리가 되는가에 관하여 견해가 대립된다.

1. 학 설

제1설 : 사무관리는 대내관계에 그치므로 사무관리가 유효하게 성립한 경우에도 그 효과는 직접 본인에게 미치지 않는다. 본인에게 대리효과가 미치기 위해서는 본인의 추인이 필요하다(통설).

제2설 : 사무관리가 유효하게 성립한 경우에는 사무처리에 필요한 범위에서 관리자에게 당연하게 대리권이 발생하고, 법률행위의 효과가 직접 본인에게 미친다고 본다.

제3설 : 통설의 입장에 서면서도 예외적으로 본인의 묵시적 추인을 인정하고, 본인의 법익이 급박한 위험에 처해 있는 경우에는(예: 사고로 의식불명인 사람을 행인이 병원으로 옮겨 치료를 받게 하는 것) 본인에게 직접 효과가 생긴다고 본다(절충설).

2. 평 가

제1설은 본인의 추인의 법리에 의해 조절을 하고 있다. 제2설은 상대방의 보호를 중시하는 것이고, 특히 관리자가 무자력인 경우에 실익이 있다. 또 관리자에게도 부당한 결과로부터 회피할 수 있다는 점에 의의를 가지나, 사무관리가 성립하면 당연히 대리권이 있다고 해석하는 것은 무리가 있다. 특히 광범위하게 사무관리의 성립을 인정하는 해석하에서는 본인에게 부당한 결과를 초래할 수도 있다. 이러한 관점에서 보면 제3설이 일반론으로서는 타당하다고 본다.

Ⅲ. 사무관리의 추인

1. 의 의

사무관리의 추인이란 타인에 의한 사무관리를 본인이 승인하는 것이다. 예컨대 본인의 의사나 이익에 적합하지 않기 때문에 사무관리의 요건을 결하고 있는 사무처리에 대해 나중에 본인이 승인하는 것이고 적법한 사무관리로 된다. 추인은 일방적 의사표시이고 묵시의 추인도 있을 수 있다.

2. 효 과

(1) 사무관리의 추인은 그것이 위임관계로 전환하는 것은 아니고 또 민법 제734조의 의무가 면제되는 것도 아니다.

1) 추인의 효과

사무관리가 본인의 의사 또는 이익에 반하는 것이 명백하기 때문에 사무관리가 성립하지 않은 경우, 추인이 있으면 원칙적으로 처음부터 사무관리가 성립한 것이 된다(소급효). 따라서 관리자에게 비용상환청구권 등이 생긴다. 추인은 본인의 단독행위이므로 추인에 의해 관리자의 부담이 중하게 되는가의 의문도 있지만, 관리자는 이미 신의칙상 관리의무가 부과되어 있으므로 관리자의 부담이 무거워지는 것은 아니다.

2) 추인 전의 관리자의 위반행위

추인시에 이미 관리자에게 민법 제734조의 의무위반의 손해배상책임이 발생하고 있는 경우에는 추인의 의사표시 중에 면제의 의사표시가 포함되어 있는 것도 있을 것이다.

(2) 관리의사를 결한 경우

사무처리를 한 자가 당초부터 관리의사를 결한 경우(예: 횡령하여 자기이익을 도모할 의도)에 그 의사는 관리자측의 의사이므로, 사무관리의 추인이 있어도 적법한 사무관리는 아니다. 다만 준사무관리의 문제가 된다.

사례해결

관리자가 본인의 생명 · 신체 · 명예 · 재산에 대한 급박한 위해를 면하게 하기 위해 관리행위를 한 경우가 긴급사무관리이다. 설문에서 자살하려는 乙을 구조한 갑의 행위는 이러한 긴급사무관리의 전형적인 사례에 해당한다. 긴급사무관리의 경우에는 통상의 사무관리와 달리 관리자에게 고의나 중대한 과실이 없으면 관리행위로 인한 손해를 배상할 책임이 없다. 따라서 갑이 을의 자살을 저지하는 과정에서 乙을 다치게 하고 을의 물건을 훼손시켰더라도, 갑에게 고의나 중과실이 인정되지 않으므로 을은 갑에게 손해배상을 청구할 수 없다.

우리민법은 사무관리자와 본인 간의 이익을 합리적으로 조정하는 측면에서 관리자의 무과실손해보상청구권을 규정하고 있으므로 갑은 을에게 손해배상을 청구할 수 있다. 그러나 관리자의 보수청구권에 관하여는 이를 인정하는 명문규정이 없을 뿐만 아니라, 특히 인면구조의 경우에 금전과 결부시키는 것은 부당하다고 볼 것이므로 보수청구권은 인정되지 않는다. 따라서 갑은 을에게 보수를 청구할 수 없다.

제4절 준사무관리

Ⅰ. 의 의

행위자가 타인의 사무라는 것을 알면서 자기를 위한 의사로써 처리한 경우(예: 타인의 특허권을 무단으로 행사하여 이익을 얻는 경우)에는 사무관리의 요건을 결하기 때문에 행위자와 본인간에는 부당이득·불법행위의 양제도에 의해 법률관계를 처리할 수 있다. 그렇다면 부당이득제도에는 손실자의 손해가 반환청구될 수 있는 것이고(748조 2항), 불법행위제도에도 피해자가 입은 손해의 배상청구가 인정될 뿐이다(750조). 즉 양제도에는 관리자가 취득한 전이익의 반환청구를 하는 것은 아니다.

그러나 위법하게 자기를 위해 타인의 사무를 간섭한 자가 적법한 사무관리자보다도 책임이 경감된다는 것은 불합리하다. 또 본인의 손해의 입증은 곤란하다. 그러므로 독일민법 제687조 2항은 사무관리규정의 준용에 의해 관리자는 사무처리에 있어서 관리자와 동일한 의무를 부담하고, 본인이 관리자에게 그 의무이행을 청구한 때는 본인의 의사에 반한 사무관리의 경우의 비용상환의무(부당이득에 의한 반환의무와 같다)를 부담하는 것으로 하였다.

결국 본인은 관리자에게 계산의무를 과하고 이러한 행위에 의해 얻은 이익의 인도를 청구할 수 있다. 이 제도를 일반적으로 준사무관리 또는 부진정사무관리라고 한다.

Ⅱ. 문제점

민법에는 준사무관리에 관한 명문규정이 없어 다음과 같이 견해가 나뉜다.

1. 학 설

(1) 긍정설(주관설)

준사무관리에 관한 규정이 없어 타인의 사무를 고의로 자기를 위해 관리한 자에게는 적법한 사무관리는 성립하지 않지만, 독일민법의 사무관리의 규정을 유추적용하는 것이 타당하다는 견해이다.

(2) 부정설(주관설)

타인의 사무를 악의로 자기가 이익을 얻기 위해 관리하는 행위는 불법행위이고, 사무관리제도를 준용하는 것은 적합하지 않으므로 본인에게 손해를 준 때는 배상해야 하고, 또 그에 의해 얻은 이익은 악의의 부당이득으로서 반환해야 하는 것으로 처리해야 한다는 설이다. 또 이 설은 사무를 처리한 자의 특수한 재능이나 기회를 이용하여 특별한 이익을 얻었으면 특별한 이익부분에 대하여는 반환의무는 없다고 한다.

(3) 사무관리설(객관설)

이 설은 사무관리의 성립요건의 '타인을 위하여'라는 것을 사회통념상 본인의 이익이 되는 것이라고 해석하고, 관리자의 의사 여하를 불문하고 관리행위가 본인에게 이익을 주는 사실이 인정되면 사무관리가 성립한다고 한다. 따라서 준사무관리를 인정할 필요는 없다는 설이다.

(4) 개입권설

이 설은 타인의 사무를 자기를 위해 관리한다는 형태로 된 경우에 그 침해자가 침해행위에 의해 얻은 이익을 보유하는 것은 부당하고, 피해자의 특수한 구제방법으로서 상법상의 개입권(상법 89조.397조 등)을 일반적으로 인정하는 것이다.

(5) 제재설

이 설은 개입설과 마찬가지로 악의의 침해자에게 그 이익을 보유시키는 것은 부당하다는 가치판단을 하고, 독일민법의 준사무관리는 악의에 대한 특수한 제재적 성격을 갖는 것이라고 하고, 권리자는 자기가 입은 손해를 문제로 삼는 것이 아니고 그 침해행위에 의해 얻은 이익의 인도를 청구할 수 있다고 한다.

2. 평 가

이 문제는 위법하게 타인의 사무를 처리한 자가 얻은 이익을 위법한 행위자에게 귀속시킬 것인가, 본인에게 귀속시킬 것인가의 가치판단과 위법한 행위자의 특수한 재능으로 얻은 이익을 어디까지 고려할 것인가이다.

제1설은 준사무관리의 본질(사무관리 · 부당이득 · 불법행위의 관계나 차이)을 명확하게 하지 않은 채 사무관리의 요건을 구비하지 않은 것에 사무관리의 규정을 준용할 수 있다는 것이어서 법이론적으로 무리가 있다.

제2설은 부정설만이 이득을 위법한 행위자에게 귀속시키는 것이다. 위법한 행위자의 재능을 고려해도 위법한 행위 자체가 부당한 것이므로, 이득은 본인에게 귀속시키는 것이 타당하다.

제3설은 사무관리의 요건론에 문제가 있다.

제4설 · 제5설은 그 본질을 해명하고자 하는 것이다. 그러나 적법한 사무관계에 기초를 둔 개입권을 위법한 사무처리관계서 적용하는 것은 법리적으로 무리가 있다.

이렇게 검토하여 보면 제재설이 타당한 것으로 생각된다.

제4장 부당이득

제1절 부당이득 일반

Ⅰ. 부당이득의 의의

부당이득은 법률상의 원인 없이 타인의 재산 또는 노무에 의해 이득을 얻고, 이에 의해 타인에게 손실을 준 자에게 그 이득의 반환을 명하는 제도이다(741조). 예컨대 무효인 매매계약에 기해 급부한 물건을 매도인이 반환을 받는 경우이다. 일방에게 손실이 있고 타방에게 이득을 주어 그 손실과 이득간에 인과관계가 있고, 또 그 이득에 법률상의 원인이 없는 경우에 이득을 취한 자에게 손실을 당한 자에게로 이득반환의무를 부담시키는 것이다.

Ⅱ. 부당이득제도와 다른 청구권과의 관계

1. 서

부당이득은 법적으로 인정되지 않는 이득을 반환시켜 불균형을 시정하려는 제도이므로, 인정되는 범위가 넓고 다른 청구권을 인정하는 제도와 경합한다. 이 경우 부당이득의 경합적 성립을 인정하는가. 또는 다른 제도에 의해 구제되지 않는 경우에 한해 보충적으로 부당이득을 인정하는가가 문제된다.

보충설을 인정하는 것이 통설이다.

2. 계약종료 후의 목적물반환청구권과의 관계

임대차나 사용대차가 종료했음에도 불구하고 목적물을 계속 사용하여 그에 의해 이익을 얻으면 부당이득이 된다. 이 경우에는 반환청구권과 부당이득반환청구권이 경합한다.

3. 물권적 청구권과의 관계

주택의 매매계약이 해제된 경우, 물권행위에 관한 무인설에 의하면 소유자는 오직 부당이득반환청구권만을 가진다. 이에 대해 유인설에 의하면 물권적 반환청구권과 부당이득반환청구권이 경합한다.

유인론을 취할 경우 양자의 관계에 대하여 제1설은 어느 권리도 청구할 수 있다고 하고, 제2설은 양자의 경합을 인정하되 원물반환의 경우에는 물권적 청구권에 의해서, 가액반환의 경우에는 부당이득에 따라 해결하자는 견해(판례 · 다수설)이다.

4. 불법행위에 기한 손해배상청구권과의 관계

불법행위와 부당이득은 제도목적을 달리하고 요건·효과도 다르므로 양자에서 생긴 청구권은 경합한다. 즉 피고가 법률상의 근거 없이 원고의 토지를 점유·사용하였다면 원고는 피고를 상대로 불법행위를 내세워서 손해배상도 청구할 수 있을 뿐만 아니라, 부당이득을 이유로 하여 그 이득금의 반환도 청구할 수 있는 지위에 있다(대판 1970. 9. 29, 70다1815).

[경매의 무효와 부당이득]

경락인이 강제경매를 통하여 부동산을 경락받아 대금을 완납하고 그 앞으로 소유권이전등기까지 마쳤으나 그 후 강제경매절차의 기초가 된 채무자 명의의 소유권이전등기가 원인무효의 등기이어서 경매 부동산에 대한 소유권을 취득하지 못하게 된 경우, 이와 같은 강제경매는 무효라고 할 것이므로 경매 채권자에게 경매대금 중 그가 받은 금액에 대하여 일반 부당이득의 법리에 따라 반환을 청구할 수 있다(대판 2004.6.24, 2003다59259).

제2절 부당이득의 일반적 성립요건

Ⅰ. 서

부당이득의 일반적 성립요건은 (ⅰ) 수익, (ⅱ) 손실, (ⅲ) 수익과 손실과의 인과관계, (ⅳ) 법률상의 원인결여의 네 가지이지만, 전 3자는 상호간에 관련하여 재산적 이익의 이동을 보여주는 것이고, 부당이득이 누구와 누구 사이에 성립하는가를 보여주는 기능을 한다.

Ⅱ. 타인의 재산 또는 노무에 의해 이익을 얻을 것

1. 수익

이익을 얻는다는 것은 만약 그 사실이 없었다고 가정하면 존재했으리라는 재산상태보다도 현재의 재산상태가 증가하고 있는 것이다(차액설). 여기서 말하는 이익이란 재산이 적극적으로 증가하는 경우(적극적 이익)와 소극적으로 당연히 줄어야 할 재산이 감소하지 않는 경우(소극적 이익)이다. 적극적 이익의 예로는 소유권·점유권·제한물권·채권 등의 취득 등이 있다. 소극적 이익의 예로는 자기의 재산에서 지출해야 할 비용을 면하는 경우, 부담하고 있던 채무를 면하는 경우, 설정하지 않으면 안되는 제한물권의 설정을 면하는 경우 등을 들 수 있다.

이익은 실질적 이익이므로 건물을 점유하여도 사용·수익하지 못했다면 이득을 얻었다고 할 수 없다(대판 1986.3.25, 85다422).

2. 수익의 방법

수익의 방법에 관하여는 제한이 없다. 법률행위에 의하든 사실행위에 의하든 불문한다. 또 수익은 수익자의 행위에 의해 이익을 얻은 경우, 손실자의 행위에 의한 경우, 또는 양자의 행위에 의해 생기는 경우가 있다. 또 제3자를 통해 이익을 얻는 경우도 있고, 자연적 사실에 의해 생기는 경우도 있다(예: 홍수에 의해 양어가 자기의 양어장에 들어온 경우). 어느 경우에도 부당이득이 성립한다. 수익의 의사는 필요하지 않다.

Ⅲ. 손 실

법률상 원인 없는 이익이 있더라도 상대방에게 손실이 없으면 부당이득이 되지 않는다(741조). 손실은 수익과 표리를 이루는 개념이고, 적극적으로 기존의 재산이 감소하는 경우(적극적 손실)와 증가해야 할 재산이 증가하지 않은 경우(소극적 손실)를 포함한다.

손실은 노무를 포함하여 청구권자의 재산에서 생기는 것이어야 한다. 부당이득은 법적으로 부당한 재산적 이익의 이동이 있었던 경우에 재산상태의 조정을 하는 것을 목적으로 한 제도이므로, 수익자의 이득에 의해 반환청구자의 재산상태에 영향이 없는 경우까지 활용할 수 있는 제도는 아니다. 예컨대 용수로의 개설에 의해 餘水을 이용할 시민이 있어도 부당이득은 아니다.

여기서 말하는 손실은 그 사실이 없었더라면 재산이 증가하는 것이 통상 인정되는 경우에는 그것을 포함하는 넓은 개념이고, 증가했을 것을 증명할 필요도 없다. 예컨대 乙이 권한 없이 타인의 주택을 이용한 경우에는 소유자 甲이 스스로 주택을 이용하였든가, 임대하였든가의 의사 여부에 불문하고 차임상당액의 손실이 있다고 본다.

Ⅳ. 인과관계

1. 의 의

수익과 손실 사이에 인과관계가 있어야 한다는 것은 타인의 손실은 수익자의 수익으로 인하여 생기는 것을 의미한다. 인과관계를 요건으로 하는 것은 부당이득은 원래 부당한 재산적 가치의 이동을 조절하려는 제도이므로, 일방에 손실이 있고 타방에 이득이 있다고 하여도 양자 사이에 인과관계가 없으면 그 이익의 조절도 문제가 되지 않기 때문이다.

2. 학 설

(1) 직접적 인과관계설

이것은 수익과 손실 사이에는 직접적 인과관계가 있어야 한다는 설이다(소수설).

(2) 사회통념상의 인과관계설

부당이득에 있어서 수익과 손실 사이의 인과관계는 사회통념상 그 연결이 인정되는 것으로 족하고 직접적임을 요하지 않는다는 설이다(통설). 즉 직접적 인과관계설에 있어서 수익과 손실 사이에 직접적 인과관계가 있어야 한다고 하나, 여기서는 다음과 같다.

① 손실과 이익이 내용에 있어서 동일물일 것, 즉 손실자가 잃는 것을 곧 수익자가 취득하여야 한다는 것은 아니고, 부당이득의 원인은 동일한 사실이 일면 손실을 생기게 하는 동시에, 타면 이득을 생기게 하면 그 손실의 내용과 이득의 내용이 동일하지 않더라도 부당이득의 요건인 인과관계는 존재한다고 한다. 그러므로 채무자가 채권의 준점유자에게 변제한 경우에 진정한 채권자가 받은 손실의 내용은 채권이고, 준점유자가 취득한 이익의 내용은 급부물이어서 손실과 이득은 그 내용을 달리함에도 불구하고 양자간에는 인과관계가 있다고 본다.

② 수익의 발생원인과 손실의 발생원인 사이에 제3자의 행위가 개재하는 경우에는 일반적으로 인과관계는 간접적이기는 하지만, 그 제3자의 행위가 일면 손실을 생기게 하는 동시에 타면 이익을 주는 것이면 역시 그 인과관계는 성립한다고 한다.

Ⅴ. 법률상의 원인결여

1. 논 점

부당이득이 성립하기 위해서는 '법률상 원인 없이' 이득이 생긴 것이어야 한다. 이 요건은 부당이득법의 적용을 실질적으로 결정하는 중심적 요소가 되는 것이고, 또 법률상의 원인이 다양함에도 불구하고 그 표현이 명확성을 결하므로 '법률상 원인'이 어떠한 내용을 가지는 가에 관하여 많은 논의가 있다.

이 문제는 민법이 부당이득을 통일적인 법제도로 규정하고 있는 이상, 법률상 원인 및 부당이득제도의 기초도 통일적으로 해석될 필요가 있다는 전통적 학설(통일설), 법률상 원인의 기초가 다양한 현실 하에서 그것을 통일적으로 해석할 수는 없고 또 부당이득법도 통일적 성격을 가지는 것은 아니라는 설(비통일성)이 기본적으로 대립한다. 이것은 부당이득제도의 존재이유를 어디에서 구할 것인가라는 기본문제에 관련된다.

통일설은 부당이득제도를 공평의 관점에 기해 수익의 부당성을 조정하는 것이다. 그러나 공평의 관념은 유연성이 많고 막연하며 구체적으로 그 의미를 명확하게 하지 않는다는 지적을 받는다.

비통일설은 각종의 부당이득에 따라 법률상 원인·부당이득법 전체를 유형화하고, 구체적으로 명확하게 하고자 하는 것이다. 그러나 비통일설에 의해 다양한 내용을 갖는 부당이득에 관해 망라할 수 있는 가는 의문이고, 유형화하여도 각 태양이 중복하는 것도 있는 것이 많고 거기에 유형화의 한계가 지적된다.

그러므로 통설은 그러한 점을 염두에 두고, 또 민법이 부당이득을 통일적인 법제도로서 규정하고 있는 것을 중요시 하여 통일설을 취하고 있다. 다만 법률상 원인은 급부행위에 의한 경우와 급부행위 이외의 사유에 의한 경우로 나누어, 구체적 내용을 가능한 한 여기에 포함시켜 그 내용을 명확하게 하고자 한다.

2. 유 형

이득의 부당성이 급부행위에 의한 경우(이득이 손실자의 의사에 기한 경우)와 급부행위 이외의 사유에 의한 경우(이득이 손실자의 의사에 기하지 않는 경우)로 나눌 수 있다. 따라서 이득의 부당성, 즉 '법률상의 원인 없이'의 구체적 의의를 정하기 위하여는 양자를 구별하여 고찰하여야 한다.

[법률상 원인을 결여한 경우]

채무자가 피해자로부터 횡령한 금전을 그대로 채권자에 대한 채무변제에 사용하는 경우 피해자의 손실과 채권자의 이득 사이에 인과관계가 있음이 명백하다. 이때 채권자가 그 변제를 수령함에 있어 악의 또는 중대한 과실이 있는 경우에는 채권자의 금전취득은 피해자에 대한 관계에 있어서 법률상 원인을 결여한 것으로 봄이 상당하다.

그러나 채권자가 그 변제를 수령함에 있어 단순히 과실이 있는 경우에는 그 변제는 유효하고, 채권자의 금전취득이 피해자에 대한 관계에 있어서 법률상 원인을 결여한 것이라고 할 수 없다(대판 2003.6.13, 2003다8862).

(1) 급부행위에 의한 경우

사람은 일정한 목적을 달성하기 위해 출연행위를 하는 것이고, 이 목적은 출연을 하기에 이르는 것이므로 출연행위의 원인이라고 할 수 있다. 따라서 손실자에게 있어 출연한 목적 · 원인을 결한 경우에 수령자가 급부를 받은 이익을 보류하는 것은 공평의 이념에 반한다. 결국 그 출연의 원인이 법률상의 원인이고 그것을 결한 것이 이득의 부당성이다. 이득이 손실자의 급부에 기한 경우에 법률상의 유무에 관하여는 세 가지로 분류된다.

1) 목적이 처음부터 존재하지 않을 때

예컨대 목적물 등의 급부를 했지만 실제로는 존재하지 않은 채무를 있다고 오신한 때, 변제할 채무가 무효인 때, 취소나 해제로 소급하여 무효가 된 때 등이다.

2) 목적을 달성할 수 없는 때

장래 성립할 목적을 위해 급부되었지만 그 목적이 불성립에 이른 때, 예컨대 돈을 빌릴 수 있다고 기대하고 어음을 교부했지만 소비대차가 성립하지 않은 경우이다.

3) 목적이 소멸한 때

목적이 존재하고 그것이 일단 달성되었지만 나중에 소멸한 때, 예컨대 소비대차가 성립되어 차용증을 교부했지만 후에 변제 기타 이유로 소멸한 경우(475조), 종기나 해제조건부 계약에 의해 급부했지만 후에 종기의 도래 · 해제조건이 성취된 경우 등이다.

(2) 급부행위 이외의 사유에 의한 경우

이 경우에는 재산이전은 손실자의 의사와는 관계가 없으므로 출연원인이 문제될 여지는 없다. 여기서는 손실자의 부담에 있어서 이득자에게 이득을 보유시키는 것이 실질적.상대적으로 공평에 적합한가를 기준으로 부당성을 구체적으로 판단하는 것이 된다.

1) 이득이 이득자의 행위에 기한 때

(a) 이득이 이득자의 사실행위에 기한 경우

예컨대 이득자가 타인의 물건이나 권리를 사용·수익 또는 소비했다든가 타인의 점유를 침탈한 경우 등이다. 이러한 경우 이득자에게 그것을 정당화하는 권리가 없는 한 위법이고 부당성을 구비한 것으로 된다.

[소유자가 손해를 입은 경우]

사유지를 국가 도는 지방자치단체가 점유하여 사실상의 도로로서 일반 공중의 교통에 제공함으로써 그 토지소유자의 독점적·배타적인 사용수익이 제한되고 있는 경우에는 그 소유자가 그 토지에 대한 독점적·배타적인 사용수익원을 포기하였다는 등의 특별한 사정이 없는 한, 국가 또는 지방자치단체는 그 토지를 점유하여 사용·수익하는 이득을 얻고, 토지소유자는 그만큼의 손해를 입고 있는 것으로 보아야 한다(대판 2008.2.1, 2007다8914).

(b) 이득이 이득자의 법률행위에 기한 경우

타인의 동산의 점유자가 이것을 양도하여 양수인에게 선의취득 시킨 경우, 자기의 부동산을 2중으로 양도하고 제2의 양수인에게 이전등기를 한 경우와 같이 그에 의해 대가를 받은 때에는, 제1의 양수인에 대해 부당이득이 된다.

(c) 이득이 이득자의 집행행위에 기한 경우

판결이 확정된 후에 채권이 임의변제에 의해 소멸했음에도 불구하고, 즉 실체상의 권리가 없는데 강제집행이 되었을 때는 부당이득이 된다.

2) 이득이 제3자의 행위에 의해 생긴 경우

채무자가 선의로 채권의 준점유자에게 변제했기 때문에 채권이 상실한 경우, 지명채권의 양도인이 양도통지를 하기 전에 채무자가 이를 변제한 경우 등과 같이 이득이 제3자의 행위에 의한 경우에도 부당이득이 된다.

3) 이득이 손실자의 의사 없는 행위에 기한 경우

타인의 물건을 자기 물건으로 오신하여 유익비를 들인 경우, 타인의 개를 자기 것으로 오신하여 사육한 경우 등이다. 이러한 경우의 이득은 손실자의 의사에 기한 것이 아니므로, 법률상의 재화귀속의 모순에 해당하면 부당이득이 된다.

4) 이득이 행위 이외의 사건의 사실적 결과로서 생긴 경우

타인의 양어가 홍수로 자기의 양어장에 들어온 경우이다. 이 경우도 이득자의 이득이 재화귀속의 법리에 모순하는가의 여부를 기준으로 부당이득의 유무를 결정할 수 있다.

5) 이득이 일정한 사건에 기해 법률규정에 기해 생긴 경우

이 경우는 이득을 생기게 한 법률의 취지에 따라 부당이득이 되는가의 여부가 결정된다.

(a) 첨부에 의한 소유권취득은 물건의 경제적 효용의 유지를 목적으로 한 것이고, 소유자 일방에게 이득시킬 취지는 아니므로 부당이득관계는 성립한다.

(b) 선의취득에 의한 권리취득의 경우에 동산의 소유권·질권을 취득한 자가 선의의 무상취득자인 때는 부당이득반환의무를 과할 것인가에 대하여 다툼이 있다. 긍정설은 민법 제249조는 권리의 외형을 보호하는 것이지만, 부당이득은 재산적 가치의 이동을 공평의 원칙에서 조정하는 것이다. 즉 공평의 관념에서 무상취득의 경우에는 부당이득이 된다고 해석한다(소수설). 부정설은 거래안전을 보호하여 선의취득자에게 이득을 주려는 것이고 그것을 법률상 원인으로서 부당이득은 성립하지 않는다고 한다(통설). 선의취득자가 무상으로 취득한 경우에도 부당이득이 성립하지 않는다는 부정설의 입장이 타당하다.

(c) 시효에 의해 권리를 취득하거나 의무를 면한 경우, 제척기간의 경과에 의한 권리소멸의 경우, 선의점유자의 과실취득의 경우 등에는 부당이득이 성립하지 않는다. 이러한 것은 법이 종국적으로 권리변동을 인정하는 것이고 법률상 원인이 있기 때문이다.

제3절 부당이득의 효과

Ⅰ. 부당이득반환의무의 발생

부당이득이 성립하면 손실자는 수익자에 대하여 이득의 반환청구권을 가진다. 이득자는 원칙적으로 현존이익의 한도 내에서 반환한다(748조 1항). 다만 이득자가 악의인 경우에는 이자를 상환하고 손해배상 등 불법행위적 가중책임을 부담한다(748조 2항). 또 반환의무는 일반적 원칙을 정한 것이고, 특별규정이 있는 경우(425조·441조·548조 등)에는 그에 따른다.

이득의 개념에 대해서는 재산차액설과 취득이익설이 대립하고 있으나 부당이득 이후의 수익자의 재산상태에서 부당이득이 없었더라면 존재하였을 재산상태를 뺀 차액손실이 다수설이다.

1. 반환의무의 객체

(1) 원물반환의 원칙

부당이득으로서 반환할 것은 이득한 원물이다. 원물반환이 불능인 때는 가격에 의해 상환한다(대판 1965.4.27, 65다181). 불능인가의 판단은 사회통념에 의해 결정한다.

목적물이 부대체물·대체물 어느 것이라도 그것이 현존하는 한 원물반환이다. 제3자에게 목적물을 양도한 때는 이득자가 그것을 반환받을 수 있는 한 원물반환의무가 있다.

(2) 반환불능의 경우

원물반환을 할 수 없는 경우에 가격상환을 하는 것이 되지만, 수익자가 대상물을 취득한 때, 예컨대 멸실·훼손·침탈 등에 의해 보험금이나 손해배상금 등을 취득한 때는 그것을 반환해야 한다. 이득의 내용이 노무에 의한 이득, 물건의 사용에 의한 이득과 같이 그 성질상 원물반환을 할 수 없는 경우에는 가격상환이 된다.

2. 부당이득반환청구권의 소멸시효

부당이득반환청구권의 소멸시효기간은 10년이다(162조 1항). 부당이득의 원인이 된 채권이 단기소멸시효에 걸려도 부당이득반환청구권은 법률의 규정에 의해 발생하는 것이어서 별개의 채권이기 때문이다.

Ⅱ. 부당이득반환의무의 범위

반환의무의 범위는 수익자가 선의인가 악의인가에 따라 다르다. 선의인 경우에는 현존이익을 반환하면 되지만(748조 1항). 악의인 경우에는 받은 이익에 이자를 붙여 반환하고 손해가 있으면 이를 배상하여야 한다(748조 2항).

(1) 선의의 수익자의 반환의 범위

1) 현존이익

수익자가 선의인 경우에는 현존이익을 반환하면 된다(748조 1항). 현존이익이란 수익자가 받은 이익이 잔존하는 범위이다. 현존이익의 결정시기는 소가 제기된 경우에는 제소시, 소제기가 없는 경우에는 반환시기를 기준으로 한다(통설).

[현존이익의 추정]

법률상 원인 없이 타인의 재산 또는 노무로 이익을 얻고 그로 인하여 타인에게 손해를 가한 경우, 그 취득한 것이 금전상의 이득인 때에는 그 금전은 이를 취득한 자가 소비하였는가의 여부를 불문하고 현존하는 것으로 추정된다. 그 취득한 것이 성질상 계속적으로 반복하여 거래되는 물품으로서 곧바로 판매되어 환가될 수 있는 금전과 유사한 대체물인 경우에도 마찬가지다(대판 2009.5.28, 2007다20440·20457).

2) 반환의무의 범위에 있어서의 문제점

(a) 원물이 훼손된 경우에도 그 상태대로 반환하면 좋다. 수익자의 귀책사유에 의해 훼손된 경우에도 마찬가지이다. 또 멸실·훼손에 의해 代償이나 기타 이익을 얻은 때는 그것을 반환하여야 한다(202조와 같은 결과).

(b) 선의의 수익자는 과실 기타의 수익을 반환해야 하는가. 선의의 점유자에게는 과실수취권이 인정된다(201조). 이 규정과의 균형상 점유밖에 갖지 않는 자보다도 법률상의 원인을 결했지만, 본권이 있다고 오신한 수익자는 보호되어야 하기 때문에 반환의무는

없다고 본다(다수설 · 대판 1993.5.14, 92다45025).

(c) 목적물에 지출한 필요비·유익비가 있으면 그것을 상환시킬 수가 있다. 이러한 비용에 의해 그만큼 수익자의 이득이 감축되기 때문이다.

(d) 수익자가 목적물에 의해 받은 손해에 관해 수익자는 이득을 감축한 것으로서 상환청구를 할 수 있는가. 이것은 실질적으로는 불법행위책임이다. 다만 상대방의 급부행위에 의해 야기된 것이므로 상대방에게 부담시키는 것이 공평의 이념에 합치한다. 이 결론은 민법 제745조의 취지와 합치한다.

(e) 목적물을 취득할 때 교부한 대가

① 대가를 상대방에게 교부한 경우

매수인 乙이 매도인 甲에게 대금을 지급했지만 후에 甲으로부터 乙에게 목적물의 반환이 청구된 경우, 쌍방의 청구권은 독자적인 것이라고 해석되는가(청구권대립설). 반환할 이득을 쌍방이 취득한 급부의 차액이라고 볼 수 있는가(차액설)의 견해가 대립된다.

원물반환의 원칙에 의하면 여기에도 원물을 도로 찾고 대가를 반환하는 것에 의해 청산하는 것이 공평에 적합하고, 양청구권의 법률상의 견련관계를 인정하고 동시이행의 항변권을 인정하여야 한다. 그러므로 청구권대립설이 타당하다.

② 대가를 제3자에게 교부한 경우

매수인 乙이 甲의 소유물을 丙으로부터 구입하고 甲으로부터 이득의 반환을 청구받은 경우, 乙은 丙에게 교부한 대가를 자기가 얻은 이익으로부터 공제할 수 있는가.

청구권대립설에서는 甲으로부터 乙에게의 반환청구는 성립하지 않으므로 대립관계는 아니다. 차액설에서도 부정된다. 甲의 재산에 생긴 이득만을 이득으로 보는 순수이익설에서는 공제를 인정하는 것이 될 것이다. 원칙적으로 보면 甲은 乙에게 물권적 청구권을 행사할 수 있고, 乙이 지급한 대가는 계약당사자인 乙 · 丙간의 문제이므로 그 사이에서 조정하는 것이 된다. 다만 법률상 원인을 결한 것, 이득과 손실을 생긴 곳에 대해 관계당사자의 관여의 정도 등을 형량하여 반환의무의 범위를 정할 수 있는 것이라면 乙은 甲에게 甲의 과실을 이유로 그것을 이득에서 공제할 수 있을 것이다.

(2) 악의의 수익자의 반환의 범위

1) 악의의 수익자는 그 받은 이익이 현존하는가의 여부를 불문하고 반환하여야 한다(748조 2항). 또 과실에 대해서도 반환의무를 진다(201조 2항의 적용).

2) 원물반환의 경우에 수익자의 귀책사유에 의한 멸실 · 훼손의 경우에는 책임(시가의 반환의무)을 부담하지만, 불가항력에 의한 경우에는 책임을 지지 않는다(202조의 적용).

3) 가격반환의 경우

이득이 그 성질상 원물반환 불능의 경우(타인의 노동이나 물건의 이용 등에 의한 이득)에는 노무의 대가나 이용의 객관적 대가(차임)와 거기에 이자를 붙여 반환하여야 한다. 또 이러한 경우에는 취득한 이득은 후에 불가항력에 의해 소멸해도 영향을 받지 않는다.

4) 손해배상책임

악의의 수익자는 이득을 반환하여도 손실자에게 부당이득의 원인인 사실에 의해 생긴 손해가 남은 때는 그것을 배상하여야 한다(748조 2항).

5) 이 자

악의의 수익자는 그가 받은 이익에 이자를 붙여 반환할 것을 요한다(748조 2항). 이율은 법정이율에 의한다.

6) 수익자의 악의인정

수익자가 이익을 받은 후 법률상 원인 없음을 안 때에는 그때부터 악의의 수익자로서 이익반환의 책임이 있다(749조 1항). 선의의 수익자가 패소한 때에는 그 소를 제기한 때로부터 악의의 수익자로 본다(749조 2항).

[악의의 수익자로서 부당이득반환의무를 지는 시기]

부당이득의 수익자가 이익을 받은 후 그 이익이 법률상 원인 없음을 안 때에는 그때부터 받은 이익에 민법 소정의 연 5%의 이자를 붙여 반환하여야 한다. 이와 같은 수익자의 악의는 구체적인 사건에서 증거에 의하여 개별적으로 인정할 성질의 것이라고 할 것이다.

그러나 행정청이 부과처분에 의하여 어떠한 급부를 받은 후 사후에 그 부과처분의 전부 또는 일부를 직권으로 취소하였다면 그 행정청이 속한 행정주체는 특별한 사정이 없는 한 적어도 그 부과처분의 취소 당시에는 그 처분에 의하여 받은 이익이 법률상 원인이 없음을 알았다고 보아야 할 것이다(대판 2000.4.11, 99다4238).

제4절 특수한 부당이득

Ⅰ. 서 설

민법은 특수한 부당이득으로서 제742조~제746조에 걸쳐 규정을 두고 있다. 이 특수한 부당이득은 광의의 비채변제와 불법원인급여이고, 규정은 주로 그 성립요건에 관한 것이다.

비채변제란 광의로는 채무가 없는데 변제하는 것을 말하지만, 민법은 제742조 이하에 4개의 특칙을 두었다. 즉 협의의 비채변제(742조)·기한 전의 변제(743조)·도의관념에 적합한 비채변제(744조)·타인의 채무의 변제(745조)이다.

Ⅱ. 비채변제

1. 협의의 비채변제

(1) 의 의

협의의 비채변제(非債辨濟)란 채무가 없는데 변제로서 급부를 했지만, 변제자가 변제 당시 채무의 부존재를 모르는 것이다(742조). 변제자가 채무의 부존재를 알면서 변제한 경우에는 스스로의 의사에 의해 손실을 초래하는 것이므로 부당이득반환청구권을 주어 보호할 필요가 없다. 따라서 그 요건은 다음과 같다.

(2) 요 건

1) 채무의 부존재

채무가 변제시에 존재하지 않을 것을 요건으로 한다. 그것은 당초부터 채무가 존재하지 않았던 경우 또는 후에 이루어진 변제 · 면제 기타 사유에 의해 소멸한 경우 등을 불문한다. 정지조건부채무에 관하여 조건의 성부가 미정인 동안에 변제된 경우에는 조건성취 이전에는 채무는 존재하지 않으므로 그 반환을 청구할 수 있지만, 후에 조건이 성취하고 채무가 성립한 때에 소급하여 효력이 생긴 때는 변제시에 채무는 존재한 것이 된다. 해제조건부채무의 경우는 조건성취가 미정인 동안에도 채무는 존재하지만, 후에 조건이 성취된 때는 조건성취의 효력이 소급하는가의 여부에 불구하고 급부한 것은 부당이득이 된다.

2) 변제로서 급부할 것

급부가 어느 특정채무의 변제로서 이루어질 것을 요한다. 그러나 급부는 변제자가 임의로 한 것임을 요한다. 따라서 강제집행을 피하기 위해 또는 기타 사유를 위해 어쩔 수 없이 변제한 경우에는 임의변제라고는 할 수 없을 것이다. 또 변제는 그 급부가 채무의 本旨에 따른 것이 아니어도 좋다. 따라서 일부의 급부나 하자있는 급부 등도 비채변제가 된다. 대물변제나 제3자의 변제도 포함된다.

3) 채무의 부존재를 변제자가 모를 것

채무자가 변제 당시에 채무의 부존재를 모르는 것을 요건으로 하며, 이 경우에는 반환청구가 인정된다.

(3) 입증책임

일정한 채무를 변제할 목적으로 변제한 것 및 채무의 존재를 몰랐을 때는 반환을 청구하는 변제자가 입증해야 한다. 그러나 기타 채무의 부존재를 몰랐었던 것을 입증할 필요는 없다. 수령자는 급부의 반환을 면하기 위해서는 급부자가 채무의 부존재를 알면서 급부한 것을 입증할 것을 요한다.

[자유로운 의사에 반한 비채변제]

지급자가 채무 없음을 알면서도 임의로 지급한 경우에는 민법 742조 소정의 비채변제로서 수령자에게 그 반환을 구할 수 없다. 그러나 지급자가 채무 없음을 알고 있었다고 하더라도 변제를 강제당한 경우나 변제거절로 인한 사실상의 손해를 피하기 위하여 부득이 변제하게 된 경우 등 그 변제가 자유로운 의사에 반하여 이루어진 것으로 볼 수 있는 사정이 있는 때에는 지급자가 그 반환청구권을 상실하지 않는다. 부동산에 대한 임의경매절차가 진행되던 중에 피담보채무액을 초과하여 변제한 행위는 자유로운 의사에 반한 비채변제라고 볼 수 없다(대판 2004.1.27, 2003다46451).

2. 기한 전의 변제

채무자가 변제기에 있지 아니한 채무를 변제한 때에는 그 반환을 청구하지 못한다(743조 본문). 그러나 채무자가 착오로 인하여 변제한 때에는 채권자는 이로 인하여 얻은 이익을 반환하여야 한다(743조 단서).

[중간퇴직이 무효인 경우]

사용자가 근로자에 대하여 중간퇴직처리를 하면서 퇴직금을 지급하였으나 그 퇴직처리가 무효로 된 경우, 이는 착오로 인하여 변제기에 있지 아니한 채무를 변제한 경우에 해당한다고 할 수 없다. 따라서 이미 지급한 퇴직금에 대한 지급일 다음 날부터 최종 퇴직시까지의 연 5분의 비율에 의한 법정이자 상당액은 부당이득에 해당하지 않는다(대판 2001.4.24, 99다9370).

3. 도의관념에 적합한 비채변제

채무 없는 자가 착오로 인하여 변제를 한 경우에 그 변제가 도의관념에 적합한 때에는 그 반환을 청구하지 못한다(744조). 이것은 법규정의 엄격한 적용결과 도덕과 법의 괴리현상이 나타나는 것을 방지하기 위해서 둔 규정이다.

이 요건으로 (ⅰ) 변제 당시 채무의 부존재, (ⅱ) 변제로서의 급부, (ⅲ) 변제 당시 채무의 존재에 대한 변제자의 선의(착오), (ⅳ) 변제자의 도의관념적합성 등을 요한다.

예컨대 소멸시효가 완성된 채무를 시효가 완성된 줄 모르고 변제한 경우, 상대적 소멸설에 의하면 유효한 변제가 되지만, 절대적 소멸설에 의하면 이는 비채변제가 된다. 그런데 이는 도의관념에 적합한 비채변제가 되기 때문에 변제자의 반환청구가 인정되지 않는다.

4. 타인의 채무의 변제

(1) 타인의 채무를 변제한 자의 반환청구의 제한

타인의 채무를 자기의 채무로 오신하고 변제한 경우에는 타인을 위한 변제는 아니고 제3자의 변제로서 효력이 생기지 않으므로, 채권은 소멸하지 않고 채권자의 부당이득이 되어 그 반환청구에 응하지 않으면 안 된다. 그러나 이 원칙에 의하면 채권자가 제3자의 변제에 의해 채권이 소멸한 것으로 오신하고 불측의 손해를 입을 우려가 있다.

그러므로 채권자가 선의로 증서를 훼멸하거나 담보를 포기하거나 시효로 인하여 그 채권을 잃은 때에는 변제자는 그 반환을 청구할 수 없다(745조 1항).

(2) 반환청구의 제한사유

1) 증서를 훼멸할 것

증서란 당해 채권을 증명하기 위해 작성된 서면을 말한다. 훼멸이란 유형적으로 증서를 훼멸하는 경우에 한하지 않고, 증서반환과 같이 채권자가 자유로 이것을 입증방법으로서 이용할 수 없는 경우를 포함한다. 다만 채권자가 반환을 했어도 증서의 훼멸이 확정하는 것은 아니다. 채권자가 그 반환을 받을 수 없다든가, 반환을 받아도 시기가 늦어 무의미하게 된 특단의 사정이 없는 한 증서의 훼멸은 아니다.

2) 채권자가 선의로 담보를 포기하여 확실한 변제를 받는 것이 곤란하게 된 때에도 변제자는 반환청구가 제한된다.

3) 채권자가 변제를 받았다고 생각하고 본래 행하여야 할 시효중단절차를 취하지 않았기 때문에 시효가 완성하여 채권을 잃은 경우에는 변제자는 반환청구를 받을 수 없다.

(3) 변제자의 채무자에 대한 구상권

타인의 채무를 변제한 자는 그 반환청구를 할 수 없어 손실을 받는 것이 된다. 그 결과 이익을 받는 자는 채무자이다. 그러므로 변제자는 채무자에 대하여 구상권을 행사할 수 있다(745조 2항). 이 구상권의 실질은 부당이득반환청구권이다.

Ⅲ. 불법원인급여

사례

갑은 을에게 5천만원의 대금채권을 가지고 있다. 한편 을은 병과의 도박에서 3천만원의 채무를 부담하고 있다.

(1) 을은 병에게 3천만원의 채무를 지불하는 대신 그의 유일한 재산인 시가 5천만원의 X주택의 소유권을 대물변제로써 병에게 이전하고 그 취지를 등기했다. 이에 갑은 을 대신에 병으로부터 그 주택을 돌려받고 싶어 한다면 어떠한 방법을 생각할 수 있는가?

(2) 을이 이 채무에 대해 이것을 병과의 사이에 3천만원의 소비대차계약상의 채무로 변경하고, 이 채무의 담보를 위해 Y토지 위에 저당권을 설정한 경우는 어떠한가?

(3) 그 후 병이 저당권을 실행하여 제3자 정이 Y토지를 경락받은 경우는 어떠한가?

1. 서

(1) 의 의

불법원인급여(不法原因給與)라 함은 불법원인에 기하여 행하여진 급부를 말한다(746조). 예컨대 甲이 乙에게 도박빚을 지고 그것을 급부한 경우, 또는 甲이 乙에게 범죄행위의 보수로서 금전을 준 경우 등이 이에 해당한다.

(2) 입법취지

법률행위가 무효인 때는 급부는 부당이득이 되지만, 그 법률행위의 무효인 이유가 공서양속에 위반한 경우에 대해서도 마찬가지로 취득해도 좋은가. 그러나 그것을 인정하기 위해서는 스스로 공서양속 위반행위를 하면서 자기의 손실에 대해서는 법의 보호를 받는 것이 되어 법의 이념에 반한다.

결국 이러한 경우에는 부당이득반환청구권은 부정된다. 이것을 규정한 민법 제746조는 영국의 형평법에 있어서 clean hands의 원칙과 동일한 사상에 기한 것이다. 같은 취지의 규정은 민법 제103조에서도 인정된다. 제103조는 공서양속에 반하여 이루어진 법률행위에 관해 그 실현을 부정하는 것이고, 민법 제746조는 그 법률행위가 이행된 경우에 그 사실상의 결과의 회복을 바라는 자에 대하여 법이 거기에 협조하지 않는 것이다. 따라서 민법 제103조와 제746조는 표리일체가 되어 불법한 법률행위에 대응하는 것이다.

2. 불법원인급여의 적용요건

(1) 급부가 불법일 것

1) 불법이란 민법 제746조와 제103조에 대응하는 것이므로 선량한 풍속 기타 사회질서 위반행위를 말한다(통설). 이 불법 중에 강행법규 위반을 포함하는가가 문제되지만, 포함하지 않는다고 해석된다. 만약 포함한다고 해석하면 강행법규에 위반하여 무효가 되는 행위를 그대로 방치하여 두는 결과가 되어 불합리하다.

[불법의 의미]

민법 746조가 규정하는 불법원인이라 함은 그 원인된 행위가 선량한 풍속 기타 사회질서에 위반하는 경우를 말하는 것으로서, 법률의 금지에 위반하는 것이라 할지라도 그것이 선량한 풍속 기타 사회질서에 위반하지 않는 경우에는 이에 해당하지 않는 것이다(대판 2001.5.29, 2001다1782).

2) '불법의 원인'이란 그 급부에 의해 기도된 목적을 말한다. 따라서 급부 자체가 불법인 경우(예: 도박에 건 돈을 급부하는 경우), 급부 자체는 불법이 아니어도 불법한 급부의 대가의 경우(예: 불륜한 동서(同棲)에 대한 대가로 금전을 급부하는 경우), 불법한 행위를 조건으로 하는 급부인 경우(예: 범죄를 하는 것을 조건으로 하여 금전을 급부하는 경우) 등이다. 동기가 불법인 경우도 당사자가 이것을 알고 있는 경우에는 포함된다. 이것은 동기가 공서양속에 반하는 경우에 민법 제103조가 적용되는 것과 마찬가지이다. 그러므로 차주가 밀항자금에 사용하는 것을 대주가 알면서 금전을 대여한 경우에는 불법원인급여가 성립한다.

(2) 급부가 있을 것

불법원인급여가 성립하기 위해서는 급부가 있을 것을 요한다. 여기에서 급부란 급부자의 의사에 기한 것이 필요하고, 또 수령자에게 사실상 종국적인 이익을 주는 것이어야 한다. 따라서 종국적이지 아니한 것은 급부가 있는 것이 아니다(대판 1994. 12. 22, 93다55234).

(3) 불법원인이 수익자에게만 존재할 것

불법원인이 수익자에게만 있고 급부자에게 불법성이 없는 경우에는 부당이득의 원칙으로 돌아가 반환청구권이 인정된다(746조 단서). 예컨대 시아버지가 며느리의 사통관계를 끊기 위해 상대방 남자에게 금전을 증여한 경우에는 상대방에게만 불법원인이 있는 것으로서 반환청구가 인정된다.

5. 불법원인급여의 효과

(1) 원 칙

급부자는 그의 급부로 수익자가 얻은 이익의 반환을 청구하지 못한다(746조 본문). 그 이익이란 급부된 것이 물건이면 그 원물 또는 이에 갈음하는 이득이고, 물건 이외의 것이면 사실상의 이익이다. 그런데 불법원인에 의해 급부한 것에 관해 부당이득반환청구권이 아니라 다른 이유에 의해 청구된 경우에 민법 제746조가 유추적용되는가, 임의반환 또는 반환의 특약은 유효한가가 문제된다.

1) 물권적 청구권에의 유추적용

불법원인에 의한 급부자가 소유권을 가질 때, 소유권에 기한 반환청구에 관해서도 민법 제746조의 유추적용을 인정할 수 있는가.

물권행위의 무인성을 인정하는 경우에는 소유권이전행위의 효력에 영향이 없으므로, 급부자는 소유권에 기하여서도 반환청구를 할 수 없다. 물권행위의 유인성을 인정하는 경우에는 소유권은 이전하지 않은 것이므로, 부당이득반환청구권은 행사할 수 없더라도 소유권에 기한 반환청구는 인정되지 않는가가 문제된다.

(a) 종래 판례는 유추적용부정설을 취하여 물권적 청구권인 소유물반환청구권과 채권적 청구권인 부당이득반환청구권은 그 근거가 상이하며, 소유물반환청구권은 원인의 불법 여하를 묻지 않는다 하여(대판 1977. 6. 28, 77다728) 불법원인급여자의 소유물반환청구를 인정하였다.

(b) 유추적용긍정설(통설 · 판례)은 민법 제746조는 단지 부당이득제도만을 제한하는 것이 아니라 민법 제103조와 함께 私法의 기본이념으로서 결국 사회적 타당성이 없는 행위를 한 사람은 스스로 불법한 행위를 주장하여 복구를 그 형식 여하에 불구하고 청구할 수 없다는 이상을 표현한 것이다. 급여한 사람은 그 원인행위가 법률상 무효라 하여 상대방에게 부당이득반환청구를 할 수 없음은 물론 소유권에 기한 반환청구도 할 수 없다. 따라서 급여한 물건의 소유권은 상대방에게 귀속한다(대판 1979. 11. 13, 79다483).

2) 불법행위에 기한 손해배상청구권에의 유추적용

불법원인급여가 수익자의 불법행위에 의해 생긴 경우에 급부자는 수익자에 대해 불법행위에 의한 손해배상청구라면 청구는 인정되는가. 통설과 판례는 불법행위에 기한 손해배상청구권에도 민법 제746조의 유추적용을 인정하여 청구를 부정한다. 부당이득반환청구는 안 되지만, 불법행위로서 상당한 손해배상이라면 청구할 수 있다면 제746조의 취지가 몰각되기 때문이다.

3) 불법원인급여의 반환특약

불법원인급여의 수익자가 임의로 수익을 반환하거나 반환특약은 유효한가. 당사자가 임의로 반환하는 계약은 유효하고, 급부자가 그 계약에 기한 반환청구에는 민법 제746조를 적용할 여지가 없다(日最判 1962. 5. 15, 민집 16권 5호 1195면). 다만 그 계약이 선량한 풍속 기타 사회질서에 반하는 경우에는 무효라고 할 것이다. 이때에는 제746조의 취지를 살려야 하기 때문이다.

(2) 예 외

1) 반환청구의 인정

민법 제746조는 급부자가 불법한 경우에 복구를 허용하지 않는다는 취지이므로 불법원인이 급부자에게는 없고 수익자에게만 있는 경우에는 그 반환청구를 허용하고 있다(746조 단서).

2) 민법 제746조 단서의 확장

종래의 다수설과 판례(대판 1961.7.20, 4294민상617)는 민법 제746조 단서를 엄격하게 해석하여 불법원인이 오로지 수익자에게만 있는 경우에 한하여 반환청구를 인정하고, 급여자에게도 불법의 원인이 존재하는 경우에는 반환청구를 부인하고 있다.

그런데 급부자·수익자 쌍방에 불법성이 있고 그 불법성의 비교에 있어서 수익자에게 불법성이 월등히 많은 경우에 급부자의 반환청구는 인정될 수 있는가 하는 것이 문제된다. 이에 관하여 민법 제746조의 단서를 확대해석하여 부당이득의 반환청구를 인정하여야 한다는 학설이 주장되었다. 판례도 「수익자의 불법성이 급여자의 그것보다 현저히 크고, 그에 비하면 급여자의 불법성은 미약한 경우에도 급여자의 반환청구가 허용되지 않는다고 하는 것은 공평에 반하고 신의성실의 원칙에도 어긋난다고 할 것이므로, 이러한 경우에는 민법 제746조 본문의 적용이 배제되어 급여자의 반환청구는 허용된다고 해석함이 상당하다」고 하고 있다(대판 1997.10.24, 95다49530·49547).

[무효인 이자약정의 반환청구]

대주가 사회통념상 허용되는 한도를 초과하는 이율의 이자를 약정하여 지급받은 것은 그의우월한 지위를 이용하여 부당한 이득을 얻고, 차주에게는 과도한 반대급부 또는 기타의 부당한 부담을 지우는 것으로서 그 불법의 원인이 수익자인 대부에게만 있거나 또는 적어도 대주의 불법성이 차주의 불법성에 비하여 현저히 크다고 할 것이어서 차주는 그 이자의 반환을 청구할 수 있다(대판 2007.2.15, 2004다50426).

사례해결

(1) 을과 병이 도박을 하여 을이 도박채무를 부담하게 되었고 병에게 X주택을 이전한 것은 불법원인급여이므로, 을은 부당이득을 이유로 주택의 반환을 청구할 수 없다. 따라서 갑이 을을 대위 행사할 권리가 없기 때문에 갑의 채권자대위권 행사는 불가능하다. 그러나 을이 그 유일한 재산인 시가 5천만원 상당의 주택을 병에 대한 3천만원의 채무 변제를 위하여 대물변제 한 것은 사해의사가 있고 병이 악의라면 갑은 채권자취소권을행사할 수 있다.
(2) 을이 도박채무를 소비대차계약으로 변경하고 그에 따라 을 소유의 Y토지에 저당권을 설정한 경우, 소비대차계약으로 인해 불법원인이 소멸하는 것은 아니기 때문에 무효이다. 그에 따라 저당권설정행위도 불법원인이 되는지가 문제된다. 저당권설정행위는 종국적인 것이 아니므로 민법 제746조가 적용되지는 않지만 등기의 말소를 청구할 수 있다.
(3) 정이 경매를 통해서 Y토지를 경락받은 경우에는 을은 반환을 청구할 수 없다. 을의 채권자 갑도 채권자대위권을 행사할 수 없다. 갑의 채권자취소권의 행사가 가능한지가 문제되나, 이는 정이 을의 사해행위를 알았는지의 여부에 따라 결정될 것이다.

제5장 불법행위

제1절 총 설

제1관 불법행위법의 기초이론

Ⅰ. 불법행위의 의의

불법행위란 고의 또는 과실에 의해 타인의 권리를 침해하고 그로 인해 손해를 발생시키는 행위를 말한다. 손해배상을 내용으로 하는 법정채권의 발생원인이다. 예컨대 甲이 자동차운전을 잘못하여 乙을 다치게 한 경우, 甲회사가 조업 중에 매연으로 인하여 乙 등 지역주민의 건강을 해친 경우와 같이, 甲의 행위는 불법행위로서 피해자 乙 등은 甲에 대해 손해배상을 청구할 수 있다.

채무불이행책임이 계약 기타 기존의 특별한 법률관계에 기해 생기는 책임이나, 불법행위책임은 이러한 특별한 법률관계를 전제로 하지 아니하고는 일반 제3자에게 부담하는 책임이다. 사회생활의 다양화·긴밀화·기계문명의 급속한 진보는 타인의 이익을 침해할 가능성을 증대시키고 있다. 따라서 불법행위법의 적용 영역이 확대되고 있고 불법행위법의 역할이 커져가고 있다.

Ⅱ. 민사책임 · 형사책임 · 행정처분

자동차에 의해 교통사고를 일으킨 경우에 가해자와 피해자간에는 私人간 민사상 피해자 구제로서 손해배상청구권을 중심으로 공평한 손해의 분배가 이루어진다. 이것이 민사책임이다. 한편 이러한 행위는 범죄로서 형벌의 대상이 되는 경우도 있고(형사책임), 동시에 도로교통법위반으로서 면허취소·정지 등의 행정처분을 받을 수도 있다.

이러한 개개의 책임은 그 목적·성질이 다르므로 근대법에서는 별개의 제도로서 취급하고 있다(법제도의 분화). 따라서 다른 재판절차로서 심리·판결이 되는 것이므로 사실의 인정이나 결론이 다를 수도 있다.

Ⅲ. 불법행위법의 기능

1. 불법행위제도의 존재이유

불법행위제도가 민법책임으로서 침해에 대한 손해배상을 목적으로 하는 것은 근대법의 성립에 기인한다. 근대법의 이상은 개인의 사적 활동의 자유를 보장하는 것이고 그 근간은 인격의 존중·사적 자치의 존중에 있다.

따라서 불법행위에 있어서도 고의 · 과실의 유무에 관계없이 손해가 발생하면 책임을 부담하는 것으로 하는 결과책임주의로는 거래의 자유가 침해된다고 보아 사인의 활동의 자유를 보장하기 위하여, 행위자의 의사에 기하지 않는 행위에 대하여는 불법행위책임의 성립을 제한한다(결과책임주의에서 과실책임주의로).

2. 과실책임주의와 자기책임의 원칙

근대민법은 사적 자치의 존중과 활동의 자유를 보장하기 위해 불법행위에 엄격한 요건을 요하게 되었다. 즉 불법행위는 고의 · 과실에 의해 타인에게 손해를 가하지 않으면 성립하지 않고(과실책임주의), 그 결과도 「위법행위로 인하여 생긴 손해, 즉 손해와 원인행위 사이에 인과관계가 존재하여야만 배상」하는 것만으로 하였다(750조). 손해의 보상적 기능을 행하는 불법행위제도는 자기책임의 원칙 · 과실책임주의가 적용된다. 따라서 무과실행위 또는 타인의 행위의 결과에는 책임을 지지 아니한다.

Ⅳ. 불법행위법의 구조

불법행위는 성립요건의 규정에 따라 일반불법행위와 특수불법행위로 나누어진다. 전자는 과실책임주의를 기초로 하는 것이고(750조), 후자는 보상책임 · 위험책임을 가미한 것(755조 · 756조) 외에 특별법에 의한 것이 있다.

제2관 불법행위법의 현대적 과제

Ⅰ. 불법행위법과 사회

1. 서

근대 시민사회의 발생 당시에는 근대법의 기본원칙은 적절하고, 개인의 자유로운 사적 활동을 보장하는 근간으로서의 불법행위법도 적절하고 합리적인 것으로 평가되었다. 그러나 사회의 급격한 발전은 대기업의 성립 · 과학기술의 고도화 · 그것을 활용한 이윤추구의 극대화를 초래하였고 손해발생의 위험이 광범화 하고 고도화하기에 이르렀다. 이에 따라 근대의 불법행위법은 충분히 사회적 요청에 응할 수 없게 되었고, 불법행위법제도에 대한 재검토가 요청되었다.

2. 불법행위제도상의 문제점

① 과실책임주의를 엄격하게 유지할 수 있는가이다. 과학기술이 고도화되고 상품의 생산유통이 전문화 · 다양화 됨에 따라 과실이 있는 경우에만 책임을 부담하는 것만으로는 불법행위제도의 이상인 손해의 전보기능을 다할 수 없게 되었다.

② 불법행위를 권리의 침해의 경우에만 성립되는 것이 아니라 위법성이 존재하면 손해배상을 인정해야 한다는 것이다(우리 민법은 현재 권리침해가 아닌 위법성을 요건으로 하고 있다).

③ 손해를 명확히 확정하는 방법이 무엇이며, 손해의 완전한 보상을 위한 보험제도의 역기능이 문제되고 있다.

3. 불법행위법의 유형화

전술한 바와 같이 근대 불법행위제도는 수정할 필요성이 인정된다. 물론 개인 대 개인의 호환적인 일상생활에서 전개되는 불법행위에 있어서는 근대 불법행위법을 통해 규제하는 것이 타당한 분야도 많다. 그러나 고도로 기술화·전문화된 위험 또는 공해와 같이 생활방해가 대기업측에서 일방적으로 생기는 현대의 사회환경 하에서는 새로운 법적 해석과 입법적 노력이 필요하다. 즉 권리침해의 모습이 다양하고 전문화되고 기술화된 현대의 다양한 불법행위의 태양을 규율하기에는 민법규정이 단순하여 사회변동에 부응하지 못하게 되었다.

따라서 침해의 특색을 명확하게 함과 동시에 거기에 관련하여 규정의 흠결을 보충하는 노력이 필요하다. 즉 일반불법행위에 관하여는 규정의 조작에 의해 구체화하고 특수불법행위에 관하여는 해석에 의한 유형화, 특별입법에 의해 유형적으로 보충을 할 수 있을 것이다.

Ⅱ. 과실책임으로부터 무과실책임으로

1. 무과실책임주의의 대두

활동의 자유를 보장하기 위해 채용한 과실책임주의·자기책임의 원칙은 그 후 경제활동을 활발하게 하는데 크게 기여했지만, 반면 피해자의 구제가 충분히 되지 않고 방치되는 결과를 초래했다. 또한 가해자측은 일방적으로 위험한 설비를 활용하여 많은 이익을 얻으면서, 지역사회에 대한 손해에 대해 책임을 부담하지 아니하는 것은 정의·공평의 이상에 반하는 것이다. 이에 따라 사회에 생긴 손해를 적정하게 배분하는 힘을 갖지 못하는 과실책임주의는 비판을 받게 되었고, 무과실책임론이 등장하게 되는 요인이 되었다.

2. 무과실책임론의 근거

(1) 손해의 분배

불법행위는 그 손해의 공평한 부담을 다루는 제도이고, 손해의 합리적 배분의 시점에서 보면 현대의 전문화된 분야에 있어서는 과실책임보다도 무과실책임이 적절하다.

그러므로 불법행위제도의 중심적 기능인 손해전보적 기능을 강화하기 위하여 일반불법행위에서는 과실개념을 조작적으로 적용하고, 특수불법행위에서는 사실상 무과실책임을 인정하려는 노력이 행하여지고 있다. 그러나 이러한 무과실책임을 인정하는 근거가 무엇인가에 논의가 제기되고 있다.

(2) 보상책임설 · 위험책임설 · 구체적 공평설

보상책임설이란 "이익이 귀속하는 곳에 손실도 귀속한다"라고 하고, 행동영역을 확대하여 이익을 얻은 자는 거기에서 생긴 손해를 부담하여야 한다는 것이다. 민법 제756조의 사용자의 배상책임은 이 주의에 기한 것이다.

위험책임설이란 "위험을 초래하는 자는 그 위험에서 생긴 손해에 관해 책임을 부담해야 한다"라는 원리이다. 민법 제758조의 공작물책임은 이 주의에 기초를 둔 것이다.

구체적 공평설은 손해를 가해자 또는 피해자의 어느 일방에만 부담시키지 않고 구체적 사안에 따라 손해를 공평하게 부담시키는 것이다.

3. 무과실책임론의 타당범위

무과실책임론은 모두 불법행위에 관해 타당한 것은 아니다. 근대민법이 예정하고 있던 개인 대 개인의 시민생활에서는 자유주의를 기조로 하는 과실책임주의가 합리성을 갖고 있다. 다만 과실책임주의를 적용한 결과 피해자의 보상에 불공평한 결과가 되는 영역에서 그 보충적인 법리로서 무과실책임주의가 역할을 하게 된다.

따라서 무과실책임이 인정되는 분야는 고도의 위험성이 내재한 산업 · 교통시설 등에 한정될 것이며, 실정법의 규정을 통해서만 부여되는 것이다.

Ⅲ. 권리침해에서 위법성으로

1. 권리에서 이익으로

근대의 불법행위제도는 권리침해를 요건으로 하였고, 이는 私人에게 권리활동의 자유를 보장함으로써 자본주의적 경제활동의 발전에 큰 역할을 했다. 그러나 대량으로 발생한 교통사고 · 공해문제 또는 의료과오와 같은 문제는 종래의 불법행위법으로는 충분히 대처할 수 없게 되어 불법행위법의 수정이 불가피하게 되었다.

2. 위법성에로

이러한 권리 · 이익의 침해를 불법행위의 요건을 충족시키는 것으로 인정된다면 '권리의 침해'는 가해행위의 위법성을 보여주는 하나의 징표이고, 그 대표적 경우에 지나지 않는다. 다만 침해된 권리 · 이익은 하나의 모습이 아니고 보호의 정도도 다르므로, 행위의 위법성이란 무엇인가가 문제된다.

Ⅳ. 민법의 손해배상제도

1. 민법의 불법행위의 효과

우리 민법은 독일민법 제249조 이하와 같이 원상회복을 원칙으로 하는 것은 아니고, 행위에 의해 생긴 손해를 배상하는 것이다(750조).

2. 보험제도와 손해배상

손해배상액이 커지면 그 전액의 지급능력이 가해자에게 없는 경우가 많다. 그것은 피해자의 손해를 충분히 전보할 수 없는 결과가 된다. 이러한 문제점을 해결하기 위하여 보험제도의 활용이 발달하고 있다. 보험료의 납부에 의해 예상할 수 없는 다액의 손해배상채무를 인수하는 것이 보험제도이다.

현대에 있어서는 책임보험제도가 많이 활용되고 있다. 책임보험이란 피보험자가 제3자에 대하여 일정한 재산적 급부를 하여야 할 법적 책임을 부담함으로써 입게 되는 손해를 전보하는 것을 목적으로 하는 보험이다. 강제적 책임보험제도로서 화재보험 · 자동차에 의한 인신사고보험 등이 있다. 기타 임의보험으로서 많은 책임보험이 있다.

제2절 일반불법행위의 성립요건

제1관 성립요건 일반

甲이 자동차를 운전하던 중 乙과 충돌하여 乙이 부상을 당하였다고 가정해 보자. 이 경우에 乙이 甲에게 손해배상을 청구하기 위해서는 乙은 甲에게 고의(甲이 乙을 부상을 입힐 의사를 가지고 운전한 것) · 과실(부주의에 의해 乙을 부상시킨 것)이 있을 것, 위법행위(신체의 침해 · 인격권의 침해)가 있을 것, 손해(재산상 · 정신상의 손해)가 발생할 것, 손해와 甲의 가해행위 사이에 인과관계가 있을 것을 입증하여야 한다. 그러나 甲에게 책임능력이 없다면 가해자인 甲은 불법행위책임을 지지 않는다(755조 참조).

제2관 고의 · 과실

Ⅰ. 자기책임의 원칙

민법 제750조는 행위자에게 고의 또는 과실이 있으면 배상책임을 부담하지 않으면 안 된다고 규정하고 있다. 즉 행위자는 자기의 과실있는 행위에 대해서만 책임을 부담하고, 타인의 행위에 대한 책임을 부담하지 않는다. 이것을 자기책임의 원칙이라고 한다.

Ⅱ. 고의와 과실의 의의

1. 고 의

고의란 일정한 결과의 발생을 인식하면서 감히 그 행위를 행하는 심리상태를 말한다. 과거에는 고의를 일정한 결과를 발생케 하려는 의사를 가지고 행위를 하는 것이라고 새기는 견해가 있었으나(의사주의), 오늘날에는 그러한 의사가 없더라도 일정한 결과의 발생에 대한 인식을 가지고 그것을 인용하여 행위를 하는 때에는 고의를 인정하는 것이 일반적이다(인용주의).

고의로 결과를 발생시킴에 있어 그것이 위법하다는 것을 인식할 필요는 없으며, 일정한 결과가 발생될 것이라는 것을 인식하였지만 이를 회피할 수 있다고 생각한 경우에는 '인식 있는 과실'이 된다.

2. 과 실

(1) 개 념

과실은 일정한 결과가 발생한다는 것을 알고 있어야 함에도 불구하고, 부주의로 그것을 알지 못하고서 어떤 행위를 하는 심리상태를 말한다.

(2) 추상적 과실과 구체적 과실

추상적 과실은 보통인 · 표준인 · 평균인에게 요구되는 주의를 게을리 하는 것을 말한다. 구체적 과실은 개개인의 일상 평상시의 주의(자기재산과 동일한 주의 등)를 게을리 한 것을 말한다. 추상적 과실에서 요구되는 주의의무가 구체적 과실에서 요구되는 주의의무보다 높다. 불법행위에 있어서 문제가 되는 것은 언제나 추상적 과실뿐이며, 구체적 과실이 문제되는 일은 없다. 추상적 과실은 일반인 · 평균인에게 요구되는 주의의무의 위반이며 개개의 구체적 사정 하에서 요구되어지는 것이므로(대판 1967. 7. 16, 66다1938), 행위자의 직업 · 환경 · 상황 등이 고려된다.

(3) 경과실과 중과실

과실은 부주의의 정도에 따라서 경과실과 중과실로 나누어진다. 경과실은 통상 요구되는 정도의 과실이고, 중과실은 선량한 관리자의 주의의무를 현저하게 태만한 과실을 말한다. 일반적으로 과실이라고 하면 그것은 경과실을 의미한다. 민법이 특히 중과실을 요건으로서 요구하는 경우에는 '중대한 과실'이라고 한다(109조 1항 단서.735조 등).

3. 고의와 과실의 관계

민사책임은 과거의 해악의 결과를 제거한다는 데에 주목적이 있기 때문에 발생한 손해의 전보를 중요하게 보고, 행위자를 비난할 만한 점이 있으면 그로 말미암아 발생한 손해를 배상케 할 뿐이어서 행위자의 고의·과실을 구별하지 않는다. 따라서 민법상 양자를 특히 구별할 실익은 없다.

이에 반해 형사책임은 행위자의 악성을 중요하게 보아 고의가 있는 경우에만 그 도의적 책임을 묻기 때문에, 고의의 경우에만 처벌하고 과실의 경우에는 처벌하지 않는 것이 원칙이다. 따라서 형법상으로는 양자 사이에 큰 차이가 있게 되므로, 미필적 고의라든가 인식 있는 과실과 같은 개념을 사용해서 고의의 한계를 밝히는 것이 중요하다.

4. 고의·과실의 입증책임

(1) 원 칙

고의·과실의 입증책임은 불법행위로 인해 손해를 입었다고 주장하는 자, 즉 피해자(원고)가 부담한다.

(2) 입증책임의 전환

다음과 같은 경우에는 가해자(피고)가 자기에게 고의·과실이 없었음을 입증하지 않으면 책임을 면하지 못하는 예외가 인정된다.

1) 입법에 의한 전환

책임무능력자의 감독자의 책임(755조)·사용자의 배상책임(756조)·도급인의 책임(757조)·공작물 등의 점유자의 책임(578조)·동물 점유자의 책임(759조) 등의 경우에는 민법의 규정에 의해 고의·과실의 입증책임이 가해자에게 전환되어 있다.

따라서 가해자는 이를 입증하지 못하면 배상책임을 부담하여야 하지만, 주관적 사실의 입증은 매우 곤란한 문제로서 입증책임의 전환은 사실상 가해자의 책임을 무겁게 하는 것이 된다. 이와 같이 입증책임을 전환하는 것은 민법상 과실책임주의를 무과실책임주의로 전환시키는 것과 같은 효과를 가지게 되므로, 이를 '중간책임'이라고도 부른다.

2) 과실의 추정(사실상의 전환)

과실의 추정이란 피해자 쪽에서 가해행위로 손해가 발생하였음을 입증한 때에는 가해자에게 과실이 있는 것으로 일응 추정하게 되어, 가해자 쪽에서 과실이 없었음을 증명할 수 있는 강한 증거를 제시하지 못하면 불법행위책임이 인정되는 경우를 말한다(대판 1962. 1. 18, 4294민상507). 제조물책임·의료과오책임·환경오염책임 등에서 가해자의 과실이 추정된다.

피고 공장이 그 공장설치나 가동에 있어 현대과학상 가능한 모든 방법을 취하여 손해방지시설을 하였다 하여도, 원고의 과수목이 피고 공장이 뿜어내는 유해가스로 폐목화 하였다면 원고에게 가한 불법행위에 대하여 피고에게 과실이 없다고 할 수 없다(대판 1973. 10. 10, 73다1253)고 한 경우가 그 예이다. 이외에 과실이 추정되는 경우로는 권원 없이 가압류 또는 가처분을 행한 자, 자동차 운전기사, 의사의 수술행위, 수혈 받은 환자의 에이즈감염 등이 있다.

제3관 책임능력

Ⅰ. 의 의

책임능력이란 자기의 행위가 위법한 것으로서 법률상 비난되는 것을 변식할 수 있는 능력을 말한다(통설). 즉 자기의 행위가 어떠한 의미를 지니고 있는지, 또한 어떠한 결과가 발생할 것인가를 인식할 수 있는 능력을 말한다. 이 정의는 주로 민법 제753조의 「그 행위의 책임을 변식할 지능이 없는 때 또는 심신상실 중인 경우」에는 손해배상책임을 지지 않는다는 규정에 기한 것이다. 고의·과실은 행위에 대한 판단능력을 전제로 하는 것이므로, 책임능력 없이 행한 행위에 대하여는 비난가능성이 없다.

책임능력의 유무는 당해행위에 관해 개별적·구체적으로 판단된다. 따라서 절도와 같은 보편적인 사안에 대한 능력은 명예훼손 등에 대한 것보다 용이하게 인정될 것이다. 또 책임능력의 유무는 각 경우에 있어서 연령·환경 기타 사정에서 판단된다. 민법상 책임능력의 유무가 문제되는 것은 대체로 7세부터 14세 정도의 미성년자에 관하여서이다.

Ⅱ. 미성년자의 책임능력

1. 민법 제753조의 의의

미성년자가 타인에게 손해를 가한 경우에 그 행위의 책임을 변식할 지능이 없는 때에는 배상의 책임이 없다(753조). 즉 불법행위 당시에 책임능력이 없는 미성년자는 책임무능력자로서 불법행위책임을 지지 않는다. 이 경우에는 후술하는 바와 같이 감독자가 책임을 부담한다.

2. 미성년자의 책임변식력

책임변식력이란 그의 행위가 도덕적으로 허용되지 않는 행위로서 비난을 받게 된다는 도덕적 책임을 인식하는 것이 아니고, 그 행위가 법률적으로 허용되지 않으며 만일에 그것을 감히 행한다면 법률상의 책임을 지게 된다는 것을 인식하는 지능을 의미한다. 즉 도덕적 책임이 아니라 법률적 책임을 말한다.

미성년자의 책임변식능력은 연령을 기준으로 일률적으로 판단되는 것은 아니며, 판례는 13~14세의 경우 구체적 사안에 따라 책임능력 여부를 결정하고 있다.

Ⅲ. 심신상실자의 책임능력

1. 심신상실자의 면책

심신상실 중에 타인에게 손해를 가한 자는 배상의 책임이 없다(754조 본문). 여기서 심신상실이라고 하는 것은 판단능력이 없는 상태를 말한다. 이 심신상실은 불법행위시에 있으면 충분하며 계속적일 필요는 없다. 또 성년자 · 미성년자를 불문하며, 미성년자이더라도 심신상실의 상태에서 가해행위를 하면 역시 민법 제754조는 적용된다. 금치산제도와는 별개의 판단문제이다.

2. 원인에 있어서 자유로운 행위

불법행위시에 병적 발작 · 약물 등에 의해 심신상실 상태에 있던 경우에도 책임을 지지 않는다. 그러나 고의 또는 과실로 인하여 심신상실을 초래한 때에는 책임무능력자로서 면책되지 않는다(754조 단서). 이것이 원인에 있어서 자유로운 행위라고 불리는 문제이다.

여기서 말하는 고의 · 과실은 심신상실을 초래하는데 관한 것이냐, 또는 가해행위를 가하는데 관한 것이냐가 문제된다. 예컨대 스스로의 책임으로 심신상실을 초래한 자에게는 그 결과 생긴 손해의 발생에 대하여 비록 직접 가해행위에 관하여 고의 · 과실이 없더라도, 특별히 책임을 지게 하는 것이 피해자가 입은 손해를 전보하는데 있어서 공평하다는 것을 고려하면 전자의 의미로 해석하는 것이 타당하다(통설).

민법 제754조 단서의 적용이 있는 것은 그 심신상실이 일시적인 경우라고 새기는데 견해가 일치한다. 따라서 고의 · 과실로 계속적인 심신상실 상태를 초래하고, 그 결과 타인에게 손해를 준 경우에는 이 규정이 적용되지 않고 면책된다.

Ⅳ. 책임무능력의 입증

책임무능력은 권리장애 사유이므로 책임능력이 없을 때는 가해자가 입증해야 한다. 그러나 고의 · 과실에 의해 심신상실을 초래한 것에 대하여는 피해자가 입증해야 한다. 또 피해자가 민법 제755조에서 감독의무자의 책임을 추급할 경우에 피해자는 직접 가해자가 책임무능력일 것을 입증해야 한다.

제4관 위법성

Ⅰ. 의 의

민법 제750조에서 고의 또는 과실로 인한 위법행위로 타인에게 손해를 가한 자는 그 손해를 배상할 책임이 있다고 규정하고 있다. 위법하다는 의미에 대하여 실정법은 위법을 판단하는 기준으로 보는 형식적 위법성론이 있고 통설인 실질적 위법성설은 이에 대하여 위법성은 실정법규와 사회질서에 위반된다는 것을 의미한다고 본다. 권리침해, 즉 타인의 권리 또는 법익의 침해는 위법성이 인정되는 대표적 경우이다.

[화재로 윤락녀가 사망한 경우 국가배상책임]

윤락녀들이 윤락업소에 감금된 채로 윤락을 강요받으면서 생활하고 있음을 쉽게 알 수 있는 상황이었음에도, 경찰관이 이러한 감금 및 윤락강요행위를 제지하거나 윤락업주들을 체포·수사하는 등 필요한 조치를 취하지 아니하고 오히려 업주들로부터 뇌물을 수수하며 그와 같은 행위를 방치한 것은 경찰관의 직무상 의무에 위반하여 위법하므로 국가는 이로 인한 정신적 고통에 대하여 위자료를 지급할 의무가 있다(대판 2004.9.23, 2003다49009).

Ⅱ. 위법성 유무의 구체적 판단

1. 물건의 침해

원칙적으로 그 침해행위는 침해의 태양을 불문하고 위법성이 있다. 타인의 소유권을 빼앗고 그 이용을 방해하거나, 또는 이를 훼손하여 그 가치를 감소케 하는 것은 모두 불법행위가 된다. 점유권을 침해한 경우에도 불법행위가 된다. 또 담보물권을 침해한 경우에도 불법행위가 성립한다. 광업·.어업권과 같은 준물권도 민법의 준용을 받으며 이에 대한 침해도 당연히 불법행위가 성립한다.

2. 채권의 침해

(1) 채무자에 의한 침해

위법성이 인정되기는 하지만 원칙상 채무불이행의 문제이다. 다만 임차인이 임차가옥을 실화로 소실케 한 경우와 같이 사례에 따라서는 불법행위책임과의 경합의 문제가 생긴다. 이 경우 피해자가 양자 중 어느 책임을 추급하느냐는 피해자의 자유재량이다(청구권경합설).

(2) 제3자에 의한 침해

채권은 상대권이지만 그 침해도 경우(채권의 목적물을 훼손시킨 경우)에 따라서는 위법성을 띄게 되어 불법행위가 된다.

(3) 인격권의 침해

생명침해가 위법한 것은 명백하다. 신체·자유·명예의 침해도 위법하다(751조). 초상·정조 등에 관하여도 마찬가지이다. 법인에 대한 명예훼손책임도 인정된다(대판 1965.11.30, 65다1707).

[인격권에 기한 금지청구의 요건]

인격권으로서의 명예권은 배타성을 가지는 권리라고 할 것이므로, 인격적 가치에 관하여 사회로부터 받는 객관적 평가인 명예를 위법하게 침해당한 자는 손해배상(751조) 또는 명예회복을 위한 처분(764조)을 구할 수 있는 이외에 인격권으로서 명예권에 기초하여 침해행위를 배제하거나 침해행위의 금지를 구할 수도 있다.

표현행위에 대한 사전억제는 표현의 자유를 보장하고 검열을 금지하는 헌법 제21조 2항의 취지에 비추어, 엄격하고 명확한 요건을 갖춘 경우에만 허용된다. 다만 그와 같은 경우에도 그 표현내용이 진실이 아니거나, 공공의 이해에 관한 사항으로서 그 목적이 오로지 공공의 이익을 위한 것이 아니며, 또한 피해자에게 중대하고 현저하게 회복하기 어려운 손해를 입힐 우려가 있는 경우에는 예외적으로 사전금지가 허용된다고 할 것이다(대판 2005.1.17, 2003다1477).

Ⅲ. 위법성의 조각

1. 서

책임능력 있는 자가 고의·과실로 위법한 행위를 통해 타인의 권리를 침해하고 손해가 발생하면 불법행위책임을 진다. 그러나 실질적으로는 위법성이 인정되지 않는 특별한 사유가 있으면 위법성은 조각되어 불법행위책임이 부정된다(761조). 이 특별한 사유를 위법성조각사유라고 한다.

민법은 위법성조각사유로서 정당방위·긴급피난을 규정하고 있다. 이 이외에 민법에 명문규정은 없지만, 자력구제·피해자의 승낙·정당행위도 일정한 한계 내에서는 위법성조각사유가 된다.

2. 정당방위

(1) 의 의

타인의 불법행위에 대하여 자기 또는 제3자의 이익을 방위하기 위하여 부득이 타인에게 가해행위를 하는 것을 정당방위라고 하고, 불법행위책임을 지지 않는다(761조 1항 본문). 예컨대 강도로부터 가족을 보호하기 위해 그를 부상시켰거나, 강도를 피하기 위해 이웃집의 분재를 훼손한 경우이다.

(2) 정당방위의 요건

1) 타인의 불법행위가 존재할 것

타인의 불법행위란 객관적으로 위법한 것이면 좋고 책임능력, 고의·과실 등을 구비하지 않아도 좋다. 유아나 만취자에 대하여도 정당방위는 성립한다.

2) 자기 또는 제3자의 이익을 방위하는 행위일 것

자기 또는 제3자의 이익이라 함은 법률상 보호할 가치 있는 이익을 의미한다. 방위는 침해가 끝난 후에는 있을 수 없고 침해가 눈앞에 닥치고 있는 때, 현재 침해가 행해지고 있는 때, 또는 침해가 계속되고 있는 때에만 있을 수 있다.

[부당한 공격을 벗어나려고 한 행위]

갑과 을이 병의 멱살을 잡아 밀고 당기에 된 것은 병이 계속 시비를 걸며 갑과 을의 멱살을 잡아 떠밀거나 손톱으로 할퀴는 등 부당한 공경을 가하 네서 벗어나려고 한 행위임을 알 수 있어서 그에 이르게 된 경의, 목적, 수단 등 제발 사정에 비추어 보면 사회통념상 허용될 정도의 상당성이 있는 것으로서 위법성이 있다고는 보여 지지 아니한다(대판 1991.11.26, 91다17375).

3) 부득이한 행위일 것

부득이한 행위란 타인의 불법행위에 대하여 가해행위를 하는 이외에는 다른 적절한 방어방법이 없을 것(불가피성) 및 방위하려는 이익과 방위행위에 의하여 상대방에게 주는 손해와의 사이에 어느 정도 사회관념상 균형이 잡혀져 있을 것(이익균형)을 요한다. 이 필요의 정도를 넘은 경우에는 과잉방위가 되어 불법행위책임은 성립하지만, 과실상계의 적용으로 손해배상액을 경감하게 될 것이다. 가해행위란 예컨대 폭행을 피하기 위해 제3자의 분재를 훼손한 경우와 같이, 불법행위자 이외의 제3자에게 행해져도 좋다. 이 점은 형법의 정당방위와는 다르다.

(3) 정당방위의 효과

정당방위가 성립하면 가해행위에 위법성이 없게 되어 불법행위자나 다른 피해자에게 손해배상책임을 지지 않는다. 다만 다른 피해자는 불법행위자에 대하여 손해배상을 청구할 수 있다(761조 1항 단서). 예컨대 甲이 乙의 폭행을 피하기 위해 丙 소유의 창을 부수고 도망한 경우에, 丙은 乙에게 유리창 가격의 배상을 청구할 수 있다.

3. 긴급피난

(1) 의 의

급박한 위난을 피하기 위하여 부득이 타인에게 손해를 가한 것을 긴급피난이라고 하며, 불법행위책임을 지지 않는다(761조 2항). 예컨대 甲의 개가 乙을 물려고 하는 경우에 乙이 丙 소유의 유리창을 부수고 도망한 경우이다. 정당방위는 위법한 침해에 대한 방위 또는 반격이나, 긴급피난은 위법하지 않은 침해에 대한 반격이라는 데 양자의 근본적인 차이가 있다.

(2) 긴급피난의 요건

1) 현재의 급박한 위난을 피하려는 행위일 것

위난의 원인은 사람의 행위 · 자연적 사실(지진 · 홍수 등) 등을 포함한다.

[가해자에 의하여 조성된 위난이 포함되는지 여부]

민법 제761조 2항에서 규정하고 있는 긴급피난의 요건 중 급박한 위난이라 함은 가해자의 고의나 과실에 의하여 조성된 것은 포함되지 아니한다(대판 1981.3.24, 80다1592).

2) 자기 또는 제3자의 이익을 보호하기 위한 위난일 것

3) 부득이할 것

부득이 하다는 것은 타인에게 손해를 주는 이외에는 적당한 피난수단이 없고, 또한 위난을 피함으로써 보호되는 이익과 피난행위로 생긴 손해와의 사이에 현저한 불균형이 없는 것을 의미한다.

(3) 긴급피난의 효과

이상의 요건을 구비하면 정당방위의 경우와 마찬가지로 위법성조각사유가 되고, 피해자는 그가 받은 손해에 관하여 위난의 원인이 된 사람에게 손해배상을 청구할 수 있다(761조 1항 단서).

4. 자력구제

(1) 의 의

자력구제라 함은 권리자가 사법절차에 의하지 아니하고, 스스로 그 권리를 보존하기 위해 필요한 행위를 하는 것을 말한다. 정당방위 · 긴급피난은 현재의 침해에 대한 방위행위이나, 자력구제는 과거의 침해에 대한 회복을 의미한다. 국가권력이 확립한 근대법하에서는 자기의 권리를 실현하는 경우에도 사법절차에 의하는 것이 원칙이다.

그러나 이 원칙을 관철할 때는 私人의 정당한 권리보호가 불가능하거나 현저하게 곤란하게 되는 경우도 있다. 이러한 경우에는 예외적으로 자력구제를 인정하는 방법이 사회질서유지에 도움이 될 수도 있다. 우리 민법은 자력구제를 인정하는 일반규정은 없으며, 다만 점유의 침탈에 관하여만 규정을 두고 있다(209조).

그러므로 점유침탈 이외의 경우에 자력구제를 인정할 것인가가 문제된다. 이러한 경우에도 정당한 자력구제행위를 초법규적 위법성조각사유로 보아 일반적으로 자력구제를 인정할 것이 타당할 것이다. 예컨대 채무자가 몰래 해외로 도피하려고 하는 경우에 채권자가 이를 저지하는 경우이다.

(2) 자력구제의 요건

① 집행절차에 의해 집행가능한 권리가 침해되었을 것

② 긴급하고 특별한 사정이 존재할 것

③ 자력구제수단이 상당할 것

(3) 자력구제의 효과

이상의 요건을 구비하면 위법성이 조각되어 그 방해자는 물론 제3자에 대해서도 책임을 지지 않는다.

5. 피해자의 승낙

(1) 개 념

피해자가 가해행위 이전에 자유로운 판단에 기한 승낙이 있었던 경우에는 원칙적으로 위법성이 조각된다. 왜냐하면 그 자의 권리가 스스로의 의사에 의해 처분된 경우, 사적 자치의 원칙에서 피해자에게 불법행위법상의 보호를 해 줄 필요가 없기 때문이다.

(2) 요 건

1) 피해자가 손해의 의미 · 내용을 이해할 만한 정신능력을 가지고 있을 것

승낙은 판단능력을 전제로 하므로 손해를 판단할 정신능력을 가져야 한다. 따라서 유아나 술에 만취한 자 등의 승낙은 위법성이 조각되지 않는다.

2) 승낙이 공서양속에 반하는 것이 아닐 것

승낙살인 · 자살방조 · 결투의 합의 등은 위법성을 조각하지 않는다.

3) 사전에 승낙이 있을 것

사후의 승낙은 보통 손해배상청구권의 포기로 본다(통설). 또 피해자의 자유로운 의사에 의해 승낙이 되었어야 한다. 사안에 따라 묵시적 승낙도 인정된다.

(3) 효 과

원칙적으로 위법성을 조각한다(대판 1998.9.4, 96다11327).

6. 정당행위

(1) 타인의 권리를 침해하는 것이 법령에 의해 허용되는 경우에는 위법성이 조각된다. 예컨대 현행범인의 체포(형소법 212조), 친권자의 징계권 행사(915조), 사무관리에 의한 타인의 권리영역에의 간섭(734조 이하) 등이다.

(2) 법령에 규정이 없어도 사회생활상 정당한 행위는 위법성이 조각된다. 예컨대 의사의 진료행위 · 권투와 같은 운동경기에 의한 가해행위 등이다.

(3) 피해자의 승낙의 경우와 마찬가지로 위법성조각의 한도는 공서양속이 기준이 된다.

[교사 징계권의 정당행위의 요건]

교사의 학생에 대한 체벌이 징계권의 행사로서 정당행위에 해당하려면 그 체벌이 교육상의 필요가 있고 다른 교육적 수단으로는 교정이 불가능하여 부득이한 경우에 한하는 것일 뿐만 아니라, 그와 같은 경우에도 그 체벌의 방법과 정도에는 사회관념상 비난받지 아니할 객관적 타당성이 있지 않으면 안 된다(대판 1991.5.28, 90다17972).

Ⅳ. 위법성의 입증책임

위법성은 법관에 의하여 객관적으로 판단될 문제이므로 원고는 입증책임을 지지 않는다.

제5관 손해의 발생

Ⅰ. 손해의 현실성

불법행위는 발생한 손해의 배상을 제1의 목적으로 하므로 손해가 발생하지 않으면 불법행위는 성립하지 않는다. 그러므로 甲이 乙의 권리를 침해하였더라도 그로 말미암아 손해가 생겼다는 증명이 없으면 손해배상책임은 발생하지 않는다. 손해란 배상에 의해 전보되는 법적 불이익을 말한다. 손해에는 재산적 손해와 정신적 손해가 모두 포함된다.

Ⅱ. 손해의 종류

1. 재산적 손해 · 비재산적 손해

재산적 손해(재산적 법익에 대하여 발생한 손해) 외에 신체 · 생명 · 자유 등의 법익을 해치는 경우에 생기는 비재산적 손해(정신적 손해)가 포함된다.

[민사소송에서 위증으로 인한 위자료]

재산권에 관한 민사소송에서 증인의 증언내용 그 자체가 소송당사자 등의 명예 또는 신용을 훼손하거나 기타 인격적 이익을 침해하는 것이 아닌 한, 증인의 위증으로 인하여 재산적 손해의 발생여부나 그 회복여부에 상관없는 정신적인 손해가 발생하였다고 볼 만한 특별한 사정이 있고, 나아가 가해자가 그러한 사정을 알았거나 알 수 있었을 경우에 한하여 그 정신적 손해에 대한 위자료를 인정할 수 있을 것이다(대판 2004.4.28, 2004다4386).

2. 적극적 손해 · 소극적 손해

적극적 손해는 목적물의 멸실이나 치료비의 부담과 같이 기존의 이익을 감소시키는 손해이다. 소극적 손해는 장래에 얻을 수 있는 이익을 얻지 못한 손해, 즉 이익의 증가를 방해하는 손해이다.

[치료비와 일실이익손해의 산정방식 - 적극적 손해]

불법행위로 입은 후유장애로 인하여 장래에 계속적으로 치료비나 개호비 등을 지출하여야 할 손해를 입은 피해자가 그 손해배상을 정기금에 의한 지급과 일시금에 의한 지급 중 어느 방식에 의하여 청구할 것인지는 원칙적으로 손해배상청구권자인 그 자신이 임의로 선택할 수 있다.

이다만 향후 치료비와 개호비 손해를 산정함에 있어서 피해자의 여명 예측이 불확실한 경우에는 피해자가 확실히 생존해 있으리라고 인정되는 기간 동안의 손해는 일시금의 지급을 명하고, 그 이후의 기간은 피해자의 생존을 조건으로 정기금의 지급을 명할 수밖에 없으므로, 그와 같은 산정방식을 두고 법원의 자유재량의 범위를 넘었다고 할 수는 없다(대판 2000,7,28, 2000다11317).

[위법소득여부의 판단기준 - 소극적 손해]

위법소득인지 여부는 법이 금하고 있다고 하여 일률적으로 이를 위법소득으로 볼 것이 아니다. 즉 그 법규의 입법취지와 법률행위에 대한 비난가능성의 정도, 특히 그 위반행위가 가지는 위법성의정도 강도 등을 종합하여 구체적 · 개별적으로 판단하여야 한다.

그러므로 수산업법상의 무면허 어업행위에 의한 수입이라는 이유만으로 그것이 곧 위법소득에 해당된다고는 볼 수 없다(대판 2004.4.28, 2001다36733).

3. 통상손해 · 특별손해

통상손해는 불법행위로 인하여 보통 발생할 것이라고 인정되는 손해이다(393조 1항). 특별손해는 특별한 사정으로 인하여 채무자가 그 사정을 알았거나 알 수 있었을 손해(393조 2항)를 말한다.

[불법행위로 물건이 멸실·훼손의 경우 통상손해의 범위]

일반적으로 불법행위로 인한 손해는 물건이 멸실되었을 때에는 멸실 당시의 시가를, 물건이 훼손되었을 때에는 수리 또는 원상회복이 가능한 경우에는 수리비 또는 원상회복에 드는 비용을, 수리 또는 원상회복이 불가능하거나 그 비용이 과다한 경우에는 훼손으로 인하여 교환가치가 감소된 부분을 통상의 손해로 보아야 한다(대판 2006.4.28, 2005다44633).

Ⅲ. 손해의 입증

피해자인 원고는 발생한 손해가 현실적으로 존재한다는 것을 입증하여야 한다. 손해배상책임이 인정되나 당사자의 주장과 입증이 미흡한 경우 석명권(釋明權)을 행사하여야 하고, 경우에 따라서는 직권으로 손해액을 판단하여야 한다(대판 1987. 12. 22, 85다카2453).

제6관 인과관계의 존재

Ⅰ. 서

불법행위가 성립하기 위해서는 손해와 불법행위 사이에 인과관계가 존재하여야 한다. 즉 불법행위가 없었더라면 손해가 발생하지 않았을 것이어야 한다. 이러한 인과관계는 불법행위의 성립요건으로서의 역할을 행하지만 손해배상액의 범위를 확정하는데도 그 기능을 행하고 있다.

그러나 가해행위와 손해 사이에 인과관계를 어떠한 기준으로 판단할 것인가에 관하여 많은 논의가 제기되고 있고 사실상 일률적 기준으로 판단하기 어려운 문제이다. 그러므로 민법 제393조를 유추하여 가해행위와 상당인과관계의 범위에 있는 손해의 배상에 한정하는 것이 타당할 것이다.

Ⅱ. 손해배상범위를 산정하는 기준

1. 학 설

손해배상제도는 불법행위로 인한 손해를 전보하여 피해자에게 불법행위 이전의 상태로 회복시키는 것을 목적으로 하므로 손해를 확정하여야 할 필요성이 있다. 손해의 범위를 산정하기 위하여 상당인과관계설·보호규범설·위험성관련설 등이 제기되고 있다.

(1) 상당인과관계설

이 설은 가해행위와 손해 사이에 상당인과관계가 인정되는 손해가 배상되어야 하는 손해라고 한다. 상당인과관계에 있는 손해란 「가해행위에 의해 발생한 손해 중 특유한 것을 제외하고, 당해 가해행위로부터 일반적으로 발생한 것이라고 인정되는 손해」라고 한다. 이

설에 의하면 민법 제393조 1항은 상당인관계의 원칙을, 제2항은 그 기초가 될 특별사정의 범위를 정한 것이라고 한다.

따라서 어느 손해가 통상손해라면 곧바로 그 손해를 배상하고, 특별손해라면 그것이 생긴 사정에 의해 채무자에게 예견가능성이 있을 것을 조건으로서 배상하는 것이 된다.

(2) 보호범위설

이 설은 상당인과관계의 개념은 불필요하고, 곧바로 민법 제393조의 해석론으로 들어가 판단하면 된다고 한다. 즉 종래 (ⅰ) 사실적 인과관계, (ⅱ) 손해배상의 범위, (ⅲ) 손해의 금전적 평가라는 세 개의 성질을 상당인과관계라는 이름하에 논해 왔지만, 제393조는 (ⅱ)만에 관련된 규정이므로 (ⅱ)의 문제에서 상당인과관계라는 용어를 사용할 수는 없고 보호범위라는 용어를 사용하는 것이 좋다고 한다.

어느 손해가 통상손해인가 특별손해인가는 불법행위발생원인의 해석에 의해 정해지고, 통상손해가 아니어도 당사자가 예견가능 한 것이라면 특별손해로서 배상될 수 있는 것이므로, 손해배상의 범위는 당사자의 예견가능성에 의해 정해지는 것이 된다. 결국 민법 제393조는 당사자의 예견가능성을 손해배상의 범위를 획정하는 기준으로 규정한 것이고, 제1항은 예견가능성의 입증책임을 경감한 소송법적인 규정이라고 한다.

(3) 위험성관련설

이 설도 보호범위설과 마찬가지로 상당인과관계라는 개념이 불필요하다고 한다. 이 설에 의하면 손해는 제1차 손해와 그것을 기점으로서 생긴 후속손해로 분류하여 전자는 손해배상청구권의 성립요건의 문제이지만, 후자는 배상범위의 문제라고 한다.

후속손해가 배상될 것인가의 여부는 제1차 손해가 가지는 손해야기의 위험성과 후속손해와의 관련(=위험성 관련)에 의해 정해진다고 한다. 민법 제393조는 이 위험성 관련을 배상범위획정의 기준으로 정한다고 한다. 즉 통상손해에 관하여는 당연히 위험성 문제가 인정되지만(393조 1항), 특별손해에 관하여는 예견가능성이 있었던 경우에 한해(393조 2항) 위험성 관련이 인정된다고 한다.

2. 인과관계에 있어 입증의 완화

인과관계는 피해자가 입증책임을 부담하게 되는데 과학기술의 복잡화와 사회의 전문화로 이를 입증하는 것이 곤란한 경우가 많다(공해소송 등). 이러한 경우 입증의 곤란성을 완화하기 위하여 여러 이론이 등장하고 있다. 원인과 결과 사이에 개연성만 있으면 법률상 원인관계가 있다는 개연성이론이 이러한 이론 중의 하나이다.

Ⅲ. 손해배상의 구체적 산정

1. 학설과의 관계

상당인과관계설 중 절충설에 입각하여 민법 제393조 1항은 상당인과관계의 원칙을 선언한 것이며, 제2항은 고찰의 대상으로 삼는 사정의 범위를 규정한 것이라고 해석하는 것이 통설. 판례(대판 1994.3.25, 93다32828)이다.

2. 통상손해

통상손해란 특별한 사정이 없는 한 그 종류의 불법행위가 있으면 사회일반의 관념에 따라 통상발생하는 것으로 생각되는 손해를 의미한다. 변호사비용에 관하여 종래에는 통상손해로 인정하지 아니하였으나 부당한 소제기, 부당한 응소 등에 따른 비용은 통상손해가 된다(대판 1978.12.13, 78다1542).

3. 특별손해

특별손해는 불법행위자가 알았거나 알 수 있었을 때에 한하여 배상책임을 진다. 이 예견가능성은 특별한 사정에 관한 것이고 그 결과인 손해에 대한 예견가능성은 아니다(대판 1994.11.11, 94다224).

[무면허자에 대한 자동차대여와 교통사고]

자동차대여사업자가 자동차운전면허가 없는 사람에게 무면허자임을 알면서도 승용차를 대여하여 그 무면허자의 운전미숙의 과실로 인하여 교통사고가 발생한 경우, 무면허운전은 도로교통법 40조 1항에 의하여 금지되어 있는 범죄행위임이 명백하다. 운전기술이 없거나 미숙한 사람이 자동차를 운전할 경우에는 타인의 생명이나 신체에 위해를 미칠 위험이 큰 점에 비추어 볼 때, 위 자동차를 대여한 행위와 무면허자의 운전미숙이 원인이 되어 발생한 교통사고 사이에는 상당인과관계가 있다(대판 1998.11.27, 98다39701).

제3절 특수불법행위의 성립요건

제1관 특수불법행위 일반

일반불법행위책임은 가해자의 유책성을 요건으로 하고 피해자가 그것을 입증하지 않으면 안 되지만, 이것과 다른 특수한 요건에 의해 성립한 불법행위를 특수한 불법행위라고 부른다.

Ⅰ. 민법에 의한 경우

민법은 책임이 없는 사람의 감독자의 책임(개정민법 755조), 사용자책임(756조), 토지의 공작물의 책임(758조) 및 동물의 점유자 · 보관자의 책임(759조)을 규정하고 있다. 이러한 책임은 타인의 가해행위 또는 물건에 의한 가해에 대한 책임이고, 입증책임의 전환이나 일종의 무과실책임(중간책임) 등의 특별규정을 두어 피해자의 보호를 강화하고 있다.

이것은 자기책임·과실책임을 원칙으로 하는 일반불법행위와 다르고, 또 가해자측이 복수의 관여자가 될 수 있고 그 관여자 상호간이 각각 다른 지위에 놓여지는 것이다. 공동불법행위(760조)는 공동행위자 각자에게 연대책임을 인정하고, 또 각자의 개별적 행위와 손해와의 인과관계의 증명을 필요로 하지 않는 점에서 특수한 불법행위가 된다.

Ⅱ. 특별법에 의한 경우

특수한 불법행위책임에 대하여는 특별법에 의해 일반불법행위의 성립요건과 다른 요건을 정한 경우가 많다.

(1) 국가배상법은 국가 또는 공공단체에 공무원의 가해행위 또는 공공의 영조물에 의한 가해에 관해 배상책임을 명백하게 하는 규정을 두고 있다(국가배상법 2조·5조)

(2) 산업·기술의 새로운 전개에 의한 위험에 대해 피해자측 보호를 위해 배상책임을 정한 것이 많다. 광해에 대한 책임, 원자력손해에 대한 책임, 공장공해 등은 무과실책임으로 하고 있다. 자동차에 의한 인신사고에 대하여는 입증책임의 전환을 규정하고 사실상 무과실책임으로 하였다(자동차손해배상보장법 3조). 제조물의 결함에 의한 손해에 관해 고의나 과실을 문제로 삼지 않고 책임을 부담하는 것으로 하였다(제조물책임법 3조). 노동재해에 대하여는 근로자 기타 기업에 종사하는 자의 보호구제를 위해 무과실책임으로 하고 있다(근로기준법 78조 이하).

제2관 감독자의 책임

Ⅰ. 서 설

1. 의 의

다른 자에게 손해를 가한 사람이 책임을 부담하지 않는 경우(753조·754조)에 책임이 없는 자를 감독할 법정의무 있는 자(친권자·후견인 등) 또는 감독의무자에 갈음하여 채임 없는 자를 감독하는 자(유치원의 보모·초등학교의 교·정신병원의 의사 등)는 그 감독을 게을리 하지 않았다는 것을 입증하지 못하면 배상책임을 부담하는 것이 감독자의 책임이다(개정민법 755조).

감독의무자·대리감독의무자는 타인의 행위에 관해 책임을 부담하는 것이다. 감독자에게 가담행위 자체에 관해 고의·과실이 있을 것을 요하지 않으므로 무과실책임을 부담하는 것이지만, 감독의무를 게을리 하지 않았던 것을 입증하여 책임을 면할 수가 있으므로, 절대적 무과실책임은 아니고 소위 중간책임이다. 다만 판례는 감독을 해태하지 않았던 것을 거의 인정하지 않으므로 사실상 무과실책임이 적용되고 있다.

2. 책임의 근거

개정민법 제755조는 가족단체의 구성원의 위법행위에 대하여 가정의 통솔자인 가장이 전적으로 책임을 부담하는 게르만법의 원칙이 근대의 개인주의적 책임론에 의하여 수정되어 입법화된 제도이다. 가족공동체가 생활공동체로서 사회생활에 있어서 한 단위로서 활동하고 미성년자인 자의 감호교육 · 금치산자의 요양간호 등의 기능을 영위하고 있으므로, 책임 없는 자가 외부에 대하여 가해행위를 한 경우에는 그것은 단체 스스로의 행위에 해당하여 그 대표자가 배상책임을 부담하는 것은 당연하다는 데 근거를 둔다.

감독자의 책임이 적용되기 위해서는 행위자에게 책임이 없을 것을 개정민법 제755조가 규정하고 있으므로, 미성년자가 책임능력이 있었던 경우에 피해자가 감독자에게 배상청구를 할 수 없는가가 문제된다.

이에 관하여 통설과 판례는 「책임능력이 있는 미성년자의 불법행위로 인하여 손해가 발생한 경우 그 발생된 손해가 당해 미성년자의 감독의무자의 의무위반과 상당인과관계가 있으면 감독의무자는 일반 불법행위자로서 손해배상의무가 있다」고 판시하여 감독자책임이 아닌 일반불법행위책임을 적용하고 있다(대판 1994.2.8, 893다13605 전원합의체).

이 경우 행위자와 감독자 모두 배상책임을 지므로 피해자의 구제라는 측면에서 타당하다. 다만 민법 제750조를 적용하는 경우에는 감독자의 관리감독의무위반에 기한 것이므로 감독자의 의무위반사실과 의무위반과 손해가 상당인과관계가 있음을 입증하여야 한다(대판 1994.2.8 93다13605 전원합의체판결).

Ⅱ. 책임의 요건

1. 책임능력 없는 자의 위법한 가해행위

책임능력 없는 자의 위법한 가해행위가 존재하여야 한다. 책임능력 없는 사실은 피해자가 입증하여야 하고, 통상 12세까지는 책임능력이 부인되고 13~14세의 경우에는 구체적인 사정에 따라 책임능력이 인정되기도 하고 부인되기도 한다. 즉 연령에 따라 일률적인 판단이 아닌 교육정도 · 가정환경 · 평소 행동 등을 통하여 구체적인 판단을 행하고 있다.

책임능력이 없다는 점을 제외하고는 일반불법행위책임의 요건을 모두 충족하여야 한다. 따라서 어린애가 놀다가 다른 아이를 다치게 한 경우에는 위법성(일반불법행위 요건의 흠결)이 없으므로 친권자(감독의무자)는 책임이 없다.

[13세 5월이 된 중학생의 책임능력 부정]

13세 5월이 된 중학생이 전쟁놀이 중 장난감이라고 할 수 없는 고무총으로 땅콩크기의 돌을 발사하여 같이 놀던 아이의 좌안을 실명케 한 소위는 불법행위책임을 변식할 수 있는 지능을 가진 사람의 행위라고 단정하기는 어렵다(대판 1978.7.11, 78다729).

2. 감독의무 해태에 관한 입증이 없을 것

(1) 입증책임

이 입증책임은 감독자에게 있다. 법정의 감독의무자는 친권자·친권대행자·후견인·아동복지시설의 장·정신장애자의 보호의무자 등이다. 대리감독의무자는 계약 기타의 원인에 의해 법정감독의무자를 대신하여 감독하는 자이고, 유치원장·초등학교장·정신병원장 등이 이에 해당한다.

(2) 감독의무

감독의무는 법률의 규정(913조)·계약이나 사무관리에서 생기지만, 그 주의의무의 정도는 선관주의의무이다.

감독의무가 미치는 범위는 친권자나 후견인과 같이 피감독자의 전생활영역에 미치는 것(신상감호형)과 유치원생이나 초등학생에 대한 감독과 같이 피감독자의 특정분야에서 의무로 되는 것(특정생활감호형) 등이 있다.

전자에는 생활관계 전반에 관해 감독의무를 해태하지 않았던 것을 입증하지 않으면 안 되기 때문에 그 증명은 극히 곤란하다. 그러므로 친권자·후견인 등의 면책사유는 거의 인정되지 않는다. 후자에 관하여는 학내에 있어서 교육활동 내지 여기에 준하는 활동관계에 관한 아동의 행동부분에 한정되므로 이 경우의 입증은 비교적 용이하다.

[사교육을 담당하는 학원의 감독의무]

유치원생 또는 초등학생을 통학차량으로 운송하는 방식을 취하고 있는 경우에는 보호자로부터 학생을 맞아 태운 때로부터 교육활동이 끝나고 보호자가 미리 지정한 장소에 한정하게 내려줄 때가지 학생을 보호 감독할 의무가 있는 것으로 보아야 한다(대판 2008.1.17, 2007다40437).

3. 인과관계가 있을 것

감독의무자가 감독을 게을리 하지 않았더라도 역시 가해행위로 손해가 생겼을 것을 입증하면 민법 제756조 1항을 유추적용 하여 책임을 면한다(통설).

[학생의 폭행에 대한 교사의 예측가능설]

만14세 4개월의 중학교 2년생이 체육시간에 피해자의 잘못으로 체육교사로부터 단체기합을 받았다는 이유로, 그 직후의 휴식시간에 피해자를 폭행하여 상해를 가한 경우, 가해자의 성행·피해자와의 관계·단체기합의 정도 등에 비추어 체육교사 또는 담임교사 등에게 사고에 대한 예측가능성 이었다(대판 2000.4.11, 99다44205).

Ⅲ. 책임의 부담자

법정감독의무자·대리감독의무자는 각각의 의무에 응해 책임을 부담한다. 양자의 책임은 서로 배척하는 것이 아니고 양자는 함께 성립하는 것도 있다. 즉 부진정연대채무로 피해자는 전부를 배상받을 때까지 어느 한 쪽에 책임을 물을 수 있다(대판 1969.1.28, 68다1804).

Ⅳ. 손해배상의 범위

민법 제393조가 적용된다. 판례는 민법 제393조 2항의 특별한 사정으로 인한 손해에 대한 예견가능성은 감독의무자를 기준으로 한다(대판 1968.6.11, 66다639).

제3관 사용자책임

Ⅰ. 서 설

1. 의 의

타인을 사용하여 일정한 사무에 종사하게 한 자 또는 사용자를 대신하여 그 사무를 감독하는 자는 피용자가 그 사무집행에 관하여 타인에게 손해를 가한 경우, 피용자의 선임과 감독을 게을리 하지 않았다는 입증을 하지 못하면 그 손해를 배상할 책임을 지는데 이를 사용자책임(756조)이라고 한다. 즉 택시기사가 자동차 운행 중 과실로 행인을 부상케 한 경우, 택시회사가 그 손해를 배상하여야 하는 경우에 해당한다.

사용자책임도 책임능력 없는 자의 감독자의 책임처럼 타인의 행위에 대한 책임이고, 과실의 판단이 피용자가 아닌 선임·감독에 관한 것이며 입증책임이 사용자에게 있다는 점에서 중간책임이다. 하지만 학설과 판례는 면책규정을 좁게 해석하고 사용자책임의 요건을 넓게 해석함으로써 사실상의 무과실책임을 인정하고 있다.

사용자책임의 성질에 관하여 사용자가 피용자를 대신하여 지는 대위책임인가, 아니면 사용자 자신의 책임인가에 관하여 학설이 대립하고 있다. 판례의 경우 사용자책임의 성질을 대위책임으로 인정하고 있다(대판 1992.6.23, 91다33070).

2. 사용자책임의 근거

민법은 과실책임 또는 자기책임의 원칙에 입각하고 있으므로, 타인의 불법행위에 기인한 손해를 배상할 책임을 부담하는 것은 예외적인 경우에 해당하고 이처럼 책임을 부담하는 근거가 무엇이냐가 문제된다. 사용자책임의 성질을 대위책임(사용자가 피용자의 책임을 대신 지는 것)으로 보느냐 자기책임으로 보느냐에 따라 달라진다.

대위책임설에 의하면 사용자책임을 인정하는 가장 큰 이유는 피해자의 보호에 있다. 즉 피해자의 손해에 대한 적절한 배상이 이루어지도록 일반적으로 피용자보다 배상능력이 있는 사용자에게 책임을 부담케 하려는 것이다. 이러한 대위책임설의 근거로는 인정근거에 대하여 보상책임설 등이 제기되고 있다.

보상책임설은 이익이 있는 곳에 손해도 있어야 한다는 원칙에 근거하는 견해로 현재의 다수설이다. 보상책임설의 원리에서 사용자책임을 본다면 사용자에게 면책규정이 주어져 있으므로 오늘날 대기업경영자에게 책임을 부담시키는 것이 불가능하고 또한 가해자가 책임을 지는 경우에만 책임을 지므로(피용자의 행위가 일반불법행위 요건을 갖추어야 한다－자기책임설에 의하면 이 요건은 불필요) 피해자의 보호에 불충분하므로 사용자책임을 무과실책임으로서 인정하여야 한다는 견해가 제시되고 있다.

자기책임설에 의하면 불법행위책임은 관리감독의무위반이라는 자신의 불법행위에 대한 책임이 된다.

이외에 사용자는 자신의 사업을 타인에게 위임하여 완성케 함으로써 그 사업 자체의 수행에 따른 발생가능성이 많은 여러 가지 위험을 지니고 있으므로 그러한 위험, 즉 자기의 피용자가 저지르는 불법행위를 그 사업의 비용 일부로 계산하여야 하며, 사용자는 보험제도의 이용이나 노임조정.상품가격의 조정 등을 통해서 피용자가 저지른 불법행위에 대한 손해배상책임을 지더라도 그 자신이 큰 부담 없이 사회에 분산시킬 수 있다는 위험분배론(Allocation of risk) 또는 손실분배론(distribution of loss)도 제기되고 있다.

Ⅱ. 사용자책임의 요건

1. 어떤 사무에 종사시키기 위하여 타인을 사용할 것

사용자책임이 인정되기 위하여는 사용자와 피용자 사이에 사용관계가 존재하여야 한다. 사무는 영리적이거나 계속적이어야 하는 것은 아니며 통상의 일이라는 개념에 해당한다(대판 1964.6.30, 64다3). 타인을 사용한다는 것은 사무를 사실상 행하는 것으로 보수의 유무나 기간의 장단도 문제되지 아니하며 사용관계가 법률적으로 유효하거나 존재하여야 하는 것도 아니다(대판 1968.4.16, 67다2644). 다만 타인에 대한 지휘 · 감독관계의 여부는 사실상의 지휘 · 감독이 행하여졌는가가 아니라 객관적으로 그런 관계가 있었느냐에 의해 결정된다(대판 1961.11.23, 4293민상745).

사용관계 중 명의대여자가 사용자책임을 부담하는가의 문제가 있다. 즉 타인에게 어떤 사업에 관하여 자기의 명의를 사용할 것을 허용한 경우, 그 사업이 내부적으로는 그 타인과 명의자가 이를 공동운영하는 관계로서 그 타인이 명의자의 고용인이 아니라 하더라도 외부적으로는 그 타인이 명의자의 고용인임을 표명한 것과 다름이 없으므로 명의사용을 허가받은 사람이 업무수행을 함에 있어 고의 또는 과실로 다른 사람에게 손해를 끼쳤다면 명의사용을 허가한 사람은 사용자책임을 진다(대판 1998.5.15, 97다58538; 대판 2001.8.21, 2001다3658). 그리고 위임관계(대판 1998.4.28, 96다25500)나 주택관리관계(대판 1982.9.14, 81다447)의 경우에도 사용관계가 인정될 수 있다.

[지입회사의 지입차량 운전자에 대한 사용자책임]

지입차량의 차주 또는 그가 고용한 운전자의 과실로 타인에게 손해를 가한 경우에 지입회사는 명의대여자로서 제3자에 대하여 지입차량이 자기의 사업에 속하는 것을 표시하였을 뿐 아니라, 객관적으로 지입차주를 지휘·감독하는 사용자의 지위에 잇다할 것이므로 이러한 불법행위에 대하여는 그 사용자책임을 부담한다(대판 2000.10.13, 2000다20069).

2. 사무집행에 관하여 손해를 가하였을 것

사용자는 피용자의 사무집행에 관한 행위에 대하여만 책임을 진다. 사무집행 행위가 무엇인가에 관하여, 판례는「민법 제756조에 규정된 사용자책임의 요건인 '사무집행에 관하여'라는 뜻은 피용자의 불법행위가 외형상 객관적으로 사용자의 사업활동 내지 사무집행행위 또는 그와 관련된 것이라고 보여 질 때에는 행위자의 주관적 사정을 고려함이 없이 이를 사무집행에 관하여 한 행위로 본다」고 함으로써(대판 2007.4.12, 2006다48109), 소위 외형이론에 따라 사무관련성을 판단하고 있다.

그러나 피용자의 불법행위가 외관상 사무집행의 범위 내에 속하는 것으로 보이는 경우에 도, 피용자의 행위가 사용자나 사용자에 갈음하여 그 사무를 감독하는 자의 사무집행행위에 해당하지 않음을 피해자 자신이 알았거나 또는 중대한 과실로 알지 못한 경우에는 사용자 혹은 사용자에 갈음하여 그 사무를 감독하는 자에 대하여 사용자책임을 물을 수 없다. 즉 악의나 중과실이 있는 경우에는 보호되지 아니한다(대판 2007.9.20, 2004다43886).

[고의에 의한 피용자의 가해행위의 사용자책임]

피용자가 사용자로부터 채용·승진·근무평정과 같은 다른 근로자에 대한 고용조건을 결정할 수 있는 권한을 부여받고 있음을 이용하여, 그 업무수행과 시간적·장소적인 근접성이 인정되는 상황에서 피용자가 다른 피용자를 성추행하는 등과 같이 외형상 객관적으로 사용자의 사무집행행위와 관련된 것이라고 볼 수 있는 사안에서도 사용자책임이 성립할 수 있다(대판 2009.2.26, 2008다89712).

3. 제3자에게 손해를 가하였을 것

제3자는 사용자와 가해행위를 한 피용자 이외의 자라는데 학설과 판례(대판 1966. 10. 21, 65다825)는 일치하고 있다. 따라서 같은 사용자 밑에 고용되어 있는 근로자 사이에도 사용자책임이 인정된다.

4. 면책사유가 있음을 입증하지 못할 것

사용자가 피용자의 선임 및 그 사무감독에 상당한 주의를 한 때나 상당한 주의를 하여도 손해가 있을 경우에는 책임을 면하게 된다(756조 1항 단서). 이러한 면책사유의 입증책임은 사용자가 부담한다(대판 1967. 9. 26, 67다432). 그러나 이러한 면책주장이 받아들여진 판례는 없어 무과실책임으로 인정되어가고 있다.

5. 피용자의 행위가 일반불법행위요건을 갖출 것

이 요건은 사용자책임을 대위책임으로 보는 경우에 요구되며, 사용자책임을 자기책임으로 보는 경우에는 피용자의 행위가 일반불법행위의 요건을 갖출 필요가 없게 된다. 다수설과 판례는 사용자가 배상책임을 부담하기 위해서는 피용자의 제3자에 대한 가해행위가 고의나 과실, 그리고 책임능력 등 불법행위의 일반요건을 갖추어야 한다고 하고 있다(대판 1981.8.11, 81다298).

Ⅲ. 배상책임자와 구상권

사용자책임을 지는 것은 사용자와 사용자를 대신하여 사무를 감독하는 대리감독자이다. 대리감독자란 객관적으로 볼 때 사용자에 갈음하여 현실적으로 구체적인 사업을 감독하는 지위에 있는 자를 뜻한다. 다만 대리감독자에게 과실이 있는 경우 사용자가 구상권을 행사할 수 있는가에 대하여 대리감독자에 대한 구상권행사를 제한하기 위하여 전술한 면책사유를 적용한 판례(대판 1978.3.14, 77다491)가 있으며, 학설 또한 대리감독자에 대한 사용자의 구상권행사를 부인하고 있다.

사용자 또는 대리감독자가 배상책임을 진다고 하여 피용자의 책임이 면책되는 것은 아니고 병존하여 존재하며 사용자책임과 피용자의 불법행위책임은 전혀 별개의 것이다. 다만 피해자가 어느 한 쪽으로부터 일부 또는 전부를 배상받은 경우 그 범위 내에서 배상책임이 소멸하는 부진정연대채무이다.

사용자가 구상권을 피용자에게 행사하는 경우 금액전액을 구상할 것인가 아니면 구상권이 제한되는가에 대한 문제가 있다. 다수설은 전액을 구상할 수 있다고 하고, 판례는 신의칙상 상당하다는 범위에서만 구상권을 행사할 수 있다고 한다(대판 1996.4.9, 95다52611).

제4관 도급인의 책임

Ⅰ. 도급인의 제3자에 대한 책임

도급은 특정인에게 일을 완성하도록 하는 것으로 수급인을 지휘·감독하지 아니하고 일의 완성물을 인수하는데 그치므로(664조), 도급인은 원칙상 수급인이 그 일에 관하여 제3자에게 가한 손해를 배상할 책임이 없다(757조 본문). 즉 민법 제757조 본문은 주의적 규정에 지나지 아니한다. 따라서 민법 제757조 단서만이 의미를 갖는 규정이다. 제757조 단서는 도급 또는 지시에 관하여 도급인에게 중대한 과실이 있는 경우에는 배상책임을 규정하고 있다.

도급인의 불법행위성립책임은 중과실이 요건으로 되어 있다. 중과실이란 일반인에게 요구되는 주의의무에 현저히 위반하는 것으로 거의 고의에 가까운 정도의 주의를 결여하고, 공평의 관점에서 피해자를 구태여 보호할 필요가 없다고 인정되는 상태를 의미한다.

[민법 757조 본문과 758조 1항의 관계]

민법 757조에 의한 도급인의 책임과 758조 1항에 의한 공작물 점유자의 책임은 그 법률요건과 효과를 달리 하는 것이어서 공작물의 점유자가 그 공작물의 설치 또는 보존의 하자로 인하여 타인에게 손해를 가한 경우, 민법 758조 1항에 의한 손해배상책임을 인정하는 데 있어 민법 757조 본문이 장애가 되는 것이 아니다(대판 2006.4.27, 2006다4564).

Ⅱ. 도급인의 사용자책임의 인정

도급인과 수급인사이에는 지휘·감독의 관계가 없으므로, 도급인은 수급인이나 수급인의 피용자의 불법행위에 대하여 사용자로서의 배상책임이 없다. 그러나 도급인이 수급인에 대하여 특정한 행위를 지휘하거나 특정한 사업을 도급시키는 경우, 이른바 노무도급의 경우에 있어서는 도급인이라고 하더라도 민법 제756조가 규정하고 있는 사용자책임의 요건으로서의 사용관계가 인정된다(대판 2005.11.10, 2004다37676). 또 하수급인과 원수급인 사이에 있어서와 같이 지휘·감독이 객관적으로 인정되는 경우에는 사용자책임이 인정되며, 또한 모든 손해배상책임을 하도급인이 부담한다는 약정을 하여도 사용자책임이 인정된다(대판 1983.5.24, 83다카208).

다만 건축도급인이 공정을 감독하는 감리에 해당하는 행위를 하는 경우 사용자책임은 부인된다(대판 1983.11.22, 83다카52611). 감리란 공사운영 및 시공정도가 설계도대로 시행되고 있는가를 확인하여 공정을 감독하는 것을 말한다.

제5관 공작물 등의 점유 · 소유자의 책임

사례

갑은 휴일을 맞아 친구와 야구경기를 보기 위해 잠실야구장에 갔다. 그런데 갑은 야구경기를 관전하던 중 타자가 친 파울볼이 하필 보호막이 찢어진 곳으로 날아와 머리에 맞아 심한 부상을 당했다. 이 야구장의 소유주는 서울시였고 송파구에서 이를 점유관리하고 있었다.

갑은 서울시와 송파구를 상대로 불법행위 책임을 묻고자 한다. 이 경우 갑이 주장할 수 있는 법적 근거는 무엇인가?

Ⅰ. 서 설

1. 의 의

공작물의 설치 또는 보존의 하자나 수목의 식재 또는 보존의 하자로 인하여 타인에게 손해를 가한 때에는 제1차적으로 공작물의 점유자가 그 손해를 배상할 책임을 지고, 점유자가 손해의 방지에 필요한 주의를 해태하지 아니한 때에는 제2차적으로 그 소유자가 책임을 지게 되는데, 이러한 책임을 공작물책임이라 한다(758조). 예컨대 축대가 무너져 앞집의 건물이 부서진 경우, 건물의 임차인은 점유자로서 건물의 소유자는 공작물의 소유자로서 책임을 지게 되는 것이다.

공작물책임은 점유자에게 책임을 지울 수 없는 경우에 소유자에게 책임을 지우는 단계적 구조로 되어 있으며, 점유자의 책임은 입증책임이 전환된 중간책임이고 소유자의 책임은 무과실책임이다.

2. 공작물 책임의 근거

공작물 점유자와 소유자에게 공작물책임을 인정하는 근거는 위험책임의 원리이다. 즉 위험성이 많은 공작물 등을 관리 · 소유하는 자는 위험을 방지하기 위해 충분한 주의를 기울여야 하고, 만일 이로 인해 손해가 발생하면 그 손해를 배상하는 것이 타당하다는 것이다.

Ⅱ. 공작물책임의 요건

1. 공작물로부터의 손해

공작물책임이 인정되기 위해서는 손해가 공작물로부터 발생되어야 한다. 공작물은 인공적 작업에 의하여 제작된 물건으로 토지의 정착물이나 수목에 한정되지 아니하고, 지상 · 지하에 인공적으로 설치된 토지의 공작물(지하철 · 지하도 등)이나 건물의 일부를 이루는 건물내부의 여러 설비(승강기 · 계단 등)는 물론이며, 자동차(대판 1998.3.13, 97다34112) · 항공기와 같이 움직이는 물체도 포함된다.

2. 설치 · 보존의 하자

공작물의 설치 · 보존에 하자가 존재하여야 한다. 공작물에 하자가 처음부터 있는 때에는 설치의 하자이고, 후에 생긴 때에는 보존의 하자가 되며 하자는 점유자나 소유자의 고의 · 과실에 기인할 필요는 없다.

공작물의 설치 또는 보존의 상의 하자라 함은 공작물이 그 용도에 따라 통상 갖추어야 할 안전성을 갖추지 못한 상태에 있음을 말한다(대판 2006.1.25, 2004다21053).

[공작물로부터 발생한 화재의 손해배상]

화재가 어떤 공작물의 하자 자체로 인하여 직접 발생된 경우에는 민법 제758조 1항에 의하여 그 공작물의 점유자 또는 소유자는 그 화재로 입은 타인의 손해를 배상할 책임이 있다(대판 1996.10.25, 96다30113).

3. 인과관계

설치·보존의 하자로 인하여 제3자에게 손해를 가했을 것이 필요하다. 그러나 공작물의 하자 있음이 인정되면 인과관계는 추정된다(대판 1982. 8. 24, 82다카348).

4. 점유자의 면책사유의 부존재

점유자는 손해의 방지에 필요한 주의를 해태하지 아니한 경우에는 공작물책임을 지지 아니하고, 소유자가 손해를 배상할 책임을 진다(758조 1항 단서). 상당한 주의를 하였을 경우에도 손해가 발생되었을 것이라고 생각되는 경우에는 점유자는 책임을 지지 아니한다.

[고속도로 관리자의 주의의무]

최저속도의 제한이 있는 고속도로의 도로관리자에게는 도로의 구조·기상예보 등을 고려하여 사전에 충분한 인적·물적 설비를 갖추어 강설시 신속한 제설작업을 하고, 나아가 필요한 경우 제때에 교통통제 조치를 취함으로써 고속도로로서의 기본적인 기능을 유지하거나 신속히 회복할 수 있도록 하는 관리의무가 있다(대판 2008.3.13, 2007다29287·29294).

Ⅲ. 책임의 부담자

공작물책임은 1차적으로 점유자가 책임을 지고, 2차적으로는 소유자가 책임을 부담한다.

1. 점유자

점유자란 공작물을 사실상 지배하는 자를 말하며 간접점유자의 경우에는 직접점유자가 먼저 책임을 부담한 후 책임을 부담한다. 즉 공작물의 점유가 대리점유관계에 있을 때에는 직접점유자가 1차적인 배상책임을 지고, 직접점유자가 손해방지에 필요한 주의를 해태하지 아니한 때에 간접점유자가 책임을 부담하는 것이다(대판 1981.7.28, 81다209).

점유보조자의 경우에는 점유자가 아니므로 공작물책임자가 되지 않는다.

[공작물점유자의 의미]

민법 제758조 1항 소정의 공작물점유자라 함은 공작물을 사실상 지배하면서 그 설치 또는 보존상의 하자로 인하여 발생할 수 있는 각종 사고를 방지하기 위하여 공작물을 보수·관리할 권한 및 책임이 있는 자를 말한다(대판 2000.4.21, 2000다386).

2. 소유자

공작물책임에 있어 소유자는 법률상의 소유자를 말하므로, 매수인 등이 공시방법을 갖추지 않았다면 소유자가 아니므로 공작물책임을 부담하지 않는다. 소유자의 책임에는 면책규정이 없으므로 무과실책임을 부담하게 된다.

[1차적 책임자인 점유자가 피해를 입은 경우]

공작물의 임차인인 직접점유자가 공박물의 설치 또는 보존의 하자로 인하여 손해를 입은 경우에는 소유자가 그 손해를 배상할 책임이 있다. 이 경우에 공작물의 보존에 관하여 피해자에게 과실이 있다고 하더라도 과실상계의 사유가 될 뿐이다(대판 2008.7.24, 2008다21082).

3. 구상권

소유자 또는 점유자로서 책임을 지고 피해자에게 배상을 한 자는 그 손해의 원인에 대하여 책임 있는 자가 있으면 그 자에게 구상권을 행사할 수 있다(758조 1항).

Ⅳ. 수목에 관한 책임

수목의 식재 또는 보존에 하자가 있는 경우에도 그 점유자와 소유자는 공작물책임에 있어서와 같은 책임을 부담하며(758조 2항), 이 경우에도 구상권이 인정된다.

Ⅴ. 일반불법행위책임과의 관계

공작물의 설치, 하자로 인하여 타인에게 손해가 발생한 경우에 피해자는 공작물책임이 아닌 일반불법행위책임을 이유로 손해의 배상을 청구할 수 있는가가 문제된다. 판례는 민법 제750조에 의한 배상책임을 배제하는 것은 아니라고 하여, 시공상의 고의·과실에 의한 경우에는 제750조에 의한 배상책임을 인정하고 있다(대판 1996. 11. 22, 96다39219).

사례해결

설문상 갑이 야구경기를 보러갔다가 찢어진 보호막을 통해 날아온 파울볼에 머리를 맞아 부상을 당했다. 이는 야구장설비의 보존에 하자가 있는 것으로 볼 수 있다. 이 경우에 민법 제758조의 공작물책임이 충분히 인정될 것으로 보인다. 즉 현재 야구장을 점유하는 송파구가 1차적으로 책임을 지고, 만약 점유자가 손해의 방지에 필요한 주의를 해태하지 않은 경우에는 소유자인 서울시가 그 손해를 배상할 책임을 지게 된다.

설문에서 점유자인 송파구는 보호막이 찢어진 것을 제대로 보수하지 못해 손해의 방지에 필요한 주의를 다하지 못한 것으로 보이므로, 갑은 점유자인 송파구를 상대로 불법행위에 기한 손해배상을 청구할 수 있다.

제6관 동물점유자의 책임

Ⅰ. 의의·성질

동물이 타인에게 손해를 준 경우 동물의 종류와 그 성질에 따라 보관에 상당한 주의를 게을리하지 않았음을 입증하지 못했을 때, 그 동물의 점유자 또는 보관자가 지는 책임을 동물점유자의 책임이라고 한다(759조).

동물점유자의 책임은 사용자책임 등과 같이 입증책임을 전환한 중간책임이며, 책임의 근거에 관하여는 위험책임설에 기인한다. 하지만 과거와 달리 오늘날에 있어서 동물에 기한 위험은 매우 작은 것이므로 그 의미가 희석되고 있다.

Ⅱ. 요 건

1. 동 물

동물이 손해를 주었어야 한다. 동물의 종류에는 제한이 없으며 가축의 경우에도 독일과 달리 면책되지 아니한다. 동물의 종류에 따라 동물점유자의 주의의무의 내용이 달라지게 된다. 다만 동물에 미생물이 적용될 것인가의 여부는 논의의 대상이 될 것이다.

2. 타인에게 준 손해

손해는 인적 손해(사람을 동물이 문 경우)만을 의미하는 것은 아니며 물적 손해도 포함된다. 가해자가 동물을 화나게 해서 손해가 발생한 경우에는 동물점유자의 책임이 아니라 민법 제750조의 일반불법행위책임이 적용된다.

3. 면책사유가 없을 것

동물의 종류와 성질에 따라 상당한 주의를 한 경우에는 책임을 부담하지 아니한다(759조 1항 단서). 또한 상당한 주의를 한 경우에도 손해가 발생되었을 경우에도 책임이 없다고 하여야 할 것이다. 이에 관한 입증책임은 동물점유자가 부담한다.

Ⅲ. 책임부담자

손해배상의 책임자는 동물의 점유자와 점유자에 갈음하여 동물을 보관하는 자, 즉 보관자이다(759조 1항 · 2항). 점유자에 간접점유자가 포함되느냐에 대해 부정하는 견해(다수설)와 간접점유자도 포함된다는 견해(대판 1981.2.10, 80다2966)가 대립하고 있다.

점유보조자가 책임의 주체인가의 여부는 동물보관자에 포함될 수 있는가의 문제이나, 동물보관자를 직접점유자로 해석하면 점유보조자는 책임의 부담자가 아니다. 다만 굳이 동물의 보관자를 직접점유자에 한정할 필요가 있는지는 의문이다.

민법 제759조에 의하여 배상할 점유자와 보관자가 따로 있는 경우 구상권을 인정할 것인가에 대하여 이를 인정함이 일반적인 견해이다.

제7관 공동불법행위책임

사례

인천공단에 입주해 있는 A·B·C 회사는 모두 환경부에서 규정한 매연배출기준을 준수하고 있다. 그러나 3사가 배출한 매연량을 합하면 천식을 유발할 정도가 되는 경우, 인근 주민인 갑은 천식에 의한 손해를 A·B·C 회사를 상대로 청구할 수 있는가?

Ⅰ. 서 설

1. 의 의

수인이 공동으로 불법행위를 하여 타인에게 손해를 가한 경우 수인이 지는 책임을 공동불법행위책임이라고 한다. 이에는 '공동의 불법행위'에 의하여 타인에게 손해를 가한 협의의 공동불법행위(760조 1항)와 수인의 행위 중 어느 자의 행위가 그 손해를 가한 것인지 알 수 없는 경우의 가해자불명의 공동불법행위(760조 2항)가 있으며, 교사·방조의 경우에도 공동불법행위로 본다(760조 3항).

협의의 공동불법행위는 반친구를 친구끼리 폭행하기로 하고 폭행한 경우이고, 가해자불명의 공동불법행위는 甲과 乙이 우연히 丙에게 돌을 동시에 던졌는데 어느 돌에 丙이 맞았는지 알 수 없는 경우가 전형적인 예이다.

2. 성 질

공동불법행위자는 피해자에 대하여 연대하여 책임을 부담해야 하는데 이 연대의 의미가 무엇인가에 관해 학설의 다툼이 있다.

(ⅰ) 민법 제760조의 법문에 따라 연대책임이라는 견해, (ⅱ) 연대라는 표현은 단순히 각자가 전부에 관한 배상책임을 부담한다는 표현이므로 부진정연대채무라는 견해, (ⅲ) 협의의 공동불법행위, 교사·방조의 경우에는 공동목적이 존재하므로 연대채무이고, 가해자불명의 공동불법행위의 경우에는 주관적 관계가 존재하지 않으므로 부진정연대채무라는 견해 등이 있다.

부진정연대채무는 채무자 중 1인에 대하여 생긴 사유가 채권을 만족시키는 것이 아니면 상대적 효력만을 가지므로 피해자의 두터운 보호라는 측면에서 공동불법행위책임은 부진정연대채무라는 것이 다수설이다. 판례 또한 공동불법행위책임을 부진정연대책임이라고 판시하고 있다(대판 1969.8.26, 69다962).

Ⅱ. 공동불법행위의 유형과 요건

1. 협의의 공동불법행위

복수의 사람이 서로 관련공동하여 하나의 불법행위를 구성하는 경우를 말하며(760조 1항), 각 행위는 일반불법행위로서의 요건을 갖출 것과 관련공동성을 갖출 것이 요구된다.

(1) 각자의 행위가 불법행위의 요건의 갖출 것

협의의 공동불법행위에 있어 각각의 행위는 독립하여 불법행위의 요건을 갖추어야 하므로 행위의 독립성, 고의·과실, 책임능력, 인과관계가 존재하여야 한다. 행위자 수인 중에 1인의 행위가 불법행위요건을 갖추지 못하였다면 그 자는 공동불법행위자가 아니며 나머지 사람만 공동불법행위자가 된다.

1) 행위의 독립성

각자의 행위는 독립한 불법행위로 인정되어야 하므로, 사용자에게 사용자책임이 인정된다고 하여 사용자와 피용자가 공동불법행위자가 되는 것은 아니다. 사용자책임의 경우에도 사용자에게 고의·과실로 인한 불법행위책임이 인정되는 경우에는 사용자와 피용자의 공동불법행위 책임이 성립한다(대판 1962.11.15, 62다596).

2) 고의 · 과실

여기서의 고의·과실은 각각의 행위가 불법행위가 되기 위한 고의·과실이며 공동 또는 공모의 인식은 아니다(통설). 따라서 과실자와 고의자·과실자들 사이, 무과실책임자와 고의·과실자 사이에도 공동불법행위가 성립한다고 본다.

3) 인과관계

행위자의 행위와 손해 사이에 인과관계가 존재하여야 한다. 공동불법행위에 있어서 이 인과관계는 일반불법행위에 비해 상당히 넓게 인정된다. 이는 후술하는 관련공동성의 해석(객관적 공동설)에 따른 결과로, 판례는 공모를 했으나 일부만 실행행위를 한 경우 실행행위를 하지 않은 자에게도 인과관계를 인정하고 있다(대판 1957.3.28, 4289다551).

[교통사고와 의료사고]

교통사고로 인하여 상해를 입은 피해자가 치료를 받던 중 의사의 과실로 인한 의료사고로 증상이 악화되어 손해가 확대된 경우, 확대된 손해와 교통사고 사이에도 상당인과관계가 있다. 이 경우 교통사고와 의료사고가 각기 독립하여 불법행위의 요건을 갖추고 있으면서 객관적으로 관련되고, 공동하여 위법하게 피해자에게 손해를 가한 것으로 인정되면 공동불법행위가 성립한다(대판 1998.11.24, 98다32045).

(2) 행위의 관련공동성

행위의 관련공동성이 무엇인가에 관해 학설이 대립된다. 이에는 객관적 공동설과 주관적 공동설이 있다.

1) 객관적 공동설

통설과 판례의 입장으로, 공모나 공동의 인식을 필요로 하는 것은 아니며 행위가 객관적으로 관련공동하고 있으면 공동행위로 인정된다는 견해이다(대판 2006.1.26, 2005다47104 · 47021 · 47038). 객관적 공동설은 행위와 손해 사이의 인과관계를 확장함으로써 그 피해자를 두텁게 보호하기 위하여 공동불법행위성립책임의 확장을 도모하고 있다.

[행위의 객관적 관련공동성]

수인이 공동하여 타인에게 손해를 가하는 민법 제760조의 공동불법행위에 있어서 행위자 상호간의 공모는 물론 공동의 인식을 필요로 하지 아니한다. 다만 객관적으로 그 공동행위가 관련 공동되어 있으면 족하고, 그 관련공동성이 있는 행위에 의하여 손해가 발생함으로써 그에 대한 배상책임을 지는 공동불법행위가 성립한다.

그러므로 재건축조합이 재건축 조합원들을 위법하게 제명하여 그 수분양권을 박탈한 상태에서 시공자가 재건축조합과 함께 일반분양을 강행하는 경우에는 제명된 조합원들에 대하여 공동불법행위가 성립할 수 있다(대판 2009.9.10, 2008다37414).

2) 주관적 공동설

공동불법행위의 성립에는 행위자 사이의 공모 또는 공동의 인식이 필요하다는 견해로, 객관적 공동설이 피해자의 보호에만 치중한 나머지 수인의 행위가 우연히 경합한 데 불과한 경우에는 곧 공동불법행위의 성립을 인정한다는 것은 부당하다고 주장한다.

3) 관련공동성이론의 비판

학설과 판례는 각 행위자가 불법행위의 요건을 갖출 것과 더불어 각자의 행위간에 관련성을 요구하고 있다. 그러나 이러한 가중된 성립요건, 즉 관련공동성은 그 존재이유가 분명하지 못하여 실제 가중요건은 유명무실한 형식화된 실정이다. 왜냐하면 실제 각자가 불법행위요건을 갖춘다면 피해자는 민법 제750조에 의하여 각 가해자에게 책임을 물을 수 있으므로 그 이상으로 이러한 가중요건, 즉 객관적 관련공동성의 유무를 입증하면서 민법 제760조를 원용할 필요가 없을 것이며 그 실익은 다수자로부터의 손해배상의 보장적 성격에 지나지 않게 된다는 점이 문제된다.

2. 가해자불명의 공동불법행위

(1) 의 의

공동 아닌 수인의 행위가 행하여 졌는데 그 중 어느 자의 행위가 손해를 발생시켰는지 알 수 없는 경우에 성립하는 경우로 수인의 행위자 가운데 누군가가 위법행위를 했다는 점은 확실하나 누구의 행위에 의한 것인지 불명확한 경우에 인정된다(760조 2항).

(2) 요 건

1) 행위자에게 고의·과실, 책임능력이 있을 것

2) 손해를 발생시킬 위험 있는 위법행위를 공동으로 하였을 것

가해자불명의 공동불법행위에서 위법행위를 공동으로 한다는 의미는 두 가지로 나누어질 수 있다. 하나는 주관적 공동이 없는 위법행위가 사실상 경합하는 경우, 예를 들자면 甲과 乙이 연락 없이 丙을 동시에 쏘아 사망케 한 경우이고, 다른 하나는 공동행위를 하였으나 그 공동행위가 손해의 원인이 된 위법행위가 아닌 경우, 즉 집단으로 싸움도중 1이 다른 1인을 칼로 찔러 사망케 한 경우이다. 양자 모든 주관적 공동은 없고 객관적 공동이 있는 경우이다.

3) 손해가 어느 행위에서 기인한 것인지 알 수 없을 것

손해의 발생원인이 된 원인행위가 무엇인지 알 수 없는 경우에 가해자불명의 공동불법행위책임이 성립한다. 반증을 들어 책임을 면할 수 있는가에 관하여 민법 제760조 2항이 인과관계의 추정을 규정한 것이라고 보는 견해는 반증을 들어 책임을 면할 수 있다고 본다. 이에 대해 본 조항은 피해자를 두텁게 보호하고 공동행위자에 경고를 주기 위한 것이므로 반증을 들어 책임을 면할 수 없다는 견해도 있다. 가해행위에 공통성이 없으므로 반증을 들어 책임을 면할 수 있다고 보아야 할 것이다.

[민법 760조 2항의 입증책임]

동항에 의해 상당인과관계는 추정되므로 이를 면하려면 개별 행위자는 자기의 행위와 손해발생 사이에 상당인과관계가 존재하지 아니함을 적극적으로 주장 입증하여야 책임을 면제 또는 감경 받을 수 있다(대판 2008.4.10, 2007다76306).

5. 교사·방조의 공동불법행위

교사란 타인으로 하여금 불법행위의 의사결정을 하게 하는 것이고, 방조란 망을 보는 것과 같이 불법행위의 보조적 행위를 하는 것, 즉 불법행위를 용이하게 하는 직·간접의 모든 행위를 말한다(대판 2000.9.29, 2000다13900). 교사자·방조자는 공동불법행위자가 된다(760조 3항). 다만 교사·방조의 경우에도 주관적 공동이 있는 경우에는 본 조항이 적용되지 아니하고, 협의의 공동불법행위책임을 부담하게 된다. 교사·방조의 방법에는 제한이 없다.

[과실에 의한 방조]

방조라 함은 불법행위를 용이하게 하는 직접·간접의 모든 행위를 가리키는 것으로써, 자위에 의한 경우뿐만 아니라 작위의무 있는 자가 그것을 방지하여야 할 여러 가지 조치를 취하지 아니하는 부작위로 인하여 불법행위자의 실행행위를 용이하게 하는 경우도 포함한다.

이러한 불법행위의 방조는 형법과 달이 손해의 전보를 목적으로 하여 과실을 원칙적으로 고의와 동일시하는 민법의 해석으로서는 과실에 의한 방조도 가능하다. 이 경우의 과실의 내용은 불법행위에 도움을 주지 않아야 할 주의의무가 있음을 전제로 하여 이 의무에 위반하는 것을 말한다. 또 방조자에게 공동불법행위자로서의 책임을 지우기 위해서는 방조행위와 피방조자의 불법행위 사이에 인과관계가 있어야 한다(대판 2007.6.14, 2005다32999).

Ⅲ. 공동불법행위의 효과

1. 부진정연대책임의 부담

공동불법행위자의 연대책임에 대하여 부진정연대책임이라는 연대채무설과 민법 제760조 1항과 3항은 주관적 공동이 있어 연대채무이나 제2항은 주관적 공동이 없으므로 부진정연대채무라는 혼합채무설이 있다. 판례는 부진정연대채무설에 따른다(대판 1971.2.9, 70다2508).

판례와 같이 공동불법행위자는 부진정연대채무를 부담하며 피해자는 모두에게 배상을 청구할 수 있고, 가해자는 가해자 1인이 갖는 상대적 사유를 가지고 피해자에게 대항할 수 없다고 보아야 한다.

2. 배상의 범위

손해배상의 범위는 공동불법행위와 상당인과관계가 있는 모든 손해이며, 공동불법행위자 중 예견가능성을 갖지 못한 자는 손해배상책임을 부담하지 아니한다.

피해자가 공동불법행위자 중 일부만을 상대로 손해배상청구를 하는 경우에도 과실상계를 함에 있어 참작하여야 할 쌍방의 과실은 피해자에 대한 공동불법행위자 전원의 과실과 피해자의 공동불법행위자 전원에 대한 과실을 전체적으로 평가하여야 하고 공동불법행위자간의 과실의 경중이나 구상권행사의 가능성 여부를 고려할 여지가 없다(대판 1991. 5. 10, 90다14423). 다만 공동불법행위자에 대한 손해배상청구를 별개의 소로 진행한 경우 과실상계비율이나 손해액을 달리 인정할 수 있다(대판 2001.2.9, 2000다60227).

[공동불법행위자의 손해배상의 범위]

공동불법행위로 인한 손해배상책임의 범위는 피해자에 대한 관계에서 가해자들 전원의 행위를 전체적으로 함께 평가하여 정하여야 한다. 또 그 손해배상액에 대하여는 가해자 각자가 그 금액의 전부에 대한 책임을 부담한다.

따라서 가해자 1인이 다른 가해자에 비하여 불법행위에 가담한 정도가 경미하다고 하더라도, 피해자에 대한 관계에서 그 가해자의 책임범위를 정하여진 손해배상액의 일부로 제한하여 인정할 수는 없다(대판 2005.1.10, 2003다66066).

3. 구상권의 행사

공동불법행위자 중 1인이 손해의 전부를 배상한 경우 다른 자에게 책임의 비율에 따라 구상권을 행사할 수 있다. 통상 책임부담비율은 평등하다고 본다(대판 1967. 12. 29, 67다2034.2035).

[구상권을 행사하기 위한 요건]

공동불법행위자 중 1인이 다른 공동불법행위자에 대하여 구상권을 행사하기 위하여는 자기의 부담부분 이상을 변제하여 공동의 면책을 얻었음을 입증하여야 한다.

위와 동법리는 피해자의 다른 공동불법행위자에 대한 손해배상청구권이 시효소멸한 후에 구상권을 행사하는 경우라고 하여달리 볼 것은 아니다(대판 1997.6.27, 97다8144).

사례해결

A·B·C 회사 각자의 행위만으로는 손해가 발생하지 않지만, 세 회사의 행위가 합쳐져 손해를 일으킨 것으로 가해자불명의 공동불법행위에는 해당하지 않는다. 즉 가해자불명의 공동불법행위는 수인의 행위자 가운데 누군가가 위법행위를 하였다는 것은 확실하나, 그들 간운데 누구의 행위에 의한 것인지 불명이어야 하기 때문에 설문에는 적용될 수 없는 것이다.

협의의 공동불법행위에 해당되는지 여부에 관하여 설문은 A·B·C 회사가 서로 인접한 지역에서 매연을 내뿜은 것으로, 이는 객관적으로 관련공동성이 있는 것이다. 따라서 협의의 공동불법행위에 해당되어 A·B·C는 공동불법행위자로서 민법 제760조 1항에 의해 부진정연대채무자로서 갑에 대해 각자 전부의 손해배상책임을 진다.

제8관 자동차운행자의 책임

사례

주점 주차장에 주차시킨 승용차열쇠의 보관을 손님으로부터 위임받은 주점경영주 甲은 그 승용차 열쇠를 주점 안에 있는 열쇠함에 넣어두고 퇴근하면서, 주점의 도급마담으로 종업원인 乙에게 다음 날 아침 손님이 승용차를 찾으러 오면 열쇠를 돌려주라고 말하고 그대로 퇴근하였다.

그러나 乙은 친구를 만나러 가기 위해 열쇠함에서 그 승용차 열쇠를 꺼내어 시속 40Km의 도로에서 50Km로 운전하다가 丙이 운전하던 자동차를 추돌하였다. 이 경우에 丙은 甲에게 손해배상책임을 물을 수 있는가? 만일 丙이 졸음운전을 하다가 丙의 피해가 더 확대되었다면 甲은 모든 손해를 다 배상하여야 하는가?

Ⅰ. 의 의

자동차를 운행하는 자가 사고를 야기한 경우에 지는 손해배상책임에 관하여는 특별히 피해자를 보호하기 위하여 자동차손해배상보장법에서 그 책임을 강화하고 있다. 다만 자동차손해배상보장법이 적용되는 것은 대인사고, 즉 자동차로 인한 사람의 생명침해나 상해 등의 경우에만 적용된다. 물건만을 멸실 또는 훼손시킨 대물사고의 경우에는 민법상의 일반불법행위책임이 적용된다.

Ⅱ. 책임의 성질

자동차손해배상보장법 제3조는 자동차운행자의 손해배상책임을 규정하고 손해배상책임이 면책되는 요건(동법 3조 1호)에 대한 입증책임을 자동차 운행자에게 부과함으로써 사실상의 무과실책임을 인정하고 있다. 자동차 운행자에게 이러한 과중한 책임을 지우는 근거에 대해서는 자동차의 운행에 의하여 필연적으로 위험을 발생시키므로 책임을 져야한다는 위험책임과 운행에 의한 이익에 대한 보상이라는 보상책임설이 있다.

Ⅲ. 성립요건

1. 자동차운행자일 것(자기를 위하여 자동차를 운행하는 자)

"자기를 위하여 자동차를 운행하는 자"란 사회통념상 당해 자동차에 대한 운행을 지배하여 그 이익을 향수하는 책임주체로서의 지위에 있다고 할 수 있는 자를 말한다. 이 경우 운행의 지배는 현실적인 지배에 한하지 아니하고 사회통념상 간접지배 내지는 지배가능성이 있다고 볼 수 있는 경우에도 자동차운행자에 포함된다.

자동차운행자는 운행지배와 운행이익이 있어야 한다. 운행지배는 자동차의 사용에 관한 지배를 말하며, 운행이익은 자동차의 사용에 의한 이익이 자기에게 귀속되는 것을 의미한다. 따라서 타인을 위하여 운전을 하는 자(대판 1997.11.14, 95다37391)나 자신 소유의 자동차라도 운행지배를 떠나 있는 경우(절도 등의 경우)에는 운행자에 포함되지 아니한다.

운행이 자기를 위한 것인지의 여부는 외형표준에 의하여 결정한다. 따라서 자동차를 도난당한 경우라도 열쇠보관에 관한 주의의무가 문제되어 열쇠를 방치한 경우에는 운행자가 되며, 자동차를 임대하여 준 경우에는 임대인은 운행자가 아니며(일시임대의 경우에는 운행자이다), 자동차매매에 있어 등록원부 상으로만 소유주로 되어 있는 매도인은 운행자가 아니고 매수인이 운행자이다(대판 1985.4.23, 84다카1484). 또한 자동차수리를 위해 임치한 경우 운행지배권은 수리업자에게만 있다(대판 2000.4.11, 98다56645).

2. 자동차의 운행에 의할 것

자동차의 운행이라 함은 자동차를 당해 장치의 용법에 따라 사용하는 것이다(자동차손해배상보장법 2조). 여기서 당해 장치가 무엇인가에 관하여 원동기장치설, 주행장치설, 고유장치설, 차고출입설 등이 제시되고 있다.

원동기장치설은 엔진이 돌아가지 않는 한 운행이라고 볼 수 없다는 견해이다. 주행장치설은 엔진장치뿐만 아니라 주행장치도 포함하여 운행이라는 개념을 정한다. 고유장치설은 자동차의 구조상 부착되어 있는 기관·전동·제동·전기·연료 등의 장치 이외에 크레인·덤프트럭의 측판이나 후판 등을 포섭하는 넓은 개념으로 이해하는 견해이다. 차고출입설은 이용이라는 측면을 강조하여 차고에서 나와서 다시 차고에 주차되기까지의 모든 과정을 운행이라고 본다.

판례는 당해 장치는 비단 그 원동기뿐만 아니라 자동차를 구성하고 있는 창문과 차체로 차단된 공간으로서의 자동차 내부까지를 포함한 장치 일체라고 하여 고유장치설의 입장에 서 있다(대판 1997.1.21, 96다42341).

3. 타인의 생명·신체를 사상(死傷)하였을 것

자동차의 운행자·운전자·운전보조자는 타인이 아니나, 당해 자동차의 운전자나 운전보조자라도 사고 당시에 현실적으로 자동차의 운전에 관여하지 않고 있었다면 그러한 자는 자동차손해배상보장법 제3조 소정의 타인으로서 보호된다(대판 1999. 9. 17, 99다22328). 호의동승자 또한 타인이다(대판 1991.1.15, 90다13710).

4. 면책사유가 없을 것

자동차손해배상보장법 제3조 1호 내지 2호의 면책사유에 대한 입증을 하면 책임이 면책된다. 즉 승객이 사상한 경우에는 승객이 고의 또는 자살행위로 사상하였다는 것을 입증하면 되고, 승객 이외의 자가 사상한 경우에는 자기 및 운행자가 자동차의 운행에 관하여 주의를 게을리 하지 않았으며, 피해자.자기 또는 운행자 이외에 제3자에게 고의 과실이 있었으며 자동차의 구조상 결함 또는 기능에 장애가 없었다는 것을 모두 증명하여야 한다.

Ⅳ. 효 과

피해자는 가해차량의 책임보험자에 대하여 보험금의 지급을 청구할 수 있고 운행자에게 손해배상을 청구할 수 있다. 호의동승자의 경우도 운행자에게 손해 전부를 청구할 수 있으나 일정 요건 하에 손해배상액이 경감된다.

Ⅴ. 민법과의 관계

자동차손해배상보장법은 민법의 특별법이므로 당사자가 주장하지 않더라도 민법에 우선하여 적용된다(대판 1970.11.24, 70다1501).

사례해결

갑은 자동차의 소유자는 아니기 때문에 운행자라고 볼 수 있는지가 문제된다. 소유자가 아니라도 운행지배와 운행이익이 있을 때에는 운행자로 된다. 이러한 사건에 대하여 판례는 갑의 운행지배와 운행이익을 인정하였다. 다른 요건 들 또한 충족되어 있다고 볼 수 있기 때문에, 설문상 갑에게 자동차운행자의 책임을 묻는데는 문제가 없을 것이다. 따라서 피해자인 병은 갑에게 자동차손해배상법상 손해배상을 청구할 수 있다.

이때 병에게 과실이 있으면 갑 또는 을은 과실상계를 주장할 수 있다. 병의 졸음운전 사실이 입증된다면 법원은 이를 참작하여 손해배상액을 결정하여야 할 것이다. 또한 갑과 乙의 주장이 없더라도 병의 과실이 인정되면 법원은 반드시 이를 고려하여야 한다.

제9관 제조물책임

Ⅰ. 의 의

현대에 있어 기업에 의해 생산되는 제품은 복잡한 제조·유통과정을 거쳐 공급되고 있으며, 제조물에 내재하고 있는 결함으로 인하여 제조물의 사용자나 소비자 등에게 예기치 못한 피해를 가져다줄 위험성 또는 증가하고 있다. 이에 따라 제조자에게 제조물의 결함으로 인해 타인에게 생명.신체 또는 재산에 손해를 가한 경우 배상할 책임을 부과하고 있는데 이를 제조물책임이라 한다(제조물책임법 3조).

그런데 과실책임주의에 따라 손해를 배상받기 위해서는 이를 소비자가 입증해야 하는데, 상품의 생산과정의 전문화와 과학화 및 유통구조의 다양화로 인하여 이를 입증하는 것이 사실상 불가능하다. 따라서 제조물책임의 경우에도 자동차손해배상보장법과 같이 입증책임의 전환을 통하여 사실상의 무과실 책임을 인정하고 있다. 제조물책임에 대하여 사실상의 무과실책임을 인정하는 근거에 대하여는 엄격책임설, 위험책임설 등이 제시되고 있다. 제조물책임은 원칙상 불법행위책임이다(대판 2000.2.25, 98다15934).

Ⅱ. 요 건

1. 제조물에 결함이 있을 것

제조물이라 함은 다른 동산이나 부동산의 일부를 구성하는 경우를 포함한 제조 또는 가공된 동산이다(제조물책임법 2조 1호). 제조라는 것은 원물과 다른 물건으로 변경하는 것을 의미하고, 가공이라는 것은 원물에 특수한 물건이나 물질을 부착하여 새로운 물건을 만드는 것을 말한다. 결함이라 함은 제조물에 제조·설계 또는 표시상의 결함이나 기타 통상적으로 기대할 수 있는 안전성이 결여되어 있는 것을 말한다. 제조물의 결함은 제조상의 결함·설계상의 결함·표시상의 결함으로 나뉜다.

제조상의 결함이란 제조업자의 제조물에 대한 제조·가공상의 주의의무의 이행 여부에 불구하고 제조물이 원래 의도한 설계와 다르게 제조·가공됨으로써 안전하지 못하게 된 경우를 말한다. 설계상의 결함이란 제조업자가 합리적인 대체설계를 채용하였더라면 피해나 위험을 줄이거나 피할 수 있었음에도 대체설계를 채용하지 아니하여 당해 제조물이 안전하지 못하게 된 경우를 말한다(대판 2003.9.5, 2002다17333). 또한 표시상의 결함이란 제조업자가 합리적인 설명·지시·경고 기타의 표시를 하였더라면 당해 제조물에 의하여 발생될 수 있는 피해나 위험을 줄이거나 피할 수 있었음에도 이를 하지 아니한 경우이다.

[제조물의 결함으로 인한 불법행위책임]

물품을 제조하여 판매하는 제조자는 안전성과 내구성을 갖추지 못한 결함 내지 하지로 인하여 소비자에게 손해가 발생한 경우에는 계약상의 배상의무와는 별개로 불법행위로 인한 배상의무를 부담한다(대판 1992.11.24, 92다18139).

2. 제조물의 하자와 손해 사이에 인과관계가 있을 것

제조물책임에 있어 제조물의 하자와 손해의 발생 사이에 인과관계의 입증을 엄격히 하는 것은 소비자의 구제라는 법목적에 반하는 결과를 초래하므로, 상식적으로 개연성이 인정되면 인과관계가 있는 것으로 인정하여야 할 것이다. 판례도 개연성이 있으면 명확한 입증 없이도 제조물책임의 성립을 인정하고 있다(대판 1977.1.25, 75다2092).

제조물책임상의 손해는 생명·신체 또는 재산에 대한 손해를 의미하며 당해 제조물에 대하여 발생한 손해, 즉 상품적합성의 결여는 손해에 포함되지 않는다.

3. 제조자의 과실이 있을 것

제조물의 하자가 제조자의 과실에 기인한 것이어야 한다. 결함 자체가 제조자의 주의의무위반에 기인하는 것이므로 결함이 존재하고 면책사유가 없으면 과실이 있는 것이 된다.

4. 면책사유가 없을 것

제조자는 (ⅰ) 제조업자가 당해 제조물을 공급하지 아니한 사실, (ⅱ) 제조업자가 당해 제조물을 공급한 때의 과학·기술수준으로는 결함의 존재를 발견할 수 없었다는 사실, (ⅲ) 제조물의 결함이 제조업자가 당해 제조물을 공급할 당시의 법령이 정하는 기준을 준수함으로써 발생한 사실, (ⅳ) 원재료 또는 부품의 경우에는 당해 원재료 또는 부품을 사용한 제조물 제조업자의 설계 또는 제작에 관한 지시로 인하여 결함이 발생하였다는 사실을 입증하면 책임이 면책된다(동법 4조 1항). 그러나 제조물에 결함이 존재한다는 사실을 알거나 알 수 있었음에도 그 결함에 의한 손해의 발생을 방지하기 위한 적절한 조치를 하지 아니한 때에는 면책을 주장할 수 없다(동법 4조 2항).

[제조물책임에서 입증책임의 분배]

텔레비전이 정상적으로 수신하는 상태에서 발화·폭발한 경우에 소비자 측에서 그 사고가 제조업자의 배타적 지배하에 있는 영역에서 발생한 것임을 입증하고 그러한 사고가 어떤 자의 과실 없이는 통상 발생하지 않는다고 하는 사정을 증명하면, 제조업자 측에서 그 사고가 제품의 결함이 아닌 다른 원인으로 말미암아 발생한 것임을 입증하지 못하는 이상, 위와 같은 제품은 이를 유통에 둔 단계에서 이미 그 이용시의 제품의 성상이 사회통념상 당연히 구비하리라고 기대되는 합리적 안전성을 갖추지 못한 결함이 있었다고 보아야 한다.

이러한 결함으로 말미암아 사고가 발생하였다고 추정하여 손해배상책임을 지울 수 있도록 입증책임을 완화하는 것이 손해의 공평·타당한 부담을 그 지도원리로 하는 손해배상제도의 이상에 맞는다(대판 2000.2.25, 98다159340).

Ⅲ. 책임부담자

제조물책임을 부담하는 자는 제조업자이다. 제조업자란 제조물의 제조·가공 또는 수입을 업으로 하는 자 또는 제조물에 명·상호·상표 기타 식별 가능한 기호 등을 사용하여 자신을 제조자로 또는 오인시킬 수 있는 표시를 한 자도 이에 해당한다(동법 2조 3호)

Ⅳ. 연대책임과 면책특약의 금지

손해에 대하여 배상할 책임이 있는 자가 2인 이상인 경우에는 연대하여 그 손해를 배상하여야 하고(동법 5조), 이 법에 정한 책임을 배제하거나 제한하는 특약은 무효이다(동법 6조).

Ⅴ. 손해배상청구권의 소멸시효

제조물책임법에 의한 소멸시효는 피해자 또는 그 법정대리인이 손해배상책임을 지는 자를 안 날부터 3년간, 제조업자가 손해를 발생시킨 제조물을 공급한 날부터 10년 이내에 행사하여야 한다. 다만 신체에 누적되어 사람의 건강을 해하는 물질에 의하여 발생한 손해 또는 일정한 잠복기간이 경과한 후에 증상이 나타나는 손해에 대하여는 그 손해가 발생한 날부터 기산한다(동법 7조).

제10관 실화자의 책임

Ⅰ. 실화책임법의 목적

실화책임에 관한 법률(2009. 5. 8. 법률 제9648호로 개정)은 "이 법은 실화의 특수성을 고려하여 실화자에게 중대한 과실이 없는 경우, 그 손해배상액의 경감에 관한 민법 제765조의 특례를 정함을 목적으로 한다고 규정하였다(실화책임법 1조)

개정 전의 구 실화책임은 "민법 제750조의 규정은 실화의 경우에는 중대한 과실이 있을 때에 한하여 이를 적용한다"고 정하고 있었다. 즉 일반불법행위의 경우에는 가해자에게 고의·과실(추상적 과실)이 있을 것을 요하는 데 대하여, 실화의 경우에는 경과실이 있는 자는 면책되고 중과실이 있는 자만이 책임을 부담하게 하였었다.

방화는 실화와는 다르므로 본법의 적용을 받는 것이 아니고, 고의에 의한 방화자는 민법 제750조에 기해 당연히 불법행위책임을 부담한다.

Ⅱ. 실화책임법의 적용범위

"이 법은 실화로 인하여 화재가 발생한 경우 연소로 인한 부분에 대한 손해배상청구에 한하여 적용한다"(실화책임법 2조).

Ⅲ. 손해배상액의 경감

1. 경감요건

실화가 중대한 과실로 인한 것이 아닌 경우 그로 인한 손해의 배상의무자는 법원에 손해배상액의 경감을 청구할 수 있다(동법 3조 1항).

2. 중과실의 의의

실화책임법상 중대한 과실이란 통상인에게 요구되는 정도의 상당한 주의를 하지 않더라도 약간의 주의를 한다면 손쉽게 위법·유해한 결과를 예견할 수 있음에도 불구하고, 만연히 이를 간과함과 같은 거의 고의에 가까운 현저한 주의를 결여한 상태를 말한다(대판 2000.1.14, 99다39548).

3. 손해액 경감 시의 고려사항

법원은 다음 각 호의 사정을 고려하여 그 손해배상액을 경감할 수 있다(동법 3조 2항).
(1) 화재의 원인과 규모
(2) 피해의 대상과 정도
(3) 연소 및 피해확대의 원인
(4) 피해확대를 방지하기 위한 실화자의 노력
(5) 배상의무자 및 피해자의 경제상태
(6) 그 밖의 손해배상액을 결정할 때 고려할 사정

[공작물의 설치·보존상 하자에 의한 화재]

개정 실화책임법은 구 실화책임법과 달리 손해배상액의 경감에 관한 특례 규정만을 두었을 뿐 손해배상의무의 성립을 제한하는 규정을 두고 있지 아니하므로, 공작물의 점유자 또는 소유자가 공작물의 설치·보존상 하자로 인하여 생긴 화재에 대하여 손해배상책임을 지는지는 다른 법률에 정함이 없는 한 일반 민법의 규정에 의하여 판단하여야 한다.
따라서 공작물의 설치·보존상 하자에 의하여 직접 발생한 화재로 인한 손해배상뿐만 아니라 그 화재로부터 연소한 부분에 대한 손해배상책임에 관하여도 공작물의 설치·보존상 하자와 손해사이에 인과관계가 있는 경우에는 민법 제758조 1항이 적용되고, 실화가 중대한 과실로 인한 것이 아닌 한 화재로부터 연소한 부분에 대한 손해의 배상의무자는 개정 실화책임법 제3조에 의하여 손해배상액의 경감을 받을 수 있다(대판 2012.6.28, 2010다58056).

Ⅳ. 적용례

1. 2007. 8. 31 이후의 적용

(1) 구 실화법의 헌법불합치

구 실화책임법은 실화의 경우에 중대한 과실이 있을 때에 한하여 민법 제570조의 규정을 적용하도록 함으로써 경과실이 있을 때에는 손해배상책임을 지지 않도록 규정하고 있었다.

그런데 헌법재판소는 화재피해의 특수수성을 고려하여 과실정도가 가벼운 실화자를 가혹한 배상으로부터 구제할 필요성은 인정하면서도 구 실화책임법이 채택한 방법은 실화피해자의 손해배상청구권을 필요 이상으로 제한하고 법익균형의 원칙에도 위배되므로 기본권 제한입법의 한계를 일탈하여 헌법에 위배된다고 보아, 구 실화책임법에 대하여 헌법불합치를 선언하여 개선입법을 촉구함과 아울러 법원 기타 구가기관과 지방자치단체는 입법자가 위 법률을 개정할 때까지 그 적용을 중지하도록 하였다(헌재 2007.8.30, 2004헌가25).

(2) 개정 실화법의 민법 제765조에 대한 특례

2009. 5. 8에 개정된 실화책임법은 구 실화책임법과는 달리 실화로 인한 손해배상책임의 성립요건에 관하여 아무런 제한규정을 두지 아니하였다. 이 법은 실화가 중대한 과실에 의한 것이 아닌 경우에는 연소로 인하여 생긴 손해부분에 대하여 배상의무자가 법원에 손해배상책임의 경감을 청구할 수 있도록 하였다. 그리고 그 배상으로 인하여 배상자의 생계에 중대한 영향을 미치게 될 경우라는 요건을 두지 아니하는 등으로 민법 제765조에 대한 특례를 규정하고 있다.

개정 실화책임법은 위 헌법불합치결정이 이루어진 다음 날인 2007. 8. 31부터 그 시행 전에 발생한 실화에 대하여도 개정 실화책임법을 소급적용하도록 규정하였다(실화책임법 부칙 2조).

2. 개정 실화책임법의 유추적용

2007. 8. 30 이전에 발생한 실화는 원칙적으로 개정 실화책임법의 적용범위에 포함되지 아니한다(동법 부칙 2조). 그러나 위 헌법불합치결정의 위헌심판에서의 규범통제의 실효성 보장 및 개정 실화책임법 부칙의 소급적용 취지를 고려하면, 비록 2007. 8. 30 이전에 발생한 실화라 하더라도 위 헌법불합치결정 당시에 구 실화책임법의 위헌여부가 쟁점이 되어 법원에 계속 중인 사건에 대하여는 위 헌법불합치결정의 효력이 미친다.

따라서 구 실화책임법이 적용되지 않고 위헌성이 제거된 개정 실화책임법이 유추 적용되는 것으로 본다(대판 2010.6.24, 2006다61499).

제11관 의료과오책임

사례

갑은 A병원의 의사 을로부터 제왕정개수술을 받았는데 수술 후 갑은 실어증과 하반시마비 등의 증세가 발생하였다. 갑은 수술 전 乙로부터 수술 후의 후유증에 관한 설명을 듣지 못했다. 이 경우 갑은 의사 을에 대하여 어떠한 법적 책임을 물을 수 있는가? 또 의사 을이 설명을 하였더라도 갑이 수술을 하였을 것이라고 항변하는 경우에 그 항변의 정당성은 인정될 수 있는가?

Ⅰ. 의 의

의료과오책임이란 의료행위 중에 의사 기타 의료인의 과실에 기인하여 발생한 손해에 대한 배상책임을 말한다. 의료행위로 인하여 타인에게 손해가 발생된 경우에는 의료행위가 전문적이고 기술적인 것이어서, 일반인으로서는 고의.과실을 입증하는 것이 거의 불가능하다. 이에 따라 의료분쟁에 있어 일반인을 보호하기 위하여 과실판단의 기준과 입증책임을 완화하고 있다.

Ⅱ. 의료과오책임의 법적 성질

의료과오책임은 환자와 의사간의 진료계약을 전제로 한 채무불이행책임설과 민법 제750조의 불법행위책임설이 있다.

1. 불법행위책임

의료과오책임을 불법행위책임으로 구성하는 것은 (ⅰ) 진료계약내용 내지 의사의 채무의 내용의 특성 내지 확정이 어렵다는 점, (ⅱ) 진료계약의 당사자가 분명치 않다는 점, (ⅲ) 인체에 대한 직접적인 침해는 불법행위를 구성한다는 의식이 잠재하고 있다는 점, (ⅳ) 병원근무 의사를 상대방으로 하거나 또는 의사책임으로 인하여 의료계약 당사자 이외의 제3자에게 손해를 발생케 한 경우(예: 病原의 감염을 일으키게 한 경우)에는 계약책임의 구성이 처음부터 불가능하다는 점 등에 기인한다. 실무에서는 거의 불법행위책임을 묻는다.

의료과오책임을 불법행위책임으로 구성할 경우 치료행위 혹은 수술을 행하는 의사가 그 자신의 과책, 즉 고의 또는 과실에 의한 위법행위로 환자에게 손해를 발생하게 한 경우(일반불법행위책임, 750조), 그리고 의사가 다른 의사 및 간호사 등을 사용하여 의료행위에 종사하게 한 경우에 피용자의 의료과오에 의해서 환자에게 손해가 발생한 경우(사용자책임, 756조), 병원(특히 법인인 병원)이 그 대표기관의 불법행위에 대하여 책임을 부담하는 경우가 있다(35조).

2. 채무불이행책임

의료과오책임을 채무불이행책임으로 보는 이유는 불법행위책임에 있어서는 피해자가 불법행위의 성립요건인 가해자의 고의·과실을 입증해야 하는데, 채무불이행책임에 있어서는 채권자인 피해자는 채무자의 귀책사유를 입증할 필요가 없고 오히려 가해자가 자기에게 귀책사유가 없음을 입증해야 하므로, 의사책임을 불법행위책임으로 구성하는 것보다 채무불이행책임으로 구성하는 것이 피해자인 환자에게 유리하다는 것이다.

그러나 이에 대하여 의사책임을 채무불이행책임으로 구성한다고 하더라도 의사의 부주의의 사실을 진료채무의 불완전이행의 내용으로서 피해자인 환자가 증명해야 하므로 불법행위책임으로 구성하는 경우와 별차이가 없게 된다.

의료과오책임은 진료계약에 따른 채무불이행책임과 의사의 과실에 기인한 불법행위책임이 모두 존재하며 손해배상청구권이 경합하는 경우라 할 것이다.

Ⅲ. 의료계약의 성질

진료계약은 의사가 환자를 진찰·치료하고 환자는 그에 대한 보수를 지급하기로 하는 쌍무계약이다. 이때 의사의 진료의무는 환자의 질병을 완전히 치료하는 것까지는 이르지 않고 진료 당시의 의학지식과 의학기술을 기초로 가능한 치료를 할 것을 내용으로 한다. 진료계약의 법적 성질에 관하여는 위임계약설이 다수설과 판례의 입장이다(대판 1988.12.13, 85다카1491).

Ⅳ. 의료과오책임의 요건

의료과오에 대하여 불법행위책임을 묻기 위해서는 일반불법행위책임상의 요건을 충족하여야 한다. 의료과오와 통상의 불법행위책임 사이에 다른 점은 행위자, 즉 의사의 과실을 어떻게 구성하고 입증할 것이냐 하는 것이다. 이에 관하여는 진료상의 주의의무와 설명의무위반이 있으면 과실이 있는 것으로 보고 있다.

1. 진료상의 주의의무

의사는 의료행위를 함에 있어 평균적·객관적으로 의사가 갖추어야 할 주의의무를 부담한다. 어느 정도까지의 주의의무가 요구되는가의 기준으로 제시되고 있는 것으로는 임상적 기준(당시의 의료기술의 수준), 선택적 재량(치료방법 선택의 자유재량), 긴급성(환자의 위험성), 진료환경, 환자의 협조성 등을 고려하여 판단하여야 할 것이다(대판 2000.1.21, 98다50586).

[전신마취 시술 당당의사의 주의의무]

전신마취를 담당하는 의사는 마취시술에 앞서 시술의 전 과정을 통하여 발생할 수 있는 모든 위험에 대비하여 환자의 신체구조나 상태를 면밀히 관찰하여야 할 뿐만 아니라, 여러 가지 마취방법에 있어서 그 장단점과 부작용을 충분히 비교·검토하여 환자에게 가장 적절하고 안전한 방법을 선택하여야 할 주의의무가 요구된다(대판 2001.3.23, 99다48221).

2. 설명의무

의사는 환자나 그의 보호자에게 병원의 종류와 내용 및 그 치료방법과 그에 따르는 위험 등 환자의 진료와 관계되는 중요한 사항을 설명해 주어야 한다. 이러한 설명의무는 환자의 자기결정권이라는 측면에서 강조되고 있다. 의사의 설명은 치료방법과 효과 및 기타의 위험요소에 관하여 적절히 이루어져 환자가 치료행위에 동의할 것인가의 여부에 고려의 대상이 되어야만 한다.

[의사의 설명의무]

의사의 설명의무는 그 의료행위에 따르는 후유증이나 부작용 등의 위험발생 가능성이 희소하다는 사정만으로 면제될 수 없으며, 그 후유증이나 부작용이 당해치료행위에 잔형적으로 발생하는 위험이거나 회복할 수 없는 중대한 것인 경우에는 그 발생가능성의 희소성에도 불구하고 설명의 대상이 된다(대판 2007.5.31, 2005다5857).

Ⅵ. 입증책임의 완화

의료과오로 인한 불법행위책임을 묻기 위해서는 의사의 과실.과실에 기한 행위와 손해발생 사이에 인과관계를 입증하여야 하고, 채무불이행책임을 묻기 위해서는 의사의 채무이행이 불완전하였다는 것을 입증하여야 한다. 즉 어느 경우에도 입증책임의 난제가 존재한다. 이에 따라 입증책임을 완화하여 환자를 보호하기 위하여 표현증명과 입증책임의 전환이 이루어지고 있다.

1. 표현증명

표현증명(表見證明)은 A라는 사실이 있으면 B라는 사실이 생긴다는 전형적인 결과가 인정되는 경우에 A라는 사실로부터 B라는 결과를 추정해내는 것이다. 예컨대 불임수술을 받은 사람이 다시 임신한 경우 임신을 하였다는 사실로부터 의사의 과실을 추정하는 것이다.

2. 입증책임의 전환

환자가 의사에게 과실이 있고, 발생한 것과 같은 종류의 손해가 야기될 수 있다는 가능성만을 입증하면 인과관계를 인정하는 것이다.

3. 판례의 태도

판례는 피해자측에서 의료상의 과실 있는 행위를 입증하고 그 결과와 원인 사이에 의료행위 외에 다른 원인이 개재될 수 없다는 점을 증명한 경우, 의료상의 과실과 결과 사이의 인과관계를 추정함으로써 입증책임을 전환하고 있다(대판 1999. 9. 3, 99다10479).

Ⅵ. 보험제도도입에 관한 논의

의료과오는 진료의 전문성과 기술성, 그리고 진료를 행하는 인간의 불완전성으로 인하여 어느 정도는 발생할 수밖에 없는 측면이 있다. 이에 따라 환자와 동시에 의사를 의료과오책임으로부터 보호하기 위하여 의료사고에 대한 다양한 보험제도의 도입이 필요하다.

사례해결

갑이 의사 을의 책임을 일반적인 채무불이행책임이나 불법행위책임 이론을 통하여 묻는 데는 한계를 가진다. 이러한 한계의 불합리성을 극복하기 위하여 학설과 판례는 의사의 주의의무의 강화와 설명의무의 개입을 통하여, 과실의 범위와 채무불이행 책임을 확대하고 또한 입증책임에 대한 다양한 이론을 구상하고 있다.

갑은 의사 을의 설명의무위반, 즉 환자의 자기 결정권의 침해를 이유로 위자료를 청구할 수 있으며, 그 외의 손해는 인과관계의 입증을 통하여 책임을 주장할 수 있다. 의사의 가정적 승낙에 의한 면책은 생명의 급박성 등을 고려하여 환자의 승낙이 명백히 예상되는 범위 애에서 제한적으로만 해석되어야 하므로, 의사 을의 주장은 허용되지 않는다고 하여야 할 것이다.

제4절 불법행위의 효과

제1관 손해배상청구권의 발생

불법행위가 성립하면 그 효과로서 손해배상청구권이 발생한다(750조). 당사자의 의사에 기인하지 않고 법률의 규정에 의해 채권.채무가 발생한다는 점에서 불법행위는 약정채권의 발생원인이 아닌 법정채권의 발생원인이다.

불법행위는 손해배상청구권만을 발생시키는 것은 아니며, 물권에 대한 침해가 있는 경우에는 물권적 청구권이 발생하고, 생활방해(임밋시온) · 무체재산권(특허법 · 실용신안법 등) 등에 대한 침해의 경우에는 방해배제 및 방해예방청구권을 행사할 수 있다. 다만 불법행위가 성립했다고 하여 모두 방해배제나 방해예방청구권을 행사할 수 있는 것은 아니다.

제2관 손해배상의 방법

Ⅰ. 금전배상(원칙)

법률에 다른 규정이나 당사자간에 다른 의사표시가 없는 한 손해는 금전으로 배상하여야 한다(763조 · 394조). 즉 불법행위로 인한 손해가 재산적 손해이든 정신적 손해이든 간에 민법은 원칙상 금전배상주의를 취하고 있다.

손해배상의 지급방법에는 '일시금배상'과 '정기금배상'이 있다. 민법은 일시금배상을 원칙으로 하고, 일정한 경우에 정기금배상을 인정한다. 즉 타인의 신체 · 자유 · 명예의 침해에 대한 위자료에 관하여 법원은 정기금채무로 지급할 것을 명할 수 있다고 하고, 그 이행을 확보하기 위하여 상당한 담보의 제공을 명할 수 있는 것으로 규정한다(751조 2항). 또한 피해자도 자유로이 지급방법을 청구할 수 있으나 그에 대한 결정은 법관의 자유재량에 의한다(대판 1992.11.27, 92다26673).

Ⅱ. 원상회복(예외)

1. 명예훼손의 경우

명예훼손에 있어서 '명예'란 사람의 품성 · 덕행 · 명성 · 신용 등 세상으로부터 받은 객관적 평가를 말한다. 명예훼손으로 인한 불법행위책임의 성립여부는 표현의 자유와 인격권으로서의 명예의 보호와의 조정의 문제라는 대전제 하에 외형상 명예훼손행위에 해당한다 하더라도, 그 행위가 진실성과 공익을 위한 공공성을 모두 갖추었을 경우에는 불법행위책임은 성립하지 않는다(대판 1988.10.11, 85다카29).

명예훼손으로 인한 손해배상에 관하여는 민법은 특칙을 두고 있다. 즉 「타인의 명예를 훼손한 자에 대하여는 법원은 피해자의 청구에 의하여 손해배상에 갈음하거나 손해배상과 함께 명예회복에 적당한 처분을 명할 수 있다」고 규정한다(764조). 여기서 명예회복에 관한 적당한 처분으로 종래 사죄광고를 활용하여 왔는데, 이것이 위헌판정을 받았다(헌재 1991.4.1, 89헌마160).

이외에 가해자의 비용으로 그가 패소한 민사배상판결의 신문.잡지 등의 기재, 형사유죄판결의 기재, 명예훼손기사의 취소광고 등이 있을 수 있다.

2. 광해배상의 경우

광업법에서는 광해배상에 관하여 금전배상을 원칙으로 하면서, 한편으로는 배상금액에 비하여 과다한 비용을 필요로 하지 않고서 원상에 회복할 수 있는 때에는, 피해자는 원상회복을 청구할 수 있다고 규정하고 있다(광업법 77조).

3. 특약이 있는 경우

금전배상이 원칙이지만, 당사자간 다른 특약이 있거나 특별한 규정(764조)이 있는 경우에는 원상회복이 인정된다. 따라서 당사자간에 특약이 없음에도 원상회복을 명하는 것은 위법이다(대판 1961.10.12, 4293민상115).

제3관 손해배상의 범위와 금액

Ⅰ. 손해배상의 범위

손해배상의 범위는 불법행위와 상당인과관계에 있는 모든 손해이다. 손해는 현실적으로 발생되었어야 하지만 그 손해배상의 범위에 관해 당사자는 특약을 할 수 있으며, 이 경우 손해배상의 범위는 이에 한정된다.

Ⅱ. 손해배상액의 산정

1. 배상액산정의 기준시기

손해액을 산정하는 기준시기가 주로 문제되는 것은 목적물이 멸실한 경우이다. 이에 관하여 특별한 사정이 없는 한 원칙적으로 불법행위 당시를 기준으로 하여 그 때의 교환가격에 의하여 손해액을 산정하여야 한다는 것이 판례이다(대판 1964.6.9, 64다1023). 다수설은 사실심구두변론 종결시라고 한다.

불법행위가 있은 후에 있어서의 가격이 급등한 것과 같은 것은 특별사정에 의한 손해로서 예견가능성이 있는 경우에 한하여 배상액 가운데에 포함하게 한다(대판 1963.6.20, 63다242). 불법행위로 인한 손해배상청구권의 이행기는 손해배상청구권의 발생시이므로, 이때부터 지연이자가 발생한다(대판 1993.3.8, 92다48413).

2. 재산적 손해의 산정

(1) 소유물의 멸실 · 훼손

소유물이 멸실한 경우에는 통상 그 물건의 교환가격이 배상되는 손해액이다. 그 교환가격 속에 장차 그 물건을 사용.수익함으로써 얻을 이익도 포함되는 것이므로, 그 이익을 아울러 청구하지는 못한다(대판 1980.12.9, 80다1840).

소유물의 훼손의 경우에는 수선료가 손해로 된다. 수선이 불가능하게 된 경우에는 그로 말미암아 생기는 교환가격의 감소가 손해로 된다(대판 1982. 6. 22, 81다8).

(2) 기타 재산권의 침해

1) 불법점유

권원 없는 자에 의하여 소유물을 점유당한 경우에는 차임상당액이 통상손해가 된다(대판 1961.11.16, 4293민상774). 임차권이 타인의 불법점유로 침해된 때, 또는 임차인이 임대차의 종료 후에 인도하지 않는 때에도 마찬가지이다. 농지를 불법점거 한 경우에는 그 농지의 연 수확량에서 비용을 뺀 순이익을 손해라고 하게 될 것이다(대판 1964.12 22, 64다810). 이들 어느 경우에 있어서나 그 이상의 이익을 얻을 수 있었다고 할 때에는, 그에 관한 예견가능성이 있을 때에만 특별손해로서 그 배상이 인정된다(대판 1964.9.8, 64다95).

2) 담보권의 침해

담보목적물의 침해에 의해 피담보채권의 만족을 얻을 수 없으면 손해배상청구권이 발생하고, 그 만족을 얻을 수 없었던 이익이 배상액이 된다. 다만 목적물의 가격이 채권액 이하인 때는 목적물가격이 한도가 된다.

(3) 변호사비용

우리나라에서는 변호사강제주의가 채용되어 있지 않기 때문에, 변호사비용을 손해배상청구를 할 수 있는가가 문제된다. 판례는 부당소송 · 부당고소 · 부당한 가압류 등에 응소한다든가, 또는 불법행위자의 부당항쟁에 대하여 피해자 쪽에서 적극적으로 소송을 제기하고 가해자가 응소하여서 다툰 경우에 있어서는 변호사비용은 부당소송이나 부당항쟁에서 생기는 통상손해라고 한다(대판 1968.7.2, 68다593).

다만 그 액은 실제로 지급한 전액 전부가 아니라, 그 범위 안에서 권리의 주장에 필요하였다고 인정되는 상당액이라고 본다(대판 1970.3.10, 69다201).

(4) 생명에 관한 재산적 손해

인적 손해에는 적극적 손해와 소극적 손해인 일실이익이 있다. 생명침해로 인한 적극적 손해에는 장례비, 묘지구입비 등이 있다. 손해의 범위에서 문제가 되는 것은 소극적 손해의 계산이다.

사망사고가 있었던 경우, 유족이 받는 배상만을 인정하는 방법과 유족의 손해와 더불어 死者에게 생긴 손해의 배상을 인정하는 방법이 있다. 판례는 손해배상청구권의 상속을 인정하고 있으므로 후자의 입장을 취한다(대판 1966.2.28, 65다2523).

1) 일실이익

생명침해에 의하여 사망자는 그가 얻을 수 있었던 순이익에 상당하는 손해를 입는 것이 된다. 순이익을 산출하기 위하여서는 사고가 없었다면 얼마만한 기간 동안 일할 수 있었고, 어떠한 노무로 어느 정도의 수입을 올렸을 것인가를 상정하여 이로부터 생활비 등을 공제한다는 조작을 필요로 한다.

이 조작에 있어서는 사망자의 피해 당시의 연령 · 건강상태 · 직업 · 가정환경 기타의 여러 사정을 고려하여 될 수 있는 대로 개연성이 높은 숫자가 나오도록 노력하여야 하나, 그 산정방법은 상당히 정형화되어 있다. 실제로는 임금구조통계조사보고서에 따라 산정하며, 이 기준보다 높거나 낮은 증명이 있는 경우에는 이에 따른다.

(a) 수입액

봉급생활자의 경우에는 그 임금을 기준으로 산정하는데 봉급이 증가될 것을 예측할 수 있는 객관적인 자료가 있는 때에는, 이를 통상손해로 보아 가해자의 예견 여부를 묻지 않고 일실수입에 포함시킨다(대판 1989.12.26, 88다카6761).

사고 당시 수입이 없는 무직자 · 미성년자 · 학생 · 가정주부의 경우에는 일용노임을 기준으로 산정한다. 그런데 판례는 봉급생활자의 임금이 일용노임보다 적은 경우에는 일용노임에 종사할 개연성이 크다는 점을 이유로 일용노임에 의한 청구를 긍정한다(대판 1980.2.26, 79다1899). 통상적으로는 세무당국에 행한 신고소득에 의한다.

[위법소득 여부의 판단기준]

범법행위를 계속함으로써 얻을 수 있는 이른 바 위법소득은 손해액산정의 기초로 삼을 수 없으나, 위법소득인지 여부는 그 법규의 입법취지와 법률행위에 대한 비난가능성의 정도, 특히 그 위반행위가 가지는 위법성의 강도 등을 종합하여 구체적 · 개별적으로 판단하여야 한다. 따라서 수산업법상 무면허 어업행위에 수입이라는 이유만으로 그것이 곧 위법소득에 해당된다고는 볼 수 없다(대판 2004.4.28, 2001다36733).

(b) 노동능력상실률

노동능력상실로 인하여 종전의 직장에 계속 종사할 수는 없으나 노동능력이 남아 있어 다른 직업에 종사할 수 있는 경우에, 그 일실이익(逸失利益)을 산정하는 방식으로는 평가설(노동능력상실설)과 차액설(수입상실설)로 견해로 나뉜다.

평가설은 정상수입에 상실률을 곱하는 것이고, 차액설은 현재수입액에서 남은 노동력으로써 재취업이 가능한 직업상의 수입을 공제한 차액이 수입손실액이 된다는 것이다. 판례는 종전에 차액설의 입장으로 일관하였으나, 현재에는 둘 중 어느 방법에 의하더라도 무방하다고 보고 있다(대판 1986.3.25, 85다카538).

(c) 가동연령(稼動年齡)

노동시기는 원칙적으로 만 20세부터라는 것이 판례의 입장이다. 다만 남자의 경우에는 군복무기간을 공제하여야 하므로 23세부터 수입이 있는 것으로 추정한다(대판 2000.4.11, 98다33161).

종래의 판례는 일반육체노동자의 가동연한을 55세로 보았으나, 현재는 55세가 넘어서도 가동될 수 있다고 보되, 그 한계연령은 피해자의 연령 · 직업 · 건강상태 등 구체적인 사정을 고려하여 정한다고 한다(대판 1989.12.26, 88다카16867). 정신노동자는 일반적으로 육체노동자보다 가동기간이 길어지는데, 판례는 특수한 사정을 고려하지 않고 일률적으로 65세로 보아서는 안 된다고 한다(대판 1984.4.10, 83다카614).

2) 생활비 및 중간이자 등의 공제

(a) 생활비 및 세금의 공제

일실이익에서 피해자가 생존하는 동안 쓰게 될 생활비를 공제하여야 한다(대판 1966.3.22, 66다116). 사망에 이르지 아니하고 부상을 입었을 때는 생활비를 공제하지 아니하며 미성년자의 경우에는 성년자가 될 때까지의 생활비는 친권자나 부양의무자가 부담하므로 공제하지 아니한다.

세금을 일실이익에서 공제할 것인가에 관해 판례의 견해가 번복되어 왔으나 현재는 공제하지 아니한다(대판 1989.1.17, 88다카122). 피해자가 불법행위자로부터 받은 보상금은 일실이익에서 공제하여야 하며, 이로 인하여 군인연금법 등에 의해 유족연금을 받는 경우에도 이를 공제하여야 한다(대판 1989.7.25, 88다카21425).

(b) 중간이자의 공제

손해배상금을 일시에 지급받게 되는 경우에는 실제로 이익을 얻을 수 있는 기간까지의 이자가 존재하게 되며, 이러한 이자는 실제손해액을 넘는 부분이 되므로 이를 공제하여야 한다. 공제의 방법에는 다음의 세 가지가 있다.

Hoffmann식 $X = \frac{A}{1+nr}$이 되고,

Leibniz식은 $X = \frac{A}{(1+r)^n}$이 되고,

Garpzow식은 $X = A(1-nr)$이 된다.

(일실이익에서 생활비 등을 공제한 금액(명의액)을 A, 실제로 받아야 할 금액을 X 이율을 r, 년수를 n이라 함)

판례는 이 중에서 초기에는 Hoffmann식을 이용하였는데, 후에는 Hoffmann식이나 Leibniz식 중 어느 방식에 의하여도 상관없다는 태도를 취하고 있다(대판 1983.6.28, 83다191).

(5) 상해에 의한 재산적 손해

치료비에 관하여는 현실적으로 지출 내지 부담한 금액의 청구가 인정된다. 즉 입원비·약대·진료비는 물론이며 상해에 의한 후유증으로 사망할 때까지 개호인(介護人)을 필요로 할 때에는 그 비용도 포함된다(대판 1969.7.8. 69다466). 장차 사용하여야 할 의수·의족 등의 구매를 위한 비용도 현재의 가격을 기준으로 하여 산정해서 배상하여야 한다(대판 1965.8.24, 65다1083).

치료기간 중 업무를 계속할 수 없게 되어 수입이 준 경우에는 그 손해의 배상을 청구할 수 있다(대판 1965.6.22, 65다670). 치료비 손해배상청구권은 아직 치료를 하지 않았더라도 이미 이행기에 도달한 채권이므로 중간이자를 공제하지 않음이 원칙이나, 치료가 장기적인 경우에는 공제한다(대판 1980.7.22, 80다761).

3. 비재산적 손해의 산정

비재산적 손해에는 명예·신용 등 훼손에 의한 손해를 포함하지만, 특히 문제가 되는 것은 정신적 손해에 대한 위자료이다.

(1) 위자료의 성질

위자료의 성질에 관하여는 배상설(다수설·판례)과 제재설(소수설)로 견해가 나뉜다. 배상설은 위자료를 정신적 손해 내지 재산 이외의 손해를 배상하는 것으로 보고, 제재설은 정신적 손해라는 것은 금전적으로 평가하는 것이 불가능하므로 일종의 개인에 대한 제재라고 보는 견해이다.

(2) 위자료청구가 인정되는 경우

손해에는 재산적 손해와 정신적 손해가 있는데, 이들 손해가 위법행위로 발생한 것인 때에는 현실적으로 그 배상이 인정되어야 한다. 특히 후자에 있어서 위법행위인 채무불이행과 불법행위를 통해 타인의 재산권과 비재산권에 고통을 줌으로써 재산적 손해 이외에 정신상의 고통, 즉 정신적 손해를 준 경우에는 그것도 역시 배상되어야 한다(통설). 다만 재산권의 침해로 인한 정신적 손해에 대하여는 재산적 손해가 통상손해이므로 이로 인한 정신적 손해는 특별사정으로 인한 손해로서, 이 손해에 대한 배상(위자료)은 가해자가 특별사정을 알았거나 알 수 있었을 경우에만 인정된다(대판 1971.2.9, 70다2826).

위자료청구를 할 수 있는 것으로 민법이 특히 명문으로 규정하는 것으로는 재산 이외의 손해의 배상(751조 1항)·생명침해로 인한 위자료(752조)가 있다. 또 가족법상으로는 약혼해제의 경우에 과실 있는 상대방이 위자료 지급의무가 있고(806조), 이 규정은 혼인의 무효와 취소(825조)·재판상 이혼(843조)·입양의 무효와 취소(897조)·재판상 파양(908조)의 경우에 준용하고 있다.

(3) 위자료청구권자

판례는 민법 제750조가 불법행위로 인한 손해배상으로 재산상 손해배상과 정신상 손해배상을 모두 규율하는 원칙적 규정으로 보는 전제하에, 민법 제751조를 제750조의 손해에는 정신상 손해도 포함된다는 취지를 명백히 하기 위해 규정한 주의적 규정으로, 민법 제752조를 피해법익과 위자료청구권자를 예시적으로 규정한 것으로 이해하고 있다(대판 1967.6.27, 66다1592).

그 결과 (ⅰ) 신체상해의 경우 피해자 이외의 근친자도 정신상 고통을 받았으면 민법 제750조·제751조에 의거하여 위자료청구권을 가지며, (ⅱ) 생명침해의 경우 민법 제752조에 정한 친족 이외의 친족도 정신상 고통을 받았으면 제750조·제751조에 의거하여 위자료 청구권을 갖는다고 한다. 사실혼관계의 경우에도 위자료청구권이 인정되며(대판 1967.1.31, 66다2216), 피해자가 사망한 경우 피해자의 누나 등 형제자매(대판 1972.4.25, 72다331), 며느리(대판 1978.1.17, 77다1942), 시어머니 등도 위자료를 청구할 수 있다. 신체상해의 경우에도 상해의 정도에 따라 부모·배우자·자녀도 위자료를 청구할 수 있으며 사실혼의 배우자나 외조부도 배상을 청구할 수 있다.

(4) 위자료청구권의 상속

상해로 인한 피해자의 위자료청구권은 상속되는가. 또 생명침해의 경우 死者 본인에게 위자료청구권이 발생하고 그것이 상속의 대상이 되는가 하는 문제가 있다.

위자료청구권을 재산상의 손해배상청구권과 구별하여 취급할 근거가 없고 따라서 일신전속권이 아니므로, 생전에 청구의 의사를 표시할 필요 없이 상속된다. 또 생명침해의 경우에도 위자료청구권은 감각적인 고통뿐만 아니라 상실한 장래의 정신적 이익을 그 내용으로 하는 점, 즉사한 때에도 치명상을 받은 때와 사망과의 사이에는 이론상 시간적 간격이 인정된다는 점을 이유로, 死者 본인에게 위자료청구권이 발생하고, 그것이 상속된다(대판 1973.9.25, 73다1100).

Ⅲ. 손해배상액의 조정

1. 손익상계

(1) 의 의

손익상계란 불법행위에 의해 한편으로는 손해를 받지만, 다른 한편으로는 동일한 원인에 의해 이익을 받는 경우에 그 이익을 손해액에서 공제하고 손해액을 결정하는 것을 말한다. 예컨대 생명침해에 있어서 일실이익을 산정할 때 생활비를 공제하는 것이다. 민법은 이 손익상계에 관하여 규정을 두고 있지 않으나, 그것은 손해액의 산정에 있어서 당연히 예정되는 것이며, 민법 제750조의 손해는 이러한 손익상계를 한 후의 진정한 손해를 가리키는 것이다.

(2) 공제되는 범위

공제되는 이득도 배상원인과 상당인과관계를 가지는 것에 한한다(대판 1969. 11. 25, 69다887). 공제할 이익의 범위는 가해자가 배상할 손해의 범위에 대응하는 것이어야 하기 때문이다. 그러므로 피해자가 사망한 경우에 장래의 생활비를 공제하는 것은 당연하나, 부양가족의 생활비나 弔慰金과 같이 증여라는 별개의 원인에 의하는 것은 공제할 것이 아니다(대판 1971.7.27, 71다1158).

1) 생명보험

생명보험은 손해의 전보가 목적이 아니기 때문에 피해자의 유족이 손해배상청구권을 잃지 않을 뿐만 아니라, 보험자가 그것을 취득하지도 못한다.

2) 연금

연금은 손해전보를 목적으로 하는 것이 아니다. 다만 전술한 바와 같이 군인연금법 등에 의한 유족연금은 공제하여야 한다.

3) 화재보험금

화재보험금은 별개의 보험계약에 의하는 것이나, 손해의 전보를 본래의 목적으로 하고 있으므로, 보험자의 대위에 의하여 전보된 부분에 관하여는 손해배상청구권이 보험자에게 옮겨간다(상법 682조).

4) 노동재해

노동재해의 경우에는 산업재해보상보험법에 의한 보험급부가 있게 되면, 사용자는 그 한도에서 민법에 의한 손해배상의 책임을 면한다(근로기준법 87조). 그러나 산업재해보상보험법은 재산적 손해의 전보만을 목적으로 하고 있으므로 위자료는 따로 청구할 수 있다.

사용자는 보험료를 지급하고 있으므로 정부로부터 구상당하는 일이 없으나, 제3자의 불법행위에 의하여 노동재해가 생긴 때에는 손해보험의 경우와 마찬가지로 정부가 그 제3자에게 구상할 수 있다(산재보험법 87조 참조).

(3) 과실상계와의 순서

과실상계 후 손익상계를 하여야 한다(대판 1996.1.23, 95다24340).

2. 과실상계

(1) 의의

과실상계란 손해의 발생.확대에 관해 피해자에게 과실이 있을 때는 그 과실을 참작하여 손해배상을 정하는 것을 말한다(763조 · 396조). 이 제도는 공평의 관념에 기한 것이다. 따라서 과실의 유무도 제도의 취지에 따라 사회통념에 의해 결정해야 할 것이다.

(2) 피해자의 과실

과실상계에 있어서 피해자의 과실은 공평의 관념에 기해 배상액을 정할 것을 참작하는 것이어서 가해자의 귀책원인으로서의 과실과는 다르다. 따라서 피해자에게 책임능력이 구비되어 있을 필요는 없고, 사리를 변식하는 지능이 있으면 족하다(대판 1968.8.30, 68다1224)는 약한 의미의 과실을 의미한다고 본다.

과실상계를 하기 위하여 피해자에게 책임능력이 있어야 하느냐에 대해 책임능력은 필요치 않고 사리변식능력이 있으면 족하다고 본다(대판 1968.8.30, 68다1224).

과실상계는 상계라고 하지만 그것은 채권의 상계와는 달라서 피해자의 과실을 고려한다는 것뿐이다. 그러므로 가해자가 무과실책임을 부담하는 경우에도 피해자에게 과실이 있으면 역시 고려하여야 한다.

(3) 피해자 이외의 과실

1) 감독의무자의 과실

유아가 교통사고를 당한 경우에 감독의무자인 친권자의 과실이 고려되느냐가 문제된다.

가해자에 대한 관계에 있어서는 피해자 쪽을 일체로 생각하여 피해자 쪽에 과실이 있으면 과실상계를 인정하는 것이 공평할 것이다. 그러므로 어린이가 교통사고를 당한 경우에 감독의무자의 과실을 고려하는 것이 타당하다(대판 1968.3.5, 67다2465).

2) 피용자의 과실

피해자의 피용자의 과실도 원인이 되어 손해가 생긴 경우에는 피해자의 배상청구에 있어서 고려된다(대판 1969.7.29, 69다829). 다만 이 경우에 내부관계에 있어서는 피해자는 피용자에 대하여 그의 과실에 해당하는 부분의 배상을 청구할 수 있을 것이다.

(4) 과실상계의 효과

피해자에게 과실이 있으면 법원은 배상액을 정함에 있어서 이를 고려하게 된다. 민법 제763조에 의하여 불법행위의 경우에 준용되는 민법 제396조에 의하면, 「법원은 손해배상의 책임 및 그 금액을 정함에 있어서 이를 참작하여야 한다」고 규정한다.

따라서 과실이 과다하면 면책도 가능하다(대판 1991. 4. 26, 90다14539). 피해자의 과실이 인정되는 경우에는 그 주장이 없더라도 법원은 직권으로 심리.판단하여 반드시 참작하여야 한다(대판 1987.11.10, 87다카473).

[피해자의 손해경감조치와 과실상계]

불법행위의 피해자에게는 그로 인한 손해의 확대를 방지하거나 경감하기 위하여 노력하여야 할 일반적인 의무가 있으며, 피해자의 합리적인 이유 없이 손해경감조치의무를 이행하지 않을 경우에는 법원이 그 손해배상액을 정함에 있어 민법 제763조 · 396조를 유추적용 하여 그 손해확대에 기여한 피해자의 의무불이행의 점을 참작할 수 있다.

한편 손해의 확대를 방지하거나 경감하는데 적절한 법적 조치가 존재하는 경우에 이는 손해경감조치에 해당할 수 있고, 피해자가 그 법적 조치를 취함에 있어 합리적인 이유 없이 그 법적 조치를 취하지 아니한 경우에는 그 손해확대에 기여한 피해자의 의무불이행의 점을 손해배상액을 정함에 있어 참작할 수 있다(대판 2003.7.25, 2003다22912).

3. 배상액의 경감

손해발생이 가해자의 고의 또는 중대한 과실에 의한 것이 아니고, 또 그 배상으로 인하여 배상자의 생계에 중대한 영향을 미칠 경우에는 법원에 그 배상액의 경감을 청구할 수 있고, 이 경우에 법원은 당사자의 경제상태와 손해의 원인 등을 참작하여 배상액을 경감할 수 있다(765조).

4. 확정판결 · 손해배상합의 후의 손해발생

신체상해로 인한 손해배상액을 확정판결 · 화해 · 합의에 의하여 배상받았으나 그 후 그 당시에는 예견할 수 없는 후유증이 발생한 경우 그 손해의 배상을 다시 청구할 수 있는가가 문제된다. 불법행위로 인한 손해배상의 청구는 통상 소극적 손해(일실이익) · 적극적 손해(치료 등), 위자료를 모두 다 포함하는 것이므로, 기판력이 미쳐 다시 손해의 청구를 할 수 없다고 보았다. 다만 손해금의 청구를 일부 유보하거나 손해가 판결(변론종결시)이나 합의 후에 발생한 경우에는 다시 청구를 할 수 있다(대판 1980.9.9, 80다60).

후유증의 예측가능성이 없는 경우에도 손해를 청구할 수 있다고 본다(대판 1977.4.12, 76다2737).

제4관 불법행위에 의한 손해배상청구권

Ⅰ. 자연인 · 법인

불법행위에 의해 손해가 발생한 경우 배상청구권자는 불법행위에 의해 손해를 본 피해자이다. 따라서 자연인뿐만 아니라 법인도 배상청구권을 가진다. 법인의 경우에 재산적 손해에 관하여는 아무런 문제가 없으나, 정신적 손해에 관하여는 문제가 될 수 있다.

판례는 법인의 명예·신용이 침해되어 그 법인의 목적인 사업수행에 영향을 미치게 될 경우와 같이, 법인의 사회적 평가가 침해된 때에는 가해자에게 손해배상을 청구할 수 있다고 한다(대판 1965.11.30, 65다1707).

2. 태 아

태아는 손해배상의 청구권에 관하여는 이미 출생한 것으로 본다(762조). 예컨대 父가 교통사고에 의해 사망한 경우 재산적 손해 및 정신적 손해에 대해 고유의 배상청구권을 가진다. 다만 태아로 있는 동안에도 그 권리를 행사할 수 있는가에 관하여, 해제조건설(다수설)은 이를 인정하나 정지조건설(소수설·판례)은 이를 인정하지 않는다.

Ⅱ. 손해배상청구권의 성질

1. 양도성

불법행위로 인한 손해배상청구권은 원칙상 양도성을 가지며 이에 따라 피해자의 채권자는 이를 압류할 수 있다. 다만 정신적 손해로 인한 손해배상의 경우에 상속성을 부인하는 견해에 있어서 양도성을 부인하는 경우가 있다. 판례는 위자료청구권은 일신전속권이 아니므로 타인에게 양도할 수 있다고 한다(대판 1976.4.13, 75다396). 다만 국가배상법 등과 같이 법률의 규정에 의해 양도성이 부정되는 경우가 있다.

2. 상속성

불법행위로 인한 손해배상청구권도 상속됨이 원칙이나(1005조), 생명침해로 인한 손해배상청구권에 있어서는 그것이 상속되느냐에 이견이 제시되고 있다.

(1) 재산적 손해배상청구권

피해자의 사망으로 인한 일실이익의 손실에 대한 배상청구권을 본인이 취득한 후 상속되는가, 아니면 유족이 고유·원시적으로 취득하는가의 대립으로 상속성에 관하여 긍정설과 부정설이 있다.

1) 부정설

피해자에게 손해배상청구권이 발생되고 이것이 상속된다고 하면 유족은 상속된 손해배상청구권과 피해자의 근친자가 갖는 손해배상청구권(752조)을 모두 갖게 되므로 불합리하며 또한 생명침해의 순간에 살해된 본인에게 손해배상청구권이 발생하지만 그 순간에 손해배상청구권이 귀속한 인격이 존재하지 아니하므로 이론적으로 불가능하다고 주장한다.

이외에 가족공동체피해자설(가족집단 전체가 피해자가 되어 손해를 총괄적으로 갖게 된다는 견해)이 있다.

2) 긍정설

긍정설에는 시간적 간격설(즉사의 경우에도 치명상을 입을 때와 사망한 때 사이에는 시간적 간격이 존재한다는 견해로 부정설을 비판하기 위해 제시되었다)·전화발전과정설(시간적 간격설을 보충하는 견해로 사망은 권리능력을 가진 자에서 가지지 않은 자로의 전화과정이고 이 과정과 같이 손해배상청구권도 상속된다고 본다) 등이 있다.

3) 판 례

판례는 이 문제를 정면으로 다루고 있지 아니하나 재산적 손해배상청구권이 상속됨을 인정하고 있으므로(대판 1966.2.28, 65다2523), 긍정설의 입장에 있다고 보아야 할 것이다.

(2) 정신적 손해배상청구권

1) 긍정설

위자료청구권도 원칙적으로 금전급부를 목적으로 하는 것이므로 피해자의 의사유무에 관계없이 당연히 상속된다는 견해로 다수설이다.

2) 부정설

위자료청구권은 일신전속적인 권리여서 상속성이 없으며 유족은 민법 제752조에 의해 자신의 고유의 권리로 손해배상청구권을 행사한다는 견해로 소수설의 입장이다.

3) 판 례

위자료청구권은 피해자가 이를 포기하거나 면제했다는 특별한 사정이 없는 한 상속된다고 보며(대판 1966.10.18, 66다1335), 피해자가 즉사한 경우에도 다르지 않다(대판 1969.4.15, 69다268).

3. 상계의 금지

고의의 불법행위자는 피해자의 손해배상청구권을 수동채권으로 하여 상계하는 것이 금지된다(496조). 이는 불법행위의 피해자로 하여금 현실의 변제를 받게 하는 동시에, 불법행위의 유발을 방지하려는 취지의 것이다. 민법 제496조는 피용자의 행위에 관하여 사용자가 손해배상청구를 부담하는 경우, 또 쌍방의 채무가 모두 불법행위에 경우에도 적용된다고 하여야 한다.

그러나 쌍방의 채무가 자동차의 충돌과 같은 동일한 사실로부터 생긴 것일 때에는 상계를 인정하는 것이 타당할 것이다(대판 1967.12.29, 67다2034 · 2035).

Ⅲ. 손해배상자의 대위

채무불이행의 경우에 채권자의 이중이득을 막고 공평을 기하기 위해 배상자의 대위규정이 있다(399조). 불법행위의 경우에도 손해배상제도의 취지에서 민법 제399조가 준용된다(763조). 예컨대 불법행위에 의하여 훼손되거나 소재불명으로 된 물건에 관하여 불법행위자가 전액배상을 한 경우에는, 그 물건에 관한 권리는 배상자에게 이전한다.

Ⅳ. 손해배상청구권의 소멸시효

1. 시효기간

불법행위에 의한 손해배상청구권은 피해자나 그 법정대리인이 그 손해 및 가해자를 안 날로부터 3년 동안 이를 행사하지 않으면 시효로 소멸한다(766조 1항). 예컨대 불법행위의 피해자가 미성년자로 행위능력이 제한된 자인 경우에는 다른 특별한 사정이 없는 한, 그 법정대리인이 손해 및 가해자를 알아야 민법 제766조 1항의 소멸시효가 진행한다(대판 2010.2.11, 2009다79897). 또한 불법행위를 한 날로부터 10년이 지나면 역시 소멸한다(동조 2항). 일반적으로 3년의 기간은 시효기간이고, 10년은 제척기간으로 이해하고 있다.

3년의 단기소멸시효기간을 둔 이유는 (ⅰ) 계약관계가 있는 경우와 다르고, 증명이 곤란한 경우가 많으며, (ⅱ) 어느 정도의 기간의 경과에 의해 피해자의 감정이 가라앉게 되므로, 나중에 다시 당사자 사이의 관계를 분규케 하는 것은 타당하지 않다는 정책적 배려에 기한 것이다.

[손해 및 가해자를 안 날의 의미]

민법 제766조 1항의 손해 및 가해자를 안 날이라고 함은 손해의 발생 · 위법한 가해행위의 존재 · 가해행위와 손해의 발생과의 사이에 상당인과관계가 있다는 사실 등 불법행위의 요건사실에 대하여형실적이고도 구체적으로 인식하였을 때를 의미한다.

나아가 피해자 등이 언제 위와 같은 불법행위의 요건사실을 현실적이고도 구체적으로 인식한 것으로 볼 것인지는 개별적 사건에 있어서의 여러 객관적 사정을 참작하고 손해배상청구가 사실상 가능하게 된 상황을 고려하여 합리적으로 판단하여야 한다(대판 2010.5.27, 2010다7577).

2. 3년의 가산점

불법행위의 경우에는 객관적으로 권리가 발생해도 피해자가 손해의 발생 또는 가해자를 모르는 수가 있다. 그러므로 3년의 시효기간에 관하여는 그 기산점을 피해자 또는 그 법정대리인이 손해 및 가해자를 안 때라는 특례를 두었다(시효진행 166조의 예외규정). 피해자는 직접의 피해자만이 아니라 손해배상청구권을 가지는 자를 포함한다.

손해를 안다는 것은 손해의 발생뿐만 아니라 그 가해행위가 불법행위인 것까지도 안 것을 의미한다(대판 1992.12.8, 92다42538). 손해의 발생 및 가해행위가 불법행위임을 아는 것으로 족하고, 그 불법행위로 인하여 어떤 손해배상청구권이 발생하는지의 법률적 평가문제까지도 알 필요는 없다(대판 1993.8.27, 93다23979).

문제가 되는 것은 토지의 불법점유와 같은 계속적인 불법행위의 경우이다. 판례는 이 경우에 나날이 발생한 새로운 각 손해를 안 날로부터 각각 별개로 소멸시효가 진행한다고 한다(대판 1966.6.9, 66다615). 타인의 고소로 구속된 경우에는 기산일은 무죄판결이 확정된 때이다(대판 1965.5.4, 64다1696).

가해자는 손해배상청구권의 상대방으로 될 자(대판 1983.3.9, 81다977)를 의미하고 가해자를 안다는 것은 직접 불법행위를 한 자를 알게 되는 것을 말한다. 손해 및 가해자를 안 시기는 시효이익을 주장하는 자가 이를 입증하여야 한다.

[불법행위를 한 날의 의미]

민법 766조 2항의 '불법행위'를 한 날이란 가해행위가 있었던 날이 아니라 현실적으로 손해가 발생할 날을 의미한다. 그러나 그 손해의 결과발생이 현실적인 것으로 되었다면 그 소멸시효는 피해자가 손해발생을 알았거나 예상할 수 있는가 여부에 관계없이 가해행위로 인한 손해가 현실적인 것으로 되었다고 볼 수 있는 때로부터 진행한다(대판 2005.5.13, 2004다71881).

3. 10년의 기산점

10년의 기산점은 불법행위를 한 날로부터이다. 10년의 법적 성질에 대하여 제척기간설(다수설)과 소멸시효기간설이 대립하고 있다. 판례는 소멸시효에 해당한다고 본다(대판 1996.12.19, 94다22927). 즉 피해자가 손해의 결과발생을 알았거나 예상할 수 있는가 여부에 관계없이 가해행위로 인한 손해가 현실적으로 발생되었다고 볼 수 있는 때로부터 진행한다(대판 1993.7.27, 93다357). 손해가 계속하여 새롭게 발생하는 불법행위(토지의 불법점유)에 관하여는 시효의 경우와 마찬가지로 나날의 각각의 손해가 발생한 때부터이다.

[일조방해의 기산점]

일반적으로 위법한 건축행위에 의하여 건물 등이 준공되거나 외부골조공사가 완료되면 소멸시효가 진행한다. 다만 일조방해로 인하여 건물 등의 소유자 내지 실질적 처분권자가 피해자에 대하여 건물 등의 전부 또는 일부에 대한 철거의무를 계속적으로 이행하지 않는 부작위는 새로운 불법행위가 되고, 그 손해는 날마다 새로운 불법행위에 기하여 발생하는 것이므로 각 별로 소멸시효가 진행된다(대판 2008.4.17, 2006다35865).

명상의 시간

알프스 그곳에서

깊은 잠에서
깨어나지 못한 만년설
빛으로 허물고 싶다

휘도는 구름이다가
바람으로 달려가
푸른 숲으로 남고 싶다.

「조성민, 시간의 절정(제2시집), 책나라, 2013. 2, P64」

제 5 편

친족상속법

제1장 친족법

제2장 상속법

제1장 친족법

제1절 서　설

제1관 가족법 총설

Ⅰ. 가족법의 의의

가족법은 가족적 · 친족적 공동생활과 이러한 공동생활을 기초로 하여 생기는 재산의 승계관계를 규율하는 법을 말한다. 이러한 가족법은 친족법과 상속법으로 구성되어 있다. 친족법은 혈족과 인척 등 친족관계 · 혼인관계 · 부모와 자 · 후견 · 부양 등에 관한 규정을 두고 있고, 상속법은 재산상속과 유언에 관하여 규정하고 있다.

Ⅱ. 가족법의 법원(法源)

가족법의 법원으로는 민법 제4편 친족 · 제5편 상속 · 가족관계의 등록 등에 관한 법률 · 가사소송법 · 국제사법 · 혼인에 관한 특례법 · 입양특례법 · 비송사건절차법 · 아동복지법 · 혼인신고특례법 · 소년법 등이 있다.

* 가사소송법

가사에 관한 소송과 비송 및 조정에 대한 절차의 특례를 규정한 법으로서 가사소송사건과 가사비송사건으로 구분된다. 가사소송사건은 가류 · 나류 · 다류사건을, 가사비송사건은 라류 · 마류사건을 말한다.

(1) 가류 가사소송사건

혼인무효 · 이혼무효 · 인지무효 · 친생자관계존부확인 · 파양무효 등으로 조정전치주의가 적용되지 않는다.

(2) 나류 가사소송사건

사실상혼인관계존부확인 · 혼인취소 · 이혼취소 · 재판상이혼 · 부의 결정 · 친행부인 · 인지취소 · 인지에 대한 이의 · 인지청구 · 입양취소 · 파양취소 · 재판상파양으로 조정전치주의가 적용된다.

(3) 다류가사소송사건

약혼해제 · 사실혼관계부당파기 · 혼인 · 이혼 · 입양 · 파양의 무효 · 취소로 인한 손해배상청구.원상회복청구에 관한 것이다.

(4) 라류비송사건

피성년후견 · 부재자재산관리 · 실종 등에 관한 것이다.

(5) 마류비송사건

부부의 동거 · 부양 · 협조 등에 관한 것으로 조정전치주의가 적용된다.

Ⅲ. 가족법의 본질

재산관계를 규율하는 재산법은 타산적 · 임의법적 · 계수적 · 개인법적 · 선택적 · 합리적인 성격을 가지는 반면, 혼인과 친족 등 가족의 생활관계를 규율하는 가족법은 비타산적 · 강행법적 · 관습법적 · 단체법적 · 숙명적 · 비합리적 · 보수적인 성격을 가지고 있다.

Ⅳ. 민법총칙과의 관계

1. 일반론

법원(法源) · 신의성실 · 주소 · 실종 · 물건 · 반사회질서의 법률행위 · 무효행위의 전환 · 기간계산 등은 대체로 가족법에서도 적용된다. 그러나 법인규정 · 의사표시 · 대리 · 조건 · 기한 · 시효에 관한 규정은 거의 적용되지 않는다.

2. 권리능력과 행위능력

태아에게도 상속과 수증능력이 인정된다는 점에서 총칙편의 권리능력에 대한 예외이며, 신분법상의 행위능력은 특별규정이 없는 한 의사능력으로 족하다.

재산법상의 피성년후견인은 제한된 범위내에서만 법률행위를 할 수 있지만, 가족법상 일정한 행위는 의사능력이 있는 피성년후견인이 부모 또는 성년후견인의 동의를 얻어 스스로 할 수 있다. 또한 피한정후견인은 재산법상의 행위능력에 관해 미성년자와 동일하게 제한을 받으나 가족법상의 행위능력에 관해서는 법문상 제한이 없다(다수설).

3. 법률행위(의사표시)

법률행위의 일반원칙 중 상당부분은 가족행위에 적용되지 않고 가족법상의 특칙이 있다. 가족법상 행위가 무효이거나 취소된 때에 선의의 제3자도 보호되지 않는다.

4. 대 리

형성적 가족행위에는 원칙적으로 대리가 허용되지 않으며, 미성년자가 법정대리인의 동의를 얻어서 직접 행한다.

제2관 성과 신분등록

Ⅰ. 성

1. 성의 성질

성(姓)은'성불변의 원칙'에 의해서 원칙적으로 불변하며, 성의 변경은 특수한 경우 이외에는 인정되지 않는다(781조 참조). 그리고 개정국적법이 부모양계 혈연주의를 채택함으로써 부가 외국인인 때에는 모의 성과 본을 따를 수 있게 되었다(781조 2항).

2. 성의 취득과 변경

(1) 성의 취득

부부의 성에 관하여 민법은 아무런 규정을 두고 있지 않으므로 부부는 각자 본래의 성을 그대로 칭하는 것으로 해석된다(통설). 자는 원칙적으로 부의 성과 본을 따른다. 다만, 부모가 혼인신고시 모의 성과 본을 따르기로 협의한 경우에는 모의 성과 본을 따른다(781조 1항). 그리고 부가 외국인인 경우에는 자는 모의 성과 본을 따를 수 있다(781조 2항).

부를 알 수 없는 자는 모의 성과 본을 따른다(781조 3항). 부모를 알 수 없는 자는 법원의 허가를 받아 성과 본을 창설한다. 다만 성과 본을 창설한 후, 부 또는 모를 알게 된 때에는 부 또는 모의 성과 본을 따를 수 있다(781조 4항).

혼인외의 출생자가 인지된 경우 자는 부모의 협의에 따라 종전의 성과 본을 계속 사용할 수 있다. 다만, 부모가 협의할 수 없거나 협의가 이루어지지 아니한 경우에는 자는 법원의 허가를 받아 종전의 성과 본을 계속 사용할 수 있다(781조 5항).

(2) 성의 변경

부모를 알 수 없는 자가 가정법원의 허가를 얻어 성과 본을 창설한 후 부 또는 모를 알게 된 때에는 부 또는 모의 성과 본을 따른다(781조 4항 단서). 한편 이성양자(異姓養子)의 성과 본에 대하여도 성이 변하느냐에 대하여 긍정설과 부정설이 대립한다. 민법에 명문규정은 없으나, 이성양자의 성은 변경되지 않는다고 해석한다. 다만 입양촉진 및 절차에 관한 특례법에서는 양친이 원하는 때에는 양친의 성과 본을 따를 수 있다고 규정한다(동법 7조 1항). 친양자는 양부의 성과 본을 따르게 된다.

또한, 자의 복리를 위하여 자의 성과 본을 변경할 필요가 있을 때에는 부, 모 또는 자의 청구에 의하여 법원의 허가를 받아 이를 변경할 수 있다(2005년 개정에 의해 추가되었으며, 2008년 1월 1일부터 시행). 다만 자가 미성년자이고 법정대리인이 청구할 수 없는 경우에는 민법제777조의 규정에 따른 친족 또는 검사가 청구할 수 있다(781조 6항).

Ⅱ. 호적제도

호적제도는 개인의 신분관계를 기록하고, 이를 공시하는 제도이다. 그러나 2005년 민법 개정에 의해 호주제도가 폐지됨에 따라 기존의 호적제도는 폐지가 되고, 2008년 1월 1일부터 가족관계등록법에 의해 새로운 신분등록제도가 시행되고 있다.

Ⅲ. 가족관계의 등록 등에 관한 법률

2007년 4월 27일 호주제 폐지에 따른 호적법의 대체법으로「가족관계 등록 등에 관한 법률」이 제정되어, 2007년 5월 17일 법률 제8435호로 공포되어 2008년 1월 1일부터 시행되고 있다.

이 법률은 2005년 헌법재판소의 헌법불합치 결정 및 민법 개정으로 호주제가 폐지된 지 2년여 만에 가(家) 중심의 호주제를 대체할 새로운 제도가 확정되어 개인의 존엄과 양성평등의 헌법이념을 구체화할 수 있게 된다. 또한 이 법은 2008년 1월 1일부터 획기적으로 달라진 ① 부성주의 원칙의 수정, ② 성(姓)변경, ③ 친양자 제도 등 새로운 제도의 절차법으로서 역할을 하고 있다.

제2절 친 족

제1관 총 설

Ⅰ. 친족관계

1. 친족의 의의

친족이란 배우자, 혈족 및 인척을 말한다(767조). 각각의 친족에 대해서는 친족의 종류에서 상세하게 설명하기로 한다.

2. 친족의 종류

(1) 배우자

배우자는 혼인으로 결합된 남녀를 말한다. 배우자는 혈족도 인척도 아니며 배우자 사이에는 촌수가 없다. 배우자는 법률상 부부를 말하기 때문에 사실혼관계에 있는 부부는 배우자가 아니다. 그러나 예외적으로 사실혼 부부도 배우자와 같이 보호되는 경우가 있다(주택임대차보호법 9조).

(2) 혈 족

혈족에는 직계혈족과 방계혈족이 있다. 직계혈족이란 자기의 직계존속(부모 · 조부.증조부.고조 등)과 직계비속(자.손자.증손자)을 말하며, 방계혈족이란 자기의 형제자매와 형제자매의 직계비속, 직계존속의 형제자매 및 그 형제자매의 직계비속을 말한다.

(3) 인 척

혼인을 매개로 하여 맺어진 관계로서 혈족의 배우자 · 배우자의 혈족 · 배우자의 혈족의 배우자를 말한다(769조). 1990년 민법개정에 의하여 계모자관계와 적모서자관계를 인척관계로 규정하였다.

[자동차종합보험약관상의 부모에 계모가 포함되는지 여부]

계모는 법률상의 어머니가 아니나, 피보험자의 계모가 아버지의 배우자로 실질적으로 가족의 구성원으로 가족공동체를 이루어 생계를 같이하고, 피보험자의 어머니의 역할을 하면서 피보험자동차를 이용하고 있다. 이 경우 위 특별약관조항을 둔 취지에 비추어 볼 때, 이러한 경우의 계모는 자동차종합보험의 가족운전자 한정운전 특별약관상의 어머니에 포한된다(대판 1997.2.28, 96다53857).

3. 친족의 범위와 촌수

(1) 친족의 범위

친족은 8촌 이내의 혈족, 4촌 이내의 인척, 배우자를 말한다(777조).

1) 8촌 이내의 혈족

8촌 이내의 혈족에는 자기의 직계존속(부모 · 조부모 등)과 직계비속(자 · 손 · 증손 등), 자기의 형제자매, 형제자매의 직계비속(조카 · 생질 · 이질 · 종손 등), 직계존속의 형제자매(백부 · 숙부 · 고모 등), 직계존속의 형제자매의 직계비속(종형제 · 외종형제 · 이종형제 · 종숙 등)을 말한다.

2) 4촌 이내의 인척

혈족의 배우자(계모 · 적모 · 자형 · 매제 · 형 · 백모 · 숙모 등), 배우자의 혈족(시부모 · 처부모 · 시형제자매 등), 배우자의 혈족의 배우자(동서 등)를 말한다.

(2) 촌 수

촌은 친족관계의 긴밀도를 측정하는 법률상의 단위를 의미한다. 즉 친족간의 멀고 가까움을 나타내는 수를 말한다.

1) 혈 족

혈족에 대한 촌수의 계산은 직계혈족간과 방계혈족간이 서로 다르다. 직계혈족사이의 촌수는 양자간의 세수를 촌수로 하고 방계혈족사이의 촌수는 양자에서 가장 가까운 공동시조에 이르는 세수를 통산하여 촌수로 한다. 예를 들어 甲의 손자인 丙과 甲의 형의 아들인 乙의 촌수계산은 甲과 丙사이가 2촌, 甲과 甲의 형 사이가 2촌, 甲의 형과 乙사이가 1촌이기 때문에 乙과 丙의 촌수는 5촌(당숙)이다.

양자는 입양한 때로부터 혼인중의 출생자와 동일한 것으로 본다(772조 1항).

2) 인 척

배우자의 혈족은 배우자의 그 혈족에 대한 촌수와 동일하며, 혈족의 배우자는 그 혈족에 대한 촌수와 동일하다. 또한 배우자의 혈족의 배우자는 촌수계산법을 정하고 있지 않다.

3) 배우자

배우자간에는 촌수가 없다. 즉 영(0)촌이다.

제2관 혼인의 성립

Ⅰ. 서 설

혼인 당사자의 자유로운 의사에 기한 것만이 인정된다. 혼인할 것을 약정하는 약혼도 마찬가지이다. 혼인은 혼인신고를 하여 공적 장부에 등록하는 법정절차를 거쳐야만 법률혼으로써 인정된다. 그러나 약혼의 경우에는 그렇지 않다.

Ⅱ. 약 혼

사례

갑남과 을녀는 중매를 통하여 만났는데, 갑은 일류대학을 졸업하고 대기업에 다니고 있다고 거짓말을 하여, 불과 10일간의 교제를 거쳐 을과 약혼을 하게 되었다. 약혼 후에 을은 갑이 고등학교 밖에 나오지 못하고 조그만 회사에 다닌다는 사실을 알게 되어, 약혼을 해제하고 약혼시에 갑과 갑의 가족에게 준 2천만원 상당의 예물을 반환받으려고 한다.

그러나 갑은 위와 같은 것은 약혼의 해제사유도 아니며, 설사 약혼을 해제한다고 하더라도 예물을 반환받을 수 없다고 한다. 이때 갑과 을의 법률관계는 어떠한가?

1. 의 의

약혼이란 약혼적령에 달한 남녀가 장차 혼인할 것을 약정하는 당사자 사이의 계약이다. 따라서 혼인의 의사 없이 동거생활을 하는 동서(同棲), 실질적인 혼인생활을 하면서 다만 혼인신고만을 하지 않고 있는 사실혼, 혼인할 남녀양가의 주혼자(主婚者)들이 혼인할 당사자를 위하여 혼인시킬 것을 계약하는 정혼, 배우자 있는 남자가 다른 여자와 지속적으로 성적관계를 맺는 부첩관계와 구별되어야 한다.

2. 약혼의 성립

(1) 당사자의 합의

약혼은 혼인하려는 양 당사자의 합의로 성립한다. 관습법상 부모들간의 자녀의 결혼을 약속하는 정혼은 본인의 승낙이 없는 한 무효이다.

(2) 약혼적령

약혼은 만 18세가 되어야 할 수 있다(개정민법 801조 전단). 이러한 연령에 달하였다 하더라도 미성년자가 약혼할 때에는 부모의 동의를 얻어야 한다(개정민법 801조 전단). 부모 중 일방이 동의권이 없으면 타방의 동의를 얻어야 하며(개정민법 801조 후단 · 808조 1항), 부모가 모두 동의권이 없으면 미성년후견인의 동의를 얻어 약혼할 수 있다(개정민법 801조 후단 · 802조). 피성년후견인은 부모 또는 성년후견인의 동의를 얻어 약혼할 수 있다. 이에 위반한 약혼은 취소의 사유가 된다(817조의 유추해석).

(3) 조건 · 기한부 약혼

약혼에 조건이나 기한을 붙이는 것은 선량한 풍속과 사회질서에 반하지 않는 한 허용된다. 통설은 이혼절차를 밟은 후에 혼인을 하자는 약혼이라면 무효가 아니라고 한다.

(4) 강행법규위반 또는 사회질서위반이 아닐 것

배우자 있는 자의 약혼.이중약혼은 원칙적으로 무효이다. 다만 당사자의 일방 또는 쌍방이 법률상.사실상 혼인하고 있는 경우에 그 혼인을 해소한 후에 부부가 된다는 계약은 사정에 따라서 사회질서에 위반하지 않는 한 약혼의 효력이 인정될 수 있다. 근친관계에 있는 자 사이의 약혼은 불능을 목적으로 한 계약이므로 무효이다.

(5) 약혼의 체결형식

약혼의 체결형식에 관하여 민법은 아무런 규정을 두고 있지 않으므로 일정한 형식을 필요로 하지 않는다. 즉 낙성계약이다.

3. 약혼의 효과

(1) 당사자의 의무

약혼은 법적강제에 친하지 아니하여 약혼자의 일방이 혼인의무를 이행하지 않는 경우에 상대방은 법률상 혼인을 강제할 수는 없다(803조). 다만 약혼이 일방적으로 해소된 경우에 정당한 이유 없이 약혼을 부당하게 파기당한 자는 약혼상의 의무를 이행하지 않은 자에 대하여 손해배상을 청구할 수 있다(806조).

(2) 친족관계

약혼은 아무런 친족관계를 발생시키지 않기 때문에, 약혼중의 자는 혼인전의 자로서 혼인중의 출생자가 아니고 혼인 외의 자가 된다. 다만 그 자가 출생한 후에 약혼당사자가 혼인하면 그 자는 準正이 되어 혼인중의 출생자로 된다(855조).

(3) 제3자의 약혼관계의 침해

제3자가 약혼상의 권리를 부당하게 침해한 경우에는 일종의 채권침해로 인한 불법행위가 성립되어 권리를 침해당한 자는 제3자에게 손해배상을 청구할 수 있다.

4. 약혼의 해제

(1) 약혼해제의 사유

당사자의 일방에 다음과 같은 사유가 있는 때에는 상대방은 약혼을 해제할 수 있다(개정민법 804조). ① 약혼 후 자격정지 이상의 형의 선고를 받은 때(1호) ② 약혼 후 성년후견개시나 한정후견개시의 심판을 받은 때(2호) ③ 성병, 불치의 정신병 기타 불치의 병질(病疾)이 있는 때(3호) ④ 약혼 후 타인과 약혼 또는 혼인(사실혼 포함)을 한 때(4호) ⑤ 약혼 후 타인과 간음한 때(제5호) ⑥ 약혼 후 1년 이상 그 생사가 불명한 때(6호) ⑦ 정당한 이유 없이 혼인을 거절하거나 그 시기를 지연하는 때(7호) ⑧ 기타 중대한 사유가 있는 때(8호) 등이다. 통설은 법률상 혼인이 오랫동안 사실상 이혼상태에 있는 경우에 타인과 하는 약혼이 이혼절차를 밟은 후 혼인을 하자는 약혼이라면 무효가 아니라고 한다.

[약혼당사자의 고지의무]

약혼은 혼일할 것을 목적으로 하는 혼인의 예약이므로, 당사자 일방은 자신의 학력·경력 및 직업과 같은 혼인의사를 결정하는데 있어 중대한 영향을 미치는 사항에 관하여 이를 상대방에게 사실대로 고지할 신의칙상의 의무가 있다(대판 1995.12.8, 94므1676·1683).

(2) 약혼해제의 방법

약혼의 해제는 상대방에 대한 의사표시로서 한다(805조 본문). 그러나 상대방에 대하여 의사표시를 할 수 없는 때에는 그 해제의 원인이 있음을 안 때에 해제된 것으로 본다(805조 단서).

(3) 약혼해제의 효과

1) 손해배상의 청구

약혼을 해제한 때에는 당사자일방은 과실 있는 상대방에 대하여 약혼해제로 인한 손해배상을 청구할 수 있다(806조 1항). 약혼해제로 인한 손해배상의 범위는 채무불이행책임이며 재산상 손해와 정신상 고통으로 인한 손해가 포함된다(806조 2항). 정신상 고통으로 인한 손해배상청구권은 양도.승계하지 못하나(806조 3항 본문), 당사자 사이에 이미 그 배상에 관한 계약이 성립되거나 소를 제기한 후에는 일반 재산권과 같이 양도.승계될 수 있다(806조 3항 단서).

[사실혼 파기와 손해배상]

원·피고 사이에의 사실혼관계가 불과 1개월만에 파탄된 경우, 혼인생활에 사용하기 위하여 결혼 전후에 원고자신의 비용으로 구입한 가재도구 등을 피고가 점유하고 있다고 하더라도, 이는 여전히 원고의 소유에 속한다고 할 것이다. 따라서 원고가 소유권에 기하여 그 반환을 구하거나 원상회복으로 반환을 구하는 것은 별론으로 하고, 이로 인하여 원고에게 어떠한 손해가 발생하였다고 할 수 없다(대판 2003.11.14, 2000므1257).

2) 약혼예물의 반환청구

(ⅰ) 약혼예물의 법적 성질

약혼으로 인하여 수수한 예물이나 금품은 약혼의 성립을 입증하는 증거물임과 동시에 혼인의 불성립을 해제조건으로 하는 증여로 보아야 하기 때문에(통설·대판 1994.12.27, 94므895)약혼이 해제되면 당사자는 이를 반환하여야 한다. 따라서 혼인이 성립되어 일정기간 지속되었다면 그 예물은 교부받은 자의 소유에 속한다.

(ⅱ) 예물반환청구권

책임 없는 자가 예물을 반환받을 수 있다는데 이견이 없다. 그러나 유책당사자가 반환청구를 할 수 있는지에 대하여는 견해가 대립한다. 예물은 혼인의 불성립을 해제조건으로 하는 증여이며, 혼인의 불성립이 확정되었을 때에는 약혼해제에 관하여 과실 있는 당사자는 그가 제공한 약혼예물을 적극적으로 반환청구할 권리가 없다는 것이 다수설·판례이다.

이에 대하여 민법은 명문으로 유책당사자의 배상책임을 인정하고 있는데, 그러한 배상책임과 아울러 예물반환청구권도 잃게 한다는 것은 부당하므로 유책당사자도 예물반환청구권을 갖는다는 견해가 있다.

3) 혼인해소후의 약혼예물의 반환

혼인이 성립된 후에 혼인이 해소되더라도 약혼예물의 반환의무는 생기지 않는다. 그러나 판례는 예물의 수령자측이 혼인 당초부터 성실히 혼인을 계속할 의사가 없고, 그로 인하여 혼인의 파국을 초래하였다고 인정되는 등 특별한 사정이 있는 경우에는 신의칙 내지 형평의 원칙에 비추어 혼인불성립의 경우에 준하여 예물반환의무를 인정하고 있다(대판 1996.5.14, 96다5506).

사례해결

갑이 학력과 직업·직종을 속이고 을과 약혼한 것은 을의 입장에서 볼 때, 혼인으로 나아갈 수 없는 중대한 사유로 약혼의 해제사유가 된다(판례). 따라서 을은 갑에게 해제의 의사표시를 함으로써 약혼을 해제할 수 있다.

을이 약혼을 해제하는 경우, 을은 해제의 책임이 있는 갑에게 손해배상을 청구할 수 있다. 또한 약혼시 갑에게 주었던 약혼예물의 반환을 청구할 수 있다. 그러나 을은 귀책사유가 있는 갑으로부터 받은 예물은 반환하지 않아도 된다.

Ⅲ. 혼인의 성립

1. 서 언

혼인이란 당사자 사이의 혼인하려는 자유의사에 기하여 성립하는 혼인계약을 말하며, 이는 일정한 방식에 따라 혼인신고를 함으로써 성립되는 요식행위이다. 우리나라는 법률이 정하는 일정요건을 갖추면 혼인이 성립하는 법률혼주의를 취하고 있다.

2. 실질적 요건

(1) 당사자간의 혼인의사의 합치

혼인이 성립하기 위해서는 양당사자의 혼인하려는 의사의 합치가 있어야 한다(815조 1호).

1) 합의의 내용

혼인을 유효하게 하는 당사자의 혼인에 관한 합의는 무엇을 의미하는가에 관해 학설이 대립한다.

(ⅰ) 형식적 의사설

혼인합의란 혼인신고에 의하여 법률상 부부관계를 형성하려는 양당사자의 의사의 합치를 의미하기 때문에 일정한 신분의 형성을 위하여 신고하려는 의사만 있으면 된다고 한다. 그 근거로는 실질의사는 신고의사에 융합되어 있으므로 실질의사를 별도로 고찰할 필요가 없으며, 신분행위는 신고에 의하여 성립하므로 논리적으로 신고에 관한 합의가 그 요건이 되고, 신고의사만을 효과의사로 보는 편이 공시내용에 관한 제3자의 신뢰를 지킬 수 있다는 점을 들고 있다.

(ⅱ) 실질적 의사설

혼인합의란 당사자간에 그 시대의 사회통념에 비추어 혼인이라고 볼 수 있는 생활공동체를 형성하려는 의사의 합치를 의미한다고 한다(다수설). 즉 법률상 유효한 혼인을 성립게 하는 합의를 말하는 것으로 양성간의 정신적.육체적 관계를 맺는 의사가 있다는 것만으로는 혼인의 합의가 있다고 할 수 없다(대판 1983.9.27, 83므22).

이러한 견해에 따르면 당사자가 실체적 부부관계를 형성할 의사 없이 혼인신고를 하여 혼인의 법률상의 효과의 취득만을 구하는 가장혼인은 무효로 본다. 판례도 실질적 의사설에 입각하여 혼외자를 혼생자화할 목적의 혼인·외국유학목적의 혼인·국적취득목적의 혼인·면직회피목적의 혼인 등을 무효로 보고 있다. 혼인합의는 당사자가 장래 법적으로 승인된 부부공동생활을 영위할 것을 상호 약속하는 것을 내용으로 한다.

따라서 성적결합을 배제하는 약정, 동거하지 않겠다는 약정 등 혼인공동체를 구성하지 않겠다는 의사가 분명한 경우에는 혼인의사가 없다고 본다. 그리고 사기.강박에 의한 혼인, 선량한 풍속이나 사회질서에 반하는 조건부.기한부 혼인 등은 혼인이 아니다.

[사실혼 당사자 사이의 혼인의 의사]

혼인의 합의란 법률혼주의를 채택하고 있는 우리나라 법제하에서는 법률상 유효한 혼인을 성립하게 하는 합의를 말하는 것이므로, 비록 사실혼관계에 있는 당사자 일방이 혼인신고를 한 경우에도 상대방에게 혼인의사가 결여되었다고 인정되는 한 그 혼인은 무효라 할 것이다. 그러나 상대방의 혼인의사가 불분명한 경우에는 혼인의 관행과 신의성실의 원칙에 따라 사실혼관계를 형성시킨 상대방의 행위에 기초하여 그 혼인의사의 존재를 추정할 수 있다.

그러므로 이와 반대되는 사정, 즉 혼인의사를 명백히 철회하였다거나 당사자 사이에 사실혼관계를 해소하기로 합의하였다는 등의 사정이 인정되지 아니하는 경우에는 그 혼인을 무효라고 할 수 없다(대판 2000.4.11, 99므13290).

2) 혼인의사의 존재시기

혼인의사는 혼인신고서를 작성할 때와 신고가 수리될 때에 모두 존재하여야 한다. 따라서 혼인신고서를 제출하기 전에 당사자 일방이 혼인의사를 철회한 경우에는 그 후에 타방 당사자가 그 작성된 신고서를 제출하여 수리되어도 혼인의사의 합치는 없는 것이 된다. 다만 신고서의 도달전 또는 수임인의 신고서 제출전에 당사자 일방이 사망한 때에는 신고서의 사망시에 신고한 것으로 본다(가족관계등록법 41조).

한편 혼인의사가 있음에도 불구하고 신고를 게을리 하고 있는 경우에 당사자 일방이 혼인의사를 철회하지 않는 이상 일방에 의한 혼인신고도 당연무효가 아니다(대판 1980.4.22, 79므77).

(2) 당사자의 혼인적령

만 18세가 된 사람은 부모 또는 후견인의 동의를 얻어 혼인할 수 있다(개정민법 807조). 이때의 연령은 사실상의 연령을 의미하는 것이 아니고 가족관계등록부상의 연령을 의미하는 것으로 보아야 한다(구 호적예규 86호 참조). 부적령의 혼인은 각 당사자 또는 그 법정대리인이 취소할 수 있다(817조).

(3) 부모 등의 동의

1) 미성년자

(ⅰ) 부모의 동의

미성년자가 혼인을 할 때에는 부모의 동의를 얻어야 한다(808조). 동의 없는 신고는 수리가 거부되나 잘못하여 수리되었더라도 혼인은 일단 유효하게 성립한다. 다만 취소할 수 있을 뿐이다(816조). 친생부모와 양부모가 있는 경우에는 양부모의 동의만으로 혼인이 가능하며, 양부모가 모두 사망한 경우에도 친생부모의 동의는 필요 없다.

동의권을 행사하는 부모가 동일호적에 있어야 하는 것은 아니므로, 부모가 이혼한 경우라도 모는 동의권을 갖는다. 또한 부모의 의견이 일치하지 않는 경우에도 부모 쌍방의 동의가 필요하다. 만일 친권자가 친권을 박탈당한 경우에는 동의권이 없다(다수설).

(ⅱ) 후견인의 동의

미성년자가 혼인할 경우 부모가 모두 동의권이 없으면 미성년후견인의 동의를 얻어 혼인할 수 있다(개정민법 808조).

2) 피성년후견인

피성년후견인이 혼인할 때에는 부모 또는 성년후견인의 동의를 얻어야 한다(개정민법 808조 2항). 피한정후견인에 대해서는 명문의 규정은 없으나 성년인 이상 부모의 동의를 요하지 않는다(다수설).

(4) 근친혼 등의 금지

민법 제809조는 8촌 이내의 혈족, 6촌 이내의 혈족의 배우자, 배우자의 6촌 이내의 혈족, 배우자의 4寸 이내의 혈족의 배우자인 인척이거나 이러한 인척이었던 자, 6촌 이내의 양부모계(養父母系)의 혈족이었던 자와 4촌 이내의 양부모계의 인척이었던 자 사이에서는 혼인하지 못하도록 규정하고 있다. 이에 위반한 혼인은 무효로 되거나(815조 2호), 취소할 수 있다(816조 1호). 이러한 범위에 해당하지 않는 한 동성동본인 혈족 사이라 하더라도 혼인할 수 있다.

헌법재판소는 1995년 헌법재판소에 위헌법률심판제청한 사건에 대하여'민법 제809조 1항은 헌법에 합치되지 아니한다'며 헌법불합치결정을 선고했다. 그러나 재판부는'위 법률조항은 입법자가 1998. 12. 31까지 개정하지 아니하면 1999. 1. 1 그 효력을 상실한다. 법원 기타 국가기관 및 지방자치단체는 입법자가 개정할 때까지 위 법률조항의 적용을 중지하여야 한다'고 판시하여 1997. 7. 16부터 사실상 그 효력을 상실하였다(헌재 1997.7.16, 95헌가6내지13 병합).

(5) 중혼의 금지

1) 중혼의 의의

배우자 있는 자는 다시 혼인하지 못한다(810조). 중혼의 여부는 혼인신고를 기준으로 한다. 따라서 사실혼관계에 있는 자가 거듭 신고에 의한 혼인을 하는 것은 중혼이 아니다. 실질적인 부부공동체를 영위하지 않고 단지 혼인신고만을 하거나, 또는 혼인 후 실질적인 부부공동체가 파국을 맞는 경우에도 혼인은 계속중인 것으로 취급된다. 이미 다른 배우자와 혼인신고가 수리되어 혼인중에 있는 자는 다른 자와 혼인신고를 할 수 없다.

2) 중혼이 성립하는 예

(ⅰ) 전혼에 관한 이혼취소심이 진행되는 동안에 타인과 혼인했는데 취소심판이 승소로 확정된 경우(대판 1984.3.27, 84므9), (ⅱ) 이혼심판 승소확정 후 타인과 혼인했는데, 재심청구로 인하여 이혼심판청구를 기각하는 재심판결이 확정된 경우(대판 1985.9.10, 85므35), (ⅲ) 국내와 국외에서 이중으로 혼인한 경우 등이 중혼에 해당된다. (ⅳ) 호적공무원이 잘못하여 이중으로 혼인신고를 수리한 경우(대판 1991.12.10, 91므344), (ⅴ) 실종선고 후 재

혼했는데 실종신고가 취소되어 전혼이 부활한 경우, (vi) 夫의 전사통고를 받은 처가 재혼한 후 전부가 생환한 경우, (vii) 실종선고가 취소된 경우에 재혼(후혼)의 양당사자가 선의인 경우에는 전혼이 부활하지 않으므로 중혼이 발생하지 않으나, 재혼당사자 쌍방이나 일방이 악의이면 전혼이 부활하여 중혼이 발생한다고 보는 것이 다수설의 입장이다.

3) 중혼의 효과

중혼이 되면 당연무효가 되는 것은 아니고, 후혼이 취소원인이 될 뿐이므로 중혼은 유효하게 성립한다. 따라서 중혼자가 사망하면 전혼배우자와 후혼배우자는 모두 상속권이 있으며 중혼자는 양배우자에 대하여 상속권이 있다.

예를 들어 A가 B와 협의이혼하고 C와 혼인하였는데 B와의 협의이혼이 무효로 되었을 경우 A는 C와의 혼인을 취소할 수 있으며, A가 사망하면 B와 C는 모두 상속권이 있고, A 또한 B와 C 모두에 대하여 상속권이 있다.

[부부 중 일방이 제3자와 맺은 사실혼 보호가부]

사실혼이란 당사자 사이에 주관적으로 혼인할 의사가 있고, 객관적으로 사회관념상 가족질서적인 면에서 부부공동생활을 인정할만한 혼인생활의 실체가 있는 경우라야 한다. 법률상 혼인을 한 부부가 별거생활을 하고 있는 상황에서 그 다른 한쪽이 제3자와 혼인의 의사로 실질적인 부부생활을 하고 있다고 하더라도 특별한 사정이 없는 한, 이를 사실혼으로 인정하여 법률혼에 준하는 보호를 할 수는 없다(대판 2001.4.13. 2000다52943).

2. 혼인의 형식적 요건

(1) 혼인신고의 의의

혼인은 가족관계의 등록 등에 관한 법률이 정하는 바에 따라서 신고를 함으로써 그 효력이 생긴다(812조). 신고는 혼인의 성립요건이므로 신고 없는 혼인합의 및 부부공동생활은 원칙적으로 혼인의 효력을 발생시키지 않는다(다수설 · 판례). 따라서 혼인신고가 혼인의 법률관계를 창설하는 창설적 효력을 갖는다고 하며, 혼인의 성립시기는 신고수리시로 본다.

(2) 혼인신고의 방식

혼인신고는 서면 또는 말로 할 수 있다. 혼인신고는 본인의 등록기준지 또는 신고인의 주소지나 현재지에서 할 수 있다(가족관계등록법 20조). 말로 신고하려 할 때에는 신고인은 시 · 읍 · 면의 사무소에 출석하여 신고서에 기재하여야 할 사항을 진술하여야 한다(가족관계의 등록 등에 관한 법률 제31조). 혼인신고는 반드시 당사자 본인이 하여야 하며, 대리인에 의한 신고는 허용되지 않는다(가족관계등록법 31조). 혼인신고는 신분행위이고 일반적으로 신분행위는 대리와 친하지 않기 때문이다. 그러나 본인의 의뢰에 의하여 타인이 대서한 신고라도 일단 수리된 후에는 유효하다는 견해가 있다.

(3) 당사자 일방에 의한 신고의 효력

전쟁 또는 사변에 있어서 전투에 참가하거나 전투수행 등 공무에 종사함으로 인하여 혼인신고를 당사자 쌍방이 하지 못하고, 그 일방이 사망한 경우에는 생존하는 당사자가 가정법원의 확인을 얻어서 단독으로 혼인신고를 할 수 있다. 확인의 관할은 사망한 당사자의 최후의 주소지가 속하는 가정법원이며, 확인을 얻어서 혼인신고를 한 때에는 신고의무자의 일방이 사망한 때에 신고가 있는 것으로 본다(혼인신고특례법 1조-4조).

(4) 외국에서의 혼인신고

외국에 있는 본국민 사이의 혼인은 그 외국에 주재하는 대사.공사 또는 영사에게 신고하면 된다(814조 1항). 이러한 경우에는 그 외국의 법률이 정하는 방식을 이행함으로써 혼인은 유효하게 성립한다(대판 1994.6.28, 94므413). 다만 그 후의 절차에 대해서는 가족관계의 등록 등에 관한 법률에 특별한 규정을 두고 있다(가족관계등록법 35조 · 36조).

[외국법에 의한 혼인신고의 효력]

섭외사법 제15조 1항은 우리나라 사람들 사이 또는 우리나라 사람과 외국인 사이의 혼인이 외국에서 거행되는 경우, 그 혼인의 방식, 즉 형식적 성립요건은 그 혼인거행지의 법에 따라 정하여야 한다는 취지라고 해석된다.

그러므로 그 나라의 법이 정하는 방식에 따른 혼인절차를 마친 경우에는 혼인이 유효하게 성립하고 별도로 우리나라의 법에 따른 혼인신고를 하지 않더라도 혼인의 성립에 영향이 없다(대판 1996.6.28, 94므413).

(5) 조정 · 재판에 의한 혼인신고

사실상 혼인관계에 있는 자는 사실상혼인관계존재확인청구를 할 수 있는데, 그 전에 조정을 신청하여야 하고(가사소송법 2조 · 50조), 조정에 의하여 합의가 이루어지지 않을 때에는 소를 제기할 수 있다(가사소송법 제2조 나류 1호). 판례는 판결에 의한 신고를 창설적 신고로 보고 있으나(대판 1973.1.16, 72므25), 통설은 보고적 신고로 본다.

3. 혼인신고의 수리 · 심사와 효과

담당공무원은 신고 된 혼인이 실질적 요건(807조-811조), 형식적 요건(812조) 및 기타의 법령에 위반함이 없는 때에는 이를 수리하여야 한다(813조). 신고는 담당공무원이 수리함으로써 효력이 생기며, 호적부에 기재되지 않았더라도 혼인은 성립한다(대판 1981.10.15, 81스21). 신고가 수리되면 그것이 법령에 위반하는 것이라 할지라도 일단은 성립하고, 그 경우에는 후술하는 바와 같이 무효 · 취소의 문제가 생긴다.

다만 일방당사자의 서명날인이 빠진 혼인신고의 수리, 또는 증인의 기재가 없는 혼인신고의 수리 등과 같이 비록 신고의 형식적 요건을 결여한 경우에는 혼인의 효력에는 영향이 없고 혼인은 완전히 유효하게 성립하므로 혼인의 취소문제는 발생하지 않는다(다수설).

[별거중인 처의 일방적 혼인신고]

원고가 별거중인 처인 피고에 의한 혼인신고 이후 얼마 지나지 아니하여 그 혼인신고가 된 사실을 알게 되었으면서도 그로부터 24년여가 경과한 제소시까지 혼인신고에 대하여 아무런 이의도 제기하지 아니하였을 뿐 아니라, 오히려 위 혼인신고에 의하여 원·피고가 부부로 된 호적에 소외인과의 사이에 낳은 아이들을 모두 혼인외 출생자로 출생신고를 하였다.

한편 족보를 편찬함에 있어서도 피고를 원고의 처로 등재한 사실 등에 비추어 보면, 비록 원고가 피고와 잦은 부부싸움을 한 끝에 서로 별거를 하게 되고, 별거 후 1년도 채 못 되어 다른 여자와 동거생활을 하여 오면서 그 사이에 자녀까지 출산하였으며, 피고와는 별거하는 상태가 계속되어 왔다고 하더라도, 이러한 사정만으로는 원고가 피고와의 혼인의사를 철회하였다고 단정할 수 없다. 따라서 위 혼인신고는 당사자 사이의 혼인의 합의에 기초하는 것으로서 유효하다고 보아야 한다(대판 1994.5.10, 93므935).

Ⅳ. 혼인의 무효

사례

甲남은 혼인신고 없이 乙녀와 2년 정도 동거하였으니, 혼인신고를 해도 괜찮겠다고 생각하고 乙녀 몰래 혼인신고를 하였다. 이러한 사실을 알고도 乙녀는 계속하여 갑과 부부생활을 하다가 子 병을 낳았다. 그러나 후에 乙녀는 갑에게 도벽과 술주정이 심하다는 것을 이유로 갑·을간의 혼신신고는 무효라고 주장한다.

이 경우에 을의 주장은 타당한가? 만일 혼인신고 후 갑·을이 부부생활을 하지 않고 별거를 하였다면 어떠한가?

1. 의 의

혼인의 무효란 혼인신고는 있었으나, 그것에 기하여 혼인관계가 인정될 수 없는 법정무효사유가 있는 경우에 그 혼인을 처음부터 무효인 것으로 하는 제도이다. 그러나 누구나 당해 혼인이 무효라고 주장할 수 있는 것은 아니고 당사자 및 그 법정대리인 또는 4촌 이내의 친족이다(가사소송법 2조 1항 3호).

2. 무효원인

혼인은 다음 각 호의 경우에는 무효로 한다(815조)고 하여 무효사유에 대하여 규정하고 있다.

(1) 당사자간에 혼인의 합의가 없는 때(1호)

당사자 사이에 혼인할 의사가 없으면 설사 혼인신고가 되었다고 하더라도 무효이다. 예컨대 합의된 내용이 사회통념상 부부관계의 실질을 가지지 못한 경우이다. 즉 동성혼 또는 동거하지 않겠다는 혼인 등은 무효이다. 가장혼인·당사자의 일방 또는 쌍방이 신고의 수리 이전에 혼인의사를 철회한 때·당사자의 일방 또는 쌍방이 사망 후에 혼인신고가 수리되었을 때·당사자의 일방 또는 쌍방의 인적 착오·강제혼인·혼인신고 없이 가족관계등록부에 혼인한 것으로 기재되어 있는 경우 등이 있다.

[혼인의사가 없다고 본 경우]

외국인 을이 갑과의 사이에 참다운 부부관계를 설정하려는 의사 없이 단지 한국에 입국하여 취업하기 위한 방편으로 혼인신고에 이르렀다고 봄이 상당한 경우, 설령 을이 한국에 입국한 후 한 달 동안 갑과 계속 혼인생활을 해 왔다고 하더라도, 이는 을이 진정한 혼인의사 없이 위와 같은 다른 목적의 달성을 위해 일시적으로 혼인생활의 외관을 만들어 낸 것일 보일 뿐이므로, 갑과 을 사이에는 혼인의사의 합치가 없어 그 혼인은 무효로 보아야 한다(대판 2010.6.10, 2010므574).

(2) 혼인이 민법 제809조 1항의 규정에 위반한 때(2호)

8촌 이내의 혈족(친양자의 입양전의 혈족을 포함한다) 사이에서 혼인한 경우 그러한 혼인은 무효이다.

(3) 당사자간에 직계인척관계(直系姻戚關係)가 있거나 있었던 때(3호)

(4) 당사자간에 양부모계의 직계혈족관계가 있었던 때(4호).

3. 혼인무효의 성질

혼인이 무효로 된 경우에 그 무효는 당연무효이기 때문에 처음부터 아무런 효력이 없었던 것처럼 된다(통설 · 판례). 따라서 당사자는 일반원칙에 따라 무효확인의 소를 제기할 수 있고, 그러한 판결이 없더라도 이해관계인은 다른 소송(상속회복청구소송)에서 혼인의 무효를 주장할 수 있다고 한다. 재판에서 무효선언을 하여야 비로소 소급적으로 무효가 된다는 견해가 있다. 이 견해에 의하면 일정한 자에 의하여 무효의 판결이 확정될 때까지는 모든 사람은 그 혼인을 유효한 것으로 취급해야 한다고 본다.

4. 혼인무효의 효과

혼인이 무효로 되면 당사자는 처음부터 부부가 아니었던 것으로 되므로 부부임을 기초로 한 상속 · 권리변동도 무효로 된다. 또한 당사자일방은 과실있는 상대방에 대하여 재산상.정신상의 손해배상청구를 할 수 있다. 양자 사이의 출생자는 혼인외의 출생자가 된다(855조).

그러나 혼인신고가 위법하여 무효인 경우에도 무효인 혼인 중 출생한 자를 그 가족관계등록부에 출생신고하여 등재한 이상 그 자에 대한 인지의 효력이 있다(대판 1971.11.15, 71다1983 참조). 무효혼으로 인한 자의 양육책임과 친권자 결정은 재판상 이혼의 경우와 동일하게 해결하게 된다.

5. 혼인무효확인의 소

혼인무효확인사건은 가사소송법에 따라 조정없이 판결하며 가사소송법에서 따로 관할, 제기권자, 상대방 등에 관하여 규정하고 있다. 판례는 사망 등으로 혼인이 해소된 경우에도 그 혼인의 무효확인청구는 그 혼인관계가 신분상의 관계 또는 재산법상의 관계에 있어 현재의 법률상태에 직접적인 영향을 미치는 경우에는 그 무효확인을 구할 정당한 법률상의 이익이 있다(대판 1978.7.11, 78므7)고 한다.

[혼인무효가 되지 않는 경우]

청구인이 피청구인 A(남자)를 상대로 한 사실혼관계 확인청구사건에서 청구인이 승소하여 항소심에 계속 중, 피청구인 B(여자)가 청구인의 장래에 확정될 판결에 기하여 피청구인 A와의 혼인신고를 방해할 목적으로 혼인신고를 하였더라도 당연무효라 할 수 없다(대판 1973.1.16, 72므25).

6. 무효인 혼인의 추인

(1) 의 의

무효인 법률행위는 추인하여도 그 효력이 생기지 아니하나 당사자가 무효임을 알고 추인한 때에는 새로운 법률행위로 본다(139조). 이러한 재산법에 관한 총칙규정이 신분법에 관하여도 그대로 적용될 수는 없다. 무효인 신분행위에 대하여 다시 추인하더라도 여전히 무효인 것이 원칙이다. 그러나 일정한 경우에는 예외적으로 추인이 가능하다.

(2) 추인의 가능성여부

1) 추인이 불가능한 무효

최근친 사이의 혼인이 무효인 경우에는 혼인당사자가 합의하여 추인하더라도 이는 무효라고 보아야 한다. 왜냐하면 이는 사회질서에 반하는 행위로서 무효이기 때문이다.

2) 추인이 가능한 무효

당사자의 합의 없이 일방당사자가 일방적으로 혼인신고를 한 경우에 그 혼인은 무효이지만, 혼인생활의 실체가 존재하는 상태에서 이를 추인하면 유효하다고 볼 수 있다(다수설). 또한 신고당시에는 가장결혼을 목적하였지만 신고 후 실질적 혼인합의를 하고 부부공동생활을 한 경우에도 그 혼인은 유효하다. 판례도 혼인신고가 일방 당사자가 모르는 사이에 부부생활을 이루어져 무효인 경우에도 그 쌍방 당사자가 그대로 부부생활을 계속한 경우에는 그 혼인을 무효로 할 것이 아니고 추인한 것이라고 보았다 (대판 1995.11.21, 95므731).

그러나 일방적인 혼인신고 후 혼인의 실체 없이 몇 차례의 육체관계로 자를 출산하였다고 하더라도 무효인 혼인을 추인하였다고 보기는 어렵다(대판 1993.9.14, 93므430).

(3) 추인의 판단기준

당사자간에 무효인 신고행위에 상응하는 신분관계가 실질적으로 형성되어 있지도 아니하고 또 앞으로도 그럴 가망성이 없는 경우에는 무효의 신분행위에 대한 추인의 의사표시만으로는 그 무효행위의 효력을 인정할 수 없다(대판 1991.12.27, 91므30).

판례는 일방적인 혼인신고 후 혼인의 실체 없이 몇 차례의 육체적 관계로 자를 출산하였다 하더라도 무효인 혼인을 추인하였다고 보기 어렵다(대판 1993. 4. 19, 93므430)고 한다. 또한 혼인신고가 한쪽 당사자가 모르는 사이에 이루어져 무효인 경우에도 그 후 양쪽 당사자가 그 혼인에 만족하고 그대로 부부생활을 계속한 경우에는 그 혼인을 무효로 할 것이 아니다(대판 1971.11.15, 71다1983).

(4) 추인의 효과

혼인이라는 신분행위가 추인으로 인하여 유효가 될 때에 민법 제139조의 본문처럼 비소급적 효력을 인정할 것인지에 대하여 판례는 신분관계의 형성이라는 신분관계의 본질적 요소를 보호한다는 측면에서 소급적 효력을 인정한다. 즉 무효인 신분행위 후 그 내용에 맞는 신분관계가 실질적으로 형성되어 쌍방 당사자가 이의 없이 그 신분관계를 계속하여 왔다면 그 신고가 부적법하다는 이유로 이미 형성되어 있는 신분관계의 효력을 부인하는 것은 당사자의 의사에 반하여 그 이익을 해칠 뿐만 아니라 그 실질적 신분관계의 외형과 호적의 기재를 믿은 제3자의 이익도 침해할 우려가 있기 때문이다(대판 1999.12.27, 93므430).

사례해결

무효인 혼인에 대하여 예외적으로 추인을 인정할 것인가에 대하여, 다수설과 판례는 이를 인정한다. 따라서 갑의 일방적인 혼인신고는 원칙적으로 무효이지만, 을이 이를 추인하면 혼인은 유효하게 성립된다.

설사 을의 명시적인 추인이 없었다고 하더라도, 을이 혼인신고가 무효라는 것을 알고도 계속하여 부부생활을 하였다면 무효인 혼인에 대한 추인이 있었다고 볼 수 있다. 그러나 무효인 혼인신고 이후에 부부생활이 없었다면 무효혼을 추인하였다고 보기 어렵다.

Ⅴ. 혼인의 취소

1. 혼인취소의 원인

(1) 혼인적령의 미달

혼인적령에 달하지 않은 혼인, 즉 만 18세에 달하지 않은 사람이 혼인한 경우에는 당사자 또는 그 법정대리인이 취소할 수 있다(817조). 그러나 당사자가 혼인연령에 달하거나 혼인중 포태한 때에는 취소권이 소멸된다(819조 유추적용).

(2) 동의가 결여된 혼인

동의권자의 동의를 얻지 않는 미성년자와 피성년후견인의 혼인은 당사자 또는 그 법정대리인이 취소를 청구할 수 있다(817조). 다만 당사자가 만 19세가 된 후 또는 성년후견종료의 심판이 있은 후 3개월이 지나거나 혼인 중에 임신한 경우에는 취소권이 소멸한다(개정민법 819조).

(3) 혼인무효원인 이외의 근친혼 등

6촌 이내의 혈족의 배우자, 배우자의 6촌 이내의 혈족, 배우자의 4寸 이내의 혈족의 배우자인 인척이거나 이러한 인척이었던 자, 6촌 이내의 양부모계(養父母系)의 혈족이었던 자와 4촌 이내의 양부모계의 인척이었던 자 사이의 혼인은 취소할 수 있다. 취소권자는 당사자, 그 직계존속 또는 4촌 이내의 방계혈족이다(817조 후단). 다만, 당사자 사이에 혼인 중 포태한 때에는 그 취소를 청구하지 못한다(820조).

(4) 중 혼

중혼인 경우 당사자 및 그 배우자, 직계혈족, 4촌 이내의 방계혈족 또는 검사가 그 취소를 청구할 수 있다(개정민법 818조 전단). 2012년 개정 전에는 취소청구권자에 직계비속이 포함되지 않았으나 2010년 헌법불합치결정(헌재결 2010.7.25, 2009헌가8) 의견을 반영하여 직계비속도 중혼취소청구권자에 포함시켰다.

후혼의 취소 전에 전혼이 이혼으로 인하여 해소된 경우에는 취소할 수 없게 된다. 전혼의 배우자는 악의의 중혼을 한 자에 대하여 부정행위를 이유로 이혼을 청구할 수 있다. 중혼자가 사망한 후에라도 그 사망에 의하여 중혼으로 인하여 형성된 신분관계가 소멸하는 것은 아니므로 전혼의 배우자는 생존한 중혼의 일방당사자를 상대로 중혼의 취소를 구할 이익이 있다(대판 1991.12.10, 91므535).

(5) 악질 등 중대한 사유가 있는 혼인

혼인당시 당사자 일방에 부부생활을 계속할 수 없는 악질 기타 중대한 사유가 있음을 알지 못하고 혼인한 경우에는 그 혼인은 취소할 수 있다(816조 2호). 그러나 그 사유 있음을 안 날로부터 6월을 경과한 때에는 취소권이 소멸한다(822조).

(6) 사기 · 강박에 의한 혼인

사기·강박으로 인하여 혼인의 의사표시를 한 때에는 그 혼인을 취소할 수 있다(816조 3항). 민법 제110조 2항과 달리 상대방이 그것을 알고 있든 없든 상관없이 취소할 수 있다. 사기·강박으로 인한 혼인은 사기를 안 날 또는 강박을 면한 날로부터 3월을 경과한 때에는 취소권이 소멸한다(823조).

이러한 경우로는 당사자로 하여금 혼인합의에 이르게 하기 위하여 허위의 사실로써 기망하거나 해악을 예고함으로써 공포에 빠지게 하는 방법을 동원하여 합의를 얻어낸 경우가 있다.

2. 혼인취소의 절차

혼인의 취소는 취소권자의 의사표시만으로는 안 되며, 반드시 가정법원에 소의 제기를 통하여 취소할 수 있다(816조). 그리고 혼인취소를 하기 위해서는 먼저 가정법원의 조정이 반드시 선행되어야 한다(가사소송법 50조). 또한 이 취소의 소는 형성의 소이기 때문에 혼인무효의 경우와는 달리 다른 소송상 청구의 전제로서 혼인의 취소를 주장할 수는 없다.

3. 혼인취소의 효과

(1) 장래를 향한 혼인관계의 종료

혼인취소의 판결이 확정되면 혼인은 장래에 향해서만 해소되며, 재산적 법률행위와는 달리 취소의 소급효가 없다(824조). 따라서 혼인중에 부부 일방이 사망하여 상대방이 배우자로서 망인의 재산을 상속받은 후에 그 혼인이 취소되었다고 하여도 그 전에 이루어진 상속관계가 소급하여 무효라거나 또는 그 상속재산이 법률상 원인 없이 취득한 것이라고 볼 수 없다(대판 1996.12.23, 95다48308).

(2) 인척관계의 종료

혼인으로 생긴 인척관계는 그 혼인의 취소로 인하여 종료한다(775조 1항).

(3) 손해배상 및 재산분할청구권

당사자일방은 과실 있는 상대방에 대하여 혼인취소로 인한 재산적 손해 및 정신적 고통의 배상청구가 가능하다(825조). 민법에 준용규정은 없으나, 혼인이 취소된 때에는 일방은 타방에 대하여 재산분할을 청구할 수 있으며(다수설), 그밖에 혼인으로 얻은 재산상의 이득을 상대방에게 반환할 부당이득반환의무도 인정된다(다수설).

(4) 子의 신분과 양육

혼인성립 후 취소될 때까지 사이에 포태한 자는 혼인중의 출생자의 신분을 잃지 않는다. 민법 제837조(이혼과 자의 양육책임) 및 제837조의2(면접교섭권)의 규정은 혼인의 취소의 경우에 자의 양육책임과 면접교섭권에 관하여 이를 준용한다(2005년 개정시 민법 제824조의2 신설).

혼인취소 후의 자의 양육에 관하여는 가정법원이 당사자의 청구에 의하여 그 자를 양육할 자와 양육에 관한 사항을 정할 수 있다(가사소송법 2조 마류사건 3호).

제3관 혼인의 효과

Ⅰ. 서 설

혼인에 의하여 부와 처는 부부라는 생활공동체를 형성하고 그들 사이에는 친족적·재산적 관계에 따른 법률효과가 생긴다. 민법은 이러한 법률효과를 일반적 효과(신분상의 효과)와 재산적 효과로 나누어서 규정하고 있다.

Ⅱ. 혼인의 일반적 효과

1. 친족관계의 발생

혼인에 의하여 부부는 서로 배우자라는 신분을 가지며 친족이 된다(777조 3호). 부부는 상대방의 4촌 이내의 혈족과 4촌 이내의 혈족의 배우자 사이에 서로 인척관계가 생긴다(777조 2호).

2. 부부의 姓

우리 민법은 부부의 성에 관하여 아무런 규정을 두고 있지 않으므로 부부의 성은 변하지 않으며, 각자 본래의 성을 가진다고 해석된다.

3. 동거의무 · 부양의무 · 협조의무

(1) 동거의무

부부는 서로 동거할 의무가 있다(826조 1항 본문). 동거란 주거를 같이하는 단순한 장소적 관계만을 나타내는 것이 아니다. 따라서 주거를 같이하지 않아도 동거는 성립할 수 있다. 동거장소는 부부간의 협의에 의하여 정해지며, 협의가 이루어지지 않은 경우에는 당사자의 청구에 의하여 가정법원이 정한다(826조 2항).

그러나 직업상의 이유 또는 입원 등의 정당한 이유로 별거할 경우에는 서로 인용하여야 한다(826조 1항 단서). 따라서 일방이 저당한 이유 없이 동거를 거부하는 때에는 타방 당사자는 상대방에 대하여 동거청구권이 있다. 그러나 이러한 경우에도 동거를 명하는 직접.간접강제는 허용되지 않고 이혼원인이 될 뿐이다.

(2) 부양의무와 협조의무

부부는 서로 부양하고 협조하여야 한다(826조 1항 본문). 여기서 말하는 부양이란 미성숙의 자녀를 포함하는 부부일체로서의 공동생활에 필요한 것을 서로 공여하는 것을 말한다. 이러한 부양의무는 친족적 부양과는 달라서 일방이 경제적 여유가 있을 때만 부양하는 것이 아닌 무조건적 부양이다. 부부의 공동생활에 필요한 비용의 부담은 당사자 사이에 특별한 약정이 없으면 부부가 공동으로 부담한다(833조).

부부의 어느 일방이 정당한 이유 없이 부양.협조의무를 이행하지 않으면 타방은 이에 대하여 부양청구의 심판을 청구할 수 있으며, 부양이행명령이 있음에도 불구하고 이를 이행하지 않는 경우에는 가사채무의 이행확보절차에 따른 강제집행이 가능하다.

4. 정조의무

민법상 명문의 규정은 없지만 일부일처제와 혼인의 본질상 부부는 서로 정조를 지킬 의무가 있다. 당사자 일방이 정조의무를 위반한 경우, 즉 부정한 행위를 한 경우에는 이혼원인이 되며(840조 1항), 그 일방은 손해배상책임도 부담한다.

그러나 부정행위의 상대방도 배우자있음을 알고서 정을 통한 때에는 공동불법행위자(760조)로서 배상책임을 진다(대판 1967.4.25, 67다99).

5. 성년의제

(1) 의 의

미성년자는 혼인에 의하여 성년에 달한 것으로 본다(826조의2). 성년의제는 혼인생활의 독립성이 부모의 친권행사로 인하여 침해될 위험성을 방지하고, 성년인 혼인당사자 일방이 타방당사자에 대한 후견권을 행사함으로써 부부평등의 원칙을 해함을 막기 위한 것이다. 여기서의 혼인은 법률혼만을 의미하고 사실혼은 포함되지 않는다.

(2) 성년의제의 적용범위

① 혼인한 미성년자는 행위능력을 취득하게 되어 단독으로 법률행위를 할 수 있게 되고, 친권.후견은 종료한다. 따라서 자기의 자에 대하여 친권을 행사할 수 있으며, 타인의 후견인이 될 수 있다.

② 혼인한 미성년자는 후견인의 자격, 유언증인의 능력, 유언집행자가 될 수 있는 자격, 소송능력이 인정된다.

③ 양자를 할 능력에 대해서는 긍정설과 부정설이 대립한다. 긍정설은 혼인을 한 미성년자에게 성인능력을 인정한 이상, 혼인한 미성년자에게 양자를 할 수 있는 능력을 부정할 이유가 없다고 하나, 다수설인 부정설은 양자제도의 취지로 보아 양친이 되기 위해서는 만 20세에 달할 것이 요구된다고 보아야 하기 때문에 양자를 하는 능력이 부정된다고 본다.

④ 성년의제는 민법 이외의 법률에는 적용되지 않는다. 따라서 공직선거법 · 근로기준법 · 미성년자보호법 · 조세법 · 소년법 등에는 성년의제규정이 적용되지 않는다.

(3) 혼인의 해소와 성년의제

혼인에 의하여 성년으로 의제된 자가 성년에 도달하지 아니한 사이에 이혼을 한 경우, 즉 혼인이 해소된 경우 성년의제의 효과는 소멸하지 않는다고 보는 것이 통설적 견해이다. 혼인이 취소된 경우에도 혼인의 해소와 마찬가지로 성년의제의 효과는 소멸하지 않는다.

6. 부부간의 계약취소권(2012. 2. 10.자 민법개정에서 삭제됨)

민법은 부부 사이의 계약은 혼인 중 언제든지 부부의 일방이 이를 취소할 수 있도록 규정하고 있었다(개정전 828조). 이에 따라 부부간의 계약은 제3자의 권리를 해하지 않는 범위안에서 혼인 중 언제든지 부부일방이 계약을 취소할 수 있었다. 하지만 이 때 '혼인중'을 해석함에 있어 대법원은 부부사이의 혼인관계가 원만할 경우로만 제한해서 해석하고 있고, 부부사이가 원만하지 않을 경우에는 '혼인 전의 계약'이나 '혼인 중의 계약'도 취소할 수 없는 것으로 해석하고 있다.

따라서 현행법상의 '혼인 중'은 그 법적 모호성으로 악용될 소지가 있고, 부부관계에서 '혼인 중의 계약'에 한해서만 부부당사자의 판단에 맡기는 것은 법적 일관성이 없어 부부간의 계약이라고 하더라도 민법상의 일반 원칙에 따라 처리하는 것이 바람직하다는 비판이 제기 되었다.

이러한 부부재산계약에 관한 민법 제828조의 규정은 2012. 2. 10. 민법개정에서 삭제되었다.

Ⅲ. 혼인의 재산상 효과(부부재산제)

1. 부부재산제의 의의

부부간의 재산관계를 규율하는 제도를 부부재산제라고 한다. 부부간의 재산관계를 법률이 규제하는 이유는 혼인이 해소되거나 부부의 일방이 제3자와 재산상의 분쟁이 생긴 경우 등에 대비하기 위한 것이다. 부부재산제는 혼인당사자가 계약으로 자유로이 그 재산관계를 정하는'부부재산계약'과 부부재산계약이 체결되지 않은 경우에 법률이 부부의 재산관계를 정하는'법정재산제'로 구별된다. 우리 민법은 양자 모두를 인정하고 있으며 다른 한편 부부평등의 입장에서 순수한 별산제를 채용하고 있다.

2. 부부재산계약

(1) 의 의

부부재산계약이란 장래 혼인을 할 당사자가 혼인 후의 재산적 법률관계를 사전에 합의하는 것으로 부부는 혼인성립 전에 그 혼인중의 재산에 관하여 자유로이 특별한 약정을 할 수 있다(829조).

(2) 요 건

1) 성립시기

부부재산계약은 혼인신고 전에 이루어져야 한다(829조 1항 · 4항). 등기하면 부부의 승계인 또는 제3자에게 대항할 수 있지만(829조 4항) 성립요건은 아니다.

2) 당사자

부부가 계약의 당사자가 된다. 부부재산계약은 혼인과 같은 성질의 신분행위이므로 민법총칙상의 행위능력을 갖추지 않았더라도 혼인적령에 달한 자의 부부재산계약은 유효하다(다수설). 이에 대하여 부부재산계약은 혼인에 부수하는 계약이기는 하지만 재산관계를 정하는 재산계약의 성질을 가지므로 재산행위능력이 필요하다고 보는 견해도 있다.

3) 방 식

계약체결의 방식에는 특별한 제한이 없기 때문에 구두로도 완전히 유효하게 계약을 체결할 수 있다. 등기는 성립요건이 아니라 대항요건일 뿐이다.

(3) 내용의 제한

당사자는 혼인중의 부부재산관계에 대하여 자유롭게 계약을 체결할 수 있다. 그러나 혼인성립 전이나 혼인해소 또는 취소 후의 재산관계를 계약으로 정할 수 없으며 부부재산계약의 내용이 가족질서나 기타 선량한 풍속에 위반하여서도 안 된다. 또한 부부재산계약은 신분행위이므로 조건부나 기한부로 체결할 수도 없다. 그러나 이혼에 대비하여 재산분할의 내용을 미리 정할 수 있다.

(4) 효 과

1) 일반적 효과

부부재산계약이 체결되면 법정재산제(제830조.제831조)에 관한 규정이 적용되지 않는다. 그리고 일상가사대리권을 배제하거나 제한하는 계약은 유효하나 선의의 제3자에게 대항하지 못한다(827조 2항).

2) 계약의 변경과 효력

혼인성립 전에 체결된 재산계약은 혼인 중에는 임의로 변경하지 못한다(829조 본문). 그러나 정당한 이유가 있으면 법원의 허가를 얻어 변경할 수 있다(829조 단서). 그밖에 부부의 일방이 타방의 재산을 관리하는 경우에 부적당한 관리로 인하여 재산을 위태롭게 한 때에는 타방은 자기가 관리할 것을 가정법원에 청구할 수 있고, 부부재산계약 중에 미리 관리자의 변경이나 공유재산의 분할에 관하여 정한 것이 있을 때에는 이에 따라서 관리자를 변경하고 또는 공유재산을 분할할 수 있다(829조 3항).

3) 대항요건

부부재산계약은 혼인성립시까지 등기하지 않으면 부부의 승계인 또는 제3자에게 대항하지 못한다(829조 4항). 계약의 변경이 있는 경우에도 등기는 부부의 승계인 또는 제3자에 대한 대항요건이다(829조 5항).

(5) 부부재산계약의 종료

부부재산계약은 혼인중의 재산계약의 종료와 혼인관계소멸로 인하여 부부재산계약이 종료한다. 그리고 사기 또는 강박에 의하여 계약을 체결하였을 때에는 취소할 수 있다(816조 3호 유추해석).

3. 법정재산제

(1) 의 의

부부가 혼인을 하는데 있어서 부부재산계약을 체결하지 않은 경우 또는 부부재산계약이 무효로 된 경우에는 법정재산제가 보충적으로 적용된다.

(2) 부부별산제

1) 원 칙

부부의 일방이 혼인 전부터 가진 고유재산과 혼인중 자기의 명의로 취득한 재산은 그 자의 특유재산으로 하며(830조 1항), 그 특유재산은 부부가 각자 그 재산을 관리·사용·수익하게 된다(831조). 예를 들어 남편이 자기의 수입으로 구입한 부동산의 소유명의를 처의 명의로 한 경우에도, 그 부동산의 소유권은 부에게 있는 것이지 처의 명의로 등기를 한 사정만으로는 그 부동산을 처의 특유재산이라고 할 수 없다.

2) 귀속불명의 재산

부부 가운데 누구에게 속한 것인지 분명하지 않은 재산은 부부의 공유로 추정하며(제830조 2항), 공동생활에 필요한 가정용품은 부부일방의 수입과 자산으로 구입하더라도 공유재산이 된다. 혼인 중 자기의 명의로 취득한 재산은 특유재산이 되지만, 판례는 이를 완화하여 해석하고 있다. 즉 부부의 일방이 혼인중에 자기명의로 취득한 재산은 그 명의자의 특유재산으로 추정되나, 실질적으로 다른 일방 또는 쌍방이 그 재산의 대가를 부담하여 취득한 것이 증명된 때에는 특유재산의 추정은 번복되어 그 다른 일방의 소유이거나 쌍방의 공유라고 본다(대판 1992.8.14, 92다16171). 또한 일방의 적극적인 재산증식노력이 있었던 경우에도 이를 부부의 공유재산으로 볼 수 있다(대판 1995.10.12, 95다25695).

그러나 추정이 번복되기 위해서는 상대방의 협력이 있었다거나 혼인생활에 내조의 공이 있었다는 것만으로 안 되고, 부부 각자가 대금의 일부씩을 분담하여 매수하였다거나 부부가 연대책임을 부담하여 매수하였다는 등의 실질적 사유가 주장, 입증되어야 한다(대판 1986.9.9, 85다카1337; 대판 1992.12.11, 92다21982).

(3) 혼인생활비용의 부담

부부의 공동생활에 필요한 비용의 부담은 당사자간에 특별한 약정이 없으면 부부가 공동으로 부담한다(833조). 여기서 공동생활에 필요한 비용이란 의식주의 비용.출산비.미성숙 자녀의 양육비 · 교육비 등이다. 가사노동을 제공하는 것으로 이 의무를 대신할 수 있으며, 부담능력이 없는 부부일방에게는 이 의무가 면제될 수 있다.

(4) 일상가사에 관한 법률행위

1) 의 의

부부는 일상의 가사에 관하여 서로 대리권이 있다(827조). 일상가사의 대리권이란 부부가 동거생활을 유지하기 위하여 필요한 범위 내에서 각각 제3자와 법률행위를 하는 것을 말한다. 즉 부 또는 처는 자기의 이름으로 법률행위를 할 수도 있고 부부의 일방이 다른 일방을 대리하여 행할 수도 있다.

2) 일상가사대리권의 성격

일방 배우자의 행위는 실질적으로 가사공동체의 행위이나 형식상 자기 또는 타방의 명의로 행하여지므로 법정대리의 일종으로 보는 것이 통설이다. 이에 대하여 연대책임의 규정에 의한 효과면에서 볼 때 일종의 대표라는 견해도 있다.

3) 일상가사의 범위

일상가사의 구체적인 범위는 부부공동체의 사회적 지위.직업.재산.수입능력 등 현실적 생활상태 뿐만 아니라 그 부부의 생활장소인 지역사회의 관습 등에 의하여 정하여진다고 할 것이나, 일상의 가사에 관한 법률행위인지의 여부를 판단함에 있어서는 그 법률행위를 한 부부공동체의 내부사정이 그 행위의 개별적인 목적만을 중시할 것이 아니라, 그 법률행위의 객관적인 종류나 성질 등도 충분히 고려하여 판단하여야 할 것이다(대판 1997.11.28, 97다31229). 주로 다음과 같이 나누어 볼 수 있다.

(i) 일상가사에 속하는 경우

부부공동생활에 통상 필요한 의식주(식료품구입 · 연료나 의복류구입 · 가옥의 임차), 각종 요금(전기 · 수도 · 전화요금의 지급)이나 세금의 납부 등과 가족의 보건(의료비) · 오락이나 교제 · 자녀의 양육과 교육 등에 관한 사무가 여기에 해당된다. 금전차용에 대하여 판례는 일상가사의 범위 외로 보나, 학설은 가족공동생활을 위하여 필요한 자금인 경우에는 일상가사의 범위에 속한다.

(ii) 일상가사에 속하지 않는 경우

일상생활비로서 객관적으로 타당한 범위를 초과한 소비대차, 전화가입권의 매도담보 · 가옥의 임대 · 순수한 직업상의 사무 · 입원 · 어음의 배서행위 · 자가용차를 구입하기 위하여 타인으로부터 금전을 차용하는 행위(대판 1985.3.26, 84다카1621) 등은 일상가사의 범위에 포함되지 않는다.

부부의 일방이 다른 일방의 명의의 재산을 처분하거나 담보에 제공하는 것은 그것이 일상가사가 되지 않은 이상, 그 처분이나 담보제공의 목적을 묻지 않고 일상가사에 들어가지 않는다.

4) 일상가사로 인한 채무의 연대책임

부부의 일방이 일상의 가사에 관하여 제3자와 법률행위를 한 때에는 다른 일방은 이로 인한 채무에 대하여 연하여 책임을 부담한다(832조 본문). 그러나 일상가사에 관한 채무라도 이미 제3자에 대하여 부부의 다른 일방이 책임 없음을 명시한 때에는 연대책임이 없다(832조 단서). 그러나 일상가사로 인한 연대책임은 통상의 연대채무와는 달리 제3자와의 관계에서는 부담부분에 관한 연대채무의 일반규정(418조 · 421 · 424조)은 적용되지 않는다.

따라서 보통의 연대채무에서는 부담부분에 한하여 다른 연대채무자가 상계할 수 있고, 부담부분에 한하여 면제의 이익을 가지며, 어느 연대채무자에 대하여 소멸시효가 완성한 때에는 그 부담부분에 한하여 다른 연대채무자도 의무를 면하는데 반하여, 부부의 일방은 타방의 채권으로 무제한적으로 상계할 수 있고, 면제의 효과는 전면적으로 발생하며, 일방의 채무의 시효로 인한 소멸은 타방의 채무도 소멸시키게 된다. 또한 혼인해소 후에도 소멸하지 않으나 보통의 연대채무로 변경되어 존속한다.

5) 일상가사의 범위를 넘는 행위와 표현대리

부부의 일방이 일상가사의 범위를 넘어서 법률행위를 한 경우에 민법 제126조의 표현대리를 인정할 것인가가 문제된다.

(i) 민법 제126조 직접적용설

민법 제126조 직접적용설은 일상가사의 범위를 외부에서 정확하게 판단하기 어려우며, 또한 부부의 공동생활의 내부사정에 따라서 그 범위를 한정한다면 제3자를 해칠 우려가 있으며, 그 결과 부부의 공동생활운영을 방해하게 되므로 제3자가 일상가사의 범위라고 믿을 만한 정당한 사유가 있는 경우에는 표현대리를 인정하고 있다(다수설).

(ii) 민법 제126조 유추부정설

민법 제126조를 유추적용하는 견해는 사회통념에 기초한 일반적.추상적인 일상가사의 범위와 당해 가족의 개별적·구체적인 일상가사의 범위에 어긋나는 경우에 일반적.추상적인 일상가사의 범위 내에서만 표현대리의 규정이 유추적용되고, 그 밖의 행위에 대해서는 대리권의 수여가 있는 경우에 한하여 그것을 기초로 표현대리가 적용된다고 한다.

(iii) 판 례

판례는 민법 제126조 직접적용설을 취하고 있다. 다만, 일상가사의 범위를 좁게 해석하면서 상대방이 그 권한 외의 행위에 대하여 타방의 수권이 있음을 믿은 것을 정당화할 수 있는 객관적인 사정이 있는가를 문제 삼아 '정당한 이유'를 부인하는 경향이 있다.

[민법 제126조의 표현대리를 인정한 사례]

① 소외 甲이 해외체류 중인 남편 乙의 대리인으로 부동산을 매수하여 乙의 이름으로 소유권이전등기를 하였다가 위 乙의 인감도장과 그 부동산의 등기권리증 및 부동산명의변경용 인감증명서를 소외 丙에게 교부하여 丙이 그 명의로 소유권이전등기를 마친 것이라면, 위 丙으로서는 甲에게 본건 부동산에 관하여 乙을 대리할 대리권이 있다고 믿을만한 정당한 이유가 있었다고 볼 것이다(대판 1984. 11. 27, 84다310).

② 일상가사대리권 외에 별도의 기본대리권이 있는 처가 근저당권설정등기에 필요한 각종 서류를 소지하고 있는데다가 그 인감증명서가 본인인 남편이 발급받은 것이고, 남편이 스스로 처에게 인감을 보냈음을 추단할 수 있는 문서와 남편의 무인이 찍힌 위임장 및 주민등록증 등을 제시하는 등 남편이 처에게 대리권을 수여하였다고 믿게 할 특별한 사정까지 있었다면, 그 상대방으로서는 처가 남편을 대리할 적법한 권한이 있었다고 믿은 데 정당한 이유가 있다(대판 1995. 12. 22, 94다45098).

[민법 제126조의 표현대리를 부정한 사례]

일반적으로 처가 남편이 부담하는 사업상의 채무를 남편과 연대하여 부담하기 위하여 남편에게 채권자와의 채무부담약정에 관한 대리권을 수여한다는 것은 극히 이례적이므로 민법 제126조의 표현대리의 성립을 인정할 수 없다(대판 1997. 4. 8, 96다54942).

제4관 혼인의 해소

Ⅰ. 의 의

혼인의 해소란 유효하게 성립한 혼인이 그 존속 중에 발생한 원인에 의하여 장래를 향하여 종료하는 것을 말한다. 혼인의 해소원인으로서는 배우자의 사망.실종선고와 이혼이 있다. 혼인의 해소는 혼인 계속 중에 발생하는 것으로 혼인에 성립과정에 하자가 있는 것을 이유로 무효.취소되는 혼인의 무효.취소와는 본질적으로 다르다.

Ⅱ. 사망에 의한 혼인의 해소

1. 배우자관계의 소멸

부부 일방의 사망으로 인하여 혼인이 해소되면 부부라는 신분관계는 소멸한다. 따라서 동거.부양 · 협조.정조의무는 소멸하고 재혼도 할 수 있으며, 부부재산제의 구속도 없어지게 된다. 이혼소송이 계속중이었다면 배우자관계를 전제로 하는 이혼소송은 종료된다(대판 1994.10.28, 94므246). 그러나 소급효가 없으므로 이미 발생한 일상가사로 인한 연대책임에는 영향이 없다.

2. 인척관계

혼인에 의하여 발생하였던 인척관계는 이혼의 경우와는 달리 당연히 소멸하지 않는다. 즉 부부의 일방이 사망한 경우에 생존배우자의 인척관계는 당연히 소멸하는 것이 아니라, 생존배우자가 재혼할 때에 한하여 소멸된다(775조).

3. 실종선고와 잔존배우자의 재혼

실종선고가 있으면 실종기간의 만료시에 사망한 것으로 의제되므로(제28조) 부부의 일방이 실종선고를 받으면 그 실종기간이 만료된 때에 혼인이 해소된다. 그런데 실종선고 후 그 취소 전에 잔존배우자가 재혼한 경우에 전혼과 후혼의 관계가 문제된다.

이에 관하여 통설은 재혼당사자의 일방 또는 쌍방이 악의인 경우에는 전혼은 부활하고 후혼은 중혼이 되어, 전혼에는 이혼원인이 생기고(840조 1항), 후혼은 취소할 수 있게 되며(810조 · 816조 1항 · 818조 전단), 재혼당사자 쌍방이 선의이면 전혼은 부활하지 않고 후혼만이 유효하다고 한다.

Ⅲ. 협의상 이혼

1. 성립요건

(1) 실질적 요건 : 당사자간 이혼의사의 합치

1) 이혼의사의 합치

협의이혼에 있어서 이혼의사는 법률상 부부관계를 해소하려는 의사를 말하므로 것으로 당사자 사이의 이혼의사는 자유로운 의사이어야 하며, 무조건.무기한이어야 한다. 또한 이혼의사는 신고서의 작성시 뿐만 아니라 신고서의 제출시에도 있어야 한다.

2) 이혼의사의 내용

이혼의사의 내용이 무엇인가에 대하여 실질적 의사설과 형식적 의사설이 대립하고 있다. 실질적 의사설은 사회통념상 이혼을 하는 의사, 즉 혼인의 실체를 해소할 의사를 의미한다(다수설). 실질적 의사설에서는 사실상 부부공동생활을 폐지할 의사는 없이 단지 어떤 목적을 달성하기 위하여 협의이혼의사의 확인을 받아 이혼신고를 하는 가장이혼을 무효라고 한다. 반면 형식적 의사설은 요식행위인 법률상 이혼을 하려는 의사, 즉 이혼신고를 하려는 의사를 의미한다고 하여 가장이혼을 유효하다고 한다.

판례는 가장이혼의 효력에 대하여 초기에는 무효라고 하여 실질적 의사설의 입장이었으나(대판 1967.2.7, 66다2542), 최근에는 형식적 의사설에 따르고 있다(대판 1993.6.11, 93므171). 예를 들어 채권자의 집행을 면하기 위해 가장이혼을 신고하여 수리된 경우에도 그 이혼은 유효하다(대판 1975.8.19, 75도1712).

[가장이혼의 효력]

협의이혼에 있어서 이혼의사는 법률상 부부관계를 해소하려는 의사를 말하므로, 일시적으로나마 법률상 부부관계를 해소하려는 당사자간의 합의하에 협의이혼신고가 된 이상 협의이혼에 다른 목적이 있더라도 양자간에 이혼의사가 없다고는 말할 수 없다. 따라서 이와 같은 협의이혼은 무효로 되지 아니한다(대판 1993. 6. 11, 93므171).

3) 의사능력

피성년후견인은 부모나 성년후견인의 동의를 받아 이혼할 수 있다(835조 · 808조). 그러나 미성년자는 혼인으로 인하여 성년으로 의제되므로 부모 등의 동의 없이 이혼할 수 있다. 피한정후견인도 부모 등의 동의가 필요 없다.

(2) 형식적 요건 : 이혼신고

축출이혼의 방지를 위하여 당사자 쌍방의 이혼의사에 대하여 가정법원의 확인을 거치도록 하고 있다(법원이 실질적 심사권을 갖는다). 당사자간의 이혼의 합의와 그에 대한 가정법원의 확인 후 호적법(2008년 1월 1일부터는 가족관계등록법으로 변경)에 정한 바에 의하여 신고함으로써 그 효력이 생긴다(836조).

신고가 수리되지 않으면 이혼의사의 합의만으로 혼인은 해소되지 않으나(대판 1983.7.12, 83므11), 확인이 없는 신고는 수리되더라도 무효가 된다(대판 1994.2.8, 93도2869). 신고는 당사자 쌍방과 성년자인 증인 2인이 연서한 서면으로 하여야 한다(제836조). 판례는 증인의 연서가 위조된 것이라면 그 신고를 접수할 수 없는 것이나, 일단 수리된 이상 그 신고의 효력에는 영향이 없다(대판 1962.11.15, 62다610)고 한다.

(3) 협의이혼의 예약

혼인당사자가 장래에 이혼하기로 하는 약정을 협의이혼의 예약이라고 한다. 그러나 이혼신고 당시에 이혼의사가 존재할 것이 요구되므로 협의이혼의 예약이 존재하더라도 그 효력이 없다(다수설). 따라서 협의이혼의 예약을 이유로 강제이행을 할 수 없으며, 예약위반에 대하여 어떠한 제재도 허용되지 않는다.

2. 협의이혼의 무효와 취소

(1) 무 효

이혼신고가 수리되었으나 당사자 사이에 이혼의사가 없는 경우에 그 협의이혼은 무효이다. 예를 들어 가장이혼을 합의하여 신고한 경우, 당사자 일방 또는 쌍방이 모르는 사이에 이혼신고를 한 경우, 유효하게 이혼신고서를 작성한 후 그 수리전에 이혼의사를 철회한 경우, 의사능력이 없는 심신상실의 상태에서 이혼신고를 한 경우 등이 있다.

이혼무효가 판결로 확정되었을 경우에는 소를 제기한 자가 판결의 확정일로부터 1월 이내에 판결의 등본 및 확정증명서를 첨부하여 호적정정의 신청을 하여야 한다(가족관계등록법 107조).

(2) 취 소

사기 · 강박으로 인한 이혼은 사기를 안 날 또는 강박을 면한 날로부터 「3월」 이내에 이혼의 취소를 가정법원에 청구할 수 있다(838조 · 839조). 이러한 이혼취소는 혼인의 취소와는 달리 「소급효」가 인정된다. 사기 · 강박에 의한 이혼의 취소는 민법총칙규정이 적용되지 않는다. 따라서 이혼의 취소로 선의의 제3자에게 대항할 수 있고, 또 제3자가 행한 사기.강박에 의한 이혼은 상대방 배우자가 선의인 경우에도 취소를 청구할 수 있다(110조).

이혼을 취소하려면 가정법원에 먼저 조정을 신청하여야 한다. 이혼취소가 판결로 확정되었을 때에는 소를 제기한 자가 판결의 확정일로부터 1월 이내에 판결의 등본 및 확정증명서를 첨부하여 그 취지를 신고하여야 한다.

Ⅳ. 사실상의 이혼

1. 의 의

사실상의 이혼이란 혼인신고를 한 부부가 이혼의 합의를 하고 별거 중에 있으면서 이혼신고를 하지 않은 상태를 말한다. 사실상 이혼상태는 재판상 이혼사유가 될 수 있다.

2. 효 과

당사자 사이에는 이혼신고를 기초로 하는 것을 제외하고 이혼과 같은 효과가 인정된다. 따라서 부부간에는 동거.부양.협조.정조의무는 원칙적으로 소멸한다. 또 혼인생활비용도 부담할 필요가 없고, 일상가사에 관한 대리권과 연대책임도 없어진다.

3. 가족관계등록부를 기초로 한 효과

사실상 이혼상태라 하더라도 가족관계등록부상에는 변동이 없으므로 이를 기초로 한 가족관계에는 변동이 없다. 따라서 친족관계는 그대로 존속하며 일반 당사자가 다른 자와 혼인을 하면 중혼이 된다. 그리고 당사자 일방이 사망한 경우에는 다른 일방은 배우자로서의 상속권이 있다.

판례는 사실상 이혼한 처가 이중호적을 취득하여 다른 남자와 혼인하여 동거하고 있다가 전혼의 부의 상속권을 주장한 사안에 대하여 이를 권리남용이라 하여 인정하지 않았다(대판 1987.4.28, 86므130). 또한 자녀에 대한 친권의 행사에도 영향이 없다.

4. 사실상 이혼과 출생자의 지위

사실상의 이혼 후에 출생한 자는 혼인중의 출생자가 된다. 다만 사실상의 이혼 후에 포태한 자는 가족관계등록부상의 부의 자로 추정되지 않고 사실상 이혼 후 300일 이후에 출생한 자는 사실상의 이혼 후에 포태한 것으로 추정된다.

Ⅴ. 재판상 이혼

1. 의 의

재판상 이혼은 법률상 정하여진 이혼원인이 있음에도 불구하고 일방이 이혼에 합의하지 않는 경우에 부부 일방이 타방을 상대로 가정법원에 이혼의 심판을 청구하는 것을 말한다.

2. 재판상 이혼의 원인

(1) 이혼원인에 관한 입법주의

배우자의 일방에게 혼인의무의 위반이 있는 경우에만 상대방에게 이혼청구권를 허용하는 유책주의와 혼인을 계속하기 어려운 사정이 있으면 당사자의 책임유무를 묻지 않고 파탄의 사실을 중요시하여 혼인관계를 해소시키는 파탄주의가 있다.

유책주의에 의하면 이혼소송은 무책당사자로부터 유책당사자에 대하여 제기될 수 있을 뿐이므로, 이혼가능성이 매우 제약된다. 따라서 법적 안정성과 이혼의 일반예방적 효과를 거둘 수 있다. 그러나 이혼사유를 미리 예정한다는 것은 이혼원인이 다양성을 띠고 있는 현실에 적합하지 않고 결혼생활의 파탄은 유책적인 사유에만 기인하지 않는다는 단점이 있다.

이에 대하여 파탄주의는 법관의 재량에 의한 이혼인부의 판단을 승인하며 유책적 이혼원인과 함께 무책적 이혼원인도 긍정하는 점에 특색이 있다. 현행 민법은 상대적 이혼원인주의를 채용하여 예시한 개별적 이혼원인 이외에 혼인을 계속하기 어려운 중대한 사유가 있을 때에도 이혼을 인정하고 있다.

(2) 민법상 이혼원인

1) 배우자의 부정행위

(ⅰ) 배우자의 부정행위는 이혼원인이 된다(840조 1호). 부정행위란 정조의무에 위반하

는 모든 행위를 말하며 간통보다는 넓은 개념이다. 이는 간통까지는 이르지 않았으나 부부의 정조의무에 충실하지 않는 일체의 행위도 포함된다(대판 1963. 3. 14, 63다54). 부정행위는 혼인 후의 행위에 대해서만 말하는 것이고, 그 혼인 전의 행위는 어떠한 행위이든 부정행위가 되지 않는다(대판 1991.9.13, 91므85.92).

[부정한 행위의 의미]

민법 제840조 제1호 소정의 "부정한 행위"라 함은 배우자로서의 정조의무에 충실치 못한 일체의 행위를 포함하며 이른바 간통보다는 넓은 개념으로서 부정한 행위인지의 여부는 각 구체적 사안에 따라 그 정도와 상황을 참작하여 평가하여야 할 것이다. 고령이고 중풍으로 정교능력이 없어 실제로 정교를 갖지는 못하였다 하더라도 배우자 아닌 자와 동거한 행위는 배우자로서의 정조의무에 충실치 못한 것으로서 부정한 행위에 해당한다(대판 1992. 11. 10, 92므68).

(ⅱ) 배우자에게 부정한 행위가 있을 때라도 다른 일방이 사전동의나 사후용서를 한 때에는 이혼청구를 할 수 없다. 그리고 부정한 행위를 안 날로부터 6월 또는 그 사유가 있은 날로부터 2년을 경과한 때에는 이혼을 청구하지 못한다(841조). 부정행위를 한 夫에 대하여 그 사실을 알면서 그의 처가 부부생활을 계속한 경우라 하더라도 夫의 부정한 행위를 용서한 것으로 볼 수 있는 것은 아니다(대판 1955.7.28, 1288민상214).

2) 악의의 유기

(ⅰ) 악의의 유기(840조 2호)란 정당한 이유 없이 동거.부양.협조의무를 이행하지 않는 것을 말한다(대판 1986.5.27, 86므26). 배우자가 악의로 다른 일방을 유기한 때란 배우자가 정당한 이유 없이 서로 동거 · 부양 · 협조하여야 할 부부로서의 의무를 포기하고 다른 일방을 버린 경우를 뜻한다(대판 1998. 4. 10, 96므1434). 여기서 악의는 어떤 사실을 단순히 아는 것뿐만 아니라 사회적으로 비난받기에 충분한 윤리적 요소를 포함하며, 유기는 일시적인 별거나 부조의 해태로서는 부족하고 결정적인 혼인생활의 해태를 의미한다.

(ⅱ) 민법 제840조 6호의 사유는 다른 일방이 이를 안 날로부터 6월, 그 사유가 있는 날로부터 2년을 경과하면 이혼을 청구하지 못한다(842조). 그러나 판례는 파탄주의 이혼법하에서 제척기간의 경과로 인한 이혼청구권의 소멸이란 불합리한 것이므로 제840조 제6호의 사유가 계속하는 한 제척기간은 적용되지 않는다고 한다(대판 1996.11.8, 96므1243).

[악의의 유기와 제척기간]

악의의 유기를 원인으로 하는 재판상 이혼청구권이 법률상 그 행사기간의 제한이 없는 형성권으로서 10년의 제척기간에 걸린다고 하더라도, 피고가 부첩관계를 계속 유지함으로써 민법 제840조 2호에 해당하는 배우자가 악의로 다른 일방을 유기하는 것이 이혼청구 당시까지 존속되고 있는 경우에는 기간경과에 의하여 이혼청구권이 소멸할 여지는 없다(대판 1998. 4. 10, 96므1434).

3) 배우자 또는 그 직계존속에 의한 심히 부당한 대우

부당한 대우란 정신적.신체적 학대 또는 명예의 훼손을 말한다. 그리고 심히란 동거를 계속하는 것이 고통스러울 정도를 의미한다. 즉 혼인관계의 진속을 강요하는 것이 참으로 가혹하다고 여겨질 정도의 폭행이나 학대 또는 중대한 모욕을 받았을 경우를 말한다(대판 1999.2.13, 97므612).

4) 자기의 직계존속에 대한 배우자의 심히 부당한 대우

자기의 직계존속에 대한 배우자의 심히 부당한 대우(제840조 4호)에 해당되는 경우로는 夫가 폭행사실이 없음에도 불구하고 처의 친모를 상대하여 폭행죄로 경찰서에 처벌을 요구하는 고소장을 제출한 경우(대판 1958.10.16, 4290민상828)나 피고가 원고 親生母의 빰을 때리고 발로 찬 경우(대판 1947.5.6, 4280민상37) 등이 있다.

5) 배우자의 3년 이상의 생사불명

(ⅰ) 민법 제840조 제5호에 의한 이혼은 실종선고에 의한 혼인의 해소와는 전혀 다르다. 따라서 실종선고로 인하여 혼인이 해소된 경우에는 그 자가 생환하면 실종선고의 취소로 혼인이 부활되나, 이 경우에는 실종자가 생환하여 실종선고의 취소를 받더라도 구혼관계가 당연히 부활하는 것은 아니다.

(ⅱ) 민법 제840조 제2호 내지 제5호에 의한 이혼청구권에 관해서는 제척기간을 두고 있지 않기 때문에 권리행사에 아무런 제한을 받지 않는지가 문제되지만 제2호 내지 5호의 경우에 민법 제841조 또는 제842조에서 규정하는 단기제척기간이 적용이 없다는 취지일 뿐이지 아무런 제한을 받지 않는다고 할 수는 없다.

판례도 악의의 유기를 원인으로 하는 재판상이혼청구권의 경우 그 이혼청구권은 법률상 행사기간의 제한이 없는 형성권으로서 10년의 제척기간에 걸린다고 한다(대판 1998.4.10, 96므1434).

6) 기타 혼인을 계속하기 어려운 중대한 사유

(ⅰ) 혼인을 계속하기 어려운 중대한 사유란 혼인관계가 심각하게 파탄되어 다시는 혼인에 적합한 생활공동관계를 회복할 수 없는 정도에 이른 객관적 사실이 있고, 이러한 경우에 혼인생활의 계속을 강요하는 것이 일방 배우자에게 참을 수 없는 고통이 있는 경우(대판 1999.2.13, 97므612)를 말한다.

따라서 사소한 감정의 대립이나 임신불능 · 무정자증으로 인한 생식불능 등은 혼인을 계속하기 어려운 중대한 사유가 아니다. 반면 부당한 피임 · 성병 · 이유 없는 성교거부 · 성격불일치 · 불화로 인한 장기간의 별거 · 조울증 · 알콜이나 마약 중독 · 낭비벽 등은 혼인을 계속하기 어려운 중대한 사유에 해당한다.

(ⅱ) 민법 840조 6호의 사유가 있더라도 다른 일방이 이를 안 날로부터 6월, 그 사유가 있은 날로부터 2년을 경과하면 이혼을 청구하지 못한다(842조). 이 기간은 제척기간이다.

[불치의 정신병과 재판상 이혼사유]

가정은 단순히 부부만의 공동체에 지나지 않는 것이 아니고 그 자녀 등 모든 구성원의 공동생활을 보호하는 기능을 가진 것으로서 부부 중 일방이 불치의 정신병에 이환되었고, 그 질환이 단순히 애정과 정성으로 간호되거나 예후가 예측될 수 있는 것이 아니고 그 가정의 구성원 전체에게 끊임없는 정신적·육체적 희생을 요구하는 것이다.

그렇더라도 경제적 형편에 비추어 많은 재정적 지출을 요하고 그로 인한 다른 가족들의 고통이 언제 끝날지 모르는 상태에 이르렀다면, 온 가족이 헤어날 수 없는 고통을 받더라도 타방 배우자는 배우자 간의 애정에 터 잡은 의무에 따라 한정 없이 참고 살아가라고 강요할 수는 없는 것이다. 이러한 경우는 민법 제840조 6호 소정의 재판상 이혼사유에 해당한다(대판 2004. 9. 13, 2004므740).

3. 유책배우자의 이혼청구권

파탄주의 하에서는 당사자의 유책.무책에 관계없이 혼인생활이 회복될 수 없을 정도로 파탄되었다는 객관적 사실만 인정되면 부부 중 어느 일방이라도 이혼청구를 할 수 있다. 그러나 우리 민법하에서 혼인의 파탄에 대하여 전적으로 책임이 있는 배우자(유책배우자)에게 이혼청구권을 인정할지에 대하여 견해가 대립한다.

(1) 이혼청구권 긍정설

유책배우자의 이혼청구를 받아들여 혼인을 해소시켜야 한다는 견해이다. 그 근거로서 근대법상 혼인은 자유의사의 존중을 기초로 하는 이상 그 계속을 강제하는 것은 오히려 반도덕적이며, 실질을 잃어버리고 형식화된 혼인을 법의 강제에 의하여 유지시키는 것은 개인의 인격을 기틀로 하는 혼인의 윤리성에 어긋난다고 한다.

따라서 유책배우자는 상대방에게 손해배상 및 부양을 충분히 하면 된다는 점을 들고 있다. 단 이혼청구권의 행사가 윤리에 어긋날 때에는 권리남용의 법리에 의하여 그 행사가 제한될 수 있다고 한다.

(2) 이혼청구권 부정설

유책배우자가 낸 이혼청구를 배척하여 혼인을 계속시켜야 한다는 견해이다. 혼인의 파탄을 자초하면서 그 해소를 요구하는 것은 신의칙과 권리남용의 원칙, 나아가 도의성에 반하고 이를 허용한다면 축출혼인을 시인하는 결과가 되어 약자인 여성에게 매우 불리하게 된다고 한다. 그리고 상대방에게 이혼하여 배상받는 것보다 혼인을 계속하여 생활비를 부양받고 부부공동생활을 사용하는 편이 유리하기 때문이다.

(3) 이혼청구권 제한적 긍정설

유책배우자의 이혼청구는 원칙적으로 배척되지만, 특수한 사정이 있는 경우에 예외적으로 허용할 필요가 있다는 견해이다(다수설). 그 근거로 이혼의 윤리성, 약자보호 등을 들 수 있다. 이러한 견해는 청구인의 유책적 행위가 혼인파탄의 주요한 원인이 아닌 경우, 모든 사정으로 보아 피청구인에게도 이혼의사가 있다고 판단되는 경우, 혼인파탄의 원인이 청구인과 피청구인에게 같은 정도로 있거나 또는 피청구인 쪽이 더 큰 경우 등에는 예외적으로 이혼을 허용하고 있다.

(4) 판 례

판례는 혼인파탄에 이르게 된 책임이 오로지 청구인에게 있는 경우에는 유책배우자의 이혼청구권을 부정한다(대판 1993.3.9, 92므990). 그러나 남녀가 다시 부부로 돌아가는 것이 불가능하고 부부관계의 파탄에 남편과 아내 모두에게 책임이 있는 경우(대판 1986.3.25, 85므85), 혼인계속과 양립할 수 없는 행위를 하는 등 이혼의 의사가 객관적으로 명백한 경우(대판 1987.4.14, 86므28), 상대배우자가 이혼의 반소를 제기하는 경우(대판 1987.12.8, 87므44), 상대배우자가 내심으로 유책배우자와의 혼인을 계속할 의사가 없으면서도 표면상으로만 이혼에 불응하고 있는 경우(대판 1987.9.22, 86므87) 등에는 제한적으로 유책배우자의 이혼청구권을 인정하고 있다.

Ⅵ. 이혼의 효과

1. 이혼의 효력발생시기와 일반적 효과

(1) 효력발생시기

재판상 이혼은 이혼판결이 확정된 때(보고적 신고), 협의이혼은 가정법원의 확인을 받은 날로부터 3월 이내에 신고한 때(창설적 신고) 비로소 효력이 발생한다(836조 1항).

(2) 일반적 효과

혼인에 의해서 생긴 부부관계는 이혼에 의하여 장래에 향하여 소멸한다. 혼인에 의하여 배우자의 혈족과의 사이에 생긴 인척관계도 소멸한다(775조 1항).

2. 子에 대한 효과

(1) 친권자의 결정

부모가 이혼하는 경우에는 부모의 협의로 친권자를 정하여야 하고, 협의할 수 없거나 협의가 이루어지지 아니하는 경우에는 가정법원은 직권으로 또는 당사자의 청구에 따라 친권자를 지정하여야 한다. 다만, 부모의 협의가 자(子)의 복리에 반하는 경우에는 가정법원은 보정을 명하거나 직권으로 친권자를 정한다.(개정민법 909조 4항).

재판상 이혼의 경우에는 법원이 직권으로 친권자를 정한다(개정민법 909조 5항). 가정법원은 자의 복리를 위하여 필요하다고 인정되는 경우에는 자의 4촌 이내의 친족의 청구에 의하여 정하여진 친권자를 다른 일방으로 변경할 수 있다(개정민법 909조 6항).

(2) 양육권

1) 의 의

양육권이란 아이를 보호하고 교육할 권리의무를 말한다. 양육권에는 아이를 보호.교육할 권리의무뿐만 아니라 보호.교육에 필요한 거소지정.징계 또는 부당하게 자를 억류하고 있는 자에 대한 인도청구권도 포함된다. 양육권에는 양육에 필요한 비용의 부담이 반드시 포함되는 것은 아니기 때문에 양육자가 제3자일 때에는 부모쌍방에 대하여, 양육자가 부모의 일방일 때에는 타방에 대하여 양육비를 청구할 수 있다.

2) 양육권과 친권의 관계

양육권은 원칙적으로 아이를 보호하고 교육할 권리의무만을 의미하는 반면에 친권은 자녀의 신분에 관한 권리의무(가족행위에 관한 대리권과 동의권), 재산에 관한 권리의무(재산관리 · 영업허락), 양육에 관한 권리의무 등을 모두 포함한다. 양육권과 친권은 동일인에 의하여 행사될 수도 있고, 각각 다른 사람에 의하여 행사될 수도 있기 때문에 양육자와 친권자가 다른 경우에는 친권의 내용 중 양육에 관한 사항에 대한 친권자의 권한은 제한되며, 친권자가 이를 임의로 변경할 수 없다(대판 1985.2.26, 84므86). 다만 제3자에 의하여 불법억류된 아이에 대한 인도청구권은 친권자와 양육자가 모두 갖지만 양육권자의 권리가 우선한다.

3) 양육자의 결정

이혼을 하는 당사자는 자의 양육에 관한 사항을 협의에 의하여 결정하여야 한다(837조 1항). 그러나 이러한 협의가 자(子)의 복리에 반하는 경우에는 가정법원은 보정을 명하거나 직권으로 그 자(子)의 의사 · 연령과 부모의 재산상황, 그 밖의 사정을 참작하여 양육에 필요한 사항을 정한다(837조 3항). 양육에 관한 사항의 협의가 이루어지지 아니하거나 협의할 수 없는 때에는 가정법원은 직권으로 또는 당사자의 청구에 따라 이에 관하여 결정한다. 이 경우 가정법원은 제3항의 사정을 참작하여야 한다(837조 4항).

[친권을 행사할 자의 판단기준]

자의 양육을 포함한 친권은 부모의 권리이자 의무로서 미성년인 자의 복지에 직접적인 영향을 미치므로, 부모가 이혼하는 경우에 부모 중 누구를 미성년인 자의 친권을 행사할 자 및 양육자로 지정할 것인가를 정함에 있어서는 미성년인 자의 성별과 연령, 그에 대한 부모의 애정과 양육의사의 유무는 물론, 양육에 필요한 경제적 능력의 유무, 부 또는 모와 미성년인 자 사이의 친밀도, 미성년인 자의 의사 등의 모든 요소를 종합적으로 고려하여, 미성년인 자의 성장과 복지에 가장 도움이 되고 적합한 방향으로 판단하여야 한다(대판 2010.5.13, 2009므1458 · 1465).

4) 양육책임의 내용

양육자는 부모 중 일방이 되는 것이 보통이지만 쌍방이 공동양육하는 것도 가능하며, 그 밖에 제3자에게 양육을 맡기는 것도 가능하다. 아이가 여럿인 경우에 부모가 나누어 양육하는 경우도 많다. 양육책임의 결정은 양육의 범위에 관한 것일 뿐 그 밖의 부모의 권리와 의무에는 아무런 영향을 미치지 않는다(837조 6항).

따라서 상속권.부양의무는 친권자에게 그대로 존속하며, 미성년자가 혼인할 때에는 부모 쌍방의 동의가 필요하고, 자에 대한 법정대리권이나 자의 법률행위에 대한 동의권도 친권자에게 있다.

5) 양육자의 변경

가정법원은 자(子)의 복리를 위하여 필요하다고 인정하는 경우에는 부 · 모 · 자(子) 및 검사의 청구 또는 직권으로 자(子)의 양육에 관한 사항을 변경하거나 다른 적당한 처분을 할 수 있다(837조 5항).

[과거의 양육비]

양육비를 분담시킬 수 없는 특별한 사정이 있는 경우를 제외하고는 양육하는 일방은 상대방에 대하여 현재 및 장래에 있어서의 양육비중 적정금액의 분담을 청구할 수 있음은 물론이고, 부모의 자녀양육의무는 특별한 사정이 없는 한 자녀의 출생과 동시에 발생하는 것이므로 과거의 양육비에 대하여도 상대방이 분담함이 상당하다고 인정되는 경우에는 그 비용의 상환을 청구할 수 있다(대판 1994.5.13, 92스21 전원합의체).

(3) 면접교섭권

1) 의 의

면접교섭권이란 친권자나 양육자가 아니기 때문에 현실적으로 자를 보호.양육하고 있지 않는 어버이가 그 자와 직접 면접.서신교환 또는 기타 접촉하는 권리를 말한다(837조의2). 즉 자를 직접 양육하지 않는 당사자는 자와의 면접교섭권을 가진다. (837조의2). -삭제

2) 법적 성질

면접교섭권의 법적 성질에 관하여 권리로서의 성질을 부인하는 견해도 있으나, 부모에게 주어진 고유의 자연적 권리이면서도 그 구체적인 내용은 양육에 관한 권리로서 실현된다. 또한 면접교섭권은 일신전속적 성질을 가지며 영속적 성질을 가지는 권리로서 합의에 의하여 일시적으로 정할 수 있으나 영원히 포기할 수는 없다. 면접교섭권은 친권과는 달리 반드시 행사하여야 할 의무는 포함하는 것은 아니다.

3) 내 용

면접교섭의 방법은 법문에 규정된 바는 없다. 따라서 구체적인 사정에 따라 자의 복지실현이라는 관점을 고려하여야 한다. 구체적으로는 자와의 면접 · 서신교환 · 전화 · 선물교환. 주말의 숙박 · 휴가중의 일정 기간의 체재 등을 그 내용으로 들 수 있다. 그리고 그 행사는 부모가 협의에 의하여 행사하거나, 협의가 안 되면 가정법원이 당사자의 청구에 의하여 행사방법과 범위를 결정한다(837조).

4) 적용범위

면접교섭권의 규정은 재판상 이혼에 준용되며(843조), 이혼의 취소 또는 인지에 의하여 부모 중 일방이 친권자가 되는 경우에도 준용된다(가사소송법 2조 마류 3호). 그리고 사실혼취소의 경우에도 유추적용된다.

5) 면접교섭권의 제한

가정법원은 자의 복리를 위하여 필요한 때에는 당사자의 청구 또는 직권에 의하여 면접교섭을 제한하거나 배제할 수 있다(837조의2, 2항). 이러한 면제교섭권의 제한·배제는 전면적으로 금지시킬 수도 있고 면접이나 한정된 교섭방법만을 금지시킬 수도 있다.

6) 면접교섭권의 침해에 대한 구제

친권이나 양육권을 가지는 부 또는 모가 상대방의 면접교섭권을 방해하거나 부인하는 경우에 이에 대한 민법상 직접적인 구제방법은 없으나 간접강제는 가능할 것이다. 또한 면접교섭권의 방해.부인이 자의 복리를 현저하게 해하는 경우에는 양육권의 변경이나 친권상실의 사유가 될 수도 있을 것이다.

(4) 子의 신분관계

부모가 이혼하더라도 子와의 신분관계에는 영향을 미치지 않는다. 혼인중에 부의 자를 포태한 처가 이혼 후에 출생한 경우에 그 아이가 혼인중의 출생자임은 혼인중에 출생한 경우와 다름이 없다. 혼인관계종료의 날로부터 300일 내에 출생한 자는 혼인중에 포태한 것으로 추정한다(844조 2항).

3. 재산분할청구권

사례

의대생인 甲은 乙녀와 혼인하여 살면서 을이 직장생활을 하여 얻은 수입으로 의대를 졸업하였고 외과전문의가 되었다. 갑이 전문의가 되자 을은 전업주부로서 육아에만 전념하였다. 그 후 갑은 을이 고등학교 밖에 나오지 못했고, 재산도 없다며 을을 구박하고 친정에 보내기가 일쑤였다. 또한 을을 구타하여 상해를 입히기에 이르렀다. 결국 을은 이혼을 결심하게 되었고 갑 또한 이에 응해 주었다. 을은 갑에게 자신의 도움으로 의대를 졸업하고 외관전문의가 되었으며 공동으로 재산을 형성했기 때문에, 갑 명의로 되어있는 시가 3억원 상당의 아파트에 대하여 그 절반은 자기의 것이라고 주장한다. 그러나 갑은 자신의 재산이지 공동재산이 아니므로, 한 푼도 줄 수 없다고 한다.

이 경우에 갑은 주장은 타당한가? 만일 이혼 후 재산분할청구소송 도중 갑이 사망하고, 전 재산을 갑의 모친인 병이 상속했다면 어떠한가?

(1) 의 의

재산분할청구권이란 부부가 이혼을 한 당사자 일방이 다른 일방에 대하여 재산의 분할을 청구하는 권리를 말한다(839조의2). 재산분할청구권은 부부재산관계의 실질적 평등과 이혼의 자유를 실질적으로 보장하고, 이혼 후 능력 있는 자에게 부양의무를 지게 하여 생활능력이 약한 배우자를 보호하려는 취지에서 입법한 것이다. 재산분할청구소송은 가사비송사건 중 '마류'로 분류하고 있다(가사소송법 2조 나(마)).

(2) 법적 성질

재산분할청구권의 법적 성질에 대하여 혼인중에 취득한 재산은 부부쌍방의 협력에 의한 소산물이므로 이혼시 당연히 그 기여도에 따라 분배되어야 한다는 견해, 혼인생활 중 취득한 재산은 부부의 공유이고 이것을 혼인청산시에 청산하는 것이 재산분할청구권이며, 이 때 이혼 후의 부양청구권의 의미도 포함된 것으로 보아 공유추정된 재산이 빈약한 경우 기타 사정을 참작하여 지분이상으로도 법관이 분할을 명할 수도 있다고 보는 견해(다수설 · 판례), 이혼으로 인하여 생활이 어렵게 된 배우자에 대하여 자력 있는 자가 부양하는 것이 도의적이라는 견해, 유책배우자의 무책배우자에 대한 위자료적 성질을 가지고 있다고 하여 위자료적 요소를 강조하는 견해, 재산을 분할함에 있어서는 재산분배와 이혼후 생활을 유지할 수 있도록 하는 부양적 요소를 모두 고려하여야 한다는 견해가 있다.

(3) 재산분할의 대상

1) 부부간 협력에 의한 재산

재산분할의 대상은 부부간의 협력으로 이룩한 재산이다(839조의2, 2항). 부부간의 협력이란 부부가 맞벌이를 하여 같이 수입을 얻은 것뿐만 아니라 부부일방의 가사노동도 이에 포함된다. 결국 일방 당사자의 명의로 되어 있는 재산이라도 실질적으로 부부의 협력으로 이루어진 것이라면 모두 재산분할의 대상이 된다(대판 1999.6.11, 96므1397). 부부일방의 특유재산일지라도 다른 일방이 적극적으로 그 특유재산의 유지에 협력하여 그 감소를 방지하였거나 그 증식에 협력하였다고 인정되는 경우에는 역시 재산분할의 대상이 될 수 있다(대판 1996.12.23, 95므1192.1208).

또한 제3자 명의의 재산이라도 그것이 부부 중 일방에 이하여 명의신탁된 재산이거나 일방이 실질적으로 지배하고 있는 재산으로서 부부 쌍방의 협력에 의하여 형성된 것이라면 재산분할의 대상이 된다(대판 1993.6.11, 92므1054.1061). 또한 부부의 일방이 별거 후에 취득한 재산이라도 그것이 별거 전에 쌍방의 협력에 의하여 형성된 유형.무형의 자원에 기한 것이라면 재산분할의 대상이 된다(대판 1999.6.11, 96므1397).

2) 장래의 수입

장래의 퇴직금.연금.보험금.손해배상금.재해보상금고 같은 장래의 수입이나 부부 일방이 장차 고액의 수입을 얻을 수 있는 전문자격증을 취득한 경우(의사.변호사의 자격취득)에 대한 협력 · 공헌을 참작하여 분할액수와 방법을 정한다(대판 1997.3.14, 96므1533.1540).

[재산분할과 장래의 퇴직금]

부부 일방이 아직 퇴직하지 아니한 채 직장에 근무하고 있을 경우 그의 퇴직일과 수령할 퇴직금이 확정되었다는 등의 특별한 사정이 없다면, 그가 장차 퇴직금을 받을 개연성이 있다는 사정만으로 그 장래의 퇴직금을 청산의 대상이 되는 재산에 포함시킬 수 없고, 장래 퇴직금을 받을 개연성이 있다는 사정은 민법 제839조의2 제2항 소정의 재산분할의 액수와 방법을 정하는 데 필요한 '기타 사정'으로 참작되면 족하다(대결 2002. 8. 28, 2002스36).

3) 특유재산

부부 일방이 혼인 전부터 가지 고유재산과 그 재산으로부터 증가된 재산, 혼인 중 일방이 상속.증여.유증받은 재산 등과 같은 부부일방의 특유재산은 재산분할의 대상에서 제외되는 것이 원칙이다. 그러나 부부 일방이 특유재산일지라도 다른 일방이 적극적으로 그 특유재산의 유지에 협력하여 그 감소를 방지하였거나 그 증식에 협력하였다고 인정되는 경우에는 재산분할의 대상이 될 수 있다(대판 1998.2.13, 97므1486). 그리고 夫의 상속재산을 기초로 형성된 재산이라 하더라도 취득 및 유지에 처의 가사노동이 기여한 것으로 인정되는 경우 그 재산도 분할의 대상이 된다(대판 1998.4.10, 96므1434).

4) 개인채무

부부의 일방이 혼인 중 제3자에게 부담한 채무는 일상가사에 관한 것 외에는 원칙적으로 개인채무로서 청산의 대상이 되지 않으나 공동재산의 형성에 수반하여 부담한 채무인 경우에는 청산의 대상이 된다(대판 1996.12.23, 95므1192.1208).

예를 들어 혼인생활비용을 위해서 차용한 차용금 등이 이에 해당된다. 판례는 부부 일방이 혼인 중 제3자에 대하여 부담한 부동산에 대한 임대차보증금반환채무는 특별한 사정이 없는 한 재산분할시 청산의 대상이 된다고 한다(대판 1999.6.11, 96므1397).

[재산분할대상의 공동채무]

재산분할에 관한 판결의 이유에서 부부의 공동채무를 처에게 귀속시킨다고 설시한 경우, 그 판결이 그대로 확정된다고 하더라도 그로써 위 채무 중 남편이 부담하여야 할 부분이 처에게 면책적으로 인수되는 법률적 효력이 발생한다고 볼 근거는 없으므로, 위 채무가 모두 처에게 귀속됨을 전제로 이를 재산분할금에 가산하여 재산분할의 판결을 할 수는 없다(대판 1999. 11. 26, 99므1596·1602).

(4) 재산분할청구권의 행사

1) 분할청구권자와 상대방

이혼시 부부 쌍방 모두 분할청구의 당사자와 상대방이 된다. 유책배우자라도 재산분할청구권이 인정된다(대판 1993.5.11, 93스6). 재산분할청구의 당사자는 원칙적으로 부부에 한정되지만 재산분할청구소송도중 당사자가 사망하고 전 배우자의 부모가 상속인인 경우에는 당사자가 될 수 있다.

2) 분할의 절차

재산분할을 할 것인지의 여부, 분할액수, 방법은 원칙적으로 당사자의 협의에 의한다. 재산분할에 관하여 협의가 되지 않거나 협의할 수 없는 때에는 가정법원은 당사자의 청구에 의하여 당사자 쌍방의 협력으로 이룩한 재산의 액수 기타 사정을 참작하여 분할의 액수와 방법을 정한다(839조의2, 2항).

3) 분할의 방법

분할의 방법으로는 재산의 전부 또는 일부를 현물로 양도하는 방법, 일정금액을 일시불로 지급하는 방법, 일정금액을 분할 또는 정기금으로 지급하는 방법, 장래 취득할 봉급, 연금 기타 수입의 일정비율에 대한 청구권을 부여하는 방법 등이 있다.

4) 분할대상의 시기

재산분할산정의 시기는 원칙적으로 사실심변론종결당시의 당사자 쌍방의 재산상태를 기준으로 한다(통설.대판 2000. 9. 22, 99므906). 재판상 분할의 대상이 되는 재산은 이혼당시까지 현존하는 것에 한한다는 판례((대판 1996.11.12, 96므943)도 있다.

한편 학설 가운데는 사정에 따라서는 처의 보호를 위하여 별거한 때 또는 이혼할 때가 기준이 된다는 견해도 있다. 별거 또는 이혼시에는 부부재산이 청산될 것이 예견되고 그 재산이 은닉 · 처분될 우려가 있기 때문이라고 한다.

[분할액의 산정시기]

재판상 이혼시의 재산분할에 있어 분할의 대상이 되는 재산과 그 액수는 이혼소송의 사실심 변론종결일을 기준으로 하여 정하여야 하므로, 법원은 변론종결일까지 기록에 나타난 객관적인 자료에 의하여 개개의 공동재산의 가액을 정하여야 하고, 부부 각자에게 귀속하게 한 재산가액의 비율과 법원이 인정한 그들 각자의 재산분할 비율이 다를 경우에는 그 차액을 금전으로 지급 · 청산하게 하여야 한다(대판 2000. 9. 22, 99므906).

5) 제척기간

재산분할을 법원에 청구할 수 있는 기간은 이혼한 날로부터 2년 내이(839조의2, 3항 · 843조). 이 때 2년이란 기간은 일반 소멸시효가 아니라 제척기간으로서 그 기간이 도과하였는지 여부는 당사자의 주장에 관계없이 법원이 당연히 조사하여 고려할 사항이다(대판 1994.9.9, 94다17536).

[분할대상 액수산정의 시기]

재판상 이혼을 전제로 하는 재산분할에 있어 분할의 대상이 되는 재산과 그 액수는 이혼소송의 사실심 변론종결일을 기준으로 하여 정하여야 한다(대판 2000.5.2, 2000스13).

6) 관련문제

① 위자료청구권과의 관계

재산분할청구권과 유책배우자에 대한 위자료청구권이 양립할 수 있는지에 대하여 재산분할양자는 요건과 성격이 서로 다른 청구권이므로 양립이 가능하다고 보는 한정설(다수설), 재산분할액에 손해배상이 포함된 것으로 이해하여 별도의 위자료청구권을 인정하지 않는 포괄설, 재산분할도 청산.부양.위자료 3개의 청구를 가능한 한 일괄적으로 처리하되, 위자료청구권과 재산분할청구권을 개별적으로 청구하는 것도 가능하다고 보는 제한적 한정설이 대립한다.

② 채권자대위권과의 관계

재산분할청구권에 대하여 채권자대위가 인정될 수 있는지가 문제된다. 재산분할청구권은 사권의 성질을 가지고 있기는 하지만, 협의 또는 심판에 의하여 구체적 내용이 형성될 때까지는 그 범위와 내용이 불확정.불명확하므로, 협의 또는 심판에 의하여 구체적 내용이 형성되기 전의 재산분할청구권을 보전하기 위한 채권자대위권은 행사할 수 없다고 할 것이다.

판례는 재산분할청구권은 협의 또는 심판에 의하여 구체적 내용이 확정될 때까지는 그 범위 및 내용이 불확정.불명확하므로 채권자대위권의 객체가 될 수 없다고 한다(대판 1999.4.9, 98다58016). 이에 대하여 협의 또는 심판에 의하여 구체적 내용을 갖는 채권으로 된 후에는 채권자대위권을 행사할 수 있다는 견해가 있다.

③ 채권자취소권과의 관계

재산분할의무자가 채무초과임에도 불구하고 재산분할이 되었을 경우에는 이 처분이 채권자의 채권을 침해하느냐 여부가 문제되는데, 채권자의 보호도 처의 보호 못지않게 중요하므로 재산분할액이 상당성을 벗어나는 경우에는 채권자취소권을 행사할 수 있다고 할 것이다.

[재산분할과 채권자취소권]

이혼에 따른 재산분할은 혼인중 쌍방의 협력으로 형성된 공동재산의 청산이라는 성격에 상대방에 대한 부양적 성격이 가미된 제도임에 비추어, 이미 채무초과 상태에 있는 채무자가 이혼을 하면서 배우자에게 재산분할로 일정한 재산을 양도함으로써 결과적으로 일반 채권자에 대한 공동담보를 감소시키는 결과로 되어도, 그 재산분할이 민법 제839조의2, 2항의 규정 취지에 따른 상당한 정도를 벗어나는 과대한 것이라고 인정할 만한 특별한 사정이 없는 한, 사해행위로서 취소되어야 할 것은 아니다.

이다만 상당한 정도를 벗어나는 초과부분에 대하여는 적법한 재산분할이라고 할 수 없기 때문에, 이는 사해행위에 해당하여 취소의 대상으로 될 수 있을 것이다/ 위와 같이 상당한 정도를 벗어나는 과대한 재산분할이라고 볼 만한 특별한 사정이 있다는 점에 관한 입증책임은 채권자에게 있다다(대판 2001. 2. 9, 2000다63516).

④ 재산분할청구권의 상속

재산분할청구권은 재산적 성격을 가지므로 당사자의 분할청구에 관계없이 당연히 승계된다. 다만 재산분할청구권의 요소 가운데 부양적 요소에 해당하는 부분은 승계되지 않는다.

⑤ 가집행허용여부

당사자가 이혼이 성립하기 전에 이혼소송과 병합하여 재산분할의 청구를 하고 법원이 이혼과 동시에 재산분할을 명하는 판결을 하는 경우에도 이혼판결은 확정되지 아니한 상태이므로 그 시점에서 가집행을 할 수 없다(대판 1998. 11. 13, 98므1193).

⑥ 재산분할약정이 협의이혼의 성립전제인지의 여부

혼인중 부부가 각자 소유 재산의 반을 서로에게 분배하고 재산분배가 완료된 후 이혼하기로 약정한 경우, 부부가 재산정리를 먼저 한 후 이혼을 하기로 약정하였다고 하더라도 그 약정의 취지는 협의이혼 여부에 관계없이 재산을 분할하겠다는 취지가 아니라, 협의이혼이 성립하는 것을 전제로 재산을 분할하되 협의이혼을 먼저 할 경우 협의이혼 성립 후

부부 일방이 재산분할에 관한 약정을 불이행하여 야기될 수 있는 번거로움을 피하기 위한 것일 뿐이라는 이유로, 그 재산분할약정은 재산분할에 관한 협의로서 여전히 협의이혼의 성립을 조건으로 하고 있다고 하여야 한다(대판 2000. 10. 24, 99다33458).

⑦ 이혼소송계속 중 당사자 일방의 사망시 재산분할청구의 종료여부

재판상의 이혼청구권은 부부의 일신전속의 권리이므로 이혼소송 계속중배우자의 일방이 사망한 때에는 상속인이 그 절차를 수계할 수 없음은 물론이고, 또 그러한 경우에 검사가 이를 수계할 수 있는 특별한 규정도 없으므로 이혼소송은 종료된다. 또한 이혼소송과 재산분할청구가 병합된 경우, 배우자 일방이 사망하면 이혼의 성립을 전제로 하여 이혼소송에 부대한 재산분할청구 역시 이를 유지할 이익이 상실되어 이혼소송의 종료와 동시에 종료된다(대판 1994. 10. 28, 94므246, 94므253).

사례해결

갑이 외관전문의가 되기까지 을이 직장생활을 함으로써 가족의 생계를 유지하고, 갑이 전문의가 되는데 기여하였다고 인정된다. 또한 을이 직장생활을 그만두고 비록 가사에만 전념했을지라도 재산형성에 기여했다고 볼 수 있다.

따라서 을은 갑을 상대로 재산분할을 청구할 수 있다. 갑이 협의에 응하지 않으면 재판을 청구할 수밖에 없을 것이지만, 갑의 주장은 특별한 사정이 없는 한 인용되기 어려울 것이다. 그리고 재산분할청구는 부부에 한정되어 인정되기 때문에 을은 원칙상 갑에 대하여 재산분할을 청구해야 하지만, 재산분할청구소송 도중 갑이 사망하고 병이 상속인이 되었다면, 을은 병을 상대로 재산분할을 청구할 수 있다.

4. 손해배상청구권

재판상 이혼이 성립하면 당사자 일방은 과실 있는 상대방에 대하여 이혼으로 인한 재산적 손해와 정신적 고통으로 입은 손해배상을 청구할 수 있다(제806조.제843조). 그러나 협의상 이혼의 경우에도 배우자의 불법행위로 재산적.정신적 손해를 입은 때에는 손해배상청구권이 인정된다. 위자료청구권은 행사상 일신전속권이고 귀속상 일신적속권은 아니기 때문에 청구권을 행사할 의사가 외부적.객관적으로 명백하게 된 이상 양도나 상속 등 승계가 가능하다(대판 1993. 5. 27, 92므143).

5. 제3자의 불법행위책임

夫가 있는 여성에 대한 강간 또는 강간미수는 동시에 夫에 대한 관계에 있어서도 독자적인 불법행위를 성립시킨다(대판 1965.11.9, 65다1582.1583). 그 여성에게 부가 있다는 것을 가해자가 알고 있었느냐의 여부는 불문한다. 또한 배우자의 일방과 간통한 자는 다른 일방의 배우자에 대하여 불법행위책임을 지며(대판 1967.4.25, 67다99), 제3자가 배우자의 일방에 가담하여 당해 혼인을 파탄에 이르게 한 행위도 다른 일방의 배우자에 대한 불법행위가 될 수 있다(대판 1970.4.28, 69므37). 여기에서 제3자의 간섭은 고의가 있어야 할 뿐만 아니라 어느 정도 이상으로 적극적인 것이어야 할 것이다.

제5관 사실혼

사례

甲남과 乙녀는 결혼식을 홀린 후 동거생활을 하고 있지만 아직 혼인신고를 하지 않았다. 갑·을 모두 직장생활을 하면서 1억원 상당의 아파트를 구입하여 살고 있던 중, 을녀는 갑남이 첫사랑인 丙녀를 만나 병과 동거하느라 자기에게 소홀한 것을 알고 더 이상 갑과 같이 살 수 없다고 생각하였다.

이 경우에 을이 사실혼을 해소함에 있어서, 을이 갑과 병에 대하여 어떠한 권리를 청구할 수 있는가?

Ⅰ. 의 의

사실혼이란 혼인의사가 있고 혼인의 실체도 있으나, 혼인신고가 없기 때문에 법률혼으로 인정받지 못하는 부부관계를 말한다. 즉 혼인의 실질적 요건은 구비되었으나 형식적 요건이 흠결된 경우이다. 사실혼은 장래 부부가 되자는 합의만 있고 부부의 실체가 없는 약혼과는 구별되며, 부첩관계·사통관계와도 다르다.

Ⅱ. 법적 성질

사실혼의 법적 성질에 대하여 신고전의 사실상의 부부관계를 혼인의 예약으로 보았으나(대판 1960.8.18, 4292민상995) 법률혼과 유사한 효과를 발생시키는 준혼관계로 보는 견해가 통설 및 판례(대판 1970.4.28, 69므37)의 입장이다.

Ⅲ. 성립요건

1. 혼인의사의 합치

사실혼이 성립하기 위해서는 부부가 되겠다는 실질적 합의, 즉 사실상의 혼인의사가 존재하여야 한다. 사실혼에서의 혼인의 의사는 우리 사회에서 사회적.관습적으로 정당시되는 부부관계를 맺을 의사를 말한다. 따라서 단지 간헐적으로 정교관계만으로는 비록 그들 사이에 자식이 태어났다 하더라도 서로 혼인의사의 합치가 있었다거나 혼인생활의 실체가 존재한다고는 할 수 없어 사실상의 혼인관계가 성립하였다고 할 수 없다(대판 1984. 8. 21, 84므45).

2. 혼인공동생활의 존재

사실혼은 사실상의 혼인의사 외에 사회통념상 부부공동생활이라고 할 만한 사회적 실체를 형성하고 있어야 한다(대판 1998.12.8, 98므961). 그러나 생활실체가 존재하면 되고 계속적인 동거사실은 반드시 절대적인 요건은 아니다. 판례도 주관적으로 당사자간에 혼인의 의사가 있고 객관적으로 사회관념상이나 가족질서면에서 부부공동생활을 인정할 만한 혼인생활의 실체가 있어야 한다고 한다(대판 1987.2.10, 86므70).

3. 혼인성립요건과의 관계

사실혼은 혼인신고를 제외한 나머지 혼인의 요건들을 갖추고 있어야 한다. 혼인적령 미달자의 사실혼(다만 사실혼에는 성년의제규정이 적용되지 않는다), 부모 등의 동의를 얻지 않고 맺은 사실혼, 재혼금지기간을 무시한 사실혼은 법률상 보호받을 수 있으나, 중혼이 되는 사실혼, 계약부부로서 일정기간 또는 일정목적만을 위하여 계약상 부부로 행세하기 위한 결합, 무효혼에 해당하는 근친간의 사실혼 등은 보호받을 수 없다(대판 1962. 11. 15, 62다631). 다만 근친혼 중에서 취소혼(809조)에 해당하는 사실혼은 법률상 보호받을 수 있다.

Ⅳ. 효 과

1. 부부공동생활에 대한 효과

사실혼에 대하여 혼인의 신분적 효과는 일반적으로 인정되며, 사실혼부부는 서로 동거.부양.협조.정조의 의무가 있다. 또한 일사가사대리 · 일상가사채무의 연대책임(832조), 법정재산제(830조 · 831조) 등이 적용된다.

2. 신고를 전제로 하는 효과

사실혼의 효과에는 혼인의 효과가 유추적용 되지만, 신고를 전제로 한 혼인신고와 관련되는 것은 유추적용 되지 않는다. 즉 사실혼 관계에서는 중혼이 발생하지 않으며 가족관계등록부의 변동이 일어나지 않으므로 친족관계도 발생하지 않는다. 또한 미성년자가 사실혼관계를 맺었다고 하여 성년으로 달한 것으로 볼 수 없다(826조의2). 사실혼의 부부는 후견인이 될 권리.의무가 없으며(932조 · 934조), 부부사이에 재산상속권이 없지만 특별연고자에 대한 분여(1057조의2)는 인정될 수 있을 것이다.

3. 子에 대한 효과

사실혼 중에 출생한 자는 혼인외의 출생자가 된다. 따라서 인지가 없는 한 모의 성과 본을 따르고, 모의 친권에 따른다(781조 2항 · 909조). 다만 부가 인지하면 부의 성과 본을 따른다(781조).

4. 기타 법률에서의 효과

민법 이외의 법률에서 사실혼부부를 법률상의 부부와 동일하게 취급하는 규정이 있다. 근로기준법시행령(61조), 군인연금법(3조), 사립학교교원연금법(2조), 공무원연금법(3조), 선원법(90조)에서는 명문으로 배우자에 사실상 혼인관계에 있던 자를 포함시키고 있다.

Ⅴ. 사실혼의 해소

1. 해소원인

사실혼은 당사자 일방의 사망, 당사자의 합의, 일방당사자에 의한 파기로 인하여 해소된다. 법은 사실혼이라는 실체에 대하여 일정한 보호를 가할 뿐이며 구속력을 인정하지 않기 때문에 당사자 일방은 임의로 이를 해소시킬 수 있다. 판례는 임신불능은 사실혼해소의 정당한 사유가 되지 못한다고 보지만(대판 1966.7.26, 66므10), 성기능불완전은 사실혼(대판 1966. 1. 31, 65므65)의 일방적 해소사유에 해당한다고 본다.

2. 해소의 효과

주택임대차보호법은 사실혼 배우자에게도 임차권과 채권적 전세권의 승계를 인정하고 있다(주택임대차보호법 9조·12조). 합의에 의한 해소는 당사자간에 합의만 있으면 되고 신고 없이 해소된다. 다만, 합의한 내용을 이행하지 않을 때에는 그 이행을 청구할 수 있으며, 재산분할청구권의 규정(839조의2)이 유추적용 된다는 것이 통설과 판례(대판 1995.3.10, 94므1379, 1386)의 입장이다. 사실혼이 정당한 사유 없이 해소된 때에는 유책자가 상대방에 대하여 채무불이행에 의한 손해배상 및 불법행위로 인한 손해배상책임을 지게 된다(대판 1970.4.28, 69므37).

사실혼해소 후의 자의 양육문제에 대해서 학설은 대체로 이혼에 있어서의 자의 양육책임규정을 유추적용하는 것을 인정하지만 판례는 이를 부정한다(대판 1979.5.8, 79므3).

Ⅵ. 사실상 혼인관계 존재확인청구

1. 의 의

사실혼이 성립되었다고 볼 수 있는 상황이 존재함에도 불구하고 당사자 일방이 혼인신고에 협력하지 않는 경우에는 가정법원에 조정을 신청할 수 있고, 조정이 불성립되는 경우에는 사실상혼인관계존재확인청구를 할 수 있다.

이때 존재확인의 판결이 확정되면 원고는 재판의 확정일로부터 1월 이내에 재판서의 등본 및 확정증명서를 첨부하여 신고하여야 한다. 재판에 의한 혼인신고에 대하여 판례는 이를 창설적 신고로 보지만(대판 1973.1.16, 72므25), 다수설은 보고적 신고로 본다.

2. 법적 성질

사실상혼인관계존재확인의 소가 법률혼을 형성하는 형성의 소인가, 아니면 사실혼관계라는 법률관계의 존재를 확인하는 확인의 소인가가 문제된다. 판례는 확정판결이 있다고 해도 이로써 혼인관계가 형성되는 것은 아니고, 호적법에 의한 창설적 신고가 있어야만 비로소 혼인이 성립한다고 하여 확인의 소라는 입장을 취하고 있다(대판 1973. 1. 16, 72므25).

3. 소송계속중의 일방의 제3자와의 혼인신고

사실상혼인관계존재확인의 소가 진행되는 동안 피청구인이 제3자와 혼인신고를 한 경우에 판결의 효력에 소급효를 인정할 수 있는지가 문제된다. 소급한다면 심판에 의하여 신고된 것이 제1의 혼인이 되고 제3자와의 혼인은 중혼으로 취소되지만, 소급하지 않는다면 심판 도중의 제3자와의 혼인신고가 제1의 혼인이 되므로 확정심판에 의하여 신고된 혼인은 중혼이 된다. 판례는 심판확정에 의한 혼인신고의 효력을 창설적 성질을 갖는 것으로 보고, 그 심판의 소급효를 부인하여 심판청구인의 구제의 길을 봉쇄하였다.

4. 당사자 일방이 사망한 후의 존재확인의 소

사실혼관계에 있던 당사자 일방이 사망한 후 과거의 사실혼관계존부확인청구를 하는 경우에 그 청구가 신분관계존부확인청구의 일종이므로 친자관계존부확인청구(제865조)와 인지청구(863조)의 근거규정을 유추적용하여 일방이 사망한 것을 안 날로부터 1년 내에 검사를 상대로 사실혼존재확인청구를 할 수 있다고 하였다(대판 1983.3.8, 81므76).

사례해결

사례에서 갑과 을은 사실혼관계의 성립요건을 갖추었다고 보여 진다. 따라서 사실혼관계의 해소시에 을은 갑을 상대로 재산분할을 청구할 수 있다(통설·판례). 또한 사실혼을 부당하게 파기한 갑에 대해 을은 채무불이행 또는 손해배상을 청구할 수 있다. 그리고 병이 갑·을의 사실혼관계를 알거나 알 수 있었던 경우, 병에게도 불법행위로 인한 손해배상을 청구할 수 있다.

제3절 부모와 자

제1관 서 설

친자관계에 관한 민법의 규제내용은 어떠한 사람 사이에 친자관계가 존재하는지, 그리고 친자관계가 있는 사람들 사이에는 어떠한 법률적 효과가 생기는지에 관한 것이다. 민법상 친자관계는 자연의 혈연관계에 있는 친생자와 법률상 친생자로 의제되는 법정친자가 있다. 자는 원칙적으로 부의 성과 본을 따른다. 다만, 부모가 혼인신고시 모의 성과 본을 따르기로 협의한 경우에는 모의 성과 본을 따른다(781조 1항). 다만, 부를 알 수 없는 자는 모의 성과 본을 따른다(781조 3항). 부가 외국인인 경우에는 자는 모의 성과 본을 따를 수 있다(781조 2항).

제2관 친생자

Ⅰ. 혼인중의 출생자

1. 의 의

법률혼의 부부 사이에서 잉태하여 출생하였다고 법률이 인정하는 아이를 혼인중의 출생자라고 한다. 이러한 혼인중의 출생자는 그 신분취득이 출생에 의하느냐의 여부에 따라 生來의 혼인중의 출생자와 준정에 의한 혼인중의 출생자로 나뉜다.

생래의 혼인중의 출생자란 혼인관계에 있는 남녀간의 출생자이다. 즉 부모의 혼인성립 후에 출생한 자이어야 한다. 그러나 혼인해소 후에 출생하여도 상관없다. 준정에 의한 혼인중의 출생자란 법률상 혼인관계가 없는 부모 사이에 출생한 자가 그 부모의 혼인을 원인으로 하여 혼인중의 출생자의 신분을 취득하는 자를 말한다.

2. 친생자 추정을 받는 혼인중의 출생자

민법은 자가 친생자추정을 받느냐의 여부에 관하여 포태주의를 채택하고 있다. 따라서 부모가 혼인 중에 포태한 자는 설사 이혼 후에 출생하더라도 친생자의 추정을 받지만, 혼인 전에 포태한 자는 혼인성립 후에 출생하더라도 친생자추정을 받지 못한다.

(1) 요 건

1) 모가 혼인관계중일 것

자의 모가 혼인관계에 있거나 있었던 처이어야 한다. 혼인관계의 유무는 혼인신고에 의한 가족관계등록부의 기재로 쉽게 확인할 수 있다. 혼인취소의 경우에는 그 효과가 소급하지 않으므로(824조) 그 혼인관계 중에 출생한 자는 혼생자이다.

2) 혼인중 포태한 자일 것

처가 혼인 중에 포태한 자이어야 한다(844조). 혼인성립의 날로부터 200일 후 또는 혼인관계종료의 날로부터 300일 내에 출생한 자는 혼인 중에 포태한 것으로 추정한다(844조 2항). 혼인성립의 날 이란 혼인신고의 날을 의미하지만 사실혼성립의 날도 포함된다(통설·판례). 따라서 혼인 성립 후 200일을 경과하지 않았으나 사실혼 성립 후 200일 이후에 출생한 자는 친생자추정을 받게 된다.

3) 夫의 자일 것

모가 그 부와의 성적 교섭에 의하여 포태한 자이어야 한다. 처가 혼인 중에 포태한 자는 남편의 子로 추정한다(844조 1항).

[친생추정이 미치는 범위]

민법 제844조는 부부가 동거하여 처가 부의 자를 포태할 수 있는 상태에서 자를 포태한 경우에 적용되는 것이고, 부부의 한쪽이 장기간에 걸쳐 해외에 나가 있거나 사실상의 이혼으로 부부가 별거하고 있는 경우 등 동거의 결여로 처가 부의 자를 포태할 수 없는 것이 외관상 명백한 사실이 있는 경우에는 그 추정이 미치지 아니한다.

그러므로 이 사건에 있어서 처가 가출하여 부와 별거한 지 약 2년 2개월 후에 자가 출산하였다면, 이에는 민법 제844조의 추정이 미치지 아니하여 친자관계부존재확인소송을 제기할 수 있다(대판 1983. 7. 12, 82므59).

(2) 효 과

친생추정에 의하여 취득한 혼생자의 지위는 매우 확고하다. 친생자추정을 받은 아이는 母와 그의 夫 사이에서 생긴 친생자로 다루어진다. 친생추정은 호적의 기재여하에 불구하고 미치는 것이 원칙이다. 즉 타인의 아이로 신고되어 있건 출생신고가 되어 있지 않건 불문한다. 그러나 만약 아이가 모의 남편의 자식이 아니라고 하기 위해서는 소외에서 관철할 수는 없으며, 반드시 친생부인의 訴를 제기하여 부인의 판결을 받아야 하며, 친자관계부존재확인의 소에 의할 수는 없다.

3. 친생자추정을 받지 않는 혼인중의 출생자

혼인이 성립한 날로부터 200일이 되기 전에 출생한 부의 자는 친생자로 추정받지 못한다. 또한 200일 후 혼인관계종류의 날로부터 300일 이내라고 할지라도 사실상 이혼상태에서 남남처럼 살고 있으면서 아직 이혼신고가 되지 않고 있는 사이에 출생한 자, 부가 실종중이거나 생사불명의 사유로 재판상 이혼을 한 경우에 출생한 자, 부가 해외체재 중이었거나 재감 중에 있었는데 출생한 자는 친생자로 추정받지 못한다. 이러한 경우에 친생자부인의 방법은 친생부인의 소가 아닌 친생자관계부존재확인의 소에 의한다.

그런데 혼인신고 전에 사실혼관계가 선행하여 그 출생이 사실혼성립의 날로부터 200일 후인 경우에는 친생자의 추정을 받는다고 해석하여 이러한 자는 친생부인의 소에 의하지 않는 한 친생자임을 부인할 수 없다고 하는 것이 학설과 판례의 입장이다.

4. 친생부인의 소

(1) 의 의

친생부인의 소란 민법 제844조의 혼인중의 출생자로 추정받는 자가 실질적으로 그 부부 사이의 子가 아닌 경우, 남편이 그 친생자임을 부인하는 재판절차를 말한다.

(2) 소의 성질

친생부인의 소는 친생자추정의 소급소멸이라는 형성적 효력을 발생시키는 형성의 소이다. 따라서 친생자추정을 받지 않는 자에 대한 친생부인의 소는 형성대상의 결여로 부적법 각하하여야 한다. 그러나 친생자관계부존재확인의 소로 변경하는 것은 가능하다.

(3) 친생부인의 소의 요건

1) 친생부인의 원인

친생부인의 소가 허용되기 위해서는 부부의 일방은 자신이 그 자의 부 또는 모가 아니라는 것을 입증하여야 한다. 처가 혼인중에 포태한 자일지라도 그 포태기간중에 부부의 동거가 없었을 경우에는 친생자로 추정되지 않아 친생자관계부존재확인의 소로써 다툴 수 있다.

2) 청구권자

친생부인의 소는 夫 또는 妻가 청구권자가 된다(847조 1항).

夫 또는 妻가 피성년후견인인 경우에는 성년후견인이 성년후견감독인의 동의를 받아 친생부인의 소를 제기할 수 있다. 성년후견감독인이 없거나 동의할 수 없을 때에는 가정법원에 그 동의를 갈음하는 허가를 청구할 수 있다(개정민법 848조 1항). 성년후견인이 친생부인의 소를 제기하지 아니하는 경우에는 피성년후견인은 성년후견종료의 심판이 있은 날부터 2년 내에 친생부인의 소를 제기할 수 있다(개정민법 848조 2항).

夫 또는 妻가 유언으로 부인의 의사표시를 한 때에는 유언집행자가 제소하여야 한다(850조). 夫가 자의 출생전에 사망하거나 夫 또는 妻가 제847조제1항의 기간내에 사망한 때에는 夫 또는 妻의 직계존속이나 직계비속에 한하여 그 사망을 안 날부터 2년내에 친생부인의 소를 제기할 수 있다(851조).

3) 소의 상대방

친생부인의 소의 상대방은 子 또는 부부 일방이다(847조 1항). 상대방이 될 자가 모두 사망한 때에는 그 사망을 안 날부터 2년내에 검사를 상대로 하여 친생부인의 소를 제기할 수 있다(847조 2항). 또한 자가 사망한 후에도 그 직계비속이 있을 때에는 그 모를 상대로, 그 모가 없으면 검사를 상대로 부인의 소를 제기할 수 있다(849조).

4) 제소기간

친생부인의 소는 친생부인의 사유가 있음을 안 날부터 2년내에 제기하여야 한다(847조). 이는 친생부인의 소의 제소기간 제한규정에 대하여 헌법재판소가‘친생부인의 소의 기산점을 단지‘그 출생을 안 날로부터 1년 내’라고 규정한 것은 부에게 매우 불리한 규정일 뿐만 아니라 현저히 짧은 것이어서, 부의 인격권, 행복추구권 및 개인의 존엄과 양성의 평등에 기초한 혼인과 가족생활에 관한 기본권을 침해하고 입법재량의 한계를 넘는 것으로서 위헌’이라고(헌재결 1997.3.27, 95헌가14)라고 판단하여 헌법불합치결정을 내린 후 개정되었다.

(4) 친생부인권의 소멸

자의 출생후에 친생자임을 승인한 자는 다시 친생부인의 소를 제기하지 못한다(852조). 그리고 친생자의 승인이 사기 또는 강박으로 인한 경우에도 취소할 수 있으나(854조), 자의 보호를 위하여 소급효는 없다.

(5) 친생부인의 소의 제기절차

친생부인의 방법은 가정법원의 판결로 하지 않으면 안 된다. 친생부인의 소를 제기하려고 하는 경우에도 출생신고를 하여야 하며(가족관계등록법 47조), 이러한 출생신고를 하였다고 하여 출생자인 것을 승인한 것이 되지는 않는다.

[친생자관계부존재확인의 소의 제기 가부]

민법 제844조 1하의 친생추정은 반증을 허용하지 않는 강한 추정이므로, 아내가 혼인중에 포태한 이상 예외적인 사유가 없는 한 누구라도 그 자가 남편의 친생자가 아님을 주장할 수 없다.

그러므로 이와 같은 추정을 번복하기 위하여는 남편이 민법 제846조·847조에서 규정하는 친생부인의 소를 제기하여 그 확정판결을 받아야 한다. 이러한 친생부인의 소가 아닌 민법 제865조의 친생자관계부존재확인의 소에 의하여 그 친생관계의 부존재확인을 구하는 것은 부적법하다(대판 2000.8.22, 2000므292).

(6) 친생부인판결의 효력

남편이 부인하는 주장이 판결에 의하여 확정되면 자는 혼인외의 출생자가 된다. 그 효과는 형성적인 것이므로 제3자에 대해서도 효력을 가진다. 그 이전에는 제3자는 선결문제로서도 부의 자가 아님을 주장할 수 없다.

5. 父를 정하는 소

(1) 의 의

재혼한 여자가 자를 출생한 경우에 전혼과 후혼간에 친생자추정의 중복이 생길 수 있다. 이러한 경우에는 친생자의 결정을 당사자의 청구에 의하여 가정법원이 이를 정하도록 하였다(845조).

(2) 당사자

소의 제기할 수 있는 자는 자·모·모의 배우자 또는 그 전 배우자이며, 소의 상대방은 자가 제기하는 경우에는 모.모의 배우자 및 그 전 배우자이고, 모가 제기하는 경우에는 그 배우자 및 전배우자이다. 그리고 모의 배우자가 제기하는 경우에는 모 및 그 전 배우자이며, 전 배우자가 제기하는 경우에는 모 및 그 배우자이다. 상대방이 될 자 중에 사망한 자가 있을 때에는 생존자를 상대방으로 하고 생존자가 없을 때에는 그 사망을 안 날로부터 1년 내에 검사를 상대방으로 할 수 있다.

(3) 효 과

판결의 효력은 제3자에게도 미치므로 판결의 확정 후에는 친생부인의 소를 제기할 수 없다.

Ⅱ. 혼인외의 출생자(혼외자)

1. 의 의

혼인관계 없는 남녀 사이에 출생(포태)한 자를 혼인외의 출생자라고 한다. 예컨대 사실혼관계 · 무효혼관계(855조 단서) · 사통관계 · 부첩관계 등에서 출생한 자와 혼인중의 출생자 중 친생부인의 판결 또는 친생자관계부존재확인의 판결에 의하여 그 친생자가 아님이 확정된 자는 혼인외의 출생자가 된다.

그러나 혼인의 취소로 인하여 혼인관계가 해소된 경우에는 소급효가 없기 때문에(824조) 혼인중 포태 또는 출생한 자는 혼인중의 출생자가 된다.

2. 부모와의 관계

민법은 혼인외의 출생자와의 친자관계발생에 관하여 혼인외의 출생자는 그 생부나 생모가 이를 인지할 수 있다(855조)고 규정하고 있다. 그러나 다수설과 판례(대판 1967.10.4, 67다1791)는 기아와 같은 특수한 경우를 제외하고는 혼인외의 출생자와 생모의 관계는 해산하였다는 사실로써 명백한 것이므로 생모의 인지나 출생신고를 기다리지 않고 모자관계가 인정되는 것으로 해석하고 있다.

혼인외의 자와 부와의 관계는 모자관계와는 달리 전적으로 부의 인지에 의해서만 발생한다. 혼인외의 출생자를 혼인중의 친생자로 신고하여 호적부에 그대로 등재된 경우에는 인지의 효력이 있다.

3. 인지 전 혼인 외의 자의 지위

父의 인지를 받지 않은 혼인외의 출생자는 모의 성과 본을 따르고 모의 가에 입적하며(781조 2항), 모와의 사이에서만 친자관계가 생기고, 모의 혈족과의 사이에서만 친족.부양.상속관계가 생길 뿐이다. 만약 부와 모를 모두 알 수 없는 자인 경우에는 법원의 허가를 얻어 성과 본을 창설한다(781조 3항).

Ⅲ. 인 지

1. 의 의

인지(認知)란 혼인 외의 자를 그 생부 또는 생모가 자기의 자라고 인정하는 가족법상 행위를 말한다. 이러한 인지에는 부 또는 모가 스스로 인지의 의사표시를 하는 임의인지와 부 또는 모의 의사에 반해서 재판에 의하여 부자 또는 모자관계를 확정시키는 강제인지가 있다.

2. 임의인지

(1) 법적 성격

인지는 인지자의 일방적 의사표시를 요소로 하는 신분행위로써 가족관계의 등록 등에 관한 법률에 정한 바에 의하여 신고함으로써 생긴다(859조). 어느 하나가 흠결된 경우에는 무효이다. 또한 인지는 유언으로도 할 수 있다(859조). 부가 다른 여자에게서 출생한 자를 처가 낳은 혼인중의 출생자로서 출생신고한 경우에 부의 인지로써 효력이 생긴다.

(2) 인지권자

부 또는 모는 임의로 혼인 외의 출생자를 인지할 수 있다(855조 1항 전단). 인지는 의사능력만 있으면 충분하며, 미성년자나 피한정후견인도 동의 없이 인지할 수 있다. 다만 피성년후견인은 성년후견인의 동의를 얻어야만 인지할 수 있다(개정민법 856조).

(3) 피인지자

인지를 받는 자는 혼인외의 출생자이다. 또한 부는 포태 중에 있는 子에 대하여도 인지할 수 있다(858조). 사망한 자에 대하여는 원칙적으로 인지할 수 없으나, 그에게 직계비속이 있는 때에는 인지할 수 있다(857조).

그러나 만약 다른 사람의 친생자로 추정받고 있는 경우에는 호적상의 부로부터 친생자관계가 부인된 후가 아니면 인지할 수 없고, 친생자의 추정을 받지 않는 혼인중의 출생자인 경우에는 친생자관계부존재확인의 소에 의하여 가족관계등록부상의 부가 친생부가 아니라는 것이 확정된 후가 아니면 인지신고가 수리되지 않는다. 또한 다른 사람이 이미 인지하고 있는 경우에는 인지에 대한 이의의 소를 제기하여 확정판결이 있는 다음에 인지신고를 하여야 한다.

(4) 인지의 방식

1) 생전인지

생전인지의 경우에는 가족관계등록법 소정의 신고를 하여야 효력이 생긴다(859조 1항). 즉 여기서의 신고는 창설적 신고이다. 그러나 부자관계의 존재라는 사실을 승인하는 의사가 인정되는 한 반드시 인지신고의 형식을 취하지 않더라도 좋다.

따라서 부가 혼인외의 출생자를 처와의 사이의 혼인중의 출생자로 신고한 경우에는 인지의 효력이 생길 뿐이고 혼인중의 출생자가 되는 것은 아니다. 인지신고는 인지자인 부가 하여야 하기 때문에 생모가 출생신고를 하여 호적에 부의 자로 등재되어 있더라도 부자관계는 발생하지 않는다고 한다(대판 1984.9.25, 84므73).

2) 유언인지

유언인지의 경우에는 유언집행자가 그 취임일로부터 1개월 내에 인지에 관한 유언서등본 또는 유언녹음을 기재한 서면을 첨부하여 신고하여야 한다(859조). 이 경우의 신고는 보고적 신고로서 그 효력은 유언의 효력이 생긴 때, 즉 인지자가 사망한 때에 발생한다(1073조).

(5) 인지의 무효 · 취소

1) 인지의 무효

인지가 의사표시인 이상 인지자가 의사능력을 결한 경우, 인지자의 의사에 의하지 않고 인지신고가 된 경우, 인지가 사실에 반하는 경우에 인지무효의 소를 제기할 수 있다. 이러한 인지무효의 소에 대하여 형성의 소라는 견해도 있으나, 이는 당연무효(확인의 소)로서 당사자(인지자도 포함된다), 법정대리인 또는 4촌 이내의 친족은 선결문제로서 다른 소송에서 무효를 주장할 수 있으며, 또 무효확인의 소도 제기할 수 있다(다수설).

2) 인지의 취소

사기 · 강박 또는 중대한 착오로 인하여 인지를 한 경우에는 취소할 수 있다. 인지를 취소하려면 사기나 착오를 안 날 또는 강박을 면한 날로부터 6월내에 가정법원에 그 취소를 청구할 수 있다(861조). 그런데 인지의 취소를 하려면 가정법원에 우선 조정을 신청하여야 하며, 조정이 성립되지 않으면 판결로써 한다.

3) 이의의 소

인지된 자 기타 이해관계인(인지자는 제외)은 인지의 신고가 있음을 안 날로부터 1년 내에 인지에 관한 이의의 소를 제기할 수 있다(862조). 만약 부 또는 모가 사망한 때에는 그 사망을 안 날로부터 2년내에 검사를 상대로 하여 소를 제기할 수 있다(864조).

3. 강제인지(인지청구의 소)

(1) 의 의

부 또는 모가 임의로 인지하지 않는 경우에 자와 그 직계비속 또는 그 법정대리인이 부 또는 모를 상대로 인지청구의 소를 제기하여 가정법원의 심판에 의하여 인지를 강제할 수 있다(863조). 이를 강제인지라고 한다. 또한 부 또는 모가 사망한 때에는 그 사망을 안 날로부터 2년 내에 인지청구의 소를 제기할 수 있다(864조).

(2) 소의 법적 성질

모에 대한 인지청구의 소는 사실상의 출생관계를 확인하는 것이므로 확인의 소의 성격을 갖는데 반해(대판 1967.10.4, 67다1791), 부에 대한 인지청구의 소는 사실상 친자관계의 존재를 확인하여 판결로써 비로소 법률상의 친자관계를 창설하기 때문에 형성의 소로 보아야 할 것이다. 강제인지는 인지판결의 선고에 의하여 효력이 생긴다. 따라서 인지청구의 소에 의한 신고는 보고적 신고이다.

(3) 인지청구의 소의 당사자

인지청구의 소를 제기할 수 있는 자는 혼인외의 출생자와 그 직계비속 또는 법정대리인이다(863조). 따라서 태아는 법정대리인에 의하여도 인지청구를 할 수 없다. 그리고 인지청구의 소의 상대방은 부 또는 모이고(863조), 부 또는 모가 사망한 때에는 그 사망을 안 날로부터 2년 내에 검사를 상대로 소를 제기할 수 있다(864조).

(4) 인지청구권의 포기

인지청구권을 포기할 수 있는지가 문제되는데, 포기를 인정한다면 혼인외의 자의 불이익으로 될 염려가 있기 때문에 허용되지 않는다고 보는 것이 통설적 견해이다. 판례도 인지청구권을 신분관계상의 권리이자 일신전속권이라 하여 모가 한 인지청구권의 포기는 본인인 자에게 미칠 수 없으며(대판 1982.3.9, 81므10), 생모가 포기하기로 하는 재판상의 화해가 이루어졌더라도 효력이 없다고 한다(대판 1987.1.20, 85므70).

[인지청구권과 실효의 법리]

인지청구권은 본인의 일신전속적인 신분관계상의 권리로서 포기할 수도 없으며 포기하였더라도 그 효력이 발생할 수 없는 것이고, 이와 같이 인지청구권의 포기가 허용되지 않는 이상 거기에 실효의 법리가 적용될 여지도 없다(대판 2001. 11. 27, 2001므1353).

(5) 인지청구의 절차와 신고

인지청구를 위하여는 가정법원에 우선 조정을 신청하여야 하며, 조정이 성립되면 1월 내에 조정을 신청한 자가 조정조서를 첨부하여 인지신고를 하여야 한다(가족관계등록법 58조). 조정이 성립되지 않으면 조정신청인은 제소신청을 할 수 있고, 인지의 재판이 확정되면 소를 제기한 자가 재판의 확정일로부터 1월 내에 재판등본과 확정증명서를 첨부하여 그 취지를 신고하여야 한다(동법 58조).

4. 인지의 효과

(1) 친자관계의 소급적 발생

임의인지의 경우에는 인지신고가 수리되거나 또는 유언자가 사망한 때 그 효력이 생기고, 강제인지의 경우에는 인지판결이 확정된 때에 그 효력이 생긴다. 하지만 인지는 출생시로 소급하여 효력을 발생하므로 그 자는 출생한 때부터 그 부모와의 사이에 부양.상속의 권리의무가 있는 것으로 된다.

그러나 인지의 소급효는 제3자가 이미 취득한 권리를 해하지 못한다(860조). 다만 이 규정은 상속의 경우에는 적용되지 않는다(대판 1993.3.12, 92다48512). 이 규정이 상속의 경우에도 적용된다면 생부의 사망으로 상속이 개시된 후에 강제인지에 의하여 인지된 자는 이미 다른 상속인이 취득한 권리를 회복할 수 없어지므로 사후인지제도는 무의미해지기 때문이다. 따라서 상속개시 후에 인지 받은 자는 민법 제860조 단서에 관계없이 자기의 상속분을 주장할 수 있다.

(2) 부양료의 청구권

인지에 의하여 부는 자가 출생한 때로부터 자에 대하여 부양의무를 부담하게 되고 부양료는 부모가 그 자력에 따라서 분담한다. 모는 그때까지 替當한 부의 부담액을 부당이득으로서 부에 대하여 반환청구를 할 수 있다(다수설 · 판례). 다만 과거의 부양료의 주장에 관하여 종래 판례는 부모는 모두 자식을 부양할 의무가 있으므로 생모가 자를 부양한 것은 자기의 고유의 의무를 이행한 데 불과하므로 생모가 그 과거의 양육비를 아이의 부에게 청구하지는 못한다고 하였으나(대판 1981.5.26, 80다2515),

판례는 종전의 입장을 변경하여 과거의 부양료를 청구할 수 있다고 한다(대판 1994.5.13, 92스21 전원합의체). 다수설도 모의 인지시까지 체당한 부의 부양료를 부당이득으로 부에 대하여 반환청구할 수 있다고 한다.

[과거의 부양료 청구]

어떠한 사정으로 인하여 부모 중 어느 한 쪽만이 자녀를 양육하게 된 경우에, 그와 같은 일방에 의한 양육이 그 양육자의 일방적이고 이기적인 목적이나 동기에서 비롯한 것이라거나 자녀의 이익을 위하여 도움이 되지 아니하거나 그 양육비를 상대방에게 부담시키는 것이 오히려 형평에 어긋나게 되는 등 특별한 사정이 있는 경우를 제외하고는, 양육하는 일방은 상대방에 대하여 현재 및 장래에 있어서의 양육비 중 적정 금액의 분담을 청구할 수 있다.

그러므로 부모의 자녀양육의무는 특별한 사정이 없는 한 자녀의 출생과 동시에 발생하는 것이므로 과거의 양육비에 대하여도 상대방이 분담함이 상당하다고 인정되는 경우에는 그 비용의 상환을 청구할 수 있다(대판 1994.5.13, 92스21 전원합의체).

(3) 상 속

인지의 소급효는 제3자가 취득한 권리를 해하지 못하지만(제860조 단서), 상속의 경우에는 예외가 인정된다. 상속개시 후의 인지로 상속권을 갖게 된 자가 상속재산의 분할을 청구할 경우에 다른 공동상속인이 이미 분할 기타의 처분을 한 때에는 그 상속분에 상당한 가액의 지급을 청구할 권리가 있다(1014조).

[인지의 소급효와 상속]

민법 제860조는 인지의 소급효는 제3자가 이미 취득한 권리에 의하여 제한받는다는 취지를 규정하면서, 민법 제1014조는 '상속개시후의 인지 또는 재판의 확정에 의하여 공동상속인이 된 자는 그 상속분에 상응한 가액의 지급을 청구할 권리가 있다'고 규정하여, 민법 제860조 소정의 제3자의 범위를 제한하고 있는 취지에 비추어 볼 때, 혼인외의 출생자가 생부의 사망후에 강제인지에 의해 친아들로 된 경우, 그 아들보다 후순위상속인인 피상속인(생부)의 직계존속 · 형제자매 등은 그 친아들의 출현으로 그들이 취득했던 상속권을 소급하여 잃게 되는 것으로 보아야 한다(대판 1993. 3. 12, 92다48512).

(4) 인지된 子의 성과 본

혼인외의 출생자가 인지된 경우 자는 부모의 협의에 따라 종전의 성과 본을 계속 사용할 수 있다. 다만, 부모가 협의할 수 없거나 협의가 이루어지지 아니한 경우에는 자는 법원의 허가를 받아 종전의 성과 본을 계속 사용할 수 있다(781조 5항).

(5) 자의 양육책임 및 면접교섭권

민법 제837조(이혼과 자의 양육책임) 및 제837조의2(면접교섭권)의 규정은 자가 인지된 경우에 자의 양육책임과 면접교섭권에 관하여 이를 준용한다(864조의2).

Ⅳ. 준 정

1. 의 의

법률상 혼인관계 없는 부모 사이에 출생한 자가 그 부모의 혼인을 원인으로 하여 혼인중의 출생자의 신분을 취득하는 것을 준정(準正)이라고 한다. 혼인외의 출생자는 준정에 의하여 부모가 혼인한 때로부터 혼인중의 출생자로 된다. 상속에 있어서는 혼인중의 출생자와 혼인외의 출생자 사이에 차이가 없다.

2. 준정의 태양

(1) 혼인에 의한 준정

혼인 전에 출생하여 부로부터 이미 인지를 받고 있던 자는 부모의 혼인에 의하여 준정이 된다(855조 2항). 우리 민법은 혼인에 의한 준정만을 인정하고 있다.

(2) 혼인중의 준정

인지받지 못한 혼인외의 출생자가 그 부모의 혼인후 인지됨으로써 준정이 된다(가족관계등록법 57조).

(3) 혼인해소후의 준정

부모의 혼인전에 출생한 혼인외의 출생자가 그 후 부모가 혼인하였으나 인지받지 못한 채 혼인의 해소나 이혼이 행하여진 다음에 비로소 인지되면 준정이 된다(통설).

(4) 사망자에 대한 준정

사망한 혼인외의 출생자에게 직계비속이 있는 경우에는 인지할 수 있는데(857조), 사망한 자를 인지한 후 그 부모가 혼인한 경우, 인지된 혼인외의 자가 직계비속를 남기고 사망한 후 그 부모가 혼인한 경우, 직계비속 있는 사망한 자를 그 부모의 혼인중에 인지한 경우 등의 준정을 말한다.

3. 준정의 효과

준정에 의하여 혼인외의 출생자는 부모가 혼인한 때로부터 혼인중의 출생자로 된다(855조 2항). 따라서 인지와는 달리 소급효가 없다. 그리고 준정에 의한 혼인중의 출생자는 친생자의 추정(844조)을 받지 못하므로 친자관계에 다툼이 있는 경우에는 친생자관계존부확인의 소에 의하여야 한다.

Ⅴ. 친생자관계존부확인의 소

1. 의 의

친생자관계존부확인의 소란 특정인 사이의 친생자관계에 대한 존부의 확인을 구하는 소를 말한다. 이는 친생자관계존재확인의 소와 친생자관계부존재확인의 소가 있다.

2. 심판청구의 대상

친생자관계존부확인의 소는 父를 정하는 소, 친생부인의 소, 인지에 대한 이의의 소 및 인지청구의 소의 목적과 저촉되지 않는 다른 사유를 원인으로 한다(865조). 예를 들어 이미 친생추정이 미치는 자에 대하여는 친생부인의 소가 아닌 친생자관계부존재확인의 소를 제기할 수 없다(대판 1997.2.25, 96므1663). 친생자관계존부확인청구의 대상이 되는 구체적인 사항은 다음과 같다.

① 친생자추정을 받지 않는 혼인중의 출생자인 경우, ② 형식상 친생자추정을 받지만 정상적인 동거의 결여로 처가 부에 의하여 포태가 불가능한 외관상 명백한 사실이 있는 경우, ③ 호적에 기재되어 있지만 다른 부부사이에 친생자관계가 존재하는 경우(대판 1993.7.27, 91므306), ④ 유효한 인지가 있었음 또는 인지가 무효였음을 확인받는 경우 등이 있다. 그러나 판례는 허위의 친생자출생신고에 의하여 입양의 효력이 인정되는 경우에는 친생자관계부존재의 소를 제기하더라도 파양의 원인이 없는 한 이를 허용하지 않고 있다(대판 1991.12.13, 91므153).

[친생자관계존재확인의 소를 부정한 사례]

혼인외의 출생자의 경우에 부자관계는 父의 인지에 의하여서만 발생하는 것이므로 부가 사망한 경우에는 그 사망을 안 날로부터 1년 이내에 검사를 상대로 인지청구의 소를 제기하여야 하고, 생모와 혼인외의 출생자를 상대로 혼인의 출생자와 사망한 부사이의 친생자관계의 존재확인을 구하는 소는 허용될 수 없다(대판 1997. 2. 14, 96므738).

3. 당사자 적격

(1) 청구권자

친생자관계존부확인의 소를 제기할 수 있는 자는 부를 정하는 소(845조), 친생부인의 소(846조 · 848조 · 850조 · 851조), 인지에 대한 이의의 소(862조), 인지청구의 소(863조)의 규정에 의하여 소를 제기할 수 있는 자이어야 한다. 따라서 부 · 부의 후견인 · 부의 유언집행자 · 부의 직계존속 및 직계비속 · 모 · 자 · 자의 직계비속 및 그 법정대리인 · 이해관계인 등이 청구권자가 된다.

여기서 이해관계인의 당사자적격에 관하여 종전의 판례는 단순히 당사자와 친족관계에 있다는 것만으로는 부족하고 친생자관계부존재확인으로 인하여 특정한 권리를 가지게 되거나 의무를 면탈하게 되는 등의 이해관계가 있어야 한다고 하였으나(대판 1966.7.26, 66므11), 종전의 입장을 변경하여 이해관계인의 범위는 청구인이 친족인 이상, 불명확한 신분관계로부터 생기는 법률상의 지위의 불안으로 인하여 그 판결을 받을 것이 필요한 사람은 모두 포함된다고 한다(대판 1981.10.13, 80므60 전원합의체).

(2) 소의 상대방

子가 친생자관계의 확인을 청구하는 경우에는 생존중인 부모가 상대방이 되며, 부모가 자에 대하여 친생자관계의 확인을 청구하는 경우에는 부모쌍방이 공동청구인이 되어야 한다. 그러나 부 또는 모에 대한 관계에서만 부자관계 또는 모자관계의 부존재확인을 구하는 경우에는 다른 일방은 원칙적으로 상대방이 되지 않는다. 부 또는 모에 대한 관계에서만 부자관계 또는 모자관계의 부존재확인을 구하는 경우에 그 부 또는 모가 사망한 때에는 그 사망을 안 날로부터 1년 내에 검사를 상대방으로 하여 소를 제기할 수 있다(865조).

제3자(이해관계인)가 소를 제기하는 경우에는 부모와 자 모두를 상대로 하여야 한다(대판 1970.3.10, 70므1). 그러나 이 경우에도 부와 자 사이의 친생자관계부존재확인을 청구하는 경우에는 모는 피고적격이 없다(대판 1971.7.27, 71므13). 또한 부모나 자 가운데 일방이 사망한 경우에는 생존자를 상대로 하여 소를 제기할 수 있다.

4. 소의 제기절차와 효력

친생자관계의 존부를 확인하려면 가정법원에 소를 제기하여야 한다(가사소송법 2조 1항). 이 소는 조정을 거치지 않으며 제척기간도 없다. 그러나 당사자 일방이 사망한 때(당사자 일방이 전혀 없는 경우)에는 그 사망을 안 날로부터 1년 내에 검사를 상대로 하여 소를 제기할 수 있다. 그리고 판결의 효력은 제3자에게도 미친다(가사소송법 21조). 1년이란 제소기간이 너무 짧다는 위헌소원이 있었지만 헌재는 합헌결정을 내렸다(헌재 2001.5.31, 98헌바9).

Ⅵ. 인공임신에 의한 子

1. 의 의

인공임신이란 남녀간의 자연적인 성행위에 의하지 않고 인공적인 특수한 방법에 의하여 여성의 임신을 가능하게 하는 모든 의료적 방법 또는 인위적.비정상적인 방법을 통한 임신을 총칭하는 개념이다. 인공임신에는 인공수정.체외수정 및 대리모에 의한 임신 등이 있다.

2. 인공수정

(1) 인공수정의 의의

인공수정이란 남녀간의 성행위에 의하지 않고 남자의 정자와 여자의 난자를 인공적으로 결합시켜 수태토록 하는 것을 말한다. 이러한 인공수정에 의하여 태어난 자가 인공수정자이다.

(2) 인공수정의 유형

1) 배우자간 인공수정(AIH)

배우자의 정자에 의한 인공수정(Artifical Insemination by Husband)은 기혼부인이 여러 가지 의학적 문제 등으로 인하여 통상적인 성적결합이 어려운 경우에 남편의 정자로서 임신케 하는 방법이다. 따라서 배우자간의 인공수정에 의하여 임신된 자녀는 그 방법만이 다를 뿐 처와 부의 생물학적 자녀로서의 문제점은 없게 된다.

2) 비배우자간의 인공수정(AID)

배우자가 아닌 제3자의 정자제공에 의한 인공수정(Artifical Insemination by Donor)은 부에게 불임원인이 있을 때 처에게 남편 이외의 제3자의 정자를 제공받아 주사기로 주입하여 임신케 하는 방법이다.

3) 혼합적 인공수정(CAI)

혼합적 인공수정(Confused or Combined Artifical Insemination)은 부의 정자와 제3자의 정자를 혼합하여 처에게 수정케하는 방법으로 부의 정자에 결함이 있을 때 심리적 이유 등을 고려하여 실시하며 때로는 둘 이상의 제공자의 정자를 이용하기도 한다.

(3) 인공수정에 의해 출생한 子의 법적지위

1) 배우자간의 인공수정

배우자에 의한 인공수정은 인공수정자와 부간에 자연적 혈연관계가 존재하므로 법률상 친자관계를 인정함에 있어서 복잡한 문제는 생기지 않는다.

2) 비배우자간의 인공수정

(ⅰ) 夫의 동의가 있는 경우

부의 동의에 의한 인공수정자는 부의 자로 추정되므로 혼인 중의 출생자가 된다. 따라서 정액제공자는 친생자관계존재확인의 소를 제기할 수 없다. 또한 부는 친생부인의 소를 제기할 수 없다(다수설). 왜냐하면 부가 동의한 이상 자기가 부인권을 행사하는 것은 금반언의 원칙에 반하며 부의 친생부인권을 부인하는 것이 당사자인 부부의 의사를 존중하는 것이 되고 또한 자의 복리와 부합되기 때문이다.

(ⅱ) 夫의 동의가 없는 경우

자가 부의 동의 없이 인공수정으로 출생한 경우 자와 부 사이를 어떻게 처리할 것인지에 대하여 학설이 대립하지만 부가 동의한 이상 처가 부와 동거중에 출생한 자는 부의 자로 추정받는 혼인중의 출생자가 된다(다수설).

따라서 부는 그 출생을 안 날로부터 1년 내에 친생부인의 소를 제기할 수 있다. 이에 대해 처가 혼인중 타인의 자를 출생한 경우와 같이 친생추정을 받지 않는 혼생자이며, 부는 친생부인권을 행사할 수 있다는 견해도 있다.

(iii) 독신여성의 인공수정자인 경우

독신여성 · 미망인이 AID에 의한 인공수정의 시술을 받은 경우에도 그 출생자는 모의 혼인외의 출생자로 된다.

3. 체외수정

체외수정(In Vitro Fertilization)이란 난소 내에 있는 난자를 인위적으로 체외로 채취하여 인위적으로 받은 정액과 시험관내에서 혼합하여 수정을 한 다음 그 수정난을 인위적으로 질을 통하여 자궁내에 이식하여 착상시켜 임신케 하는 방법이다. 이 경우에도 배우자간의 체외수정과 비배우자간의 체외수정으로 구분된다. 부부간의 정자와 난자를 체외에서 수정시켜 배이식술을 시행하는 배우자간의 체외수정은 수정이 체외에서 이루어진다는 점에서 체내수정과 다를 뿐 이로써 출생한 자는 혼생중의 자이다. 비배우자간의 체외수정은 다음과 같은 형태로 성립될 수 있다.

첫째로 처의 난자와 그의 부가 아닌 제3자의 정자를 체외수정시켜 배이식을 시행하는 경우가 있으며, 이는 체외에서 수정되었다는 점만 다를 뿐 기타 법적효과는 AID에서와 같다.

둘째로 제3자의 난자와 처의 부로부터 채취한 정자를 체외에서 수정시킨 후, 이 수정란을 ① 처, ② 난자제공자, ③ 대리모에게 이식하는 경우와 셋째로 제3자로부터 난자 및 정자를 모두 제공받아 이를 체외수정시켜 그 수정란을 ① 처, ② 난자제공자, ③ 대리모에게 이식하는 경우가 있다. 이와 같은 체외수정의 복잡한 형태로부터 이른바 난자의 모와 자궁의 모가 분리되는 현상과 대리모에 의한 출산이라는 문제가 발생된다.

4. 대리모에 의한 출산

부부 중에 처가 불임인 경우 부의 정자로 대리모에게 인공임신케 하여 자를 출산시키는 방법이다. 제3자의 정자에 의한 인공임신이 부부 가운데 부가 불임인데 반하여, 이 경우는 처의 불임에 대한 시술이라는 점에 차이가 있다. 그러나 대리모에 의한 출생자는 그 출산을 의뢰하고 정자를 제공한 실부와는 생물학상의 친자관계가 있지만, 동시에 대리모 입장에서는 출생자가 법률상의 자로서 추정된다는 문제점이 있다. 우리나라의 경우에는 대리모계약은 선량한 풍속 기타 사회질서에 위반하여 무효라고 한다(다수설).

제3관 양 자

Ⅰ. 양자제도

양자제도는 친생자라는 생리적 혈연관계가 없는 자를 법률상 혈연관계가 있는 것처럼 의제함으로써 친자관계를 인위적으로 창설하는 제도이다. 이러한 양자제도는 종래 가의 승계를 위한 목적에서 아이의 교육을 위한 목적으로 변화해 나가고 있다.

우리민법상 양자제도는 1990년 개정에 의하여 사후양자제도, 호주의 직계비속장남자의 입양금지규정, 서양자제도, 이성양자의 호주상속금지규정, 유언양제도 등이 삭제 또는 폐지되고, 2005년 개정에서 친양자제도를 도입하였다. 또한 2011년 개정에서는 미성년자녀의 복리를 위해 미성년자의 입양과 파양에 가정법원이 관여할 수 있도록 하고, 일정한 경우 부모의 동의 없이도 입양이 가능하게 하는 등 입양제도를 개선하는 한편, 친양자 입양가능 연령을 현실에 맞게 완화하였다.

따라서 현행 민법상 양자제도는 기존의 불완전 양자제도와 민법개정을 통해 도입된 완전양자제도인 친양자제도의 두 가지가 있다.

Ⅱ. 입양의 요건

1. 실질적 요건

(1) 당사자의 합의

1) 의사의 합치

당사자 사이에 친자관계를 성립시키려는 의사의 합치가 있어야 한다. 입양의사는 그 성질상 조건부 또는 기한부이어서는 안되고, 신고서면을 작성할 때와 신고가 수리될 때에 모두 존재하여야 한다. 따라서 유효하게 작성된 신고서도 제출 전에 사망하거나 일방이 입양의사를 철회하면 그것이 수리되더라도 무효이다.

2) 의사능력

입양의사가 인정되려면 의사능력이 있어야 하고 입양당사자 자신의 독립적 의사에 의해야 하는데, 13세 이상의 미성년자는 의사능력이 인정되어 입양에 대한 승낙능력을 가진다. 피성년후견인은 그가 양부모가 되건 양자가 되건 성년후견인의 동의를 필요로 한다(개정민법 873조). 성년후견인의 동의 없는 의사표시는 취소할 수 있다(개정민법 884조 1호).

(2) 양친에 관한 요건

1) 양친은 성년자일 것

양친은 성년에 달한 자이어야 한다. 만약 이러한 요건을 위반하여 입양신고가 수리된 경우에는 입양의 취소사유가 된다(개정민법 884조 1호). 미성년자라도 혼인을 한 때에는 성년으로 의제되는데, 입양의 경우에도 이러한 성년의제제도가 적용되는지가 문제된다.

긍정설은 혼인제도에 있어서 일정한 연령에 달한 미성년자에게 혼인능력을 인정하고 혼인한 미성년자에게 성년능력을 인정한 이상, 혼인을 한 미성년자에 대하여 양자를 할 수 있는 능력을 부정할 필요가 없다고 한다. 이에 대해 부정설은 양자제도의 취지로 보아 혼인에 의하여 성년으로 보는 경우에는 민법 제866조가 말하는 성년자로 보지 않는 것이 타당하다고 한다.

2) 부부공동에 의한 입양

배우자 있는 자가 양자를 할 때에는 부부가 공동으로 하여야 한다(개정민법 제874조 1항). 그러나 양자를 할 때 배우자 일방이 공동으로 할 수 없는 사정이 있는 경우에 다른 일방이 단독으로 양자를 할 수 있는가에 대하여는 긍정설과 부정설이 대립한다.

[부부일방의 출생신고 방식으로 한 입양의 효력]

처가 있는 자가 입양을 함에 있어서 혼자만의 의사로 부부 쌍방 명의의 입양신고를 하여 수리된 경우, 처의 부재 기타 사유로 인하여 공동으로 할 수 없는 때에 해당하는 경우를 제외하고는, 처와 양자가 될 자 사이에서는 입양의 일반요건 중 하나인 당사자간의 입양합의가 없으므로 입양이 무효가 된다.

한편 처가 있는 자와 양자가 될 자 사이에서는 입양의 일반 요건을 모두 갖추었어도 부부 공동입양의 요건을 갖추지 못하였으므로 처가 그 입양의 취소를 청구할 수 있으나, 그 취소가 이루어지지 않는 한 그들 사이의 입양은 유효하게 존속한다(대판 1998. 5. 26, 97므25).

(3) 양자에 관한 요건

1) 대낙입양

13세 미만인 자는 입양의 의사표시를 할 능력이 없다. 양자가 될 자가 13세 미만인 때에는 법정대리인이 그에 갈음하여 입양의 승낙을 한다(개정민법 869조 2항). 법정대리인의 동의를 얻지 않은 13세 미만자의 입양은 무효로 된다(개정민법 제883조). 다만 가정법원은 ① 법정대리인이 정당한 이유 없이 동의 또는 승낙을 거부하는 경우(법정대리인이 친권자인 경우에는 민법 제870조 2항의 사유가 있어야 함), ② 법정대리인의 소재를 알 수 없는 등의 사유로 동의 또는 승낙을 받을 수 없는 경우에는 입양의 동의 또는 승낙이 없더라도 입양의 허가를 할 수 있다.

이는 법정대리인의 동의나 승낙을 받을 수 없어서 입양의 성립이 지연된다면 아동의 복리가 침해될 수 있어 예외적으로 법정대리인의 동의나 승낙이 없이도 법원의 허가를 통하여 입양이 성립될 수 있도록 한 것이다.

2) 양자될 자의 부모 등의 동의

① 미성년자 입양에 대한 부모의 동의

양자가 될 미성년자는 부모의 동의를 받아야 한다. 다만 부모가 제869조 제1항에 따른 동의를 하거나 같은 조 제2항에 따른 승낙을 한 경우, 부모가 친권상실의 선고를 받은 경우, 부모의 소재를 알 수 없는 등의 사유로 동의를 받을 수 없는 경우에는 그러하지 아니하다(개정민법 제870조 1항). 이러한 동의는 가정법원의 입양허가기 있기 전까지는 철회할 수 있다(개정민법 870조 3항).

부모가 3년 이상 자녀에 대한 부양의무를 이행하지 아니한 경우, 부모가 자녀를 학대 또는 유기하거나 그 밖에 자녀의 복리를 현저히 해친 경우에는 부모가 동의를 거부하더라도 가정법원은 입양의 허가를 할 수 있다(개정민법 870조 2항).

② 성년자 입양에 대한 부모의 동의

성년에 달한 자라도 부모가 있는 경우에는 입양에 관한 부모의 동의를 얻어야 한다(개정민법 871조 1항). 다만 부모의 소재를 알 수 없는 등의 사유로 동의를 받을 수 없는 경우에는 그러하지 아니하다(개정민법 871조 1항). 또한 부모가 정당한 이유 없이 동의를 거부하는 경우에 가정법원은 양부모가 될 사람이나 양자가 될 사람의 청구에 따라 부모의 동의를 갈음하는 심판을 할 수 있다(개정민법 871조 2항).

3) 부부를 입양하는 경우

혼인을 한 자도 양자가 될 수 있는데, 이 경우 반드시 부부가 공동으로 입양할 필요가 없으며, 입양할 일방이 배우자의 동의를 얻으면 된다(개정민법 874조). 이에 위반하여 입양이 신고된 경우에 그 배우자는 입양을 취소할 권한을 갖는다(개정민법 884조 1호).

4) 존속 또는 연장자를 양자로 하는 경우

존속 또는 연장자는 양자로 하지 못한다(개정민법 877조). 양부모나 양자가 될 자가 혼인을 한 경우에는 부부 쌍방에 관하여 이러한 해당사항이 없어야 한다. 이러한 요건을 위반한 입양은 무효로 된다(개정민법 883조 2호). 그러나 연장자가 아니라면 양친과 연령이 동일한 자도 양자로 할 수 있다. 판례도 사후양자가 소목지서(자의 항렬에 있어야 하는 서열)에 어긋나기 때문에 종래의 관습에 어긋난다고 하여도 공서양속에 위배되어 무효라고 할 수는 없다고 한다(대판 1991. 5. 28, 90므347).

(4) 가정법원의 허가

미성년자를 입양하려는 사람은 가정법원의 허가를 받아야 한다(개정민법 867조 1항). 이 경우 가정법원은 양자가 될 미성년자의 복리를 위하여 그 양육 상황, 입양의 동기, 양부모의 양육능력, 그 밖의 사정을 고려하여 입양의 허가를 하지 아니할 수 있다(개정민법 867조 2항).

2. 형식적 요건

(1) 입양신고

입양은 가족관계의 등록 등에 관한 법률에 정한 바에 따라 신고함으로써 그 효력이 생긴다(개정민법 878조). 따라서 이러한 신고는 효력발생요건이므로 입양의 합의만으로는 입양의 효력이 생기지 않는다. 입양신고가 민법상의 요건과 기타 법령에 위반되지 않으면 이를 수리하여야 한다(개정민법 881조). 재외국민간의 입양에 관해서는 민법 제814조가 준용된다(개정민법 882조).

(2) 허위출생신고에 의한 입양

출생신고는 출생의 사실을 보고하는 성격을 가질 뿐 친자관계를 창설하는 효력을 갖지 않기 때문에 허위의 출생신고는 무효이다. 다만 판례는 입양신고는 입양합의의 존재와 내용을 명백히 하여 실질적 요건을 갖추지 않은 입양을 막고 입양을 외부에 공시하기 위함이므로 다른 입양의 실질적 요건이 모두 구비되고, 단지 입양신고 대신에 친생자출생신고를 했다는 형식상의 잘못에도 불구하고 입양의 효력을 인정한다(대판 1977.7.26, 77다492 전원합의체).

이와 같이 입양의 효력이 인정되더라도 그 후 당사자간에 친생자관계부존재확인의 확정판결이 있는 경우에는 그 확정일 이후부터는 양친자관계의 존재를 주장할 수 없다(대판 1993.2.23, 92다51969). 그리고 허위의 출생신고에 의한 입양이 전환에 의하여 유효인 경우에 양부모나 양자 또는 제3자가 친생자관계부존재확인의 소를 제기하면 확인의 이익이 없어 청구를 각하하여야 한다(대판 1994.5.24, 93므119).

Ⅲ. 입양의 효과

1. 법정혈족관계의 발생

입양신고에 의하여 양자와 양부모 사이에는 양친자관계가 발생한다. 그리고 양자와 양부모 및 그 혈족.인척 사이의 친계와 촌수는 입양한 때부터 혼인중의 출생자와 동일한 것으로 본다(772조 1항). 따라서 양부모나 양자 또는 제3자가 친생자관계부존재확인의 소를 제기할 수 없다(대판 1994. 5. 24, 93므119 전원합의체).

입양은 양자의 종래 생가와의 친족관계를 소멸하지 않고 양가와의 새로운 친족관계를 발생시킨다. 따라서 양친과의 관계뿐만 아니라 생부모와의 사이에서도 친생자와 동등한 지위에서 재산상속을 받다. 미성년인 양자는 양부모의 친권에 따르며(909조), 생부모의 친권은 배제된다.

[양부모가 이혼한 경우 양모자관계]

민법 제776조는 "입양으로 인한 친족관계는 입양의 취소 또는 파양으로 인하여 종료한다."라고 규정하고 있을 뿐 '양부모의 이혼'을 입양으로 인한 친족관계의 종료사유로 들고 있지 않고, 구관습시대에는 오로지 가계계승(家系繼承)을 위하여만 양자가 인정되었기 때문에 입양을 할 때 처는 전혀 입양당사자가 되지 못하였다.

그러므로 양부모가 이혼하여 양모가 부(夫)의 가(家)를 떠났을 때에는 입양당사자가 아니었던 양모와 양자의 친족관계가 소멸하는 것은 논리상 가능하였으나, 처를 부와 함께 입양당사자로 하는 현행 민법 아래에서는(1990. 1. 13. 개정 전 민법 제874조 제1항은 "처가 있는 자는 공동으로 함이 아니면 양자를 할 수 없고 양자가 되지 못한다."고 규정하였고, 개정 후 현행 민법 제874조 제1항은 "배우자 있는 자가 양자를 할 때에는 배우자와 공동으로 하여야 한다."고 규정하고 있다) 부부공동입양제가 되어 처도 부와 마찬가지로 입양당사자가 되기 때문에 양부모가 이혼하였다고 하여 양모를 양부와 다르게 취급하여 양모자관계만 소멸한다고 볼 수는 없다(대판 2001. 5. 24, 2000므1493 전원합의체).

2. 양자의 姓

이성양자(異姓養子)가 입양으로 양부의 성을 따르게 되는가에 대하여 학설이 대립한다. 다수설은 민법상 규정이 없으므로 양자는 입양에 의하여 자신의 성을 버리지 않는다고 한다. 하지만 입양특례법에 의한 입양의 경우에는 민법상 친양자와 동일한 지위를 가지므로(동법 14조) 양부 또는 양모의 성과 본을 따른다.

Ⅳ. 입양의 무효와 취소

1. 입양의 무효

(1) 무효원인

① 당사자간에 입양의 합의가 없으면 입양은 무효이다(개정민법 883조 1호). 의사무능력자의 입양행위 · 가장입양 · 동일성의 착오로 인한 입양 · 대낙권이 없는 자의 대낙입양 · 당사자 몰래 제3자가 한 입양 · 신고서제출을 타인에게 위탁한 당사자가 신고수리 전에 사망하거나 입양의사를 철회한 후에 수리된 입양 등이 이에 해당한다. ② 가정법원의 허가 없이 입양신고가 수리된 때(개정민법 833조 2호), ③ 13세 미만의 자가 양자가 될 때에 법정대리인의 입양승낙을 받지 않은 때(개정민법 833조 2호) ④ 양자가 양친의 존속이거나 연장자인 때(개정민법 833조 2호)에 입양은 무효이다.

(2) 무효의 효과

입양의 무효는 절대적 당연무효로서 당사자는 무효확인의 소를 제기할 수 있으며, 다른 소송에서도 주장할 수 있다. 입양무효확인판결의 효력은 제3자에게도 미친다. 이러한 입양무효확인청구의 당사자적격은 그 심판청구 당시에 존재하면 족하고 입양신고 당시에도 존재함을 요하지 않는다(대판 1985.12.10, 85므28). 그리고 입양이 무효로 된 경우 당사자는 과실있는 상대방에 대하여 재산상.정신상의 손해배상을 청구할 수 있다(개정민법 806조 · 897조).

판례는 입양합의 후 양모가 입양의사를 철회하였음에도 양자의 생부가 일방적으로 입양신고를 하자 양모와 생부가 이를 추인하였어도 무효인 입양신고가 소급하여 유효하게 된다고 할 수 없다고 한다(대판 1991.12.27, 91므30).

2. 입양의 취소

(1) 취소원인(개정민법 884조)

① 성년이 되지 않은 자가 양친이 되어 입양을 한 경우

② 13세 이상의 미성년자가 법정대리인의 동의 없이 입양의 승낙을 한 경우

③ 법정대리인의 소재불명 등을 이유로 동의 또는 승낙을 받을 수 없다고 하여 법원이 법정대리인의 동의 또는 승낙 없이 입양허가를 하였는데, 실제로는 법정대리인이 동의 또는 승낙을 할 수 있는 상태에 있었던 경우

④ 미성년자가 부모의 동의를 받지 않고 양자가 된 경우
⑤ 성년자가 부모의 동의를 받지 않고 양자가 된 경우
⑥ 피성년후견인이 성년후견인의 동의를 받지 않고 양자가 되거나 입양을 한 경우
⑦ 부부공동입양의 원칙에 위반한 경우
⑧ 배우자 있는 사람이 상대방 배우자의 동의 없이 양자가 된 경우
⑨ 입양 당시 양부모와 양자 중 어느 한쪽에게 악질이나 그 밖에 중대한 사유가 있음을 알지 못한 경우
⑩ 사기 또는 강박으로 인하여 입양의 의사표시를 한 경우

(2) 취소의 효과

입양의 효력은 취소에 의하여 소멸하며, 취소의 효과는 소급하지 않는다(개정민법 824조·897조). 그리고 당사자는 과실 있는 상대방에 대하여 재산상·정신상의 손해배상청구권을 할 수 있다(개정민법 806조·897조).

Ⅴ. 사실상의 양자

1. 의 의

당사자 사이에 입양합의와 기타 부모자식관계의 실질은 갖추고 양친자로서 공동생활이 존재하지만 단지 입양신고를 하지 않은 경우에 사실상의 양자관계가 발생한다.

2. 요 건

당사자 사이에 입양의사가 합치가 있고, 양친자로서의 공동생활이 존재하여야 한다. 입양장애의 사유가 존재하더라도 사실혼의 경우와 마찬가지로 사실상의 입양으로서 유효하다. 따라서 부적령의 양자, 존속.연장의 양자, 부모의 동의를 얻지 않은 양자, 대낙권자의 대낙이 없으나, 의사능력이 있는 13세 미만의 양자는 사실상의 양자관계로서 유효하다.

3. 효 과

입양신고를 강제할 수는 없으나, 사실상의 양자관계를 부당하게 파기하는 경우에 그 원인제공한 자에게 불법행위로 인한 손해배상의무가 발생하며, 양자가 미성년자인 경우에는 입양에 준하여 양부모의 부양 및 보호·교양의무를 지게 된다. 사실상 양자의 경우에는 친족관계는 발생하지 않으며 상속의 문제도 발생하지 않는다.

하지만 사실상의 양자는 특별연고자로서 상속재산의 분여를 받을 수 있으며(1057조의 2), 사실상의 양친의 임차권은 상속인이 없는 경우에 사실상의 양자가 승계할 수 있다.

Ⅵ. 파 양

1. 의의

파양(罷揚)이란 양친자관계를 해소시키는 것으로 양친자관계는 파양에 의해서만 해소되며 당사자 일방의 사망만으로 해소되지 않는다. 이러한 파양에는 협의상 파양과 재판상 파양이 있다.

2. 협의상 파양

(1) 성립요건

1) 입양 당사자의 파양에 대한 합의

협의파양의 당사자는 양친과 양자이며, 양부와 양모는 공동으로 일방당사자가 된다(공동파양). 다만 양자가 미성년자 또는 피성년후견인인 경우에는 협의파양을 할 수 없다(개정민법 898조 단서).

2) 파양의 신고

협의파양이 유효하게 성립하려면 가족관계의 등록 등에 관한 법률에 정한 바에 의하여 신고하여야 한다(개정민법 904조에 의한 878조의 준용). 이는 창설적 신고사항이다. 파양신고가 있으면 담당공무원은 그 파양이 민법 제898조 · 제902조 기타 법령에 위반되는지 여부를 형식적으로 심사하고 위반사항이 없으면 이를 수리하여야 한다(개정민법 903조).

(2) 협의상 파양의 무효와 취소

파양신고가 수리되었으나 당사자 사이에 파양의 합의가 없는 때에는 그 협의파양은 무효가 된다. 그리고 사기 또는 강박으로 인한 파양은 그 사기 또는 강박을 당한 자가 사기를 안 날 또는 강박을 면한 날로부터 3월 내에 그 취소를 가정법원에 청구할 수 있다(개정민법 823조 · 904조). 파양의 취소는 소급효가 있다.

3. 재판상 파양

(1) 파양원인

재판상 파양의 원인(개정민법 905조)으로는 ① 양부모가 양자를 학대 또는 유기하거나 그 밖에 양자의 복리를 현저히 해친 경우(1호), ② 양부모가 양자로부터 심히 부당한 대우를 받은 경우(2호), ③ 양부모나 양자의 생사가 3년 이상 분명하지 아니한 경우(3호), ④ 그 밖에 양친자관계를 계속하기 어려운 중대한 사유가 있는 경우(4호) 등이 있다.

(2) 파양청구소송

1) 제기권자 및 절차

파양청구소송의 제기권자는 당사자로 한정되기 때문에 제3자의 파양청구권은 부정된다(대판 1970. 5. 26, 68므31). 재판에 의한 파양은 가사소송법 '나류' 가사소송사건이기 때문에(가사소송법 2조 1항) 조정절차가 선행하며 조정이 성립하지 않으면 판결에 의한다.

2) 파양청구권의 소멸

민법 제905조 1호·2호·4호의 사유는 다른 일방이 이를 안 날로부터 6월, 그 사유가 있은 날로부터 3년을 경과하면 파양청구권이 소멸한다(907조). 그러나 생사불명에 의한 파양의 소는 언제든지 제기할 수 있다. 재판상 파양은 조정의 성립 또는 재판의 확정으로 그 효력이 발생한다.

4. 파양의 효과

파양에 의하여 입양으로 인한 친족관계는 소멸한다(776조). 친족관계는 소멸하지만 소급하지 않기 때문에 민법 제809조 2항에 의한 혼인장애는 여전히 남게 된다. 그리고 양자와 양친간의 부양관계.상속관계.친권관계 등은 소멸하며, 따라서 양자가 미성년자이면 친생부모의 친권이 부활한다. 재판상 파양의 경우에는 당사자 일방은 과실 있는 상대방에 대하여 재산상.정신상의 손해배상을 청구할 수 있다(806조·908조). 이러한 청구권은 원칙적으로 양도 또는 승계할 수 없다.

제4관 친양자

Ⅰ. 친양자제도의 의의

현행법상 양자는 양자로 된 후에도 가족관계등록부에 친생부모의 성명이 기재될 뿐만 아니라 친생의 부 또는 모의 성(姓)과 본(本)을 그대로 따르며, 단지 입양촉진 및 절차에 관한특례법에 의하여 입양된 경우에만 양친의 성(姓)과 본(本)을 따를 수 있을 뿐이다.

따라서 입양당사자들은 양자의 신분을 공시하는 현행의 입양제도를 기피하는 것이 보통이므로, 입양사실을 숨기거나 양자가 친생자처럼 취급되기를 원하여 입양신고가 아니라 양친이 양자를 친생자로 낳은 것처럼 가장하여 친생자출생신고의 방법을 취하기도 한다. 또한 재혼가정의 경우 자녀를 재혼한 배우자의 양자로 입양을 하더라도 여전히 친생의 부 또는 모의 성과 본을 따르는 한편, 친생부모와의 친족관계가 유지되어 재혼가정의 가족관계 안정에 상당한 저해요인으로 작용하여 왔다.

이에 2005년 민법중 개정법률에서는 현재의 입양현실을 반영하고 각국의 완전양자제도를 참고하여 현행의 양자제도를 그대로 유지하면서 완전양자제도를 추가로 도입하는 친양자제도를 신설하고 있다. 친양자제도의 신설로 민법상의 양자제도는 보통양자와 친양자로 이원화 되게 된다.

Ⅱ. 친양자 입양요건

친양자(親養子)를 하려는 자는 아래의 요건을 갖추어 가정법원에 친양자 입양의 청구를 하여야 한다(개정민법 908조의2, 1항).

① 3년 이상 혼인 중인 부부로서 공동으로 입양할 것. 다만 1년 이상 혼인 중인 부부의 한쪽이 그 배우자의 친생자를 친양자로 하는 경우에는 그러하지 아니하다.

② 친양자가 될 사람이 미성년자일 것

③ 친양자가 될 사람의 친생부모가 친양자 입양에 동의할 것. 다만, 부모가 친권상실의 선고를 받거나 소재를 알 수 없거나 그 밖의 사유로 동의할 수 없는 경우에는 그러하지 아니하다.

④ 친양자가 될 사람이 13세 이상인 경우에는 법정대리인의 동의를 받아 입양을 승낙할 것

⑤ 친양자가 될 사람이 13세 미만인 경우에는 법정대리인이 그를 갈음하여 입양을 승낙할 것

다만 가정법원은 다음의 어느 하나에 해당하는 경우에는 민법 제908조의2, 1항 3호 · 4호에 따른 동의 또는 같은 항 5호에 따른 승낙이 없어도 제1항의 청구를 인용할 수 있다.

① 법정대리인이 정당한 이유 없이 동의 또는 승낙을 거부하는 경우. 다만, 법정대리인이 친권자인 경우에는 제2호 또는 제3호의 사유가 있어야 한다.

② 친생부모가 자신에게 책임이 있는 사유로 3년 이상 자녀에 대한 부양의무를 이행하지 아니하고 면접교섭을 하지 아니한 경우

③ 친생부모가 자녀를 학대 또는 유기하거나 그 밖에 자녀의 복리를 현저히 해친 경우

가정법원은 친양자로 될 자의 복리를 위하여 그 양육상황 · 친양자 입양의 동기 · 양친의 양육능력 그 밖의 사정을 고려하여 친양자 입양이 적당하지 아니하다고 인정되는 경우에는 그 청구를 기각할 수 있다(개정민법 908조의2, 3항).

Ⅲ. 친양자 입양의 효력

친양자는 출생한 때부터 부부의 혼인중의 출생자로 본다(908조의3 1항). 또한 친양자의 입양전의 친족관계는 친양자 입양이 확정된 때에 종료한다. 다만, 부부 일방이 그 배우자의 친생자를 단독으로 입양한 경우에 있어서의 배우자 및 그 친족과 친생자간의 친족관계는 그러하지 아니하다(개정민법 908조의3, 2항).

Ⅳ. 친양자 입양의 취소

친양자로 될 자의 친생(親生)의 부 또는 모는 자신에게 책임이 없는 사유로 인하여 친권이 상실되거나 사망 그 밖의 사유로 동의할 수 없는 경우에는 친양자 입양의 사실을 안 날부터 6월내에 가정법원에 친양자 입양의 취소를 청구할 수 있다(개정민법 제908조의7, 1항). 민법 제883조(입양 무효의 원인)와 제884조(입양취소의 원인)는 친양자 입양에는 적용되지 않는다(개정민법 908조의4, 2항).

Ⅴ. 친양자의 파양

양친, 친양자, 친생의 부 또는 모나 검사는 다음의 사유가 있는 경우에는 가정법원에 친양자의 파양(罷養)을 청구할 수 있다(908조의5, 1항).

1. 양친이 친양자를 학대 또는 유기(遺棄)하거나 그 밖에 친양자의 복리를 현저히 해하는 때
2. 친양자의 양친에 대한 패륜(悖倫)행위로 인하여 친양자관계를 유지시킬 수 없게 된 때

민법 제898조(협의상 파양) 및 제905조(재판상파양원인)은 친양자의 파양에는 적용되지 않는다(908조의5, 2항).

친양자 입양의 취소 또는 친양자의 양친에 대한 패륜(悖倫)행위로 인하여 친양자관계를 유지시킬 수 없게 되어 파양을 청구한 경우에도 가정법원은 친양자로 될 자의 복리를 위하여 그 양육상황, 친양자 입양의 동기, 양친(養親)의 양육능력 그 밖의 사정을 고려하여 친양자 파양이 적당하지 아니하다고 인정되는 경우에는 그 청구를 기각할 수 있다(개정민법 908조의6).

Ⅵ. 친양자 입양의 취소·파양의 효력

친양자 입양이 취소되거나 파양된 때에는 친양자관계는 소멸하고 입양전의 친족관계는 부활한다(908조의7, 1항). 이 경우에 친양자 입양의 취소의 효력은 소급하지 아니한다(908조의7, 2항).

Ⅶ. 준용규정

친양자에 관하여 특별한 규정이 있는 경우를 제외하고는 그 성질에 반하지 아니하는 범위안에서 양자에 관한 규정이 준용된다(908조의8).

제5관 친 권

Ⅰ. 친권의 의의

친권(親權)이란 부 또는 모가 미성년자인 자를 보호하고 교양할 권리.의무를 말한다. 친권은 부모가 친권자로서 자기의 자녀를 보호하고 양육할 수 있는 권한을 부여한다는 점에서 권리로서의 성격과 자녀에 대한 양육의 의무라는 측면도 동시에 가지고 있다. 친권은 포기할 수 없고, 부모라는 자격에 의하여 당연히 인정되기 때문에 자에 대한 지배권이 아니다.

따라서 친권도 부모의 권리이기 보다는 부모가 미성년인 자녀를 보다 건강한 사회인으로 육성하기 위해 필요한 의무로서의 성격으로 바뀌고 있다. 우리 민법도 2005년 개정을 통해 친권행사의 기준을 마련하고 부모가 친권을 행사함에 있어서는 자의 복리를 우선적으로 고려하여야 한다는 규정을 신설함으로써 친권이 자녀의 복리를 실현하기 위한 부모의 권리이자 의무라는 것을 명확히 하고 있다.

Ⅱ. 친권자와 친권에 따르는 자

1. 친권자

(1) 혼인 중의 출생자에 대한 친권자

1) 부모가 혼인중 인 경우

부모가 혼인중인 경우에는 자에 대한 친권은 부모가 공동으로 행사하고(909조 2항), 부모의 의견이 일치하지 아니하는 경우에는 당사자의 청구에 의하여 가정법원이 이를 정한다(909조 2항 단서). 여기서 친권의 공동행사란 부모의 의견이 일치하여 친권을 행사하는 것을 말한다. 다만 부모의 일방이 공동명의로 자를 대리하거나 자의 법률행위에 동의한 때에는 다른 일방의 의사에 반하는 때에도 그 효력이 발생하지만, 상대방이 악의인 때에는 법률행위의 효력이 생기지 않는다(920조의2). 그리고 부모의 일방이 친권을 행사할 수 없는 경우에는 다른 일방이 이를 행사한다(909조 3항).

2) 부모가 이혼한 경우

부모가 이혼하는 경우에는 부모의 협의로 친권자를 정하여야 하고, 협의할 수 없거나 협의가 이루어지지 아니하는 경우에는 가정법원은 직권으로 또는 당사자의 청구에 따라 친권자를 지정하여야 한다. 다만, 부모의 협의가 자(子)의 복리에 반하는 경우에는 가정법원은 보정을 명하거나 직권으로 친권자를 정한다(909조 4항).

혼인의 취소, 재판상 이혼 또는 인지청구의 소의 경우에는 가정법원이 직권으로 친권자를 정한다(909조 5항).

(2) 혼인외의 출생자에 대한 친권자

父가 인지하지 않은 혼인외의 출생자는 모가 단독으로 친권자가 된다. 그러나 혼인외의 출생자가 인지된 경우에는 부모가 이혼한 경우와 마찬가지로 부와 생모의 협의로 친권을 행사할 자를 정하고, 협의를 할 수 없거나 협의가 이루어지지 아니하는 경우에는 가정법원은 직권으로 또는 당사자의 청구에 따라 친권자를 지정하여야 한다(909조 4항).

(3) 양자의 친권자

양부모가 친권자이며 생부모는 친권자가 되지 못한다(909조 1항). 양부모 쌍방이 사망하였을 경우에는 친생부모가 있더라도 후견이 개시된다. 그러나 양부모 쌍방과 파양한 때에는 친생부모의 친권이 부활한다.

(4) 친권자의 변경

가정법원은 자의 복리를 위하여 필요하다고 인정되는 경우에는 자의 4촌 이내의 친족의 청구에 의하여 정하여진 친권자를 다른 일방으로 변경할 수 있다(909조 6항).

2. 친권에 따르는 자

친권의 대상이 되는 자는 혼인하지 않은 미성년자이다(909조 1항). 따라서 성년의제에 의하여(826조의2) 혼인한 미성년자는 성년자가 되므로 친권에서 벗어난다. 독립의 생계능력이 없더라도 성년의 자는 제외된다. 그리고 성년의제가 혼인의 취소.이혼.일방의 사망 등으로 해소되더라도 다시 친권의 대상이 되는 것은 아니다.

3. 친권자의 능력

친권의 효력은 자녀의 신분상의 지위와 재산에 걸치는 광범위한 것이므로 친권을 행사하기 위해서는 행위능력이 요구된다. 따라서 제한능력자는 원칙적으로 친권자가 될 수 없다.

Ⅲ. 친권의 내용

1. 子의 신분에 관한 친권

(1) 보호 · 교양의 권리의무

친권자는 자를 보호하고 교양할 권리의무가 있다(913조). 즉 자의 신체를 보호하고 정신적으로 건전한 사회인으로 양육하기 위한 조치를 취하여야 할 권리의무를 말한다. 민법 제913조는 거소지정 · 징계권 · 영업허락권을 포함하는 포괄적 규정에 해당된다. 친권자는 책임능력 없는 子가 제3자에 대하여 불법행위를 저지른 경우에 감독의무자로서 그 의무를 해태한 때에는 손해배상의 책임이 있다(755조). 그리고 책임능력 있는 자가 제3자에게 불법행위를 한 경우에 친권자는 감독상의 부주의와 손해의 발생 사이에 상당인과관계가 있으면 민법

제750조의 일반불법행위로서 손해배상책임을 진다(대판 1994.2.8, 93다13605 전원합의체).

종전의 판례는 민법 제755조를 근거를 하여 책임능력 있는 미성년자의 가해행위에 대한 감독의무자의 책임도 인정할 수 있다고 하였으나(대판 1984.7.10, 84다카474), 1994년의 전원합의체판결에 의하여 변경되었다.

(2) 보호 · 교양에 필요한 비용부담

친권자의 보호 · 교양의 권리의무와 보호.교양에 필요한 비용의 부담은 구별된다. 친권자의 보호.교양의 권리의무는 친권의 작용이나, 보호 · 교양에 필요한 비용의 부담은 부모의 자에 대한 부양의무에 해당한다. 따라서 친권자가 아닌 부모도 보호 · 교양에 필요한 비용을 부담하여야 한다. 보호 · 교양에 필요한 비용은 부부의 공동생활에 필요한 비용이며 당사자 사이에 특별한 약정이 없으면 부부가 공동으로 부담한다(833조).

(3) 거소지정권

친권자는 자가 거주하는 장소를 지정할 수 있다(914조). 거소지정권은 자의 보호.교양을 위하여 인정되는 것이므로 자의 심신에 나쁜 영향을 미치는 장소를 거소로 지정하면 거소지정권의 남용이 된다. 친권자는 자가 의사능력이 있는 경우에 한하여 거소지정권을 행사할 수 있다. 그러나 자에게 의사능력이 있는 경우에도 자의 의사에 반하여 부당하게 자를 억류하는 자에 대해서는 친권자는 방해제거청구권을 행사할 수 있다.

(4) 子의 인도청구권

친권자의 거소지정권은 의사능력이 없는 경우에는 인정되지 않는다. 다만 의사능력이 없는 자를 위법하게 억류한 자에 대해서는 자의 인도청구권을 가진다. 특히 부모가 이혼하고 모가 자를 양육하고 있으나 부가 친권자인 경우에 모는 친권의 행사와 양육의 책임을 다하기 위하여 그 자의 인도를 구하는 부의 청구를 거절할 수 없다(대판 1986.3.25, 86므17).

(5) 징계권

친권자는 그 자를 보호 · 교양하기 위하여 필요한 범위내에서 징계할 수 있는데, 그 한계를 넘으면 징계권으로 남용으로서 친권의 상실의 사유가 된다(제924조). 이러한 징계의 방법에는 친권자가 스스로 자녀를 징계하는 것과 가정법원의 허가를 얻어 감화 또는 교정기관에 위탁하는 것이 있다(915조).

(6) 영업허락권

친권자는 법정대리인으로서 미성년인 자로 하여금 특정한 영업을 하도록 허락할 수 있다(8조 1항). 친권자는 영업의 허락을 취소 또는 제한할 수 있으나, 이로써 선의의 제3자에게 대항하지 못한다.

(7) 신분상 행위의 대리권과 동의권

1) 대리권

친권을 행사하는 부모는 미성년자인 자의 법정대리인이 되지만(911조), 가족법상의 행위에 대한 대리권은 성질상 허용되지 않는 것이 원칙이다. 그러나 법률에 특별한 규정이 있는 경우에는 친권자는 미성년자인 자의 법정대리인으로서 대리권을 갖는다.

법률이 정한 특별한 경우로는 (ⅰ) 모인 친권자가 친생부인의 소의 피고가 되는 것(847조), (ⅱ) 인지청구의 소(863조), (ⅲ) 미성년자가 양친이 되는 입양의 취소(885조), (ⅳ) 미성년자가 동의권자의 동의를 얻지 않고 양자가 되었을 때의 취소(886조), (ⅴ) 13세 미만자의 입양대낙(869조)·파양대낙(899조) 및 파양청구의 소의 제기(906조), (ⅵ) 상속의 승인·포기(1019조·1020조), (ⅶ) 혼인무효·이혼무효의 소(가사소송법 23조), (ⅷ) 인지무효의 소(가사소송법 23조·28조), (ⅸ) 입양무효·파양무효의 소(23조·31조) 등이 있다.

2) 동의권

가족법상의 행위에 대한 동의권은 일반적으로 친권자의 지위가 아니라 부모의 지위에서 인정된다. 친권자로서의 동의권에는 분가에 대한 동의(788조 2항), 13세 미만자인 자의 입양승낙(869조)·혼인동의권(다수설) 등이 있다.

(8) 子의 친권의 대행

친권자는 그 친권에 따르는 子에 갈음하여 그 子(孫)에 대한 친권을 행사한다(910조). 다만 미성년자인 子가 혼인한 경우에는 성년의제되어 자신의 子(孫)에 대하여 직접 친권을 행사할 수 있으므로, 친권의 대행은 그 子가 혼인함이 없이 子(孫)를 본 경우에만 해당된다.

2. 子의 재산에 관한 권리의무

(1) 재산관리권

1) 특유재산의 관리

친권자는 자가 자기의 명의로 취득한 특유재산을 관리하며(916조), 관리권을 행사함에는 자기의 재산에 관한 행위와 동일한 주의로서 하여야 한다(922조). 자의 특유재산이란 미성년인 자가 상속·유증·증여를 받았거나, 자기 자신의 노력으로 취득한 재산을 말한다.

2) 재산관리권의 제한

제3자가 무상으로 자에게 수여한 재산은 친권자가 관리하는 것이 금지될 수 있다. 무상으로 자에게 재산을 수여한 제3자가 친권자의 관리에 반대하는 의사를 표시한 때에는 친권자는 그 재산을 관리하지 못한다(918조 1항).

이 경우에 제3자가 재산관리인을 지정할 수 있으나, 제3자의 지정이 없는 경우에는 자 또는 민법 제777조의 친족의 청구로 가정법원이 재산관리인을 선임한다(918조 2항). 제3자가 지정한 관리인의 권한이 소멸하거나 관리인을 개임할 필요 있는 경우에 제3자가 다시 관리인을 지정하지 아니한 때에도 마찬가지이다(918조 3항).

3) 재산관리권의 소멸

친권자의 재산관리권이 종료한 때에는 위임종료에 관한 규정이 준용된다(919조). 재산관리권의 종료사유를 상대방에게 통지하지 않은 때에는 이로써 상대방에게 대항하지 못한다.

4) 재산관리의 계산

법정대리인인 친권자의 권한이 소멸한 때에는 그 자의 재산에 대한 관리의 계산을 하여야 한다(923조 1항). 이 경우에 그 자의 계산으로부터 수취한 과실은 양육, 재산관리의 비용과 상계한 것으로 본다. 그러나 무상으로 자에게 재산을 수여한 제3자가 반대의 의사를 표시한 때에는 그 재산에 관하여는 그러하지 아니하다(923조 2항).

(2) 대리권과 동의권

1) 의 의

친권자는 법정대리인으로서 자의 재산에 관한 법률행위에 대하여 그 자를 대리한다(920조). 그리고 친권자는 미성년자의 재산상의 행위에 대하여 동의권을 갖는다. 따라서 친권자인 법정대리인의 동의 없이 미성년자가 재산상의 법률행위를 한 때에는 친권자는 이를 취소할 수 있다.

2) 대리권의 제한

(i) 子의 행위를 목적으로 하는 채무부담행위

친권자의 대리행위가 자의 행위를 목적으로 하는 채무를 부담할 경우에는 본인의 동의를 얻어야 한다(920조). 동의 없이 친권자가 대리행위를 하게 되면 그것은 무권대리가 된다. 다만 상대방에게 자의 동의를 얻은 것으로 믿을 만한 정당한 이유가 있을 때에는 상대방에게 자의 동의를 얻은 것으로 믿을 만한 정당한 이유가 있을 때에는 권한을 넘는 표현대리가 성립하고, 또한 법정대리인의 권한이 친족회의 동의를 요하는 경우에 법정대리인이 그 동의 없이 대리행위를 한 때에도 제126조의 표현대리가 적용된다고 한다(다수설). 판례는 민법 제950조의 동의와 관련하여 제126조의 적용을 긍정한다(대판 1997.6.27, 97다3828).

(ii) 근로계약체결과 임금청구

친권자는 미성년인 자를 대리하여 근로계약을 체결하지 못한다(근로기준법 67조). 따라서 미성년인 자는 친권자의 동의를 얻어 직접 근로계약을 체결하여야 한다. 미성년자는 독자적으로 임금을 청구할 수 있으므로(근로기준법 68조), 친권자에게 자를 대리하여 임금을 청구할 수 있는 법정대리권은 없다.

(iii) 허락받은 미성년자의 재산처분과 영업에 관한 재산행위

친권자가 범위를 정하여 처분을 허락한 재산(6조)에 관하여는 친권자의 법정대리권의

행사가 제한된다. 그리고 영업을 허락받은 미성년자의 영업에 관한 재산적 법률행위에 관하여도 법정대리권의 행사가 제한된다(8조).

(iv) 친권의 남용

친권자가 사리를 꾀할 목적으로 대리권을 남용한 경우에는 대리권남용에 관한 이론이 적용된다. 따라서 친권자의 대리행위가 친권남용이 될 경우에는 그 효과는 자에게 미치지 않는다(대판 1981.10.31, 81다649). 그러나 친권의 남용으로 인하여 친권이 당연히 상실되는 것은 아니다(대판 1997.1.24, 96다43928).

3) 공동친권자 일방이 단독으로 한 행위의 효력

공동대리를 필요로 하는 경우에 일방이 단독으로 대리나 동의를 하면 대리 또는 동의의 효과는 생기지 않는다. 그러나 공동친권자인 부모의 일방이 공동명의로 자를 대리하거나 자의 법률행위에 동의한 때에는 다른 일방의 의사의 반하는 때에도 효력이 있다(920조의2 전단). 그러나 상대방이 악의인 때에는 무효이다(920조의2 후단).

(3) 친권자의 주의의무

친권자가 그 子에 대한 법률행위의 대리권 또는 재산관리권을 행사함에는 자기의 재산에 관한 행위와 동일한 주의를 하여야 한다(922조).

3. 이해상반행위에 관한 친권의 제한

(1) 의 의

친권을 행사하는 부모와 그 자 사이 또는 자와 자 사이에 이해가 상반되는 행위에 대해서는 친권자의 대리 또는 동의가 허용되지 않는다(921조). 즉 친권자를 위해서는 이익이 되고 미성년자를 위해서는 불이익이 되는 행위인 경우 또는 친권에 따르는 여러 명의 자녀 중에서 일부 자녀에게는 이익이 되고 다른 자녀에게는 불이익이 되는 경우이다. 이러한 경우에는 친권자의 청구에 의하여 가정법원이 특별대리인을 선임하도록 하고 있다.

(2) 이해상반행위의 판단기준

이해상반행위의 여부를 친권자의 행위자체로부터 외형적.객관적으로 판단하는 견해(다수설)와 이해상반행위의 여부는 구체적인 사정에 비추어 실질적으로 판단하여야 한다는 견해가 있다. 형식적 판단기준설에 따르면 선의의 제3자를 보호함으로써 거래의 안전을 도모할 수 있다.

반면 실질적 판단기준설에 의하면 민법 제921조는 미성년자 보호하기 위한 규정이므로 미성년자의 이익을 우선하여야 하며, 거래의 안전은 민법 제107조 단서를 유추적용하거나 표현대리에 관한 규정 등에 의하여 보호할 수 있다고 한다.

판례는 제921조의 이해상반행위는 행위의 객관적 성질에 의하여 친권자와 그 자 사이 또는 친권에 복종하는 수인의 자 사이에 이해의 대립이 생길 우려가 있는 행위를 말하고, 친권자의 의도나 그 행위의 결과 실제로 이해의 대립이 생겼는지의 여부는 묻지 않는다(대판 1996.11.22, 96다10270)고 하면서 형식판단설을 취하고 있다.

[상속재산분할의 이해상반행위 여부]

공동상속재산 분할협의는 민법 제921조 소정의 이해상반되는 행위에 해당하므로, 공동상속인인 친권자와 미성년인 수인의 자 사이에 상속재산 분할협의를 하게 되는 경우에는 미성년자 각자마다 특별대리인을 선임하여 그 각 특별대리인이 각 미성년자인 자를 대리하여 상속재산 분할협의를 하여야 한다.

만일 친권자가 수인의 미성년자의 법정대리인으로서 상속재산 분할협의를 한 것이라면, 이는 민법 제921조에 위반된 것으로서 이러한 대리행위에 의하여 성립된 상속재산 분할협의는 적법한 추인이 없는 한 무효이다(대판 2001.6.29., 2001다28299).

(3) 이해상반행위의 범위

이해상반행위의 여부는 부모 또는 어느 자에게 유리하나 다른 미성년인 자에게는 객관적으로 불이익한 행위이면 족하고, 기타의 특별한 제한이 없다. 따라서 이해상반행위는 친권자와 미성년인 자가 법률행위의 당사자로서 대립되는 경우만을 의미하는 것은 아니다. 그리고 이해상반행위는 단독행위.계약뿐만 아니라 동의행위.소송행위도 포함된다. 또한 재산상의 이익에 관한 행위이든 신분상의 이익에 관한 행위이든 상관없다.

1) 이해상반행위가 되는 경우

(ⅰ) 친권자가 자기의 채무를 위하여 자를 연대채무자.보증인으로 하거나 자의 부동산을 담보에 제공하거나 또는 자의 부동산을 대물변제로 제공하는 행위, (ⅱ) 친권자가 자기의 채무에 관하여 미성년자인 자를 대리하여 병존적 채무인수를 하는 경우, (ⅲ) 자의 재산을 친권자에게 양도하는 행위, (ⅳ) 친권자의 채무를 자에게 전가하는 경개계약, (ⅴ) 자의 대금채권을 포기하고 그 채무자로부터 친권자의 채무의 면제를 받는 행위, (ⅵ) 부가 자신의 제3자에 대한 채무지급을 위하여 자신이 발행하는 어음에 아들을 공동발행인으로 기명날인한 경우(대판 1971.2.23, 70다2916), (ⅶ) 친권자가 미성년자를 대리하여 공동상속재산분할협의를 한 행위(대판 1994.9.9, 94다6680), (ⅷ) 친권자가 자기의 15세 미만의 혼인외의 출생자를 자기의 양자로 하는 경우, (ⅸ) 미성년자가 수인 있고 그 미성년자 사이에 이해가 상반되는 경우(921조) 등이 있다.

2) 이해상반행위가 되지 않는 경우

(ⅰ) 친권자가 자의 재산을 자기의 처에게 증여하는 행위, (ⅱ) 친권자가 미성년자인 자에 갈음하여 맺은 근저당권설정계약, (ⅲ) 친권자가 자기의 자금을 얻기 위해 자의 대리인으로 맺은 소비대차계약, (ⅳ) 친권자가 자를 대리하여 자와 함께 합명회사를 설립하는 경우, (ⅴ) 친자공동으로 한 경매신청, (ⅵ) 자가 친권자로부터 단순히 증여를 받는 행위(대판 1981.10.13, 81다649), (ⅶ) 친권자인 모가 자기 오빠의 제3자에 대한 채무의 담보로 미성년자 소유의 부동산에 근저당권을 설정한 행위(대판 1991.11.26, 91다32466)등은 이해상반행위가 되지 않는다.

(4) 이행상반행위의 효력과 특별대리인의 선임

1) 이해상반행위의 효력

친권자와 자 사이 또는 수인의 자 사이의 이해상반행위에 관해서는 친권자는 대리 또는 자의 법률행위에 대한 동의를 하지 못한다. 특별대리인을 선임하지 않고 친권자가 이해상반행위를 대리하면 무권대리가 된다.

따라서 자가 성년이 된 후에 추인하면 유효한 행위가 된다. 그리고 자가 이해상반되는 법률행위를 함에 친권자가 동의를 한 때에는 미성년자의 동의 없는 법률행위가 되어 취소할 수 있는 법률행위가 된다.

2) 특별대리인의 선임

친권자와 자 사이 또는 수인의 자 사이의 이해상반행위에 관해서는 친권자는 대리권 또는 동의권을 갖지 않으므로 이 경우에 친권자는 가정법원에 자 또는 자 일방의 특별대리인의 선임을 청구하여야 한다(921조). 특별대리인의 자격에는 제한이 없다. 다만 특별대리인은 이해가 상반되는 특정의 법률행위에 관하여 개별적으로 선임되어야 한다(대판 1996.4.9, 96다1139).

따라서 특별대리인에게 미성년자가 하여야 할 법률행위를 무엇이든지 처리할 수 있도록 포괄적으로 권한을 수여하는 심판을 할 수는 없다.

4. 양육비 · 재산관리비용과 자의 재산으로 인한 과실수취

친권자가 그 자의 재산으로부터 수취한 과실은 그 양육비 또는 재산관리비용과 상계한 것으로 보지만 무상으로 자에게 재산을 수여한 제3자가 반대의사를 표시한 경우에 그 재산에 관해서는 그렇지 않다(923조 2항).

Ⅳ. 친권남용과 그 효과

친권이 남용되면 친권 자체가 박탈되어 친권의 상실을 가져온다. 민법 제925조는 법정대리인인 친권자가 부적당한 관리로 인하여 자의 재산을 위태하게 한 때에는 법원은 민법 제777조의 규정에 의한 친족 또는 검사의 청구에 의하여 그 법률행위의 대리권과 재산관리권의 상실을 선고할 수 있다고 되어 있다. 이때 제한받는 것은 법률행위의 대리권과 재산관리권에 한하며, 자의 신분상의 사항에 관하여는 여전히 친권이 존재한다.

따라서 친권상실선고는 상속권에 아무런 영향을 미치지 않는다(다수설) 그리고 친권남용으로 부가 대리권과 재산관리권을 상실하면 모가 이에 관한 친권을 행사하고, 만약 모가 없으면 미성년후견인이 대리권과 재산관리권을 행사하게 된다(928조 후단).

Ⅴ. 친권의 소멸과 친권상실선고

1. 친권의 소멸

친권은 ① 자가 사망(실종선고 포함)한 때, ② 자가 성년자가 된 때, ③ 子가 혼인한 때(826의2)는 절대적으로 소멸한다. 또한 친권은 ① 친권자가 사망(실종선고 포함) 한 때, ② 자가 타인의 양자로 된 때(909조 1항), ③ 입양이 무효 · 취소되거나 양자가 파양된 때, ④ 부모의 이혼 · 혼인무효 · 이혼취소 후 부모 중 일방만이 친권자가 된 때(909조 4항), ⑤ 모의 단독친권에 따르던 혼인외의 출생자가 부의 인지를 받아 부가 친권자로 된 때(909조 4항), ⑥ 친권자가 협의 · 심판으로 변경된 때(909조 4항, 6항), ⑦ 친권자가 친권상실의 선고를 받은 때(924조), ⑧ 친권자가 대리권 · 재산관리권을 사퇴한 때(927조 1항)는 상대적으로 소멸한다. 그러나 이해상반행위는 친권의 소멸사유가 아니다.

2. 친권의 상실선고

(1) 의 의

부 또는 모가 친권을 남용하거나 현저한 비행 기타 친권을 행사시킬 수 없는 중대한 사유가 있는 경우에 법원은 자의 친족 또는 검사의 청구에 의하여 그 친권의 상실을 선고할 수 있다(924조).

(2) 친권상실의 원인

1) 친권의 남용

친권의 남용이란 일반적으로 친권의 내용인 권리를 과도하게 불법적으로 행사하거나, 또는 그 적당한 행사를 게을리 함을 말한다. 친권남용의 예로써는 거소지정권의 남용, 징계권의 남용, 재산관리권의 남용, 보호 · 교양 · 방해배제권의 남용, 영업허락권의 남용을 들 수 있다.

[간통행위와 친권상실사유]

자녀들의 양육과 보호에 관한 의무를 소홀히 하지 아니한 모의 간통행위로 말미암아 부가 사망한 결과가 초래한 사실만으로써는 모에 대한 친권상실선고사유에 해당한다고 볼 수 없다(대판 1993.3.4., 93스3).

2) 현저한 비행

현저한 비행이란 자의 보호.교양에 심히 해로운 행위로서, 예컨대 부모의 방탕 · 상습적인 도박 · 과부인 모의 私通 등이 이에 해당한다.

3) 친권을 행사시킬 수 없는 중대한 사유

친권을 행사시킬 수 없는 중대한 사유는 자와 친권자 사이의 이행상반행위, 친권남용의 여부, 부양이나 교육 등을 종합적으로 평가하여 실질적으로 평가하여야 한다.

(3) 친권상실원인의 판정기준

친권상실은 구체적인 사건에 있어서 친권의 남용 또는 현저한 비행으로 부모와 자의 공동생활이 파괴되고, 자의 복지가 침해될 정도가 되어야 친권상실의 선고를 할 수 있다. 그리고 친권상실의 원인이 존재하더라도 친권상실의 제2심 판결 전에 이미 그 원인이 소멸하여 존재하지 않는 경우에는 친권상실선고를 할 수 없다.

(4) 친권상실선고의 청구권자

친권상실선고는 민법 제777조의 규정에 의한 자의 친족 또는 검사의 청구에 의하여 가정법원이 한다(924조). 그러나 선고되더라도 친족관계가 상실되는 것은 아니다. 민법 제924조나 제925조의 규정에 의한 친권상실이나 대리권, 관리권의 상실을 청구할 수 있는 자가 그러한 청구권을 포기하는 것을 내용으로 하는 계약은 공서양속에 위배하여 무효라 할 것이다(대판 1977.7.16, 76므34)

(5) 친권상실의 효과

친권상실의 효과는 심판의 확정에 의하여 발생한다. 친권이 상실되면 자를 보호.교양하고 자의 재산을 관리할 권능을 상실하며, 자의 신분상 내지 재산상 행위의 대리권도 상실한다. 그러나 친권상실이 부양.상속 등에는 영향을 미치지 않는다. 그리고 공동친권자 일방이 친권상실의 선고를 받은 때에는 다른 일방의 단독 친권이 되고, 단독친권자가 친권상실선고를 받으면 후견이 개시된다(928조). 대리권 · 재산관리권의 상실선고는 대리권 · 재산관리권만을 박탈하고 친권에는 미치지 않는다.

따라서 공동친권의 경우에 친권자의 일방이 대리권.재산관리권을 상실하였을 때에는 신분상의 행위에 대해서는 공동으로 친권을 행사하고, 대리권.재산관리권은 다른 일방이 단독으로 행사하며, 단독친권의 경우에 친권자가 대리권.재산관리권을 상실한 경우는 후견이 개시되어 후견인이 재산을 관리한다.

3. 실권회복

친권상실과 대리권.재산관리권의 상실원인이 없어졌을 때에는 가정법원은 본인 또는 친족의 청구에 의하여 실권회복을 선고할 수 있다(926조).

4. 대리권 · 재산관리권의 사퇴

법정대리인인 친권자는 정당한 사유가 있는 경우에는 가정법원의 허가를 얻어 친권의 일부인 법률행위의 대리권과 재산관리권을 사퇴할 수 있다(927조 1항). 단, 보호.양육의 권리의무는 절대적으로 사퇴할 수 없다. 그리고 사퇴의 사유가 소멸한 때에는 그 친권자는 가정법원의 허가를 얻어 사퇴한 권리를 회복할 수 있다(927조 2항).

제6관 후 견

Ⅰ. 의 의

후견이란 일정한 사유로 인하여 자기 자신이 일을 스스로 처리할 수 없는 자(미성년자·피성년후견인, 피한정후견인 등)를 위하여 국가의 감독 아래 그 자의 신분.재산에 관한 일을 돌보아 주는 제도를 말한다. 이러한 후견제도는 가족관계의 측면과 재산관계의 측면을 동시에 가지고 있기 때문에 민법은 위임과 친권의 규정을 후견인에게 준용하고 있다.

Ⅱ. 미성년후견

1. 미성년자의 후견개시

미성년자에게 친권자가 없거나 친권자가 법률행위의 대리권과 재산관리권을 행사할 수 없는 경우에는 미성년후견인을 두어야 한다(개정민법 928조).

(1) 친권자가 없는 때

친권자가 없는 경우로는 사실상 친권자가 없거나(사망·행방불명·심신상실), 법률상 친권을 행사할 수 없을 때(친권상실선고)이다. 따라서 친권자의 일방이 사망하거나 친권을 상실하더라도 타방이 친권을 행사할 수 있을 때에는 후견이 개시되지 않는다. 또한 친권대행자(910조)가 있는 경우에도 후견은 개시되지 않는다.

(2) 친권자가 법률행위의 대리권.재산관리권을 행사할 수 없는 때

친권자가 대리권.재산관리권을 상실하였거나 사퇴하여 친권을 행사할 수 없는 경우가 이에 해당된다. 이러한 경우에는 대리권·재산관리권에 한하여서만 후견이 개시되며, 이외의 경우에는 친권자가 친권을 행사한다.

2. 후견개시의 신고

후견개시의 신고는 가족관계의 등록 등에 관한 법률이 정한 바에 의하여 후견인이 취임한 날로부터 1월 이내에 하여야 한다(가족관계등록법 80조 1항). 후견개시의 신고는 보고적 신고이다.

3. 미성년자의 후견인

(1) 후견인의 수

미성년후견인의 수는 1명이다(개정민법 930조 1항). 그러나 1인이 수인의 피후견인을 후견할 수는 있다.

(2) 후견인의 선임

미성년자의 후견인은 제1순위가 지정후견인, 제2순위가 선임후견인이다. 2011년 민법 개정전에는 법정후견인이 제2순위 후견인으로 인정되었으나 개정민법은 이를 폐지하였다.

1) 지정후견인

미성년자에게 친권을 행사하는 부모는 유언으로 미성년후견인을 지정할 수 있다. 다만, 법률행위의 대리권과 재산관리권이 없는 친권자는 그러하지 아니하다(개정민법 931조 1항). 다만 친권자의 지정에 의해 미성년후견인이 지정된 경우라도 미성년자의 복리를 위하여 필요하면 가정법원은 생존하는 부 또는 모, 미성년자의 청구에 의하여 후견을 종료하고 생존하는 부 또는 모를 친권자로 지정할 수 있다(개정민법 931조 2항).

2) 선임후견인

유언으로 지정된 지정후견인이 없거나 미성년후견인이 없게 된 경우에는 가정법원은 직권으로 또는 미성년자, 친족, 이해관계인, 검사, 지방자치단체의 장의 청구에 의하여 미성년후견인을 선임한다(개정민법 932조 1항). 가정법원은 친권상실의 선고나 대리권 및 재산관리권 상실의 선고에 따라 미성년후견인을 선임할 필요가 있는 경우에는 직권으로 미성년후견인을 선임한다(개정민법 932조 2항).

또한 친권자가 대리권 및 재산관리권을 사퇴한 경우에는 지체 없이 가정법원에 미성년후견인의 선임을 청구하여야 한다(개정민법 932조 3항).

(3) 후견인의 결격사유

① 미성년자, ② 피성년후견인 · 피한정후견인 · 피특정후견인 · 피임의후견인, ③ 회생절차개시결정 또는 파산선고를 받은 자, ④ 자격정지 이상의 형의 선고를 받고 그 형기(刑期) 중에 있는 사람, ⑤ 법원에서 해임된 법정대리인, ⑥ 법원에서 해임된 성년후견인 · 한정후견인 · 특정후견인 · 임의후견인과 그 감독인, ⑦ 행방이 불분명한 사람, ⑧ 피후견인을 상대로 소송을 하였거나 하고 있는 자 또는 그 배우자와 직계혈족은 후견인이 되지 못한다(개정민법 937조).

(4) 후견인의 사임과 변경

후견인은 정당한 사유가 있는 때에는 가정법원의 허가를 얻어 이를 사퇴할 수 있고, 이 경우 그 후견인은 사임청구와 동시에 가정법원에 새로운 후견인의 선임을 청구하여야 한다(개정민법 939조). 그리고 가정법원은 피후견인의 복리를 위하여 후견인을 변경할 필요가 있다고 인정되는 경우에는 직권으로 또는 피후견인 · 친족 · 후견감독인 · 검사 · 지방자치단체의 장의 청구에 의하여 후견인을 변경할 수 있다(개정민법 940조 1항).

4. 후견사무의 내용

(1) 후견인취임시의 사무

1) 재산목록작성

후견인은 취임 후 지체 없이 피후견인의 재산을 조사하여 2월내에 그 목록을 작성하여야 한다(개정민법 941조 1항). 그러나 정당한 사유가 있는 경우에는 가정법원의 허가를 얻어 그 기간을 연장할 수 있다(개정민법 941조 1항 단서). 후견감독인이 있는 경우 재산조사와 목록작성은 후견감독인의 참여가 없으면 효력이 없다(개정민법 941조 2항). 그리고 재산목록의 작성을 완료하기까지는 긴급필요가 없으면 그 재산에 관한 권한을 행사하지 못한다(개정민법 943조 본문). 그러나 이러한 대리권의 제한은 선의의 제3자에게 대항하지 못한다(개정민법 943조 단서).

2) 후견인과 피후견인 사이의 채권・채무관계의 제시

후견인과 피후견인 사이에 채권·채무의 관계가 있고 후견감독인이 있는 경우에는 후견인은 재산목록의 작성을 완료하기 전에 그 내용을 후견감독인에게 제시하여야 한다(개정민법 92조 1항). 후견인이 피후견인에 대한 채권이 있음을 알고도 이 제시를 게을리 한 때에는 그 채권을 포기한 것으로 본다(개정민법 942조 2항).

(2) 피후견인의 신분에 관한 사무

1) 후견인의 권리의무

미성년후견인은 제913조 내지 제915조에 규정한 사항(보호·교양의 권리의무·거소지정권·징계권)에 대해서는 친권자와 동일한 권리의무를 가진다(개정민법 제945조 본문). 그러나 (ⅰ) 친권자가 정한 교육방법, 양육방법 또는 거소를 변경하는 경우, (ⅱ) 미성년자를 감화기관이나 교정기관에 위탁하는 경우, (ⅲ) 친권자가 허락한 영업을 취소하거나 제한하는 경우에는 미성년후견감독인이 있으면 그의 동의를 받아야 한다(개정민법 945조).

2) 대리권과 동의권

후견인의 대리권으로는 (ⅰ) 혼인적령미달자에 대한 취소(817조), (ⅱ) 인지청구의 소의 제기(863조), (ⅲ) 13세 미만의 피후견인의 입양에 대한 대낙(869조), (ⅳ) 미성년자가 양친이 된 입양의 취소(885조) 등이 있으며, 후견인의 동의권으로는 (ⅰ) 미성년자의 약혼(802조), (ⅱ) 미성년자의 혼인(808조) 등이 있다.

(3) 피후견인의 재산에 관한 사무

1) 재산관리권 및 대리권과 동의권

후견인은 피후견인의 법정대리인이 되어 피후견인의 재산을 관리하고 그 재산에 관한 법률행위에 대하여 피후견인을 대리한다(개정민법 949조). 단 후견인이 피후견인의 행위를 목적으로 하는 채무부담행위를 대리하는 경우에는 피후견인의 동의를 얻어야 한다(개정민법 920조 단서 · 949 조). 그리고 피후견인이 의사능력을 가질 때에는 동의를 주어 스스로 법률행위를 하도록 할 수 있다(5조-7조).

2) 대리권과 동의권의 제한

① 피후견인의 동의

피후견인의 행위를 목적으로 하는 채무를 부담할 경우에는 본인의 동의가 필요하다(개정민법 949조 2항).

② 후견감독인의 동의

(i) 제한의 범위

후견인이 피후견인을 대리하여 영업에 관한 행위 · 금전을 빌리는 행위 · 의무만을 부담하는 행위 · 부동산 또는 중요한 재산에 관한 권리의 득실변경을 목적으로 하는 행위 · 소송행위 · 상속의 승인 · 한정승인 또는 포기 및 상속재산의 분할에 관한 협의 중 어느 하나에 해당하는 행위를 하거나, 이 중 미성년자의 어느 하나에 해당하는 행위에 동의를 할 때는 후견감독인이 있으면 그의 동의를 받아야 한다(개정민법 950조 1항).

(ii) 제한위반의 효과

후견감독인의 동의가 필요한 행위에 대하여 후견감독인이 피후견인의 이익이 침해될 우려가 있음에도 동의를 하지 아니하는 경우에는 가정법원은 후견인의 청구에 의하여 후견감독인의 동의를 갈음하는 허가를 할 수 있다(개정민법 950조 2항).

후견감독인의 동의가 필요한 법률행위를 후견인이 후견감독인의 동의 없이 하였을 때에는 피후견인 또는 후견감독인이 그 행위를 취소할 수 있다(개정민법 제950조 3항). 이때 발생한 취소권은 민법 제146조에 의하여 추인할 수 있는 날로부터 3년 내에, 법률행위를 한 날로부터 10년 내에 행사하여야 한다.

여기서 '추인할 수 있는 날'이라 함은 취소의 원인이 종료한 후를 의미하므로 피후견인 스스로 그 법률행위를 취소함에는 피후견인이 능력자로 복귀하는 날로부터 3년 내에 취소하여야 한다(대판 1997.6.27, 97다3828). 그리고 피후견인 또는 친족회의 취소권은 행사상의 일신전속권이므로 채권자대위의 목적이 될 수 없다(대판 1996.5.31, 94다35985). 취소권이 존재하는 경우에 상대방은 피후견인 또는 후견감독인에 대하여 추인여부의 확답을 최고할 수 있다(개정민법 952조).

(iii) 피후견인에 대한 제3자의 권리양수의 제한

후견인이 피후견인에 대한 제3자의 권리를 양수함에는 후견감독인이 있으면 그의 동의를 얻어야 한다(개정민법 951조 2항). 이에 위반한 행위는 피후견인 또는 후견감독인이 이를 취소할 수 있다(951조 2항).

(ⅳ) 위임과 친권규정의 준용으로 인한 제한

제3자가 후견인의 관리에 반대하는 의사를 표시하고 피후견인에게 무상수여한 재산에 대하여는 재산관리권이 없다(918조-956조). 그리고 후견인은 자기재산과 동일한 주의로 관리하는 친권자와 달리 선량한 관리자의 주의의무를 가지고 관리하여야 한다(681조 · 956조).

③ 보수청구권

가정법원은 후견인의 청구에 의하여 피후견인의 재산상태, 기타 사정을 참작하여 피후견인의 재산 중에서 상당한 보수를 후견인에게 수여할 수 있다(955조).

[생모와 함께 부제소합의를 하고 성년이 된 후 그 합의취소의 가부]

갑과 그의 생모인 을이 병과의 사이에 계쟁부동산 지분에 관하여 민 · 형사상의 이의를 제기하지 않기로 하는 취지의 약정을 하였더라도 약정 당시 갑은 미성년자로서 행위무능력자이고 을은 이미 재혼하여 친권을 상실하였다면, 설사 을이 갑에 대한 후견인의 지위에서 피후견인인 갑의 위 부동산지분에 관한 권리의 득실변경을 목적으로 하는 행위를 동의하거나 대리한 취지로 위 부제소합의를 하게 된 것이더라도, 이에 관하여 친족회의 동의를 얻지 못한 이상 갑이 성년에 달한 후 3년 이내에 위 부제소합의를 취소한 것은 적법하다(대판 1989. 10. 10, 89다카1602·89다카1619).

5. 미성년후견감독인

미성년후견인을 지정할 수 있는 사람은 유언으로 미성년후견감독인을 지정할 수 있다(940조의2). 또한 미성년후견감독인의 지정이 없더라도 가정법원은 필요하다고 인정하면 직권으로 또는 미성년자 · 친족 · 미성년후견인 · 검사 · 지방자치단체의 장의 청구에 의하여 미성년후견감독인을 선임할 수 있다(개정민법 940조의3, 1항). 가정법원은 미성년후견감독인이 사망 · 결격 · 그 밖의 사유로 없게 된 경우에는 직권으로 또는 미성년자 · 친족 · 미성년후견인 · 검사 · 지방자치단체의 장의 청구에 의하여 미성년후견감독인을 선임한다(개정민법 940조의3, 2항). 이때 제937조의 결격사유가 있거나 미성년후견인의 가족인 경우에는 후견감독인이 될 수 없다(940조의5).

후견감독인은 후견인의 사무를 감독하며, 후견인이 없는 경우 지체 없이 가정법원에 후견인의 선임을 청구하여야 한다(개정민법 940조의6, 1항). 후견감독인은 피후견인의 신상이나 재산에 대하여 급박한 사정이 있는 경우 그의 보호를 위하여 필요한 행위 또는 처분을 할 수 있다(개정민법 940조의6, 2항). 후견인과 피후견인 사이에 이해가 상반되는 행위에 관하여는 후견감독인이 피후견인을 대리한다(개정민법 940조의6, 3항). 이외에도 민법 제940조의7에 의하여 위임과 후견인에 있어서의 임무에 관한 규정이 후견감독인에게도 준용된다.

6. 미성년후견의 종료

(1) 종료원인

1) 절대적 종료원인

피후견인의 사망, 피후견인인 미성년자의 성년도달.혼인, 친권자가 있게 된 때, 피후견인이 양자가 되어서 양친의 친권에 복종하는 경우 등과 같이 후견의 필요성이 없어져 후견관계 자체가 소멸해 버리는 경우에 후견은 절대적으로 종료한다.

2) 상대적 종료원인

후견인의 사망.실종선고, 후견인의 사퇴.해임, 결격사유의 발생 등의 경우에는 후견 그 자체는 소멸하지 않지만 후견인이 후견관계에서 이탈하는 경우이다.

(2) 후견종료의 효과

1) 관리의 계산

후견인의 임무가 종료한 때에는 후견인 또는 그 상속인은 1월내에 피후견인의 재산에 대해 관리의 계산을 하여야 한다(개정민법 957조 1항). 그러나 정당한 사유가 있는 때에는 가정법원의 허가를 얻어 그 기간을 연장할 수 있다(개정민법 957조 단서). 이러한 계산은 후견감독인이 있는 경우에는 그의 참여가 없으면 효력이 없다(개정민법 957조 2항).

2) 이자의 부가와 금전소비에 관한 책임

후견인이 피후견인에게 지급할 금액 또는 피후견인이 후견인에게 지급할 금액에는 계산종료일부터 이자를 붙여야 한다(958조 1항). 후견인이 자기를 위하여 피후견인의 금전을 소비한 때에는 그 소비한 날로부터의 이자를 붙이고 피후견인에게 손해가 있으면 이를 배상하여야 한다(958조 2항).

3) 후견종료와 긴급처리

후견종료의 경우에 급박한 사정이 있는 때에는 후견인, 그 상속인이나 법정대리인은 피후견인 또는 다른 후견인이 그 사무를 처리할 수 있을 때까지 그 사무의 처리를 계속하여야 한다(691조 · 959조).

Ⅲ. 성년후견

1. 성년후견개시의 요건

성년후견은 기존의 금치산제도에 대비되는 제도로서, 가정법원은 질병, 장애, 노령, 그 밖의 사유로 인한 정신적 제약으로 사무를 처리할 능력이 지속적으로 결여된 사람에 대하여 본인 · 배우자 · 4촌 이내의 친족 · 미성년후견인 · 미성년후견감독인 · 한정후견인 · 한정후견감독인 · 특정후견인 · 특정후견감독인 · 검사 또는 지방자치단체의 장의 청구에 의하여 성년후견개시의 심판을 한다(개정민법 9조 1항). 이때 가정법원은 본인의 의사를 고려하여야 한다(개정민법 9조 2항).

2. 피성년후견인의 행위능력

피성년후견인의 법률행위는 취소할 수 있는 법률행위가 되어, 원칙적으로 피성년후견인은 단독으로 유효한 법률행위를 할 수 없다(개정민법 10조 1항). 다만 가정법원은 취소할 수 없는 피성년후견인의 법률행위의 범위를 정할 수 있으며(개정민법 제10조 2항), 피성년후견인이 자신을 능력자로 믿게 한 경우에는 그 법률행위를 취소할 수 없다(개정민법 17조). 또한 피성년후견인이라 하더라도 일용품의 구입 등 일상생활에 필요하고 그 대가가 과도하지 아니한 법률행위는 성년후견인이 취소할 수 없다(개정민법 10조 4항).

피성년후견인은 자신의 신상에 관하여 그의 상태가 허락하는 범위에서 단독으로 결정할 수 있다(개정민법 947조의2, 1항).

3. 성년후견인의 선임

가정법원의 성년후견개시심판이 있는 경우에는 그 심판을 받은 사람의 성년후견인을 두어야 한다(개정민법 929조). 이때의 성년후견인은 피성년후견인의 법정대리인에 해당하며 결격사유(개정민법 937조)가 없는 한 2인 이상일 수도 있고 법인도 가능하다(개정민법 930조).

개정 전 민법은 후견인의 수를 1인으로 한정하고 있었으나, 새로 도입된 성년후견의 경우 성년후견인은 피성년후견인의 재산과 신상의 사무를 모두 관리하는 것이어서 다수의 후견인을 선임할 수 있도록 하였다.

성년후견인은 성년후견개시 심판이 있는 경우에는 가정법원이 직권으로 선임하며(개정민법 936조 1항), 성년후견인이 사망·결격·그 밖의 사유로 없게 된 경우에는 가정법원이 직권으로 또는 피성년후견인·친족·이해관계인·검사·지방자치단체의 장의 청구에 의하여 성년후견인을 선임한다(개정민법 936조 2항). 또한 가정법원은 성년후견인이 선임된 경우에도 필요하다고 인정하면 직권으로 또는 민법 제936조 2항의 청구권자나 성년후견인의 청구에 의하여 추가로 성년후견인을 선임할 수 있다(개정민법 936조 3항). 이러한 개정은 후견인의 당연지정에 관한 기존의 민법규정을 폐지하고, 오히려 가정법원이 제반사정을 종합적으로 고려하여 가장 적절한 성년후견인을 선임하도록 한 입법정책적 고려이다.

성년후견인을 선임하는 경우 가정법원은 피성년후견인의 의사를 존중하여야 하며, 그 밖에 피성년후견인의 건강·생활관계·재산상황·성년후견인이 될 사람의 직업과 경험·피성년후견인과의 이해관계의 유무(법인이 성년후견인이 될 때에는 사업의 종류와 내용·법인이나 그 대표자와 피성년후견인 사이의 이해관계의 유무를 말한다) 등의 사정도 고려하여야 한다(개정민법 936조 4항).

후견인은 정당한 사유가 있는 경우에는 가정법원의 허가를 받아 사임할 수 있으며, 이 경우 그 후견인은 사임청구와 동시에 가정법원에 새로운 후견인의 선임을 청구하여야 한다(개정민법 939조). 또한 가정법원은 피후견인의 복리를 위하여 후견인을 변경할 필요가 있다고 인정하면 직권으로 또는 피후견인·친족·후견감독인·검사·지방자치단체의 장의 청구에 의하여 후견인을 변경할 수도 있다(개정민법 940조).

4. 성년후견인의 임무

성년후견인은 피후견인의 법정대리인이 되며(개정민법 938조 1항), 가정법원은 성년후견인이 가지는 법정대리권의 범위나 성년후견인의 신상에 관하여 결정할 수 있는 권한의 범위를 정할 수 있다(개정민법 938조 2항 · 3항). 이 때 법정대리인의 권한의 범위가 적절하지 아니하게 된 경우에 가정법원은 본인 · 배우자 · 4촌 이내의 친족 · 성년후견인 · 성년후견감독인 · 검사 또는 지방자치단체의 장의 청구에 의하여 그 범위를 변경할 수 있다(개정민법 938조 4항). 성년후견인이 피성년후견인을 대리하여 피성년후견인이 거주하고 있는 건물 또는 그 대지에 대하여 매도 · 임대 · 전세권 설정 · 저당권 설정 · 임대차의 해지 · 전세권의 소멸 · 그 밖에 이에 준하는 행위를 하는 경우에는 가정법원의 허가를 받아야 한다(개정민법 947조의2, 5항).

성년후견인은 선임된 후 지체 없이 피후견인의 재산을 조사하여 2개월 내에 그 목록을 작성하여야 한다. 다만, 정당한 사유가 있는 경우에는 법원의 허가를 받아 그 기간을 연장할 수 있다(개정민법 제941조 1항). 이때 후견감독인이 있는 경우 재산조사와 목록작성은 후견감독인의 참여가 없으면 효력이 없다(개정민법 941조 2항). 또한 후견인과 피후견인 사이에 채권 · 채무의 관계가 있고 후견감독인이 있는 경우에는 후견인은 재산목록의 작성을 완료하기 전에 그 내용을 후견감독인에게 제시하여야 하며(개정민법 942조 1항), 후견인이 피후견인에 대한 채권이 있음을 알고도 제시를 게을리한 경우에는 그 채권을 포기한 것으로 본다(개정민법 942조 2항).

성년후견인은 피성년후견인의 재산관리와 신상보호를 할 때 여러 사정을 고려하여 그의 복리에 부합하는 방법으로 사무를 처리하여야 한다. 이 경우 성년후견인은 피성년후견인의 복리에 반하지 아니하면 피성년후견인의 의사를 존중하여야 한다(개정민법 947조).

또한 성년후견인은 피성년후견인의 신상과 관련하여 치료 등의 목적으로 정신병원이나 그 밖의 다른 장소에 격리할 수 있으나 이 경우에는 가정법원의 허가를 받아야 한다(개정민법 947조의2, 2항). 피성년후견인의 신체를 침해하는 의료행위에 대하여 피성년후견인이 동의할 수 없는 경우에는 성년후견인이 그를 대신하여 동의할 수 있으며(개정민법 947조의2 3항), 의료행위의 직접적인 결과로 사망하거나 상당한 장애를 입을 위험이 있을 때에는 가정법원의 허가를 받아야 한다. 다만 허가절차로 의료행위가 지체되어 피성년후견인의 생명에 위험을 초래하거나 심신상의 중대한 장애를 초래할 때에는 사후에 허가를 청구할 수 있다(개정민법 947조의2, 4항).

성년후견인이 여러 명인 경우에 가정법원은 직권으로 여러 명의 성년후견인이 공동으로 또는 사무를 분장하여 그 권한을 행사하도록 정할 수 있으며(개정민법 949조의2), 직권으로 이러한 결정을 변경하거나 취소할 수도 있다(개정민법 949조의2, 2항).

5. 성년후견감독인

개정전 민법상 후견인에 대한 감독기관으로 친족회에 관한 규정을 민법 제960조 이하에서 두고 있었으나, 실제 현실에서는 친족회가 제대로 된 기능을 하지 못하는 등 여러 비판이 제기되었다. 이에 개정민법에서는 친족회를 폐지하고 필요한 경우에 별도의 후견감독인을 두는 쪽으로 입법을 하였다.

후견감독인은 후견사무의 감독을 위해 선임되며 언제든지 후견인에게 그의 임무 수행에 관한 보고와 재산목록의 제출을 요구할 수 있고 피후견인의 재산상황을 조사할 수 있다(개정민법 953조).

가정법원은 필요하다고 인정하면 직권으로 또는 피성년후견인, 친족, 성년후견인, 검사, 지방자치단체의 장의 청구에 의하여 성년후견감독인을 선임할 수 있으며(개정민법 940조의4, 1항), 성년후견감독인이 사망, 결격, 그 밖의 사유로 없게 된 경우에는 직권으로 또는 피성년후견인, 친족, 성년후견인, 검사, 지방자치단체의 장의 청구에 의하여 성년후견감독인을 선임한다(개정민법 940조의4, 2항). 다만 민법 제779조에 따른 후견인의 가족은 후견감독인이 될 수 없다(개정민법 940조의5). 이는 가족관계에 따른 이해관계나 정의(情誼) 때문에 적정한 감독을 수행하지 못하게 될 수도 있음을 고려한 것이다.

후견감독인은 후견인의 사무를 감독하며, 후견인이 없는 경우 지체 없이 가정법원에 후견인의 선임을 청구하여야 한다(개정민법 940조의6, 1항). 또한 후견감독인은 피후견인의 신상이나 재산에 대하여 급박한 사정이 있는 경우 그의 보호를 위하여 필요한 행위 또는 처분을 할 수 있으며(개정민법 940조의6, 2항), 후견인과 피후견인 사이에 이해가 상반되는 행위에 관하여는 후견감독인이 피후견인을 대리한다(개정민법 940조의6, 3항).

또한 후견감독인은 후견인이 피후견인을 대리하여 ① 영업에 관한 행위, ② 금전을 빌리는 행위, ③ 의무만을 부담하는 행위, ④ 부동산 또는 중요한 재산에 관한 권리의 득실변경을 목적으로 하는 행위, ⑤ 소송행위, ⑥ 상속의 승인, 한정승인 또는 포기 및 상속재산의 분할에 관한 협의를 하는 경우에 이에 대한 동의권을 가진다(개정민법 950조 1항).

6. 성년후견종료

성년후견은 그 개시원인이 소멸된 경우에 가정법원의 심판을 통해 종료된다. 이 때 가정법원은 본인, 배우자, 4촌 이내의 친족, 성년후견인, 성년후견감독인, 검사 또는 지방자치단체의 장의 청구에 의하여 성년후견종료의 심판을 한다(개정민법 11조).

Ⅳ. 한정후견

1. 한정후견개시의 심판

가정법원은 질병·장애·노령·그 밖의 사유로 인한 정신적 제약으로 사무를 처리할 능력이 부족한 사람에 대하여 본인·배우자·4촌 이내의 친족·미성년후견인·미성년후견감독인·성년후견인·성년후견감독인·특정후견인·특정후견감독인·검사 또는 지방자치단체의 장의 청구에 의하여 한정후견개시의 심판을 하며(개정민법 12조 1항), 이 경우 가정법원은 본인의 의사를 고려하여야 한다(개정민법 12조 2항).

한정후견은 앞서 살펴본 성년후견에 대한 설명이 대부분 그대로 적용된다. 다만 한정후견에서는 그 심판요건이 '사무를 처리할 능력이 부족한 사람'으로 되어 있어 성년후견의 심판요건 중 '지속적으로 결여' 부분을 제외하여 성년후견보다는 경증의 정신적 제약을 그 개시요건으로 하고 있다.

2. 피한정후견인의 행위능력

피한정후견인은 가정법원이 정한 한정후견인의 동의를 받아야 할 행위의 범위에 속하지 아니하는 모든 행위를 할 수 있다. 만일 한정후견인의 동의가 필요한 법률행위를 피한정후견인이 한정후견인의 동의 없이 하였을 때에는 그 법률행위를 취소할 수 있다. 다만 일용품의 구입 등 일상생활에 필요하고 그 대가가 과도하지 아니한 법률행위에 대하여는 그러하지 아니하다(개정민법 13조 4항).

3. 한정후견인의 선임

가정법원이 한정후견개시의 심판을 하는 경우에는 그 심판을 받은 사람의 한정후견인을 두어야 하며(개정민법 959조의2), 이 경우 한정후견인은 가정법원이 직권으로 선임하게 된다(개정민법 959조의3). 한정후견인의 수와 자격, 선임방법, 자격, 사임 및 변경 등은 성년후견인의 규정을 준용한다(개정민법 959조의3, 2항).

4. 한정후견인의 임무

한정후견인도 성년후견인과 마찬가지로 피한정후견인의 재산관리와 신상보호에 관한 사무를 처리하게 된다. 이때도 한정후견인은 피성년후견인의 복리와 의사를 존중하여야 한다.

한정후견인은 법정대리인으로서 대리권을 가지며(개정민법 959조의4), 동의를 받아야 할 행위에 대해 피한정후견인이 동의 없이 행한 행위를 취소할 수 있다(개정민법 13조 4항).

성년후견에서는 원칙적으로 성년후견인에게 피성년후견인의 재산에 관한 사무를 포괄할 수 있는 대리권이 부여되지만 가정법원이 이를 감축할 수 있도록 하고 있고(개정민법 제938조), 특정후견에서는 가정법원이 특정후견인에게 기간과 범위가 특정된 대리권을 부여할 수 있도록 하고 있다(개정민법 959조의11).

이에 반해 한정후견에서는 성년후견과 특정후견의 중간적인 형태로서 가정법원이 사무의 범위를 정하지만 그 사무의 범위 내에서는 포괄적인 대리권이 부여되는 것으로 하고 있어 성년후견이나 특정후견과는 차이가 난다. 이에 따라 가정법원은 개별행위를 특정할 필요가 없이 예컨대 부동산거래, 예금거래 등과 같이 조력이 필요한 사무의 범위를 정하여 한정후견인을 법정대리인으로 선임하게 된다.

5. 한정후견감독인

가정법원은 필요하다고 인정하면 직권으로 또는 피한정후견인, 친족, 한정후견인, 검사, 지방자치단체의 장의 청구에 의하여 한정후견감독인을 선임하여 후견인을 감독할 수 있으며(개정민법 959조의5, 1항), 한정후견감독인에 관한 사항은 성년후견감독인에 관한 것을 준용한다(개정민법 959조의5, 2항).

6. 한정후견종료

한정후견은 그 개시원인이 소멸된 경우에 가정법원의 심판을 통해 종료된다. 이 때 가정법원은 본인, 배우자, 4촌 이내의 친족, 한정후견인, 한정후견감독인, 검사 또는 지방자치단체의 장의 청구에 의하여 한정후견종료의 심판을 한다(개정민법 14조).

Ⅴ. 특정후견

법정후견 중 성년후견과 한정후견 제도는 요보호자에 대한 지속적이고 포괄적인 보호를 목적으로 한다. 그러나 모든 요보호자가 이러한 보호가 필요한 것은 아니다. 이에 개정민법은 정신적 제약이 다소 미약한 정도이거나 일상생활에서는 가족의 보호를 통하여 무난히 생활을 영위하면서도 특정한 문제의 해결을 위하여 개별적, 일시적, 일회적으로 가정법원의 보호조치를 받고자 하는 법적 수요를 고려하여 특정후견을 신설하게 되었다.

가정법원은 질병, 장애, 노령, 그 밖의 사유로 인한 정신적 제약으로 일시적 후원 또는 특정한 사무에 관한 후원이 필요한 사람에 대하여 본인·배우자·4촌 이내의 친족·미성년후견인·미성년후견감독인·검사 또는 지방자치단체의 장의 청구에 의하여 특정후견의 심판을 하며(개정민법 14조의2, 1항), 특정후견의 기간 또는 사무의 범위를 정하여야 한다(개정민법 14조의2, 3항). 이때 특정후견은 본인의 의사에 반하여 할 수는 없다(개정민법 14조의2, 2항).

가정법원은 피특정후견인의 후원을 위하여 필요하다고 인정하면 기간이나 범위를 정하여 특정후견인에게 대리권을 수여하는 심판을 할 수 있으며, 특정후견인의 대리권 행사에 가정법원이나 특정후견감독인의 동의를 받도록 명할 수 있다(개정민법 제959조의11). 또한 가정법원은 필요하다고 인정하면 직권으로 또는 피특정후견인, 친족, 특정후견인, 검사, 지방자치단체의 장의 청구에 의하여 특정후견감독인을 선임할 수 있다(개정민법 959조의10).

이러한 특정후견은 피특정후견인에 대한 후원을 위해 인정되는 제도로서 피특정후견인의 행위능력에는 아무런 제한이 없으며, 특정 법률행위를 위해 특정후견인을 선임하고 그에게 법정대리권이 이미 부여되었더라도 당해 법률행위와 관련된 피특정후견인의 행위능력에는 제한이 없게 된다.

Ⅵ. 후견계약

1. 후견계약의 의의

후견계약은 질병, 장애, 노령, 그 밖의 사유로 인한 정신적 제약으로 사무를 처리할 능력이 부족한 상황에 있거나 부족하게 될 상황에 대비하여 자신의 재산관리 및 신상보호에 관한 사무의 전부 또는 일부를 다른 자에게 위탁하고 그 위탁사무에 관하여 대리권을 수여하는 것을 내용으로 체결된다(개정민법 959조의14, 1항). 이는 일종의 위임계약에 해당하고, 일반적으로는 무상.편무계약이지만, 당사자간 보수가 약정되는 경우에는 유상.쌍무계약으로서의 성질을 가진다.

후견계약에 의한 임의후견은 영국, 독일, 일본 등의 국가에서 서로 유사하게 도입되어 있는 제도로 단지 규정방식에 있어 약간의 차이를 보인다. 이러한 임의후견은 법정후견에 우선하기 때문에 임의후견이 있는 경우에는 법정후견은 개시되지 않는 것이 원칙이다. 다만, 임의후견에 의하는 것보다 법정후견에 의한 것이 본인의 이익을 위하여 특별히 필요할 경우에는 가정법원은 성년후견, 한정후견 또는 특정후견의 심판을 할 수 있다(개정민법 959조의20).

2. 후견계약의 체결

후견계약은 그 내용이 위탁자의 재산관리 및 신상보호에 관한 중요한 내용일 뿐만 아니라, 현재는 물론이고 장래에까지도 그 효력을 지속하게 하는 계약으로 위탁자의 생활에 미치는 영향이 매우 크다. 한편으로는 본인과 임의후견인에게 후견계약을 체결함에 있어 한 번 더 숙고의 기회를 주는 동시에, 다른 한편으로는 이후 발생할 수 있는 분쟁을 대비하여 계약의 내용을 명확히 할 필요가 있다.

이에 개정민법은 후견계약의 방식을 별도로 규정하여 반드시 공정증서에 의해 계약을 체결하도록 하고 있으며(개정민법 959조의14, 2항), 이를 등기하도록 하고 있다(개정민법 959조의15, 1항).

3. 후견계약의 효력발생과 종료

후견계약의 효력은 사적자치의 원칙에 따라 당사자가 계약의 내용을 정한 바대로 발생하는 것이 원칙이다. 그러나 후견계약은 질병, 장애, 노령, 그 밖의 사유로 인한 정신적 제약으로 사무를 처리할 능력이 부족한 상황에 있거나 부족하게 될 상황에 대비하여 자신의 재산관리 및 신상보호에 관한 사무의 전부 또는 일부를 다른 자에게 위탁하고 그 위탁사무에 관하여 대리권을 수여하는 것을 내용으로 체결이 되기 때문에 계약체결시에 그 효력발생시기를 임의적으로 결정하는 것이 곤란하다. 이에 개정민법은 가정법원이 임의후견감독인을 선임한 때부터 후견계약의 효력이 발생하는 것으로 규정하고 있다(개정민법 959조의14, 3항).

후견계약은 임의후견감독인의 선임 전에는 본인 또는 임의후견인은 언제든지 공증인의 인증을 받은 서면으로 후견계약의 의사표시를 철회할 수 있으며(개정민법 959조의18, 1항), 임의후견감독인의 선임 이후에는 본인 또는 임의후견인은 정당한 사유가 있는 때에만 가정법원의 허가를 받아 후견계약을 종료할 수 있다(개정민법 959조의18, 2항). 임의후견인의 대리권 소멸은 등기하지 아니하면 선의의 제3자에게 대항할 수 없다(개정민법 959조의19).

후견계약에 따른 임의후견은 임의후견인이 민법 제937조 각 호에 해당하는 자 또는 그 밖에 현저한 비행을 하거나 후견계약에서 정한 임무에 적합하지 아니한 사유가 있는 자인 경우에는 가정법원이 임의후견감독인을 선임하지 아니함으로써 그 개시가 제한될 수 있으며(개정민법 959조의17, 1항), 임의후견감독인을 선임한 이후에도 임의후견인이 현저한 비행을 하거나 그 밖에 그 임무에 적합하지 아니한 사유가 있게 된 경우에는 가정법원은 임의후견감독인·본인·친족·검사 또는 지방자치단체의 장의 청구에 의하여 임의후견인을 해임할 수 있다(개정민법 959조의17, 2항)

4. 임의후견감독인

임의후견감독인은 임의후견인의 사무를 감독하며 그 사무에 관하여 가정법원에 정기적으로 보고하여야 한다(개정민법 959조의16, 1항). 가정법원은 임의후견감독인을 선임하는 경우에 본인의 별도의 의사표시가 없는 한 미리 본인의 동의를 받아야 한다(개정민법 959조의15, 2항). 또한 가정법원은 임의후견감독인이 없게 된 경우에는 직권으로 또는 본인·친족·임의후견인·검사 또는 지방자치단체의 장의 청구에 의하여 임의후견감독인을 선임하며(개정민법 959조의15, 3항).

임의후견임감독인이 선임된 경우에도 필요하다고 인정하면 직권으로 또는 청구권자의 청구에 의하여 임의후견감독인을 추가로 선임할 수 있다(개정민법 959조의15, 4항).

제7관 친족간의 부양

Ⅰ. 서 설

1. 부양제도의 의의

일정한 범위의 가족과 친족은 생활공동체를 구성하여 상호부조 할 의무와 권리를 갖는다. 이러한 사적부양은 법률적인 친족부양으로서 두 가지가 있다. 제1차적 부양의무로는 부부사이의 부양의무(826조 1항) 또는 부모의 미성숙자녀에 대한 부양의무(913조) 등이 있으며, 제2차적 부양의무로는 친족사이의 일반적 부양의무가 있다.

2. 부양청구권의 성질

부양청구권은 일신전속권으로서 ① 양도하거나 채권담보를 위해 입질할 수 없다. ② 청구권자의 채권자가 압류하거나 채권자대위권에 의해 대위청구 및 대위수령을 할 수 없다. ③ 상계의 수동채권이 되지 못하며, 상속재산에 포함되지 않는다. ④ 부양청구권은 포기하지 못한다. 단 이행기가 도래한 구체적인 청구권은 포기할 수 있다. ⑤ 파산자의 부양청구권은 파산재단에 속하지 않으며, 파산자에 대한 부양청구권은 재단채권으로서 우선변제를 받는다.

판례는 부양청구권을 일종의 신분적 재산권으로 보아 그 권리가 충족되지 않음으로 발생하는 일반적인 정신상의 고통은 그 재산권의 실현에 의하여 회복되는 것이라고 봄이 상당하고, 부양의무불이행으로 인한 회복할 수 없는 정신적 손해는 특별사정으로 인한 손해에 해당한다(대판 1983.9.13, 81므78).

Ⅱ. 부양당사자

1. 부양당사자의 범위

민법은 부양의무가 직계혈족 및 그 배우자간 기타 생계를 같이하는 친족간에는 서로 부양할 의무가 있다고 포괄적으로 규정하고 있다(974조). 직계혈족 및 그 배우자 사이에는 생계를 같이하는가에 관계없이 부양의무가 인정된다. 따라서 별거하는 부부사이에도 부양의무가 있다.

여기에서의 직계혈족은 부계이든 모계이든 관계없다. 그리고 직계혈족의 배우자에 대한 관계, 즉 적모서자관계나 계모자·계부자 관계에서도 부양의무가 인정된다. 그리고 친족사이에는 생계를 같이 하는 경우에 한하여 부양의무가 인정되기 때문에 형제자매간이라도 생계를 같이하지 않으면 서로 부양의무가 없다.

2. 부양당사자의 순위와 변경·취소

(1) 부양당사자의 순위

민법은 부양순위를 법정순위로 고정하지 않고 당사자의 협정이나 법원의 선정에 의해 정하도록 한다. 부양의무를 지는 자가 여러 명인 경우에는 부양의 순위에 관하여 당사자간의 협정이 없는 때에는 법원은 당사자의 청구에 의하여 이를 정한다(제976조 1항 후단). 이 경우 법원은 수인의 부양의무자 또는 권리자를 선정할 수 있다. 부양의무자가 여러 명인 때에는 전원 또는 일부의 공동으로 부담할 수 있다(976조).

(2) 부양관계의 변경 · 취소

부양을 할 자 또는 부양을 받을 자의 순위, 부양의 정도 또는 방법에 관한 당사자의 협정이나 법원이 판결이 있은 후 이에 관한 사정변경이 있는 때에는 법원은 당사자의 청구에 의하여 그 협정이나 판결을 취소 또는 변경할 수 있다(978조).

Ⅲ. 부양의무의 발생과 소멸

부양의무는 부양을 받을 자가 자기의 자력 또는 근로에 의하여 생활을 유지할 수 없는 경우에 한하여 이행할 책임이 발생한다(975조). 그리고 당사자 사이의 친족관계가 소멸하면 부양의무도 소멸하며 부양의무의 발생요건 가운데 어느 하나가 소멸하면 부양의무는 소멸한다.

Ⅳ. 부양의 정도와 방법

부양의 정도.방법은 제1차적으로 당사자 사이의 협정에 의하고, 협정이 없는 때에 가정법원은 당사자의 청구에 의하여 부양을 받을 자의 생활정도와 부양의무자의 자력 기타 제반사정을 참작하여 이를 정한다(977조). 그리고 부양은 방법은 매월 정기금으로 생활비를 금전으로 지급하는 것이 원칙이다.

Ⅴ. 부양료의 구상

1. 과거의 부양료청구

과거의 부양료에 대한 청구가 가능한가에 대하여 학설이 대립된다.

① 부정설은 부양의무는 정기채무로서 부양을 필요로 하는 당시에 이행되지 않으면 소멸한다고 보며, 부양청구는 청구시점부터 장래의 것만 청구할 수 있을 뿐 과거의 부양료는 청구할 수 없다고 보는 견해이다. 이에 대하여 ② 인정설은 부양료청구전에 부양을 필요로 하는 상태에 있었으므로 부양의무자에게 부양할 요건이 발생한 때로부터 부양의무가 생겼다고 보아 과거의 부양료도 원칙적으로 청구할 수 있다고 본다.

판례는 종래에는 부정설을 취했으나(대판 1967.1.31, 66므40; 대판 1967.2.21, 65므5), 이를 폐기하고 긍정설의 태도를 취하고 있다(대판 1994.5.13, 92스21 전원합의체).

[과거부양료의 청구]

양육비를 분담시킬 수 없는 특별한 사정이 있는 경우를 제외하고는 양육하는 일방은 상대방에 대하여 현재 및 장래에 있어서의 양육비중 적정금액의 분담을 청구할 수 있음은 물론이고, 부모의 자녀양육의무는 특별한 사정이 없는 한 자녀의 출생과 동시에 발생하는 것이므로 과거의 양육비에 대하여도 상대방이 분담함이 상당하다고 인정되는 경우에는 그 비용의 상환을 청구할 수 있다(대판 1994. 5. 13, 92스21 전원합의체).

2. 부양의무 없는 제3자에 의한 구상

부양의무 없는 제3자가 부양을 필요로 하는 요부양자에 대하여 부양을 한 경우에 부양의무자가 하여야 할 이행사무를 관리한 것이므로 사무관리가 성립된다. 따라서 제3자는 사무관리자로서 부양의무자에게 비용상환을 청구할 수 있다(739조). 그리고 법률상의 의무가 없는 급부에 의하여 의무자가 출연을 면하고 그로 인해 이익을 얻었으므로 부당이득이 성립하여 구상을 할 수 있다(741조).

3. 부양의무자 상호간의 구상

공동부담의 협정 없이 1인의 의무자가 전부의 부양의무를 이행한 후에 다른 의무자에 대하여 분담부분의 구상청구가 가능한가에 대하여 학설이 대립한다.

① 분할청구부정설은 협정 등에 의해 의무자로 지정되지 않으면 현실적 의무를 지지 않으므로 구상청구가 불가능하다고 보는 견해가 있다. ② 분할청구인정설은 1인의 부양의무자가 자기의 부담부분을 초과하여 부양의무를 이행한 경우에는 다른 의무자에 대하여 분담부분의 상환을 청구할 수 있다고 본다(대판 1994.6.2, 93스11).

[부양료의 분담기준]

민법 제974조에 의하여 부양의 의무 있는 자가 여러 사람인 경우에 그 중 부양의무를 이행한 1인은 다른 부양의무자를 상대로 하여 이미 지출한 과거의 부양료에 대하여도 상대방이 분담함이 상당하다고 인정되는 범위에서 그 비용의 상환을 청구할 수 있다.

이 경우 법원이 분담비율이나 분담액을 정함에 있어서는 과거의 양육에 관하여 부모 쌍방이 기여한 정도, 자의 연령 및 부모의 재산상황이나 기타 사정을 참작하여 적절하다고 인정되는 분담의 범위를 정할 수 있다(대판 1994. 6. 2, 93스11).

제2장 상속법

제1절 상속

제1관 서 설

Ⅰ. 상속과 상속권의 의의

상속이란 사람의 사망으로 일정한 사람(상속인)이 그 사람(피상속인)의 재산 등을 포함하는 권리·의무를 포괄적으로 승계하는 것이며(997조·1005조) 상속권은 상속개시전에는 상속인이 가지는 기대권으로서의 상속권을 가지며 상속개시후에 는 상속인이 상속의 효과를 받을 수 있는 지위로서의 실체적 권리로서의 성질을 갖는다.

Ⅱ. 상속권의 근거

상속의 근거에 대하여는 피상속인의 의사에 근거를 두는 견해(의사설), 공동생활자로서 유산형성의 기여자인 가족구성원의 유산에 대한 기여분의 청산이라는 견해(가족공유설), 생존가족구성원의 생활보장을 위한 유산의 청산에 근거한다는 견해(생활보장설)가 있다.

Ⅲ. 상속의 유형

1. 신분상속·재산상속

신분상속은 친족편의 호주상속(승계)과 같이 일정한 신분을 상속하는 것이고, 재산상속은 재산관계를 대상으로 하는 것으로 상속편의 상속을 말한다.

2. 단독상속·공동상속

단독상속은 1인만이 상속하는 것이고, 공동상속은 일정한 범위의 다수인이 상속할 수 있는 것이다. 우리 민법은 호주승계에서는 단독상속제를, 재산상속에서는 공동상속제를 채택하고 있다.

3. 법정상속·유언상속

법정상속은 상속인의 범위나 순서가 법률상 정해져 있는 것이고 유언상속은 피상속인의 유언에 의하여 지정되는 것이다.

4. 강제상속 · 임의상속

강제상속은 상속포기를 인정하지 않는 것이고, 임의상속은 상속포기를 인정하는 것이다. 우리 민법은 호주승계(1990년 개정)와 재산상속을 포기할 수 있도록 하였다.

5. 생전상속 · 사후상속

상속개시를 피상속인의 생존시에 행하게 하느냐, 사망시에 하느냐에 따른 구분이다. 민법상 호주승계는 생전상속.사후상속 모두 가능하다. 그러나 재산상속은 사후상속만 가능하다.

6. 균분상속 · 불균형상속

공동상속인의 각 상속분이 균등한 것이 균분상속이고, 그렇지 않은 것이 불균분상속이다. 민법은 균분상속이 원칙이다.

Ⅳ. 현행 상속법의 특징

예전의 호주상속제도를 호주승계제도로 바꾸면서 호주승계권을 포기하도록 하였다. 공동상속인 중 상속인의 재산의 유지 또는 증가에 특별히 기여한 자가 있을 때에는 고유의 상속분에다 그 자의 기여분을 가산하여 상속분을 인정하는 기여분제도를 두었으며(1008조의2) 상속인이 없는 경우에 피상속인과 생계를 같이 하였거나 피상속인을 요양.간호를 한 자 또는 기타 피상속인과 특별한 연고가 있었던 자에게 상속재산의 전부나 일부는 나누어 주는 특별연고자에 대한 분여제도를 두고 있다(1057조의2).

상속법은 또한 남녀평등을 실현하기 위해서 동 순위상속의 상속분은 장남 · 차남 · 미혼자 · 출가녀에 따른 구별 없이 균등한 것으로 하였다(1009조 1항), 다만 배우자의 경우 여타 공동상속인보다 5할을 가산하여 배우자우선주의를 취하였다(1009조 2항).

제2관 상속의 개시

Ⅰ. 상속개시의 원인

상속은 자연인의 사망에 의해서만 발생한다(997조). 사망에는 실종설고와 인정사망도 포함된다. 실종선고의 경우에는 실종기간만료시, 인정사망의 경우에는 사망사실이 가족관계등록부에 기재된 때가 상속개시시이다.

Ⅱ. 상속개시의 시기와 장소

1. 상속개시의 시기

상속시기를 언제로 하느냐에 따라 상속인의 능력 · 자격의 결정, 상속에 관한 소권 · 청구권의 시기 · 제척기간의 진행, 상속의 효력의 발생, 상속재산의 산정 또는 유류분의 산정에 대한 이해관계가 달라질 수 있다. 상속의 개시시기 피상속인이 사망한 때이다(997조). 호적상의 사망신고가 행하여진 때가 아니며, 상속신고나 상속등기시도 아니다. 동시사망의 추정을 받는 경우 사망자 상호간에는 상속이 개시되지 않는다(30조).

2. 상속개시의 장소

상속이 개시되는 장소는 피상속인의 주소지이다(998조). 피상속인의 주소를 알 수 없는 경우 또는 국내에 주소를 가지지 않은 경우에는 국내에 있는 거소를 상속개시장소로 본다(19조 · 20조).

Ⅲ. 상속의 비용

상속재산에 관한 비용은 조세 기타의 공과 · 관리비용 · 청산비용 · 소송비용 · 재산목록작성비용 · 유언집행비용 등이다. 피상속인을 위한 비용인 장례비용도 이에 포함된다. 이러한 비용은 상속재산 중에서 지급된다(998조의2).

[장례비용이 상속비용에 해장하는지 여부]

상속에 관한 비용이라 함은 상속재산의 관리 및 청산에 필요한 비용을 의미한다. 장례비용도 피상속인이나 상속인의 지위와 그 지역의 풍속 등에 비추어 합리적인 금액범위 내라면 이를 상속비용으로 보아야 한다(대판 2003.11.4, 2003다30968).

제3관 상속인

Ⅰ. 상속인의 의의

상속인이란 피상속인의 재산상의 지위를 승계한 자로서 단순한 상속인의 자격을 가지고 있는 자와는 구별된다. 상속인이 되기 위해서는 상속능력을 가지고 있고, 상속결격자가 아니며, 최우선 상속순위에 있어야 한다.

Ⅱ. 상속능력

상속능력이란 상속인이 될 수 있는 일반적인 자격을 말하는 것으로 상속에 있어서 권리. 의무의 주체가 될 수 있는 능력(권리능력)과 동일하다. 상속인은 상속개시 당시 권리능력자로서 생존하고 있어야 한다. 다만 예외적으로 태아에 대해서는 이미 출생한 것으로 본다(1000조 3항). 그러나 모체와 같이 사망하여 출생의 기회를 못가진 이상 배상청구권을 논할 여지가 없다(대판 1976.9.14, 76다1365). 그리고 피상속인과 상속인이 동시에 사망하는 경우에는 서로 상속하지 않는다.

Ⅲ. 상속인의 순위

1. 제1순위 : 피상속인의 배우자와 직계비속

① 피상속인의 배우자

법률상 배우자는 그 직계비속.직계존속과 동순위로 공동상속인이 되고, 직계비속.직계존속이 없으면 단독상속인이 된다(1003조 1항). 사실혼의 배우자에게는 상속권이 인정되지 않는다. 다만 상속인이 없는 경우에 특별연고자로서 상속재산에 대한 분여청구권을 갖는다(1057조의2).

혼인무효사유가 있는 경우에는 무효판결이 없더라도 당연히 무효이기 때문에 생존배우자는 상속권이 인정되지 않는다. 혼인취소사유가 있어도 혼인관계는 유효하며, 혼인취소의 판결이 확정되면 혼인은 장래를 향하여 소멸하기 때문에 취소판결이 있기 전에 당사자가 사망하면 그 배우자에게는 상속권이 인정된다. 이혼소송의 계속 중에 부부의 일방이 사망하면 이혼청구권은 상속이 대상이 아니어서 소송승계가 인정되지 않으므로 소송은 종료한다. 따라서 유책배우자라도 상속권을 취득한다.

② 직계비속

피상속인의 직계비속은 모두 포함된다. 직계혈족이라면 친생자든 양자이든 불문하며, 혼인중의 출생자나 혼인외의 출생자 또는 기혼.미혼을 불문하다. 이 때 직계비속이 수인이 있는 경우에는 최근친을 선순위로 하고 동친의 직계비속이 수인이 있는 경우에는 동순위로 공동상속인이 된다(1000조 2항). 태아도 직계비속으로 제1순위 상속인이 된다(1000조 3항).

2. 제2순위 : 직계존속

직계존속의 범위에도 아무런 제한이 없으며 직계존속이 수인이 있으면 최근친이 선순위로 되고, 동일 촌수의 직계존속이 수인이 있으면 공동상속인이 된다. 직계존속이라면 부계.모계를 불문하며 이혼한 부모도 상속권이 있다. 그러나 직계비속 또는 배우자가 없는 미망인에게 시부모와 친정부모가 있는 경우에 있어서 직계존속은 친정부모이다. 시부모는 친족에 불과하다.

3. 제3순위 : 형제자매

형제자매에도 특별한 제한이 없기 때문에 부계.모계를 불문한다. 이전에는 부는 같지만 모가 다른 이복현제자매(異腹兄弟姉妹)는 해당하지만, 이성동복현제자매(異性同腹兄弟姉妹)는 형제자매에 속하지 않는다고 하였다.

그러나 개정시에 친족의 범위에서 부계와 모계의 차별을 없애고, 상속의 순위나 상속분에 관하여도 남녀 또는 부계와 모계의 차별을 없앴기 때문에 이젠 위와 같은 경우에도 포함된다고 보아야 한다(대판 1997.11.28, 96다5421).

4. 제4순위 : 4촌 이내의 방계혈족

방계혈족은 형제자매와 형제자매의 직계비속, 직계존속의 형제자매 및 그 형제자매의 직계비속을 말한다(768조). 그러나 형제자매는 제3순위의 상속인이 되고 형제자매의 직계비속은 형제자매를 대습상속하게 되므로 이들은 제4순위의 상속인에서 제외된다.

따라서 제4순위의 상속인이 되는 방계혈족은 백숙부 · 고모 · 외숙 · 이모 · 이질 · 종형제자매 · 고종형제자매 · 외종형제자매 · 이종형제자매 등과 같이 직계비속의 형제자매 및 그 형제자매의 직계비속을 말한다.

[양자를 선정할 권리자]

호주의 장남이 결혼하여 대를 이을 남자 없이 사망한 경우에 망 장남을 위하여 양자를 선정할 권리는 제1차로 아버지인 호주에게 속하고, 호주가 사망한 때에는 호주의 처 · 모 · 조모에게 손차 속한다. 이러한 사람들이 전혀 없거나 그 권리를 상실하거나 행사할 수 없는 때에는 망 장남의 처에게 속한다는 것이 구 관습이었다(대판 2004.6.11, 2004다10206).

Ⅳ. 대습상속

사례

갑은 많은 부동산을 소유한 거부로 그에게는 부인과 외동딸과 사위인 A 그리고 동생 B가 있었다. 이들은 2012. 8 여름휴가차 외국여행을 떠나기로 하고, 사업차 바@쁜 사위를 제외한 가족이 같은 비행기에 탑승하였다. 그런데 불행히도 이 항공기가 추락하여 갑을 포함해서 그 부인과 달이 모두 사망하였다.

이로 인해 갑의 사위인 A와 갑의 동생인 B 사이에 서로 자신이 상속권임을 내세워 분쟁이 생겼다. A와 B중 누가 갑의 재산을 상속하는가?

1. 의 의

상속인이 될 직계비속 또는 형제자매가 상속개시 전에 사망하거나 결격사유로 인하여 그 상속권을 상실한 경우 그 자에게 직계비속이나 배우자가 있으면 그 직계비속이나 배우자가 추정상속인(피대습인)의 순위에 갈음하여 상속인이 되고(1001조), 추정상속인(피상속인)의 배우자도 그 직계비속과 함께 동 순위로 공동상속인이 되며, 그 직계비속이 없을 때에는 단독상속인이 된다(1003조 2항). 이를 대습상속이라고 한다.

A에게 자식 B · C가 있고, B에게 자식 D가 있는데 A의 사망 당시 이미 B가 사망한 경우에 B의 자식 D가 B에 갈음하여 상속인이 된다.

[본위상속과 대습상속]

피상속인의 자녀가 상속개시 전에 전부 사망한 경우, 피상속인의 손자녀는 본위상속이 아니라 대습상속이다(대판 2001.3.9, 99다13157).

2. 성 질

고유권설에 의하면 상속개시전의 상속권이란 단지 기대적 지위에 지나지 않으므로 승계될 수 없는 것이다. 따라서 대습상속권은 피상속인의 권리를 상속한 권리가 아니라, 자기 고유의 권리로서 직접 피상속인을 상속하는 것이다(다수설). 반면 승계설은 대습상속인은 피대습자의 권리를 승계한다고 본다.

3. 요 건

(1) 상속인의 사망 또는 결격

상속인이 상속개시전에 사망하거나 결격자가 되어 상속권을 상실하여야 한다(1001조.제1003조 1항). 피상속인과 피대습자가 동시사망의 추정을 받는 경우에는 상속개시 전의 사망이라고 보아 대습상속을 인정한다(다수설 · 대판 2001.3.9, 99다13157). 예를 들어 A가 딸인 B와 함께 항공기를 타고 가다가 동시사망하였는데 A에게는 부친 갑이 있고, B에게는 배우자 C가 있는 경우에 C가 대습상속하게 되어 최종적인 상속인이 된다.

상속개시 후에 결격사유가 발생하여도 그 결격의 효과는 상속개시시로 소급하게 되므로 상속개시 후의 결격도 대습원인이 된다. 그러나 상속인이 상속을 포기한 경우는 대습상속을 할 수 없다.

[동시사망과 대습상속]

원래 대습상속제도는 대습자의 상속에 대한 기대를 보호함으로써 공평을 꾀하고 생존 배우자의 생계를 보장하여 주려는 것이다. 또한 동시사망 추정규정도 자연과학적으로 엄밀한 의미의 동시사망은 상상하기 어려운 것이나 사망의 선후를 입증할 수 없는 경우 동시에 사망한 것으로 다루는 것이 결과에 있어 가장 공평하고 합리적이라는 데에 그 입법 취지가 있다. 상속인이 될 직계비속이나 형제자매(피대습자)의 직계비속 또는 배우자(대습자)는 피대습자가 상속개시 전에 사망한 경우에는 대습상속을 하고, 피대습자가 상속개시 후에 사망한 경우에는 피대습자를 거쳐 피상속인의 재산을 본위상속을 하므로 두 경우 모두 상속을 한다.

만일 피대습자가 피상속인의 사망, 즉 상속개시와 동시에 사망한 것으로 추정되는 경우에만 그 직계비속 또는 배우자가 본위상속과 대습상속의 어느 쪽도 하지 못하게 된다면 동시사망 추정 이외의 경우에 비하여 현저히 불공평하고 불합리한 것이라 할 것이다.

이는 앞서 본 대습상속제도 및 동시사망 추정규정의 입법 취지에도 반하는 것이므로, 민법 제1001조의 '상속인이 될 직계비속이 상속개시 전에 사망한 경우'에는 '상속인이 될 직계비속이 상속개시와 동시에 사망한 것으로 추정되는 경우'도 포함하는 것으로 합목적적으로 해석함이 상당하다(대판 2001.3.9, 99다13157).

(2) 피대습자의 직계비속이거나 배우자

피대습자의 직계비속이거나 배우자가 대습상속인이 된다. 이들은 상속인의 자격을 잃어서는 안된다. 태아는 상속순위에 관하여는 이미 출생한 것으로 보므로(1000조 3항) 대습상속권이 있다고 해석하여야 한다. 배우자는 민법 제1001조에 의한 직계비속인 대습상속인이 있으면 그 직계비속과 함께 동순위로 공동상속인이 된다.

[사위가 대습한다는 민법 제1003조 2항의 위헌여부]

① 우리나라는 전통적으로 오랫동안 며느리의 대습상속이 인정되어 왔고, 1990.1.13 개정된 민법에서 사위에게도 대습상속을 인정하는 것으로 개정한 점, 헌법 제11조 1항 · ② 헌법 제36조 1항의 규정, ③ 현대사회에서 딸이나 사위가 친정부모 내지 장인장모를 봉양 · 간호하거나 경제적으로 지원하는 경우가 드물지 아니한 점, ④ 배우자의 대습상속은 혈족상속과 배우자상속이 충돌하는 부분이다.

이와 관련한 상속순위의 상속분은 원칙적으로 입법자의 입법형성의 재량에 속한다고 할 것인 점 등을 종합하여 볼 때, 이를 이유로 곧바로 피상속인의 사위가 피상속인의 형제자매보다 우선하여 단독으로 대습상속 할 수 있음이 규정된 민법 제1003조 2항이 입법형성의 재량의 범위를 일탈하여 행복추구권이나 재산권보장 등에 관한 헌법규정에 위배되는 것이라고 할 수 없다(대판 2001.3.19, 99다13157).

4. 효 과

대습상속한 결과 대습자가 피대습자의 순위로 올라가서 피대습자의 상속분을 상속하게 된다(1010조). 따라서 사망 또는 결격된 피대습자에 갈음하여 피상속인의 재산에 관한 포괄적 권리.의무를 승계하며(1005조 · 1010조), 대습자는 피대습자인 그 직계비속 또는 배우자에게 예정되어 있던 상속분을 받는다(1010조).

사례해결

민법 제1001조는 상속개시 전에 사망하거나 결격자가 된 경우라고 하고 있지만, 동시사망의 경우에도 대습상속이 인정되는 것으로 보아야 한다(판례). 그리고 피대습자의 배우자, 특히 사위에 대한 대습상속이 위헌의 소지가 있느냐하는 것과 관련하여, 판례는 이를 위헌으로 보지 않았다.

이를 종합해 보면 사례에서 사위인 A에게는 민법 제1003조 2항이 적용되어, 갑의 재산을 단독으로 상속하는 것이 헌법과 민법규정에 부합된다고 본다.

V. 상속결격

1. 의 의

법정상속결격사유가 발생하면 재판상의 선고를 기다리지 않고 법률상 당연히 그 상속인이 피상속인을 상속할 자격을 잃는 것을 말한다. 인륜에 반하여 상속질서의 근본을 문란하게 한 자에게는 상속의 이익을 부여할 필요가 없기 때문이다.

2. 상속결격의 사유

(1) 살인행위

고의로 직계존속, 피상속인, 그 배우자 또는 상속의 선순위자나 동순위자를 살해하거나 살해하려 한 경우이다(1004조). 상속인과 같은 지위에 있는 포괄적 수증자도 포함된다. 살인이나 상해란 기수.미수, 예비 · 음모, 교사범 · 종범에 의한 경우를 포함하지만 과실치사는 이에 포함되지 않는다. 선순위 또는 동순위의 상속인이 될 태아의 낙태도 살인에 준하는 것으로 보는 것이 통설·판례(대판 1992.5.22, 92다2127)이다.

(2) 상해치사행위

고의로 직계존속, 피상속인과 그 배우자에게 상해를 가하여 사망에 이르게 한 경우(제1004조)이다. 따라서 상속의 선순위나 동순위자를 상해치사한 자는 상속결격자가 되지 아니한다. 그리고 사망의 결과에 이르지 않고 상해로 그친 경우에도 상속결격자가 되지 않는다.

(3) 유언에 대한 방해행위

사기·강박으로 피상속인의 양자 기타 상속에 관한 유언 또는 그 철회를 방해한 경우, 사기.강박으로 피상속인의 양자 기타 상속에 관한 유언 또는 그 철회를 하게 한 경우, 피상속인의 양자 기타 상속에 관한 유언서를 위조.변조.파기 또는 은닉한 경우이다(1004조). 이러한 경우에도 과실로 인한 행위는 상속결격사유가 아니며 상속인에게 실제로 유리하게 되었는지의 여부도 불문한다.

[유언증서 은닉의 의미]

상속인의 결격사유의 하나로 규정하고 있는 민법 제1004조 제5호 소정의 '상속에 관한 유언서를 은닉한 자'라 함은 유언서의 소재를 불명하게 하여 그 발견을 방해하는 일체의 행위를 한 자를 의미한다.

그러므로 단지 공동상속인들 사이에 그 내용이 널리 알려진 유언서에 관하여 피상속인이 사망한지 6개월이 경과한 시점에서 비로소 그 존재를 주장하였다고 하여 이를 두고 유언서의 은닉에 해당한다고 볼 수 없다(대판 1998.6.12, 97다38510).

3. 상속결격의 효과

(1) 상속자격의 상실

상속결격자는 피상속인에 대하여 상속인이 될 수 없으며, 동시에 수증결격자가 된다(제1064조). 따라서 유증도 받을 수 없다. 상속개시 후에 결격사유가 발생한 경우에는 일단 유효하게 개시된 상속도 그 개시시에 소급하여 당연무효가 된다. 따라서 결격자로부터 상속재산을 선의.무과실의 양도인에게 양도한 경우에도 그 양도행위는 당연무효이며, 선의취득의 보호를 받지 않는 한, 제3자도 아무런 권리를 취득하지 못한다(대판 1964.6.14, 64다135).

(2) 상속결격과 대습상속

상속결격의 효과는 결격자 일신에만 그치므로 결격자의 직계비속이나 배우자가 대습상속하는 것을 방해하지 않는다.

(3) 상속결격의 용서

피상속인이 상속결격자를 용인하여 결격효과를 소멸시킬 수 있느냐에 대하여 견해가 대립하지만 상속결격제도는 공익상의 제도이므로 결격의 용서는 허용되지 않는다는 것이 다수설이다. 즉 결격의 효과에 대한 취소.면제는 허용되지 않는다.

(4) 상속결격의 범위

상속결격자는 상속과 유증을 받을 수 없지만 생전증여는 받을 수 있다.

제4관 상속의 효과

Ⅰ. 상속재산의 포괄승계

1. 포괄승계의 원칙

상속인은 상속이 개시된 때로부터 피상속인의 재산적 권리.의무를 승계한다(1005조 본문). 점유와 같은 사실상의 관계도 포함한다. 그러나 피상속인의 일신에 전속한 것은 승계하지 못한다(1005조 단서).

2. 상속재산의 범위

(1) 물 권

물권은 원칙적으로 전부 상속되며 법률규정에 의한 변동이므로 등기.인도 없이도 당연히 상속인에게 인정된다(187조). 제한물권은 피담보채권에 수반하여 상속되며, 점유권도 상속인에게 이전되고 질권자 · 명의수탁자 · 양도담보물권자로서의 지위도 이전한다. 다만 점유권에 관하여는 민법 제1009조 이하에 규정된 상속분에 관한 규정은 적용되지 않는다(대판 1962.10.11, 62다460).

(2) 무체재산권

특허권 · 상표권 · 저작권 · 광업권과 같은 무체재산권도 원칙적으로 상속된다. 즉 무체재산권에 대하여 양도 기타 처분이 금지 또는 제한되는 경우에도 상속은 할 수 있다.

(3) 채 권

채권도 원칙적으로 상속하며 대항요건이 필요하지 않다. 다만 채권자가 변경됨으로써 이행의 내용이 변경되는 채권은 상속권이 없으며 일신전속적인 것도 상속되지 않는다. 예컨대 대리 · 신원보증채무(연대보증채무는 제외) · 고용계약 · 부양청구권 · 부부간의 계약취소권 · 친권 · 혼인동의권 등은 상속되지 않는다.

그러나 신원보증법에 의한 신원보증인이 사망하기 전에 이미 발생한 신원보증 계약에 인한 보증채무는 상속인에게 상속된다(대판 1972.2.29, 71다2747). 생명침해로 인한 손해배상청구권과 위자료청구권과 같은 손해배상청구권은 일단 사망자에게 귀속되었다가 상속인에게 승계되기 때문에 이를 인정해야 한다(통설 · 판례).

민법은 약혼해제 · 혼인의 무와 · 취소 · 이혼 · 입양의 무효와 취소 · 파양을 원인으로 한 위자료청구권은 계약으로 성립되었거나 소를 제기한 경우가 아니면 상속되지 않는다고 규정하고 있다(806조 3항 등). 부양청구권은 상속되지 않으나 이미 확정된 연체부양료채권은 상속된다. 그리고 사용차권과 임차권도 상속된다. 채권자취소권과는 달리 채권자대위권도 상속재산에 포함된다.

(4) 재산분할청구권

이혼시의 재산분할청구권은 재산형성에 기여한 것에 대한 실질적 지분의 반환청구권(채권)으로 보면 상속성이 인정된다. 그러나 재산분할청구권의 요소 중에 부양적 요소에 해당하는 부분은 상속되지 않는다(다수설).

(5) 형성권

일신전속권이 아니라면 취소권.해제권.해지권 등의 형성권도 원칙적으로 상속된다. 그러나 부부간의 계약취소권은 상속되지 않는다.

(6) 생명보험수익자의 지위

생명보험수익자의 지위는 당연히 상속되지 않는다. 보험계약자가 다시 보험수익자를 지정하지 않고 사망한 경우에 비로소 보험수익자의 지위의 이전이 생긴다(상법 733조).

[보험청구권이 상속인의 고유재산인자 여부]

보험수익자의 지정에 관한 상법 제733조는 상법 제739조에 의하여 상해보험에도 준용된다. 결국 상해의 결과로 사망한 대에 사망보험금이 지급되는 상해보험에 있어서 보험수익자가 지정되어 있지 않아, 위 법률규정에 의하여 피보험자의 상속인이 보험수익자가 되는 경우에도 보험수익자인 상속인의 고유재산으로 보아야 한다(대판 2004.7.9, 2003다29463).

(7) 재산적 의무

채무 기타 재산적 의무도 원칙적으로 상속된다. 그러나 채무자변경으로 이행의 내용이 변경되는 채무, 채권자의 주관적 색채가 강한 보증채무, 특히 신원보증채무와 같은 것은 상속되지 않는다. 그러나 신원보증인이 사망하기 전에 신원보증계약으로 인하여 이미 발생한 보증채무는 상속된다(대판 1967.4.18, 66다2240). 그리고 계속적 보증채무와 경우에도 한도액이 정해져 상속인의 채무의 내용을 알 수 있는 경우에는 상속성이 인정된다.

(8) 재산적인 계약상 및 법률상 지위

1) 계약상의 지위

계약상의 지위는 원칙적으로 상속된다. 따라서 주택임대차를 포함하여 임대차에서 임대인의 지위나 임차인의 지위도 상속된다. 그리고 제3자에게 피상속인이 부동산을 양도하고 등기하고 있지 않은 동안에 상속이 개시되면 그 제3자에 대한 피상속인이 등기협력의무도 상속인에게 승계된다. 그러나 신뢰성이 강한 위임계약에서의 지위(690조)와 노무계약상의 노무자의 지위는 상속되지 않는다.

2) 대리인의 지위

대리인의 지위는 언제나 상속되는 것은 아니다(개정민법 127조 2항). 본인의 지위는 민법상의 것은 상속되지 않지만(제127조 1항), 상법상의 것은 상속된다(상법 50조). 그러나 무권대리행위의 효과는 어떻게 되는가가 문제된다.

㉠ 무권대리인이 본인을 상속

무권대리인이 본인을 상속하면 본인의 추인권과 추인거절권도 무권대리인에게 승계된다. 그러나 무권대리인이 추인거절권을 행사하는 것은 신의칙상 허용되지 않는다(대판 1994.9.27, 94다20617). 그러나 무권대리인 이외의 공동상속인이 존재하는 경우에는 다른 공동상속인이 추인거절권을 행사하더라도 신의칙에 반하는 것은 아니다.

따라서 공동상속인 가운데 1인이 추인을 거절하게 되면 무권대리행위는 종국적으로 무효가 되고, 무권대리인은 이행 또는 손해배상책임을 부담한다(135조).

㉡ 본인이 무권대리인을 상속

본인이 무권대리인을 상속한 경우에는 상속인인 무권대리행위의 추인을 거절하더라도 신의칙에 반하지 아니하여 무권대리행위가 당연히 유효로 되는 것은 아니다. 그러나 무권대리인이 생전에 상대방에 대하여 제135조의 손해배상책임을 지고 있었을 경우에는 이 책임은 당연히 상속된다. 그리고 공동상속인이 존재하는 경우에는 본인을 포함한 공동상속인 전원이 무권대리인의 책임을 공동으로 부담하게 된다.

3) 사원권

사원권 중 사단법인의 사원권 · 민법상 조합의 조합원의 지위 · 합명회사의 사원권 · 합자회사의 무한책임사원의 사원권 · 주식회사의 감사의 지위 등은 상속되지 않는다. 그러나 합자회사의 유한책임사원의 사원권 · 주주권은 상속된다.

4) 소송상 지위

소송절차는 당사자의 사망으로 중단되나, 상속인 · 상속재산관리인 기타 법률에 의하여 소송을 속행하여야 할 자는 소송절차를 수계(受繼)하여야 한다(민사소송법 233조 1항). 그러나 소송대리인이 있는 경우에는 소송절차는 중단되지 않는다(민사소송법 238조).

(9) 기 타

사망퇴직금은 상속재산이 아니고 수급권자의 고유재산으로 해석한다. 농지를 상속에 의하여 승계한 경우에는 농지소유면적이 3정보를 넘을 수 없다는 제한이 적용되지 않는다. 또한 분묘에 속한 1정보 이내의 금양임야(禁養林野)와 600평 이내의 묘토인 농지, 족보와 祭具의 소유권은 제사를 주재하는 자가 이를 승계한다(1008조의3). 금양임야란 벌목을 금지하고 나무를 기르는 임야를 말한다.

Ⅱ. 공동상속

1. 의 의

수인의 공동상속인이 있는 경우 공동으로 상속재산을 승계하여야 한다. 그래서 공동상속인은 각자의 상속분에 응하여 피상속인의 권리의무를 승계한다(1077조). 그러나 분할할 때까지는 상속재산을 공유로 한다(1006조).

2. 성 질

민법 제1006조의 상속재산의 공유의 성질에 대하여 공유설(다수설 · 판례)과 합유설이 대립한다.

(1) 공유설

상속재산의 공유를 고유한 의미의 공유와 같은 것으로 본다. 왜냐하면 ① 공동상속인이 그 상속분을 자유로 처분할 수 있고(1011조 1항 전단), ② 상속재산분할의 효력이 소급하지만(1015조 본문) 제3자의 권리를 침해하지 못하기(1015조 단서) 때문이다.

이 견해에 의하면 공동상속인은 각자 개개의 상속재산에 대하여 상속분에 따라 물권적 지분을 가지고 그 지분을 자유로이 양도할 수 있으며, 지분에 저당권 · 용익물권 등을 설정할 수 있다. 상속재산 전부를 처분하기 위해서는 모든 공동상속인의 동의를 요하고 개개의 채권채무가 생기나, 가분적이면 당연히 공동상속인 사이에 분할된다. 이 견해는 상대적으로 상속채권자에게 불리하다.

(2) 합유설

상속재산의 공유는 개개의 상속재산의 공유가 아니고 상속재산 전체에 대하여 상속분에 따라 권리의무를 가지는 데 불과한 것으로 본다. 왜냐하면 ① 상속분산정시에 수유재산을 상속재산에 포함하여 계산하고(1008조), ② 상속재산인 채권을 분할의 대상으로 하며(1017조), ③ 상속재산분할의 효력에 소급효를 인정하기(1015조 본문)기 때문이다.

이 설에 의하면 공동상속인은 전상속재산에 대하여 가지는 상속분을 처분할 수 있으나, 개개의 상속재산에 대한 지분은 처분할 수 없다. 또한 채권.채무는 분할시까지 공동상속인에게 연대적으로 귀속된다. 이러한 견해는 상속채권자에게 유리하다.

3. 채권 · 채무의 공동상속

공동상속인은 각자의 상속분에 응하여 피상속인의 권리.의무를 승계한다(1007조). 따라서 상속재산으로서의 채권.채무는 분할할 때까지 공동상속인의 공동불가분채권.채무로 해석하는 것이 타당하다. 그렇지 않으면 공동상속인간의 담보책임은 무의미하게 되기 때문이다.

[주택청약권을 공동상속한 경우]

한국토지공사가 택지개발예정지구내의 이주자택지 공급대상자의 선정기준에 따라 이주자택지 공급대상자를 확정하고 청약신청을 하도록 통지하여 청약권이 발생하였다. 그런데 그 공급대상자가 사망하여 공동으로 상속한 경우, 그 상속지분비율에 따라 피상속인의 청약권을 준공유하게 된다. 이때 공동상속인들은 단독으로 청약권 전부는 물론 그 상속지분에 관하여도 이를 행사할 수 없다. 그 청약권을 준공유하고 있는 공동상속인들 전원이 공동으로만 이를 행사할 수 있는 것이다.

그러므로 위청약권에 기하여 청약의 의사표시를 하고, 그에 대한 승낙의 의사표시를 구하는 소송은 청약권의준공유자 전원이 원고가 되어야 하는 고유필수적 공동소송이다(대판 2003.12.25, 2003다11738).

Ⅲ. 상속분

1. 의 의

상속분이란 공동상속의 경우에 상속재산 전체에 대하여 수인의 공동상속인이 각각 배당받을 몫의 비율을 말한다. 상속분에는 지정상속분과 법정상속분이 있다. 우리 민법은 상속에 있어서는 유언상속을 우선시키고 있기 때문에, 유산배분에 관한 유언이 있으면 법정상속분의 규정은 적용되지 않는다.

2. 상속분의 결정

(1) 지정상속분

피상속인이 유언으로 유증을 한 경우, 수증자가 받는 수증재산을 지정상속분이라 한다. 상속분지정은 유언으로만 가능하며 생전행위로는 할 수 없다. 유류분에 반하는 지정을 할 수 없으며 만일 유류분에 반하는 지정을 하였을 경우 침해를 받은 유류분권리자는 반환을 청구할 수 있다(1115조). 그러나 상속채무는 그것을 부담할 비율을 유언으로 지정할 수 없다. 상속채권자를 해할 염려가 있기 때문이다.

(2) 법정상속분

1) 균분상속의 원칙

동순위 상속인이 순인인 때에는 그 상속분은 균분으로 한다(1009조 1항).

2) 배우자의 상속분

피상속인의 배우자의 상속분은 직계비속과 공동으로 상속하는 때에는 공동상속인(직계비속 또는 직계존속)의 상속분에 5할을 가산한다(1009조 2항). 대습상속의 경우에는 피대습상속인의 상속분에 의한다(1010조 1항).

3) 대습상속분

대습상속인이 수인인 경우에 그 상속분은 피대습상속인의 상속분의 한도에서 전술한 법정상속분에 의하여 정한다(1010조 2항 전단). 배우자가 대습상속하는 경우에도 마찬가지이다.

3. 특별수익자의 상속분

(1) 의 의

공동상속인 중에 피상속인으로부터 재산의 증여 또는 유증을 받은 자가 있는 경우에는 그 수증재산이 자기의 상속분에 달하지 못한 때에는 그 부족한 한도에서 상속분이 있다(1008조). 만일 수증재산이 법정상속분을 초과하는 경우에는 잔손상속재산의 공동상속인에서 그를 제외한다.

(2) 특별수익분의 반환의무자

반환의무를 부담하는 수증자는 상속을 승인한 공동상속인으로 단순승인이든 한정승인이든 관계없다. 그러나 상속을 포기한 자는 다른 공동상속인의 유류분을 침해하지 않는 한 반환의무를 부담하지 않는다. 대습상속의 경우에 피대습자의 특별수익이나 대습상속인의 특별수익도 반환의무가 존재한다고 해석된다.

(3) 특별수익의 범위

1) 증 여

민법상 증여재산의 반환범위에 대한 규정은 없다. 그러나 증여는 상속분에 대한 선급의 의미를 가지는 것에 한정된다고 보아야 한다. 판례는 피상속인의 생전의 자산, 수입, 생활수준, 가정상황 등을 참작하고 공동상속인들 사이의 형평을 고려하여 당해 생전증여가 장차 상속인으로 될 자에게 돌아가 상속재산 중에서 그의 몫의 일부를 미리 주는 것이라고 볼 수 있는 것에 한정된다고 본다(대판 1998.12.8, 97므513). 혼인지참금, 혼수비용, 통상적인 정도를 넘는 학자금 등이 이에 해당한다.

2) 유 증

유증은 그 목적을 불문하고 반환의 대상이 된다. 다만 유증가액은 상속개시 당시에 아직 상속재산 속에 포함되어 있으므로 그 가액을 상속재산에 가산하여 계산할 필요는 없다. 생명보험청구권은 유증 내지 사인증여에 준하는 것이므로 반환범위에 포함된다. 사망퇴직금이나 유족연금도 공동상속인 중의 일부가 받는 경우에는 유증에 해당된다.

3) 상속인 1인을 수령인으로 하는 보험금

상속인의 1인을 수령인으로 하는 보험금은 상속재산에 포함되지 않으나 특별수익에 해당한다고 본다.

(4) 특별수익의 평가시기 및 방법

증여의 평가는 상속개시시를 기준으로 한다(통설.판례). 이 때 수익자의 과실에 의한 증여물의 멸실.변형이 있는 경우는 원상대로 존재한다고 의제하여 평가한다. 즉 상속개시시를 기준으로 평가한다. 그러나 불가항력에 의한 멸실.변형의 경우에는 증여받지 않은 것으로 보아 상속재산에 가산되지 않는다.

금전증여의 경우에는 화폐가치의 변동을 고려할 것인지에 대하여 견해가 대립하나 화폐가치의 변동을 고려하지 않으면 화폐가치의 폭락이 있는 경우에 금전의 수증자는 부동산의 수증자보다 유리하게 되어 공평하지 않기 때문 화폐가치의 변동을 고려하여 한다.

특별수익자가 있는 경우에 각 공동상속인의 상속분액은 다음과 같다. 즉 [상속시 현존하는 상속재산(상속인 중 유증받은 자의 유증 포함) + 상속인 중 특별수익자에 대한 생전증여] × 상속분율- [생전증여 + 유증] = 각 공동상속인의 상속분액이다.

공동상속인 중에 특별수익자가 있는 경우의 구체적인 상속분의 산정을 위하여는 피상속인이 상속개시 당시에 가지고 있던 재산의 가액에 생전 증여의 가액을 가산한 후, 이 가액에 각 공동상속인별로 법정상속분율을 곱하여 산출된 상속분의 가액으로부터 특별수익자의 수증재산인 증여 또는 유증의 가액을 공제하는 계산방법에 의하여 할 것이고, 여기서 이러한 계산의 기초가 되는 "피상속인이 상속개시 당시에 가지고 있던 재산의 가액은 상속재산 가운데 적극재산의 전액을 가리키는 것으로 보아야 옳다.

(5) 상속채무의 분담방법

특별수익자의 상속분계산의 기초가 되는 피상속인이 상속개시 당시에 가지고 있던 재산의 가액은 상속재산 가운데 적극재산의 전액만을 가리킨다. 따라서 상속인들은 상속의 대상이 되는 적극재산에 증여재산을 합한 가액을 상속분에 따라 상속하고 상속채무는 민법 제1008조가 아니라 제1009조의 법정상속분에 따라 승계한다.

4. 기여분

(1) 의 의

기여분이란「공동상속인 중」에서 피상속인의 재산의 유지 또는 증가에 관하여 특별히 기여하거나 피상속인을 특별히 부양한 자가 있을 경우에는, 이를 상속분 산정에 관하여 고려하는 제도이다(기여상속인의 상속분). 공동상속인간의 실질적인 공평을 기하기 위하여 특별수익자의 상속분을 감하는 경우와 반대로 유산증가에 기여한 상속인이 있으면 상속분 산정에 있어서 그 기여분액을 가산하는 것이 당연하기 때문이다.

(2) 기여분권리자의 범위

공동상속인 중 피상속인의 재산의 유지 또는 증가에 관하여 특별히 기여한 자(피상속인을 특별히 부양한 자 포함)이기 때문에(1008조의2 1항) 상속인이 아닌 자는 피상속인의 재산 유지 또는 증가에 기여하였더라도 기여분을 청구할 수 없다. 따라서 사실혼의 배우자, 포괄적 수유자 등은 기여분권리자가 아니다. 기여분권리자는 수인이라도 상관없다. 그리고 대습상속인도 기여분권리자가 될 수 있고, 피대습자의 기여도 주장할 수 있다.

(3) 기여의 내용과 정도

기여의 구체적인 내용을 명시하고 있지 않고「피상속인의 재산의 유지 또는 증가에 관한 것이어야 한다」고만 규정하고 있다. 여기에서의 기여란 통상의 기여가 아니라 특별한 기여이어야 한다. 예컨대 子가 급료를 받지 않고 피상속인인 父가 경영하는 공장의 일에 父와 함께 종사하여 父의 재산증가에 공헌한 경우는 기여의 내용에 해당한다.

(4) 기여분의 결정

기여분은 원칙적으로 모든 공동상속인이 협의하여 결정한다(1008조의2, 2항). 그러나 협의가 이루어지지 않거나 협의할 수 없을 때에는 가정법원이 기여자의 청구에 의하여 이를 결정한다(1008조의2, 4항 · 1013조 2항). 이때에 가정법원은 기여의 시기 · 방법 · 정도 · 상속재산의 액 기타의 사정을 참작하여 결정한다(1008조의2, 2항). 그러나 기여분의 결정은 유언사항이 아니므로 유언에 의한 기여분의 결정은 법률상 효력이 없다.

(5) 기여분이 있는 경우의 상속분의 산정

피상속인의 상속개시당시에 가지고 있던 재산의 가액에서 기여분을 공제한 것을 상속재산으로 보고, 민법 제1009조 · 제1010조의 규정에 의하여 산정한 상속분에 기여분을 가산한 액으로써 기여상속인의 상속분으로 한다(1008조의2, 1항). 이때 기여분과 유류분은 인정취지가 다르기 때문에 서로 관계가 없다. 따라서 기여분의 가액이 상속재산의 가액의 7.8할을 넘더라도 유류분을 침해한 것이 아니다.

(6) 기여분의 산정방법

기여분은 상속이 개시된 때의 피상속인의 재산가액에서 유증의 가액을 공제한 액을 넘지 못한다(1008조의2, 3항). 이 제한은 기여분 보다 유증을 우선시키기 위한 것이다.

(7) 기여분의 승계 · 포기

공동상속인의 협의 또는 가정법원의 심판에 의하여 결정된 후에는 이를 양도하거나 상속할 수 있다. 결정전에는 양도는 인정되지 않으나, 다만 상속은 인정될 수 있다. 그리고 상속개시후에 상속포기가 가능한 것으로 보아 상속개시후 상속재산분할의 종료 전까지는 기여분의 포기도 가능하다.

5. 상속분의 양도와 양수

(1) 상속분의 양도

상속인은 상속개시 후부터 상속재산분할 전까지 자기의 상속분을 제3자나 다른 공동상속인에게 양도할 수 있다. 여기서 상속분이란 적극재산만이 아니고 소극재산도 포함되는 상속분을 의미한다. 다만 상속분의 일부양도의 인정여부에 대하여는 견해가 대립한다. 상속분의 양도는 상속인의 지위의 양도이므로 양수인은 상속인과 같은 지위에 서게 되며, 상속재산의 관리는 물론 상속재산의 분할에도 참여할 수 있다. 이 양도에 의하여 상속인이 상속채무를 면할 수 있는가 하는 것이 문제된다. 해석상 채권자 보호를 위하여 병존적 채무인수로 보아야 한다.

따라서 채권자는 상속인 또는 양수인 누구에게나 채무이행을 청구할 수 있다. 다른 공동상속인이 알지 못하는 사이에 양수기간(1011조 2항)이 경과하여 양수의 기회가 박탈되는 것을 방지하기 위하여 해석상 공동상속인에게 통지하여야 한다고 본다.

(2) 상속분의 양수

1) 의의

공동상속인 중에 그 상속분을 제3자에게 양도한 자가 있는 때에는 다른 공동상속인이 그 가액과 양도비용을 상환하고 그 상속분을 양수할 수 있다(1011조 1항). 이를 상속분의 양수라고 한다. 이 양수권은 채권자대위권의 대상이 되지 않으나 상속의 대상은 된다.

2) 양수권발생의 요건

공동상속인 중의 한 사람이 상속분을 공동상속인.포괄적수증자 이외의 제3자에게 무단으로 양도하여야 한다. 그 양도는 「상속재산분할 전」에 행하여져야 한다.

3) 양수권의 행사

양수권의 행사는 상속분의 양수인 또는 전득자에 대한 일반적인 양수의 의사표시로 하며, 제3자의 승낙이나 동의는 필요없다. 따라서 양수권의 성질은 형성권이다. 양수권은 상속분을 양도한 것을 안 날로부터 3월, 또는 양도 있은 날로부터 1년 이내에 행사할 수 있다(1001조 2항). 일부양수는 허용되지 않으며 채권자의 대위행사도 허용되지 않는다.

4) 효 과

제3자에게 양도된 상속분은 양도인 이외의 공동상속인 전부에게 그 상속분에 응하여 귀속한다. 또한 그 양수권의 행사에 쓴 상속분의 가액과 비용도 상속분에 응하여 공동상속인이 부담한다. 그리고 이 양수권의 행사는 양수인과 제3자 사이의 양도행위를 무효로 하지 않는다.

[상속분의 양도의 의미]

상속분의 양도란 상속배산 분할 전에 적극제산과 소극재산을 모두 포함한 상속재산 전부에 대하여 공동상속인이 가지는 포괄적 상속분, 즉 상속인 지위의 양도를 의미한다. 따라서 상속재산을 구성하는 개개의 물건 또는 권리에 대한 개개의 물권적 양도는 이에 해당하지 아니한다(대판 2006.3.24, 2006다2179).

Ⅳ. 상속재산의 분할

1. 의 의

상속재산의 분할이란 상속개시로 인하여 생긴 공동상속인 사이의 상속재산의 공유관계를 종료시키고, 상속분에 따라 그 배분귀속을 확정하는 일종의 청산행위이다. 공동상속인은 유언에 의한 분할금지의 경우(제1012조)를 제외하고는 언제든지 상속재산의 분할을 항상 청구할 수 있다(1013조 1항).

2. 요 건

(1) 공동상속인의 확정

공동상속인이 확정되어 있어야 한다. 따라서 공동상속인중 일부가 상속의 승인 또는 포기를 하지 않고 있는 동안에는 분할할 수 없다.

(2) 상속재산의 확정

분할대상인 상속재산은 피상속인이 남겨놓은 상속재산 전부로서 그 범위가 확정되어야 한다. 채권.채무도 모두 분할의 대상이 된다. 그러나 금전채무와 같이 가분적 채무가 공동상속된 경우에는 상속개시와 동시에 당연히 법정상속분에 따라 공동상속인에게 분할되어 귀속되기 때문에 상속재산분할의 대상이 되지 않는다(대판 1997.6.24, 97다8809).

(3) 상속분할의 금지사유가 없을 것

유언으로 5년 이하의 기간 동안 분할을 금지할 수 있다. 5년을 초과하는 기간은 5년으로 단축된다. 공동상속인 전원의 협의로 5년의 기간내에는 분할하지 않겠다는 계약도 체결할 수 있다(268조). 분할금지의 합의는 다시 5년에 한하여 갱신이 인정된다(268조 2항).

(4) 양수의 한계

상속재산분할의 협의로 상속재산을 보통의 공유로 한 경우와 상속재산을 분할한 후에는 공동지분의 처분은 자유이므로 상속분의 양수권은 인정되지 않는다.

3. 분할청구권자

분할청구권자는 상속을 승인한 공동상속인과 포괄적 수유자이다(1078조). 이 청구권은 일신전속권이 아니므로 공동상속인의 상속인이나 상속분의 양수인 및 상속인의 채권자도 상속인에 대위하여(404조) 분할청구권을 행사할 수 있다.

4. 분할의 방법

(1) 지정분할(유언에 의한 분할)

피상속인은 유언으로 상속재산의 분할방법을 정하거나 이를 정할 것을 제3자에게 위탁할 수 있다(1012조 전단).

(2) 협의에 의한 분할

유언에 의한 분할이 없거나 무효인 경우에는 공동상속인은 언제든지 협의에 의하여 상속재산을 분할할 수 있다(1013조 1항).

1) 협의에 참가하여야 할 자

상속재산분할의 협의는 공동상속인 사이의 계약이므로 전원이 그 협의에 참가하고 또한 전원의 합의가 있어야 한다. 협의에 참여할 자는 ⅰ) 공동상속인 전원, ⅱ) 포괄적 수증자(제1078조), ⅲ) 분할전의 상속분의 양수인(등기한 자), ⅳ) 상속인의 지위 또는 그 기초인 친족관계에 대하여 다툼이 있는 자, ⅴ) 현재 상속인의 지위를 보유하고 있지 않으나, 상속인이라는 것을 주장하여 다투고 있는 자(제1014조), ⅵ) 상속인의 태아 등이다. 해제조건설(다수설)에 의할 경우 태아는 법정대리인을 통하여 참가할 수 있다. 그러나 정지조건설(판례)에 의하면 태아는 출생할 때까지는 상속인이 아니므로 불가능하다.

[순차적인 상속재산 협의분할의 효력]

상속재산의 협의분할은 공동상속인 간의 일종의 계약으로서 공동상속인 전원이 참여하여야 하고, 일부 상속인만으로 한 협의분할은 무효라고 할 것이다. 그러나 반드시 한 자리에서 이루어질 필요는 없고 순차적으로 이루어질 수도 있으며, 상속인 중 한 사람이 만든 분할원인을 다른 상속인이 후에 돌아가며 승인하여도 무방하다(대판 2004.10.28., 2003다65438·65445).

2) 협의의 방법

협의는 상속인 전원이 회동한 후에 하여야 하지만 특별한 제한은 없다. 다만 상속인 중에 미성년자와 친권자가 잇는 경우에는 그들 사이에 분할협의에 있어서 이해관계가 상반되므로 미성년자를 위한 특별대리인의 선임이 필요하다(921조).

[상속재산 분할 협의 방법]

공동상속인 상호간에 상속재산에 관하여 협의분할이 이루어짐으로써 공동상속인 중 일부가 고유의 상속분을 초과하는 재산을 취득하게 되었다고 하여도, 이는 상속개시 당시에 소급하여 피상속인으로부터 승계받은 것으로 보아야 하고 다른 공동상속인으로부터 증여받은 것으로 볼 수 없다. 그러한 상속재산 분할협의는 상속인 전원이 참여하여야 하나, 반드시 한 자리에서 이루어질 필요는 없고, 순차적으로 이루어질 수도 있다(대판 2001.11.27, 2000두9731).

3) 분할의 기준

각 공동상속인의 몫은 반드시 상속분비율에 따라야 하는 것은 아니고 협의로써 결정할 수 있다. 따라서 법정상속분을 초과하더라도 이는 상속개시 당시에 피상속인으로부터 직접 분할받은 자에게 승계되는 것이며 분할에 의하여 공동상속인 상호간에 상속분의 이전이 생기는 것은 아니므로 다른 공동상속인에게 증여받은 것으로 볼 수는 없다(대판 1989.9.12, 88다카5836).

4) 분할의 방법

현물분할이 원칙이지만 상속재산을 매각하여 그 대금을 분할하는 대금분할(환가분할), 상속재산을 공동상속인 중 일부가 취득하고 차액을 현금으로 정산하는 대가분할 등이 있다.

5) 분할의 무효·취소

무효사유로는 무자격자의 분할참가·상속인의 일부배제·통정허위표시(108조) 등이 있고, 취소사유로는 분할협의에 대한 의사표시의 착오, 사기와 강박 등이 있다(109조·110조). 그러나 상속재산의 분할 후에 인지에 의하여 상속인이 된 자는 이미 이루어진 상속재산분할의 무효를 주장할 수 없다.

[상속재산의 분할협의가 사해행위 취소의 대상이 되는지 여부]

상속재산의 분할협의는 상속이 개시되어 공동상속인 사이에 잠정적 공유가 된 상속재산에 대하여 그 전부 또는 일부를 각 상속인의 단독소유로 하거나 새로운 공유관계로 이행시킴으로써 상속재산의 귀속을 확정시키는 것으로 그 성질상 재산권을 목적으로 하는 법률행위이므로 사해행위취소권 행사의 대상이 될 수 있다.

채무초과 상태에 있는 채무자가 상속재산의 분할협의를 하면서 상속재산에 관한 권리를 포기함으로써 결과적으로 일반 채권자에 대한 공동담보가 감소되었다 하더라도, 그 재산분할결과가 채무자의 구체적 상속분에 상당하는 정도에 미달하는 과소한 것이라고 인정되지 않는 한 사해행위로서 취소되어야 할 것은 아니다. 또 구체적 상속분에 상당하는 정도에 미달하는 과소한 경우에도 사해행위로서 취소되는 범위는 그 미달하는 부분에 한정하여야 한다(대판 2001.2.9, 2000다51797).

(3) 재판에 의한 분할

공동상속인 사이에서 상속재산분할의 협의가 성립되지 않은 때에는 각 공동상속인은 가정법원에 분할을 청구할 수 있다(269조·1013조 2항). 이 청구권은 일신전속권이 아니므로 공동상속인의 상속인·상속분양수인·공동상속인의 채권자도 상속인을 대위하여 청구할 수 있다. 각 공동상속인은 가정법원에 우선 조정을 신청하여야 한다. 현물분할을 원칙으로 하지만 가정법원은 현물분할을 할 수 없거나 분할로 인하여 현저히 그 가액이 감손될 염려가 있는 때에는 물건의 경매를 명할 수 있다(269조 2항·1013조 2항).

5. 분할의 효과

(1) 분할의 소급효

상속재산의 분할은 상속이 개시된 때에 소급하여 그 효력이 생긴다(1015조). 보통의 공유물 분할에 있어서는 분할을 한 때부터 그 효력이 생기는 것(이전주의)과 달라 상속이 개시된 때부터 상속재산이 분할되어 승계다. 상속재산분할의 소급효는 제3자의 권리를 해하지 못한다(1015 단서). 이는 선언적 효과를 제한하고 거래안전을 위한 것이다. 공동상속인으로부터 개개의 상속재산의 지분을 양수하거나 담보로 제공을 받은 자, 그 지분에 대해 압류한 채권자 등이 제3자에 해당한다.

(2) 분할 후의 피인지자 등의 가액지급청구권

피상속인의 사망 후 인지소송으로 인지가 확정되면(864조), 그 인지의 효력은 출생시에 소급하므로 인지된 자는 상속개시당시부터 상속인이었던 것으로 된다. 그러나 인지의 소급효는 제3자의 취득한 권리를 해하지 못한다(860조 단서). 민법은 인지 또는 재판의 확정에 의하여 공동상속인이 된 자는 다른 공동상속인에 대하여 자기의 상속분에 상당하는 가액만의 지급을 청구할 수 있도록 하였다(1014조).

(3) 공동상속인의 담보책임

민법은 상속인 상호간의 공평을 기하기 위하여 특별히 매도인과 동일한 담보책임을 부담하도록 하고 있다. 채권에 대하여 채무자의 자력을 담보하고 변제기에 달하지 아니한 채권이나 정지조건 있는 채권에 대하여는 변제를 청구할 수 있는 때의 채무자의 자력을 담보한다(1017조). 담보책임 있는 공동상속인 중에 상환의 자력이 없는 자가 있는 때에는 그 부담부분은 구상권자와 자력 있는 다른 공동상속인이 그 상속분에 응하여 분담한다(1018조 본문).

그러나 구상권자의 과실로 인하여 상환을 받지 못한 때에는 다른 공동상속인에게 분담을 청구하지 못하고(1018조 단서), 구상권자가 부담한다.

제5관 상속의 승인과 포기

Ⅰ. 서 설

1. 의 의

상속의 포기는 피상속인의 권리.의무가 자기에게 이전되는 효력을 상속개시 시까지 소급하여 소멸시키는 의사표시이며, 상속의 승인은 상속의 포기를 하지 않는다는 의사표시이다. 승인에는 단순승인과 한정승인이 있다.

2. 법적 성질

(1) 단독행위

상속의 승인·포기는 상대방이 없는 일반적 의사표시로서 상속인만이 행사할 수 있는 일신전속권이다. 조건부.기한부 승인.포기는 무효이며, 승인.포기의 철회는 허용되지 않는다.

(2) 재산법적 법률행위

상속의 승인·포기는 가족관계에 기하여 발생하지만 재산법적 법률행위의 성질을 띠므로 행위능력이 있어야 한다.

(3) 요식행위

한정승인과 포기는 가정법원에 신고로써 하여야 한다(1030조·1041조). 다만 단순승인은 불요식행위이다.

(4) 확정성과 포괄성

승인·포기는 어느 한 쪽을 선택한 후에는 변경할 수 없으며, 상속재산 전부에 대하여 포괄적으로 하여야 한다. 따라서 적극재산만을 상속하고 채무를 승계하지 않겠다는 의사표시나 특정재산만을 선별적으로 승계하겠다는 의사표시는 허용되지 않는다.

(5) 행사의 자유

상속의 승인·포기는 상속인에게 선택을 부여하는 것이므로 강제·제한하거나 금지할 수 없다. 따라서 승인.포기의 강제.제한.금지에 관한 계약 및 피상속인의 유언은 무효이다.

2. 승인·포기의 기간

(1) 고려기간의 기산

상속개시가 있음을 안 날로부터 3월 이내에 상속을 승인 또는 포기할 수 있다(1019조 1항 본문). 고려기간 중에 상속인은 상속재산을 조사할 수 있다(1019조 2항). 상속인이 제한능력자인 경우에는 그 법정대리인이 상속개시 있음을 안 날로부터 기산한다(1020조).

그러나 「상속개시가 있음을 "안 날"로부터 3월 내」에 대해서는 헌법재판소가 헌법불합치판결을 하여 개정할 때까지는 위 법률조항의 적용을 중지하여 한다고 하였다(헌재 1998. 8. 27, 96헌가22). 이로써 민법 제1019조 3항에 「제1항의 규정에 불구하고 상속인은 상속채무가 상속재산을 초과하는 사실을 중대한 과실 없이 제1항의 기간 내에 알지 못하고 단순승인(1026조 제1호 및 제2호의 규정에 의하여 단순승인한 것으로 보는 경우를 포함한다)을 한 경우에는 그 사실을 안 날부터 3월내에 한정승인을 할 수 있다」고 규정하였다.

[상속개시 있음을 안 날의 의미]

상속인은 상속개시 있음을 안 날로부터 3월 내에 상속의 포기를 할 수 있는바(1019조 1항), 여기서 상속개시 있음을 안 날이라 함은 상속개시의 원인이 되는 사실의 발생을 알고 이로써 자기가 상속인이 되었음을 안 날을 말한다. 피상속인의 사망으로 인하여 상속이 개시되고 상속의 순위나 자격을 인식함에 별다른 어려움이 없는 통상적인 상속의 경우에는 상속인이 상속개시의 원인사실을 앎으로써 그가 상속인이 된 사실까지도 알았다고 보는 것이 합리적이다.

그러나 종국적으로 상속인이 누구인지를 가리는 과정에 사실상 또는 법률상의 어려운 문제가 있어 상속개시의 원인사실을 아는 것만으로는 바로 자신의 상속인이 된 사실까지 알기 어려운 특별한 사정이 존재하는 경우도 있으므로, 이러한 때에는 법원으로서는 '상속개시 있음을 안 날'을 확정함에 있어 상속개시의 원인사실뿐 아니라 더 나아가 그로써 자신의 상속인이 된 사실을 안 날이 언제인지까지도 심리·규명하여야 마땅하다(대판 2005.7.22, 2003다43681).

(2) 고려기간계산의 특칙

상속인이 제한능력자인 때에는 그 법정대리인이 상속개시 있음을 안 날로부터 기산한다(1020조). 그리고 상속인이 승인이나 포기를 하지 않은 채 고려기간 내에 사망한 때에는 그의 상속인이 자기의 상속개시 있음을 안 날로부터 기산한다(1021조).

(3) 고려기간의 연장

이해관계인 또는 검사의 청구에 의하여 가정법원이 3월의 기간을 연장할 수 있다(1019조 1항 단서). 이 기간 중에 당사자가 책임을 질 수 없는 사유로 인하여 기간연장의 청구를 할 수 없는 경우에는 그 사유가 없어진 후 2주일 내에 한하여 연장청구를 할 수 있다(가사소송법 12조·비송사건절차법 10조·민사소송법 173조).

4. 승인·포기 전의 상속재산의 관리

(1) 상속인의 관리의무

상속인은 승인 또는 포기할 때까지 이것을 고유재산에 대하는 것과 동일한 주의로 상속재산을 관리하여야 한다(1022조). 그 후 단순승인이 되면 자기 재산이 되므로 관리의무가 없어진다. 단 재산분할의 명령이 있으면 동일한 주의의무가 계속된다(1048조). 그리고 한정승인이 있으면 자기 재산이지만 청산이 끝날 때까지 위와 같은 주의의무가 요구된다(1031조).

상속을 포기한 경우에도 그 재산을 승계할 자가 관리할 수 있을 때까지 그 재산의 관리를 계속하여야 한다(1044조). 관리행위의 구체적인 내용은 보존행위 또는 그 성질을 변경하지 않는 범위 내에서의 이용.개량행위이다. 상속인이 상속재산의 처분을 하면 단순승인을 한 것으로 본다(1026조 1호).

(2) 상속재산의 보존에 필요한 법원의 처분

법원은 이해관계인 또는 검사의 청구에 의하여 상속재산에 필요한 처분을 명할 수 있고, 법원이 재산관리인을 선임한 경우에는 제24조 내지 제26조의 규정을 준용한다(1023조). 재산관리에 필요한 처분의 내용은 봉인 · 환가처분이나 재산목록의 작성 등이 포함될 것이나 중요한 것은 역시 재산관리인의 선임이다.

(3) 변제거절권

상속의 승인 · 포기를 하기 전에 상속인이 상속채권자로부터 청구를 받은 경우에 상속인이 청구에 응하여 처분행위를 한다면 단순승인을 한 것으로 본다(1026조 1호). 따라서 이러한 효과를 방지하기 위해서는 변제를 거절할 수 있는 권한을 가지고 있는 것으로 보아야 한다(통설).

5. 승인 · 포기의 취소 · 무효

(1) 승인 · 포기의 취소

1) 승인 · 포기의 취소금지

상속의 승인과 포기를 하면 3월 이내의 고려기간 내에도 이것을 취소할 수 없다(1024조 1항). 상속의 승인.포기의 효력은 확정적이다. 여기에서 취소는 철회를 의미한다. 그러나 다음과 같은 경우에는 취소할 수 있다.

2) 승인 · 포기의 취소원인

상속의 승인.포기는 민법총칙의 규정에 의한 취소에 영향을 미치지 않는다. 다만 그 취소권은 추인할 수 있는 날로부터 3월, 승인 또는 포기한 날로부터 1년 내에 행사하지 아니하면 시효로 인하여 소멸된다(1024조 2항).

3) 취소방식

한정승인과 포기의 취소는 가정법원에서 심판으로 하며, 단순승인을 한 경우의 취소는 그 이해관계인에 대하여 하면 된다.

4) 취소의 효과

상속의 승인.포기를 취소하면 소급적으로 무효가 된다. 이 때 선의의 제3자보호가 문제되나 신분행위이기 때문에 제3자에게도 대항할 수 있다(통설).

5) 제척기간

승인 · 포기의 취소권은 추인할 수 있는 날로부터 3개월 또는 승인 · 포기를 한 날로부터 1년 이내에 행사하지 않으면 소멸한다(1024조 2항 단서). 이 기간은 제척기간에 해당한다.

(2) 승인 · 포기의 무효

무효에 대해서는 아무런 규정이 없으나 민법총칙상의 규정이 적용되어야 할 것이다. 따라서 승인 · 포기가 진의에 의한 경우, 승인 · 포기가 무권대리에 의한 경우, 신고방식에 하자가 있는 경우, 상속권확정후의 승인 · 포기가 있는 경우에는 무효이다.

Ⅱ. 단순승인

1. 의 의

피상속인의 권리.의무를 무조건.무제한으로 승계하는 상속형태 또는 이것을 승인하는 상속방법을 말한다. 상속인이 한정승인 또는 포기를 하지 않고 3월의 고려기간이 지나면 단순승인한 것으로 본다(1026조 2호).

2. 법정단순승인

일정한 사유가 있는 때에 단순승인이 있는 것으로 의제하는 것을 말하는 것으로 상속인의 채권자, 제3자, 기타 공동상속인을 보호하기 위한 것이지 상속인 자신을 보호하기 위한 것은 아니다.

(1) 상속재산의 처분에 의한 단순승인

상속인이 상속재산에 관한 처분행위를 한 때에는 단순승인한 것으로 본다(1026조 1호). 한정승인 또는 포기하기 전의 처분으로 사실적 처분행위(상속재산의 손괴 등)나 법률적 처분행위(상속채권의 추임 또는 상속채무의 대물변제로서 상속재산을 양도하는 것 등) 모두 포함된다. 이러한 처분행위는 상속인이 하든 상속인의 법정대리인이 하든 관계없다.

그러나 유족으로서의 장례비용이나 차임의 지급은 처분행위로 보지 않으며, 처분행위가 무효.취소되더라도 단순승인의 효과는 소멸하지 않는다.

(2) 고려기간의 경과에 의한 단순승인

상속인이 승인 또는 포기를 해야 할 기간내에 한정승인 또는 포기를 하지 않은 경우에는 단순승인한 것으로 본다(1026조 2호). 제한능력자의 경우에는 그 법정대리인이 상속이 개시되었음을 안 날로부터 고려기간이 진행한다. 고려기간의 기산시기의 위헌결정에 대해서는 앞에서 설명하였다.

(3) 배신행위에 의한 단순승인

상속인이 한정승인 또는 포기를 한 후에 상속재산을 은닉하거나 부정소비하거나 고의로 재산목록에 기입하지 않은 때(과실은 제외)에는 법정단순승인이 된다(1026조 3호). 법정대리인의 부정행위도 포함한다. 그러나 상속인이 상속을 포기함으로써 차순위자가 단순승인을 한 뒤에는 상속인의 배신행위가 있더라도 법정단순승인으로 되지 않는다(1027조).

[고의로 재산목록에 기입하지 않은 때의 의미]

법정단순승인 사유인 민법 제1026조 제3호 소정의 '고의로 재산목록에 기입하지 아니한 때'라는 것은 한정승인을 함에 있어 상속재산을 은닉하여 상속채권자를 사해할 의사로써 상속재산을 재산목록에 기입하지 않는 것을 의미한다(대판 2003. 11. 14, 2003다30968).

3. 단순승인의 효과

상속인은 피상속인의 일신전속권을 제외한 모든 권리의무를 제한없이 승계한다. 적극재산뿐만 아니라 상속채무도 제한 없이 승계한다. 따라서 상속인의 고유재산과 상속재산은 혼동되고 상속인의 채권자는 상속재산에 대해서뿐만 아니라 상속인의 고유재산에 대해서도 강제집행을 할 수 있다. 그리고 단순승인으로 인하여 상속의 법률관계는 확정되기 때문에 상속재산에 대한 상속인의 관리의무는 소멸하고 상속인은 상속재산을 자유로이 처분할 수 있다.

그러나 상속인이 단순승인을 한 후에도 재산분리의 명령이 있는 때에는 상속재산에 대하여 자기의 고유재산과 동일한 주의로 관리해야 한다(1048조).

Ⅲ. 한정승인

1. 의 의

한정승인이란 상속인이 상속으로 인하여 얻은 재산의 한도에서 피상속인의 채무와 유증을 변제하는 상속 또는 그와 같은 조건으로 상속을 승인하는 것을 말한다(1028조).

2. 한정승인의 방법

(1) 공동상속인의 한정승인

상속인이 수인인 때 그 전부 또는 일부가 그 상속분에 상응하여 취득할 재산의 한도에서 그 상속분에 상응한 피상속인의 채무와 유증을 변제할 것을 조건으로 상속을 승인할 수 있다(1029조). 공동상속인의 일부가 한정승인하는 경우에는 여타 공동상속인의 동의나 통지가 필요한 것은 아니다.

(2) 한정승인의 방식

상속인이 한정승인을 하려면 상속개시를 안 날로부터 3개월의 기간내에 상속재산의 목록을 첨부하여 가정법원에 신고하여야 한다(1030조). 대리에 의한 신고도 할 수 있다. 한정승인의 의사표시는 상속인 또는 대리인이 가정법원에 대하여「서면」으로써 하여야 하며, 이러한 방식에 의하지 않는 의사표시는 한정승인으로서의 효력이 없다.

(3) 파산선고시 한정승인

파산선고 전에 파산자를 위하여 상속이 개시된 경우 파산자가 파산선고 후에 한 단순승인이나 포기도 파산재단에 대하여 한정승인의 효력이 생긴다(채무자회생파산법 385조 · 386조).

3. 한정승인의 효과

한정승인의 효력은 상속의 효력 그 자체로서는 단순승인과 다르지 않다. 다만 한정승인한 상속인은 유한책임이 되므로 채무와 책임의 분리현상이 일어나 일종의 청산을 행하여야 할 필요가 있다.

(1) 상속채무에 대한 유한책임

한정승인자는 상속에 의하여 얻은 재산의 한도에서만 피상속인의 채무와 유증의 변제를 하면 된다. 자기 고유재산으로 변제할 책임이 없을 뿐이지 채무로서는 전액을 승계하는 것이다. 따라서 초과부분을 임의로 변제한 때에는 변제로서 유효하다. 한정승계 전에 피상속인의 채무에 대하여 보증한 자와 중첩적으로 채무인수를 한 자는 한정승인을 한 후에도 채무전액에 대하여 책임을 진다.

(2) 상속재산과 상속인의 고유재산의 분리

상속인은 자기의 고유재산으로 채무를 변제할 책임이 없으므로 상속재산과 상속인의 고유재산을 분리할 필요가 있다. 민법은 혼동에 대한 예외를 인정하고 있으므로, 상속인의 피상속인에 대한 재산상 권리의무는 혼동으로 인하여 소멸하지 않는다(1031조).

따라서 피상속인과 상속인이 연대채권을 가진 경우 상속인은 자기고유의 채권행사와 상속재산의 관리인으로도 피상속인의 채권을 행사할 수 있다.

(3) 상속재산의 관리

한정승인자는 그 고유재산에 있어서와 동일한 주의로써 상속재산을 관리하여야 한다(1022조). 한정승인자가 수인인 경우에는 가정법원은 각 상속인 기타 이해관계인의 청구에 의하여 공동상속인 중에서 상속재산관리인을 선임할 수 있다(1040조 1항). 그리고 법원이 선임한 관리인은 공동상속인을 대표하여 상속재산의 관리와 채무의 변제에 관한 모든 행사를 할 권리의무가 있다(1040조 2항 · 3항).

(4) 피상속인의 채무에 대한 보증인

상속인이 한정승인을 한 경우라도 이는 책임이 상속재산에 한정되는 것일 뿐 채무 그 자체의 감축은 아니므로 한정승인과 상관없이 주채무의 전 범위에 대해서 보증책임을 진다.

[한정승인의 효과]

채무자(상속인)가가 한정승인을 하고도 채권자가 제기한 소송의 사실심 변론종결시까지 그 사실을 주장하지 아니하여 책임의 범위에 관한 유보가 없는 판결이 선고되어 확정되었다고 하더라도, 채무자는 그 후 위 한정승인 사실을 내세워 청구에 관한 이의의 소를 제기할 수 있다(대판 2006.10.13, 2006다23138).

4. 한정승인에 의한 청산절차

(1) 채권자에 대한 공고와 최고

한정승인한 날로부터 5일 내에 상속채권자와 수유자에 대하여 한정승인의 사실과 일정한 기간 내에 그 채권 또는 수증을 신고할 것을 공고하여야 하며, 그 기간은 2개월 이상으로 한다(1032조 1항). 또한 채권자가 위 기간 내에 채권 또는 수증을 신고하지 아니하면 청산으로부터 제외될 것을 공고 가운데 표시하여야 한다. 이미 알고 있는 채권자에 대하여는 공고 외에 각각 채권신고를 최고하여야 한다(1032조 2항 · 89조 본문). 알고 있는 채권자는 청산으로부터 제외하지 못한다(1032조 2항 · 89조 단서).

(2) 최고기간 중 변제거절

한정승인을 한 자는 최고신고기간 동안은 상속채권자와 유증을 받은 자에 대하여 상속채권의 변제를 거절할 수 있다(1033조). 따라서 상속채권자는 채권신고기간 중에는 상속재산에 대해 강제집행을 할 수 없다.

(3) 상속채권자에 대한 변제

공고한 기간이 만료하면 한정승인자는 신고한 채권자와 알고 있는 채권자에게 법정의 순서에 따라 변제를 해야 한다(1034조-1035조). 상속재산이 전 채무를 변제하는 데 부족하면 각각 채권액의 비율로 배당변제를 하여야 한다(1034조).

(4) 수증자에 대한 변제

상속채권자에 대하여 변제가 완료한 후에야 수증자에 대한 변제를 하여야 한다(1036조). 즉 상속채권자에 우선하여 수증자에게 변제할 수 없다.

(5) 신고하지 않은 자에 대한 변제

민법 제1032조 1항의 기간내에 신고하지 않은 상속채권자 및 유증받은 자로서 한정승인자가 알지 못한 자는 그 상속재산의 잔여가 있는 경우에 한하여 그 변제를 받을 수 있다

(1039조 본문). 그러나 이들이 상속재산에 대하여 질권·저당권 등의 특별담보권을 가지고 있는 경우에는 그 담보가액의 한도에서 변제를 받는다(1039조 단서).

(6) 상속재산의 경매

민법 제1033조 내지 1036조에 따라서 상속채권자와 유증자에 대하여 변제를 하기 위하여 환가할 필요가 생길 경우에는 상속재산의 일부나 전부를 경매법에 의하여 경매하여야 한다(1037조).

5. 한정승인자의 책임·구상권

한정승인자가 청산절차를 게을리 하거나 또는 부당한 변제를 하였기 때문에 정당한 변제를 할 수 없게 된 경우에, 손해를 입은 상속채권자·수유자에 대하여 손해배상의 책임을 져야 한다(1038조 1항). 위의 사유에 의하여 변제를 받지 못하게 된 상속채권자·수유자는 그 사정을 알고 변제를 받은 상속채권자나 수유자에 대하여 구상권을 행사할 수 있다(1038조 2항).

제6관 상속의 포기

Ⅰ. 의 의

상속의 포기란 상속개시로 인하여 상속인에게 생긴 상속의 효력을 처음부터 상속인이 아니었던 효과를 생기게 하는 단독의 의사표시이다.

Ⅱ. 요 건

1. 상속의 개시 후에 할 것

유류분을 포함한 상속의 포기는 상속이 개시된 후 일정한 기간 내에만 가능하기 때문에 상속개시 전에 한 상속이나 상속포기약정은 효력이 없다. 따라서 상속개시 전에 상속을 포기하거나 상속포기를 약정하였다 하더라도 상속개시 후에 자신의 상속권을 주장하는 것은 정당한 권리행사로서 권리남용에 해당하거나 또는 신의칙에 반하는 권리의 행사라고 할 수 없다(대판 1998.7.24, 98다9021).

2. 고려기간 내에 포기할 것

3월의 고려기간 내에 하여야 한다(1041조). 상속개시 후 일단 포기하면 취소할 수 없다(1024조).

[상속포기의 효력이 없는 경우와 협의분할 인정여부]

상속재산을 공동상속인 1인에게 상속시킬 방편으로 나머지 상속인들이 한 상속포기 신고가 민법 제1019조 1항 소정의 기간을 경과한 후에 신고된 것이어서 상속포기로서의 효력이 없다고 하더라도, 공동상속인들 사이에서는 1인이 고유의 상속분을 초과하여 상속재산 전부를 취득하고 나머지 상속인들은 이를 전혀 취득하지 않기로 하는 내용의 상속재산에 관한 협의분할이 이루어진 것으로 보아야 한다(대판 1996.3.26, 95다45545 · 45552 · 45569).

3. 방 식

포기를 하려는 자는 고려기간 내에 가정법원에 포기의 신고를 하여야만 포기의 효력이 발생한다(1041조).

4. 조건 · 기한을 붙일 수 없음

상속의 포기는 개개의 권리에 대하여서가 아니라 상속재산의 전부에 대하여 포괄적으로 행하여야 하며, 또한 조건이나 기한을 붙일 수 없다.

5. 상속포기의 취소

상속포기는 원칙적으로 취소할 수 없지만 제한능력 · 사기와 강박 · 착오의 경우에는 취소할 수 있다(1024조 2항). 그 취소권은 추인할 수 있는 날로부터 3월, 포기한 날로부터 1년 내에 행사하여야 한다.

Ⅲ. 효 과

1. 포기의 소급효

상속의 포기는 상속이 개시된 때에 소급하여 상속인이 아니었던 것으로 된다(1042조). 상속포기를 신고한 때에 포기의 효과가 발생하는 것이 아니다.

2. 포기한 상속재산의 귀속

공동상속인 가운데 1인이 상속포기를 하면 상속분은 다른 상속인의 상속분의 비율로 그 상속인에게 귀속된다(1043조). 비록 상속포기서에 첨부된 재산목록에서 상속재산이 누락된 경우에도 상속포기의 효력이 미친다(대판 1995.11.14, 95다27554). 「다른 상속인의 상속분의 비율」의 의미는 포기한 상속인을 피대습인으로 하는 대습상속이 일어나느냐 하는 것이다.

이에 대하여 긍정설이 있으나 부정된다고 아야 할 것이다. 그러나 상속포기자가 단독상속인이면 그 직계비속은 피상속인의 직계비속으로서의 고유의 상속권을 갖는다.

3. 상속포기의 무조건성

상속포기는 무조건적이어야 한다. 자기의 상속분을 특정인에게 주기 위한 포기는 허용되지 않는다. 자기의 상속분을 특정인에게만 귀속시키려면 상속포기를 하지 말고 상속분의 양도를 하든지 협의분할을 해야 할 것이다.

4. 포기 후의 상속재산 관리계속의무

상속을 포기 한 자는 그 포기로 인하여 상속인이 된 자가 상속재산을 관리할 수 있을 때까지 그 재산의 권리를 계속하여야 한다(1044조 1항). 자기의 고유재산에 대하는 것과 동일한 주의로 관리하여야 한다(1022조 2항 · 1044조). 그리고 법원은 이해관계인 또는 검사의 청구에 의해 재산관리인의 선임 등 상속재산의 보존에 필요한 처분을 명할 수 있다.

제7관 재산의 분리

Ⅰ. 서 설

1. 의 의

상속개시 후 상속채권자나 유증 받은 자 또는 상속인의 채권자의 청구에 의하여 상속재산과 상속인의 고유재산을 분리시키는 가정법원의 처분을 재산분리라고 한다. 상속재산이 채무초과이면 상속인의 채권자가 불리하고, 상속인의 고유재산이 채무초과이면 상속채권자와 유증을 받은 자가 불리하게 되기 때문에 상속재산의 분리는 상속채권자(피상속인의 채권자), 유증 받은 자의 채권자 또는 상속인의 채권자를 보호하기 위한 제도이다.

2. 다른 제도와의 관계

(1) 단순승인과의 관계

단순승인의 경우에는 상속재산의 상속인의 고유재산이 혼합되는 것을 막기 위해 재산을 분리할 필요가 없다.

(2) 한정승인 · 포기와의 관계

재산의 분리는 주로 단순승인한 경우에 상속재산과 상속인의 고유재산이 서로 섞이는 것을 방지하기 위하여 행하여지는 것으로 한정승인이 된 경우에는 그 필요성이 없다. 다만 한정승인이나 포기도 무효가 되거나 법정단순승인이 되는 경우가 있기 때문에, 한정승인이나 포기가 있더라도 상속인은 재산분리를 청구할 수 있다. 재산분리 후에도 고려기간 내이면 한정승인이나 포기를 할 수 있다. 이 경우에는 재산분리의 절차가 정지된다.

(3) 상속인의 파산과의 관계

상속인이 파산선고를 받은 경우에는 상속인의 고유재산에 대하여 상속인의 채권자가 상속채권자 또는 수증채권자보다 우선하고, 상속재산에 대하여는 상속채권자 또는 수증자가 상속인의 채권자보다 우선한다(채무자회생파산법 444조). 이로 인하여 상속인에 대하여 파산선고가 있을 때에는 재산분리와 동일한 효과가 발생하게 된다.

Ⅱ. 재산분리의 청구절차

1. 청구권자

재산분리의 청구권자는 상속채권자나 유증을 받은 자 또는 상속인의 채권자이다(1045조). 상속인의 고유재산이 채무초과인 경우에는 상속채권자나 유증 받은 자가 청구권자가 된다. 그러나 유증 받은 자 가운데 포괄적 유증을 받은 자는 상속인과 동일한 지위를 가지므로 청구권이 없다. 한편 상속재산이 채무초과인 경우에는 상속인의 채권자가 청구권자가 된다.

2. 상대방

상대방은 상속인 또는 상속재산의 관리인·파산관리인·유언집행자 등이다. 상속인이 수인인 때에는 공동으로 상대방이 될 것이다.

3. 청구기간

상속개시된 날로부터 3월 이내에 하여야 한다(1045조 1항). 그러나 상속인이 승인이나 포기를 하지 않는 동안은 3월의 기간이 경과한 후라도 재산분리의 청구가 허용된다(1045조 2항).

4. 심 판

상속재산이 분리는 라류 가사비송사건이며(가사소송법 2조 1항), 가정법원이 재산분리를 명하는 심판을 한다.

5. 채권자 등에 대한 공고·최고

가정법원이 재산분리를 명하는 심판을 하면, 청구자는 5일 이내에 일반상속채권자와 유증을 받은 자에 대하여 재산분리의 명령이 있은 사실과 2개월 이상의 일정한 기간을 정하고 그 기간 내에 그 채권 또는 수증을 신고할 것을 공고하여야 한다(1046조 1항). 이 경우에 배당가입의 신고는 공고자에 대하여 할 것은 아니고 상속인에 대하여 하여야 한다(1051조 2항).

Ⅲ. 재산분리의 효과

1. 분리 후 상속재산의 관리

상속인이 단순승인을 한 후에도 재산분리의 명령이 있는 때에는 상속재산에 대하여 자기의 고유재산과 동일한 주의로 관리하여야 한다(1048조 1항). 그리고 재산분리를 청구한 자는 상속재산보전을 위한 가처분신청을 할 수 있으나, 가정법원은 관리에 관하여 필요한 처분을 명할 수 있다(1047조 1항).

2. 재산분리의 대항요건

재산분리의 명령이 있는 때에는 피상속인에 대한 상속인의 재산상 권리의무도 소멸하지 않는다(1050조). 분리된 재산 중의 부동산에 관하여는 등기하지 않으면 제3자에게 대항할 수 없도록 하였다(1049조). 동산에 관하여는 선의의 제3자는 선의취득의 원칙에 의하여 보호된다.

3. 상속채무의 변제

(1) 변제의 거절과 배당변제

재산분리를 청구할 수 있는 기간 및 채권 또는 유증을 받은 사실의 신고기간이 만료할 때까지 상속인은 상속채권자와 유증을 받은 자에 대한 변제를 거절할 수 있다(1051조 1항). 그리고 우선권 있는 채권자에 대하여는 우선적으로 변제하며, 그 뒤에 상속재산으로 재산분리의 청구 또는 그 기간 내에 신고한 상속채권자, 유증받은 자와 상속인이 알고 있는 상속채권자, 유증받은 자에 대하여 각 채권액 또는 수증액의 비율로 변제하여야 한다(1051조 2항).

(2) 고유재산으로부터의 변제

재산의 분리를 청구하였거나 신고기간 내에 신고한 상속채권자 · 유증 받은 자와 상속인이 알고 있는 상속채권자와 유증 받은 자는 상속재산으로써 전액변제를 받을 수 없는 경우에 한하여 상속인의 고유재산으로부터 그 변제를 받을 수 있다(1052조 1항). 이 점은 한정승인의 경우와 다른 점이다.

그러나 상속인의 채권자는 상속인의 고유재산으로부터 우선변제를 받을 권리가 있으므로(1052조 2항) 상속채권자와 유증받은 자는 상속인의 채권자에게 우선변제를 하여야 한다.

제8관 상속인의 부존재

Ⅰ. 의 의

피상속인이 사망하였으나 상속인의 존부가 분명하지 않은 상태이다. 예를 들어 신원불명의 자가 사망한 경우 등이다. 이와 같은 상속인의 부존재에 대한 규정을 두고 있는 것은 상속인의 수색 또는 확정을 구하는 동시에 상속재산을 관리.처분하기 위해서이다.

Ⅱ. 상속재산의 관리

1. 상속재산관리인의 선임

상속인의 존부가 분명하지 않은 경우에 법원은 민법 제777조의 규정에 의한 피상속인의 친족 기타 이해관계인 또는 검사의 청구에 의하여 상속재산관리인을 선임하고 지체없이 이를 공고하여야 한다(1053조 1항).

2. 상속재산관리인의 권리와 의무

관리인은 상속채권자나 유증 받은 자의 청구가 있는 때에는 언제든지 상속재산의 목록을 게시하고 그 상황을 보고하여야 한다(1054조 1항). 관리인이 임무는 그 상속인이 상속의 승인을 한 때에 종료하며(1055조 1항), 상속인이 승인을 한 때에는 관리인은 지체 없이 그 상속인에 대하여 관리의 계산을 하여야 한다(1055조 2항).

Ⅲ. 청산절차

1. 청산공고

민법 제1053조 1항의 공고가 있은 날로부터 3월내에 상속인의 존부를 알 수 없는 때에는 관리인은 지체 없이 일반상속채권자와 유증 받은 자에 대하여 일정한 기간 내에 그 채권 또는 수증을 신고할 것을 공고하여야 한다(1056조 1 항~2항). 청산공고의 절차에 대해서는 비영리법인의 해산에 관한 규정(88조 2항 · 3항, 89조)을 준용한다(1056조 2항).

2. 상속채무의 변제

상속재산관리인은 채권신고의 공고절차를 취한 후 상속채권자와 유증 받은 자에 대하여 한정승인의 경우와 동일한 방법으로 변제하여야 한다.

3. 상속인수색의 공고

민법 제1056조 1항의 기간(2월 이상의 신고기간)이 경과하여도 상속인의 존부를 알 수 없는 때에는 법원은 관리인의 청구에 의하여 상속인이 있으면 일정한 기간 내에 그 권리를 주장할 것을 공고하여야 한다(1057조). 이 공고는 관리인이 재산상속을 청산한 후에 잔여 재산이 있는 경우에 한한다.

Ⅳ. 특별연고자에 대한 상속재산분여

1. 의 의

상속인 없는 재산이 청산을 한 후에 상속인 수색공고를 하였음에도 불구하고 기간 내에 상속권을 주장하는 자가 없는 때에 가정법원이 특별연고자의 청구에 의해 특별연고자에게 상속재산의 전부 또는 일부를 분여할 수 있는 제도를 말한다. 이를 통하여 상속인 없는 상속재산을 국가에 귀속시키기에 앞서 특별연고자에게 분여함으로써 상속에서 제외된 사실혼 배우자나 사실상의 양자에게 유산형성기여분을 청산해주고 생활을 보장해 줄 수 있으며 상속인 없는 자에 대한 요양간호를 장려할 수 있다.

2. 재산분여의 법적 성격

분여권은 실체법상 권리의 일종으로서 가정법원의 상속재산분여심판은 분여권의 창설이 아니라 분여권의 확인과 분여액 결정의 의미를 가진다. 이에 대하여 특별연고자의 지위는 가정법원의 자유재량에 의한 심판에 의하여 비로소 형성된다는 견해도 있다

3. 재산분여의 요건

(1) 법정상속인이 없을 것

상속인이 없는 재산의 청산을 한 후에 상속인 수색공고를 하였음에도 불구하고 기간 내에 상속권을 주장하는 자가 없어야 한다.

(2) 특별연고관계가 있을 것

1) 피상속인과 생계를 같이하고 있던 자

사실혼 배우자 · 사실상의 양자관계에 있는 자 · 인지되지 않은 혼인외의 자 · 계모자 등이 이에 해당된다. 일정한 친족관계가 있어야 하는 것은 아니며, 친족관계가 없는 경우에도 현실적으로 가족공동생활을 하고 있던 자라면 충분하다.

2) 피상속인의 요양치유를 한 자

피상속인과의 동거여부에 관계없이 피상속인을 특별히 요양하거나 간호한 자는 이에 해당된다. 그러나 정당한 보수를 받고 있는 경우에는 이에 해당되지 않는다.

3) 기타 피상속인과 특별한 연고가 있던 자

특별연고는 실질적으로 피상속인과 교제 · 정분 · 인연이 있는 것을 의미하는 것으로 과

거의 연고는 인정되지만 사후연고는 인정되지 않는다. 양로원·요양기관과 공법인이나 비법인단체도 특별연고자가 될 수 있다. 특별연고자의 지위는 승계되지 않기 때문에 피상속인의 사망시에 이미 사망한 자는 재산분여를 청구할 수 없다. 단, 특별연고자에 대한 분여심판이 결정되고 나서 그 연고자가 사망할 때에는 인정될 것이다.

(3) 재산분여의 상당성이 있을 것

민법에는 상당성의 기준에 관한 규정이 없으나, 연고관계의 내용·친밀도, 특별연고자의 성별·직업·연령·교육정도, 재산상속의 종류·액수·내용·주소 기타 일체의 사정을 참작하여 결정한다. 상당한 자의 판단은 가정법원의 자유로운 판단에 맡겨진다.

(4) 재산분여의 청구가 있을 것

재산분여를 원하는 자가 민법 제1057조(상속인 수색의 공고)의 기간이 만료된 후 2월 이내에 특별연고자가 재산분여청구를 해야 한다(1057조의2, 2항). 특별연고자의 상속인은 분여청구나 분여청구소송의 수계를 할 수 없다. 다만 분여청구를 인용하는 판결이 확정된 후에 특별연고자가 사망하였다면 그 판결의 효과는 특별연고자의 상속인에게 승계된다.

4. 재산분여의 효과

상속재산분여청구가 가정법원에 의하여 인용되면 청구인에게 상속재산의 전부 또는 일부가 분여된다. 그러나 특별연고자는 상속인이 아니므로 상속채무 등은 승계되지 않는다.

V. 상속재산의 국가귀속

청산종류 후의 잔여재산에 대하여 특별연고자가 없거나 재산분여의 청구가 있었으나 각하 또는 일부분여만이 인정되고 잔여재산이 있는 경우에는 국가에 귀속하게 되는 것을 말한다(1058조 1항). 국가의 귀속은 법률규정(1058조 1항)에 의한 원시취득이다(통설).

이 경우에 국가는 적극재산만 취득한다. 특허권이나 저작권 등 무체재산권은 국가에 귀속하지 않는다. 일단 귀속되면 변제받지 못한 상속채권자나 유증 받은 자가 있더라도 국가에 그 변제를 청구하지 못한다(1059조). 다만 채권자나 유증 받은 자는 그 권리가 소멸하는 것은 아니므로 보증인에게 변제를 청구할 수 있다.

제9관 상속회복청구권

Ⅰ. 서 설

1. 의 의

진정한 상속인은 참칭상속인 또는 표현상속인의 고의 또는 잘못으로 그 상속권의 내용의 실현이 침해받을 때 자기의 권리를 찾기 위해서 상대방이 참칭상속인인 것을 이유로 하여 상속재산의 인도를 청구하는 것을 상속회복청구권이라고 한다(999조 1항).

2. 법적 성질

(1) 상속자격확정설

상속회복청구권이란 반환청구권과 같은 개별적 청구권과는 달리 독자적 의의를 가지는 것으로 참칭상속인의 지위를 부정하고 진정한 상속인의 상속자격을 확정하는 것이라고 보는 견해이다. 따라서 상속회복청구권의 실효를 거두기 위해서는 별도로 재산반환청구를 하여야 한다.

(2) 재산반환청구권설

진정한 상속인이 그 상속권의 내용의 실현을 방해하고 있는 자에 대하여 상속권을 주장함으로써 그 방해를 배제하고, 현실적으로 상속권의 내용을 실현하는 것을 목적으로 하는 청구권이라 보는 견해로 마치 소유권에 기한 반환청구권과 비슷하다고 한다(다수설).

이 견해는 다시 상속회복청구권의 의의는 상속권 그 자체에 있는 것으로 일종의 독립된 권리로서 소유권 기타 권리에 기한 개별적 청구권이 서로 경합할 수 있게 된다는 견해(청구권경합)와 상속회복청구권은 단일.독립의 청구권이 아니고 상속재산을 구성하는 개개의 재산에 관하여 생기는 각각의 청구권을 포괄한 것에 지나지 않기 때문에 개별적인 재산에 관한 반환청구권과 독립적인 상속회복청구권과의 경합이란 있을 수 없다는 견해(법조경합)가 있다.

(3) 판 례

판례는 진정상속인이 참칭상속인 또는 그로부터 상속재산을 양수한 제3자를 상태로 상속재산인 부동산에 관한 등기의 말소 등을 구하는 소송에서 상속회복청구권은 청구원인 여하에 불구하고 상속회복청구의 소라고 한다(대판 1981.1.27, 79다854 전원합의체). 이 판례가 독립청구권설을 취하고 있다는 견해와 집합권리설을 취하고 있다는 견해로 나뉜다.

[상속회복청구권의 제척기간]

진정상속인이 참칭상속인의 최초 침해행위가 있은 날로부터 10년의 제척기간이 경과하기 전에 참칭상속인에 대한 상속회복청구소송에서 승소의 확정판결을 받았다 하더라도, 위 제척기간이 경과한 경우에는 제3자를 상대로 상속회복청구소송을 제기하여 상속재산에 관한 등기의 말소를 구할 수 없ㄷ가(대판 2006.9.8, 2006다26694).

3. 물권에 기한 소와의 관계

민법상 상속권회복청구의 소에 관한 제도가 있다 하더라도 이와 별도로 상속재산에 관한 물권에 기한 소송을 제기할 수 있으며 이 소는 상속권회복청구에 관한 민법규정에 영향을 받지 아니한다(대판 1977.11.22, 77다1744).

Ⅱ. 상속회복청구권의 인정요건

1. 당사자

(1) 상속회복 청구권자

상속권자 또는 그 법정대리인이 법원에 상속회복청구를 할 수 있다(999조). 진정상속인으로부터 상속분을 양수한 포괄승계인(1011조), 포괄수유자도 상속인에 준하여 청구권자가 된다(다수설). 그러나 특정승계인은 청구권자가 될 수 없다. 상속회복청구권자가 사망한 경우 상속회복청구권이 그 상속인에게 승계될 수 있는지가 문제된다. 이에 관해 상속인은 상속회복청구권을 상속하는 것이 아니라, 자기의 상속권이 침해되었음을 이유로 자기 고유의 상속회복청구권을 갖는다고 보는 것이 다수설이다. 그리고 상속개시 후에 인지된 자는 공동상속인에 대하여 상속분에 상당하는 가액의 지급을 청구하는 것도 상속회복청구권(판례). 상속개시 후에 재판의 확정에 의하여 공동상속인이 된 자도 청구권을 행사할 수 있다(1014조).

(2) 상속회복청구의 상대방

1) 참칭상속인

정당한 상속권이 없이 상속권을 침해하는 자로서 정당한 상속권이 없음에도 재산상속인이라고 참칭하여 상속재산의 전부 또는 일부를 점유하고 있는 자, 재산상속인임을 신뢰케 하는 외관을 갖추고 있는 자를 말한다. 그리고 참칭상속인의 상속인도 참칭상속인이며, 상속재산을 점유하는 한 상대방이 된다.

그러나 상속재산을 점유하지 않고, 단지 재산상속만을 다투는 자는 상대방이 아니다. 또한 진정상속인과 참칭상속인이 주장하는 피상속인 서로 다른 사람인 경우에도 상속회복청구의 소라고 할 수 없다(대판 1998.4.10, 97다54345).

[참칭상속인에 의하여 침해되지 않은 된 경우]

무허가건물대장은 행정관청이 무허가건물 정비에 관한 행정상 사무처리의 편의를 위하여, 직권으로 무허가건물의 현황을 조사하고 필요 사항을 기재하여 비치한 대장이다. 이는 건물의 물권 변동을 공시하는 법률상의 등록원부가 아니며, 무허가건물대장에 건물주로 등재된다고 하여 소유권을 취득하는 것이 아닐 뿐만 아니라 권리자로 추정되는 효력도 없다.

그러므로 참칭상속인 또는 그로부터 무허가건물을 양수한 자가 무허가건물대장에 건물주로 기재되어 있다고 하여 이를 상속회복청구의 소에 있어 상속권이 참칭상속인에 의하여 침해된 때에 해당한다고 볼 수 없다(대판 1998.6.26, 97다48937).

2) 상속권을 주장하지 않는 자

상속권을 주장하지 않고 상속재산을 점유하는 자 또는 특정의 권원(매매와 같은 상속 이외의 권원)을 주장하여 상속재산을 점유하는 자가 상속회복청구의 상대방이 될 수 있는가에 대하여 판례는 이를 부정한다(대판 1982.1.26, 81다851.852; 대판 1997.1.21, 96다4688).

3) 다른 상속인의 상속분을 침해하는 공동상속인

자기만 또는 자기들만 재산상속을 하였다고 주장하는 일부 공동상속인도 다른 공동상속인의 상속분을 침해하는 공동상속인으로서 특별한 사정이 없는 한 참칭상속인에 해당한다(대판 1991.12.24, 90다5740 ; 대판 1997.1 21, 96다4688). 이 경우에 참칭상속인의 선의.악의 또는 과실유무를 묻지 않는다(다수설).

4) 참칭상속인의 양수인과 그 전득자

종래의 판례는 참칭상속인으로부터 상속재산을 전득한 제3자에 대해서는 상속회복청구권 행사를 부정하였다(대판 1977.11.22, 77다1744). 그러나 회복청구권의 단기의 제척기간이 참칭상속인에게만 적용되고 참칭상속인으로부터 양수한 제3자에게 미치지 않는다면, 거래의 조기안정을 의도하는 단기의 제척기간제도가 무의미하게 된다. 또한 양수한 제3자에 대한 피고적격을 부인한다면, 참칭상속인은 제척기간의 경과로 상속재산상의 정당한 권한을 취득하였음에도 불구하고 양수한 제3자에 대해서는 물권적 청구권을 행사할 수 있다는 이론적 모순이 생긴다.

따라서 상속인은 전득한 제3자에 대하여서도 상속회복청구권을 행사할 수 있으며, 이 경우에 상속회복청구권의 제척기간(999조 2항)이 적용된다(대판 1981.1.27, 79다854 전원합의체 · 대판 1991.12.24, 90다5740 전원합의체).

5) 상속개시 후에 인지 또는 재판의 확정에 의하여 공동상속인이 된 자

이러한 공동상속인이 상속재산의 분할을 청구할 경우에 다른 공동상속인이 이미 분할 기타 처분을 한 때에는 그 상속분에 상당한 가액의 지급을 청구할 있다(1014조). 이러한 가액지급청구권이 상속회복청구권에 해당하고 제척기간의 적용을 받는다(통설 · 판례).

[상속회복청구가 아닌 경우]

상속인인 원고가 소외인이 피상속인의 생전에 그로부터 토지를 매수한 사실이 없는데도 그러한 사유가 있는 것처럼 등기서류를 위조하여 그 앞으로 소유권이전등기를 경료하였음을 이유로 그로부터 토지를 전전매수한 피고 명의의 소유권이전등기가 원인무효라고 주장하면서 피고를 상대로 진정 명의의 회복을 원인으로 한 소유권이전등기절차의 이행을 구하는 경우, 이는 상속회복청구의 소에 해당하지 않는다(대판 1998.10.27, 97다38176).

Ⅲ. 상속회복청구권의 행사

1. 행사방법

상속회복청구는 반드시 소송에 의할 필요는 없으며, 재판외의 청구에 의하더라도 무방하다. 반드시 공동상속인 전원이 공동으로 할 필요도 없다. 상속재산의 인도나 상속등기의 말소청구(대판 1985.7.23, 83다632)의 내용이 상속회복청구의 소이다. 판례는 상속을 원인으로 소유권귀속을 주장한 경우에도 상속회복청구소송으로 인정한다(대판 1978.12.13, 78다1811). 또한 인지심판확정으로 공동상속인이 된 자가 다른 공동상속인에 대하여 한 상속재산처분대금의 반환청구의 소도 상속회복청구의 소에 해당한다(대판 1982.9.28, 80므20).

2. 입증책임

상속인은 자기가 상속권을 가지는 사실과 청구의 목적물이 상속개시 당시 피상속인의 점유에 속하였던 사실을 입증하여야 한다. 점유의 입증으로 충분하며, 상대방이 회복청구를 거절함에는 상속재산에 특정의 권원을 가지는 것을 입증하여야 한다.

Ⅳ. 행사의 효과

1. 참칭상속인에 대한 효과

상속인의 승소판결이 확정되면, 참칭상속인은 진정상속인에게 상속재산을 반환하여야 한다. 상대방이 공동상속인이면 분할청구에 응해야 한다. 그리고 참칭상속인이 악의이면, 반환과 동시에 과실과 이득까지 반환의무가 있다(201조 2항). 선의인 경우에는 이익이 현존하는 한도에서 반환의무가 있다고 해석된다. 참칭상속인 또는 공동상속인은 지출비용의 반환을 청구할 수 있다.

2. 제3자에 대한 효과

(1) 참칭상속인으로부터 상속재산을 양수한 제3자

제3자가 양수한 재산이 동산·지시채권·무기명채권·지명소지인출급채권 또는 유가증권이면 선의취득이 인정되어 제3자는 보호되나, 부동산의 경우는 상속등기가 있더라도 공신력이 없으므로 선의의 제3자도 진정상속인에 대하여 그 반환청구를 거부할 수 없다.

(2) 공동상속인으로부터 상속재산을 양수한 제3자

공동상속인은 무권리자가 아니므로 공동상속인으로부터 상속재산을 양수한 제3자는 그 공동상속인의 상속지분의 범위 내에서만 유효하게 권리를 취득한다(대판 1991.5.28, 91다3055).

이 경우에 제3자의 권리보호를 위하여 민법 제1015조의 단서를 유추적용하여 상속재산분할의 소급효를 제한하자는 통설에 의하면, 제3자는 동산이나 부동산을 가릴 것 없이, 그 권리를 취득한다.

3. 참칭상속인에 대한 채무의 변제

피상속인의 채무자가 선의.무과실로 그 채무를 참칭상속인에게 변제하였을 경우에는 그 변제는 채권의 준점유자에 대한 변제로써 유효하며(470조), 진정상속인은 참칭상속인에 대하여 부당이득의 반환을 청구할 수 있을 뿐이다.

4. 상속회복청구권의 소멸

상속회복청구권은 포기할 수 있다. 그러나 상속개시전에 미리 포기하지 못한다. 그리고 상속회복청구권은 그 침해를 안 날로부터 3년, 상속권의 침해행위가 있은 날부터 10년을 경과하면 소멸된다(999조 2항). 물권적 청구권에 기초하여 상속재산의 반환을 청구하는 경우에도 이를 적용하며, 참칭상속인으로부터 상속재산을 취득한 제3자에 대하여 청구하는 경우에도 이를 적용한다(대판 1981.1.27, 79다854 전원합의체).

그러나 혼인외의 출생자가 인지청구를 하였을 때에는 인지심리확정일로부터 침해한 것으로 해석한다. 판례는 혼인회의 출생자가 상속회복청구권의 제척기간이 경과한 후에 인지를 받았다면 상속회복청구권은 소멸한다고 본다(대판 1996.12.6, 96므1137). 이 기간은 소멸시효가 아니고 제척기간이다. 제척기간이 경과하면 진정상속인은 상속권을 상실하며, 참칭상속인은 상속개시시로 소급하여 상속상에 정당한 권한을 취득한다(대판 1998.3.27, 96다37398).

제2절 유 언

제1관 총 설

Ⅰ. 유언의 의의

유언은 유언자의 사망과 동시에 일정한 법률효과를 발생시키는 것을 목적으로 일정한 방식에 따라서 하는 상대방 없는 단독행위이다(1060조 참조). 유언제도는 자기의 재산을 사후에도 자유로이 처분할 수 있도록 하는 사유재산제도의 관철, 사람의 최종적 의사존중, 사회복리의 실현이라는 데서 그 근거를 찾을 수 있다.

Ⅱ. 유언의 법적 성질

1. 요식행위

유언은 민법이 정한 방식에 의하지 않으면 아무런 효과를 발생하지 않는다(1060조). 이는 본인의 최종적인 진의를 확인하고 타인의 위조.변조를 방지하기 위해서이다.

2. 상대방 없는 단독행위

유언은 의사표시를 수령할 자가 특정되어 있지 않은 상대방 없는 단독행위이므로 유언이 있었다는 것을 상대방이 모르더라도 가능하다. 상대방의 의사에 반하는 내용이라도 유언으로 할 수 있다. 그러나 유증을 받은 자는 유언의 효력이 발생한 후에 이를 거절할 수 있다(1074조 참조).

3. 대리의 금지

유언은 반드시 유언자 본인의 독립된 의사에 의하여 이루어져야 하는 행위이다. 따라서 대리가 금지되며 제한능력자의 유언일지라도 법정대리인의 동의는 필요 없다.

4 유언의 철회

유언은 유언자가 언제든지 유언을 철회할 수 있는 행위이다(1108조-1111조). 이는 유언자의 최종의사를 존중하기 위해서이다.

5. 사후행위

유언의 효력은 유언자가 사망한 때에 발생한다(1073조 1항). 다만 유언에 부가된 정지조건이 유언자의 사망 후에 성취한 때에는 그 조건이 성취한 때로부터 유언의 효력이 생긴다(1073조 2항).

Ⅲ. 유언사항

유언은 엄격한 형식을 요하는 요식행위로서 민법이 정한 방식에 의하지 않으면 무효이다. 법정유언사항은 다음과 같다. 재단법인의 설립을 위한 출연행위(47조 2항)·친생부인(850조)·인지(859조 2항)·후견인지정(931조)·친족회원의 지정(962조)·상속재산분할방법의 지정 또는 위탁(1012조 전단)·상속재산분할금지(1012조 후단)·유언집행자의 지정 또는 위탁(1093조)·유증(1074조 이하)·신탁(신탁법 2조)에 관한 것이다.

제2관 유언능력

Ⅰ. 유언능력자

유언도 일종의 의사표시이므로 의사능력이 있어야 한다. 제한능력자라도 유언의 결과를 인식할 수 있는 판단능력만 있으면 족하다. 그래서 민법은 미성년 · 성년후견 · 한정후견의 규정은 유언에도 적용하지 않도록 하였다(1062조). 다만 미성년자는 만17세를 기준으로 그 이하의 유언은 무효이다(1061조).

피성년후견인의 경우에는 의사능력이 회복한 때에 한하여 유언을 할 수 있다. 이때 의사가 심신회복상태를 유언서에 부기하고 서명.날인하여야 한다(1063조). 만17세에 달한 미성년자는 법정대리인의 동의를 얻지 않고 모든 유언사항에 관하여 유언할 수 없다. 유언은 본인의 의사를 존중하는 것이므로, 유언의 대리는 허용되지 않는다. 유언능력은 유언을 하는 때에 있으면 족하고 유언을 한 후에 유언능력을 상실하여도 유언의 효력에는 영향이 없다.

Ⅱ. 수증능력

수증능력이란 수증자가 될 수 있는 능력으로 의사능력을 요하지 않으며 권리능력만 있으면 된다. 따라서 의사무능력자 · 법인 · 태아도 권리능력의 주체인 한 수증자로 될 수 있다. 그러나 상속결격자는 수증자가 되지 못한다(1064조 · 1004조).

Ⅲ. 증인적격

유언의 증인이 될 수 있는 자격으로서 자필증서에 의한 유언 이외에 모두 증인의 참여가 필요하다. 증인 결격자는 다음과 같다(1072).

① 미성년자(혼인하면 미성년자라도 가능), 피성년후견인와 피한정후견인, 유언에 의하여 이익을 받은 자, 그 배우자와 직계혈족(방계혈족 제외), ② 공정증서에 의한 유언의 경우에는 공증인법에 의한 결격사유(동법 33조 3항)가 있다. 즉 미성년자, 서명할 수 없는 자, 촉탁사항에 관하여 이해관계가 있는 자, 촉탁사항에 관하여 대리인 또는 보조인이었던 자, 공증인이나 촉탁인 또는 그 대리인의 배우자, 친족, 동거의 호주 또는 가족, 법정대리인, 피용자 또는 동거인, 공증인의 보조자이다. 결격자가 참여한 유언은 그 유언 자체가 무효이다. 유언에 의하여 이익을 받을 자란 유언자의 상속인으로 될 자 또는 유증을 받게 될 수증자 등을 말하는 것으로 유언집행자는 증인결격자가 아니다(대판 1999. 11. 26, 97다57733).

제3관 유언의 방식

Ⅰ. 유언의 요식성

유언은 민법에 정한 바에 의하지 아니하면 효력이 생기지 아니한다(1060조)고 하여 유언의 성립에 대하여 엄격한 방식을 요구하고 있다(형식엄격주의). 이는 유언자의 진의의 확보를 위한 것으로 유언은 유언자가 사망한 후에 그 효력이 발생하므로 유언자의 진의 또는 유언의 존재여부를 확인하기 곤란하기 때문이다.

[방식에 어긋나는 유언의 효력]

민법 제1065 내지 1070조가 유언의 방식을 염격하게 규정한 것은 유언자의 진의를 명확히 하고, 그로 인한 법적 분쟁과 혼란을 예방하기 위한 것이다. 그러므로 법정된 요건과 방식에 어긋난 유언은 그것이 유언자의 진정한 의사에 합치하더라도 무효라고 하지 않을 수 없다(대판 2006.3.9, 2005다57899).

Ⅱ. 유언방식의 종류

보통방식으로 자필증서(1066조)·녹음(1067조)·공정증서(1068조)·비밀증서(1069조) 중에서 하나의 형식으로 작성되어야 한다. 다만 이러한 보통방식에 의할 수 없는 경우에는 구수증서(口授證書)에 의하는 것이 허용된다.

1. 자필증서에 의한 유언

(1) 의 의

자필증서에 의한 유언은 유언자가 그 全文과 연월일·주소·성명을 자서하고 날인하여야 한다(1066조 1항).

(2) 요건

1) 전문의 자서

유언자가 유언서의 전부를 자서하여야 한다. 따라서 구수하여 타인에게 필기하도록 한 것, 타자기·맹인용 점자기·전자복사기(대판 1998.6.12, 97다38510)를 사용한 유언은 자서라고 볼 수 없기 때문에 유언자가 승인하였다고 하여도 무효이다. 일부를 자서하고 나머지를 대필한 경우에도 마찬가지이다.

2) 연월일의 자서

연월일은 숫자로 기록하는 것이 원칙이나 회갑일·금혼식날 등과 같이 유언서 작성일자가 확정될 수 있으면 유효하다. 그리고 하나의 유언서에 두 개 이상의 연월일이 있으면 후의 일자에 유언서가 작성된 것으로 본다.

[일자의 기재 없는 자필유언증서의 효력]

연월일의의 기재가 없는 자필유언서는 효력이 없다. 그리고 자필유언서의 연월일은 이를 작성한 날로서 유언능력의 유무를 판단하거나 다른 우언증서와 사이에 유언성립의 선후를 결정하는 기준이 되므로, 그 작성일을 특정할 수 있게 기재하여야 한다.

따라서 열·월만 기재하고 일의 기재가 없는 자필유언증서는 그 작성일을 특정할 수 없으므로 효력이 없다(대판 2009.5.14, 2009다9768).

3) 주소 · 서명의 자서와 날인

주소는 유언자의 주소이며, 성명의 기입은 유언자와 동일성을 알 수 있는 정도면 되기 때문에 아호를 사용해도 유효하다. 날인하는 인장은 유언자 자신의 것으로 반드시 실인이거나 인감이어야 하는 것은 아니고 무인(拇印)이라도 상관없다(대판 1998.6.12, 97다38510).

그러나 유언자의 날인이 없는 유언장은 자필증서에 의한 유언으로서의 효력이 없다(대판 2005.9.8, 2005다25103·25110).

4) 삽입 · 삭제 · 변경

자필증서에 문자의 삽입·삭제 또는 변경을 할 때에는 유언자가 이를 자서하고 날인하여야 한다(1066조 2항).

[오기부분을 정정하면서 날인하지 않은 경우]

자필증서에 의한 유언은 유언자가 그 전문과 연월일, 주소, 성명을 자서(自書)하고 날인하여야 하는바(1066조 1항), 유언자의 주소는 반드시 유언 전문과 동일한 지편에 기재하여야 하는 것은 아니고, 유언증서로서 일체성이 인정되는 이상 그 전문을 담은 봉투에 기재하더라도 무방하며, 그 날인은 무인에 의한 경우에도 유효하고, 유언증서에 문자의 삽입, 삭제 또는 변경을 함에는 유언자가 이를 자서하고 날인하여야 한다(1066조 2항).

그러나 증서의 기재 자체로 보아 명백한 오기를 정정함에 지나지 아니하는 경우에는 그 정정 부분에 날인을 하지 않았다고 하더라도 그 효력에는 영향이 없다(대판 1998.5.29, 97다38503).

(3) 장단점

작성이 간편하고 비용이 적게 들며 유언의 존재와 내용을 비밀로 할 수 있는 장점이 있으나 유언자가 문자를 쓸 줄 모르거나 법률을 잘 모르는 경우에는 방식이 불비, 내용의 불명확을 가져올 수 있고, 분실·멸실의 우려와 위조의 가능성이 있다.

2. 녹음에 의한 유언

(1) 의의

녹음에 의한 유언은 유언자가 유언의 취지, 그 성명과 연월일을 구술하고 이에 참여한 증인이 유언의 정확함과 그 성명을 구술하여 작성한 것을 말한다(1067조).

(2) 요건

유언자가 유언의 취지, 성명, 연월일을 구술하여야 한다. 녹음은 사람의 육성을 기록하는 것으로 녹음의 방법에는 아무런 제한이 없다. 음반 · 테이프 · 필름 등에 의한 녹음이 모두 가능하다. 그리고 참여한 증인이 유언의 정확함과 그 성명을 기술하여야 한다. 증인은 청취능력 · 구술의 이해능력 · 구술능력이 있어야 한다. 피성년후견인이 의사능력이 회복되어 녹음유언을 할 경우에는 의사가 심신회복의 상태를 유언서에 부기하고 서명.날인하는 대신에 심신회복이 상태를 녹음기에 구술하는 방법으로 하여야 한다(다수설).

(3) 장단점

유언자가 자신의 육성을 사후에도 그대로 보존할 수 있어서 상속재산의 처리방안을 정확히 파악하고 녹음기만을 간편하게 할 수 있다는 장점이 있다. 그러나 녹음이 잘못하여 소멸될 염려와 아자(啞者)는 구술능력이 없어 녹음유언을 할 수 없다는 단점이 있다.

3. 공정증서에 의한 유언

(1) 의 의

유언자가 증인 2인이 참여한 공증인의 면전에서 유언의 취지를 구술하고 공증인이 이를 필기 · 낭독하여 유언자와 증인이 그 정확함을 승인한 후, 각자 서명 또는 기명날인하여 작성한 것이다(1068조).

(2) 요 건

1) 증인 2인의 참여

증인 2인이 참여하여 유언서가 정당하게 성립되었다는 것을 증명하고 공증인의 권리남용을 방지한다. 증인 2인의 참여 없이 필기된 때에는 유언은 무효이다.

2) 유언자의 구수

유언자가 공증인의 면전에서 유언의 취지를 구수(口授)하여야 한다. 구수는 언어로 진술하는 것으로 일정한 거동으로 유언의 내용을 표시하는 것은 구수로 볼 수 없다. 유언자가 미리 작성해 놓은 서면으로 공증인이 공정증서의 원본을 작성한 후 유언자에게 그것을 읽어 준 다음 서면대로의 회답을 듣고 나서 공정증서를 작성하는 것도 유효하다.

3) 공증인의 필기 · 낭독

공증인이 유언자의 구술을 필기하고 이것을 유언자와 증인 앞에서 낭독하여야 한다. 필기는 반드시 공증인 자신이 할 필요는 없으며 반드시 유언자의 면전에서 해야 하는 것도 아니다. 공정증서는 국어로 작성되어야 한다(공증인법 26조). 공증인 자신이 낭독할 필요는 없고 공증인 입회하에 제3자가 낭독하여도 무방하다.

4) 서명 · 날인

유언자와 증인이 필기가 정확함으로 승인한 후 각자 서명 또는 기명날인하여야 한다. 유언자와 증인의 승인이 없는 유언은 무효이다. 유언자가 서명할 수 없는 경우에는 공증인이 그 사유를 부기하고 서명을 대신할 수 있다. 공증인은 그 사무소에서 직무를 수행하는 것이 원칙이나, 유언의 경우에는 적용이 없어 출장으로도 할 수 있다(공증인법 56조).

[공정증서에 의한 유언을 무효로 본 사례]

유언공정증서를 작성함에 있어 증인 2명이 참석하지 아니하였고, 필기한 유언의 취지를 유언자에게 낭독하여 그 정확함을 승인받는 절차를 거친 후에 유언자의 기명날인이 이루어지지 아니한 경우 이러한 공정증서에 의한 유언은 무효이다(대판 2002.9.24, 2002다35386).

(3) 장단점

공정증서에 의한 유언은 문자를 이해할 수 없는 자 또는 병중에 있는 자와 같이 자필할 수 없는 자가 이용하기에 편리하고 공증인이 작성하는 것이기 때문에 위조.변조의 위험이 없어 검인절차를 거치지 않고 바로 집행할 수 있다. 그러나 증인에게 비밀유지의무가 없으므로 비밀을 유지할 수 없고, 비용이 들며, 작성절차가 번거롭다.

4. 비밀증서에 의한 유언

(1) 의 의

유언자가 필자의 성명을 기입한 증서를 엄봉말인(嚴封捺印)하고 이를 2인 이상의 증인의 면전에 제출하여 자기의 유언서임을 표시한 후 그 봉서표면(封書表面)에 제출연월일을 기재하고 유언자와 증인이 각자 서명 또는 기명날인하여 작성한 것을 비밀증서에 의한 유언이라 한다(1069조).

(2) 요 건

유언자가 필자의 성명을 기입한 증서를 엄봉날인하여야 한다. 유언증서는 유언자 자신의 자필로 작성할 필요는 없고, 연월일.주소의 기재도 필요하지 않다. 그러나 필자의 성명을 기입하지 않으면 안 된다. 엄봉한 날인증서를 2인 이상의 증인의 면전에 제출하여 자기의 유언서임을 표시하여야 한다. 봉서표면에 유언서의 제출연월일을 기재하고 유언자와 증인이 각자 서명 또는 기명날인하여야 한다. 봉서는 그 표면에 기재된 날로부터 5일 내에 공증인 또는 가정법원서기에게 제출하여 그 봉인상에 확정일자인을 받아야 한다(1069조 2항).

(3) 장단점

문자를 쓸 수 없는 사람이라도 문자를 읽고 자기의 성명정도를 쓸 수 있는 사람이면 비밀로 유언할 수 있다는 장점이 있으나 비밀증서의 성립여부에 대하여 다툼이 발생하기 쉽고 분실이나 훼손의 염려가 있다.

(4) 비밀증서에 의한 유언의 전환

비밀증서에 의한 유언이 그 방식에 흠결이 있는 경우에 그 증서가 자필증서의 방식에 적합한 때에는 자필증서에 의한 유언으로 본다(제1071조).

5. 구수증서에 의한 유언

(1) 의 의

질병 기타 급박한 사유로 인하여 전술한 방식에 의할 수 없는 경우, 유언자가 2인 이상의 증인의 참여로 그 1인에게 유언의 취지를 구수하고 그 구수를 받은 자가 이를 필기낭독하여 유언자와 증인이 그 정확함을 승인한 후, 각자 서명 또는 기명날인하여 작성한 것을 구수증서에 의한 유언이라고 한다(1070조 1항).

(2) 요 건

1) 질병 기타 급박한 사유로 인하여 다른 방식에 의한 유언의 불가능

급박한 사유로는 전염병으로 인하여 교통이 차단된 지역에 있는 경우나 조난된 선박에 있는 경우 등을 들 수 있다.

2) 증인의 참여

2인 이상의 증인의 참여로 그 1인에게 유언의 취지를 구수하여야 한다. 따라서 1인의 증인만 참여하였다면 유언은 무효이다.

3) 유언자의 구수 및 구수를 받은 자의 필기낭독

유언자는 증인 가운데 1인에게 유언의 취지를 구수하여야 한다. 그리고 구수를 받은 자는 유언을 필기하고 필기한 유언의 취지를 낭독하여 유언자와 증인이 그 정확함을 승인한 후, 각자 서명 또는 기명 · 날인하여야 한다.

4) 가정법원의 검인

구수증서에 의한 유언은 그 증인 또는 이해관계인이 급박한 사유가 끝난 날로부터 7일 내에 가정법원에 그 검인을 신청하여야 한다. 특별한 사정이 없는 한 유언이 있은 날에 급박한 사유가 종료한 것으로 본다(대결 1989.12.13, 89스11).

유언이 무효인 경우에는 가정법원은 검인신청을 각하할 수 있다. 검인신청의 각하에 대해서는 이해관계인 등이 즉시항고할 수 있다(가사소송규칙 85조). 여기에서 이해관계인은 상속인 기타 검인에 의하여 직접 그 권리가 힘해되었다고 객관적으로 인정되는 자를 말한다(대결 1990.2.9, 89스19).

5) 피성년후견인의 유언

피성년후견인이 구수증서에 의한 유언을 한 경우 그 의사능력이 회복되어 있어야 하지만(1063조 1항), 의사가 심신회복의 상태를 유언증서에 부기하고 서명날인 할 필요는 없다(1070조 3항).

(3) 특 징

구수증서에 의한 유언은 다른 방식으로 유언할 수 없을 때에 인정되는 보충적(특별) 유언 방법이다. 민법상 유언의 보통방식의 하나로 규정되어 있으나 그 실질에 있어서는 다른 방식의 유언과는 다르므로 유언요건을 완화하여 해석하여야 한다(대판 1977.11.8, 76므15).

[구수증서의 유효요건]

증인이 제3자에 의하여 미리 작성된 유언의 취지가 적혀있는 서면에 따라 유언자에게 질문을 하고, 유언자가 동작이나 간략한 답변으로 긍정하는 방식은 유언 당시 유언자의 능력이나 유언에 이르게 된 경우 등에 비추어 그 서면이 유언자의 진의에 따라 작성되었음이 분명하다고 인정되는 등의 특별한 사정이 없는 한, 민법 제1070조 소정의 유언취지의 구수에 해당한다고 볼 수 없다(대판 2005.3.9, 2005다57899).

제4관 유언의 효력

Ⅰ. 유언의 효력발생시기

유언은 일정한 방식에 의하여 유언서가 작성된 때 성립하나 유언의 효력은 유언자가 사망하는 때에 발생한다(1073조 1항).

1. 유언인지

유언에 의한 인지가 있는 경우에 유언집행자 그 취임일로부터 1개월 이내에 인지신고를 하여야 한다(859조 2항). 이때 그 인지의 효력은 유언자의 사망으로 인하여 당연히 발생하며, 유언집행자가 호적법에 의한 신고를 함으로써 효력이 발생하는 것이 아니라고 해석한다(다수설). 따라서 인지신고는 보고적 신고이지 창설적 신고가 아니다.

2. 조건부 유언

유언에 성질상 허용되지 않는 경우를 제외하고 조건을 붙일 수 있다.

① 유언에 정지조건이 있는 경우에 그 조건이 유언자가 사망한 후에 성취한 때에는 그 조건이 성취한 때로부터 유언의 효력이 있다(1073조 2항). ② 유언에 해제조건이 있는 경우에는 유언자가 사망한 때로부터 그 효력이 생기며, 그 조건이 사망후에 성취하였을 때에는 그 조건이 성취한 때로부터 유언의 효력을 잃는다고 본다(147조 2항·3항).

3. 기한부 유언

유언에 성질상 허용되지 않는 경우를 제외하고는 기한을 붙일 수 있다. 기한이 있는 유언에 관하여는 두 경우가 있다.

① 시기가 있는 유언은 유언자가 사망한 때로부터 그 효력이 생기지만, 그 이행은 기한이 도래한 때에 비로소 청구할 수 있게 된다(152조 1항). ② 종기가 있는 유언은 유언자가 사망한 때로부터 그 효력이 생기지만, 그 이행은 기한이 도래한 때에 효력을 잃는다(152조 2항). 예컨대 상속재산분할금지의 유언은 5년 내에 종기가 있는 것이 아니면 아니 된다(1022조).

Ⅱ. 유언의 무효와 취소

1. 의 의

당사자 생존 중에 유언의 효력을 잃게 하려면 철회할 수 있으며, 유언의 무효.취소가 문제되는 것은 주로 유언자가 사망한 후의 일이다.

2. 무효 · 취소의 원인

(1) 무효사유

방식이 흠결된 유언(1060조) · 유언무능력자(17세 미만자와 의사능력 없는 자)의 유언(1061조-1063조) · 수증결격자에 대한 유언(1064조) · 선량한 풍속 기타 사회질서에 위반된 사항을 내용으로 하는 유언(103조) · 강행규정에 위반되는 유언 · 법정사항 이외의 사항을 내용으로 하는 유언 · 유언자의 생전행위에 의하여 실현되었거나, 유언자의 사망 전에 실현된 것을 내용으로 하는 유언 · 유증의 목적인 권리가 유언자의 사망시 상속재산에 속하지 않는 경우(1087조), 정지조건부 유증에서 조건성취 전에 수증자가 사망한 경우, 유언자의 사망 전에 수유자가 사망하거나 실종선고를 받은 경우 등이다.

(2) 취소할 수 있는 경우

유언자의 무능력, 중요한 부분의 착오로 인한 유언(109조) · 사기나 강박에 의한 유언(110조 1항) · 부담 있는 유증을 받은 자가 그 부담의무를 이행하지 않은 때에는 유언을 취소할 수 있다. 유언의 취소는 유언자 이외의 자도 취소권이 있는 경우 유언을 취소할 수 있다. 철회와는 달리 일부취소를 할 수 없다.

Ⅲ. 유언의 철회

1. 의 의

유언의 효력이 장차 발생하지 않도록 저지시키는 유언자의 단독행위의 의사표시를 유언의 철회라고 한다. 유언자는 언제든지 유언 또는 생전행위로써 유언의 전부 또는 일부를 철회할 수 있다(1108조 1항). 이 철회권은 포기할 수 없으며(1108조 2항) 일신전속적 권리이다.

2. 방 식

(1) 임의철회

유언자는 유언 또는 생전행위로써 유언을 철회할 수 있다(1108조). 유언증서를 포기하여 버리면 유언은 철회된 것으로 본다(1110조). 판례는 망인이 유언증서를 작성한 후 재혼하였다거나, 유언증서에서 유증하기로 한 일부 재산을 처분한 사실이 있다고 하여 다른 재산에 관한 유언을 철회한 것으로 볼 수 없다고 한다(대판 1998.5.29, 97다38503).

(2) 법정철회

일정한 사유가 있는 경우에는 법률상 당연히 유언의 철회로 간주되는 것을 말한다. 前後의 유언이 저촉되는 경우에는 그 저촉되는 부분의 前 유언은 철회된 것으로 본다(1109조 전단). 유언후의 생전행위가 유언과 저촉되는 경우에는 그 저촉된 부분의 前 유언은 철회된 것으로 본다(1109조 후단). 유언자가 고의로 유언증서나 유증의 목적물을 파손한 때에는 그 파손한 부분에 관한 유언은 철회된 것으로 한다(1110조).

그러나 유언자가 유언을 철회한 것으로 볼 수 없는 이상 유언증서가 그 성립 후에 멸실되거나 분실되었다는 사유만으로는 유언이 실효되었다고 볼 수 없다(대판 1996. 9. 20, 96다21119).

(3) 효 과

유언이 철회되면 유언은 처음부터 없었던 것과 마찬가지의 결과로 된다. 즉 철회된 부분의 유언은 유언자가 사망하더라도 효력이 발생하지 않는다. 그러나 유언철회 후 그 철회를 다시 철회한 경우 명문의 규정이 없으나 최초의 유언이 부활할 수 있다고 본다(통설). 유언의 철회가 사기·강박에 의한 경우에는 이를 취소할 수 있다고 해석한다.

제5관 유 증

Ⅰ. 서 설

1. 의 의

유증이란 유언으로 타인에게 재산적 이익을 무상으로 주는 단독행위이다. 즉 유언에 의한 재산의 무상증여이다(대판 1985.12.10, 85누667).

2. 다른 개념과의 구별

(1) 사인증여와의 구별

유증은 요식의 단독행위라는 점에서 불요식의 계약인 사인증여와 구별되고 상속재산으로부터 출연이 이루어진다는 점에서 사인증여와 유사하므로 유증에 관한 규정이 유추적용된다(562조).

(2) 증여와의 구별

유증은 유언자의 사망에 의해 효력이 생기는 사인행위이고 단독행위라는 점에서 성립과 동시에 효력이 생기는 생전행위이지 계약인 증여와 구별된다.

(3) 재단법인설립행위와의 구별

유증은 상대방 있는 단독행위라는 점에서 유언에 의한 재단법인설립의 출연행위와 구별된다. 재단법인의 설립행위에 관하여 상대방 없는 단독행위설(다수설)과 계약설이 있다. 그러나 유언에 의한 재단법인설립행위에는 유증에 관한 규정이 준용된다(47조 2항).

3. 유증의 자유

사람은 누구든지 자기의 재산을 사후에 자유로이 처분할 수 있다. 따라서 유증의 자유는 유언의 자유의 핵심적인 내용이 된다. 다만 유증의 자유는 유류분제도에 의하여 어느 정도 제한되고 있다.

Ⅱ. 수증자와 유증의무자

1. 수증자

유증에 의하여 이익을 받은 자, 즉 증여를 받을 자가 수증자이다. 자연인, 법인 또는 상속인도 수증자가 될 수 있다. 수증자는 유증이 효력을 발생하는 때, 즉 유언자의 사망시에 생존하고 있어야 하며, 유언자의 사망전에 유증자가 사망하면 유증은 효력이 발생하지 않는다(1089조 1항). 태아는 유증에 관하여서도 이미 출생한 것으로 본다(1064조). 또한 설립중인 법인은 태아에 관한 규정(1000조 3항 · 1064조)을 준용한다.

2. 유증의무자

유증을 실행할 의무를 부담하는 자는 유증의무자라고 하며, 보통은 상속인이지만 유언집행자.포괄적 수증자 또는 상속인 없는 재산의 관리인 등이다. 유언집행자가 있는 경우에는 유언집행자만이 유증의무자가 된다(1103조 · 1101조 참조).

3. 유증의 효력발생시기

유증의 효력발생시기는 유언의 일반적 효력과 같아 단순유증인 때에는 유언자가 사망한 때부터 발생하고, 정지조건이 있는 유증은 조건이 성취한 때로부터 발생한다(1073조). 수증자가 유언자의 사망 전에 사망한 경우나, 정지조건이 있는 유언에 있어서 수유자가 그 조건성취 전에 사망한 경우에는 유증의 효력이 발생하지 않는다(1089조).

Ⅲ. 포괄적 유증

1. 의 의

포괄적 유증은 적극·소극의 재산을 포괄하는 상속재산의 전부 또는 일정한 비율액에 대한 유증이다. 예컨대 사실혼의 처에게 상속재산의 5분의 1을 준다는 것과 같다. 따라서 유증을 받은 자의 지위는 상속인과 비슷하다.

2. 승인과 포기

포괄유증의 승인·포기에는 상속의 승인·포기에 관한 민법 제1019조 내지 1044조가 적용된다. 수증자가 유증을 포기한 때에는 유증의 목적인 재산은 상속인에게 귀속한다. 그러나 유언자가 유언으로 다른 의사를 표시한 때에는 그 의사에 의한다(1090조).

3. 효 과

포괄적 유증을 받은 자는 상속인과 동일한 권리.의무가 있다(1078조). 따라서 포괄수유자는 피상속인이 일신에 전속한 것을 제외하고는 상속이 개시된 때부터 피상속인의 재산에 관한 포괄적 권리.의무를 승계한다(1005조). 포괄적 수증자 또는 상속인이 수인 있는 경우에 상속재산에 대한 공유관계가 생기고 분할협의가 필요하게 된다.

4. 상속과의 비교

① 수유자는 권리능력자이면 족하고 상속과 같이 자연인에 한정되지 않는다. ② 상속포기.유증포기가 있는 경우에 다른 상속인의 상속분은 증가하지만 수유자의 수유분은 고정되어 있다. ③ 상속과 달리 포괄적 수증자에게는 상속분양수권·대습상속권·기여분권이 인정되지 않는다. ④ 포괄적 유증에는 상속과 달리 조건.기한을 붙일 수 있다.

[포괄적 유증과 특정유증의 구별기준]

유증이 포괄적 유증인가 특정유증인가는 유언에 사용한 문언 및 그 외 제방사정을 종합적으로 고려하여 탐구된 유언자의 의사에 따라 결정되어야 한다. 통상은 상속재산에 대한 비율의 의미로 유증이 된 경우는 포괄적 유증, 그렇지 않은 경우는 특정유증이라고 할 수 있다.

그러나 유언공정증서 등에 유증한 재산이 개별적으로 표시되었다는 사실만으로는 특정유증이라고 단정할 수 없다. 도 상속재산이 모두 얼마나 되는지를 심리하여 다른 재산이 없다고 인정되는 경우에는 이를 포괄적 유증이라고 볼 수도 있다(대판 2003.5.27, 2000다73445).

Ⅳ. 특정적 유증

1. 의 의

특정적 유증이란 구체적인 재산을 특정하여 유증하는 것이다 예컨대, 부동산은 장남에게, 동산은 장녀에게, 현금은 차남에게 준다는 경우와 같다. 그러나 유증목적물이 개별적으로 표시되었다고 하여 모두 특정적 유증이 되는 것은 아니고 특정 재산 이외에 다른 재산이 없는 경우에는 포괄적 유증이 된다(대판 1978.12.13, 78다1816).

2. 특정적 유증의 승인과 포기

(1) 승인 · 포기의 자유

유증을 받을 자는 유언자의 사망 후에 언제든지 유증을 승인 또는 포기할 수 있으며(1074조 1항), 그 효력은 유언자가 사망한 때에 소급한다(동조 2항). 유증을 포기하는 시기에는 제한이 없다.

(2) 유증의무자의 최고권

유증의무자나 이해관계인은 상당한 기간을 정하여 그 기간내에 승인 또는 포기를 확답할 것을 수증자 또는 그 상속인에게 최고할 수 있고(1077조 1항), 그 기간내에 최고에 대한 확답을 하지 아니한 때에는 유증을 승인한 것으로 본다(1077조 2항).

(3) 유증의 승인 · 포기의 취소금지

유증의 승인이나 포기는 원칙적으로 취소하지 못하나(1075조 1항), 사기.강박 또는 제한능력을 이유로 취소할 수 있으며, 이 취소권은 단기소멸시효에 걸린다(1024조 2항 · 1075조 2항). 포기된 유증의 목적물은 유언자가 유언으로써 별도의 의사를 표시하지 않는 한 상속인에게 귀속한다(1090조).

(4) 수증자의 상속인의 승인 · 포기

수증자가 승인이나 포기를 하지 않고 사망한 때에는 그 상속인은 상속분의 한도에서 승인 또는 포기할 수 있다(1076조 본문). 이 경우에 유언자가 유언으로 다른 의사를 표시한 때에는 그 의사에 의한다(1078조 단서).

3. 효 과

(1) 유증목적물의 귀속시기

유증의 목적물은 상속재산으로서 일단 상속인에게 귀속하고, 수증자는 유증의무자에게 유증을 이행할 것을 청구할 수 있는 채권을 취득할 뿐이다. 따라서 목적물을 인도 또는 이전등기를 한 때에 비로소 그 소유권이 수증자에게 귀속하게 된다. 즉, 이 경우의 유증은 채권적 효력이 있을 뿐이다.

(2) 유증이행청구권

1) 과실청구권

수증자는 유증의 이행을 청구할 수 있는 때로부터 그 목적물의 과실을 취득한다(1079조 본문). 그러나 유언자가 유언으로 다른 의사를 표시한 때에는 그 의사에 의한다(1079조 단서). 과실은 천연과실이건 법정과실이건 묻지 않는다.

2) 비용상환청구권

유증의무자가 유언자의 사망 후에 그 목적물의 과실을 취득하기 위하여 필요비를 지출할 때에는 그 과실의 가액의 한도에서 과실을 취득한 수증자에게 상환을 청구할 수 있다.

(3) 상속재산에 속하지 않는 권리의 유증

유증의 목적이 된 권리가 유언자의 사망 당시에 상속재산에 속하지 않은 때에는 그 유증은 효력이 없다(1080조). 그러나 유언자가 자기의 사망 당시에 그 목적물이 사망 당시에 상속재산에 속하지 않은 경우에도 유언의 효력이 있게 할 의사인 때에는 유증채무자는 그 권리를 취득하여 수증자에게 이전할 의무가 있다(1087조 1항 단서). 그 권리를 취득할 수 없거나 그 취득에 과다한 비용을 요할 때에는 그 가액으로 변상할 수 있다(1087조 2항).

(4) 권리소멸청구권의 부인

유증의 목적인 물건이나 권리가 유언자의 사망 당시에 제3자의 권리의 목적인 경우에는 수증자는 유증의무자에 대하여 그 제3자의 권리를 소멸시키는 것을 청구하지 못한다(1085조). 그러나 유언자가 유언으로 다른 의사를 표시한 때에는 그 의사에 의한다(1086조).

(5) 유증의무자의 담보책임

불특정물을 유증의 목적으로 한 경우에는 유증의무자는 그 목적물에 대하여 양도인과 같은 담보책임이 있다(1082조 1항). 이 경우에 그 목적물에 하자가 있는 때에는 유증의무자는 하자 없는 물건으로 인도하여야 한다(1082조 2항).

(6) 유증의 물상대위성

유증자가 유증목적물의 멸실.훼손 또는 고유의 침해로 인하여 제3자에게 손해배상을 청구할 권리가 있는 때에는 그 권리를 유증의 목적으로 한 것으로 본다(1083조). 그러나 유언자가 생전에 그러한 청구권을 행사하여 배상을 받았을 경우에는 물상대위는 허용되지 않는다. 그러나 유언자가 유언으로 다른 의사를 표시한 때에는 그 의사에 의한다(1086조).

(7) 채권유증의 물상대위권

금전 이외의 채권유증을 목적으로 한 경우에는 유언자가 그 변제를 받은 물건이 상속재산 중에 있는 때에는, 유언자의 다른 의사표시가 없는 이상 그 물건을 유증의 목적으로 한 것으로 본다(1084조 1항). 그리고 금액을 목적으로 하는 채권을 유증의 목적으로 한 경우에는 그 변제받은 채권액에 상당한 금전이 상속재산 중에 없는 때에도 그 금액을 유증의 목적으로 본다(1084조 2항).

Ⅴ. 부담부 유증

1. 의 의

부담 있는 유증이란 유언자가 유언서 중에서 수증자에게 본인 또는 제3자를 위하여 일정한 의무를 이행하는 부담으로 하는 유증을 말한다. 민법상 유증에는 조건이나 기한 또는 부담을 붙일 수 있다. 조건부 유증(1073조 2항 · 1089조 2항)이나 부담부유증(1088조 · 1111조)에 대해서는 명문의 규정이 있으며 기한부 유증도 유효한 것으로 해석되고 있다.

2. 성 질

부담부 유증은 단지 의무를 부담시킬 뿐이므로 유증의 효력의 발생 또는 소멸을 일으키는 조건부 유증과 다르다. 그리고 부담부유증은 포괄적 유증이나 특정적 유증의 구별 없이 인정된다.

3. 부담의 내용

부담은 유증의 목적물과 전혀 관계가 없는 사항이라도 상관없다. 또한 금전적인 가치가 있는 것에 한하지도 않는다. 부담은 유언자 자신의 이익을 위한 것이건 제3자의 이익을 위한 것이건 불문한다.

4. 효 력

(1) 부담의 이행의무자

부담이행의 의무자는 원칙적으로 수증자이지만 유증을 승인한 수증자의 상속인도 부담의무자가 된다(1076조).

(2) 부담의 청구권자

부담이행청구권자는 상속인, 유언집행자, 부담의 이행청구권자로 지정된 자 또는 부담의 이익을 받을 제3자이다.

(3) 이행부담의 한도

부담 있는 유증을 받은 자는 유증의 목적을 초과하지 아니한 한도에서 부담한 의무를 이행할 책임이 있다(1088조 1항. 그러므로 부담이 유증 목적의 가액을 초과한 때에는 그 초과한 부부만 무효가 된다. 또한 유증 목적의 가액이 한정승인 또는 재산분리로 인하여 감소된 때에는 수증자는 그 감소된 한도에서 부담한 의무를 면한다(1088조 2항).

4. 부담 있는 유증의 취소

부담부수증자와 부담의무를 이행하지 않았을 때 상속인 또는 유언이행자는 상당한 기간을 정하여 이행을 최고하고 기간내에 이행하지 않으면 법원에 유언의 취소를 청구할 수 있다(1111조 본문). 다만 제3자의 이익은 해하지 못한다(1111조 단서).

5. 부담부유증의 취소원인

부담부유증을 받은 자가 그 부담의무를 이행하지 않은 때에는 상속인 또는 유언집행자는 상당한 기간을 정하여 이행할 것을 최고하고 그 기간 내에 이행하지 않은 때에는 법원에 유언의 취소를 청구할 수 있다(제1111조 본문). 그러나 제3자의 이익을 해하지 못한다(제111조 단서).

제6관 유언의 집행

Ⅰ. 의 의

유언의 집행이란 유언의 내용을 법적으로 실현하는 수단으로 유언집행자로는 지정유언집행자 · 법정유언집행자 · 선임유언집행자가 있다.

Ⅱ. 집행의 준비절차

1. 유언의 검인

유언의 증서나 녹음을 보관한 자 또는 이를 발견한 자는 유언자의 사망 후 지체 없이 가정법원에 제출하여 그 검인을 청구하여야 한다(1091조 1항). 공정증서나 구수증서에 의한 유언에는 검인이 필요 없다(1091조 2항).

2. 유언의 개봉

가정법원이 봉인된 유언증서를 개봉할 때에는 유언자의 상속인, 그 대리인 기타 이해관계인의 참여가 있어야 한다(1092조). 그러나 유언증서의 개봉절차는 봉인된 유언증서의 검인을 위해서는 반드시 개봉이 필요하기 때문에 이를 규정하고 있을 뿐이지 개봉절차의 유무에 의하여 유언의 효력이 영향을 받는 것은 아니다(대판 1998.6.12, 97다38510).

Ⅲ. 유언집행자

1. 유언의 집행

유언의 효력이 발생한 후 그 내용을 실현하는 행위를 말하는 것으로 유언 중에서 반드시 집행자를 두어 집행하여야 하는 것과 상속인이 직접 집행할 수 있는 것이 있다. 전자로는 친생부인(850조)·인지(859조 2항)가 있으며, 후자로는 특정적 유증·재단법인의 설립·위탁 등이다.

2. 유언집행자의 결정

(1) 지정유언집행자

유언자가 유언으로 지정하거나 또는 제3자에게 그 지정을 위탁하여 결정된 자(1093조)로서 1인에 한하지 않는다. 지정에 의한 유언집행자에게 최고하여 그 기간 내에 확답을 받지 못한 때에는 유언집행자가 취임을 승낙한 것으로 본다(1097조 3항).

(2) 법정유언집행자

지정유언집행자가 없는 경우에는 상속인이 유언집행자가 된다(1095조). 지정된 유언집행자가 없는 때란 유언집행자에 관한 유언이 전혀 없는 경우, 지정유언집행자가 파산선고를 받은 자이거나 제한능력자인 경우, 집행자로 지정된 자가 사퇴한 경우, 지정된 자가 취임 승낙 전 사망한 경우, 지정위탁을 받은 자가 그 위탁을 사퇴한 경우 등이다.

그러나 상속인이 제한능력자이거나 파산선고를 받은 자인 경우, 공동상속인 가운데 제한능력자이거나 파산선고를 받은 자가 존재하는 경우, 인지나 친생부인이 유언내용으로 된 경우에는 상속인은 유언집행자가 될 수 없다.

(3) 선임유언집행자

유언집행자가 없거나 사망.결격 기타 사유로 인하여 없게 된 때에는 가정법원은 이해관계인의 청구에 의하여 유언집행자를 선임한다(1096조 1항). 선임에 의한 유언집행자는 선임의 통지를 받은 후 지체 없이 이를 승낙하거나 사퇴할 것을 법원에 통지해야 한다(1097조 2항). 선임에 의한 유언집행자에게 최고하여 그 기간 내에 확답을 받지 못한 때에는 유언집행자가 취임을 승낙한 것으로 본다(1097조 3항). 법원이 유언집행자를 선임한 경우에는 그 임무에 관하여 필요한 처분을 명할 수 있다(1096조 2항).

Ⅳ. 유언집행자의 결격사유와 지위

1. 결격사유

제한능력자와 파산자는 유언집행자가 되지 못한다(1098조). 혼인으로 성년이 된 자는 유언집행자가 될 수 있다. 그리고 상속인, 유언집행자의 지정을 위탁받은 자, 법인 등은 결격자가 아니다.

2. 지 위

지정 또는 선임에 의한 유언집행자는 상속인의 「대리인」으로 본다(1103조 1항). 유언집행자의 관리처분권 또는 상속인과의 법률관계에 대해서는 위임관계의 규정을 유언집행자에 준용한다(1103조 2항). 즉 수임인의 권리의무(681조-685조)·수임인의 비용선급청구권(687조)·위임종료시의 긴급처리(691조)·위임종료의 대항요건(692조) 등이다.

V. 유언집행자의 권리와 의무

1. 임무착수의무

유언집행자가 그 취임을 승낙한 때에는 지체 없이 그 임무를 이행하여야 한다(1099조).

2. 재산목록의 작성

유언이 재산에 관한 것인 때에는 지정 또는 선정에 의한 유언집행자는 지체없이 그 재산목록을 작성하여 상속인에게 교부하여야 한다(1100조 1항). 상속인의 청구가 있는 때에는 재산목록작성에 상속인을 참여하게 하여야 한다(1100조 2항).

3. 유증목적 재산의 관리 기타

유언집행자는 유증의 목적인 재산의 관리 기타 유언의 집행에 필요한 행위를 할 권리의무가 있다(1101조). 재산관리의 의무에 관해서는 위탁의 경우의 수임인에 관한 규정을 준용한다(1103조 2항).

4. 공동유언집행자

유언집행자가 수인인 때에는 임무집행은 그 과반수의 찬성으로써 결정한다(1102조 본문). 그러나 보존행위는 각자가 이를 할 수 있다(1102조 단서).

5. 유언집행자의 보수

유언자가 유언으로 그 집행자의 보수를 정하지 아니한 경우에는 법원은 상속재산의 상황 기타 사정을 참작하여 지정 또는 선임에 의한 유언집행자의 보수를 정할 수 있다(1104조 1항). 유언집행자가 보수를 받는 경우에는 민법 제686조 2항 및 3항이 준용된다(1104조 2항). 즉 후급이 원칙이고(686조 2항), 유언집행자가 책임 없는 사유로 인하여 임무가 종료된 때에는 이미 경과한 기간의 비율에 따른 보수를 청구할 수 있다(686조 3항).

6. 비용청구권

유언의 집행에 관한 비용은 상속재산 중에서 이를 지급한다(1107조)

7. 부담부 유언의 취소

부담 있는 유증받은 자가 그 부담의무를 이행하지 아니한 때에는 상속인 또는 유언집행자는 상당한 기간을 정하여 이행할 것을 최고하고 그 기간내에 이행하지 아니한 때에는 법원에 유언의 취소를 청구할 수 있다. 그러나 제3자의 이익을 해하지 못한다(1111조).

Ⅵ. 유언집행자의 임무종료

유언집행자의 임무종료사유로는 유언집행의 종료, 유언집행자의 사망, 결격사유의 발생 그 밖에 사퇴와 해임이 있다. 지정 또는 선임에 의한 유언집행자는 정당한 사유가 있는 때에는 가정법원의 허가를 얻어 그 임무를 사퇴할 수 있으며(1105조), 자유로이 사퇴할 수 있는 것은 아니다. 그리고 지정 또는 선임에 의한 유언집행자에 임무해태나 부적임 사유가 있는 때에는 법원은 상속인 기타 이해관계인의 청구에 의하여 유언집행자를 해임할 수 있다(1106조).

제3절 유류분

사례

갑은 2011년 1월 15일에 친구 A에게 3,400만원을 증여하였고, 동년 6월 15일에 B에게 2,900만원을 유증하였다. 갑은 이후 2012년 5월 15일에 사망하였다. 사망 당시 남은 재산은 5,000만원이었고, 채무가 1,400만원이 있었다. 갑의 사망 후에 이러한 사실을 알게 된 갑의 을과 자인 병·정이 A·B에게 어떠한 주장을 할 수 있는가?

제1관 서 설

Ⅰ. 유류분제도의 의의

사람은 누구든지 자기 재산을 자유롭게 증여할 수 있고, 유언에 의하여 처분할 수 있다. 그러나 유류분제도는 상속재산 중에서 상속인을 위하여 반드시 남겨두어야 하는 일정비율의 상속재산으로서 피상속인의 유언에 의한 재산처분의 자유를 제한하고 있다. 이러한 제한을 두는 이유는 피상속인이 자기 재산을 전부 처분할 수 있다면 법정상속인의 생활보장을 기할 수 없기 때문이다.

Ⅱ. 기여분과 유류분과의 관계

민법 제1118조에 의한 제1008조의 2가 준용되지 않으므로 기여분의 유무에 의하여 유류분액은 달라지지 않는다. 유증과 생전증여가 기여분에 우선하며(1008조의2, 3항), 기여분은 유류분에 우선한다(1115조). 유류분과 기여분 사이에 불통일과 불공평이 생기므로 이를 해소하기 위해서는 기여분의 가액을 결정함에 있어서 다른 공동상속인의 유류분(遺留分)을 참작하여야 할 것이다.

제2관 유류분권

Ⅰ. 의 의

상속이 개시되면 일정범위의 상속인은 그 법정상속분의 일정비율에 따라 피상속인이 재산을 확보할 수 있는 지위를 가지는데 이를 유류분권이라 한다. 유류분권은 일종의 추상적인 지위이다.

Ⅱ. 성 질

상속개시 전의 유류분권은 일종의 기대권으로 상속개시 후에 비로소 현실적이고 구체적인 권리가 된다. 이러한 성질 때문에 다음과 같은 특질이 인정된다.

1. 상속개시 전의 성질

상속개시전에는 피상속인의 재산처분의 자유가 보장되고 유류분을 미리 보전할 수도 없다. 따라서 유류분권리자는 장래의 유류분반환청구권을 보전하기 위하여 증여부동산 위에 가등기 등의 조치를 취할 수 없다. 유류분침해의 유무는 상속개시시를 기준으로 하여 결정된다(1113조).

2. 상속개시 후의 성질

상속개시가 있더라도 유류분을 해하는 피상속인의 처분이 당연히 무효로 되는 것은 아니고 상속인이 원하면 반환을 청구할 수 있을 뿐이다(1115조). 이 유류분반환청구권은 형성권으로 귀속상.행사상의 일신전속권은 아니므로 그 상속인 · 포괄적 수증자 · 상속분양수인 · 반환청구권의 양수인도 행사할 수 있다. 채권자대위권의 대상도 된다.

3. 유류분의 포기

유류분권은 상속개시 후에 비로소 현실적인 구체적 권리가 되기 때문에 상속개시전에는 미리 포기하지 못한다(통설). 그러나 상속개시후의 포기는 유류분권리자의 자유이다. 포기는 반환청구의 각 상대방에 대한 일방적 의사표시로써 한다. 유류분권리자가 유류분을 포기하면 처음부터 그 유류분권리자는 없었던 것으로 하여 유류분이 산정되어야 할 것이다. 따라서 다른 유류분권리자의 유류분액에 영향을 미치게 된다. 유류분권은 상속의 포기에 의한 경우에도 상실한다.

제3관 유류분의 범위

Ⅰ. 유류분권자

유류분을 가지는 자는 법정상속인 중 피상속인의 직계비속·배우자·직계존속·형제자매이다(1112조). 이들 중 재산상속의 순위상 상속권이 있는 자이어야 한다. 즉 상속결격자이거나 상속을 포기한 자는 유류분권이 없다. 태아는 살아서 출생하면 직계비속으로서 유류분을 가진다. 대습상속인도 피대습자의 상속분의 범위내에서 유류분을 가진다(1001조·1010조·1118조).

Ⅱ. 유류분비율

유류분의 비율은 ① 피상속인의 직계비속은 그 법정상속분의 2분의 1, ② 피상속인의 배우자는 그 법정상속분의 2분의 1, ③ 피상속인의 직계존속은 그 법정상속분의 3분의 1, ④ 피상속인의 형제자매는 그 법정상속분의 3분의 1이다(1112조).

Ⅲ. 유류분의 산정

1. 유류분산정의 방법과 가액의 평가시기

피상속인의 상속개시시에 있어서 가진 재산의 가액에 증여재산의 가액을 가산하고 채무의 전액을 공제하여 이를 산정한다(1113조 1항). 가액은 상속개시시를 기준으로 평가한다(1113조 1항).

2. 유류분산정의 기조가 되는 재산

(1) 상속개시 전에 가진 재산

상속재산 중의 적극재산만을 의미한다. 다만 분묘에 속한 1정보 이내의 금양임야와 600평 이내의 묘토인 농지·족보·제구(祭具)의 소유권은 상속재산을 구성하지 않으므로 여기서 제외된다(1008조의3). 유증 또는 사인증여 된 재산은 상속개시시(피상속인이 가진 재산)에 포함되어 있으므로 가산이나 공제를 하지 않는다. 조건부권리 또는 존속기간에 불확정한 권리는 가정법원이 선임한 감정인의 평가에 의하여 그 가격을 정한다(1113조 2항).

(2) 가산되는 증여재산

유류분산정의 기초가 되는 재산에는 증여재산이 포함된다(1113조 · 1114조). 가산되는 증여는 다음과 같다.

1) 상속개시 전의 1년간에 행하여진 증여

상속개시 전 1년간에 행한 증여(1114조 전단)란 상속개시 전 1년 간에 증여계약이 체결된 것을 의미한다. 따라서 상속개시 전 1년 이전에 증여계약을 체결한 경우에는 비록 상속개시 전 1년 동안에 이행된 경우에도 이에 포함되지 않는다. 즉 이행기가 아니라 증여계약 체결시를 기준으로 한다.

2) 유류분권리자에게 손해를 줄 것을 알고 한 증여

「손해를 가할 것을 알고」라 함은 고의로 증여한 경우에 한하지 않고 객관적으로 유류분권리자에게 손해가 발생할 가능성을 알고 있는 것으로 충분하다. 따라서 유류분권리자를 행할 목적이나 의사를 요구하는 것이 아니다. 이는 1년 전에 한 것이라도 당사자 쌍방이 유류분권리자에게 손해를 주게 될 것을 알고 한 것이면 그 가액은 가산된다.

3) 상속인의 특별수익분

상속인이 피상속인으로부터 특별수익을 하고 있는 때에는 그것이 상속개시시부터 1년 이전에 있었던 것이라도 가해의 인식 유무를 묻지 않고 그 가액은 가산된다(1118조에 의한 1008조의 준용). 공동상속인 중에 피상속인으로부터 재산의 증여 또는 유증을 받은 특별수익자가 있는 경우에 공동상속인들 사이의 공평을 기하기 위하여 그 수증재산을 상속분의 선급으로 다루어 구체적인 상속분을 산정함에 있어 이를 참작하도록 하려는데 있다(대판 1996.2.9, 95다17885).

[아직 증여계약이 이행되지 않고 피상속인에게 남아 있는 재산의 포함여부]

유류분 산정의 기초가 되는 재산의 범위에 관한 민법 제1113조 1항에서의 '증여재산'이란 상속개시 전에 이미 증여계약이 이행되어 소유권이 수증자에게 이전된 재산을 가리키는 것이다. 그러므로 아직 증여계약이 이행되지 아니하여 소유권이 피상속인에게 남아 있는 상태로 상속이 개시된 재산은 당연히 '피상속인의 상속개시시에 있어서 가진 재산'에 포함되는 것이므로, 수증자가 공동상속인이든 제3자이든 가리지 아니하고 모두 유류분 산정의 기초가 되는 재산을 구성한다(대판 1996. 8. 20, 96다13682).

(3) 공제되는 채무

피상속인이 부담하는 상속채무를 말하는 것으로 사법상.공법상의 채무 모두를 포함한다. 다만 유증으로 인하여 상속인이 부담하게 되는 채무는 반환의 대상이 되는 것이기 때문에(제1115조 1항) 공제할 필요가 없다. 또한 상속비용은 이에 포함되지 않는다.

제4관 유류분의 반환청구권

Ⅰ. 의 의

유류분권리자가 민법 제1114조에 규정된 피상속인의 증여 및 유증으로 인하여, 그 유류분에 부족이 생긴 때에는 부족한 한도에서 그 재산의 반환을 청구할 수 있다(1115조 1항). 이를 유류분의 보전이라고 한다. 이 경우 증여 및 유증 받은 자가 수인인 때에는 각자가 얻은 가액의 비율로 반환할 것을 청구할 수 있다(1115조 2항).

Ⅱ. 성 질

유류분반환청구권은 귀속상.행사상 일신전속권은 아니다. 그러나 형성권인가 청구권인가에 대하여는 견해가 대립한다.

1. 형성권설

유류분반환청구권을 행사하면 유증 또는 증여계약은 실효하며, 그 유증.증여가 아직 이행되지 않았을 때에는 반환청구권자는 그 이행의무를 면하며, 이미 이행되었을 때에는 반환을 청구할 수 있다는 견해이다(다수설).

2. 청구권설

유류분반한청구권은 유류분에 부족한 만큼의 재산의 인도나 반환을 수유자.수증자에게 청구하는 채권적 청구권이라는 견해가 있다. 이 견해에 의하면 미이행의 증여나 유증의 경우에도 이행의무의 소멸을 청구하고 이행을 거절할 수 있을 뿐이다.

Ⅲ. 반환청구의 행사

1. 반환청구권자

반환청구권자는 유류분권리자와 그 승계인이다. 유류분반환청구권은 일신적속권이라고 할 수 없으므로 채권자대위권의 목적이 되고 유류분권리자의 상속인 · 포괄수유자 · 상속분양수인이나 유류분반한청구권의 양수인도 이를 행사할 수 있다.

2. 반환청구의 상대방

반환청구의 상대방은 직접 이익을 받는 자로서 수유자 · 수증자 및 그의 포괄승계인이다. 특정승계인은 상대방이 아니다(다수설). 그러나 악의의 특정승계인은 상대방이 될 수 있다는 견해도 있다.

3. 반환청구의 방법

유류분반환청구권의 행사는 재판상 또는 재판 외에서 할 수 있다. 이는 상대방에 대한 단독의 의사표시로서 할 수 있으며 반드시 소에 의한 방법으로 하여야 하는 것은 아니다. 유류분권리자가 수인 있는 경우에는 각 유류분반환청구권은 서로 독립된 것이므로 각자가 독립하여 행사할 수 있으며, 1인의 행사는 다른 유류분권리자의 행사여부에 영향을 미치지 않는다.

[유류분의 반환방법]

우리 민법은 유류분제도를 인정하여 민법 제1112조부터 제1118조까지 이에 관하여 규정하면서도 유류분의 반환방법에 관하여 별도의 규정을 두고 있지 않다. 다만 민법 제1115조 1항이 '부족한 한도에서 그 재산의 반환을 청구할 수 있다.'고 규정한 점 등에 비추어 반환의무자는 통상적으로 증여 또는 유증 대상 재산 그 자체를 반환하면 될 것이나, 위 원물반환이 불가능한 경우에는 그 가액 상당액을 반환할 수밖에 없다(대판 2005. 6. 23, 2004다51887).

4. 반환청구의 순서

증여에 대하여는 유증(사인증여도 포함)을 반환받은 후가 아니면 이것을 청구할 수 없다(1116조). 즉 유증과 증여가 있는 때에는 먼저 유증의 반환을 청구하고 그것으로 부족한 경우에는 증여의 반환을 청구할 수 있는 것이다. 유증이 수 개인 때에는 안분적으로 배분하여 반환청구할 수 있다(1115조 2항). 그리고 증여가 수 개인 때에는 증여가액의 비율로 반환한다(1115조 2항).

5. 반환청구권행사의 효과

유류분이 부족한 한도에서 유증.증여의 효력은 당연히 소멸한다. 증여받은 자가 유류분반환청구를 받으면 현물을 반환하여야 할 의무를 부담한다. 아울러 반환청구를 받은 이후의 과실도 반환하여야 한다. 제3자에게 양도한 경우에는 선의자 보호를 위하여 가액반환이 인정된다.

그러나 악의의 양도인은 현물반환을 하여야 한다. 공동상속인 중 특별수익자는 자기의 유류분액을 초과하는 금액을 한도로 하여 그 초과액의 비례로 반환하면 된다(대판 1996.2.9, 95다17885).

6. 공동상속인 상호간의 유류분반환청구

유언에 의하여 공동상속인 가운데 한 사람이 너무 많은 재산을 증여받아 다른 상속인의 유류분을 침해한 경우(통설)에는 유류분을 침해한 한도에서 상속분의 지정이 실효한다. 반환청구의 범위는 상속인의 유류분의 액을 넘은 한도이다. 공동상속인 상호간의 유류분환청구권의 행사는 상속재산의 분할절차와 별도로 할 수 있지만, 그 결과의 구체적 실현은 상속재산분할절차와 함께 이루어져야 할 것이다.

7. 유류분반환청구권의 소멸

(1) 상속의 개시 또는 증여나 유증을 한 사실을 안 때로부터 1년

유류분권리자가 상속의 개시와 반환하여야 할 증여 또는 유증을 한 사실을 안 때로부터 1년 내에 하지 않으면 시효로 소멸한다(1117조 전단). 여기서 「사실을 안 때」란 상속개시와 유증.증여의 사실을 알뿐만 아니라 그 사실이 유류분을 침해하여 반환청구 할 수 있게 됨을 안 때이다(대판 1994.4.12, 93다52563).

(2) 상속이 개시된 때로부터 10년

상속개시가 있은 때로부터 10년을 경과한 경우에도 역시 소멸한다(1117조 후단). 판례는 1년과 10년을 모두 소멸시효로 보는(대판 1993.4.13, 92다3595) 반면에 반환청구권을 형성권으로 보는 다수설은 1년을 소멸시효, 10년을 제척기간으로 본다.

[유류분반환청구권의 행사와 소멸시효 중단]

유류분반환청구권의 행사는 재판상 또는 재판 외에서 상대방에 대한 의사표시의 방법으로 할 수 있다. 이 경우 그 의사표시는 침해를 받은 유증 또는 증여행위를 지정하여 이에 대한 반환청구의 의사를 표시하면 그것으로 족하다.

따라서 그로 인하여 생긴 목적물의 이전등기청구권이나 인도청구권 등을 행사하는 것과는 달리 그 목적물을 구체적으로 특정하여야 하는 것은 아니고, 민법 제1117조에 정한 소멸시효의 진행도 그 의사표시로 중단된다(대판 2002.4.26, 2000다8878).

사례해결

사례의 경우 을 · 병 · 정 각각의 유류분침해액은 1,200만원 · 800만원 · 800만원으로 반환순서에 따라 수유자인 B로부터 먼저 반환받아야 하므로, 을 · 병 · 정은 1,200만원 · 800만원 · 800만원의 반환청구권을 가진다.

유증이 아직 이행되지 않았다면 을 · 병 · 정은 각각 B에 대하여 유류분반환청구권을 행사하여, 2,800만원에 상당하는 유증의 효력을 소멸시키고 B에게 100만원만 이행하면 된다. 이러한 각자의 유류분반환청구권은 상속의 개시 또는 증여나 유증한 사실을 안 ?대로부터 1년, 상속이 개시된 때로부터 10년 이내에 행사하여야 한다.

명상의 시간

바다, 너는

숨차게 달려온
바람을 못 이겨
파도에 부딪히며
강함을 배운다

삶은
풀 수 없는 목마름
좌절하지 말아야
더 큰 세상 볼 수 있다.

「조성민, 시간의 절정(제2시집), 책나라, 2013. 2, P85」

개정민법

민법 신·구 조문 대비표

(개정민법 민법 신·구 조문 대비표)

2013.7.1 시행

2011.3.7, 2011.5.10, 2012.2.10 일부개정

현행민법	개정민법
第9條(限定治産의 宣告) 心神이 薄弱하거나 財産의 浪費로 自己나 家族의 生活을 窮迫하게 할 念慮가 있는 者에 對하여는 法院은 本人, 配偶者, 4寸以內의 親族, 後見人 또는 檢事의 請求에 依하여 限定治産을 宣告하여야 한다.<개정 1990.1.13>	제9조(성년후견개시의 심판) ①가정법원은 질병, 장애, 노령, 그 밖의 사유로 인한 정신적 제약으로 사무를 처리할 능력이 지속적으로 결여된 사람에 대하여 본인, 배우자, 4촌 이내의 친족, 미성년후견인, 미성년후견감독인, 한정후견인, 한정후견감독인, 특정후견인, 특정후견감독인, 검사 또는 지방자치단체의 장의 청구에 의하여 성년후견개시의 심판을 한다. ②가정법원은 성년후견개시의 심판을 할 때 본인의 의사를 고려하여야 한다. [전문개정 2011.3.7]
第10條(限定治産者의 能力) 第5條 乃至 第8條의 規定은 限定治産者에 準用한다.	제10조(피성년후견인의 행위와 취소) ①피성년후견인의 법률행위는 취소할 수 있다. ②제1항에도 불구하고 가정법원은 취소할 수 없는 피성년후견인의 법률행위의 범위를 정할 수 있다. ③가정법원은 본인, 배우자, 4촌 이내의 친족, 성년후견인, 성년후견감독인, 검사 또는 지방자치단체의 장의 청구에 의하여 제2항의 범위를 변경할 수 있다. ④제1항에도 불구하고 일용품의 구입 등 일상생활에 필요하고 그 대가가 과도하지 아니한 법률행위는 성년후견인이 취소할 수 없다. [전문개정 2011.3.7]

第12條(禁治産의 宣告) 心神喪失의 常態에 있는 者에 對하여는 法院은 第9條에 規定한 者의 請求에 依하여 禁治産을 宣告하여야 한다.	제12조(한정후견개시의 심판) ①가정법원은 질병, 장애, 노령, 그 밖의 사유로 인한 정신적 제약으로 사무를 처리할 능력이 부족한 사람에 대하여 본인, 배우자, 4촌 이내의 친족, 미성년후견인, 미성년후견감독인, 성년후견인, 성년후견감독인, 특정후견인, 특정후견감독인, 검사 또는 지방자치단체의 장의 청구에 의하여 한정후견개시의 심판을 한다. ②한정후견개시의 경우에 제9조제2항을 준용한다. [전문개정 2011.3.7]
第13條(禁治産者의 能力) 禁治産者의 法律行爲는 取消할 수 있다.	제13조(피한정후견인의 행위와 동의) ①가정법원은 피한정후견인이 한정후견인의 동의를 받아야 하는 행위의 범위를 정할 수 있다. ②가정법원은 본인, 배우자, 4촌 이내의 친족, 한정후견인, 한정후견감독인, 검사 또는 지방자치단체의 장의 청구에 의하여 제1항에 따른 한정후견인의 동의를 받아야만 할 수 있는 행위의 범위를 변경할 수 있다. ③한정후견인의 동의를 필요로 하는 행위에 대하여 한정후견인이 피한정후견인의 이익이 침해될 염려가 있음에도 그 동의를 하지 아니하는 때에는 가정법원은 피한정후견인의 청구에 의하여 한정후견인의 동의를 갈음하는 허가를 할 수 있다. ④한정후견인의 동의가 필요한 법률행위를 피한정후견인이 한정후견인의 동의 없이 하였을 때에는 그 법률행위를 취소할 수 있다. 다만, 일용품의 구입 등 일상생활에 필요하고 그 대가가 과도하지 아니한 법률행위에 대하여는 그러하지 아니하다. [전문개정 2011.3.7]

	제14조의2(특정후견의 심판) ①가정법원은 질병, 장애, 노령, 그 밖의 사유로 인한 정신적 제약으로 일시적 후원 또는 특정한 사무에 관한 후원이 필요한 사람에 대하여 본인, 배우자, 4촌 이내의 친족, 미성년후견인, 미성년후견감독인, 검사 또는 지방자치단체의 장의 청구에 의하여 특정후견의 심판을 한다. ②특정후견은 본인의 의사에 반하여 할 수 없다. ③특정후견의 심판을 하는 경우에는 특정후견의 기간 또는 사무의 범위를 정하여야 한다. [본조신설 2011.3.7]
	제14조의3(심판 사이의 관계) ①가정법원이 피한정후견인 또는 피특정후견인에 대하여 성년후견개시의 심판을 할 때에는 종전의 한정후견 또는 특정후견의 종료 심판을 한다. ②가정법원이 피성년후견인 또는 피특정후견인에 대하여 한정후견개시의 심판을 할 때에는 종전의 성년후견 또는 특정후견의 종료 심판을 한다. [본조신설 2011.3.7]
第15條(無能力者의 相對方의 催告權) ①無能力者의 相對方은 無能力者가 能力者가 된 後에 이에 對하여 1月以上의 期間을 定하여 그 取消할 수 있는 行爲의 追認與否의 確答을 催告할 수 있다. 能力者로 된 者가 그 期間內에 確答을 發하지 아니한 때에는 그 行爲를 追認한 것으로 본다. ②無能力者가 아직 能力者가 되지 못한 때	제15조(제한능력자의 상대방의 확답을 촉구할 권리) ①제한능력자의 상대방은 제한능력자가 능력자가 된 후에 그에게 1개월 이상의 기간을 정하여 그 취소할 수 있는 행위를 추인할 것인지 여부의 확답을 촉구할 수 있다. 능력자로 된 사람이 그 기간 내에 확답을 발송하지 아니하면 그 행위를 추인한 것으로 본다. ②제한능력자가 아직 능력자가 되지 못한

에는 그 法定代理人에 對하여 前項의 催告를 할 수 있고 法定代理人이 그 期間內에 確答을 發하지 아니한 때에는 그 行爲를 追認한 것으로 본다. ③特別한 節次를 要하는 行爲에 關하여는 그 期間內에 그 節次를 밟은 確答을 發하지 아니하면 取消한 것으로 본다.	경우에는 그의 법정대리인에게 제1항의 촉구를 할 수 있고, 법정대리인이 그 정하여진 기간 내에 확답을 발송하지 아니한 경우에는 그 행위를 추인한 것으로 본다. ③특별한 절차가 필요한 행위는 그 정하여진 기간 내에 그 절차를 밟은 확답을 발송하지 아니하면 취소한 것으로 본다. [전문개정 2011.3.7]
第16條(無能力者의 相對方의 撤回權과 拒絕權) ①無能力者의 契約은 追認있을 때까지 相對方이 그 意思表示를 撤回할 수 있다. 그러나 相對方이 契約當時에 無能力者임을 알았을 때에는 그러하지 아니하다. ②無能力者의 單獨行爲는 追認있을 때까지 相對方이 拒絕할 수 있다. ③前2項의 撤回나 拒絕의 意思表示는 無能力者에 對하여도 할 수 있다.	제16조(제한능력자의 상대방의 철회권과 거절권) ①제한능력자가 맺은 계약은 추인이 있을 때까지 상대방이 그 의사표시를 철회할 수 있다. 다만, 상대방이 계약 당시에 제한능력자임을 알았을 경우에는 그러하지 아니하다. ②제한능력자의 단독행위는 추인이 있을 때까지 상대방이 거절할 수 있다. ③제1항의 철회나 제2항의 거절의 의사표시는 제한능력자에게도 할 수 있다. [전문개정 2011.3.7]
第17條(無能力者의 詐術) ①無能力者가 詐術로써 能力者로 믿게한 때에는 그 行爲를 取消하지 못한다. ②未成年者나 限定治産者가 詐術로써 法定代理人의 同意있는 것으로 믿게한 때에도 前項과 같다.	제17조(제한능력자의 속임수) ①제한능력자가 속임수로써 자기를 능력자로 믿게 한 경우에는 그 행위를 취소할 수 없다. ②미성년자나 피한정후견인이 속임수로써 법정대리인의 동의가 있는 것으로 믿게 한 경우에도 제1항과 같다. [전문개정 2011.3.7]
第111條(意思表示의 效力發生時期) ①相對方있는 意思表示는 그 通知가 相對方에 到達한 때로부터 그 效力이 생긴다. ②表意者가 그 通知를 發한 後 死亡하거나 行爲能力을 喪失하여도 意思表示의 效力에 影響을 미치지 아니한다.	제111조(의사표시의 효력발생시기) ①상대방이 있는 의사표시는 상대방에게 도달한 때에 그 효력이 생긴다. ②의사표시자가 그 통지를 발송한 후 사망하거나 제한능력자가 되어도 의사표시의 효력에 영향을 미치지 아니한다. [전문개정 2011.3.7]

第127條(代理權의 消滅事由) 代理權은 다음 各號의 事由로 消滅한다. 1. 本人의 死亡 2. 代理人의 死亡, 禁治産 또는 破産	제127조(대리권의 소멸사유) 대리권은 다음 각 호의 어느 하나에 해당하는 사유가 있으면 소멸된다. 1. 본인의 사망 2. 대리인의 사망, 성년후견의 개시 또는 파산 [전문개정 2011.3.7]
第135條(無權代理人의 相對方에 對한 責任) ①他人의 代理人으로 契約을 한 者가 그 代理權을 證明하지 못하고 또 本人의 追認을 얻지 못한 때에는 相對方의 選擇에 좇아 契約의 履行 또는 損害賠償의 責任이 있다. ②相對方이 代理權 없음을 알았거나 알 수 있었을 때 또는 代理人으로 契約한 者가 行爲能力이 없는 때에는 前項의 規定을 適用하지 아니한다.	제135조(상대방에 대한 무권대리인의 책임) ①다른 자의 대리인으로서 계약을 맺은 자가 그 대리권을 증명하지 못하고 또 본인의 추인을 받지 못한 경우에는 그는 상대방의 선택에 따라 계약을 이행할 책임 또는 손해를 배상할 책임이 있다. ②대리인으로서 계약을 맺은 자에게 대리권이 없다는 사실을 상대방이 알았거나 알 수 있었을 때 또는 대리인으로서 계약을 맺은 사람이 제한능력자일 때에는 제1항을 적용하지 아니한다. [전문개정 2011.3.7]
第144條(追認의 要件) ①追認은 取消의 原因이 終了한 後에 하지 아니하면 效力이 없다. ②前項의 規定은 法定代理人이 追認하는 境遇에는 適用하지 아니한다.	제144조(추인의 요건) ①추인은 취소의 원인이 소멸된 후에 하여야만 효력이 있다. ②제1항은 법정대리인 또는 후견인이 추인하는 경우에는 적용하지 아니한다. [전문개정 2011.3.7]
第180條(財産管理者에 對한 無能力者의 權利, 夫婦間의 權利와 時效停止) ①財産을 管理하는 父, 母 또는 後見人에 對한 無能力者의 權利는 그가 能力者가 되거나 後任의 法定代理人이 就任한 때로부터 6月內에는 消滅時效가 完成하지 아니한다. ②夫婦의 一方의 他方에 對한 權利는 婚姻關係의 終了한 때로부터 6月內에는 消滅時效가 完成하지 아니한다.	제180조(재산관리자에 대한 제한능력자의 권리, 부부 사이의 권리와 시효정지) ①재산을 관리하는 아버지, 어머니 또는 후견인에 대한 제한능력자의 권리는 그가 능력자가 되거나 후임 법정대리인이 취임한 때부터 6개월 내에는 소멸시효가 완성되지 아니한다. ②부부 중 한쪽이 다른 쪽에 대하여 가지는 권리는 혼인관계가 종료된 때부터 6개월 내에는 소멸시효가 완성되지 아니한다. [전문개정 2011.3.7]

第717條(非任意脫退) 前條의 境遇外에 組合員은 다음 各號의 事由로 因하여 脫退된다. 1. 死亡 2. 破産 3. 禁治産 4. 除名	제717조(비임의 탈퇴) 제716조의 경우 외에 조합원은 다음 각 호의 어느 하나에 해당하는 사유가 있으면 탈퇴된다. 1. 사망 2. 파산 3. 성년후견의 개시 4. 제명(除名) [전문개정 2011.3.7]
第755條(責任無能力者의 監督者의 責任) ①前2條의 規定에 依하여 無能力者에게 責任없는 境遇에는 이를 監督할 法定義務있는 者가 그 無能力者의 第三者에게 加한 損害를 賠償할 責任이 있다. 그러나 監督義務를 懈怠하지 아니한 때에는 그러하지 아니하다. ②監督義務者에 가름하여 無能力者를 監督하는 者도 前項의 責任이 있다.	제755조(감독자의 책임) ①다른 자에게 손해를 가한 사람이 제753조 또는 제754조에 따라 책임이 없는 경우에는 그를 감독할 법정의무가 있는 자가 그 손해를 배상할 책임이 있다. 다만, 감독의무를 게을리하지 아니한 경우에는 그러하지 아니하다. ②감독의무자를 갈음하여 제753조 또는 제754조에 따라 책임이 없는 사람을 감독하는 자도 제1항의 책임이 있다. [전문개정 2011.3.7]
第804條(約婚解除의 事由) 當事者의 一方에 다음 各號의 事由가 있는 때에는 相對方은 約婚을 解除할 수 있다.〈개정 1990.1.13〉 1. 約婚後 資格停止以上의 刑의 宣告를 받은 때 2. 約婚後 禁治産 또는 限定治産의 宣告를 받은 때 3. 性病, 不治의 精神病 기타 不治의 惡疾이 있는 때 4. 約婚後 他人과 約婚 또는 婚姻을 한 때 5. 約婚後 他人과 姦淫한 때 6. 約婚後 1年 이상 그 生死가 不明한 때	제804조(약혼해제의 사유) 당사자 한쪽에 다음 각 호의 어느 하나에 해당하는 사유가 있는 경우에는 상대방은 약혼을 해제할 수 있다. 1. 약혼 후 자격정지 이상의 형을 선고받은 경우 2. 약혼 후 성년후견개시나 한정후견개시의 심판을 받은 경우 3. 성병, 불치의 정신병, 그 밖의 불치의 병질(病疾)이 있는 경우 4. 약혼 후 다른 사람과 약혼이나 혼인을 한 경우 5. 약혼 후 다른 사람과 간음(姦淫)한 경우 6. 약혼 후 1년 이상 생사(生死)가 불명한 경우

7. 正當한 理由없이 婚姻을 拒絕하거나 그 時期를 遲延하는 때 8. 其他 重大한 事由가 있는 때	7. 정당한 이유 없이 혼인을 거절하거나 그 시기를 늦추는 경우 8. 그 밖에 중대한 사유가 있는 경우 [전문개정 2011.3.7]
第808條(同意를 요하는 婚姻) ①未成年者가 婚姻을 할 때에는 父母의 同意를 얻어야 하며, 父母중 一方이 同意權을 行使할 수 없는 때에는 다른 一方의 同意를 얻어야 하고, 父母가 모두 同意權을 행사할 수 없는 때에는 後見人의 同意를 얻어야 한다. ②禁治産者는 父母 또는 後見人의 同意를 얻어 婚姻할 수 있다. ③第1項 및 第2項의 경우에 父母 또는 後見人이 없거나 또는 同意할 수 없는 때에는 親族會의 同意를 얻어 婚姻할 수 있다. [전문개정 1977.12.31]	제808조(동의가 필요한 혼인) ①미성년자가 혼인을 하는 경우에는 부모의 동의를 받아야 하며, 부모 중 한쪽이 동의권을 행사할 수 없을 때에는 다른 한쪽의 동의를 받아야 하고, 부모가 모두 동의권을 행사할 수 없을 때에는 미성년후견인의 동의를 받아야 한다. ②피성년후견인은 부모나 성년후견인의 동의를 받아 혼인할 수 있다. [전문개정 2011.3.7]
第848條(禁治産者의 親生否認의 訴) ①부(夫) 또는 처(妻)가 禁治産者인 때에는 그 後見人은 親族會의 同意를 얻어 친생부인의 소를 提起할 수 있다.〈개정 2005.3.31〉 ②제1항의 境遇에 後見人이 친생부인의 소를 提起하지 아니한 때에는 禁治産者는 禁治産宣告의 取消있은 날로부터 2년내에 친생부인의 소를 提起할 수 있다.〈개정 2005.3.31〉	제848조(성년후견과 친생부인의 소) ①남편이나 아내가 피성년후견인인 경우에는 그의 성년후견인이 성년후견감독인의 동의를 받아 친생부인의 소를 제기할 수 있다. 성년후견감독인이 없거나 동의할 수 없을 때에는 가정법원에 그 동의를 갈음하는 허가를 청구할 수 있다. ②제1항의 경우 성년후견인이 친생부인의 소를 제기하지 아니하는 경우에는 피성년후견인은 성년후견종료의 심판이 있은 날부터 2년 내에 친생부인의 소를 제기할 수 있다. [전문개정 2011.3.7]
第867條삭제〈1990.1.13〉	제867조(미성년자의 입양에 대한 가정법원의 허가) ①미성년자를 입양하려는 사람은 가정법원의 허가를 받아야 한다. ②가정법원은 양자가 될 미성년자의 복리를 위하여 그 양육 상황, 입양의 동기, 양

	부모(養父母)의 양육능력, 그 밖의 사정을 고려하여 제1항에 따른 입양의 허가를 하지 아니할 수 있다. [본조신설 2012.2.10]
第869條(15歲未滿者의 入養承諾) 養子가 될 者가 15歲미만인 때에는 法定代理人이 그에 갈음하여 入養의 승낙을 한다. 다만, 후견인이 입양을 승낙하는 경우에는 가정법원의 허가를 받아야 한다.〈개정 2005.3.31〉 [전문개정 1990.1.13]	제869조(입양의 의사표시) ①양자가 될 사람이 13세 이상의 미성년자인 경우에는 법정대리인의 동의를 받아 입양을 승낙한다. ②양자가 될 사람이 13세 미만인 경우에는 법정대리인이 그를 갈음하여 입양을 승낙한다. ③가정법원은 다음 각 호의 어느 하나에 해당하는 경우에는 제1항에 따른 동의 또는 제2항에 따른 승낙이 없더라도 제867조제1항에 따른 입양의 허가를 할 수 있다. 1. 법정대리인이 정당한 이유 없이 동의 또는 승낙을 거부하는 경우. 다만, 법정대리인이 친권자인 경우에는 제870조제2항의 사유가 있어야 한다. 2. 법정대리인의 소재를 알 수 없는 등의 사유로 동의 또는 승낙을 받을 수 없는 경우 ④제3항제1호의 경우 가정법원은 법정대리인을 심문하여야 한다. ⑤제1항에 따른 동의 또는 제2항에 따른 승낙은 제867조제1항에 따른 입양의 허가가 있기 전까지 철회할 수 있다. [전문개정 2012.2.10]
第870條(入養의 同意) ①養子가 될 者는 父母의 同意를 얻어야 하며 父母가 死亡 其他 事由로 因하여 同意를 할 수 없는 境遇에 다른 直系尊屬이 있으면 그 同意를 얻어야 한다. ②第1項의 경우에 直系尊屬이 數人인 때에	제870조(미성년자 입양에 대한 부모의 동의) ①양자가 될 미성년자는 부모의 동의를 받아야 한다. 다만, 다음 각 호의 어느 하나에 해당하는 경우에는 그러하지 아니하다. 1. 부모가 제869조제1항에 따른 동의를 하거

는 最近尊屬을 先順位로 하고, 同順位者가 數人인 때에는 年長者를 先順位로 한다. 〈개정 1990.1.13〉	나 같은 조 제2항에 따른 승낙을 한 경우 2. 부모가 친권상실의 선고를 받은 경우 3. 부모의 소재를 알 수 없는 등의 사유로 동의를 받을 수 없는 경우 ②가정법원은 다음 각 호의 어느 하나에 해당하는 사유가 있는 경우에는 부모가 동의를 거부하더라도 제867조제1항에 따른 입양의 허가를 할 수 있다. 이 경우 가정법원은 부모를 심문하여야 한다. 1. 부모가 3년 이상 자녀에 대한 부양의무를 이행하지 아니한 경우 2. 부모가 자녀를 학대 또는 유기(遺棄)하거나 그 밖에 자녀의 복리를 현저히 해친 경우 ③제1항에 따른 동의는 제867조제1항에 따른 입양의 허가가 있기 전까지 철회할 수 있다. [전문개정 2012.2.10]
第871條(未成年者入養의 同意) 養子가 될 者가 成年에 達하지 못한 境遇에 父母 또는 다른直系尊屬이 없으면 後見人의 同意를 얻어야 한다. 그러나 後見人이 同意를 함에 있어서는 家庭法院의 許可를 얻어야 한다.〈개정 1990.1.13〉	제871조(성년자 입양에 대한 부모의 동의) ①양자가 될 사람이 성년인 경우에는 부모의 동의를 받아야 한다. 다만, 부모의 소재를 알 수 없는 등의 사유로 동의를 받을 수 없는 경우에는 그러하지 아니하다. ②가정법원은 부모가 정당한 이유 없이 동의를 거부하는 경우에 양부모가 될 사람이나 양자가 될 사람의 청구에 따라 부모의 동의를 갈음하는 심판을 할 수 있다. 이 경우 가정법원은 부모를 심문하여야 한다. [전문개정 2012.2.10]
第873條(禁治産者의 入養) 禁治産者는 後見人의 同意를 얻어 養子를 할 수 있고 養子가 될 수 있다.	제873조(피성년후견인의 입양) ①피성년후견인은 성년후견인의 동의를 받아 입양을 할 수 있고 양자가 될 수 있다.

	②피성년후견인이 입양을 하거나 양자가 되는 경우에는 제867조를 준용한다. ③가정법원은 성년후견인이 정당한 이유 없이 제1항에 따른 동의를 거부하거나 피성년후견인의 부모가 정당한 이유 없이 제871조제1항에 따른 동의를 거부하는 경우에 그 동의가 없어도 입양을 허가할 수 있다. 이 경우 가정법원은 성년후견인 또는 부모를 심문하여야 한다. [전문개정 2012.2.10]
第874條(夫婦의 共同入養) ①配偶者있는 者가 養子를 할 때에는 配偶者와 共同으로 하여야 한다. ②配偶者있는 者가 養子가 될 때에는 다른 一方의 同意를 얻어야 한다. [전문개정 1990.1.13]	제874조(부부의 공동 입양 등) ①배우자가 있는 사람은 배우자와 공동으로 입양하여야 한다. ②배우자가 있는 사람은 그 배우자의 동의를 받아야만 양자가 될 수 있다. [전문개정 2012.2.10]
	제882조의2(입양의 효력) ①양자는 입양된 때부터 양부모의 친생자와 같은 지위를 가진다. ②양자의 입양 전의 친족관계는 존속한다. [본조신설 2012.2.10]
第883條(入養無效의 原因) 入養은 다음 各號의 境遇에는 無效로 한다. 1. 當事者間에 入養의 合意가 없는 때 2. 第869條, 第877條第1項의 規定에 違反한 때	제883조(입양 무효의 원인) 다음 각 호의 어느 하나에 해당하는 입양은 무효이다. 1. 당사자 사이에 입양의 합의가 없는 경우 2. 제867조제1항(제873조제2항에 따라 준용되는 경우를 포함한다), 제869조제2항, 제877조를 위반한 경우 [전문개정 2012.2.10]
第884條(入養取消의 原因) 入養은 다음 各號의 境遇에는 家庭法院에 그 取消를 請求할 수 있다.〈개정 1990.1.13〉 1. 入養이 第866條 및 第870條 내지 第874條의 規定에 위반한 때	제884조(입양 취소의 원인) ①입양이 다음 각 호의 어느 하나에 해당하는 경우에는 가정법원에 그 취소를 청구할 수 있다. 1. 제866조, 제869조제1항, 같은 조 제3항제2호, 제870조제1항, 제871조제1항, 제

2. 入養 당시 養親子의 一方에게 惡疾 기타 중대한 사유가 있음을 알지 못한 때 3. 詐欺 또는 强迫으로 因하여 入養의 意思表示를 한 때	873조제1항, 제874조를 위반한 경우 2. 입양 당시 양부모와 양자 중 어느 한쪽에게 악질(惡疾)이나 그 밖에 중대한 사유가 있음을 알지 못한 경우 3. 사기 또는 강박으로 인하여 입양의 의사표시를 한 경우 ②입양 취소에 관하여는 제867조제2항을 준용한다. [전문개정 2012.2.10]
第891條(同前) 第871條의 規定에 違反한 入養은 養子가 成年에 達한 後 3月을 經過하거나 死亡한 때에는 그 取消를 請求하지 못한다.	제891조(입양 취소 청구권의 소멸) ①양자가 성년이 된 후 3개월이 지나거나 사망하면 제869조제1항, 같은 조 제3항제2호, 제870조제1항을 위반한 입양의 취소를 청구하지 못한다. ②양자가 사망하면 제871조제1항을 위반한 입양의 취소를 청구하지 못한다. [전문개정 2012.2.10]
第899條(15歲未滿者의 協議上 罷養) ①養子가 15歲未滿인 때에는 第869條의 規定에 依하여 入養을 承諾한 者가 이에 갈음하여 罷養의 協議를 하여야 한다. 그러나 入養을 承諾한 者가 死亡 其他 事由로 協議를 할 수 없는 때에는 生家의 다른 直系尊屬이 이를 하여야 한다. ②제1항의 규정에 의한 협의를 후견인 또는 생가(生家)의 다른 직계존속이 하는 때에는 가정법원의 허가를 받아야 한다.<신설 2005.3.31>	제899조(15세 미만자의 협의상 파양) ①양자가 15세 미만인 경우에는 제869조에 따라 입양을 승낙한 사람이 양자를 갈음하여 파양의 협의를 하여야 한다. 다만, 입양을 승낙한 사람이 사망하거나 그 밖의 사유로 협의를 할 수 없을 때에는 생가(生家)의 다른 직계존속이 이를 하여야 한다. ②제1항에 따른 협의를 미성년후견인이나 생가의 다른 직계존속이 하는 경우에는 가정법원의 허가를 받아야 한다. [전문개정 2011.3.7]
第905條(裁判上 罷養原因) 養親子의 一方은 다음 各號의 事由가 있는 境遇에는 家庭法院에 罷養을 請求할 수 있다.<개정 1990.1.13>	제905조(재판상 파양의 원인) 양부모, 양자 또는 제906조에 따른 청구권자는 다음 각 호의 어느 하나에 해당하는 경우에는 가정법원에 파양을 청구할 수 있다.

1. 家族의 名譽를 汚瀆하거나 財産을 傾倒한 중대한 過失이 있을 때 2. 다른 一方 또는 그 直系尊屬으로부터 甚히 不當한 待遇를 받았을 때 3. 自己의 直系尊屬이 다른 一方으로부터 甚히 不當한 待遇를 받았을 때 4. 養子의 生死가 3年以上 分明하지 아니한 때 5. 其他 養親子關係를 繼續하기 어려운 重大한 事由가 있을 때	1. 양부모가 양자를 학대 또는 유기하거나 그 밖에 양자의 복리를 현저히 해친 경우 2. 양부모가 양자로부터 심히 부당한 대우를 받은 경우 3. 양부모나 양자의 생사가 3년 이상 분명하지 아니한 경우 4. 그 밖에 양친자관계를 계속하기 어려운 중대한 사유가 있는 경우 [전문개정 2012.2.10]
第906條(準用規定) 第899條 乃至 第902條의 規定은 裁判上 罷養의 請求에 準用한다.〈개정 1990.1.13〉	제906조(파양 청구권자) ①양자가 13세 미만인 경우에는 제869조제2항에 따른 승낙을 한 사람이 양자를 갈음하여 파양을 청구할 수 있다. 다만, 파양을 청구할 수 있는 사람이 없는 경우에는 제777조에 따른 양자의 친족이나 이해관계인이 가정법원의 허가를 받아 파양을 청구할 수 있다. ②양자가 13세 이상의 미성년자인 경우에는 제870조제1항에 따른 동의를 한 부모의 동의를 받아 파양을 청구할 수 있다. 다만, 부모가 사망하거나 그 밖의 사유로 동의할 수 없는 경우에는 동의 없이 파양을 청구할 수 있다. ③양부모나 양자가 피성년후견인인 경우에는 성년후견인의 동의를 받아 파양을 청구할 수 있다. ④검사는 미성년자나 피성년후견인인 양자를 위하여 파양을 청구할 수 있다. [전문개정 2012.2.10]
제908조의2(친양자 입양의 요건 등) ①친양자(親養子)를 하려는 자는 다음 각호의 요건을 갖추어 가정법원에 친양자 입양의 청구를 하여야 한다.	제908조의2(친양자 입양의 요건 등) ①친양자(親養子)를 입양하려는 사람은 다음 각 호의 요건을 갖추어 가정법원에 친양자 입양을 청구하여야 한다.

1. 3년 이상 혼인중인 부부로서 공동으로 입양할 것. 다만, 1년 이상 혼인중인 부부의 일방이 그 배우자의 친생자를 친양자로 하는 경우에는 그러하지 아니하다. 2. 친양자로 될 자가 15세 미만일 것 3. 친양자로 될 자의 친생부모가 친양자 입양에 동의할 것. 다만, 부모의 친권이 상실되거나 사망 그 밖의 사유로 동의할 수 없는 경우에는 그러하지 아니하다. 4. 제869조의 규정에 의한 법정대리인의 입양승낙이 있을 것	1. 3년 이상 혼인 중인 부부로서 공동으로 입양할 것. 다만, 1년 이상 혼인 중인 부부의 한쪽이 그 배우자의 친생자를 친양자로 하는 경우에는 그러하지 아니하다. 2. 친양자가 될 사람이 미성년자일 것 3. 친양자가 될 사람의 친생부모가 친양자 입양에 동의할 것. 다만, 부모가 친권상실의 선고를 받거나 소재를 알 수 없거나 그 밖의 사유로 동의할 수 없는 경우에는 그러하지 아니하다. 4. 친양자가 될 사람이 13세 이상인 경우에는 법정대리인의 동의를 받아 입양을 승낙할 것 5. 친양자가 될 사람이 13세 미만인 경우에는 법정대리인이 그를 갈음하여 입양을 승낙할 것
②가정법원은 친양자로 될 자의 복리를 위하여 그 양육상황, 친양자 입양의 동기, 양친(養親)의 양육능력 그 밖의 사정을 고려하여 친양자 입양이 적당하지 아니하다고 인정되는 경우에는 제1항의 청구를 기각할 수 있다. [본조신설 2005.3.31]	②가정법원은 다음 각 호의 어느 하나에 해당하는 경우에는 제1항제3호 · 제4호에 따른 동의 또는 같은 항 제5호에 따른 승낙이 없어도 제1항의 청구를 인용할 수 있다. 이 경우 가정법원은 동의권자 또는 승낙권자를 심문하여야 한다. 1. 법정대리인이 정당한 이유 없이 동의 또는 승낙을 거부하는 경우. 다만, 법정대리인이 친권자인 경우에는 제2호 또는 제3호의 사유가 있어야 한다. 2. 친생부모가 자신에게 책임이 있는 사유로 3년 이상 자녀에 대한 부양의무를 이행하지 아니하고 면접교섭을 하지 아니한 경우 3. 친생부모가 자녀를 학대 또는 유기하거나 그 밖에 자녀의 복리를 현저히 해친 경우

	③가정법원은 친양자가 될 사람의 복리를 위하여 그 양육상황, 친양자 입양의 동기, 양부모의 양육능력, 그 밖의 사정을 고려하여 친양자 입양이 적당하지 아니하다고 인정하는 경우에는 제1항의 청구를 기각할 수 있다. [전문개정 2012.2.10]
제908조의4(친양자 입양의 취소 등) ①친양자로 될 자의 친생(親生)의 부 또는 모는 자신에게 책임이 없는 사유로 인하여 제908조의2제1항제3호 단서의 규정에 의한 동의를 할 수 없었던 경우에는 친양자 입양의 사실을 안 날부터 6월내에 가정법원에 친양자 입양의 취소를 청구할 수 있다. ②제883조 및 제884조의 규정은 친양자 입양에 관하여 이를 적용하지 아니한다. [본조신설 2005.3.31]	제908조의4(친양자 입양의 취소 등) ①친양자로 될 사람의 친생(親生)의 아버지 또는 어머니는 자신에게 책임이 없는 사유로 인하여 제908조의2제1항제3호 단서에 따른 동의를 할 수 없었던 경우에 친양자 입양의 사실을 안 날부터 6개월 안에 가정법원에 친양자 입양의 취소를 청구할 수 있다. ②친양자 입양에 관하여는 제883조, 제884조를 적용하지 아니한다. [전문개정 2012.2.10]
	제909조의2(친권자의 지정 등) ①제909조제4항부터 제6항까지의 규정에 따라 단독 친권자로 정하여진 부모의 일방이 사망한 경우 생존하는 부 또는 모, 미성년자, 미성년자의 친족은 그 사실을 안 날부터 1개월, 사망한 날부터 6개월 내에 가정법원에 생존하는 부 또는 모를 친권자로 지정할 것을 청구할 수 있다. ②입양이 취소되거나 파양된 경우 또는 양부모가 모두 사망한 경우 친생부모 일방 또는 쌍방, 미성년자, 미성년자의 친족은 그 사실을 안 날부터 1개월, 입양이 취소되거나 파양된 날 또는 양부모가 모두 사망한 날부터 6개월 내에 가정법원에 친생부모 일방 또는 쌍방을 친권자로 지정할

	것을 청구할 수 있다. 다만, 친양자의 양부모가 사망한 경우에는 그러하지 아니하다. ③제1항 또는 제2항의 기간 내에 친권자 지정의 청구가 없을 때에는 가정법원은 직권으로 또는 미성년자, 미성년자의 친족, 이해관계인, 검사, 지방자치단체의 장의 청구에 의하여 미성년후견인을 선임할 수 있다. 이 경우 생존하는 부 또는 모, 친생부모 일방 또는 쌍방의 소재를 모르거나 그가 정당한 사유 없이 소환에 응하지 아니하는 경우를 제외하고 그에게 의견을 진술할 기회를 주어야 한다. ④가정법원은 제1항 또는 제2항에 따른 친권자 지정 청구나 제3항에 따른 후견인 선임 청구가 생존하는 부 또는 모, 친생부모 일방 또는 쌍방의 양육의사 및 양육능력, 청구 동기, 미성년자의 의사, 그 밖의 사정을 고려하여 미성년자의 복리를 위하여 적절하지 아니하다고 인정하면 청구를 기각할 수 있다. 이 경우 가정법원은 직권으로 미성년후견인을 선임하거나 생존하는 부 또는 모, 친생부모 일방 또는 쌍방을 친권자로 지정하여야 한다. ⑤가정법원은 다음 각 호의 어느 하나에 해당하는 경우에 직권으로 또는 미성년자, 미성년자의 친족, 이해관계인, 검사, 지방자치단체의 장의 청구에 의하여 제1항부터 제4항까지의 규정에 따라 친권자가 지정되거나 미성년후견인이 선임될 때까지 그 임무를 대행할 사람을 선임할 수 있다. 이 경우 그 임무를 대행할 사람에 대하여는 제25조 및 제954조를 준용한다. 1. 단독 친권자가 사망한 경우

	2. 입양이 취소되거나 파양된 경우 3. 양부모가 모두 사망한 경우 ⑥가정법원은 제3항 또는 제4항에 따라 미성년후견인이 선임된 경우라도 미성년후견인 선임 후 양육상황이나 양육능력의 변동, 미성년자의 의사, 그 밖의 사정을 고려하여 미성년자의 복리를 위하여 필요하면 생존하는 부 또는 모, 친생부모 일방 또는 쌍방, 미성년자의 청구에 의하여 후견을 종료하고 생존하는 부 또는 모, 친생부모 일방 또는 쌍방을 친권자로 지정할 수 있다. [본조신설 2011.5.19]
제912조(친권행사의 기준) 친권을 행사함에 있어서는 자의 복리를 우선적으로 고려하여야 한다. [본조신설 2005.3.31]	제912조(친권 행사와 친권자 지정의 기준 〈개정 2011.5.19〉) ① 친권을 행사함에 있어서는 자의 복리를 우선적으로 고려하여야 한다. ②가정법원이 친권자를 지정함에 있어서는 자(子)의 복리를 우선적으로 고려하여야 한다. 이를 위하여 가정법원은 관련 분야의 전문가나 사회복지기관으로부터 자문을 받을 수 있다.〈신설 2011.5.19〉 [본조신설 2005.3.31]
	제927조의2(친권 상실과 친권자의 지정 등) ①제909조제4항부터 제6항까지의 규정에 따라 단독 친권자가 된 부 또는 모, 양부모(친양자의 양부모를 제외한다) 쌍방에게 다음 각 호의 어느 하나에 해당하는 사유가 있는 경우에는 제909조의2제1항 및 제3항부터 제5항까지의 규정을 준용한다. 다만, 제2호와 제3호의 경우 새로 정하여진 친권자 또는 미성년후견인의 임무는 미성년자의 재산에 관한 행위에 한정된다. 1. 제924조에 따른 친권상실의 선고가 있

	는 경우 2. 제925조에 따른 대리권과 재산관리권 상실의 선고가 있는 경우 3. 제927조제1항에 따라 대리권과 재산관리권을 사퇴한 경우 4. 소재불명 등 친권을 행사할 수 없는 중대한 사유가 있는 경우 ②가정법원은 제1항에 따라 친권자가 지정되거나 미성년후견인이 선임된 후 단독 친권자이었던 부 또는 모, 양부모 일방 또는 쌍방에게 다음 각 호의 어느 하나에 해당하는 사유가 있는 경우에는 그 부모 일방 또는 쌍방, 미성년자, 미성년자의 친족의 청구에 의하여 친권자를 새로 지정할 수 있다. 1. 제926조에 따라 실권의 회복이 선고된 경우 2. 제927조제2항에 따라 사퇴한 권리를 회복한 경우 3. 소재불명이던 부 또는 모가 발견되는 등 친권을 행사할 수 있게 된 경우 [본조신설 2011.5.19]
第930條(後見人의 數) 後見人은 1人으로 한다.	제930조(후견인의 수와 자격) ①미성년후견인의 수(數)는 한 명으로 한다. ②성년후견인은 피성년후견인의 신상과 재산에 관한 모든 사정을 고려하여 여러 명을 둘 수 있다. ③법인도 성년후견인이 될 수 있다. [전문개정 2011.3.7]
第931條(遺言에 依한 後見人의 指定) 未成年者에 對하여 親權을 行使하는 父母는 遺言으로 未成年者의 後見人을 指定할 수 있다. 그러나 法律行爲의 代理權과 財産管理權없는 親權者는 이를 指定하지	제931조(유언에 의한 미성년후견인의 지정 등) ①미성년자에게 친권을 행사하는 부모는 유언으로 미성년후견인을 지정할 수 있다. 다만, 법률행위의 대리권과 재산관리권이 없는 친권자는 그러하지 아

못한다.	니하다. ②가정법원은 제1항에 따라 미성년후견인이 지정된 경우라도 미성년자의 복리를 위하여 필요하면 생존하는 부 또는 모, 미성년자의 청구에 의하여 후견을 종료하고 생존하는 부 또는 모를 친권자로 지정할 수 있다. [전문개정 2011.5.19]
第932條(未成年者의 後見人의 順位) 第931條의 規定에 의한 後見人의 지정이 없는 때에는 未成年者의 直系血族, 3寸이내의 傍系血族의 順位로 後見人이 된다. [전문개정 1990.1.13]	제932조(미성년후견인의 선임) ①가정법원은 제931조에 따라 지정된 미성년후견인이 없는 경우에는 직권으로 또는 미성년자, 친족, 이해관계인, 검사, 지방자치단체의 장의 청구에 의하여 미성년후견인을 선임한다. 미성년후견인이 없게 된 경우에도 또한 같다. ②가정법원은 친권상실의 선고나 대리권 및 재산관리권 상실의 선고에 따라 미성년후견인을 선임할 필요가 있는 경우에는 직권으로 미성년후견인을 선임한다. ③친권자가 대리권 및 재산관리권을 사퇴한 경우에는 지체 없이 가정법원에 미성년후견인의 선임을 청구하여야 한다. [전문개정 2011.3.7]
第936條(法院에 依한 後見人의 選任) ①前4條의 規定에 依하여 後見人이 될 者가 없는 境遇에는 法院은 第777條의 規定에 依한 被後見人의 親族 其他 利害關係人의 請求에 依하여 後見人을 選任하여야 한다. ②後見人이 死亡, 缺格 其他 事由로 因하여 缺格된 때에 前4條의 規定에 依하여 後見人이 될 者가 없는 境遇에도 前項과 같다.	제936조(성년후견인의 선임) ①제929조에 따른 성년후견인은 가정법원이 직권으로 선임한다. ②가정법원은 성년후견인이 사망, 결격, 그 밖의 사유로 없게 된 경우에도 직권으로 또는 피성년후견인, 친족, 이해관계인, 검사, 지방자치단체의 장의 청구에 의하여 성년후견인을 선임한다. ③가정법원은 성년후견인이 선임된 경우에도 필요하다고 인정하면 직권으로 또는 제2항의 청구권자나 성년후견인의 청구에 의

	하여 추가로 성년후견인을 선임할 수 있다. ④가정법원이 성년후견인을 선임할 때에는 피성년후견인의 의사를 존중하여야 하며, 그 밖에 피성년후견인의 건강, 생활관계, 재산상황, 성년후견인이 될 사람의 직업과 경험, 피성년후견인과의 이해관계의 유무(법인이 성년후견인이 될 때에는 사업의 종류와 내용, 법인이나 그 대표자와 피성년후견인 사이의 이해관계의 유무를 말한다) 등의 사정도 고려하여야 한다. [전문개정 2011.3.7]
第937條(後見人의 缺格事由) 다음 各號에 該當한 者는 後見人이 되지 못한다.〈개정 2005.3.31〉 1. 未成年者 2. 禁治産者, 限定治産者 3. 파산선고를 받은 자 4. 資格停止以上의 刑의 宣告를 받고 그 刑期中에 있는 者 5. 法院에서 解任된 法定代理人 또는 親族會員 6. 行方이 不明한 者 7. 被後見人에 對하여 訴訟을 하였거나 하고 있는 者 또는 그 配偶者와 直系血族	제937조(후견인의 결격사유) 다음 각 호의 어느 하나에 해당하는 자는 후견인이 되지 못한다. 1. 미성년자 2. 피성년후견인, 피한정후견인, 피특정후견인, 피임의후견인 3. 회생절차개시결정 또는 파산선고를 받은 자 4. 자격정지 이상의 형의 선고를 받고 그 형기(刑期) 중에 있는 사람 5. 법원에서 해임된 법정대리인 6. 법원에서 해임된 성년후견인, 한정후견인, 특정후견인, 임의후견인과 그 감독인 7. 행방이 불분명한 사람 8. 피후견인을 상대로 소송을 하였거나 하고 있는 자 또는 그 배우자와 직계혈족 [전문개정 2011.3.7]
第938條(後見人의 代理權) 後見人은 被後見人의 法定代理人이 된다.	제938조(후견인의 대리권 등) ①후견인은 피후견인의 법정대리인이 된다. ②가정법원은 성년후견인이 제1항에 따라 가지는 법정대리권의 범위를 정할 수 있다. ③가정법원은 성년후견인이 피성년후견인

	의 신상에 관하여 결정할 수 있는 권한의 범위를 정할 수 있다. ④제2항 및 제3항에 따른 법정대리인의 권한의 범위가 적절하지 아니하게 된 경우에 가정법원은 본인, 배우자, 4촌 이내의 친족, 성년후견인, 성년후견감독인, 검사 또는 지방자치단체의 장의 청구에 의하여 그 범위를 변경할 수 있다. [전문개정 2011.3.7]
	제940조의3(미성년후견감독인의 선임) ① 가정법원은 제940조의2에 따라 지정된 미성년후견감독인이 없는 경우에 필요하다고 인정하면 직권으로 또는 미성년자, 친족, 미성년후견인, 검사, 지방자치단체의 장의 청구에 의하여 미성년후견감독인을 선임할 수 있다. ②가정법원은 미성년후견감독인이 사망, 결격, 그 밖의 사유로 없게 된 경우에는 직권으로 또는 미성년자, 친족, 미성년후견인, 검사, 지방자치단체의 장의 청구에 의하여 미성년후견감독인을 선임한다. [본조신설 2011.3.7]
	제940조의4(성년후견감독인의 선임) ①가정법원은 필요하다고 인정하면 직권으로 또는 피성년후견인, 친족, 성년후견인, 검사, 지방자치단체의 장의 청구에 의하여 성년후견감독인을 선임할 수 있다. ②가정법원은 성년후견감독인이 사망, 결격, 그 밖의 사유로 없게 된 경우에는 직권으로 또는 피성년후견인, 친족, 성년후견인, 검사, 지방자치단체의 장의 청구에 의하여 성년후견감독인을 선임한다. [본조신설 2011.3.7]

	제940조의6(후견감독인의 직무) ①후견감독인은 후견인의 사무를 감독하며, 후견인이 없는 경우 지체 없이 가정법원에 후견인의 선임을 청구하여야 한다. ②후견감독인은 피후견인의 신상이나 재산에 대하여 급박한 사정이 있는 경우 그의 보호를 위하여 필요한 행위 또는 처분을 할 수 있다. ③후견인과 피후견인 사이에 이해가 상반되는 행위에 관하여는 후견감독인이 피후견인을 대리한다. [본조신설 2011.3.7]
第941條(財産調査와 目錄作成) ①後見人은 遲滯없이 被後見人의 財産을 調査하여 2月內에 그 目錄을 作成하여야 한다. 그러나 正當한 事由있는 때에는 法院의 許可를 얻어 그 期間을 延長할 수 있다. ②前項의 財産調査와 目錄作成은 親族會가 指定한 會員의 參與가 없으면 效力이 없다.	제941조(재산조사와 목록작성) ①후견인은 지체 없이 피후견인의 재산을 조사하여 2개월 내에 그 목록을 작성하여야 한다. 다만, 정당한 사유가 있는 경우에는 법원의 허가를 받아 그 기간을 연장할 수 있다. ②후견감독인이 있는 경우 제1항에 따른 재산조사와 목록작성은 후견감독인의 참여가 없으면 효력이 없다. [전문개정 2011.3.7]
第942條(後見人의 債權, 債務의 提示) ①後見人과 被後見人 사이에 債權, 債務의 關係가 있는 때에는 後見人은 財産目錄의 作成을 完了하기 前에 그 內容을 親族會 또는 親族會의 指定한 會員에게 提示하여야 한다. ②後見人이 被後見人에 對한 債權있음을 알고 前項의 提示를 懈怠한 때에는 그 債權을 抛棄한 것으로 본다.	제942조(후견인의 채권 · 채무의 제시) ①후견인과 피후견인 사이에 채권 · 채무의 관계가 있고 후견감독인이 있는 경우에는 후견인은 재산목록의 작성을 완료하기 전에 그 내용을 후견감독인에게 제시하여야 한다. ②후견인이 피후견인에 대한 채권이 있음을 알고도 제1항에 따른 제시를 게을리한 경우에는 그 채권을 포기한 것으로 본다. [전문개정 2011.3.7]

第945條(未成年者의 身分에 關한 後見人의 權利義務) 未成年者의 後見人은 第913條 乃至 第915條에 規定한 事項에 關하여는 親權者와 同一한 權利義務가 있다. 그러나 親權者가 定한 敎養方法 또는 居所를 變更하거나 被後見人을 感化 또는 矯正機關에 委託하거나 親權者가 許諾한 營業을 取消 또는 制限함에는 親族會의 同意를 얻어야 한다.	제945조(미성년자의 신분에 관한 후견인의 권리 · 의무) 미성년후견인은 제913조부터 제915조까지에 규정한 사항에 관하여는 친권자와 동일한 권리와 의무가 있다. 다만, 다음 각 호의 어느 하나에 해당하는 경우에는 미성년후견감독인이 있으면 그의 동의를 받아야 한다. 1. 친권자가 정한 교육방법, 양육방법 또는 거소를 변경하는 경우 2. 미성년자를 감화기관이나 교정기관에 위탁하는 경우 3. 친권자가 허락한 영업을 취소하거나 제한하는 경우 [전문개정 2011.3.7]
	제947조의2(피성년후견인의 신상결정 등) ①피성년후견인은 자신의 신상에 관하여 그의 상태가 허락하는 범위에서 단독으로 결정한다. ②성년후견인이 피성년후견인을 치료 등의 목적으로 정신병원이나 그 밖의 다른 장소에 격리하려는 경우에는 가정법원의 허가를 받아야 한다. ③피성년후견인의 신체를 침해하는 의료행위에 대하여 피성년후견인이 동의할 수 없는 경우에는 성년후견인이 그를 대신하여 동의할 수 있다. ④제3항의 경우 피성년후견인이 의료행위의 직접적인 결과로 사망하거나 상당한 장애를 입을 위험이 있을 때에는 가정법원의 허가를 받아야 한다. 다만, 허가절차로 의료행위가 지체되어 피성년후견인의 생명에 위험을 초래하거나 심신상의 중대한 장애를 초래할 때에는 사후에 허가를 청구할 수 있다.

	⑤성년후견인이 피성년후견인을 대리하여 피성년후견인이 거주하고 있는 건물 또는 그 대지에 대하여 매도, 임대, 전세권 설정, 저당권 설정, 임대차의 해지, 전세권의 소멸, 그 밖에 이에 준하는 행위를 하는 경우에는 가정법원의 허가를 받아야 한다. [본조신설 2011.3.7]
第948條(未成年者의 親權의 代行) ①後見人은 被後見人에 가름하여 그 子에 對한 親權을 行使한다. ②前項의 親權行使에는 後見人의 任務에 關한 規定을 準用한다.	제948조(미성년자의 친권의 대행) ①미성년후견인은 미성년자를 갈음하여 미성년자의 자녀에 대한 친권을 행사한다. ②제1항의 친권행사에는 미성년후견인의 임무에 관한 규정을 준용한다. [전문개정 2011.3.7]
	제949조의2(성년후견인이 여러 명인 경우 권한의 행사 등) ①가정법원은 직권으로 여러 명의 성년후견인이 공동으로 또는 사무를 분장하여 그 권한을 행사하도록 정할 수 있다. ②가정법원은 직권으로 제1항에 따른 결정을 변경하거나 취소할 수 있다. ③여러 명의 성년후견인이 공동으로 권한을 행사하여야 하는 경우에 어느 성년후견인이 피성년후견인의 이익이 침해될 우려가 있음에도 법률행위의 대리 등 필요한 권한행사에 협력하지 아니할 때에는 가정법원은 피성년후견인, 성년후견인, 후견감독인 또는 이해관계인의 청구에 의하여 그 성년후견인의 의사표시를 갈음하는 재판을 할 수 있다. [본조신설 2011.3.7]
第950條(法定代理權과 同意權의 制限) ①後見人이 被後見人에 가름하여 다음 各號의 行爲를 하거나 未成年者 또는 限定治産者의 다음 各號의 行爲에 同意를 함에는 親族會의 同意를 얻어야 한다.	제950조(후견감독인의 동의를 필요로 하는 행위) ①후견인이 피후견인을 대리하여 다음 각 호의 어느 하나에 해당하는 행위를 하거나 미성년자의 다음 각 호의 어느 하나에 해당하는 행위에 동의를 할 때는

	후견감독인이 있으면 그의 동의를 받아야 한다.
1. 營業을 하는 일	1. 영업에 관한 행위
2. 借財 또는 保證을 하는 일	2. 금전을 빌리는 행위
3. 不動産 또는 重要한 財産에 關한 權利의 得失變更을 目的으로 하는 行爲를 하는 일	3. 의무만을 부담하는 행위
4. 訴訟行爲를 하는 일	4. 부동산 또는 중요한 재산에 관한 권리의 득실변경을 목적으로 하는 행위 5. 소송행위 6. 상속의 승인, 한정승인 또는 포기 및 상속재산의 분할에 관한 협의
②前項의 規定에 違反한 行爲는 被後見人 또는 親族會가 이를 取消할 수 있다.	②후견감독인의 동의가 필요한 행위에 대하여 후견감독인이 피후견인의 이익이 침해될 우려가 있음에도 동의를 하지 아니하는 경우에는 가정법원은 후견인의 청구에 의하여 후견감독인의 동의를 갈음하는 허가를 할 수 있다. ③후견감독인의 동의가 필요한 법률행위를 후견인이 후견감독인의 동의 없이 하였을 때에는 피후견인 또는 후견감독인이 그 행위를 취소할 수 있다. [전문개정 2011.3.7]
第951條(被後見人에 對한 權利의 讓受) ①後見人이 被後見人에 對한 第三者의 權利를 讓受함에는 親族會의 同意를 얻어야 한다. ②前項의 規定에 違反한 行爲는 被後見人 또는 親族會가 이를 取消할 수 있다.	제951조(피후견인의 재산 등의 양수에 대한 취소) ①후견인이 피후견인에 대한 제3자의 권리를 양수(讓受)하는 경우에는 피후견인은 이를 취소할 수 있다. ②제1항에 따른 권리의 양수의 경우 후견감독인이 있으면 후견인은 후견감독인의 동의를 받아야 하고, 후견감독인의 동의가 없는 경우에는 피후견인 또는 후견감독인이 이를 취소할 수 있다. [전문개정 2011.3.7]

第957條(後見事務의 終了와 管理의 計算) ①後見人의 任務가 終了한 때에는 後見人 또는 그 相續人은 1月內에 被後見人의 財産에 關한 計算을 하여야 한다. 그러나 正當한 事由있는 때에는 法院의 許可를 얻어 그 期間을 延長할 수 있다. ②前項의 計算은 親族會가 指定한 會員의 參與가 없으면 效力이 없다.	제957조(후견사무의 종료와 관리의 계산) ①후견인의 임무가 종료된 때에는 후견인 또는 그 상속인은 1개월 내에 피후견인의 재산에 관한 계산을 하여야 한다. 다만, 정당한 사유가 있는 경우에는 법원의 허가를 받아 그 기간을 연장할 수 있다. ②제1항의 계산은 후견감독인이 있는 경우에는 그가 참여하지 아니하면 효력이 없다. [전문개정 2011.3.7]
	제959조의3(한정후견인의 선임 등) ①제959조의2에 따른 한정후견인은 가정법원이 직권으로 선임한다. ②한정후견인에 대하여는 제930조제2항 · 제3항, 제936조제2항부터 제4항까지, 제937조, 제939조, 제940조 및 제949조의3을 준용한다. [본조신설 2011.3.7]
	제959조의4(한정후견인의 대리권 등) ①가정법원은 한정후견인에게 대리권을 수여하는 심판을 할 수 있다. ②한정후견인의 대리권 등에 관하여는 제938조제3항 및 제4항을 준용한다. [본조신설 2011.3.7]
	제959조의5(한정후견감독인) ①가정법원은 필요하다고 인정하면 직권으로 또는 피한정후견인, 친족, 한정후견인, 검사, 지방자치단체의 장의 청구에 의하여 한정후견감독인을 선임할 수 있다. ②한정후견감독인에 대하여는 제681조, 제691조, 제692조, 제930조제2항 · 제3항, 제936조제3항 · 제4항, 제937조, 제939조, 제940조, 제940조의3제2항, 제940조

	의5, 제940조의6, 제947조의2제3항부터 제5항까지, 제949조의2, 제955조 및 제955조의2를 준용한다. 이 경우 제940조의6 제3항 중 "피후견인을 대리한다"는 "피한정후견인을 대리하거나 피한정후견인이 그 행위를 하는 데 동의한다"로 본다. [본조신설 2011.3.7]
	제959조의9(특정후견인의 선임 등) ①가정법원은 제959조의8에 따른 처분으로 피특정후견인을 후원하거나 대리하기 위한 특정후견인을 선임할 수 있다. ②특정후견인에 대하여는 제930조제2항·제3항, 제936조제2항부터 제4항까지, 제937조, 제939조 및 제940조를 준용한다. [본조신설 2011.3.7]
	제959조의10(특정후견감독인) ①가정법원은 필요하다고 인정하면 직권으로 또는 피특정후견인, 친족, 특정후견인, 검사, 지방자치단체의 장의 청구에 의하여 특정후견감독인을 선임할 수 있다. ②특정후견감독인에 대하여는 제681조, 제691조, 제692조, 제930조제2항·제3항, 제936조제3항·제4항, 제937조, 제939조, 제940조, 제940조의5, 제940조의6, 제949조의2, 제955조 및 제955조의2를 준용한다. [본조신설 2011.3.7]
	제959조의11(특정후견인의 대리권) ①피특정후견인의 후원을 위하여 필요하다고 인정하면 가정법원은 기간이나 범위를 정하여 특정후견인에게 대리권을 수여하는 심판을 할 수 있다.

	②제1항의 경우 가정법원은 특정후견인의 대리권 행사에 가정법원이나 특정후견감독인의 동의를 받도록 명할 수 있다. [본조신설 2011.3.7]
	제959조의14(후견계약의 의의와 체결방법 등) ①후견계약은 질병, 장애, 노령, 그 밖의 사유로 인한 정신적 제약으로 사무를 처리할 능력이 부족한 상황에 있거나 부족하게 될 상황에 대비하여 자신의 재산관리 및 신상보호에 관한 사무의 전부 또는 일부를 다른 자에게 위탁하고 그 위탁사무에 관하여 대리권을 수여하는 것을 내용으로 한다. ②후견계약은 공정증서로 체결하여야 한다. ③후견계약은 가정법원이 임의후견감독인을 선임한 때부터 효력이 발생한다. ④가정법원, 임의후견인, 임의후견감독인 등은 후견계약을 이행 · 운영할 때 본인의 의사를 최대한 존중하여야 한다. [본조신설 2011.3.7]
	제959조의15(임의후견감독인의 선임) ①가정법원은 후견계약이 등기되어 있고, 본인이 사무를 처리할 능력이 부족한 상황에 있다고 인정할 때에는 본인, 배우자, 4촌 이내의 친족, 임의후견인, 검사 또는 지방자치단체의 장의 청구에 의하여 임의후견감독인을 선임한다. ②제1항의 경우 본인이 아닌 자의 청구에 의하여 가정법원이 임의후견감독인을 선임할 때에는 미리 본인의 동의를 받아야 한다. 다만, 본인이 의사를 표시할 수 없는 때에는 그러하지 아니하다.

	③가정법원은 임의후견감독인이 없게 된 경우에는 직권으로 또는 본인, 친족, 임의후견인, 검사 또는 지방자치단체의 장의 청구에 의하여 임의후견감독인을 선임한다. ④가정법원은 임의후견임감독인이 선임된 경우에도 필요하다고 인정하면 직권으로 또는 제3항의 청구권자의 청구에 의하여 임의후견감독인을 추가로 선임할 수 있다. ⑤임의후견감독인에 대하여는 제940조의5를 준용한다. [본조신설 2011.3.7]
	제959조의16(임의후견감독인의 직무 등) ①임의후견감독인은 임의후견인의 사무를 감독하며 그 사무에 관하여 가정법원에 정기적으로 보고하여야 한다. ②가정법원은 필요하다고 인정하면 임의후견감독인에게 감독사무에 관한 보고를 요구할 수 있고 임의후견인의 사무 또는 본인의 재산상황에 대한 조사를 명하거나 그 밖에 임의후견감독인의 직무에 관하여 필요한 처분을 명할 수 있다. ③임의후견감독인에 대하여는 제940조의6 제2항 · 제3항, 제940조의7 및 제953조를 준용한다. [본조신설 2011.3.7]
	제959조의17(임의후견개시의 제한 등) ①임의후견인이 제937조 각 호에 해당하는 자 또는 그 밖에 현저한 비행을 하거나 후견계약에서 정한 임무에 적합하지 아니한 사유가 있는 자인 경우에는 가정법원은 임의후견감독인을 선임하지 아니한다. ②임의후견감독인을 선임한 이후 임의후견인이 현저한 비행을 하거나 그 밖에 그 임

	무에 적합하지 아니한 사유가 있게 된 경우에는 가정법원은 임의후견감독인, 본인, 친족, 검사 또는 지방자치단체의 장의 청구에 의하여 임의후견인을 해임할 수 있다. [본조신설 2011.3.7]
	제959조의18(후견계약의 종료) ①임의후견감독인의 선임 전에는 본인 또는 임의후견인은 언제든지 공증인의 인증을 받은 서면으로 후견계약의 의사표시를 철회할 수 있다. ②임의후견감독인의 선임 이후에는 본인 또는 임의후견인은 정당한 사유가 있는 때에만 가정법원의 허가를 받아 후견계약을 종료할 수 있다. [본조신설 2011.3.7]
	제959조의20(후견계약과 성년후견 · 한정후견 · 특정후견의 관계) ①후견계약이 등기되어 있는 경우에는 가정법원은 본인의 이익을 위하여 특별히 필요할 때에만 임의후견인 또는 임의후견감독인의 청구에 의하여 성년후견, 한정후견 또는 특정후견의 심판을 할 수 있다. 이 경우 후견계약은 본인이 성년후견 또는 한정후견 개시의 심판을 받은 때 종료된다. ②본인이 피성년후견인, 피한정후견인 또는 피특정후견인인 경우에 가정법원은 임의후견감독인을 선임함에 있어서 종전의 성년후견, 한정후견 또는 특정후견의 종료 심판을 하여야 한다. 다만, 성년후견 또는 한정후견 조치의 계속이 본인의 이익을 위하여 특별히 필요하다고 인정하면 가정법원은 임의후견감독인을 선임하지 아니한다. [본조신설 2011.3.7]

第1063條(禁治産者의 遺言能力) ①禁治産者는 그 意思能力이 回復된 때에 限하여 遺言을 할 수 있다. ②前項의 境遇에는 醫師가 心神回復의 狀態를 遺言書에 附記하고 署名捺印하여야 한다.	제1063조(피성년후견인의 유언능력) ①피성년후견인은 의사능력이 회복된 때에만 유언을 할 수 있다. ②제1항의 경우에는 의사가 심신회복의 상태를 유언서에 부기(附記)하고 서명날인하여야 한다. [전문개정 2011.3.7]
第1072條(證人의 缺格事由) ①다음 各號의 事項에 該當하는 者는 遺言에 參與하는 證人이 되지 못한다. 1. 未成年者 2. 禁治産者와 限定治産者 3. 遺言에依하여 利益을 받을 者, 그 配偶者와 直系血族 ②公正證書에 依한 遺言에는 公證人法에 依한 缺格者는 證人이 되지 못한다.	제1072조(증인의 결격사유) ①다음 각 호의 어느 하나에 해당하는 사람은 유언에 참여하는 증인이 되지 못한다. 1. 미성년자 2. 피성년후견인과 피한정후견인 3. 유언으로 이익을 받을 사람, 그의 배우자와 직계혈족 ②공정증서에 의한 유언에는 「공증인법」에 따른 결격자는 증인이 되지 못한다. [전문개정 2011.3.7]

색인

판례 / 사항

판례색인

사항색인

조 성 민

- 한양대학교 법과대학 졸업(법학사)
- 한양대학교 대학원 석사과정 졸업(법학석사))
- 한양대학교 대학원 박사과정 졸업(법학박사)
- 서울교대, 전주, 고려대, 연세대, 경찰대, 해양경찰학교, 경찰교육원 외래교수, 경상대학교 법과대학장, 독일 괴팅겐대학교 연구교수, 경상대학교 법학연구소장, 한양대학교 법학연구소장, 국방부합동조사단 법률자문위원, 한양대학교 학생처장, 한국부동산법학회 회장, 한양법학회 회장, 국가경찰위원회 위원, 한양대학교 대외협력처장, 사법시험 · 군법무관시험 · 행정고시 · 외무고시 · 감정평가사시험 · 공인중개사시험 · 공인노무사시험 위원
- 현 : 한양대학교 법학전문대학원 교수
  한양대학교 법과대학 교수
  한양대학교 공공정책대학원 부동산학과 교수
  한양사이버대학교 부동산학과 외래교수
  중원대학교 이사
  국토연구원 감사
  한국위기관리연구소 수석전문위원
  서울동부지방법원 민사조정위원, 서울북부지방법원 국선변호감독위원
  한양대학교 박사동문회 회장
  시인(2005년 문예사조로 등단), 신문예문학상 · 짚신문학상 · 문예사조문학상 수상

저서

- 민법총칙(제9판), 두성사, 2013.9/ 물권법(제3판), 두성사, 2010. 2/ 채권법총론(제2판), 두성사, 2005. 5/ 채권법각론(제2판), 두성사, 2004 .4/ 친족상속법, 두성사, 2007. 10/ 민법연습, 두성사, 2003. 7/ 재산법입문(제2판), 도서출판 디비북스(제2판), 2011.2/(감정평가사)민법 2001.9/민법 및 민사특별법(제5판), 법우사, 2005.4/객관식 민법총칙(제2판), 두성사, 2013.3/ (시집)행복의 뜨락(제4쇄), 문예사조, 2011. 1/(제2시집)시간의 절정, 책나라, 2013. 2

논문

- 판례상 취득시효완성 후 등기 전의 법률관계 등 110여편

신민법강의

지은이 / 조 성 민
펴낸이 / 조 형 근
펴낸곳 / 도서출판 동방문화사

초판인쇄 / 2013. 8. 26
초판발행 / 2013. 9. 5

서울시 서초구 방배동 905-16, 101호
전 화 / 02)3473-7294　팩 스 / (02)587-7294
메 일 / 34737294@hanmail.net　등 록 / 서울 제22-1433호

파본은 바꿔 드립니다.
정 가 / 43,000원

ISBN 978-89-97569-40-3 93360